D1725858

SHAKESPEARE-HANDBUCH

DIE ZEIT · DER MENSCH · DAS WERK · DIE NACHWELT

Unter Mitarbeit zahlreicher Fachwissenschaftler
herausgegeben von
INA SCHABERT

Mit einem Geleitwort von
WOLFGANG CLEMEN

Mit 7 Abbildungen

ALFRED KRÖNER VERLAG STUTTGART

Shakespeare-Handbuch:
Die Zeit – Der Mensch – Das Werk – Die Nachwelt
Unter Mitarbeit zahlr. Fachwissenschaftler hrsg. von Ina Schabert
3. Aufl. – Stuttgart: Kröner 1992
ISBN 3–520–38603–8

INHALTSVERZEICHNIS

I. TEIL: DIE ZEIT

II. TEIL: DIE PERSÖNLICHKEIT

III. TEIL: DAS WERK

D. Die nicht-dramatischen Dichtungen 641
von Helmut Castrop

IV. TEIL: DIE WIRKUNGSGESCHICHTE

In der Geschichte der Shakespeare-Forschung, die in weiterem Sinne ja auch eine Geschichte des sich wandelnden Shakespeare-Verständnisses ist, zeichnet sich eine eigentümliche Dialektik von Detailstudium und Gesamtdarstellung ab. Die Spezialisierung der einzelnen Forschungszweige, die gerade im Falle Shakespeares sich auf eine besonders breite Skala verschiedenartiger Methoden verteilen und sich häufig unabhängig und getrennt voneinander entwickelten, verlangt nach Koordinierung und Integration in ein Gesamtbild. Dieses läßt sich freilich von Jahrzehnt zu Jahrzehnt schwieriger zusammenfügen, wird aber dennoch als Postulat dem Forschenden wie dem Liebhaber ständig vor Augen stehen. Denn was nützt die zunehmende Detailkenntnis auf einem begrenzten Teilsektor der Shakespeareschen Dramatik, wenn dadurch nicht auch der Blick auf das Ganze freigegeben und intensiviert wird. Darum stellt sich bei jeder Untersuchung eines Einzelaspekts die Frage, was dadurch nun für das Gesamtverständnis gewonnen wird und ob aus unserer veränderten oder vermehrten Einsicht in einem Teilbereich neue Kriterien für die Beurteilung des Ganzen geschöpft werden können oder eine wichtige Korrektur unserer bisherigen Auffassungen vorgenommen werden muß.

Zu solchen Überlegungen gibt auch das vorliegende Shakespeare-Handbuch Anlaß, indem es einen Versuch darstellt, aus der Fülle jüngerer Detailstudien eine neue Summe des Shakespeare-Verständnisses zu ziehen. Denn in der Tat haben sich auf nicht wenigen Forschungsgebieten wesentliche Veränderungen ergeben, so daß eine neue Bestandsaufnahme gerechtfertigt und notwendig erschien. So kann – um nur einiges aufzuzählen – die in den letzten Jahrzehnten weit fortgeschrittene Erforschung der elisabethanischen Theaterkonventionen und Bühnenverhältnisse nicht ohne Auswirkung auf die Aufführungspraxis bleiben, so ermöglichen aber auch die Ergebnisse der neueren Textkritik, manches, was bisher nur Vermutung war, mit größerer Sicherheit zu präzisieren, so haben – um ein Beispiel aus einem ganz anderen Bereich noch anzuführen – die vor allem an der modernen Literatur erprobten Interpretationsmethoden unseren Blick geschärft für bestimmte Aspekte der dramatischen Kunst und poetischen Sprachgebung, die lange unbeachtet geblieben waren.

Ironie und Mehrdeutigkeit zum Beispiel sind in ihrer Bedeutung für dramatische Texte erst in den letzten Jahrzehnten wirklich entdeckt worden, aber auch die Zeitdimension in ihrer doppelten, sowohl subjektiven wie objektiven, Erscheinungsweise ist erst kürzlich für Shakespeare erschlossen worden. Durch die differenziertere Analyse der Zuschauer- und Zuhörerreaktionen, wie sie in der neueren Dramenforschung betrieben wurde, ergeben sich schließlich Ansätze für eine neue Rezeptionsästhetik.

Schon diese unvollständige Aufzählung läßt deutlich werden, daß mit einer Gesamtdarstellung, wie sie in diesem Buch angestrebt wird, auch stets eine gewisse Problematik verbunden ist. Denn »Objektivität« im Sinne einer neutralen und zuverlässigen Faktensammlung wird stets nur in einigen Disziplinen möglich sein, wie etwa bei der Erforschung der Bühnen- oder der Textverhältnisse oder auch der den Dramen zugrunde liegenden Quellen. Wenn es jedoch um die Werkdeutung, um das Erfassen der dramatischen Kunst geht, ist diese Art von Handbuchobjektivität nur bis zu einem gewissen Grad erreichbar. Denn hier werden die Erkenntnisse des Betrachters zwangsläufig jeweils relativiert durch sein Eingebundensein in eine historische Situation wie durch die von ihm persönlich erwählte Perspektive und Methode.

Doch wird gerade in diesem Wechsel zwischen faktischer Information und einer mehr subjektiv gefärbten Wertung auch die Lebendigkeit eines solchen Handbuchs sich erweisen. Denn es spiegelt ja nicht nur die Mannigfaltigkeit der Aspekte, unter denen heute Shakespeare und sein Werk betrachtet werden können, sondern es kommen – entsprechend der Anlage und Planung des Handbuchs – in ihm auch verschiedene individuelle Betrachtungsweisen zu Wort. Dabei wird sich für den Benutzer bald zeigen, in wie hohem Maße Querverbindungen und Wechselbeziehungen zwischen den einzelnen Kapiteln sich ergeben, wie ein bestimmter Teilaspekt, der nach der vorhin angedeuteten Aufgliederung mehr auf der Ebene des Faktischen liegt, ein anderes dramatisches Element, das dem künstlerisch-ästhetischen Bereich zugehört, auf manchmal überraschende Weise zu erhellen vermag. Auf der anderen Seite wird aber auch aus der hier versuchten Bestandsaufnahme und Gesamtüberschau hervorgehen, an welchen Punkten und in welchen Teilbereichen für die zukünftige Forschung doch neue und wichtige Aufgaben liegen. Sie ergeben sich, was die Lektüre der betreffenden Kapitel nahelegen wird, manchmal gerade dort, wo es sich um gleichgerichtete, nebeneinander herlaufende Entwicklungen handelt, wie z. B. bei dem Vergleich zwischen der literarischen Aufnahme Shakespeares und seiner Rezeption auf dem Theater. Beides, weil bisher von verschiedenen Disziplinen behandelt, hat aber nie so recht zueinander finden können.

So steht zu hoffen, daß dieses Shakespeare-Handbuch, das eine Gemeinschaftsarbeit von Mitgliedern der Münchner Shakespeare-Bibliothek darstellt, seine Planung und termingemäße Fertigstellung jedoch in erster Linie der hervorragenden Tatkraft und Umsicht von Dr. Ina Schabert verdankt, nicht nur seinen Benützern als brauchbarer Wegweiser dienen wird, sondern auch der Shakespeare-Forschung Anregungen zu vermitteln vermag.

Wolfgang Clemen

Die Autoren des vorliegenden Shakespeare-Handbuchs haben nicht die Absicht gehabt, der Flut von Forschungsergebnissen zu Shakespeare und der Fülle von Deutungen seines Werks neue hinzufügen zu wollen. Vielmehr ist es ihr Ziel, ein übersichtliches und zusammenhängendes Bild dessen darzubieten, was, für den einzelnen kaum noch überschaubar, die wissenschaftliche Bemühung um Shakespeare vor allem in den letzten Jahrzehnten an sachlicher Information und an Einsichten erbracht hat.

Im Prozeß des Sichtens konnte vieles aus den Büchern und Aufsätzen über Shakespeare schließlich unberücksichtigt gelassen werden – Aussagen, die inzwischen von konsequenter durchdachten und präziseren abgelöst wurden oder die (überraschend oft) Früheres wiederholen; Deutungen, die, wenn sie an Shakespeares Text erprobt wurden, allzu subjektiv und spekulativ erschienen; Informationen, die, gemessen an den dokumentarischen Belegen, sich als höchst unsichere Theorien erwiesen. (Nur im Kapitel über Shakespeares Biographie, in der solche eine mythenhafte Vitalität entfaltet haben, wird ihnen einiger Raum zugestanden.) Dennoch ist die Ausbeute so überaus reichhaltig gewesen, daß das Bild des heutigen Wissens über Shakespeare, das im Folgenden entworfen wird, auch wenn es stattliche 900 Seiten einnimmt, nur eine Skizze werden konnte, selektiv, verallgemeinernd, vereinfachend. Doch ist das Handbuch ja als Wegweiser intendiert, der nach zwei Richtungen hin zu konkreterer Erfahrung und differenzierterem Wissen führen soll: einerseits und vor allem zum Text der Dramen und Gedichte selbst, andererseits zum vielfältigen Angebot der Detailstudien über Shakespeare. Die zahlreichen Werkverweise und bibliographischen Angaben, die das typographische Bild des Handbuchs auflockern, sind Zeichen für die nur provisorische Geschlossenheit seiner Aussagen.

Im Aufbau spiegelt das Buch die Auffächerung des Interesses an Shakespeare wider. Der erste Teil referiert, was die historische Forschung zum Verständnis Shakespeares beigetragen hat, wie sie ihn im Kontext des elisabethanischen Kultur- und Geisteslebens und des dramatischen Wirkens seiner Zeitgenossen sehen gelehrt hat und wie sie den Bezug zu dem Theater hergestellt hat, welches sein Werk motivierte und realisierte. Teil II faßt zusammen, was biographisches Bemühen, die Frage nach dem Menschen hinter dem Werk, erbracht hat, während Teil III der im engeren Sinn werkbezogenen Forschung gewidmet ist: der Frage nach der Authentizität und Verläßlichkeit der Quellentexte und der Ausgaben, die wir heute benützen; den Versuchen, die Shakespearesche Dramenkunst zu verstehen, ihre charakteristischen Verfahrensweisen und Techniken bewußt zu machen; der Beschäftigung mit jedem individuellen Werk. Der letzte Abschnitt wendet sich dem Bereich zu, wo das Interesse an Shakespeare über sich selbst zu reflektieren beginnt, nämlich der Erforschung der Rezeption Shakespeares, wie sie sich im Lauf von vier Jahrhunderten in den verschiedenen Medien der Kunst und in der Wissenschaft artikuliert hat.

Wenn es auch auf den ersten Blick scheinen mag, daß damit eine nur langsam einkreisende und dann wieder sich ausweitende Bewegung beschrieben wird – von der elisabethanischen Kulturgeschichte auf den Kernbereich des Shakespeareschen Werkes hin und wieder von dort weg zu kulturgeschichtlichen Abrissen des 17. bis 20. Jahrhunderts – so bietet doch in Wirklichkeit jeder Teil einen eigenen Ansatz zum Verständnis des Werkes selbst. Nur mit dem Blick auf die Denkweisen und die literarischen Gewohnheiten der Zeit läßt sich Shakespeares Originalität ermessen, sein besonderer Ausdrucks- und Formwille, der sich dramatische und sprachliche Konventionen dienstbar machte. Die Vertrautheit mit seinem Theater läßt erkennen, wie durch die konkreten Bedingungen der Bühne und des Schauspielwesens Begrenzungen und stilbildende Zwänge in seinem Schaffen wirksam geworden sind. Und natürlich ist der angemessene Grad textnaher Werkanalyse eher abzuschätzen, wenn man über die Überlieferungsgeschichte des Textes informiert ist. Die Bestandsaufnahme unseres biographischen Wissens über Shakespeare ist hingegen vor allem ein Beitrag negativer Art, ein Eingeständnis, daß wir zu wenig über das Leben des Dichters wissen, um seine Dramen und Gedichte im Bezug auf seine Person interpretieren zu können. Die Beschäftigung schließlich mit Beurteilungen und Deutungen, die Shakespeare in früheren

Zeiten und in anderen Ländern entgegengebracht worden sind, vermag korrigierend und anregend auf unser eigenes Shakespeareverständnis zu wirken, es in Frage zu stellen, seine subjektiven, provinziellen und modernistischen Züge als solche auszuweisen, uns neue Bedeutungsebenen und ungewohnte Ausdeutungsrichtungen anzuzeigen. So führt also auch der Weg von der Wirkungsgeschichte zum Text zurück. Doch es läßt sich das Verhältnis zwischen beiden auch anders sehen: die eigentliche Existenzweise von Shakespeares Werkes ist nicht der Text, der uns vorliegt, sondern die Folge der Realisationen, die er bis heute in der Rezeption erfahren hat. Womit Kapitel IV nicht mehr Ausklang, sondern Höhepunkt des Buches wäre.

Das Handbuch ist übersichtlich untergliedert und betitelt, so daß es mit Hilfe des Inhaltsverzeichnisses als Nachschlagewerk benützt werden kann. Die Literaturangaben sind weitgehend auf die Unterkapitel aufgeteilt, es empfiehlt sich jedoch, neben den Spezialbibliographien auch die Bibliographien allgemeiner Kapitel zu konsultieren, da dort verzeichnete Titel in der Regel nicht noch einmal angeführt sind. Aus Raumgründen wurde auch auf Angaben von Untertiteln, Serientiteln, mehreren Erscheinungsorten, auf vollständige Informationen über veränderte Neudrucke und Reprints, auf Seiten- und Kapitelangaben zumeist verzichtet. Verweise auf Shakespeares Dramen beziehen sich auf die vierbändige Gesamtausgabe von Peter Alexander (Collins, Tudor Shakespeare, London 1958); für *The Two Noble Kinsmen* wurde die Edition von G.R. Proudfoot (Regents Renaissance Drama Series, London 1970) herangezogen.

Da auch Fußnoten aus Gründen der Übersichtlichkeit und Platzersparnis weggefallen sind, sei hier ausgesprochen, was sonst durch jene zum Ausdruck zu kommen pflegt: das Eingeständnis, daß wir für das Folgende dem Werk unzähliger Shakespeareforscher verpflichtet sind. Bei mancher Information und Deutung hätte korrekterweise ein ganzer Stammbaum von Schriften angegeben werden müssen, die zu ihr geführt haben.

Vor allem aber gilt unser Dank Herrn Professor Dr. Wolfgang Clemen, der uns nicht nur durch seine Studien zu Shakespeare unentbehrliche Hilfe geleistet hat, sondern mit seinem Rat das Entstehen des Handbuchs in jedem Stadium begleitet hat. Auch

Herrn Gero von Wilpert schulden wir Dank, der das Unternehmen initiiert und mit viel Verständnis und Geduld betreut hat. Als Herausgeberin möchte ich dem Team der Mitarbeiter meinen Dank aussprechen, besonders dafür, daß sie sich, auch unter Verzicht auf eigene Vorstellungen, der Gesamtkonzeption des Buchs anzupassen bemüht haben und nachträglichen Änderungswünschen weitgehend entgegengekommen sind. Frau Gisela Oswald sei gedankt für ihre Hilfe beim Tippen des Manuskripts, Fräulein Ingeborg Boltz für wichtige Ergänzungen zu den Bibliographien.

Ina Schabert

Für die 2. Auflage des Shakespeare-Handbuchs wurden Neuerscheinungen der letzten Jahre in die Bibliographien aufgenommen und wichtige Ereignisse der Theatergeschichte 1970–1976 im Text vermerkt. Das Kapitel I.A.11 zur Sprache der Shakespearezeit hat statt der ersten, literarisch orientierten eine sprachgeschichtlich informierende neue Fassung erhalten. Dem Beitrag III.B über Shakespeares dramatischen Stil ist ein (bereits für die 1. Auflage geplantes) Komplement über die Themenbereiche und Aussageanliegen von Shakespeares Dramen zur Seite gestellt worden (III.BB). Die Angaben in Kapitel IV.G. zu Forschungsrichtungen wurden bibliographisch präzisiert. Dem Namensregister wurde ein Werkregister beigegeben.

Die Revisionsarbeit konnte profitieren von Ergänzungs- und Verbesserungsvorschlägen von Prof. Dr. Wolfgang Clemen, Prof. Dr. Werner Habicht, Prof. Dr. Jörg Hasler, Prof. Dr. Berta Moritz, Prof. Dr. Klaus Ostheeren, Dr. Karl Ludwig Pfeiffer, Frau Helga Procieß, Prof. Dr. h. c. Rudolf Schaller, Prof. Dr. E. Th. Sehrt und Prof. Dr. Heinrich Straumann. Ihnen allen sei herzlich gedankt. Herr Joachim Beilner, Frau Frank-Huber und Herr Klaus zu Klampen stellten das Werkregister zusammen. Herr Christian Saling hat beide Register neu eingerichtet. Herr Beilner und Herr zu Klampen haben auch die Beiträge I.C und III.D. revidiert; die Revision von III.C.1.b,d,h und 2.u wurde im Rahmen der Gesamtredaktion durchgeführt. Im übrigen basiert die revidierte Fassung auf den Ergänzungsbeiträgen der betreffenden Autoren, die freundlicherweise zu erneuter Mitarbeit bereit gewesen sind.   *I. Sch.*

Anläßlich der 3. Auflage des Handbuchs ist der Anhang von Dr. Ingeborg Boltz völlig überarbeitet worden. Dem Benützer des Buchs steht damit ein aktualisierter Führer zu den Organen und Hilfsmitteln der Shakespeare-Forschung zur Verfügung.

Wenn im übrigen (bis auf einige stillschweigend korrigierte Errata) das Shakespeare-Handbuch unverändert geblieben ist, so beruht dies auf einer bedachten Entscheidung der Herausgeberin. Die theoretisch oft anspruchsvollen und methodisch raffinierten Shakespeare-Studien der poststrukturalistischen Ära halten zwar eine Vielfalt von interessanten alternativen Lesarten für die Dramen und Gedichte bereit, zu einer Vermehrung des Wissens über Shakespeare, welches eine irgendwie geartete Verbindlichkeit beanspruchen kann, haben sie jedoch kaum geführt. Sie wollen dies auch gar nicht; eher zielen sie darauf ab, Handbuchwissen zu dekonstruieren. Die Theaterfreunde, die Leser, die Studenten und Studentinnen, die sich um das Verständnis Shakespeares bemühen, sind weiterhin – wie auch die kontinuierlich fortbestehende Nachfrage nach dem Handbuch in den letzten Jahren gezeigt hat – auf die konsensfähigen älteren Werkdeutungen und historischen Darstellungen angewiesen. Erst von diesen aus macht es Sinn, sich einzulassen auf das Abenteuer des »anderen« Shakespeare, der »anderen« Shakespeares, zu dem »new historicism« und »cultural materialism«, Feminismus und Dekonstruktivismus einladen.★ *I. Sch.*

★ Eine erste Orientierung betreffend diese Ansätze in der Shakespeare-Forschung bietet: Kurt Tetzeli von Rosador, Andreas Höfele und Ina Schabert, »Fäden im Labyrinth: Auf neueren Wegen zu Shakespeare«, *Shakespeare Jahrbuch* (West) 1992.

I. DIE ZEIT

A. DAS ELISABETHANISCHE ZEITALTER

1. Der Begriff »Englische Renaissance«

In England vermochte sich humanistisches Gedankengut nur
zögernd und wesentlich später als in anderen Ländern durchzusetzen. Im 15. Jahrhundert bildeten sich zwar um adlige Mäzene
wie z. B. Herzog Humphrey of Gloucester (1391–1447) kleine
Gruppen, die im Gedankenaustausch mit italienischen Humanisten standen und eifrig humanistische Studien betrieben, aber
diese Aktivitäten blieben ohne Breitenwirkung, weil es an einer
durch Schulen und Universitäten vorbereiteten Schicht fehlte,
von der die neuen Impulse aufgenommen werden konnten. Erst
als eine neue Generation von Humanisten, die in Italien ausgebildet worden war, um die Wende des 15. zum 16. Jahrhundert von
den Lehrkanzeln der Universtitäten Oxford und Cambridge aus
nicht mehr nur eine formal-ästhetische Schulung betrieb, sondern
die neuen Wissensinhalte im Hinblick auf ihre unmittelbare Anwendung in Theologie, Medizin und anderen Fächern vermittelte, begann sich der Humanismus als neues Bildungs- und Persönlichkeitsideal in England durchzusetzen.

Der Humanismus wirkte in England auf die einheimische
Literatur nicht unmittelbar, sondern mit erheblicher Verzögerung. Dies lag nicht zuletzt am Zustand der englischen Sprache,
deren tiefgreifender Umwandlungsprozeß von ihrer mittelalterlichen Form zur frühen Stufe des modernen Englisch erst um
1500 zum Abschluß gekommen war. Dadurch kam es erst spät
zur Entwicklung einer Prosa, die sich mit der Präzision, Klarheit
und Eleganz des Lateinischen messen konnte. Die lautliche Veränderung und die Herausbildung eines neuen sprachlichen Rhythmus unterbrachen die einheimische literarische Tradition und
machten einen langen Lernprozeß notwendig, um den dichterischen Ausdruck im gewandelten sprachlichen Milieu vollziehen
zu können. Durch die Verspätung der englischen Renaissance
gegenüber anderen Ländern konnte die englische Literatur eine
Fülle von Anregungen und Vorbildern vom Kontinent überneh-

men und verarbeiten. Humanistisches Gedankengut, Stilelemente der Renaissance, des Vorbarock und Barock existieren in England nebeneinander oder werden miteinander verschmolzen. Dadurch entsteht im elisabethanischen England eine Literatur von einem Reichtum und einer Vielfalt an Formen und Inhalten, die in Europa einzigartig ist.

Die Impulse des Humanismus begannen in England in einer anderen politischen, sozialen und kulturellen Situation zu wirken als auf dem Kontinent. Dadurch bildet die englische Renaissance charakteristische Züge heraus, die sie von den kontinentalen Renaissancen deutlich unterscheidet. Die Humanisten entfalten ihre Tätigkeit in England zu einer Zeit, als die Tudordynastie die Lösung der englischen Kirche von Rom vollzog und mit dem Aufbau einer eigenen Staatskirche begann. Viele englische Humanisten waren zugleich führende Reformatoren. Die religiöse Neuorientierung und das damit verbundene Bedürfnis nach religiöser Unterweisung in allen Schichten des Volkes waren nicht nur Anlaß für eine umfängliche Literatur über ethisch-religiöse Fragen, sondern bewirkten auch, daß in der übrigen Literatur dieser Zeit religiöse und ethische Probleme häufig aufgeworfen werden. Die literarische Renaissance vollzog sich in den Jahrzehnten, in denen die Engländer unter den Tudors zur Nation zusammenwuchsen. Die Bedrohung durch die katholischen Kontinentalmächte erzeugte eine Welle des militanten Patriotismus, und vom Beginn der Tudorherrschaft an wurde der niedere Landadel an der politischen Verantwortung beteiligt und zu administrativen Aufgaben herangezogen. Dadurch wurde in einer breiten Schicht ein reges Interesse an staatsphilosophischen und politischen Fragen geweckt, was in der Literatur, vor allem in der didaktischen Prosa und im Drama, seinen Niederschlag fand. Die unermüdliche Erziehungsarbeit der Humanisten führte nach der Reformation zum Aufbau eines vorzüglichen nationalen Schulwesens unter der Leitung von Laien. In diesen Schulen wurden der Adel und die begüterte Bürgerschicht erzogen. Dadurch wurden antike und zeitgenössische Philosophie und Literatur in England zum Allgemeingut einer breiteren, auch das Bürgertum umfassenden Schicht als in den Ländern des Kontinents und fanden leichter Eingang in die einheimische

Literatur. Im Unterschied zur Renaissance auf dem Kontinent blieb sie in England im wesentlichen auf das Gebiet der Dichtung und Literatur beschränkt. Verglichen mit den Schöpfungen der italienischen Renaissance ist die englische Malerei, Plastik und Architektur dieser Zeit von geringerer Bedeutung. Nur in der Miniaturmalerei und der Liedkunst, die sich in enger Verbindung mit der Lyrik entwickelte, brachte England Werke von europäischem Rang hervor.

W. F. SCHIRMER, *Antike, Renaissance und Puritanismus*, München, 1924. – F. L. SCHOELL, *Études sur l'humanisme continental en Angleterre*, Paris, 1926. – L. MAGNUS, *English Literature in Its Foreign Relations*, London, 1927. – W. F. SCHIRMER, *Der englische Frühhumanismus*, Leipzig, 1931. – P. MEISSNER, *Die geistesgeschichtlichen Grundlagen des englischen Literaturbarocks*, München, 1934. – D. BUSH, *The Renaissance and English Humanism*, Toronto, 1939. – R. WEISS, *Humanism in England During the Fifteenth Century*, 1941, Oxford, 1957². – P. MEISSNER, *England im Zeitalter von Humanismus, Renaissance und Reformation*, Heidelberg, 1952. – L. BORINSKI, *Englischer Humanismus und deutsche Reformation*, Göttingen, 1969. – A. L. ROWSE, *The Elizabethan Renaissance: The Cultural Achievement*, London, 1972.

2. DIE POLITISCHE ENTWICKLUNG IM 16. JAHRHUNDERT

Die Herrschaft der Tudordynastie, in deren Regierungszeit die Ausbreitung des Humanismus und die literarische Renaissance sich vollzogen, begann im Jahre 1485 und endete 1603 mit dem Tode ELISABETHS I. Im Jahre 1485 schlug Heinrich TUDOR, der einer Seitenlinie des Hauses Lancaster entstammte, in der Schlacht bei Bosworth König RICHARD III. aus dem Hause York und bestieg als HEINRICH VII. (1485–1509) den englischen Thron (s. *Richard III*). Er festigte seine politische Stellung und seinen Thronanspruch durch die Heirat mit Elisabeth von YORK und beendete die Rosenkriege (1455–85) zwischen den rivalisierenden Adelshäusern Lancaster (rote Rose) und York (weiße Rose), die das Land ausgeblutet und Kultur und Wirtschaft zum Erliegen gebracht hatten (s. *Henry VI*).

HEINRICH VII. befriedete das von Parteiungen zerrissene Land, indem er den aufrührerischen Adel entmachtete und die Monarchie durch den Aufbau einer straffen, zentralistischen Verwaltung und Gerichtsbarkeit stärkte, wobei er sich besonders auf den kleinen Landadel stützte. Als hervorragender Finanzmann und Administrator führte er ein rigoroses Steuersystem ein und häufte

Staatskapital an. Er förderte besonders Handel und Schiffahrt und schuf damit die wirtschaftlichen und politischen Voraussetzungen für den Aufstieg Englands zur führenden Handels- und Seemacht während der Tudorzeit.

Sein Sohn HEINRICH VIII. (1509–47), ein brillanter und vielseitig gebildeter Renaissancemensch, der in seinen späteren Jahren zum unduldsamen Despoten wurde, setzte das Werk der Einigung und wirtschaftlichen Gesundung des Landes, das sein Vater begonnen hatte, fort (Henry VIII). HEINRICH VIII. löste die englische Kirche aus der römischen Jurisdiktion und gründete eine Nationalkirche mit dem König als Oberhaupt, die in das neue Staatsgefüge eingebaut werden konnte. Außenpolitisch wurde von seinem Kanzler die Politik der »balance of power« gegenüber den Kontinentalmächten begründet, die für Jahrhunderte die englische Politik bestimmte. Der Ausbau der Flotte wurde von HEINRICH VIII. bis zur Grenze der finanziellen Leistungsfähigkeit des Staates vorangetrieben. Während der Regierungszeit HEINRICHS VIII. wandelte sich das Parlament, das bis dahin eine Versammlung lokaler Interessenvertretungen war, zu einer legislativen Institution, die in Verbindung mit dem König Gesetze erließ. Gleichzeitig ging die Führung der Regierungsgeschäfte von den Dienern des königlichen Haushalts an den aus den obersten Amtsträgern bestehenden Geheimen Staatsrat (Privy Council) über. Die Aufhebung der Klöster im Gefolge der Reformation führte zu einer erheblichen Vermögensumschichtung und zur Neuordnung des Grundbesitzes. Die damit verbundene Aufhebung der Klosterschulen überführte das Bildungswesen weitgehend in die Hände von Laien.

Sein kränklicher Sohn EDUARD VI. (1547–53) folgte ihm im Alter von 10 Jahren auf den Thron. Während seiner Regierungszeit wurde die Reformation von dem Lordprotektor SOMERSET in liberaler Weise und von dessen Nachfolger NORTHUMBERLAND mit rigorosen Mitteln vorangetrieben. Nach dem frühen Tod des einzigen männlichen Nachkommen bestieg MARIA (1553–58), eine Tochter HEINRICHS VIII., den Thron. Als Tochter der Spanierin Katharina von ARAGON war sie eine fanatische Katholikin, die mit Hilfe einer Blutjustiz England vorübergehend wieder in die katholische Kirche eingliederte, was ihr den Beinamen »die

Blutige« (Bloody Mary) eintrug. Durch ihre Heirat mit König
PHILIPP II. von Spanien, die gegen den Willen des Parlaments und
des ganzen englischen Volkes geschlossen wurde, geriet England
vorübergehend unter spanische Oberhoheit. MARIA war die
einzige Tudor auf dem Thron, die nicht den politischen Instinkt
ihres Hauses besaß, stets mit der Zustimmung der breiten Schichten des Volkes zu regieren. Nach ihrem Tod folgte die nach
katholischer Auffassung illegitim geborene ELISABETH (1558 bis
1603), die aus der Verbindung HEINRICHS VIII. mit Anna BO-
LEYN hervorgegangen war, auf den Thron. Ihr Vater hatte sie
von Humanisten aus Cambridge sorgfältig erziehen lassen; sie
galt als eine der gebildetsten Frauen ihrer Zeit. Die griechischen
und lateinischen Klassiker las sie im Urtext, und sie beherrschte
mehrere Fremdsprachen. Ebenso gründlich war ihre musikalische
Ausbildung. An religiösen Streitfragen nahm sie nur insoweit
Anteil, als davon staatliche Interessen betroffen waren. Durch
ihre Geburt Parteigängerin der Protestanten, lernte ELISABETH in
der Regierungszeit MARIAS frühzeitig die Kunst der Verstellung
und des vorsichtigen Taktierens. ELISABETH, die das heftige Temperament und den harten Willen ihres Vaters geerbt hatte, war
eine Persönlichkeit, in der sich Mut, kühler Intellekt und hervorragendes diplomatisches Geschick mit unberechenbarer Launen-
haftigkeit, Eitelkeit und Eifersucht mischten. Ihre Auffassung
vom Staat und von der Stellung des Königs war konservativ,
aber sie blieb flexibel genug, sich klug jeder Veränderung anzupassen, und war eine Meisterin im Erzielen von Kompromissen.

ELISABETH bestieg den Thron in einer Zeit, in der durch die
intolerante Regierungspolitik MARIAS das Land am Rande eines
Bürgerkrieges stand, der Staat hoch verschuldet war und kriegerische Auseinandersetzungen mit den Kontinentalmächten droh-
ten. Durch die geschickte Ausnützung der Gegensätze zwischen
Spanien und Frankreich und durch die hinhaltende Behandlung
des Heiratsangebots PHILIPPS von Spanien, das sie schließlich ab-
lehnte, gelang es ihr, die äußeren Bedrohungen zunächst von
ihrem Land abzuwenden und eine Periode von zehn Jahren für
die wirtschaftliche Sanierung und politische Konsolidierung
Englands zu gewinnen. 1559 wurde zunächst durch die Supre-
mats- und Uniformitätsakte die Unabhängigkeit der englischen

Kirche von Rom wiederhergestellt und die dogmatischen Fragen im reformatorischen Sinne geregelt. Die von ELISABETH durchgesetzte Formel war ein Kompromiß, der im Verein mit den bewußt milde gehandhabten Gesetzen gegen die romtreuen Katholiken den religiösen Frieden im Lande weitgehend wiederherstellte. Dieser Periode des Aufbaues folgten Jahre der inneren und äußeren Spannungen und Krisen (1569–72). Die 1570 verfügte Exkommunikation ELISABETHs durch den Papst, das Einbrechen englischer Seefahrer in das spanische Kolonialreich und ELISABETHs heimliche Unterstützung des niederländischen Freiheitskampfes brachten das Land in Konflikt mit Spanien. Die vor allem von Jesuiten wiederbelebte katholische Opposition, die ihre Hoffnungen auf die in englischer Haft befindliche Maria STUART setzte, schürte die Gegensätze im Lande und zettelte eine Reihe von Erhebungen, Verschwörungen und Mordanschlägen auf die Königin an. Die Provokation englischer Seeleute führte schließlich zum Krieg mit Spanien, der sich, wegen Geldmangels nur mit halber Kraft geführt, bis 1604 hinzog. Das Scheitern der Armada im Jahre 1588 und späterer Invasionsversuche zusammen mit den Erfolgen der englischen Flotte sicherten Englands Stellung als führende protestantische Großmacht und erste Seemacht der Welt.

1574–85 folgte eine Periode des wirtschaftlichen Aufschwungs und wachsenden nationalen Selbstbewußtseins. Die gegen Ende der siebziger Jahre verstärkt einsetzende Einschleusung von Jesuiten hatte nur wenig Wirkung, verschärfte aber das Vorgehen der Regierung gegen die Katholiken und führte schließlich 1587 zur Hinrichtung Maria STUARTs.

Die letzten 20 Jahre der Regierungszeit ELISABETHs waren überschattet vom Krieg mit Spanien, der vom Land immer größere Opfer forderte. Die patriotische Begeisterung, mit der das englische Volk die Lasten zunächst auf sich nahm, wich bald einer tiefgreifenden Desillusion. Der durch den Krieg bewirkte Rückgang des Außenhandels, die zunehmende Arbeitslosigkeit und die drückenden Steuerlasten, die der Krieg mit Spanien und der Kampf gegen die irischen Rebellen (1594–1603) forderten, die Sorge um die noch immer nicht gelöste Frage der Thronfolge, die mit zunehmendem Alter der kinderlos gebliebenen Königin

immer mehr Bedeutung gewann, schufen eine Situation, in der
Kritik an Staat und Gesellschaft zunehmend mehr Gehör fand.
Der von ESSEX, dem Günstling der Königin, versuchte Staats-
streich (1601), der zur Hinrichtung des ehemaligen Favoriten
führte, machte die schwierige Lage, in der ELISABETH sich in ihren
letzten Jahren befand, offenkundig. Unter ihrem Nachfolger
JAKOB I. (1603–1625), dem protestantisch erzogenen Sohn Maria
STUARTS, der im Gegensatz zu den Tudors einem streng absolutistischen Königsbegriff huldigte und das Parlament wieder zu
entmachten versuchte, wuchs die Opposition gegen das Königtum, das zusehends an Ansehen verlor. JAKOB I. war eine gelehrte
Persönlichkeit und ein nicht unbedeutender Staatstheoretiker,
der es aber nicht verstand, mit der Zustimmung des Volkes zu
regieren und die Staatsform jeweils den wirtschaftlichen und gesellschaftlichen Veränderungen anzupassen.

C. READ, *Bibliography of British History: Tudor Period*, Oxford, 1959[2]. – J.
NEALE, *Queen Elizabeth*, London, 1934, repr. Harmondsworth, 1971. – S. T.
BINDOFF, *Tudor England*, The Pelican History of England, vol. 5, Harmonds-
worth. 1950. – The Oxford History of England, vols. VII–IX: J. D. MACKIE,
The Early Tudors: 1485–1558, Oxford, 1952; J. B. BLACK, *The Reign of Elizabeth:
1558–1603*, Oxford, 1936, 1959[2]; G. DAVIES, *The Early Stuarts: 1603–1660*,
Oxford, 1937, 1959[2]. – F. M. POWICKE, *The Reformation in England*, London,
1941. – M. WALDMAN, *Queen Elizabeth I*, London, 1952. – D. HARRISON,
Tudor England, 2 vols., London, 1953. – G. R. ELTON, *England under the Tudors*,
London, 1955. – A. L. ROWSE, *The Expansion of Elizabethan England*, London,
1955. – G. MATTINGLY, *The Defeat of the Spanish Armada*, London, 1959. –
A. G. DICKENS, *The English Reformation*, London, 1964. – D. MATHEW,
James I, London, 1967. – W. MacCAFFREY, *The Shaping of the Elizabethan
Regime*, London, 1969. – J. HURSTFIELD, »The Historical and Social Back-
ground«, in: *A New Companion to Sh. Studies*, eds. K. Muir, S. Schoenbaum,
Cambridge, 1971. – J. HURSTFIELD, *Freedom, Corruption and Government in
Elizabethan England*, London, 1973. – G. R. ELTON, *Studies in Tudor and Stuart
Politics and Government*; vol. 1: *Tudor Politics, Tudor Government*; vol. 2: *Parlia-
ment, Political Thought*; London, 1974. – E. ROSE, *Cases of Conscience: Alternatives
open to Recusants and Puritans under Elizabeth I and James I*, London, 1975.

3. DIE REGIERUNGSFORM UNTER ELISABETH

Die Verwaltung des Landes unter ELISABETH war straff organisiert. Bei ihrem Regierungsantritt ernannte ELISABETH William
Cecil, den späteren Lord BURGHLEY, zu ihrem Sekretär, der ihr
40 Jahre lang (1558–98) mit Rat und Tat zur Seite stand. Lord
BURGHLEY, einer der größten Staatsmänner des 16. Jahrhunderts,
stimmte mit ELISABETH und ihrer Politik zutiefst überein und

stellte seine Arbeitskraft und seine großen staatsmännischen Fähigkeiten ganz in den Dienst seines Landes. Das eigentliche Regierungsorgan war der Geheime Staatsrat, der sich aus 12–18 hohen Amtsträgern zusammensetzte und in seinen fast täglichen Sitzungen die anfallenden Routinegeschäfte erledigte. Da er zumeist in zwei Fraktionen gespalten war, blieb ELISABETH, die diesen Umstand klug ausnützte, eine echte Entscheidungsfreiheit. Das Parlament, das aus der Königin, dem Oberhaus und dem Unterhaus bestand, trat während ELISABETHs Regierungszeit verhältnismäßig selten zusammen. In ihm waren alle politisch tragenden Schichten repräsentiert, und es gewann zusehends an Autorität und Machtfülle, die letztlich nur durch das absolute Vetorecht der Königin eingeschränkt waren.

Die örtliche Verwaltung des Landes lag zum großen Teil in den Händen der Friedensrichter. Von ihnen, die hauptsächlich dem kleinen Landadel entstammten, gab es ca. 2000 im ganzen Land. Oft ging das Amt vom Vater auf den Sohn über, ohne daß ein Erbanspruch bestand. Anders als z. B. in Frankreich lebte dieser Adel auf dem Land und nicht in der Hauptstadt und war deshalb mit den Menschen seines Bezirks, mit ihren Sitten und Problemen vertraut. Häufig vertraten die Friedensrichter ihren Distrikt auch im Parlament. Dem Friedensrichter waren vielfältige Aufgaben übertragen, und ELISABETH achtete darauf, daß er diese auch gewissenhaft wahrnahm. Zu seinen Pflichten gehörte es, die Steuern einzuziehen, die Löhne zu überwachen, die Straßen in Ordnung zu halten, Truppen auszuheben, für die Armen zu sorgen und die Gesetze gegen die Vagabunden durchzuführen (s. 2 *Henry IV; Merry Wives*). Mehrere Gerichtshöfe, die das Land regelmäßig bereisen, sorgten für eine einheitliche Rechtsprechung.

W. HOLDSWORTH, *History of English Law*, 12 vols., London, 1903–1938. – J. H. THOMAS, *Town Government in the Sixteenth Century*, London, 1933. – E. P. CHENEY, *A History of England from the Defeat of the Armada to the Death of Elizabeth*, 2 vols., New York, 1948 (vol. I, part I: Royal Administration; vol. II, part VIII: Local Administration). – J. E. NEALE, *The Elizabethan House of Commons*, London, 1949. – J. E. NEALE, *Essays in Elizabethan History*, London, 1958. – C. READ, »The Government of England under Elizabeth«, in: *Life and Letters in Tudor and Stuart England*, eds. L. B. Wright, V. A. La Mar, Ithaca, N. Y., 1962. – A. G. R. SMITH, *The Government of Elizabethan England*, London, 1967. – B. L. JOSEPH, *Sh.'s Eden: The Commonwealth of England 1558–1629*, London, 1971. – N. WILLIAMS, *All the Queen's Men: Elizabeth I and her Courtiers*, London, 1972. –

J. HURSTFIELD, *The Queen's Wards: Wardship and Marriage under Elizabeth I*, London, 1973. – C. UHLIG, *Hofkritik im England des Mittelalters und der Renaissance*, Berlin, 1973. – M. M. LUKE, *Gloriana: The Years of Elizabeth I*, London 1974.

4. DIE ELISABETHANISCHE GESELLSCHAFT

ELISABETH regierte über vier bis fünf Millionen Untertanen, deren größter Teil in Dörfern lebte. Die Städte hatten im Durchschnitt 5000 Einwohner; die meisten von ihnen widmeten sich der Landwirtschaft oder betrieben ein Handwerk. Lediglich London, das als Regierungssitz, Welthandelsmetropole und Zentrum des kulturellen Lebens immer mehr an Bedeutung gewann, hatte großstädtischen Charakter. In der Regierungszeit ELISABETHS wuchs seine Einwohnerzahl von ca. 100000 Bürgern auf ca. 200000 an.

Während der Herrschaft der Tudors fand in der englischen Gesellschaft ein tiefgreifender Umschichtungsprozeß statt. Im Verlauf dieses Prozesses verloren gewisse Schichten an Bedeutung, neue Schichten etablierten sich und gewannen politisches Gewicht. Zu Beginn wie am Ende der Tudorherrschaft war das englische Volk in Klassen gruppiert. Man unterschied zwischen dem Hochadel (nobility), dem niederen Landadel (gentry), dem landbesitzenden Großbürgertum (yeomanry), der Klasse der Kleinbürger, Arbeiter und Bauern und der Schicht der meist ohne festen Wohnsitz über die Landstraßen ziehenden Vagabunden, Bettler und Arbeitslosen. Die Schranken dieses Klassensystems, das auch in der Kleidung sichtbaren Ausdruck fand, konnten im 16. Jahrhundert von den wirtschaftlich Erfolgreichen oder von bewährten Staatsdienern verhältnismäßig leicht überwunden werden. Diese Dynamik wirkte sich günstig auf den Ehrgeiz und den Unternehmungsgeist des einzelnen aus und sorgte zugleich dafür, daß die politisch bestimmenden Schichten sich ständig regenerieren konnten. Zu den Klassen, die aktiv an der Politik und der Verwaltung des Landes beteiligt waren, gehörten der Hochadel, der niedere Adel und das Großbürgertum. Diese waren zugleich die kulturell interessierten Schichten.

Die Titel der im Mittelalter mächtigsten Schicht des alten Hochadels, der sich in den Rosenkriegen weitgehend selbst ausgerottet hatte oder von HEINRICH VII. entmachtet worden war, wurden von den Tudors an Familien vergeben, die loyal zur Krone standen. Auf ihren Schlössern lebten sie mit einem oft Hunderte von Personen umfassenden »household«, der in der damaligen Gesellschaftsstruktur eine wichtige Funktion hatte (s. *Twelfth Night*). In einen solchen »household« waren Dichter, Gelehrte, Musiker und oft auch eine Schauspielertruppe miteinbezogen, da sie alle des Patronats und des Schutzes eines einflußreichen Adligen bedurften. Die Zugehörigkeit zu einem solchen Kreis, die durch die Verleihung einer »livery« (Livrée, bzw. Abzeichen) sichtbar wurde, bot soziale Sicherheit und gesellschaftliches Ansehen. Da sich eine solche Gruppe aus allen Klassen rekrutierte, war sie ein wichtiger Ort der Begegnung und des geistigen Austausches. Die wirtschaftlich ungünstige Situation des Adels am Ende des 16. Jahrhunderts führte allerdings häufig dazu, daß die Adligen sich der sozialen Pflicht, einen derartigen »household« zu unterhalten, entzogen und in London lebten. Klagen über die nachlassende Bereitschaft zum Patronat finden sich in der Literatur des ausgehenden 16. Jahrhunderts häufig.

Die politisch bedeutendste Schicht war der Landadel, den die Tudors zur Verwaltung des Landes heranzogen. Durch den Kauf des Landbesitzes der Kirchen und Klöster, die von HEINRICH VIII. enteignet und aufgelöst worden waren, zu Reichtum gelangt, lebten sie oft auf ihren Landsitzen im großen Stil, was nicht selten zum Bankrott führte. Die Tatsache, daß Besitz und Titel sich in dieser Schicht nur jeweils auf den ältesten Sohn vererbten, zwang die jüngeren Söhne, sich nach einem Beruf und anderen Einkommensquellen umzusehen. Oft war damit ein gesellschaftlicher Abstieg verbunden.

Die zahlenmäßig stärkste und im Lauf des 16. und 17. Jahrhunderts an Bedeutung ständig zunehmende Schicht war die »yeomanry«. Diese Schicht bestand aus Kaufleuten, Juristen und Bürgern anderer Berufe, die zu Wohlstand gekommen waren und auf dem Lande Grund und Boden erworben hatten. Anders als der Adel, der im Landleben eher eine Daseinsform sah, bewirtschafteten sie ihren Grundbesitz intensiv nach ökonomischen Gesichtspunkten und erzielten bei den ständig steigenden Agrar- und Wollpreisen hohe Gewinne. Ihre Lebensführung, die von der

Bibel bestimmt wurde, war betont häuslich, schlicht und sparsam. In dieser Schicht gewann der Puritanismus seinen stärksten Rückhalt.

Als Gruppe, die am meisten von der wirtschaftlichen Entwicklung begünstigt war, strebte sie nach dem Erwerb von Adelsprädikaten, die insbesondere unter den Stuarts leicht zu erhalten waren. An Bildung interessiert, ließen sie ihren Söhnen eine sorgfältige Erziehung angedeihen. Wie die meisten Dichter und Schriftsteller, die der Epoche die geistige Prägung gaben, so entstammt auch Shakespeare dieser Schicht. Zusammen mit dem Landadel saßen die »yeomen« im Parlament, in dem sie vor allem puritanisches Gedankengut vertraten. Die Darstellung dieser Schicht in der Literatur ist unterschiedlich: Gastfreundschaft, Freigebigkeit und Tugend wurden an ihr ebenso gerühmt wie ihre Habsucht und Engstirnigkeit getadelt. Die übrigen Schichten hatten keinen politischen Einfluß. Die unterste Klasse, die aus Bettlern, arbeitslosen Landarbeitern und vagabundierenden Händlern (s. Autolykus in *The Winter's Tale*) bestand und die immer mehr zunahm, war Gegenstand ständiger Sorge der Regierung, weil sie einen gesellschaftlichen Unruheherd darstellte. Durch rigorose Armengesetze, die Einweisungen in Arbeitshäuser vorsahen und Vagabundieren unter strenge Strafe stellten, ging die Regierung gegen diese Gruppe vor.

Während der Tudorzeit blieb das gesellschaftliche System trotz der Umschichtungen intakt. Durch den regen Austausch zwischen den Klassen wurde ein steriles Abkapseln von sozialen Kasten vermieden, und der Umstand, daß sich zwischen dem Adel und dem niederen Volk eine breite, begüterte Bürgerschicht etablierte, die auch an der politischen Verantwortung teilhatte, verhinderte in England die Entstehung einer tiefen Kluft zwischen Adel und Volk, wie sie sich auf dem Kontinent immer deutlicher abzeichnete.

Sh.'s England: An Account of the Life and Manners of his Age, 2 vols., Oxford, 1916, repr. 1962. – A. V. JUDGES, ed., *The Elizabethan Underworld*, London, 1930. – L. B. WRIGHT, *Middle Class Culture in Elizabethan England*, 1935, repr. London, 1964. – G. B. HARRISON, *The Elizabethan Journals*, London, 1938. – M. CAMPBELL, *The English Yeoman*, New York, 1942. – L. STONE, »Anatomy of Elizabethan Aristocracy«, *EHR*, 18 (1948). – G. M. TREVELYAN, *Illustrated English Social History*, vol. 2: *The Age of Sh. and the Stuart Period*, London, 1950. – H. R. TREVOR-ROPER, »The Elizabethan Aristocracy: An Anatomy Anatomized«, *EHR*, n. s. 3 (1951). – A. L. ROWSE, *The England of Elizabeth: The Structure of Society*, London, 1951. – L. STONE, »The Elizabethan Aristocracy: A Restatement«, *EHR*, n. s. 4 (1952). – H. R. TREVOR-ROPER, »The Gentry, 1540–1640«, *EHR*, Supplements I (1953). – R. H. TAWNEY, »The Rise of the Gentry, 1558–1640« und »Postscript«, in: *Essays in Economic History*, ed. E. M. Carus-Wilson, London, 1954. – A. ROSENBERG, *Leicester: Patron of Letters*, New York, 1955, 1958². – F. E. HALLIDAY, *Sh. in his Age*, London, 1956. – L. E. PEARSON, *Elizabethans at Home*, Stanford, Cal., 1957. – E. BURTON, *The Elizabethans at Home*, London, 1958. – I. BROWN, *Sh. in his Time*, Edinburgh, 1960. – A. J. SCHMIDT, *The Yeoman in Tudor and Stuart England*, Washington, 1961. – M. ST. C. BYRNE, *Elizabethan Life in Town and Country*, London, 1961. – J. BUXTON, *Elizabethan Taste*, London, 1963. – P. WILLIAMS, *Life in Tudor England*, London, 1964. – A. B. FERGUSON, *The Articulate Citizen and the English Renaissance*, Durham, N. C., 1965. – M. HOLMES, *Elizabethan London*, London, 1969. – D. M. BERGERON, *English Civic Pageantry 1558–1642*, London, 1971. – T. R. FORBES, *Chronicle from Aldgate: Life and Death in Sh.'s London*, New Haven, 1971. – A. L. ROWSE, *The Elizabethan Renaissance: The Life of the Society*, London, 1971. – J. HURSTFIELD, A. G. R. SMITH, eds., *Elizabethan People: State and Society*, London, 1972. – J. L. BARROLL, »The Social and Literary Context«, in: *The Revels History of Drama in English*, vol. 3: *1576–1613*, London, 1975. – Vgl. auch einschlägige Bände der Pelican Social History.

5. DIE WIRTSCHAFTLICHE ENTWICKLUNG ENGLANDS
UNTER DEN TUDORS

Die Wirtschaftsstruktur Englands erfuhr im 16. Jahrhundert eine rapide und umfassende Veränderung, die nur mit der industriellen Revolution zu Beginn des 19. Jahrhunderts verglichen werden kann. Für England war es von entscheidender Bedeutung, daß durch die Entdeckung Amerikas der Atlantische Ozean das Mittelmeer als bedeutendstes Handelsmeer ablöste. Dadurch geriet es aus einer handelspolitischen Randlage in eine besonders günstige zentrale Position. Durch das nach England hereinströmende Gold und Silber aus den amerikanischen Minen nahm der Geldumlauf in Europa sprungartig zu, was einen allgemeinen Preisauftrieb zur Folge hatte. Zwischen 1550 und 1650 stiegen in England die Preise durchschnittlich um das Dreifache.

Die Möglichkeiten, Kapital anzuhäufen und durch Spekulationen ebenso rasche wie riesige Gewinne zu erzielen, waren nie zuvor in einem solchen Maße gegeben wie im 16. Jahrhundert. Der neue Reichtum verteilte sich dabei recht unterschiedlich auf die einzelnen Schichten. Weil die Löhne mit den Preisanstiegen nicht Schritt hielten, wurden die Wohlhabenden zumeist noch reicher, die Klassen der Lohnarbeiter aber verarmten noch mehr.

England profitierte von der allgemeinen europäischen Ent-

wicklung zur Geldwirtschaft und zu frühkapitalistischen Wirtschaftsformen von allen Ländern am meisten, weil die im 16. Jahrhundert wirkenden Impulse auf eine günstige Situation trafen
und kein Krieg auf englischem Boden den Handel störte. Bereits
im späten Mittelalter hatte die Entfeudalisierung der Agrarwirtschaft begonnen, die den Arbeiter aus der patriarchalischen Struktur herauslöste und ihn zum Lohnarbeiter machte, der seine
Arbeitskraft frei anbot. Durch die seit 1470 zunehmende Tendenz, das Agrarland einzufrieden und in Weideland für Schafherden der Wollindustrie umzuwandeln, wurde die alte Wirtschaftsform entscheidend geschwächt. Früher als auf dem Kontinent lockerte sich die starre Zunftordnung in den Städten, und
die englischen Kaufleute und Gewerbetreibenden entschlossen
sich eher als dort, in nationalen Größenordnungen zu planen und
einen intensiven Außenhandel aufzubauen.

Den ersten Höhepunkt hatte die Wirtschaftsentwicklung in
England in den achtziger Jahren des 16. Jahrhunderts, als die
Maßnahmen ELISABETHS und ihrer Berater zur Sanierung der
Wirtschaft im vollen Umfang zu wirken begannen. Eine der
wichtigsten Verordnungen war die Ausgabe neuer Münzen zu
Beginn ihrer Regierung, weil der internationale Kurswert des
englischen Geldes durch die Münzverschlechterung unter HEIN
RICH VIII. und EDUARD VI. stark gesunken war. Der steigende
Geldbedarf machte auch neue Finanzierungstechniken nötig, was
1572 zur Legalisierung des Wucherzinses führte (s. *The Merchant
of Venice*).

Im 16. Jahrhundert wurde in England mit dem intensiven Abbau der Bodenschätze begonnen. Zahlreiche Erfindungen ermöglichten die Steigerung der Förderleistungen, insbesondere von
Kohle, deren Export im Lauf des 16. Jahrhunderts um das Zehnfache stieg. Die Technik der Verhüttung von Erzen und der Herstellung von Legierungen wurde entscheidend verbessert und
machte England bald unabhängig vom Import.

Ein wichtiger Faktor für die beginnende Industrialisierung des
Landes war der Zustrom französischer und flandrischer Handwerker, die aus Glaubensgründen nach England flohen. Sie führten neue Industriezweige ein, die alsbald dort heimisch wurden.
Hand in Hand mit der industriellen Ausbeute der Bodenschätze

ging die systematische Erschließung neuer Handelswege. Die abenteuerlichen Schiffsreisen, die zu dieser Zeit von englischen Seefahrern unternommen wurden, waren gleichermaßen von politischen Zielsetzungen wie von kaufmännischem Gewinnstreben bestimmt. Um diese Reisen finanzieren zu können und um das finanzielle Risiko besser abzusichern, entstanden Handelskompagnien. Diese erzielten zum Teil erhebliche Gewinne; DRAKES Weltumseglung z. B. brachte den Finanziers einen Gewinn von 4700% ein. Freilich war die Gefahr ebenso groß, über Nacht durch Bankrott sein gesamtes Vermögen zu verlieren.

Die Hektik der wirtschaftlichen Entwicklung beeinflußte tief das Verhalten der damaligen Gesellschaft. Eine allgemeine Geldgier und Gewinnsucht, die alle Kreise erfaßte, war die Folge. Dramen wie MARLOWES *Jew of Malta* und Shakespeares *Merchant of Venice* und *Timon of Athens* sind als kritische Darstellungen dieser neuen Haltung dem Geld gegenüber gedeutet worden. Das Bedürfnis, den erworbenen Reichtum in luxuriösen Landsitzen und in aufwendiger Lebensweise sichtbar zu dokumentieren, führte zu einer regen Bautätigkeit und förderte die Produktion und den Import von Luxusgütern. Die Puritaner predigten eine neue Arbeitsmoral; sie erklärten das Streben nach Wohlstand zum gottgefälligen Werk und verdammten die beschauliche Muße. Die Schicht der Armen, die sich durch die wirtschaftliche Entwicklung beträchtlich vergrößerte, wurde aus politischen und ethischen Gründen weniger als je zuvor geduldet. Mit rigorosen Gesetzen wurden sie in den Wirtschaftsprozeß eingegliedert.

Die wirtschaftliche Entwicklung hatte erheblichen Einfluß auf die Literatur dieser Zeit. Die Schriftstellerei blieb bis in die siebziger Jahre des 16. Jahrhunderts eine Angelegenheit des musischen Liebhabers, der von seinem Werk weder leben wollte noch konnte. Die Dichtungen waren noch vielfach nicht für den Druck bestimmt, sondern man wollte damit seinen Freundeskreis, in dem man die Manuskripte zirkulieren ließ, erfreuen. Allenfalls versuchte ein Dichter durch poetische Werke auf seine Talente aufmerksam zu machen, um so durch Fürsprache eines Patrons einen einträglichen und sicheren Posten zu erhalten. Die ersten professionellen Schriftsteller, unter ihnen LODGE, PEELE, GREENE,

MARLOWE, NASHE, kamen in den achtziger Jahren von den Universitäten nach London. Sie versuchten bewußt, ihre Universitätsbildung in einen literarischen Beruf umzusetzen und damit ein sicheres Einkommen zu gewinnen. Die Patronage durch einen Adligen verlor an Bedeutung; sie konnte zwar immer noch in günstigen Fällen wirtschaftliche Sicherheit bedeuten, brachte aber oft nur eine kleine Anerkennungssumme für eine unerbetene Widmung ein.

Der Buchdruck befand sich in den Händen der »Stationers' Company«, die das Druck- und Buchhandelsmonopol hatte. Das Copyright besaß nicht der Autor, sondern der Drucker oder, wenn es sich um Dramen handelte, die aufführende Schauspielertruppe. In London spielten zu dieser Zeit bis zu fünf Truppen, die durchschnittlich alle zwei Wochen ein neues Stück dem Publikum präsentieren wollten. Eine führende Truppe beschäftigte oft bis zu einem Dutzend Schriftsteller, die allein, oder oft auch in Gemeinschaftsarbeit Stücke verfaßten. Der unaufhörliche Bedarf an neuen Theaterstücken trieb viele Schriftsteller dazu, sich dem relativ einträglichen Verfassen von Dramen zuzuwenden. So schrieb z. B. Thomas DEKKER im Auftrage von HENSLOWE, dem Finanzier der Lord Admiral's Men, zwischen 1598 bis 1600 acht Stücke allein und arbeitete an 24 weiteren mit. Pro Stück erhielt er £ 6, was einem Jahreseinkommen von ca. £ 30 entsprach. Das war in der damaligen Zeit ein höheres Einkommen als etwa das eines Pfarrers oder Lehrers. Demgegenüber klagte Ben JONSON, seine Stücke hätten ihm in 20 Jahren nur £ 200 eingetragen, was er auch verdient hätte, wenn er bei seinem erlernten Beruf eines Maurers geblieben wäre. Shakespeare gehörte zweifellos zu den wohlhabendsten Dramatikern seiner Zeit. Sein Einkommen gewann er allerdings nicht nur als Dramatiker, sondern auch als Hauptdarsteller und Teilhaber einer Schauspielertruppe, die von außenstehenden Geldgebern völlig unabhängig war. Durch den Erwerb von Haus- und Grundbesitz in seinem Geburtsort Stratford legte er sein in London erworbenes Vermögen sicher an und folgte damit der Verhaltensweise der Schicht der »yeomanry«, der er entstammte. Sein Vermögen qualifizierte ihn schließlich, für seinen Vater Wappen und Titel eines »Gentleman« zu erwerben.

W.R. SCOTT, *English Joint-Stock Companies to 1720*, 3 vols., London, 1911–1912. – R.H. TAWNEY, *The Agrarian Problem in the Sixteenth Century*, London, 1912. – G. UNWIN, *Studies in Economic History*, London, 1927. – L.C. KNIGHTS, *Drama and Society in the Age of Jonson*, London, 1937. – J.U. NEF, *Industry and Government in France and England, 1540–1640*, American Philosophical Society, 1940. – E.LIPSON, *Economic History of England*, vols. II–III, London, 1943, 1956[6]. – E.M. CARUS-WILSON, ed., *Essays in Economic History*, London, 1954. – F.J. FISHER, ed., *Essays in the Economic and Social History of Tudor and Stuart England*, Cambridge, 1961. – P. SHEAVIN, *The Literary Profession in the Elizabethan Age*, revised by J. W. Saunders, New York, 1967. – G. E. BENTLEY, *The Profession of Dramatist in Sh.'s Time: 1590–1642*, Princeton, 1971. – K. H. NIEBYL, »The Economic Basis of Social Life and the Tudor and Stuart Period«, *ZAA*, 19 (1971). – G. MELCHIORI, »Sh. and the New Economics of his Time«, *Review of National Literatures*, 3 (1972). – A. HARBAGE, »Copper Into Gold«, in: *English Renaissance Drama*, eds. S. Henning, R. Kimbrough, R. Knowles, Carbondale, 1976.

6. DIE PHILOSOPHISCHEN STRÖMUNGEN IM 16. JAHRHUNDERT

Die gesellschaftlichen Umschichtungen, die neuen Wirtschaftsformen und die rasche Zunahme an wissenschaftlichen Kenntnissen auf vielen Gebieten beeinflußten nachhaltig das philosophische Denken der Zeit und führten zu neuen Schwerpunktbildungen in den philosophischen Fragestellungen.

Die Philosophie im 16. Jahrhundert bietet das verwirrende Bild des Nebeneinanders verschiedener philosophischer Systeme, der Verschmelzung der unterschiedlichsten philosophischen Denkformen und eines oft wahllos betriebenen Eklektizismus. Die Metaphysik des Mittelalters wurde bald als unnütze Zeitverschwendung belächelt und verworfen, bald mit neuem Engagement verteidigt. Halbvergessene philosophische Lehren der Antike wie der Stoizismus oder der Epikureismus fanden neues Interesse. Im Gefolge des aus Italien nach England kommenden Neoplatonismus gewann kabbalistisches und alchemistisches Gedankengut Aufmerksamkeit. Die um sich greifende Unsicherheit trieb die einen in irrationale Gläubigkeit, andere hingegen neigten einem bitteren Skeptizismus zu.

Während in Italien die antiken Lehren wie Offenbarungen begrüßt wurden und ihre Verfechter oft genug in scharfen Gegensatz zur Kirche gerieten, versuchten die englischen Humanisten, die meist auch Theologen waren, die neuen Gedanken in das überkommene Lehrgebäude der scholastischen Philosophie einzufügen. Dadurch gelang es ihnen, den Übergang zu neuen

Denkformen müheloser zu vollziehen als in anderen Ländern. Das wohl wichtigste Ergebnis der philosophischen Bemühungen der ersten Generation von Humanisten zu Beginn des 16. Jahrhunderts war eine Akzentverlagerung in der philosophischen Lehre und Fragestellung. Nicht mehr die Erkenntnis um ihrer selbst willen und die Metaphysik standen im Mittelpunkt, sondern die philosophische Durchdringung sozialer, ethischer und politischer Probleme. Der veraltete philosophische Lehrbetrieb an den Universitäten war heftiger Kritik von seiten der Humanisten ausgesetzt, weil er nur wenig zur Lösung der drängenden Probleme in Kirche und Staat beizutragen vermochte. Die Tendenz, mit Hilfe des gesunden Menschenverstandes und mit empirischen Kriterien die Metaphysik der alten Schulen zu widerlegen, breitete sich im Laufe des 16. Jahrhunderts zusehends aus.

Bei aller Kritik der Scholastik blieb jedoch das alte, aus dem Mittelalter stammende Weltbild für die überwiegende Mehrzahl der Menschen des 16. Jahrhunderts verbindlich. Die fundamentalen Anschauungen über den Menschen, den Kosmos und die Geschichte, wie sie im Mittelalter entwickelt wurden, waren so tief in das Bewußtsein der Menschen eingedrungen, daß sie auch für das Denken dieser Zeit bestimmend blieben und die Literatur des 16. Jahrhunderts noch in entscheidender Weise von ihnen geprägt wurde. Die in Teilbereichen vorgetragene Kritik drang erst gegen Ende des 16. Jahrhunderts und zu Beginn des 17. Jahrhunderts in das Bewußtsein einer größeren Schicht ein und löste erst dann den großen Prozeß einer allgemeinen philosophischen Neuorientierung aus, der später allmählich auch auf die Literatur übergriff.

(siehe Bibliographie zu I. A. 7)

7. DAS ELISABETHANISCHE WELTBILD

Die Kosmologie gab Auskunft über das Wesen und den Aufbau des gesamten Weltalls, die Stellung des Menschen innerhalb dieses Kosmos, den Zusammenhang der einzelnen Bereiche der

Schöpfung untereinander und die Beziehung des Kosmos zu Gott, seinem Schöpfer. Die Ansätze zu diesem Ordnungskonzept reichen bis in die Antike zurück, aber erst durch die scholastische Philosophie des Mittelalters wurde es bis in alle Einzelheiten und Verzweigungen ausgebaut.

In der Vorstellung dieses Denkens schwebt das Universum als riesige Kugel im All, das der Wohnsitz Gottes und der Heiligen ist. Die kosmische Kugel war in sich in acht Sphären gestuft, denen jeweils ein Planet oder Fixstern zugeordnet war. Durch die Drehung der Sphären entstand die schon aus der Antike über- lieferte »Sphärenmusik« von vollkommener Harmonie (s. *Merchant of Venice* V, i). Dieser »musica mundana«, die für das menschliche Ohr nicht oder nur in begnadeten Augenblicken vernehmbar ist, korrespondiert im Bereich des geordneten Men- schen die Harmonie der »musica humana«; die akustisch wahr- nehmbare Musik schließlich, die »musica instrumentalis«, gilt als Abglanz jener höheren, geistigen Harmonien. Im Zentrum des Kosmos befand sich die Erde, deren Vielfalt von verschiedenen Stoffen aus der jeweils unterschiedlichen Mischung der vier Ele- mente entstanden war. Auf dieser Erde waren alle Dinge vier übereinander gestuften Bereichen zugeordnet, dem Mineral-, dem Pflanzen-, dem Tier- und dem Menschenreich. Die himm- lischen Sphären übten auf die irdische Sphäre einen bedeutsamen Einfluß aus, den man sich als Einfluß eines ätherischen Mediums von jenen in diese Sphäre dachte. Der gesamte Kosmos war von dem Prinzip der hierarchischen Stufen (degrees) beherrscht – einer Rangordnung, die man sich als »Seinskette«(chain of being) vorstellte (s. *Troilus and Cressida* I, iii). Dieses Prinzip umfaßte nicht nur die materielle Welt, sondern auch die verschiedenen »Seelen« innerhalb des »sublunaren«, d. h. des unterhalb der Mond- sphäre liegenden irdischen Bereichs. Den untersten Rang nahm auf der Erde das Mineralreich ein, weil es hier nur Sein gab, aber kein Leben; über ihm stand das Pflanzenreich, in dem alle We- sen mit der vegetativen Seele, die Wachstum und Vermehrung bewirkte, zusammengefaßt waren. Dann folgte das Tierreich mit allen Lebewesen, die eine animalische Seele besaßen, und ganz oben auf der Rangleiter dieser Hierarchie stand der Mensch, weil er als einziges irdisches und an die Materie gebundenes

Wesen eine rationale Seele besaß. Aufgrund seines Körpers gehörte er dem physischen Bereich der irdischen Region an und war ein Teil davon. Durch seine rationale Seele gehörte er aber ebenso zu den reinen Geistern, die über die himmlischen Sphären des Kosmos herrschten. Während diese Geister die ewigen und allgemeingültigen Wahrheiten aber unmittelbar zu erkennen imstande waren, mußte sie der Mensch, da er an die Materie gebunden war, aus den Wahrnehmungen der Sinne durch Abstraktion gewinnen. Er war also das höchste Lebewesen der irdischen Region und zugleich das niederste im Reich der reinen Geister, er stand zwischen Tier und Engel. Dadurch nahm er im Kosmos eine einzigartige Position ein: er war der Knoten des Universums, in dem sich Materie und Geist vereinten. Durch diese Verbindung wurde er zum Abbild des gesamten Kosmos. Als »Mikrokosmos« bildete er bis in körperliche Einzelheiten hinein den Makrokosmos in sich ab. In solcher analogen Beziehung zwischen Mensch und Kosmos wurde in der Renaissanceliteratur die »conditio humana« immer wieder dargestellt; in Shakespeares Werk erscheint diese Vorstellung sowohl in umfassenden Andeutungen der menschlichen Situation wie auch – weit häufiger – in kleinen, bildhaften Anspielungen.

Der Mensch war nicht nur durch den Besitz einer rationalen Seele vor allen anderen irdischen Lebewesen ausgezeichnet, sondern sein Körper als Wohnsitz dieser Seele war zugleich die schönste Erscheinung in der sinnlich erfaßbaren Welt. Die Schönheit der menschlichen Gestalt wies auf die Herrlichkeit der göttlichen Vernunft hin, die ihr innewohnt. Hierin lag die Begründung für den Kult, mit dem die Künstler und Dichter der Renaissance die Schönheit des weiblichen und männlichen Körpers feierten.

Da alle Teilbereiche des Kosmos analog dem hierarchischen Aufbau des ganzen Kosmos geordnet sind, gelten für die menschliche Gesellschaft bzw. den Staat die gleichen Gesetze und die gleichen Ordnungsformen wie für den Kosmos insgesamt. Der König ist nicht ein Despot, der nach seiner Willkür regieren kann, sondern ein Stellvertreter Gottes. Sein Handeln im Staat muß Abbild der göttlichen Gerechtigkeit sein, wodurch er zum Garanten der göttlichen Ordnung für diesen Bereich des Kosmos wird. Die staatliche Gemeinschaft ist analog dem Kosmos hierarchisch in Klassen gegliedert, von denen jede wie die Organe des Körpers bestimmte Funktionen wahrzunehmen hat. Verhält sich ein Volk entsprechend den göttlichen Gesetzen, so ist Friede, Einigkeit und Wohlstand die Folge dieser Harmonie mit dem Kosmos, eine Verletzung der Gesetze stiftet Zwietracht, Aufruhr und Bürgerkrieg. Da wahre Freiheit nur dann gegeben ist, wenn der Mensch sich in Harmonie mit den kosmischen Gesetzen befindet, führt das Chaos zu dumpfer Unfreiheit.

Der ursprünglich von Gott in idealer Harmonie eingerichtete Kosmos ist in ständiger Gefahr, sich wieder in das Chaos zurückzuverwandeln. Durch den engen Zusammenhang zwischen den einzelnen Bereichen des Kosmos hat die Verletzung der Ordnung in einem Teilbereich eine Störung des gesamten Kosmos zur Folge. Der Mensch ist die Hauptursache der Gefährdung des Kosmos, weil durch die Erbsünde seine geistige und moralische Kraft entscheidend geschwächt wurde. Seitdem besteht in ihm eine Neigung, die gottgewollte Ordnung umzustürzen, so daß der Körper über die Seele, die Leidenschaften und die Einbildungskraft über die Vernunft herrschen und die rationale Seele des Menschen ihr Interesse auf die Welt der Sinne richtet anstatt auf die Betrachtung der ewigen Wahrheiten. Die dem Menschen innewohnende Tendenz zum Chaos korrumpiert zugleich aufgrund der innigen Verknüpfung aller Bereiche der Schöpfung auch die gesamte irdische Sphäre. Die Giftigkeit der Pflanzen, die Gefährlichkeit der Tiere, die Seuchen und die Naturkatastrophen fanden hier ihre Begründung.

Dieses Weltbild bestimmte die Geschichtsdeutung der elisabethanischen Zeit. Geschichte war letztlich die Auseinandersetzung zwischen metaphysischen Mächten, der göttlichen Vorsehung einerseits und den von Satan angeführten Mächten des Chaos andrerseits, innerhalb des Herrschaftsbereichs des Menschen. Während die göttliche Vorsehung im Verein mit den Menschen, die sich auf Seiten der göttlichen Ordnung gestellt haben, bestrebt ist, in der menschlichen Gemeinschaft den kosmischen Gesetzen und der hierarchischen Struktur Geltung zu verschaffen, versuchen Satan und seine menschlichen Helfershelfer, das Chaos heraufzuführen. Jede Verletzung der staatlichen

Autorität, jeder Versuch, das Klassensystem zu beseitigen, und jeder Aufstand gegen den legitimen König galten als Versuch, den gesamten Kosmos zu zerstören, und als Verbrechen, welches das göttliche Strafgericht über die gesamte Nation zu bringen drohte. Unter diesem Aspekt wurde vor allem die englische Geschichte seit den Rosenkriegen interpretiert und der Herrschaftsanspruch des Tudor-Hauses begründet (Tudor Myth).

Die Richtigkeit dieser Weltdeutung wurde bereits im 16. Jahrhundert vereinzelt in Zweifel gezogen. Das heliozentrische System des KOPERNIKUS, das dem bisherigen Weltbild die Basis entzog, wurde bereits 1543 veröffentlicht, blieb aber als Hypothese ohne Wirkung, bis GALILEI zu Beginn des 17. Jahrhunderts naturwissenschaftliche Beweise vorlegte. Größeren Einfluß auf das Denken der Menschen des 16. Jahrhunderts übte hingegen MONTAIGNE aus, dessen Schriften weite Verbreitung fanden. Er unterzog vor allem die zentrale Stellung des Menschen und seine daraus abgeleitete Würde einer skeptischen und ironischen Kritik und trug viel dazu bei, den Glauben an die Gültigkeit dieses Weltbildes zu erschüttern. Von besonderer Bedeutung waren MACHIAVELLIS staatstheoretische Schriften, die in den ersten Jahrzehnten des 16. Jahrhunderts erschienen. MACHIAVALLI ging nicht mehr von den metaphysischen Grundlagen des Staates aus; er beschrieb nicht das Leben, »wie es sein sollte«, sondern »wie es ist« (*Principe*, XV). Das Schicksal eines Volkes leitet sich nach der Auffassung MACHIAVELLIS nicht aus der Befolgung oder der Verletzung göttlicher Gesetze her, sondern beruht auf der »virtù«, der Summe aller Lebensenergien eines Volkes. Der Fürst als Interpret und Vollzieher dieser »virtù« ist den traditionellen Gesetzen der Moral nicht unterworfen. Sein Handeln wird allein bestimmt vom Lebensinteresse des Volkes, das auf Grund der bösartigen Neigungen des Menschen oft nur mit Gewalt realisiert werden kann. Indem sie diese Ideen in ungenauer Form aufgriff, stellte die englische Literatur des 16. Jahrhunderts den machiavellistischen Fürsten als verdammungswürdigen Despoten und MACHIAVELLI selbst als den Erzschurken dar. Dennoch trugen MACHIAVELLIS staatstheoretische Überlegungen dazu bei, den Glauben an die bisherige Staats- und Gesellschaftsordnung nachhaltig zu erschüttern.

Gegen Ende des 16. Jahrhunderts fanden die neuplatonischen Schriften italienischer Gelehrter wie FICINO und PICO Eingang in England und belebten wieder das Studium der platonischen Philosophie. Die Vorstellungs- und Bilderwelt dieser Schriften, vor allem die oft schwärmerisch mit einem Zug ins Mystisch-Spekulative vorgetragene Vision einer Welt reiner Formen, absoluter Wahrheit und Schönheit, von der die physische Welt nur ein schattenhaftes Abbild ist und zu der die Seele emporstrebt, beeinflußte insbesondere die Dichter dieser Zeit. In ihren Werken versuchten sie, diese Vorstellungen mit der traditionellen Kosmologie zu verschmelzen, indem sie die platonische Stufenleiter und die mittelalterliche hierarchische Weltordnung gleichsetzten. Im Gefolge der Wiederbelebung des Neuplatonismus drangen die hermetischen Schriften, das Gedankengut der jüdischen Kabbala, der Alchemie und orientalischer Weisheitslehren nach England, wo sie eine Welle der okkulten Spekulation auslösten. Die Emanationslehre der Kabbala, nach der die Welt über zahllose Zwischenstufen aus Gott herausströmt, versorgte mit ihrer differenzierten Dämonen- und Symbollehre in Verbindung mit pantheistischen und panpsychistischen Weltdeutungen die Dichter mit einem reichen Vorrat an phantasievollen Allegorien und beziehungsreichen symbolischen Bildern. Daneben aber kündigte sich am Ende des 16. Jahrhunderts bereits eine neue Geisteshaltung an, die auf der strengen Trennung zwischen der metaphysischen Spekulation und der experimentellen Erforschung der physischen Wirklichkeit bestand. Die Bibel als Autorität in naturwissenschaftlichen Fragen wurde verworfen, Glaubensinhalte und naturwissenschaftliche Forschung streng voneinander geschieden. Wie die Schriften BACONs, des Wegbereiters des Empirismus, zeigen, vermochte sich dieser philosophische Neuansatz nur zögernd von den Denkformen der mittelalterlichen Scholastik zu lösen und konnte sich erst im 17. und 18. Jahrhundert durchsetzen.

Die verschiedenen philosophischen Richtungen fanden in London, dessen lebendiges geistiges Leben in dieser Zeit vielfach gerühmt wurde, ihre Anhänger und wurden in den gebildeten Schichten lebhaft erörtert. Shakespeare, der sich als erfolgreicher Dramatiker und Dichter in verschiedenen Zirkeln bewegte,

dürfte hier mit diesen geistigen Strömungen vertraut geworden
sein. Wenn er jedoch die philosophischen Vorstellungen, Begriffe und Symbole in seine Werke übernimmt, so wählt er sie
vorwiegend nach ästhetischen Gesichtspunkten aus; oft erscheinen sie hier auch neu nuanciert und umgedeutet. Welcher Philosophie Shakespeare selbst anhing, kann aus seinen Werken nicht
erschlossen werden.

J. WINNY, ed., *The Frame of Order: An Outline of Elizabethan Belief from Treatises
of the Late Sixteenth Century*, London, 1957. – H. O. TAYLOR, *The English Mind*,
1920, repr. New York, 1962. – L. EINSTEIN, *Tudor Ideals*, 1921, repr. New York,
1962. – E. CASSIRER, *Individuum und Kosmos in der Philosophie der Renaissance*,
Leipzig, 1927. – J. W. ALLEN, *History of Political Thought in the Sixteenth Century*,
London, 1928. – M. PRAZ, »Machiavelli and the Elizabethans«, *PBA*, 13 (1928). –
H. CRAIG, *The Enchanted Glass: The Elizabethan Mind in Literature*, 1935, repr.
Oxford, 1960; *New Lamps for the Old: A Sequel to the Enchanted Glass*, Oxford,
1960. – A. O. LOVEJOY, *The Great Chain of Being*, Cambridge, Mass., 1936. –
W. C. CURRY, *Sh.'s Philosophical Patterns*, Baton Rouge, 1937, 1959². – T.
SPENCER, *Sh. and the Nature of Man*, Cambridge, 1943, 1951². – E. M. W.
TILLYARD, *The Elizabethan World Picture*, London, 1943. – M. H. CARRÉ,
Phases of Thought in England, London, 1949. – J. F. DANBY, *Sh.'s Doctrine of
Nature: A Study of King Lear*, London, 1949. – V. HARRIS, *All Coherence Gone*,
Chicago, 1949. – H. BAKER, *The Wars of Truth: Studies in the Decay of Christian
Humanism in the Earlier Seventeenth Century*, Cambridge, Mass., 1952. – C.
MORRIS, *Political Thought in England: Tyndale to Hooker*, London, 1953. – L.
MILES, *John Colet and the Platonic Tradition*, London, 1961. – R. HOOPES, *Right
Reason in the English Renaissance*, Cambridge, Mass., 1962. – M. GREAVES, *The
Blazon of Honour: A Study in Renaissance Magnanimity*, London, 1964. – D. C.
ALLEN, *Doubt's Boundless Sea: Skepticism and Faith in the Renaissance*, Baltimore,
1964. – F. RAAB, *The English Face of Machiavelli*, London, 1965. – G. T.
BUCKLEY, *Atheism in the English Renaissance*, New York, 1965. – A. ESLER, *The
Aspiring Mind of the Elizabethan Younger Generation*, Durham, N. C., 1966. – W. R.
ELTON, »Sh. and the Thought of His Age«, in: *A New Companion to Sh. Studies*,
eds. K. Muir, S. Schoenbaum, Cambridge, 1971. – D. G. HALE, *The Body Politic:
A Political Metaphor in Renaissance English Literature*, The Hague, 1971. – B. L.
JOSEPH, *Sh.'s Eden: The Commonwealth of England 1558–1629*, London, 1971. –
W. SHUMAKER, *The Occult Sciences in the Renaissance*, Berkeley, 1972. – F. G.
EMMISON, *Elizabethan Life: Morals and the Church Courts*, Chelmsford, 1973. –
S. K. HENINGER, *Touches of Sweet Harmony: Pythagorean Cosmology and Renais-
sance Poetics*, San Marino, California, 1974. – L. BARKAN, *Nature's Work of Art:
The Human Body as Image of the World*, New Haven, 1975. – J. W. LEVER, »Sh.
and the Ideas of His Time«, *ShS*, 29 (1976) (Forschungsbericht). – P. O. KRISTEL-
LER, *Humanismus und Renaissance*, hrsg. E. Keßler, übers. R. Schweyen-Ott,
2 Bde., München, 1974–76.

8. DIE ELISABETHANISCHE PSYCHOLOGIE

Shakespeare hat sich bei der Darstellung von Charakteren und
seelischen Vorgängen häufig der Vorstellungen und Formeln
der zeitgenössischen Psychologie bedient, die ein völlig anderes
Bild vom Menschen und seinen Seelenkräften hatte als die heu-

tige Zeit. Aus der Häufigkeit, mit der Shakespeare in der Ausdrucksweise seiner Zeit auf psychologische Tatbestände verweist, und aus dem Umstand, daß eine Reihe von Figuren bis in Einzelheiten Verhaltensweisen zeigen, die nach der damaligen Psychologie typisch für eine bestimmte seelische Erkrankung waren, darf jedoch nicht geschlossen werden, daß Shakespeare exemplarische Fallstudien in dramatisierter Form habe vorführen wollen. Eine solche Deutung übersieht, daß Shakespeare unbedenklich bei den verschiedensten Wissenschaften und deren Fachsprachen Anleihen nahm, wenn immer es seiner dramaturgischen Konzeption dienlich erschien.

Die psychologische Lehre der elisabethanischen Zeit beruhte auf den Grundlagen der antiken und mittelalterlichen Autoritäten und wurde in enger Verbindung mit den kosmologischen Vorstellungen und der Auffassung vom Menschen als einem Mikrokosmos entwickelt. Wie alle irdischen Erscheinungsformen bestand auch der menschliche Körper aus den vier Elementen. Diesen vier Elementen entsprachen vier Säfte (humours) im Körper des Menschen, deren Eigenschaften den vier Elementen ähnelten. Die vier Säfte sind das gleich der Luft als warm und feucht begriffene Blut, die in ihrer warmen und trockenen Beschaffenheit dem Feuer assoziierte gelbe Galle, der wasserartige kalte und feuchte Schleim und die schwarze Galle, die man sich in Analogie zur Erde als kalt und trocken vorstellte. Diese Säfte entstehen durch die Nahrung, die der Mensch zu sich nimmt, so daß die Ernährung einen entscheidenden Einfluß auf die seelische Verfassung ausübt. Jeder Saft war an einer bestimmten Stelle des Körpers lokalisiert, und wenn alle Säfte in der richtigen Menge und Mischung im Körper vorhanden waren, befand sich der betreffende Mensch in vollkommener körperlicher und seelischer Gesundheit, in Harmonie mit sich selbst und dem Kosmos. Dieser ideale Zustand war jedoch durch die Erbsünde gestört. Die so begründete übermäßige Ausbreitung und Vermehrung eines einzigen Saftes im Körper war die Ursache von bestimmten seelischen Zuständen, charakterlichen Anlagen und – im Extremfall – von Krankheiten. Menschen z. B., die einen Überfluß an Blut hatten, waren von rötlichem Aussehen, und zu ihren charakterlichen Eigenschaften gehörten besonders Mut und

Klugheit, Witz und Fröhlichkeit. Der cholerische Mensch, in dem die feuerhafte gelbe Galle dominierte, war heftig und aufbrausend, tollkühn, ironisch und bösartig. Menschen mit einem Überschuß an wasserartigem Phlegma waren von blasser Hautfarbe, schwerfällig und träge, ihre geistigen Fähigkeiten waren beschränkt. Das besondere Interesse der elisabethanischen Zeit galt dem Menschen, der sich durch ein Übermaß an kaltem und trockenem »humour« auszeichnete, dem Melancholiker, dessen Aussehen als dunkel und schlank beschrieben wurde und dessen Gemütsart man als traurig, umdüstert und verschlossen charakterisierte. Man unterschied dabei zwei Formen von Melancholie, eine natürliche und eine »ausgebrannte« Spielart (melancholy adust), die durch eine allgemeine Austrocknung des Körpers entstand. Vor allem über die letztere wurde im 16. Jahrhundert viel geschrieben, weil in ihr die Erklärung für eine Anzahl von ungewöhnlichen Verhaltensweisen und Eigenschaften gesehen wurde. Durch sie konnte der menschliche Geist in die größte Verwirrung gebracht werden, die schließlich mit völliger Unterjochung der Vernunft zum Wahnsinn sich steigern konnte. Andererseits war sie imstande, die Vernunft in besonderer Weise zu unterstützen und einen besonderen Scharfsinn zu bewirken. Genialität und die Fähigkeit, Dämonen und Geister wahrzunehmen und mit ihnen zu verkehren, wurden auf die »ausgebrannte Melancholie« zurückgeführt.

Die Zusammensetzung der Körpersäfte war vielen Einflüssen und damit einer ständigen Veränderung unterworfen. Aufgrund der engen Beziehungen zwischen dem Makrokosmos und dem menschlichen Mikrokosmos übten die wechselnden Planetenkonstellationen ihren tiefgreifenden Einfluß auf das Leben des Menschen aus. Daneben wirkten die verschiedenen Lebensperioden, das Klima und die geographische Lage, die Nahrung und die Jahreszeiten auf die Zusammensetzung der Säfte ein und bestimmten dadurch die körperliche Verfassung und geistige Gestimmtheit eines Menschen mit.

Von besonderem Interesse für die Dramatiker war die Psychologie der Leidenschaften. Als Mikrokosmos vereinigte der Mensch die drei verschiedenen Seelenformen des Kosmos in sich, die »anima vegetabilis«, die der Pflanzenwelt zugeordnet

war und die Fähigkeit der Ernährung und des Wachstums bewirkte, die »anima sensibilis«, die der Mensch mit der Tierwelt
gemeinsam hatte und die die Fähigkeit der Bewegung und der
Sinneswahrnehmungen vermittelte und der Sitz des Begehrens,
soweit es sich auf irdische Dinge richtete, war, und schließlich
die »anima rationalis«, die er als einziges irdisches Lebewesen mit
den höheren Geistern teilte. Diese verlieh ihm die Urteilskraft,
die Erkenntnis der Wahrheit, die Fähigkeit der Unterscheidung
von Gut und Böse und den Impuls, zu Gott hinzustreben. Die
Tierseele in ihrem begehrlichen Teil war der Sitz der Leidenschaften. Als niedere animalische Seelenkräfte sollten diese der
göttlichen Vernunft unterworfen und von ihr gelenkt sein. Aber
infolge der Erbsünde trachteten sie danach, sich von der Herrschaft der Vernunft zu befreien und diese in ihre Gewalt zu
bringen. Je nach ihrer Natur wirkten die Leidenschaften auch
auf die verschiedenen Körpersäfte ein und erzeugten so eine einseitige seelische Verfassung, die ebenfalls als »humour« bezeichnet
wurde. So veranlassen z. B. kalte und trockene Leidenschaften
wie Trauer und Furcht die Milz, einen Überschuß an schwarzer
Gallenflüssigkeit zu erzeugen und zur gleichen Zeit durch Ver-
engung des Herzens das Blut zu verringern. Zorn hingegen
produzierte im Überfluß gelbe Galle und Blut zugleich.

Diese Lehre vom Aufbau der menschlichen Seele und ihren
Kräften, die wie kaum eine andere psychologische Theorie auf
der engen Verbindung von Körper und Seele beruhte, war so
weitverbreitet, daß ihre Vorstellungen in den allgemeinen
Sprachschatz eindrangen. Eine Fülle von Stellen in Shakespeares
Werken zeigt, wie selbstverständlich sich Shakespeare dieses
Systems bediente, um die Aktionen und Reaktionen seiner Büh-
nenfiguren zu beschreiben und zu deuten.

R. L. ANDERSON, *Elizabethan Psychology and Sh.'s Plays*, Iowa City, 1927. –
L. B. CAMPBELL, *Sh.'s Tragic Heroes: Slaves of Passion*, Cambridge, 1930. –
J. W. DRAPER, *The Humours and Sh.'s Characters*, New York, 1945. – L. BABB,
The Elizabethan Malady, East Lansing, 1951. – P. CRUTTWELL, »Physiology
and Psychology in Sh.'s Age«, *JHI*, 12 (1951). – J. B. BAMBOROUGH, *The
Little World of Man*, London, 1952. – J. SCHÄFER, *Wort und Begriff ›Humour‹ in
der elisabethanischen Komödie*, Münster, 1966. – I. I. EDGAR, *Sh., Medicine and
Psychiatry*, London, 1971.

9. Die Lehre von den Tugenden und Lastern

Die moralphilosophischen Vorstellungen des 16. Jahrhunderts
entwickelten sich in dem Versuch, platonische und aristotelische
Gedanken mit der christlichen Ethik, wie sie von der Scholastik
erarbeitet wurde, zu verschmelzen und sie mit den psychologischen Vorstellungen der Zeit in Verbindung zu bringen. Im
Anschluß an Aristoteles wurden zwei Arten von Tugend unterschieden: die intellektuelle Tugend, die der Vernunft zugeordnet
ist, und die moralische Tugend, die zur Willenskraft in Beziehung
steht. Erstere wurde durch Lehre vermittelt, die letztere durch
Einübung. Die im 16. Jahrhundert am häufigsten vorgetragene
Definition der Tugend beschrieb diese als Mäßigung und Nüchternheit, als das Beschreiten eines Mittelweges zwischen zwei
extremen Positionen. Ein anderer wichtiger Aspekt der Tugend,
der durch die Lektüre der moralphilosophischen Schriften
Ciceros Verbreitung fand, war der Begriff des »decorum«. Unter
»decorum« wurde die Angemessenheit von Verhaltensweisen
verstanden, bezogen auf die Situation, die soziale Stellung, das
Alter und das Temperament des einzelnen Menschen. Daraus
ergab sich für jeden Menschen und für jede Situation eine ethische
Norm, die, insofern sie erfüllt wurde, ihn moralisch gut und
tugendhaft machte. Unter dem Einfluß der Lehre von den Kardinaltugenden und den verschiedenen Leidenschaften entwickelte
sich aus dem generellen Tugendbegriff ein Tugendsystem. Als
Tugenden wurden die eigentlich moralisch neutralen Leidenschaften definiert, sofern sie der Herrschaft der Vernunft vollkommen unterworfen waren.

Einer moralischen Handlung ging in der Vorstellung der damaligen Zeit ein komplexer seelischer Prozeß voraus: Im Vollzug einer guten Handlung wurden durch die Sinneswahrnehmungen Leidenschaften geweckt, die in der animalischen Seele
des Menschen wohnten. Diese unterstellten ihr Begehren dem
Urteil der Vernunft, welche ihren Sitz in der rationalen Seele
des Menschen hatte. Der Wille setzte sodann das Urteil der Vernunft in einen Handlungsimpuls um; die Ausführung der Aktion
aber wurde wiederum Leidenschaften überlassen. War die Vernunft geschwächt oder verführt, so bemächtigten sich die Lei-

denschaften des Willens, was zu lasterhaften Handlungen führte. Diese Auffassung über das Zustandekommen menschlicher Handlungsweisen ist bedeutsam für das Verständnis des Dramas dieser Zeit; auf ihr beruht im wesentlichen die Unterscheidung zwischen einem tragischen Helden und einem Schurken. Die Situation des tragischen Helden war dadurch geprägt, daß sich in ihm ein heftiger Kampf der Leidenschaften gegen Vernunft und Wille abspielte. Solange Vernunft und Wille sich gegen die Übermacht der Leidenschaften aufbäumten, war er nicht verworfen. Im Schurken jedoch hatte eine totale Entmachtung der Vernunft stattgefunden, und der Wille war von den Leidenschaften für ihre Ziele pervertiert worden. Eine solche Unterjochung konnte nicht wieder rückgängig gemacht werden, und der Mensch verfiel dem göttlichen Strafgericht.

(siehe Bibliographie zu I. A. 8.)

10. Erziehung und Bildungsideal

Durch die Aufhebung der Klöster im Zuge der von HEINRICH VIII. durchgeführten Reformation ging das Schulwesen, das bis dahin weitgehend unter der Leitung der Geistlichkeit stand, mehr und mehr in die Hände von Laien über. Da im ganzen Land, durch die Arbeit der Humanisten gefördert, ein reges Interesse an guter Erziehung und Bildung herrschte, wurden während des 16. Jahrhunderts ständig neue Schulen gegründet, so daß es am Ende des Jahrhunderts kaum eine Stadt gab, die nicht eine Grammar School besaß. Gründer dieser Schulen waren nicht nur die städtischen Behörden, sondern auch wohlhabende Kaufmannsgilden und Privatleute. Die Aufsicht über die Schulen und Lehrer lag bei den anglikanischen Kirchenbehörden. Dem Besuch einer Grammar School ging der Besuch einer Vorschule (Petty School) voraus, in der Jungen und Mädchen gemeinsam im Lesen, Schreiben und Rechnen unterrichtet wurden. Die Bücher, die hierfür verwendet wurden, waren das »Hornbook« (ABC), der Katechismus und der »Primer«, der Gebete, Psalmen und Litaneien enthielt (s. *Love's Labour's Lost*, V, i). Nur diese

Schulbücher waren in der Muttersprache abgefaßt. Nach zwei bis drei Jahren erfolgte der Übertritt in die Grammar School, deren Besuch sieben Jahre dauerte. Die wichtigste Aufgabe in dieser Zeit war, durch Grammatikstudium, Textanalyse, Abfassen von Texten und Konversation eine gründliche Kenntnis der lateinischen Sprache in Wort und Schrift zu vermitteln. Daneben wurden noch Griechisch und etwas Hebräisch gelehrt. Weil der Lateinunterricht nicht nur das Studium der Grammatik, sondern auch die sorgfältige Lektüre antiker Autoren betrieb, wurde gleichzeitig mit der Sprache die genaue Kenntnis einer Reihe von lateinischen Schriftstellern vermittelt. Unter den Schulautoren waren stets AESOP, TERENZ, CICERO, VERGIL, OVID, SALLUST, CAESAR, PLAUTUS und JUVENAL vertreten. In den letzten beiden Jahren kam der Unterricht in Rhetorik hinzu, der Lehre von den verschiedenen Redeformen, Ausdrucksweisen und sprachlichen Ebenen. Dabei wurde auch die Poetik, die aus der Antike tradierte normative Lehre vom Dichten, ausführlich behandelt. Neben dem intensiven Unterricht in den alten Sprachen wurde auf den Grammar Schools etwas Mathematik, Musik, Geographie und Geschichte vermittelt. Eine wichtige erzieherische Rolle maß man den Aufführungen lateinischer Dramen durch die Schüler bei. Diese Dramen wurden oft von den Schulleitern selbst in Anlehnung an berühmte antike Vorbilder verfaßt. Indem die Lehrer auf solche Weise ihren Schülern die Kenntnis der antiken Dramenliteratur vermittelten und in ihnen den Sinn für diese Kunstform und ihre ästhetischen Gesetze weckten, übten sie einen erheblichen Einfluß auf die Entwicklung des englischen Dramas aus.

Das Studium auf den Universitäten, die in die Fakultäten Philosophie, Recht, Medizin und Theologie gegliedert waren, beruhte im wesentlichen auf den im Mittelalter entwickelten Studiengängen, dem »Trivium« und »Quadrivium«. Während der ersten beiden Jahre wurden in der philosophischen Fakultät Rhetorik, Logik und Mathematik getrieben, die beiden letzten Jahre waren vor allem der Philosophie gewidmet, die in Metaphysik, Naturphilosophie und Ethik gegliedert war. Bevorzugte Textgrundlagen waren neben PLATON, PLINIUS, HIPPOKRATES, STRABO, PTOLEMÄUS, CICERO, QUINTILIAN noch immer die Schriften des ARISTOTELES. Neben der Philosophie wurden Musik, Mathematik und Geographie studiert. Die Methode dieser Ausbildung bestand weniger darin, umfangreiches Fachwissen in den einzelnen Wissenschaften zu vermitteln, als vielmehr in der formalen Durchbildung des Geistes. Deshalb legte man vor allem Wert auf die Vermittlung des Instrumentariums menschlichen Denkens, wobei man vom Einfachen zum Komplizierten fortschritt. Man begann mit der Sprache und ihren Gesetzen als Grundlage des Denkens überhaupt, darauf folgte die Logik als Lehre von der richtigen Anwendung der Sprache als dem Instrument des Denkens, anschließend studierte man die Rhetorik als Lehre von der richtigen Weise der Gedankenvermittlung. Die Ausbildung der rationalen Kräfte des Menschen war zugleich nach Auffassung des 16. Jahrhunderts eine Erziehung zur Tugend, weil die in richtiger Weise ausgebildete Vernunft die Leidenschaften zu beherrschen imstande war.

Humanismus und Renaissance entwickelten eine neue Auffassung vom Menschen und damit ein neues Menschenbild, auf das die Erziehung im 16. Jahrhundert ausgerichtet wurde. Auch hier gab es in den einzelnen Ländern Sonderentwicklungen, die durch die verschiedenen sozialen Bedingungen und durch den Umwandlungsprozeß, den die humanistischen Grundvorstellungen bei ihrer Übernahme durchliefen, bedingt waren.

In Italien bildete sich das Ideal des »uomo universale« als eines Menschen heraus, dessen Persönlichkeit in allen Aspekten voll entfaltet ist. Seine körperlichen Fähigkeiten, seine wissenschaftliche Ausbildung, seine Beherrschung der Künste sollten in vollkommener Harmonie zusammenstimmen. Er wurde als Kunstwerk begriffen, das seinen Zweck in sich selbst hatte. Seine letzte Begründung fand dieses Ideal in der platonischen Idee der Schönheit. Das Menschenbild war bezogen auf die kleine Schicht der Höflinge und deren Wertvorstellungen; edle Geburt war für den »uomo universale« eine der unabdingbaren Voraussetzungen.

Von Anfang an unterschied sich der englische Humanismus von den übrigen nationalen Ausprägungen durch die Verbindung, die er zwischen den von der Antike überlieferten sittlichen Normen und der aus der christlichen Tugendlehre gewonnenen Ethik herstellte, und durch seine ausgeprägte staatsphilosophische und politische Orientierung. In zahlreichen pädagogischen Schriften wurde aus diesen Grundlagen das Leitbild der Erziehungstätigkeit geformt, der humanistisch durchgebildete Mensch, dessen ganz entfaltete Persönlichkeit die sittlichen Normen der christlichen Ethik in sich trägt. Als solche konnte sie nicht eine ästhetische zweckfreie Erscheinung bleiben, sondern sie verwirklichte sich erst im selbstlosen Dienst an der Gesellschaft und in der Mitarbeit im Staat. Alle Bildung war daher auf ihre Verwendung und Entfaltung im Dienst der Gemeinschaft ausgerichtet. Adlige Abkunft war für dieses Modell des »gentleman« nicht Voraussetzung, sondern jeder, der die nötige Bildung erfahren hatte und die sittlichen Normen zur Richtschnur seines Handelns machte, war ein »gentleman«. Damit erhielt das englische Bildungsideal eine wesentlich größere Breitenwirkung und eine länger dauernde Verbindlichkeit als das anderer Länder.

Durch den Humanismus veränderten sich auch die Vorstellungen über die Erziehung der Frau. In der mittelalterlichen Welt wurde die Frau einerseits als Heilige oder Dame, in deren Dienst die Ritter standen, verherrlicht und idealisiert, andererseits als geistig minderwertiges, den Mann zur Sinnlichkeit verführendes Geschöpf verachtet. Der Humanismus forderte dagegen, nicht zuletzt in Anlehnung an die Ehevorschriften des PLUTARCH, die volle Teilhabe der Frau an den Bildungsgütern. Erst durch eine sorgfältige Erziehung konnten nach Auffassung der Humanisten die Kräfte des Verstandes und des Gemüts zur Entfaltung gelangen und damit die Frau befähigen, die wichtige Rolle zu übernehmen, die ihr als Frau und Mutter, als Partnerin des Mannes und Erzieherin der Kinder zugewiesen war. Im Kreis der Familie sollte sie ihre Aufgabe für die Gesellschaft erfüllen.

Daneben gab es jedoch auch die gebildete Frau, die im öffentlichen Leben selbständig hervortrat. Sie verwaltete große Güter und kümmerte sich um jedes Detail eines ausgedehnten Haushalts, wirkte als Mittelpunkt von gesellschaftlichen Zirkeln, war Förderin und Gönnerin künstlerischer Talente und versuchte sich selbst in der Dichtkunst oder in schöngeistigen Übersetzungen. Die weiblichen Figuren der Dramen Shakespeares, die durch ihre Aktivität, durch die Bestimmtheit ihres Auftretens, durch ihren raschen Witz oder ihre umfangreiche Bildung erstaunen wie z. B. Portia, Beatrice, Rosalind, Helena und Volumnia, hatten zahlreiche Vorbilder im gesellschaftlichen Leben des 16. Jahrhunderts.

F.S. BOAS, *Sh. and the Universities*, London, 1922. – W. H. WOODWARD, *Studies in Education during the Age of the Renaissance 1400–1600*, 1906[1], repr. New York, 1965. – A. WALKER, »The Reading of an Elizabethan«, *RES*, 8 (1932). – J.H. BROWN, *Elizabethan Schooldays*, Oxford, 1933. – G.A. PLIMPTON, *The Education of Sh.*, London, 1933. – T.W. BALDWIN, *W. Shakspere's Petty School*, Urbana, 1943. – T.W. BALDWIN, *W. Shakspere's Small Latine and Lesse Greeke*, Urbana, 1944. – G. HIGHET, »Sh.'s Classics«, in: *The Classical Tradition*, New York, 1949. – V.K. WHITAKER, *Sh.'s Use of Learning*, San Marino, Cal., 1953. – G. WICKHAM, »Sh.'s ›Small Latine and Lesse Greeke‹«, in: *Talking of Sh.*, ed. J. Garrett, London, 1954. – C.H. HASKINS, *The Rise of Universities*, Ithaca, 1957. – H.C. PORTER, *Reformation and Reaction in Tudor Cambridge*, Cambridge, 1958. – W.T. COSTELLO, *The Scholastic Curriculum at Early Seventeenth Century Cambridge*, Cambridge, Mass., 1958. – E. JACOBSEN, *Translation: A Traditional Craft*, Kopenhagen, 1958. – K. CHARLTON, *Education in Renaissance England*, London, 1965. – J.F. KERMODE, »On Sh.'s Learning«, *BJRL*, 48 (1965/66). – J. SIMON, *Education and Society in Tudor England*, Cambridge, 1966. – S. SCHOENBAUM, »Sh. the Ignoramus«, in: *The Drama of the Renaissance*, ed. E.M. Blistein, Providence, 1970. – A.M. KINGHORN, *The Chorus of History: Literary-Historical Relations in Renaissance Britain*, London, 1971. – B. VICKERS, »Sh.'s Use of Rhetoric«, in: *A New Companion to Sh. Studies*, eds. K. Muir, S. Schoenbaum, Cambridge, 1971.

II. DIE SPRACHE DER SHAKESPEAREZEIT

Ein tieferes Eindringen in den individuellen Sprachgebrauch und das Verständnis der Sprachkunst Shakespeares setzt die Kenntnis des Sprachsystems voraus, das Shakespeare als Medium zur Verfügung stand. Da die Sprache des 16. Jahrhunderts, zumeist als Tudorenglisch oder Frühneuenglisch bezeichnet, bereits viele Züge des modernen Englisch aufweist und das Werk Shakespeares heute immer in moderner Aussprache aufgeführt und zumeist in modernisierter Orthographie gelesen wird, werden oft die Veränderungen übersehen, die sich in den fast vierhundert Jahren sprachlicher Entwicklung seit Shakespeare vollzogen haben und das Verständnis seiner Werke heute erschweren.

Für den modernen Leser beginnen die Schwierigkeiten des sprachlichen Verständnisses bereits bei der Orthographie der Tudorzeit. Im Gegensatz zur heutigen war die damalige Rechtschreibung trotz verschiedener Ansätze in dieser Richtung noch nicht standardisiert und normiert, so daß jeder seinen individuellen orthographischen Gepflogenheiten folgen konnte. Auch die Setzer in den Druckereien verfuhren zumeist nach ihren eigenen Orthographiesystemen, ohne auf die Schreibweisen der Manuskripte zu achten. Ebensowenig erfolgte die Interpunktion nach festen Regeln, sondern wurde individuell und vorwiegend nach semantischen und psychologischen Gesichtspunkten eingesetzt. Für den modernisierten Shakespearetext kann sich damit der Zwang zur interpretierenden, verengenden Festlegung ergeben, wo der elisabethanische Text aufgrund der ungeregelten Orthographie (z. B. *sunne* ›Sonne‹ oder ›Sohn‹; *Vertue* als Abstraktum oder Personifikation) und der freieren Zeichensetzungen mehrere Auslegungen erlaubte.

Auch das Lautsystem des Englischen hat sich seit der Zeit Shakespeares stark verändert, so daß viele Reime, Wortspiele und Anspielungen, die auf dem damaligen Lautsystem beruhen, in der heutigen Aussprache nicht mehr erkennbar sind. Die ergiebigste Quelle für Mißverständnisse sind die Veränderungen des lexikalischen Bestandes seit der Shakespearezeit. Viele damals geläufigen Wörter sind im Verlauf der Sprachentwicklung aus verschiedenen Gründen aus dem Sprachsystem wieder ausgeschieden worden oder veränderten sich in ihrer Denotation oder Konnotation. Während die heute obsolet gewordenen Wörter leicht mit Hilfe historischer Lexika identifiziert werden können, sind gerade diejenigen Wörter, die zwar im Sprachsystem verblieben, aber einen Bedeutungswandel erfuhren, die häufigste Ursache von Fehldeutungen, weil ihre frühere Bedeutung oft nicht zur Kenntnis genommen wird.

Shakespeare schrieb zu einer Zeit, in der sich tiefgreifende Veränderungen in der englischen Sprache vollzogen, die das Lautsystem ebenso wie die Grammatik und den lexikalischen Bestand erfaßten. Auch in den gebildeten Schichten Englands hatten sich seit dem 14. Jahrhundert Tendenzen bemerkbar gemacht, anstelle des Lateinischen wieder die Volkssprache zu pflegen. Durch die Ausbreitung der Bildung im Verein mit der Einführung des Buchdruckes durch William Caxton in England (1476) wurden diese Tendenzen verstärkt, bis schließlich die Reformation das Englische auch als Schul- und Kirchensprache endgültig durchsetzte. Das Lateinische wurde auf den Bereich der Wissenschaft eingeschränkt. Damit erhielt das Englische zu Beginn des 16. Jahrhunderts wieder den Rang als allgemein verwendetes Medium zurück, der ihm seit der Eroberung Englands durch die Normannen (1066) streitig gemacht worden war. Die Einführung des Buchdruckes stabilisierte die Orthographie zu einer Zeit, in der sich das Lautsystem noch stark im Wandel befand, mit der Folge, daß es zu einem Auseinandertreten von Graphem und Phonem, von Schreibweise und Aussprache kam, weil man in Schrift und Druck am mittelenglischen Lautsystem orientiert blieb, während das Phonemsystem sich zwischen 1400 und 1650, also auch noch während der Shakespearezeit, zu seiner frühneuenglischen Struktur hin entwickelte. Zu den wichtigsten Phonemveränderungen im Konsonantenbestand gegenüber dem Mittelenglischen zählt die Entstehung des stimmhaften [ð]-Lautes und des stimmhaften [ʃ]-Lautes, die Tilgung des mittelenglischen [x]-Lautes, der entweder eliminiert (z. B. night) oder zu [f] wurde (z. B. laughter); der [r]-Laut verlor sein charakteristisches Rollen und bei bestimmten Konsonantengruppen am Wortanfang wurde einer getilgt (z. B. gnaw, knight, wrong). Der *Great Vowel Shift* veränderte im gleichen Zeitraum das Vokalsystem, indem die im Mittelenglischen vorhandene phonemische Unterscheidung von langen und kurzen Vokalen durch folgende neue Lautung der langen Vokale aufgehoben wurde: [a:] → [e]; [ɛ:] → [i]; [e:] → [i]; [i:] → [əi]; [ɔ:] → [o]; [o:] → [u]; [u:] → [əu]. Auch die kurzen Vokale wurden aufgehellt: [u] → [ʌ]; [ɔ] → [a]; [a] → [æ]. Die mittelenglischen Diphthonge wurden monophthongisiert. Die Betonungsverhältnisse bei mehrsilbigen Wörtern waren ebenfalls noch labil und zumeist anders als im heutigen Englisch. Wörter, die aus dem Griechischen oder Lateinischen stammten, wurden noch auf der zweitletzten Silbe betont (z. B. charácter, illústrate, contémplate) oder – insbesondere die Wörter auf -ible, -able – trugen einen Hauptakzent auf der ersten und einen Nebenakzent auf der letzten Silbe (z. B. cómmendàble). Insofern waren eine Reihe von Verszeilen, in denen heute Verstöße gegen die rhythmische Norm wahrgenommen werden, ursprünglich durchaus korrekt.

Folgende phonetische Transkription eines Abschnitts aus *1 Henry IV*, II,iv, illustriert (nach T. PYLES, *The Origins and*

Pr. Why, how couldst thou know these men in Kendal greene when it was so darke thou couldst not see thy hand, come tell vs your reason. What sayest thou to this?

Po. Come your reason, Iacke, your reason.

Falst. What, vppon compulsion: Zoundes, and I were at the strappado, or all the rackes in the worlde, I would not tell you on compulsion. Giue you a reason on compulsion? if reasons were as plentifull as blackberries, I would giue no man a reason vppon compulsion, I.

Prin. Why, how could'st thou know these men in Kendall Greene, when it was so darke, thou could'st not see thy Hand? Come, tell vs your reason: what say'st thou to this?

Poin. Come, your reason *Iack*, your reason.

Falst. What, vpon compulsion? No: were I at the Strappado, or all the Racks in the World, I would not tell you on compulsion. Giue you a reason on compulsion? If Reasons were as plentie as Black-berries, I would giue no man a Reason vpon compulsion, I.

1 Henry IV, II, iv, 223–233 im Quarto-Text (1598) und im First Folio (1623)

Development of the English Language) die vermutliche Aussprache
der Shakespearezeit:

Prin. Why, how could'ſt thou know theſe men in Kendall
[wəɪ hóʊ kúdst ðəu nó ðiz mɛn ɪn kɛndəl

Greene, when it was ſo darke, thou could'ſt not ſee thy
grín (h)wɛn ɪt wɔz só dǽrk ðəu kúdst nɔt sí ðəɪ

Hand? Come, tell vs your reaſon: what ſay'ſt thou to this?
hǽnd kʊm tél əs jər rɛ́zən (h)wǽt sɛ́st ðəu tə ðís

Poin. Come, your reaſon *Iack*, your reaſon.
kúm jər rɛ́zən jǽk jər rɛ́zən

Falſt. What, vpon compulſion? No: were I at the Strappado,
(h)wǽt əpón kəmpúlsɪən nó wɛ́r əɪ æt ðə strǽpædo

or all the Racks in the World, I would not tell you on
ər ɔ́l ðə rǽks ɪn ðə wúrld əɪ wú(l)d nɔt tél ju ɔn

compulſion. Giue you a reaſon on compulſion? If Reaſons
kəmpúlsɪən gív ju ə rɛ́zən ɔn kəmpúlsɪən ɪf rɛ́zənz

were as plentie as Black-berries, I would giue no mʌn a
wɛr əz plénti əz blǽkbèrɪz əɪ wəd gɪv nó mæn ə

Reaſon vpon compulſion, I.
rɛ́zən əpón kəmpúlsɪən ɔ́ɪ]

Die Veränderungen des Lautsystems wurden in den verschiedenen Dialekten mit unterschiedlicher Konsequenz vollzogen, so
daß gerade für den Londoner Sprachraum, in dem verschiedene
Dialektbereiche sich überlagern, mit zwei bis drei verschiedenen
Aussprachen desselben Wortes nebeneinander gerechnet werden
muß. Der Wandel im Phonembestand, der Endungsverfall und
die dialektale Variationsbreite bewirkten eine Beliebigkeit der
Aussprache, die zu einer beträchtlichen Vermehrung der Homo-
nyme in der Tudorzeit führte. Da zu dieser Zeit das Wortspiel
als legitimes künstlerisches Mittel galt, wurde es von den Autoren
einschließlich Shakespeare häufig benutzt (vgl. »reasons«–»raisins«
im obigen Text).

Der folgenreichste Vorgang, der sich in der Phase des Früh-

neuenglischen ereignete, war die rasch verlaufende, ungeheure
Erweiterung des Wortschatzes. Die Durchsetzung des Englischen
als allgemeines Medium in fast allen Bereichen des Lebens, die
Zunahme der Übersetzungen aus den klassischen und modernen
Sprachen des Kontinents, die durch das humanistisch geprägte
Bildungssystem stimuliert wurde, und der patriotische Impuls der
Humanisten, die ihrer Muttersprache die Präzision, den Reich-
tum und die stilistische Vielfalt des Lateinischen zu vermitteln
versuchten im Verein mit der Erschließung neuer Verbindungen
und Beziehungen zu anderen Kulturkreisen, ließen die Kargheit
und fehlende Eleganz der lange vernachlässigten Volkssprache als
Mangel erscheinen. Umso heftiger setzte deshalb im 16. Jahrhundert die Expansion des Wortschatzes durch Übernahme neuer
Wörter aus dem Griechischen, Lateinischen und vielen lebenden
Kultursprachen des Kontinents ein. Ein Schriftsteller wie John
Skelton kreierte in seinen Werken mehr als tausend neue Wörter, von denen viele bis heute im Englischen verblieben, andere
aber auch bald wieder ausgeschieden wurden.

Die Folge dieser Ausweitung war, daß für einen Begriff oft
zwei oder drei Wörter zur Verfügung standen (z. B. royal, regal,
kingly), was sehr rasch zu stilistischen Nuancierungen führte.
Das neu eingeführte Wort erhielt dabei in der Regel die Konnotationen der Vornehmheit, Gelehrtheit, aber auch der Pedanterie
oder Gestelztheit, während das einheimische Wort zumeist den
Eindruck der Einfachheit, der Schlichtheit oder der Rustikalität
vermittelte. Der Zustrom neuer Wörter machte die Sprache sehr
bald zum Indikator des Bildungsgrades und des sozialen Standes
ihres Sprechers, weil nur der humanistisch Gebildete die Herkunft und Bedeutung der neuen Wörter erkennen konnte und
so in der Lage war, sie richtig zu verwenden, während der Ungebildete sie entweder vermied oder aber sie falsch anwendete. Die
damit gegebene Möglichkeit für die Autoren, mit Hilfe der
lexikalischen Auswahl Charakterisierungen von Figuren vorzunehmen oder durch deren sprachliche Mißgriffe Komik zu erzeugen, wurde auch von Shakespeare reichlich genutzt.

Die Bereicherung der Sprache mit neuen Wörtern sensibili-
sierte das Sprachgefühl, das sich in einer nuancierten, vielfach gestuften Stilkunst und Sprachartistik äußerte, die durch die lateini-

sche Rhetorik Förderung und Schulung erfuhr. Andererseits provozierten der oft wahllos betriebene sprachliche Import und die manchmal abenteuerlichen Wortkreationen frühzeitig die Sprachkritik. Bereits im 16. Jahrhundert begannen verschiedene Autoren gegen die gelehrten Neubildungen und die allgemeine Überfremdung der englischen Sprache zu wettern und setzten eine mit Schärfe und Witz geführte Diskussion in Gang, die auch bald Eingang auf der Bühne der Zeit fand, wo sie sich in vielen Parodien und Spott über sprachliche Gespreiztheiten niederschlug. (vgl. *Love's Labour's Lost*).

Das Englisch der Shakespearezeit wies noch eine Reihe von Zügen auf, die durch spätere Normierungs- und Standardisierungsprozesse verschwanden. So war zwar das *you* die damals übliche Anredeform, daneben existierte aber auch noch das *thou*. Dieses Nebeneinander konnte stilistisch bedeutsam eingesetzt werden. *Thou* konnte als feierliche, ins Numinose erhebende Anrede oder als Zeichen besonderer Vertrautheit gebraucht werden oder aber, besonders im raschen Wechsel mit *you*, Verachtung und Zorn signalisieren (vgl. *King Lear* I,i, *Twelfth Night* III,ii). Der Gebrauch der Umschreibung mit »to do« war noch fakultativ und noch nicht obligatorisch auf Negation, Frage und Emphase eingeschränkt, sondern konnte als Mittel besonderer Feierlichkeit oder aber zum pompösen Sprachprunk verwendet werden (vgl. Falstaffs Reden in *1 Henry IV* und *Merry Wives*).

Die Sprache der Shakespearezeit war aufgrund der historischen Gegebenheiten und der besonderen kulturellen Situation ein außerordentlich plastisches Medium. Ein riesiges, fein differenzierbares Vokabular stand zur Verfügung, das im Hinblick auf seine Zulässigkeit in der Literatur noch keinen Restriktionen unterworfen war wie später im Klassizismus. Die Grammatik war noch weitgehend unbeeinflußt von Tendenzen zur Standardisierung und Normierung, so daß es möglich war, die Sprachgewohnheiten aller Schichten unmittelbar in die Literatur einzubringen. Die Sprachkunst Shakespeares ist ohne diese besondere Sprachform des Englischen zu seiner Zeit nicht denkbar.

P. ALEXANDER, *Sh.'s Punctuation*, British Academy Lecture, 1945. – E. PARTRIDGE, *Sh.'s Bawdy*, New York, 1948. – H. KÖKERITZ, *Sh.'s Pronunciation*, New Haven, 1953. – G. D. WILLCOCK, »Sh. and Elizabethan English«, *ShS*, 7 (1954). – E. J. DOBSON, *English Pronunciation 1500–1700*, 2 Bde., Oxford,

1957. – M. M. MAHOOD, *Sh.'s Wordplay*, London, 1957. – H. M. HULME, *Explorations in Sh.'s Language*, London, 1962. – A. C. PARTRIDGE, *Orthography in Sh. and Elizabethan Drama*, London, 1964. – M. St. C. BYRNE, »The Foundations of Elizabethan Language«, *ShS*, 17 (1964). – J. NIST, *A Structural History of English*, New York, 1966. – J. MULHOLLAND, »Thou and You in Sh.«, *ESts*, 48 (1967). – C. S. LEWIS, *Studies in Words*, Cambridge, 1968. – R. QUIRK, »Sh. and the English Language«, in: *A New Companion to Sh-Studies*, eds. K. Muir, S. Schoenbaum, Cambridge, 1971. – H. HULME, *Yours that Read Him. An Introduction to Sh.'s Language*, London, 1972. – M. SPEVACK, »Sh.'s English: The Core Vocabulary«, *Review of National Literatures*, 3 (1972). – J. SCHÄFER, *Sh.s Stil. Germanisches und romanisches Vokabular*, Frankfurt, 1973. – M. SPEVACK, H. J. NEUHAUS, T. FINKENSTAEDT, »Shad: A Sh.-Dictionary«, in: *Computers in the Humanities*, ed. J. L. Mitchell, Edinburgh, 1974. – D. STEIN, *Grammatik und Variation von Flexionsformen in der Sprache des Sh.-Corpus*, München, 1974. – A. STAUFER, *Fremdsprachen bei Sh.*, Frankfurt, 1974. – G. L. BROOK, *The Language of Sh.*, London, 1976. – Vgl. auch Bibliogr. »Anhang«: B.

B. DIE DRAMATISCHE TRADITION

Als Shakespeare seine Laufbahn als Dramatiker begann, fand er eine Theatertradition vor, die bis ins englische Mittelalter zurückreichte. Im Rahmen dieser Entwicklung hatten sich zahlreiche Konventionen etabliert; bestimmte Vorstellungen von dramatischen Gattungen, Handlungsmustern, Personenkonstellationen und Personentypen hatten sich herausgebildet. Shakespeare, der als Schauspieler und Theaterleiter in enger Verbindung zur Bühne schrieb, griff zurück auf diese Tradition, die dem Publikum vertraut war und seine Erwartungen mitbestimmte. Er entfaltete die in ihr angelegten Möglichkeiten des dramatischen Ausdrucks in vielfacher Weise.

Die Beschäftigung mit dieser Tradition als Shakespeares Quellenmaterial und dramatisches Vorbild kann, insofern sie in der richtigen Weise betrieben wird, das Verständnis für Shakespeares Dramen außerordentlich bereichern und vertiefen. Es kann dabei niemals darum gehen, Shakespeare als Epigonen zu identifizieren oder ihn gar des Plagiats zu überführen, sondern nur darum, durch einen sorgfältigen Vergleich der Werke Shakespeares mit seinen Quellen und Anregungen einen Aspekt seiner Gestaltungskunst zu erschließen, die sich bald in kleinen Veränderungen, bald in radikalen Umformungen, bald in kunstvoller Verflechtung zweier oder mehrerer Quellen erweist. Shakespeare folgte seinen Vorlagen niemals in sklavischer Abhängigkeit, sondern schuf aus ihnen in souveräner Beherrschung der dramatischen Kunstformen Werke, die sein geistiges Eigentum sind.

Die Erforschung von Shakespeares dramatischen Vorbildern und Quellen stößt auf Hindernisse, die sich nur zum Teil überwinden lassen. Das eifrige Bemühen von Generationen von Forschern wurde nicht immer mit gesicherten Ergebnissen belohnt, sondern mußte sich oft mit Vermutungen und Hypothesen begnügen. Hierfür gibt es mehrere Gründe. Viele elisabethanische Bücher und vor allem Stücke, die nur im Manuskript existierten, sind für immer verlorengegangen, so daß man keineswegs alle

Werke kennt, die Shakespeare gelesen und gesehen hat oder in denen er aufgetreten ist. Schwierig ist es auch, den Weg zu rekontruieren, über den Shakespeare mit einem Thema oder einem Motiv bekannt wurde, weil diese oft in mehreren Büchern erscheinen. Häufig wird ein Urteil über die Beziehung zwischen einem Stück Shakespeares und einem zeitgenössischen Werk dadurch erschwert, daß nicht mehr mit Sicherheit geklärt werden kann, ob beide auf eine gemeinsame, verlorengegangene Quelle zurückgehen oder – wegen der ungesicherten Chronologie – welches Stück welchem Autor Anregungen vermittelt hat. Ebenso ist Shakespeares Belesenheit und Sprachenkenntnis ein problemreiches Studienfeld. Er verstand mit Sicherheit Latein und Französisch, vermutlich auch etwas Italienisch und vielleicht ein paar Brocken Spanisch. Einen Hinweis auf seine Griechischkenntnisse gibt nur Ben JONSON mit seiner Bemerkung über Shakespeares »small Latine and lesse Greeke«. Inhalt und Umfang seiner Bibliothek sind unbekannt, und die Bücher, die er im Schulunterricht las, können nur auf dem Weg über die Erforschung der damaligen Lehrpläne mit einiger Sicherheit bestimmt werden (vgl. I. A. 10. und II. B. 3. b.). Trotz aller Schwierigkeiten ist aber das gesicherte Material so umfangreich, daß daraus eine Fülle von wertvollen Einsichten in das Werk Shakespeares gewonnen werden kann.

J.P. COLLIER, W.C. HAZLITT, eds., *Sh.'s Library*, 6 vols., London, 1875². – H.R.D. ANDERS, *Sh.'s Books*, Berlin, 1904. – A. HART, *Sh. and the Homilies*, Melbourne, 1934. – M.C. BRADBROOK, *Themes and Conventions of Elizabethan Tragedy*, Cambridge, 1935. – R. NOBLE, *Sh.'s Biblical Knowledge and Use of the Book of Common Prayer*, London, 1935. – S.L. BETHELL, *Sh. and the Popular Dramatic Tradition*, London, 1944. – S. GUTTMAN, *The Foreign Sources of Sh.'s Works: An Annotated Bibliography*, New York, 1947. – F.P. WILSON, »Sh.'s Reading«, *ShS*, 3 (1950). – A. HARBAGE, *Sh. and the Rival Traditions*, New York, 1952. – J.A.K. THOMSON, *Sh. and the Classics*, London, 1952. – V.K. WHITAKER, *Sh.'s Use of Learning*, San Marino, Cal., 1953. – M. DORAN, *Endeavors of Art*, Madison, 1954. – E.A.J. HONIGMANN, »Sh.'s Lost Source-Plays«, *MLR*, 49 (1954). – M.C. BRADBROOK, *The Growth and Structure of Elizabethan Comedy*, London, 1955², 1973. – W. CLEMEN, *Die Tragödie vor Sh.*, Heidelberg, 1955 (Engl. Fassg. London, 1961). – G. BULLOUGH, *Narrative and Dramatic Sources of Sh.*, 8 vols., London, 1957–1975. – K. MUIR, *Sh.'s Sources*, London, 1957 (repr. with new appendices, 1961). – J.D. WILSON, »Sh.'s ›Small Latin‹ – How much?«, *ShS*, 10 (1957). – A.T. PRICE, »Sh.'s Classical Scholarship«, *RES*, n.s. 9 (1958). – E.W. TALBERT, *Elizabethan Drama and Sh.'s Early Plays*, Chapel Hill, 1963. – J.W. VELZ, *Sh. and the Classical Tradition. A Critical Guide to Commentary, 1660–1960*, Minneapolis, 1968. – C. GESNER, *Sh. & the Greek Romance*, Lexington, 1970. – G.K. HUNTER, »Sh.'s Reading«, in: *A New Companion to Sh. Studies*, eds. K. Muir, S. Schoenbaum, London, 1971. – D. KLEIN, *Milestones to Sh.*, New York, 1971. – R.A. BROWER, *Hero and Saint: Sh. and the Graeco-Roman*

Tradition, Oxford, 1971. – C. RICKS, ed., *English Drama to 1710*, History of Literature in the English Language, vol. 3, London, 1971. – K. F. THOMPSON, *Modesty and Cunning: Sh.'s Use of Literary Tradition*, Ann Arbor, 1971. – E. L. JONES, *The Origins of Sh.*, London, 1976. – K. MUIR, *The Sources of Sh.'s Plays*, London, 1977 (Erweiterung von *Sh.'s Sources*, 1957).

1. Die mittelalterlichen Mysterienspiele

Trotz der unerhörten Entfaltung, die das Drama in England in der zweiten Hälfte des 16. Jahrhunderts erlebte, ist ein Überblick über das Drama des Mittelalters für ein Verständnis der Werke Shakespeares wichtig, weil gewisse Traditionen und Vorstellungen, auf die Shakespeare sich bezieht, im Mittelalter entstanden sind und so lebendig blieben, daß sie dem elisabethanischen Drama immer wieder Impulse zu geben vermochten. Die Einflüsse, die über den Humanismus vom lateinischen auf das elisabethanische Drama wirkten, wurden von dieser einheimischen mittelalterlichen Tradition wesentlich umgeformt. Erst aus der Synthese der beiden Traditionslinien entstand schließlich das elisabethanische Drama.

Das mittelalterliche Drama entwickelte sich seit dem 10. Jahrhundert aus der katholischen Liturgie der hohen Festtage, aus Resten von Riten des germanischen Brauchtums und den kärglichen Bruchstücken, die von der dramatischen Kultur der antiken Welt durch fahrende Spieler und Gaukler in das Mittelalter gerettet worden waren. Die spärlichen Quellen über die Anfänge des Dramas in England, die oft nur aus Verbotstexten bestehen, denen sich indirekte Hinweise entnehmen lassen, weisen auf eine rege Aktivität hin, die die kirchlichen Behörden oft vergeblich zu unterdrücken versuchten.

Frühe Stufen und Vorformen des liturgischen Dramas waren begleitende Handlungen und Szenen, mit denen der biblische und liturgische Text verdeutlicht wurde. So wurde z. B. ein Vorhang bei der Verlesung des Passionstextes in der Kirche zerrissen, oder es wurde bei Kircheneinweihungen der böse Geist, der aus den neuen Gebäuden ausgetrieben werden sollte, durch einen Kleriker verkörpert, oder die Hostie am Karfreitag in ein Grab gelegt. Besondere Ausgestaltung erfuhr die Passions- und Osterliturgie. Der Grabbesuch der Jünger und die Auffindung des leeren Grabes enthielten dramatische Elemente, die weiterentwickelt werden konnten. Bald begann man, Rollen zu verkörpern und Dialoge zu sprechen. Derartige Szenen wurden dann ausgebaut; so setzte man z. B. vor den Grabgang den Salbeneinkauf mit dem Feilschen um den Preis, zu den Frauen gesellten sich Johannes und Petrus, die einen Wettlauf zum Grab veranstalteten, oder das sündige Vorleben und die Bekehrung der Grabbesucherin Maria Magdalena wurden erörtert. Diese dramatischen Szenen wurden in lateinischer Sprache in der Kirche als Teil der Liturgie aufgeführt.

Bis zur Mitte des 13. Jahrhunderts blieben sie auf den kirchlichen Raum beschränkt, und die Figuren wurden ausschließlich von Klerikern verkörpert. Dann setzte durch die Verlegung des Schauplatzes der mittlerweile bedeutsam erweiterten Szenen auf den Marktplatz und durch den Wechsel der Sprache von Latein zum Englischen ein Säkularisierungsprozeß ein, der das Spiel im Laufe des 14. Jahrhunderts in Laienhände überführte. Die Aufgabe, Spiele religiösen Inhalts öffentlich aufzuführen, wurde schließlich von den Handwerkerzünften und anderen Vereinigungen der Städte unter Aufsicht der Behörden übernommen.

Eine Reihe dieser Mysterienspiele, die im Lauf der Zeit immer wieder überarbeitet und erweitert wurden, ist erhalten geblieben. Die Chesterspiele mit 25 Szenen, die Yorkspiele mit 48 und die Wakefieldspiele mit 32 Szenen gehören zu den bedeutendsten Zyklen. Der Inhalt dieser Szenen war zum kleineren Teil dem Alten Testament entnommen wie z. B. der Fall Luzifers, Schöpfung und Sündenfall, Kain und Abel, Noah und die Sintflut, die Opferung Isaaks durch Abraham; der größere Teil entstammte dem Neuen Testament. Zumeist sind die Szenen um das Weihnachtsereignis und um die Ostergeschichte gruppiert. Die Standardszenen waren dabei der Verrat des Judas, das Abendmahl, Gefangennahme, Gerichtsverhandlung, Verurteilung, Kreuzigung, Auferstehung, Himmelfahrt Jesu und Jüngstes Gericht. Während die ältesten Texte einen Zug zur sprachlichen Stilisierung und Typisierung der Figuren und der Vorgänge zeigen, weisen die jüngeren eine zunehmende Tendenz zur realistischen Ausgestaltung auf. Die Sprache wird dem Alltagsidiom angenähert und mit drastischem Vokabular angereichert.

Komische Szenen, Prügeleien und Schwankmotive werden eingebaut, die Figuren psychologisch glaubwürdiger gezeichnet.

Die Spiele wurden unter freiem Himmel aufgeführt, zumeist auf dem Marktplatz, wo um das freibleibende Spielfeld mehrere »loci« und »sedes« genannte Häuschen oder Zelte errichtet wurden, die verschiedene Schauplätze darstellten wie z. B. Himmel, Hölle, Bethlehem, Arche Noah usw. Eine andere Darstellungsform bediente sich dreiachsiger Wagenbühnen (pageants) mit zwei Stockwerken, so daß sich die Schauspieler unten umkleiden und auf der oberen Plattform, die szenisch ausgestaltet war, spielen konnten. Der Wagenzug durchfuhr die Stadt, ein Wagen nach dem anderen hielt an verschiedenen Plätzen und führte die betreffende Szene vor. Über den Darstellungsstil liegen nur wenige Zeugnisse vor, doch darf aus einigen Hinweisen geschlossen werden, daß die Spieler sich einer konventionalisierten Gebärdensprache bedienten und übertreibende Gestik und Mimik mehr schätzten als eine nuancierte Darstellung.

Das »mystery play« oder »miracle play« erfreute sich großer Beliebtheit und starb erst im Laufe des 16. Jahrhunderts aus, nicht zuletzt wegen der feindseligen Haltung der Reformatoren und der Maßnahmen der Behörden, die in ihm ein Überbleibsel vorreformatorischer Frömmigkeit sahen. Dem elisabethanischen Theater vermochte es trotz seiner thematischen Beschränkung auf biblische Stoffe und Heiligenlegenden entscheidende Anregungen zu geben, denn es war außerordentlich abwechslungsreich und handlungsbetont gestaltet. Das heilsgeschichtliche Geschehen war mit handfesten Raufszenen, komischen Einlagen und schwankhaften Motiven durchsetzt. Manche Kritik an sozialen Mißständen wurde in den Stücken vorgetragen. Die breit ausgespielte Realistik der Folter- und Hinrichtungsszenen wurde erst in der Spätphase des elisabethanischen Theaters übertroffen. In den von Schauplatzwechsel und Figurenreichtum geprägten Stücken stand das Erhabene unmittelbar neben dem Derben, dem Komischen und Grotesken. Biblische Stoffe wurden mit der Wirklichkeit der Zeit vermischt, die Milieuschilderung aus der Welt der Zuschauer stand mitten im heilsgeschichtlichen Ablauf.

In den unbekümmerten Anachronismen, in der Nebeneinandersetzung der verschiedensten sozialen Sphären und in der

Mischung von Ernst und Komik folgte das elisabethanische
Theater ganz dieser mittelalterlichen Tradition. Hieraus erklärt
sich etwa der elisabethanische Charakter der römischen Volksmassen in *Julius Caesar* und *Coriolanus* oder der Auftritt der
elisabethanischen Handwerker am Hof des Theseus in *Midsummer
Night's Dream*. Shakespeare sei durch viele Anspielungen auf
das mittelalterliche Drama zurückverwiesen. Wenn Hamlet den
Ausdruck gebraucht »it outherods Herod« (III, ii, 14), oder in
Bezug auf Falstaff das Wort fällt »What a Herod of Jewry is
this!« (*Merry Wives*, II, i, 16), dann wird auf die Bühnenfigur
des Wüterichs Herodes angespielt, die dem Publikum als eine
Gestalt mit ganz bestimmten Verhaltensweisen vertraut war. In
Macbeth läßt Shakespeare auf die Ermordung des Königs Duncan die groteske »porter-scene« (II, iii) folgen, in der der
betrunkene Pförtner auf den weit aufgerissenen Höllenrachen
aus den Mysterienspielen anspielt. In dem unvermittelten Nacheinander des Mordes und der grotesken Komik, die im Bezug
auf jene Tradition entsteht, erzielt er unmittelbare dramatische
Wirkung.

(siehe Bibliographie zu I. B. 2.)

2. DIE MORALITÄTEN

Neben den Mysterienspielen, die vorwiegend biblische Stoffe
oder Heiligenlegenden darboten, entstand im 14. Jahrhundert
eine neue dramatische Gattung, die Moralität. In den »morality
plays« wurden mit Hilfe der im 14. und 15. Jahrhundert alle
literarischen Gattungen beherrschenden Allegorie seelische Vorgänge auf der Bühne zur Darstellung gebracht. Abstrakta wie
z.B. Tugenden, Laster und menschliche Eigenschaften wurden
personifiziert und in einer einfachen Handlung zueinander in
Beziehung gesetzt. Im Mittelpunkt der Dramen stand jeweils der
Mensch, »humanum genus« oder »Mankind« genannt. Eine weitgehend antithetische Aufteilung der Handlungen und Personen-
gruppen zu Gut und Böse ist bezeichnend für die Gesamtstruktur.
Immer wiederkehrende Standardszenen waren der Kampf in der
Seele des Menschen, die »Psychomachia«, bei der die verschiedenen Mächte um die Entscheidung zwischen Gut und Böse rangen,

die Verführung der Menschheitsfigur durch Teufel und Laster und die Rettung der Seele durch die Boten Gottes.

Die Moralitäten waren im 15. und 16. Jahrhundert außerordentlich beliebt. Sie wurden im Gegensatz zu den Mysterienspielen auch im nachreformatorischen England noch häufig verfaßt und aufgeführt, wobei sie unter dem Einfluß des Humanismus und der Reformation unter weitgehender Beibehaltung der dramatischen Form und des Figurenbestandes neue Themen in sich aufnahmen. Während das *Castle of Perseverance* – wohl die bedeutendste Moralität im 1. Viertel des 15. Jahrhunderts – und das berühmte *The Summoning of Everyman* (ca. 1500) Beispiele für das religiöse »morality play« sind, behandeln die 1516 entstandene *Magnificence* von John Skelton und *The Satire of The Three Estates* (1540) von Sir David Lindsay politische Themen. »Morality plays« wie J. Rastells *The Nature of the Four Elements* (1517) oder J. Redfords *Wit and Science* (1540) dagegen brachten pädagogische Probleme auf die Bühne.

Die Bedeutung der Moralitäten für die Entwicklung des Dramas lag zunächst darin, daß sie nicht heilsgeschichtlich relevante Geschichten dramatisierten, sondern ethische Entscheidungen auf der Bühne vorführten. Im Gegensatz zu den Mysterienspielen wurde das Individuum in Konfliktsituationen in den Mittelpunkt der Handlung gerückt. Diese dramatische Ursituation der Entscheidung einer Figur zwischen verschiedenen Möglichkeiten erwies sich für das elisabethanische Theater als überaus ergiebig; viele Stücke wurden nach dem in den Moralitäten entwickelten Grundmuster aufgebaut. Shakespeare verwendete solche Entscheidungssituationen nicht nur häufig in einzelnen Szenen (z. B. in 2 *Henry IV*, V, v wo der König zwischen den Argumenten eines guten Ratgebers und den Einflüsterungen eines bösen Ratgebers zu entscheiden hat), sondern entwickelte aus dieser Situation ganze Handlungen. In *Henry IV* steht Prinz Hal zwischen Falstaff, der ihn zu einem verantwortungslosen Leben verführen will, das sich im Genuß des irdischen Daseins erschöpft, und Hotspur, der die Verkörperung des egoistischen Ehrgeizes und Machtstrebens ist. Die Demaskierung Falstaffs, seine Zurückweisung durch Hal und der Sieg über Hotspur zeigen die Fähigkeit Shakespeares, diese Konvention der Verführung und Rettung zu variieren. In *King Lear* steht der König, seiner Güter und seiner Macht beraubt, in einer ähnlichen Situation wie Everyman am Ende seines Lebens. Die Figuren Cordelias, Kents und Edgars, die ihn durch ihre Treue und Liebe retten, stehen in moralischer Opposition zu Goneril und Regan. Wenn es auch verfehlt wäre, diese Tragödie als »morality play« zu deuten, so weist die Personenkonfiguration doch auf diese Gattung zurück.

Shakespeares Historien teilen mit den späten säkularisierten Moralitäten die moralisch-didaktische Tendenz. Über die allgemeine Struktur des Moralitätendreiecks hinaus *(Henry IV, Richard III)* weisen sie thematische Verwandtschaften auf: Angriffe auf den Adel, Warnung des Königs vor schlechten Ratgebern, Verurteilung des ehrgeizigen Strebens nach Macht. Doch während die Moralitäten soziale, ökonomische und politische Phänomene des täglichen Lebens unter einem mehr pragmatischen Aspekt behandelten, vermag Shakespeare sie einer übergreifenden Geschichtskonzeption zuzuordnen.

E. K. CHAMBERS, *The Medieval Stage*, 2 vols., Oxford, 1903. – W. R. MacKENZIE, *The English Moralities from the Point of View of Allegory*, Boston, 1914. – O. E. WINSLOW, *Low Comedy as a Structural Element in English Drama from the Beginnings to 1642*, Chicago, 1926. – K. H. GATCH, »Sh.'s Allusions to the Older Drama«, *PQ*, 7 (1928). – E. K. CHAMBERS, *The English Folk-Play*, Oxford, 1933. – K. YOUNG, *The Drama of the Medieval Church*, 2 vols., Oxford, 1933. – H. C. GARDINER, *Mysteries End: An Investigation of the Last Days of the Medieval Religious Stage*, New Haven, 1946. – W. FARNHAM, »Medieval Comic Spirit in the English Renaissance«, *Joseph Quincey Adams Memorial Studies*, ed. J. G. McManaway, Washington, 1948. – N. COGHILL, »The Basis of Shakespearean Comedy: A Study in Medieval Affinities«, *E & S*, n. s. 3 (1950). – H. CRAIG, »Morality Plays and Elizabethan Drama«, *SQ*, 1 (1950). – A. P. ROSSITER, *English Drama from Early Times to the Elizabethans*, London, 1950. – H. CRAIG, *English Religious Drama of the Middle Ages*, Oxford, 1955. – E. FEHSENFELD, *Der Dialog in den englischen Moralitäten bis zur Mitte des 16. Jahrhunderts*, Diss., Göttingen, 1956. – R. SOUTHERN, *The Medieval Theatre in the Round*, London, 1957. – J. W. MCCUTCHAN, »Justice and Equity in the English Morality Play«, *JHI*, 19 (1958). – R. WEIMANN, *Drama und Wirklichkeit in der Sh.zeit*, Halle/Saale, 1958. – E. PROSSER, *Drama and Religion in the English Mystery Plays*, Stanford, 1961. – A. WILLIAMS, *The Drama of Medieval England*, Michigan, 1961. – D. M. BEVINGTON, *From Mankind to Marlowe*, Cambridge, Mass., 1962. – R. WEIMANN, *Sh. und die Tradition des Volkstheaters; Soziologie, Dramaturgie, Gestaltung*, Berlin, 1967. – W. HABICHT, *Studien zur Dramenform vor Sh.*, Heidelberg, 1968. – G. WICKHAM, *Sh.'s Dramatic Heritage*, London, 1969. – M. TSCHIPPER, *Lachen und Komik in England vom späten Mittelalter bis zur elisabethanischen Zeit*, Diss., Saarbrücken, 1969. – S. D. FELDMAN, *The Morality-Patterned Comedy of the Renaissance*, The Hague, 1970. – T. STEMMLER, *Liturgische Feiern und geistliche Spiele*, Tübingen, 1970. – A. WIERUM, »Actors and Play-Acting in the Morality Tradition«, *RenD*, n. s. 3 (1970). – N. DENNY, ed., *Medieval Drama*, Stratford-upon-Avon Studies, 16, London, 1973. – H. J. DILLER, *Redeformen des englischen Misterienspiels*, München, 1973. – S. J. KAHRL, *Traditions of Medieval English Drama*, London, 1974. – A. H. NELSON, *The Medieval English*

Stage: *Corpus Christi Pageants and Plays*, Chicago, 1974. – G. WICKHAM, *The Medieval Theatre*, London, 1974. – R. FRICKER, *Das Ältere Englische Schauspiel*, Bd. 1: *Von den geistlichen Autoren bis zu den »University Wits«*, Bern, 1975. – R. POTTER, *The English Morality Play*, London, 1975.

3. DIE ENTWICKLUNG DER VICE-FIGUR

Während der Teufel in den »mystery plays« eine wichtige Rolle spielte (z. B. Sturz Luzifers, Versuchung Christi in der Wüste, das Jüngste Gericht), trat seine Bedeutung in den »morality plays« zurück. An seine Stelle trat die Personifizierung des Lasters (Vice), die sich besser in die Reihe der Personifikationen eingliedern ließ als die Satansgestalt. Diese Vice-Figur hatte die Aufgabe, die Zentralfigur zum Lasterleben zu verführen. Sie näherte sich ihr oft in Verkleidung, schlich sich als scheinbar hilfreicher Freund in ihr Vertrauen und beeindruckte durch prunkendes Auftreten und durch farbige Schilderungen irdischer Genüsse. Das Vice sorgte durch seine oft sehr derben Späße und Zoten und durch witzige Sprache für die Unterhaltung des Publikums und lockerte die erbauliche Handlung auf. Es gehörte auch zu seinem typischen Verhalten, sich direkt an das Publikum zu wenden und es in seine Pläne einzuweihen. Nach erfolgreicher Ausführung pflegte es sich seiner Taten zu rühmen und sich Applaus zu spenden. Im gleichen Maße, wie das »morality play« seinen religiös-erbaulichen Charakter verlor und zur populären Unterhaltung wurde, wurden auch farcenhafte Elemente verstärkt aufgenommen und den Auftritten des Vice ein oft unverhältnismäßig großer Raum gegeben.

Im Verlauf des 16. Jahrhunderts wurde das Vice, zweifellos die populärste Figur, die das Drama bis dahin entwickelt hatte, aus seinem ursprünglichen Kontext herausgelöst und in andere dramatische Gattungen übernommen. Es war zum Bühnentypus mit festgelegten Verhaltensweisen geworden; es trat gewöhnlich im Narrenkostüm, mit einem Holzschwert bewaffnet, auf und trug so verschiedene Namen wie Iniquity, Fraud, Ambidexter, Folly, Haphazard, Vanity, Merry Report u. a.

Je mehr im Verlauf des Säkularisierungsprozesses der Moralitäten die Grundsituation des Seelenkampfes, der Psychomachia, sich zur Intrige hin entwickelte, die zumeist vom Vice angezettelt wurde, desto mehr traten an dieser Figur die Züge des schurkischen Intriganten in den Vordergrund. Typisch für diese Ausprägung waren seine in keinem Motiv begründete Bösartigkeit, seine offen zur Schau gestellte Freude daran, anderen Leid zuzufügen, der Ehrgeiz, in seinem verbrecherischen Tun artistische Perfektion zu erreichen, sowie Lust an Heuchelei und Verstellung. Die Anbiederung an das Publikum und der Beifall, den sich diese Figuren nach geglückter Tat spendeten, wurden als charakteristische Merkmale des Vice beibehalten.

In Shakespeares Werk findet sich nicht nur eine Fülle von Anspielungen auf das Vice, so z. B. wenn Hamlet König Claudius als »a vice of kings . . . a king of shreds and patches« (III, iv, 98 ff.) beschreibt, sondern eine Reihe seiner Figuren wurde auch nach diesen Bühnentypen modelliert und kann auf dem Hintergrund dieser Tradition besser verstanden werden. Aaron, der motivlose Schurke in *Titus Andronicus*, ist eine frühe Verwendung der Vice-Figur durch Shakespeare. Richard III., der Erzbösewicht aus den Königsdramen, ist nicht nur nach Thomas MORES Biographie geformt, sondern er verhält sich auf der Bühne vielfach wie eine Vice-Figur. Die Heuchelei gegenüber seinen Opfern, die kunstvolle Inszenierung seiner Untaten und seine Schauspielerei verraten den Einfluß des Vice. Die Werbeszene Richards um Lady Anne (I, ii) ist eine typische Verführungsszene im Stile dieser Tradition, auf die Richard selbst verweist: »Thus, like the formal vice, Iniquity, / I moralize two meanings in one word« (*Richard III*, III, i, 82–83). Eine weitere Verwendung dieses Bühnentypus durch Shakespeare ist die Figur des Jago in *Othello*. Ähnlich wie in *Richard III*, in der die Titelfigur alle Handlungsfäden in der Hand hält, ist Jago der Inszenator der Intrigen, dem alle übrigen Personen des Stückes bereitwillig Glauben schenken und von dem sie hinters Licht geführt werden. Shakespeare hat alle Motive für Jagos Haß, die in der Quelle gegeben wurden, eliminiert, was zweifellos geschah, um Jago stärker an die Tradition des Vice anzunähern und so die Dämonie des Bösen zu betonen. Zugleich vollzieht nicht Jago – wie in der Quelle –, sondern Othello Desdemonas Ermordung, was ebenfalls der Tradition dieser Figur entspricht, nur Anstifter, aber nicht Akteur zu sein.

Andererseits bekunden auch Shakespeares Narren neben Zügen, die sie direkt von den Hofnarren der Fürstenhöfe der Tudorzeit übernommen haben, vielfach einen zum Vice zurückführenden Stammbaum. Feste vergleicht sich mit dem Vice in einem Lied (*Twelfth Night* IV, ii, 116–27), und sein mutwilliges Spiel mit Malvolio erinnert an die Späße des Vice, während Touchstone (*As You Like It*) schon durch seinen Namen auf die Moralitätentradition hindeutet.

Großen Anteil hatte die Figur des Vice an der Entstehung von Shakespeares größter komischer Schöpfung, Falstaff. Von Prinz Hal als »That reverend vice, that grey iniquity, that father ruffian, that vanity in years« (1 *Henry IV*, II, iv, 435) und an anderer Stelle als »misleader of youth« (ebd., 446) apostrophiert, droht er, Prinz Hal mit einem Holzschwert, dem typischen Vice-Requisit, aus dem Land zu jagen (1 *Henry IV*, II, iv, 130). Neben der Vice-Figur standen bei Falstaff auch die Personifikationen der Todsünden, insbesondere die Völlerei, die Trägheit und die Unzucht, Modell, aus deren Zügen, wie auch aus Zügen der aus den lateinischen Dramen stammenden Typen des Miles Gloriosus und des Parasiten Shakespeare eine lebensvolle und schillernde Bühnenfigur schuf.

L.W.CUSHMAN, *The Devil and the Vice in the English Dramatic Literature Before Sh.*, Halle, 1910. – O.M. BUSBY, *Studies of the Development of the Fool in Elizabethan Drama*, New York, 1923. – E. WELSFORD, *The Fool: His Social and Literary History*, London, 1935. – A. KATZENELLENBOGEN, *Allegories of the Virtues and Vices in Medieval Art*, London, 1939. – B. SPIVACK, *Sh. and the Allegory of Evil*, New York, 1958. – F.H. MARES, »The Origin of the Figure Called ›the Vice‹ in Tudor Drama«, *HLQ*, 22 (1959). – R. WEIMANN, »Redekonvention des ›Vice‹ von *Mankind* bis *Hamlet*«, *ZAA*, 2 (1967). – R. WEIMANN, »Die furchtbare Komik des Herodes. Dramaturgie und Figurenaufbau des vorshakespeareschen Schurken«, *Archiv*, 204 (1968). – R. C. JONES, »Dangerous Sport: The Audience's Engagement with Vice in The Moral Interludes«, in: *RenD*, n.s. 6 (1973), Evanston, 1975.

4. DIE INTERLUDIEN DER TUDORZEIT

Gegen Ende des 15. Jahrhunderts und in den ersten Jahrzehnten des 16. Jahrhunderts entstand in England eine neue dramatische Gattung, die eine wichtige Funktion in der Entwicklung des englischen Dramas hatte. Die sogenannten Interludien – die Herkunft und Bedeutung dieses Namens ist umstritten – dienten vor allem der Unterhaltung. Ihre gemeinsamen Kennzeichen waren eine Betonung des witzigen und pointierten Dialogs, dem gegenüber die Handlung zurücktrat, die Kürze und Einfachheit der Handlung und die geringe Zahl der Figuren, die selten vier oder fünf überstieg. Es ist unklar, wo und vor welchem Publikum die Interludien aufgeführt wurden, aber manches deutet darauf hin, daß sie bei Festlichkeiten als dramatische Einlagen unter Verzicht auf eine Bühne und Bühnenausstattung gespielt wurden. Die Betonung des Dialogs weist auf ihren Ursprung in den »débats« oder Streitgesprächen des Mittelalters zurück. Ihre Stoffe stammten aus den verschiedensten Quellen. Schwankmotive, Satire und antike Erzählungen wurden in diesen Stücken verarbeitet. Das erste bekannte Stück *Fulgens and Lucres* (ca. 1496) von Henry MEDVALL ist deshalb bedeutsam, weil in ihm zum erstenmal die Vorgänge der Haupthandlung, die Entscheidung der Römerin Lukretia zwischen einem reichen, aber charakterlosen Aristokraten und einem tugendhaften Mann niederer Herkunft, in einer Nebenhandlung auf sozial niederer Ebene gespiegelt werden, ein dramatisches Verfahren, das Shakespeare in seinen Komödien und Tragödien subtil verwendet hat. Der Meister der Gattung war John HEYWOOD (1497?–1580?), dessen Interlude *The Play of the Weather* (1533) typisch für diese frühe Form des weltlichen Dramas ist. In diesem Stück wie in verschiedenen anderen Interludien tritt bereits die Figur des Vice unter dem Namen Merry Report auf, der an Schlagfertigkeit und Witz alle anderen übertrifft. Daran wird deutlich, daß diese Figur nicht zuletzt unter dem Einfluß der Interludien zum selbständigen Bühnentypus geworden war, der unabhängig von den Moralitäten auf die Bühne gebracht werden konnte. Ein wichtiges, wenn auch künstlerisch unbedeutendes Interlude ist *Kynge Johan* von John BALE, weil es das erste bekannte Stück ist, in dem Figuren der englischen Geschichte zusammen mit Personifikationen auftreten. Mit dieser Verbindung schlägt es die Brücke zwischen den Moralitäten und den elisabethanischen Historien.

Die Bedeutung der Interludien für die Entwicklung des Dramas liegt darin, daß mit ihnen zum erstenmal in England ein rein weltliches Theater in Erscheinung trat. Es bezog seine Rechtfertigung nicht mehr aus der heilsgeschichtlichen Belehrung oder ethischen Erbauung und setzte damit schöpferische Energien frei, die sich im bisherigen, religiös orientierten Drama nicht hätten entfalten können.

A. W. REED, *Early Tudor Drama*, London, 1926. – J.E. BERNARD, *The Prosody of the Tudor Interlude*, New Haven, 1939. – T.W.CRAIK, *The Tudor Interlude*, London, 1958. – D.M. BEVINGTON, *From Mankind to Marlowe*, London, 1962. – W. HABICHT, »The ›Wit‹-Interludes and the Form of Pre-Shakespearean ›Romantic Comedy«, *RenD*, 8 (1965). – W. HABICHT, *Studien zur Dramenform vor Sh.*, Heidelberg, 1968. – C. W. THOMSEN, »Von den Interludien bis zu Marlowes Tod«, in: *Das englische Drama*, hrsg. J. Nünning, Darmstadt, 1973. – R. FRICKER, *Das Ältere Englische Schauspiel*, Bd. 1: *Von den geistlichen Autoren bis zu den »University Wits«*, Bern, 1975.

5. DER EINFLUSS DER KLASSISCHEN LATEINISCHEN KOMÖDIE

Bevor die Möglichkeiten, die im Interludium angelegt waren, zur Entfaltung gelangen konnten, setzte sich im englischen Drama der Einfluß der lateinischen Komödie durch und fügte den einheimischen dramatischen Formen Elemente hinzu, deren es dringend bedurfte. Den Komödien des PLAUTUS (ca. 254–184 v. Chr.) und TERENZ (ca. 195–159 v. Chr.) verdankt die englische Renaissancekomödie die zusammenhängende, logisch entwickelte Handlung, die Einteilung in Akte und Szenen, die klare Trennung der Komödie von der Tragödie und eine Erweiterung des Bestandes an Bühnentypen. Die Kenntnis der lateinischen Komödien gelangte nach England über die humanistischen Schulen, in denen PLAUTUS und TERENZ eifrig gelesen wurden.

Den 21 Komödien des PLAUTUS, die von den 130, die er verfaßte, erhalten geblieben sind, lag zumeist eine Intrige oder eine folgenreiche Personenverwechslung zugrunde, aus denen er Handlungen mit immer wiederkehrenden komischen Situationen und stereotypen Bühnenfiguren entwickelte. Feste Bestandteile der elisabethanischen Komödie wie Verwechslungen, heimliche Liebesaffären, getrennte Familien, die nach vielen Abenteuern wieder zusammenfinden, und das unerwartete Auftauchen verlorengeglaubter Kinder gehen auf PLAUTUS zurück. Seine Bühnentypen wurden in das englische Milieu übertragen. Die Figur, die einen Prolog oder Epilog spricht, der Miles Gloriosus, der Parasit, der listenreiche und witzige Diener, der halsstarrige

Vater, der am Ende betrogen wird, der inbrünstige Liebhaber
und das Mädchen, das sich als Mann verkleidet, haben bei
PLAUTUS ihre Vorbilder.

Schulaufführungen der lateinischen Komödien regten bald zu
Nachahmungen an, und es ist kein Zufall, daß die ersten englischen Komödien in der Nachfolge der klassischen Komödie
von Schulmeistern stammen und wahrscheinlich auch für Schulaufführungen vorgesehen waren. Die erste dieser Komödien,
Ralph Roister Doister, schrieb zwischen 1534 und 1553 Nicholas
UDALL, der Schulleiter von Eton und Westminster. Sie verbindet
geschickt einzelne Elemente der lateinischen Komödie mit der
englischen Tradition.

Der Schauplatz der Komödie liegt in England; der Titelheld,
ein prahlerischer Feigling, ist nach dem Typus des Miles Gloriosus in PLAUTUS' gleichnamiger Komödie gestaltet. Für die erfolg-
losen Werbeszenen des Ralph Roister Doister um Dame Cu-
stance, die einen anderen liebt, verarbeitete UDALL Szenen aus
dem *Eunuchus* des TERENZ. Andere Szenen wiederum, in denen
der Titelheld von Mägden verprügelt wird, haben ihre Vorbilder
in mittelalterlichen Raufszenen, wie sie z. B. in den Mysterienspielen im Zusammenhang mit der Darstellung des bethlehemiti-
schen Kindermordes aufgeführt wurden. In der Gestalt des Dieners Matthew Merrygreek sind die Typen des plautinischen
Parasiten und witzigen Dieners mit der englischen Vice-Figur zu
einer gelungenen Synthese verschmolzen. Das Stück weist eine
sorgfältige Akt- und Szenenaufgliederung auf.

Noch erfolgreicher war die Verschmelzung von Elementen des
lateinischen Dramas mit der englischen Tradition in dem anonymen *Gammer Gurton's Needle*. Der Intrigant, der Landstreicher
Diccon, der sich geisteskrank stellt, ist eine typische Vice-Figur.
Zu seinen Opfern zählt Hodge, ein Bauerntölpel. Die Handlung
dreht sich um den Verlust einer Nähnadel, die schließlich im
Hosenboden von Hodge auf eine für ihn schmerzhafte Weise gefunden wird. Die Komik des Stücks beruht auf dem Mißverhält-
nis zwischen der Geringfügigkeit des Motivs und den komplizierten Verwicklungen, die sich aus ihm ergeben. Die gutgebaute
Handlung, die ein realistisches Bild des englischen Dorflebens
gibt, zeigt mit ihren vielen Verwechslungen deutlich den Ein-

fluß der lateinischen Komödie, während die zahlreichen Schwankmotive und die derbe Sprache auf die englische Tradition verweisen.

Shakespeare hat die Einflüsse der lateinischen Komödie nicht
nur über die Entwicklung der englischen Komödie vor ihm aufgenommen, sondern er hat während seiner ganzen Laufbahn als
Dramatiker immer wieder Anregungen aus der plautinischen
Komödie direkt bezogen und sie in seinen Werken verarbeitet,
wobei die Vorbilder in seinen früheren Stücken deutliche Spuren
hinterlassen haben, während sie in späteren Werken zumeist
nur noch indirekt und in eigenwilliger Umformung wirksam
sind.

So führt Shakespeare nach dem Vorbild des PLAUTUS Prolog-
figuren ein in *Henry V*, im 2. Teil von *Henry IV*, in Akt I und II
von *Romeo and Juliet*, vor dem 4. Akt von *Winter's Tale;* Epiloge
werden u. a. im 2. Teil von *Henry IV* und in *As You Like It* gesprochen. Die Motive der wiedervereinigten Familie und das
Auftauchen verschwundener Kinder verwandte Shakespeare in
Comedy of Errors, Winter's Tale und *Cymbeline.* Mädchen, die
sich als Männer verkleiden wie z.B. Julia, Portia, Rosalind, Viola
und Imogen gehen ebenfalls auf die plautinische Komödie *Casina*
zurück. Das Motiv der Entführung der Braut durch ihren Liebhaber aus dem Haus eines bösartigen und geizigen Vaters, das in
elisabethanischen Komödien mehrmals auftaucht und auch in
der Nebenhandlung von *Merchant of Venice* vorkommt, ist in
PLAUTUS' *Aulularia* vorgebildet. Die Miles Gloriosus-Figur aus
der gleichnamigen plautinischen Komödie fand besonders viel
Nachahmung: Don Armado in *Love's Labour's Lost,* Parolles in
All's Well, Bardolph, Nym und Pistol in *Henry IV, Henry V*
und *Merry Wives* sind diesem plautinischen Typus ebenso verpflichtet wie Falstaff.
Diejenige Komödie Shakespeares, die am stärksten den Einfluß
der plautinischen Komödie verrät, ist die *Comedy of Errors.* In ihr
hat er wesentliche Handlungselemente aus *Menaechmi* (insbesondere Akt II und III) und *Amphitruo* und vielleicht auch einige
Züge aus *Miles Gloriosus* übernommen, wobei er allerdings durch
Hinzufügung von Figuren und Akzentverschiebungen ein wesentlich komplizierteres und zugleich symmetrischeres Hand-

lungsgefüge schuf, das andererseits auch den Einfluß der Komödie LYLYS verrät.

F.S. BOAS, *University Drama in the Tudor Age*, New York, 1914, repr. 1966. – C.C. COULTER, »The Plautine Tradition in Sh.«, *JEGP*, 19 (1920). – T.H.V. MOTTER, *The School Drama in England*, London, 1929. – E.P. VANDIVER, »The Elizabethan dramatic parasite«, *SP*, 32 (1935). – C.F.T. BROOKE, »Latin Drama in Renaissance England«, *ELH*, 14 (1946). – T.W. BALDWIN, *Shakspere's Five Act Structure*, Urbana, 1947. – G. HIGHET, *The Classical Tradition. Greek and Roman Influences on Western Literature*, New York, 1949. – M.T. HERRICK, *Comic Theory in the Sixteenth Century*, Urbana, 1950. – G.E. DUCKWORTH, *The Nature of Roman Comedy*, Princeton, N.J., 1952. – D.C. BOUGHNER, *The Braggart in Renaissance Comedy*, London, 1954. – W. BEARE, »Plautus, Terence and Seneca: A Comparison of Aims and Methods«, in: *Classical Drama and Its Influence*, ed. M.J. Anderson, London, 1965. – R. HOSLEY, »The Formal Influence of Plautus and Terence«, in: *Elizabethan Theatre*, Stratford-upon-Avon Studies 9, London, 1966. – J. ARTHOS, »Sh.'s Transformation of Plautus«, *CD*, 1 (1967). – G. WICKHAM, »Neo-classical Drama in England«, *Sh.'s Dramatic Heritage*, London, 1969. – E. BECK, »Terence Improved: The Paradigm of the Prodigal Son in English Renaissance Comedy«, *RenD*, n.s. 6 (1973), Evanston, 1975.

6. DER EINFLUSS DER COMMEDIA DELL'ARTE

Im 16. Jahrhundert verbreitete sich der Einfluß der Commedia dell'arte, die seit dem Mittelalter in Italien entstanden war, in ganz Europa. Ihre charakteristischen Merkmale waren eine Reihe von Bühnentypen, immer wiederkehrende Personenkonstellationen und eine weitgehend der Improvisationskunst hochspezialisierter Schauspieler überlassene Handlung. Zu den Typen dieser Komödienform gehörten zumeist zwei Liebespaare und zwei komische Diener, von denen der eine durch seine Schlagfertigkeit und Geistesgegenwart die Vorhaben seines Herren unterstützte und förderte und der andere durch seinen Stumpfsinn und seine Tölpelhaftigkeit Verwirrung stiftete und Zielscheibe des Spotts war. Weitere Typen waren der plautinische Miles Gloriosus, der in der Commedia dell'arte zum großsprecherischen und eitlen Modegecken weiterentwickelt worden war, der Pedante und der Quacksalber. Shakespeare hat diese Figuren in einer Reihe von Komödien insbesondere zur Ausgestaltung der Nebenhandlungen verwendet, die zumeist die Haupthandlung auf einer sozial niederen Ebene spiegeln und kontrastieren.

In *Love's Labour's Lost* (V, ii, 545) werden einige dieser Typen, die im Stück auftreten, von Berowne aufgezählt: »the pedant« (der Schulmeister Holofernes), »the braggart« (die Miles Gloriosus-Figur Don Armado), »the hedgepriest« (der Parasit Nathaniel), »the fool« (der witzige Diener Moth), und »the boy« (der törichte Diener Costard). Die für die Commedia dell'arte typische Situation, daß um eine Frau drei Liebhaber werben, findet sich in *Taming of the Shrew* (Bianca), *Merchant of Venice* (Portia) und *Merry Wives* (Anne Page), wo Falstaff auch dem Typus des Pedante verpflichtet ist. Das kontrastierende Dienerpaar wurde von Shakespeare in *Two Gentlemen* (Speed und Launce) und *Taming of the Shrew* (Tranio und Grumio) übernommen. Wie die geschwätzige Amme und die beiden Familienoberhäupter Montague und Capulet zeigen, die den Typus des zornigen Vaters repräsentieren, verwendete Shakespeare diesen Figurenbestand auch innerhalb einer tragischen Handlung.

K. M. LEA, *Italian Popular Comedy. A Study in the Commedia dell'Arte, 1560–1620, with Special Reference to the English Stage*, 2 vols., Oxford, 1934. – H. KAUFMAN, »The Influence of Italian Drama on Pre-Restoration English Comedy«, *Italica*, 31 (1950). – M. T. HERRICK, *Italian Comedy in the Renaissance*, Urbana, 1960. – C. S. FELVER, »The Commedia dell'Arte and English Drama in the Sixteenth and Early Seventeenth Centuries«, *RenD*, 6 (1963). – G. LORD, »Die Figur des Pedanten bei Sh.«, *SJ West* (1969). – D. ORR, *Italian Renaissance Drama in England before 1625*, Chapel Hill, 1970. – B. CORRIGAN, »Italian Renaissance Comedy and Its Critics: A Survey of Recent Studies«, *RenD*, n.s. 5 (1972), Evanston, 1974.

7. DIE KOMÖDIE JOHN LYLYS

Mit Recht gilt John LYLY (ca. 1554–1606) als der Schöpfer der elisabethanischen Liebeskomödie. In Oxford und Cambridge erzogen, wurde er zuerst berühmt durch seinen Roman *Euphues, or the Anatomy of Wit* (1578) und dessen Fortsetzung *Euphues and his England* (1580), in denen er die Anschauungen der Renaissance über Liebe, Religion, Erziehung und Politik in populärer Form darbot. In diesen Romanen kreierte er einen neuen Stil, den Euphuismus, der für kurze Zeit vielfach nachgeahmt wurde, aber bereits ab 1590 der zunehmenden Ablehnung und Lächerlichkeit verfiel. Die Merkmale dieser manierierten Schreibweise waren eine auf sorgfältige Symmetrie und kunstvollen Kontrast bedachte Anordnung des sprachlichen Materials, die die Syntax ebenso wie die Abfolge der Laute beeinflußte, und eine üppig wuchernde Fülle von Bildern und Vergleichen, die kaum noch erklärende und illustrierende Funktionen hatten, sondern vor allem durch ihre Neuheit Verblüffung hervorrufen und den geistreichen

Witz des Autors demonstrieren sollten. Nach dem Erfolg seiner Romane wandte sich LYLY in London der Komödie zu. Er schrieb für Schauspieltruppen, die aus den Knaben der königlichen Hofkapelle hervorgegangen waren und den übrigen Schauspieltruppen ernsthafte und vielbeklagte Konkurrenz machten (vgl. *Hamlet*, II, ii, 334ff.). Die häufigen Liedeinlagen von LYLYS Komödien – ein Zug, den Shakespeare übernimmt – erklären sich aus der Ausbildung dieser Sängerknaben, von denen LYLYS Stücke aufgeführt wurden. LYLY schrieb seine Komödien für Aufführungen am Hofe, wo er vergeblich Förderung und Protektion suchte, und orientierte sich ganz an dem dort vorherrschenden Geschmacksideal.

Für seine Komödien übernahm LYLY die Bühnentypen und -konventionen der lateinischen Komödie wie z.B. den klugen Diener, den alternden Liebhaber, den Miles Gloriosus sowie die Verwechslungen und Verkleidungen und verband sie mit der schwankhaften Komik der einheimischen Tradition. Im Mittelpunkt der Komödie stand die höfische Liebe mit ihrem ausgeklügelten Zeremoniell und den typischen Verhaltensweisen der Betroffenen wie z.B. das Seufzen und Sonetteschreiben der Liebhaber und die abweisende Sprödigkeit der Damen. Die höfische Liebe und ihre Probleme werden in LYLYS Komödien abwechselnd mit Sympathie und Zustimmung und dann wieder aus spöttischer Distanz und mit Kritik behandelt. Der sorgfältige Handlungsaufbau ist gekennzeichnet durch Symmetrie in der Anordnung der Figuren und durch eine kunstvolle Spiegelung bez. Kontrastierung der Haupthandlung in den Nebenhandlungen. LYLY hat seine Stoffe vorzugsweise der antiken Geschichte und Mythologie entlehnt. In seinen Komödien treten Alexander der Große und der Maler Apelles, der Philosoph Diogenes (*Alexander and Campaspe*, 1584), die Dichterin Sappho (*Sappho and Phao*, ca. 1584) neben Diana, Cynthia, Ceres und anderen Gottheiten und Nymphen zusammen auf mit Figuren aus den englischen Schwänken, mit Ralph, Robin und Dick. Die Komödien spielen in einer pastorale, arkadische und englische Züge aufweisenden Phantasielandschaft. Die Handlungen sind durchsetzt mit allegorischen Bezügen auf Personen und Ereignisse am englischen Hof und satirischen Passagen auf zeitgenössische Modetorheiten.

LYLYS spezifischer Beitrag zur elisabethanischen Komödie bestand in der kunstvollen Verbindung der verschiedenen traditionellen Komödienelemente mit der höfischen Liebesthematik und in der Verfeinerung der Komödiensprache. Derbheit und Ungeschliffenheit löste er durch eine hochrhetorische und witzige Sprache ab. Die euphuistischen Stilelemente, die LYLY in die dramatische Sprache einführte, und seine eleganten Dialoge wurden in der Folgezeit von den anderen Komödienschreibern vielfach nachgeahmt. Dann nimmt die Parodie überhand, und die Spätphase der elisabethanischen Komödie schließlich hat seine Manierismen überwunden.

Shakespeare wurde von LYLYS Komödien entscheidend beeinflußt, wie über 50 nachgewiesene Entlehnungen beweisen. LYLYS Wirkung ist in *The Comedy of Errors*, *The Two Gentlemen of Verona* und *The Taming of the Shrew* zu spüren und erreicht ihren Höhepunkt in *Love's Labours' Lost* und *Midsummer Night's Dream*. Beispiele für seinen Einfluß sind in *Love's Labour's Lost* die kontrapunktisch gegeneinandergesetzten Abläufe der Liebeshandlung und der farcenhaften Komödienhandlung und der Kontrast zwischen den eleganten Dialogen der Standespersonen und den einfältig-komischen Gesprächen der Commedia dell' arte-Figuren. In *The Merchant of Venice* sind die geistreichen Damen Portia und Nerissa und die Tölpel Launcelot und Old Gobbo ähnlich gegeneinandergesetzt. Die witzigen Wortgefechte zwischen Katharina und Petruchio in *The Taming of the Shrew* bezeugen den Einfluß LYLYS ebenso wie die zwischen Beatrice und Benedick in *Much Ado*. Auch die witzige Kritik an den Torheiten des höfischen Liebesrituals der Zeit, wie sie in *Love's Labour's Lost*, in *Much Ado* und *As You Like It* vorgetragen wird, hat ihre Vorbilder in den Komödien LYLYS. So sehr Shakespeare LYLY zunächst auch verpflichtet war, so hat er seinen Einfluß schließlich doch überwunden und sich von ihm ironisch distanziert. Mit *Much Ado* und *Twelfth Night* zeichnet sich die Abkehr von LYLY ab. Die mythologischen Figuren LYLYS, seine Nymphen und Cupidos spielen in Shakespeares reifen Werken nur noch eine untergeordnete Rolle, und an die Stelle von Liebespaaren, die sich im unpersönlichen Zeremoniell der höfischen Liebe begegnen, treten Liebende, die sich zu einer tieferen Bin-

dung zusammenfinden. In einer Rede an Prinz Hal (1 *Henry IV*,
II, iv, 386 ff.) legt Shakespeare Falstaff eine Parodie des euphuistischen Stils in den Mund.

C.G.CHILD, *John Lyly and Euphuism*, Erlangen & Leipzig, 1894. – J.D. WIL-
SON, *John Lyly*, Cambridge, 1905. – A. FEUILLERAT, *John Lyly*, 1910, reiss.
New York, 1968. – M.P. TILLEY, *Elizabethan Proverb Lore in Lyly's ›Euphues‹
and in Pettie's ›Petite Palace‹ with Parallels from Sh.*, New York, 1926. – G.W.
KNIGHT, »Lyly«, *RES*, 15 (1939). – L. BABB, »The Physiological Conception of
Love in the Elizabethan and Early Stuart Drama«, *PMLA*, 56 (1941). – G. TIL-
LOTSON, »The prose of Lyly's comedies«, in: *Essays in Criticism and Research*,
Cambridge, 1942. – B.F. HUPPÉ, »Allegory of Love in Lyly's Court Comedies«,
ELH, 14 (1947). – W.N. KING, »John Lyly and Elizabethan Rhetoric«, *SP*, 52
(1955). – J.A. BARISH, »The Prose Style of John Lyly«, *ELH*, 23 (1956). – L. BO-
RINSKI, »The Origin of the Euphuistic Novel and Its Significance for Sh.«,
Studies in Honor of T.W. Baldwin, ed. D.C. Allen, Urbana, 1958. – M. MINCOFF,
»Sh. and Lyly«, *ShS*, 14 (1961). – A. HARBAGE, »*Love's Labour's Lost* and the
Early Sh.«, *PQ*, 41 (1962). – G. K. HUNTER, *John Lyly: The Humanist as Cour-
tier*, London, 1962. – R.Y. TURNER, »Some Dialogues of Love in Lyly's Come-
dies«, *ELH*, 29 (1962). – R.W. ZANDVOORT, »What is Euphuism«?, *Mélanges
de linguistique et de philologie: Fernand Mossé in memoriam*, Paris, 1962. – J. POWELL,
»John Lyly and the Language of Play«, *Elizabethan Theatre*, Stratford-upon-Avon
Studies 9, London, 1966. – M.R. BEST, »Lyly's Static Drama«, *RenD*, n.s. 1 (1968).
– P. SACCIO, *The Court Comedies of John Lyly*, Princeton, 1969.

8. DIE SITTENKOMÖDIE BEN JONSONS

Shakespeares Freund und größter Rivale Ben JONSON (1572
bis 1637), der, nachdem er Maurer und Soldat gewesen war, eine
Karriere als Schauspieler, Dramatiker, Dichter und Literatur-
kritiker begann, war der Schöpfer der elisabethanischen Sittenkomödie, die zu Beginn des 17. Jahrhunderts neben der romantischen Liebeskomödie die Bühne eroberte. Die Entstehung der
satirischen Komödie wurde begünstigt durch das Druckverbot
für alle satirischen Pamphlete in Vers und Prosa im Jahre 1599.
Dieses Verbot konnte dadurch umgangen werden, daß man die
Satire in dramatischer Form auf die Bühne brachte.

Ben JONSON ging bei der Darstellung satirischer Figuren von
der damaligen »humour«-Psychologie aus (siehe I. A. 8.) und
führte in seinen frühen Stücken *Everyman In His Humour*, *Every
Man Out Of His Humour* und *Cynthia's Revels* eine Galerie von
verschiedenen »humour«-Typen vor, die er mit Figuren aus der
lateinischen und italienischen Komödie mischte. *Every Man Out
Of His Humour* und *Cynthia's Revels* nannte Ben JONSON »comicall satyres«, weil in ihnen die Elemente der Komödie mit der

Satire eng verknüpft sind. Die Handlung ist zumeist so konstruiert, daß die einzelnen Figuren reichlich Gelegenheit finden, ihre Torheiten vorzuführen. Anschließend werden sie von satirischen Kommentatorfiguren in eine Situation gelockt, in der ihr törichtes und verwerfliches Verhalten allen offenbar wird. Der Lächerlichkeit preisgegeben, verlassen sie von ihrem »humour« geheilt die Bühne, oder sie werden unter dem Gelächter der Umwelt weggejagt. Die Kommentatorfiguren waren entweder Idealtypen zeitkritischer Dichter wie z.B. Asper-Macilente *(Every Man Out Of His Humour)* oder Crites *(Cynthia's Revels)* oder Buffo-Figuren wie Carlo Buffone *(Every Man Out Of His Humour)*, die sich in derben Späßen und obszönen Tiraden gegen ihre Opfer ergingen, aber nicht von der Absicht erfüllt waren, ihre Umwelt zu verbessern.

Viele Gelehrte halten den Einfluß dieser satirischen Sittenkomödie auf verschiedene Komödien für erwiesen. In *Twelfth Night* fügt Shakespeare die Figur des Malvolio ein, der typische Merkmale eines »humour«-Typs aus der Komödie Ben Jonsons aufweist. Malvolios »humour« ist Selbstgerechtigkeit – eine Eigenschaft, die auch Jonson den Puritanern vorwarf. Diese verführt ihn dazu, seinen sozialen Stand zu vergessen und sich über seine Mitmenschen erhaben zu dünken. Ähnlich wie die »humour«-Figuren in Jonsons Komödien wird er von Maria und ihren Kumpanen in eine Situation gelockt, in der sein »humour« groteske Auswüchse zeitigt und allen offenkundig wird. Unter dem Gelächter der übrigen Figuren stürmt er unversöhnt von der Bühne. Sir Andrew Aguecheek in der gleichen Komödie weist Ähnlichkeiten mit Ben Jonsons Figuren der leicht zu beeindruckenden Landadligen auf, die dadurch zur Beute von Betrügern und Spaßvögeln werden. Die Art, wie Parolles in *All's Well that Ends Well* von den übrigen Figuren, insbesondere von dem Narren Lavache, bloßgestellt und verächtlich gemacht wird, geht über die gutmütige Verspottung Falstaffs (1 *Henry IV*, II, iv) weit hinaus. Auch bei Parolles kann ebenso wie bei der Figur des Buffo Lavache mit Recht auf eine Beeinflussung Shakespeares durch Ben Jonson geschlossen werden.

Der Einfluß der satirischen Sittenkomödie in der Form, die Ben Jonson geschaffen hatte, wurde auch bei *Troilus and Cressida* vermutet, einem der umstrittensten Dramen Shakespeares, das sowohl der Gattung Komödie, der Tragödie, der Historie und der Tragikomödie zugeordnet worden ist. Ausgehend von der satirischen Charakterisierung der Hauptfiguren und dem düsteren Eindruck der Anarchie und des Chaos, den das Stück vermittelt, wurde argumentiert, daß Shakespeare in diesem Stück den entschlossensten Versuch gemacht habe, sich die Form der »comicall satyre« oder auch der »tragicall satyre«, wie sie Ben JONSON in *Sejanus* geschaffen hatte, zu eigen zu machen. Die Figur des Thersites, des bösartigen Buffo, der eine Flut von Schimpfwörtern und Obszönitäten über alle übrigen Figuren ausgießt, weist auf Carlo Buffone als sein Modell hin.

L.C. KNIGHTS, *Drama & Society in the Age of Jonson*, London, 1937. – O.J. CAMPBELL, *Sh.'s Satire*, London, 1943. – G.E. BENTLEY, *Sh. and Jonson: Their Reputations in the Seventeenth Century Compared*, Chicago, 1945. – A.H. SACKTON, *Rhetoric as a Dramatic Language*, New York, 1948. – J.D. WILSON, »Ben Jonson and *Julius Caesar*«, ShS, 2 (1949). – W.J. OLIVE, »*Sejanus* and *Hamlet*«, in: *A Tribute to G.C. Taylor*, Chapel Hill, 1952. – S. MUSGROVE, *Sh. and Jonson*, Auckland, 1957. – E.B. PARTRIDGE, *The Broken Compass: A Study of the Major Comedies of Ben Jonson*, London, 1958. – A.B. KERNAN, *The Cankered Muse: Satire of the English Renaissance*, New Haven, 1959. – J.A. BARISH, *Ben Jonson and the Language of Prose Comedy*, Cambridge, Mass., 1960. – P.G. PHIALAS, »Comic Truth in Sh. and Jonson«, *SAQ*, 62 (1963). – R.E. KNOLL, *Ben Jonson's Plays: An Introduction*, Lincoln, Nebraska, 1964. – A.B. KERNAN, *The Plot of Satire*, New Haven, 1965. – B. GIBBONS, *Jacobean City Comedy*, London, 1968. – H. LEVIN, »Two Comedies: *The Tempest* and *The Alchemist*«, ShS, 22 (1969). – R. ORNSTEIN, »Shakespearian and Jonsonian Comedy«, *ShS*, 22 (1969). – A.C. DESSEN, *Jonson's Moral Comedy*, Evanston, 1971. – D. BEVINGTON, »Sh. vs Jonson on Satire«, in: *Sh. 1971: Proceedings of the World Sh. Congress*, eds. C. Leech, J. M. R. Margeson, Toronto, 1972. – A. LEGGATT, *Citizen Comedy in the Age of Sh.*, Toronto, 1973. – A. SCHLÖSSER, »Ben Jonson und Sh.«, *SJ Ost*, 109 (1973).

9. DER TRAGÖDIENBEGRIFF DES MITTELALTERS

Im Gegensatz zur elisabethanischen Komödie, die eine Reihe von Vorstufen im einheimischen Drama des Mittelalters und der frühen Tudorzeit aufzuweisen hat, kann die elisabethanische Tragödie nicht aus der dramatischen Tradition Englands hergeleitet werden. Die religiösen Spiele des Mittelalters, das »mystery play« und das »morality play«, entwickelten keine Konzeption des Tragischen. In ihnen wird kein individuelles Schicksal gestaltet, und Scheitern und Tod der Hauptfigur werden ausschließlich unter ethischen und religiösen Aspekten dargestellt und in einen umfassenden Sinnbezug eingeordnet.

Das Mittelalter kannte die Tragödie nur als erzählende Literaturform. Tragödien waren Darstellungen der Schicksale großer Persönlichkeiten aus Legende und Geschichte, in denen vor allem ihr Sturz aus Macht und Glück in Elend und Tod ausführlich behandelt wurde. An ihrem Leben wurde die Unsicherheit der sublunaren Welt exemplarisch aufgewiesen, in der der Mensch niemals Beständigkeit erlangen kann, sondern den unberechenbaren Launen des Schicksals unterworfen ist. Nur der Tod brachte Erlösung von diesem Schicksal und versetzte den Menschen in unveränderliche Sphären. Diese Weltdeutung erwuchs aus der christlichen Weltverachtung (contemptus mundi). Das Grundgefühl der Unbeständigkeit und Unsicherheit des irdischen Daseins fand seinen bildlichen Ausdruck im Rad der Fortuna. Der Mensch war zeit seines Lebens an dieses Rad gekettet, das sich unerwartet und unberechenbar in Bewegung setzte. Durch die Drehung erlangten die Menschen für kurze Zeit Glück, Macht oder Reichtum, um dann unausweichlich durch eine weitere Drehung des Schicksalsrades in Unglück, Elend und Tod gestürzt zu werden. Für das Rad gab es weder Stillstand noch eine Änderung des Drehsinnes, wodurch das unausweichliche Ende von menschlichen Schicksalen hätte aufgehalten werden können.

Berühmte lateinische Sammelwerke solcher Tragödien wie z.B. BOCCACCIOS *De Casibus Virorum Illustrium* regten ähnliche Werke in England an. CHAUCER, der in *The Monk's Tale (Canterbury Tales)* eine Reihe kleinerer Tragödien zusammenfaßt, gestaltet in *Troilus and Criseyde* die Geschichte einer höfischen Liebe als Tragödie: für kurze Zeit vermag Troilus sich der Liebe Criseydes zu erfreuen, um dann in den Tod zu stürzen, während Diomedes an seine Stelle tritt und Criseyde gewinnt. Über LYDGATES *Fall of Princes* (1431–1438), im 16. Jahrhundert neu aufgelegt und mit einem Appendix von Biographien englischer Fürsten versehen, wurden diese mittelalterlichen »Tragödien« in der Renaissance einem großen Publikum bekannt. Die Zusammenstellung von »Tragödien« aus der englischen Geschichte, die der Herausgeber William BALDWIN 1559 unter dem Titel *Mirror for Magistrates* herausbrachte, wurde eines der populärsten Bücher des 16. Jahrhunderts, von dem immer neue Auflagen,

Erweiterungen und Imitationen erschienen. In diesem Werk werden die Lebensgeschichten von den Geistern der Verstorbenen selbst vorgetragen und mit vielen Ermahnungen und Belehrungen für die Nachwelt versehen. Wie zahlreiche Parallelen in der Darstellung von Charakteren und Situationen zeigen, verdankt Shakespeare manche Anregung diesem Werk. Er dürfte es insbesondere bei der Gestaltung der Charaktere in seinen Historien *Richard II*, *Richard III*, *Henry IV* und *Henry V* verwendet haben.

Die Popularität des *Mirror for Magistrates* bezeugt zugleich die Gültigkeit des mittelalterlichen Tragödienbegriffs für das 16. Jahrhundert. Auch Shakespeare hat in einigen Dramen das tragische Konzept vom Rad der Fortuna übernommen. In *Romeo and Juliet* wird – ganz ähnlich wie in CHAUCERS *Troilus and Criseyde* – der Aufstieg Romeos zum kurzen Liebesglück mit Juliet gezeigt, um dann nach dem ungewollten Totschlag Tybalts den Sturz der Liebenden in den Tod folgen zu lassen. Romeos Ausruf »O, I am fortune's fool!« (III, i, 133) erinnert an die Betrachtungen über die unbeständige Fortuna in den mittelalterlichen Tragödien. In *Richard II* wird eine gegenläufige Bewegung des Schicksalsrades – der Sturz des Monarchen Richard II und der gleichzeitige Aufstieg seines Rivalen Henry Bolingbroke – zum Strukturprinzip der Handlung. In Bildern und Vergleichen wird die Verbindung der beiden Schicksale durch Fortuna immer wieder beschworen. Richard weist selbst auf die mittelalterlichen Tragödien hin, wenn er an die »sad stories of the deaths of kings« (*Richard II*, III, ii, 156) erinnert.

W. FARNHAM, »The *Mirror for Magistrates* and Elizabethan Tragedy«, *JEGP*, 25 (1926). – H.R. PATCH, *The Goddess Fortune in Medieval Literature*, Cambridge, 1927. – H. BAKER, »Ghosts and Guides: Kyd's *Spanish Tragedy* and the Medieval Tragedy«, *MP*, 32 (1935). – W. FARNHAM, *The Medieval Heritage of Elizabethan Tragedy*, Berkeley, 1936. – T. SPENCER, *Death and Elizabethan Tragedy*, Cambridge, 1936. – H. BAKER, *Induction to Tragedy*, Baton Rouge, 1939, (New York, 1965²). – H. WEISINGER, *Tragedy and the Paradox of the Fortunate Fall*, East Lansing, 1953. – S.F. JOHNSON, »The Tragic Hero in Early Elizabethan Drama«, in: *Studies in the English Renaissance Drama*, ed. J.W. BENNETT, New York, 1959. – R.Y. TURNER, »Pathos and the Gorboduc Tradition, 1560–1590«, *HLQ*, 35 (1962). – J.M.R. MARGESON, *The Origins of English Tragedy*, Oxford, 1967. – R. WOOLF, »The Influence of the Mystery Plays upon the Popular Tragedies of the 1560's«, *RenD*, n.s. 6 (1973), Evanston, 1975. – E. CREETH, *Mankynde in Sh.*, Athens, 1976.

10. Die Entstehung der elisabethanischen Tragödie unter dem Einfluss Senecas

Die Entwicklung der Tragödie als dramatische Kunstform im 16. Jahrhundert erfolgte unter dem Einfluß SENECAS (ca. 4 v. Chr. bis 65 n. Chr.). Neun seiner Tragödien waren als einzige Zeugnisse der lateinischen Tragödienliteratur erhalten geblieben. Bereits im Mittelalter galt SENECA als bedeutender Tragiker, und in den humanistischen Schulen des 16. Jahrhunderts wurden seine Werke eifrig studiert. Die fünfaktigen Dramen waren eher zum Lesen oder zur Deklamation als zur Bühnenaufführung bestimmt. SENECA wählte mit Vorliebe sensationelle Episoden aus der Mythologie mit Mord, Rache, Inzest und Ehebruch. Von der griechischen Tragödie übernahm SENECA den Chor, den Protagonisten und einen oder mehrere Antagonisten. Neben den Hauptpersonen treten in den Dramen Gottheiten, Furien und Geister auf. Charakteristisch für SENECAS Tragödien ist, daß die Handlungen nicht vorgeführt, sondern berichtet werden. Die Stücke bestehen weitgehend aus Monologen, Dialogen und Berichten durch Boten, die in einem kunstvoll stilisierten, rhetorischen Stil abgefaßt sind.

Imitationen von SENECAS Tragödien wurden zunächst vor gebildeten Kreisen aufgeführt und erreichten erst später die öffentlichen Bühnen, wo sie mit Elementen des einheimischen Volkstheaters verbunden wurden. Der Einfluß SENECAS in England verstärkte sich, nachdem 1581 die Übersetzungen seiner Tragödien veröffentlicht worden waren.

Shakespeare war mit dem Werk SENECAS vertraut und übernahm von ihm vor allem im Frühwerk viele Anregungen. Lange Passagen in Shakespeares Dramen, die in kunstvoll rhetorischem Stil abgefaßt sind, ebenso wie die Technik des Botenberichts, die Shakespeare häufig verwendet, verraten die Schulung am Werk SENECAS. Das Motiv der Rache in Verbindung mit dem kannibalistischen Horrorbankett in *Titus Andronicus* stammt aus *Thyestes*, die Gefangenenopferung (I, i) aus *Troades*. Die Werbeszene Richards um Lady Anne (*Richard III*, I, ii) hat ein Vorbild in *Hercules Furens*, und King Johns Sterberede (V, viii) ist der englichen Übersetzung des *Hercules Oetaeus* verpflichtet. Auch die

späteren Tragödien weisen Züge aus SENECA auf. Der zur Rache
mahnende Geist in *Hamlet* deutet auf SENECAS Vorbild ebenso hin
wie eine Reihe von Passagen in *Macbeth*, wo z. B. die Rede über
die heilende Wirkung des Schlafs an Stellen in *Hercules* und
Agamemno erinnert. Die den Senecastil parodierenden Tiraden
Pistols und Falstaffs zeigen aber auch, daß Shakespeare den Auswüchsen der SENECA-Tradition im englischen Drama, dem
Schwulst und der wuchernden Rhetorik, kritisch gegenüberstand.

Die erste englische Tragödie, die unter dem Einfluß SENECAS
entstand, ist *Gorboduc, or Ferrex and Porrex* von den beiden Autoren Thomas SACKVILLE und Thomas NORTON. Das Stück wurde
Weihnachten 1561 in einer Londoner Juristenschule uraufgeführt. Es gestaltet einen Stoff aus der sagenhaften britischen Vorzeit: König Gorboduc teilt sein Reich unter seine Söhne Ferrex
und Porrex auf; der folgende Bruderzwist führt zum Untergang
des Reiches. Die Gruppierung der Figuren ist symmetrisch,
jedem der Brüder z. B. ist je ein guter und ein schlechter Ratgeber
zugestellt. Am Anfang jedes Akts steht eine »dumb show«, die
pantomimisch den Inhalt vorwegnimmt. Der Auftritt des Chors
beschließt die fünf Akte. Ermüdende Monologe und Botenberichte behindern den Fortgang der Handlung, die dramaturgisch
viele Ungeschicklichkeiten aufweist. Das Stück ist in Blankversen
geschrieben, die als erster Henry HOWARD Earl of SURREY in seiner
Aeneisübersetzung verwendet hatte und die mit *Gorboduc* sich
für die Bühne durchzusetzen begannen. Auch die »dumb
shows« wurden vom elisabethanischen Drama beibehalten und
von Shakespeare z. B. in *Hamlet* verwendet. In der Wahl eines
Stoffes aus der britischen Frühgeschichte haben die Autoren auf
den Stoffbereich hingewiesen, dem Shakespeare die Fabeln von
Cymbeline und *King Lear* entnahm. Mit letzterem weist *Gorboduc*
eine Reihe von äußeren Übereinstimmungen auf.

J. W. CUNLIFFE, *The Influence of Seneca on Elizabethan Tragedy*, London, 1893. –
A. D. GODLEY, »Senecan Tragedy«, in: *English Tragedy and the Classics*, ed.
G. S. Gordon, Oxford. 1912. – T. S. ELIOT, »Sh. and the Stoicism of Seneca«
(1927), in: *Selected Essays*, London, 1934. – F. L. LUCAS, *Seneca and Elizabethan
Tragedy*, Cambridge, 1922. – C. F. BECKINGHAM, »Seneca's Fatalism and
Elizabethan Tragedy«, *MLR*, 32 (1937). – H. BAKER, *Induction to Tragedy*, Baton
Rouge, 1939. – C. W. MENDELL, *Our Seneca*, New Haven, 1941 (repr. Hamden,
Conn., 1968). – H. W. WELLS, »Senecan Influences on Elizabethan Tragedy: A
Re-Estimation«, *SAB*, 19 (1943). – H. B. CHARLTON, *The Senecan Tradition in*

Renaissance Tragedy, Manchester, 1946. – W. A. ARMSTRONG, »The Influence of Seneca and Machiavelli on the Elizabethan Tyrant«, *RES*, 24 (1948). – P. URE, »Some Differences between Senecan and Elizabethan Tragedy«, *DUJ*, 10 (1948). – F. R. JOHNSON, »Shakespearian Imagery and Senecan Imitation«, in: *J. Q. Adams Memorial Studies*, eds. J. G. McManaway, G. E. Dawson, Washington, 1948. – W. CLEMEN, *Die Tragödie vor Sh.*, Heidelberg, 1955. – J. FÖRG, *Typische Redeformen und Motive im vorshakespeareschen Drama und ihre Vorbilder bei Seneca*, Diss., München, 1955. – G. DAHINTEN, *Die Geisterszene in der Tragödie vor Sh.*, Göttingen, 1958. – J. ESPINER-SCOTT, »Sénèque dans la prose anglaise de More à Lyly (1500–1580)«, *RLC*, 34 (1960). – J. JACQUOT, »Les Tragédies de Sénèque et le théâtre élizabéthain«, *EA*, 14 (1961). – W. HABICHT, »Sénèque et le théâtre pré-shakespearien«, in: *Les Tragédies de Sénèque et le Théâtre de la Renaissance*, ed. J. JACQUOT, Paris, 1964. – O. ZWIERLEIN, *Die Rezitationsdramen Senecas*, Meisenheim, 1966. – G. K. HUNTER, »Seneca and the Elizabethans: A Case – study in ›Influence‹«, *ShS*, 20 (1967). – C. W. THOMSEN, *Der Charakter des Helden bei Seneca und in der frühelisabethanischen Tragödie*, Diss., Marburg, 1967. – A. L. MOTTO, J. R. CLARK, »Senecan Tragedy: A Critique of Scholarly Trends«, *RenD*, n.s. 6 (1973), Evanston, 1975. – C. BELSEY, »Senecan Vacillation and Elizabethan Deliberation: Influence or Confluence?«, *RenD*, n.s. 6 (1973), Evanston, 1975. – R. STAMM, *The Mirror-Technique in Senecan and Pre-Shakespearean Tragedy*, Bern, 1975.

11. Kyds ›Spanish Tragedy‹ und die elisabethanische Rachetragödie

Thomas KYD (1558–1594), der auf einer Londoner Humanistenschule erzogen worden war, aber im Gegensatz zu den meisten zeitgenössischen Dramatikern, wie z. B. MARLOWE, NASHE, LODGE, GREENE und PEELE keine Universität besucht hatte, schuf aus den Elementen der Senecatragödie, aus Motiven der italienischen Novelle und aus den Formen der einheimischen dramatischen Tradition einen Typus der Tragödie, der vielen Dramatikern seiner Zeit als Modell diente. Sein Ruhm beruht auf einem einzigen erhaltenen Drama, *The Spanish Tragedy* (ca. 1589). Wahrscheinlich war er auch der Verfasser einer verlorenen Hamlet-Tragödie, des sogenannten »Ur-Hamlet«. Von seinen übrigen Werken ist lediglich eine Übersetzung der französischen Tragödie *Cornélie* von Robert GARNIER erhalten. Der Erfolg der *Spanish Tragedy* kann nicht nur an den zehn Ausgaben gemessen werden, die zwischen 1592 und 1633 erschienen, sondern ist auch aus zahlreichen Zitaten, Anspielungen, Bearbeitungen und Scherzen zu belegen, die die anhaltende Beliebtheit dieses Stückes bis zur Schließung der Theater im Jahre 1642 bezeugen. Den jüngeren Dramatikern aus der Generation Ben JONSONS, der das Stück selbst bearbeitet hatte, galt es als Musterbeispiel für einen veralteten Dramenstil.

Das Stück findet seinen Höhepunkt in der Rache des Hieronimo, eines spanischen Marschalls, an den Mördern seines Sohnes, die er schließlich im Verlauf einer Theateraufführung am Hofe in spektakulärer Weise vollzieht. *The Spanish Tragedy* übernimmt Elemente insbesondere aus SENECAS Tragödien *Thyestes*, *Medea* und *Agamemno*. Aus *Thyestes* stammt das Vorbild für die »induction«, für den gemeinsamen Auftritt des Geistes eines Ermordeten und der allegorischen Figur der Rache zu Beginn des Dramas. Der Geist des Don Andrea und Revenge verbleiben während der ganzen Handlung auf der Bühne und kommentieren sie am Ende der Akte und im Epilog. Von SENECA stammen ebenfalls die hochstilisierte Rhetorik der dramatischen Sprache, die langen Selbstgespräche und die stichomythischen Dialoge. Im Gegensatz jedoch zur Dramenpraxis SENECAS, in der die Ereignisse nur berichtet werden, läßt KYD die zahlreichen Greueltaten direkt auf der Bühne ausführen, was der handlungsbetonten einheimischen Theatertradition entsprach. Aus der italienischen Novelle, in der das Rachemotiv eine große Rolle spielt, übernahm KYD den Typus des machiavellistischen Schurken (Lorenzo), der dann im elisabethanischen Drama als Gegenspieler des Helden häufig verwendet wurde. Die raffiniert eingefädelte Intrige, die zur Ausführung der Rache dient, der echte und gespielte Wahnsinn und der sühnende Selbstmord des Rächers entstammen den italienischen Novellensammlungen, die für die elisabethanischen Dramatiker in der Folgezeit zu wichtigen Quellen für ihre Fabeln wurden.

Der außerordentliche Erfolg von *The Spanish Tragedy* beruhte auf der kunstvoll konstruierten, sensationellen Handlung, die durch den Wechsel von aktionsbetonten Szenen mit verweilenden, von düsterer Stimmung und Vorahnungen erfüllten Szenen das Publikum bis zur Katastrophe in Spannung hält. Höchst effektvoll waren überdies die Verbindung des Rachemotivs und der dazugehörigen Greueltaten mit dem Motiv der romantischen Liebe und die Einfügung der Intrige in das Rachemotiv. Zur unmittelbaren Wirkung der Tragödie trägt auch bei, daß die Figuren aus klar umrissenen Motiven heraus handeln und von großer Leidenschaft erfüllt sind.

KYDS Modell wirkte stilbildend auf die zahlreichen nachfol-

genden Rachetragödien. Die Erscheinung eines zur Rache mahnenden Geistes, Intrige und Täuschung bei der Ausführung der
Rache, das Zögern des Rächers, das Spiel im Spiel, der Wahnsinn
aus übergroßem Schmerz, der gespielte Wahnsinn, der machiavellistische Schurke – diese Motive wurden zu häufig verwendeten Konventionen. Auch kleinere Elemente aus Kyds Tragödie
wurden viel nachgeahmt, wie z.B. die schwarze Kleidung des
Rächers, die mit Blut geschriebenen Briefe oder die melancholischen Züge des Helden.

Titus Andronicus zeigt in der Häufung von ausgesuchten
Greueltaten und im Rachemotiv, daß auch Shakespeare bei Kyd
in die Lehre gegangen war. Dasjenige Drama Shakespeares, das
sowohl im zentralen Motiv wie auch in zahlreichen Details der
Rachetragödie Kyds verpflichtet ist, ist *Hamlet*. Als Nebenmotiv
erscheint die Rache in Dramen wie *Richard III*, *Romeo and Juliet*,
Julius Caesar, *Macbeth*, *Othello* und *Coriolanus*.

Die Beliebtheit der Rachetragödie, die durch eine lange Liste
von Dramen dieses Genres belegt werden kann, war nicht nur in
der Vorliebe des elisabethanischen Theaterpublikums für blutrünstige Handlungen begründet, sondern auch in dem Interesse,
das die Renaissance der Rache als einem ethischen und sozialen
Problem entgegenbrachte. Die christliche Ethik verbot die
Rache, da sie der göttlichen Gerechtigkeit vorbehalten war.
Ebenso wurde vom Staat die private Rache verboten. Dem stand
der in der damaligen Gesellschaft verbindliche Ehrenkodex entgegen, der die Rache für einen ermordeten Vater, Bruder oder
Sohn kategorisch verlangte. Aus dem Widerspruch der beiden
Auffassungen erwuchs nicht nur das Interesse des damaligen Publikums an einer differenzierten Darstellung des seelischen Zustandes dessen, dem eine Rache auferlegt war, sondern die gegensätzlichen Auffassungen wirkten auch unmittelbar auf die Gestaltung
der Rachetragödien ein: das Zögern des Rächers, die Selbstgespräche, die der Held über Probleme der Ethik führt und in
denen er um Klärung ringt, das Wissen um die Sinnlosigkeit der
Rache und der Selbstmord nach vollzogener Tat sind typisch für
das »revenge play«. In Shakespeares *Hamlet* erhält das Problem
der gegensätzlichen Bewertung der Rache seine am meisten
durchreflektierte und differenzierte dramatische Darstellung.

a) KYD
P. W. BIESTERFELDT, *Die dramatische Technik Thomas Kyds*, Halle, 1936. –
E. E. STOLL, »*Hamlet* and *The Spanish Tragedy*«, *MP*, 35 (1937). – R. A. LAW,
»Belleforest, Sh. and Kyd«, *Joseph Quincey Adams Memorial Studies*, ed. J. G.
Mc Manaway, Washington, 1948. – F. CARRÈRE, *Le Théâtre de Thomas
Kyd*, Toulouse, 1951. – W. CLEMEN, »Kyd«, in: *Die Tragödie vor Sh.*, Heidel-
berg, 1955. – W. EMPSON, »The Spanish Tragedy«, *Nimbus*, 3 (1956). – J. D.
RATLIFF, »*Hamlet*: A Kydian Revenge Play«, in: *Ashland Studies in Sh.*, ed.
M. Bailey, Ashland, 1961. – E. de CHICKERA, »Divine Justice and Private Re-
venge in *The Spanish Tragedy*«, *MLR*, 57 (1962). – S. T. KALLAPUR, »Two
Studies in Kyd: I. The Morality Play and *The Spanish Tragedy*. II. Sh. and Kyd«,
Karnatak University, 7 (1964). – M. H. LEVIN, »›Vindicta mihi‹: Meaning, Mo-
rality and Motivation in *The Spanish Tragedy*«, *SEL*, 4 (1964). – D. MEHL, »Tho-
mas Kyd«, in: *Die Pantomime im Drama der Sh.-Zeit*, Heidelberg, 1964. – B. L.
JOSEPH, »*The Spanish Tragedy* and *Hamlet*: Two Exercises in English Seneca«,
in: *Classical Drama and Its Influence*, ed. M. J. Anderson, London, 1965. – J. A. BA-
RISH, »*The Spanish Tragedy*, or the Pleasures and Perils of Rhetoric«, in:
Elizabethan Theatre, Stratford-upon-Avon Studies 9, London, 1966. – P. ED-
WARDS, *Thomas Kyd and Early Elizabethan Tragedy*, London, 1966. – A. FREE-
MAN, *Thomas Kyd: Facts and Problems*, Oxford, 1967. – R. STAMM, »*The
Spanish Tragedy* and *Hamlet*«, in: *The Shaping Powers at Work*, Heidelberg, 1967. –
P. B. MURRAY, *Thomas Kyd*, New York, 1969.

b) elisabethanische Rachetragödie
L. B. CAMPBELL, »Theories of Revenge in Renaissance England«, *MP*, 28
(1931). – P. SIMPSON, »The Theme of Revenge in Elizabethan Tragedy«, *PBA*,
21 (1935). – H. BAKER, *Induction to Tragedy*, Baton Rouge, 1939. – F. BOWERS,
Elizabethan Revenge Tragedy, 1587–1642, Gloucester, Mass., 1940. – P. N. SIEGEL,
Shakespearean Tragedy and the Elizabethan Compromise, New York, 1957. – A.
HARBAGE, »Intrigue in Elizabethan Tragedy«, in: *Essays on Sh. and Elizabethan
Drama in Honor of Hardin Craig*, ed. R. Hosley, Columbia, 1962. – V. K. WHITA-
KER, *The Mirror up to Nature. The Technique of Sh.'s Tragedies*, San Marino, Cal.,
1965. – D. COLE, »The Comic Accomplice in Elizabethan Revenge Tragedy«,
RenD, 9 (1966). – E. PROSSER, *›Hamlet‹ and Revenge*, Stanford, 1967. – J. SIBLY,
»The Duty of Revenge in Tudor and Stuart Drama«, *REL*, 8 (1967). – M. CHAR-
NEY, »The Persuasiveness of Violence in Elizabethan Plays«, *RenD*, n. s. 2 (1969). –
F. A. CAMOIN, *The Revenge Convention in Tourneur, Webster and Middleton*, Salz-
burg, 1972.

12. Das Drama Marlowes

Derjenige Dramatiker, der neben Shakespeare der elisabethanischen Tragödie die entscheidensten Impulse gab, war der mit
Shakespeare fast gleichaltrige Christopher MARLOWE (1564–1593),
der nach einer Tätigkeit als Geheimagent mit 29 Jahren bei einer
Messerstecherei in einem Wirtshaus ums Leben kam. MARLOWE,
der sich in Cambridge eine gründliche Bildung in Theologie und
klassischer Literatur angeeignet hatte, begann in London mit
großem Erfolg für die Schauspieltruppen zu schreiben. Nach
seinem wahrscheinlich ersten Stück *Dido, Queen of Carthage* erzielte er mit dem zweiteiligen Stück *Tamburlaine the Great* (ca.
1587/88) einen ähnlich durchschlagenden Erfolg wie KYD mit

The Spanish Tragedy. The Tragical History of Doctor Faustus (ca. 1588 oder 1592), *The Jew of Malta* (ca. 1589), *Edward II* (ca. 1592) und *The Massacre at Paris* (1593) erschienen in rascher Folge.

Die Dramen MARLOWES sind nachlässig konstruiert und bestehen oft nur aus aneinandergereihten Episoden. Die außerordentliche Wirkung, die sie in ihrer Zeit ausübten, beruhte vor allem auf dem neuen Typus des Helden, den MARLOWE in seinen Dramen schuf. Man hat seine Stücke oft als dramatischen Ausdruck des übersteigerten Selbstgefühls des englischen Renaissancemenschen gedeutet. MARLOWES Helden, der skythische Hirt Tamburlaine, der jüdische Wucherer Barabas und Dr. Faustus, erscheinen als übermenschliche Gestalten. Sie werden von einer ungeheuren Willenskraft und Energie getrieben und versuchen, ihr Schicksal selbst zu gestalten. Die Motive ihrer Handlungen sind unersättlicher Machthunger, unstillbare Neugier, Gier nach unermeßlichen Reichtümern. In ihren Leidenschaften überschreiten sie die Grenzen der sittlichen Ordnung, die für sie keine Gültigkeit besitzt. Tamburlaine, ein Schafhirt, zieht aus, die Welt zu erobern. Im Gefolge seines unaufhaltsamen Siegeszuges werden besiegte Könige in Käfigen mitgeführt und als Fußschemel benützt. Angeschirrte Könige ziehen wie Pferde seinen Wagen. An die Grenze seiner Macht stößt Tamburlaine, als er erkennen muß, daß er sich gegen den Tod seiner geliebten Zenokrate und gegen sein eigenes Ende vergeblich aufbäumt. Ähnlich wird Dr. Faustus, der nach den tiefsten Geheimnissen der Welt forscht und dafür seine Seele verpfändet, mit dürftigen Erkenntnissen und Kunststücken belohnt und stirbt in Verzweiflung. Der jüdische Kaufmann und Wucherer Barabas, der von den Christen ungerecht behandelt wurde, ist in der Ausführung seiner grausamen Rachepläne, bei der er mit Intrigen, Gift und Fallen agiert, zunächst erfolgreich, findet aber den Tod in einer von ihm selbst konstruierten Falle, bevor er sein umfassendes Vernichtungswerk durchführen kann.

Die Tragik der Helden MARLOWES liegt nicht in ihrem Sturz aus Glück und Macht in Not und Elend, sondern in dem unaufhebbaren Widerspruch begründet, daß sie einen Drang nach Macht, Lust und Erkenntnis in sich tragen, der in der Erreichung von begrenzten Zielen niemals zufriedengestellt werden kann, daß aber zugleich die menschliche Natur in ihrer Gebrechlichkeit und Begrenztheit die absolute Erfüllung dieses Triebs unmöglich macht.

Marlowe bereicherte die elisabethanische Bühne überdies mit einer poetischen Sprachkunst, die bis dahin unbekannt war. Seine bilder- und metaphernreiche Sprache, die kaum mehr an die mühsamen rhetorischen Konstruktionen seiner Vorgänger erinnerte und die Energie und Leidenschaft seiner Figuren adäquat auszudrücken vermochte, war in Blankverse gefaßt, deren klangvolles Pathos viel Bewunderung und Nachahmung fand.

Der Einfluß Marlowes auf Shakespeare ist umstritten. Viele Wortechos, vergleichbare Szenen und Anspielungen bezeugen, daß jeder der beiden Dramatiker Kenntnis vom Werk des anderen hatte, und es ist oft nicht festzustellen, wer wen beeinflußte. Es ist möglich, daß Barabas, der machiavellistische Schurke, für Richard III. ein Vorbild gewesen ist, aber während Barabas mit physischen Mitteln arbeitet, verlegt sich Richard in seinen Intrigen eher auf die psychische Beeinflussung seiner Opfer. *The Jew of Malta* mag zwar die Anregung für *The Merchant of Venice* gegeben haben, wie viele Ähnlichkeiten, z.B. die Rache des Juden an seiner christlichen Umwelt oder die Flucht seiner Tochter zeigen. Aber der Einfluß erstreckt sich nur auf Äußerlichkeiten.

Am interessantesten ist die Beziehung zwischen Marlowes *Edward II* und Shakespeares *Richard II. Edward II* ist Marlowes einziges Stück, in dem kein titanischer Held im Mittelpunkt steht, sondern ein schwächlicher König, der im Konflikt mit den Adligen seines Landes unterliegt. Marlowe dürfte von Shakespeares Trilogie *Henry VI* auf die Gattung der Historien hingewiesen und zur Abfassung seines einzigen »history play« angeregt worden sein. Shakespeare verdankt wahrscheinlich Marlowe wiederum entscheidende Anregungen für *Richard II*. Wie Edward durch Gaveston wird Richard durch Freunde seiner Königin und seinen Baronen entfremdet. Der Sturz Edwards ist mit dem Aufstieg Mortimers in ähnlicher Weise verknüpft wie Richards Sturz mit Bolingbrokes Aufstieg zur Macht.

Im Werk Shakespeares erscheinen nicht nur zahlreiche Stellen, die seine Vertrautheit mit Marlowes Dramen dokumentieren, sondern auch Parodien der bald als bombastisch empfundenen

Sprache MARLOWES. Parodien des *Tamburlaine*-Stils finden sich in den Tiraden von Pistol (1, 2 *Henry IV* und *Henry V*), und die magischen Beschwörungen des Dr. Faustus werden in den Auseinandersetzungen zwischen Hotspur und Owen Glendower ins Lächerliche gezogen *(Henry IV)*. Aber Shakespeare hat seinen früh verstorbenen genialen Kollegen auch mit einer Apostrophe und einem wörtlichen Zitat in *As You Like It* geehrt: »Dead shepherd, now I find thy saw of might, / ›Who ever lov'd that lov'd not at first sight?‹« (III, v, 80–81).

U. M. ELLIS-FERMOR, *Christopher Marlowe*, London, 1927. – P. H. KOCHER, *Christopher Marlowe*, Chapel Hill, 1946. – M. M. MAHOOD, »Marlowe's Heroes«, *Poetry and Humanism*, London, 1951. – I. RIBNER, »The Idea of History in Marlowe's *Tamburlaine*«, *ELH*, 20 (1953). – H. ROHRMAN, *Marlowe and Sh.*, Arnhem, 1953. – F. P. WILSON, *Marlowe and the Early Sh.*, Oxford, 1953. – G. K. HUNTER, »*Henry IV* and the Elizabethan Two-Part Play«, *RES*, n.s. 5 (1954). – H. LEVIN, *The Overreacher*, London, 1954. – I. RIBNER, »Marlowe and Macchiavelli«, *CL*, 6 (1954). – I. RIBNER, »Marlowe's *Edward II* and the Tudor History Play«, *ELH*, 22 (1955). – C. LEECH, »The Two-Part Play: Marlowe and the Early Sh.«, *SJ*, 94 (1958). – N. BROOKE, »Marlowe as Provocative Agent in Sh.'s Early Plays«, *ShS*, 14 (1961). – E. M. WAITH, *The Herculean Hero in Marlowe, Chapman, Sh., and Dryden*, New York, 1962. – I. RIBNER, »Marlowe and Sh.«, *SQ*, 15 (1964). – J. B. STEANE, *Marlowe: A Critical Study*, Cambridge, Mass., 1964. – H. F. BROOKS, »Marlowe and Early Sh.«, in: *Christopher Marlowe*, ed. B. Morris, London, 1968. – W. SANDERS, *The Dramatist and the Received Idea: Studies in the Plays of Marlowe and Sh.*, Cambridge, 1968. – R. E. KNOLL, *Christopher Marlowe*, New York, 1969. – T. B. STROUP, »*Doctor Faustus* and *Hamlet*: Contrasting Kinds of Christian Tragedy«, *CD*, 5 (1971/72). – W. CLEMEN, »Sh. and Marlowe«, in: *Sh. 1971: Proceedings of the World Sh. Congress*, eds. C. Leech, J. M. R. Margeson, Toronto, 1972.

13. DAS ELISABETHANISCHE »HISTORY PLAY«

Das im 16. Jahrhundert in England erwachende Nationalbewußtsein und der Patriotismus, der sich insbesondere in den langen Auseinandersetzungen mit den Kontinentalmächten unter der Führung Spaniens herausbildete, lenkte die Aufmerksamkeit der Engländer auf die eigene nationale Vergangenheit. Viele Chroniken und Epen, die Stoffe aus der englischen Geschichte behandelten, trugen diesem neuerwachten Interesse Rechnung. In diesen Werken, die deutlich den Einfluß der Geschichtsschreibung der italienischen Renaissance zeigen, wurde Geschichte nicht mehr als Sammlung abschreckender und erbaulicher Beispiele für die Nachwelt angesehen, sondern der Versuch unternommen, die historische Entwicklung einer Nation zu verfolgen. Das besondere Interesse der Elisabethaner galt den historischen Ereignissen des ausgehenden Mittelalters und der beginnenden Neuzeit, da in dieser Zeit die Grundlagen ihrer eigenen politischen und gesellschaftlichen Situation gelegt worden waren.

Die historischen Ereignisse der Absetzung und Ermordung RICHARDS II., die 30 Jahre andauernden Rosenkriege (1455 bis 1485) zwischen den Häusern Lancaster und York um die englische Krone und der Aufstieg der Tudordynastie wurden von einflußreichen Chronisten des 16. Jahrhunderts als Weg einer Nation gedeutet, die durch die Ermordung RICHARDS II. schuldig geworden war. In den Rosenkriegen verfiel sie deshalb dem göttlichen Strafgericht, das in der blutigen Tyrannei RICHARDS III. seinen Höhepunkt und Abschluß fand. Vom ersten Tudormonarchen HEINRICH VII. wurde England in ein neues Goldenes Zeitalter geführt, das in der Regierungszeit ELISABETHS gipfelte.

Diese Geschichtsinterpretation wurde von den Tudors gefördert, weil sie das Volk enger an die Krone band und eine Stützung der umstrittenen Thronansprüche der Tudordynastie bewirkte. Die walisische Abkunft der Tudors wurde herangezogen, um in dieser Dynastie die Reinkarnation des legendären Keltenkönigs Artus zu sehen, die nach volkstümlicher Überlieferung das neue Goldene Zeitalter für England heraufführen sollte. Das Bewußtsein, nach Zeiten der Not und der inneren Zwietracht in einer Periode nationaler Größe zu leben, war in allen Schichten des englischen Volkes verbreitet.

Der einflußreichste Historiker des 16. Jahrhunderts war Edward HALL (gestorben 1547), der mit seinem Werk *The Union of the Noble and Illustre Families of Lancastre and York* (1548) als überzeugter Parteigänger HEINRICHS VIII. und glühender Patriot am meisten dazu beigetragen hat, diese Geschichtsdeutung, die mit dem Namen »Tudormythos« belegt wurde, zu verbreiten. Seine Geschichtsinterpretation wurde von Raphael HOLINSHED (gestorben 1580?) übernommen, dessen erfolgreiche *Chronicles of England, Scotland and Ireland* (1577) in der zweiten revidierten Auflage von 1578 neben HALLS Werk zur wichtigsten Quelle Shakespeares für seine Historien, für *Macbeth*, Teile des *King Lear* und von *Cymbeline* wurden. HOLINSHED war weniger ein eigenständiger Historiker als vielmehr ein geschickter Kompilator, der aus den ihm vorliegenden Quellen und Chroniken ein episoden- und anekdotenreiches, viele Details bringendes Werk zusammenstellte. Der Wert dieses Werks für Shakespeare bestand in der Materialfülle, die ihm vielfältige Möglichkeiten für Figuren und Szenen bot.

Das Interesse breiter Schichten an Problemen der Politik und Staatsphilosophie in Verbindung mit der patriotischen Begeisterung für nationale Vergangenheit führte zur Entwicklung einer besonderen dramatischen Gattung, des »history play«. Die elisabethanischen Historien sind nicht immer eindeutig von anderen dramatischen Gattungen abzugrenzen, weil sie viele dramatische Konventionen aufweisen, die ebenso in der Tragödie oder der Komödie zu finden sind. Ebenso kann die Herkunft des Stoffes nicht unbedingt für die Zuordnung zu den dramatischen Gattungen herangezogen werden, wie etwa das Beispiel *Macbeth* beweist, dessen Stoff der schottischen Geschichte entstammt, aber als Tragödie gestaltet ist. Der wesentliche Unterschied zwischen den Historien und den anderen Gattungen besteht darin, daß in diesen Stücken Episoden der englischen Geschichte nicht primär in der Absicht dramatisiert werden, in der Darstellung historischer Einzelschicksale ein Stück Vergangenheit wieder lebendig werden zu lassen, sondern um ein umfassendes Bild einer gesellschaftlichen Situation zu präsentieren, anhand dessen politische Doktrin demonstriert und Kommentare zum politischen Geschehen der eigenen Zeit gegeben werden können. Von dieser Grundtendenz her wird die Stoffwahl, die Quellenbehandlung, die Charakterzeichnung und der Handlungsaufbau weitgehend bestimmt. So erklärt sich z.B. die Beliebtheit der Geschichte König JOHANNS (1199–1216), dessen Leben schon vor Shakespeare dramatisiert wurde, aus dessen Auseinandersetzung mit dem Papsttum; die Protestanten des 16. Jahrhunderts sahen in ihm einen frühen Vorkämpfer ihrer Sache. Eigenschaften und Handlungen der einzelnen Figuren in den Historien werden weniger danach beurteilt, welche Folgen sie für die Figur selbst oder für ihre unmittelbare Umgebung haben, sondern vor allem in ihren Auswirkungen für die staatliche Gemeinschaft und das soziale Ordnungsgefüge dargestellt und bewertet.

Als Shakespeare sich der Gattung der Historien zuwandte, fand er hier bereits eine dramatische Tradition vor, die freilich künstlerisch nur unvollkommen entwickelt war. Die Moralitäten des 16. Jahrhunderts waren in zunehmendem Maße mit politischen Themen durchsetzt worden. Die Pflichten des Menschen gegenüber Gott und seinen Mitmenschen wurden als Thema abgelöst von den Pflichten des Untertanen gegenüber dem König als Gottes Stellvertreter und gegenüber der Gemeinschaft. Im ersten Stück, in dem die nationale Geschichte verarbeitet wird, *Kynge Johan* von John BALE (geschrieben vor 1536), ist der Titelheld zunächst der einzige, der nicht dem Figurenbestand der Moralitäten entnommen ist. Die anderen Figuren, die zuerst allegorische Namen tragen, nehmen im Verlauf des Stückes historische Namen an. So wird z. B. Sedition zu Stephen Langton, Usurped Power zum Papst, Private Wealth zu Kardinal Pandulphus, und Dissimulation, die Vice-Figur, zum Mönch Simon of Swynsett. Wie das Stück zeigt, konnten typische Grundsituationen der Moralitäten in Standardszenen des »history play« umgewandelt werden. So wird z. B. ein Dialog, in dem Humanum Genus zwischen den Ratschlägen eines Engels und eines Dämonen hin und her schwankt, mühelos zu einer Beratungsszene, wo der König zwischen einem guten und einem schlechten Ratgeber zu wählen hat. Shakespeare hat mit charakteristischen Veränderungen die Grundsituation des politischen »morality play« in 1 und 2 *Henry IV* übernommen.

Neben den politischen Moralitäten bestimmten zweifellos auch Dramen, in denen volkstümliche Helden wie z. B. Robin Hood verherrlicht wurden, die Form des Historiendramas mit. Diese Stücke, die oft nur aus unverbundenen Episoden bestanden, in denen die Taten des Helden vorgeführt werden, sind größtenteils verlorengegangen. Ein solches Stück liegt vor in dem anonymen *The Famous Victories of Henry V* (1594), das die wilde Jugend dieses populärsten englischen Königs, seinen erfolgreichen Feldzug in Frankreich und seine Werbung um die französische Königstochter erzählt. Von Stücken dieser Art mag Shakespeares Wahl des episodischen Aufbaus für *Henry V* bestimmt worden sein. Diese epische Struktur erweist sich als geeignetes Mittel, um am Beispiel von Henry V den Tugendkatalog eines idealen christlichen Königs exemplarisch auf der Bühne vorzuführen.

Shakespeare hat in seinen Königsdramen, die zu zwei Tetralogien mit *King John* als Prolog und *Henry VIII* als Epilog zusammengeschlossen werden können, die Gattung des Historiendramas, die vor ihm nur wenige künstlerisch überzeugende Beispiele aufzuweisen hatte, wie kein anderer Dramatiker seiner Zeit entwickelt. An ihnen ist zugleich ein guter Teil seines künstlerischen Reifungsprozesses ablesbar. Als Quellen hat er nicht nur HALL (die Hauptquelle für die Trilogie *Henry VI*) und später HOLINSHED ausgewertet, sondern nachweislich auch alle anderen für ihn erreichbaren Chroniken, Berichte, Epen und Dramen herangezogen. Sein Material hat er freilich mit großer künstlerischer Freiheit ausgewählt und überall da verändert, wo es ihm aus Gründen des politischen Lehrgehalts oder der dramatischen Gestaltung notwendig erschien. Durch die Aufnahme tragischer und komischer Elemente erweiterte und belebte er das Historiendrama und näherte es zugleich den anderen Gattungen an, wie er umgekehrt durch Aufnahme staatsphilosophischen Gedankenguts den Tragödien eine neue Dimension gab. Trotz der frühen Beispiele, die für die Gattung des Historiendramas im 16. Jahrhundert nachgewiesen werden können, kann Shakespeare als der eigentliche Schöpfer dieser im wesentlichen auf die elisabethanische Zeit beschränkt gebliebenen Gattung gelten.

F.E. SCHELLING, *The English Chronicle Play*, New York, 1902. – C.L. KINGSFORD, *English Historical Literature in the Fifteenth Century*, Oxford, 1913. – R.B. LINDABURY, *A Study of Patriotism in the Elizabethan Drama*, Princeton, 1931. – L.B. CAMPBELL, *Tudor Conceptions of History and Tragedy in ›A Mirror for Magistrates‹*, Berkeley, 1936. – W.G. ZEEVELD, »The Influence of Hall on Sh.'s English Historical Plays«, *ELH*, 3 (1936). – L.B. CAMPBELL, »The Use of Historical Patterns in the Reign of Elizabeth«, *HLQ*, 1 (1938). – G.C. REESE, »The Question of Succession in Elizabethan Drama«, *University of Texas Studies in English*, 22 (1942). – J.D. WILSON, *The Fortunes of Falstaff*, Cambridge, 1944. – L.B. CAMPBELL, *Sh.'s Histories: Mirrors of Elizabethan Policy*, San Marino, Cal., 1947. – E.M.W. TILLYARD, *Sh.'s History Plays*, New York, 1947. – H. CRAIG, »Sh. and the History Play«, *Joseph Quincey Adams Memorial Studies*, ed. J.G. McManaway, Washington, 1948. – R.L. ANDERSON (MAXWELL), »Kingship in Renaissance Drama«, *SP*, 41 (1949). – W.F. SCHIRMER, »Über das Historiendrama in der englischen Renaissance«, in: *Kleine Schriften*, Tübingen, 1950. – I. RIBNER, »Morality Roots of the Tudor History Play«, *TSE*, 4 (1954). – I. RIBNER, »The Tudor History Play: An Essay in Definition«, *PMLA*, 69 (1954). – E.H. KANTOROWICZ, *The King's Two Bodies: A Study in Medieval Political Theology*, Princeton, 1957. – I. RIBNER, *The English History Play in the Age of Sh.*, Princeton, 1957 (rev. ed. London, 1965). – R. QUADERER, *Die Entwicklung des englischen Königsdramas 1600–1642*, Winterthur, 1959. – T.F. DRIVER, *The Sense of History in Greek and Shakespearean Drama*, New York, 1960. – E.W. TALBERT, *The Problem of Order*, Chapel Hill, 1962. – F. le van BAUMER, *The Early Tudor Theory of Kingship*, New York, 1966. – H. BAKER, *The Race of Time: Three Lectures on Renaissance Historiography*, Toronto, 1967. – D. BEVINGTON,

Tudor Drama and Politics, Cambridge, Mass., 1968. – P. BURKE, *The Renaissance Sense of the Past*, London, 1969. – H. LEVIN, *The Myth of the Golden Age in the Renaissance*, London, 1969. – J. W. LEVER, *The Tragedy of State*, London, 1971. – M. McKISACK, *Medieval History in the Tudor Age*, Oxford, 1971. – M. H. FLEISCHER, *The Iconography of the English History Play*, Salzburg, 1974. – H. LINDENBERGER, *Historical Drama: The Relation of Literature and Reality*, Chicago, 1975.

C. DAS ELISABETHANISCHE THEATER

1. Die elisabethanische Bühne heute

Die verbreitete Tendenz des 19. Jahrhunderts, die Dramen Shakespeares und seiner Zeitgenossen vor allem als Lesestücke aufzunehmen, ist inzwischen der Bereitschaft gewichen, sie wieder vor dem Hintergrund ihrer eigenen Bühnentradition zu erleben und zu begreifen. Diese Entwicklung wurde ausgelöst durch zahlreiche Experimente von Regisseuren, die zu der Einsicht gelangt waren, daß die illusionistische Bühne mit Proszeniumsrahmen (»Guckkastenbühne«) nur wenig geeignet ist, Shakespeares Stücken voll gerecht zu werden. Zugleich lieferte die Theaterwissenschaft im wechselseitigen Austausch mit den Praktikern eine Fülle von Untersuchungen über die äußere Gestalt der elisabethanischen Bühne, ihre technische Ausstattung, die Aufführungspraxis und zahlreiche weitere Aspekte.

Im Laufe der letzten Jahrzehnte ist man zu einer weitgehenden Einigung über die Grundfragen gekommen, aber auch zu der Erkenntnis, daß im Detail eine Fülle von Variationsmöglichkeiten offenbleiben muß. So ist ein teilweise heftiger Streit entbrannt um die Richtigkeit und den normativen Anspruch von konkreten Nachbildungen elisabethanischer Theater – sei es als Anschauungsmodell oder gar als funktionsfähige Bühne – wie sie hier und da an Zentren einer eher akademischen Shakespeare-Pflege entstanden sind. Einen Haupteinwand gegen Versuche dieser Art bildet die Tatsache, daß eine historische Wiederbelebung Stückwerk bleiben muß, da entscheidende Faktoren wie beispielsweise das Publikum mit seinen ganz bestimmten Erwartungen und Verhaltensweisen unwiederbringlich dahin sind. Deshalb haben traditionsbewußte Regisseure die Ergebnisse der Forschung eher als Anregungen für eine Synthese zwischen Altem und Neuem benutzt.

Trotz vieler offener Detailfragen bleibt es andererseits dem heutigen Leser unbenommen, aufgrund der gesicherten Erkenntnisse vor dem inneren Auge und ohne den Zwang zu einer speziellen Konkretisierung Dramen der Shakespearezeit zu »inszenieren«. Auf diese Weise vermag er sich über die Art der Auftritte, der Figurengruppierungen, über den Redestil und ähnliche Aspekte ein historisch exakteres Bild zu machen. In diesem Sinne hat die Theaterwissenschaft entscheidend auf die Textanalyse eingewirkt. So werden heute zahlreiche Charakteristika, die in der Entfaltung des Shakespeareschen Werks zutage treten, weniger von einer angenommenen inneren Biographie des Autors hergeleitet als von der Zusammensetzung seiner Schauspielertruppe, der jeweiligen Verfügbarkeit von Theatergebäuden, der Zusammensetzung des Publikums und den Vorschriften der staatlichen Zensur.

In den letzten Jahrzehnten sind zahlreiche Darstellungen erschienen, die die Ergebnisse der Theaterforschung laufend zusammengefaßt haben. Freilich sind viele von ihnen wie auch die Studien, auf denen sie fußen, rasch veraltet.

A. NICOLL, »Studies in the Elizabethan Stage Since 1900«, ShS, I (1948) (Forschungsbericht). – A.H. THORNDIKE, Sh.'s Theatre, New York, 1916. – A. NICOLL, The Development of the Theatre, London, 1927, 1949². – M.C. BRADBROOK, Elizabethan Stage Conditions, Hamden, Conn., 1932. – R. STAMM, Geschichte des englischen Theaters, Bern, 1951. – F.P. WILSON, »The Elizabethan Theatre«, Neophil., 39 (1953). – A. HARBAGE, Theatre for Sh., Toronto, 1955. – A.M. NAGLER, Sh.'s Stage, New Haven, 1958. – L.B. WRIGHT, Sh.'s Theatre and the Dramatic Tradition, Washington, 1958. – H. KINDERMANN, Theatergeschichte Europas, Salzburg, 1959, Bd. III. – J.R. BROWN, »Theatre Research and the Criticism of Sh. and his Contemporaries«, SQ, 13 (1962). – R. SOUTHERN, The Seven Ages of the Theatre, London, 1962. – R. STAMM, »Dichtung und Theater in Sh.s Werk«, SJ, 98 (1962). – G.E. BENTLEY, Sh. and His Theatre, Lincoln, Nebr., 1964², 1976. – C.W. HODGES, Sh.'s Theatre, London, 1964. – F. SCHUBEL, »Die englischen Bühnen zu Sh.s Zeit«, in: Sh.: Seine Welt – unsere Welt, hrg. G. Müller-Schwefe, Tübingen, 1964. – G.F. REYNOLDS, On Sh.'s Stage (1954), ed. R.K. Knaub, Boulder, Colorado, 1967. – R.WEIMANN, Sh. und die Tradition des Volkstheaters, Berlin, 1967. – F.A. YATES, Theatre of the World, London, 1969. – G.WICKHAM, Sh.'s Dramatic Heritage, London, 1969.– The Elizabethan Theatre I–[V]: Papers given at the International Conference on Elizabethan Theatre 1968–[1973], ed. D. Galloway u. a., London 1969–[1975]. – A. GURR, The Shakespearean Stage, 1574–1642, Cambridge, 1970. – T. J. KING, Shakespearean Staging, 1599–1642, Cambridge, Mass., 1971. – T. J. KING, »The Stage in the Time of Sh.: A Survey of Major Scholarship«, RenD, 4 (1971). – R. HOSLEY, »The Playhouse and the Stage«, in: A New Companion to Sh. Studies, eds. K. Muir, S. Schoenbaum, Cambridge, 1971. – C. W. HODGES, »The Arguments for and against Attempting a Full-Scale Reconstruction of an Elizabethan Play-House . . .«, in: Sh. 1971, eds. C. Leech, J. M. R. Margeson, Toronto, 1972. – P. C. KOLIN, R. O. WYATT, »Bibliography of Scholarship on the Elizabethan Stage since Chambers«, Research Opportunities in Renaissance Drama, 15–16 (1972–1973). – T. J. KING, »Shakespearian Staging, 1599–1642«, in: The Elizabethan Theatre III, ed. D. Galloway, London, 1973.

2. DIE DOKUMENTE

Bereits das 19. Jahrhundert hat das wichtigste Anschauungsmaterial wiederentdeckt und gesichtet, auf das sich die Theorien
und Gesamtdarstellungen der Folgezeit gründeten. Die Forschung ist ständig um diesen festen und in manchen Bereichen
spärlichen Bestand gekreist, ohne daß es seither zu wesentlichen
Neuentdeckungen gekommen wäre. Das hat naturgemäß zu
immer weiteren Kombinationen und teilweise waghalsigen
Spekulationen geführt.

a) Das Bildmaterial

Besonders dürftig ist das Anschauungsmaterial, das die Bühne
selbst betrifft. Offenbar hat kein englischer Zeichner oder Maler
der Zeit – ganz im Gegensatz zu seinen Kollegen auf dem Kontinent – das zeitgenössische Theater einer Wiedergabe für würdig
erachtet, sieht man von den späteren Entwürfen des Hof- und
Bühnenarchitekten Inigo JONES einmal ab. So besitzen wir lediglich die zeichnerisch recht dilettantische Skizze eines holländischen
Reisenden namens Johannes DE WITT (erhalten in der Kopie eines
Zeitgenossen), die er bei einem London-Besuch (ca. 1596) vom
Swan-Theater anfertigte, um damit seine ebenfalls sehr auf-
schlußreichen *Observationes Londonienses* (in Auszügen erhalten)
zu illustrieren (Abb. 1). Diese Skizze, die 1888 veröffentlicht
wurde, wird heute weitgehend als Grundlage für jeden Rekon-
struktionsversuch akzeptiert und dürfte das meistdiskutierte
Theaterdokument aus der damaligen Zeit sein.

Obschon von geringerem Wert als zeitgenössische Belege,
jedoch als wichtige Ergänzungen, werden drei spätere Darstellungen herangezogen: a) die Titelvignette zu W. ALABASTERS
lateinischem Drama *Roxana* (1632) mit einigen wichtigen Einzelheiten des Bühnenaufbaus (Abb. 2); b) die Titelvignette zu
N. RICHARDS' Tragödie *Messalina* (1640), die sich teilweise auf
die vorige stützt, jedoch auch eine Abweichung zeigt (Abb. 3);
c) das Titelblatt zu F. KIRKMANS Sammlung *The Wits* (1672),
das die Aufführung eines Schwanks in der Zeit zwischen 1642
und 1660 wiedergibt (Abb. 4).

Zahlreicher, wenn auch nicht immer verläßlich, da sie teil-

Abb. 1

Abb. 2

Abb. 3

Abb. 4

Abb. 5

weise aufeinander aufbauen, sind die Stadtansichten der Zeit, die einige der Theater in ihrer äußeren Gestalt und Umgebung zeigen. Die wichtigsten, weil eigenständigsten, stammen von G. HÖFNAGEL (Köln, 1572), J. NORDEN (London, 1593), J. HONDIUS (London, 1611) und W. HOLLAR (Amsterdam, 1647) (Abb. 5). Diese Zeichnungen und Radierungen sind auch eine Hilfe bei der Datierung der Entstehung, Zerstörung und etwaigen Wiedererrichtung einiger Theater.

b) Die Beschreibungen

An direkten zeitgenössischen Beschreibungen der Bühne und des Theaterwesens herrscht ebenfalls Mangel. Neben DE WITTS *Observationes* enthalten brauchbare, wenn auch bruchstückhafte Angaben: a) die Darstellung Samuel KIECHELS, eines Kaufmanns aus Ulm (ca. 1585); b) eine recht ausführliche Schilderung von Thomas PLATTER, einem Basler Arzt, der 1599 England besuchte; c) die Beobachtungen einiger ausländischer Fürstlichkeiten in diplomatischer Mission; d) ein Kapitel in Thomas DEKKERS *The Gull's Hornbook* (1609) über das Verhalten eines Gecken im Theater; schließlich, und bereits im Rückblick, e) Richard FLECKNOES *A Short Discourse of the English Stage* (1664). Hinzu kommt eine Flut von Pamphleten, in denen sich Puritaner über das Theater entrüsten. Auch diese besitzen bei behutsamer Auslegung einen gewissen Informationswert.

c) Juristische Belege

Weitaus exakter und verläßlicher ist die Gruppe der notariellen Verfügungen, Rechnungsbücher und Behördenerlasse, die vor allem über die Organisation des Theaterbetriebs Aufschluß geben. Hier seien besonders hervorgehoben: a) der Vertrag über den Bau des Fortune-Theaters (1600) mit genauen Angaben für die Zimmerleute und unter ständiger Bezugnahme auf das Globe, unterzeichnet von Philip HENSLOWE, einem kapitalkräftigen Unternehmer und Impresario, sowie Edward ALLEYN, einem führenden Schauspieler und ebenfalls wohlhabenden Spekulanten; b) der Bauvertrag für das Hope-Theater (1613), der sich auf das Swan als Vorbild bezieht und somit wenigstens teilweise eine Verbindung zu DE WITTS Zeichnung herstellt; c) HENSLOWES Tagebuch *(Diary)*, das für den Zeitraum von 1592 bis 1603 seine geschäftlichen Transaktionen im Bereich des Theaters enthält; d) die »Revels Accounts« mit Angaben über die Aufwendungen, die der Krone für Aufführungen bei Hofe entstanden; e) eine Anzahl von Verfügungen, Lizenzen und Verboten, die die Krone (in Gestalt des Privy Council oder des Lord Chamberlain), die Londoner Stadtbehörden und einige Provinzstädte erließen.

d) Regieunterlagen

Über die Aufführungspraxis geben einige wenige erhaltene Schriftstücke Auskunft, die sich zwar nicht unmittelbar auf Shakespeares Werk beziehen, aber Analogieschlüsse zulassen: eine Einzelrolle für einen Schauspieler, einige Regie- und Souffleurbücher sowie einige Listen von Schauspielern und ihren Rollen. Weitaus reichlicher, wenn auch am 19. und 20. Jahrhundert gemessen noch recht bescheiden, fließt die Informationsquelle der Bühnen- und Regieanweisungen in den überlieferten Texten selbst. Besondere Bedeutung kommt denjenigen zu, die sich eindeutig auf Aufführungen in einem bestimmten Theater beziehen. Hinzu kommt eine Fülle von Einzelhinweisen, die von den Zeilen eines anonymen Huldigungsgedichts bis zu Hamlets Ausführungen über einen zeitgemäßen Schauspielstil (III, ii, 1–43) reichen. Aus allen diesen Mosaiksteinen entstand in mühevoller Kleinarbeit das heutige Bild des elisabethanischen Theaters.

W. W. GREG, ed., *Henslowe's Diary*, 2 Parts, London, 1904–08. – W. W. GREG, ed. *Henslowe's Papers, being Documents supplementary to his Diary*, London, 1907. – A. FEUILLERAT, ed., *Documents Relating to the Office of the Revels in the Time of Queen Elizabeth*, Louvain, 1908. – J. A. ADAMS, ed., *Dramatic Records of Sir Henry Herbert*, New Haven, 1917. – E. K. CHAMBERS, *The Elizabethan Stage*, 4 vols., Oxford, 1923 (Standardwerk). – W. W. GREG, ed., *Dramatic Documents from the Elizabethan Playhouses*, 2 vols., Oxford, 1931. – G. E. BENTLEY, *The Jacobean and Caroline Stage*, 7 vols., Oxford, 1941–68 (Fortführung von Chambers). – J. A. SHAPIRO, »The Bankside Theatres: Early Engravings«, *ShS*, 1 (1948). – R. A. FOAKES, R. T. RICKERT, eds., *Henslowe's Diary*, Cambridge, 1961. – J. J. WHALLEY, »The Swan Theatre in the 16th Century«, *TN*, 20 (1966). – E. A. LANGHAMS, »The Vere Street and Lincoln's Inn Fields Theatres in Pictures«, *ETJ*, 20 (1968). – O. L. BROWNSTEIN, »A Record of London Inn-Playhouses, c. 1565–1580«, *SQ*, 22 (1971). – R. A. FOAKES, ed., *The Henslowe Papers*, 2 vols., London, 1977.

3. Geographie und Geschichte der Aufführungsstätten

a) Improvisierte Bühnen

Vor dem Bau des ersten regulären Londoner Theaters im Jahre 1576 gab es bereits eine große Zahl von Spielstätten, von denen die meisten auch nach diesem einschneidenden Ereignis weiterhin Bestand hatten. Die Dramen Shakespeares und seiner Zeitgenossen sind durchweg so eingerichtet, daß sie mit geringfügigen Modifikationen auf jeder verfügbaren Bühne, sei sie noch so einfach, aufgeführt werden konnten.

Ähnlich wie auf dem Kontinent wurden bereits seit langem, vornehmlich seit den ersten Tudorherrschern, in den Königsschlössern und in den Adels- und Patrizierpalästen für eigene oder fremde Schauspielertruppen temporäre Bühnen aufgeschlagen. Das gleiche gilt, wenn auch in bescheidenerem Maße, für die Zunfthäuser der Gilden und die Rathäuser Londons und einiger Provinzstädte. Für die Aufführung lateinischer oder klassizistischer Stücke wurden regelmäßig Bühnen errichtet in den Universitäten, in den Speisesälen der Colleges, bei bedeutsamen Anlässen (wie einem Besuch der Königin) sogar in den Kapellen, ebenso in den Latein- und Juristenschulen. In den Londoner Kirchen durfte ab 1550 nicht mehr gespielt werden, jedoch geschah es noch recht häufig in den Provinzstädten, wenn keine anderen Säle verfügbar waren. Aufgeführt wurden dann durchaus auch weltliche Stücke, etwa die des Terenz.

Die Wandertruppen schlugen ihre einfachen Bretterbühnen gelegentlich auf Plätzen oder Straßen auf, mit Vorliebe jedoch in den Höfen und Gärten der Wirtshäuser, bei ungünstiger Witterung in deren größeren Räumen oder Sälen. Ein großer Vorteil war dabei die Nähe der Unterkünfte für die Schauspieler und die Versorgung der Zuschauer mit Erfrischungen. Diese Bühnen entwickelten sich in einigen Fällen zu den Dauereinrichtungen der »Wirtshaustheater«.

Im Aussterben begriffen waren nach der Jahrhundertmitte die Bühnenwagen der Fronleichnamsprozessionen, die in einer Serie von Bildern das gesamte Heilsgeschehen hatten abrollen lassen. Ihre Tradition lebte jedoch weiter in den prunkvollen Aufzügen zu Ehren des Herrschers und – im Wettstreit dazu –

des Regierenden Bürgermeisters von London. Zahlreiche führende Dramatiker und Schauspielertruppen waren an diesen Veranstaltungen beteiligt.

b) Die »Wirtshaustheater«

Die Wirte, die ihr Geschäft dadurch belebt hatten, daß sie den Schauspielern ein festes Domizil gewährten, waren den Londoner Stadtvätern stets ein Ärgernis gewesen. Sie gerieten ab 1574 durch eine wachsende Zahl von Vorschriften und Verboten immer mehr in Bedrängnis, bis schließlich im Jahre 1596 das Theaterspielen in ihren Häusern gänzlich untersagt wurde. Lediglich einige dieser wenig dauerhaften Theater konnten sich außerhalb der Stadtgrenzen und damit außerhalb der städtischen Jurisdiktion halten. Während des Winters siedelten jedoch Schauspielertruppen auch späterhin aus ihren Freilufttheatern in die Wirtshäuser über. Die bekanntesten sind: a) The Boar's Head (ab 1557 Aufführungsort, mit königlicher Sonderlizenz ab 1604, östlich und außerhalb von Aldgate); b) The Bull Inn (innerhalb der Mauern, mit Lizenz der Stadtbehörden für die Truppe der Königin ab 1583); c) The Cross Keys Inn (ebenfalls innerhalb der Stadt, von Shakespeares Truppe 1594/5 als Winterquartier benutzt). Es sind im Ganzen zehn Wirtshäuser belegt, in denen ohne sonderliche Kontinuität gespielt wurde.

c) Die »öffentlichen« Theater

Bei den regulären Theatern mit mehr oder weniger fester Bühnenanlage wird unterschieden zwischen den »öffentlichen«, den großen Freilufttheatern einerseits, und den »privaten«, den kleineren Theatern in geschlossenen Räumen und durchweg mit künstlicher Beleuchtung andererseits. Die letzteren entwickelten sich aus Bühnen, auf denen »private« Aufführungen der Kindertruppen für den Hof und einige Adelshäuser geprobt wurden und die später gegen ein Entgelt allgemein zugänglich gemacht und schließlich durchaus kommerziell betrieben wurden. Die Höhe des Eintrittsgeldes allein bedingte ihre Exklusivität.

Um den Eingriffen der Stadtbehörden zu entgehen und der

Schauspielkunst eine feste Heimstätte zu verschaffen, errichtete im Jahre 1576 der vormalige Zimmermann und spätere Schauspieler James Burbage (ca. 1530–97) ein Gebäude mit dem stolzen Namen »The Theatre« in der Freiheit von Holywell, einem Teil des Vergnügungsviertels in Shoreditch unmittelbar nördlich der Stadt auf einem Stück Pachtland. Es wurde finanziert von seinem Schwager, einem Kaufmann, der wie manche seiner Zunftgenossen nach ihm die Vorteile einer Investition im aufblühenden kommerziellen Theater erkannte. Einige der wichtigsten Truppen der Zeit mieteten dieses Gebäude, unter ihnen The Lord Admiral's Men (1590–91) und ihre Rivalen, die Truppe des Lord Chamberlain (1594–96), der Shakespeare selbst angehörte.

Kurz darauf entstand als Konkurrenzunternehmen das Theater The Curtain auf einem Landstück mit dem traditionellen Namen Curtain Close. Shakespeares Truppe benützte es wahrscheinlich 1597–99 als Übergangslösung: denn nach einem Streit zwischen James Burbage und dem Eigentümer des Geländes, auf dem das »Theatre« stand, rissen seine Söhne Cuthbert, ein Impresario, und Richard, ein Schauspieler, das Gebäude 1598 ab und errichteten unter Verwendung der Holzteile 1599 das Globe.

Dieses berühmteste und wohl auch prächtigste aller elisabethanischen Theater stand südlich der Themse im Bezirk Bankside – ebenfalls außerhalb des Zugriffs der Stadtväter – und war mit der City durch eine Brücke sowie Fähren verbunden. 1613 brannte es bei einer Aufführung von *Henry VIII* bis auf die Grundmauern nieder und wurde im folgenden Jahr »prächtiger denn je« wiederaufgebaut. Nach dem Verbot der Theater im Jahre 1642 wurde es 1644 abgerissen.

Bankside war ein traditionelles Vergnügungsviertel, in dem bereits seit langem große Stierkampf- und Bärenhatzarenen bestanden hatten. Das Globe befand sich außerdem in der Nachbarschaft dreier weiterer öffentlicher Theater. 1588 errichtete Philip Henslowe das Rose. Sein *Diary* gibt wertvollen Aufschluß über einige technische Einzelheiten und die Vermietung an die verschiedenen Truppen. Im 17. Jahrhundert wurde das Rose noch gelegentlich für Box- und Ringkämpfe benützt. Das Swan, das durch De Witts Zeichnung für die Forschung besondere

Bedeutung erlangte, wurde wahrscheinlich 1595 errichtet und scheint anfangs auch von Shakespeares Truppe gemietet worden zu sein. Es diente wie die meisten übrigen öffentlichen Theater als Mehrzweckgebäude für Schaustellungen und Sportereignisse aller Art und war Vorbild für das benachbarte Hope, das HENS-LOWE laut Bauvertrag im Jahre 1613 finanzierte.

Nach älterem Modell, nämlich dem Globe, wurde auch das Fortune, ebenfalls gemäß einem erhaltenen Bauvertrag, im Jahre 1600 von ALLEYN und HENSLOWE für die Admiral's Men nördlich der Stadt in der Freiheit von Finsbury erbaut. Auch es brannte ab (1621), wurde als Ziegelbau 1623 neu errichtet und 1649 abgebrochen. Schließlich ist innerhalb dieser Gruppe das weiter westlich gelegene Red Bull zu erwähnen, das noch nach der Wiedereröffnung der Theater im Jahre 1660 ein eher klägliches Dasein fristete.

d) Die »privaten« Theater

Die Saaltheater Londons dienten zunächst den Kindertruppen als Aufführungsstätten. Besondere Bedeutung erlangte das Blackfriars-Theater, das sich in einem 1538 säkularisierten Dominikanerkloster und damit in einer der traditionellen Freiheiten innerhalb der Stadtmauern befand. Ein Teil des Gebäudekomplexes war im Besitz des Aufsehers der königlichen Hofbühne (Master of the Revels), der geeignete Räume an die Leiter der Kindertruppen vermietete. Diese erste Phase (First Blackfriars) ging 1584 zu Ende.

1596 kaufte James BURBAGE dem Master ein Gebäude ab und verwandelte es in ein reguläres Theater (Second Blackfriars). 1600 vermietete es sein Sohn Richard wiederum an Kindertruppen, die zu einer gefährlichen Konkurrenz für seine eigene Erwachsenentruppe wurden. 1608 gelang es ihm, seinem Bruder Cuthbert und vier Schauspielern, unter ihnen Shakespeare, das Theater wieder in ihren Besitz zu bekommen. Ab 1608 oder 1609 spielten sie dort und im Globe gleichzeitig. Es bestand bis 1655.

Weitere private Theater waren u. a.: das Whitefriars (ab 1608) und das Phoenix (ab 1617), das ursprünglich eine überdachte

Hahnenkampfarena (The Cockpit) gewesen war. Eine solche
befand sich auch im Palast von Whitehall (Cockpit-in-Court).
Sie wurde von Inigo JONES ca. 1630 zu einem prunkvollen kleinen Hoftheater umgebaut, von dem noch Plan und Zeichnung
existieren. Diese sind in letzter Zeit eingehender untersucht
worden, da sie gewisse Rückschlüsse auf die älteren Bühnen, vor
allem die der Privattheater, zulassen.

J.Q. ADAMS, *Shakespearean Playhouses*, Boston, 1917. – E.K. CHAMBERS, *The
Elizabethan Stage*, Oxford, 1923, Vol II, Book IV. – G.E. BENTLEY, *The Jaco-
bean and Caroline Stage*, Oxford, 1968, Vol. VI. – C.T. PROUTY, »An Early
Elizabethan Playhouse«, *ShS*, 6 (1953). – R.K. SARLOS, »Development and Ope-
ration of the First Blackfriars Theatre«, in: *Studies in the Elizabethan Theatre*, ed.
C.T. Prouty, New York, 1961. – D.F. ROWAN, »The Cockpit-in-Court«, *The
Elizabethan Theatre*, ed. D. Galloway, Oshawa, Ontario, 1969. – G. WICKHAM,
Shakespeare's Dramatic Heritage, London, 1969, Kap. 3 (ix); Part II, London, 1972. –
R. HOSLEY, »Three Kinds of Outdoor Theatre Before Sh.«, *Theatre Survey*, 12
(1971). – R. LEACROFT, *The Development of the English Playhouses*, London,
1973. – R. SOUTHERN, *The Staging of Plays Before Sh.*, London, 1973.

4. DIE ENTSTEHUNG DER »ÖFFENTLICHEN« THEATER

Nach älterer Auffassung (z.B. CHAMBERS) sind die Vorbilder
für die ab 1576 entstehenden festen Theaterbauten die Innenhöfe
der Gasthäuser mit ihren Stehplätzen unten im Hofraum und
den bevorzugten Steh- oder Sitzplätzen auf den Galerien. Hinter der einfachen Bühnenplattform an einem Ende des Hofes,
so wird behauptet, wurden von den Galerien Vorhänge herabgelassen, die eine Garderobe abteilten und durch deren Öffnungen oder Schlitze die Auftritte erfolgten. Die entsprechenden
Rekonstruktionsversuche (z.B. J.C. ADAMS) zeigen selbst für
die Bühnen der öffentlichen Theater den schlichten Fachwerk-
stil der Tudorzeit. Die zeitgenössischen Dokumente sprechen
jedoch, wenn auch zuweilen mit polemischer Übertreibung,
von Formenreichtum und Farbenpracht. Auch machen sie deutlich, daß in den verschiedensten Räumlichkeiten der Gasthäuser
gespielt wurde und der Innenhof keineswegs bevorzugt wurde,
da Aufführungen dort nahezu den gesamten Betrieb des Hauses
(Ställe, Schankräume usw.) lahmlegen mußten, ganz abgesehen
von den Gefahren der Witterung für Kostüme und Ausstattung.
Nach neuerer Auffassung (z.B. WICKHAM) sind im öffentlichen

Theater drei bereits vorhandene und bewährte Elemente zu einer neuen Einheit zusammengekommen: die Kampfarenen, die Straßenbühnen und die Saalbühnen.

Runde oder ovale Großarenen erscheinen bereits auf den ältesten Londoner Stadtansichten des 16. Jahrhunderts. Bauten dieser Art wurden im Mittelalter für Turniere (Erwähnung z.B. in CHAUCERS *Knight's Tale*), Schwertspiele, Ringkämpfe, Stierkämpfe und Bärenhatzen verwendet. Auch Theaterstücke wurden in ihnen, vor allem in Cornwall, aufgeführt. In ihren Ursprüngen dürften sie auf die Amphitheater der römischen Ära zurückgehen. Die Wörter »playhouse« und »gamehouse« dienen seit dem Altenglischen als Übersetzung für »arena« und »amphitheatrum«. Der große Vorzug dieser Anlagen bestand in ihrer Raumökonomie und entsprechend großen Kapazität.

In einen solchen Arenenbau stellte James BURBAGE 1576 die Bühne seines »Theatre«, pflasterte den Ring, um ihn als Stehparterre geeigneter zu machen, und fügte den herkömmlichen zwei Galerien eine dritte hinzu. Während somit die Arena zum Prototyp des Zuschauerraums wurde, diente das Straßentheater (booth theatre, théâtre de la foire) als Vorbild für die eigentliche Bühne. Diese ist für ganz Europa in zahlreichen Darstellungen bekannt.

Es handelte sich um eine einfache Plattform etwa in Augenhöhe der stehenden Zuschauer, ruhend auf Fässern oder Böcken, an ihrem hinteren Ende eine Bude oder Ankleidekabine, die mit bunten, bemalten Vorhängen versehen war, wie man sie auch bei Turnieren an einer Seite des Kampffeldes bereits früher aufgestellt hatte. Der Galerieraum, der durch die davorgestellte Bühne in BURBAGES Theatre verloren ging, wurde durch die in der Arena gewonnenen Stehplätze aufgewogen. Die Wand des Bühnenhauses (tiring-house, von »tiring« = »attiring«: ankleiden) wurde also nicht aus dem vorhandenen Galerieaufbau gebildet. DE WITTS Zeichnung des Swan läßt deutlich die Bühne als separates Element erkennen, obschon in einigen Fällen eine gewisse Integrierung nicht ausgeschlossen ist. Aus berechtigter Furcht vor einem völligen Verbot des Theaterspiels auch außerhalb Londons haben die Eigentümer ihre Spielhäuser möglichst anpassungsfähig gestaltet, so daß sie ohne große Kosten wieder in Sportarenen zurückverwandelt werden konnten, was ausdrücklich für das Hope gefordert wird.

Ein weiterer bestimmender Faktor bei der Entwicklung von der noch recht schlichten »Budenbühne« des Theatre bis hin zur Prachtentfaltung des Globe dürften die Bühnen der überdachten Hallen gewesen sein. Man bediente sich der meist hölzernen Trennwände (»screens«) vor den Türen zu den Wirtschaftsräumen, die in die Bankettsäle der Schlösser und Colleges, der Zunft- und Rathäuser einige Meter von der Eingangswand entfernt und ungefähr bis zur halben Höhe des Raumes eingezogen waren. Oben befand sich meist eine Überdachung, die als Durchgang oder als Galerie für Zuschauer sowie für die Musikanten diente. Unten waren zwei oder drei Eingänge in symmetrischer Anordnung. Vor diesen permanenten Aufbau wurde bei entsprechenden Anlässen eine Plattformbühne gestellt.

In der Bühnenwand des Swan glaubt man dieses Arrangement in vereinfachter Form wiederzuerkennen. Angesichts der prunkvollen Ausgestaltung, die die »screens« in dieser Zeit erlebten und von der man sich heute noch überzeugen kann, erscheinen die zeitgenössischen Hinweise auf die Prachtentfaltung der Theater als durchaus glaubhaft.

E. K. CHAMBERS, *The Elizabethan Stage*, Oxford, 1923, Vol. II, Book IV.- T. W. CRAIK, *The Tudor Interlude: Stage, Costume, Acting*, Leicester, 1958. - R. SOUTHERN, »The Contribution of the Interludes to Elizabethan Staging«, in: *Essays on Sh. and Elizabethan Drama in Honor of Hardin Craig*, ed. R. Hosley, Columbia, 1962. - R. HOSLEY, »The Origins of the Shakespearian Playhouse«, *SQ*, 15 (1964). - G. WICKHAM, *Early English Stages 1300 to 1660*, Vol. II: 1576-1660, Part I, London, 1963, Book II, Chapt. V.

5. FORM UND FUNKTION DER »ÖFFENTLICHEN« THEATER

Obschon die elisabethanischen Freilichttheater sich voneinander ableiteten und obschon die Entwicklung von 1576 bis 1642 eher konservativ verlief, zeigen sie doch so viele Unterschiede, daß sich die Erstellung eines Archetyps ebenso verbietet wie die exakte Rekonstruktion etwa des Globe. Andererseits ist man zu der Einsicht gelangt, daß die erkennbaren äußeren Unterschiede für die Aufführungstechnik von geringem Belang sind.

a) Der Außenbau

Bei der Ermittlung der Abmessungen ist auszugehen von dem erwähnten Vertrag hinsichtlich des Fortune. Dieser stellt gleichzeitig eine Beziehung zum Globe her, da er dessen Spezifikationen weitgehend übernimmt. Leider ist der derzeit beigefügte Plan des Globe, auf den Bezug genommen wird, verschollen.

Das Fortune war im Gegensatz zum Globe quadratisch (möglicherweise nach dem Vorbild der Privattheater) mit einem Außenmaß von 80 Fuß (1 Fuß = 30,48 cm) und einem Innenmaß für das Parkett von 55 Fuß, so daß 12½ Fuß als Tiefe für die Galerien verblieben. Als Baumaterial fand hier wie in den meisten übrigen Fällen Fachwerk Verwendung. Das Swan jedoch war laut De Witts Observationes aus Stein, mit Galerien aus Holz, und rund gebaut. Das zweite Fortune von 1623 war aus Ziegelsteinen und ebenfalls rund. Es ist nicht ganz sicher, ob das Globe rund oder polygonal war. Die Außenansichten widersprechen sich. Da die Tierkampfarenen bis zu 20 Achsen besaßen und da bei Holzbauweise ein Vieleck als Grundriß günstiger ist, dürfte beim Globe, beim Theatre und einigen anderen Häusern ein polygonaler Rundeindruck bestimmend gewesen sein. Nach vorherrschender Meinung haben die Maße des Globe bei entsprechender Umrechnung mit denen des Fortune übereingestimmt. Erwähnt werden in den Dokumenten noch Treppenhäuser und die Einteilung der Galerien, die im Fortune vom Globe kopiert wurden und im Hope vom Swan, wo sich die Aufgänge an der Außenseite des Gebäudes befanden. Die Höhe der Galerien, die jeweils ein wenig über die nächstunteren vorragten, betrug von unten nach oben 12, 11 und 9 Fuß. Die untersten waren durch Metallspitzen auf den Geländern gegen ein Übersteigen vom Parterre her abgesichert. Die Galerien verfügten durchweg über Sitzgelegenheiten. In dem von De Witt in seiner Skizze als »orchestra« bezeichneten Teil befanden sich die sorgfältig verputzten und ausgemalten Logen für das bessere Publikum, desgleichen auf der Galerie des Bühnenhauses, des »mimorum aedes«. Das Dach über den Galerien und der Bühne bestand im ersten Globe aus Stroh, im zweiten nach dem Brand von 1613 aus Schindeln.

b) Das Parterre

Der Hofraum verfügte lediglich über einen Eingang für die Zuschauer gegenüber der Bühne, so daß das Eintrittsgeld zentral abkassiert werden konnte. Von dort erreichte man auch die Galerien, was mit zusätzlichen Zahlungen verbunden war. Die Zuschauer im Parterre umstanden die Bühne auf drei Seiten, obschon es wahrscheinlich ist, daß sie die Stirnseite bevorzugten, da die Breite des seitlichen Raumes zwischen Bühne und Galerie im Fortune lediglich 6 Fuß betrug. Wenn sich zudem die Plattform, wie anzunehmen, in Augenhöhe befand, war die Sicht bei zu geringem Abstand nicht sonderlich gut. Deshalb hat man unter Hinweis auf die späteren Illustrationen (*Roxana*, *Messalina*) für das Globe eine Verjüngung der Plattform nach vorn postuliert, obschon dies weder DE WITT noch der Fortune-Vertrag bestätigen.

Bei Aufführungen wurde der Hofraum gelegentlich ins Spiel einbezogen, besonders für spektakuläre Auftritte und Abgänge durchs Publikum. Man nimmt an, daß vor allem festliche Prozessionen durch die seitlichen, von DE WITT mit »ingressus« bezeichneten Eingänge einzogen und die Bühne über Stufen betraten. Letztere sind für die zeitgenössischen kontinentalen Bühnen nachweisbar und in DE WITTS Zeichnung möglicherweise aus Gründen der Perspektive ausgelassen oder einfach vergessen worden. Die Prozession konnte die Bühne durch deren Türen oder auch wieder über den Hof verlassen. Die Regieanweisungen sprechen dann von »passing over the stage«, ohne ein »enter« oder »exit«, das sich fast immer auf die Türen bezieht. Ein wichtiges Beispiel ist die Szene in *Henry VIII* (V, iv), in der ein Pförtner der königlichen Prozession einen Weg durch die Zuschauermenge bahnt. Dabei wird diese mit der historischen Volksmenge identifiziert. Bereits im Mittelalter war es üblich, die Anwesenden auf diese Weise zum Mitspielen zu aktivieren. Die Teufel suchten sich unter ihnen ihre Opfer, oder Herodes tobte in ihrer Mitte.

Der Hof konnte auch einbezogen werden für Szenen, in denen ein Schiff oder ein Boot bestiegen wurde wie etwa in *Pericles* V, i, 10 oder noch deutlicher in *Antony and Cleopatra* II, vii, 127, wo sich die Akteure offenbar die Hände reichen, um einander über das Bühnengeländer in ein reales oder imaginäres Boot zu helfen. Auftritte von Einzelpersonen aus dem Hofraum sind zuweilen nachweisbar, wenn diese sich langsam und von weit her dem Geschehen nähern mußten. Es heißt dann: »Enter at one end« oder »Enter at one corner of the stage«.

c) Die Bühnenplattform

Im Gegensatz zur modernen Bedeutung bezeichnet »stage« für die Elisabethaner lediglich das Gerüst der Plattform, dessen zentrale Wichtigkeit für die Aufführungstechnik von der älteren Forschung allzu sehr unterschätzt worden ist. Die Bühne des Fortune war 43 Fuß breit und ragte 27½ Fuß tief bis in die Mitte des Hofraumes vor. Die Spielfläche, die überdies keine toten Winkel kannte, übertraf damit die der meisten modernen Bühnen. Sie war neutral wie die »platea« des mittelalterlichen Theaters, konnte aber als Ganzes oder zum Teil als »locus« fixiert werden durch das Aufstellen von Versatzstücken oder die Hinweise der gesprochenen Texte.

Man neigt heute dazu anzunehmen, daß vor allem der vordere Teil der Plattform in möglichst engem Kontakt zum Publikum bespielt wurde, während die rückwärtige Zone vergleichsweise selten in Aktion trat. Das Spiel war in einem Halbkreis eher nach vorn gerichtet, nicht arenenhaft nach allen Seiten, wie es L. HOTSON vermutet hat. Der lange Anmarschweg von den Eingangstüren bis zur vorderen Plattform gab den Auftretenden Gelegenheit, sich bereits mimisch einzuführen. Hinzu kommen die zahlreichen Auftrittsankündigungen durch die Anwesenden, die neben einer handfesten Verdeutlichungsfunktion die Aufgabe hatten, Platz zu schaffen für eine neue sinnvolle Figurenkonstellation. Schauspieler auf der modernen Bühne treten eher unauffällig von den Seiten her auf und werden von den Anwesenden wie von selbst erblickt. Ihr Spiel vollzieht sich vornehmlich in der Fläche.

Laut Vertrag ruhte die Plattform des Fortune auf eckigen Pfosten, die als Pilaster ausgestaltet und mit Satyrn als Karyatiden verziert waren. Dies gilt auch für die übrigen Tragelemente des

Gebäudes einschließlich der Galerien. Die Erwähnung der Eckigkeit legt den Schluß nahe, daß im Unterschied dazu die entsprechenden Stützen des Globe rund oder halbrund waren. An ihnen vor allem konnte sich bei entsprechender Bemalung, von der in HENSLOWES *Diary* die Rede ist, der sprichwörtliche Prunk der Theater entfalten. DE WITT erwähnt, daß die Holzsäulen auf der Bühne des Swan Marmor vortäuschten.

Die Bühne des Fortune war unten verschalt, die der übrigen älteren Theater wahrscheinlich offen. Bei Aufführungen wurden sie jedoch durch Behänge verschlossen, die dem Charakter des Stücks entsprachen (z.B. schwarz für Tragödien) und gleichzeitig die technischen Vorrichtungen unter der Bühne verdeckten. Die sichtbaren Tragelemente in DE WITTS Zeichnung dürften auf eine Probe hindeuten. Die Gestalten auf der Galerie könnten beobachtende Mitspieler sein.

Vor einer Vorstellung wurde die Plattform mit Binsen bestreut, was auch in den Wohnhäusern üblich war, so daß liegende oder fallende Schauspieler ihre meist sehr kostbaren Kostüme schonen konnten.

d) Die Hauptsäulen

Die von DE WITT wiedergegebenen Säulen auf der Plattform, die das Schutzdach tragen, wurden offenbar zunehmend als störend empfunden, da sie Sicht und Bewegungen behinderten. Im Hope von 1614 war das Dach bereits freitragend, wobei allerdings die Forderung bestimmend gewesen sein mag, daß die Bühne leicht entfernbar sein mußte. Die Säulen wurden vermutlich nicht, wie oft angenommen, als Bäume zum Erklettern oder als Verstecke benützt, da solche in Form von Versatzstücken vorhanden waren.

e) Die Versenkung

Manche Stücke – Shakespeares Dramen vergleichsweise selten – erfordern eine Versenkung. Deren Klappe befand sich in der Mitte der vorderen Plattform. Sie war so groß, daß ein Wagen oder mehrere Personen gleichzeitig herauf- und herabschweben konnten. Begleitet wurde dieser Vorgang von Feuer, Rauch und Donner, der auch die Geräusche der Hebemaschinerie zu übertönen hatte. Die Region unter der Plattform trug weiter die mittelalterliche Bezeichnung »Hell« und diente vor allem für Höllenerscheinungen (wie die des Hexenkessels in *Macbeth* IV, i). Geister von Ermordeten traten dagegen in der Regel durch die Türen auf. Gelegentlich erschienen auch aus der Versenkung Versatzstücke, wie etwa eine Laube, die durch Magie hervorgezaubert wurden. Außerdem konnte man in ihr Gegenstände aus dem Meer fischen (*Pericles* II, i, 112 ff.) oder ein Grab schaufeln (*Hamlet* V, i). Die von einigen Forschern vermuteten vier weiteren kleinen Versenkungen an den Ecken der Plattform sind nicht eindeutig nachweisbar. Gelegentliche Auftritte von Dämonen aus allen vier Himmelsrichtungen erfolgten offenbar durch die unteren Vorhänge und durch Ersteigen der Bühne.

f) Die Türen

Bühnenanweisungen mit »rise« beziehen sich auf die Versenkung, solche mit »enter« durchweg auf die Bühnentüren. Das Swan besaß deren zwei, und für die im Globe nachweisbar aufgeführten Stücke wurden auch nicht mehr benötigt. Ob ein Auftritt von rechts oder links erfolgte, ist in den Regiebüchern nicht angegeben, sondern wurde offenbar erst bei den Proben entschieden. Nur bei gleichzeitigen Auftritten aus verschiedener Richtung wird nach Türen unterschieden (»at one door« usw.). Dies gilt vor allem für Kriegs- und Staatsszenen mit Umzügen von einer Tür im Halbkreis über die Plattform zur anderen. Dabei konnten ähnlich wie auf der mittelalterlichen Simultanbühne große Entfernungen versinnbildlicht werden. Die Türen konnten auch ganz realistisch die eines Hauses sein (»Lock up my doors« im *Merchant of Venice* II, v, 27). Offenbar wurde die Identifizierung einer Tür mit einem bestimmten Gebäude oder einer bestimmten Partei recht konsequent, doch nicht pedantisch durchgehalten und nach einigen Szenen wieder vergessen. Wirtshausschilder konnten vor den Türen aufgehängt und sogar verwechselt werden (z. B. in *The Merry Devil of Edmonton*).

g) Die Bühnenhauswand (»Innenbühne«)

Die Beschaffenheit der »tiring-house façade« ist zum umstrittensten Problem bei allen Rekonstruktionsversuchen geworden. De Witts Wiedergabe einer kahlen Wand mit zwei Türen und einer Galerie wird von vielen Forschern als unrichtig abgelehnt. Sie postulieren dagegen seit dem 19. Jahrhundert eine »Innenbühne« (»inner stage«, eine für die damalige Zeit nicht belegte Bezeichnung) zwischen den Türen für Szenen in geschlossenen Räumen und für plötzliche Entdeckungen (discoveries) durch Aufreißen eines Vorhangs, wie er in den Vignetten zu *Roxana* und *Messalina* zu sehen ist. Der zuweilen als »study« bezeichnete Raum mancher Bühnenanweisungen sei mit dieser »Innenbühne« identisch.

Längst aufgegeben ist die »Alternationstheorie«, welche besagt, daß zum Zweck des raschen Szenenwechsels und -umbaus stets eine Vorder- mit einer Hinterbühnenszene alternierte. Ein weiterer, eher praktischer Einwand richtet sich gegen die sehr ungünstigen Sichtverhältnisse dieses präsumptiven Vorläufers der Guckkastenbühne.

Für die Bewerkstelligung der »discoveries«, etwa für Marlowes Dr. Faustus in seiner Studierstube (29) oder die Liebenden beim Schachspiel im *Tempest* (V, i, 172), werden verschiedene Lösungen angeboten. Feststeht, daß es dabei vor allem um einen Schau- und Überraschungseffekt, um die Enthüllung eines Tableaus und nicht um die Erweckung einer Raumillusion ging.

Eine Lösungsmöglichkeit wäre, daß eine der recht großen Bühnentüren mit einem Vorhang ausgestattet wurde. Eine andere wäre, daß ähnlich wie auf zeitgenössischen holländischen Straßentheatern ein großer Vorhang (der häufig erwähnte »arras«) quer über die gesamte Fassade verlief, daß er in der Mitte aufgezogen werden konnte, wobei die gewöhnlichen Auftritte durch seitliche Öffnungen oder Schlitze erfolgten. Beispielsweise könnte Hamlet durch einen solchen Vorhang den Polonius durchbohren (III, iv, 23). Jonsons Volpone benötigt ihn, um heimlich, auf einem Stuhl stehend, über ihn hinwegschauen zu können (V, ii, 83–85). Er ist geeignet für Versteckszenen aller Art und könnte eine ständige Einrichtung gewesen sein. Auf Provinztouren konnte er mitgeführt werden.

Eine andere Lösung, die starken Zuspruch findet, ist die eines zeltartigen Gebildes (halbrund auf den holländischen Darstellungen), das zwischen den Türen gegen die Bühnenhauswand gestellt werden konnte (»discovery space« oder »enclosure«). Die vergleichsweise kleine Grundfläche wäre völlig ausreichend; denn nach den »discoveries« treten die Figuren meist auf die Plattform hinaus, so daß sich die Vorstellung eines Innenraumes dorthin verlagert bzw. bald in Vergessenheit gerät.

Diese umstrittenen Gebilde könnten auch zuweilen identisch sein mit HENSLOWES »mansions« und »houses«. Für Hofaufführungen sind sie beschrieben als mit Leinwand bespannte Gerüste, die so stabil waren, daß mehrere Personen auf ihnen stehen konnten. Es wird von einigen Kritikern, die die Existenz einer »Innen«- und Oberbühne bestreiten, als Lösung eines vieldiskutierten Problems verfochten, daß der sterbende Antony in der Denkmalszene von seinen Trägern auf ein solches Gerüst zu Cleopatra emporgehoben wird (IV, xv, 38). Man hält es für technisch schwierig, wenn nicht gar unmöglich, daß dies mit Hilfe der recht hohen Oberbühne bewerkstelligt wurde.

Durch entsprechende Versatzstücke und Zutaten konnten die »mansions« als Haus, Höhle, Burg oder Stadttor spezifiziert werden. Bei Verwendung mehrerer »mansions« ließen sich wie auf der mittelalterlichen Simultanbühne weit auseinanderliegende Örtlichkeiten bezeichnen. Sie verfügten über Eingänge, die mit Vorhängen versehen und somit für »discoveries« geeignet waren. Man hat sie wahrscheinlich nur für bestimmte Aufführungen aufgestellt und ebenfalls bei der Probenarbeit in DE WITTS Swan entbehren können.

Die Regieanweisung »enter« kann sich auch auf »discoveries« beziehen, z.B. »enter in his bed«. Durchweg gilt sie für Personen, die studieren, schlafen oder gestorben sind. Ein Bett konnte jedoch auch ohne »discovery« von Bühnenarbeitern auf die Vorderbühne geschoben werden (»a bed thrust out«), so daß der Darsteller und die ihn umgebende Handlung besser sichtbar waren.

h) Die Oberbühne

Im Gegensatz zur nicht belegten Bezeichnung »inner stage« kommt »upper stage« gelegentlich vor. Dennoch ist die Bedeutung dieser Oberbühne von der älteren Forschung überschätzt worden. Zumal die Vorstellung von einer »Innenbühne« entsprechend der unteren auch in der oberen Zone hat sich als unhaltbar erwiesen. In DE WITTS Zeichnung dürfte die Oberbühne identisch sein mit einem Teil der Galerie in der Bühnenhauswand. Normalerweise befanden sich dort Logen für das exklusivere Publikum, das gesehen werden wollte (Lords' Rooms). Es ist anzunehmen, daß die eine oder andere für Spielzwecke reserviert wurde. Die Illustration zu *The Wits* könnte ein derartiges Arrangement wiedergeben.

Während man früher annahm, daß zahlreiche Szenen auf der Oberbühne gespielt wurden, haben neuere Untersuchungen ergeben, daß von 419 Szenen in 22 von Shakespeares Truppe aufgeführten Stücken lediglich 11 unabdingbar eine Oberbühne erfordern. Bei Provinztouren wird man durch leichte Textänderungen auch auf diese verzichtet haben können.

Die Galerie wirkte mit ihrer Balustrade wie ein Balkon (tarras). Auch mag sie etwas vorgeragt haben, so daß es möglich war, eine Falltür anzubringen, durch die etwa Barabas in MARLOWES *The Jew of Malta* laut Regieanweisung hinab in einen Kessel stürzt (2346 ff.). Wichtig ist, daß auch oben nach vorn gespielt wurde, daß alle Handlungen sich unmittelbar auf ein Geschehen im Bereich der Plattform bezogen. Nie agieren die Schauspieler oben, um einen zügigen Szenenwechsel zwischen den verschiedenen Spielebenen zu gewährleisten. Durch eine lange Tradition wußte man lediglich um die Vorteile einer erhöhten Spielzone, wie man sie nach der Unterbrechung durch die illusionistische Bühne auch im 20. Jahrhundert zuweilen wiedererkannt hat.

Eine wichtige Funktion der Oberbühne ist die Darstellung eines Konflikts zwischen oben und unten: jemand kann nicht hinauf, ein anderer nicht hinunter, oder es nutzt jemand seine beherrschende Stellung, um zu einer Volksmenge zu sprechen oder einen Gegner zu attackieren. Die tatsächliche Höhe war durchaus ausreichend, um etwa einen Todessturz glaubhaft erscheinen zu lassen. Die Treppe verlief innerhalb des Bühnenhauses, so daß es außen lediglich zu spektakulären Arten eines Höhenwechsels kam: mit Strickleitern von oben, mit Sturmleitern von unten, mit einem Sprung von oben, der für die akrobatisch geschulten Schauspieler ein Leichtes war. Ein Abstieg über die Treppe (»exit above« – »enter below«), etwa durch Jessica im *Merchant of Venice* (II, vi, 49–58), wird durch eine genügende Länge gesprochenen Textes gedeckt, ebenso wie Romeos Abstieg mit Hilfe einer Strickleiter (III, v, 42–48). Ähnlich wie in den Szenen mit »discovery« drängt auch hier das Spiel wenn irgend möglich auf die untere Plattform.

Zuweilen gewinnt das Geschehen oben jedoch eine gewisse Autonomie. So findet die Galerie Verwendung für den »Presenter« eines Stücks oder für einen Beobachter wie Prospero, der zudem das Geschehen lenkt. Der Konvention gemäß ist er dann unsichtbar, obschon Personen, die betontermaßen ein Versteck aufsuchen, dies eher auf der Plattform hinter geeigneten Versatzstücken tun. Sehr brauchbar war die Galerie auch für Zuschauer in einer Rahmenhandlung (z.B. in *The Taming of the Shrew*). Der Platz dürfte ausgereicht haben für kleine Gruppen von Personen und Requisiten, die nicht allzuviel Tiefe benötigten.

i) Der Orchesterraum

Der gelegentliche Hinweis (zweimal bei Shakespeare) »on the top« hat zu der Vermutung Anlaß gegeben, es habe oberhalb der Galerie noch einen kleineren Raum mit Fenster oder Balustrade gegeben, der in DE WITTS Zeichnung allerdings nicht sichtbar sei. Er sollte vor allem für Personen auf einem Ausguck dienen. Manche Forscher haben auch den Orchesterraum (music room) dorthin verlegt, der erst nach dem Rückzug der Vorderbühne (apron stage) im 18. Jahrhundert in einer Vertiefung des Parketts Platz fand.

Heute hat diese Theorie kaum noch Anhänger, und »on the top« wird meist als gleichbedeutend mit »above« gedeutet. Auch ist zu bezweifeln, ob in den öffentlichen Theatern vor 1604 überhaupt regelmäßig in einer oberen Region musiziert wurde. Üblich wurde dies erst unter dem Einfluß der Privattheater, und zwar in der Form von Zwischenaktmusik. »Dramatic music«, die die Handlung begleitete, ist vor 1604 häufig für die öffentlichen Theater belegt und durchweg mit dem Hinweis »music within« (also hinter den Türen oder dem großen Hintergrundsvorhang) angezeigt, nie jedoch mit »music above«. Bei Aufmär-

schen und einigen anderen Anlässen wurde freilich auch offen
auf der Bühne musiziert, einmal bei Shakespeare sogar unter ihr
(*Antony and Cleopatra* IV, iii, 12).

Der für das Swan erst im Jahre 1611 belegte »music room«
wird wie die Oberbühne ebenfalls auf der Galerie der »Lords'
rooms« vermutet. Die Vorhänge, die in den Illustrationen zu
Roxana, *Messalina* und *The Wits* zu sehen sind, könnten durchaus
auch die Funktion haben, die begleitenden Musiker während der
Aufführung zu verbergen, gemäß der in den Kirchen und auf
den Musikgalerien der Schlösser üblichen Praxis. Daß die Oberbühne und der Orchesterraum später identisch sein konnten oder
waren, wird deutlich in Jasper Maynes Lob für Ben Jonson, er
habe nicht wie üblich Belagerungen des Orchesterraums (»sieges
to the Musique-Room«) in seinen Stücken verlangt.

j) Das Dachgeschoß

Das Dach über der Plattform hatte eine doppelte Funktion. Zum
einen diente es dem Schutz der Versatzstücke und Vorhänge
auf dem hinteren Teil der Plattform, ebenfalls der Schauspieler,
die sich bei Regen dorthin zurückziehen konnten. Zum anderen
hatte es eine traditionelle emblematische Funktion als Himmel
(Heavens) und war wahrscheinlich in der gebräuchlichen Art auf
der unteren Fläche mit Tierkreiszeichen und Sternen auf blauem
Grund bemalt. Durch eine Luke konnten Geister herabschweben.
Dies wurde erreicht mit Hilfe von Hebeapparaturen, die sich in
einer Art Maschinenhaus (hut) oberhalb des Schutzdaches befanden. Die »Hütte« beherbergte außerdem Vorrichtungen zum
Erzeugen von Donner, Feuerwerk und Glockengeläut. Sogar
Geschütze wurden abgefeuert mit dem Resultat, daß das Stroh-
dach des Globe im Jahre 1613 Feuer fing. Ab 1595 wurde es laut
Henslowe üblich, eines der am häufigsten benötigten Versatzstücke, den Thron, ebenfalls von oben herabschweben zu lassen,
um einen rascheren Wechsel zu ermöglichen. Es gibt keine Anzeichen dafür, daß bereits im Globe eine Flugapparatur vorhanden war wie später im Blackfriars.

Aus der »Hütte« trat, wie von De Witt wiedergegeben, der
Trompeter, der den Beginn eines Stücks ankündigte. Da eine

Aufführung offenbar bereits im Gange ist, gibt die Skizze zwar unkorrekt, jedoch in einer Synopsis, zwei nicht gleichzeitige Vorgänge wieder. Oben auf dem Dach wehte die Fahne mit dem Symbol des Theaters als weithin sichtbares Signal dafür, daß an dem betreffenden Nachmittag gespielt wurde.

W.J. LAWRENCE, *The Physical Conditions of the Elizabethan Public Playhouse*, Cambridge, Mass., 1927. – G.F. REYNOLDS, *The Staging of Elizabethan Plays at the Red Bull Theatre 1605–1625*, London, 1940. – J.C. ADAMS, *The Globe Playhouse: Its Design and Equipment*, Cambridge, Mass., 1942. – J.D. WILSON, »*Titus Andronicus* on the Stage in 1595«, *ShS*, 1 (1948). – G.F. REYNOLDS, »*Troilus and Cressida* on the Elizabethan Stage«, *Joseph Quincey Adams Memorial Studies*, Washington, 1948. – G.F. REYNOLDS, »Was there a ›Tarras‹ in Sh.'s Globe?«, *ShS*, 4 (1951). – C.W. HODGES, *The Globe Restored: a Study of the Elizabethan Theatre*, London, 1953. – W.D. SMITH, »The Elizabethan Stage and Sh.'s Entrance Announcements«, *SQ*, 4 (1953). – L. HOTSON, *The First Night of Twelfth Night*, New York, 1954. – R. HOSLEY, »The Use of the Upper Stage in *Romeo and Juliet*«, *SQ*, 5 (1954). – J.W. SAUNDERS, »Vaulting the Rails«, *ShS*, 7 (1954). – I. SMITH, *Sh.'s Globe Playhouse*, London, 1956. – R. HOSLEY, »The Gallery over the Stage in the Public Playhouses of Sh.'s Time«, *SQ*, 8 (1957). – R. HOSLEY, »Sh.'s Use of a Gallery over the Stage«, *ShS*, 10 (1957). – L. HOTSON, *Sh.'s Wooden O*, London, 1959. – R. HOSLEY, »The Discovery-Space in Sh.'s Globe«, *ShS*, 12 (1959). – A. NICOLL, »Passing over the Stage«, *ShS*, 12 (1959). – J.W. SAUNDERS, »Staging at the Globe, 1599–1613«, *SQ*, 11 (1960). – R. HOSLEY, »Was there a Music-Room in Sh.'s Globe?«, *ShS*, 13 (1960). – J. STINSON, »Reconstructions of Elizabethan Public Playhouses«, in: *Studies in the Elizabethan Theatre*, ed. C.T. Prouty, New York, 1961. – L.J. ROSS, »The Use of a ›Fit-up‹ Booth in *Othello*«, *SQ*, 12 (1961). – B. BECKERMAN: *Shakespeare at the Globe*, New York, 1962. – R. HOSLEY, »The Staging of Desdemona's Bed«, *SQ*, 14 (1963). – R. HOSLEY, »The Origins of the So-called Elizabethan Multiple-Stage«, *TDR*, 12 (1968). – C. SPIVACK, »The Elizabethan Theatre: Circle and Center«, *CentR*, 13 (1960). – C.J. SISSON, *The Boar's Head Theatre*, London, 1972. – C.W. HODGES, *Sh.'s Second Globe*, London, 1973. – R. HOSLEY, »The Second Globe«, *TN*, 24 (1975).

6. DIE »PRIVATEN« THEATER

a) Allgemeines

Das Theaterspiel in geschlossenen Räumen wurde während des gesamten hier überblickten Zeitabschnitts allgemein bevorzugt. Bereits im frühen 17. Jahrhundert wurden Freilichtaufführungen immer mehr zurückgedrängt. Die Gründe hierfür liegen auf der Hand: Unabhängigkeit von Jahreszeit, Wetter und Tageslicht sowie eine intimere Spielatmosphäre bei vergleichsweise geringer Zuschauerzahl. Hinzukam für die »privaten« Theater: Exklusivität durch höhere Eintrittspreise, die ihrerseits wieder einen größeren technischen Aufwand ermöglichten; Neuerungen und Experimente im Sinne der klassisch-antiken Dramen- und Bühnen-

theorie; die Musiktradition der Chorknaben, die zunächst ausschließlich in diesen Theatern spielten; die Nähe zum Hoftheater
mit der Möglichkeit einer wechselseitigen Befruchtung.

Die privaten Theater vollenden die technischen Einrichtungen,
die bereits die Interludienbühnen des Tudorhofes und einiger
Adelsresidenzen gekannt hatten. Ähnlich wie die öffentlichen
Theater stehen sie in einer durchaus einheimischen Tradition.
Die Gemeinsamkeiten sind groß. Grundsätzliche Unterschiede
werden erst sichtbar gegenüber der Hofbühne des frühen 17. Jahrhunderts.

b) Das Blackfriars-Theater

Ähnlich wie das Globe unter den öffentlichen hat das Blackfriars unter den privaten Theatern stets im Mittelpunkt der Forschung gestanden. Der Hauptgrund hierfür ist die Annahme,
daß Shakespeares späte Stücke, die Romanzen, speziell für dieses
Theater geschrieben wurden. Die Übernahme durch seine
Truppe war offenbar von langer Hand geplant. Ab Winter
1609/10 spielte sie abwechselnd in beiden Theatern. Die Romanzen wie auch die Dramen von BEAUMONT und FLETCHER blieben
jedoch weiterhin für das Globe geeignet. Manche wechselten
zwischen Hof, Blackfriars und Globe hin und her. Ihre literarischen Neuerungen sind also nicht die Folge einer drastisch geän-
derten Aufführungspraxis. Die Maskenspieleinlagen in *Cymbeline* und *The Tempest* sind eher als Übernahmen aus dem Bereich
des Hoftheaters und möglicherweise sogar als Interpolationen
anzusehen.

Der Versuch einer Rekonstruktion des Blackfriars ist noch
schwieriger als die des Globe, da abgesehen von der Illustration
zu *The Wits* keine analog zu interpretierenden Zeichnungen und
Baubeschreibungen für diesen Theatertyp vorliegen. Aufgrund
von Einzelhinweisen einiger Besucher und in juristischen Dokumenten, aufgrund der dort aufgeführten Stücke und der Entsprechungen zum Fortune, dessen rechteckige Form den Einfluß der
Privattheater nahelegt, hat man ein halbwegs plausibles Bild erstellt. Analogien zum öffentlichen Theater erscheinen auch insofern gerechtfertigt zu sein, als der Erbauer des zweiten Black-

friars, James BURBAGE, im Jahre 1596 auf seine eigene Erfahrung mit dem Theatre von 1576 zurückgreifen konnte.

Er errichtete sein neues Theater im 1. Stock eines Gebäudeteils des ehemaligen Dominikanerklosters, der unter dem Namen »Upper Frater« bekannt war und bereits für Parlaments- und Gerichtssitzungen gedient hatte. Die Außenmaße waren für die damalige Zeit recht stattlich: 66 Fuß in der Länge und 46 Fuß in der Breite. Die Bühne befand sich auf der Schmalseite gegenüber dem Eingang, zu dem Wendeltreppen hinaufführten. Außer der Bühne werden ausdrücklich erwähnt: Galerien, Logen (boxes) und ein Parkett (pit) sowie Räume über dem Saal.

Es wird vermutet, daß sich das »tiring-house« innerhalb der Außenmauern befand. So konnte man die Bühneneingänge in Höhe und Breite möglichst günstig legen und prunkvoll ausgestalten. Überdies gewann man eine Galerie über der Bühne ähnlich wie im Swan und mit derselben Funktion. Das obere Stockwerk dürfte bis fast an die Decke gereicht haben. Gegliedert war die Fassade nach Art der »hall-screens« mit großen Eingängen unten (2 oder 3) und entsprechenden Galerieöffnungen oben (4 oder 6). Im Phoenix gab es vier Auftrittsmöglichkeiten: in der Mitte, an den Seiten und oben. Es bleibt ungewiß, ob ein Alkoven für »discoveries« zur ständigen Einrichtung zählte oder ob alle Eingänge mit Vorhängen versehen waren.

Die Breite der Bühne entspricht ungefähr der des Fortune, doch dürfte auf der Plattform an den Seiten einiger Raum verlorengegangen sein, da dort gut zahlende Zuschauer auf Stühlen zu sitzen oder gar sich auf die Binsenstreu zu lagern pflegten – eine viel beklagte Unsitte, die auch auf die öffentlichen Theater übergriff. Später hat es seitlich feste Logen gegeben, vor denen gelegentlich jedoch wiederum zum Ärger der Logenmieter Zuschauer herumstanden, die Sicht behinderten und die Spielfläche noch mehr einengten. Die Tiefe der Plattform war kleiner als die des Fortune, so daß die Gesamtfläche nur ungefähr die Hälfte betrug und damit den im Hoftheater üblichen Maßen entsprach.

Die Logen setzten sich in Galerien fort, die in drei Geschossen um den ganzen Raum herum liefen. Für das Parkett, das mit Stühlen oder Bänken ausgestattet war, verblieb dann ein Raum von ca. 30 Fuß im Geviert. Die Gesamtkapazität wird auf etwas über 500 Plätze geschätzt, also nur etwa ein Fünftel von dem, was die meisten öffentlichen Theater faßten. Gespielt wurde wie dort vornehmlich am Nachmittag, jedoch geschah dies bei künstlichem Licht und verdunkelten Fenstern. Über Bühne und Zuschauerraum, zwischen denen es keine Beleuchtungsgrenze gab, wurden Kandelaber herabgelassen, deren Kerzen während der Aktpausen geschneuzt werden mußten. Auch kann man in der Illustration zu *The Wits* Öllampen um die Plattform herum erkennen, die ein Rampenlicht ergaben, im Blackfriars, wenn überhaupt, nur vor der Bühne. Trotz dieser andersartigen äußeren Voraussetzungen (Ausstattung, Raumgröße, Licht und in begrenzterem Maße die Akustik) nimmt man für die privaten Theater keinen wesentlich anderen Schauspielstil der Erwachsenentruppen an.

Als Hauptergebnis der bisherigen Untersuchungen kann gelten, daß die Bühnen der öffentlichen und privaten Theater die Krönung einer Entwicklung darstellen, die trotz Einbeziehung einiger Formelemente der Renaissance bis tief ins Mittelalter zurückreicht. Von einem zukunftsweisenden Neuansatz etwa in Gestalt der »Innenbühne« kann nicht mehr die Rede sein.

G.E. BENTLEY, »Sh. and the Blackfriars Theatre«, *ShS*, 1 (1948). – A. HARBAGE, *Sh. and the Rival Traditions*, New York, 1952. – W.A. ARMSTRONG, *The Elizabethan Private Theatres: Facts and Problems*, London, 1958. – I. SMITH, *Sh.'s Blackfriars Playhouse*, New York, 1964. – T.J. KING, »The Staging of Plays at The Phoenix in Drury Lane 1617–42«, *TN*, 19 (1965). – H. BERRY, »The Stage and Boxes at Blackfriars«, *SP*, 63 (1966). – R. HOSLEY, «A Reconstruction of the Second Blackfriars«, in: *The Elizabethan Theatre*, ed. D. Galloway, Oshawa, Ontario, 1969. – J. A. LAVIN, »Sh. and the Second Blackfriars«, in: *The Elizabethan Theatre III*, ed. D. Galloway, London, 1973. – R. HOSLEY, »Three Renaissance English Indoor Playhouses«, *English Literary Renaissance*, 3 (1973).

7. Die Hofbühne

Die Auswirkungen der Illusionsbühne am Hofe der Stuarts auf Shakespeares Werk und den Aufführungsstil seiner Truppe sind eher peripär. Jedoch rechtfertigen einige Verbindungslinien einen kurzen Überblick, der das Gesamtbild vervollständigt.

Aufführungen bei Hofe unter ELISABETH unterscheiden sich nicht wesentlich von denen der privaten Theater. Kennzeichnend ist die Verwendung von bis zu einem halben Dutzend »mansions«, die dem Simultanprinzip gehorchend auf einer Plattform oder bei Maskenspielen mit Tanz über das gesamte Parkett verteilt waren, während die Zuschauer auf Gerüsten an den Wänden saßen. Eine perspektivische Anordnung nach Art der Guckkastenbühne ist noch nicht nachweisbar. Jedoch beteiligte man sich auch in England an der von Italien ausgehenden Diskussion über die für klassische Stücke und ihre modernen Nachahmungen geeignete Bühne. In der Praxis fand man den Anschluß in einem recht fortgeschrittenen Stadium durch Inigo JONES, den weitgereisten Hofarchitekten der Stuarts, der den Errungenschaften der höfischen Renaissancebühne zum vollen Durchbruch verhalf.

Besonders für die Maskenspiele, deren allegorisch-opernhafte Wirkung schon immer stark auf optischen Effekten beruht hatte, entwarf er eine Bühne nach dem Vorbild der italienischen Höfe mit Proszeniumsrahmen, Bühnenvorhang, beweglichen Seitenkulissen, Tiefenprospekt und einer Maschinerie, die einen raschen, traumgleichen Szenenwechsel erlaubte. Das epochemachende Ereignis ist *The Mask of Blackness* von 1604/05. Als Darsteller traten durchweg Amateure auf, unter ihnen zuweilen das Königspaar selbst. Einige Anzeichen sprechen dafür, daß Shakespeares *Tempest* und einige andere seiner späten Stücke auf einer solchen Bühne zur Aufführung gelangten. Die Maskenspieleinlagen gelten als deutlicher Hinweis, obschon sie sich auch auf der traditionellen Bühne realisieren ließen.

Sehr rasch löste sich die Hofbühne zum Leidwesen einiger Autoren wie Ben JONSON von der Sprechbühne der Schauspieler und Dichter zugunsten einer Architekten-, Maler- und Musikerbühne, für die die Autoren letztlich nur noch Libretti beisteuerten. Der Nachdruck lag ähnlich wie in der Malerei der Zeit auf der prunkvollen Schaustellung zur Verherrlichung von Fürstlichkeiten. Jedoch haben diese und spätere Entwicklungen im 19. Jahrhundert allzu sehr den Eindruck aufkommen lassen, daß die elisabethanische Volksbühne im Gegensatz hierzu kahl, nüchtern und eine reine Sprechbühne war.

E. WELSFORD, *The Court Masque*, Cambridge, 1927, repr. New York, 1962. – A. NICOLL, *Stuart Masques and the Renaissance Stage*, London, 1938, repr. New York, 1963. – A. NICOLL, »Sh. and the Court Masque«, *SJ*, 94 (1958). – S. ORGEL, R. STRONG, *Inigo Jones: The Theatre of the Stuart Court*, Berkeley, 1973.

8. Die Ausstattung der Bühnen

Die Schaulust der Elisabethaner wollte nicht nur in den bereits erwähnten Festumzügen befriedigt werden, sondern auch im Theater – eine Einsicht, der sich die Forschung lange verschlossen hat. Die Unterschiede zwischen den drei geschilderten Theatertypen bestanden lediglich in der Üppigkeit und Größe der verwendeten Objekte. Abgesehen von den Kostümen war die Ausrüstung der öffentlichen und privaten Theater bereits unter ELISABETH bei Hofe nicht mehr akzeptabel und mußte eigens vom »Revels Office« neu erstellt werden. Die Grundform und die Verwendungsart der benötigten Versatzstücke und der übrigen Requisiten änderte sich gegenüber der mittelalterlichen Bühne bis ins frühe 17. Jahrhundert nicht wesentlich. Die dramatische Dichtung konnte zwar, wollte aber nicht eine Szene lediglich durch das gesprochene Wort evozieren. Gemäß der Tradition und den Erwartungen des Publikums bezog sich die Sprache, wo immer es anging, auf den sichtbaren Gegenstand, um sich zu konkretisieren und anschaulich zu entfalten. Die viel zitierte Klage des Prologs zu *Henry V* sollte nicht als Hinweis auf die besonderen Unzulänglichkeiten der elisabethanischen Bühne verstanden werden, sie geht weit über die Möglichkeiten eines technisch noch so perfekten Theaters hinaus und impliziert Wunschvorstellungen, denen erst der Film entgegenzukommen vermochte – was im Falle dieses Stücks ja auch geschah.

a) Emblematik

Die verwendeten Ausstattungsgegenstände bezweckten weniger die Wiedergabe der optischen Realität als vielmehr einen Hinweis nach Art eines Emblems. Proportionsverhältnisse wie etwa die zwischen einem Baum und einer Burg wurden außer Acht gelassen, ganz wie in der älteren Malerei, die sich auch unrealistischer Hinweiszeichen bedient hatte. So konnte eine künstliche Laube für einen Garten oder für das Paradies stehen, je nachdem wie der gesprochene Text sie interpretierte. All das geschah in einer Zwischenzone zwischen konkreter Besonderheit und allgemeiner Gleichnishaftigkeit. Sogar die Bühnenanlage als Ganzes konnte in dieser Weise als Emblem gedeutet werden, mit »Himmel«, »Hölle« und der Plattform als irdischer Welt dazwischen, wie die Stücke nicht müde werden zu betonen.

Dank der dadurch geförderten Aktivität der Einbildungskraft konnte ein einfacher Gegenstand wie im Spiel eines Kindes eine weit entgrenzte Bedeutungsdimension annehmen. Die Embleme sollten jedoch nicht nur die Phantasie anregen, sondern auch das Auge erfreuen. Allerdings ging man nicht so weit, daß man sie zu einer homogenen Landschaft vereinte und sie ihrer Symbolik entkleidete.

b) Die Versatzstücke

Abgesehen von den bereits beschriebenen Dauereinrichtungen wie dem rückwärtigen Vorhang und dem »discovery space« werden in den Aufstellungen der mittelalterlichen Gilden ebenso wie in denen des »Master of the Revels« und HENSLOWES einige größere Standardversatzstücke immer wieder aufgeführt: Berge, Stadttore, Burgen, Höhlen, Lauben, Denkmäler, Brunnen, Bäume, Zelte; daneben gelegentlich Schiffe und einiges andere mehr. HENSLOWES Diary bezieht sie zuweilen auf bestimmte Dramen. Er war offenbar bedacht, sie für jeden neuen Zweck funktionell und dekorativ zu variieren, wobei Sparsamkeitserwägungen durchaus eine entscheidende Rolle gespielt haben. Der »Berg« konnte durch Zutaten leicht in eine üppige Insel oder eine öde Felslandschaft verwandelt werden.

Eines der größeren Versatzstücke war ein Gerüst mit vier oder fünf Stufen, das etwa als Rednerpodium in Julius Caesar (III, ii, 11) dienen konnte oder für manche Stücke auch als Schafott geeignet war. Es wird vermutet, daß eins oder mehrere dieser größeren Gebilde bereits zu Beginn der Aufführung hinten auf der Plattform im Schutz des Daches aufgebaut waren. Lediglich für den Thron, der stets in die Mitte der Bühne gehörte und der, wenn nicht benötigt, ein Hindernis darstellte, wurde ein möglichst reibungsloser Wechsel mit Hilfe der Hebemaschine bewirkt. Ansonsten bedeutete ein Dekorationswechsel auf offener Bühne eine erhebliche Störung für den raschen Spielablauf. Lediglich bei kleineren Gegenständen wie Tischen und Stühlen war ein Auf- und Abtragen durch Bedienstete üblich. Wenn hingegen Zelte während der Aufführung aufgestellt wurden, so geschah dies als Teil der dramatischen Aktion wie etwa in *Richard III* (V, iii, 7), wo auch das Simultanprinzip in der Gegenüberstellung der beiden weit auseinander liegenden Heerlager sehr deutlich Anwendung findet. Nach dem gleichen Prinzip konnten dann die größeren Versatzstücke jeweils aktiviert werden und wieder in Vergessenheit geraten.

Kleinere Objekte wie Grabmäler, Statuen und Schatztruhen wurden ähnlich wie Personen durch »discovery« plötzlich in den Blick gerückt. Auch erlaubten bemalte Tücher wie Henslowes »cloth of the sun and moon« rasche Veränderungen. Es ist nicht ganz klar, ob seine »City of Rome« ein ebensolches Vorhangstuch oder ein dreidimensionales Festungsgebilde war. Fahnen und Wappen waren ebenfalls geeignet, die Bühne, eine Tür oder ein Versatzstück näher zu bestimmen oder zu modifizieren in einer Zeit, in der die Heraldik noch ein für jedermann verständliches Idiom war.

c) Kleinere Requisiten

Auf der Provinztour mußten sich die Schauspieler mit wenigen, bescheidenen Gegenständen begnügen, oftmals nur mit einem Zelt sowie Tischen und Stühlen, die ohnehin überall verfügbar waren. Einen Eindruck von den dabei entstehenden Schwierigkeiten vermitteln die Handwerker in *A Midsummer Night's Dream* (III, i, 54 ff.), die eine Wand benötigen. Die Wandertruppe in Hamlets Elsinore braucht für ihre Gartenszene lediglich eine Blumenbank (III, ii, 130–132) und vielleicht zur Ausschmückung ein paar Bäume.

Besondere Bedeutung erlangen Handrequisiten wie Spiegel, Dolche und Kronen, die bei Shakespeare in der Hand des Sprechers oft zu zentralen Symbolträgern werden. Ebenfalls von großer Suggestivkraft waren Kerzen, Laternen und Fackeln, mit deren Hilfe bei hellichtem Tage Nachtszenen evoziert wurden.

Das Eindringen in Schlafgemächer, Grüfte und nächtliche Gärten wurde durch sie lebhaft untermalt. So dürfte der Schockeffekt von Polonius' Ausruf »Lights, lights, lights« (*Hamlet* III, ii, 264) innerhalb dieser Konvention ebenso stark gewesen sein wie auf einer verdunkelten modernen Bühne. Einigen Autoren war offenbar die Schwierigkeit, die Illusion des Nächtlichen zu erzeugen, eher ein Anreiz, alle Mittel der Sprache und der Schauspielkunst aufzubieten, wie es etwa Shakespeare in *Macbeth* tut.

d) Szenenlokalisierung

Es wird oft übersehen, daß trotz allen erwiesenen Bühnenaufwandes lediglich 20% der von Shakespeare für das Globe geschriebenen Dramen in einigen Szenen eindeutig Versatzstücke benötigen und im übrigen mit einer völlig leeren Plattform auskommen könnten. In nur 5% dieser Stücke wird eine Lokalisierung speziell durch solche Mittel erreicht. In allen übrigen Fällen wird diese Information, sofern sie überhaupt notwendig ist, vermittelt durch direkte Ankündigung (Prologsprecher, Personen), durch Assoziation einer Figur mit einem bestimmten Ort (etwa die »Countess« mit Rousillon in *All's Well*) oder durch indirekte Vorausdeutung in vorangegangenen Szenen.

Die Verwendung von Ortsschildern (»locality boards«) war durchaus noch üblich, obschon es Klassizisten wie Sir Philip SIDNEY ein Dorn im Auge sein mußte, auf der einen Bühnentür »Afrika« und auf der anderen »Asien« geschrieben zu sehen. Bei einer Aufführung mit »mansions«, wie sie etwa *The Comedy of Errors* 1594 in der Juristenschule Gray's Inn erlebte, dürften die vier benötigten Lokalitäten nach Art der Terenz- und Plautus-Inszenierungen gleichzeitig auf der Bühne vorhanden gewesen und durch Schilder differenziert worden sein. Beschriftungen dieser Art war man ja auch bei Werken der bildenden Kunst, vor allem auf Triumphbögen und Denkmälern gewohnt.

Während Shakespeare in den für das öffentliche Theater geschriebenen Stücken einen vergleichsweise geringen technischen Aufwand beansprucht, aktivieren Zeitgenossen wie Ben JONSON mit geradezu spielerischer Freude die gesamte Bühnenanlage einschließlich des Zuschauerraums.

e) Kostüme

Das Prinzip des emblematischen Hinweises galt nur begrenzt für die Kostüme. Hier erwartete man eine reale, möglichst opulente Ausrüstung, deren Qualität die Zuschauer aus unmittelbarer Nähe beurteilen und mit dem in der zeitgenössischen Gesellschaft Üblichen vergleichen konnten. Nachahmungen kostbarer Stoffe, Metalle und Juwelen wurden nicht geduldet. Zahlreich sind die Klagen der Puritaner und die bewundernden Kommentare ausländischer Besucher über den einzigartigen Prachtaufwand. Laut *Diary* zahlte HENSLOWE oftmals mehr für ein einziges Gewand als für ein neues Theaterstück. Überdies gelangten Kleidungsstücke, die Adlige ihren Dienern vermacht hatten, die diese aber nicht tragen durften, gegen ein geringes Entgeld in die Hände der Schauspieler. Der Wert einer solchen Kostümsammlung konnte durchaus größer sein als der des Theatergebäudes selbst.

Ausgangsbasis für jede Kostümausstattung war vom Mittelalter bis ins 18. Jahrhundert die zeitgenössische Mode. Jedoch begann man in der Renaissance zu Grundbestandteilen wie Wams, Pluderhose und Umhang Zutaten hinzuzufügen, um etwa Römer oder Orientalen zu kennzeichnen. Eine zeitgenössische Illustration zu Shakespeares *Titus Andronicus* von 1595 läßt den Versuch einer Stilisierung gemäß den Vorstellungen vom Aussehen der Römer erkennen. Historische Genauigkeit wurde nicht angestrebt. Vor allem kam es auf die soziale Rangabstufung der Figuren an, die mit den derzeitigen Mitteln durchaus zu erreichen war. Ebenso ließen sich Kontraste herausarbeiten wie der zwischen den prunkvoll gekleideten venezianischen Kaufleuten und der farblos-schlichten jüdischen Gemeinde im *Merchant of Venice* oder auch der Gegensatz zwischen den farbenprächtigen Ägyptern und den spartanisch anmutenden Römern in *Antony and Cleopatra*. Für Götter und andere übernatürliche Wesen hatten schon immer feste Konventionen bestanden, vergleichbar denen in der Malerei. Tarnkappen, Zaubermäntel und einige Berufsgewänder gehörten zum ständigen Inventar. Zeitgenössische Italiener und Franzosen wurden gekennzeichnet durch vertraute und meist übertriebene modische Attribute.

L.B. CAMPBELL, *Scenes and Machines on the English Stage during the Renaissance*, Cambridge, 1923. – M.C. LINTHICUM, *Costume in the Drama of Sh. and his Contemporaries*, Oxford, 1936. – F.M. KELLY, *Shakespearian Costume*, London, 1938, rev. ed. by A. Mansfield, London, 1970. – G. KERNODLE, *From Art to Theatre: Form and Convention in the Renaissance*, Chicago, 1944. – W. SMITH, »Evidence of Scaffolding on Sh.'s Stage«, *RES*, n.s. 2 (1951). – A.S. VENEZKY (A. V. GRIFFIN), *Pageantry on the Shakespearean Stage*, New York, 1951, repr. 1972. – G. WICKHAM, *Early English Stages 1300 to 1660*, Vol. II: 1576–1660, Part I, London, 1963, Book II, Vol. II, Part II, London, 1972, Book IV. – C. LEECH, »The Function of Locality in the Plays of Sh. and His Contemporaries«, in: *The Elizabethan Theatre*, ed. D. Galloway, Oshawa, Ontario, 1969. – T. J. KING, *Shakespearean Staging, 1599–1642*, Cambridge, Mass., 1971. – W. HABICHT, »Tree Properties and Tree Scenes in Elizabethan Theater«, *RenD*, 4 (1971). – B. SALOMON, »Visual and Aural Signs in the Performed English Renaissance Play«, *RenD*, 5 (1972). – A. C. DESSEN, *Elizabethan Drama and the Viewer's Eye*, Chapel Hill, 1977.

9. Die Schauspieler

a) Die Entstehung der Berufsschauspielertruppen

Die Geschichte des elisabethanischen Theaters ist weniger bestimmt durch die jeweiligen Aufführungsstätten als durch das wechselvolle Geschick einiger führender Schauspielertruppen. Allmählich entwickelte sich im Laufe des 16. Jahrhunderts, und zwar durchaus auf Kosten des Laienspiels, ein berufsmäßiger Schauspielerstand, der ein großes Reservoir an Talenten ausschöpfte: Angehörige der Mönchs- und Domchöre, die gelegentlich in geistlichen Spielen aufgetreten waren und nach der Auflösung der Klöster einen neuen Lebensunterhalt suchen mußten; Mitglieder der Handwerksgilden, denen das Theaterspielen nach der Reformation zunehmend erschwert wurde; rustikale Possenreißer, die an den Festtagen des Bauernjahres auftraten; wandernde Akrobaten, Tänzer, Musikanten und Schausteller; schließlich die Scharen von Arbeitslosen, die nach der Einfriedung der Großgüter und dem Verlust des Gemeindelandes als »Vagabunden« das Land durchzogen.

Berufsschauspieler hatten bereits hier und da bei den Mysterien- und Moralitätenspielen des späten Mittelalters mitgewirkt. Einen beinahe professionellen Status besaßen auch einige Truppen von »Interlude Players« im Dienste der Könige und des Hochadels. Heinrich VII. unterhielt vier, Heinrich VIII. acht Dar-

steller mit festem Gehalt. Königin ELISABETH bevorzugte zunächst die Kindertruppen, jedoch wurde 1583 mit den besten
Schauspielern aus den führenden Erwachsenentruppen die Gesellschaft der Queen's Men gebildet. Vorausgegangen war im
Jahre 1574 als zukunftsweisendes Ereignis die Verleihung eines
königlichen Patents an die Truppe ihres Günstlings, des Earl of
LEICESTER. Nach einem Gesetz von 1572 durften nur solche
Schauspieler überall in England einschließlich der Stadt London
auftreten, die als Diener einem Mitglied des Hochadels angehörten und diesen Status durch eine königliche Erlaubnis nachweisen konnten. Nur so waren sie vor den strengen Antivaga-
bundengesetzen geschützt, die jetzt auch die zahlreichen Provinztruppen der »Gentlemen« trafen.

    Diese Einrichtung war für Herren wie Diener gleichermaßen
von Vorteil. Die Schirmherren brauchten lediglich einen geringfügigen Grundlohn oder überhaupt nichts zu zahlen, da die
Schauspieler vom Erlös ihrer öffentlichen Auftritte leben konnten
und gleichzeitig ständig in Übung waren, so daß sie bei Hofe und
in den Adelsschlössern stets ein stattliches Repertoire vorweisen
konnten. Für derartige Aufführungen erhielten sie jeweils eine
wenn auch bescheidene Bezahlung. Wichtiger für sie war der
gesellschaftliche Schutz, das Prestige der Livrée, die sie tragen
durften, und die gelegentliche Unterstützung in Notzeiten.
Gegen Ende des Jahrhunderts hatte sich ihre Stellung derart verbessert, daß aus den sozialen Außenseitern Bürger im Rang gut
situierter Handwerksleute oder gar Patrizier mit Titeln, Ehren-
ämtern und teilweise beträchtlichem Vermögen geworden
waren. Am angesehensten waren die Truppen, die dem Hofe
nahestanden. Dieser übernahm nach dem Regierungsantritt
JAKOBS I. die volle Schirmherrschaft über das gesamte Theater-
wesen. Lediglich drei Truppen blieb es erlaubt, im ganzen Lande
aufzutreten. Der Hochadel verlor sein altes Privileg (1604).

b) Die führenden Theatertruppen

    Die Geschichte der Truppen bietet ein verwirrendes Bild zu-
mal vor 1574, als Dutzende von ihnen das Land durchzogen,

sich ständig neu formierten und wieder auflösten. Auch später
herrscht nicht immer Klarheit, wenn etwa in Pestzeiten (z.B.
1592–94) manche sich auflösten oder sich mit anderen vereinigten, die Schirmherrschaft wechselte und manche Schauspieler
zur Konkurrenz übergingen.

In diesem Gewirr zeichnen sich jedoch einige Truppen ab, die
entweder allein oder im Wettstreit untereinander das Theaterleben bestimmten: a) Leicester's Men, die bereits zwischen 1550
und 1570 aktiv waren und ab 1576 ihren Hauptsitz im Theatre
hatten. Sie wurden schließlich überrundet von b) Queen Elizabeth's Men, die aufgrund ihrer Privilegien und der getroffenen
Auswahl bis in die frühen neunziger Jahre beherrschend waren.
Sie spielten bei Hofe und in einigen Londoner Wirtshäusern. In
der Königlichen Gunst wurden sie später verdrängt durch c)
Derby's (Lord Strange's) Men. Diese sind bereits in den sechziger
Jahren belegt. Nach dem Tod des Earl of DERBY (1594) fanden
sie in Henry HUNSDON, dem Lord Chamberlain, einen neuen
Schirmherrn und in James BURBAGES Theatre ihren Hauptsitz.
Im gleichen Jahr schlossen sich der Truppe Richard BURBAGE und
Shakespeare an, die sie zur erfolgreichsten der Zeit machten.
Ihre einzige Konkurrentin in der Hof- und Volksgunst war
d) die Truppe der Admiral's Men, über die wir durch HENSLOWE
am genauesten informiert sind. Ihr Schirmherr war der Earl of
NOTTINGHAM, ab 1585 Lord High Admiral. Vorläufer sind
bereits in den siebziger Jahren nachweisbar. Während der Pest-
zeit von 1592–94 taten sie sich mit Derby's Men zusammen,
trennten sich jedoch wieder und wurden unter Edward ALLEYNs
künstlerischer und HENSLOWES organisatorischer Leitung ein
großer Erfolg. Ab 1597 waren laut Beschluß des Privy Council
nur noch die Truppen des Lord Chamberlain und des Lord
Admiral in London legalisiert. Hinzukommen noch als führende
Provinztruppe Worcester's Men. Ab 1603 erscheinen diese drei
Truppen unter neuem Namen als Diener der königlichen
Familie und mit der alleinigen Berechtigung, in London aufzutreten. The King's Men (ehem. Chamberlain's) spielen im Globe
und später im Blackfriars, Prince Henry's Men (ehem. Admiral's)
im Fortune und Queen Ann's Men (ehem. Worcester's) im
Curtain.

c) Die Organisation der Truppen

Bereits in der Zeit HEINRICHS VIII. war unter den Schauspielern ein Teilhabersystem üblich. Das Gesamtkapital war aufgeteilt in Anteile, von denen jedes Mitglied einen, zuweilen auch mehrere oder auch nur einen Bruchteil besaß. In dem jeweiligen Verhältnis war er an den Ausgaben und Einnahmen beteiligt. Er konnte seine Anteile veräußern oder vererben, auch an Nichtschauspieler, was gelegentlich zu Spannungen und Rechtsstreitigkeiten geführt hat. Die Gesamtzahl der Anteile belief sich meist auf zehn. Einer der Teilhaber fungierte als Geschäftsführer. Im Falle der Chamberlain's Company war es John HEMINGE, der Mitherausgeber des Folio von 1623.

Die Teilhaber stellten zusätzlich Hilfskräfte (hired men) im Lohnverhältnis ein. Diese waren Schauspieler (meist für Nebenrollen), außerdem Souffleure, Bühnenarbeiter, Garderobiere und Kassierer, die alle auch als Statisten eingesetzt werden konnten. Einige von ihnen wurden im Laufe der Zeit zu Teilhabern. Überdies heuerten die Truppen, manchmal nicht ohne Zwang, Knaben an, die die Rollen der jüngeren Frauen übernahmen und je einem Schauspieler als Lehrlinge zugeteilt waren. Diese Regelungen entsprachen durchaus dem, was in den Handwerkerzünften üblich war. Die Gesamtzahl der auftretenden Mitglieder einer Truppe belief sich um 1600 auf ungefähr 15; später stieg sie zuweilen auf über 30.

Die Entstehung der festen Theaterbauten ab 1576 brachte insofern eine Änderung, als ein erheblicher Anteil der Einnahmen (durchweg die Hälfte des Eintrittsgeldes aus den Galerien) als Miete den Hauseigentümern zufloß. Diese waren, wie aus den Verträgen des Philip HENSLOWE hervorgeht, für die Erhaltung des Gebäudes, die Bezahlung der Kassierer und die Beschaffung der Lizenzen verantwortlich. Zunehmend gewannen die Spekulanten Einfluß auf das gesamte Finanzwesen ihrer Truppen. HENSLOWE stellte schließlich sogar selbst Schauspieler ein. Seine Politik war es, sie alle zu seinen Schuldnern zu machen und sie dadurch umso mehr unter seiner Kontrolle zu haben. Dank seines Einflusses bei Hofe gelang es ihm im Jahre 1604, die beiden von ihm finanzierten Truppen (Admiral's und Worcester's) in die neue Ära zu retten.

Weitaus freier und im ganzen harmonischer war die Organisation von Shakespeares Truppe. Beim Bau des Globe behielten die beiden BURBAGE-Brüder als Kapitaleigner die Hälfte der Hausanteile. Die übrigen fünf überließen sie fünf Schauspielern zur Erwerbung, unter ihnen Shakespeare. Sieben Teilhaber hatte später auch das Blackfriars. ALLEYN erreichte schließlich eine ähnliche Regelung für die Admiral's Men. Sie hatte sich als vorbildlich und dauerhaft erwiesen, da sie den Schauspielern ein Höchstmaß an Unabhängigkeit und Selbständigkeit sicherte. Die erhaltenen Testamente lassen darauf schließen, daß zumal bei den Chamberlain's Men freundschaftlich-herzliche Beziehungen bestanden, die durch Heiraten und nachbarliches Wohnen noch gefördert wurden.

Die finanzielle Situation Shakespeares war insofern besonders günstig und selbst im Vergleich zu anderen Schauspieler-Dramatikern einzigartig, als er seine Einkünfte aus drei Quellen kumulierte: als Hausmiteigentümer, als Teilhaber am beweglichen Kapital seiner Truppe und als Autor, der die erfolgreichen Texte beisteuerte. Er blieb damit vor dem traurigen Los der meisten Stückeschreiber der Zeit bewahrt, die gegen ein vergleichsweise geringes Honorar und ohne sonderlichen Prestigegewinn als Dichter in ständiger Abhängigkeit von Investoren und selbständigen Truppen neue Dramen oder Überarbeitungen schnell und durchweg in Gemeinschaftsarbeit liefern mußten. Die Chamberlain's Men konnten freilich ihren Bedarf an Stücken nicht allein mit Shakespeares Beiträgen decken. Besonders für das exklusive Blackfriars sicherten sie sich die Mitarbeit anspruchsvoller Autoren wie Ben JONSON oder standesgemäßer Vertreter wie der »Gentlemen« BEAUMONT und FLETCHER.

d) Die Kindertruppen

Bis zum Jahre 1608, als Shakespeares Truppe das Blackfriars übernahm, waren in den privaten Theatern nur Kinder aufgetreten. Ihre Truppen hatten sich bereits seit dem frühen 16. Jahrhundert aus den Chorsängern der königlichen Kapelle (Children of the Chapel und Children of Windsor) und der Lateinschule der St.-Pauls-Kathedrale gebildet. Sie unterstanden einem oder mehreren Leitern, die für ihre Ausbildung in den Sprachen, im Gesang und in der Schauspielkunst verantwortlich waren und öffentliche Aufführungen in eigener finanzieller Regie organisierten. Ihre Konkurrenz für die Erwachsenentruppen war zeitweilig bedrohlich. Wie der recht erbitterte Hinweis von Rosencrantz (*Hamlet* II, ii, 334 ff.) zeigt, blieb selbst das Globe nicht verschont.

Das Spiel der Kinder galt als verfeinerter, gesellschaftlich gehobener, durch zahlreiche Sing- und Tanzeinlagen ansprechender und nicht zuletzt als intellektuell pointierter, da die jugendlichen Darsteller vor allem für Parodie, Polemik und Satire ein natürliches Talent mitbrachten. Das klassizistische Drama gelehrter Experimentatoren wie John LYLY und Ben JONSON fand in den humanistisch geschulten Knaben die geeigneten Darsteller. Manche von ihnen waren jahrelang die gefeierten Lieblinge des Publikums.

Der Höhepunkt der Rivalität zwischen den Knabentruppen und den »common players« des Volkstheaters fällt in die Zeit von 1599 bis 1608, als sich Richard BURBAGE durch Vermietung des Blackfriars an die Children of the Chapel (ab 1603: Children of the Queen's Revels) eine ungeahnte Konkurrenz schaffte. Als einzigen Gewinn konnten die Erwachsenentruppen buchen, daß sich einige der besten Schauspieler-Sänger nach Beendigung ihrer Chorknabenkarriere ihnen anschlossen.

J.T. MURRAY, *English Dramatic Companies 1558–1642*, 2 vols., 1910, reiss. New York, 1963. – E.K. CHAMBERS, *The Elizabethan Stage*, Oxford, 1923, Vol. II, Book III. – H.N. HILLEBRAND, *The Child Actors*, Urbana, Illinois, 1926. – T.W. BALDWIN, *The Organization and Personnel of the Shakespearean Company*, New York, 1927. – G.E. BENTLEY, *The Jacobean and Caroline Stage*, Oxford, 1941, Vols. I–II. – M.C. BRADBROOK, *The Rise of the Common Player*, London, 1962. – R.A. FOAKES, »Tragedy at the Children's Theatres After 1600: A Challenge to the Adult Stage«, in: *The Elizabethan Theatre II*, ed. D. Galloway, London, 1970. – G.M. PINCISS, »The Queen's Men, c. 1583–1592«, *Theatre Survey*, 11 (1970). – M. HOLMES, *Sh. and His Players*, New York, 1972. – G. BOWEN, »Worcester's, Oxford's and the Admiral's«, *Shakespearean Authorship Review*, 29 (1974). – M. EDMOND, »Pembroke's Men«, *RES*, 25 (1974). – G.M. PINCISS, »Sh., Her Majesty's Players and Pembroke's Men«, *ShS*, 27 (1974). – M. SHAPIRO, *Children of the Revels*, New York, 1977.

10. DIE AUFFÜHRUNGSPRAXIS

a) Aufführungszeit und -dauer

In der ersten Hälfte des 16. Jahrhunderts fanden Theateraufführungen durchweg nur an Festtagen statt, seit der Entwicklung
des Berufsschauspielertums in der zweiten Hälfte vornehmlich
an Werktagen während des ganzes Jahres. Es ergingen Verbote,
am »Sabbat« und während der Fastenzeit zu spielen, doch wurden
diese nicht immer befolgt und erst nach 1600 entschiedener durchgesetzt. Die eigentliche Theatersaison wurde vom Hof bestimmt.
Dort war die Hauptspielzeit unter ELISABETH von Weihnachten
bis Epiphanias mit durchschnittlich sechs bis zehn Aufführungen.
Unter JAKOB I. begann die Saison bereits im November und erstreckte sich mit Unterbrechungen bis Ostern. Für die Saison von
1609/10 sind 23 Aufführungen einschließlich der Wiederholungen belegt. Im Herbst legten die führenden Truppen dem Master
of the Revels ihr Programm vor, das meist unmittelbar dem
Repertoire der öffentlichen Theater entnommen war. Sie gaben
eine Probeaufführung und machten Angaben über die benötigten
Requisiten, die das Office of the Works bereitstellte. Entgegen
früherer Auffassung nimmt man heute, abgesehen von Äußerlichkeiten, keinen eigenen Hofstil der Berufsschauspieler mehr an.

In den öffentlichen Theatern begannen die Aufführungen
nachmittags um zwei Uhr und dauerten mehreren Quellen zufolge normalerweise zwischen zwei und drei Stunden. Manche
Stücke (etwa *Hamlet*) dürften auch drei bis vier beansprucht
haben oder entsprechend drastisch gekürzt worden sein. So erklärt sich der Längenunterschied beispielsweise zwischen dem
»bad Quarto« von *Henry V* (1600) und dem Foliotext von 1623.

Der Beginn der Vorstellung wurde angezeigt durch drei
Trompetenstöße (soundings), die in einigen Abständen erfolgten.
Nach dem dritten Zeichen trat, sofern vom Text gefordert, der
Prologsprecher in traditioneller Gewandung auf. Während in
den öffentlichen Theatern wahrscheinlich ohne Pause durchge-
spielt wurde, war in den Privattheatern Zwischenaktmusik
üblich, eine besondere Stärke der Kindertruppen mit ihrer langen
Musiktradition. Nach der Bitte des Epilogsprechers um Nach-

sicht und Beifall folgte in allen Theatern und selbst nach Tragödien ein Tanz (jig), den einige besonders dafür talentierte Schauspieler vorführten. Im frühen 17. Jahrhundert erfreuten sich
Musik- und Tanzeinlagen auch innerhalb der Stücke selbst (z. B.
in *The Winter's Tale*, *The Tempest*) wachsender Beliebtheit.

b) Die Probenarbeit

Einen Regisseur im modernen Sinne gab es nicht. Der Spielleiter (book-keeper, prompter) war nur mit geringer Autorität
ausgestattet. Ihm oblag es, das Manuskript des Autors (foul
papers) im Rahmen der vorhandenen Möglichkeiten zu bearbeiten, diese Fassung (book) vom Master of the Revels genehmigen
zu lassen (allowed book) und sie durch zusätzliche Regieanweisungen (vor allem die Vorbereitung der Auftritte) für seine Aufgabe als Souffleur praktikabel zu gestalten. Sein Standort während der Vorstellung war nicht wie im Mittelalter auf der Bühne,
sondern im »tiring-house« hinter einer der Türen oder einem der
Vorhänge. Überdies fertigte er für jeden Darsteller eine »Rolle«
(part) im buchstäblichen Sinne an mit den entsprechenden
Stichwörtern (meist nur zwei oder drei) und einigen Regieanweisungen. Das überlieferte Beispiel (ALLEYNS »part« in *Orlando
Furioso*) ist 17 Fuß lang und aus schmalen Blättern zusammenge-
klebt. Den vollständigen Text bekamen die Schauspieler, zumal
die angestellten, durchweg nicht in die Hand, es sei denn, es
wurde nach einem bereits gedruckten Text gespielt. Die Gefahr,
einen wertvollen Erfolgstext an eine andere Truppe oder an
einen Verleger zu verlieren, war zu groß. Im Bühnenhaus hing
außerdem zur raschen Orientierung für alle Beteiligten gut
sichtbar das »plot«, eine Synopsis der Auftritte und Abgänge.

Aus Schauspielerszenen wie *Midsummer Night's Dream* I, ii
geht hervor, daß die Rollen erst auswendig gelernt und dann
gemeinsam eingeübt wurden, nachdem der Autor das Ganze einmal vorgetragen hatte. Das Resultat dieser Probenarbeit war
eine ausgesprochene Gemeinschaftsleistung der gleichberechtig-
ten Schauspieler-Teilhaber. Die gute gegenseitige Kenntnis der
Chamberlain's Men und die verbürgte persönliche Harmonie
dürften die Arbeit außerordentlich erleichtert haben.

Nicht selten geschah es, daß die Autoren, zumal wenn sie selbst Schauspieler waren, ihre eigenen Stücke einzustudieren halfen. Von Ben JONSON heißt es, er sei zwar kein guter Schauspieler, aber ein umso besserer Lehrmeister gewesen. Manche Zeitgenossen führen die Qualität der Darbietungen nicht zuletzt auf diese Unterweisungen zurück. Offenbar bildeten sich dabei eigene Lehrtraditionen heraus. So bemerkt John DOWNES (ca. 1640 bis ca. 1710) in *Roscius Anglicanus* (1708), Thomas BETTERTON habe in der Restaurationszeit den Henry VIII unter Anleitung von Sir William DAVENANT gespielt, der seinerseits die Rolle von John LOWIN gelernt habe, welcher wiederum von Shakespeare selbst unterwiesen worden sei. Daß letzterer auf die Inszenierung seiner Stücke entscheidenden persönlichen Einfluß nahm, geht allein schon aus der Tatsache hervor, daß die Regieanweisungen in den Texten weitaus ausführlicher werden, nachdem er sich vom Theater nach Stratford zurückgezogen hatte.

c) Die Rollenbesetzung

Die Verzeichnisse der Darsteller, die manchen Textausgaben beigegeben wurden, sind durchweg nicht und im Falle Shakespeares nie auf die »dramatis personae« bezogen. Sie zählen lediglich die »principal comedians« und »principal tragedians« auf. Das hat zu weitreichenden Spekulationen über die jeweiligen Besetzungen Anlaß gegeben.

Eine gewisse Klarheit herrscht über die zahlenmäßigen Verhältnisse. Während in den Anfängen die kleinen Wandertruppen mit einem halben Dutzend oder weniger Schauspielern fünf oder mehr Rollen auf den einzelnen verteilen und eine entsprechende Vielseitigkeit entwickeln mußten, ist die Rollenkumulation gegen Ende des Jahrhunderts mehr auf die Nebenfiguren beschränkt. Die Standardgröße der Truppen, auf die Shakespeare oder JONSON ihre Stücke zuschnitten, war 16 Mitglieder (12 Männer und 4 Knaben). Thomas PLATTER spricht von 15 Darstellern bei einer Aufführung des *Julius Caesar*, der laut Folio 45 Sprechrollen hat. In diesem Stück sind nie mehr als 16 Personen in einer Szene und nie mehr als 14 einschließlich der Statisten gleichzeitig auf der Bühne. Shakespeares Stücke sind so eingerichtet, daß ein Darsteller, der in zwei aufeinanderfolgenden Szenen benötigt wird, entweder vor dem Ende der ersten abgeht oder erst einige Zeit nach Beginn der darauffolgenden wieder auftritt. Stets bleibt Zeit für einen Kostümwechsel, der allerdings sehr rasch vor sich gehen mußte. Jessica im *Merchant of Venice* muß sich in ungefähr einer Minute als Knabe verkleiden, bzw. der Darsteller muß sich in einen Knaben zurückverwandeln (Ende von II, v–II, vi, 26).

Zur Ökonomie der Personenregie gehört es auch, daß durchweg Szenen mit großer und kleiner Darstellerzahl wechseln und daß die Nebenrollen gleichmäßig über das ganze Stück verteilt sind. Zusätzliche Statisten wurden selten benötigt. Es genügten offenbar vier oder fünf, um etwa in *Henry V* die Heere von Agincourt zu versinnbildlichen.

d) Die Knabenschauspieler

Shakespeares Truppe standen maximal vier Knaben zur Verfügung. Abgesehen von Ausnahmen war es vor 1660 in England nicht üblich, daß Frauen im professionellen Theater auftraten. Zahlreiche Eigentümlichkeiten des elisabethanischen Dramas wie etwa die Freude an Verkleidungen erklären sich mit aus dieser Konvention, an der offenbar nur die Puritaner etwas auszusetzen hatten. Der Vorwurf homosexueller Beziehungen unter den Schauspielern wird gelegentlich erhoben, jedoch die »Unmoral« einer Darbietung durch Frauen als noch gravierender eingeschätzt. Die Spielkonventionen der Knabenschauspieler waren offenbar so sehr zur Gewohnheit geworden, daß sich englische Besucher auf dem Kontinent darüber verwundern, zu welch großen künstlerischen Leistungen auch Frauen auf der Bühne imstande seien.

In *Love's Labour's Lost* ließ sich die Besetzung so bewerkstelligen, daß die drei Hofdamen und Moth von den verfügbaren Knaben gespielt wurden, während ein junger Mann die Prinzessin darstellte. So könnten sich auch die Anspielungen auf ihre Größe und Beleibtheit erklären. Im Falle von *A Midsummer Night's Dream* nimmt man an, daß die Frauen (Hyppolita, Hermia, Helena, Titania) von Knaben, die »fairies« der Titania (Peaseblossom, Cobweb, Moth und Mustardseed) jedoch im

Gegensatz zur modernen Aufführungspraxis von Männern gespielt wurden. Diese stellten gleichfalls die Handwerker (Flute,
Starveling, Snout, Snug) dar. Nie sind sie und die »fairies« gleichzeitig auf der Bühne. Angestrebt wurde offenbar eine recht
grobschlächtige Groteskerie.

e) Die Hauptdarsteller

In einigen Fällen ist eine Besetzung durch Zufall bekannt,
wenn etwa der »book-keeper« statt einer Dramenfigur den Namen des Darstellers in sein Souffleurbuch eintrug. Diese Angaben
sind zuweilen sogar in die »Quartos« geraten.

Mit Sicherheit können dem bedeutendsten Schauspieler der
Chamberlain's Men, Richard BURBAGE, vier Rollen zugesprochen
werden: Richard III, Hamlet, Othello und Lear. Aber auch führende Rollen wie die des Romeo, Macbeth und Brutus dürfte er
als erster gestaltet haben. Er wurde vom Publikum in einer
Weise verehrt, die bereits an Starkult grenzt.

Ebenfalls großer Beliebtheit erfreuten sich die Darsteller komischer Rollen, vor allem William KEMPE und Robert ARMIN.
KEMPE war Schüler des Clown-Darstellers und königlichen Hofnarren TARLTON (gest. 1588, möglicherweise identisch mit
Hamlets Yorick). Nachdem er unter anderen Rollen den Peter in
Romeo and Juliet sowie Dogberry in *Much Ado* gespielt hatte,
trennte er sich 1599 von Shakespeares Truppe, offenbar im Streit.
Hamlets Attacke auf die Clowns, die mehr als ihre vorgeschrie-
bene Rolle sprechen (III, ii, 36ff.), könnte sich gegen ihn richten,
ebenso wie sein Vorwurf gegen allzu bombastisches Spiel (1–14)
möglicherweise auf einen berühmten Zeitgenossen abzielt:
ALLEYN von den Admiral's Men, der in ihm so wesensgemäßen
Rollen wie MARLOWES Tamburlaine, Barabas und Faustus ge-
glänzt hatte. An die Stelle von KEMPE trat ARMIN. Der Wechsel
in Shakespeares Stücken von recht groben Clownerien voll
rustikaler Beschränktheit zur Rolle des weisen, überlegenen
Narren ab 1599 dürfte nicht zuletzt auf die besondere Intelligenz
dieses Schauspielers zurückzuführen sein.

Es kann kein Zweifel daran bestehen, daß Shakespeare bei der
Abfassung seiner Stücke stets seine Truppe im Auge hatte. So

verfügte er zeitweilig über zwei Knabenschauspieler, von
denen der eine groß und recht vorlaut, der andere eher klein
und zurückhaltend war. Der eine spielte vermutlich Beatrice,
Rosalind und Viola, der andere Hero, Celia und Maria. Die
Partnerschaft mag mit Portia und Nerissa begonnen haben.
Dennoch ist man von der Auffassung T. W. BALDWINS abgekommen, jeder Schauspieler habe eine Spezialität (line) entwickelt,
und Shakespeare habe jedem seine Rolle auf den Leib geschrieben. Eine Starbesetzung bedeutete damals noch nicht die Schaffung von Dramengestalten, die in ihrem Wesen durch die verfügbaren Darsteller determiniert waren. Es fällt schwer, etwa
in diesem Sinne eine Gemeinsamkeit zwischen Hamlet und Lear
zu erkennen. Die Rollen waren traditionsgemäß eher »generic«,
d. h. durch ihre soziale Funktion bedingt (König, Tyrann, Soldat usw.). Die bescheideneren Darsteller mußten sich mit einer
Typisierung begnügen, während die großen wie BURBAGE die
ganze Komplexität einer Charakterrolle entfalten konnten.
Beiden Gruppen gemeinsam war die starke physische Präsenz.
Sie waren geschulte Tänzer, Fechter und Akrobaten und impo-
nierten als solche besonders auf dem Kontinent.

f) Der Schauspielstil

Die Plattformbühne erlaubte einen raschen Vortrag. Die
Szenengrenzen wurden teilweise überspielt. Kurzszenen konnten beinahe parallel nach dem Simultanprinzip ablaufen. Man
vermutet für das kompakte Auditorium bei vollem Haus eine
ausgezeichnete Akustik, die das ganze Spektrum vom lautstar-
ken Gefühlsausdruck bis zum Flüsterton ermöglichte. Dank der
großen Bühnenausdehnung konnten die Zuschauer etwa Henry
V einmal aus der Ferne bewundern, dann wieder mit ihm und
seinem Erleben ganz eins werden. Dem stetigen Wechsel zwischen Intimem und Öffentlichem bei Shakespeare ist gerade
diese vom Publikum umgebene Plattform angemessen. Überdies
begünstigte die relativ illusionsarme Bühnenanlage die Naturnachahmung durch eine sinnlich-plastische Sprache, die ebenso
große Anforderungen an die Kunst des Autors, die Artikulation
durch den Schauspieler und das Hörvermögen sowie die Vor-

stellungskraft des Publikums stellte. Der Schauspieler mußte mit der Kraft seiner Bewegungen in die häufig neutrale Leere eine dramatische Lokalität projizieren bzw. die bescheidenen Hinweiszeichen und die Emblematik des Ganzen zum Leben bringen.

Wie dies geschah, ist in der Forschung zu einer Streitfrage geworden. Zwei Auffassungen stehen einander gegenüber, zwischen denen sich allerdings Kompromisse anbahnen. Nach einer älteren war das Spiel streng stilisiert (»formalism«), nach einer neueren war es eher wirklichkeits- und lebensnah (»naturalism«).

Man hat aus der Besetzung der Frauenrollen mit Knaben geschlossen, daß nicht nur diese, sondern wegen der Stileinheit auch ihre erwachsenen Kollegen ihre Rollen stilisiert und höchst artifiziell vorgetragen haben. Überdies sollten die gängigen Vergleiche zwischen Rhetoren und Schauspielern als Indiz dafür gelten, daß auf der Bühne streng nach den Regelbüchern der Rhetorik in Tonfall, Gestik und Mimik ein System der Ausdrucksgebärden entwickelt wurde, das für jeden Schauspieler in einer bestimmten Rolle und Situation verbindlich war. Der Gesamteindruck wäre demnach eher der einer deklamatorischen Rezitation wie etwa im französischen klassischen Theater oder in der Oper gewesen.

Diese Theorie mag für die Zeit vor 1595 auch zu einem gewissen Grade zutreffen. Danach wird jedoch in den theoretischen Schriften und den Stücken selbst zunehmend Wirklichkeitsnähe gefordert. Die Verssprache wird flexibler, die Rhetorik gedämpfter, die Charaktere in Shakespeares mittleren Stücken werden komplexer, so daß nur noch eine große Schauspielerpersönlichkeit sie auszufüllen vermag, und zwar von innen her, nicht episch-distanziert von außen dargeboten. BURBAGE wird gepriesen, weil er die Illusion der Wirklichkeit aufrechtzuerhalten vermochte und selbst hinter der Bühne noch in seiner Rolle weiterlebte. Möglicherweise würde seine Schauspielkunst uns heute als »stilisiert« erscheinen, aber das gilt ebenso für die Gemälde der Zeit, die damals ob ihrer Naturnähe gerühmt wurden.

Andererseits konnte eine photographische Abschilderung der Alltagswirklichkeit selbst in den satirischen Komödien der Zeit nicht das Ziel sein. Die dargestellte Welt wurde durch die fast immer poetische Sprache und den persönlichen Glanz der Darsteller kraftvoll überhöht. Dabei gab es durchaus Unterschiede. Der Berufsschauspieler KEMPE kritisiert die Laienschauspieler an den Universitäten, weil sie sich nicht wie im Leben verhielten, beispielsweise nicht im Gehen sprachen, sondern nur aus einer festen Pose heraus rezitierten. Es liegt somit für manche Forscher der Schluß nahe, daß abgesehen von Äußerlichkeiten grundsätzlich keine Unterschiede zwischen den künstlerischen Intentionen eines KEMPE und eines STANISLAWSKI-Schülers bestehen.

g) Das Repertoire

Der Schauspieler des Globe mußte, wenn er wie üblich an jedem Stück mitwirkte, durchweg alle 14 Tage eine neue Rolle einstudieren und 30 oder mehr in seinem Repertoire bereit haben. Meist fand bereits drei Wochen nach Ankauf eines Stücks ohne lange Planung die erste Aufführung statt. Nach einigen Tagen folgte die zweite, und wenn das Stück ansprach, konnte es eine Saison lang neben zahlreichen anderen im Repertoire bleiben.

Diese gewaltige Anstrengung und Gedächtnisleistung war nötig in einem kommerziellen Theater, das vom Erfolg des Tages lebte und durch ein ständiges Neuangebot ähnlich wie das heutige Kino die Besuchermassen anlocken mußte. Man hat für die späten neunziger Jahre eine jährliche Gesamtproduktion von 60 bis 70 Stücken errechnet, die sich auf die drei Haupttruppen verteilten. In den privaten Theatern war die Frequenz weniger groß. Besonders erfolgreiche Stücke wurden nach einigen Jahren bearbeitet und modernisiert als Neuinszenierungen oder gar als Uraufführungen wieder angeboten.

G.H. COWLING, *Music on the Shakespearian Stage*, Cambridge, 1913, repr. New York, 1964. – E.K. CHAMBERS, *The Elizabethan Stage*, Oxford, 1923, Vol. III. – J. ENGELEN, »Die Schauspielerökonomie in Sh.s Dramen«, *SJ*, 62 (1926), und 63 (1927). – G.B. HARRISON, »Sh.'s Actors«, in: *A Series of Papers on Sh. and the Theatre* ... by Members of the Sh. Association, London, 1927. – M. SACK, *Darstellerzahl und Rollenverteilung bei Sh.*, Leipzig, 1928. – A. HARBAGE, »Elizabethan Acting«, *PMLA*, 54 (1939). – W.R. DAVIES, *Sh.'s Boy Actors*, London, 1939, repr. New York, 1964. – S.L. BETHELL, »Sh.'s Actors«, *RES*, n.s. 1 (1950). – B.L. JOSEPH, *Elizabethan Acting*, London, 1951. – R.A. FOAKES, »The Player's Passion: Some Notes on Elizabethan Psychology and Acting«, *E & S*, 7 (1954). – W.A. ARMSTRONG, »Sh. and the Acting of Edward Alleyn«, *ShS*, 7 (1954). – M. ROSENBERG, »Elizabethan Actors: Men or Marionettes?«, *PMLA*, 69 (1954). – A. HARBAGE, »The Role of the Shakespearean Producer«, *SJ*, 91 (1955). – L. GOLDSTEIN, »On the Transition from Formal to Naturalistic Acting in the Elizabethan and Post-Elizabethan Theatre«, *BNYPL*, 62 (1958). – C. S. FELVER, *Robert Armin, Sh.'s Fool*, Kent, Ohio, 1961. – M. JAMIESON, »Sh.'s Celibate Stage«, in: *Papers Mainly Shakespearian*, collected by G. I. Duthie, Aberdeen, 1964. – D. SELTZER, »The Staging of the Last Plays«, in: *Later Sh.*, Stratford-upon-Avon Studies 8, London, 1966. – J. L. STYAN, *Sh.'s Stagecraft*, Cambridge, 1967. – W. A. RINGLER, Jr., »The Number of Actors in Sh.'s Early Plays«, in: *The Seventeenth-Century Stage*, ed. G. E. Bentley, Chicago, 1968. – I. BROWN, *Sh. and the Actors*, London, 1970. – D. SELTZER, »The Actors and Staging«, in: *A New Companion to Sh. Studies*, eds. K. Muir, S. Schoenbaum, Cambridge, 1971. – R. E. MORSBERGER, *Swordplay and the Elizabethan and Jacobean Stage*, Salzburg, 1974. – R. WATKINS, J. LEMMON, *In Sh.'s Playhouse: The Poet's Method*, Newton Abbot, 1974. – W. D. SMITH, *Sh.'s Playhouse Practice: A Handbook*, New Hampshire, 1975.

11. DAS PUBLIKUM

Trotz des Mangels an Geld und Freizeit war der Besuch der öffentlichen Theater eines der wenigen Vergnügen, das sich nahezu alle Londoner mit einiger Regelmäßigkeit leisten konnten. Sie zahlten einen Penny (den Preis für einen kleinen Laib Brot) im Stehparterre, einen zweiten für Sitzplätze auf den Galerien und einen dritten für bequeme Stühle. Der Preis für die Logen (Lords' rooms) bewegte sich zwischen einem halben und einem ganzen Schilling. Finanziell waren die Schauspieler weitaus stärker auf die Stadtbevölkerung angewiesen als auf den Hof, dessen Anteil an ihren Einkünften erst unter JAKOB I. von durchschnittlich 5% auf 15% anstieg. Als lukrativer erwiesen sich die privaten Theater, deren Eintrittspreise bereits bei einem halben Schilling anfingen. Bei vergleichbaren Einzelaufführungen brachte das Blackfriars Shakespeares Truppe durchweg doppelt so viel ein wie das Globe. Der Niedergang der öffentlichen Theater hatte somit auch seinen konkret materiellen Anlaß.

In der großen Zeit des Globe (1599 – ca. 1610) schätzt man bei zwei bis drei Aufführungen täglich in den verschiedenen Theatern die Gesamtbesucherzahl auf 3–4000. Die Kapazität der Häuser war auf ein Premierenpublikum zugeschnitten. HARBAGE errechnet für das Fortune 800 Plätze im Parterre und 1500 auf den Galerien. Thomas PLATTERs bewundernder Hinweis auf die Größe der Theater mit ihren 3000 Plätzen erscheint somit als kaum übertrieben. Laut HENSLOWE dürften im Jahr 1595 durchschnittlich 1000 Besucher einer Aufführung beigewohnt haben.

Ehe die privaten Theater das vornehmere Publikum ganz für sich in Anspruch nahmen, war die Mischung der Stände, etwa im Globe, nahezu vollkommen gewesen. Sogar Angehörige des Hochadels waren gelegentlich mit ihrem Gefolge zu sehen. Überdies verwunderte es ausländische Besucher, daß Frauen stets in großer Zahl unter den Zuschauern waren, ohne daß man dies als anstößig empfunden hätte. Oft gingen ganze Familien im Feiertagsstaat ins Theater. Eine wichtige Besuchergruppe waren die Jugendlichen, die Studenten der Juristenschulen und die Lehrlinge, letztere nach den strengen Aufnahmeregeln des Zunftsystems aus den gehobenen und gebildeten Ständen.

Häufig ist das elisabethanische Publikum in der Kritik entweder ob seiner exzessiven Emotionalität allzu sehr romantisiert oder ob seiner Naivität allzu herablassend behandelt worden. Auch die Annahme, Shakespeares hohe Poesie und verfeinerte Psychologie sei für das bessere Publikum, Blut und Sensation für die »groundlings« im Parterre gedacht gewesen, hat sich als eine unzulässige Scheidung erwiesen. Man vermutet heute eher, daß die Anwesenden trotz unterschiedlicher Voraussetzungen an einem echten Gemeinschaftserlebnis teilhatten und daß lediglich bei bewußt esoterischen und von Gelehrsamkeit überladenen Stücken, sofern diese überhaupt in die öffentlichen Theater gelangten, das Publikum in seinem Urteil gespalten war.

Lärm und Rowdytum hat es zuweilen ähnlich wie in den privaten Theatern gegeben. Die meisten Zeugnisse sprechen jedoch von der großen Disziplin, Aufmerksamkeit und Stille, die im Theater herrschte und in der nur das Nüsseknacken als störendes Geräusch empfunden wurde. Wer sich austoben wollte, ging eher zur Bärenhatz oder ins Wirtshaus. Die Klagen der Dichter und Schauspieler richten sich weniger gegen die »groundlings« als gegen die kleinen Gruppen der unintelligenten, aber lauten Plebejer und Spießer sowie gegen die blasierten und kritikwütigen Galane. Natürlich reagierten die Zuschauer in diesem Theater, das noch wesentlich als Gemeinschaftsleistung empfunden wurde, weniger distanziert als in der Folgezeit. Tränen, dröhnendes Gelächter, Zischen und enthusiastischer Beifall gehörten zu den üblichen Reaktionsweisen. In einer Zeit der geringen Lesetätigkeit und -fähigkeit war der Sinn für die Gewalt der gesprochenen Sprache weit besser ausgebildet als heute. So war es Brauch zumal unter den Studenten und Lehrlingen, sich aus dem Gehörten ein geeignetes Repertoire von Reden und Zitaten zusammenzustellen. Das Geschmacksurteil der elisabethanischen Zuschauer, wie es sich in der Zahl der Aufführungen und dem Kassenerfolg eines Stücks noch am ehesten kundtut, weicht in den meisten Fällen nicht sonderlich von der überwiegenden Meinung moderner Theaterbesucher und Leser ab.

A. HARBAGE, *Sh.'s Audience*, New York, 1941. – H.S. BENNETT, *Sh.'s Audience*, Annual Sh. Lecture of the British Academy, London, 1944. – W.A. ARMSTRONG, »The Audience of the Elizabethan Private Theatres«, *RES*, n.s, 10 (1959). – M. HOLMES, *Sh.'s Public, the Touchstone of His Genius*, London, 1960. – A. J. COOK, »The Audience of Sh.'s Plays: A Reconsideration«, *ShakS*, 7 (1974). – J. L. STYAN, *Drama, Stage and Audience*, London, 1975. – M. C. BRADBROOK, »The Triple Bond: Audience, Actors, Author in the Elizabethan Playhouse«, in: *The Triple Bond*, ed. J. G. Price, London, 1975.

12. Die Staatsaufsicht

Im Laufe des 16. Jahrhunderts entwickelte sich ein umfangreiches verwaltungsjuristisches Gesetzeswerk zur Kontrolle des Theaterwesens. Turniere standen bereits früh unter der Aufsicht des Herrschers, der zu verhindern suchte, daß aus Spiel Ernst wurde. Im Parteienstreit der Reformation, an dem sich die Bühne lebhaft beteiligte, erzwang die Krone schließlich eine strenge Ausrichtung auf die neue Orthodoxie. Ab 1570 war jegliche theologische Thematik und damit auch das religiöse Laientheater offiziell verboten. Später galt das Augenmerk der Behörden vornehmlich etwaigen politischen Themen. Allein der Verdacht einer böswilligen Anspielung auf die Erbfolge oder die neuen schottischen Könige konnte zur Schließung der Theater und zur Inhaftierung der Schauspieler und Autoren führen. Die Verantwortlichkeit der adligen Schirmherren war begrenzt, doch konnten sie ihr Patronat als Folge eines Behördeneingriffs durchaus verlieren.

Der Lord Chamberlain fungierte als oberste und alleinige Zensurbehörde: Bis in die neunziger Jahre waren die Kirche und die Stadt London an ihr beteiligt gewesen, aber dann ausgeschaltet worden. Der Master of the Revels war als ausführendes Organ recht selbstherrlich und verfügte mit seinem Amt der Lizenzvergabe über eines der zahlreichen einträglichen Monopole. Er begünstigte die Berufsschauspieler, weil diese leichter zu kontrollieren waren und am ehesten den hohen Ansprüchen des Hofes genügten. Da ihr öffentliches Spiel letztlich vom Unterhaltungsbedürfnis der Herrscher her legitimiert wurde, kam es gleichsam zu einem Bündnis zwischen der Krone und den theaterbegeisterten Londonern.

Der erklärte Gegner war die puritanische Opposition, wie sie sich vor allem in den patrizischen Stadtvätern und dem radikal-protestantischen Klerus verkörperte. Die Gründe für ihre Theaterfeindlichkeit sind vielfältig und vielschichtig. Prinzipiell empfanden die Puritaner das Theater wie alle künstlerischen Ausdrucksmedien der Renaissance als bedenklich benachbart dem Römisch-Katholischen und dem Antik-Heidnischen, kurz, den Bestrebungen des »Antichrist«. Neben den Gefahren für das Seelenheil spielten konkrete gesellschaftspolitische Erwägungen eine Rolle: der wirtschaftliche Erfolg der Schauspieler, der jedenfalls zum Teil auf Kosten der Kaufleute ging; das Bummelantentum der Lehrlinge; die Abwertung ehemals respektabler Wohngegenden durch die Theater, um nur einige der wichtigsten Klagen zu nennen. Einig waren sich die königlichen und die städtischen Behörden lediglich in der Bekämpfung der Pest. Man schloß die Theater oft auf Monate, um eine Ausbreitung bei den großen Ansammlungen zu verhindern. Überdies galt die Seuche als eine Strafe Gottes, die man nicht zuletzt durch das Theaterspielen auf sich gezogen hatte. Die Kirchen blieben während der Pest durchaus geöffnet.

Die zunehmende Bindung an den Hof, die Exklusivität der privaten Theater und damit die Entfremdung der Theatertruppen von der Londoner Bevölkerung unter den Stuarts erlaubte es schließlich den Puritanern im Jahre 1642, ihre alte Forderung ohne nennenswerten Widerstand im Parlament durchzusetzen: die Schließung aller Theater.

E.N.S. THOMPSON, *The Controversy between the Puritans and the Stage*, New York, 1903. – E.K. CHAMBERS, *The Elizabethan Stage*, Oxford, 1923, Vol. I, Book II. – G. WICKHAM, *Early English Stages 1300 to 1660*, Vol. II: 1576–1660, Part I, London, 1963, Book I, Part II, London, 1972, Book III,x. – R. FINDLATER, *Banned! A Review of Theatrical Censorship in Britain*, London, 1967.

II. DIE PERSÖNLICHKEIT

A. DIE GESCHICHTE DER BIOGRAPHISCHEN FORSCHUNG

1. DER MANGEL AN BIOGRAPHISCHEN DOKUMENTEN

Es fällt nicht schwer, sich die Welle von Publicity auszumalen, die der Tod eines Mannes wie Shakespeare heute auslösen würde. Biographen, die seine Laufbahn schon zu Lebzeiten verfolgten, würden mit Hilfe des in zahlreichen Archiven gesammelten Materials der Nachwelt ein umfassendes Bild des Verstorbenen vermitteln. Bei den Elisabethanern wäre die Biographie eines Schriftstellers weitgehend auf Desinteresse gestoßen. Wenn überhaupt, wurden prominente Gestalten des kirchlichen und politischen Lebens eines biographischen Abrisses für würdig erachtet, der aber mehr in Form eines Nachrufes uneingeschränktes Lob spendete, in das gelegentlich einige Fakten und Daten einflossen. Um 1614 stellte sich Thomas HEYWOOD die anspruchsvolle Aufgabe, *The Lives of All the Poets* zu schreiben, wobei er aus seiner persönlichen Kenntnis der meisten zeitgenössischen Dichter schöpfen konnte. Das Projekt wurde jedoch nie vollendet. Als Folge dieser frühen Vernachlässigung ist vieles unwiederbringlich verlorengegangen. Vor allem fehlt alles persönliche Material, das die Grundlage der meisten Biographien ist; es gibt keine Briefe von oder an den Dramatiker (Geschäftskorrespondenz ausgenommen), keine Konfessionen, Tagebücher oder Berichte seiner Freunde. Im 18. Jahrhundert hatte es kurze Zeit den Anschein, als seien die langgesuchten Shakespeare-Papiere zu Tage gefördert. Die »Entdeckungen« entpuppten sich jedoch als recht plumpe Fälschungen des jungen W. H. IRELAND, die nur deshalb anfänglich überzeugen konnten, da sie den Erwartungen des Publikums und dem Wunschdenken der Biographen weitgehend entsprachen: Briefe von SOUTHAMPTON und Königin ELIZABETH bestätigten die Hoffnung, daß der Künstler von den Größten seiner Zeit verehrt und gewürdigt wurde, einige Zeilen an Ann HATHAWAY zeigten ihn als hingebungsvoll Liebenden, und ein Glaubensbekenntnis, das ihn als überzeugten

Protestanten auswies, zerstreute die Zweifel an seiner religiösen Einstellung.

Der Optimismus früherer Gelehrtengenerationen, eines Tages doch noch auf Schriftstücke zu stoßen, die das Privatleben erhellen können, ist heute gedämpfter Resignation gewichen. Gerade während des letzten Jahrhunderts führte die Entdeckung verschiedener Dokumente zu einer erheblichen Erweiterung und Berichtigung unserer Kenntnisse über die elisabethanische Bühne und die Tätigkeit Shakespeares innerhalb und außerhalb des Theaters, doch über die »innere« Biographie befinden wir uns weiterhin im Unklaren. Die Neutralität der Fakten läßt den Schluß zu, daß sein Leben undramatisch verlief; er tötete niemand in einem Duell wie Ben JONSON; er wurde auch nicht in einem Duell getötet wie MARLOWE; er kam nicht mit der Zensur in Konflikt wie CHAPMAN und MARSTON. Er lebte als geachtetes Mitglied der Gesellschaft, starb eines natürlichen Todes und hinterließ seiner Familie ein stattliches Erbe. Zwischen der Trivialität dieser mehr oder minder zufällig überlieferten Spuren eines Durchschnittsdaseins und der Außerordentlichkeit des dichterischen Werkes liegt eine Kluft, die Biographen auf verschiedene Weise, durch Phantasie und wissenschaftliche Forschung zu füllen versuchten.

D. A. STAUFFER, *English Biography before 1700*, Cambridge, Mass., 1930. – V. de SOLA PINTO, ed., *English Biography in the Seventeenth Century: Selected Short Lives*, London, 1951.

2. DIE ERSTEN BIOGRAPHEN: ROWE, AUBREY, FULLER

Im 17. und 18. Jahrhundert äußerte sich biographisches Interesse überwiegend im Weiterreichen und Ausschmücken anekdotenhafter und legendärer Aussagen, deren Wahrheitsgehalt zu überprüfen nicht für nötig erachtet wurde. N. ROWE gebührt zwar das Verdienst, mit seiner Einleitung zu seiner Shakespeare-Ausgabe (1709) als erster eine kritische Würdigung des Werkes mit dem Lebensbericht verbunden zu haben, doch bleibt seine Darstellung im wesentlichen eine Kompilation der Mosaikstückchen, die ihm die Shakespeare-Tradition des 17. Jahrhunderts lieferte. So erwähnt er, daß Königin ELISABETH so großes

Gefallen an der Falstaff-Gestalt fand, daß sie den Dichter beauf-
tragte, Falstaff in einem neuen Stück als Verlieben darzustellen.
(Ein Jahr später erweiterte Charles GILDON diese Bemerkung mit
dem Hinweis, daß das Stück, *The Merry Wives of Windsor*, in
14 Tagen entstanden sei). Weitere Mitteilungen ROWES eröffnen
uns, daß Ben JONSON die Aufführung seines ersten Stückes
Shakespeare zu verdanken hatte, daß letzterer nur ein mittel-
mäßiger Schauspieler gewesen sei, und daß die Nachfahren von
Sir John OLDCASTLE auf der Namensänderung des komischen
Helden in *Henry IV* von Oldcastle zu Falstaff bestanden hätten.
Vom Hofdichter DAVENANT übernimmt ROWE die Aussage, daß
Shakespeare von SOUTHAMPTON das unglaubwürdig hohe Geld-
geschenk von £ 1000 erhielt, doch vor allem DAVENANT muß
wegen seiner Neigung, Shakespeare-Mythen ins Leben zu rufen,
als Informationsquelle mit Vorsicht beurteilt werden. Obwohl
bereits MALONE feststellte, daß sich von elf Angaben ROWES acht
als falsch und eine als zweifelhaft erwiesen hatten, wurde ROWES
Vorwort in fast allen bedeutenden Textausgaben bis ins späte
19. Jahrhundert nachgedruckt, und somit trotz längst wider-
legter Aussagen als ernstzunehmender Beitrag zur Biographie
mitgeführt.

Ein anderer früher Biograph, John AUBREY (1626–97), der für
den Antiquar Anthony WOOD Notizen für eine in den *Atheniae
Oxonienses* (1691–92) veröffentlichte Serie sammelte, wurde von
seinem Auftraggeber wenig vertrauenerweckend charakterisiert: »He was a shiftless person, roving and maggoty-headed,
and sometimes little better than crazed.« Über Shakespeares
Vater berichtet AUBREY, daß dieser Metzger gewesen sei, und daß
der berühmte Sohn auch große Begabung in diesem Beruf entwickelt habe: »When he killed a calf, he would do it in a high
style, and make a speech.« AUBREY befragte auch einen Oxforder
Freund, der das lebende Modell eines »Constable« (den AUBREY
irrtümlicherweise im *Midsummer Night's Dream* vermutet) zu
kennen behauptete, er interviewte DAVENANT und den Schauspieler William BEESTON, dessen Vater Christopher BEESTON
1598 ein Mitglied der Truppe Shakespeares gewesen war. Von
William BEESTON stammen die Mitteilungen, daß der Dichter
in seinen jungen Jahren als Schulmeister auf dem Land tätig

gewesen sei, bei seiner Truppe später als ausgezeichneter Schauspieler angesehen war und nur selten an geselligen Trinkgelagen teilnahm, von denen er sich mit Unwohlsein zu entschuldigen pflegte. Doch bevor AUBREY ihr weitere Informationen entlocken konnte, versiegte diese nur unzureichend ausgeschöpfte Quelle durch den Tod des Mannes. In vergleichbar mangelnder Rücksicht auf die Wißbegier späterer Generationen ließ der Stratforder Vikar John WARD die Gelegenheit, Shakespeares jüngere Tochter Judith QUINEY zu befragen, ungenützt verstreichen. WARDs Notizen (um 1662), aus denen u. a. hervorgeht, daß der Dramatiker die ganz unwahrscheinliche Summe von £ 1000 jährlich ausgegeben habe und daß sein Tod auf einen Fieberanfall als Folge einer fröhlichen Zecherei mit den Dichtern DRAYTON und JONSON zurückzuführen gewesen sei, stützen sich nur auf lokale Gerüchte.

Wenig auf direkter Information beruht auch Thomas FULLERs Buch *The History of the Worthies of England* (1662). Sogar das Todesdatum Shakespeares, das er auf seiner Reise durch die Landstriche Englands leicht hätte eruieren können, fehlt. Sein Hauptbeitrag bestand in der legendenhaften Feststellung, daß Shakespeare wenig Gelehrsamkeit besaß, in witzigen Streitgesprächen jedoch wie ein wendiges, schnelles kleines Schiff der Engländer reagiert habe, während sein Gesprächspartner JONSON bei aller Bildung einem schwerfälligen spanischen Kriegsschiff vergleichbar war.

T. FULLER, »W. Sh.«, in: *The History of the Worthies of England*, London, 1662. – J. AUBREY, *Brief Lives (1681)*, ed. O. L. DICK, London, 1949, 1958³. – N. ROWE, »Some Accounts of the Life etc. of Mr. William Shakespear«, *Sh.*, *Works* (ed. ROWE), London, 1709. – D. N. SMITH, *Sh. in the Eighteenth Century*, London, 1928. – R. W. BABCOCK, *The Genesis of Sh. Idolatry 1766–1799*, Chapel Hill, 1931. – H. S. ROBINSON, *English Shakespearean Criticism in the Eighteenth Century*, New York, 1932. – G. FRIED, »Das Charakterbild Sh.s im 17. und 18. Jahrhundert«, *SJ West* (1965). – D. FROST, »Sh. in the Seventeenth Century«, *SQ*, 16 (1965). – B. VICKERS, ed., *Sh.: The Critical Heritage*, vol. 2: 1693–1733, London, 1974.

3. STRATFORD IM 18. JAHRHUNDERT

Nach diesen frühen Versäumnissen im Erforschen relevanter Lebensfakten fanden die in immer größeren Scharen herbeiströmenden Besucher Stratfords gegen Ende des 18. Jahrhunderts

in dem Rad- und Verseschmied John JORDAN einen seiner Verantwortung bewußten Hüter des Legenden-Erbes. Unter seiner
Führung besichtigte man liebgewonnene Reliquien wie den
Stuhl, auf dem der Dichter um Ann HATHAWAY warb, den Holz-
apfelbaum, unter dem er nach einer durchzechten Nacht mit
den Saufbrüdern von Bidford seinen Rausch ausschlief, und die
nützlichen und ansprechenden, zum Verkauf feilgebotenen Gegenstände, die ein findiger Kopf aus dem Maulbeerbaum ge-
schnitzt hatte, der vom Dramatiker angeblich eigenhändig gepflanzt worden war. 1784 bot JORDAN dem *Gentleman's Magazine*
eine Glaubenserklärung John SHAKESPEARES an, die 1757 angeblich beim Erneuern des Daches in der Henley Street zwischen
Dachsparren und Ziegeln entdeckt wurde. Aus diesem in 14
Artikeln nach einem jesuitischen Vorbild aus Italien abgefaßten
geistlichen Vermächtnis würde hervorgehen, daß Shakespeares
Vater insgeheim dem katholischen Glauben anhing und seine
Freunde bat, nach seinem Tod für ihn die Messe lesen zu lassen,
was nach 1581 mit Gefängnis- und Geldstrafen geahndet wurde.
MALONE bekam das Schriftstück um 1789 mit Ausnahme der
ersten, fehlenden Seite zu sehen. Die erregten Kontroversen um
seine Echtheit konnten jedoch zu keiner Klärung führen, zumal
das Manuskript bald darauf spurlos verschwand.

I. BROWN/G. FEARON, *Amazing Monument. A Short History of the Sh. In-*
dustry. London, 1939. – F.E. HALLIDAY, *The Cult of Sh.*, London, 1957. – L.
MARDER, *His Exits and his Entrances. The Story of Sh.'s Reputation*, London,
1964. – L. FOX, *In Honour of Sh.: The History and Collections of the Sh. Birthplace*
Trust, Norwich, 1972.

4. DIE BELIEBTESTEN LEGENDEN

Die folgenden Legenden sind zwar mehr als Beispiele der
Mythenbildung und als Zeugnisse des Zeitgeschmacks interes-
sant, weniger als hypothetischer Beitrag zu den unbekannten
Jugendjahren des Dichters, doch seien sie ihrer unverwüstlichen
Vitalität wegen erwähnt.

a) *Shakespeare als Wilderer*

ROWE bringt diese Geschichte, die zuerst von Richard DAVIES,
dem späteren Archidiakonus von Coventry, aufgezeichnet und

vermutlich von dem Schauspieler BETTERTON in Umlauf gesetzt wurde, in der ausführlichsten Version: Der junge Shakespeare habe Hasen und Rehe in dem Park von Sir Thomas LUCY
von Charlecote geschossen, der ihn dafür peitschen und ein-
sperren ließ und schließlich seine Flucht verursacht habe. Als
Rache habe ihn der Dichter in *The Merry Wives* als Justice
Shallow karikiert. Damit versuchte ROWE gleichzeitig eine
schwierige Textstelle zu erhellen. In *Merry Wives* I, i spricht Sir
Hugh Evans von den »dozen white luces« (Hechte), im Wappen
Shallows wortspielerisch als von den »lowses« (Läuse). Da auch
Sir Thomas LUCY drei »luces« in seinem Wappen führte, wurde
gefolgert, daß die spöttische Anspielung auf ihn gemünzt sein
müsse. Spätere Verbrämungen sprachen davon, daß Shakespeare nur einen Hirsch für sein Hochzeitsmahl gestohlen habe.
Auch eine Spottballade auf den Schloßherrn aus der Feder des
Dichters fand sich. Trotz des Nachweises von MALONE, daß die
Lucy-Familie im 16. Jahrhundert keinen Hirschpark besaß, trotz
der mangelnden Ähnlichkeit zwischen dem angesehenen Edelmann und dem spindeldürren, ewig-hungrigen Justice Shallow
und trotz der Häufigkeit des Hechtes auf den Wappen der Zeit
erfreut sich die Anekdote auch heute noch großer Beliebtheit
und liegt manchen biographischen Charakterdeutungen des
jungen Shakespeare zugrunde.

b) Shakespeare als Pferdeknecht

Die Genealogie dieser Geschichte soll angeblich zu Sir William
DAVENANT zurückzuverfolgen sein, von dem sie über BETTER-
TON, ROWE, POPE, Bischof NEWTON und einen Unbekannten
schließlich Dr. JOHNSON zu Ohren kam. Demnach habe Shakespeare seine Londoner Karriere damit begonnen, die Pferde der
Theaterbesucher zu beaufsichtigen, und bald soviel Organisa-
tionstalent entwickelt, daß er eine Gruppe von Knaben anstellte,
die das Geschäft in seinem Namen betrieben. In JOHNSONS Schilderung spürt man seine aus eigenen Erfahrungen genährte Sympathie mit den bescheidenen Anfängen eines Selfmademan und
seine Überzeugung, daß das wahre Genie in jeder Lage zum
Durchbruch kommt.

c) Shakespeares Beziehung zu den Davenants

AUBREY notierte als erster Gerüchte, daß Sir William DAVE-
NANT bei einem Glas Wein mit vertrauten Freunden bisweilen
anzudeuten pflege, daß er nicht nur poetische Verwandtschaft
mit Shakespeare fühle, sondern vielleicht sogar sein leiblicher
Sohn sei. Auch andere Chronisten berichteten, daß Shakespeare
auf dem Weg nach Stratford regelmäßig bei dem Gastwirt
DAVENANT und seiner schönen und geistreichen Gemahlin in
Oxford eingekehrt sei. Der Antiquar und Heimatforscher Thomas HEARNE notierte 1709 in seinem Tagebuch als lokale Tradition, daß Shakespeare für den Sohn William Pate gestanden
habe und wohl auch an seiner Geburt nicht unbeteiligt gewesen
sei. Folgende Anekdote fügte er hinzu, die sich allerdings vor
ihrer Anwendung auf Shakespeare bereits in dem von John
TAYLOR 1629 zusammengestellten Buch *Wit and Mirth* findet:
Der junge William DAVENANT entgegnet einem Geistlichen auf
die Frage, warum er denn in solcher Eile sei: »my godfather is
come to town and I am going to ask his blessing«; worauf sein
Gegenüber antwortet: »Hold child, you must not take the name
of God in vain«. DAVENANTS Geltungsbedürfnis traf sich in
diesem Fall mit dem Wunsch des Restaurationspublikums, zwischen den beiden verehrten Dramatikern auch eine familiäre
Bindung zu sehen, wobei die moralische Freizügigkeit dieser
Epoche Shakespeare gerne einige galante Abenteuer zugestand.
Mistress DAVENANT wurde später eine Zeitlang als Vorbild für
die Dark Lady der Sonette favorisiert.

J.S. SMART, *Sh.: Truth and Tradition*, London, 1928. – A. HARBAGE, *Conceptions of Sh.*, Cambridge, Mass., 1966. – S. SCHOENBAUM, *Sh.'s Lives*, Oxford 1970. – P. KUJOORY, »From Fact to Fiction: Sh.'s Biographical Development through the Eighteenth Century«, *SJ Ost*, 111 (1975).

5. MALONE

Edmund MALONE (1741–1812) war der erste Shakespeare-
Forscher im modernen Sinn, er begnügte sich nicht mehr mit
Informationen aus zweiter und dritter Hand, sondern studierte
die Originaldokumente. Vor ihm hatte schon der Schauspieler
BETTERTON bei einem Erkundungsaufenthalt in Stratford einen

Blick in das Kirchenregister und die Bücher der Gemeindeverwaltung geworfen, doch hatte er aus mangelhafter Erfahrung
mit elisabethanischen Manuskripten verschiedene Daten falsch
entnommen und an ROWE weitergereicht. MALONE korrigierte
diese Fehlangaben in seinem postum von dem jüngeren BOSWELL
herausgegebenen *Life*, das den 21 Bänden der als Third Variorum
bekannten Ausgabe (1821) vorangestellt wurde, er rekonstruierte
die Laufbahn von Shakespeares Vater und erfaßte in seinen
Untersuchungen zur Genealogie der Familie auch weit entfernte
mütterliche Ahnen. Er entdeckte den einzigen erhaltenen Ge-
schäftsbrief an den Dramatiker. In seinen Anmerkungen als
Herausgeber vereinigte er das Wissen seiner Zeit über das elisabethanische Drama. Durch persönliche Kenntnis von Tausenden
elisabethanischer Manuskripte war er besonders befähigt, die
IRELAND-Fälschungen aufzudecken, über die er in einer über
400 Seiten langen Abhandlung Gericht hielt. Zwei seiner Unternehmungen waren von besonderem Einfluß auf das Shakespeare-
Verständnis der nachfolgenden Romantiker. Zum einen lenkte
er die Aufmerksamkeit auf die Sonette, von denen sein Heraus-
geberrivale STEEVENS behauptete, daß nicht einmal eine Parla-
mentsverordnung normale Menschen dazu bringen könnte, sie
zu lesen. Zum anderen bemühte er sich als erster um eine chronologische Ordnung des dramatischen Werkes, die zwar von
der späteren Forschung in einigen Punkten widerlegt wurde, als
Versuch jedoch, Für- und Gegenargumente auf undogmatische
Weise zusammenzutragen, einen entscheidenden Schritt weiter-
führte.

E. MALONE, *Attempt to Ascertain the Order in which the Plays of Sh. were written*
1778. – E. MALONE, *Supplement to the Edition of Sh.'s Plays Published in 1778 by
Samuel Johnson and George Steevens*, London, 1780. – E. MALONE, *An Inquiry
into the Authenticity of Certain Miscellaneous Papers and Legal Instruments*, London,
1796. – W. H. IRELAND, *Confessions*, London, 1805. – B. GREBANIER, *The
Great Sh. Forgery: a new look at the career of William Henry Ireland*, New York,
1965. – S. SCHOENBAUM, *Internal Evidence and Elizabethan Dramatic Authorship*, London, 1966.

6. DAS WERK ALS INFORMATIONSQUELLE DER BIOGRAPHIE

Mit seinen chronologischen Ordnungsversuchen schuf MALONE
die wissenschaftliche Grundlage für die Verquickung von Leben

und Werk, die EMERSON mit dem klassischen Satz umriß: »Shakespeare is the only biographer of Shakespeare«. Die romantische Literaturauffassung, die dem Werk Erlebnischarakter zuschreibt und es weitgehend als direkten Ausdruck der psychischen Verfassung des Autors betrachtet, führte folgerichtig zu einem Studium der Dramen und Sonette Shakespeares als autobiographischer Dokumente. »With this key, Shakespeare unlocked his heart« rief WORDSWORTH 1827 aus, nachdem bereits August Wilhelm SCHLEGEL 1796 in einem Aufsatz für SCHILLERS *Horen* die Bedeutung der Sonette als Zeugnisse einer leidenschaftlichen Liebe und Freundschaft des Dichters hervorgehoben hatte.

Diese Betrachtungsweise fand ihre Fortführung in Edward DOWDENs Bemühungen im Dienste der von F. J. FURNIVALL 1874 gegründeten »New Shakspere Society«. In der Hoffnung, daß eine Einteilung des dramatischen Werkes in verschiedene Reifeperioden über Wachstum und Einheit des dichterischen Geistes Klarheit schaffen könnte, schlug DOWDEN in seinem *Shakespeare Primer* 1878 folgende Gruppierungstitel vor: »In the Workshop«, »In the World«, »Out of the Depth«, »On the Heights«. Diese Vision von Shakespeares Seele, die allgemeine Zustimmung fand, basierte auf der naiven Vorstellung, daß Dramatiker Tragödien schreiben, wenn sie Depressionen haben (der Tod des Sohnes Hamnet oder des Vaters, der Fall ESSEX' und SOUTHAMPTONS, die Untreue der Dark Lady oder das nahende Ende Königin ELISABETHS wurden als Auslösemomente angeführt). Komödien oder Romanzen aber entstanden, wenn der Dramatiker mit sich und der Zeit eins war, oder – wo Zeitdeutung und Werkcharakter sich widersprechen – in heiterer Altersweisheit die unter JAMES I einsetzende Degeneration des öffentlichen Lebens zu überwinden vermochte. Mit seiner Untersuchung gelang es DOWDEN nicht nur, die Meinungen vor allem COLERIDGES und der deutschen Romantiker zu subsummieren, sondern er regte auch eine ganze Schule von Shakespeare-Biographen an, einschließlich SWINBURNE, Frank HARRIS, Bernhard TEN BRINK, bis hin zu J. D. WILSON, dessen Buch *The Essential Shakespeare* (1929) noch heute in vielen Schulen Englands als Pflichtlektüre in das Werk des Nationaldichters einführt. Die spärlichen Lebensnachrichten bereicherte man nun durch Rückschlüsse von Aussagen der Dramenfiguren auf den Autor selbst. So ließ sich feststellen, daß Shakespeare (wie Macduff) kinderlieb war, (wie Othello) eifersüchtig und leidenschaftlich, (wie Hamlet) philosophisch-grüblerisch. Auch die Erforschung der Bildersprache, wie sie C. SPURGEON (1935) betrieb, konnte zu erstaunlichen Enthüllungen über Neigungen und Abneigungen des Dichters führen: so erfahren wir, daß ihm Schmutz, Gestank und Lärm mißfielen, doch daß ihn Landluft und Sauberkeit erfreuten und daß er mit beiden Beinen fest auf der Erde stand. Als C. J. SISSON 1934 die jährliche Shakespeare-Vorlesung der British Academy hielt, packte er mit seinem Thema *The Mythical Sorrows of Shakespeare* ein immer noch heißes Eisen an. Er betonte die Fragwürdigkeit der subjektiven Lebensbeschreibung, die schon daraus deutlich werde, daß die großen komischen Gestalten (Falstaff, Rosalind, Beatrice und Benedick) unmittelbar nach Hamnets Tod entstanden, er verwies auf die mangelnde Zuverlässigkeit der Chronologie und auf die bisweilen völlig konträren Schlußfolgerungen, die Biographen aus der »Stimmung« einzelner Stücke zogen. Davon wenig beeinflußt, gehen auch in der Mehrzahl der neuesten Shakespeare-Biographien Vermittlung der Lebensfakten und aus den Dramen gewonnene Einsichten ineinander über.

S. T. COLERIDGE, *On Sh. The text of the lectures of 1811–12*, ed. R. A. FOAKES, London, 1971. – T. CARLYLE, »The Hero as Poet«, (1840), *On Heroes, Hero-worship and the Heroic in History*, 1841. – E. DOWDEN, *Shakspere: A Critical Study of His Mind and Art*, London, 1875. – E. DOWDEN, *Shakspere*, (Literature Primers), London, 1878. – A. C. SWINBURNE, *A Study of Sh.*, London, 1880. – B. ten BRINK, *Shakspere: Fünf Vorlesungen aus dem Nachlaß*, Straßburg, 1893.

7. DIE POSITIVISTISCHE FORSCHUNGSRICHTUNG

Neben dieser Betrachtungsweise gab es jedoch bereits um die Mitte des 19. Jahrhunderts eine Gegenposition in der Forschung. J. O. HALLIWELL-PHILLIPPS (1820–89) setzte mit seiner Leidenschaft, vergrabene und manchmal geringfügig erscheinende Fakten aufzuspüren und zu sammeln, die Tradition MALONES fort. Durch systematische Durchforstung aller Stratforder Dokumente förderte er Zeugnisse über Stammbaum, Heirat, Grunderwerbungen und Geldgeschäfte zutage, die auf Grund ihres wenig spektakulären Charakters freilich nur mäßiges Aufsehen erregten. Geradezu revolutionär für die Kenntnisse von Shakespeares Teilhaberrolle bei seiner Truppe erwies sich jedoch sein Fund des Berichtes von Cuthbert Burbage (1635) mit wertvollen Informationen über die Organisation des Theatre, des Globe und des Blackfriars.

Das ganz andere Shakespeare-Bild, das Halliwell-Phillipps entwirft, dürfte durch mehrere Komponenten bestimmt worden sein: die Tatsache, daß die gefundenen Papiere hauptsächlich geschäftlicher Natur waren, den Einfluß des ausgeprägt pragmatischen Denkens, das im England dieser Zeit dominierte, und wohl auch die eigene Veranlagung des Biographen. Shakespeare erscheint als Mann, der klug und rastlos im täglichen Leben stand, von allen als freundlich und liebenswert geschätzt, mehr auf Mehrung seines Wohlstands als auf Mehrung seines dichterischen Ruhms bedacht war, was sich später zu der Meinung verfestigte, daß Shakespeare nur aus Hoffnung auf schnellen finanziellen Gewinn zum Dramatiker geworden sei. Halliwell-Phillips veröffentlichte seine Funde mit Kommentar als *Illustrations of the Life of Shakespeare* (1874) und *Outlines to the Life of Shakespeare* (1882); doch blieb es Sidney Lee überlassen, über dieses dichterische Musterbeispiel bürgerlicher Sparsamkeit und Tugend eine zusammenhängende Biographie zu schreiben, die ein Jahrhundert nach Malones postumen *Life* den ersten Versuch einer Synthese unternahm, in die auch das Werk eingeschlossen war. Von den Zeitgenossen als Standardbiographie gerühmt, wurde sie inzwischen von der Forschung völlig überholt, vor allem wegen ihrer Unzuverlässigkeit in Detailfragen und allzu kritikloser Übernahme der Tradition, doch auch wegen ihres Porträts eines Dichters, dessen literarische Errungenschaften von ihm selbst vorwiegend als Beitrag zur Altersversorgung für sich und die Seinen gewertet wurde. Viele spätere Biographien wollten so wie J. D. Wilsons *Essential Shakespeare* ausdrücklich als Gegenbild zu dem prosaischen, karrierebewußten Shakespeare von Sidney Lee verstanden werden.

J. O. HALLIWELL(-PHILLIPPS), *The Life of William Sh.*, London, 1848. – J. O. HALLIWELL-PHILLIPPS, *Illustrations of the Life of Sh.*, London, 1874. – J. O. HALLIWELL-PHILLIPPS, *Outlines of the Life of Sh.*, London, 1882. – F. G. FLEAY, *A Chronicle History of the Life and Work of W. Sh.*, Player Poet and Play-

maker, London, 1886. – G. BRANDES, *W. Sh.* Paris, 1898 (2. verb. Aufl.). – S.L. LEE, *A Life of W. Sh.*, London, 1898. – S.L. LEE, *The Impersonal Aspect of Sh.'s Art*, London, 1909. – R. WEIMANN, »Die neue Kritik des Dramas: Wandlungen bürgerlicher Sh.-Interpretation«, in: ›*New Criticism*‹ *und die Entwicklung bürgerlicher Literaturwissenschaft*, Halle, 1962. – A.Y. STAVISKY, *Sh. and the Victorians: Roots of Modern Criticism*, Norman, Okl., 1969.

8. SHAKESPEARE-BIOGRAPHIEN IM 20. JAHRHUNDERT

Nicht die Neigung, ein dem individuellen Gefühl entsprechendes Dichterbild zu entwerfen, sondern die historisch-kritische Methode mit ihrer geduldigen Kompilation des Grundlagenwissens über das elisabethanische Theater, den kulturgeschichtlichen und soziologischen Hintergrund und die Textkritik haben der Shakespeare-Forschung die unentbehrlichsten Dienste erwiesen.

E.K. CHAMBERS, dessen *William Shakespeare: A Study of Facts and Problems* (1930) in dieser Hinsicht noch heute als Standardwerk bezeichnet werden kann, besticht durch größte Genauigkeit in der Wiedergabe der Dokumente, durch weitgehende Objektivität in der Faktenvermittlung, und durch den Verzicht auf romantische oder sentimentale Verklärung. Enthaltsamkeit übt CHAMBERS gegenüber der Möglichkeit, Informationslücken mit Spekulationen zu füllen. Dennoch ist er, wie er selbst zugesteht, in der viktorianischen Tradition verwurzelt; das zeigt sich an seiner Nachsicht gegenüber den Shakespeare-Mythen, die er manchmal nur mit geringem Vorbehalt in die Lebensbeschreibung einfließen läßt, und in seiner Bewunderung für DOWDENS Periodeneinteilung. Sein Verdienst, alle zu seiner Zeit bekannten Fakten zugänglich gemacht zu haben, bleibt dadurch ungeschmälert. Die zahlreichen Biographien, die seitdem und vor allem anläßlich der 400-Jahrfeier verfaßt wurden, unterscheiden sich nicht mehr in den Tatsachendetails (von L. HOTSONS Entdeckung eines gerichtlichen Dokuments abgesehen), sondern in Umfang und Methode, deren Skala von enzyklopädisch-faktischen bis zu rückhaltlos fiktiven Darstellungen alle Zwischentöne aufweist. Erkennbar ist der Versuch, das Tatsachengerüst durch kulturgeschichtliche, soziologische, psychologische und theologische Aspekte aufzufüllen, die teils dem Werk, teils den

Kenntnissen der elisabethanischen Zeit entnommen werden,
und dadurch das Einmalig-Individuelle oder Zeitbedingt-Historische an der Persönlichkeit verdeutlichen sollen.

1) *Abhandlungen*
C.J. SISSON, *The Mythical Sorrows of Sh.*, London, 1934. – E. BRENNECKE,
»All Kinds of Shakespeares – Factual, Fantastical, Fictional«, *SQ*, 1 (1950). – G.
MÜLLER-SCHWEFE, »Wandlungen des Sh.-Bildes im 20. Jahrhundert«, *NS*, 10
(1954). – K. MUIR, »Changing Interpretations of Sh.« in: *The Pelican Guide of
English Literature*, ed. B. FORD, vol. I: *The Age of Sh.*, Harmondsworth, 1955. –
F.E. HALLIDAY, *Sh. and his Critics*, London, 1958, (2. verb. Aufl.), (1. Aufl.
1949). – S. SCHOENBAUM, *Sh.'s Lives*, Oxford 1970. – R. WEIMANN,
Theater und Gesellschaft in der Sh.-Kritik. Methoden und Perspektiven der Forschung,
Berlin, 1970.

2) *Faktische Biographien*
E.K. CHAMBERS, *W. Sh: A Study of Facts and Problems*, 2 vols, Oxford, 1930. –
G.E. BENTLEY, *Sh: A Biographical Handbook*. New Haven, 1961. – G.E. DAW-
SON, *The Life of W. Sh.* Ithaca, New York, 1963. – G. BULLOUGH, »Facts
and Inferences about Sh.'s Life«, *SJ West* (1965). – S. SCHOENBAUM, »The
Life of Sh.«, in: *A New Companion to Sh. Studies*, eds. K. MUIR & S. SCHOEN-
BAUM, Cambridge, 1971. – S. SCHOENBAUM, *W. Sh.: A Documentary Life*,
Oxford, 1975.

3) *Faktisch-fiktive Biographien*
D. MASSON, *Sh. Personally*, London, 1914. – J.Q. ADAMS, *A Life of W. Sh.*,
London, 1923. – C.L. de CHAMBRUN, *Sh. Actor-Poet*, New York, 1927. –
J.D. WILSON, *The Essential Sh.: A Biographical Adventure*, Cambridge, 1932. –
C.F.E. SPURGEON, *Sh.'s Imagery and What It Tells Us*, Cambridge, 1935. –
E.I. FRIPP, *Sh., Man and Artist*, 2 vols, London, 1938. – I. BROWN, *Sh.*, Lon-
don, 1949. – M. CHUTE, *Sh. of London*, London, 1951. – H.G. McCURDY,
The Personality of Sh.: A Venture in Psychological Method, New Haven, 1953. –
M.M. REESE, *Sh.: His World & His Work*, London, 1953. – F.E. HALLIDAY,
Sh: A pictorial biography, London, 1956. – K. BRUNNER, *W. Sh.*, Tübingen, 1957. –
P. QUENNELL, *Sh.: The Poet and His Background*, London, 1963. – A.L.
ROWSE, *W. Sh.: A Biography*, London, 1963. – P. ALEXANDER, *Sh.*, London,
1964. – F.E. HALLIDAY, *The Life of Sh.*, London, 1964, (2. verb. Ausg.),
(1. Ausg. 1961). – R.M. FRYE, *Sh.'s Life and Times: A Pictorial Record*. Princeton,
1967. – G. L. EVANS, *Sh.* (Bd I: 1564–1592; Bd II: 1587–1598; Bd III: 1599–
1604; Bd IV: 1601–1605; Bd V: 1606–1616), Edinburgh, 1969–1973. – A.
BURGESS, *Sh.*, London, 1970. – A. L. ROWSE, *Sh. the Man*, London, 1973.

B. SHAKESPEARES LEBEN

Der folgende Bericht verzichtet auf Rückschlüsse von Shakespeares Werk auf sein Leben und seine Persönlichkeit. Daß seine Erlebnisse, Erfahrungen und Stimmungen in irgendeiner Form in sein Werk Eingang gefunden haben, wird niemand leugnen wollen; der Umwandlungsprozeß dürfte jedoch bei einem Dichter von der Gestaltungskraft Shakespeares so komplex sein, daß verläßliche Schlußfolgerungen kaum möglich sind. Die Rekonstruktion von Shakespeares Leben beschränkt sich daher – obgleich so nur eine zufällig überlieferte Folge äußerer Vorgänge gegeben werden kann – auf die Mitteilung von Lebensumständen, die durch Dokumente belegt oder mit einer gewissen Wahrscheinlichkeit aus ihnen erschlossen werden können. Außerdem werden zu einigen ungelösten Fragen verschiedene Theorien referiert.

1. DIE DOKUMENTE

Aus folgenden Quellen beziehen wir die wichtigsten Kenntnisse über Shakespeares Leben:

a) Lebensdaten: Kirchenregister von Stratford und umliegenden Dörfern, verzeichnete Taufen, Hochzeiten und Begräbnisse

b) Eltern: Bücher der Stratforder Gemeindeverwaltung
Prozeß John SHAKESPEARE gegen John LAMBERT um das Arden-Erbtum
Bewilligung eines Familienwappens durch das College of Arms 1596

c) Heirat: Register des Bischofs von Worcester, mit Dokumenten bezüglich einer Lizenz für Shakespeares Eheschließung 1582

d) Wohnorte in London: Antrag WAYTES an den Sheriff von Surrey, mit Beschuldigungen gegen Shakespeare und andere; Dokumente über Steuererhebung in London 1597–99
Shakespeares Aussage im Prozeß BELOTT gegen MOUNTJOY 1612

e) Theatertätigkeit: Verschiedene Dokumente, die Shakespeare als Schauspieler oder Mitglied der Lord Chamberlain's, später King's Men erwähnen

Dokumente über Teilhaberschaft an den Theatern Globe und Blackfriars

Testamente von Thomas POPE und Augustine PHILLIPS (1605), Schauspieler der King's Men

Mit R. BURBAGE gemeinsame Anfertigung eines Turnierschildes für Lord RUTLAND (Rechnungsbuch des Hausverwalters)

Zeitgenössische Anspielungen über Shakespeares Schriftstellertätigkeit

Quarto- und Folioausgaben seiner Stücke

f) Haus- und Grunderwerbungen: Dokumente über Kauf und Reparaturen von New Place 1597–1616

Kaufvertrag über Land in Old Stratford 1602

Dokumente über Pacht der Stratforder Zehnten 1605

Kaufvertrag über ein Haus in Blackfriars, London 1613

g) Beziehungen zu Verwandten und Nachbarn: Dokumente über Schuldeneintreibungen (1604 und 1608)

Briefe von oder an Richard und Adrian QUINEY, die Shakespeare erwähnen

Aufzeichnungen des Stratforder Chronisten Thomas GREENE

Dokumente über Heirat seiner Töchter

Testament 1616

D.H. LAMBERT, *Sh. Documents*, London, 1904. – R. SAVAGE/E.I. FRIPP, eds., *Minutes and Accounts of the Corporation of Stratford-upon-Avon and Other Records 1553–1620*, 3 vols, London, 1921, 1924, 1926. – P. BUTLER, ed., *Materials for the Life of Sh.*, Chapel Hill, 1930. – E.K. CHAMBERS, *W. Sh: A Study of Facts and Problems*, vol. II (Records), London, 1930. – B.R. LEWIS, *The Sh. Documents, Facsimiles, Transliterations, and Commentary*, 2 vols, Stanford, 1941. – E. K. CHAMBERS, *Sources for a Biography of Sh.*, Oxford, 1946. – S. SCHOENBAUM, *W. Sh.: A Documentary Life*, Oxford, 1975.

2. SHAKESPEARES FAMILIE

a) Abstammung der Eltern

Die im 16. Jahrhundert weitverzweigte Familie der Shakespeares in Warwickshire stellte die Stammbaumforscher nicht zuletzt wegen der elisabethanischen Eigenwilligkeit der Namensschreibung vor erhebliche Schwierigkeiten. Von den etwa 83 gefundenen Versionen, die von »Shaksbye« über »Saxper« und »Schacosper« alle phonetischen Möglichkeiten ausschöpfen, wurde die heute übliche Form lediglich von den Herausgebern der frühen Textausgaben bevorzugt verwendet.

Der Großvater des Dramatikers scheint aller Wahrscheinlichkeit nach der Pächter Richard SHAKESPEARE (auch als Shakeshafte aktenkundig) aus Snitterfield gewesen zu sein, einem kleinen Ort 3,5 Meilen nördlich von Stratford. Sein ältester Sohn John (geb. etwa 1529) trat der angesehenen Zunft der Handschuhmacher in Stratford bei. Wir entnehmen den Stadtdokumenten, daß er 1552 in der Henley Street ansässig war. Vier Jahre später besaß er bereits ein Doppelhaus in der Henley Street, dessen eine, als »woolshop« bekannte Hälfte als seine Werkstatt diente, und ein weiteres Haus mit Garten und Scheune in der Greenhill Street. Für seinen gesellschaftlichen Aufstieg muß seine Heirat mit Mary ARDEN 1597 einen erheblichen Prestigegewinn bedeutet haben. Sie war die jüngste Tochter Robert ARDENS, eines wohlhabenden Grundbesitzers in Wilmcote, von dem Richard SHAKESPEARE Land gepachtet hatte. Neben einem stattlichen Erbteil zeichnete sich Mary ARDEN durch ihre Zugehörigkeit zu einer der ältesten Landadelsfamilien Warwickshires aus. Als sich ihr Ehemann später um ein Wappen bewarb, begründete er den Antrag u. a. mit ihrer vornehmen Abstammung.

b) John Shakespeares bürgerliche Laufbahn

Seine steile Karriere läßt sich an den bürgerlichen Ämtern ablesen, die er in der Folgezeit bekleidete. 1556 wurde er zu einem der zwei »taster« (Stadtinspektoren für Brot- und Bierherstellung) ernannt, 1557 trat er als einer der 14 Hauptabgeordneten in den Stadtrat ein, 1558–59 war er einer der 4 »constables« des Distrikts, 1559–61 wirkte er als »affeeror« beim Stadtgericht, wobei seine Aufgabe darin bestand, das Strafmaß bei Fällen festzusetzen, die durch keine Stadtstatuten geklärt waren. Diskretion, Unparteilichkeit und Genauigkeit verlangte auch sein nächster Posten als »chamberlain«, als der er die Gemeindeeinkünfte verwaltete, Unterstützungsgelder in Katastrophenfällen auszahlte und Reparaturen an öffentlichen Gebäuden beglich. Als die Einkünfte knapper als die Ausgaben waren, ergänzte er die fehlende Summe aus eigener Tasche, so daß ihm die Gemeinde schließlich mehr als £ 4 schuldete. Da in amtlichen Dokumenten nie seine Unterschrift, sondern nur ein stellvertretendes Zeichen gefunden wurde, schlossen manche Forscher, daß er Analphabet gewesen sein müsse. Sein Amtskollege Adrian QUINEY jedoch verwandte ähnliche Zeichen, obwohl von ihm verfaßte Briefe beweisen, daß er auch seinen Namen hätte schreiben können. Da zu den Amtspflichten des »chamberlain« notwendigerweise Buchführung gehörte, hätte völlige Unkenntnis des Lesens und Schreibens ein großes Hindernis bedeutet. Gerade diesen Posten aber füllte John SHAKESPEARE offensichtlich zu besonderer Zufriedenheit aus, da man ihn und seinen Kollegen gegen jede Regel über die zweijährige Amtszeit hinaus zwei weitere Jahre für die Rechenschaftsberichte seiner Nachfolger zu Rate zog. Seine Bemühungen um das öffentliche Wohl wurden 1568–69 mit der Wahl zum Bürgermeister und Friedensrichter gekrönt, den höchsten Ämtern, die die Stadt zu vergeben hatte. 1575 erwarb er weiteren Grundbesitz und stellte 1576 den bereits erwähnten Antrag auf ein Familienwappen, zu dessen Führung ihn seine prominente Stellung und sein Wohlstand berechtigt erscheinen ließen. Seltsamerweise wurde dieser Antrag jedoch nicht weiter verfolgt und mußte 1596 wiederholt werden.

Ab 1577 deuten verschiedene Umstände auf einen dramatischen Abbruch seiner Erfolgslinie. Ab 23. Januar 1577 blieb er den Ratsversammlungen fern, die er 13 Jahre lang mit fast ununterbrochener Regelmäßigkeit besucht hatte, und seit der Zeit befand er sich gelegentlich in finanziellen Schwierigkeiten. Die Ratsherren behandelten ihn jedoch offensichtlich mit Entgegenkommen und Nachsicht, sie erließen bzw. ermäßigten ihm verschiedene Steuern und Gemeindegebühren und schlossen ihn erst 1586 wegen ständiger Abwesenheit aus ihrer Versammlung aus. 1579 mußte er das Erbe seiner Frau als Gegenleistung für eine Leihsumme von £ 40 an ihren Schwager Edmund LAMBERT verpachten. Als die Summe nicht rechtzeitig zurückbezahlt wurde und LAMBERT das Land für sich beanspruchte, entwickelte sich ein langwieriger Familienstreit, den John SHAKESPEARE nach wiederholtem Prozessieren verlor. 1580 wurde er mit 140 Bewohnern aus der Umgebung vor das königliche Gericht in Westminster beordert, und weil er der Aufforderung nicht Folge leistete, mit einer Strafgebühr von £ 20 belegt. Da auch John AUDLEY, ein Hutmacher aus Nottingham, für den er sich verbürgt hatte, nicht erschien, erhöhte sich die Strafe auf £ 40, zur damaligen Zeit eine beträchtliche Summe.

Es ist vermutet worden, daß diese Gerichtsverordnung mit John SHAKESPEARES religiösen Überzeugungen zusammenhängen könnte. Da die Familie seiner Frau streng katholisch war, hat man auch in ihm einen Anhänger der inzwischen verbotenen katholischen Gottesdienste gesehen. Im September 1592 wurden Listen der Leute zusammengestellt, die nicht regelmäßig zur Kirche gingen. Die Stratforder Liste enthielt neun Personen, darunter John SHAKESPEARE, die ihre Abwesenheit mit »Furcht vor Gläubigern« begründeten. Tatsächlich läßt sich nachweisen, daß alle neun Männer in irgendwelche Prozesse verwickelt waren und daß die Gepflogenheit der Gläubiger, die Schuldner am Sonntag vor der Kirchtür verhaften zu lassen, als triftiger Grund gegolten hat. (Andererseits konnte aber auch Geldmangel vorgeschützt werden, um religiöser Verfolgung zu entgehen.) Für John SHAKESPEARES Rückzug aus dem öffentlichen Leben wurden verschiedene Erklärungen gegeben: gesundheitliche Störungen, geschäftliche Fehlkalkulationen, daraus resultierendes verletztes Ehrgefühl, oder aber eine jähzornige, streitsüchtige Charakterveranlagung, die aus seinen sogar für elisabethanische Verhältnisse zahlreichen Prozessen zu entnehmen wäre und ihm Feinde geschaffen haben mag. (1582 mußte er z.B. beim königlichen Gericht Antrag auf Schutz vor drei Stratforder Bürgern erheben, die ihm angeblich nach dem Leben trachteten.)

C.C. STOPES, *Sh.'s Family*, London, 1901. – C.C. STOPES, *Sh.'s Environment*, London, 1914. – E.I. FRIPP, *Sh.'s Stratford*, Oxford, 1928. – J. HOOPS, *Sh.s Name und Herkunft*, Heidelberg, 1941. – J.H. de GROOT, *The Shakespeares and ›The Old Faith‹*, New York, 1946. – C.J. SISSON, »Studies in the Life and Environment of Sh. since 1900«, *ShS*, 3 (1950). – L. FOX, *Sh.'s town and country*, Norwich, 1959. – M. ECCLES, *Sh. in Warwickshire*, Madison, 1961. – J.G. McMANAWAY, ›John Sh.'s ›Spiritual Testament‹«, *SQ*, 18 (1967). – P. MILWARD, *Sh.'s Religious Background*, London, 1973. – T. W. BALDWIN, »Shakspere, Shakespere, Shakespeare«, in: *Literatur als Kritik des Lebens*. Festschrift z. 65. Geburtstag v. L. Borinski, ed. R. Haas u. a., Heidelberg, 1975.

3. Shakespeares Jugendjahre

a) Frühe Kindheit

William Shakespeares genaues Geburtsdatum steht nicht fest, doch da die Taufe (am 26. April 1564 im Stratforder Kirchenregister eingetragen) generell einige Tage nach der Geburt vorgenommen wurde, hat sich seit etwa 200 Jahren die Tradition eingebürgert, den 23. April, den St. Georgstag, als Geburtstag anzunehmen, wobei die Tatsache, daß er 52 Jahre später am 23. April starb, mitgespielt haben mag. Die Geburtsstätte ist ebenfalls unbekannt. Anläßlich des von GARRICK inszenierten Stratforder Jubiläums wurde 1769 ein Raum in John SHAKESPEARES Haus in der Henley Street zum Geburtsort und Wallfahrtszentrum erkoren. William Shakespeare wurde als drittes Kind geboren. Da die beiden älteren Kinder, die Töchter Joan und Margaret, schon früh starben, wuchs William mit folgenden jüngeren Geschwistern auf: Gilbert (geb. 1566), einer zweiten Joan (geb. 1569), Anne (geb. 1571, gest. 1579), Richard (geb. 1574) und Edmund (geb. 1580).

b) Bildungsmöglichkeiten in Stratford

Die soziale und finanzielle Situation John SHAKESPEARES, der in Williams ersten Lebensjahren als Bürgermeister, erster Ratsherr und stellvertretender Bürgermeister auf der Höhe seines Ansehens stand, rechtfertigt die Annahme, daß der älteste Sohn die King's Grammar School in Stratford besucht hat, die für Kinder der Ratsherrn gebührenfrei war. Die Vorstellung, daß William Shakespeare als ungebildeter Naturbursche nach London gekommen sei, wurde eindeutig widerlegt durch neuere Studien über die elisabethanischen Schulverhältnisse und die Bildungschancen, die die Stratforder Grammar School ihren Zöglingen bot. Die Schule zog ausgezeichnete Lehrer an, denn die Stelle des Schulmeisters in Stratford war mit £ 20 Jahresgehalt und freier Unterkunft fast doppelt so hoch dotiert wie z.B. gleiche Positionen in Warwick. Die für Shakespeares Schulzeit maßgeblichen Lehrer, Walter ROCHE (1569–71), Simon HUNT

(1571–75) und Thomas JENKINS (1575–79) hatten alle ein abge-
schlossenes Universitätsstudium in Oxford hinter sich. Der an
Grammar Schools übliche Lehrplan wurde bereits an anderer
Stelle ausführlich behandelt (siehe Kap. I. A. 10). Das Bildungs-
ziel war neben religiöser Unterweisung und der Belehrung über
die sozialen Verpflichtungen eines elisabethanischen Bürgers vor
allem die mündliche und schriftliche Beherrschung der lateinischen Sprache. Ben JONSONS vielzitierter Ausspruch über Shakespeares »small Latin and less Greeke« muß vor dem Hintergrund
seiner eigenen überdurchschnittlichen Belesenheit in klassischen
Autoren gesehen werden. Von Zweiflern an Shakespeares Verfasserschaft der Dramen wird immer wieder geäußert, daß nur
ein Mann mit Universitätsstudium die Stücke geschrieben haben
könnte. Dem ist entgegenzuhalten, daß die an der Universität
gelehrten Fächer Medizin, Recht und Theologie den Dichter
in seiner literarischen Entwicklung nur bedingt gefördert hätten.
Lebensläufe prominenter elisabethanischer Staatsmänner beweisen, daß sie lediglich mit einer Grammar School-Erziehung den
Anforderungen ihrer verantwortungsvollen Positionen vollauf
gewachsen waren. Ein Element des zeitgenössischen Lebens, das
dem jungen Shakespeare richtungsweisende Eindrücke vermittelt haben mag, sei noch erwähnt: die öffentlichen Volksbelusti-
gungen und Theaterdarbietungen. Lateinische Stücke aufzuführen war eine verbreitete Übung für elisabethanische Schul-
jungen; möglicherweise hat auch Shakespeare bei solchen Vorstellungen mitgewirkt. Stratford war auch berühmt für seine im
Mai und September stattfindenden Jahrmärkte mit Auftritten
von Akrobaten und dressierten Tieren. In den siebziger und
achtziger Jahren erfreute sich die Stadt wachsender Beliebtheit
bei fahrenden Spieltruppen. Ein erstes Gastspiel gaben die Queen's
Men und die Earl of Worcester's Men in dem Jahr, als John
SHAKESPEARE Bürgermeister war. 1579–84 gastierten sieben verschiedene Truppen in Stratford, und im Jahre 1587 allein ergab
sich fünfmal die Gelegenheit, eine Aufführung zu sehen.

(siehe Bibliographie zu I. A. 10 und I. B. Einleitung)

4. EHE UND FAMILIE

Am 30. November oder 1. Dezember 1582 heiratete William
Shakespeare Anne HATHAWAY, wahrscheinlich die älteste Tochter aus erster Ehe von Richard HATHAWAY, einem Grundbesitzer
in Shottery (1 Meile von Stratford entfernt). Als ihr Vater 1581
starb, hinterließ er ihr £ 6/13s/6d (ungefähr £ 100 nach heutiger
Währung), die zu ihrer Hochzeit ausgezahlt wurden. Gemäß ihrer
Grabinschrift war Anne SHAKESPEARE zur Zeit ihres Todes (6.
August 1623) 67 Jahre alt. Sie muß daher 1556 geboren worden
sein, bevor die Taufregister in Stratford 1558 angelegt wurden,
und war somit 8 Jahre älter als ihr Ehemann, der mit seinen 18
Jahren noch die väterliche Genehmigung zur Heirat benötigte.
Dieser Altersunterschied sowie der Umstand, daß ihr erstes Kind
bereits am 26. Mai 1583 getauft wurde, hat die Biographen mehr
zu Spekulationen angeregt als irgendein anderes Ereignis in
Shakespeares Leben. Es gibt keinen Nachweis, daß das Paar ver-
lobt war, obwohl ein nach elisabethanischem Brauch geschlossener »precontract« nicht auszuschließen ist, der bereits als Ehe-
versprechen bindend war, während es für die Auszahlung der
Mitgift noch der kirchlichen Trauung bedurfte. Am 27. November 1582 besorgte William Shakespeare eine Sondergenehmigung
des Diözesanbischofs von Worcester, die ihm erlaubte, statt der
üblichen dreimaligen Verlesung des Aufgebots bereits nach ein-
maliger Lesung zu heiraten, so daß die Hochzeit noch vor der
Advents- und Fastenzeit stattfinden konnte, in der Eheschließun-
gen nicht vollzogen werden durften. Um sich gegen Mißbrauch
und Unregelmäßigkeiten abzusichern, verlangte der Bischof für
eine solche Genehmigung eine schriftliche Antragsbegründung
sowie eine von zwei Freunden des Bräutigams oder der Braut
unterzeichnete Vereinbarung, in der der Bischof von aller Schuld
bei später möglicherweise auftretenden Einwänden gegen die
Ehe freigesprochen wurde. Diese Bürgschaft (»bond«), die in
Höhe von £ 40 von zwei Freunden von Annes verstorbenem
Vater, Fulke SANDELLS und John RICHARDSON, unterzeichnet
wurde, ist vorhanden; die Sonderlizenz selbst und der Antrag
dafür sind verschwunden. Selbst diese spärlichen Dokumente
geben noch Rätsel auf. Der Registrar des Bischofs vermerkt am

27. November 1582 die Erteilung einer Lizenz an »Willelmum Shaxpere et Annam Whateley de temple Grafton« (3,5 Meilen von Shottery entfernt). Die Bürgschaftsurkunde vom 28. Nov. bezeichnet das Paar jedoch als »William Shagspere ... and Anne Hathwey of Stratford«. Die einleuchtendste und auch überwiegend akzeptierte Erklärung ist, daß dem Schreiber (wie auch andernorts) ein Verwechslungsfehler unterlief, da am gleichen Tag in den Akten der kirchlichen Behörde der Name Whateley auftrat, oder aber daß er nach flüchtigem Lesen die Buchstaben vertauschte (Annamhathwey – Annawhateley).

Nicholas ROWE gab den Namen der Braut 1709 als HATHAWAY an, bevor die Dokumente entdeckt wurden. Doch fehlte es auch nicht an romantischeren Deutungen der Diskrepanz zwischen den Urkunden. So vermuteten manche Biographen die Existenz einer zweiten Anne, der Shakespeares wahre Zuneigung gehörte, die ihm jedoch kurz vor dem Traualtar von den erbosten Freunden der ins Unrecht gesetzten Anne HATHAWAY entrissen wurde. Die Karriere des Dramatikers in London erscheint unter diesem Aspekt als Flucht aus dem verhaßten Ehejoch, dem wir somit letztenendes die unvergänglichsten Dramen der Weltliteratur zu verdanken hätten. Tatsächlich besitzen wir nicht die geringsten Belege über Erfolg oder Mißlingen der Ehe des Dramatikers. Als »Konfessionen« Shakespeares zitierte Aussagen aus den Stükken lassen sich fast stets mit entgegengesetzten Textstellen neutralisieren. Die einzige urkundliche Stelle, an der Anne Shakespeares Name noch erwähnt wird, findet sich im Testament Thomas WHITTINGTONs, des Schäfers ihres Vaters. Ihr stattliches Elternhaus, Hewlandfarm oder seit dem 18. Jahrhundert »Ann Hathaway's Cottage«, zählt zu den Hauptattraktionen Stratfords. Über Annes Charakter gibt es kaum Hinweise. Daß sie als älteste von acht Geschwistern jedoch kein allzu geruhsames Leben geführt haben wird, dürfen wir annehmen. Annes Familienmitglieder scheinen gute Kirchgänger gewesen zu sein. Ihr Bruder Bartholomew war mehrere Jahre hintereinander im Kirchenvorstand und leitete sein Testament mit puritanischen Andachtsformeln ein. Auch ihr eigener Grabspruch ist in betont christlichem Ton gehalten.

Wo die Hochzeit stattfand, ist unbekannt, ebenso, wo das

junge Paar danach lebte. Bis zu Shakespeares Erwerb von New Place 1597 gibt es keinen dokumentarischen Hinweis auf seinen Wohnort. Doch hätte es dem Brauch der Zeit entsprochen, wenn es zu Williams Eltern gezogen wäre. Aus dem Stratforder Kirchenregister entnehmen wir, daß die Tochter Susanna am 26. Mai 1583 und das Zwillingspaar Hamnet und Judith am 2. Februar 1585 getauft wurden. Die Wahl der Namen der Zwillinge scheint darauf hinzuweisen, daß Hamnet und Judith SADLER aus der High Street Pate standen (die Erwähnung SADLERS in Shakespeares Testament läßt somit auf eine mehr als dreißigjährige Freundschaft schließen). Am 11. August 1596 vermerkt das Kirchenregister das Begräbnis von Shakespeares Sohn Hamnet. Der Dramatiker starb ohne männlichen Nachfolger; auch seine Hoffnung auf männliche Erben seiner Töchter erfüllte sich nicht.

J.W. GRAY, Sh.'s Marriage, His Departure from Stratford and Other Incidents in His Life, London, 1905. – F. HARRIS, The Man Sh. and His Tragic Life-story, London, 1909. – A.H. TOLMAN, »Sh.'s Supposed References to His Marriage« (1918), in: Falstaff and Other Shakespearean Topics, New York, 1925. – C.F.T. BROOKE, »The License for Sh.'s Marriage«, MLN, 57 (1942). – J.G. McMANAWAY, »The License for Sh.'s Marriage«, MLN, 57 (1942). – W.J.F. HUTCHESON, Sh.'s Other Anne, Glasgow, 1950. – C. J. SISSON, »Sh.'s Friend: Hathaways and Burmans at Shottery«, ShS, 12 (1959). – I. BROWN, The Women in Sh's Life, London, 1968. – L. FOX, In Honour of Sh.: The History and Collections of the Sh. Birthplace Trust, Norwich, 1972. – F. J. POHL, Like to the Lark: The Early Years of Sh., London, 1972.

5. BERUFSTHEORIEN

Die sieben Jahre zwischen der Taufe der Zwillinge 1585 und der ersten namentlichen Erwähnung Shakespeares in London 1592 wurden von den Biographen gern als »lost years« bezeichnet, da uns keinerlei Dokumente darüber aufklären, welchem Beruf Shakespeare nachging oder wo er sich aufhielt. Legenden, die diese Informationslücke auszufüllen trachten, wurden schon erwähnt. Die Nachforschungen und Überlegungen der Biographen erstrecken sich auch auf den Zeitraum von 5–6 Jahren vor der Geburt der Zwillinge, in dem Shakespeares ständige Anwesenheit in Stratford durchaus nicht gesichert ist. Es wurde vorgeschlagen, daß William nach Beendigung der Schulzeit a) in das Geschäft seines Vaters eintrat, b) in einem Rechtsanwaltsbüro arbeitete (vielleicht bei Master ROGERS, dem Stadtschreiber),

c) Schulmeister auf dem Land geworden sei. Möglichkeit b) basiert auf Shakespeares Vertrautheit mit der Rechtsterminologie,
die jedoch eher weitgestreut als genau ist und auch andere
elisabethanische Dramatiker auszeichnet. Vorschlag c) stammt
von AUBREY, der seinen vertrauenswürdigsten Informanten, den
Schauspieler BEESTON, dafür anführt. Textstellen aus *The Merry
Wives, Love's Labour's Lost* und *The Taming of the Shrew* wurden
zur Unterstützung dieser These herangezogen. Wenn allerdings
der aus den Dramen entstehende Eindruck des vertrauten Um-
gangs mit einem bestimmten Erfahrungsbereich zum Ausgangspunkt einer Hypothese genommen wird, läßt sich fast jegliche
Romanze um diese frühen Jahre spinnen. William WARBURTON
zitiert mehr als 30 Gebiete, auf denen Shakespeare meisterhafte
Kenntnisse besaß: Backen, Sticken, Musik, Vogelfängerei,
Schneidern, Astrologie, Botanik, Chirurgie usw. Manche Biographen vermuteten eine Erziehung als Page oder Singknabe im
Haushalt eines Aristokraten, wo er einen Teil dieses Wissens
erwarb (A. GRAY, J. D. WILSON). Andere schickten ihn auf Reisen
nach Italien und Frankreich (G. LAMBIN) oder ließen ihn mit
Francis DRAKE die Welt umsegeln (W. BLISS). Ein höheres Maß
an Wahrscheinlichkeit kommt Versuchen zu, für diese Jahre
bereits eine Schauspielertätigkeit Shakespeares zu dokumentieren.
O. BAKER stellte die Hypothese auf, daß der Dramatiker mit
einem William SHAKESHAFTE identisch sei, der 1580–81 im Dienst
Alexander HOUGHTONs in Lancashire stand; diese Namensähn-
lichkeit ist jedoch sein einziger Beleg. Auch die Möglichkeit
wurde erwogen, daß Shakespeare sich einer der fahrenden
Schauspieltruppen anschloß, die in Mittelengland auf Tournee
gingen. 1587 weilten die Queen's Men in Stratford, als angese-
henste und am besten bezahlte der fünf gastierenden Truppen
dieses Jahres. In diesem Sommer fehlte ihnen ein Schauspieler,
der in einem Duell getötet worden war, und es wurde vermutet,
daß Shakespeare diese Lücke füllte.

J. CAMPBELL, *Sh's Legal Acquirements Considered*, London, 1859. – W. L. RUSH-
TON, *Sh. an Archer*, London, 1897. – A. ACHESON, *Sh.'s Lost Years in London
1586–1592*, London, 1920. – A. GRAY, *A Chapter in the Early Life of Sh.*, Cam-
bridge, 1926. – W. JAGGARD, *Sh. Once a Printer and Bookman*, Stratford-on
Avon, 1934. – O. BAKER, *In Sh.'s Warwickshire and the Lost Years*, London, 1937.
– W. BLISS, *The Real Sh.: A Counterblast to Commentators*, London, 1947. – D.
COOPER, *Sergeant Sh.*, London, Toronto, 1949. – L. HOTSON, *Sh.'s Sonnets*

Dated and Other Essays, London, 1949. – J. ISAACS, *Sh.'s Earliest Years in the Theatre*, London, 1953. – E. B. EVERITT, *The Young Sh.: Studies in Documentary Evidence*, Copenhagen, 1954. – A. KEEN/R. LUBBOCK, *The Annotator: The Pursuit of an Elizabethan Reader of Halle's Chronicle Involving some Surmises about the Early Life of W. Sh.*, London, 1954. – G. LAMBIN, *Voyages de Sh. en France et en Italie*, Genf, 1962. – P. ALEXANDER, »The Schoolmaster from the Country«, *TLS*, April 23, 1964. – A. F. FALCONER, *Sh. and the Sea*, Constable, 1964. – R. BERMAN, »Sh. and the Law«, *SQ*, 18 (1967). – G. W. KEETON, *Sh.'s Legal and Political Background*, London, 1967. – D. HAMER, »Was W. Sh. William Shakeshafte?«, *RES*, 21 (1970). – O. H. PHILLIPS, *Sh. and the Lawyers*, London, 1972. – W. K. KNIGHT, *Sh.'s Hidden Life: Sh. at the Law, 1585–1595*, New York, 1973.

6. »JOHANNES FACTOTUM«

Mit einiger Sicherheit läßt sich lediglich sagen, daß Shakespeare um 1592 bereits Aufsehen in Londoner Theaterkreisen erregte und auch schon längere Bühnenpraxis aufzuweisen hatte. Auf seinem Totenbett, am 3. September 1592, hinterließ Robert GREENE ein literarisches Testament, das postum veröffentlicht wurde: *A Groatsworth of Wit bought with a Million of Repentance*. Das Pamphlet richtet bittere Angriffe gegen die Schauspieler im allgemeinen, die mehr durch die Stücke verdienten als deren Autoren, und gegen Shakespeare im besonderen: »Yes trust them not: for there is an upstart Crow, beautified with our feathers, that with his Tygers hart wrapt in a Players hyde, supposes he is as well able to bombast out a blanke verse as the best of you: and beeing an absolute Johannes Factotum, is in his owne conceit the onely Shakescene in a countrey.«

Diesem Ausbruch GREENES, in dem möglicherweise ein Zitat aus *3 Henry VI* parodiert wird (»O tiger's heart wrapt in a woman's hide« I, iv, 137), folgte drei Monate später eine Entschuldigung von Henry CHETTLE, dem verantwortlichen Herausgeber des Pamphlets, in dem Vorwort zu seinem *Kind Harts Dream* (1592). Dieser ist zu entnehmen, daß von seiten einiger Beschuldigter Protest gegen GREENES Verleumdungen erhoben wurde. In dem einen, von der Forschung auf Shakespeare bezogenen Fall bedauert CHETTLE die Vorwürfe besonders, da er den Betroffenen inzwischen als höchst zuvorkommenden Menschen kennengelernt habe, der auch in seinem Beruf als Schauspieler Hervorragendes leiste. Außerdem hätten sich verschiedene Standespersonen für seine Ehrenhaftigkeit verbürgt. Die Anmut seiner Verse lege jedoch das beste Zeugnis für sein Können ab. Da vor dem 8. Dezember 1592 nichts von Shakespeare veröffentlicht war, muß CHETTLE entweder Manuskriptvorlagen gelesen oder, was wahrscheinlicher ist, ein Stück von ihm gesehen haben. Obgleich mit Ausnahme von *Titus Andronicus* wahrscheinlich kaum eines der uns überlieferten Dramen vor *Henry VI* verfaßt wurde, dürfte Shakespeare 1592 bereits mehrere Jahre Schreiberfahrung gehabt haben, denn der dritte Teil von *Henry VI* zeigt bereits eine Gewandtheit der Sprache und Konstruktion, wie sie von einem Anfänger kaum geleistet werden konnte. Aus der ausdrücklichen Betonung von Shakespeares Ehrenhaftigkeit hat man geschlossen, daß in GREENES Formulierung »upstart crow, beautified with our feathers« der Vorwurf des Plagiats enthalten gewesen sei. So versuchte J.D. WILSON an einer Reihe von Beispielen aufzuzeigen, daß ein in klassischen Autoren belesenes Publikum die Bezeichnung »crow in other birds' feathers« eng mit der Vorstellung des literarischen Diebstahls assoziierte. Die These, daß der Dramatiker zu Beginn seiner Laufbahn die Stücke anderer Autoren bearbeitete und adaptierte, wird besonders von Forschern unterstützt, die in der Trilogie *Henry VI* und in den frühen Komödien nur eine teilweise Verfasserschaft Shakespeares vermuten. Im Gegensatz zu dieser Ende des 19. und Beginn des 20. Jahrhunderts vorherrschenden Auffassung interpretieren die meisten heutigen Gelehrten GREENES Worte als Ausdruck des Neides über den erfolgreichen Emporkömmling ohne Universitätsstudium, der sich anmaßt, jede Art von Bühnenarbeit zu beherrschen.

A. HARBAGE, »A Contemporary Attack Upon Sh.?«, *SAB*, 16 (1941). – W.B. AUSTIN, »A Supposed Contemporary Allusion to Sh. as a Plagiarist«, *SQ*, 6 (1950). – J.D. WILSON, »Malone and the Upstart Crow«, *ShS*, 4 (1951). – T.W. BALDWIN, »The Literary Genetics of Robert Greene's Shakescene Passage«, in: *On the Literary Genetics of Sh.'s Plays 1592–1594*, Urbana, 1959. – R. PRUVOST, »Robert Greene a-t-il accusé Sh. de Plagiat?«, *EA*, 12 (1959).

7. SOUTHAMPTON ALS GÖNNER SHAKESPEARES

Das nächste Dokument über Shakespeares Theatertätigkeit stammt erst aus dem März des Jahres 1595 und bezeichnet ihn als Mitglied der Lord Chamberlain's Men. Die dazwischenliegen-

den Jahre waren eine harte Zeit für die Schauspieler, da vom
20. September bis 8. Dezember 1592 und 2. Februar 1593 bis
Juni 1594 die Theater in London wegen der Pest geschlossen
blieben. Möglicherweise ging Shakespeare mit einer der Truppen auf Tournee, doch spricht manches dafür, daß er zumindest
einen Teil der Zeit mit der Arbeit an den Verserzählungen *Venus
and Adonis* (1593) und *The Rape of Lucrece* (1594) überbrückte. Es
scheint nicht verfehlt, einen Zusammenhang zwischen dem Angriff GREENES und diesen für Shakespeare neuen literarischen
Ambitionen zu vermuten. Nach CHETTLES Entschuldigung mag
er bestrebt gewesen sein, seinen literarischen Ruhm mit einem
Werk zu festigen, das nicht nur den vergänglichen Beifall der
Theaterbesucher, sondern in gedruckter Form die Aufmerksamkeit kunstverständiger und gebildeter Kreise auf sich lenken
konnte. Beide Versepen erschienen in der Druckerei Richard
FIELDS, eines mutmaßlichen Schulfreundes aus Stratford. *Venus
and Adonis* war mit einer ausführlichen Widmung an den »Right
Honourable Henry Wriothesley, Third Earl of Southampton
and Baron of Titchfield« versehen, einen jungen Aristokraten mit
katholischen Ahnen, der gerade erstes Aufsehen bei Hof erregt
hatte. Mit gebührlichen Bescheidenheitstopoi bietet Shakespeare
SOUTHAMPTON das Werk dar als »first heire of my invention«,
d.h. als das erste gedruckte Gedicht und damit die erste ernstzu-
nehmende literarische Schöpfung. Die Beliebtheit des Werkes
(10 Auflagen bis 1602, 5 weitere bis 1640) deutet darauf hin, daß
Shakespeare mit dem eleganten, rhetorisch geschmückten Stil
dem Zeitgeschmack besonders erfolgreich entsprochen hatte.
Auf *Venus and Adonis* beziehen sich auch die ersten, stets lobenden
Anspielungen aus literarischen Kreisen. Bei der ebenfalls an
SOUTHAMPTON gerichteten Widmung zu *The Rape of Lucrece*
glaubten manche Biographen einen Ton größerer Vertraulich-
keit zu vernehmen, und schlossen daraus auf eine enge Freundschaft zwischen dem Dichter und dem jungen Aristokraten.
Fast immer knüpft sich daran die Spekulation, daß SOUTHAMPTON
der Empfänger der autobiographisch interpretierten Sonette
gewesen sein könnte. (Auf die biographischen Deutungsversuche
der Sonette wird in Kap. III. D. 1. b. eingegangen). N. ROWE
erwähnt, daß Shakespeare von seinem Schutzherrn mit £ 1000

belohnt worden sei, einer Summe, die unglaubwürdig hoch ist (sämtliche Grundstückskäufe Shakespeares zusammengenommen betrugen weniger). CHAMBERS hält ein Geschenk von £ 100 für wahrscheinlicher, das von dem Dramatiker vielleicht zum Erwerb eines Anteils bei den Chamberlain's Men verwendet wurde.

C.C. STOPES, *The Life of Henry, Third Earl of Southampton, Sh.'s Patron*, Cambridge, 1922. – M.C. BRADBROOK, »Beasts and Gods: Greene's *Groats-worth of Witte* and the Social Purpose of *Venus and Adonis*«, ShS, 15 (1962). – G.P. V AKRIGG, *Sh. and the Earl of Southampton*, London, 1968. – A. L. ROWSE, *Simon Forman: Sex and Society in Sh.'s Age*, London, 1974. – G. P. V. AKRIGG, »Something More About Sh.'s Patron«, SQ, 28 (1977).

8. SHAKESPEARES THEATERTÄTIGKEIT

a) Shakespeares Truppe

Die erste offizielle Bestätigung von Shakespeares Theatertätigkeit stammt aus dem März des Jahres 1595. Zusammen mit William KEMPE und Richard BURBAGE erscheint sein Name in den Rechnungsbüchern des königlichen Schatzmeisters, wo die Bezahlung für zwei im Dezember 1594 gegebene Hofvorstellungen an die Chamberlain's Men vermerkt ist. Shakespeare scheint also schon früh eine prominente Stellung in dieser angesehenen Truppe eingenommen zu haben, die erst 1594 aus einer Reorganisation der Lord Strange's Men hervorgegangen war. Vorher war er möglicherweise für mehrere Truppen tätig. *3 Henry VI* und *Titus Andronicus* scheinen zuerst von der Truppe Pembrokes aufgeführt worden zu sein, und als diese sich 1593 auflöste, wurde das zweite Stück von den Sussex' Men übernommen. Die Rechte für seine Stücke muß der Dramatiker jedoch behalten haben, da sie sich später im Besitz der Chamberlain's Men befanden.

Als der Theatermanager HENSLOWE im Juni 1594 in einem kleinen Theater in Newington Butts mit einer gemischten Gruppe aus den Lord Admiral's Men und den Lord Chamberlain's Men Vorstellungen gab, setzte er *Titus Andronicus* (7. und 14. Juni), *Hamlet* (11. Juni) und *The Taming of A Shrew* (13. Juni) an. Ob Shakespeare zu diesem Zeitpunkt bereits an den Aufführungen

teilnahm, ist nicht bekannt. Nach dem 15. Juni trennten sich die
beiden Gruppen.

Bei Hof nahm Shakespeares Truppe eindeutig die Vorrangstellung ein. Gegenüber 20 Hofvorstellungen der Admiral's Men
spielten die Chamberlain's Men 32mal vor Königin ELISABETH.
Nach ihrem Tod wurden sie durch ein am 19. Mai 1603 ausge-
stelltes königliches Patent in die Dienste ihres Nachfolgers,
JAMES I, übernommen und in King's Men umbenannt. Unter dem
theaterbegeisterten König gaben sie im ganzen 175 Hofvorstellungen, also durchschnittlich zwölf im Jahr, wobei Shakespeares
Stücke am häufigsten vertreten waren. Gleichzeitig fielen den
Schauspielern gewisse Repräsentationspflichten zu. Am 15. März
1604 führt Shakespeares Name die Liste von neun Mitgliedern
der Truppe an, die mit je 4½ Ellen roten Tuches für neue
Livreen als königliche Kammerdiener ausgestattet wurden. Damit wurden sie offensichtlich eingekleidet für den Krönungszug,
der zu Ehren JAMES I in London stattfand. Im August machten
die King's Men dem spanischen Gesandten Don Juan de VELASCO
ihre Aufwartung, der während der Friedensverhandlungen in
Somerset House weilte. Bei den Hochzeitsfeierlichkeiten (Dezember 1612–April 1613) für Prinzessin ELISABETH und FREDE-
RICK, den zukünftigen König Böhmens, waren die King's Men
mit 20 Hofvorstellungen vertreten, worunter besonders der
Tempest für den festlichen Anlaß geeignet erschien.

b) Shakespeare als Teilhaber

Daß Shakespeare 1595 zusammen mit KEMPE und BURBAGE als
Vertreter der anderen Schauspieler genannt wird, deutet darauf
hin, daß er zu dieser Zeit bereits den Status eines Teilhabers in
der Truppe hatte. Bei dem Zusammenschluß 1594 steuerten die
Hauptschauspieler das zum Neubeginn nötige Kapital bei und
verteilten als »Aktionäre« den Gewinn unter sich. Bei dem Bau
des Globetheaters 1599 vermieden sie erhebliche Abgaben an
einen Hauseigentümer, indem sie selbst für den Grund und das
Gebäude aufkamen. Die beiden BURBAGE-Brüder behielten die
Hälfte der Hausanteile (vermutlich bestand ihr Hauptbeitrag in
dem Bauholz, das von dem abgerissenen Theatre verwendet

wurde), die andere Hälfte der Hausanteile wurde von fünf bisherigen Teilhabern beigesteuert (je 10%). Neben Shakespeare hatten Augustine PHILLIPS, John HEMINGE, Thomas POPE und William KEMPE Anspruch auf einen proportionalen Anteil an den traditionellen Einkünften des Hausbesitzers aus den Galerieeinnahmen. Wiederum finden wir den Namen Shakespeares an prominenter Stelle erwähnt: ein Inventar vom 16. Mai 1599 des Eigentums von Sir Thomas BREND, dessen Sohn Nicholas den Grund, auf dem das Globetheater stand, an die Truppe verpachtet hatte, beschreibt das neuerbaute Haus als »in occupatione Willielmi Shakespeare et aliorum«; ein anderes Inventar 1601 hebt ihn und Richard BURBAGE als Mieter hervor.

Das gleiche Verfahren wurde angewandt, als am 9. August 1608 die Hausanteile für das zusätzlich erworbene Blackfriars Theater unter sieben Mitglieder verteilt wurden: Cuthbert BURBAGE und Thomas EVANS und fünf der King's Men: Richard BURBAGE, William Shakespeare, John HEMINGE, Henry CONDELL und William SLY. Nur die besten Mitglieder wurden auch Hausteilhaber, und da ihre eigene Leistung entscheidend zum Erfolg des Theaters und somit ihrem eigenen beitrug, war dies ein Ansporn, alle verfügbaren Energien auf gute Vorstellungen zu konzentrieren. Shakespeares Beitrag lag wohl im wesentlichen in seinen Stücken, deren Proben er überwachte und bei denen er vermutlich Regie führte und selbst auftrat. Zu den anderen Pflichten der Teilhaber gehörte es, neue Stücke ausfindig zu machen, deren Besetzung zu organisieren, die Schauspielschüler auszubilden und für die Instandhaltung der Theater zu sorgen.

c) Shakespeare als Schauspieler und Dramatiker

Da Ben JONSON für die Folioausgabe seiner eigenen Werke 1616 Listen mit der Erstbesetzung seiner Stücke zusammengestellt hat, wissen wir, daß Shakespeare in zwei seiner Dramen aufgetreten ist. Sein Name führt die Reihe der Hauptdarsteller an, die in *Every Man in His Humour* (1598) spielten, und erscheint auch in der Besetzungsliste für *Sejanus His Fall* (1603). In dem 1. Folio wird Shakespeare in der Liste der »Principal Actors in all these Plays« ein Ehrenplatz eingeräumt; dies kann jedoch auch als Kompliment für seine »Mitwirkung« als Teilhaber verstanden werden. CHETTLE spielt in seiner Entschuldigung auf die schauspielerischen Qualitäten des Dramatikers an; da der Tenor jedoch offensichtlich schmeichelnd ist, empfiehlt es sich, die Bemerkung mit Vorsicht aufzunehmen. Alle späteren Kommentare, die Shakespeare als Schauspieler mit verschiedenen Figuren in seinen Stücken wie dem Geist in *Hamlet* oder Adam in *As You Like It* oder bestimmten Königsrollen assoziieren, gehören dem Bereich der Spekulationen an.

Die enge Beziehung zu den Schauspielern, die genaue Kenntnis ihrer individuellen Temperamente, Stärken und Schwächen und nicht zuletzt die Erfahrungen der eigenen Bühnenpraxis schufen besonders günstige Voraussetzungen für ein publikumswirksames Drama, das durchaus nicht unantastbar war, sondern den verschiedensten Bedürfnissen angepaßt werden konnte. Allerdings dürfte Shakespeare für seine schriftstellerische Tätigkeit nicht viel Zeit geblieben sein, falls er den üblichen Theateralltag der Teilhaber mitvollzog: morgens Probe, nachmittags Vorstellung, manchmal besondere Abendaufführungen. Dazu kam die sorgfältige Vorbereitung der Vorstellungen am Hof und die Teilnahme an Tourneen in die Provinz. Wie aus Bemerkungen von Ben JONSON, von HEMINGE und CONDELL hervorgeht, beeindruckte Shakespeare seine Kollegen immer wieder durch die Mühelosigkeit seiner dichterischen Produktivität. Die Herausgeber hoben hervor, daß sie kaum eine ausgestrichene Zeile oder Verbesserung in seinen Manuskripten gefunden hätten.

d) *Shakespeare und seine Kollegen*

Die freundschaftlichen Beziehungen der Schauspieler untereinander, die mehr zu dem Zusammenhalt der Truppe beitrugen, als es vertraglich festgelegte Statuten vermocht hätten, sprechen auch aus den Testamenten, in denen die Kollegen erwähnt sind. Augustine PHILLIPS hinterließ Shakespeare ein Dreißig-Schillingstück in Gold, neben den anderen erwähnten Schauspielern erhielt nur noch CONDELL ein gleich hohes Geschenk. Shakespeare selbst vermachte in seinem Testament HEMINGE, CONDELL und Richard Burbage je 26 s 8 d für Gedenkringe. Viele seiner früheren Kollegen waren zu dieser Zeit bereits tot.

Die Assoziation des Dramatikers mit dem berühmtesten Schauspieler der Truppe, Richard Burbage, begegnet uns in einer Tagebuchnotiz des Rechtsstudenten John Manningham, der sich auf seinen Kommilitonen Edward Curle bezieht (13. März 1602): »Upon a time when Burbidge played Richard III there was a citizen grew so far in liking with him that, before she went from the play, she appointed him to come that night unto her by the name of Richard the Third. Shakespeare, overhearing their conclusion, went before, was entertained and at his game ere Burbidge came. Then, message being brought that Richard the Third was at the door, Shakespeare caused return to be made that William the Conqueror was before Richard the Third.«

Diese Geschichte entspricht einem in zeitgenössischen Scherzbüchern beliebten Typ von Anekdote. (Spätere Biographen nahmen sie jedoch ernst und sahen sich in ihrem moralischen Empfinden beunruhigt). Die Freundschaft zwischen Burbage und Shakespeare war auch den Studenten des St. John's College, Cambridge, bekannt, die sich in den drei selbst verfaßten *Parnassus Plays* satirisch mit dem Studentenleben und dem zeitgenössischen Theater auseinandersetzen. Zwei bedürftige Studenten bewerben sich in einem dieser Stücke bei Burbage und Kempe um Aufnahme in die Truppe und sprechen als Probe unter anderem den Eingangsmonolog von *Richard III* vor. Kempe äußert sich herablassend über die Universitätsgelehrten, die nur in klassischen Zitaten sprächen und hebt Shakespeares Überlegenheit gegenüber Ben Jonson hervor. An dieser Stelle spielt er auch auf den aktuellen Theaterstreit, die Poetomachia (1599 bis 1602) an, die im wesentlichen eine Auseinandersetzung zwischen Jonson, Marston und Dekker war, welche sich gegenseitig als satirisch verzerrte Gestalten auf die Bühne brachten. Für Shakespeares Teilnahme an dem Streit gibt es als Anhaltspunkt Kempes Bemerkung im 3. *Parnassus Play*, daß Shakespeare dem »pestilent fellow« Jonson ein »Abführungsmittel« als Erwiderung auf seine »Pille« verabreichte. Möglicherweise ist dies eine Verwechslung, da Dekkers gegen Jonson gerichtetes Stück *Satiromastix* von den Chamberlain's Men gespielt wurde.

e) Aussagen über Shakespeares dichterische Leistung zu
seinen Lebzeiten

Bis zu Shakespeares Tod 1616 lassen sich mehr als 100 Anspie-
lungen auf ihn feststellen, d.h. beinahe 100 Autoren nehmen
Bezug, zitieren oder parodieren Zeilen aus seinen Stücken und
Gedichten. Dabei werden *Venus and Adonis, Hamlet, Henry IV,
Lucrece, Richard III* und *Romeo and Juliet* am häufigsten erwähnt.
Meistens sind es unbedeutendere Schriftsteller, die sich über ihn
äußern. Auf den literarisch interessierten Schulrektor Francis
MERES stützen sich die Zusammenstellungen über Shakespeares
zeitgenössischen Ruhm in besonderem Maße. Sein Buch *Palladis
Tamia, Wit's Treasury* (1598) enthält ein kurzes Kapitel, das
englische Schriftsteller mit griechischen, lateinischen und itali-
nischen vergleicht und für die Chronologie der Werke Shakespeares den wichtigsten Hinweis liefert: »As Plautus and Seneca
are accounted the best for comedy and tragedy among the
Latins, so Shakespeare among the English is the most excellent in
both kinds for the stage; for comedy, witness his *Gentlemen of
Verona*, his *Errors*, his *Love's Labour's Lost*, his *Love's Labour's
Won*, his *Midsummer Night's Dream*, and his *Merchant of Venice;*
for tragedy, his *Richard the Second, Richard the Third, Henry the
Fourth, King John, Titus Andronicus* and his *Romeo and Juliet.*«
Auch seine lyrische Dichtung wird rühmend hervorgehoben,
(».. . mellifluous & hony-tongued Shakespeare, witnes his
VENUS AND ADONIS, his LUCRECE, his sugred sonnets among his
private friends . . .«), sowie seine Gabe »to bewail and moan the
perplexities of love«. Zweifellos haben wir in MERES einen
großen Verehrer des Dramatikers vor uns, dennoch wird sein
Lob etwas eingeschränkt, wenn wir bedenken, daß der von patriotischer Gesinnung beseelte Schulmeister noch 125 weiteren
englischen Schriftstellern, Malern und Musikern in ähnlich
superlativischen Tönen huldigte. DRAYTON und SPENSER beispielsweise nehmen in seiner Aufzählung eine wesentlich pro-
minentere Stellung als Shakespeare ein.

Die nach 1600 hauptsächlich in Manuskripten verstreuten
Hinweise lassen, von einigen berühmteren Bewunderern wie
William CAMDEN oder John Davies of HEREFORD abgesehen,

durchaus nicht den Eindruck aufkommen, daß der Dramatiker zu Lebzeiten in seiner Größe richtig eingeschätzt wurde. Angemessene Anerkennung spendete erst der Nachruf Ben JONSONs im First Folio. JONSON selbst erlangte zu seiner Zeit viel größere Berühmtheit als Shakespeare. Nach seinem Tod erschien eine eigene Sammlung von Huldigungen aus dem Kreis seiner Schüler und Bewunderer, und das Folio seiner Werke 1640 wird von 12 Widmungsgedichten eröffnet, während Shakespeares First Folio nur drei aufweist.

L.L. SCHÜCKING, *Sh. im literarischen Urteil seiner Zeit*, Heidelberg, 1908. – J. MUNRO, ed., *The Shakspere-Allusion-Book: A Collection of Allusions to Shakspere from 1591 to 1700*. (Originally compiled by C.M. INGLEBY, L. SMITH, F.J. FURNIVALL), 2 vols, London, 1909. – G.E. BENTLEY, *Sh. & Jonson: Their Reputations in the Seventeenth Century Compared*, Chicago, 1945. – H. PAPAJEWS-KI, »Ben Jonsons Laudatio auf Sh.: Kategorien des literarischen Urteils in der Renaissance«, *Poetica*, 1 (1967). – J. FREEHAFER, »Leonard Digges, Ben Jonson, and the Beginnings of Sh. Idolatry«, *SQ*, 21 (1970). – S. SCHOENBAUM, »Sh. and Jonson: Fact and Myth«, in: *The Elizabethan Theatre II*, ed. D. Galloway, London, 1970. – G. E. BENTLEY, *The Profession of Dramatist in Sh.'s Time, 1590–1642*, Princeton, 1971. – G. M. PINCISS, »Sh., Her Majesty's Players and Pembroke's Men«, *ShS*, 27 (1974). – J. RAMSEY, »The Importance of Manningham's Diary«, *ShakS*, 7 (1974). (Siehe auch Bibliographie zu I.C.9)

9. SHAKESPEARES LONDONER EXISTENZ AUSSERHALB DES THEATERS

a) Seine Wohngegenden und Unterkünfte

Im Gegensatz zu den meisten seiner Kollegen, die zu ihren kinderreichen Familien auch noch Schauspiellehrlinge aufnahmen, scheint Shakespeare in London allein und in bescheidenen Verhältnissen als Untermieter gewohnt zu haben. Nichts deutet darauf hin, daß er seine Familie aus Stratford in die überbevölkerte und in Pestzeiten gefährliche Großstadt geholt hätte.

Offensichtlich legte er Wert darauf, in der Nähe seiner Arbeitsstätte zu wohnen. Vor Oktober 1596 muß er eine Zeitlang im Pfarrbezirk von St. Helen's, Bishopsgate, gelebt haben, in Nachbarschaft zu den Theatern in Shoreditch, in denen die Chamberlain's Men 1594–97 spielten, nämlich dem Theatre, dem Curtain und dem Cross Keys Inn. Dieser Wohnsitz geht aus Berichten von Steuereintreibern hervor.

b) Verwicklungen in Rechtsstreitigkeiten

Daß Shakespeare wohl schon im Jahre 1596 auf die andere Flußseite, nach Surrey, gezogen sein muß, läßt sich aus Dokumenten schließen, die L. HOTSON in den Controlment Rolls der Court of Queen's Bench entdeckt hat. 1596 beantragte William WAYTE beim Sheriff von Surrey eine schriftliche Gewähr für »Einhaltung des Friedens«, da er sich von Francis LANGLEY, William Shakespeare, Dorothy SOER und Anne LEE in seiner Sicherheit bedroht fühlte. Francis LANGLEY ist als Erbauer des Swan Theater bekannt. Wie in Fällen dieser Art nicht selten, ging diesem Antrag ein Antrag LANGLEYS voraus, der seinerseits WAYTE und William GARDINER bezichtigte, mit Gewaltanwendung gegen ihn gedroht zu haben. Aus anderen zeitgenössischen Dokumenten geht hervor, daß der Charakter dieser beiden Männer höchst fragwürdig gewesen ist; WAYTE stand völlig unter dem Einfluß seines Stiefvaters GARDINER, der als Friedensrichter in weiten Kreisen verhaßt war. HOTSON schloß aus der Verbindung LANGLEY – Shakespeare, daß die Lord Chamberlain's Men um 1596 im Swan Theater agierten, bevor die erste nachgewiesene Truppe, Pembroke's Men, im Februar 1597 dort auftrat. Der Zwist könnte mit der puritanischen Verfolgung der Theater in Verbindung stehen, an der auch GARDINER mitwirkte und die besonders stark einsetzte, als der Patron der Truppe, Henry Lord HUNSDON, am 22. Juli 1596 starb und von einem weniger theaterfreundlichen Nachfolger, William Brooke, Lord COBHAM, ersetzt wurde.

Zumindest im Jahre 1604, vielleicht auch vorher und nachher, wohnte Shakespeare bei einem Kopfputzmacher, dem Hugenotten Christopher MOUNTJOY, der sogar Königin ANNE zu seinen Kundinnen zählte. Sein Haus lag an der Ecke der Silver und der Monkwell Street im Sprengel Cripplegate nahe der St. Paul's Kathedrale. Wir verdanken diese Adresse dem amerikanischen Forscher C. W. WALLACE, der 1910 Dokumente eines Zivilprozesses entdeckte, den Stephen BELOTT gegen seinen Schwiegervater MOUNTJOY führte. Shakespeare, der als ehemaliger Mieter am 11. Mai 1612 als Zeuge geladen war, sagte aus, daß er die Familie etwa zehn Jahre gekannt habe und die Hochzeit des Gesellen BELOTT mit der Tochter Mary im November 1604 auf Betreiben von Mrs. MOUNTJOY hin vermittelt habe. Er bescheinigte den ehrbaren Charakter des jungen Mannes, bedauerte aber, sich an die Höhe der Mitgiftsumme und der versprochenen Hinterlassenschaft (den eigentlichen Streitpunkt des Verfahrens) nicht mehr erinnern zu können. Im Protokoll wird Shakespeare als in Stratford wohnhaft bezeichnet, ein entscheidender Beweis, daß er sich aus der Stadt und von der Arbeit mit der Theatertruppe zurückgezogen hatte. Die Unterschrift unter seiner Aussage ist erhalten und besonders wertvoll, da sie von allen sechs bekannten die klarste ist und einen geübten Schreiber erkennen läßt. Der Paläograph Sir Edward M. THOMPSON bediente sich ihrer als hauptsächliches Beweisstück für seine These, daß die in Handschrift D verfaßten drei Seiten des Manuskriptes von *Sir Thomas More* von Shakespeare stammen.

c) Kontakte zu London in den letzten Lebensjahren

Obwohl Shakespeare um 1612 hauptsächlich in Stratford lebte, stand er doch noch in engem Kontakt mit Richard BURBAGE. Am 31. März 1613 wurden beide für die Anfertigung eines Turnierschildes für Francis Manners, Earl von RUTLAND, bezahlt, den dieser vermutlich für das Turnier zum zehnten Jahrestag der Thronbesteigung JAMES I. bestellte. BURBAGE, der in seiner Freizeit malte, führte die Zeichnung aus, und Shakespeare erfand wahrscheinlich das Motto.

Im gleichen Monat erfolgte die letzte nachgewiesene geschäftliche Transaktion des Dramatikers: am 10. März 1613 erwarb er das Torhaus in Blackfriars, das so wie das nahegelegene Blackfriars Theater ursprünglich Teil der riesigen Dominikanerabtei gewesen war. Er bezahlte £ 80 in Bargeld an den Besitzer Henry WALKER, nahm für die restlichen £ 60 der Kaufsumme eine Hypothek bei ihm auf und verpachtete das Haus. Von dem Abschluß sind zwei Vertragskopien vorhanden: Shakespeares von Henry WALKER unterzeichnetes Exemplar (in der Folger Library) und WALKERs Exemplar, das von Shakespeare und den drei Treuhändern William JOHNSON, John JACKSON und John HEMINGE unterzeichnet ist (in der Guildhall, London).

In einer mit diesem Besitztum zusammenhängenden Angelegenheit besuchte Shakespeare, soweit sich feststellen läßt, London zum letztenmal im April/Mai 1615. Zusammen mit anderen Beteiligten brachte er eine »Beschwerde« gegen einen gewissen Matthew BACON ein, um durch das Kanzleigericht die Eigentumsurkunde über die Priorei von Blackfriars zu erlangen. Die Auslieferung der Dokumente durch BACON, von dem Henry WALKER 1604 das Torhaus erworben hatte, wurde anscheinend nicht verweigert, aber die Übergabe des Schriftstücks in aller Form dürfte die Anwesenheit des Dramatikers erfordert haben, um den Vollzug nicht durch das Hin- und Hersenden der Papiere zwischen London und Stratford unnötig zu verzögern.

C.W. WALLACE, »Sh. and His London Associates, as Revealed in Recently Discovered Documents«, *UNS*, 10 (1910). – E.M. THOMPSON, *Sh.'s Handwriting*, Oxford, 1916. – L. HOTSON, *Sh. versus Shallow*. Boston, 1931. – L. HOTSON, *Sh.'s Sonnets Dated and Other Essays*, London, 1949. – G.E. BENTLEY, *Sh: A Biographical Handbook*, New Haven, 1961. – J. BROWN, *How Sh. spent the day*, 1963. – R. PRIOR, »The Life of George Wilkins«, *ShS*, 25 (1972).

10. SHAKESPEARE ALS STRATFORDER BÜRGER

a) Gesellschaftlicher Status

Die wirtschaftliche Stabilität, die sich aus Shakespeares Verbindung mit der beliebtesten Schauspieltruppe seiner Zeit ergab, und die Art, in der er seine Begabung als Dramatiker, Schauspieler und Teilhaber einzusetzen verstand, führte schon bald zu finanziellen Erfolgen und Anzeichen wachsenden Wohlstands. Während der Dichter in seinen Stücken oft mit Bewunderung und großem Einfühlungsvermögen verschwenderische und großzügige Menschen charakterisiert, deutet sein eigener Lebensstil auf eine ausgesprochene Tendenz zu Sparsamkeit und Besonnenheit im Umgang mit Geld. Dazu mag die Atmosphäre der Kleinstadt Stratford, in der er aufwuchs, beigetragen haben. Die Tatsache, daß sich die wirtschaftliche Lage seines Vaters verschlechterte, könnte ihm schon in frühen Jahren die Vorteile günstiger Geschäftsabschlüsse und eines gesicherten finanziellen Rückhalts vor Augen geführt haben. Als er in London Fuß gefaßt hatte, bemühte er sich als erstes darum, seiner

Familie wieder zu dem gesellschaftlichen Status zu verhelfen, den sie zur Zeit des Höhepunktes von John SHAKESPEARES Karriere genossen hatte. Vermutlich ist auf sein Betreiben die Erneuerung des 20 Jahre vorher gestellten Antrags auf ein Familienwappen zurückzuführen. Am 20. Oktober 1596 wurde das Wappen von dem Vorsteher des Heroldamtes, William DETHICK, gewährt, und von nun an war Shakespeare berechtigt, mit seinem Namen den Titel »gentleman« zu führen.

b) Hauserwerbungen

Ein weiteres Statussymbol kam hinzu. Am 4. Mai 1597 erwarb Shakespeare das zweitgrößte Haus in Stratford, New Place, das bis zu seinem Tod sein Wohnsitz blieb. Der prominente Stratforder Bürger Sir Hugh CLOPTON, der in London zum Bürgermeister aufstieg, hatte das Gebäude etwa ein Jahrhundert vorher errichten lassen, und schon dem königlichen Antiquar John LELAND war es auf seiner Reise durch Warwickshire 1590 als ansehnliches Fachwerkhaus aufgefallen. Zu dem an der Ecke von Chapel Lane und Chapel Street gelegenen Grundstück gehörten auch zwei Scheunen und zwei Gärten. Das stattliche Haus (über 18 m lang, ca. 21 m breit, am Nordgiebel 8,5 m hoch) war von einem Hof umgeben und von einer Mauer, bzw. Galerie für Bedienstetenzimmer gegen die Straße abgeschirmt, was den Eindruck eines herrschaftlichen Besitzes noch verstärkte. Wegen seines repräsentativen Charakters schien es besonders geeignet, hohen Besuch aufzunehmen. Wir wissen, daß 1614 ein Prediger als Gast der Stadt in New Place einquartiert war (die Stadtbehörde verzeichnete einen Bewirtungsbeitrag von 20 d für Wein). Im Juli 1643, als Königin HENRIETTE MARIA durch England reiste, um sich ihrem Gatten, King CHARLES I., in Oxford anzuschließen, weilte sie zwei Nächte als Gast von Lady BARNARD, der Enkelin Shakespeares, in Stratford. Zum Bedauern vieler Shakespeare-Verehrer sind heute alle Spuren von New Place verwischt. Sein letzter Besitzer, der Reverend Francis GASTRELL war durch die anhaltende Belästigung durch neugierige Touristen so erbittert, daß er 1758 nicht nur den Maulbeerbaum fällte, von dem eine liebgewonnene Tradition behauptete, daß der Dichter selbst ihn gepflanzt hatte, sondern schließlich auch das Haus gänzlich niederreißen ließ. Nur eine Federzeichnung des Kupferstechers Georg VERTUE aus dem Jahre 1737 gibt den imposanten Anblick wieder, den es im 17. Jahrhundert mit seinen drei Stockwerken und fünf Giebeln geboten haben muß.

Als Shakespeare das Haus kaufte, war es allerdings reparaturbedürftig, worauf die verhältnismäßig geringe Kaufsumme von £ 60 zurückzuführen sein dürfte. Die Steinladung, die er 1598 an die Stadtverwaltung verkaufte, war vermutlich von der Instandsetzung übriggeblieben. Da der vorherige Besitzer William UNDERHILL von seinem Sohn Fulke im Juli 1597 vergiftet wurde, ließ sich Shakespeare vorsichtshalber von dem zweiten Sohn Hercules, der nach der Exekution des Mörders 1602 das Erbe antrat, eine Bestätigung des Hauskaufs geben. 1602 erwarb er auch noch eine Hütte mit 1/4 Morgen bebaubaren Ackerlandes gegenüber dem Garten von New Place als Lehngut, vielleicht um dort einen Gärtner oder Diener unterzubringen. Seine Familie bezog das Haus wahrscheinlich im Jahre 1597, denn am 4. Februar 1598 zeigt ein städtisches Inventar der in Privathaushalten befindlichen Getreidemengen, daß Shakespeare einen Vorrat von 80 Büscheln lagerte.

c) Geldgeschäfte

Aus der Perspektive seiner Stratforder Mitbürger muß Shakespeare weniger der große Bühnendichter als ein kapitalkräftiger Geschäftsmann gewesen sein, dem man Vorschläge unterbreiten und den man um Geldanleihen angehen konnte. Der einzige erhaltene Brief an den Dramatiker (25. Oktober 1598) stammt von Richard QUINEY, der sich gerade in dienstlichen Angelegenheiten in London befand. Da er in Schulden geraten sei, bittet er seinen »loveinge good ffrend & countrey man« um eine Leihgabe von £ 30 und schlägt ihm zwei Stratforder Bürgen, Mr. BUSHELL und Mr. MYTTON vor. Ob Shakespeare den Brief je erhielt, ist zweifelhaft, denn er wurde später unter QUINEYS Papieren gefunden. Jedenfalls muß Richards Vater, Adrian QUINEY, von den Leihabsichten unterrichtet gewesen sein, denn er rät dem Sohn, falls er mit seinem Antrag Erfolg haben sollte, gestrickte Strümpfe einzukaufen, mit denen sich auf dem Markt zu Evesham ein gutes Geschäft machen ließe. Auch Abraham STURLEY, der chamberlain in Stratford war, bezieht sich auf das Leihgesuch und billigt es, äußert sich jedoch in seinem Brief an Richard QUINEY (4. November 1598) etwas skeptisch über dessen Erfolgsaussichten. Offensichtlich hielt man Shakespeare für in der Lage zu helfen, kannte jedoch seine vorsichtige Einstellung zum Geldverleihen. Daß er gewillt war, auch kleinere Schulden mit Nachdruck einzutreiben, wissen wir aus einigen Fällen. Zwischen März und Mai des Jahres 1604 hatte ein Mitglied seines Haushalts 20 Büschel Malz an seinen Nachbarn, den Apotheker Philip ROGERS verkauft, der sich am 25. Juni auch zwei Schillinge von der Familie borgte. Da er von seiner Gesamtschuld nur 6 Schillinge beglich, wurde später ein Anwalt, William TETHERTON, mit dem Einklagen der Summe beauftragt. 1608 verklagte er John ADDENBROOKE wegen ausstehender Bezahlung von £ 6. Nach etwa einem Jahr wurde Shakespeares Anspruch zuzüglich 24 s für Prozeßkosten vom Gericht bestätigt, der Schuldner hatte sich inzwischen aber aus Stratford entfernt, so daß sich der Dramatiker bemühte, wenigstens bei dessen Bürgen, dem Schmied und Wirtshausbesitzer Thomas HORNBY, das Geld einzutreiben. Offensichtlich erwartete Shakespeare auch von anderen die Korrektheit in geschäftlichen Angelegenheiten, die ihn selbst auszeichnete.

d) Investitionen in Grundbesitz

Bald nachdem Shakespeare New Place erworben hatte, sah er sich wieder nach geeignetem Grundbesitz um, in den er Geld investieren konnte. Dies geht bereits aus einem Brief Abraham STURLEYS an Richard QUINEY vom 24. Juni 1598 hervor. STURLEY erwähnt, daß er von Shakespeares Interesse an Landkauf in Shottery oder Umgebung gehört habe, daß er jedoch die »Zehntenfelder« von Stratford für eine empfehlenswerte Investition halte. Diesen Vorschlag griff Shakespeare allerdings erst im Jahre 1605 auf. Am 1. Mai 1602 tätigte er einen größeren Abschluß: für £ 320 erwarb er den freien Grundbesitz von 107 Ackern bebaubaren Landes in Old Stratford. Dem Landbesitz fügte Shake-

speare bald den Pachtvertrag über die erwähnten Zehntfelder
hinzu. Am 29. Juli 1605 verkaufte ihm Ralph Hubaud für £ 440
die Hälfte seines Zinsanrechts in den Zehnten von Stratford,
Old Stratford, Bishopton und Welcombe. Shakespeare zahlte
diese hohe Summe, seine größte Investition, in Raten. Sein Rein-
gewinn betrug jährlich etwa £ 60. Sechs Jahre später beteiligte
er sich an einem Antrag, in dem das Kanzleigericht um eine
verbindliche Entscheidung über die Pachtabgaben der etwa 40
übrigen Pächter gebeten wurde, da Unstimmigkeiten aufgetreten waren.

e) Fragen der Gemeindeverwaltung

In seinen letzten Lebensjahren war Shakespeare periphär in
die Kontroverse um die Einhegung des Gemeindelandes von
Welcombe verwickelt, wo er und andere Stratforder Bürger
Pachtrechte und Zinsanspruch hatten. Einige der Großgrund-
besitzer schlugen vor, die bisher üblichen schmalen Landstreifen
zu wirtschaftlich besser nutzbaren größeren Feldern zusammen-
zufassen und zu umzäunen. Bisher war das Vieh auf gemeinsa-
mem, nicht bebaubarem Grund geweidet worden. Besonders
die Kleinbauern hielten diese noch aus dem Mittelalter stammende
Regelung für vorteilhafter. Shakespeare ließ sich von dem Anwalt William Replingham am 28. Oktober 1614 schriftlich ver-
sichern, daß er für die Abgabe bebaubaren Ackerlandes entsprechend entschädigt würde. Am 16. November 1614 notierte
der Stadtkanzlist Thomas Greene, der sich stark gegen die Ein-
zäunung engagierte, bei einem Besuch in London, er habe von
Shakespeare und dessen Schwiegersohn John Hall erfahren, daß
die Einhegung erst im folgenden April in Angriff genommen
werden solle, wahrscheinlich aber gar nichts in dieser Angelegenheit geschehen werde. Am 23. Dezember schickte er Shakespeare
(den er wiederholt als seinen Cousin bezeichnet) eine Kopie der
im Rat zusammengestellten Unterschriftenliste der Gegner des
Projekts. Kurz darauf kam es zu einer handgreiflichen Auseinandersetzung zwischen den Knechten William Combes, der
ohne Genehmigung des Stadtrates Gräben ziehen ließ, und zwei
Mitgliedern der Gemeindeverwaltung, die sie daran zu hindern
versuchten. Anschließend stürmten die Stratforder Frauen und

Kinder den Schauplatz und füllten die Gräben wieder auf. Shakespeares Einstellung zu dem Plan, der nach mehreren gescheiterten Anläufen fallengelassen wurde, hängt im wesentlichen von der Interpretation einer umstrittenen Passage in GREENES Tagebuch ab, wo im September 1615 vermerkt steht: »Shakespeare's telling J. Greene that I (von anderen Biographen als »he« gelesen) was not able to bear the enclosing of Welcombe«. Seine Haltung erscheint als die eines auf seinen Besitz achtenden, prominenten Bürgers, den man wegen seines Einflusses gern als Verbündeten zu gewinnen bestrebt war.

Im Gegensatz zu seinem Vater nahm Shakespeare keinen aktiven Anteil an der Gemeindeverwaltung. Er scheint jedoch über die Vorgänge im Stadtrat unterrichtet gewesen zu sein. Am 11. September 1611 findet sich sein Name auf einer Liste von 72 Stratfordern, die mit einer Geldspende ein Gesetz über die Verbesserung der Landstraßen unterstützen wollten, das gerade im Parlament diskutiert wurde. Da er selbst häufig zwischen Stratford und London unterwegs war, mag ihm dieser Antrag am Herzen gelegen haben.

Aus den reichlich prosaischen Dokumenten wird deutlich, wie stark Shakespeare mit seiner provinziellen Herkunft verwurzelt blieb. Die Daseinsform eines angesehenen und wohlhabenden Stratforder Bürgers muß ihm als Gegenpol zu seiner hektischen Theaterexistenz viel bedeutet haben. Wie die anderen erfolgreichen Mitglieder seiner Truppe scheint er dem Rat des Straßenräubers RATSEY gefolgt zu sein, der uns aus dem anonymen Stück *Ratsey's Ghost* 1605 bekannt ist und von einigen Gelehrten sogar als direkte Anspielung auf Shakespeare verstanden wurde: ». . . when thou feelest thy purse well lined, buy thee some place or lordship in the country that growing weary of playing, thy money may there bring thee to dignitie and reputation; then thou needest care for no man. . .«

E. I. FRIPP, *Master Richard Quyny Bailiff of Stratford-upon-Avon and Friend of W. Sh.*, London, 1924. – C. W. SCOTT-GILES, *Sh.'s Heraldry*, London, 1950. – F. SIMPSON, »New Place: The only Representation of Sh.'s House, from an Unpublished Manuscript«, *ShS*, 5 (1952). – M. ECCLES, *Sh. in Warwickshire*, Madison, 1961. – R. C. SUTHERLAND, »The Grants of Arms to Sh.'s Father«, *SQ*, 14 (1963). – T. W. BALDWIN, »Shakspere, Shakespere, Shakespeare«, in: *Literatur als Kritik des Lebens*. Festschrift z. 65. Geburtstag v. L. Borinski, ed. R. Haas u. a., Heidelberg, 1975.

a) Rückzug aus der Theaterarbeit

Die verschiedenen Haus- und Grundbesitzkäufe in Stratford können als Hinweis darauf gelten, daß Shakespeare schon vor der Jahrhundertwende Vorbereitungen für die Rückkehr in die geruhsame Ländlichkeit seiner Heimatstadt traf. Aus den ausführlichen Regieanweisungen im *Tempest* schlossen manche Kritiker, daß die letzten Stücke schon nicht mehr in London verfaßt worden seien. Zumindest ab 1612 scheint er die meiste Zeit des Jahres in Stratford verbracht zu haben. Aus verschiedenen, bereits erwähnten Aktivitäten in der Hauptstadt sahen wir jedoch, daß er noch nicht völlig vom Theaterleben abgeschnitten war. Es ist durchaus denkbar, daß er seiner Truppe etwa bei den zahlreichen Aufführungen zu Ehren der Hochzeit der Prinzessin ELISABETH (1612–13) behilflich war. Da in seinem Testament seine Theateranteile nicht aufgeführt sind, dürfen wir vermuten, daß er sie schon vorher an Mitglieder der Truppe veräußerte. Möglicherweise veranlaßte ihn der Brand des Globe am 29. Juni 1613 zu diesem Schritt, denn für das neue, wesentlich prächtigere Gebäude mußten die Teilhaber einen beträchtlichen Kostenzuschuß leisten (an die £ 120).

b) Der Freundeskreis in Stratford

Der Spürsinn und Fleiß der Gelehrten hat unzählige Details über die Lebensumstände von Shakespeares Stratforder Nachbarn und Freunden zusammengetragen. Die Relevanz dieser Ergebnisse für Shakespeares Biographie kann bisweilen angezweifelt werden, sie trugen jedoch immerhin dazu bei, ein im 18. und 19. Jahrhundert verbreitetes Vorurteil abzubauen, daß nämlich Stratford ein Nest voll einfältiger, ungebildeter Hinterwäldler gewesen sei. Im folgenden seien nur einige Persönlichkeiten erwähnt, deren nähere Bekanntschaft mit Shakespeare auf Grund seines Testaments oder anderer Dokumente vorauszusetzen ist.

Thomas GREENE, der neben seiner Londoner Anwaltspraxis in Middle Temple lange Jahre das Amt des Stadtkanzlisten in

Stratford bekleidete, wohnte bis Ende September 1610 mit seiner Familie in New Place als Untermieter. Zwei seiner Kinder wurden auf den Namen William und Anne getauft, wobei die Hauseigentümer vielleicht Pate standen. GREENE könnte mit seinen juristischen Kenntnissen gut als Ratgeber der Familie gewirkt und während Shakespeares Abwesenheit seine Geschäfte überwacht haben. Seine häufigen Verpflichtungen in London lassen ihn auch als Nachrichtenüberbringer höchst geeignet erscheinen. Ab 1611 bezog er ein eigenes Haus. Er und seine Frau Lettice bezeugten später einen Vertrag für Shakespeares Tochter Judith. Seine Rolle in der Frage der Welcombe-Einzäunung wurde schon erwähnt.

In seinem letzten Willen hebt Shakespeare Thomas RUSSELL und Francis COLLINS als Testamentaufseher hervor. RUSSELL, dem Shakespeare £ 5 hinterließ, wurde von L. HOTSON als der ranghöchste unter den im Testament aufgeführten Personen identifiziert. Als Landedelmann aus alter Familie unterhielt er enge Kontakte zu Hofleuten und Gelehrten. Er heiratete die wohlhabende Witwe des führenden englischen Astronomen Thomas DIGGES, dessen Sohn Leonard DIGGES später in Oxford studierte und eines der drei Huldigungsgedichte für Shakespeares First Folio verfaßte.

Der Rechtsanwalt COLLINS, in dessen Handschrift das Testament des Dramatikers vorliegt, wurde von der Stadtbehörde als Nachfolger GREENES bestimmt, der Stratford im März 1616 verließ.

Mit der COMBE-Familie, von der Shakespeare 1602 Land erwarb, muß er freundschaftliche Beziehungen unterhalten haben, denn John COMBE hinterließ ihm 1614 £ 5, und Shakespeare vermachte dessen Neffen Thomas sein Schwert. Auf Grund dieser Hinterlassenschaft ist es unwahrscheinlich, daß der Dramatiker, wie später behauptet wurde, Verfasser eines Epitaphs auf John COMBE gewesen sei, in dem in spöttischer Weise auf die Wuchergeschäfte des Verstorbenen angespielt wurde.

Wenig ist bekannt über Shakespeares Beziehung zu seinen Verwandten. Zur Zeit seines Todes lebte nur noch seine Schwester Joan, die vor 1600 den Hutmacher William HART geheiratet hatte und mit ihren vier Kindern das von ihrem Vater erworbene

Haus in der Henley Street bewohnte. Der Bruder Gilbert, der den Dramatiker bei geschäftlichen Transaktionen 1602 vertreten hatte und, nach seiner Unterschrift zu schließen, ein geübter Schreiber war, starb, offensichtlich unverheiratet, im Februar 1612 mit 45 Jahren. Von dem Bruder Richard wissen wir lediglich, daß er am 4. Februar 1613 begraben wurde. Der jüngste Bruder Edmund ist vielleicht mit dem Schauspieler identisch, dessen Begräbnis in der St. Saviour's Church in Southwark, nahe dem Globe, am 31. Dezember 1607, verzeichnet wurde. Die Wohngegend und die ziemlich hohe Summe, die für das Begräbnis bezahlt wurde, könnten darauf deuten, daß er sich der besonderen Gunst des Dramatikers erfreute.

c) Die Töchter Susanna und Judith

Shakespeares älteste Tochter Susanna heiratete mit 24 Jahren am 5. Juni 1607 den Arzt John HALL, einen überzeugten Puritaner, der nach einem Studium in Cambridge und Aufenthalten in Frankreich eine Praxis aufgebaut hatte, der zahlreiche aristokratische Patienten auch aus der weiteren Umgebung Stratfords angehörten. In seinen lateinischen Notizen über verschiedene Krankheitsfälle aus seiner Praxis, die 1657 von Dr. James COOKE zum allgemeinen Nutzen ins Englische übersetzt und herausgegeben wurden, berichtet HALL von erfolgreichen Kuren an seiner Familie und prominenten Persönlichkeiten, darunter z. B. auch DRAYTON. Obwohl die Lieblingsingredienzien seiner Arzneien auf uns etwas befremdlich wirken, scheint er in der Behandlung von Skorbut zumindest seiner Zeit voraus gewesen zu sein. Sein Epitaph rühmt ihn als »medicus peritissimus«.

Susanna wird in ihrem Grabspruch wegen ihres außergewöhnlich geistreichen Wesens gepriesen, auch ihre Frömmigkeit, Barmherzigkeit, ihr Sinn für praktische Realitäten werden lobend erwähnt. Dennoch entging sie nicht böswilliger Verleumdung. 1613 erhob sie erfolgreich Anklage gegen John LANE von Bridge Street, der sie ehebrecherischen Verhaltens verdächtigte und verbreitet hatte, daß sie »had the runninge of the raynes and had been nought with Rafe Smith at John Palmer«. Mit Hilfe ihres Zeugen, Robert WHATCOTT, der später das Testament ihres

Vaters bezeugte, ging Susanna jedoch über jeden Verdacht erhaben aus dem Prozeß hervor. Das einzige Kind aus der Ehe mit HALL, die Tochter Elisabeth, wurde am 21. Februar 1608 getauft.

Von Judith, Susannas jüngerer und weniger erfolgreicher Schwester, ist nicht einmal das Grab bekannt. Während die Unterschriften von Susanna und Elizabeth HALL gut leserlich waren, unterschrieb sie nur mit einem Zeichen. Sie heiratete erst mit 31 Jahren und wie ihre Mutter einen jüngeren Mann, Thomas QUINEY, dessen Vater, Richard QUINEY, uns aus der Korrespondenz mit Shakespeare bekannt ist. Die Familie war an sich rechtschaffen und angesehen; dennoch müssen Zweifel an Thomas' Charakter bestanden haben, was durch ein kürzlich von H. A. HANLEY veröffentlichtes Dokument bestätigt wurde. Aus von ihm entdeckten kirchlichen Aufzeichnungen geht hervor, daß QUINEY am 26. März 1616 (sechs Wochen nach seiner Hochzeit) in einer Anklage der Unkeuschheit mit einer gewissen Margaret WHEELER für schuldig befunden wurde, deren Begräbnis und das ihres Kindes elf Tage vorher im Stratforder Register vermerkt wurde. Es erscheint als logische Annahme, QUINEYS überstürzte Hochzeit, die ohne die hierfür nötige Sondergenehmigung erfolgte, mit der fortgeschrittenen Schwangerschaft Margaret WHEELERS in Verbindung zu bringen.

Nach anfänglichen Bemühungen, die übliche Laufbahn bürgerlicher Ämter einzuschlagen, die in der QUINEY bis zum »chamberlain« gedieh, wurde er 1630 mit einer Strafgebühr belegt, da er als Besitzer der Taverne »The Cage« nicht gegen Betrunkenheit und Fluchen einschritt. 1633 übernahmen Verwandte als Treuhänder für seine Frau und Kinder die Pacht des Wirtshauses, er selbst verließ 1652 seine Familie und ließ sich in London von seinem Bruder aushalten. Judith lebte bis 1662 und verlor ihre drei Söhne in verhältnismäßig jungen Jahren.

d) Shakespeares Testament

Shakespeares Testament wurde vermutlich im Januar 1616 aufgesetzt, als sich der Dramatiker entsprechend der hierbei üblichen Formel in »perfect health and memory« fühlte. Er unterzeichnete das dritte und letzte Blatt mit fester Handschrift. Am

25. März ließ er einige Änderungen vornehmen und setzte unter die inzwischen teilweise umgeschriebenen und mit Ergänzungen zwischen den Zeilen versehenen ersten beiden Blätter zwei zittrige Unterschriften, woraus man auf einen angegriffenen Gesundheitszustand geschlossen hat.

In der Revision des Testaments haben Shakespeare-Forscher wiederholt einen Beweis mangelnden Vertrauens in Thomas QUINEY oder der Unzufriedenheit mit Judith vermutet. Die von HANLEY zu Tage geförderten Unterlagen könnten diese Vermutungen von den Daten her unterstützen. Am 15. März wurden Margaret WHEELER und ihr Kind begraben, am 26. März vernahm die Kirchenbehörde Shakespeares Schwiegersohn, und am 25. März änderte der Dramatiker das Testament zu ungunsten Judiths ab, bzw. fügte Rückversicherungen gegen ihren Ehemann ein. (Sie erhielt lediglich £ 100 als Mitgift und weitere £ 50, falls sie ihrer Schwester den Anspruch auf die New Place gegenübergelegene Hütte abtrat. Wenn sie oder eines ihrer Kinder drei Jahre nach Abfassung des Testaments lebte, sollten weitere £ 150 für sie bestimmt sein, von denen sie jedoch nur die Zinsen erhalten sollte. Ihr Ehemann durfte die Summe nicht antasten, außer er übertrug auf sie Land von gleichem Wert.)

Shakespeares letzter Wille mit seiner protestantischen Eröffnungsformel ist charakteristisch für einen vermögenden Mann in der Regierungszeit JAMES I. Besonders deutlich wird die Absicht, die Hauptmasse des Besitzes ungeteilt an seine Erben weiterzureichen: an Susanna ging aller Haus- und Grundbesitz, sowie die Pachtanteile an den Zehnten und der Hausrat, wozu auch eventuell vorhandene Bücher zu rechnen wären. Nach ihr sollte der Besitz auf Susannas ältesten Sohn oder männlichen Erben übergehen oder auf ihre Tochter Elizabeth und ihre erhofften Söhne, oder auf die männlichen Erben Judiths in der richtigen Erbfolge. 1670 war jedoch Shakespeares direkte Erblinie erloschen.

Seine Frau Anne wird nicht erwähnt mit Ausnahme einer Einfügung auf der dritten Seite: »Item I give unto my wife my second-best bed with the furniture«, in der zahlreiche Biographen ein Zeichen von Gleichgültigkeit oder unverhohlener Geringschätzung sahen. Tatsächlich erübrigte sich jedoch eine ausführliche Erwähnung Annes, da sie als Witwe Gewohnheitsrecht auf ein Drittel vom gesamten Grundbesitz ihres Mannes und auf eine Unterkunft in seinem Wohnsitz hatte. Es ist durchaus denkbar, daß Anne das zweitbeste Bett, das vielleicht ihr Ehebett war, während das beste Bett des Hauses für Gäste reserviert blieb, nachträglich noch auf besonderen Wunsch zugesprochen bekam.

Shakespeares Schwester Joan wurden £ 20, seine Kleidung und das lebenslange Recht zuerkannt, in dem Haus in der Henley Street zu wohnen. Dankesverpflichtungen und Geldgeschenke an 8–9 Stratforder Freunde schlossen sich an, außerdem eine Stiftung von £ 10 an die Armen der Gemeinde.

Einen Monat nach Unterzeichnung seines letzten Willens, am 26. April 1616, wurde der Dramatiker in dem Chorraum der Holy Trinity Church begraben. Als »gentleman« hatte er Anrecht auf diesen Ehrenplatz. Seine Frau und Susanna und John HALL wurden später neben ihm bestattet. Den Knittelvers auf dem Gedenkstein über seinem Grab soll Shakespeare einer einheimischen Tradition zufolge selbst verfaßt haben: »Good frend for Jesus sake forbeare, to digg the dust encloased heare: Blest be ye man yt spares thes stones and curst be he yt moves my bones.«

Bis heute hat die angedrohte Verfluchung über alle Versuche, das Grab zu öffnen, Unternehmungen dieser Art erfolgreich abzuschrecken vermocht.

C. C. STOPES, *Sh.'s Warwickshire Contemporaries*, Stratford-upon-Avon, 1897. – C. I. ELTON, *W. Sh. His Family and Friends*, ed. A. H. THOMPSON, London, 1904. – S. A. TANNENBAUM, »A New Study of Shakspere's will«, *SP*, 23 (1926). – L. HOTSON, *I, W. Sh. Do Appoint Thomas Russell Esq.*, . . . London, 1937. – A. GRAY, *Sh.'s Son-in-Law John Hall*, Cambridge, Mass., 1939. – M. C. MITCHELL, *The Sh. Circle*, Birmingham, 1947. – L. FOX, »An Early Copy of Sh.'s Will«, *ShS*, 4 (1951). – H. A. HANLEY, »Sh.'s Family in Stratford Records«, *TLS*, May 21, 1964. – C. WHITFIELD, »Thomas Greene, Sh.'s Cousin: A Biographical Sketch«, *N&Q*, 209 (1964). – C. WHITFIELD, »Anthony and John Nash, Sh.'s Legatees«, *N&Q*, 212 (1967). – E. R. C. BRINKWORTH, *Sh. and the Bawdy Court of Stratford*, London, 1972.

C. SHAKESPEARE ALS LITERARISCHE FIGUR

Wenn wir uns jenen heute überwiegend verschollenen Produkten zuwenden, in denen Shakespeare als Held eines Romans oder Dramas auftritt, so geschieht dies mit dem Gefühl der Erleichterung darüber, daß für diese Fiktionen, die das magere dokumentarische Gerippe mit prallem Leben zu erfüllen trachten, (im Gegensatz zu manchen ebenso fiktiven Biographien) kein Anspruch auf Wissenschaftlichkeit erhoben wird.

Die Jugendjahre Shakespeares, in denen sich trotz widriger Umstände die Keime des Genius in dem empfänglichen Knaben regen, sind ein bevorzugt dramatisierter und in Romanform dargebotener Lebensabschnitt. Wir erfahren von ersten Bildungserlebnissen in Form von Elfenträumen, bei denen ihm die Dichtergabe gewissermaßen im Schlaf aus Feenhand zufällt oder in denen, für die zukünftige Verwendung vorgefertigt, die Hauptgestalten seiner späteren Dramen an ihm vorbeiziehen (vgl. das dramatische Fragment des sechzehnjährigen L. TIECK, *Die Sommernacht* 1789; das Libretto zur Oper *Der Sommernachtstraum*, 1850, von ROSIER, de LEUVEN und A. THOMAS; eine Tagebuchskizze von W. IRVING zu einem geplanten Shakespeare-Stück). Im Prolog zu L. TIECKS *Dichterleben* (1825), *Das Fest zu Kenelworth*, faßt Shakespeare, der als höchst reizbares, zu Wutausbrüchen neigendes Kind geschildert wird, den Gedanken, später auch solche Mirakelspiele zu schreiben, wie sie hier zu Ehren der Königin aufgeführt werden. Bisweilen öffnen sich die Bibliotheken benachbarter Adliger dem wißbegierigen Jüngling (so in R.F. WILLIAMS Roman *The Youth of Shakespeare*, 1839), im allgemeinen lernt er jedoch von der Natur. Zu handwerklichem Broterwerb zeigt er sich zum Kummer seines geschäftstüchtigen Vaters wenig befähigt; in dem dänischen Drama von K.J. BOYE *William Shakespeare* (1826) vollendet er nur mit Mühe sein Gesellenstück als Weber, die Manuskripte seiner reifen Dramen liegen jedoch bereits fertig in der Schublade und dienen in bedrängten Lebenslagen als Zitatenquelle.

Die Wilddiebsaffäre, obgleich von MALONE als Fiktion entlarvt, dient bis zu dem 1969 aufgeführten Stück von W. GIBSON, *A Cry of Players* als Auslösemoment der Befreiung aus Stratforder Zwängen. Für Shakespeares Wilderei werden verschiedene Motive vorgeschlagen: die bösen Gefährten waren schuld (K. STEIN, *Shakespeares Bestimmung*, 1820); die Büchse ging aus Zufall los (K. J. BOYE, *William Shakespeare*, 1826); der Hirsch sollte eine Schäfersfamilie vor dem Verhungern retten (C. A. SOMERSET, *Shakspere's Early Days*, 1829); die Tat geschah aus jugendlichem Übermut (So in Sir W. SCOTTs kurzer Einführung Shakespeares in dem Roman *Kenilworth* 1821). In W. S. LANDORS *Citation and Examination of William Shakspere, Euseby Treen, Joseph Carnaby, and Silas Gough, Clerk, before the Worshipful Sir Thomas Lucy, Knight, Touching Deer-Stealing* . . . (1834) läßt sich der Vorfall aus der überschäumenden Vitalität des Dichters erklären, der das (auch für den Leser) stundenlange Kreuzverhör mühelos übersteht, da er mit LANDORS eigenen Ansichten über Religion und Dichtkunst gewappnet ist. Zwei ungewöhnliche Versuche, die »Lost Years« auszufüllen, seien noch angeführt. In Carl SCHULTES »Original Shakespeare-Roman«, betitelt »*Solus Cum Sola*« oder *William's Sturmjahre* (1891) taucht der englische Barde im württembergischen Rebstöckle zu Cannstadt als Mitglied einer englischen Komödiantentruppe auf. Wilhelm Flieginslicht (wie er sich in Übersetzung seines Schauspielerpseudonyms »Bill Flyinlight« nennen läßt) weiß seine Zeit zu nützen: auf der Fuldaer Hochschule lernt er den Hamletstoff kennen, und die Tochter Kätherle des Glockengießers Veit Rumelin liefert das Vorbild zur Opheliagestalt. In L. A. DAUDETs Roman *Fahrten und Abenteuer des jungen Shakespeare* (1898) begegnen dem Protagonisten zahlreiche seiner späteren Hauptfiguren in der sie charakterisierenden Umgebung (Lear auf der Heide, Falstaff in der Schenke usw.), was die dichterische Arbeit später sehr erleichtert.

London hält für Shakespeare nach kurzen bescheidenen Anfängen (meistens als Pferdeknecht) große Triumphe bereit. In TIECKs erster Novelle des *Dichterlebens* wird der zügellose Lebenswandel von Shakespeares Rivalen einer ernsten Prüfung unterzogen. GREENE und MARLOWE gehen schmählich zugrunde, während der zuerst verspottete Shakespeare als gefeierter Dichter hervortritt und allein schon durch seine Anwesenheit am

Totenlager MARLOWES dem Sterbenden das Gefühl zu geben
vermag, nicht umsonst gelebt zu haben. (Die Novelle wurde
von K. J. Braun von BRAUNTHAL mit wörtlicher Übernahme der
Dialoge 1836 dramatisiert; 1830 erschien eine englische Übersetzung *The Life of Poets*). Das gleiche Motiv liegt E. v. WILDEN-
BRUCHS Drama *Christoph Marlow* (1884) zugrunde. R. F. WIL-
LIAMS, der dem Leben Shakespeares eine umfangreiche Trilogie
gewidmet hat, berichtet in *Shakespeare and His Friends, or »The
Golden Age« of Merry England* (1838), wie Shakespeare an einem
einzigen Morgen von GREENE, MARLOWE, PEELE, CHETTLE, KYD,
NASHE u. a., die ihn als geheimen Mitarbeiter zu gewinnen trachten, im (damals noch nicht existierenden) Globe aufgesucht wird.
(Die deutsche Übersetzung dieses populären Romanwerks be-
sorgte W. ALEXIS 1839.)

Der Vorliebe des 19. Jahrhunderts für realistische Milieuschil-
derungen der Renaissance entsprach H. KOENIG 1839 mit seinem
zweibändigen *Williams Dichten und Trachten*, wobei der im Buch-
titel angesprochene Konflikt zwischen rauher Wirklichkeit und
poetischer Illusionswelt auf der vordergründigen Ebene ent-
täuschter Liebe ausgetragen wird, mit einem Repertoire an Vor-
fällen, das dem von WILLIAMS entworfenen sehr ähnlich ist.

Darstellungen von Shakespeares Dichtertum unternehmen
auch der *Hamlet*-Roman von A. E. BRACHVOGEL (1876), in dem
Essex mit Hamlet identifiziert wird, K. HAEMMERLINGS *Der Mann,
der Shakespeare hieß*, 1938, die Shakespeare-Novelle von P.
ENDERLING (1916), und S. v. d. TRENCKS Erzählung *Leuchter um
die Sonne* (1925). Auch L. DOBBS bizarre Theorie in *Shakespeare
Revealed* (1945) ließe sich hier zuzählen. Ihr zufolge wählte
Shakespeare seine Kollegen als Modelle für die Hauptfiguren
seiner Stücke, die dadurch zu autobiographischen Schlüsseldra-
men wurden. Der Aufgabe, Shakespeare bei seiner dichterischen
Arbeit darzustellen, weichen manche Autoren aus, indem sie die
Äußerungen des Barden auf zusammenmontierte Zitate beschränken, die dann befremdlich von der Trivialität des Kontextes abweichen. Unfreiwillige Komik entsteht, wenn es sich
die Verfasser nicht versagen können, selbst Shakespeare zu spielen und ihm ihre nachempfundenen Verse in den Mund zu legen

– eine grundsätzliche Problematik des Künstlerdramas, die nur von bedeutenden Schriftstellern wie GOETHE oder T. MANN bewältigt wurde. Um die Handlung anzutreiben, wird daher oft in äußerliche Konflikte, Liebesintrigen oder ähnliches ausgewichen. Mit anachronistischer Unbefangenheit zeigt A. DUVAL Shakespeare als eifersüchtig in eine Schauspielerin Verliebten, der als Schlußpointe den Nebenbuhler mit einer bekannten Anekdote (»William the Conqueror was here before Richard III«, vgl. Kap. II. B. 8. d.) abweisen läßt *(Shakespeare amoureux ou la Pièce à l'Étude*, 1804). Neben Übersetzungen ins Spanische, Italienische, Englische und Schwedische fand das Stück zwei deutsche Bearbeitungen von G. LEBRUN *(Shakespeare*, 1818) und I. A. v. KURLÄNDER *(Shakespeare als Liebhaber*, 1819). Auf Anekdoten basieren auch H. DORNS *Im Globus* (1853), M. TAMEYO Y BAUS *Un drama nuevo* (1867), H. van OFFELS *La nuit de Shakespeare* (1913). Shakespeares Brautzeit behandelt in kaum zu übertreffender Einfältigkeit der Roman von EMMA SEVERN *Anne Hathaway, or Shakspere in Love*, 1845. Bürgerliche Hausfrauentugenden besitzt Shakespeares Gemahlin in W. SCHÄFERS Stück *William Shakespeare* (1910), bei K. KÖSTING *Shakespeare. Ein Wintermärchen* (1864) und bei E. KAISER/G. KIESAU *Die Befreiung* (1906). Häufiger erscheint sie jedoch in wenig erfreulichem Licht, auf tiefster Stufe bei A. LINDNER *William Shakespeare* (1864), und in A. BURGESS' Buch *Nothing like the Sun* (1964), dem letzten Beitrag zu Shakespeare als Romanhelden. Hier besorgt sie sich mit List Shakespeare als Scheinvater ihres Kindes. BURGESS bedient sich auch der erzähltechnisch wirkungsvollen, von Forschern allerdings kaum geteilten Theorie, daß Shakespeare eigentlich Anne Whateley von Temple Grafton heiraten wollte – eine Lieblingshypothese von I. BROWN, der 1937 einen Einakter *William's Other Anne* dazu verfaßte.

Großer Beliebtheit erfreuen sich Romanzen, die um das Verhältnis zur »Dark Lady of the Sonnets« gesponnen werden, zum Beispiel C. DANES Drama *William Shakespeare*, (1921), die Kurzgeschichte von E. GOUDGE *The Dark Lady* (in *The Golden Skylark and Other Stories* 1941), C.L. de CHAMBRUNS *Two Loves I Have: The Romance of William Shakespeare*, (1934), die alle Mistress Davenant als Kandidatin erkoren haben. F. HARRIS plä-

diert dagegen in seinem Drama *Shakespeare and His Love* (1910)
für Mary Fitton, die frivole Hofdame Königin ELISABETHS, und
für Lord Herbert of PEMBROKE als treulosen Freund, dessen Ent-
lassung aus dem Tower Shakespeare in selbstloser Größe bewirkt. An dem sentimentalen Epilog, in dem der sterbende
Barde in Erinnerungen an die Dark Lady und an seine Mutter
schwelgt, nahm G.B. SHAW besonderen Anstoß. Seine eigene
kurze Farce *The Dark Lady of the Sonnets*, die 1910 mit H.
GRANVILLE-BARKER in der Titelrolle aufgeführt wurde, ist einerseits Zerrbild der damals vorherrschenden Auffassung von dem
Dichter (seine Haupttätigkeit besteht im Notieren Shakespearisch
klingender Zeilen aus dem Munde der Dark Lady, der Königin
und anderer Gestalten), andererseits erfrischend unbekümmertes
Gegenbild zu den Darstellungen Shakespeares als liebeskranken
Helden.

Der Biographie näher sind jene Dramen und Erzählungen,
die von der Freundschaft mit SOUTHAMPTON oder einem anderen
einflußreichen Aristokraten berichten. In TIECKS zweiter Novelle
des *Dichterleben* (1825) ist Southampton der lebensgewandte
Gefährte und Förderer, der die Versöhnung Shakespeares mit
den Eltern herbeiführt, aber auch der erfolgreiche Rivale in der
Liebe (dramatisiert von K.E. von HOLTEI als *Shakespeare in der
Heimat*). In G. HICKS *Shakespeare und Southampton oder die letzten
Jahre der großen Königin* (1863) erreicht Shakespeare durch eine
erschütternde *Macbeth*-Aufführung die Freilassung des Freundes
aus dem Tower. Erwähnenswert ist Oscar WILDES *The Portrait
of Mr. W. H.* (bereits 1893 vollendet, doch erst 1921 in revidier-
ter Fassung erschienen). Durch die Perspektive seines epischen
Erzählers, die ihn der wissenschaftlichen Festlegung enthebt, entwickelt WILDE seine Theorie von dem Schauspielerknaben
William Hughes (nach dem Wortspiel mit »Hews« im 20. Sonett),
für den Shakespeare seine schönsten weiblichen Rollen geschaffen
habe. Die Aufforderung zur Heirat in den Sonetten sei nicht
wörtlich zu verstehen, sondern beziehe auf die empfohlene Vermählung mit der Muse des Schauspiels; der Verrat des jungen
Freundes habe im Übertritt zu einer anderen Truppe bestanden.
John MORTIMER bringt mit *The Comical, Tragical History of William Shakespeare* (1977) eine neue, durch eine Fernsehfassung

weithin bekannt gewordene Version des Dark Lady- und des Southampton-Motivs. Mortimer nimmt ein intensives elisabethanisches Stilkolorit zuhilfe, um die romantischen, burlesken und tragischen Erlebnisextreme, wie sie Shakespeares Gedichte und Dramen vermitteln, zu einem fiktiven Leben Shakespeares zu verbinden.

Zu einer weiteren Gruppe gehören jene meist anläßlich von Festspielen und ähnlichen Veranstaltungen entstandenen Gelegenheitsdichtungen, in denen der Geist Shakespeares auftritt und zur Rezeption seiner Werke Stellung nimmt (so zum Beispiel bereits als Prolog oder Epilog zu Shakespeare-Adaptionen im 18. Jahrhundert). In J. F. Schinks *Shakespeare in der Klemme, oder: Wir wollen doch auch den Hamlet spielen* (1780), einem Vorspiel zu einer *Hamlet*-Aufführung von Schinks Kindertruppe, verflucht Shakespeares Geist zuerst die französische *Hamlet*-Adaption von Ducis und erteilt schließlich die Genehmigung zur Darbietung seines Stückes durch die Kinderschar, weil er sich ja oft genug »von großen Lümmeln hat müssen vertölpeln lassen«. Das Thema der Verstümmelung der Werke Shakespeares durch spätere Bearbeitungen liegt auch O. Marbachs *Shakespeare-Prometheus. Phantastisch-satirisches Zauberspiel vor dem Höllenrachen* (1874) zugrunde. Als Kuriosum sei noch das 1949 aufgeführte Puppenspiel *Shakes Versus Shav* von G. B. Shaw genannt, in dem sich die Kontrahenten abfällig über die literarischen Erzeugnisse des Gegenübers äußern, wobei es auch zu Handgreiflichkeiten kommt. Die gegenseitige Beschimpfung endet unentschieden.

In jüngster Zeit sprengt E. Bonds Stück *Bingo* (1973) mit seiner pessimistischen Grundstimmung den bisher umrissenen Rahmen eher harmloser Bardenverehrung. Bonds Interesse gilt weniger der Shakespeare-Biographie als der Frage nach der gesellschaftlichen Verantwortung des Dramatikers schlechthin und der Möglichkeit seiner Einflußnahme auf eine korrupte Gesellschaft. Sein Shakespeare, der im selbstauferlegten Ruhestand in Stratford stundenlang wie gelähmt auf einer Gartenbank sitzt, seiner Familie und seinen Freunden entfremdet, der handlungs- und fast auch sprachunfähig die gesellschaftliche Wirklichkeit um sich beobachtet, wie sie sich in Willkürakten der Justiz, Verfolgung der Armen und Schwachsinnigen, Landenteignungen manifestiert, muß erkennen, daß er mit seinem Werk keine Verbesserung der sozialen Verhältnisse bewirkte und sein persönliches Streben nach Besitz ihn zu einem Mitläufer der privilegierten Klasse gemacht hat; er wählt als Konsequenz dieser Einsicht den Freitod. Als Illustration von Shakespeares ›Mitläufertum‹ dienen BOND die Bestrebungen um die Einhegung des Gemeindelands von Welcombe (vgl. dazu S. 172).

A. LUDWIG, »Sh. als Held deutscher Dramen«, *SJ*, 54 (1918). – A. F. MERBACH, »Sh. als Romanfigur. Mit Nachträgen zu dem Aufsatz von A. Ludwig ›Sh. als Held deutscher Dramen‹«, *SJ*, 58 (1922). – M. HECKER, »Sh.s Bild im Spiegel deutscher Dichtung«, *SJ*, 68 (1932). – E. KALTHOFF, *Das Literaturdrama: Berühmte Dichter als Dramenhelden. Mit besonderer Berücksichtigung des 19. Jahrhunderts*, Diss., München, 1941. – R. G. NOYES, *The Thespian Mirror: Sh. in the Eighteenth-Century Novel*, Providence, 1953. – S. SCHOENBAUM, *Sh.'s Lives*, Oxford, 1970. – R. Freifrau v. LEDEBUR, *Deutsche Sh.-Rezeption seit 1945*, Frankfurt a. M., 1974.

D. SHAKESPEARE-BILDNISSE

In John Aubreys Feststellung über Shakespeare: »He was a handsome well shap't man« spiegelt sich das Wunschdenken der Epoche, das von den vielen Schönheiten des Werks, von dem hervorragenden Geist des Autors auf ein schönes Äußeres schloß. Aus dem Bedürfnis, die Konzeption eines immer mehr mit göttlichen Attributen versehenen Dichters in einem geeigneten Abbild bestätigt zu sehen, erklärt sich die Flut angeblicher Originalporträts Shakespeares, die im 18. und 19. Jahrhundert den Kunstmarkt überschwemmte und in Tausenden von Stichen und Drukken einer begierigen Sammlergemeinde zugänglich gemacht wurde. Gelehrte Fehden entspannen sich darüber, ob dem Chandos- oder dem Felton-, dem Janssen- oder dem Ely Palace Porträt der Vorzug zu geben sei, ob das Flower Porträt tatsächlich das langgesuchte Original oder vielmehr eine geschickte Anfertigung nach dem Droeshout-Stich sei, ganz zu schweigen von den Versuchen, zwischen der Kesselstadt-Totenmaske (1849 in Mainz gefunden) und der Stratforder Büste eine weitgehende Übereinstimmung der Gesichtsproportionen festzustellen. Selbst für diese berühmtesten unter den Hunderten weiterer »Shakespeare-Bildnisse« konnten die Ansprüche auf Authentizität in keinem Fall mit überzeugenden Fakten untermauert werden. Gemeinsam ist diesen Porträts ihre in Dunkel gehüllte Entstehungsgeschichte und ungewöhnliche Entdeckung auf dem Weg über Lumpensammler und Antiquitätenhändler sowie die Darstellung eines (jeweils mit überdurchschnittlich hoher Stirn versehenen) beseelten, vergeistigten, leidenschaftlichen Barden. Verständlicherweise vermochten sie die Wunschvorstellungen der Shakespeare-Verehrer in größerem Maße zu befriedigen als die beiden als »authentisch« geltenden Porträts, denen wir eine kurze Betrachtung widmen müssen.

1.) Die Janssen-Gedächtnisbüste

Die Büste Shakespeares, die die Chorwand der Stratforder Holy Trinity Church fünf Fuß über dem Grab ziert, ist das erste überlieferte Abbild des Dichters. Sie muß vor 1623 errichtet

worden sein, da sie von Leonard DIGGES in seinem Widmungs-
gedicht im First Folio erwähnt wird. Den Namen des Bildhauers,
Gerard Johnson, bzw. Gheerart JANNSSEN (wie er sich auf Grund
seiner holländischen Abstammung zu schreiben pflegte), erfahren wir aus einem Almanach 1653. Da er seine Werkstatt in
London nahe dem Globe hatte, könnte er Shakespeares Kollegen
bekannt gewesen sein. In Stratford hatte er bereits 1614 ein Grabmal für den reichsten Mann der Stadt, John COMBE, geschaffen.

Shakespeares Halbfigur wird von Säulen eingerahmt, die ein
Gesimse tragen, auf dem zwei cherubinische Gestalten sitzen.
Diese stellen mit ihren Requisiten, einem Spaten und umgekehrter Fackel, Arbeit und Ruhe dar. Über dem Gesimse befindet sich das Familienwappen und unter der Büste eine Inschrift
in Lateinisch und Englisch. Für die Büste selbst verwandte
JANNSSEN einen bläulichen Kalkstein, den er dem Zeitgeschmack
folgend mit lebensgetreuen Farben bemalte. Der Dichter, in
ein ärmelloses, schwarzes Gewand über einem scharlachroten
Wams gekleidet, ist in einer beliebten Schriftstellerpose verewigt; die eine Hand ruht auf einem grünen Kissen mit einem
Blatt Papier, die andere hält im schöpferischen Akt die Feder.
Das wohlgenährte, an den Seiten von kastanienbraunem Haar
umrahmte Gesicht vermittelt den Eindruck selbstzufriedenen
Spießertums. Dies vermag vielleicht auf den leeren Blick der zu
kleinen Augen und die zu kurze, in fleischige Wangen einge-
bettete Nase, sowie den zu großen Abstand zwischen Oberlippe
und Nase zurückzuführen sein. Auch der geöffnete Mund ist
nicht dazu angetan, den Beschauer in den Bann zu schlagen.
»Shakespeare's bust is a silly thing« stellte Thomas GAINSBOROUGH
mit Enttäuschung fest, und viele Shakespeare-Verehrer hatten
ähnliche Empfindungen. Für Shakespeares Angehörige, die die
Arbeit vermutlich in Auftrag gegeben hatten, muß die Ähnlichkeit mit dem Verstorbenen jedoch offensichtlich zufriedenstellend
gewesen sein. Es dürfte sich um eine vage Ähnlichkeit im Rahmen der damals üblichen Grabmalskunst handeln. Die Starrheit
der Züge läßt sich vielleicht darauf zurückführen, daß eine Totenmaske als Vorlage verwendet wurde.

Einige Forscher vertreten die Ansicht, daß wir heute nicht
mehr die ursprüngliche Form des Grabmals vor uns haben. Sie

stützen sich dabei auf eine Skizze Sir William Dugdales in seinen *Antiquities of Warwickshire* 1656, die nicht nur in architektonischen Einzelheiten abweicht, sondern den Dichter mit einem melancholisch hängenden Schnurrbart versieht, der dem wesentlich schmaleren Gesicht einen wenn auch abgekämpften, so doch etwas vergeistigteren Ausdruck verleiht. (Daß die stark angewinkelten Unterarme dort auf einem Getreidesack zu ruhen scheinen, bestätigte hingegen den betonten Hinweis vieler Anti-Stratfordianer auf Shakespeares kleinbürgerliche Aktivität). 1749 war tatsächlich eine Restaurierung des Denkmals angeordnet worden; aus einem Brief des Vorstehers der Grammar School geht jedoch hervor, daß nur die alabasternen Tragbalken durch marmorne ersetzt und die Farben aufgefrischt werden sollten. Zudem konnte nachgewiesen werden, daß in Dugdales Sammlung verschiedene Denkmäler auf das Gröbste verfälscht wiedergegeben wurden, so daß die Diskrepanzen wohl auf die Ungenauigkeit des Kupferstechers zurückzuführen sind. Die einzige uns sonst bekannte Veränderung, nämlich die auf Empfehlung Malones 1793 vorgenommene weiße Übertünchung der Büste, wurde 1861 wieder rückgängig gemacht.

2.) Der Droeshout Kupferstich

Die mangelnden Fähigkeiten des Kupferstechers Martin Droeshout wären heute schon wohlverdienter Vergessenheit anheimgefallen, wenn er sie nicht an einem Bildnis Shakespeares für das First Folio erprobt hätte, das neben der Grabbüste als einziges Anspruch auf eine gewisse Lebensnähe erheben darf. Da er bei Shakespeares Tod erst 15 Jahre alt war, ist es unwahrscheinlich, daß der Dramatiker selbst für den Kupferstich Modell gesessen hat. Vielmehr gibt es Anhaltspunkte, daß eine Linienzeichnung mit angedeuteten Farbschattierungen von Shakespeare als noch jüngerem Mann als Vorlage diente und Droeshout das wenig gelungene chiaro-scuro und die Kleidung hinzufügte, die wegen ihrer augenscheinlichen Pracht vielleicht als Bühnenkostüm gelten sollte. Aus kleinen Modifikationen ersehen wir, daß die Kupferplatte zweimal verändert wurde. Nur wenige Exemplare existieren von dem ersten Abdruck, von dem der zweite durch Schattierungen der Halskrause unter dem Ohr abweicht. 1685 wurde die abgenützte Platte »verbessert«, indem man fast die gesamte Oberfläche mit Kreuzschraffierung versah. Die Linien des dritten und weitestverbreiteten Abdrucks wirken demgemäß härter, die Gesichtshaut ist schwärzlicher, und Schnurrbart und Kinnstoppeln treten übertrieben stark hervor. Von diesen späteren Vergröberungen abgesehen, weist das ovale Gesicht mit der überhohen Stirn so unglückliche Proportionen im Vergleich zum übrigen Körper auf, daß Arthur BENSONS Mißgefallen an diesem »horrible hydrocephalous development of the skull« stellvertretend für die Meinung zahlreicher Kritiker erwähnt sein möge. Es gibt jedoch zeitgenössische Aussagen über die Lebensnähe des Bildes, unter ihnen Ben JONSONS Lob, von denen viele Verehrer Shakespeares hoffen, daß sie nur der Höflichkeit entsprangen.

Die heute kaum mehr begreiflichen Kontroversen um die verschiedenen Porträts und die Totenmaske nahmen in den achtziger Jahren so erbitterte Formen an, daß ein Vorschlag des Amerikaners J. P. NORRIS 1876 von vielen Shakespeare-Forschern als Lösung quälender Fragen und Zweifel empfunden wurde. Mit beredten Worten schilderte er den Erkenntniszuwachs, den die Wissenschaft aus einem Photo von Shakespeares Schädel ziehen könnte. Er beantragte deshalb, das Grab des Dramatikers zu öffnen und gab der Hoffnung Ausdruck, daß John HALL den Leichnam einbalsamiert oder zumindest in einem haltbaren Bleisarg bestattet haben könnte. 1883 fand er einflußreiche Unterstützung in C. M. INGLEBY, dem es als Vorstand vieler Shakespeare-Kommissionen und als Kurator des Birthplace und des Museums fast gelungen wäre, mit seiner Broschüre *Shakespeare's Bones* von dem Pfarrer der Trinity Church die Genehmigung zur Exhumierung zu erlangen. Die weltweiten Proteste über diese als Sakrileg empfundene Absicht bestimmten den noch zögernden Magistrat zu hartnäckiger Verweigerung derartiger Wünsche, deren erneutem Aufflackern zur Vierhundertjahrfeier ebenso wenig Erfolg beschieden war.

W. DUGDALE, *The Antiquities of Warwickshire Illustrated*, 1656. – J. BOADEN, *An Inquiry into the Authenticity of Various Pictures and Prints . . . Offered to the Public as Portraits of Shakespeare*, London, 1824. – J.H. FRISWELL, *Life Portraits of Sh.*, London, 1864. – K. ELZE, »Sh.s Bildnisse«, *SJ*, 4 (1869). – C.M. INGLEBY, *Sh's Bones*, London, 1883. – J.P. NORRIS, *Portraits of Sh.*, Philadelphia, 1885. – S. HARTMANN, *Sh. in Art*, Boston, 1901. – P. WISLICENUS, *Sh.s Totenmaske*, Jena, 1911 (2. verb. Aufl.), (1. Aufl. 1910). – W.S. OGDEN, *Sh.'s Portrai-*

ture: Painted, Graven, and Medallic, London, 1912. – T. KAY, *The Story of the »Grafton« Portrait of W. Sh.*, London, 1914. – C.C. STOPES, »The True Story of the Stratford Bust«, in: *Sh.'s Environment*, London, 1914. – M.H. SPIELMANN, *The Title-page of the First Folio of Sh.'s Plays: A Comparative Study of the Droeshout Portrait and the Stratford Monument*, London, 1924. – F.J. POHL, »The Death-Mask«, *SQ*, 12 (1961). – L. MARDER, »The Quest for an Image«, in: *His Exits and His Entrances*, London, 1963. – D. PIPER, »O Sweet Mr. Shakespeare, I'll Have His Pictures: The Changing Image of Sh.'s Person, 1600–1800*, London, National Portrait Gallery, 1964. – J.L. NEVINSON, »Sh.'s Dress in his Portraits«, *SQ*, 18 (1967). – L. MARDER, »The Stratford Bust: A New Authenticated Copy«, *N&Q*, 212 (1967). – R. STRONG, *Tudor and Jacobean Portraits*, 2 vols., London, 1970 [9 Sh.-Bildnisse]. – L. HOTSON, *Sh. By Hilliard: A Portrait Deciphered*, London, 1977.

E. VERFASSERSCHAFTSTHEORIEN

»I am ›a sort of‹ haunted by the conviction that the divine William is the biggest and most successful fraud ever practised on a patient world«, bekannte Henry JAMES in einem Brief an Violet HUNT vom 26. Aug. 1903. Zu dieser Zeit hatte die Kontroverse um die Verfasserschaft von Shakespeares Dramen ihren Höhepunkt erreicht, und JAMES teilte seine Zweifel mit berühmten Politikern (PALMERSTON, BISMARCK), angesehenen Juristen, Theologen und Schriftstellern. Die beiden ersten Bücher, die diese »anti-stratfordianische« Auffassung vertraten (wenn man von einigen exzentrischen, erst später bekannt gewordenen früheren Äußerungen absieht) erschienen 1857. Inzwischen wetteifern an die 57 Kandidaten um die Ehre, Shakespeares Werke geschrieben zu haben. Eine in den vierziger Jahren erstellte sechsbändige Bibliographie zu dem Thema umfaßt über 4500 Titel. Die Gründe für dieses in der Weltliteratur einzigartige Phänomen dürften vor allem in der Verehrung der Werke liegen, die im 19. Jahrhundert fast religiöse Züge angenommen hatte. Der Dichter, so folgerte man, mußte ein Mann von überragender Bildung gewesen sein, weitgereist und vertraut mit höfischen Sitten, ein Aristokrat oder Universitätsgelehrter zumindest, doch nicht jener von den Großen seiner Zeit fast unbeachtete Schauspieler aus Stratford, der ja nach HALLIWELL-PHILLIPPS in einer »bookless neighbourhood« aufwuchs, ein Wilddieb und Pferdeknecht war, einen Analphabeten zum Vater hatte und vermutlich an seiner Trunksucht zugrunde ging. Obwohl die Forschung dieses aus Legendengut genährte Bild inzwischen erheblich revidiert hat, beginnt das typische anti-stratfordianische Buch noch heute mit diesem Katalog. Shakespeares Funktion wird darin gesehen, mit seinem Namen den wahren Autor zu decken, der entweder befürchtete, wegen seiner revolutionären politischen und philosophischen Ideen verfolgt zu werden, oder aber als Aristokrat nicht mit den gemeinen Schauspielern in Verbindung gebracht zu werden wünschte. Zwei Punkte werden dabei übersehen: Die Identitätsverheimlichung, die ja auch zu einem gewissen Grad Einweihung von Shakespeares Kollegen und Herausgebern und Druckern des ersten Folio erfordert hätte, dürfte schwerlich vor der strengen Zensur und vor königlichen Nachforschungen wie z.B. anläßlich der Aufführung von *Richard II.* vor der Essex-Rebellion bestanden haben können. Zum anderen hätte sich für die Publikation der Versepen und Sonette ein Pseudonym erübrigt, da diese Kunstformen von den angesehensten Mitgliedern der Adelsschicht ausgeübt wurden. Im folgenden müssen wir uns auf eine kurze Skizzierung der beliebtesten Theorien beschränken.

J.M. ROBERTSON, *The Baconian Heresy*, London, 1913. – W.F. and E. FRIED-MAN, *The Shakespearean Ciphers Examined*, Cambridge, 1957. – R.C. CHUR-CHILL, *Sh. and His Betters*, London, 1958. – F.W. WADSWORTH, *The Poacher from Stratford*, Berkeley, 1958. – H. WEISINGER,»An Examination of the Myth and Ritual Approach to Sh.«, in: *Myth and Mythmaking*, ed. H.A. MURRAY, New York, 1960. – H.N. GIBSON, *The Sh. Claimants: A Critical Survey of the Four Principal Theories Concerning the Authorship of the Shakespearean Plays*. London, 1962. – J.G. McMANAWAY, *The Authorship of Sh.* Washington, 1962. – J. CROW, »Heretics Observed«, *TLS*, April 23, 1964. – R.C. CHURCHILL. »The Noble Candidates: A Study in Ermine«, *SJ West* (1965). – A. HARBAGE, »Sh. as Culture Hero«, in: *Conceptions of Sh.*, Cambridge, Mass., 1966. – S. SCHOENBAUM, *Sh.'s Lives*, Oxford 1970. – A. HARBAGE, »Sh. interred?«, in: *Sh. Without Words and Other Essays*, Cambridge, Mass. 1972. – R. Freifrau v. LEDEBUR, »Spekulationen über die Autorenfrage«, in: *Deutsche Sh.-Rezeption seit 1945*, Frankfurt a. M., 1974.

1.) Francis BACON

Während die amerikanische Missionarstochter Delia BACON 1857 ihren Namensvetter Francis BACON (von dem sie später in geistiger Umnachtung abzustammen glaubte) zum Haupt einer revolutionären Gruppe erhob, der auch SPENSER und Sir Walter RALEIGH angehörten, schrieb der Engländer W. SMITH im gleichen Jahr BACON die alleinige Verfasserschaft der Werke Shakespeares zu und belegte seine Argumentation mit stilistischen Parallelen im Werk der beiden Autoren. Diese Art der Beweisführung wurde vervollkommnet von Mrs. Henry POTT, die an die 4400 bisweilen wörtliche Ähnlichkeiten zwischen den etwa 1600 Eintragungen von Sprichwörtern und Zitaten in BACONS *Promus of Formularies and Elegancies* und Shakespeares Stücken festzustellen glaubte (allerdings überwiegend Gemeinplätze wie »Guten Morgen«, »ich versichere euch«, »Amen« u. ä.). Andere Baconianer wurden bei einem Vergleich des *Promos* mit Stücken anderer Autoren in ihrer Vermutung bestätigt, daß ihr

Kandidat fast das gesamte elisabethanische Drama verfaßt habe.
Überraschender war die Entdeckung, daß auch MONTAIGNES
Essays und der *Don Quixote* von BACON stammen, und zwar so-
wohl in der Originalsprache als auch der jeweiligen Übersetzung
von FLORIO und SKELTON (siehe I. DONNELLY, Mrs. POTT, Sir
E. DURNING-LAWRENCE). 1891 entlarvte J. E. ROE auch noch
SWIFT, ADDISON, STEELE und vor allem DEFOE als Pseudonyme
BACONS. Schließlich gab es ja zwischen BACONS Eintritt in Gray's
Inn 1576 und *The Advancement of Learning* (begonnen 1605) kein
schriftliches Zeugnis seines vielgerühmten Fleißes, und wenn
BACON, wovon Mrs. POTT und W. ARENSBERG überzeugt sind,
als Oberhaupt des goldenen Rosenkranzordens nach seinem offiziellen Tod 1626 in der Zurückgezogenheit und unter dem Schutz
seiner Ordensbrüder bis zum Alter von 107 Jahren weiterlebte
und -schrieb, ist ihm diese reiche dichterische Schaffenskraft wohl
zuzutrauen. Darüber vergißt man gern, daß BACON für die Erzeugnisse der Berufsbühne nur Geringschätzung empfand und
daß seine eigenen poetischen Fähigkeiten den überlieferten
Gedichten nach nicht überdurchschnittlich waren.

Mit der Entdeckung von chiffrierten Geheimbotschaften im
Ersten Folio nahmen die Bemühungen um BACONS Verfasser-
schaft weitgehend okkulte Züge an. Mrs. WINDLE empfing von
BACONS Geist persönlich die Inspiration, daß Schlüsselwörter wie
»Othello« z. B. auch folgendermaßen gelesen werden konnten:
»A tale oh! I tell oh!« Der Rechtsanwalt I. DONNELLY (von Zeitgenossen als »prince of crackpots« bezeichnet) ließ sich durch die
Lektüre eines Kapitels über Kryptographie in *Every Boy's Book*
zur Entschlüsselung von *2 Henry IV* anregen, wobei er auf fol-
gende Botschaft über die Dramen stieß: »More-low or Shak'st-
spur never wrote a word of them«. Nach DONNELLY schrieb
BACON jedes Stück eigenhändig auf große Blätter, wobei der
Text genau mit der jeweiligen Folioseite 1623 übereinstimmen
mußte. Nachdem er die Botschaft entsprechend der Geheim-
ziffer angeordnet hatte, paßte er das Stück der Botschaft an.
Bedauerlicherweise ist das Faktengedächtnis von DONNELLYS
BACON in befremdlicher Weise unzuverlässig: so schien er zu
glauben, daß das First Folio vor dem Tod Königin ELIZABETHS
(1603) veröffentlicht wurde und daß der Manager der rivalisie-

renden Admiral's Men, HENSLOWE (= »Hence-Low«), Shakespeares Kollege war. Selbst die neugegründete BACON Society (1886) distanzierte sich von dem Werk, das sie voll Stolz angekündigt hatte. Es fehlte nicht an Parodien. A. NICHOLSON erhielt unter genauer Anwendung von DONNELLYs Methode, aber basierend auf anderen Ausgangswörtern, folgende Mitteilung: »Master Will I am Jack Spur (= William Shakespeare) writ this Play and was Engaged at the Curtain«. Dennoch griff die Kryptomanie um sich. Mrs. E. W. GALLUP glaubte aus Unkenntnis elisabethanischer Druckverhältnisse, im First Folio zwei verschiedene Schriftsätze in Dick- und Dünndruck zu entdecken. O. WARD füllte fünf Bände mit *Sir Francis Bacon's Cipher Story* (1893–95). Er bediente sich hierbei einer »nach BACONs Anweisung« konstruierten Maschine (auf ein ca. 350 m langes Fließband, das über zwei Räder rollte, hatte er die auseinandergeschnittenen Seiten aus dem 1. Folio und anderen elisabethanischen Werken aufgeklebt). Mittels 10650 Schlüsselwörtern erfuhr er, daß BACON der rechtmäßige Sohn Königin ELISABETHs und LEICESTERS war, und daß *Hamlet* vor allem als Warnung an BACONs »Mutter« geschrieben war, die ihm nicht den Thron überlassen wollte. Auf Grund anderer kryptographischer Hinweise suchte WARD sechs Jahre lang in der Nähe von Chepstow Castle und im Flußbett des Wye nach BACONs versteckten Manuskripten, förderte jedoch nur eine Zisterne und Überreste einer römischen Brücke zutage. Nicht weniger erfindungsreich waren andere Kryptographen, z. B. N. R. CLARK, W. C. ARENSBERG, und Sir E. DURNING-LAWRENCE. W. und E. FRIEDMAN, im 2. Weltkrieg Experten für Entzifferung von Geheimschriften, bewiesen in ihrem Buch, daß bereits die Systeme der Dechiffreure wertlos waren, von ihren zahlreichen Manipulationen ganz abgesehen. Unverständlich bleibt auch, weshalb BACON diesen mühseligen und riskanten Weg (Bestechung der Drucker und Herausgeber) wählte, anstatt etwa in einem versiegelten Testament der Nachwelt seine Botschaft zu übermitteln. Gleichermaßen nicht überzeugend sind die Anagramme, die aus dem Wort »honorificabilitudine« gebildet wurden, das außer in *Love's Labour's Lost* unter den Notizen auf dem Northumberland Manuskript erscheint, in dem auch Kopien einiger Aufsätze BACONs enthalten sind. Auch Versuche, den Brief eines Tobie MATHEW an BACON als Verfasserschaftshinweis zu deuten, müssen als gescheitert bezeichnet werden. MATHEW spricht davon, daß der außerordentlichste Geist, den er auf dem Kontinent kennengelernt habe, BACONS Namen führe, doch unter anderem Namen bekannt sei. Nachforschungen ergaben, daß es sich um den Jesuiten Thomas SOUTHWELL, alias Bacon handelte.

Nach der Jahrhundertwende rückten neue Theorien in den Vordergrund. Neben der Spekulation über verschiedene Dichtergruppen, die die Stücke in Gemeinschaftsarbeit verfaßt hätten, wurden zahlreiche der Vergessenheit anheimgefallene Aristokraten auf ihre Eignung als »wahrer« Shakespeare hin überprüft. Aus der umfangreichen Kandidatenliste ragen drei Vertreter hervor, die auf längere Zeit eine größere Anhängerschaft fanden.

D. BACON, *The Philosophy of the Plays of Shakspere Unfolded*, Boston, 1857. – W.H. SMITH, *Bacon and Sh: An Inquiry Touching Players, Playhouses and Playwriters in the Days of Elizabeth*, London, 1857. – Mrs. C.F.A. WINDLE, *On the Discovery of the Cipher of Francis Bacon*, San Francisco, 1881–2. – Mrs. H. POTT, *The Promus of Formularies and Elegancies, by Francis Bacon*, London, 1883. – I. DONNELLY, *The Great Cryptogram: Francis Bacon's Cipher in the So-Called Sh. Plays*, Chicago, 1888. – R.B. NICHOLSON, *No Cipher in Sh.: A refutation of the Hon. Ignatius Donnelly's ›Great Cryptogram‹*, London, 1888. – Mrs. H. POTT, *Francis Bacon and His Secret Society*, New York, 1891. – J.E. ROE, *The Mortal Moon; or Bacon and His Masks: The Defoe Period Unmasked*, New York, 1891. – O.W. OWEN, *Sir Francis Bacon's Cipher Story*, 5 vols, Detroit, 1893–5. – E.W. GALLUP, *The Bi-literal Cypher of Sir Francis Bacon*, Detroit, 1899. – G. GREENWOOD, *The Sh. Problem Restated*, London, 1908. – M. TWAIN, *Is Sh. Dead?* New York, London, 1909. – E. DURNING-LAWRENCE, *Bacon Is Shake-speare*, London, 1910. – W.C. ARENSBERG, *The Baconian Keys*, Pittsburgh, 1928 (rev. ed.). – N.R. CLARK, *Hamlet on the Dial Stage*, Paris, 1931. – A. DODD, ed., *The Personal Poems of Francis Bacon (Our Shake-speare) the Son of Queen Elizabeth*, Liverpool, 1931. – E.D. JOHNSON, *The Shakespere Illusion*, London, 1965. H. SCHMID, »Die Bacon-Theorie«, *SJ West* (1965). – J. GERSTENBERG, *Strange Signatures: Sh. and the Bay-Cony Head-Piece. First Folio Finds*, London, 1967.

2.) William Stanley, 6th Earl of DERBY (1560 oder 1561–1642)

Als Hauptbeweisstück gilt ein Brief vom 30. Juni 1599 eines Spions und Mitglieds der Societas Jesu namens FENNER, in dem es heißt: »Therle of Derby is busyed only in penning comedies for the commoun players«. Falls es sich dabei nicht (wie anzunehmen) um eine chiffrierte Botschaft handelt, beweist die Nachricht äußerstenfalls, daß Stanley Komödien schrieb. Ebenso entbehrt die Behauptung A.W. TITHERLEYs, die handschriftlichen Zusätze im Manuskript von *Sir Thomas More* stammten von DERBY, des wissenschaftlichen Nachweises. Daß ihr Kandidat erst 19 Jahre nach Erscheinen des First Folio starb, dürfe uns nach Ansicht der Derbyisten nicht wundern, da HEMINGE und CONDELL in ihrem Vorwort nicht die Wahrheit sprächen und auch Ben JONSON in das Geheimnis eingeweiht gewesen sei.

A. LEFRANC, *Sous le Masque de »W. Sh.«: William Stanley VIe comte de Derby*, 2 vols, Paris, 1918. – J. BOULENGER, *L'affaire Sh.*, Paris, 1919. – A. LEFRANC, *A la Découverte de Sh.*, Paris, 1945. – A. W. TITHERLEY, *Sh.'s Identity: William Stanley, 6th Earl of Derby*, Winchester, 1952. – A. J. EVANS, *Sh.'s Magic Circle*, London, 1956.

3.) Roger Manners, 5th Earl of RUTLAND (1576–1612)

Die Theorie entzündete sich an dem Turnierschild, den BURBAGE und Shakespeare für Francis Manners 1613 anfertigten. Hinter der Summe von 44 Schillingen, die sie für ihre Bemühungen erhielten, witterten einige Skeptiker ein Geheimnis, da sie ihnen für die Leistung zu hoch erschien. Sie vermuteten, daß auf diese Weise eine Summe getarnt wurde, die der verstorbene Bruder, Roger, dem Schauspieler Shakespeare für die Veröffentlichung der Stücke unter seinem Namen schuldete. Schwierigkeiten ergeben sich wiederum bei den Lebensdaten: RUTLAND dürfte erst 16 Jahre alt gewesen sein, als er *Henry VI* schrieb, etwas älter bei der Abfassung von *Richard III*, der Versepen und *Titus Andronicus*. Die Stücke spiegeln nach Ansicht der Anhänger auf Schritt und Tritt die Biographie RUTLANDs wieder. Besonders das gespannte Verhältnis zwischen den Brüdern finde in vielen Stücken ein Echo *(Hamlet, Tempest, As You Like it)*. Beweisträchtig für die Abfassung des *Hamlet* wird empfunden, daß RUTLAND anläßlich seines Aufenthalts als offizieller Gesandter in Elsinore dort einen großen Wandteppich mit Porträts der dänischen Herrscher gesehen habe.

K. BLEIBTREU, *Der wahre Sh.*, (Sh.-Tragikomödie in 5 Akten). München, 1907. – C. DEMBLON, *Lord Rutland est Sh.*, Paris, 1912. – K. SCHNEIDER, *Neues Zeugnis für Rutland-Sh.*, Berlin, 1932. – P. S. POROHOVSHIKOV, *Sh. Unmasked*, New York, 1940. – C. W. SYKES, *Alias W. Sh.?*, London, 1947.

4.) Edward de Vere, 17th Earl of OXFORD

Zu seinen prominentesten Befürwortern gehört S. FREUD, der seine psychoanalytische Interpretation einiger Shakespeare-Stücke nach seiner Konversion den Lebensdaten OXFORDs (1550–1604) entsprechend abänderte. Als Hauptbeweismittel für Veres Verbindung zum Theater werden zwei zeitgenössische Autoren zitiert: G. PUTTENHAM nennt in *The Arte of English*

Poesie (1589) in einer Gruppe von Hofpoeten, die ausgezeichnet geschrieben, doch nichts veröffentlicht hätten, als ersten den Earl of Oxford. Meres bestätigt Oxford in *Palladis Tamia* (1598), daß er Komödien schreibe, die »among the best« seien. Ein schwerwiegendes Hindernis für Oxfords Kandidatur, sein Tod im Jahr 1604, wurde von den Oxfordianern durch eine tiefgreifende Änderung der Chronologie der Shakespeare-Werke aus dem Weg geräumt. Lediglich der *Tempest* mit seinen eindeutig datierbaren Anspielungen fügte sich in die neue Ordnung nicht ein, so daß sich J. T. Looney, Oxfords Hauptverfechter, schließlich von der Zweitrangigkeit des Stückes überzeugte. Wegen seiner Grundstimmung von »metaphysical vagueness, dreary negativism« könne es gar nicht von Oxford stammen. Das Ehepaar Ogburn ermittelte u. a., daß der Earl of Southampton der illegitime Sohn der Königin Elisabeth und des Earl of Oxford gewesen sei, was die interessante Deutung der Sonette als Gedichte eines Vaters an seinen Sohn ermöglichte. Bemerkenswert ist auch das Buch P. Allens, *Talks with Elizabethans* (1947), wobei es sich um Unterhaltungen mit den Geistern berühmter Elisabethaner handelt, die durch Vermittlung des bekannten Londoner Mediums Hester Dowden (der Tochter des Shakespeare-Forschers) zustande kamen. Allen erfuhr, daß Shakespeare die Schurken und die leidenschaftlichen Szenen sowie den einfachen englischen Humor zu den Stücken geliefert habe, während wir Oxford die liebenswerten Gestalten und die dichterischen Passagen zu verdanken hätten.

J. T. LOONEY, »Sh.« *Identified in Edward de Vere the Seventeenth Earl of Oxford*, London, 1920. – P. ALLEN, *The Case for Edward de Vere, 17th Earl of Oxford, as »Sh.«*, London, 1930. – G. H. RENDALL, *Sh. Sonnets and Edward De Vere*, London, 1930. – E. T. CLARK, *Hidden Allusions in Sh.'s Plays: A Study of the Oxford Theory Based on the Records of Early Court Revels and Personalities of the Times*, New York, 1931. – G. FRISBEE, *Edward de Vere. A Great Elizabethan*. London, 1931. – P. ALLEN,, *Talks with Elizabethans Revealing the Mystery of »W. Sh.«*. London, 1945. – D. and C. OGBURN, *This Star of England: »W. Shake-speare«, Man of the Renaissance*, New York, 1952. – H. AMPHLETT, *Who was Sh.?* Melbourne, 1955. – H. TROSTMAN, »Freud and the Controversy over Shakespearean Authorship«, *Journal of the American Psychoanalytic Association*, 13 (1965). – H. LEVIN, »Sh. as Sh.«, in: *Sh. and the Revolution of the Times*, New York, 1976 [Widerlegt Ogburns These].

5.) Weitere Kandidaten

Nach C. Hoffman handele es sich bei dem gerichtlich verbürgten Tod Marlowes (am 30. Mai 1593) lediglich um ein Alibi, das von MARLOWES Gönner Thomas WALSINGHAM inszeniert wurde, um den Freund vor Verfolgung und möglicherweise Todesstrafe wegen Atheismus und Blasphemie zu schützen. Auf diese Weise wurde es MARLOWE ermöglicht, Shakespeares Dramen im Exil in Italien und Frankreich zu verfassen und an WALSINGHAM zu senden, der sie abschreiben und aufführen ließ. Wenn schon nicht einzusehen ist, weshalb die dramatische Mordinszenierung nötig war, wenn MARLOWE doch nur fliehen wollte, erscheint es noch unglaubwürdiger, daß 16 Mitglieder des königlichen Untersuchungsausschusses den sehr detaillierten Bericht über die Messerstecherei unterzeichneten, ohne Verdacht zu schöpfen.

Die Kandidatenliste weist nicht nur Ausländer auf wie den Iren Patrick O'TOOLE von Ennis oder den Vater von John FLORIO, Agnolo FLORIO, sondern auch weibliche Autoren, darunter Anne HATHAWAY, die Nonne Anne Whateley (deren Existenz wahrscheinlich auf einen Schreibfehler des Beamten zurückzuführen ist, der Shakespeares Ehelizenz ausstellte, vgl. II. B. 4.) und Königin ELISABETH.

Bereits aus dieser kurzen Zusammenstellung dürfte deutlich werden, auf welch schmächtigen, wenn nicht völlig abstrusen oder historisch unhaltbaren Fakten die Spekulationsgerüste der Anti-Stratfordianer errichtet werden. Snobismus und militanter Idealismus mischen sich hier mit einer Dichterkonzeption, die mehr romantischer als elisabethanischer Denkart entspricht.

C. HOFFMAN, *The Man Who Was Sh.*, London, 1955, (Marlowe). – D.R. WILLIAMS, *Sh. Thy Name is Marlowe*, New York, 1966. – W. HONEY, *The Sh. Epitaph Deciphered*, London, 1969 (Marlowe). – W. ROSS, *The Story of Anne Whateley and William Shaxpere*, Glasgow, 1939. – W.J.F. HUTCHENSON, *Sh.'s Other Anne*, Glasgow, 1950. – T.F. HEALY, »Sh. Was an Irishman«, *American Mercury*, 51 (1941). – A. BROOKS. *Will Shakspere and the Dyer's Hand*, New York 1943. – G.E. SWEET, *Shake-Speare: The Mystery*, London, 1963 (Queen Elizabeth). – E. P. CAWSTON, ed., *The Plight and Flight of Christopher Marlowe*, St. Leonards, 1969. – A. HARBAGE, »Marlowe Disinterred«, in: *Sh. Without Words and Other Essays*, Cambridge, Mass., 1972. (vgl. auch Bibliographie zu IV. A. 2.)

des von Margaret Cropper Thomas Wäscheraum nannte...
wurde, aus dem Treu'... und Verwaltung, und die gleichwertig,...
Poesische wie die Theorien und die planmäßige ... ungen. Auf
dies Werte wurde ... Maßgaben ampfungshin, daß ergänzt, ... Die
auch im Teil in ... ludin und Traditsten zu sprechen, ... find ...
Wäschernaum zu ... den, die sie in ... bramchen und sublim zu ...
... eine nicht einzusehn ... wohin die dramatische Moral-...
Fascistische führe, vor, wenn Margarete ... losophischen enolles ...
ersichtliches rechtmäßig wird; daß so ... ieghofer ... der lösung,...
diese Untersuchung und über den vom dem ... ieren Bericht...
... über ... die Maxerregend untergebracht ... ohne ... Worten zu
schließen.

Die Kundgegebene war ... cht aus Anhaltet auf ... wie der
lich Peter O'Toole von Linn oder der View von John Fro-...
fin, Adolfo Frozio, sondern auch welchere Auszucht, dar man
Anne HATHAWAY, die Nobbe Allne Wloch w (der gibt Existenz
wahrscheinlich auf einen Schreibtisch des Bau ... en zurückbe-...
führen ... der Shakespeare Theaters aufstellen, vgl. M. B. ...
und Kenton FERASSER.

... ferich aus dies ... Ausven, Zusammenstellung diese daraben ...
werden, nicht weich schulfliszieren, wenn nicht völlig gesperren...
oder hinreichich Inhaltligen Fakten die Spekulation gelingt, der
Vergangigkeitsbar erschließt werden/werden?, bombatus und mitbrach...
Idealisierung reichen sich überamit einer Dichterlesung von den,
möbelreichig realer in dieser Uniformiert in einer entspricht.

Dazu HOFFMAN, The Man ... hind ... S ... ne Macten, 1952, ...
WILLIAMS, ... The Shakespeare Indaxas, New York, 1960. ... HONERY, ...
Macmillan Companat, London, 1920. ... with ... KROSS, ... A Study of Man
Shakespeare in ... Sancre ... Glasgow, 1909. A. W. ... FLEUDSON, ...
Third Series, The 1909-1918 TRIALS, A ... Shakespeare Performan ...
History. A. Collins, ... BURGESS, Shakespeare and the Experiment, New York,
1964. ... E. STANLEY Shakespeare, New Margret/London Toronto, Green, Libery,
London, ... E. W. TRAVERSI, ... A ... Philip ... Macmillan, London ...
St. London, 1909 ... HARBAGE, As ... here/ ... Philadelphia, 1951. A ...
Wheel and other Essay, ... Cambridge, ... Mass. 1951, ... with ... Bibliographische,
p. 332.

III. DAS WERK

A. DER TEXT

1. ÜBERBLICK

Shakespeares dramatisches Werk, soweit es uns überliefert ist, umfaßt 38 Stücke. Er ist alleiniger Autor von 35 und Teilautor von drei Dramen *(Pericles, Henry VIII, The Two Noble Kinsmen)* im heute als gültig anerkannten Kanon seiner Werke. Shakespeares Hand und Handschrift sind außerdem mit der allergrößten Wahrscheinlichkeit auf drei Seiten in dem zufällig erhaltenen Manuskript der nie veröffentlichten und wahrscheinlich nie gespielten dramatischen Gemeinschaftsproduktion *Sir Thomas More* aus dem letzten Jahrfünft des 16. Jahrhunderts nachzuweisen. Auch schließt die jüngste Forschung eine Mitautorschaft Shakespeares an dem anonymen Königsdrama *Edward III* (ca. 1595) nicht aus. Hypothesen, daß das Gesamtoeuvre die Zahl der überlieferten Dramen überstieg, sind im Prinzip nicht widerlegbar. Bereits seit dem ausgehenden 16. Jahrhundert werden *Love's Labour's Won* (vor 1598) und *Cardenio* (von Fletcher und Shakespeare, ca. 1613) als Titel verlorengegangener, oder doch bis heute nicht identifizierbarer Stücke genannt. Ebenfalls bereits zu Shakespeares Lebzeiten begegnen die ersten Zuschreibungen einer wechselnden Zahl von noch identifizierbar erhaltenen Werken, von denen sechs eine vorübergehende Kanonisierung erfuhren, als sie 1664 in die zweite Auflage der dritten Folioausgabe (F3) der Dramen Shakespeares aufgenommen wurden. Ihre Dekanonisierung ist längst allgemein akzeptiert. Doch bilden sie noch immer den Kern einer als »Shakespeare Apocrypha« zusammengefaßten Dramengruppe, als deren gemeinsames Merkmal schließlich die wohl endgültige Außerkraftsetzung einstmals traditioneller Zuschreibungen zum Werkkanon gelten darf.

Die bedeutendste Ausgabe in der Textgeschichte seiner Stücke ist die von den Schauspielerkollegen John HEMINGE und Henry CONDELL besorgte erste Folioausgabe (F1), die 1623 sieben Jahre nach Shakespeares Tod erschien. F1 ist unsere einzige Quelle für 17 der 36 Dramen, die es enthält. 20 Stücke waren zuvor bereits zu Shakespeares Lebzeiten in Einzeldrucken (Quartoausgaben) unterschiedlicher Zuverlässigkeit erschienen; von diesen wurde *Pericles* nicht in F1 aufgenommen, sondern erst dem dritten Folio (F3) zugefügt. *The Two Noble Kinsmen*, wie *Henry VIII* (das F1 überliefert) von Shakespeare gemeinsam mit John FLETCHER geschrieben, wurde zuerst 1634 gedruckt. Die Überlieferungstradition hat es bisher allein dem Korpus der Einzel- und Gemeinschaftsproduktionen John FLETCHERS zugerechnet, und es findet erst in unseren Tagen auch Aufnahme in Shakespeare-Gesamtausgaben.

Die Quartodrucke und F1 sind die einzigen Quellentexte der Dramen Shakespeares. F1 bildete die Grundlage für drei weitere Folioauflagen im 17. Jahrhundert (F2: 1632; F3: 1663 u. 1664; F4: 1685), von denen – trotz einer gewissen Durchsicht von anonymen Editoren – jede im wesentlichen ihre Vorgängerin abdruckt.

Die eigentliche Editionsgeschichte der Dramen Shakespeares nahm im 18. Jahrhundert ihren Anfang mit den auf Korrektur und Revision, Emendation, Modernisierung und Kommentierung bedachten Ausgaben von Nicholas ROWE (1709), Alexander POPE (1725), Lewis THEOBALD (1733), Thomas HANMER (1744), William WARBURTON (1747), Samuel JOHNSON (1765), Edward CAPELL (1768–1783), George STEEVENS (1773) und Edmund MALONE (1790), und sie erreichte ihren Kulminationspunkt in den Variorumausgaben des 19. Jahrhunderts (erste und zweite Variorum 1803 und 1813; die bedeutende, alle Bemühungen des 18. Jahrhunderts um Shakespeare zusammenfassende dritte Variorum 1821; sowie die noch nicht abgeschlossene, in Einzelbänden erscheinende New Variorum ab 1871) und im Cambridge Shakespeare (1863–1866, und 1891–1893, ed. W. G. CLARK, J. GLOVER und W. A. WRIGHT; der sog. »Old Cambridge Shakespeare«). Hiervon ausgehend hat das 20. Jahrhundert eine Fülle von Shakespeare-Ausgaben auf den Markt gebracht, die trotz mannigfaltiger Revisionen im einzelnen noch heute den im Cambridge Shakespeare mit den Methoden und Einsichten des 19. Jahrhunderts erstellten Text tradieren. Die umwälzenden Erkenntnisse der Textkritik des 20. Jahrhunderts zum Werke Shakespeares haben – wenn auch der »New Cambridge Shake-

speare« John Dover WILSONS (ab 1921) am Beginn einer neuen
Epoche der Quellenerschließung pionierhafte, aber doch teilweise fehlgezielte Vorstöße in Richtung auf eine wissenschaftlich
präzise Erstellung des Shakespearetextes unternommen hat –
noch nicht in einer definitiven historisch-kritischen Ausgabe
seiner Dramen ihren Niederschlag gefunden.

Die Ausgaben, in denen wir heute Shakespeares Dramen lesen,
enthalten also einen Text, der zwar selten grob verzerrt, was
Shakespeare schrieb, der aber doch in vielen Einzelheiten das
Original nicht getreu wiedergibt. Dem Werk Shakespeares ist
es ergangen wie einem alten Gemälde, das man durch die Jahrhunderte hindurch immer wieder retouchiert, aufgefrischt, mit
beschränkter Sachkenntnis restauriert, in Kopien und Kopien
von Kopien verbreitet und schließlich dank seiner unverminderten Popularität massenhaft in billigen Drucken auf den Markt
geworfen hat. Überlagerungen aus fast vier Jahrhunderten der
Shakespearetradition verdecken das Original. Ihre Abtragung
jedoch, um den dramatischen Text in seiner vollen Authentizität
erstrahlen zu lassen, ist schwerer als die Reinigung eines alten
Gemäldes. Denn selbst die ersten Quarto- und Foliodrucke sind
im strengen Sinne Kopien oder Kopien von Kopien, die bereits
das Maß an Textabweichungen aufweisen, das bei jedem Über-
lieferungsvorgang unvermeidbar ist. Aus der vor den Drucken
liegenden Texttradition in Manuskripten bis zurück auf die
Handschriften des Dichters selbst sind alle Dokumente verlorengegangen. So hat es eine wissenschaftliche Textkritik als ihre
zentrale Aufgabe angesehen, die Zuverlässigkeit der ersten
Drucke mit größtmöglicher Akribie zu prüfen. Mit exakten und
sich stets verfeinernden bibliographischen Methoden, die jedes
Buch als physisches Gebilde und aufgrund seiner analysierbaren
handwerklichen Entstehung als objektiven Zeugen für die
Authentizität seines Inhalts aufzurufen vermögen, ist es ihr gelungen, für die Quellen, in denen der Shakespearetext uns überliefert ist, die dokumentarischen Grundlagen zu bestimmen.

2. MANUSKRIPTE

Von den Dramen Shakespeares sind keine Manuskripte über-liefert. Handschriftliche Versionen einzelner Stücke aus der Zeit nach 1623 haben keinen Quellenwert, da sie nachweislich Ab-schriften gedruckter Fassungen sind. Auch jene drei Seiten im Manuskript der dramatischen Gemeinschaftsproduktion *Sir Thomas More*, die vermutlich von Shakespeare geschrieben wur-den, bilden keine genügend breite dokumentarische Grundlage für eine allgemeine Theorie von der vor den Druckfassungen liegenden handschriftlichen Überlieferung seiner Werke.

a) Manuskriptbestand

Ausgehend vom Bedarf des Theaters an Textmaterial jedoch läßt sich eine Vorstellung von den durchlaufenen Manuskript-stadien gewinnen. Am Anfang standen die Arbeitspapiere, nach einer zeitgenössischen Bezeichnung »foul papers« genannt. Wäre Shakespeare ein freischaffender Stückeschreiber gewesen, hätte von ihm erwartet werden dürfen, daß er in Erfüllung eines er-gangenen Auftrags der kommissionierenden Theatertruppe eine Reinschrift (»fair copy«) seiner »foul papers« einreichen würde. Als Aktionär und führender Schauspieler der Chamberlain's Men (ab 1603 King's Men) jedoch scheint er zumeist lediglich seine Arbeitspapiere der Truppe als Textgrundlage für neue Stücke zur Verfügung gestellt zu haben. Beim Theater wurde ein Drama dann entweder eng nach dem eingereichten Entwurf oder auch bereits in einer für die Aufführung modifizierten Fassung in Rollenbücher und sodann als Regiebuch (»prompt book«) abgeschrieben; es ist möglich, daß in manchen Fällen noch von Schreiberhand eine Zwischenkopie angefertigt wurde, die vorübergehend als Arbeitstext für das Theater diente und von der dann erst das endgültige Regiebuch abgeschrieben wurde.

Die so am Theaterbedarf orientierte Vorstellung von einem Kernbestand an Handschriften – Arbeitspapiere und eventuell Reinschrift im Shakespeareschen Original, Regiebuch und wo-möglich Zwischenkopie als abgeleitete Manuskripte von Schreiberhand – liefert den wichtigsten Anhaltspunkt für die Bestimmung der Druckvorlagen der Erstdrucke. Sie erweist sich in der Einzelanalyse der gedruckten Erstausgaben als gültig, wenn auch nicht in jedem Falle als hinreichend. Wenn von Arbeitspapieren oder Regiebüchern gedruckt worden ist, ist dies zumeist an den besonderen, bis in den Druck hinein sich erhaltenden Merkmalen dieser Manuskriptklassen zu erkennen. Arbeitspapiere pflegen mit ihren oft unspezifizierten Bühnenanweisungen und inkonsequenten Personenbenennungen (Personen werden zuweilen beim Namen genannt, zuweilen aber auch nach ihrer jeweiligen Szenenfunktion und Rolle, etwa als »clown«, »king«, »father«, bezeichnet), ferner mit den manchmal zu beobachtenden Rudimenten erster Kompositionsversuche (die wohl nicht unmißverständlich getilgt waren) und vor allem mit recht häufigen, auf eine schwer lesbare Handschrift hindeutenden Fehlern und dunklen Stellen im Druck ihre Spuren zu hinterlassen. Aus einem Regiebuch hingegen werden nicht nur die naturgemäß sehr viel präziseren Bühnenanweisungen, sondern oft auch noch – so, als ob sie zum Text gehörten – die vom Souffleur am Rand vermerkten Requisitenbezeichnungen, Bühnengeräusche und Namen von Schauspielern und Statisten in den gedruckten Text übernommen. Der Rückschluß vom Druck auf Reinschrift oder Zwischenkopie gestaltet sich demgegenüber schwieriger; ihr Vorliegen ist eher negativ zu beweisen, wenn die für Arbeitspapiere oder endgültiges Regiebuch bezeichnenden Merkmale kontaminiert sind oder fehlen. Zuweilen auch erweist es sich als erforderlich, bei der Bestimmung der Druckvorlagen hypothetisch über den ersten Kreis der Autoren- und Theatermanuskripte hinauszugehen und weitere handschriftliche Zwischenstufen zwischen ihnen und dem Druck zu postulieren; für einige Dramen in F1 ist es in der Tat erwiesen, daß der namentlich bekannte und an seinen Schreibgewohnheiten auch noch im Druck erkennbare Schreiber Ralph Crane vollständige Abschriften vom Regiebuch verfertigt hat. Bei einer irregulären Kategorie von Quartodrucken schließlich (»bad quartos«; s. u.) ist mit Manuskripten zu rechnen, die von Zwischenträgern aus dem Gedächtnis rekonstruiert wurden.

Während dieser Bestand an Manuskripten aus dem Zeugnis der ersten Drucktexte wie auch vom Theaterbedarf her als gesichert oder in hohem Grade wahrscheinlich angenommen werden kann, mangelt es an glaubhaften Hinweisen darauf, daß von Shakespeares Dramen – zumindest zu seinen Lebzeiten und vor dem Erscheinen der Folioausgabe im Jahre 1623 – je »private transcripts«, d.h. für vermögende Privatpersonen auf Bestellung gefertigte Manuskripte, wie sie im zweiten Viertel des 17. Jahrhunderts von vielen Dramen üblich waren, existierten. Eine ebenfalls zeitweise vertretene Theorie, daß einzelne Dramen in ihrer uns erhaltenen Form auf sogenannte »assembled texts«, auf eine Abschrift der zusammengetragenen Rollenbücher, zurückgingen, hat sich auch als nicht haltbar erwiesen. Ferner ist bis heute jede Behauptung rein spekulativ geblieben, daß Shakespeare seine Werke nach deren erster Komposition zu irgendeinem Zeitpunkt oder auch kontinuierlich je so grundlegend revidiert hätte, daß neue und mit den ursprünglichen Arbeitspapieren in der Authentizität konkurrierende handschriftliche Versionen gesamter Dramen oder großer Teile daraus entstanden und in Umlauf gebracht worden wären. Es ist zwar möglich und mitunter sogar wahrscheinlich, daß divergierende Textüberlieferungen in den Druckfassungen zu einem Teil tatsächlich auf Revisionen beruhen, die vielleicht auf den Autor, oft eher aber auf Theaterredaktionen (so besonders im Falle von Kürzungen) zurückgehen. Auf ihnen jedoch komplizierte Theorien von einer starken Verzweigung in der verlorengegangenen Manuskriptüberlieferung aufzubauen, verdunkelt eher die Suche nach dem authentischen Text, als sie zu erhellen.

b) Manuskriptrechte und Druck

Wenn also, um die handschriftlichen Vorformen für die gedruckten Quellentexte der Dramen Shakespeares zu bestimmen, die heutige Textkritik ihr Hauptaugenmerk auf einen engen Kreis von Manuskripten aus dem Bestand und Bedarf des Theaters richtet, so hat dies nicht nur den Vorzug der relativ einfachen gegenüber der unüberschaubar komplexen Hypothese. Es trägt auch den realen Verhältnissen am Theater Rechnung. Eine elisabethanische Theatertruppe nahm alle Rechte an dramatischen Texten für sich in Anspruch. Sie war schon deshalb über ihre

Gebrauchstexte (die Regiebücher, welche z.B. auch die Aufführungslizenz des königlichen Zensors trugen) und deren handschriftliche Vorstufen zu wachen bemüht, weil sie an einer Verbreitung im Druck nicht interessiert gewesen sein dürfte, solange die gespielten Stücke im Repertoire blieben. Sanktionierte Veröffentlichungen der Dramen Shakespeares kamen, wie es scheint, nur mit dem widerwilligen Einverständnis der Schauspieler zustande, und es wird noch darzustellen sein, wie die Zunft der Verleger und Drucker der Theatertruppe die Texte einzeln abrang, bis Shakespeares Schauspielerkollegen nach seinem Tod mit der Folioausgabe schließlich selbst die Initiative zur autorisierten Veröffentlichung ergriffen. Bei einer sanktionierten Publikation aber standen aus den Archiven des Theaters dann grundsätzlich alle dort aufbewahrten Manuskriptfassungen als Textgrundlage für den Druck zur Verfügung. Die Truppe jedoch behielt meist ihre Regiebücher, und so waren es im allgemeinen die autographen Arbeitspapiere, die den Weg zum Drukker fanden.

Auf diesen Annahmen beruhen unsere Vorstellungen von der Art und Qualität der Vorlagen sowie unser Vertrauen in die prinzipielle Zuverlässigkeit der Erstdrucke. Entgegen früherer Ansicht von der unwiederbringlich korrupten Textüberlieferung der Werke Shakespeares ergibt sich bei vielen Dramen eine unerwartet günstige Ausgangsbasis für die kritische Texterstellung. Mag auch der Zustand der Arbeitspapiere ein relativ hohes Maß an Fehlern und Versehen im Druck bedingen, so ist doch die Authentizität jener Erstdrucke, die auf sie als Vorlagen zurückgehen, besonders groß. Die größere Reinheit der auf abgeleiteten Manuskripten (Zwischenkopien, »prompt books«, Kopien der »prompt books«) beruhenden Drucke ist demgegenüber kein Vorzug, da nicht zu unterscheiden ist, inwieweit für sie nicht eine Redaktion und ›Verbesserung« von Schreiberhand verantwortlich ist. Doch auch hier ist die Originalferne nicht unermeßlich. Der heutige Textkritiker ist so im Grundsatz und nur mit wenigen Ausnahmen bei der Beurteilung der erhaltenen Druckfassungen der Ungewißheit über die Art der verlorenen und nur hypothetisch zu rekonstruierenden Manuskriptüberlieferung der Werke Shakespeares enthoben.

E.M. THOMPSON, *Sh.'s Handwriting*, Oxford, 1916. – A.W. POLLARD, »The Manuscripts of Sh.'s Plays«, *The Library*, 3rd ser., 27 (1916). – A.W. POLLARD et al., *Sh.'s Hand in the Play of Sir Thomas More*, Cambridge, 1923. – A.W. POLLARD, *The Foundations of Sh.'s Text*, London, 1923. – W.W. GREG, *Dramatic Documents from the Elizabethan Playhouses*, Oxford, 1931. – R.B. McKERROW, »The Elizabethan Printer and Dramatic Manuscripts«, *The Library*, 4th ser., 12 (1931). – J.D. WILSON, *The Manuscript of Sh's Hamlet and the Problems of its Transmission*, Cambridge, 1934. – R.B. McKERROW, »A Suggestion Regarding Sh.'s Manuscripts«, *RES*, 11 (1935). – J.D. WILSON, »In Sight of Sh.'s Manuscripts«, *ShS*, 9 (1956). – W.W. GREG, ed., *Sir Thomas More*, London, 1911; mit »Supplement« von H. JENKINS, London, 1961. – E.A.J. HONIGMANN, *The Stability of Sh.'s Text*, London, 1965. – F. BOWERS, *On Editing Sh.*, Charlottesville, Va., 1966. – T. CLAYTON, *The »Shakespearean« Addition in the Booke of Sir Thomas Moore*, Dubuque (Iowa), 1969. – F.P. WILSON, *Sh. and the New Bibliography*, rev. and ed. by H. GARDNER, Oxford, 1970. – C. Leech and J. M. R. Margeson, ed., *Sh. 1971* (darin: »Text and Canon«, mit Beiträgen von M. C. BRADBROOK, C. HINMAN, F. BOWERS), Toronto, 1972.

3. DIE QUARTOAUSGABEN UND DIE »STATIONERS«

Die erhaltenen Quellentexte der Werke Shakespeares sind 22 Quarto-Einzeldrucke von 20 Dramen, alle außer Q-*Othello* (1622) zwischen 1594 und 1609 erschienen, und die Folioausgabe von 1623. Die Quartoausgaben wurden nach Vorlage der ersten oder ihrer Folgedrucke z.T. mehrfach unkorrigiert neu aufgelegt; nur in zwei oder drei Fällen lag dem zweiten Quartotext ein neues und besseres Manuskript zugrunde: bei *Romeo and Juliet* (1599) und *Hamlet* (1604/05), sowie – falls die Vermutung zutrifft, daß der erhaltenen eine abweichende, doch verlorene Ausgabe voranging – bei *Love's Labour's Lost* (1598). Im Rahmen der für eine überwiegende Zahl der Dramen erschlossenen relativen Zuverlässigkeit der handschriftlichen Druckvorlagen (s.o.) ist der Grad der Authentizität der in den Quartos und dem Folio gedruckten Texte sehr unterschiedlich und muß für jedes Werk einzeln festgestellt werden in einer Untersuchung, die sowohl die Druck- und Verlagsverhältnisse im England der Shakespearezeit im allgemeinen berücksichtigt wie auch die Indizien analysiert, die über das Zustandekommen der jeweiligen Druckfassung im besonderen Aufschluß geben.

a) »Copyright« und unsanktionierte Veröffentlichung

Es sind uns keine dokumentarischen Informationen darüber erhalten, wie ein Text vom Autor oder von der Theatertruppe

zum Drucker gelangte. Der erste urkundliche Nachweis von der
Existenz eines Werkes ist zumeist der vom Verleger besorgte
Eintrag in das Stationers' Register, das Hauptbuch der Londoner
Zunft der Buchhändler, Drucker und Verleger, deren Mitglieder
(oftmals Verleger, Drucker und Buchhändler in einer Person)
sich damit die Veröffentlichungsrechte, das »Copyright«, für
ihre Verlagsprodukte sicherten. Die Regelung und Anerkennung
des Copyright (des Rechts auf den Vorlagentext, die »copy«) war
eine rein zunftinterne Angelegenheit, für die der Eintrag nicht
einmal ausnahmslose Vorbedingung war; die einfache Veröffentlichung eines Werkes genügte manchmal schon zu seiner
Sicherung. Urheberrechte aber, aufgrund derer ein Autor oder
sein Vertreter auf die Publikation eines Werkes Einfluß nehmen
konnte, gab es nicht. Verstand es ein Verleger, sich in den Besitz
eines Manuskripts zu setzen, und gelang es ihm, dafür das Impri-
matur der Zensur zu erwirken, so war es belanglos, welcher Herkunft und welcher Qualität das Manuskript war; er konnte es
unbehelligt drucken lassen und veröffentlichen.

Alle Anzeichen deuten darauf hin, daß Einzeldrucke der Dramen Shakespeares begehrte Verlagsobjekte waren. Bei einem
von der Zunft festgelegten Verkaufspreis von 6d und einer von
ihr ebenfalls gesetzten Höchstauflagenzahl von 1200 bis 1500
Exemplaren versprachen sie offenbar einen sicheren Verkaufs-
erfolg und Gewinn. Nur die mangelnde Bereitschaft der Theatertruppe, ihre Schauspieltexte zum Druck freizugeben, stand dem
Geschäft der Verleger entgegen. Sie verstanden es dennoch, sich
Druckvorlagen zu verschaffen. Schon die Herausgeber von F1
erwähnen ausdrücklich, daß von den Dramen einige, die sie, wie
alle übrigen Stücke, in authentischer Gestalt veröffentlichen,
zuvor in gestohlenen, unautorisierten und verderbten Fassungen
von betrügerischen und schadenstiftenden Mittelsmännern insgeheim in Umlauf gesetzt worden seien. Ihre starken Worte
richten sich gegen jene Drucke, die heute als »bad quartos« bezeichnet werden: das sind die sogenannten »Contention plays«,
oder Teile 2 und 3 von *Henry VI* (1594 und 1595 als *The First
part of the Contention betwixt the two famous Houses of York and
Lancaster* und *The true Tragedie of Richard Duke of Yorke* erschienen
und beide 1600 und 1619 nachgedruckt); ferner *Romeo and Juliet*

(Q1, 1597), *Henry V* (1600; 1602; 1619), *The Merry Wives of Windsor* (1602), *Hamlet* (Q1, 1603) und *Pericles* (Q1–Q6, 1609 bis 1635, deren Linie der in F3 aufgenommene Text fortsetzt); dazu nach der begründeten Ansicht einiger Forscher auch der Quartotext *The Taming of A Shrew* (1594; 1596; 1607), sowie ein womöglich zu postulierender, jedoch verlorener Druck von *Love's Labour's Lost*, der dem guten Text von 1598 voranging. Möglicherweise sind vom Standpunkt der Folioherausgeber zu den unautorisierten Texten ebenfalls die Quartoüberlieferungen von *Richard III* (Q1–Q6, 1597 bis 1622), *King Lear* (1608; 1619) und *Othello* (1622) zu zählen, obwohl sie, da der Grad der Verderbtheit der Texte hier geringer ist, nicht auf die gleiche Stufe zu stellen sind wie die »bad quartos« von den »Contention plays« und *The Taming of A Shrew* bis *Hamlet* Q1 und *Pericles*.

V. C. GILDERSLEEVE, *Government Regulations of the Elizabethan Drama*, New York, 1908. – A. W. POLLARD, *Sh.'s Folios and Quartos*, London, 1909. – A. W. POLLARD, *Sh.'s Fight with the Pirates*, Cambridge, 1920². – E. M. ALBRIGHT, *Dramatic Publication in England, 1580–1640*, New York, 1927. – H. C. BARTLETT und A. W. POLLARD, *A Census of Sh.'s Plays in Quarto, 1594–1709*, New Haven, 1939. – L. KIRSCHBAUM, *Sh. and the Stationers*, Columbus, Ohio, 1955. – H. CRAIG, *A New Look at Sh.'s Quartos*, Stanford, 1961. – E. A. J. HONIGMANN, *The Stability of Sh.'s Text*, London, 1965. – F. P. WILSON, *Sh. and the New Bibliography*, Oxford, 1970. – G. E. BENTLEY, *The Profession of Dramatist in Sh.'s Time*, Princeton, 1971.

b) »bad quartos«

Die Texte der im engeren Sinne als »bad quartos« geltenden Ausgaben sind oft sehr weit entfernt von dem der authentischen Fassungen, durch die sie bei ihrer Aufnahme in F1 – und im Falle von *Romeo and Juliet* und *Hamlet* auch schon in den Quartos von 1599 und 1604/05 – ersetzt wurden. Ihre direkte Herleitung von den authentischen Theatermanuskripten ist auszuschließen. Immer wiederkehrende textliche Kennzeichen hat man zu klassifizieren versucht als Wiederholungen, Vorausnahmen, Rückgriffe, Transpositionen und Kontaminationen von Wörtern, Phrasen und Zeilen, gestörte Metrik, Verflachung des Ausdrucks und Anleihen aus anderen, Shakespeareschen wie nicht-Shakespeareschen Dramen. Dies sind Erscheinungen, die zusammengenommen auf eine Rekonstruktion der Textfassungen aus dem Gedächtnis schließen lassen könnten. Sie gelten daher heute allgemein als sogenannte »reported texts« und »memorial reconstructions«, ohne daß jedoch immer Einigkeit über die Identität der postulierten Textzwischenträger oder ihre Motivationen herrschen würde.

Eine ursprünglich starke Komponente in den Mutmaßungen um die »bad quartos«, seit A. W. POLLARD den Terminus im Gegensatz zu dem der »good quartos« prägte, war die Annahme einer Textpiraterie, etwa durch von interessierten Verlegern eigens ins Theater entsandte werkspionierende Berichterstatter. Da etwa um die Zeit der Entstehung der »bad quartos« auch die ersten Systeme der Kurzschrift in England Verbreitung fanden, ist man versucht gewesen, beide Erscheinungen miteinander in Verbindung zu bringen. Doch abgesehen davon, daß ein Stenograph bei einer Theateraufführung mit Sicherheit entdeckt und an seiner Tätigkeit nachdrücklich gehindert worden wäre, haben genaue Untersuchungen ergeben, daß die in Frage kommenden Systeme für die Aufzeichnung eines im Spieltempo gesprochenen Bühnenstücks nicht leistungsfähig genug waren. Ihre Verwendung wird außerdem schon durch den im allgemeinen sehr ungleichmäßigen Grad der Verderbtheit im Textverlauf der einzelnen »bad quartos« unwahrscheinlich gemacht, da man doch von einer stenographischen Mitschrift ein zwar nicht fehlerfreies, aber wenigstens einigermaßen konstant gutes oder schlechtes Ergebnis erwarten würde.

Mit der Zurückweisung der Kurzschrifthypothese verlor auch zunehmend die Annahme von raubdruckerischen Praktiken an Gewicht. An der Vorstellung von Textvermittlern hat man jedoch festgehalten. Sie hätten, so meint man, die originalen Stücke, oder doch authentische, wenngleich womöglich gekürzte oder sonstwie modifizierte Theaterfassungen davon, gesehen, gehört oder gar als Mitwirkende genauer gekannt und aus der Erinnerung niedergeschrieben oder diktiert. An *Romeo and Juliet* Q1, *The Merry Wives of Windsor* und *Hamlet* Q1 glaubt man mit Gewißheit ablesen zu können, daß Schauspieler die Texte reproduzierten, die in Aufführungen der authentischen Stücke als Nebenpersonen mitgewirkt hatten. Ihre eigenen Rollen hätten sie oft fast wortgetreu, und von den Szenen, in denen sie spielten, wenigstens angenäherte Fassungen wiedergegeben, während jene

Teile der Dramen, in denen sie nicht auftraten, schemenhaft ver-
schwömmen. Auch daß manche Bühnenanweisung wie vom
Standpunkt eines Mitwirkenden her formuliert sei, spreche für
die Beteiligung von Schauspielern an der Erstellung der schlechten Texte, doch zuweilen könnten auch andere mit den Originalen vertraute Personen, Theaterschreiber oder Souffleure etwa,
für die Rekonstruktionen mitverantwortlich gewesen sein. Insbesondere im Falle von *Romeo and Juliet* Q1 und *Hamlet* Q1
dürften die Texte, von denen die »bad quartos« gedruckt wurden,
zunächst zu Aufführungszwecken, vielleicht anläßlich von Tourneen einer verkleinerten Truppe in die Provinz, erstellt worden
sein. Textredaktionen wie Kürzungen und Umstellungen in der
Szenenfolge machen dies wahrscheinlich, und im Hinblick auf
Hamlet Q1 deutet in diese Richtung auch die Textgestalt des
Hamlet-Dramas der Englischen Komödianten in Deutschland,
Der bestrafte Brudermord, der *Hamlet* Q1 viel näher steht als dem
in Q2 und im Folio überlieferten vollen und authentischen
Hamlet-Text. Mit deutlicher Tendenz zur Hypothesenverein-
fachung ist so in jüngster Zeit für die gesamte Gruppe der »bad
quartos« postuliert worden, daß sie reguläre Kürzungen für Pro-
vinzaufführungen mit der durchgehenden Absicht einer Reduzierung der Zahl der benötigten Schauspieler darstellten, oder
aber auf solche Theaterbearbeitungen zurückzuführen seien. Die
Hypothese ist existenzfähig ohne die gleichzeitige Annahme, daß
das Textsubstrat des schlecht und des gut überlieferten Textes ein
je anderes sei. So indiziert sie zugleich die engen Grenzen, die
heute einer unser Wissen erweiternden Faktensicherung gezogen
sind. Denn wo für den literatur- und theatergeschichtlich orientierten Leser die eigentliche Faszination der divergenten Text-
tradierungen in ihrem Potential als Widerspiegelungen abwei-
chender Werkfassungen liegt, lassen sich gerade diese aus den
stark überfremdeten und verderbten »bad quartos« textkritisch
nicht extrapolieren.

Wenngleich es letztlich bis heute nicht gelungen ist, alle möglichen Gründe und Modalitäten des Zustandekommens für die
»bad quartos« zu klären, so sind sie, trotz ihrer offensichtlichen
und vielfachen textlichen Mängel, für die Shakespeare-Textkritik nicht wertlos. Wenn sie, wiewohl vielfach überlagert, ein

Stück authentischer und womöglich von der Herleitung der guten Fassungen unabhängiger Textüberlieferung darstellen, so vermögen sie grundsätzlich die Lesarten der direkt auf die Theaterhandschriften zurückgehenden Texte ebenso zu stützen wie in Frage zu stellen oder als Korruptionen zu entlarven, und ihre Varianten können daher potentiell in einen kritischen Shakespeare-Text Eingang finden.

(siehe Bibliographie zu III. A. 3. c)

c) »doubtful quartos«

Die Beurteilung der Textgestalt der Quartofassungen von *Richard III* (1597), *King Lear* (1608) und *Othello* (1622) stellt die Forschung noch heute vor schwierige Fragen. Innere wie äußere Anzeichen deuten darauf hin, daß auch diese Dramen ohne Einwilligung der Schauspieler veröffentlicht wurden. Während sich der Verleger von *Othello*, Thomas WALKLEY, noch im Jahre 1622, als bereits der Druck der Folioausgabe im Gange war, in den Besitz eines guten Manuskripts, nämlich einer leicht gekürzten Abschrift des »prompt book«, zu setzen wußte, sind die früher erschienenen Quartos von *Richard III* und *King Lear* sicherlich »reported texts«, wenn als solche auch nach Ausweis der Versionen im Folio längst nicht so weit von der authentischen Überlieferung entfernt wie die »bad quartos«. Das macht die exakte Bestimmung ihrer Position und ihres Wertes für eine kritische Texterstellung jedoch nicht leichter, sondern eher schwerer, da andererseits die Foliofassungen auch teilweise wiederum von ihnen abhängig sind. Über das Gewicht dieser »doubtful quartos« in der Textüberlieferung besteht ebenso wie über ihr Zustandekommen noch keine endgültige Klarheit.

A. W. POLLARD, *Sh.'s Fight with the Pirates*, Cambridge, 1920². – P. ALEXANDER, *Sh.'s Henry VI and Richard III*, Cambridge, 1939. – G. I. DUTHIE, *The bad quarto of Hamlet: A Critical Study*, Cambridge, 1941. – A. HART, *Stolne and surreptitious copies: A Comparative Study of Sh.'s bad quartos*, Melbourne, 1942. – H. R. HOPPE, *The bad quarto of Romeo and Juliet: A Bibliographical and Textual Study*, Ithaca, N. Y., 1948. – G. I. DUTHIE, *Elizabethan Shorthand and the first quarto of King Lear*, Oxford, 1949. – W. BRACY, *The Merry Wives of Windsor: The History and Transmission of Sh's Text*, Columbia, Miss., 1952. – L. KIRSCHBAUM, *Sh. and the Stationers*, Columbus, Ohio, 1955. – K. SMIDT, *Iniurious Imposters and Richard III*, Oslo, 1964. – K. SMIDT, *Memorial Transmission and Quarto Copy in Richard III*, Oslo, 1970. – J. K. WALTON, *The Quarto Copy for the First Folio of Sh.*, Dublin, 1971. – R. E. BURKHART, *Sh.'s Bad Quartos*, Den Haag, 1975.

d) »good quartos«

Außer den beschriebenen elf unautorisierten Texten wurden vor dem Erscheinen der ersten Folioausgabe auch elf gute Quartos mit authentischen und zweifelsohne von Shakespeares Theatertruppe (und daher im wesentlichen von Shakespeare selbst) autorisierten Textfassungen in Erstdrucken veröffentlicht; einige der Ausgaben wurden z.T. mehrfach, jedoch ohne neuerlichen Rückgriff auf die Manuskripte, nachgedruckt. Die elf »good quartos« sind: *Titus Andronicus* (Q1–Q3, 1594 bis 1611; alle jedoch ohne die Szene III, ii); *Richard II* (Q1–Q5, 1597 bis 1615; Q4 und Q5, 1608 und 1615, enthalten eine zweifelhafte Fassung der in Q1–Q3 fehlenden Abdankungsszene IV, i, 154–318); *Love's Labour's Lost* (1598); *1 Henry IV* (achtseitiges Fragment ›Qo‹, o.J.; Q1–Q6, 1598 bis 1622); *Romeo and Juliet* (Q2, 1599; Q3 u. Q4, 1609 u. 1622); *2 Henry IV* (1600); *A Midsummer Night's Dream* (1600; 1619); *The Merchant of Venice* (1600; 1619); *Much Ado About Nothing* (1600); *Hamlet* (Q2, 1604–5; Q3, 1611; Q4, o.J.); *Troilus and Cressida* (1609).

aa) Publikation

Verschiedene Umstände lassen erkennen, daß die Publikation dieser guten Quartos nicht ausschließlich auf der freiwilligen Entscheidung der Chamberlain's Men beruhte. *Romeo and Juliet* Q2 und *Hamlet* Q2, sowie vielleicht *Love's Labour's Lost* (1598), sind Ersatztexte für die vorausgegangenen verderbten Fassungen. Da man die Stücke einmal auf den Markt gebracht hatte, waren die Schauspieler – womöglich auf Betreiben ihres Hauptgesellschafters, des Autors Shakespeare – anscheinend so weit auf ihren Ruf bedacht, daß sie dem Publikum die authentischen Texte nicht vorenthalten wollten. Die Verleger, die sich mit den »bad quartos« die Veröffentlichungsrechte an den Titeln gesichert hatten, bekamen für die zweiten Auflagen das Autorenmanuskript zur Verfügung gestellt. Bei den bestehenden Rechtsverhältnissen im Buchgewerbe war dies die einzige Möglichkeit, erlittenen Schaden abzumildern. Aus Erfahrung wachsam geworden, bemühte sich Shakespeares Truppe offenbar auch wiederholt, unerwünschte Übergriffe auf ihre Textbestände abzuwehren oder

der unautorisierten Veröffentlichung schlechter Fassungen zuvorzukommen. Sie versuchte, sich die Zunftregeln der »stationers« zunutze zu machen, und ließ als Vertrauensmann den Verleger und Drucker ihrer Theaterplakate James ROBERTS (und
einmal auch den später an der Folioausgabe beteiligten Verleger
Edward BLOUNT) die Titel einiger gefährdeter Stücke im Stationers' Register vorsorglich eintragen und dadurch blockieren.
Es ist nicht klar, ob hinter den »blocking entries« die Absicht der
Truppe stand, eine Veröffentlichung ganz zu unterbinden oder
nur unter ihren Einfluß zu bringen. Sollte sie regelrecht verhindert werden, so war dem Vorgehen lediglich bei zwei Dramen
Erfolg beschieden: *As You Like It* und *Antony and Cleopatra*, die
in dieser Weise schon in den Jahren 1600 und 1608 Einträge im
Stationers' Register erhielten, erscheinen tatsächlich zuerst in der
Folioausgabe. In allen übrigen Fällen aber wurden über kurz
oder lang die blockierten Titel in guten Textfassungen von anderen Verlegern publiziert, und ROBERTS übernahm lediglich
manchmal den Druck. Dies mag darauf hindeuten, daß die
Schauspieler, soweit es ihnen hauptsächlich um die Kontrolle der
Veröffentlichungen zu tun war, damit nicht nur den altruistischen Zweck verfolgten, dem Leserpublikum die echten Shakespearestücke zu vermitteln, sondern daß sie auch die Beteiligung
ihrer Truppe am Geschäft durch den Verkauf der authentischen
Texte und die ihres Vertrauensmannes durch den Druckauftrag
gesichert sehen wollten. Die Mitglieder der sehr selbstbewußten
und privilegierten Zunft der »stationers« aber, so wird angenommen, gedachten sich grundsätzlich nicht durch die Verfahrenstaktik der Chamberlain's Men, deren Ziel eine eventuelle Drucksperre war, um ihre Vorrechte bringen zu lassen, und sie waren
auch nicht zu schrecken durch den ungewöhnlichen Zusatz zu
einem der Robertsschen Einträge, der besagt, daß die angeführten
Titel nur mit der ausdrücklichen Genehmigung des Lord Chamberlain gedruckt werden dürften. Der Zusatz ist formuliert im
Eintrag des *Merchant of Venice* vom 22. Juli 1598, muß wohl aber
sinngemäß auch für den gemeinsamen provisorischen Eintrag
der drei Dramen *As You Like It, Henry V* und *Much Ado About
Nothing* vom 4. August 1600 gelten. Er kann nur bedeuten, daß
Shakespeares Truppe versuchte, sogar ihren Patron in die Be-

mühungen um ein Mitspracherecht bei der Veröffentlichung
ihrer Schauspieltexte einzuschalten.

Bei *The Merchant of Venice* hatte der Robertssche Eintrag noch
eine hinhaltende Wirkung von zwei Jahren bis zur Publikation
des guten Quarto von 1600. Die Veröffentlichungsrechte an
Much Ado wurden in aller Eile schon drei Wochen nach dem Eintrag vom 4. 8. 1600 an die Verleger Andrew WISE und William
ASPLEY überschrieben, die das Stück noch im selben Herbst her-
ausbrachten (und *2 Henry IV* bei dieser Gelegenheit offenbar
noch als Zugabe erhielten). *Henry V* aber erschien trotz der versuchten Blockierung im gleichen Jahr 1600 als »bad quarto«. Die
Veröffentlichung von *Hamlet* Q1 im Jahre 1603 steht in ähnlicher
Weise in eindeutigem Gegensatz zu einem Eintrag ROBERTS'
vom 26. Juli 1602, und der Verleger des »bad quarto« konnte,
wie es scheint, zu einer besseren Zweitauflage nur durch die
Überlassung des Autorenmanuskripts veranlaßt werden, wofür
er sich allerdings durch die Erteilung des Druckauftrags an
James ROBERTS erkenntlich zeigte. Die »blocking entries« jedoch
boten demnach insgesamt keinen sehr wirkungsvollen Schutz
vor unautorisierten Veröffentlichungen, sobald sie ihrerseits als
unseriös erkannt waren und andere Verleger durch sie ihre
eigenen Interessen wesentlich beeinträchtigt sahen.

bb) Textstand

Aus diesen Zusammenhängen kann wahrscheinlich gemacht
werden, daß wir die elf guten Quartodrucke von Dramen
Shakespeares zum größeren Teil einem Tauziehen zwischen den
Chamberlain's Men und den Londoner Verlegern verdanken.
Die Theatertruppe entäußerte sich der ihr entbehrlichen Manu-
skripte, also der Arbeitspapiere Shakespeares und nicht der
Regiebücher, und so bilden die Arbeitspapiere die Textgrundlage
aller dieser Ausgaben. Neun von ihnen wurden von den »foul
papers« direkt und zwei, *The Merchant of Venice* und *Troilus and
Cressida*, wahrscheinlich von Abschriften der »foul papers«
(*Troilus and Cressida* womöglich von einer Abschrift in Shake-
speares eigener Hand) gedruckt. Für acht der Dramen – alle
außer *2 Henry IV*, *Hamlet* und *Troilus and Cressida* – ist der
Quartoerstdruck in der Tat die einzig gültige Textfassung, da

die Folioausgabe lediglich den Quartotext, teilweise sogar aus
einem weniger zuverlässigen Nachdruck, übernimmt. (Für zwei
dieser acht Dramen, *Titus Andronicus* und *Richard II*, gilt dies mit
der Einschränkung der in den ersten Quartos jeweils fehlenden
Szene, die erst im Folio authentisch erscheint.) Die textliche
Autorität dieser guten Quartoausgaben ist also denkbar groß
und nur insofern nicht überall uneingeschränkt anzuerkennen,
als mit der Umsetzung der handschriftlichen Vorlagen in die
gedruckten Texte auch unweigerlich ein gewisser Grad an textlicher Korruption einherging. *Hamlet* Q2 vor allem wurde von
»foul papers« gedruckt, die diesen Namen mit besonderem Recht
verdienten und teilweise fast unleserlich gewesen sein müssen.
Zwei Setzer, die mit dieser Vorlage unterschiedlich gut fertig
wurden, setzten den Text, und der eine von ihnen benutzte
streckenweise während des ersten Aktes das »bad quarto« als
Kontrolltext. Solche Gegebenheiten des Zustandekommens der
gedruckt erhaltenen Shakespearetexte, die in unterschiedlicher
Komplexität bei jeder Buchausgabe der Werke in Rechnung zu
stellen sind, sucht die heutige Textkritik mit allen ihr zu Gebote
stehenden Methoden zu analysieren, um die selbst in den Ausgaben mit größter textlicher Autorität unvermeidlichen Fehler und
Versehen aufzuspüren und nach Möglichkeit zu eliminieren.

A.W. POLLARD, *The Foundations of Sh.'s Texts*, London, 1923. – W.W.
GREG, *The Editorial Problem in Sh.*, Oxford, 1954³. – W.W. GREG, *The Sh.
First Folio: Its Bibliographical and Textual History*, Oxford, 1955. – F. BOWERS,
On Editing Sh. Charlottesville, Va., 1966. – C.J.K. HINMAN, »Introduction«.
in: *The First Folio of Sh.: The Norton Faksimile*, New York, 1968. – F.P. WILSON,
Sh. and the New Bibliography, Oxford, 1970.

4. DIE FOLIOAUSGABE VON 1623

a) Der Text

aa) Voraussetzungen

Im Jahre 1616, dem Todesjahr Shakespeares, erschien in London in Folio eine Ausgabe der gesammelten dramatischen Werke
seines Zeitgenossen, Rivalen und Freundes Benjamin JONSON,
welche dieser selbst veranlaßt, besorgt und überwacht hatte.
Dies war in mehrfacher Hinsicht ungewöhnlich. Stücke für das

Theater hatten bis dahin als eine niedere literarische Gattung gegolten, die vielleicht eines schnell verkäuflichen Einzeldrucks, nicht aber einer repräsentativen Sammelausgabe würdig waren. Ein Autor hätte es nicht als geziemend empfunden, mit Spieltexten vor ein gebildetes, kritisches und vermögendes Lesepublikum zu treten (und je aufwendiger eine Ausgabe, desto ausschließlicher war sie für die vermögenden Käufer bestimmt, die zugleich die gebildeten waren). Wer sich herkömmlich als Dichter erweisen wollte, schrieb für den Druck in den traditionellen Gattungen lyrischer und epischer Poesie. Doch Ben Jonson, moderner als Shakespeare, erhob den persönlichen Anspruch auf die Anerkennung seiner Kunst im Drama. Die Ausgabe seiner gesammelten Werke spiegelt – und förderte zugleich – die Aufwertung der dramatischen Gattung zu Beginn des 17. Jahrhunderts in England.

Vor diesem Hintergrund ist das Bemühen John Heminges und Henry Condells und des führenden Londoner Theaters der King's Men zu sehen, die Schauspiele ihres verstorbenen ehemaligen leitenden Dramatikers William Shakespeare in repräsentativer Form gesammelt und textlich makellos zu veröffentlichen. Sie beklagen in der Widmung und dem Vorwort der großen Ausgabe von 1623, daß Shakespeare die Drucklegung seiner Werke nicht selbst mehr hat besorgen und überwachen können. Sie sind erfüllt von dem Ethos der gewissenhaften und selbstlosen Erfüllung einer Freundespflicht, ihre Einsicht in die praktischen Schwierigkeiten der selbst gewählten Aufgabe ist groß, und die Verantwortung, die sie damit dem Dichter, dem Werk, dem zeitgenössischen Leser und der Nachwelt gegenüber auf sich nehmen, ist ihnen wohl bewußt. Ihr redliches und erfolgreiches Bemühen um die bestmögliche Erhaltung der Dramen Shakespeares, wiewohl oft genug aus oberflächlicher Fehleinschätzung in Frage gestellt, ist letztlich nicht zu bezweifeln.

bb) Druckvorlagen

Jede genauere Untersuchung der Folioausgabe bestätigt die Umsicht und Sorgfalt, mit der ihre Herausgeber zu Werke gegangen sind. Trotz der großen organisatorischen Probleme, die die Druckvorbereitungen inmitten des laufenden Theaterbetriebs

bereitet haben müssen, setzten sie sich einen hohen editorischen
Standard. An ihm gemessen erweist sich der Anspruch auf die
große Treue der Ausgabe zu den Originaltexten (»Published
according to the True Originall Copies«) als vollauf berechtigt.
19 Dramen (außer *Pericles*) lagen bis 1623 bereits in Drucken vor.
Es wäre leicht gewesen und hätte den Gepflogenheiten der Zeit
wohl entsprochen, wenn diese unbesehen nachgedruckt worden
wären. Das ist jedoch nicht geschehen. Ein Setzer in einer
Druckerei arbeitete zwar weitaus einfacher und lieber nach einer
gedruckten als einer handschriftlichen Vorlage, und so wurden in
der Tat bei 14 Dramen die Einzeldrucke (wenn auch kaum in der
ersten, sondern zumeist in einer späteren Auflage) für den Folio-
abdruck herangezogen. Sie wurden zuvor aber sorgfältig mit den
Theatermanuskripten (vielfach den Regiebüchern) verglichen
und oft erheblich revidiert. Nur sechs der Texte erfuhren so
geringfügige Änderungen, daß der Quartodruck für uns ihre
einzige authentische Quelle bleibt, während die Foliofassungen
der acht übrigen Stücke sich in wesentlichen Teilen neugefaßt,
verbessert und ergänzt darbieten und durch den nachweislichen
Rückgriff auf die Handschriften einen eigenen und oft überge-
ordneten Quellenwert erhalten. Die »bad quartos«, von denen
außer *Pericles*, und nach den guten Zweitdrucken von *Romeo and
Juliet* und *Hamlet*, noch fünf im Umlauf geblieben waren, schieden als Textgrundlagen gänzlich aus. Für die Fassungen in F1
wurden hier Shakespeares Arbeitspapiere selbst (für *The Merry
Wives of Windsor* eine Abschrift der »foul papers«) bereitgestellt.
Für nicht weniger als 17 weitere und bisher unveröffentlichte
Dramen schließlich, die zusammen mit dem guten Text der vor-
genannten fünf Stücke uns ohne die Folioausgabe wohl niemals
erhalten geblieben wären, wurden ebenfalls die authentischen
Manuskripte aus den Archiven des Theaters hervorgeholt und im
Originalzustand (falls leserlich genug) oder in Abschriften, und
in fünf oder sechs Fällen auch in Form des Regiebuchs, für den
Druck nutzbar gemacht.

cc) Textprobleme

Diese Tatsachen, recht durchleuchtet, bezeugen den außer-
ordentlichen Wert der Folioausgabe für die Überlieferung der

Werke Shakespeares. Doch bereitet die Ausgabe auch besondere Probleme, die von der Forschung noch nicht restlos gelöst sind. Die Frage beispielsweise, inwieweit die Manuskripte etwa einer Durchsicht unterzogen wurden, ehe sie der Setzer in die Hand bekam, ist aus Mangel an Kontrolltexten kaum zu beantworten. Gewiß sind sie ebenso wie die Quartodrucke (wo dies nachzuprüfen ist) in Befolgung einer Zensurvorschrift aus dem Jahre 1606 von Flüchen und Schwüren gereinigt worden. Die in der Folioausgabe häufig erscheinende Akteinteilung – womit die ihrer inneren Struktur nach szenisch gegliederten Bühnenstücke äußerlich der allmählich in England sich durchsetzenden klassischen Formvorstellung vom Drama angepaßt wurden – ist gleichfalls bei der Vorbereitung zur Foliodrucklegung in die Quarto- wie in die Manuskripttexte eingeführt worden. Darüber hinaus steht mit einiger Sicherheit fest, daß der Schreiber Ralph CRANE eigens für den Druck Abschriften der »foul papers« oder des »prompt book« von fünf Dramen lieferte, was ein intensives editorisches Bemühen um die Handschriften vermuten lassen könnte. Bei den meisten der übrigen 17 von Manuskripten gedruckten Stücke jedoch deuten alle Anzeichen darauf hin, daß die originalen Arbeitspapiere oder Regiebücher direkt als Druckvorlagen dienten. Vielleicht ist es kein Zufall, daß CRANES Schreiberhand nur hinter den ersten vier und der letzten der Komödien, welche die erste Folioabteilung bilden, steht; womöglich wurden zu Beginn der Vorarbeiten die Handschriften mit übergroßem, doch schon bald nicht mehr durchzuhaltendem editorischen Aufwand bedacht. Falls demnach tatsächlich eine Redaktion des größten Teils der Manuskripte unterblieb, so wäre das für die heutige kritische Texterstellung von ebenso hohem Nutzen, wie es die erwiesenermaßen konsequente Durchsicht aller der zum Nachdrucken ausgewählten Quartotexte aufgrund der Bühnenmanuskripte ist.

Wo uns im Falle der Handschriften jede Redaktion und Kopie eine Stufe weiter von Shakespeares Original entfernt hätte, werden wir bei der manuskriptbezogenen Durchsicht der gedruckten Quartotexte noch einmal um eine oder gar mehrere Stufen auf das Original zurückgeführt. Hier sind uns in Q und F zwei Textfassungen erhalten, und eine Kontrolle der Arbeit des

Revisors ist daher möglich. Da wir jedoch weder seinen Bezugstext noch das Quartoexemplar mit seinen Anmerkungen selbst
besitzen, ist sie nicht einfach. Es gilt zu erschließen, von welcher
Art sein Vergleichsmanuskript war, und zu bestimmen, was er
korrigiert und verändert oder was er unverändert gelassen und
übersehen hat. Seine Eingriffe sind dazu womöglich noch von
denen der Setzer des Foliotextes zu unterscheiden. Doch grundsätzlich wird es auf solchem analytischem Wege möglich sein, zu
einer Vorstellung von der relativen Gültigkeit der Versionen
jener Dramen zu gelangen, die in mehr als einer Fassung mit
textlicher Autorität überliefert sind.

Während demnach die kritischen Probleme, die sich bei allen
auch in der Folioausgabe nach Manuskripten gedruckten Stücken
stellen, nicht schwieriger – oder unter Umständen aus Mangel an
dokumentarischem Hilfsmaterial auch nicht lösbarer – sind als
bei den Einzeldrucken, ist das spezifische und zentrale Problem,
mit dem sich die Textkritik in Fī auseinandersetzen muß, die
Beurteilung der Dramentexte, die in Quarto und Folio in der
beschriebenen Weise in sogenannten »collateral substantive
texts« überliefert sind. Es sind dies (da sechs Stücke ohne wesentliche Veränderungen blieben und sich die zusätzliche Autorität
des Folio bei zwei weiteren nur auf ergänzend eingefügte Szenen
beschränkt; s. o. Kap. 3. a.) vor allem die sechs Dramen *Richard
III*, *King Lear*, *Othello*, *Hamlet*, *2 Henry IV* und *Troilus and
Cressida*. Bei ihnen sind in der Erforschung der generellen Zusammenhänge wie der in jedem Fall anders gelagerten Einzel-
fragen der Textüberlieferung die Voraussetzungen für die Erstellung eines definitiven kritischen Textes noch nicht ausnahmslos geschaffen.

b) Die Ausgabe

aa) Vorgeschichte

Wegen ihrer besonderen Bedeutung für die Textüberlieferung
ist die erste Folioausgabe als Buch, d.h. als Verlagsobjekt und
Erzeugnis der Buchdruckerkunst, auch mit besonderer Gründ-
lichkeit analysiert worden. Ihre Verleger waren William und
Isaac JAGGARD, Edward BLOUNT, John SMETHWICKE und William
ASPLEY, ein Verlegerkonsortium, dessen Bereitwilligkeit zur

Übernahme des Risikos und zur organisatorischen Durchführung eines solch umfangreichen Projekts für das Zustandekommen der Ausgabe ebenso bedeutungsvoll ist wie die editorische Initiative HEMINGES und CONDELLS und der King's Men. Auf William JAGGARD und seinen Sohn Isaac entfiel die eigentliche Herstellung der Ausgabe. Edward BLOUNT, obwohl auf der Titelseite ebenfalls als Drucker genannt, war ein Verleger ohne eigene Druckerei und wird als Verbindungsmann zu den Herausgebern tätig gewesen sein. ASPLEYS und SMETHWICKES Mitwirkung war wohl vor allem wichtig, weil sie zusammen mit William JAGGARD den größten Teil der Veröffentlichungsrechte an den bereits gedruckten Quartotexten entweder besaßen oder aufgrund ihrer etablierten Geschäftsverbindungen erwirken konnten. William JAGGARD selbst war im Jahre 1619 schon einmal an einem Projekt beteiligt gewesen, das als der erste Ansatz zu einer Shakespeare-Sammelausgabe angesehen wird. Der Verleger Thomas PAVIER hatte bei ihm eine Serie von Dramen in Quarto drucken lassen, die alle vorgaben, von Shakespeare zu sein. Teils drucken sie tatsächlich gute Quartos nach, teils schließt die Sammlung aber auch »bad quartos« und sogar pseudo-Shakespearesche Dramen ein. Zehn dieser »Pavier quartos« sind erschienen, drei davon sind durchgehend signiert, was auf die Planung eines Sammelbandes hindeutet, und fünf sind korrekt mit dem Erscheinungsjahr 1619 datiert; die übrigen aber geben sich den Anschein von Einzeldrucken und sind fälschlich mit dem Erscheinungsdatum ihrer jeweiligen Vorlage versehen. PAVIERS Unternehmen dürfte auf den sehr energischen, mittels eines Briefes des Lord Chamberlain an die Vorsteher der Zunft der »stationers« vorgebrachten Einspruch hin gebremst worden sein. Dabei bleibt offen, ob PAVIER und JAGGARD die falsch datierten Texte trotz des Einspruchs in betrügerischer Absicht herausgebracht haben (zu dieser Ansicht hat die Forschung geneigt seit der sensationellen Aufdeckung der Fehldatierungen im Jahre 1909, die zum erstenmal die sinnvolle Anwendung buchkundlicher Forschungsmethoden in der Shakespeare-Textkritik dokumentierte), oder ob ihnen die Einwilligung zur Einstellung ihres Vorhabens nicht vielmehr etwa durch eine Zusage erleichtert wurde, daß man dem Verkauf aller bereits abgeschlossenen Nachdrucke unter dem Datum ihrer Vorlagen nicht wehren werde. William JAGGARD jedenfalls scheint sich durch seine Beteiligung an PAVIERS eigenmächtigem Verlagsvorhaben nicht als Verleger und Drucker für die Folioausgabe disqualifiziert, sondern sich im Gegenteil dadurch einige veröffentlichungsrechtliche Vorteile verschafft zu haben. Im übrigen ist es nicht unwahrscheinlich, daß dieser erneute Fall verlegerischer Spekulation mit Shakespeares Namen und Werk einen entscheidenden Anstoß zur Vorbereitung der autorisierten Gesamtausgabe seiner Dramen gab. Manche Forscher wollen sogar William JAGGARD als den eigentlichen Initiator und Shakespeares Schauspielerkollegen nur als seine Helfer bei der Vorbereitung der Folioausgabe sehen.

bb) Das Buch

Das Buch kam im November 1623, kurz nach dem Tode William JAGGARDS und so unter dem Verlegernamen seines Sohnes Isaac JAGGARD, in einer Auflage von ca. 1200 Stück zum Preise von £ 1 (im Kaufwert von ca. DM 100) heraus. Der Titel lautet: Mr. WILLIAM | SHAKESPEARES | COMEDIES, | HISTORIES, & | TRAGEDIES, | Published according to the True Originall Copies. | [Porträt] | LONDON | Printed by Isaac Jaggard, and Ed. Blount. 1623. Die Titelseite zeigt das DROESHOUT-Porträt von William Shakespeare, dem ein erläuternder Zehnzeiler Ben JONSONS gegenübersteht. Zwischen dem Titel und dem Text erscheinen eine Widmung an die Brüder William, Earl of PEMBROKE (und amtierender Lord Chamberlain) und Philip, Earl of MONTGOMERY; ferner das Vorwort »To the great Variety of Readers.«, Geleitdichtungen Ben JONSONS und Hugh HOLLANDS, das Inhaltsverzeichnis »A Catalogue of the severall Comedies, Histories, and Tragedies contained in this Volume.«, zwei weitere Geleitdichtungen von L. DIGGES und »J. M.«(James MABBE?) und schließlich ein Namensverzeichnis der Schauspieler (»The Names of the Principall Actors in all these Playes.«). Diesen Präliminarien folgen die sechsunddreißig Dramen in drei Abteilungen: Komödien, Historien und Tragödien. Die jeweilige Aufeinanderfolge der Komödien und Tragödien ist willkürlich (die Einordnung von *Cymbeline* unter die Tragödien am Ende des Bandes ist unbegründet), während die Königsdramen historisch nach ihren

Titelhelden angeordnet sind. Jede Abteilung ist getrennt paginiert; der gesamte Band hat 908 Seiten. Die Titel und die Reihenfolge der Dramen in der Folioausgabe sind:

The Tempest.
The Two Gentlemen of Verona.
The Merry Wives of Windsor.
Measure for Measure.
The Comedy of Errors.
Much ado about Nothing.
Love's Labour's Lost.
A Midsummer Night's Dream.
The Merchant of Venice.
As you Like it.
The Taming of the Shrew.
All's Well that Ends Well.
Twelfth Night, Or What You Will.
The Winter's Tale.

The Life and Death of King John.
The Life and Death of King Richard the Second.
The First Part of Henry the Fourth, with the Life and Death of
    Henry sirnamed Hotspur.
The Second Part of Henry the Fourth, Containing his Death:
    and the Coronation of King Henry the Fifth.
The Life of Henry the Fifth.
The First Part of Henry the Sixth.
The Second Part of Henry the Sixth, with the Death of the
    Good Duke Humfrey.
The Third Part of Henry the Sixth, with the Death of the
    Duke of York.
The Tragedy of Richard the Third: with the Landing of Earl
    Richmond, and the Battell at Bosworth Field.
The Famous History of the Life of King Henry the Eighth.

The Tragedy of Troilus and Cressida.
The Tragedy of Coriolanus.
The Lamentable Tragedy of Titus Andronicus.
The Tragedy of Romeo and Juliet.
The Life of Timon of Athens.

The Tragedy of Julius Caesar.
The Tragedy of Macbeth.
The Tragedy of Hamlet, Prince of Denmark.
The Tragedy of King Lear.
The Tragedy of Othello, the Moor of Venice.
The Tragedy of Anthony and Cleopatra.
The Tragedy of Cymbeline.

cc) Die Qualität der Herstellung

Wie sich aus der Kalkulation der Arbeitsleistungen von Setzern und Druckern aufgrund der Gesamtproduktion der Jaggardschen Druckerei sowie aus einer Analyse – vorgenommen an den knapp 80 Exemplaren der Folioausgabe, die in der Folger Shakespeare Library in Washington D.C. (USA) zusammengetragen worden sind – des Arbeitsfortganges aufgrund der Typenwiederkehr im Satz des Folio schließen läßt, ist der Druck vermutlich zu Anfang des Jahres 1622 begonnen und einmal während des Sommers 1622 für eine längere Zeit unterbrochen worden. Das Buch ist in Lagen zu je drei auf Folioformat einmal gefalteten Bogen, d.h. in Lagen zu je sechs Blatt oder zwölf Seiten, gebunden. Der Text wurde nicht von Seite 1 bis Seite 907 und auch nicht von der ersten zur zwölften Seite jeder Lage fortlaufend, sondern vielmehr nach Druckformen gesetzt, so daß, von innen beginnend, zuerst die Seiten 6 und 7, dann 5 und 8, usw., und zuletzt die Seiten 1 und 12 einer jeden Lage fertiggestellt wurden. (Angesichts der großen, in zwei Spalten zu je 66 Zeilen dicht bedruckten Textseiten der Folioausgabe ist verständlich, daß nur auf diese Weise der verfügbare Inhalt der Setzkästen ausreichte, denn das Typenmaterial der Seiten 6 und 7, die gedruckt wurden, während die Setzer mit dem Satz der Seiten 5 und 8 beschäftigt waren, stand für die Seiten 4 und 9 schon wieder zur Verfügung. Bei fortlaufendem Satz hingegen hätten zuerst sieben Seiten aufgesetzt werden müssen, ehe die ersten zwei in einer Druckform zusammengehörigen hätten in Druck gegeben werden können.) Die Art der Herstellung des Buches hat dabei einen unmittelbaren Einfluß auf die Beurteilung des gedruckten Textes. Denn während die Seiten 7–12 einer jeden Lage dem Textverlauf entsprechend aneinander anschließen, wurde die Textaufteilung für die Seiten 1–6 jeweils abgeschätzt, ehe sie in umgekehrter Reihenfolge gesetzt wurden. Die Genauigkeit der Schätzungen variierte stark, und spätestens auf der Seite 1 einer Lage mußte oft ein Zuwenig an Text gestreckt oder ein Zuviel nach Möglichkeit komprimiert werden. Verszeilen sind daher manchmal in zwei gespalten; oder Verse werden wie Prosa gesetzt, Regieanweisungen fallen weg, womöglich geht sogar Text verloren. Ähnliche Nahtstellen, an denen die Textgestalt in Mitleidenschaft gezogen wird, können außerdem noch zwischen Großabschnitten des Buches auftreten, da der Druck nicht ausnahmslos fortlaufend in der Sequenz der Lagen fortschritt. Es ist wesentlich, die resultierenden Textstörungen zu erkennen und korrekt auf ihre mechanischen Ursachen zurückzuführen, anstatt sie, wie dies mitunter geschehen ist, als besondere dichterische Kunstgriffe anzusehen.

Wie aus individuell verschiedenen orthographischen und typographischen Gewohnheiten zu erschließen ist, sind sechs Setzer (A–F) an der Herstellung der Folioausgabe beteiligt gewesen. Setzer B hat den relativ größten Teil der Arbeit geleistet. Da aber das Setzen nur dann ungefähr im gleichen Tempo wie das Drukken voranschritt, wenn zwei Mann gleichzeitig an einer Druckform arbeiteten, war über weite Strecken hin jeweils einer der anderen Setzer sein Partner. Die Zuverlässigkeit der sechs Handwerker ist sehr unterschiedlich zu bewerten. Setzer A z. B. erweist sich in kontrollierbaren Abschnitten seiner Arbeit im allgemeinen als vorlagengetreu, während Setzer B in ziemlicher Unbekümmertheit und Unachtsamkeit mit den Druckvorlagen umzuspringen pflegt. Setzer E schließlich, der nur an der letzten Folioabteilung der Tragödien beteiligt war, dort allerdings für viele Textunsicherheiten verantwortlich zu machen ist, muß ein Lehrling gewesen sein, der sein Handwerk noch nicht beherrschte. (Es ist anzunehmen, daß er John LEASON hieß; denn JAGGARD nahm am 4. November 1622 einen Lehrling dieses Namens auf.) Durch ihre Gewohnheiten und Schwächen beeinflussen und verändern die Setzer den Text, den sie setzen, und das Ausmaß und die Schwere ihrer Eingriffe in den Text der Folioausgabe sind selten genau zu bestimmen. Da jedoch der Arbeitsanteil eines jeden von ihnen auf die Seite oder sogar die Spalte oder

Teilspalte genau anzugeben ist, können doch die Leistungsmöglichkeiten oder -grenzen der einzelnen Handwerker in textkritische Überlegungen mit einbezogen werden.

In der Beurteilung des mechanischen und handwerklichen Herstellungsprozesses der Folioausgabe in seinem möglichen Einfluß auf die Textgestalt der Dramen ist als letzter Faktor noch die Art und das Ausmaß der vorgenommenen Druckkorrekturen zu berücksichtigen. Da in den erhaltenen Exemplaren des Folio einzelne Seiten mit originalen Korrekturzeichen gefunden wurden, nahm man lange Zeit an, daß die Ausgabe insgesamt sorgfältig korrigiert worden sei. Der Korrekturvorgang konnte jedoch aufgrund der Gepflogenheit der Drucker, ohne Unterschied korrigierte wie unkorrigierte Druckbögen in ein fertiges Buch einzubinden, überprüft werden durch die Kollationierung der zahlreichen Exemplare, die in der Folger Shakespeare Library gesammelt sind, und dadurch wurde das Gegenteil bewiesen. Isaac JAGGARD (denn er wird für das Korrekturlesen verantwortlich gewesen sein) überwachte die Arbeit seiner Setzer nur sehr sporadisch, und dann korrigierte er vor allem typographische Fehler und achtete auf die ansprechende Gestaltung einer Druckseite. Nur ein paar Dutzend Korrekturen im gesamten Band sind Textkorrekturen, die den Sinn beeinflussen. Sie führen jedoch mit großer Regelmäßigkeit neue Fehler ein und sind deshalb sicherlich bis auf wenige Ausnahmen ohne Hinzuziehen der Druckvorlage durchgeführt worden. Die Druckkorrektur gewährleistet also nicht eine vorlagengetreue Wiedergabe des Shakespearetextes in der Folioausgabe. Wie nahe die Texte tatsächlich ihren handschriftlichen oder gedruckten Vorlagen stehen, hängt somit fast ausschließlich von der Fertigkeit und der Qualität der Arbeit ihrer Setzer ab. Was sie vom originalen Shakespearetext getreu vermittelt haben, ist uns erhalten geblieben, doch was durch sie verloren gegangen und nicht aus den wenigen guten Quartotexten zu erschließen ist, ist in dokumentarisch belegter Form endgültig verloren; denn mit der großen Folioausgabe von 1623 endet die authentische Überlieferung der Dramen Shakespeares.

S. LEE, *Sh.'s Comedies, Histories and Tragedies ... a Census ...*, Oxford, 1902. – R. C. RHODES, *Sh.'s First Folio*, Oxford, 1923. – I. GOLLANCZ, ed., *1623–*

1923: Studies in the First Folio, London, 1924. – E.E. WILLOUGHBY, *The Printing of the First Folio of Sh.*, Oxford, 1932. – A. WALKER, *Textual Problems of the First Folio*, Cambridge, 1953. – W.W. GREG, *The Sh. First Folio: Its Bibliographical and Textual History*, Oxford, 1955. – A. WALKER, »Collateral Substantive Texts«, *SB*, 7 (1955). – J.W. SHROEDER, *The Great Folio of 1623: Sh.'s Plays in the Printing House*, Hamden, Conn. ,1956. – C.J.K. HINMAN, *The Printing and Proof-Reading of the First Folio of Sh.*, 2 Bde., Oxford, 1963. – T.W. BALDWIN, *On Act and Scene Division in the Shakspere First Folio*, Carbondale, Ill., 1965. – C.J.K. HINMAN, »Introduction«. in: *The First Folio of Sh.: The Norton Faksimile*, New York, 1968. – F.P. WILSON, *Sh. and the New Bibliography*, Oxford, 1970. J. K. WALTON, *The Quarto Copy for the First Folio of Sh.*, Dublin, 1971. – W. S. KABLE, *The Pavier Quartos and the First Folio of Sh.*, Dubuque (Iowa), 1971. – T. H. HOWARD-HILL, *Ralph Crane and Some Sh. First Folio Comedies*, Charlottesville, 1972. – W. WEISS, *Das Kölner Exemplar von Sh.s First Folio (1623)*, Krefeld, 1973.

5. EDITIONSGESCHICHTE

a) Alte und neue Ausgaben

Die Textgestalt der Dramen Shakespeares, wie wir sie heute lesen können, ist nicht identisch mit dem Text der ersten Folioausgabe des Jahres 1623. Sie ist vielmehr das Resultat aus editorischen Bemühungen, die dreieinhalb Jahrhunderte hindurch an das Werk Shakespeares gewendet worden sind. Diese Bemühungen sind jedoch im allgemeinen nicht darauf gerichtet gewesen, auf der Grundlage der Erstdrucke den originalen und authentischen Wortlaut der Werke Shakespeares mit größtmöglicher Objektivität herzustellen. Eine volle Einsicht in die Bedeutung der ersten Drucke, verbunden mit einer übergreifenden Arbeitshypothese von den Text- und Überlieferungsverhältnissen, wie man sie heute zu besitzen glaubt und womit man allein hoffen kann, den Urtext zu sichern und, wo immer möglich, von allen seit 1623 oder auch schon seit der handschriftlichen Aufzeichnung der Werke vorgenommenen textlichen Eingriffen zu befreien – eine solche umfassende editorische Konzeption besaß keiner der zahlreichen Herausgeber der vergangenen 350 Jahre. Wo sie in Ansätzen greifbar wird, etwa bei Samuel JOHNSON, bei Edward CAPELL und in größerem Umfange auch bei den Herausgebern des Cambridge Shakespeare vor rund hundert Jahren, fehlten zur exakten und erschöpfenden Bestimmung der Textverhältnisse noch die analytischen Methoden. Diese sind inzwischen erarbeitet worden, doch zu einer definitiven kritischen Ausgabe hat ihre Anwendung bisher nicht geführt. Die heute verfügbaren Shakespeareausgaben verarbeiten daher nur unvollkommen die Erkenntnisse der neuen textkritischen Forschungen, und zugleich lebt in ihnen die starke Tradition herkömmlicher Editionsprinzipien fort, die zu einem wesentlichen Teil von den ersten Shakespeare-Herausgebern im 17. und 18. Jahrhundert begründet wurden.

b) Derivative Vorlagentexte und Emendation

Jene ersten Ausgaben waren in ihrem Text bereits unauthentisch und derivativ, da sie im allgemeinen einer unmittelbar vorausgehenden Ausgabe nachgedruckt waren und nicht auf den Erstdrucken fußten. So wurden textliche Korruptionen aus den immer wiederholten Vorgängen des Nachdruckens akkumuliert. Dennoch war natürlich jeder neue Herausgeber auf die Verbesserung von Fehlern und die Berichtigung der Texte bedacht, und der aktive Eingriff zur Textberichtigung und Emendation ist so neben dem unreflektierten Nachdrucken mehrfach abgeleiteter Vorlagentexte eine weitere stete Gewohnheit im traditionellen editorischen Umgang mit Shakespeares Werk. Doch gerade auch er trägt ebenfalls zur fortschreitenden Entfernung vom Urtext bei, denn textliche Emendationen sind in der Geschichte der Shakespeare-Edition bis in jüngste Zeit aus mangelnder Einsicht in die Textverhältnisse und in Unkenntnis der handwerklichen Entstehung der Erstdrucke allesamt eklektisch getroffen worden, gemäß einem editorischen Verfahren, das auf dem persönlichen Stilempfinden und literarischen Geschmacksurteil des Herausgebers gründet und von der Edition klassischer Texte hergeleitet ist. Dort hat ein solch subjektiver Eklektizismus seine Berechtigung, da klassische Texte in stark verzweigter Manuskripttradition überkommen zu sein pflegen, die authentische Elemente nur nach dem Gesetz des Zufalls enthält. Den Überlieferungsverhältnissen bei gedruckten Texten ist er jedoch nicht angemessen, da diese nur in ihren Erstdrucken authentisch sind und von dort in einer Serie von Nachdrucken absteigen, die allesamt keine eigene textliche Autorität besitzen. Es ist eine erstaunliche Tatsache, daß diese grundlegende metho-

dische Unterscheidung in der Shakespeare-Textkritik erst in
unseren Tagen vollzogen wurde. Allerdings ist der feinen Intuition der hervorragendsten unter den Herausgebern der Vergangenheit die Reverenz nicht zu versagen. Ihre vereinten Bemühungen haben mit der Zeit eine Auswahl von Emendationen
im Shakespearetext erbracht, die vielen dunklen Passagen der
Erstdrucke einen Sinn geben und oft als die einzig vorstellbaren
Lesarten der betreffenden Stellen erscheinen. Manche Emendation hat auch vor der modernen textkritischen Analyse bestanden
und darf somit als authentische Lesart gelten.

c) Modernisierung

Zum Nachdrucken abgeleiteter Vorlagentexte und zur subjektiven und eklektischen Emendation tritt als dritter konstanter
Faktor in der Tradition der Shakespeare-Herausgabe und als
weitestreichender Eingriff in die Sprachgestalt der Originale
eine ständige Tendenz zur Modernisierung. Bereits bei der editorischen Überarbeitung von F1 zum Nachdruck in F2 setzt
diese Entwicklung ein, und auch noch für einen heutigen Herausgeber scheint es selbstverständlich zu sein, daß er den Shakespeare-
text in Orthographie und Interpunktion dem Sprachstand des
20. Jahrhunderts anzupassen habe. Die anonymen Bearbeiter der
zweiten, dritten und vierten Folioausgabe im 17. Jahrhundert
modernisierten Shakespeare, weil sie ihn als einen Autor ihrer
Zeit ansahen, dessen gedrucktes Werk ihrer Meinung nach wohl
nur gewinnen konnte, wenn man in den Texten die Rechtschreibung zunehmend standardisierte, die Metrik der Verse hier und
da glättete und vermeintlich oder tatsächlich verderbte Passagen
im Foliotext ausmerzte oder nach Gutdünken berichtigte. Demgegenüber modernisieren die heutigen Herausgeber Shakespeares
Sprache, wie es entsprechend auch ihre Vorgänger im 18. und
19. Jahrhundert getan haben, weil sie glauben, daß die nicht
standardisierte Orthographie und die ungewohnte Zeichensetzung eines elisabethanischen Textes auf die Mehrzahl der heutigen Leser eine verwirrende und distanzierende Wirkung ausüben würde. Das mag zutreffen, und zur Rechtfertigung des Vorgehens mag zudem die mittlerweile gewonnene Einsicht bei-

tragen, daß die ersten Drucke, obwohl sie den Manuskripten
noch am nächsten stehen, dennoch in ihrer äußeren Form nicht
unmittelbar die Handschrift und Zeichensetzung Shakespeares
reflektieren, sondern die Willkür der Setzer in den Druckereien
wiedergeben. Trotzdem ist das Modernisieren Shakespeares
gerade heute, und gerade wegen der großen historischen Distanz,
die uns vom Autor, seiner Sprache und seiner Zeit trennt, besonders problematisch. Denn ein modernisierter Text opfert viel
poetische Substanz, die noch ganz selbstverständlich von den
handschriftlichen Vorlagen in die ersten Drucke einging und
dort greifbar ist. Er verwischt beispielsweise die intendierte
Mehrdeutigkeit mancher Worte (eine alte Wortform wie *travail*
etwa kann ›travel‹ = Reise oder reisen, aber zugleich auch
›travail‹ = Mühe, Mühsal meinen und einen aus beiden Bedeutungen zusammengesetzten Sinn tragen), und er modifiziert
durchweg die Sinngebung der Texte, wenn er das elisabethanische Prinzip einer rhetorischen, Aussagen und Sprachinhalte
synthetisierenden Zeichensetzung aufgibt zugunsten der heute
üblichen grammatischen, sprachlich-syntaktische Formen ana-
lysierenden Interpunktion. Vielen heutigen Herausgebern ist
diese Problematik des Modernisierens nicht bewußt. Nach über-
kommener Gepflogenheit annotieren sie für ihre Ausgabe einen
ihnen leicht zugänglichen Text und lassen damit eine schon zuvor modernisierte Fassung erneut abdrucken. Ein solches editorisches Derivat ist jedoch in einem stets unkontrollierbaren
Ausmaß verderbt. In manchen modernen Ausgaben für den allgemeinen Leser, die textlich sorgfältig betreut sind, ist daher
auch schon das Bestreben erkennbar, die Modernisierung dadurch in den Bereich der editorischen Entscheidungen mit einzubeziehen, daß die auf den heutigen Sprachstand gebrachten
Textfassungen direkt von den Originaltexten erstellt und die
unvermeidbaren Verluste an poetischer Substanz durch Erläuterungen abgemildert werden.

d) Kommentierung

Durch die Verbreitung von unauthentischen, abgeleiteten
Texten, das subjektive und eklektische Emendieren und die un-

reflektierte sprachliche Modernisierung sind im Laufe der Zeit also Versionen der Dramen entstanden, die sich zunehmend von den Urfassungen entfernt haben. Absolute Texttreue ist nicht das Kennzeichen der Shakespeareausgaben in Vergangenheit und Gegenwart. Die Bedeutung der Shakespeare-Editionsgeschichte ist vielmehr in ihrem Bemühen zu suchen, Shakespeare mit zunehmendem historischen Abstand vom Werk und seinen geistigen Voraussetzungen immer gründlicher und umfassender zu kommentieren. Die Geschichte der Shakespearekritik nimmt in der Editionsgeschichte ihren Anfang, denn im 18. Jahrhundert waren einige der bedeutenden Editoren wie POPE, THEOBALD, JOHNSON und MALONE zugleich auch die richtungsweisenden Shakespeareforscher und -kritiker. Aber auch seit sich die Disziplinen der Forschung, des »criticism« und der Textedition getrennt haben, sind es immer wieder die Einleitungen, Kommentare und Fußnoten der maßgebenden Ausgaben, in denen sich die gesicherten Ergebnisse und oft auch die kontroversen Ansichten der Forschung und Kritik kristallisieren. Die Textedition und -kommentierung hat gegenüber der Zeit ihrer Anfänge im 18. Jahrhundert heute allerdings eine nachgeordnete Stellung. Wie rasch, wie umfassend und wie gründlich Forschung und Kritik in den neueren Ausgaben aufbereitet werden, hängt daher zu einem guten Teil davon ab, wie offen diese in ihrer Gesamtkonzeption für neue Erkenntnis- und Betrachtungsweisen der Literaturgeschichte und der Werkinterpretation sind. Doch auch heute hat eine Ausgabe, die gemäß dieser zentralen editorischen Tradition Sorgfalt und Mühe auf ihre Erläuterungen und Kommentare verwendet, einen Anteil an der wohl größten Leistung der Shakespeare-Editionsgeschichte.

Leon KELLNER, *Restoring Sh.*, Leipzig, 1925. – W. W. GREG, *Principles of Emendation in Sh.*, London, 1928; 1933². – R. B. McKERROW, *Prolegomena for the Oxford Sh.: A Study in Editorial Method*, Oxford, 1939. – F. BOWERS, »A Definitive Text of Sh.: Problems and Methods«, in: A. D. MATTHEWS and C. M. EMERY (eds.), *Studies in Sh.*, Coral Gables, Fla., 1953. – W. W. GREG, *The Editorial Problem in Sh.*, Oxford, 1954³. – J. D. WILSON, »The New Way with Sh.'s Texts: An Introduction for Lay Readers«. Teile I–IV in *ShS*, 7–9, 11 (1954–56, 1958). – A. BROWN, »Editorial Problems in Sh.: Semi-Popular Editions«, *SB*, 9 (1956). – J. R. BROWN and A. BROWN, »The Rationale of Old-Spelling Editions of the Plays of Sh. and his Contemporaries«, *SB*, 13 (1960). – E. A. J. HONIGMANN, *The Stability of Sh.'s Text*, London, 1965. – F. BOWERS, *On Editing Sh.*, Charlottesville, Va., 1966. – F BOWERS, »Today's Sh. Texts, and Tomorrow's«, *SB*, 19 (1966). – F. P. WILSON, *Sh. and the New Bibliography*, Oxford, 1970. – T. H. HOWARD-HILL, *Shakespearian Bibliography*

and Textual Criticism: A Bibliography, Oxford, 1971. – C. Leech and J. M. R.
Margeson, eds., Sh. 1971 (darin: »Text and Canon«, Beiträge von C. HINMAN,
F. BOWERS), Toronto, 1972. – J. SCHÄFER, Die Krise der Sh.-Edition, München,
1975. – U. SUERBAUM, »Der ›Neue Sh.‹: John Dover Wilson und die moderne
Textkritik«, SJ West (1975).

e) Das 17. und 18. Jahrhundert

Lange Zeit nahm man an, daß F2 (1632), F3 (1663 und 1664)
und F4 (1685) in ihrem Text jeweils unredigierte Nachdrucke
ihrer direkten Vorläufer seien und alle sukzessiv auftretenden
Differenzen zwischen ihnen ihre mechanische Ursache im wiederholten Vorgang des Nachdruckens hätten. Eine genauere Va-
riantenanalyse hat jedoch ergeben, daß F1 zum Druck von F2
durch einen Editor sehr sorgfältig überarbeitet wurde, daß eine
nicht ganz so gründliche editorische Durchsicht von F2 dem
Druck von F3 vorausging, und daß die als absichtliche Änderungen zu deutenden Abweichungen von F3 in F4 wohl den Bemühungen dreier Druckkorrektoren zuzuschreiben sind. Über
die sprachlichen Modernisierungstendenzen in den Folioauflagen
des 17. Jahrhunderts ist oben schon gesprochen worden.

Nicholas ROWE, Rechtsgelehrter und Theaterschriftsteller,
den der Verleger TONSON als Betreuer der 1709 erscheinenden
ersten mehrbändigen und mit Stichen illustrierten Ausgabe
Shakespeares gewonnen hatte, ist nach den anonymen Bearbeitern von F2–F4 der erste mit Namen bekannte Shakespeare-
Herausgeber. ROWE tat den ersten bedeutenden Schritt hin auf
eine »Normalisierung« des Shakespearetextes. Er vereinheitlichte
die Namen der handelnden Personen, stellte jedem Stück ein
Personenverzeichnis voran, sofern ein solches nicht schon von
F1 überkommen war, und revidierte die Bühnenanweisungen.
Im Verlauf seiner Durchsicht der Texte begann er auch, eine
regelmäßige Akt- und Szeneneinteilung durchzuführen und
einige Orte der Handlung näher zu bezeichnen. Neue Wortformen und Sprachwendungen fanden durch ihn Eingang in
den Text.

Alexander POPE in seiner Ausgabe von 1725 führte fort, was
ROWE begonnen hatte. Er verbesserte Shakespeare nach den
Regeln des Klassizismus und nach seinem eigenen Literaturver-
ständnis und Sprachempfinden. Die von ROWE eingeführten

formalen Revisionen ergänzte er, benannte noch weit mehr Orte der Handlung und schuf eine Szeneneinteilung nach italienisch-französischem Muster, wonach mit jedem Hinzutreten einer wichtigen Person eine neue Szene beginnt. Einige dramatische Passagen, deren Echtheit er bezweifelte, relegierte er kurzerhand in Fußnoten. Insgesamt redigierte er somit den überlieferten Text auf das einschneidendste. Doch, wie ein Verzeichnis am Ende seiner Ausgabe bezeugt, sammelte er auch frühe Quarto-texte und arbeitete wiederholt Lesarten aus ihnen in seinen Text ein. Die Kollationierungen führte er jedoch nicht sorgfältig durch, und im Endergebnis ist seine Ausgabe nicht mehr als eine eigenwillige Überarbeitung des bei ROWE gedruckten Textes.

POPES Shakespeareausgabe blieb in ihrer Zeit nicht unwider-sprochen. Bereits ein Jahr nach ihrem Erscheinen griff sie Lewis THEOBALD an mit einer Schrift unter dem Titel *Shakespeare Restored*, in der er hauptsächlich am Beispiel des *Hamlet* die Irr-tümer und Versäumnisse anprangerte, die POPE sich gegenüber Shakespeare habe zuschulden kommen lassen. THEOBALD brachte selbst im Jahre 1733 eine Shakespeareausgabe heraus, die neue Grundsätze für das Emendieren aufstellte. THEOBALD erkannte den Wert des hermeneutischen Prinzips für die Textkritik und entwickelte daraus eine Kunst der Emendation, die auf dem Ver-gleich von Wortwahl und Sprachgewohnheiten Shakespeares in seinem gesamten dramatischen und dichterischen Werk gründet. In den Anmerkungen zum Text versuchte THEOBALD darüber hinaus, mit einer Fülle von Parallelstellen aus anderen elisabe-thanischen Dramatikern und Dichtern, Shakespeares Dramen durch den Vergleich mit dem Sprachgebrauch seiner Zeit zu erläutern. THEOBALDS Vorgehen hat bis in unsere Tage einen großen Einfluß in der Shakespeare-Editionsgeschichte ausgeübt.

Von ROWE über POPE zu THEOBALD und danach bis ins frühe 19. Jahrhundert hinein ist die Editionsgeschichte der Werke Shakespeares noch mit einer gewissen Übersichtlichkeit an die Namen seiner ersten Herausgeber geknüpft, die in ihrer Folge schon zu Beginn unseres Kapitels genannt wurden. Unter den Ausgaben zeichnet sich die schöngedruckte und großzügig aus-gestattete Edition Thomas HANMERS (1744) durch die größte

Ungenauigkeit und textliche Unzulänglichkeit aus. Samuel
JOHNSON (1765) hat zwar als einziger der frühen Herausgeber
erkannt, daß FI gegenüber allen von ihr abstammenden Ausgaben absolute textliche Autorität zukommt; dennoch bietet er
einen über WARBURTON (1747) von THEOBALD (und daher von
F4 via POPE und ROWE) hergeleiteten Text. Die Bedeutung seiner
Ausgabe liegt in den Anmerkungen, die recht eigentlich die
große Tradition der Shakespearekommentierung begründen,
welche später in die Erläuterungsapparate der großen Variorumausgaben mündet, und in dem Vorwort, das eine klassische
Schrift der Shakespearekritik geworden ist. Edward CAPELL
(1768–1783) schließlich war derjenige Herausgeber des 18.
Jahrhunderts, der sich am sorgfältigsten der Mühe der Texter-
stellung aus den Erstausgaben unterzog und als Druckvorlage
für seine Ausgabe nicht den redigierten Text einer abgeleiteten
Edition, sondern eine neugefertigte Abschrift elisabethanischer
Originaldrucke benutzte. In der Auswahl der Lesarten für seinen
Text ging jedoch auch er rein subjektiv und eklektisch vor.

f) Das 19. Jahrhundert

Die beiden anfänglich zusammenarbeitenden, später rivalisierenden Herausgeber George STEEVENS und Edmund MALONE
am Ende des 18. Jahrhunderts schufen jene wissenschaftlichen
Ausgaben der Dramen Shakespeares, aus denen auf mannigfache
Weise das 19. Jahrhundert schöpfte. Auf STEEVENS' Text basieren
die erste (1803) und zweite (1813), auf MALONES Text und den
Ergebnissen seiner fundierten Shakespeareforschung die dritte
Variorumausgabe (1821), welche zusammen die gesamte Gelehrsamkeit ausbreiten, die das 18. Jahrhundert zu Shakespeare
und seinem Werk aufgeboten hatte. In ihrer Materialfülle wurden sie auch zu regelrechten Steinbrüchen für Shakespeare-
Verleger und -Editoren der folgenden Jahrzehnte. Demzufolge
sind nur wenige Ausgaben im 19. Jahrhundert für die Überlie-
ferungs- und Rezeptionsgeschichte des Shakespearetextes bedeutungsvoll. Für die Verbreitung und Popularisierung des Dramatikers hat Charles KNIGHT in den verschiedensten, z. T. illustrierten Ausgaben zwischen ca. 1830 und 1860 gesorgt, und Thomas

BOWDLERS gereinigte Ausgabe *The Family Shakespeare* (»in which nothing is added to the original; but those words and expressions are omitted which cannot with propriety be read in a family«), die seit ihrem ersten Erscheinen 1807 in zahlreichen Auflagen verbreitet wurde, entsprach offenbar dem Bild des viktorianischen Bürgertums vom salonfähigen Nationalbarden. BOWDLERS Säuberung Shakespeares ist im Verb »bowdlerize« zu einem Begriff für die Prüderie der Zeit geworden. Demgegenüber sind im vorigen Jahrhundert gewissenhaft edierte und solide kommentierte Ausgaben während der langen Zeitspanne von 1821 bis zur Mitte der sechziger Jahre selten. Alexander DYCES sechsbändiger Shakespeare (1857) wurde allerdings der großen Sorgfalt seiner Textredaktion wegen zu seiner Zeit mit Recht geschätzt. Die originalsprachige Ausgabe des deutschen Forschers Nikolaus DELIUS (1854–1861) schließlich ist bemerkenswert nicht nur wegen ihrer einmaligen Stellung in der Geschichte der deutschen Shakespearephilologie, wo sie die erste und bisher einzige von einem Deutschen edierte englischsprachige Ausgabe mit deutschem wissenschaftlichen Glossar und Kommentar ist, sondern auch wegen ihres Einflusses in England, wo ihre Textfassung die Grundlage von F.J. FURNIVALLS Leopold Shakespeare wurde. Auch die textkritischen Hypothesen, die DELIUS entwickelte, sind bemerkenswert. Bei ihm ist zu einem Teil schon der editorische Neuansatz vorweggenommen, der mit der Rückwendung zu den Quarto- und Foliodrucken bei den Herausgebern des Cambridge Shakespeare (1863–1866) zur Begründung der Texttradition führte, in der noch immer alle heutigen Shakespeareausgaben stehen.

T. MOMMSEN (Besprechung der Sh.-Ausgabe von N. DELIUS, 1854) in: *Neue Jahrbuecher der Philologie und Paedagogik*, 72 (1855). – T.R. LOUNSBURY, *The First Editors of Sh.*, London, 1906. – R.F. JONES, *Lewis Theobald*, New York, 1919. – D.N. SMITH, *Sh. in the Eighteenth Century*, Oxford, 1928. – R.B. McKERROW, *The Treatment of Sh.'s Text by his Earlier Editors, 1709–1768*, London, 1933. – M.W. BLACK und M.A. SHAABER, *Sh.'s Seventeenth Century Editors, 1632–1685*. New York, 1937. – K.H. SULING, *Die Sh.ausgabe Nicholas Rowes, 1709*, Wuerzburg-Aumuehle, 1942. – A. SHERBO, *Samuel Johnson, Editor of Sh.* Urbana, Ill., 1956. – A. WALKER, *Edward Capell and His Edition of Sh.*, London, 1960. – G.E. DAWSON, *Four Centuries of Sh. Publication*, Lawrence, Kansas, 1964.

6. Die heutigen Ausgaben

a) New Variorum und Old Cambridge Shakespeare

Im Jahre 1871 wurde in Amerika mit dem Erscheinen des ersten Bandes *Romeo and Juliet* in der New Variorum-Ausgabe das umfänglichste Editionsunternehmen des 19. Jahrhunderts inauguriert. An ihm wurde bis zur Mitte unseres Jahrhunderts unter weitgehender Beibehaltung des ursprünglichen Editionskonzepts gearbeitet, doch die Reihe liegt bis heute nicht vollständig vor. Nach anfänglicher Unentschiedenheit, welcher Text den einzelnen Bänden zugrundeliegen solle, griff H.H. Furness auf die jeweilige Foliofassung zurück. Somit gibt die New Variorum-Ausgabe Shakespeares Werke annähernd in ihrer ersten sprachlichen Form wieder. Doch das zentrale Anliegen der Ausgabe ist nicht der Text, sondern der Apparat und der Anmerkungsteil »cum notis variorum«. Das Ideal, alle verstreut geäußerten Ansichten zu einem Drama insgesamt wie zu jeder einzelnen seiner Textstellen, die irgendwie einmal zu Kommentaren Anlaß gegeben hatte, zusammenzutragen, konnten die frühen Bände noch einigermaßen erfüllen. Doch sie sind inzwischen weitgehend veraltet, und die heutigen Bearbeiter der Serie sehen sich mit dem kaum zu bewältigenden Problem konfrontiert, daß das in jedem neuen Band zu berücksichtigende Material aus Sekundärstudien ins Uferlose gewachsen ist. Seit 1973 ist R. K. Turner Jr. der Gesamtherausgeber des nun auf Vervollständigung wie auf Neubearbeitung der frühen Bände angelegten New Variorum Shakespeare. Eine Arbeitsgemeinschaft amerikanischer Shakespearewissenschaftler, die sich moderner Datenverarbeitungstechniken bedient, hat seit etwa 1960 editorische Methoden und Richtlinien entwickelt, die es erlauben sollen, im Einklang mit dem ursprünglichen Editionskonzept weiterhin die gesamte Sekundärliteratur zu einem Shakespearedrama in den Bänden der Ausgabe zu verwerten. Zugleich werden der Analyse des Shakespearetextes und seiner Überlieferung die Verfahrensweisen und Erkenntnisse der heutigen Textkritik zu Shakespeare zugrunde gelegt. Die Veröffentlichung der ersten Bände des dergestalt revidierten New Vario-

rum Shakespeare steht bevor, und sie werden erweisen, in wie
weit es in der heutigen komplexen Situation der Shakespeare-
wissenschaft in der Tat noch möglich ist, diese hundertjährige
Ausgabe nicht nur erfolgreich zu Ende zu führen, sondern auch
aus sich heraus zu erneuern. Der Shakespearephilologe würde
wie bisher dankbar zum Hilfsmittel der New Variorum-Ausgabe
mit ihren beispiellosen Materialsammlungen zur Text-, Inter-
pretations- und Rezeptionsgeschichte der Werke greifen. Auf
die Begegnung des allgemeinen Lesers mit Shakespeare wird die
Ausgabe jedoch auch in Zukunft ebensowenig Einfluß ausüben,
wie sie es in der Vergangenheit getan hat.

Einflußreich und maßgebend ist hingegen bis heute die andere
grundlegende Shakespeareausgabe aus dem letzten Drittel des
19. Jahrhunderts gewesen, der zwischen 1863 und 1866 erschienene neunbändige Cambridge Shakespeare. Er ist in erster Linie
eine Textausgabe. Seine Herausgeber W. G. CLARK, J. GLOVER
und W. A. WRIGHT waren bestrebt, sich von der abgeleiteten
Textüberlieferung zu lösen und auf die Erstdrucke in Quarto
und Folio zurückzugehen. Ihr Umgang mit den überlieferten
Textversionen entbehrte weder der Logik noch der Konsequenz,
und wo die Überlieferung unproblematisch ist, etwa weil ein
Drama nur in einer Fassung existiert, ist an der Textgestaltung
in ihrer Ausgabe wenig auszusetzen. In ihrer Einschätzung des
Quellenwerts der Erstdrucke wurden die Herausgeber in einigen
entscheidenden Fällen jedoch fehlgeleitet, weil ihnen keine Methoden zur Verfügung standen, die vor den Drucken liegende
handschriftliche Überlieferung zu bestimmen, weil sie den Um-
setzungsprozeß der Druckvorlagen in den Druck in seinem möglichen modifizierenden Einfluß auf den Text nicht berücksich-
tigten, und weil sie schließlich weder den unauthentischen Charakter der »bad quartos« und »reported texts« oder die Fehldatierungen der »Pavier quartos« erkannten noch die komplizierten textlichen Beziehungen zu durchschauen vermochten, die
sich ergeben, wenn die Quarto- wie die Foliofassung eines
Dramas Authentizität besitzt. In Ermangelung von objektiven
Entscheidungskriterien auf diesen problematischen Gebieten der
Textüberlieferung waren sie somit bei der Auflösung von textlichen Differenzen in den Dramen mit mehreren überkommenen

Textfassungen auf die herkömmliche eklektische Auswahl von Lesarten angewiesen, und sie entschieden sich vielfach für Versionen, denen nach neuerer Erkenntnis keine Autorität zukommt oder die doch einen geringeren Grad an Authentizität besitzen. So sind die Texte der Dramen im Cambridge Shakespeare von unterschiedlicher Güte, und unter der Fehleinschätzung der Quellen leiden die Fassungen von so zentralen Stücken wie *Hamlet*, *Othello*, *King Lear*, *Romeo and Juliet* und *Richard III*, aber auch *Henry VI*, *Henry V* und *The Merry Wives of Windsor*.

b) Gebrauchstexte

Angesichts der Entwicklungen in der Shakespeare-Textkritik im 20. Jahrhundert muß der hundertjährige Cambridge Shakespeare als überholt gelten, aber er ist noch nicht durch ein neues, gleichrangiges editorisches Unternehmen ersetzt worden. Vom Cambridge Shakespeare ausgehend hat sich der Prozeß des derivativen Nachdruckens, der bereits die früheren Phasen der Shakespeare-Editionsgeschichte beherrschte, noch einmal wiederholt, und sein Text liegt fast allen heute benutzten Shakespeareeditionen zugrunde. Seine Mängel sind zwar mit der Zeit in den Einzelheiten wie im Grundsätzlichen immer deutlicher zutage getreten, aber sie sind bisher stets nur durch den mehr oder minder gewissenhaft vorgenommenen Rückvergleich mit den früheren Ausgaben und den Erstdrucken punktuell ausgemerzt oder verbessert worden. Auf diese Weise sind Einzelergebnisse der neueren Textforschung verarbeitet und z. T. Lesarten der Originale wiederhergestellt worden an Stellen, wo auch CLARK, GLOVER und WRIGHT noch den in der Editionsgeschichte akkumulierten Emendationen gefolgt waren. Keine jüngere Shakespeareausgabe, außer in gewissem Sinne der New Cambridge Shakespeare von John Dover WILSON, hat es jedoch noch einmal unternommen, aus den Quellen von Grund auf den Shakespearetext neu zu erstellen. Auf diese wenigen Grundtatsachen reduziert sich letztlich ein Überblick über die große Fülle von Shakespeareausgaben, die auf dem heutigen Büchermarkt angeboten werden.

aa) Gesamtausgaben

Der unmittelbarste Ableger des Cambridge Shakespeare ist der einbändige Globe Shakespeare, der von den Herausgebern des Old Cambridge Shakespeare selbst im Jahre 1864 als handliche Leseausgabe ihrer Edition herausgebracht wurde. Durch ihn vor allem wurde die Textredaktion des Cambridge Shakespeare verbreitet, und seine Akt-, Szenen- und Verseinteilung ist zum allgemein gebrauchten Standard geworden. In der Folgezeit haben es dann zuweilen noch einzelne Editoren allein gewagt, Gesamtausgaben der Dramen Shakespeares herauszugeben. Der englische Oxford Shakespeare W. J. Craigs erschien zuerst 1892, W. A. Neilson brachte 1906 eine amerikanische Ausgabe heraus, der Amerikaner G. L. Kittredge edierte 1936 Shakespeares Dramen in sorgfältiger Textredaktion und mit einem wohlfundierten Kommentar; der Kittredge Shakespeare ist 1967 in der Überarbeitung von I. Ribner neu erschienen. Die bevorzugte Alternativausgabe zum Globe Shakespeare ist der Tudor Shakespeare (1951) von Peter Alexander geworden. C. J. Sissons einbändige Textrevision (1954) gründet auf palaeographischen Erklärungsversuchen verderbter Passagen, die keine Anerkennung gefunden haben, und John Munros sechsbändiger London Shakespeare (1957) ist in hohem Grade unzuverlässig. Die jüngste Edition aus der Hand eines einzelnen Herausgebers wird der New Riverside Shakespeare von G. Blakemore Evans sein. Sie hat bereits vor ihrem Erscheinen den Anspruch geltend gemacht, als die neue, modernisierte Standardausgabe anerkannt zu werden, da sie von Marvin Spevack zur Grundlage seiner im Computer hergestellten sechsbändigen Shakespearekonkordanz gewählt wurde.

bb) Reihenausgaben

Die Alternative zur Gesamtausgabe der Werke Shakespeares aus einer Hand ist seit etwa der Jahrhundertwende die Reihenausgabe geworden, die unter der Leitung eines »general editor« steht und in der die Dramen einzeln (und zuweilen dazu auch die Gedichte und Kurzepen) von verschiedenen Bearbeitern herausgegeben werden. Die erste dieser Reihenausgaben war der Arden Shakespeare, der in 37 Bänden zwischen 1899 und 1924 erschien. Textlich sind seine Bände im allgemeinen eng am Cambridge Shakespeare orientiert. Ihr besonderes Gewicht erhalten sie durch die ausführlichen Einleitungen, die Anmerkungen zum textlichen und inhaltlichen Verständnis und die Variantenapparate. Der gesamte Kommentarteil ist natürlich, wie es dem Editionskonzept entspricht, das noch am Ende des vorigen Jahrhunderts entworfen wurde, stark nach Realien wie Quellenstudien, historischen Beziehungen und lexikalischen oder sachlichen Worterklärungen ausgerichtet, und in ihrer informatorischen Tendenz ähneln die Bände des Arden Shakespeare oftmals denen der Variorumausgabe. Als im Jahre 1951 die Revision des Arden Shakespeare im New Arden Shakespeare unter Una ELLIS-FERMOR begann, wurde die editorische Konzeption weder in Bezug auf die Textredaktion noch auf die Gestaltung des Kommentarteils neu durchdacht. Erst unter dem Einfluß der Kritik an den ersten im New Arden Shakespeare erschienenen Bänden und seit dem Wechsel der Gesamtherausgeber (seit 1958 Harold F. BROOKS und Harold JENKINS) berücksichtigt die neue Reihe zunehmend die Erkenntnisse der modernen Textkritik und läßt ihren Einzeleditoren auch freie Hand, zu den sachlichen Erklärungen noch interpretatorische Kommentare auf der Grundlage der heutigen Einsichten in Shakespeares sprachliche und dramatische Kunst zu geben. Doch die einzelnen Bände, soweit schon erschienen, sind sowohl in der Sorgfalt der Textfassungen wie im Anmerkungsapparat von sehr unterschiedlicher Güte. Damit ist von bisher noch keiner kommentierten Shakespeareausgabe konsequent die Chance wahrgenommen worden, das Werk in all seinen dichterischen und dramatischen Qualitäten, die die Shakespearekritik erarbeitet hat, dem Leser nahezubringen.

Reihenausgaben nach dem Muster des Arden Shakespeare finden sich mittlerweile vor allem auf dem Taschenbuchmarkt. Manche von ihnen genügen nicht den Ansprüchen, die man an eine in Text und Kommentarteil saubere und sorgfältig betreute Werkausgabe stellen würde. Die einzige und unvollständige Reihenausgabe in deutschen Taschenbüchern, die zweisprachigen Shakespearebände in den Rowohlt-Klassikern, bietet oft einen Textteil voll von Druckfehlern, gibt aber mit ihren von den besten deutschen Shakespearekennern verfassten »Essays zum Verständnis des Werkes« wertvolle Lesehilfen. Eine in Amerika und England verbreitete populärwissenschaftliche Reihenausgabe ist der Signet Classic Shakespeare, der unter der koordinierenden Leitung von Sylvan BARNET zwischen 1963 und 1970 erschienen ist. Editionswissenschaftliches Neuland beschreiten der amerikanische Pelican Shakespeare (General Editor: Alfred HARBAGE; zwischen 1956 und 1967 in 38 Einzelbänden, und 1969 gesammelt in einem Band erschienen) und der englische New Penguin Shakespeare unter T.J.B. SPENCER. Sie sind kritisch modernisierte Ausgaben auf der Grundlage der Erstdrucke. Wie in diesen sind die Texte fortlaufend gedruckt; Akt- und Szeneneinteilungen sind nur am Rand vermerkt und so als spätere editorische Zusätze gekennzeichnet. Die Kommentarteile der Einzelbände enthalten neben Wort- und Sacherklärungen auch Hinweise auf die Aufführungspraxis und auf Shakespeares dramatische Kunst. Der Pelican und der New Penguin Shakespeare sind die modernsten Ausgaben, die heute verfügbar sind.

c) New Cambridge Shakespeare

Die eigenständigste und originellste Shakespeareausgabe in unserem Jahrhundert – wenn ihr auch von der Methode wie von den Ergebnissen her letztlich kein bleibender Wert wird zugesprochen werden können – ist der New Cambridge Shakespeare, den John Dover WILSON über 40 Jahre hinweg zwischen 1921 und 1962 in Einzelbänden ediert hat. WILSONS Entschluß, die textliche Betreuung der Ausgabe zu übernehmen, die den Cambridge Shakespeare ablösen sollte, war eine mutige Pioniertat zu dem Zeitpunkt, als die neuen Möglichkeiten der buchkundlichen Analyse zur Erhellung textgeschichtlicher Verhältnisse sich erst anzudeuten begannen. Er war bestrebt, die allmählich wachsenden Erkenntnisse dieser Forschungsrichtung mit den in den ersten Jahrzehnten unseres Jahrhunderts herrschenden historisch-biographischen Vorstellungen von der Entstehung der Dramen zu verbinden. Dies führte oft zu genial komplizierten Hypothesen von Abfassungsstadien, Revisionen und der Mitverfasserschaft anderer Dramatiker bei den überlieferten Stücken.

Die moderne textkritische Methode, die heute gerüstet ist, von den meisten Dramen einen definitiven kritischen Text zu erstellen, entwickelte sich demzufolge oft auch in besonderem Widerspruch zu John Dover WILSONs respekteinflößender Lebensleistung.

d) Kritischer Text und Folio-Faksimile

Zu der erwünschten definitiven historisch-kritischen Ausgabe endlich, die heute in der Tat zu verwirklichen wäre, sind die Prolegomena bereits im Jahre 1939 von R.B. MCKERROW veröffentlicht worden. Der englische Gelehrte starb über der Edition, und seine Schüler und die Schüler seiner Schüler sind heute noch damit befaßt, sein Erbe modifiziert zu verwirklichen. Wenn wir auch diese endgültige Ausgabe noch nicht besitzen, die alle Erkenntnisse der Shakespeare-Textpflege und -Textforschung der vergangenen 350 Jahre kritisch zu verarbeiten haben wird, so ist doch inzwischen auf andere Weise in der Editionsgeschichte eine Rückkehr zu den Quellen vollzogen worden, die zu einer fruchtbaren Neubegegnung mit Shakespeares Werk in seiner ursprünglichen Fassung führen könnte. 1968 stellte der amerikanische Forscher Charlton HINMAN ein neues Faksimile der ersten Folioausgabe vor. Es ist nicht der erste Folio-Faksimiledruck. Von einzelnen Exemplaren der Ausgabe haben schon früher Howard STAUNTON (1866), J.O. HALLIWELL-PHILLIPPS (1876), Sidney LEE (1902) und, in einem völlig durch Retouchen verdorbenen Verfahren, Helge KÖKERITZ und Charles PROUTY (1954) Faksimileausgaben hergestellt. HINMANS Ausgabe ist aber das erste Faksimile *des* Folio. Da man inzwischen gelernt hatte, daß in einem Buch aus dem 16. und 17. Jahrhundert gewöhnlich korrigierte und unkorrigierte Stadien der Textseiten vermischt eingebunden sind, hat HINMAN aufgrund seiner jahrzehntelangen Untersuchungen an den 79 in der Folger Shakespeare Library in Washington D.C. zusammengetragenen Exemplaren des Folio von jeder einzelnen ihrer 908 Seiten die vom Drucker erreichte endgültige Gestalt bestimmt und reproduziert. HINMANS Faksimileausgabe stellt somit die Idealgestalt der ersten Gesamtausgabe dar. Sie macht den Foliotext jedem Wissenschaftler und jedem interessierten Shakespeareleser zugänglich und ist dabei auch als Referenzausgabe eingerichtet, da sie eine durchlaufende Zeilenzählung (TLN = Through Line Numbering) für die einzelnen Dramen einführt. So könnte der Text der rekonstruierten ersten Gesamtausgabe nunmehr die unübersehbare Vielfalt von abgeleiteten Shakespeareeditionen überbrücken und der Bezugstext werden für alle, die das Wort Shakespeares suchen.

a) Ein- und mehrbändige Gesamtausgaben
C.J.K. HINMAN, ed., *The First Folio of Sh.* [1623]: *The Norton Faksimile*, New York, 1968. – W.G. CLARK, J. GLOVER, W.A. WRIGHT, eds., *The Works of William Sh.*, 9 vols., Cambridge, 1863–1866; 1891–1893². – W.G. CLARK, J. GLOVER, W.A. WRIGHT, eds., *The Works of William Sh.*, London, 1864. – F.J. FURNIVALL, ed., *The Leopold Sh.*, London, 1877. – C.H. HERFORD, ed., *The Works of Sh.*, 3 vols., London, 1899–1900. – W.J. CRAIG, ed., *The Oxford Sh.*, Oxford, 1904. – W.A. NEILSON, ed., *The Complete Dramatic and Poetic Works of William Sh.*, Boston, 1906. – A.H. BULLEN, ed., *William Sh.: Complete Works.*, 10 vols., Stratford, 1904–1907. – A. QUILLER-COUCH, J.D. WILSON u.a., eds., *The Works of Sh.* 39 vols., Cambridge, 1921–1962. – G.L. KITTREDGE, ed., *The Works of Sh.*, Boston, 1936. – G. B. HARRISON, ed., *The Penguin Sh.* 37 vols., London, 1937–1959. P. ALEXANDER, ed., *William Sh.: The Complete Works*, London, 1951; 4 vols., London, 1954–1958. – H. CRAIG, ed., *The Complete Works of Sh.*, Chicago, 1951. – H. FARJEON, ed., *The Complete Works of William Sh.*, 4 vols., London, 1953. – C.J. SISSON, ed., *William Sh., The Complete Works*, 6 vols., London, 1954. – J. MUNRO, ed., *The London Sh.*, London, 1957.– A. HARBAGE (Gen. Ed.), *William Sh.: The Complete Works. The Pelican Text Revised*, Baltimore, Md., 1969. – G. B. EVANS (Textual Editor), *The Riverside Sh.*, Boston, 1974.

b) Reihenausgaben
Sh. Quarto Facsimiles, Oxford, 1939ff.
A New Variorum Edition of the Works of Sh., Philadelphia, 1871ff. (Gen. Eds.: H.H. FURNESS, 1871–1912; H.H. FURNESS Jr., 1912–1930; seit 1936 als Publikation der Modern Language Association of America besorgt von J. Q. ADAMS, 1936–1947; H. E. ROLLINS, 1947–1955; J. C. McMANAWAY, 1955–1973; R. K. TURNER Jr., ab 1973.)
The Arden Sh., London, 1899–1924. (Gen. Eds.: W.J. CRAIG, 1899–1907; R.H. CASE, 1909–1924.)
The Yale Sh., New Haven, 1917–1927, rev.ed.1947ff. (Gen. Eds.: W.L. CROSS, C.F.T. BROOKE, W.H. DURHAM, 1917–1927; Teilrevision von C.F.T. BROOKE 1947 postum; Gen. Eds. seit 1954: H. KÖKERITZ, C.T. PROUTY.)
The New Arden Sh., London, 1951 ff. (Gen. Eds.: U. ELLIS–FERMOR, 1951–1958; H.F. BROOKS, H. JENKINS, seit 1958.)
The Pelican Sh., Baltimore, Md., 1956–1967. (Gen. Ed.: A. HARBAGE)
Sh. Englisch und Deutsch. Hamburg, 1957–1969. (Reihenteilausgabe. Textedition L.L. SCHÜCKING.)
The Signet Classic Sh., New York, 1963–1970. (Gen. Ed.: S. BARNET.)
The New Penguin Sh., Harmondsworth, 1967ff. (Gen. Ed.: T.J.B. SPENCER.)
»An Old-Spelling and Old-Meaning Edition«: linguistisch kommentierte Einzelausgaben zu *Measure for Measure* (Hrg. Ernst LEISI, Heidelberg, 1964); *As You Like It* (Hrg. C. TRAUTVETTER, Heidelberg, 1972).

7. Chronologie

a) Datierungsmethoden

Die Aufstellung einer exakten absoluten (d.h. die einzelnen Entstehungsdaten festlegenden) Chronologie für die Werke Shakespeares stößt auf ähnliche Schwierigkeiten wie die Erstellung eines authentischen Textes. Dokumentarische Aussagen und Nachweise zur Datierung der einzelnen Stücke sind lückenhaft oder fehlen völlig. Die Shakespeareforschung der Vergangenheit hat jedoch viel Mühe darauf verwendet, eine relative (d.h. die Entstehungsfolge konstatierende) Chronologie der Werke herzustellen und diese nach Möglichkeit in einem absoluten Zeitgerüst zu verankern.

Daten für die Entstehungszeit der Werke ergeben sich – wie aus den Einzeldarstellungen zu den Dramen (III. C.) ersichtlich ist – jeweils aus der Zusammenschau von außertextlichen und innertextlichen Indizien (»external evidence« und »internal evidence«). Außertextliche Chronologisierungshilfen sind dokumentarisch belegte Aufführungsdaten, Eintragungen im Stationers' Register zusammen mit den Erscheinungsjahren der Erstauflagen einzelner Quartodrucke, sowie Titelnennungen, Zitate und Anspielungen, die sich in der zeitgenössischen Literatur finden. Diese äußeren Anhaltspunkte allein aber präzisieren zumeist die Datierung nicht derart, daß eine genaue Jahreszahl für die Entstehung eines Dramas aus ihnen zu folgern wäre. Die Aufzählung etwa, die Francis MERES 1598 in seiner Essaysammlung *Palladis Tamia* von ihm bekannten Shakespearetiteln gibt, und die das reichhaltigste zeitgenössische Dokument ist, das Shakespeares schriftstellerische Tätigkeit belegt, sagt nicht mehr aus, als daß er bis 1598 mindestens *Venus and Adonis*, *The Rape of Lucrece* und die Sonette, sowie die Komödien *Two Gentlemen of Verona*, *Comedy of Errors*, *Love's Labour's Lost*, ein Stück namens *Love's Labour's Won* (bei dem nicht klar ist, ob es ein verlorenes Werk oder ein erhaltenes unter anderem Namen ist), ferner *A Midsummer Night's Dream* und *The Merchant of Venice*, und die Historien und Tragödien *Richard II*, *Richard III*, *Henry IV*, *King*

John, Titus Andronicus und *Romeo and Juliet* geschrieben hat. Die Daten aus dem Stationers' Register und auf den Titelblättern der Quarto-Erstdrucke werden dadurch fragwürdig, daß mit der unmittelbaren Aufeinanderfolge von Entstehung und Veröffentlichung eines Dramas grundsätzlich nicht zu rechnen ist (vgl. III. A. 3. a. und III. A. 3. d.). Ein belegtes Aufführungsdatum schließlich ist nur im Falle von *Henry VIII* auch tatsächlich das Datum der Uraufführung: nach verläßlichem zeitgenössischem Zeugnis brannte am 29. Juni 1613 das Globe Theatre in London bei der Uraufführung dieses Stückes ab.

Die textinhärenten Kriterien zur Datierung sind einerseits sachlicher Art wie Anspielungen (»topical allusions«) auf Personen, Zustände oder Ereignisse der Zeit, andererseits sind sie Anhaltspunkte, die sich aus Verskunst, Wortschatz und Stil oder Inhalt und Thematik der Werke ergeben. Hier sind im Laufe der Zeit die verschiedensten Chronologietests erdacht worden, die Vers- und Reimschemata statistisch auswerten, Verlagerungen im Bereich des dichterischen Wortschatzes festhalten, Ausdrucks- und Gedankenparallelen berücksichtigen und auch mit »thematischen Konsoziationen«, d.h. den sich wandelnden Kombinationen von bestimmten Grundthemen im Werk Shakespeares, arbeiten. Auf allen Bereichen, die die Chronologietests erfassen, werden Entwicklungen der dichterischen Gestaltung vorausgesetzt, die eine zeitliche Aufeinanderfolge der Werke bestimmbar machen sollen. Die Gefahr der Tests liegt im Zirkelschluß, durch den eine Entwicklung zugleich angenommen und bewiesen wird, und sie können daher noch weniger als die äußeren Datierungshilfen für sich allein die zeitliche Einordnung eines Werkes determinieren. Die bedachtsame Anwendung textinhärenter Kriterien zur Chronologie kann jedoch zu Gruppierungen von Dramen und zur Ordnung der Gruppen untereinander beitragen. Im Verein mit den historisch-sachlichen Anhaltspunkten, den »topical allusions«, und unter Hinzuziehung der dokumentarischen Hinweise zur Chronologie haben sich die Dramen innerhalb der Gruppen ordnen lassen können, womit zunächst eine verfeinerte relative Chronologie erreicht wurde, und sie haben sich in einigen Fällen auch auf eine absolute Jahreszahl festlegen lassen.

b) Die Chronologie der Dramen

Einen weitgehend heute noch anerkannten Versuch der Datierung aller Dramen Shakespeares hat E. K. CHAMBERS 1930 unternommen und in seinem Handbuch *William Shakespeare: A Study of Facts and Problems*, Bd. 1, tabellarisch, nach Theaterspielzeiten geordnet, zusammengefaßt. Die Daten bei CHAMBERS sind in Zweifelsfällen eher die spätestmöglichen als die frühestmöglichen. Diese kritische Einsicht der jüngeren Forschung führt allerdings zu keinen wesentlichen Änderungen in der Vorstellung von der Chronologie der Dramen ab etwa 1595. Neue Hypothesen über die ersten Anfänge von Shakespeares schriftstellerischer Tätigkeit haben jedoch zu Versuchen der Vordatierung und Umgruppierung innerhalb des Frühwerks geführt. Betroffen sind hiervon insbesondere die folgenden Stücke (mit CHAMBERS' Datierung): *The Comedy of Errors* (1592–93), *Love's Labour's Lost* (1594–95), *King John* (1596–97), 1 *Henry VI* (1591–92), *Titus Andronicus* (1593–94) und *The Taming of the Shrew* (1593–94).

T. W. BALDWINs Vorschlag, *The Comedy of Errors* aufgrund von angeblichen »topical allusions« auf 1588–89 anzusetzen, ist mit großer Skepsis aufgenommen worden. Ihm gegenüber hat C. UHLIG durch die Feststellung von thematischen Konsoziationen, die das Stück mit *Richard III* verbinden, das Datum 1592–93 bestärkt. A. HARBAGES Ansicht, *Love's Labour's Lost* sei unter John LYLYs Einfluß 1588 entstanden, ist eine Außenseitermeinung geblieben und hat eher den Blick dafür geschärft, daß Shakespeares Auseinandersetzung mit seinem bedeutendsten englischen Vorläufer auf dem Gebiet der Komödie in eine Zeit fällt, wo er bereits auf eigene und andersgeartete Komödienversuche zurückblicken kann; auch für dieses Stück ist damit das spätere Datum erhärtet. E. A. J. HONIGMANN u. a. haben unter dem Eindruck, daß das anonyme Stück *The Troublesome Reign of King John* (1591) nicht die Quelle, sondern eine »bad quarto« von *King John* sei, dieses Werk in das Jahr 1591 vorverlegen wollen. Diese Umdatierung ist ebenfalls nicht allgemein akzeptiert worden, und UHLIGs thematische Vergleiche setzen das Stück vor *Richard II* im Jahre 1594 an. Bei 1 *Henry VI* dagegen hat sich in dem Maße, wie die Zweifel an Shakespeares alleiniger Urheberschaft dieses Dramas in der Forschung zerstreut worden sind, auch die Ansicht verstärkt, daß es in der regulären Reihenfolge vor dem zweiten und dritten Teil der Trilogie entstanden sei. Bei *The Taming of the Shrew* ist die Frage der Datierung mit der Beurteilung des textlichen Verhältnisses zu *The Taming of a Shrew* verknüpft: wenn *A Shrew*, im Einklang mit der heute vielfach vertretenen Forschermeinung, als eine Art »bad quarto« und nicht als Quelle von *The Shrew* verstanden wird, kann man mit M. MINCOFF annehmen, daß Shakespeare diese Komödie ca. 1589–90 geschrieben hat. Das gleiche frühe Datum ist auch für *Titus Andronicus* mehrfach erwogen worden, und das Stück ist jüngst wiederum von UHLIG auf thematischer Grundlage in die Nähe von 1 *Henry VI* gerückt und damit ebenfalls auf 1589–90 angesetzt worden.

Titus Andronicus und *The Taming of the Shrew* würden so an den Anfang des Kanons der überlieferten Werke Shakespeares rücken. Dabei muß die Frage offen bleiben, ob die gedruckten Texte aus den Jahren 1594 und 1623 in allen Teilen diejenigen Texte sind, die Shakespeare der nunmehr begründeten Vermutung zufolge 1589–90 schrieb. Hier wie auch bei einigen der späteren Dramen Shakespeares, taucht immer wieder die Möglichkeit der Revision in der chronologischen Diskussion auf. Aus Mangel an überlieferten, textlich klar unterscheidbaren Beweisen für den Vorgang und das Resultat von Überarbeitungen jedoch, die zeitlich genau einzuordnen wären, ist »Revision« in bezug auf die Chronologie Shakespeares stets nur ein potentieller und niemals ein realer Faktor. Sofern er überhaupt in Erwägung zu ziehen ist – und die Zahl der Dramen, die Shakespeare je einschneidend revidiert haben könnte, wird allgemein als gering veranschlagt – erweitert er eher den Spielraum der Datierungsversuche, als daß er die Entstehungszeit eines Dramas zu präzisieren vermöchte.

Seit CHAMBERS' Versuch einer möglichst eindeutigen Festlegung der Chronologie bei Shakespeare auf absolute Daten ist somit vielfach mit Nachdruck wiederum die Relativität und der hypothetische Charakter dieser Chronologie geltend gemacht worden. Eine heutige chronologische Tabelle der Dramen wird sich am ehesten an A. HARBAGE und S. SCHOENBAUM, *Annals of*

English Drama (1964) orientieren, die das englische Drama von den Anfängen bis 1700 zeitlich ordnen und dabei jeweils den Spielraum in der Entstehungszeit anzeigen, der bei einzelnen Werken oft mehrere Jahre umfassen kann. Im Hinblick auf Shakespeare basieren die Einträge auf CHAMBERS und den Ergänzungen zu seiner Liste in der späteren Forschung (GREG, LAW, McMANAWAY). Die hier folgende Aufstellung ist den Einträgen in Harbage-Schoenbaum verpflichtet und berücksichtigt dazu einige seit 1964 veröffentlichte Datierungsvorschläge. Sie verzeichnet den Spielraum in der Entstehungszeit (E) jedes Dramas, ferner seine erste Nennung (N) im zeitgenössischen Schrifttum, das in einigen Fällen dokumentarisch belegte Datum einer Aufführung (A) und das Erscheinungsdatum des ersten authentischen Texts (D); im Falle eines vorausgegangenen »bad quarto« oder »bad octavo« *(3 Henry VI)*-Textes wird dessen Datum in Klammern vermerkt.

Titus Andronicus	E 1589–90?	A 24.1.1594 D 1594 N 1598.
The Taming of the Shrew	E 1589–90?	D (b.q.? 1594); 1623.
	(1594–98?)	
1 Henry VI	E 1591–92	N, A 3.3.1592(?) D 1623.
2 Henry VI	E 1590–92	D (b.q. 1594); 1623.
3 Henry VI	E 1590–92	N 1592 D (b.q. 1595); 1623.
Richard III	E 1592–93	D 1597 N 1598.
The Comedy of Errors	E 1590–94	A 28.12.1594 N 1598
		D 1623.
The Two Gentlemen of Verona	E 1590–98	N 1598 D 1623.
Love's Labour's Lost	E 1593–95	A 1597/98 N 1598
	(1588–97?)	D (c. 1596?); 1598.
Romeo and Juliet	E 1591–92	D (b.q. 1597); 1599 N 1598.
A Midsummer Night's Dream	E 1594–98	N 1598 D 1600.
King John	E 1591–98	N 1598 D 1623.
Richard II	E 1594–95	A 9.12.1595 D 1597 N 1598.
The Merchant of Venice	E 1594–97	N 1598 D 1600.
1 Henry IV	E 1596–97	N 1598 D 1598.
2 Henry IV	E 1597–98	N 1598 D 1600.
The Merry Wives of Windsor	E 1598–1602	A 1599? D (b.q. 1602);
		1623.
Henry V	E 1599	N 1600 D (b.q. 1600); 1623.
Julius Caesar	E 1599	A 21.9.1599 D 1623.
Much Ado About Nothing	E 1598–1600	N 1600 D 1600.

As You Like It	E 1598–1600 N 1600 D 1623.	
Twelfth Night	E 1600–02 A 2.2.1602 D 1623.	
Hamlet	E 1599–1601 N Jan.–Febr. 1601	
	D (b.q. 1603); 1604/05.	
Troilus and Cressida	E 1601–03 N 1603 D 1609.	
All's Well That Ends Well	E 1601–04 D 1623.	
Measure for Measure	E 1603–04 A 26.12.1604 D 1623.	
Othello	E 1603–04 A 1.11.1604 D 1622; 1623.	
King Lear	E 1605–06 A 26.12.1606 D 1608.	
Macbeth	E 1606–11 A 7.8.1606? A 20.4.1611	
	D 1623.	
Antony and Cleopatra	E 1606–08 N 1608 D 1623.	
Timon of Athens	E 1605–08 D 1623.	
Coriolanus	E 1605–10 D 1623.	
Pericles	E 1606–08 A *c.* 1606–08 D 1609.	
Cymbeline	E 1608–11 A April 1611 D 1623.	
The Winter's Tale	E 1610–11 A 15.5., 5.11. 1611 D 1623.	
The Tempest	E 1609–11 A 1.11.1611 D 1623.	
Henry VIII	E 1612–13 A 29.6.1613 ⎫ mit John	
	D 1623. ⎬ FLETCHER	
The Two Noble Kinsmen	E 1613–14 D 1634. ⎭	

E. K. CHAMBERS, *W. Sh.: A Study of Facts and Problems*, 2 vols., Oxford, 1930. –
R. A. LAW, »On the Dating of Shakspere's Plays«, *SAB*, 11 (1936). – P. ALEX-
ANDER, *Sh.'s Life and Art*, London, 1939. – W. W. GREG, *A Bibliography of the
English Printed Drama to the Restoration*, 4 vols., London, 1939–1959. – T. W. BALD-
WIN, *Shakspere's Five-Act Structure*, Urbana, Ill., 1947. – J. C. McMANAWAY,
»Recent Studies in Sh.'s Chronology«, *ShS*, 3 (1950). – E. A. J. HONIGMANN,
Studies in the Chronology of Sh.'s Plays, Diss., Oxford, 1951. – F. P. WILSON,
Marlowe and the Early Sh., Oxford, 1953. – A. FEUILLERAT, *The Composition
of Sh.'s Plays: Authorship, Chronology*, New Haven, 1954. – A. HARBAGE, *An-
nals of English Drama 975–1700*, revised by S. Schoenbaum, London, 1964 (Supple-
ments by S. Schoenbaum 1966, 1970). – M. MINCOFF, »The Chronology of
Sh.'s Early Works«, *ZAA*, 12 (1964). – C. UHLIG, »Zur Chronologie des Shakespeareschen Fruehwerks«, *Anglia*, 86 (1968).

B. DER DRAMATISCHE STIL

1. DIE KÜNSTLERISCHE BEWUSSTHEIT

Von seinem Zeitgenossen und dramatischen Konkurrenten Ben JONSON erfahren wir, daß Shakespeare seine Stücke schnell und flüssig niedergeschrieben hat: »I remember, the Players have often mentioned it as an honour to Shakespeare that in his writing (whatsoever he penn'd) he never blotted out a line«. Mit Aussagen solcher Art bestimmte JONSON für die folgenden Jahrhunderte die allgemeine Vorstellung von Shakespeares Schaffensprozeß mit. Dank seiner Autorität ließ sich Shakespeares Werk als ungeordnet, willkürlich und kunstlos kritisieren oder auch – später – positiv als naturhafte Schöpfung, als genialer Wurf charakterisieren. Shakespeare »came out of Nature's hand like Pallas out of Jove's head, at full growth and mature«, schreibt FARMER 1767 in einem *Essay on the Learning of Shakespeare*. Daß hier literarische und theatralische Mittel bewußt, mit wachsendem Geschick und mit einem zunehmend sicheren Blick für den Gesamteffekt eingesetzt wurden, hat man im Laufe des 19. Jahrhunderts zu entdecken begonnen, und erst in unserem Jahrhundert wurde diese Entdeckung der Shakespeare-Forschung zur Provokation. Von der Hypothese eines bewußten künstlerischen Schaffens gingen nun zahlreiche Studien über Shakespeares Werk aus, und sie ist mit den Ergebnissen solcher Arbeiten immer mehr zur sicheren Gewißheit geworden. Der Satz, mit dem B. EVANS seinen Gesamteindruck formuliert, nachdem er die Informationstechnik in Shakespeares Komödien untersucht hat, ist symptomatisch: »To my own mind, what most emerges from the present study is a view of Shakespeare as the shrewdest of dramatic engineers.« Unmittelbarer ein untrügerisches Zeichen für seiner selbst bewußtes Künstlertum ist der reflektive Zug, der in mehreren Dramen Shakespeares stark ausgeprägt ist und der seinen Stil unverkennbar von dem anderer elisabethanischer Dramatiker abhebt.

a) Poetologische Aussagen in den Dramen

Vor allem während des ersten Schaffensjahrzehnts thematisiert Shakespeare in seinem Werk Aspekte des eigenen sprachlichen und dramatischen Stils. Auch wenn dies nicht in Autorenkommentaren geschieht sondern in perspektivisch gebrochenen, häufig ironisch abschattierten Aussagen, so bezeugen diese doch eine reflektive Haltung des Dramatikers gegenüber seinem Werk.

Gewählte Formulierungen werden auf der Bühne begutachtet, Redensarten bedacht, Alternativen bildhafter Ausdrucksweise erwogen, die Angemessenheit von Wortspielen diskutiert, Vers- und Prosagebrauch besprochen (Abdruck solcher Passagen bei D. KLEIN). Mit komischem Understatement werden die Gesetze komödienspezifischer Handlungsführung (*Love's Labour's Lost* V, ii, 862) und tragischer Verwicklung (*Midsummer Night's Dream* V. i. 349), sowie die Möglichkeiten der Genremischung (*Hamlet* II, ii, 392) zur Sprache gebracht. In Prologreden, besonders vor *Henry V,* werden die dramatischen Konventionen, die der Zuschauer gemeinhin unbedacht zu akzeptieren pflegt, die Zeitraffung und die repräsentative, andeutende Darstellung von Geschehen, ins Bewußtsein gehoben.

Ein wiederkehrendes Anliegen ist das der sachlichen Angemessenheit und Ehrlichkeit künstlerischer Sprache. *Love's Labour's Lost,* das Sprachkritik vorrangig betreibt, führt durch Kommentierung und bloßstellende Konfrontierung die Manierismen akademischer und petrarkistischer Redekunst ad absurdum, um dann, nach einer Verzichterklärung gegenüber den »Taffeta phrases, silken terms precise, / Three-pil'd hyperboles, spruce affectation, / Figures pedantical« (V, ii, 405), auszuklingen in schlichtem Englisch und volksliedhafter Weisheit. *Romeo and Juliet* differenziert, ähnlich wie die Sonette, in der Entwicklung Romeos zwischen eitler Rhetorik und aufrichtiger, sinnerfüllter Verwendung kunstvoller Sprachfiguren. *Richard II* führt im Schicksal des Königs die Verselbständigung von Wortprunk und literarischer Pose in tragischem Kontext vor. Anläßlich der Begrüßung der Schauspieler in Elsinore gibt Hamlet die Charakteristik eines vorbildlichen Dramas, das geschickt, doch unprätentiös geschrieben ist: »well digested in the scenes, set down with as much

modesty as cunning . . . no sallets in the lines to make the matter
savoury, nor no matter in the phrase that might indict the author
of affectation; but . . . an honest method, as wholesome as sweet,
and by very much more handsome than fine« (II, ii, 428).

Gegenüber dem Aspekt dienender Sachbezogenheit wird in
einer vielzitierten Passage über die Fähigkeiten des Dichters im
Midsummer Night's Dream (V, i) die Autonomie des künstlerischen
Schaffens hervorgehoben, das (so Theseus) phantastischen Ein-
fällen sinnlich konkrete Gestalt gibt, das aber dennoch (so Hippolyta) aufgrund der in sich stimmigen Geschlossenheit ernst zu
nehmen ist. In der Parade der »Nine Worthies« in *Love's Labour's
Lost* und wieder im Spiel der Handwerker im *Midsummer Night's
Dream* ist diese Homogeneität des Kunstwerks burlesk aufgebrochen: der spektakuläre Mißerfolg lenkt hier die Aufmerksamkeit
auf die komplexen Voraussetzungen in Text und Spiel, unter
denen dramatische Illusionskunst wirksam wird. (Vgl. auch
B.4.f und BB.2.d.)

G. D. WILLCOCK, *Sh. as Critic of Language*, London, 1934. – A. THALER,
»Sh. on Style, Imagination, and Poetry«, *PMLA*, 53 (1938). – D. KLEIN, *The
Elizabethan Dramatists as Critics*, New York, 1963. – D. P. YOUNG, *Something
of Great Constancy: The Art of A Midsummer Night's Dream*, New Haven, 1966. –
K. MUIR, »Sh.'s Poets«, *ShS*, 23 (1970). – J. L. CALDERWOOD, *Shakespearean
Metadrama*, Minneapolis, 1971. – W. C. CARROLL, *The Great Feast of Language
in Love's Labour's Lost*, Princeton, 1976.

b) Die Entwicklung von Shakespeares Kunst

Betrachtet man die Dramen in der Folge ihres Entstehens, so
bietet sich im Ganzen das Bild einer steten Vervollkommnung,
welche erst mit den späten Komödien, den »dark comedies« und
den Romanzen, von einer neuen künstlerischen Zielsetzung
überlagert wird. Shakespeares früher Dramenstil ist gekennzeichnet durch die Bindung an dramatische Vorbilder, durch stilisierte, artifizielle Sprache, blockhaftes Hereinnehmen konventioneller Elemente, einfache, eindeutige Charakterzeichnung,
unzureichende Motivierung von Reden und Handlungen der
Personen. Es scheint, daß Theatereffekte hier gelegentlich um
ihrer selbst willen verwendet worden sind. Shakespeare versteht
es allerdings, solche Mängel durch die Wahl bestimmter Sujets
positiv wirksam werden zu lassen. So wird der Eindruck des

politischen Chaos, das in der *Henry VI*-Trilogie dargestellt ist, durch die episodenhafte Zerrissenheit der Handlung verstärkt. Durchstilisierte Auftrittfolge und Redestruktur sind in *Richard III* formales Äquivalent für den dort demonstrierten geschichtlichen Rhythmus von Vergehen und Sühne, Erleiden und Rächen. Nur mit schemenhaften Personen läßt sich die tour de force eines Verwechslungsspiels wie dem der *Comedy of Errors* realisieren. Künstlichkeit der Sprache ist der Höflingswelt von *Love's Labour's Lost* durchaus angemessen. In *Romeo and Juliet* läßt Shakespeare Romeo im Umschwung von petrarkistischer Pose zu echter Liebe von der traditionellen Rhetorik des höfischen Liebhabers zu einer individuellen Sprache überwechseln, die von unmittelbarer Emotion getragen erscheint. Indem es posenhaftem Benehmen funktional zugeordnet wird, erhält die Qualität des literarisch Konventionellen dramatische Relevanz.

Die Entwicklung von Shakespeares Kunst ist vor allem gekennzeichnet durch die Fähigkeit, die dramatischen Elemente in eine zunehmend komplexe Gesamtstruktur zu integrieren. Haupt- und Nebenhandlung, »comic relief«, Themen, Charaktere, Sprechweisen und Bühnensituationen werden aufeinander abgestimmt, nahtlos einander anverwandelt, zu einer vielschichtigen Sinnstruktur zusammengefügt. Konventionelles wird differenziert und nuanciert verwendet, dem besonderen Charakter des jeweiligen Stücks angeglichen. Es wird eigenwillig neuen Funktionen unterworfen: so erscheinen etwa typische Szenen, Handlungsmotive und Sprachgesten der Komödie in den Tragödien (die Taschentuchintrige in *Othello*, der frivole Einleitungsdialog und auch das Verkleidungsmotiv in *King Lear*); andererseits dringen Handlungsmuster und Situationen der Tragödie in die Komödien ein (»dark comedies«, Romanzen). Aus traditionellen Techniken vermag Shakespeare unorthodoxe Effekte zu gewinnen: mit dem Expositionsgespräch täuscht er den Zuschauer, statt ihn zu informieren (*Othello* I, i); im Bericht vermag er ein Bild zu entwerfen, das die gespielte Szene an Anschaulichkeit weit übertrifft (*Antony and Cleopatra* II, ii, 195; *Cymbeline* II, iv, 66 im Vergleich zu II, ii).

In seiner dramatischen Karriere hat Shakespeare sich die Erfahrungen seiner elisabethanischen Vorgänger zu eigen gemacht und auf dem, was sie geschaffen hatten, aufgebaut (Vgl. I. B). Sein Frühwerk entstand in der Auseinandersetzung mit Stükken wie *Woodstock* und *The Spanish Tragedy*, MARLOWES *Tamburlaine* und *Edward II*, LYLYS Komödien. Doch vor allem lernte er aus seiner eigenen dramatischen Arbeit. Frühe Mängel beseitigt er in späteren Stücken: die Peinlichkeit des Proteusschen Sinneswandels in *The Two Gentlemen of Verona* vermeidet er in *Midsummer Night's Dream*, indem er als Motiv solchen Wandels das Zauberkraut »Love-in-idleness« einführt; die Unübersichtlichkeit von *Henry VI* weicht in späteren Historien der Gruppierung der geschichtlichen Ereignisse um eine zentrale Königsfigur. Glückliche Einfälle beutet er in späteren Stücken aus. So etwa stellt er Richard Gloucester, der sich in *Henry VI* als faszinierende Alternativfigur zu MARLOWES »hero-villain« andeutete, ins Zentrum des nachfolgenden *Richard III*. Jenseits individueller Unterschiede und divergierender Intentionen in den einzelnen Dramen läßt sich eine zunehmende Differenziertheit und Vielschichtigkeit bei Shakespeares Dramen- und Figurentypen beobachten. Im Historiendrama trifft dies zu für die Entwicklung von *Henry VI* zu *Henry IV;* in der Verwechslungskomödie für den Weg von der *Comedy of Errors* zu *Twelfth Night;* in der Tragödie etwa für die Entwicklung von *Titus Andronicus* zu *King Lear;* in den Romanzen für das Weiterbilden der Form von *Pericles* zum *Tempest.* Ähnliches gilt bei den dramatischen Figuren zum Beispiel für die Sequenz der verkleideten Mädchen Julia in *The Two Gentlemen*, Viola in *Twelfth Night*, Imogen in *Cymbeline;* für die Folge der Narren Launce *(Two Gentlemen)*, Touchstone *(As You Like It)*, Feste *(Twelfth Night)* und Lears Fool, für die Reihe der intrigierenden Schurken Don John in *Much Ado*, Edmund in *Lear*, Iago in *Othello*. Der Eindruck entsteht, daß Shakespeare gelungene Theatereffekte nachträglich rationalisiert und gezielt wieder einsetzt. Insbesondere *Twelfth Night*, wohl die gelungenste der »heiteren Komödien«, stellt sich dar als ein Werk, in dem der Dramatiker eine Vielzahl von Motiven resümiert, die sich in seinen früheren Komödien als wirkungsvoll erwiesen haben.

H. ULRICI, *Shakspeare's dramatische Kunst: Geschichte und Charakteristik des Shakspeareschen Dramas*, Leipzig, 1847. – G.P. BAKER, *The Development of Sh.*

as a Dramatist, 1907, repr. New York, 1965. – A. QUILLER-COUCH, *Sh.'s Workmanship*, Cambridge, 1918. – P. ALEXANDER, *Sh.'s Life and Art*, London, 1939. – H. CRAIG, »Sh.'s Development as a Dramatist in the Light of his Experience«, *SP*, 39 (1942). – U. ELLIS-FERMOR, »Die Spätwerke großer Dramatiker«, *DVLG*, 24 (1950). – B.J. EVANS, *The Language of Sh.'s Plays*, London, 1952. – V.K. WHITAKER, *Sh.'s Use of Learning: An Inquiry into the Growth of his Mind and Art*, San Marino, Cal., 1953. – H. OPPEL, *Sh.s Tragödien und Romanzen: Kontinuität oder Umbruch?*, Mainz, 1954. – W. STROEDEL, »Sh.'s Entwicklung von *Romeo und Julia* zu *Macbeth*«, *ZAA*, 4 (1956). – M.C. BRADBROOK, *Sh. and Elizabethan Poetry*, London, 1961. – F.O'CONNOR, *Sh.'s Progress*, New York, 1961. – K. MUIR, *Last Periods of Sh., Racine, and Ibsen*, Detroit, 1962. – W. CLEMEN, *Das Drama Sh.s*, Göttingen, 1969. – G. R. HIBBARD, »Words, Actions, and Artistic Economy«, *ShS*, 23 (1970). – M. M. MAHOOD, »Unblotted Lines: Sh. at Work«, *PBA*, 58 (1972). – R. Y. TURNER, *Sh.'s Apprenticeship*, Chicago, 1974. – M. C. BRADBROOK, *The Living Monument: Sh. and the Theatre of His Time*, Chicago, 1976.

2. Gesamtkonzeption: Handlungsführung

a) Dramenhandlung und Quelle

Wie die meisten elisabethanischen Dramatiker, so hat auch Shakespeare im allgemeinen die »story« seiner Stücke nicht frei erfunden, sondern literarischen Vorlagen nachgebildet. Einzig für die aufgefächerten Handlungen von *Love's Labour's Lost* und *A Midsummer Night's Dream* und für das Geschehen des *Tempest* sind keine unmittelbaren Vorbilder bekannt; daneben dürften auch einige der »subplots«, etwa das Spiel um Malvolio in *Twelfth Night* oder die Handlung um Beatrice und Benedick in *Much Ado*, originale Zutaten Shakespeares sein.

Der Aufbau seiner Stücke ist deshalb bis zu einem gewissen Grad vom Aufbau der jeweiligen Vorlagen abhängig, und die verschiedenen Kompositionsprinzipien sind durch deren Verschiedenheit mitbedingt. Ein Drama, das in seiner Handlung einer durchkonstruierten plautinischen Komödie nachgebildet ist, wie etwa *The Comedy of Errors*, oder einer schlüssig erzählten Novelle wie zum Beispiel *Romeo and Juliet* oder *Othello*, fügt sich natürlicherweise leicht zu einem kausal verknüpften, in sich abgeschlossenen »plot«. Die Dramatisierung einer Chronikpassage hingegen ergibt eher eine lockere Handlungskette. Hier wiederum begünstigen HOLINSHEDS *Chronicles*, welche die geschichtlichen Ereignisse in ihrer zeitlichen Abfolge registrieren, die episodenhafte Reihung von Stücken wie *Henry VI* und *Henry*

VIII, während PLUTARCHs *Lives,* die Geschichte um das Leben
großer Gestalten gruppieren, eine tragödienhafte Zentrierung
der Ereignisse, wie sie in *Julius Caesar, Antony and Cleopatra* und
Coriolanus vorgenommen wird, bereits nahelegen.

Die meisten Quellenstoffe jedoch formt Shakespeare wesentlich um, wobei er weit über das hinausgeht, was technisch zur
Dramatisierung der – vorwiegend epischen – Vorlagen erforderlich gewesen wäre. Er pflegt das Geschehen eindeutiger einem
Thema, einem Problem, einer zentralen Figur, einem gattungsspezifischen Handlungsverlauf zuzuordnen. Das »plot« wird verdichtet; Motivationen werden verstärkt und zugespitzt *(Othello),*
werden verkompliziert und vertieft *(Hamlet),* andererseits aber
auch – offenbar absichtlich – ausgespart (etwa bei Macbeth, oder
bei Leontes in *The Winter's Tale*). Nebenhandlungen werden
so eingefügt daß sie die Situationen des zentralen Geschehens
vielfach spiegeln und erhellende Kontrastwirkungen ergeben.
Es scheint auch, daß Shakespeare sich nie ausschließlich auf eine
Quellenvorlage stützt. Für viele seiner Dramen wählt er aus
verschiedenen Fassungen eines Stoffes oder auch aus einander
ganz fremden Quellen jeweils nur einige Handlungselemente
aus, wandelt diese oft wiederum ab, kombiniert sie neu und verbindet sie mit frei Erfundenem. Für *King Lear* etwa formt er
das ältere *Leir*-Drama nach dem Muster nichtdramatischer Versionen desselben Stoffes um, verbindet diesen Handlungsstrang
mit einer Episode aus SIDNEYs Ritterroman *Arcadia,* die jenem
thematisch verwandt ist, und fügt überdies selbsterfundene
Handlungsmotive (Edgars gespielter Wahnsinn, Edmunds
Bastardschaft) hinzu.

Siehe Bibliographie zu I. B. (Einleitung), daneben auch:
H. CRAIG, »Motivation in Sh.'s Choice of Materials«, *ShS,* 4 (1951). – R. STAMM,
»The Transmutation of Source Material«, *ShS,* 11 (1959). – H. CRAIG, »When
Sh. altered his Sources«, *CentR,* 8 (1964). – J. F. KERMODE, »On Sh.'s Learning«,
BJRL 48 (1965). – M. BLUESTONE, *From Story to Stage,* The Hague, 1974.

b) Typische Handlungslinien

Strenge Kompositionsgesetze, wie sie der klassizistische Dramatiker beim Umformen einer »story« zum dramatischen »plot«
befolgt, sind Shakespeares Dramen weitgehend fremd. Der
Zentrierung einer Ereigniskette gemäß der klassischen Regel der

Einheit der Zeit im *Tempest* und auch in *Othello* (Akt II–V) stehen *The Winter's Tale* und *Pericles*, die jeweils die Zeitspanne eines ganzen Menschenlebens umfassen, als das andere Extrem entgegen; während im *Tempest* die Einheit des Orts streng gewahrt ist, ist für *Antony and Cleopatra* der schnelle Wechsel zu geographisch weit entfernten Schauplätzen ein wesentliches Strukturprinzip. Beschränken sich einige Werke, zum Beispiel *Macbeth* oder *Coriolanus*, auf eine einsträngige Handlung, so zeichnen sich andere, etwa die meisten der Historien, oder unter den Komödien *A Midsummer Night's Dream*, *The Merchant of Venice* und *Cymbeline*, durch die Vielfalt ihrer Handlungsstränge aus. Selbst elementarste Gesetze der klassischen Dramenkomposition werden von Shakespeare übergangen, wenn er wie in *Othello* die dramatische Gegenbewegung ganz ausspart, wenn er wie in *King Lear* den tragischen Fehltritt des Helden zu Beginn des Dramas geschehen läßt, wenn im *Tempest* die Intrige dem Beginn des Stücks vorausgeht und dieses nur noch ihre Auflösung darstellt.

Allenfalls läßt sich die Vielfalt der Handlungslinien in Shakespeares Dramen zurückführen auf die Kompositionsmuster verschiedener literarischer Traditionen, aus denen sich das elisabethanische Theater nährt. Vor allem zu vier Paradigmen hin lassen sich die »plots« abstrahieren und als mehr oder weniger freie Variationen derselben entstanden denken. Es sind dies das »*Mirror* pattern«, das Schema der Moralitäten, das des »revenge play« und die Struktur der klassischen Komödie.

aa) ›*Mirror*‹ *pattern*

Die mittelalterliche Deutung des menschlichen Lebens als einer Bewegung vom spektakulären Aufstieg zum notwendig folgenden Fall hin hatte in England im *Mirror for Magistrates* ihren repräsentativen Ausdruck gefunden und hatte vor allem von dort aus die elisabethanische Konzeption der »tragedy« mit bestimmt. In Shakespeares Dramen zeichnet sich eine solche Bewegung ab in den meisten Historien, in den Römerdramen und in einigen anderen Tragödien. In einfacher Form erscheint sie in dem alternierenden Auf und Ab der *Henry VI*-Trilogie. In anderen Stücken gestaltet Shakespeare sie zu einem dramatischen Gegeneinander. Er läßt die Fallbewegung einer zentralen Figur durchkreuzen von der Aufstiegslinie einer anderen Figur; er stiftet zwischen diesen beiden Bewegungen einen kausalen Zusammenhang und gibt ihnen eine innere Konsequenz dadurch, daß er die beiden Personen durch entgegengesetzte Veranlagungen, Auffassungen und Ziele zu Antagonisten werden läßt. Dies geschieht sehr klar im Drama *Richard II*, das offensichtlich nach dem Vorbild von MARLOWES *Edward II* gestaltet ist. Ein zentrales Szenenbild markiert den Kreuzungspunkt der Aufstiegs- und Fall-Linien von Richard und Bolingbroke (IV, i). Das gleiche Prinzip ist – um den Preis einer Geschichtsfälschung – in *1 Henry IV* in der Gegenüberstellung von Prince Hal und Hotspur angewandt. Es zeichnet sich ab in der Anlage von *Julius Caesar* hinsichtlich Brutus und Antonius; mit asymmetrischer Linienführung ist es in *Richard III* für Richard und Richmond und in *Macbeth* für Macbeth und Malcolm erkennbar.

bb) Moralitätenstruktur

Ein solcher Antagonismus zwischen zwei zentralen Figuren wird zumeist gleichzeitig als eine Auseinandersetzung zwischen konträren moralischen Werten begriffen. So wird in diesen Stücken wie auch in anderen Dramen Shakespeares häufig noch eine andere traditionelle Konfliktstruktur realisiert, nämlich die der Moralität. Analog der typischen Moralitätenhandlung kann der Ablauf eines Dramas sich vollziehen als Kampf zwischen den Mächten des Guten und des Bösen; *Macbeth* und *King Lear* lassen sich – wenngleich damit nur eine Sinnschicht erfaßt wird – so auslegen. Das Drama kann auch gestaltet sein als Entscheidungsprozeß eines Helden, der zwischen den beiden Bereichen zu wählen hat (cf. *Henry IV*). *Macbeth* stellt wie MARLOWES Stück *Dr. Faustus*, das noch wesentlich enger mit der »morality«-Tradition verbunden ist, die immer tiefere Verstrickung eines Menschen in seine Schuld dar; die Komödien hingegen zeichnen einen Weg vom Schuldigwerden zu Einsicht, Sühne und Vergebung auf (*Measure for Measure*, *All's Well*, *Cymbeline*, *The Winter's Tale*). Anstelle von moralisch eindeutigen Entscheidungssituationen kann Shakespeare ein Dilemma setzen, einen Wertkonflikt, wie er sich andeutet in *Richard II* und wie er klarer hervortritt in der Situation von Brutus, von Hamlet, von Coriolan.

cc) Revenge plot

Der dramatische Konflikt kann individualisiert und emotional aufgeladen werden, indem er als Rachehandlung motiviert wird. Das Handlungsmuster des »revenge play«, das den Elisabethanern durch die Tragödien SENECAS und vor allem durch KYDS populäres Greuelstück *The Spanish Tragedy* vertraut war, realisiert Shakespeare in orthodoxer Weise im frühen *Titus Andronicus*. Auch zahlreiche andere Dramen werden ganz oder teilweise vom Handlungsbogen der Vergeltung umspannt. Schlachten und Einzelkämpfe in den Historien wie auch Malcolms Kampf gegen Macbeth, Coriolans Krieg gegen Rom, Iagos Intrige gegen Othello, vereinzelt auch Komödienhandlungen – zum Beispiel das »plot« um Malvolio in *Twelfth Night* oder die Titania-Bottom-Episode im *Midsummer Night's Dream* – sind durch die Intention der Vergeltung mitmotiviert. Ein zentrales »revenge plot« erscheint wieder in *Hamlet* – ein Drama, das möglicherweise auf einer früheren *Hamlet*-Version des »revenge play«-Spezialisten KYD basiert. Hier aber ist »revenge« nicht mehr unbefragt dargestellter Impuls zu haßerfüllten Reden und Greueltaten, allzeit verfügbare Handlungsfeder für wirkungsvolles Theater, sondern das Rachemotiv wird von innen her betrachtet. Es wird mittels der Handlungsführung wie auch durch erhellende Personenkontraste (Hamlet, Laertes, Fortinbras) und in den Reflexionen Hamlets auf seine ethischen Implikationen hin abgetastet und – wie dies eindeutiger in *Measure for Measure* geschieht – in Frage gestellt.

dd) Verwirrung und Entwirrung

Schließlich greift Shakespeare zurück auf die Handlungsmuster der klassischen Komödie. Einige seiner Stücke, *The Comedy of Errors, The Two Gentlemen of Verona, Love's Labour's Lost, Much Ado About Nothing* und *Twelfth Night*, weisen mit ihrer ausgewogenen Konfliktbewegung zurück auf das Schema der symmetrischen Verknotung und Entwirrung der Handlungsfäden, das für Komödien von PLAUTUS und TERENZ charakteristisch ist und das von der Renaissancepoetik ausformuliert und zur Norm erhoben worden war. Vor allem aber erscheinen in Shakespeares Stücken bis hin zu den Romanzen einzelne Handlungsmotive der römi-

schen Komödie und ihrer Renaissancetradition: die Trennung
von Familien und ihr wundersames Zusammentreffen und gegen-
seitiges Wiedererkennen, der Schiffbruch, die Liebe auf den ersten
Blick und die Eifersucht, das Verwechseln von Personen und das
verkleidete Auftreten. Wie dort werden solche Geschehnisse von
Shakespeare durch ein Intrigenspiel miteinander verknüpft. In
der Progression von der *Comedy of Errors* und *The Two Gentlemen*
zu *Twelfth Night* vollzieht Shakespeare jedoch eine konsequente
Abkehr von jenem Vorbild. Er reduziert Handlungselemente
und Intrigenfäden; er verlegt das Gewicht darauf, die Hand-
lungsmotivationen sorgfältiger auszuarbeiten, wenige, zentrale
Figuren differenziert auszuzeichnen und mit den Mitteln poetischer Sprache, durch Selbstironie und burleske Komik geschützt,
eine romantische Atmosphäre entstehen zu lassen. Er folgt damit
einer allgemeinen Entwicklung der elisabethanischen Komödie
und führt sie ihrem Höhepunkt zu.

c) Personenbezogene Handlungsführung

Ordnendes Prinzip für die Handlungsfolge kann in Shakespeares Stücken auch eine dominierende Figur sein. Das Erlebnis
einer dramatischen Einheit beruht dann für den Zuschauer weniger im Erahnen und Mitvollziehen der kausalen Konsequenz einer
Handlungslinie als darauf, daß er, eingeweiht in das Wollen und
Wissen der Person, welche die einzelnen Schritte der Handlung
bestimmt, die Ereignisse vom motivierenden Zentrum aus sieht.
Das erste und extremste solcher Dramen ist *Richard III*. Shakespeare mag hier von MARLOWES Erfolgsstück *Tamburlaine* gelernt
haben, wo in einer Kette von Episoden gezeigt wird, wie der
Held das Bild des Übermenschen, das er von sich entworfen hat,
realisiert. Eingeleitet vom Monolog Richards, der ihn als den
Motor der nachfolgenden Handlungen vorstellt (»Plots have I
laid, inductions dangerous«), konstituiert sich das Geschehen des
Stücks bis zum 5. Akt in der Durchführung von Richards
Plänen, immer von neuem motiviert in seinem Willen zur Bosheit, der sich Selbstzweck ist (»I am determined to prove a
villain«). In den Komödien setzt Shakespeare vergleichbare
Kompositionstechniken ein im *Midsummer Night's Dream* und in

Twelfth Night. Letzteres zentriert um Viola; ihr Verkleidungsakt wird Anlaß für alle Verwicklungen; sie überschaut diese weitgehend – gemeinsam mit dem Zuschauer – und vermöchte sie fast jederzeit zu entwirren, indem sie ihr Inkognito aufgäbe – wenn auch nicht auf eine so glückliche Weise wie es »time« am Ende des Stückes gelingt. Im *Midsummer Night's Dream* ist die Figur, die die Handlung inszeniert, mehr an den Rand des Geschehens getreten: Oberon, der durch Zauberkraft sowohl die Motivation für die Verwirrungen und Entwirrungen unter den Athener Liebespaaren wie auch für die Titania-Bottom-Handlung liefert. Später, in *Measure for Measure* und im *Tempest*, stattet Shakespeare die handlungsbestimmenden Figuren, Duke Vincentio und Prospero, mit überlegener moralischer Autorität aus. Das von ihnen kontrollierte Geschehen erhält einen umgreifenden moralischen Sinnzusammenhang, indem es zu einem Weg der Selbsterkenntnis und Läuterung für die involvierten Personen wird.

Auch die Szenenfolge in *Henry V* erhält vom Titelhelden her ihren Zusammenhang. Die dargestellten Ereignisse sind so aus dem historischen Material ausgewählt oder ihm hinzugefügt, daß sie den Charakter von Henry und seine Situation, die Ansprüche, die die Königsrolle und der geschichtliche Augenblick an ihn stellen, von verschiedenen Seiten her auszuleuchten vermögen. Hier wird der Zuschauer weniger dazu aufgefordert, das Geschehen aus dem Blickpunkt der zentralen Figur mitzuverfolgen als in jedem Szenenbild zu ihr hinzublicken. Ein analoges Kompositionsprinzip unterliegt der Komödie *The Merry Wives of Windsor*. Shakespeare gruppiert dort – ehrwürdiger, wenn auch nicht authentischer Überlieferung zufolge auf Wunsch der Königin ELISABETH – um Falstaff, die erfolgreiche komische Figur aus dem »subplot« von *Henry IV*, eine burleske Liebes- und Intrigenhandlung.

d) Themenbestimmte Handlungsführung

In den frühen Historien, insbesondere in *Henry VI*, läßt Shakespeare Szenen, die das »plot« weiterführen, alternieren mit solchen, die die thematischen Aspekte der Handlung austasten. Diese Zweigleisigkeit zeigt, daß er von Beginn an bestrebt war, die

Handlung seiner Dramen übergreifenden Themen zuzuordnen. In *Measure for Measure* signalisiert er einen thematischen Gesamtbezug für das Dramengeschehen bereits durch den Titel: die Handlung ist auf die moralische Problematik der Vergeltung mit gleichem Maß hingeordnet; sie konfrontiert das Postulat der Gerechtigkeit mit dem der vergebenden Liebe. Ähnlich klar werden die thematischen Implikationen des Geschehens in *Troilus and Cressida* und in *All's Well* durch die abstrakten Debatten in diesen Stücken aufgewiesen. Auch durch eine stilisierte, emblemartig verallgemeinernde und ausdeutende Szene kann der Sinnbezug eines Dramas offenbar werden. In *Richard II* geschieht dies zum Beispiel mittels der Gärtnerszene (III, iv, 29), in welcher der verwahrloste Garten als Sinnbild des von Richard vernachlässigten Staatswesens erscheint; in *1 Henry VI* mittels der Temple Garden Scene (II, iv), die den Zwist der Adelsfamilien York und Lancaster als zentralen Makel der Regierungszeit von Heinrich VI und als Quelle des nachfolgenden Unheils heraushebt; später in der Trilogie wird durch das stilisierte Szenenbild eines Sohnes, der um den von ihm unwissend erschlagenen Vater trauert, und eines Vaters, der den von ihm getöteten Sohn beweint, wiederum eine moralische Wertung des Bürgerkriegs vermittelt. In *Timon of Athens* wird die Großstruktur zum bildhaften Zeichen eines zentralen Gedankens. In der strengen Zweiteiligkeit des Dramas, der unvermittelten Ablösung von Gesten überschwenglicher Freigebigkeit (Akt I und II) durch Handlungen und Äußerungen maßlosen Menschenhasses (Akt IV und V), vergegenständlicht sich die moralische Ausdeutung: »The middle of humanity thou never knewest, but the extremity of both ends« (IV, iii, 298).

Ein übergreifender thematischer Bezug wird vor allem in jenen Stücken als einigendes Kompositionsprinzip wirksam, denen die Klammer eines festgefügten »plot« fehlt, in den Historien. Die einzelnen Geschichtsdramen gruppieren sich jeweils um einen bestimmten Aspekt des Fürstenspiegels, und über die gesamte Handlungs- und Personenvielfalt der Tetralogien spannt sich der Sinnbogen des Tudorschen Gründungsmythos. Doch selbst mit den Historien schreibt Shakespeare nicht Thesendramen, bloße Illustrationen zu zeitgenössischen Geschichtslehren.

Indem er diese Lehren auf ihre paradoxen Implikationen hin zuspitzt und auf ihre latenten Widersprüche hinführt, indem er Schlüsselfiguren, (etwa Richard III. oder Falstaff) gleichzeitig mit faszinierenden und negativen Zügen ausstattet, zwingt er den Zuschauer, statt ihm die Ausdeutung anzubieten, in Entscheidungssituationen hinein.

In späteren Stücken werden Handlungselemente und sinndeutende Elemente zunehmend enger verflochten. Thematische Bezüge werden im »plot« selbst, in dramatisch voll integrierten Dialogen, in Szenenbildern und Gesten gestiftet und durch die indirekten Mittel poetischer Sprache, durch Bilder, Wortspiele, syntaktische und rhetorische Redeformen. Die Dramen bergen im konkreten Geschehen, in der Darstellung eines individuellen Schicksals, ein fein geädertes Sinngefüge, wie es uns etwa R. HEILMAN für *King Lear* und *Othello*, R. A. BROWER für *The Tempest* sehen gelehrt haben.

e) Kombination mehrerer Handlungsstränge

In einigen Dramen hat Shakespeare Haupt- und Nebenhandlung vom »plot« her zusammengeflochten, durchgängig in *King Lear,* zumeist jedoch nur punktuell. So teilt er Dogberry in *Much Ado About Nothing* die Funktion zu, Don Johns Intrige aufzudecken, oder er läßt in *Love's Labour's Lost* durch des Clown Costards Briefverwechlung das Liebeswerben Berownes offenbar werden. Gelegentlich klammert er die Handlungsstränge auch durch personale Einheit zusammen, etwa die Staatshandlung und die komische Nebenhandlung in *Henry IV* durch die Person des Prinzen Hal.

Thematische Verwandtschaft jedoch wirkt als zentrales Verbindungselement, wenn in den Dramen, zumeist abweichend von ihren Quellen, mehrere Handlungsstränge kombiniert, wenn in eine Haupthandlung Nebenhandlungen oder Szenenepisoden einbezogen sind. Zuweilen wird auf diese Verwandtschaft durch eine stilisierte Schlußszene *(As You Like It)* oder eine abschließende Rede *(Taming of the Shrew)* ausdrücklich hingewiesen. Gleiche Gefühle, Ideen, Wertkonfrontationen, moralische Probleme kehren wieder in ganz anderen Situationen. Durch

die Wiederholung wird das thematische Anliegen der Haupthandlung akzentuiert, durch die Gegenüberstellung verallge-
meinert. In der sinnfälligen Verschiedenheit des Gleichen kann
ein Thema aus mehreren, einander korrigierenden Perspektiven
erhellt werden, die Aussage der Haupthandlung kann in Grenzen
verwiesen, in Frage gestellt werden.

So behandelt Shakespeare in *King Lear*, der einzigen unter den
Tragödien mit zwei Handlungssträngen, das Thema der gestörten, widernatürlichen Beziehungen zwischen Eltern und Kindern
in der Lear- und in der Gloucester-Handlung. Im analog gestalteten Schicksal von Lear und Gloucester (beider Unglück resultiert aus dem Unvermögen, geheuchelte Liebe und wortlose,
selbstverständliche Verbundenheit als solche zu erkennen; beide
gewinnen in äußerer Depravation eine tiefe Einsicht in die eigene
Situation) und von Edgar und Lear (der verstoßene Sohn, der
Wahnsinn mimt, steht dem verstoßenen Vater gegenüber, der
geistiger Zerrüttung entgegengeht) wird gleichsam durch trans-
formatorische Variationen eine Fülle thematischer Einsichten
eröffnet. In *1 Henry IV*, dem ersten Historienstück, das ein aus-
gedehntes »subplot« aufweist, werden die drei Handlungsebenen,
die Staats- Rebellen- und Eastcheap-Handlung, verklammert
durch das gemeinsame Problem der Bewertung von Ehre und
Ruhm. Hotspur, Falstaff und Prince Hal repräsentieren durch
ihre Taten und in ihren Reden (bes. I, iii, 201; V, i, 127; V, iv, 86)
drei verschiedene Einstellungen zu »honour«, Hotspur eine idealistische, Hal eine pragmatische und Falstaff eine materialistische
Sehweise. Darüber hinaus wird in *1 Henry IV* wie auch in den
Cade-Szenen von *Henry VI* oder viel später im Komplott von
Trinculo, Stephano und Caliban in *The Tempest* mit der komi-
schen Nebenhandlung der ernsten Rebellion gegen die staatliche
Ordnung in der Haupthandlung der vergröbernde Spiegel der
Burleske vorgehalten. Analog wiederholt sich in den Bordell-
szenen in *Measure for Measure* in vergröberter Form das Thema
der unbeherrschten Sinnlichkeit, welches das Geschehen um
Angelo und um Claudio prägt. Burleske Werbe- und Liebes-
szenen erscheinen in mehreren der Komödien als realistischer
Kommentar und als Korrektiv für die zentrale romantische
Liebeshandlung, können jedoch auch als Folie wirken, vor der

die idealistische Liebe umso reiner erstrahlen kann. In kleinen Szenenepisoden, die thematische Aspekte der Haupthandlung aufgreifen, arbeitet Shakespeare häufig mit Personen und Schauplätzen, deren Symbolfunktion offensichtlich ist. Typische Beispiele für solche »mirror scenes« (H. T. PRICE) sind die Porter Scene in *Macbeth* (II, iii, 1), die Macbeths Schuldbewußtsein vor den Hintergrund von Hölle und Verdammnis stellt, und die Totengräberszene in *Hamlet* (V, i), die aus einer Distanz, welche komische Sehweisen erlaubt, das Todesthema kommentiert.

f) Die Aufgliederung der Handlung: Fünf-Akt-Struktur?

In modernen Textausgaben und gelegentlich auch in Theateraufführungen werden Shakespeares Dramen in fünf abgeschlossenen Einheiten, in fünf Akten, präsentiert. In den Ausgaben der Dramentexte jedoch, die zu Shakespeares Lebzeiten gedruckt wurden, fehlt (wie auch in den meisten anderen zeitgenössischen Dramenausgaben) eine solche Aufteilung. In der postumen Gesamtausgabe der Dramen von 1623, dem First Folio, findet sie sich bei einem Teil der Stücke vor, bei einigen davon *(1 Henry IV, Taming of the Shrew, Henry V, Hamlet)* ist sie unvollständig.

Die heimische englische Theatertradition der Mysterien, Moralitätenspiele und Interludien, an welche das elisabethanische Drama und die elisabethanische Bühnenpraxis anknüpften, war durch pausenlos szenenreihendes Spiel charakterisiert. Die aus der Shakespearezeit überlieferten Regiebücher für das »public theatre« haben keine Aktmarkierungen, während im allgemeinen die »clear stage«-Momente, die Szenenenden also, durch Striche klar gekennzeichnet sind. Das deutet darauf hin, daß auch hier noch die Szene als einzige Spieleinheit galt. Andererseits war jedoch den elisabethanischen Dramatikern durch die *Ars Poetica* des HORAZ und ihre Renaissancedogmatisierungen und vor allem durch die Komödien des PLAUTUS und TERENZ und die Tragödien SENECAS das Prinzip des fünfaktigen Handlungsaufbaus bekannt. Elisabethanische Stücke, die für das »private theatre« geschrieben wurden, hatten in der Tat eine Fünf-Akt-Einteilung, welche auch bei den Aufführungen beachtet wurde. Dramen wie *Gorboduc* oder *James IV* weisen durch Einlagen von Chorusreden oder

»dumb shows« zumindest äußerlich eine Fünf-Akt-Zäsurierung auf; die Dramen der »university wits« dürften ebenfalls als fünftaktige Stücke konzipiert sein, obwohl diese Einteilung in den Theatermanuskripten nicht festgehalten ist und bei den Aufführungen überspielt wurde; Ben Jonsons Stücke zeigen eine klare Gliederung in fünf Akte.

Aus den Dramen, die wie *Gorboduc* und *James IV* durch die Textstruktur in fünf Teile zerfallen – *Henry V* mit den Choruspassagen vor Akt I bis V, *Pericles* mit Gowers Erzählungen vor Akt I bis V – und aus dem deutlich fünftaktigen Handlungsverlauf auch in mehreren anderen seiner Stücke läßt sich schließen, daß die Fünfteiligkeit, wenn auch keine konsequent befolgte Regel, so doch ein Grundprinzip von Shakespeares Dramatik gewesen ist. Es handelt sich dabei jedoch weniger um das Abfassen von fünf voneinander abgegrenzten Einheiten als vielmehr um ein Komponieren, das in einer Sequenz von fünf verschiedenen Bewegungsrichtungen verläuft oder, häufiger, das Geschehen um fünf Bewegungszentren gruppiert. Dabei wird zumeist ohne scharfe Zäsur von einem Teil zum nachfolgenden hinübermoduliert. Nicht die Grenzlinien, die Einschnitte zwischen den fünf Teilen also sind strukturierend und sollten in einer Aufführung betont werden, sondern die handlungsmäßigen, thematischen oder auch atmosphärischen Zentren.

Einige der Komödien sind der klassischen Fünf-Akt-Struktur (Akt I: Exposition, Akt II: Schürzen des Handlungsknotens, Akt III: Höhepunkt der Handlungsverwirrungen, Akt IV: Einsetzen der Auflösungsbewegungen, Akt V: endgültiges Denouement) nachgebildet; in strenger Weise *The Comedy of Errors* (an den plautinischen Komödien *Menaechmi* und *Amphitruo* orientiert), *The Two Gentlemen of Verona* und *Twelfth Night*, in freierer Variation *Love's Labour's Lost*, *All's Well* und auch *The Winter's Tale*. Eine analoge Konfliktstruktur findet sich in einigen Tragödien verwirklicht. So folgt zum Beispiel in *Titus Andronicus*, in *Macbeth* und in *King Lear* einer Phase der Exposition in Akt I die Entwicklung eines Konflikts; in Akt III erreicht die Verwirrung, die Macht der Usurpation, die politische Unordnung ihren Höhepunkt, dann formiert sich die vorher erfolglose Gegenbewegung neu und vermag sich in Akt V endgültig durchzusetzen.

Indem hier die Auseinandersetzung nach der Peripetie in Akt III noch einmal anhebt, tendiert dieses Kompositionsschema zu spiegelbildlich sich entsprechenden Szensituationen im ersten und letzten Drittel des Dramas. Mit den wiederholten Hexenauftritten in *Macbeth* I, ii und IV, i, der Erscheinung des Ghost in *Hamlet* I, iv und III, iv, den Richterszenen in *Lear* I, i und III, vi wird dies von Shakespeare zu einem sinnfällig strukturierenden Effekt genützt.

Einige Dramen weisen ganz individuelle Formen fünftaktiger Spielbewegung auf. In *Richard III* vollzieht jeder Akt den Abschluß einer Sühnehandlung und bereitet jeweils das nachfolgende Strafgericht vor (I: Clarences Hinrichtung, II: Edwards Tod, III: Hinrichtung von Rivers, Grey, Vaughan und Hastings, IV: Annes Tod, V: Richards Untergang). Im *Merchant of Venice* wird in Akt II bis V jeweils einer von vier Handlungssträngen dem Denouement zugeführt (II: Entführung Jessicas, III: Kästchenwahl, IV: bond story, V: Ring-Geschehen); daneben werden diese Teile durch eine feine Kontrastierung der Stimmungen voneinander abgehoben.

O.WALZEL, »Sh.s dramatische Baukunst«, *SJ*, 52 (1916). – A.C. BRADLEY, *Shakespearean Tragedy*, London, 1905: »Construction in Sh.'s Tragedies«, – H.T. PRICE, »Mirror Scenes in Sh.« in: *J.Q. Adams Memorial Studies*, ed. J.G. McManaway, Washington, 1948. – M. MINCOFF, »The Structural Pattern of Sh.'s Tragedies«, *ShS*, 3 (1950). – H.T. PRICE, *Construction in Sh.*, Michigan, 1951. – M. DORAN, *Endeavors of Art: A Study in Form in Elizabethan Drama*, Madison, 1954. – C. LEECH, »The Structure of the Last Plays«, *ShS*, 11 (1958). – M. MACK, »The Jacobean Sh.: Some Observations on the Construction of the Tragedies«, in: *Jacobean Theatre*, eds. J. R. Brown, B. Harris, London 1960. – N. RABKIN, »The Double Plot: Notes on the History of a Convention«, *RenD*, 7 (1964). – T. B. STROUP, *Microcosm: The Shape of the Elizabethan Play*, Lexington, 1965. – E. SCHANZER, »Plot-Echoes in Sh.'s Plays«, *SJ West* (1969). – R. M. FRYE, »Structure«, in: *Sh.: The Art of the Dramatist*, Boston, 1970. – B. BECKERMAN, *Dynamics of Drama*, New York, 1970. – E. JONES, *Scenic Form in Sh.*, Oxford, 1971. – R. LEVIN, *The Multiple Plot in English Renaissance Drama*, Chicago, 1971. – M. ROSE, *Shakespearean Design*, Cambridge, Mass., 1972. – J. L. BARROLL, »Structure in Shakespearean Tragedy«, *ShakS*, 7 (1974). – B. BECKERMAN, »Sh. and the Life of the Scene«, in: *English Renaissance Drama*, eds. S. Henning, R. Kimbrough, R. Knowles, Carbondale, 1976. – Vgl. dazu die Bibliographien zu den Gattungen und Einzelwerken (III. C.).

Zur Kontroverse der Akt- und Szeneneinteilung:
T.W. GRAVES, »Act Time in Elizabethan Theaters«, *SP*, 12 (1915). – M. HUNTER, »Act and Scene Division in Sh.s Plays«, *RES* 2 (1926). – J.D. WILSON, »Act and Scene Division in Sh.«, *RES* 3 (1927). – W.W. GREG, »Act Division in Sh.'s Plays«, *RES*, 4 (1928). – H. GRANVILLE-BARKER, *Prefaces to Sh.*, 1930–47, 2 vols., London 1958. – T.W. BALDWIN, *Shakspere's Five-Act Structure*, Urbana, 1947. – W. W. GREG, *The Sh. First Folio*, Oxford, 1955. – G. HEUSER, *Die aktlose Dramaturgie Sh.s*, Diss. Marburg, 1956. – C. LEECH, »Sh.'s Use of Five-Act Structure«, *NS*, 6 (1957). – W. T. JEWKES, *Act Division in Elizabethan and Jacobean Plays 1583–1616*, Hamden, Conn., 1958. – H. L. SNUGGS, *Sh. and the Five Acts*,

New York, 1960. – T. W. BALDWIN, *On Act and Scene Division in the Sh. First Folio*, Carbondale, 1965. – G. K. HUNTER, »Were There Act-Pauses on Sh.'s Stage?«, in: *English Renaissance Drama*, eds. S. Henning u. a., Carbondale, 1976.

3. GESAMTKOMPOSITION: ZUSCHAUERBEZUG

Während ein Buchautor sich auf den individuellen Leseimpuls verlassen kann und es dem Leser anheimstellen kann, Zeitpunkt und Tempo der Lektüre seiner eigenen Aufnahmefähigkeit anzupassen, muß der Dramatiker den Rezeptionsprozeß der Zuschauermenge, welche er mit seinem Stück für die Dauer der Theateraufführung in den Bann ziehen will, mit Bedacht und Bestimmtheit lenken. Nur so kann – wie Shakespeare selbst es einmal in einem Bild ausdrückt – der Reihe der »Nullen«, welche das Spiel bietet, mit dem geistigen Mitvollzug durch das Publikum eine »Zahl« vorangestellt werden und das Stück somit aus dem Nichts zum Sein gelangen (*Henry V*, Prolog). Als Theaterpraktiker diesem Aspekt der Dramatik gegenüber von vornherein besonders aufgeschlossen, entwickelt Shakespeare vor allem die Kunst der indirekten Publikumsführung; er ergänzt und ersetzt direkte Hinweise durch eine Vielfalt weniger transparenter, in ihrem unaufdringlichen Zusammenwirken umso effektvollerer Techniken. Angesichts des Raffinements, das sich dabei in Stücken wie *Henry IV*, *Twelfth Night* oder *King Lear* zeigt, dürfte der Dramatiker bei der lockeren, unbestimmten Behandlung des Publikums in *Hamlet* und in *Troilus and Cressida* eine besondere Absicht verfolgt haben; ebenso, wenn er in den Romanzen zu direkten, »primitiven« Mitteln des Publikumsbezugs und der Publikumslenkung zurückkehrt.

a) Einführung in die Spielwelt

Da das elisabethanische Theaterspiel sich auf einer in den Zuschauerraum hineinragenden, vorhanglosen Bühne vollzog, war nicht wie im heutigen Theater Zuschauerwirklichkeit und Bühnenwirklichkeit von vornherein getrennt und mit dem Spielbeginn die Vorherrschaft der letzteren selbstverständlich gegeben. Die Illusionsebene – wird sie gewollt – mußte dort erst etabliert werden. Shakespeare erreicht dies in seinen Stücken zum einen dadurch, daß er mit dem Auftakt des Dramas das Illusionsgeschehen überwältigend schauprächtig und in abgerundet durchstilisierter Rede sich darbieten läßt. Die meisten Historien eröffnen so traditionsgemäß mit einer Staatsszene; auch *The Comedy of Errors, Love's Labour's Lost* und *Measure for Measure* setzen mit zeremonieller Rede ein. Ähnlich wirkt der schaubildhafte Prunkauftritt zu Beginn von *Titus Andronicus*. Da solches Geschehen sich ihm auch im Leben als stilisiertes Ritual präsentiert, vermag der Zuschauer hier ohne Schwierigkeit die Kategorien der Realitätserfahrung auf das Theatererlebnis zu übertragen. Andererseits kann ihm auch die Bühnenhandlung als real vorgespiegelt werden durch den Auftakt eines kolloquialen Dialogs, der der Alltagswirklichkeit nachgebildet ist. Dies ist der typische Komödienbeginn, von Shakespeare wird er jedoch auch in den Tragödien bevorzugt verwendet, zumeist als Vorstufe für eine Staatsszene (z.B. in *King Lear*). Fast nie fehlt dabei der Rückverweis auf vorher Gesagtes oder Geschehenes, welcher eine von der Aufführung unabhängige Kontinuität des Bühnenvorgangs vortäuscht (»Cease to persuade, my loving Proteus«, *Two Gentlemen* I, i, 1; mit gleichzeitiger Brücke zum Späteren: *Winter's Tale* I, i, 3 »you shall see, as I have said«).

Während so mit den ersten Worten eines Stückes der Effekt eines sich öffnenden Vorhangs und eines sich verdunkelnden Zuschauerraums ersetzt wird, ist in anderen Dramen der Auftakt so angelegt, daß sich zuerst die Zuschauerwirklichkeit bestätigt findet, das Spiel eine Weile in der Schwebe belassen wird zwischen der Zuschauerwirklichkeit und der eigentlichen Dramenhandlung. Shakespeare nützt hier die Möglichkeiten des Vorderbühnenspiels, welches das englische Volkstheater als Verbindungselement zwischen Publikumsbereich und illusionistischem Theatergeschehen ausgebildet hatte, und bedient sich seiner konventionellen Formen: Prolog, Vorspiel (induction), vorderbühnenspezifische Szenen- und Figurentypen meist komischen Charakters. Solche Anfänge vermögen eine bestimmte Haltung zum Stück zu suggerieren. Die Prologe in *Pericles* und *Henry VIII* sind vor allem historisierende Stilmittel, die empfänglich

machen für die älteren, naiveren Darstellungsformen dieser
Stücke; die Induction in *The Taming of the Shrew* fungiert ähnlich
als vorweggenommene Entschuldigung für das künstlich-ko-
mödienhafte Einsetzen der Bianca-Handlung in I, i. In *Henry V*
und *Troilus and Cressida* wirken die Prologe hin auf eine den
Dramen angemessene kritische Distanzierung; in *Henry V* hinsichtlich der Darstellungsweise, die der Würde des Königs und
dem monumentalen Charakter des Kriegsgeschehens unange-
messen ist, in *Troilus* – wo die Tendenz des Prologs im Stück
selbst in den Kommentaren des Thersites weitergeführt wird –
hinsichtlich der dargestellten Kriegs- und Liebeshandlung. In
Romeo and Juliet wird hingegen mit den Mitteln des Vorderbühnenspiels eine gleitende Einführung bewirkt. Auf die ganz
zuschauerzugewandte Aussage des Prologs, der das Geschehen
des Dramas von außen, aus historischer Perspektive betrachtet,
folgt ein vorderbühnentypischer Dienerauftritt, welcher zuerst
durch manieriertes Sprachgebaren den artifiziellen Charakter des
Geschehens bewußt bleiben läßt und durch anachronistische Anspielungen auf die elisabethanische Wirklichkeit bezogen bleibt,
im nachfolgenden Streit der Diener diesen Doppelbezug jedoch
verliert. Wenn die erste Hauptfigur, Tybalt, auftritt, ist der
Illusionscharakter des Bühnengeschehens voll etabliert.

Entsprechend realisiert Shakespeare auch zwei Möglichkeiten
des Dramenschlusses. Durch eine zukunftsgerichtete Aussage,
etwa eine Einladung, einen Plan zu einem Fest, eine Androhung
der Vergeltung, in den Historien durch einen Ausblick auf die
Neuordnung des Gemeinwesens, kann er die Impression einer
aufführungsunabhängigen Kontinuität belassen. Aber häufig und
manchmal gleichzeitig führt er den Zuschauer in der letzten
Szene auch zurück zur distanzierten Betrachtung, indem er abschließt mit einem wertenden Rückblick, einer zusammenfassenden Darstellung, in der das Geschehen in die historische oder
legendäre Vergangenheit zurückweicht (»For never was a story
of more woe / Than this of Juliet and her Romeo«), mit einem
Lied, das den Spielcharakter wieder empfinden läßt, mit einem
Epilog, der Bühnen- und Zuschauerwirklichkeit wieder voneinander trennt: »The King's a beggar, now the play is done« *(All's
Well).*

b) Informationstechnik

aa) Dramatische Exposition

Wenngleich sie im allgemeinen weniger von einer Vorgeschichte abhängig sind als die jeweils kurz vor dem Höhepunkt des Geschehens einsetzenden klassizistischen Dramen, so heben die meisten Stücke Shakespeares doch in einem Augenblick an, der es zu Beginn (bei mehrsträngigen Handlungen gelegentlich auch später, z. B. in *Cymbeline* in III, iii) erforderlich macht, den Zuschauer über vorher Geschehenes ins Bild zu setzen. In den Historien und Römerdramen müssen die Ereignisse der politischen Vergangenheit, aus denen die Ausgangssituation resultiert, resümiert werden, in den Komödien sind es zumeist Liebes- und Freundschaftsbeziehungen und die Hindernisse, welche diesen entgegenstehen, in *Romeo and Juliet* ist es der Familienstreit, in *Hamlet* der Königsmord. Wie in den Prologen, die sich ganz unverhüllt der epischen Form der Mitteilung bedienen, verwendet Shakespeare auch sonst gelegentlich einen direkten Expositionsbericht, der sich auf das Interesse des Zuschauers verläßt, in der *Comedy of Errors* (I, i) eine wohlgesetzte lange Verteidigungsrede im Senecastil, in *As You Like It* (I, i, 1; I, i, 88) und in *The Winter's Tale* (I, i) eine nur sporadisch und (da das fragende Gegenüber eigentlich Bescheid wissen müßte) nur vorwandhaft zum Dialog aufgelockerte Mitteilungskette.

Zumeist jedoch erscheint die Expositionsinformation theaterwirksam aufbereitet. So wird der Zuschauer häufig, bevor ihm jene zugemutet wird, durch eine aus sich heraus effektvolle Szene unmittelbar affiziert, dem Theaterspiel gegenüber aufgeschlossen. Schon in einem seiner ersten uns erhaltenen Stücke, 1 *Henry VI*, schickt Shakespeare das stimmungsintensive, durch das Tragödienschwarz der Bühne unterstrichene und als Auftakt überraschende Klageritual, welches dann mit dem Streit der Adligen ebenso wirkungsvoll auseinanderbricht, der informierenden Sequenz von Botenberichten voraus. Musik und ein lyrischer Auftakt sprechen in *Twelfth Night* den Zuschauer unmittelbar an, bevor die informationsdichte Szene I, ii einsetzt. Dem ersten Botenbericht in *Macbeth* – der, indem er von einem »bloody man« überbracht wird, selbst einen sensationellen Effekt bietet – wird eine Hexenszene als Stimulans vorausgeschickt, Prosperos langer Erzählung im *Tempest* eine Sturmszene. Oder Shakespeare verzögert die Expositionserzählung, bis durch die Bühnenhandlung ein Spannungsbezug etabliert ist. Wenn wir den Rechtfertigungsbericht Othellos erst zu hören bekommen, nachdem wir Othello aus Iagos und Brabantios Blickpunkt betrachtet haben, so sind wir – statt, wie bei Aegeons Plädoyer in *The Comedy of Errors*, zu passivem Memorieren verurteilt zu sein – zu gedanklicher Aktivität aufgerufen, zu einem Zurechtrücken der Perspektiven. Schließlich vermag Shakespeare auch Teile der erforderlichen Ausgangsinformation in dramatisches Spiel umzusetzen. In *Richard III* erscheint die Situationsschilderung als enthüllende Selbstvorstellung Richards mit reicher Wortregie für ein beeindruckendes Schauspiel-Solo; die zurückliegende Ermordung des Duke of Gloucester, die den Fall von Richard II mitbedingt, wird zu Beginn des Dramas durch einen erregten Schuldstreit ins Gedächtnis gerufen *(Richard II*, I, i*)*; in *Hamlet* erfahren wir von dem Verbrechen, das die Handlung motiviert, durch die Erscheinung des Ermordeten und erhalten eine bestätigende Rekonstruktion durch das Spiel im Spiel; in *Coriolanus* und *Julius Caesar* aktualisiert die einleitende Volksszene einen wichtigen Aspekt der Ausgangssituation, in *Romeo and Juliet* die Dienerszene. Daß dieses Beispiel aus dem vorangehenden Kapitel hier wieder genannt werden kann, ist bezeichnend. Meist werden in einer Szene mehrere Dinge gleichzeitig bewirkt, welche wir, wollen wir uns Shakespeares dramatischer Kunst bewußt werden, nacheinander analysieren müssen. Eine so unprätentiöse Auftrittfolge wie *Romeo* I, i, 1–63 vollzieht den vorderbühnentypischen Zuschauerbezug, unterhält durch ihre Komik, leitet über zum Illusionstheater, bietet Expositionsinformation, und sie signalisiert durch Handlung und Wortspiele Schlüsselthemen des Dramas.

bb) Informationsabstufung während des Spiels

Hinsichtlich der Expositionsinformation erweist sich Shakespeares Geschick vor allem in ihrer dramatisch integrierten und interessanten Vermittlung; bei der progressiven Information während des Spielverlaufs ist das durchdachte »timing« wesentlich. Für das Zuschauererlebnis ist es ein grundsätzlicher Unterschied, ob wie in *The Comedy of Errors* die Existenz der Person, die die Verwicklungen zu lösen vermag, bis zum Schluß geheim bleibt, oder ob diese Person wie in *Twelfth Night* bereits zu Beginn der Verwicklungen (II, i) auftritt; ob wie in *The Winter's Tale* Hermione in III, ii überzeugend für tot erklärt wird, um erst in V, iii wieder lebend zu erscheinen, oder ob wie in *Pericles* Thaisas »Leiche« in III, i der See übergeben wird, doch in der unmittelbar folgenden Szene ihre wunderbare Erweckung gezeigt wird.

The Comedy of Errors und *Winter's Tale* sind die Ausnahmen in Shakespeares Dramen. Es ist immer wieder erstaunt festgestellt worden, wie sehr Shakespeare der Überraschung die Vorbereitung vorzieht. York in 2 *Henry VI*, Richard III. in »seinem« Stück, Prince Hal in 1 *Henry IV*, die verkleideten Heldinnen der Komödien, Duke Vincentio in *Measure for Measure*, Edmund in *King Lear*, Iago in *Othello* – sie alle machen uns früh zu Mitwissern in einem Geschehen, das weitgehend durch ihre Pläne bestimmt wird. Mit Oberon und Prospero eröffnet sich dem Zuschauer sogar eine übernatürliche Allwissenheit. Ähnliches gilt im Detail: Petruchio skizziert vorher seine Werbung um Kate (*Taming of the Shrew* II, i, 167), Maria den Effekt des gefälschten Briefes auf Malvolio (*Twelfth Night* II, iii, 145), Hero das Täuschungsmanöver gegenüber Beatrice (*Much Ado* III, i); das Auftreten Lears in der Heideszene ebenso wie das der wahnsinnigen Ophelia wird durch die Beschreibung eines Gentleman vorbereitet. Die unrealistischen Bühnenkonventionen des elisabethanischen Theaters fungieren dabei als Hilfsmittel, die Prophezeiungen, Sterbereden und die Aussagen chorischer Figuren, welche traditionell gegen Irrtum gefeit sind, das Beiseitesprechen und der Monolog, in denen die Gedanken einer Dramenfigur unverfälschbar den Weg zum Publikum finden. Nicht auf den kurzen Moment des überraschten Erstaunens arbeitet Shakespeare hin, sondern er schöpft das reiche Potential des wissenden Mitvollzugs aus. Er grenzt die Ungewißheit auf ein bestimmtes Problem ein, das damit ins Zentrum rückt; dem entspricht in der Kleinstruktur die Bewegung einer informierenden Passage zu einem Konditionalsatz hin: »Hence shall we see, / If power change purpose, what our seemers be« (*Measure for Measure* I, iii, 53; vgl. *Richard III*, I, i, 36, *Tempest* I, ii, 183). Er ermöglicht es dem Zuschauer, das eintreffende Ereignis am Maß seiner Erwartungen zu messen; er lenkt seine Aufmerksamkeit, da ihm die Tatsachen bereits vertraut sind, auf die Reaktionen der Personen, das innere Geschehen, den Sinngehalt eines Vorgangs; er macht ihm die bewußten und unbewußten Ironien von Reden und Handlungen zugänglich.

Die Entfaltung unbewußter Ironie insbesondere ist abhängig davon, daß differenziert wird zwischen dem Wissen der Personen auf der Bühne und dem der Zuschauer. Ein Ansatz zu einer solchen Diskrepanz des Wissens (discrepancy of awareness) ist in den Historien bereits vorgegeben, da hier die im geschichtlichen Moment lebenden Personen einem Publikum gegenüber agieren, das sie aus der historischen Rückschau kennt. In der Komödie wird durch typische Handlungsmuster wie Intrige, Verkleidung, Verwechslung dieses Informationsgefälle nahegelegt. In Shakespeares Komödien jedoch ist es von einer Häufigkeit, die auf bewußtes Arrangieren schließen läßt. In 170 von 297 Szenen wird der Effekt der »discrepant awareness« ausgebeutet; von 277 Personen sind 151 immer oder zeitweise mit geringerem Wissen als der Zuschauer ausgestattet (B. EVANS). Mit großer Artistik wird vor allem in *The Merry Wives of Windsor* und in *Twelfth Night* eine Informationsstruktur etabliert, bei der den einzelnen Figuren ein voneinander abgestuftes Wissen zugemessen wird – wobei der Zuschauer jeweils mit oder über dem rangiert, der am meisten weiß.

Durch die Manipulation des Wissens kann in den Historien das Gefühl des Handlungszusammenhangs intensiviert werden. In *Richard II* wird der Eindruck einer schicksalhaften Entwicklung erweckt durch die wiederholte Folge: Teilinformation des Zuschauers – unmotivierte Vorahnung einer Dramenfigur – Bestätigung dieser Ahnung durch äußeres Geschehen (II, ii; III, iii–iv; V, iv–v). In der Gadshill-Intrige in *Henry IV* wie auch in den Komödien wird dem Publikum durch Vorinformation die Freude der Überschau gegeben, besonders intensiv in *Twelfth Night*, wo es ihm mehrmals vergönnt wird, auch den, der alles zu überblicken glaubt (Viola, Sir Toby), im Irrtum zu sehen.

Im Wissen um den guten Ausgang von Situationen, die für die Involvierten – für Olivia angesichts des scheinbar meineidigen Sebastian, für Imogen vor der vermeintlichen Leiche des Posthumus – äußerst bedrohlich aussehen, kann der Zuschauer ihre komische Seite goutieren. Andererseits ist der Mangel an Informiertheit ein wesentliches Moment im Erlebnis der dunkler gewordenen Welt in *Troilus and Cressida* und *All's Well*. Auch die unkomödienhafte Wirkung von *Cymbeline* ist mitbedingt durch eine veränderte Wissenskonstellation: der Zuschauer kann hier nicht mehr wie in *Measure for Measure* sein Wissen um das Böse teilen mit einer Bühnenfigur, die seine Auswirkungen zu verhindern und es zu richten beabsichtigt. In Historien und Tragödien kann düstere Gewißheit einen Schatten auf Szenen werfen, die – den Handelnden noch unbewußt – zum tragischen Ausgang führen. Positives Wissen aber kann hier noch schmerzhafter wirken; wenn der Zuschauer, während er des jungen Arthurs Selbstmord erlebt, von der Meinungsänderung weiß, die sich in *King John* vollzogen hat; wenn ihm der Scheincharakter von Juliets Tod bekannt ist, während er sieht, wie Romeo sich aus Schmerz über den Verlust umbringt; wenn er der Unschuld Desdemonas sicher ist, während Othello den »Sühneakt« an ihr vollzieht.

c) Aktivierung des Zuschauers

In der Spannung von Anteilnahme und Überschau entsteht ein Engagement, das in den letztgenannten Situationen im Zuschauer den naiven Impuls aufkommen lassen kann, die Handelnden zu warnen vor dem Unheil, welches sie unwissend oder fehlgeleitet heraufbeschwören. Der Vorsprung an Wissen zwingt das Publikum dazu, selbständig und oft anders zu empfinden, zu urteilen und vorauszuplanen als die Figuren auf der Bühne. Solche Beteiligung des Publikums kann aber auch dadurch herausgefordert werden, daß statt einer Diskrepanz zwischen dem Wissen der agierenden und der zuschauenden Personen eine Diskrepanz in der Zuschauerinformation selbst aufgetan wird. In Shakespeares Dramen können durchaus mehrere voneinander abweichende Versionen desselben Vorgangs erscheinen. So etwa wird in *Richard II* und in den beiden Teilen von *Henry IV* ein

Spektrum von Aussagen über Bolingbrokes Weg zum Thron
ausgebreitet, das von König Richards »Ourself . . . Observ'd his
courtship to the common people; / How he did seem to dive
into their hearts« bis zu den Worten des sterbenden Königs
Henry IV. reicht: »God knows, my son, / By what by-paths and
indirect crook'd ways / I met this crown« (*Richard II*, I, iv, 23;
V, ii, 18; 1 *Henry IV*, I, iii, 160; III, ii, 39; IV, iii, 52; 2 *Henry IV*,
III, i, 70; IV, v, 184). Eine mehrfache Perspektive kann sich entfalten in der Kombination von Worthinweisen und szenischer
Vergegenwärtigung (in 1 *Henry IV* zum Beispiel in der Folge
I, i–ii, welche den Zuschauer dazu führt, das ihm anfangs gegebene negative Bild von Prince Hal zu revidieren, oder in I, i
und I, iii mit gegenläufiger Bewegung in Bezug auf Hotspur),
gelegentlich auch in einer doppelten szenischen Darstellung (in
1 *Henry IV*: II, iv und III, ii). Sie kann falsche und richtige, aber
auch verschiedene gleicherweise berechtigte Sehweisen anbieten
(dies dürfte zum Beispiel bei der doppelten Motivation des von
Henry IV. geplanten Kreuzzugs zutreffen, der in 1 *Henry IV* I, i
als religiöser, in 2 *Henry IV*, IV, v, 210 als pragmatisch-politischer
Akt dargestellt ist). Sie kann sich vorwiegend auf die Personen
beziehen und uns zwischen Sympathie und Antipathie schwanken lassen; sie kann uns in Reflexionen über Sinn und Fragwürdigkeit von Wertbegriffen hineinziehen.

Fast immer zu einer Auseinandersetzung mit verschiedenen
Wertungen veranlaßt sieht sich der Zuschauer in Dramen, in
denen ein Nebeneinander von ernster und komischer, hoher und
niedriger Handlung besteht. Ihm bleibt es überlassen, die im
Spiel unverbunden nebeneinander bestehenden Einstellungen in
Relation zu setzen. Auch die Kombination von illusionistischer
Handlung mit dem publikumsbezogenen Vorderbühnenspiel bestimmter Szenentypen (Dienerszene, Volksszene) und Figuren
(der Fools und der zynischen Vice-Abkömmlinge wie Thersites
in *Troilus* oder Apemantus in *Timon of Athens*) geht zumeist
mit solcher Perspektivendoppelung einher. Hier entsteht eine
kontrastierende Optik, indem auf der Vorderbühne das Platt-
formgeschehen skeptisch, kritisch, spöttisch kommentiert wird.
Den Idealen wird der Common sense gegenübergestellt, den
Aspirationen der Edlen das Interesse der kleinen Leute, dem

Pathos das Banale, aber auch die Wirklichkeit dem glänzenden Schein. R. WEIMANN hat für die Reden von Richard III., von Hamlet und von Iago gezeigt, daß Shakespeare diese Zweischichtigkeit auch schon durch kleine Signale, durch wenige publikumsbezogene Sprachgesten, etwa monologische Äußerungen, »asides«, volkstümliche Redensarten, anzudeuten vermag.

d) Dramatische Ökonomie

Festtage müssen gleich wertvollen Steinen weit voneinander entfernt sein, damit sich ihre Wirkung entfaltet (*Sonnet* 52), denn: »sweets grown common lose their dear delight« (*Sonnet* 102). Der prächtige Auftritt des Königs stößt, wenn das Volk daran gewöhnt wird, auf Gleichgültigkeit und Widerwillen (1 *Henry IV*, III, ii, 39). Erst vor dem Hintergrund einer dunklen, niederen Vergangenheit kann königliche Tugend voll erstrahlen (1 *Henry IV*, I, ii, 190). Diese und ähnliche Äußerungen in seinen Werken lassen darauf schließen, daß Shakespeare auch die Höhepunkte in seinen Stücken mit Absicht sparsam gesetzt und ihren Effekt durch die Umgebung ruhiger oder kontrastierender Spielphasen bewußt zu steigern versucht hat.

Ein typisches Beispiel für die dramatische Ökonomie in Shakespeares Stücken ist der Spielverlauf von *Macbeth*. Zwei präludienhafte Szenen führen zum ersten Höhepunkt I, iii, der Szene, in der Macbeth und Banquo auftreten und mit den Prophezeiungen der Hexen konfrontiert werden. Von hier aus verläuft, anhebend mit Macbeths »asides« gegen Szenenende, eine aufsteigende Spannungslinie über I, v (Macbeths Ambitionen werden durch Lady Macbeth konkretisiert) und I, vii (intensivierte Reflexion Macbeths und Überredung durch die Lady) zur Mordszene II, ii. Die Erregung wird externalisiert in II, iii (Aufdeckung des Mords, Andeuten der Konsequenzen). Nach merklichem Nachlassen der Intensität wird eine neue Klimax aufgebaut in III, iii und III, iv (Banquos Mord; das durch Banquos Geist aufgebrochene Bankett). Als zweiter Höhepunkt sind diese Szenen reicher an optischen Reizen als II, ii–iii, um die erschlaffende Aufmerksamkeit der Zuschauer zu umwerben. Gegen die ruhigere Bewegung von IV, i bis V, i setzt sich dann die handlungsreiche

Kurzszenensequenz V, ii–vii ab. Bezeichnend für Shakespeares Kompositionsweise ist das Muster der zentralen Großszenen (I, iii; II, ii und iii; III, iv), um die sich vorbereitende, realisierende, reflektierende und zäsurierende Kleinszenen satellitenhaft gruppieren; bezeichnend ist auch das Akzelerieren der Handlung und das Beschleunigen der Figurenbewegung gegen den Schluß zu. Macbeths »From this moment / The very firstlings of my heart shall be / The firstlings of my hand« (IV, i, 146) ist ein dramentechnisch günstiger Entschluß. Das Alternieren von öffentlichen und privaten Szenen (vgl. die Sequenzen I, iv–vii; II, ii–iii; IV, ii–V, ii) ist ein Strukturprinzip, das in den meisten Historien, in den Römerdramen wie auch in *Troilus and Cressida* wiederkehrt; der Wechsel zwischen Szenen bei Tag und solchen, die im Dunkeln spielen, ist in der Wirkung dem wiederholten Ortswechsel in 1 *Henry VI* (England-Frankreich), im *Merchant of Venice* (Venedig-Belmont), in *As You Like It* (Hof und Forest of Arden) und in *Antony and Cleopatra* ähnlich. Und wie er hier in einer Serie von Kontrasten zum zentralen Monolog Macbeths (»Is this a dagger« … II, i, 33) hinführt oder die Klagen der schlafwandelnden Lady durch die nüchternen Bemerkungen der Bediensteten umrahmt (V, i), so hebt er auch in anderen Dramen Soloreden vorzugsweise von einem Kontrasthintergrund ab. Charakteristisch für Shakespeares Zuschauerführung ist ferner, wie er die steigende Emotionskurve nach der Mordszene II, ii sich in der komischen »porter Scene« brechen läßt. Dabei ist die Funktion des »comic relief« hier wie bei anderen komischen Einlagen nur ein Aspekt der Wirkung. Die Szene gibt auf ihre Art einen ausweitenden moralischen Kommentar zum vorhergehenden Mordgeschehen; sie veranlaßt überdies den Zuschauer, sich von der Optik der Szene II, ii zu lösen, in der die psychischen Auswirkungen der Tat in den Vordergrund gerückt waren, und macht ihn der nachfolgenden Szene gegenüber aufgeschlossen, die die Tat von außen, in ihren politischen Implikationen darstellt. Der vierte Akt, der im Schatten des wirkungsstarken dritten Aktes liegt und daher dem Dramatiker besondere Schwierigkeiten bietet, ist in *Macbeth* geprägt durch die Variationseffekte eines »dumb show« (IV, i), einer häuslichen Idylle (IV, ii), eines Ortswechsels nach England (IV, iii). Aus einer entschlossenen

Rede Macbeths (IV, i, 144), die sich gegen die bereits vorge-
zeichnete Entwicklung stemmt, erwächst neue, wenngleich
schwache, dramatische Spannung. Wie hier, so ist bei Shakespeare
häufig Akt IV ein Akt der trügerischen Aufwärtsbewegung –
oder in den Komödien der kurzen tragödienhaften Verdunke-
lung –, ein Akt der stimmungsintensiven Einlagen und ein Akt,
der überraschenden Schauplatzwechsel mit sich bringt.

L. MORSBACH, *Sh.s Prologe, Epiloge und Chorusreden*, Göttingen. 1928. – A.C.
SPRAGUE, *Sh. and the Audience: A Study in the Technique of Exposition*, Cambridge, Mass., 1935. – A. HARBAGE, *Sh.'s Audience*, New York, 1941. – P.V.
KREIDER, *Repetition in Sh.s Plays*, Princeton, 1941. – S.L. BETHELL, *Sh. and
the Popular Dramatic Tradition*, London, 1944. – A. HARBAGE, *As They Liked It:
An Essay on Sh. and Morality*, New York, 1947. – W. CLEMEN, »Anticipation
and Foreboding in Sh.s Early Histories«, *ShS*, 6 (1953). – B. EVANS, *Sh.s Come-
dies*, Oxford, 1960. – E.T. SEHRT, *Der dramatische Auftakt in der elisabethanischen
Tragödie*, Göttingen, 1960. – A.P. ROSSITER, »Comic Relief«, in: *Angel with
Horns*, London, 1961. – M. DORAN, »Discrepant Awareness in Sh.'s Comedies«,
MP, 60 (1962). – M. MACK, »Engagement and Detachment in Sh.'s Plays«, in:
Essays on Sh. and Elizabethan Drama, ed. R. Hosley, Columbia, 1962. – E. SCHAN-
ZER, *The Problem Plays of Sh.*, London, 1963. – S. WELLS, »Happy Endings in
Sh.«, *SJ West* (1966). – R. WEIMANN, *Sh. und die Tradition des Volkstheaters*, Ber-
lin ,1967. – J.L. STYAN, *Sh.s Stagecraft*, Cambridge, 1967. – P. PÜTZ, *Die Zeit
im Drama: Zur Technik dramatischer Spannung*, Göttingen, 1970. – E.P. NAS-
SER, »Sh.'s Games with his Audience«, in: *The Rape of Cinderella*, Bloomington,
Ind., 1970. – J.R. BROWN, *Sh.'s Dramatic Style*, London, 1970. – C.R. HASSEL,
»Sh.s Comic Epilogues: Invitations to Festive Communion«, *SJ West* (1970). – W.
CLEMEN, »Sh.'s Art of Preparation«, in: *Sh.'s Dramatic Art*, London, 1972. – M.
GOLDMAN, *Sh. and the Energies of Drama*, Princeton, 1972. – J. HARTWIG, *Sh.'s
Tragicomic Vision*, Baton Rouge, 1972. – J.L. STYAN, *Drama, Stage, and Audience*,
Cambridge, 1975. – E.A.J. HONIGMANN, *Sh., Seven Tragedies: The Dramatist's
Manipulation of Response*, London, 1976. – H. SKULSKY, *Spirits Finely Touched*,
Athens, 1976. – W. HABICHT, I. SCHABERT, hrg., *Sympathielenkung in den Dra-
men Sh.s*, München, 1978.

4. GESAMTKOMPOSITION: AUFFÄCHERUNG DES GESCHEHENS IN MEHRERE WIRKLICHKEITSEBENEN

Beeinflußt durch die Einsichten der modernen Psychologie
und Bewußtseinsphilosophie und geschult an der Erfahrung der
Gegenwartsliteratur, hat die Shakespeareforschung der letzten
Jahrzehnte einen bewußteren und feineren Blick bekommen für
die Mehrdimensionalität, die Tiefenstruktur des szenischen Augenblicks, die Shakespeares Dramen auszeichnet. Sie hat genauer
zu analysieren begonnen, wie sich bei Shakespeare das hic et
nunc des Spiels dem Nichtgegenwärtigen, dem Vorzeitigen und
der Zukunft, der Imagination und der Reflexion hin öffnet, wie

sich das Bühnengeschehen in »Wirklichkeit« und »Theater«, in Sein und Schein, in subjektive Realitätsvorstellungen auffächern kann. Sie hat ihr Interesse den Techniken – weitgehend andere als in der modernen Literatur – zugewendet, die in seinen Dramen solche Ausweitung und Aufspaltung bewirken. Als solche hat sie die dramatische Erzählung, das »inset« (ein durch die Sprache evoziertes Bild im Szenenbild), die Wortkulisse, die Spiegelszene, die emblematische Szene, das Vorderbühnenspiel, das Spiel im Spiel, die Liedeinlage, aber auch die sprachliche Stilisierung, das bildhafte Sprechen, die vielerlei Spielarten der Ironie und der Ambiguität erkannt.

M. LÜTHI, Sh.: Dichter des Wirklichen und des Nichtwirklichen, Bern, 1964. – J. I. COPE, The Theater and the Dream, Baltimore, 1973. – M. GARBER, Dream in Sh.: From Metaphor to Metamorphosis, New Haven, 1974. – R. LENGELER, Das Theater der leidenschaftlichen Phantasie, Neumünster, 1975. – J. ARTHOS, Sh.'s Use of Dream and Vision, London, 1977.

a) Ausweitung und Auffächerung des Handlungsraums

Im elisabethanischen Drama wird der Hintergrund für die Bühnenhandlung weit weniger durch Kulissen als durch das gesprochene Wort geschaffen. Damit ist eine fließende Szenengrenze gegeben, denn der von den Personen evozierte unmittelbare Schauplatz kann sich ohne weiteres zu anderen, entlegenen, von ihnen erinnerten oder imaginierten Orten ausdehnen oder davon überlagert werden. Die mondglänzende Nacht im Park von Belmont, die sich zu Beginn des fünften Aktes im *Merchant of Venice* in Lorenzos Gespräch mit Jessica entfaltet, gleitet über in die verzauberte Nacht griechischer Mythen, verfließt mit der Nacht, in welcher die Liebenden flohen, und verengt sich wieder zum Schauplatz ihres gegenwärtigen Beisammenseins. Die schwarze Nacht, welche sich mit Banquos Worten hinabsenkt auf Macbeths Schloß, weitet sich aus zum Reich der Hecate und zur Nacht von Tarquins Verbrechen an Lukrezia, bevor sie zum Hintergrund für den Mord an Duncan wird (*Macbeth* II, ii). Indem der Schauplatz an das Wort gebunden ist, ist er von der Sehweise des Sprechenden abhängig, womit die Möglichkeit komplementärer Perspektiven angelegt und die Freiheit gegeben ist, ihn zur bildhaften Entsprechung, zum objektiven Korre-

lat wechselnder Gefühlssituationen und Einstellungen werden
zu lassen. Ein frühes, krasses Beispiel dafür ist *Titus Andronicus*
II, iii, wo eine Waldszene erst von Tamora als lieblicher Ort,
dann, mit dem Wechsel der Situation, als »barren detested vale«
beschrieben wird. Im späten *Tempest* entsteht ein weicher ge-
zeichnetes Doppelbild in Calibans und Ariels kontrastierenden
Darstellungen der Insellandschaft (I, ii). In *As You Like It* läßt
Shakespeare den Forest of Arden in der Bezugnahme verschiedener Personen so vielfältige Gestalt annehmen, daß das ganze
Spektrum elisabethanischer Vorstellungen vom pastoralen Leben vor uns ausgebreitet wird. Er ist der fröhliche Wald des
»old Robin Hood of England« (I,i) und der freie Naturbereich
der Folklore (»Between the acres of the rye, ... These pretty
country folks would lie« V, iii), aber auch und vor allem das
Eden der petrarkistischen Liebesriten; er ist das Land des mühseligen Viehhütens (II, iv), der winterlichen Entbehrungen, er
erscheint als »uncouth forest«, in dem Adam der Hungertod
droht (II, vi), aber auch als das Land der Palmen, die mit Liebes-
gedichten behängt sind (III, ii), und des müßigen Lebens (»Under
the greenwood tree« II, v); er ist das von Raubtier und Schlange
bedrohte Paradies (IV, iii) und ist der Ort der Konversion und
des religiösen Eremitentums (V, iv, 154).

D.W. RANNIE, *Scenery in Sh.'s Plays and Other Studies*, Oxford, 1926. – R.
STAMM, *Sh.'s Word-Scenery*, Zürich, 1954. – A. MÜLLER-BELLINGHAUSEN,
»Die Wortkulisse bei Sh.«, *SJ* 91 (1955). – R.K. PRESSON, »Some Traditional
Instances of Setting in Sh.s Plays«, *MLR*, 61 (1966). – C. LEECH, »The Function
of Locality in the Plays of Sh. and his Contemporaries«, in: *The Elizabethan
Theatre*, ed. D. Galloway, London, 1969. – H. SMITH, »Scenery and ›Landscape‹«,
in: *Sh.'s Romances*, San Marino, Cal., 1972.

b) Einblendung eines zweiten Handlungsraums

Enge innere Bezogenheit zwischen verschiedenen Handlungsbereichen kann in Shakespeares Dramen durch eine Überlage-
rung von Schauplätzen und Handlungen suggeriert werden, die
in ihrer Wirkung filmischer Einblendungstechnik vergleichbar
ist. Als traditionelle Mittel zu solcher Zweischichtigkeit standen
Shakespeare das »multiple staging« der mittelalterlichen Simultanbühne zur Verfügung und die Teichoskopie des klassischen
Dramas, der synchron ablaufende Bericht über etwas, das sich

jenseits des Szenenbereichs vollzieht. Ersteres findet bei ihm nur
ein einziges Mal Anwendung, in der berühmten Szene *Richard III*,
V, iii, die die Zelte der feindlichen Heere auf der Bühne vereint.
Durch eine stilisierte, schrittweise Gegenüberstellung der Vorgänge, die sich um Richard und um Richmond am Abend vor
der entscheidenden Schlacht abspielen, wird, auf der psychologischen Ebene, die gegenseitige Präokkupation der Personen
zum Ausdruck gebracht und auf der thematischen Ebene des
Dramas ihre Kontrastbeziehung sinnfällig dargestellt. Ansonsten, etwa bei ähnlichen Situationen in anderen Historien, wird
Gleichzeitigkeit und enge innere Bezogenheit suggeriert durch
eine rasche Szenenfolge, wie sie auf der weitgehend ortsneutralen
elisabethanischen Bühne leicht realisierbar war, oder durch das
Einfügen der einen als Bericht in die andere, gespielte Handlung.
Die verschieden starke Wirkung der beiden Medien kann dabei
zur Akzentsetzung genutzt werden. Dies geschieht etwa im
Denouement von *The Winter's Tale*, wo der Abschluß der Flori-
zel-Perdita-Handlung als Erzählung vor dem gespielten Schluß
der dramenumfassenden Handlung um Leontes und Hermione
zurücktritt, oder in *Macbeth* II, ii, wo der Mord nur im erregten
Dialog der Mörder erscheint und so die blutige Tat vor der Situation der schuldbeladenen Täter in den Hintergrund weicht.
Zentrale thematische Bedeutung kommt der simultanen Gegenwart von zwei Handlungsräumen zu in *Antony and Cleopatra*. In
Alexandrien ist Rom gegenwärtig, für Cleopatra als Bedrohung
und Herausforderung, für Antony als Verpflichtung; in Rom
steht Antony das Bild Ägyptens als Verlockung vor Augen.
Shakespeare bewirkt diese stete doppelte Präsenz, indem er nicht
nur in konventioneller Weise durch eine Vielzahl von Botenberichten die beiden Bereiche ineinander verschachtelt, sondern
auch die zentralen Personen das Nichtgegenwärtige in Erinne-
rungsbildern entfalten läßt; als wirkungsvollstes unter diesen
das Tableau, das Enobarbus von Cleopatras Barke auf dem Cyd-
nus gibt (II, ii) und vor dessen Glanz die römische Gegenwart
verblaßt. In Antonys Worten »Let Rome in Tiber melt, and the
wide arch / Of the rang'd empire fall!« (I, i) entsteht noch in der
Negation die Präsenz eines mächtigen Rom. Die Aussagen über
einen zweiten Handlungsbereich können sogar ganz in indirekte

Hinweise aufgelöst werden. So ist zum Beispiel gezeigt worden, wie Shakespeare im *Merchant of Venice* in den ersten Akten allein mittels bildhafter Anspielungen den Raum des gefahrvollen Meeres allmählich vergegenwärtigt. Als dieser schließlich mit Antonios Verlust seiner Schiffe ins szenische Geschehen hineinwirkt, hat er in der Imagination des Zuschauers, diesem selbst kaum bewußt, schon Gestalt angenommen.

W. CLEMEN, »Wandlung des Botenberichts bei Sh.«, 1952, in: *Das Drama Sh.s*, Göttingen, 1969. – F.E. HALLIDAY, *The Poetry of Sh.'s Plays* London, 1954. K. SCHLÜTER, *Sh.'s dramatische Erzählkunst*, Heidelberg, 1958.–K. EMUNDS, *Der Raum bei Sh.*, Diss., Köln, 1969. – F. BERRY, *The Shakespearean Inset: Word and Picture*, London, 1965.

c) Zeitliche Tiefenstaffelung: Einbezug von Vergangenheit und Zukunft

Indem er den Ereignissen, sobald sie in die Vergangenheit entrückt sind, jegliche Relevanz nimmt, kann Shakespeare seinen Komödien eine eigentümliche Leichtigkeit, spielerischen, traumhaften Charakter verleihen. In den »happy comedies« pflegen die Personen ohne große Vergangenheit aufzutreten; sie vermögen sich augenblicklich von früheren Handlungen und Gefühlen loszusagen (Proteus in *The Two Gentlemen of Verona*, Orsino in *Twelfth Night*); sie können durch Zauberkraft vom vorherigen Leben abgeschnitten werden (die Athener Liebespaare im *Midsummer Night's Dream*); sie können plötzlich mit dem Bericht einer neuartigen Vergangenheit als gewandelte Menschen auftreten (Oliver in *As You Like It* IV, iii). Doch dies ist die irreale Ausnahme, die in den späteren Komödien, in *Measure for Measure*, in *All's Well*, in den Romanzen wie auch schon in *Much Ado*, nur dadurch mühsam gewahrt bleibt, daß hier vergangenes Geschehen mit seinen unheilvollen Folgen und seiner bedrückenden Wirkung schließlich entmachtet wird, indem es Scheincharakter erhält. Im Normalfall sind Handlungen und Personen in Shakespeares Drama überschattet von den Ereignissen der Vergangenheit wie auch von den Möglichkeiten der Zukunft, welche sich in jenen abzeichnen.

Als Beispiel sei 1 *Henry IV*, I, i herausgegriffen. Die Anfangszeilen enthalten in nuce die Zeitstruktur der Szene: »So shaken

as we are, so wan with care, / Find we a time for frighted peace
to pant / And breathe short-winded accents of new broils«. In
der königlichen Rede vibriert noch der Schrecken des überwun-
denen Bürgerkriegs, doch ist sie bereits dem neuen, als Sühneakt
in jener Vergangenheit motivierten, kriegerischen Unternehmen
des Kreuzzugs zugewandt. Im folgenden weiten sich die Bilder
der hier angedeuteten Vergangenheit und Zukunft aus und werden deutlicher. Dann jedoch überbringt man dem König einen
Bericht, der jene Vergangenheit von einer anderen, unmittel-
bareren überlagert: die Adligen haben sich aufgelehnt. Der
König antwortet mit einem neuen, dem ersten konträren Zu-
kunftsentwurf. Der szenische Augenblick konstituiert sich so in
der Rezeption dessen, was geschehen ist, und dem planenden
Reagieren auf dieses Geschehen; auf dem Prozeß der Anpassung
an ein sich wandelndes Vergangenheitsbild beruht die Dynamik
der Handlung.

Weit über die praktische Notwendigkeit der Zuschauerinformation und Vorbereitung hinaus ist die Sprache in Shakespeares
Dramen zur Vergangenheit hin transparent und dem Zukünftigen gegenüber aufgeschlossen. Sie ist durchsetzt von Rückbezügen und Reminiszenzen, von Absichtsbekundungen, Ahnungen, Befürchtungen. Das Bewußtsein eines wichtigen vergangenen Geschehens kann sich in ausweitenden Kreisen entfalten;
ein eindrucksvolles Beispiel dafür ist das Nachklingen des Sturms
in den Reden verschiedener Personen in den späten Szenen des
King Lear. Ähnlich dringt der Mord an Duncan in den folgenden
Szenen von *Macbeth* immer wieder an die Sprachoberfläche, brei-
tet sich die Erinnerung an die Usurpation des Throns durch
Henry IV. in den beiden Teilen des nach ihm benannten Dramas
aus. Analog können die antizipierenden Sprachgesten auf ein
zentrales zukünftiges Ereignis hin ausgerichtet sein, so etwa in
Richard III die Reihe der Prophezeiungen und Verwünschungen,
in denen Richards Fall vorausgesagt wird, oder in *Romeo and
Juliet* die Kette der unbewußten Vorwegnahmen und halbbe-
wußten Ahnungen, die sich auf den Tod der Liebenden beziehen.
Vergangenes kann sich zu detailliert ausgemalten Bildern ver-
festigen, deren Wirkung man mit Fensterausblicken aus der
Bühnengegenwart verglichen hat; es kann sich in der Imagina-

tion einer Person zu einem assoziativen, poetischen Gewebe umformen. Dies geschieht in Ophelias Wahnsinnsszene, in Lears
Heideauftritt, in Lady Macbeths Schlafwandelszene und in
Clarences Traumbericht (*Richard III*, I, iv), in dem Vergangenes
und Nachfolgendes, Schuldgefühl, Vorahnung der eigenen Strafe
und allgemeine, chorische Vorausdeutung zusammenkommen.
In streng stilisierter Rede können die weiten Zeiträume und der
Personenreichtum der Historienvergangenheit dramatisch bewältigt werden. Im Klageritual der Frauen in *Richard III*, IV, iv
formen sich in der klaren rhetorischen Ordnung der Aussagen
die Greuel der Rosenkriege um zu einem Muster von korrespondierenden, vergangenen und zu erwartenden Vergeltungsakten.
In *Richard II* verfließt in einer theatralischen Geste des Königs
Geschichte zu einer elegischen Folge von »sad stories of the
death of kings« (III, ii, 156), welcher er sein eigenes Schicksal
bereits zugereiht hat. Im episch-repräsentativen Drama *Henry V*
bietet sich in folgenschwerer Interpretation ein weites Stück
Vergangenheit dar in der durchgefeilten Rede des Bischofs von
Canterbury über das salische Gesetz (I, ii).

Die elisabethanische Konvention der Geistererscheinung ermöglicht auch ein gleichsam personales Auftreten der Vergangenheit. *Macbeth* III, iv bringt eine solche Erscheinung als schwei-
genden Hinweis auf die vollzogene Tat, *Julius Caesar* IV, iii mit
andeutendem Vorwurf und knapper Warnung, *Richard III*, V, iii
mit einer Sequenz siebenfacher Rekapitulation von Richards
Verbrechen, der siebenfach eine zukunftsgerichtete Aussage für
Richard und Richmond folgt, *Hamlet* I, iv läßt sie mit einem
langen, expositorisch wichtigen Bericht auftreten. Ähnlich konkretisiert sich in *Macbeth* auch Zukunft oder Zukunftsmöglich-
keit in Bühnenhandlung; die Hexen, ebenso wie die »pageant«-
artigen Erscheinungen des »Armed Head«, des »Bloody Child«
und des »Child Crowned, with a tree in his hand« (IV, i) greifen
der zeitlichen Entfaltung vor. In *Henry VIII* weist mit Katherines Vision ihrer himmlischen Krönung ein Schaubild ins Jenseits voraus. Durch das Spiel im Spiel schließlich wird Vergangenes auf der Bühne gegenwärtig gemacht in *Hamlet*, wo die
»Mousetrap«-Inszenierung in einer Doppelung von »dumb show«
und Theaterspiel das zurückliegende Verbrechen – genauer, das

Bild, welches Hamlet sich von diesem Verbrechen macht –
präsentiert. Andeutungen solcher spielerischer Aktualisierung
von Vergangenem gibt es bereits in *Henry IV* (1, II, iv; 2, IV, v),
wo andererseits auch Zukunftsvorstellungen vorgespielt werden.
1 *Henry IV*, II, iv zeigt Prince Hals und Falstaffs Entwürfe von
der bevorstehenden Unterredung des Prinzen mit seinem königlichen Vater und nimmt den Akt der Verstoßung Falstaffs schon
andeutend vorweg.

W. CLEMEN, »Anticipation and Foreboding in Sh.'s Early Histories«, *ShS*, 6
(1953). – W. CLEMEN, »Past and Future in Sh.'s Drama«, *PBA*, 52 (1966). –
C. LEECH, »Sh. and the Idea of the Future, *UTQ*, 35 (1966). – P. PÜTZ, *Die
Zeit im Drama: Zur Technik dramatischer Spannung*, Göttingen, 1970. – N. ALEX-
ANDER, »Hamlet and the Art of Memory«, in: *Poison, Play and Duel*, London,
1971. – B. LENZ, *The Time Has Been: Die Vergangenheitsdimension in Sh.s Dramen*,
Frankfurt, 1974. – Vgl. auch Bibliogr. zu III.BB.1.c.

d) Handlung und Reflexion

1 *Henry IV*, II, ii ist ein Beispiel dafür, daß im Vorgriff oder
Rückblick nicht immer das einfache Abbild der Ereignisse, wie
sich diese dem Zuschauer aus dem Gesamtkontext eines Dramas
erschließen, gegeben wird. Eine flache Wiedergabe des Geschehens, bei der weder Signale in der Rede selbst noch Diskrepanzen zum übrigen Stück auf einen Auswahl- und Deutungs-
prozeß hinweisen, dürfte vielmehr die Ausnahme in Shakespeares
Dramen sein und ist noch am ehesten in den Botenberichten der
frühen Historien zu finden. Doch schon in 3 *Henry VI*, II, i
erscheint, wenn das Sterben Yorks, das in I, iv auf der Bühne
gezeigt wurde, durch einen Messenger referiert wird, dieses
Geschehen in idealisierendem Licht. In späteren Dramen herrscht
der vom Bewußtsein des Sprechers, von seinem Denken und
Fühlen geprägte Bericht vor: die sympathisierende Erzählung
(z. B. *King Lear* IV, iii über Cordelia in Frankreich; *Winter's
Tale* V, ii über das Wiedererkennen von Perdita), der moralisierende Kommentar (York über Bolingbrokes Krönungszug,
Richard II, V, ii), die zynische und abwertende Darstellung
(Casca über Caesars Krönung, *Julius Caesar* I, ii; Scarus über
Antonys Flucht, *Antony and Cleopatra* III, x), die eindeutig ver-
fälschende Wiedergabe der Tatsachen (Iago über Cassio, *Othello*
IV, i; Iachimo über Imogen, *Cymbeline* II, iv). Die Handlungs-

linie der Dramen wird begleitet, ergänzt, kontrapunktiert, unterbrochen durch Linien der Handlungsdeutung, zuweilen auch durch rein imaginative Handlung. Noch ausschließlicher als in den Aussagen über Vergangenes wird das subjektive und reflektive Moment in der Antizipation wirksam. Zukunft erscheint als Plan, Entwurf, Wunsch, als Ahnung oder Angstvorstellung, als logisch deduzierte Konsequenz. Solcherart skizzierte Zukunftslinien können im eintreffenden Ereignis ihren Brennpunkt finden; eine derartige Bewegung, sehr bewußt durchgestaltet, vollzieht sich zum Beispiel in *Richard II*, II, ii. Sie können aber auch – wenngleich dies bei Shakespeare selten vorkommt – diagonal zum tatsächlich Eintreffenden verlaufen; die elegischen Selbstentwürfe von Duke Orsino (»Come away, come away, death«) und von Viola (»She pin'd in thought«) in *Twelfth Night* II, iv bieten eine kontrastierende Möglichkeit zum Komödienschluß der Handlung dar.

Auch im unmittelbaren Geschehen kann sich eine Divergenz auftun zwischen Dramenhandlung und Reflexion, zwischen der Wirklichkeit und der zweiten Wirklichkeit eines Bewußtseins. Richard II. posiert im Augenblick der Entscheidung in der Resignation eines schicksalhaft Unterliegenden, Brutus und Othello betrachten sich im Morden als Protagonisten einer rituellen Opferhandlung; in *Antony and Cleopatra* sehen sich innerhalb der Tragödie, wie sie Shakespeares Stück zeichnet, die Titelfiguren im Mittelpunkt einer fiktiven, theatralischen Tragödie. Die introvertierte, zu Deutung und Selbstauslegung neigende Zentralfigur, wie sie neben Brutus und Richard II. auch Prince Hal und Henry V., Macbeth und Hamlet darstellen, ist ein wichtiges Medium dieser reflektiven Dramatik. Andererseits geschieht die Reflexion aber auch von der Peripherie her, in den Äußerungen der Clowns, Servants, Soldiers, Gentlemen und Citizens. In eingefügten Szenenepisoden erscheint die Handlung im Spiegel der verallgemeinernden, ernüchternden oder auch orthodox moralischen Ausdeutung, die durch symbolische Szenenbilder (die Gärtnerszene in *Richard II*, die Bürgerkriegsszene in 3 *Henry VI*, II, v, die Pförtnerszene in *Macbeth*, die Friedhofszene in *Hamlet*) optisch wirksam unterstützt werden kann. Die Helden können in den Mittelpunkt zahlreicher sich überkreuzender

Kommentare gestellt sein; Antony, Timon und vor allem Coriolanus sind vielfältiger Beurteilung von außen ausgesetzt. Ein
intensives Zusammenwirken zwischen der Selbstreflexion einer
zentralen Gestalt und der distanzierten Reflexion vollzieht sich
in den Dialogen zwischen König und Narr in *King Lear*. Hamlet
vereint die beiden Perspektiven: von persönlichkeitsbezogener
Deutung des Geschehens vermag er überzuwechseln zu narren-
haft unengagiertem Kommentar.

Konventionelle Szenentypen, denen ein interpretierendes,
bewertendes Element inhärent ist, erscheinen in Shakespeares
Dramen häufig und in differenzierter Ausgestaltung. In den
Historien und in *Troilus and Cressida* sind an zentralen Stellen
Beratungsszenen eingefügt; in *The Merchant of Venice* (IV, i),
Measure for Measure (V, i), *All's Well* (V, iii), *King Lear* (III, vi),
The Winter's Tale (III, ii) werden Möglichkeiten der Gerichtsszene genutzt. In *Richard II* (II, i; V, v) und *2 Henry IV* (IV, v)
greift Shakespeare auf die Konvention der Sterberede zurück,
der distanzierten und überirdisch klaren Situationsdeutung durch
den Todgeweihten. Zahlreiche Dramen läßt er mit der chorisch
subsummierenden Schlußrede ausklingen. Gleichzeitigkeit von
Handlung und Deutung oder ihre unmittelbare Aufeinanderfolge
ist das Charakteristikum der Belauschungsszene, wie sie in *Love's
Labour's Lost* IV, iii, in *As You Like It* II, iv und III, v, in *Twelfth
Night* II, v und in *Hamlet* III, i und V, i gestaltet wird. Gleich
zweifach so durch Deutung gebrochen wird das Bühnengeschehen in *Troilus and Cressida* V, ii, wo Troilus und Ulysses,
während sie Cressidas Treffen mit Diomed beobachten und
kommentieren, ihrerseits von Thersites beobachtet und kommentiert werden. Im Zusammenwirken von Dialog und »aside« entsteht auch an anderen Stellen gelegentlich eine der Belauschungsszene analoge Zweigleisigkeit von Handlung und Auslegung,
etwa in der Szene I, ii in *The Winter's Tale*, in der sich eine Kluft
auftut zwischen Hermiones ahnungsloser Freundlichkeit und
Leontes eifersüchtiger Beiseite-Interpretation ihres Verhaltens.

Die reflektive Tendenz im Handlungsaufbau wird getragen
von einer Sprache, die ebenfalls der Reflexion zuneigt. Deutende
Bildhaftigkeit und deutende Ambiguität, Sprichwörter und
Sentenzen, Fabeln und Volkslieder, die dem Bühnengeschehen

eine anonyme, zeitlose Erfahrung gegenüberstellen, wirken darauf hin, den Situationsbezug aufzubrechen und das Besondere
zum Allgemeinen in Beziehung zu setzen (vgl. Kap. 7. b).

e) Sein und Schein

Shakespeares Dramen tendieren paradoxerweise dazu, die
Theaterillusion wiederum sich aufspalten zu lassen in etwas
Sichtbares, das Illusion ist, und etwas Wirkliches, welches unter
dieser Oberfläche verborgen ist. Das Interesse an der Doppelschichtigkeit von Sein und Schein teilt Shakespeare mit seinen
elisabethanischen Zeitgenossen und mit zahlreichen Künstlern
des kontinentaleuropäischen Barocks. Sein Blick für die psychologischen Aspekte der Sein-Schein-Problematik dürfte durch die
Lektüre von MONTAIGNES *Essais* geschärft worden sein. Häufig
läßt Shakespeare in den Dramen die Figuren selbst ausdrücklich
auf die Bereiche des Scheins (seeming, show, view, play, shadow,
counterfeiting) und des Wirklichen verweisen und beide voneinander abzugrenzen versuchen. In *The Merchant of Venice*
stellt er das Thema der Verschiedenheit von Sein und Schein
sinnfällig in das Zentrum einer Bühnenhandlung: in der dreifachen Kästchenwahl erweist sich das äußerlich Glanzvolle als
hohl, das Unscheinbare hingegen als glückbringend. Ähnlich
zentral erscheint das Thema in der Handlung von *King Lear* I, i,
hier mit einer zusätzlichen Dimension. Das äußere Trugbild, der
falsche Schein der Liebeserklärungen für Lear, ist von einer
Selbsttäuschung begleitet: »he hath ever but slenderly known
himself«. Zahlreiche der Komödien Shakespeares führen Ent-
larvungsvorgänge vor; Thema mehrerer Tragödien ist ein
schmerzhaftes Aufsuchen des eigenen Ich oder ein bitteres Erkennen der Wahrheit nach einem Stadium der Verblendung.
Die Romanzen stellen ein umgekehrtes Verhältnis von Sein und
Schein dar; nach der Erfahrung böser Trugbilder eröffnet sich
hier am Ende eine beglückende Wirklichkeit.

Zumeist handelt es sich um eine einfache Doppelschichtigkeit,
es gibt eine Ebene der Realität und eine Ebene der Illusion. In
Verkleidungs- und Verwechslungssituationen sind Maske und
Trugbild von der echten Identität unterscheidbar, in Verstellungs-

situationen läßt sich zwischen vorgespieltem Benehmen und wirklicher Intention trennen. Der Zuschauer wird meist mit klaren Zeichen auf das hingewiesen, was hinter dem Schein des Bühnenvorgangs liegt. »I am not merry; but I do beguile / The thing I am by seeming otherwise«, unterbricht Desdemona mit einem »aside« ihre scherzhafte Unterhaltung mit Iago; Edgar bemerkt beiseite, während er vor Lear seine groteske Rolle des Tom of Bedlam spielt: »My tears begin to take his part so much / They mar my counterfeiting«. Oder ein inflationierter Sprachstil signalisiert indirekt den Scheincharakter des Gesagten. Die petrarkistischen Manierismen in Romeos Liebesklage um Rosaline, die sich in ausschweifenden Bildern bewegende Rede von Richard II, die rhetorischen Beteuerungen Gonerils und Regans, die kothurnhafte Bühnensprache des Leutnants Pistol deuten auf posenhaftes Verhalten hin.

Vor allem die späteren Komödien und die Tragödien entwickeln jedoch auch Situationen, in denen die Ebenen von Schein und Sein nicht mehr eindeutig zu trennen sind, die Grenzen zwischen beiden verfließen. Während Richard III. offensichtlich zum Thron gelangt durch eine Serie von Täuschungsmanövern – er spielt den besorgten Bruder, den gegen alle Vernunft werbenden Verliebten, den guten Onkel, den frommen, weltabgewandten Prinzen –, ist die Duplizität von Henry Bolingbroke in *Richard II* weit weniger transparent; die Grenze zwischen lauterem Gerechtigkeitsstreben und geheuchelter Loyalität ist bei ihm kaum fixierbar. Edgars »Poor Tom« ist eine schützende Pose, die wir ihn annehmen und wieder ablegen sehen; die »antic disposition«, hingegen, die Hamlet zum Schutz angenommen hat, läßt sich von seiner Persönlichkeit nicht mehr trennen. Schein kann sich zu Sein verwandeln. Die als Pagen verkleideten Mädchen vermögen manchmal gerade in der Maske ihre echten Empfindungen zum Ausdruck zu bringen; nur so ist Violas Liebesgeständnis Orsino gegenüber oder Rosalinds Liebesschule für Orlando möglich. In *Much Ado About Nothing* entdecken Benedick und Beatrice ihre echte Zuneigung füreinander durch die Fiktion einer gegenseitigen Verliebtheit, die ihnen von ihrer Umgebung vorgetäuscht wird. Auch in virtuoser Vervielfältigung der Trugbilder kann Scheingeschehen sich wieder dem Wirklichen nähern. So entfaltet sich, wenn in *Cymbeline* (IV, ii) die Bauernsöhne Cadwal und Polydore, in Wirklichkeit die Prinzen Arviragus und Guiderius, den toten jungen Mann Fidele beklagen, der in Wirklichkeit ihre lebende Schwester Imogen ist, ein naives Gefühl der Zuneigung, wie es sonst nur nach dem Abtragen aller Trugschichten bestehen könnte. Oder es werden Scheinsituationen zu Prüfsteinen des Wirklichen. Wie Falstaffs Mut bei dem simulierten Überfall von Gadshill (1 *Henry IV*, II, ii), so erweist sich die Tapferkeit von Parolles bei seiner inszenierten Gefangennahme durch den Feind als bloße Wortfassade (*All's Well* IV, i); im Augenblick scheinbar unkontrollierter Macht bricht Angelos asketische Haltung zusammen (*Measure for Measure*). Mit Angelo aber stellt uns Shakespeare wiederum nicht vor die klare Zweischichtigkeit einer Täuschung einerseits und einer Wirklichkeit andererseits, sondern er zeigt, wie ein vorher unbekannter Charakterzug in einer neuartigen Situation sich realisiert. Hier kann nicht mehr Schein durch Sein substituiert, sondern nur die unaufhebbare Differenz zwischen aktualisierten und potentiellen Veranlagungen im Menschen vermindert werden.

V. O. FREEBURG, *Disguise Plots in Elizabethan Drama*, Columbia, 1915. – T. SPENCER, »Appearance and Reality in Sh.'s Last Plays,« *MP*, 39 (1942). – R. FRICKER, *Kontrast und Polarität in den Charakterbildern Sh.s*, Bern, 1951. – W. CLEMEN, »Sein und Schein bei Sh.«, 1957, in: *Das Drama Sh.s*, Göttingen, 1969. – J. LAWLOR, »Appearance and Reality«, in: *The Tragic Sense of Sh.*, London, 1960. – L. C. KNIGHTS, »The Theme of Appearance and Reality in *Troilus and Cressida*«, in: *Some Shakespearean Themes*, London, 1964. – J. P. CUTTS, *The Shattered Glass*, Detroit, 1968. – R. BERRY, *Sh.'s Comedies*, Princeton, 1972. – J. DUNSINBERRE, »Disguise and the Boy Actor«, in: *Sh. and the Nature of Women*, London, 1975.

f) Wirklichkeit und Theater

Der Schichtung des elisabethanischen Theaterstücks in Vorderbühnenhandlungen, Spielvorgänge auf der hinteren Plattform und »disclosure«-Szenen auf der Innenbühne entspricht ein abgestufter Illusionseffekt. Das Entferntere hat mehr »Theater«charakter. In diesem Gefüge wirkt das eigentliche Spiel im Spiel weniger als isolierte Sondereinlage denn als weitere Steigerung. Auch einige typische Handlungsmuster führen ganz natürlich zu Spielszenen hin, etwa das der Intrige, durch die dem Opfer eine Scheinwirklichkeit vorgegaukelt werden soll. Das Foppen von Malvolio in *Twelfth Night* steigert sich von der Fälschung eines Briefs zum Schauspielsolo des Clowns als geistlicher Beistand Sir Topas; das dreifache »gulling« des Falstaff in *The Merry Wives* weitet sich zum mitternächtlichen Feen- und Koboldspiel aus; dem Kesselflicker Sly in *The Taming of the Shrew* wird zuerst im Rahmen eines »echten« Wirtshauses, dann durch ein Theaterstück ein Trugbild vorgeführt. Auch ein Dialog kann im Bestreben einer Person, ihre Vorstellungen lebendig zu vermitteln, zum Spiel auswachsen: Volumnia führt ihrem Sohn das angemessene Verhalten vor dem Volk vor (*Coriolanus* III, ii), Ulysses zeigt, wie Patroclus vor Ajax die trojanischen Helden karikiert (*Troilus and Cressida* I, iii). Wenn Falstaff und Prince Hal ihre Entwürfe vom Treffen des Prinzen mit seinem Vater spielerisch vergegenwärtigen, errichtet Falstaff auch bereits eine Bühne auf der Bühne: »This chair shall be my state, this dagger my sceptre, and this cushion my crown« (1 *Henry IV*, II, iv, 349). Die vollständige Form des Spiels im Spiel, in dem sich eine solche zweite Bühne etabliert, das abgegrenzt ist durch Änderungen im Personal und im Sprach- und Aufführungsstil, und das durch Zuschauer auf der Bühne umrahmt ist, erscheint bei Shakespeare in *Love's Labour's Lost*, in *The Taming of the Shrew* (strenggenommen, da die Rahmenhandlung unvollständig ist, ein Spiel in einem halben Spiel), im *Midsummer Night's Dream* und in *Hamlet*. Es sind dies Stücke, die auch anderweitig verschachtelt und abgestuft sind, durch mehrere ineinandergreifende Handlungen, durch Belauschungs- und Verkleidungsszenen, durch magische Verwandlungen, durch schaubildhafte Einlagen.

Das elisabethanische Publikum liebte es offensichtlich, wenn sich im Theaterspiel wiederum ein Theaterspiel entfaltete, wenn ihm auf der Bühne seine eigene Situation präsentiert wurde. Der konkret theaterbezogene Reflexionscharakter des Spiels im Spiel wird bei Shakespeare vor allem in zwei solchen Aufführungen deutlich, im Auftritt der »Nine Worthies« in *Love's Labour's Lost* und im Spiel von Piramus und Thisbe im *Midsummer Night's Dream*. In beiden machen groteske Verstöße, die zu komischen Katastrophen führen, die Voraussetzungen bewußt, welche das Illusionstheater Schauspielern und Zuschauern abverlangt.

In diesen Stücken vollzieht sich auf der Bühne nicht eine Aufspaltung in Wirklichkeit und Illusion; wir erleben nicht im
Rahmen des Athener Hofs die Tragödie von Piramus und Thisbe,
sondern den Versuch der Handwerker, die Tragödie vor dem
Athener Hof aufzuführen. Sonst aber stellt sich das Spiel im
Spiel dar als ein besonders theateradäquates Kunstmittel, durch
das im Drama die Zweischichtigkeit von Sein und Schein etabliert werden kann. In den frühen Dramen Shakespeares ist es
eine Welt der heiteren Illusion, der leichten, freudigen Verwandlungen, die sich im eingefügten Spiel der Wirklichkeit entgegenstellt. In *Troilus and Cressida* und *All's Well* oder in *King Lear*
hingegen erscheint – mit Helenas Verkleidungsrolle, Parolles
Posen, Patroclus' Karikaturen, mit dem Gerichtsspiel Lears und
Edgars Wahnsinnsszenen – solches Schauspiel als negative, triste
Unwirklichkeit in einer ähnlich gestimmten Wirklichkeit (vgl.
A. RICHTER).

Auch im Medium des Spiels im Spiel vollzieht sich das Über-
greifen des einen in den anderen Bereich, das allgemein für Shakespeares Darstellung des Verhältnisses zwischen Sein und Schein
bezeichnend ist. In *The Merry Wives* wirkt das Spiel um »Herne
the Hunter« klärend in die Beziehungen der Menschen von
Windsor hinein; in 1 *Henry IV*, II, iv nimmt das Spiel im Spiel
Aspekte zukünftiger Wirklichkeit vorweg. Und ebenso findet
hier die paradoxe Verkehrung der Ebenen statt: die Theateraufführung »The Mouse-trap« in *Hamlet* stellt einer Wirklich-
keitsfälschung das wirklich Geschehene gegenüber. Im *Tempest*
schließlich, wo alle Vorgänge auf der Inszenierungskunst Prosperos beruhen und für die Handelnden wie für die Zuschauer Züge
der Illusion aufweisen, vollzieht sich die Entgrenzung zwischen
den beiden Dimensionen der Wirklichkeit und des Theaters.
Ausgesprochen wird sie im Vergleich des »great globe«, des großen Globe-Theaters Welt, mit einem »insubstantial pageant«,
einem theatralischen Prunkaufzug ohne Substanz (IV, i).

A.V. GRIFFIN, *Pageantry on the Shakespearean Stage*, New Haven, 1951. – J.
VOIGT, *Das Spiel im Spiel*, Göttingen, 1954. – R.J. NELSON, *Play within a
Play: The Dramatist's Conception of his Art: Sh. to Anouilh*, New Haven, 1958. –
A. BROWN, »The Play within a Play: An Elizabethan Dramatic Device«, in:
Essays and Studies, 1960. – D. MEHL, »Zur Entwicklung des ›Play within a Play‹
im elisabethanischen Drama«, *SJ*, 97 (1961). – W. ISER, »Das Spiel im Spiel: For-
men dramatischer Illusion bei Sh.«, *Archiv*, 198 (1962); revidiert und ergänzt in:

Wege der Sh.-Forschung, hrg. K. L. Klein, Darmstadt, 1971. – A. RIGHTER, *Sh. and the Idea of the Play*, London, 1962. – D. MEHL, *The Elizabethan Dumb Show: A History of a Dramatic Convention*, London, 1965. – P. W. THOMSON, »A Shakespearean ›Method‹«, *SJ Ost*, 104 (1968). – J. L. CALDERWOOD, *Shakespearean Metadrama*, Minneapolis, 1971. – M. GRIVELET, »Sh. et ›The Play Within the Play‹«, *Revue des Sciences Humaines*, 145 (1972). – A. B. KERNAN, »This Goodly Frame, the Stage: The Interior Theater of Imagination in English Renaissance Drama«, *SQ*, 25 (1974). – R. EGAN, *Drama Within Drama*, New York, 1975.

5. Die »dramatis personae«

Von elisabethanischen Urteilen über Shakespeares Stücke bis zu heutigen Aufführungsbesprechungen haben die dramatischen Figuren immer wieder im Zentrum des Interesses gestanden. Dies ist durchaus verständlich, denn die Figuren sind es, durch die im Drama alles vermittelt wird. In ihren Reden und Gesten konstituieren sich nicht nur ihr eigener »Charakter« und die szenische Handlung, sondern auch das Geschehen, das die auf der Bühne dargestellte Ereignisfolge umgreift, der gesellschaftliche Kontext, die umgebende Natur, die Atmosphäre des Stücks, die thematischen Bezüge. In besonderer Weise neigt das Publikum dazu, sich mit der zentralen Figur eines Dramas zu identifizieren, das Geschehen mit ihren Augen zu verfolgen. Shakespeare hat diese Rezeptionsgewohnheit oft mit geschickter Sympathielenkung unterstützt; im Theater wird sie überdies zumeist dadurch gefördert, daß die Hauptfigur von einer faszinierenden Schauspielerpersönlichkeit verkörpert wird. Manche von Shakespeares Charakterschöpfungen haben in ihrer Vitalität ein weitgehend werkunabhängiges eigenes Nachleben entfalten können, sind traditionsbildend geworden in Literatur, Oper, Operette, bildender Kunst: Falstaff, Shylock, Benedick und Beatrice, Romeo und Juliet, Hamlet und die anderen Helden der großen Tragödien.

Die Betrachtung der Dramen von den Figuren her ist allerdings nur insoweit angemessen, als sie nicht den Blick für umfassendere dramatische Zusammenhänge versperrt und auch nicht in eine Wirklichkeitsillusion bezüglich der dramatischen Figuren selbst hineinlockt. Entgegen der Lebensgewohnheit, von der Summe erfahrener Verhaltensweisen auf einen »Charakter« und auf potentielle andere Reaktionen einer Person zu schließen, kann das Verhalten der Figuren im Drama nicht auf ihren eigenen

Wesenskern bezogen werden, sondern strenggenommen nur auf die Vorstellungen des Autors von der inneren Verfassung, den Veranlagungen, dem Wesen seiner Gestalten. Der Shakespearesche »mirror up to nature« (*Hamlet* III, ii, 21) ist ohne eigene Tiefe; unter seiner Oberfläche gibt es als motivierendes Bewußtsein nur das des Autors und, jenes interpretierend, das des Regisseurs und Schauspielers.

a) Konventionelle und unrealistische Elemente in der Figurenzeichnung

Die Figuren in Shakespeares Dramen umfassen ein Spektrum von Existenzweisen, das sich von der allegorischen Verkörperung bis zur komplex und individuell gezeichneten Persönlichkeit erstreckt. Wenn wir einerseits in der Amme in *Romeo and Juliet* oder in Falstaff in *Henry IV* Alltagserfahrungen und allzu Menschliches wiederfinden und wenn sich Generationen von Lesern und Theaterbesuchern mit Hamlet haben identifizieren können, so sehen wir uns andererseits abstrakten Figuren wie »Rumour« in *2 Henry IV*, »Time« in *Winter's Tale* und den übernatürlichen Erscheinungen der Hexen *(Macbeth)*, Totengeister *(Macbeth, Hamlet, Julius Caesar)*, der »fiends« und »spirits« (*1 und 2 Henry VI*) und »fairies« *(Midsummer Night's Dream)* gegenüber.

Immer wieder finden sich in Shakespeares Werk Züge unrealistischer Personenzeichnung – eine Besonderheit, an der sich vor allem die vom Ideal des naturalistischen Dramas ausgehende Kritik der Jahrhundertwende gestoßen hat und die heute wesentliches Hemmnis für die Verfilmung bedeutet, der solche Darstellungsweise fremd ist. »Adam« in *As You Like It* ist fast eine generische Figur; der »Old Man« in *Macbeth*, der »Son that has killed his father« und der »Father that has killed his son« in *3 Henry VI*, die »Two Gardeners« in *Richard II* und der »Scrivener« in *Richard III*, die »grave-diggers« in *Hamlet* und zahlreiche andere sind repräsentative Figuren; Timon von Athen findet sich fast ausschließlich von solchen umgeben. Mit Gower *(Pericles)* und mit Margaret *(Richard III)* erscheinen chorisch-überindividuelle Gestalten auf der Bühne. Eine Reihe typenhafter Figuren tritt auf, etwa die »irregular Humourists«, die das Personenverzeichnis von *2 Henry IV* ankündigt, oder in *Love's Labour's Lost* die

Gruppe der grotesken Gestalten, die Berowne etikettiert als »the pedant, the braggart, the hedgepriest, the fool, and the boy« (V, ii, 538).

Solche Züge in der Figurengestaltung sind weitgehend das Erbe dramatischer Traditionen. Als »Konventionen«, auf voraussetzbarer Übereinkunft zwischen Autor und Publikum basierend, wurden sie von diesem nicht nur fraglos akzeptiert, sondern auch mit dem Reichtum ihrer herkömmlichen Sinnbezüge assoziiert. So ist etwa das repräsentative Element eine Stilgewohnheit der Moralitäten; der unpersönlich gezeichnete Vertreter des Guten, wie er in Richmond *(Richard III)* erscheint, und der Vertreter des Bösen, dem die ausreichende pragmatisch-psychologische Motivation fehlt (Richard III.), weisen auf jene ebenso zurück wie die Technik der symmetrischen Kontrastierung *(Richard III*, V, iii). Auch die Externalisation innerer Impulse, wie sie mit den Hexen in *Macbeth* beabsichtigt sein mag, oder die Projektion einer Erfahrungsebene des Helden auf eine Begleitfigur, als welche man zum Beispiel die Verbindung Lears mit dem Narren erklärt hat, sind vom »morality play« her vertraute Darstellungsformen.

Andererseits hat der dramatische Stil des »pageant« (eines allegorischen Aufzugs mit lebenden Bildern in symbolhafter Gruppierung) und des Maskenspiels auf Figurenarsenal und Figurenzeichnung bei Shakespeare eingewirkt. Offensichtlich ist dies in den »masque«-Einlagen von *Timon of Athens*, *The Tempest* und *Henry VIII* und in den Auftritten der mythologischen Gottheiten in *As You Like It*, *Cymbeline* und *The Two Noble Kinsmen*. »Pageant«artige Figurendarstellung trägt auch an anderen Stellen zu dramatischen Höhepunkten bei, so in der Cydnuspassage in *Antony and Cleopatra* (II, ii), die Cleopatra als Venus erscheinen läßt, um die sich Amoretti, Nereiden und Grazien gruppieren, in der Abdankungsszene von *Richard II* mit ihrer symbolisch stilisierten Rede- und Handlungsbewegung (IV, i), im schaubildhaften Auftritt Richard Gloucesters zwischen zwei Bischöfen *(Richard III*, III, vii).

Bei einer Reihe von typenhaft-unrealistisch gezeichneten, oft in ihrem Verhalten kaum motivierten Gestalten sind fest etablierte Bühnenfiguren das Vorbild gewesen. Die komischen

»constables« wie Dogberry, Dull oder Elbow, der geistreiche
Schuhmacher (*Julius Caesar* I, i), der witzige Hausierer Autolycus
in *The Winter's Tale*, die satirisch gestimmten »malcontents«
(Jaques, Antonio, Thersites), die prahlenden Kriegsteilnehmer
(Falstaff, Parolles) sind weniger .dem Leben als dem Theater
nachgestaltet; das als Page verkleidete Mädchen, das dem Geliebten folgt *(Two Gentlemen of Verona, Twelfth Night)* und der als
Braut verkleidete Knabe *(Merry Wives of Windsor)* sind mitsamt
ihrer verläßlichen Unerkennbarkeit konventionelle Erscheinungen der Komödie.

Insbesondere eine traditionelle Figur wirkt im Drama Shakespeares auf vielfältige Weise nach: das ›Vice‹, das in den Moralitäten Führer oder Verkörperung des menschlichen Laster war.
Es zeichnet sich durch besonders theaterwirksame Eigenschaften
aus, durch unmotivierte Freude an der Bosheit, groteske Komik,
Hang zu histrionischen Gesten, publikumsbezogenes Reden und
Agieren. Züge des Vice sind den Shakespeareschen Bösewichtern
eigen, aber auch in die Falstaff-Figur und die Narrengestalten
eingegangen; bei letzteren allerdings wirkt die erasmische Vorstellung des »wise fool« als ein komplementäres literarisches Vorbild mit (siehe auch I. B. 3).

Auch in der Quelle kann Shakespeares unrealistische Figurenzeichnung angelegt sein, vor allem in der unpsychologischen Er-
zählweise von Märchen und Novellen; das Verhalten von Silvia
und Proteus etwa *(Two Gentlemen of Verona)* oder das von Helena
und Bertram *(All's Well)* scheint solchem Darstellungsstil verpflichtet zu sein.

Darüber hinaus werden bei allen Figuren durchgängig unrealistische Elemente in der Darstellung eingesetzt. Von vornherein
werden sie – bis vielleicht auf wenige Ausnahmen – von wirklichen Menschen abgesetzt durch ihre Sprechweise, ihre als Blankvers oder auch als Prosa rhythmisch gegliederte Rede, ihre durch
wohlabgestimmte Klangeffekte, rhetorische Durchformung und
Bildreichtum poetisch überhöhte Sprache. Sie bedienen sich
unrealistischer Sprechgesten, des Monologs als einer ausformu-
lierten, doch an keinen Gesprächspartner gerichteten Rede, der
Publikumsansprache, des Beiseitesprechens. Auch im Dialog erscheinen gelegentlich nicht oder nur unzureichend in das innere

Kommunikationssystem des Dramas eingegliederte Aussagen. Dies sind gleichsam narrative Relikte, irgendwelchen Personen in den Mund gelegte Erzählerkommentare, die keine unmittelbaren Rückschlüsse auf jene zulassen. So kann die Selbstvorstellung einer Figur zum Beispiel mehr informationstechnische als psychologische Gründe haben und impliziert nicht unbedingt einen Hang zur Introspektion; sie läßt nicht immer, wenn sie positive Züge herausstreicht, auf Prahlerei, wenn sie ohne moralische Bedenken einen Fehler feststellt, auf Zynismus schließen. Aus ähnlichen Gründen kann die Charakterisierung einer anderen Figur neutraler sein, als es die persönliche Beziehung zu ihr zuließe (vgl. etwa *Macbeth* III, i, 48; *Othello* II, i, 283). Auch Brüche in der Durchzeichnung von Personen zugunsten besonderer szenischer Effekte, wie sie das elisabethanische Theater großzügig gestattete, sind an einigen Stellen gegeben. Insbesondere können nüchtern veranlagten Personen poetische, atmosphäreschaffende Passagen zufallen: Mercutios Rede über Queen Mab (*Romeo and Juliet* I, iv), die Beschreibung von Ophelias Tod durch die Königin in *Hamlet*, die Evokation der Nacht durch den First Murderer in *Macbeth* (III, iii) sind berühmte Beispiele für solches Sprechen »out of character«.

L.L. SCHÜCKING, *Die Charakterprobleme bei Sh.*, Leipzig, 1919. – E.E. STOLL, *Art and Artifice in Sh.*, London, 1933. – S.L. BETHELL, »The Treatment of Character«, in: *Sh. and the Popular Dramatic Tradition*, London, 1944. – M. DORAN, »Character«, in: *Endeavors of Art*, Madison, 1954. – R.H. GOLDSMITH, *Wise Fools in Sh.*, East Lansing, 1955. – B. SPIVACK, *Sh. and the Allegory of Evil*, New York, 1958. – R. Y. TURNER, »Characterization in Sh.'s Early History Plays«, *ELH*, 31 (1964). – N. RABKIN, »Shakespearean Mimesis, English Drama, and the Unity of Time«, in: *Sh. and the Common Understanding*, New York, 1967. – H. ZIMMERMANN, *Die Personifikation im Drama Sh.s*, Heidelberg, 1975.

b) Stilisierung und naturalistische Darstellung

Es läßt sich beobachten, wie Shakespeare in den späteren Werken typenhafte Darstellung zurückhaltender verwendet und unrealistische Konvention mit realistischer Motivierung überdeckt. Murderers, Messengers und Servants können mit persönlichen Zügen ausgestattet werden; die Gruppen der Guten und die der Bösen in *King Lear* konstituieren sich aus individuell verschiedenen Figuren. Den Vice-Abkömmlingen – Aaron, Don John, Richard III, Iago, Edmund – werden Gründe für ihren Hang zu verbrecherischem Handeln beigegeben (obgleich bei jedem ein provozierender Rest unmotivierter Bosheit bleibt). Die pageanthaft versinnbildlichende Darstellungsweise erscheint in *Richard II* als Ausdruck von Richards persönlicher Art, die Wirklichkeit nach dem Bild poetischer Muster zu gestalten. »Asides« fallen als impulsive Äußerungen, Monologe entfalten sich als die einer vereinsamten, introspektiv veranlagten Persönlichkeit angemessene Form der Artikulation; sie können wie spontan erwachsen aus der Situation des Erwachens (*Richard III*, V, iii, 177), der gesteigerten Erregung (*Macbeth* II, i, 33). Die Verssprache, modulationsfähiger und nuancenreicher geworden, vom Reim entlastet, vermag »natürlicher« zu wirken. Die poetische Bildersprache erhält, indem sie von Figur zu Figur differenziert wird, eine persönliche Dimension: sie scheint den besonderen Erfahrungsbereich eines Sprechers auszuschreiten.

Diese Tendenz führt aber schließlich nicht zum Ausschalten typenhafter Personenzeichnung und unrealistischer Charakterisierungsmittel. Shakespeare verzichtet nie ganz auf die dort angelegte Möglichkeit einer zielstrebig sinnbezogenen Dramatik. Er nützt auch später den konzentrierten Effekt, der sich insbesondere bei einer Nebenfigur durch den Rückgriff auf einen vertrauten Typ erreichen läßt, die technischen Vorteile von Monolog und »aside«, die Wirkungen der anti-illusionistischen Publikumsansprache. Und er neigt immer mehr dazu, einer jeden Figur eine aussagedichte und wirkungsintensive Sprache zu geben, die der Alltagsrede weit überlegen ist.

Das Nebeneinander von realistischer und typisierender, symbolhafter Gestaltung, nicht das Ablösen des einen dramatischen Stils durch den anderen, ist bezeichnend für Shakespeare.

S.L. BETHELL, *Sh. and the Popular Dramatic Tradition*, London, 1944. – W.B.C. WATKINS, *Sh. and Spenser*, Princeton, N.J., 1950. – M. BRAUN, *Symbolismus und Illusionismus im englischen Drama vor 1620*, Diss., München, 1962. – R. WEIMANN, *Sh. und die Tradition des Volkstheaters: Soziologie, Dramaturgie, Gestaltung*, Berlin, 1967. – A.C. DESSEN, »Two Falls and a Trap: Sh. and the Spectacles of Realism«, *English Literary Renaissance*, 5 (1975).

c) Individualisierung und Differenzierung

Das Vermögen Shakespeares, die Figuren seines Dramas differenziert auszuzeichnen, im Rahmen eines Personentypus eine Vielfalt von Realisationen zu schaffen, gelangt in seinem Werk bis hin zu den Tragödien zu immer größerer Entfaltung; *Hamlet* und *Julius Caesar* sind die Höhepunkte in dieser Entwicklung. Die sorgfältig abgestufte Verschiedenheit in der Ähnlichkeit hat man seit W. RICHARDSONS Studien zu Shakespeares dramatischen Charakteren (1774, 1784 und 1789) und vor allem seit HAZLITTS feinsinnigen *Characters of Shakespear's Plays* (1817) immer wieder bewundernd nachzuzeichnen und zu analysieren versucht – für die »comic characters« und für die »political characters« (J. PALMER, 1945/46), für die Gestalten der aristotelisch-tragischen Helden Hamlet, Othello, Lear und Macbeth (A. C. BRADLEY, 1905), der »tragic heroes, slaves of passion« (L. B. CAMPBELL, 1930), des »Herculean hero« (E. WAITH, 1962), für die »criminal types« (A. GOLL, 1909 u. a.), die »villains« (C. N. COE, 1957 und 1963), für die »pedagogues« (K. LAHIRI, 1967), für die »wise fools« (R. H. GOLDSMITH, 1955), für die »Mädchen und Frauen« (H. HEINE, 1839, u. a.), für die »young lovers« (E. E. STOLL, 1937).

aa) Vorbilder

Auch für die lebensnahe, differenzierte Figurenzeichnung hat die dramatische und literarische Tradition Shakespeare Ansätze geboten: der komische Realismus des einheimischen mittelalterlichen Dramas, die Gattung des Charakterporträts in der Nachfolge des THEOPHRAST, die wirklichkeitsorientierte, wenngleich auf die negative Seite fixierte Personendarstellung der Satire. Auch die zeitgenössische Psychologie, die Lehre von den »humours« (vgl. I. A. 8), hatte im Rahmen ihrer starren theoretischen Kategorien vielfältige »Psychogramme« (Charakterbilder jeweils mit bezeichnender äußerer Erscheinung, typischem Temperament, Schicksalsweg, Beruf, Alter, Geschlecht) entwickelt, die konkreter Menschenbeobachtung verpflichtet waren. Gelegentlich war in den Quellen mit psychologischem Feingefühl eine komplexe Persönlichkeit vorgezeichnet, etwa in PLUTARCHS Caesarbild, in Thomas MORUS' Porträt von Richard III., in CHAUCERS Darstellung von Troilus, Cressida und Pandarus. Bezeichnende kleine Eigenheiten können dort schon angelegt sein, so werden für Richard II die Neigung zur Klagerede und die Veranlagung zum Erröten bei HOLINSHED berichtet; Brutus' und Coriolans kantiger Stil ist in NORTHS Plutarchübersetzung vorgeformt; für Hamlet wird eine Vorliebe für Wortspiele bereits bei SAXO GRAMMATICUS erwähnt. In einigen Fällen mag die Anregung zur Differenzierung von Typen auch ausgegangen sein von den sie verkörpernden Schauspielern in Shakespeares Truppe; dies läßt sich verfolgen in der Modulation von Clowngestalten wie Peter in *Romeo and Juliet* und Dogberry in *Much Ado* zu den zurückhaltenden, geistreichen Narren Touchstone und Feste, für die die Ablösung des Schauspielers Will KEMPE durch Robert ARMIN ein Motiv gewesen ist. Persönliche Züge ARMINs, wie sie aus seinen eigenen Schriften erschließbar sind, hat Shakespeare in die Rollen der späteren Narren eingeflochten.

R.L. ANDERSON, *Elizabethan Psychology and Sh.'s Plays*, Iowa City, 1927. – T.W. BALDWIN, *The Organization and Personel of the Shakespearean Company*, Princeton, 1927. – J.W. DRAPER, *The Humors & Sh.'s Characters*, Durham, N.C., 1945. – L. HOTSON, *Sh.'s Motley*, New York, 1952. – C.S. FELVER, »Robert Arnim, Sh.'s Fool: A Biographical Essay«, *Kent State University Bulletin*, 49 (1961). – M.C. BRADBROOK, »The New Clown: *Twelfth Night*«, in: *Sh. the Craftsman*, London, 1969. – J.L. BARROLL, *Artificial Persons*, Columbia, 1974. – (Vgl. auch Bibliographie zu I. A. 8, I. B. 6 und 8.)

bb) Verfahrensweisen

Wichtigstes Mittel individualisierender Figurenzeichnung in Shakespeares Drama ist die Sprache. Das Charakterbild der Figuren entsteht in dem, was sie sagen, und vor allem in der Art und Weise, wie sie es sagen; gelegentlich wird diese Selbstdarstellung ergänzt durch das Bild, das von anderen Personen entworfen wird und das jene vorbereiten, ihr feine Nuancen hinzufügen oder auch durch Divergenzen zu ihr den Eindruck einer schwer durchschaubaren Komplexität entstehen lassen kann. Im differenzierten Einsatz von Sprachstilen, rhetorischen Figuren, Vers- und Prosamustern, syntaktischen Bewegungen, Bild- und Wortbereichen, und auch von speziell dramatischen Möglichkeiten wie unterschiedlichem Dialogverhalten oder dem Andeuten gestischer Impulse in der Sprache entsteht das feingezeichnete Bild der Shakespeareschen Dramengestalten.

So charakterisiert zum Beispiel gehobene, durchformte Sprache die Königsfiguren, in anderem Kontext signalisiert eine ähnliche Sprache einen heuchlerischen Zug. Kolloquiale Rede andererseits kennzeichnet nicht nur niedere Komödiengestalten, sondern kann sogar wie im Fall Hamlets einer zentralen Tragödien-

figur eigentümlich sein. Wendiges Wechseln zwischen der einen
und der anderen Redeweise ist bezeichnend für Richard III. Auch
die Gegenüberstellung von Vers und Prosa, die traditionell vor
allem der Kontrastierung der Handlungsebenen dient, wird von
Shakespeare schon früh individueller Figurenzeichnung dienstbar gemacht: in 2 *Henry VI* (IV, ii) wird Cades sporadischer Aufschwung zur Verssprache, durch parodistische Züge unterstützt,
zum sprachlichen Hinweis auf seine nur angemaßte Würde; in
der Szene IV, vii manifestiert sich in Lord Says beherrschtem
Vers seine soziale und moralische Überlegenheit gegenüber der
Cade-Gruppe. Lyrischer Fluß der Verse charakterisiert Richard
II,; cholerisch-unruhiger, regeldurchbrechender Vers ist bezeichnend für Lear. Liedhaft kurze Verse sind das Sprachmedium der
Elfen im *Midsummer Night's Dream* oder von Ariel im *Tempest;*
vor allem hier sind in den Sprechrhythmen auch bereits die Bewegungen mit angedeutet. Durch gemächliche, parataktische
Sprechweise wird die geistige Behäbigkeit der Amme in *Romeo
and Juliet* suggeriert, durch relativ kleine Satzkola Falstaffs kurz-
atmige Körperfülle. Gewundene Konditional- und Disjunktiv-
sätze verweisen auf den heuchlerischen Zug eines Edmund oder
eines Claudius. Imperativische Satzformen sind mitkonstituie-
rend für Lears, fragende Sprechweisen für Macbeths Charakterbild, extreme Variationen in der Satzbewegung für Cleopatra.

In vielfältiger Weise wird bildhafte Sprache der Figurenzeichnung dienstbar gemacht. Mittels der Bildauswahl kann – unabhängig vom Informationsgehalt der Rede – der individuelle Erfahrungsbereich und Vorstellungshorizont des Sprechenden entworfen werden, kann Unterbewußtes oder Halbbewußtes als
solches im Sprachbild erscheinen. Auch sparsames oder reiches,
assoziatives oder zielbewußtes Verwenden von Bildern wird –
etwa bei Hamlet und Claudius, bei Lear und der ihm antagoni-
stisch gegenüberstehenden Personengruppe – Mittel charakter-
lich-moralischer Differenzierung (vgl. auch 7. b. aa). Die Verwendung eines vielseitigen Vokabulars suggeriert Hamlets umfassende Bildung; der Gebrauch exotischer Namen weist auf
Othellos Herkunft und Wesen hin; eitle und falsche Wortver-
wendung charakterisiert mit standes- und persönlichkeitsbeding-
ten Unterschieden Figuren wie Holofernes und Nathaniel, Dog-

berry, Elbow, Mrs. Quickly; in papageienhaftem Nachplappern offenbart sich Sir Andrew Aguecheeks derivativer Geist, und Hotspurs »skimble-skamble« und »topsy-turvy« ist ebenso aufschlußreich wie sein Name. Schlichte Rede und Schweigen – effektvoll vor dem kontrastierenden Sprachgebaren der Umgebung – ist kennzeichnend für Cordelia wie auch für Virgilia in *Coriolanus*, unangemessener Redeschwall dagegen für Hotspur, repetitiver Wortreichtum für Polonius. Partnerbezogenes Sprechen, schlagfertiges Eingehen auf das Gegenüber kennzeichnet Gestalten wie Falstaff *(Henry IV)* und Sir Toby in *Twelfth Night*, während sich hier in Malvolios Soloreden der Eindruck seiner menschlichen und moralischen Isolation bestätigt.

In feiner Schattierung und in vielfältigem Zusammenwirken, in durchgängigem oder auch in akzenthaftem Einsetzen (etwa beim ersten Einführen einer Figur oder an dramatischen Höhepunkten) und vor allem in der Absetzung vom Sprechhabitus der umgebenden Figuren läßt Shakespeare die hier skizzierten Stilmittel ihre Wirksamkeit entfalten. Sie ermöglichen eine folienartige Charakterkontrastierung, wie sie etwa bei Hamlet und Claudius, bei Hamlet und Laertes sich vollzieht; sie ermöglichen auch die Darstellung einer Charakterentwicklung. Die Reden Lears sind ein besonders eindrucksvolles Beispiel dafür wie im Rahmen einer persönlichkeitskonstanten Sprechweise ein Prozeß sprachlicher Veränderung abläuft, der einen geistigen Erfahrungsweg reflektiert. Auf die zeremonielle Redeweise in der ersten Szene des Dramas hin setzt ein Vorgang der Disintegration und Ausweitung ein, der seinen Höhepunkt in den Sturmszenen findet und im Folgenden dem – vor diesem Hintergrund wiederum äußerst effektvollen – ganz schlichten Sprechen des aus dem Wahnsinn erwachten und mit Cordelia vereinten Greises weicht, das am Schluß, auf die Erfahrung von Cordelias Tod hin, noch einmal jäh aufgebrochen wird. Auch die wechselnden Relationen zwischen den Figuren eines Dramas können durch die Sprechweise vermittelt werden. So manifestiert sich die geistige Nähe von Othello und Desdemona im Gebrauch verwandter Bilder und Sprachgesten; Iagos einschmeichelnde Annäherung an Othello kommt mit dadurch zum Ausdruck, daß er sich vorübergehend dessen Sprache zu eigen macht, während seine tief zersetzende Einflußnahme auf Othello umgekehrt darin spürbar wird, daß dieser in Iagos seiner eigenen Diktion in Bildgebrauch, Wortwahl und Sprachklang ganz fremde Sprechweise hinabgleitet. Die Rückkehr zu seiner ursprünglichen Sprache am Schluß des Dramas ist Zeichen des geläuterten Zurückfindens zu sich selbst. Ähnlich wie hier wird ein moralischer Einfluß deutlich gemacht durch sprachliche Infizierung im Verhältnis von Macbeth und Lady Macbeth, von Timon und Apemantus, von Antony und Cleopatra.

J. M. LOTHIAN, ed., *Sh.'s Charactery: A Book of ›Characters‹ from Sh.*, Oxford, 1966. – A. YODER, *Animal Imagery in Sh.'s Character Portrayal*, New York, 1947. – M. M. MOROZOV, »The Individualization of Sh.'s Characters through Imagery«, *ShS*, 2 (1949). – W. CLEMEN, *The Development of Sh.'s Imagery*, London, 1951. – C. EHRL, *Sprachstil und Charakter bei Sh.*, Heidelberg, 1957. – J. SUTHERLAND, »How the Characters Talk«, in: *Sh.'s World*, eds. J. Sutherland, J. Hurstfield, London, 1964. – A. C. SPRAGUE, »Meaning and Manner in Sh.'s Plays«, in: *Manner and Meaning in Sh.*, ed. B. A. W. Jackson, Dublin, 1969. – P. BURTON, *The Sole Voice: Character Portraits From Sh.*, New York, 1970. – A. BARTON, »Sh. and the Limits of Language«, *ShS*, 24 (1971). – W. WEISS, »Redeform, Rhythmus und Charakter: das Beispiel König Lears«, *SJ West* (1977).

d) Widersprüchlichkeit und Umschwung

Es fällt auf, daß eine Reihe von Figuren in Shakespeares Dramen durch kontrastierende Charakterzüge oder durch eine jähe Änderung in ihrem Verhalten gekennzeichnet ist. Dies mag gelegentlich durch fremde Gründe mitbedingt sein, im Interesse des »plot«, der thematischen Durchgestaltung oder auch der Theaterwirksamkeit geschehen: die Konversionen Olivers und Duke Fredericks in *As You Like It*, von Sebastian und Antonio im *Tempest* oder die nachträgliche Verzeichnung Angelos in *Measure for Measure* durch die Vorgeschichte der aus niederen Motiven aufgelösten Verlobung sind ziemlich eindeutige Beispiele dafür. Doch das Vorherrschen solcher Charakterbilder auch bei zentralen Dramengestalten ist Ausdruck einer Auffassung vom Menschen, die diesen versteht als ein kaum durchschaubares Wesen (vgl. *Hamlet* III, ii, 353) und ihm überraschende neue Seiten zutraut: »we know what we are, but know not what we may be« (*Hamlet* IV, v, 40). Shakespeares Zeit sah die menschliche Wirklichkeit nicht im harmonischen, stimmigen Charakter; ihr Menschenbild richtete sich aus an Paradigmen wie dem antithetischen Grundmuster der Psychomachia, der Deutung der conditio humana als einer polaren Existenzweise zwischen den Bereichen von Engel und Tier, dem von MONTAIGNE entworfenen Bild eines irrationalen und unergründbaren menschlichen Wesens. Psychologische Traktate stellten die Abhängigkeit des Menschen von den »humours« dar, die unvermittelt wechseln und ein konträres Temperament bewirken konnten.

Wie bereits ausgeführt wurde (siehe Kap. 4), ist eine Doppelbödigkeit von Schein und Sein für Shakespeares Dramen bezeichnend. In der mittleren Schaffensperiode bezieht sich diese Diskrepanz nicht mehr – wie in den frühen Stücken und auch wieder in den Romanzen – vorwiegend auf die Ebene des »plot«, auf Handlungsbögen der Verwechslung, des verkleideten Auftretens, der Verstellung, der schauspielerischen Vorführung. Sie erscheint hier weitgehend in die Personen projiziert. War Richard III. ein »villain«, der in den Part des Wohltäters schlüpfte, so ist für Richard II. das Rollenspiel ein Wesenszug. Sein Charakter konstituiert sich in der eigenwilligen theatralischen Realisation der Rollen des Königs und des abgesetzten Königs, die ihm vorgeschrieben werden. Eine ähnliche Dynamik ist wirksam bei Brutus in *Julius Caesar:* auch sein Persönlichkeitsbild formt sich im Ausspielen einer ihm von den Verschwörern vorgezeichneten Rolle gemäß seinen eigenen Vorstellungen. In Caesar selbst ist eine weitere Variante der Polarität von Sein und Schein dramatisch gestaltet: von menschlichen Gebrechen und Unzulänglichkeiten gezeichnet, gewinnt er übermenschliche Größe, indem er zu seinem eigenen hohen Bild des Caesarentums emporzuleben vermag.

Die konträren Reaktionen der Titelfiguren von *Antony and Cleopatra* hat man ebenfalls als Alternation von Wesensäußerung und Rollenspiel zu erklären versucht, doch handelt es sich hier eher um eine andere Charakterstruktur, die Shakespeare in seinen Dramen realisiert, nämlich ein ständiges Oszillieren zwischen konträren Wesenszügen. In Antony stehen sich römischer Heldenmut und Liebeshörigkeit gegenüber; Cleopatra kann hingebungsvoll liebende Frau und sie kann Kurtisane sein, egoistisch, schwankend, kokettierend. Ein Zwiespalt der Veranlagungen kennzeichnet auch das Persönlichkeitsbild Macbeths, in dem edle Gesinnung und verbrecherische Ambition zusammentreffen

und die extreme Dynamik der Reaktionen bewirken. Hier jedoch
ist es nicht so sehr die Widersprüchlichkeit einer ständigen Bewegung zwischen den beiden kontrastierenden Polen wie eine
einzige Bewegung des Umschwungs – wenn auch der edle
Wesenszug pervertiert in Macbeths späterem Handeln noch
durchscheint.

Ein solcher Charakterumschwung ist typisch für die Zentralfiguren in Tragödien und tragödienverwandten Stücken. Zumeist vollzieht er sich zweifach und führt modifiziert zum ersten
Charakterbild zurück. Er kann sorgsam vorbereitet sein wie
etwa bei Othello oder nur andeutend motiviert werden wie bei
Coriolanus, wo die Gründe, die zur jähen Verwandlung vom
hochherzigen Patrioten zum Feind Roms führen, erst rückblik-
kend erschlossen werden können (U. ELLIS-FERMOR). Er kann
auch ganz abrupt (Timon) und unmotiviert (Leontes) geschehen.
Es scheint, daß Shakespeare hier ganz bewußt die motivierende
Vorbereitung unterläßt, denn in *The Winter's Tale* verzichtet er
auf die Begründung für Leontes' Eifersucht, die GREENES Vorlage ihm bot, und in *Timon* greift er zu dem besonderen Kunstmittel der Bittgänge durch die Diener, um die Desillusion der
zentralen Figur umso deutlicher als spektakuläre Wende darstellen
zu können.

T. SPENCER, *Sh. and the Nature of Man*, 1942, repr. New York, 1961. – J.I.M.
STEWART, *Character and Motive in Sh.*, London, 1949. – R. FRICKER, *Kontrast
und Polarität in den Charakterbildern Sh.s*, Bern, 1951. – B. STIRLING, *Unity in
Shakespearian Tragedy: The Interplay of Theme and Character*, New York, 1956. –
P. URE, »Character and Role from *Richard III* to *Hamlet*«, in: Stratford-upon-
Avon Studies 5, London, 1963. – M.N. PROSER, *The Heroic Image in Five
Shakespearean Tragedies*, Princeton, 1965. – R.B. HEILMAN, *Tragedy and Melo-
drama: Versions of Experience*, Seattle, 1968. – W. HABICHT, »»With an Auspicious
and a Dropping Eye«: Antithetische Mimik in Sh.s Dramen«, *Anglia*, 87 (1969). –
L. AUCHINCLOSS, *Motiveless Malignity*, London, 1970. – W. FARNHAM, *The
Shakespearean Grotesque*, Oxford, 1971. – A. ARONSON, *Psyche and Symbol in Sh.*,
Bloomington, 1972. – (Vgl. auch Bibliographie zu III. B. 4. f.)

e) Die Figuren im dramatischen Kontext

aa) Die Gruppierung

Die Figur im Drama Shakespeares realisiert sich in der Gesellschaft, im Zusammenwirken und in der Auseinandersetzung mit
anderen Figuren; in ihren Unterschieden und Gemeinsamkeiten
zur Umgebung gewinnt sie für den Betrachter Kontur. Selbst die
Isolation – eines Richard III., eines Shylock, eines Hamlet – voll-

zieht sich vor dem Hintergrund des sozialen Gefüges, das von den anderen Figuren des Dramas repräsentiert wird.

Vornehmlich zwei Prinzipien bestimmen die Figurenstruktur des Shakespeareschen Dramas, das der sozialen und das der psychischen und moralischen Abstufung. Die soziale Struktur – welche schon in der Anordnung des Personenverzeichnisses zum Ausdruck zu kommen pflegt – ist die einer ständischen Hierarchie; zumeist reicht sie vom König oder einer anderen Herrscherfigur hinab bis zu Vertretern des Volkes, zu Dienern und Clowns. Sie spiegelt vor allem in den besonders personenreichen Historien die politische Ordnungsvorstellung wider, die dem Kosmos des Shakespeareschen Werks inhärent ist. In den Historien und Tragödien deckt sich diese Rangschichtung zumeist auch weitgehend mit dem Rang der schauspielerischen Rollen; in den Komödien korrespondiert sie mit der Gruppierung der Figuren in »plot« und »subplot«. Eine wichtige Ausnahme kann hier jedoch gemacht werden für eine Verbindungsperson aus der Oberschicht, die in das »subplot« integriert ist (Sir Toby in *Twelfth Night;* Prince Hal in 1 *Henry IV*); gelegentlich werden auch »comic relief« und realistischer Kommentar – traditionell Privilegien gesellschaftlich rangniederer oder rangloser Figuren – einem Mitglied der Oberschicht übertragen (vgl. Faulconbridge in *King John*).

Die psychisch-moralische Strukturierung hingegen ist durch die Prinzipien von Parallelismus und Kontrast bestimmt. Während MARLOWE die Steigerungsbewegung und die kumulierende Wirkung der Dreiergruppierung bevorzugt, zieht Shakespeare die Paarbildung vor mit ihren recht genau kontrollierbaren Effekten gegenseitiger plastischer Ausleuchtung und indirekter Kommentierung (wenngleich er sie nicht so systematisch durchverfolgt, wie es der Restorationsklassizismus gewünscht und, etwa im *Tempest*, nachzutragen versucht hat). Er liebt es, seine burlesken Gestalten paarweise auf die Bühne zu bringen: Shallow und Silence, Dogberry und Verges, Sir Toby Belch und Sir Andrew Aguecheek, in feinerer Abschattierung Nathaniel und Holofernes, mit ungleichem Gewicht Falstaff mit seinem Pagen (»like a sow that has overwhelm'd all her litter but one«). Das Erscheinungsbild des einen Partners konstituiert hier jeweils das des anderen mit, vervollständigt seine Existenz. Ein konventioneller Bühnentyp, etwa der des Mörders oder des Boten, kann sich bei Shakespeare zu einem kontrastierenden Paar auseinanderfalten (*Richard III*, I, iv; 2 *Henry IV*, I, i). Aber auch zentrale Gestalten werden im Parallelitäts- und Kontrastbezug ausgeleuchtet. Bianca und Katherine, Viola und Olivia, Desdemona und Emilia; die »two gentlemen of Verona« und die »two noble kinsmen«; Richard II. und Henry Bolingbroke, King John und der Bastard; Macbeth und Lady Macbeth – sie alle akzentuieren und interpretieren in indirekter Weise durch ihr eigenes Persönlichkeitsbild die Charakterzüge ihres Gegenübers.

Solche Personenpaarung kann innerhalb eines Dramas vervielfacht werden, wie es etwa nach Lylyscher Manier, in Auftrittsfolge und Dialogführung balletthaft stilisiert, in der frühen Komödie *Love's Labour's Lost* geschieht: dem King of Navarre wird die Princess of France, dem Trio seiner Lords das ihrer Ladies und dieser höfischen Gruppe im Ganzen das Sextett der burlesk-komischen Gestalten gegenübergestellt. In sinnfälliger Abstufung auf das zentrale Thema der Werbung und Liebe bezogen erscheint die mehrfache Parallelkonstellation in späteren Komödien, in den durch Korrespondenzen und Kontraste einander zugeordneten Liebespaaren im *Midsummer Night's Dream*, und in *As You Like It*. *Troilus and Cressida* ist ein ungewöhnlich deutliches Beispiel themenbezogener Gegenüberstellung von Figuren, da diese hier ihre divergierenden Auffassungen auch abstrakt ausformuliert vortragen, während in *Julius Caesar* die detaillierte Konstrastierung von Cassius und Brutus, von Antonius und Octavianus, von Brutus und Antonius vor allem dem Auszeichnen ihrer individuellen politischen Persönlichkeiten dient. Ein besonders komplexes Zusammenwirken personaler Kontrast- und Parallelbezüge erreicht Shakespeare in *King Lear*, indem er das *Lear*-Drama mit der Geschichte des Paphlagonischen Königs aus SIDNEYS *Arcadia* verbindet. Das Geschehen um die bösen Töchter und die gute Tochter erfährt so nicht nur eine Beleuchtung durch verwandte moralische Kontrastrelationen – Edmund und Edgar, Kent und Oswald, France und Burgundy –, sondern auch innerhalb der Kontrastbereiche selbst entsteht eine Differenzierung zwischen Cordelia und Edgar, zwischen

Goneril, Regan und Edmund, Cornwall und Albany. Zudem werden die polaren Bezüge hier durch ein anderes Muster Shakespearescher Figurenkonstellation überlagert, nämlich einen gleichsam strahlenförmigen Bezug der zentralen Gestalt zu den anderen Personen des Dramas, durch den jeweils verschiedene Aspekte ihres Charakters hervortreten. Lear sieht sich dem verstoßenen Vater Gloucester, dem Narren, dem Poor Tom, sieht sich seinen drei ihm auf verschiedene Weise wesensverwandten Töchtern gegenüber, und er weist zuweilen selbst auf das sich ihm darbietende Spiegelbild hin. Eine ähnliche Vielfalt der Bezüge tut sich auf für Prince Hal in *Henry IV*, für Duke Orsino in *Twelfth Night*, für Angelo in *Measure for Measure* und auch für Hamlet.

bb) Handlungsbedingte Besonderheiten

Während einerseits in Shakespeares Werk Gestalten erscheinen, deren Charakterbild und Charakterentwicklung die Handlung des Dramas mitbegründet haben dürften – dies gilt im besonderen für Lear –, können andererseits Figuren auftreten, deren Existenz nur in den Erfordernissen der Handlung begründet ist. Zahlreiche Boten und Diener, »Gentlemen« und Vertraute sind allein Träger dramatischer Funktionen. Diese zumeist anonymen, in den Historien aber auch mit geschichtlichen Namen versehenen »Unpersonen« gliedern mit ihren Berichten das »off-stage«-Geschehen in den szenischen Vorgang ein, besorgen Überleitungen und Vorbereitungen, liefern durch neue Informationen die Motive für die handlungsbestimmenden Entschlüsse der anderen, bilden mit ihrer wortkargen und banalen Anwesenheit das notwendige Gegenüber für die Reden wichtigerer Figuren.

Elemente ihrer selbstlosen Anpassung an das dramatische Geschehen finden sich auch in persönlicher gezeichneten Figuren, etwa in Nebenfiguren von *Julius Caesar* oder *Macbeth*, die sich mit variabler »Situationssprache« (EHRL) dem Ganzen unterordnen. Selbst eine so zentrale Figur wie Edgar in *King Lear* erfüllt primär eine Sequenz von Handlungsfunktionen. In verschiedener Verkleidung und mit einer wandlungsreichen Sprache ist er als zu Unrecht verstoßener Sohn, als Tom o'Bedlam, als Bauer und als christlicher Ritter jeweils die Figur, die gerade gebraucht wird.

Edgar allerdings ist eine Ausnahme, der höchstens noch Banquo
an die Seite gestellt werden kann, wie auch sonst gelegentlich bei
im ganzen überzeugend gezeichneten Personen das Handlungsmuster ein unpsychologisches Verhalten bedingt (in *As You Like
It* Rosalinds spätes Erscheinen vor ihrem Vater, in *King Lear*
Albanys verzögerte moralische Entfaltung u. ä.).

Von größerer Bedeutung, wenn auch weniger greifbar, ist der
Einfluß, der von dem Handlungsstil, der Gesamtstimmung eines
Stücks auf die Personenzeichnung ausgeht. In den Komödien
sind es vor allem die Gesetze der Handlungsdynamik und der
flinken Dialogbewegung, die bestimmte Charakterbilder (des
Höflings, des Gecken, des petrarkistisch posierenden Liebhabers)
begünstigen und im ganzen einer allzu sorgfältigen Durchzeichnung der Figuren entgegenstehen. Zuviel »Charakter« kann das
Spiel zerstören: das deutet sich an bei Julia in *The Two Gentlemen
of Verona*. In den Tragödien ist es der Schicksalsweg einer zentralen Gestalt, dem gleichsam wie in einem magnetischen Feld die
Erscheinungsweise der anderen Personen zugeordnet werden
kann. Die Wandlung Lears spiegelt sich wider in den Wandlungen Kents, des Narren, Edgars, Gloucesters; mit Hamlet, so hat
man gesagt, nimmt das ganze Stück eine »antic disposition« an.

Gelegentlich, wenn der Schatten eines bestimmten Handlungs-
musters auf eine ihm fremde Gestalt fällt, erhält diese eine faszinierende Doppelwirkung; wenn die Moralitätenfigur des Vice
im historischen Kontext auftritt (Falstaff in *Henry IV*), wenn die
tragische Judengestalt aus MARLOWES *Jew of Malta* in der Komödie (Shylock im *Merchant of Venice*), der Narr hingegen in der
tragischen Welt des *King Lear* erscheint.

cc) Themenbezogene Figurengestaltung

Daß Gruppierung und Erscheinungsbild der Figuren auch
durch die übergreifenden Sinnbezüge eines Dramas mitbedingt
sein können – diese bis dahin vernachlässigte Seite von Shakespeares Dramatik ist in den letzten Jahrzehnten recht energisch
und, von verschiedenen Deutungen ausgehend, recht unterschiedlich dargestellt worden. Hier soll nur auf einige allgemeine
Aspekte solcher themenbezogener Figurengestaltung hingewiesen werden.

Diese vollzieht sich nicht, wie es etwa für Ben JONSON bezeichnend ist, in der Weise, daß das zentrale thematische Anliegen in den Handlungen und Reden verschiedener Figuren immer wieder bestätigt wird – vielleicht deshalb sind die thematischen Bezüge Shakespearescher Figuren auch häufiger übersehen worden. Shakespeares Dramengestalten repräsentieren die thematische Vision eines Stückes in vielfacher prismatischer Brechung; selbst kleine Nebenfiguren noch dürfen kontrastierende Perspektiven beitragen.

In den Historien wirkt sich auf die Charakterisierung und Kontrastierung der Figuren die Absicht aus, politische Lehren zu vermitteln und sie bis in ihre problematischen Konsequenzen hinein zu erforschen. Das Bild der Könige – ein Vergleich mit MARLOWES ganz anderen Herrschergestalten macht dies deutlich – ist mitbestimmt durch eine hohe Auffassung vom Königtum, einen Glauben auch an die Theorie der »two bodies of the king«, an die metaphysisch-ideale und mit menschlichen Schwächen behaftete doppelte Existenzweise des gesalbten Königs.

In den frühen und mittleren Komödien ist es neben der Sprachreflexion (Love's Labour's Lost) und der Frage nach der Identität und der Wandlungsfähigkeit des Menschen (Comedy of Errors, Midsummer Night's Dream) vor allem – wie in den gleichzeitig entstandenen Sonetten – das Thema der Liebe, das Shakespeare in seinen Figuren von der höfischen bis zur burlesken Variation »durchspielt«; in den »dark comedies« sind es moralische Problemstellungen. Auf seine bevorzugte Technik dabei, die der gegensätzlich-symmetrischen Figurenzeichnung, wurde bereits eingegangen. Solcher Figurengruppierung stellt er darüber hinaus mehrmals eine gänzlich fremde Kontrastfigur entgegen, die die Einheit in der Verschiedenheit jener Personengruppe folienhaft herausstreicht: den schwarzen Schurken Don John in Much Ado; im Merchant of Venice Shylock, dessen Buchstabengerechtigkeit und Haß ihn scharf absetzt von der Atmosphäre romantischer Liebe, Heiterkeit und Großzügigkeit, die die anderen umgibt; Malvolio, den sein Puritanismus von der ganzen vielfarbigen Stimmungspalette der »Twelfth Night« unversöhnlich trennt.

Auch für die Figurenkonstellationen in den Tragödien sind

themenbezogene Gestaltungsprinzipien aufgewiesen worden. Wie in den Problemstücken der »debate«-ähnliche Redestil, so sind hier die abstrahierende, auf die Moralitäten zurückweisende Figurenzeichnung (*Macbeth*, *Timon*) und die moralitätenhaft konfrontierende Gruppierung (*Lear*, *Macbeth*) Indizien für die – wenngleich begrenzte – Angemessenheit solcher Figurenerklärung. Für die Figuren der großen Tragödien hat zum Beispiel L. B. CAMPBELL ein Muster von Sinnbezügen vorgeschlagen: die zentralen Gestalten manifestieren das Wirken einer versklavenden Leidenschaft – »grief« in *Hamlet*, »jealousy« in *Othello*, »wrath« in *King Lear*, »fear« in *Macbeth* –; in zahlreichen Nebenfiguren werden jeweils Varianten der gleichen Leidenschaft realisiert oder dieser die komplementäre Tugend entgegengesetzt. G. W. KNIGHT hingegen arbeitet für die meisten Tragödien ein »triangular pattern« in der Personenstruktur aus, dessen Pole der dem Idealen zustrebende Held, die das Ideal repräsentierende Figur oder Gruppe und der verneinende, zynische Antagonist sind. Solche Entwürfe von Sinnmustern bedürfen vielfacher gegenseitiger Ergänzung, um die Vielfalt zu erschließen, die der unbefangen aufmerksame Leser oder Theaterbesucher erahnt.

Die Romanzen gliedern die Figuren und ihre Entwicklung in den Rhythmus eines moralischen Regenerationsprozesses ein; ihre eher skizzenhafte Charakterzeichnung und vor allem die abrupten und kollektiven Charakterumschwünge werden dadurch mitbedingt.

Generalisierend läßt sich auch hier die für Shakespeares Schaffen bezeichnende Kreisbewegung feststellen. Nachdem in den frühen Historien das geschichtsthematische Interesse den Figurenreichtum sich unterordnete, rückt die Darstellung individueller Charaktere und Schicksale in den Vordergrund, die dann in den späteren Tragödien wiederum überlagert und in den »problem plays« und Romanzen zurückgedrängt wird zugunsten einer dramenumfassenden Sinnvision.

T. S. ELIOT, »Hamlet«, 1919, in: *Selected Essays*, London, 1951³. – G.W. KNIGHT, *The Wheel of Fire*, Oxford, 1930. – L.B. CAMPBELL, *Sh.'s Tragic Heroes: Slaves of Passion*, Cambridge, 1930. – A. SEWELL, *Character and Society in Sh.*, Oxford, 1951. – L. KIRSCHBAUM, *Character and Characterization in Sh.*, Detroit, 1962. – H. MATTHEWS, *Character and Symbol in Sh.'s Plays*, Cambridge, 1962. – L.C. KNIGHTS, »The Question of Character in Sh.«, in: *Further Explorations*, London, 1965. – R. LEVIN, »Thematic Unity and the Homogenization of Character«, *MLQ*, 33 (1972). – P. BILTON, *Commentary and Control in Sh.'s Plays*, New York, 1974.

6. DIE SPRACHE: KOMMUNIKATIONSSITUATIONEN

Das Bemühen, Shakespeares Dramatik von der sprachlichen Dimension seines Werkes her zu erfassen, ist vorwiegend eine Domäne der Philologen. Durch Beschreibung und Kategorisierung versuchen sie die Vielfalt der Gesprächsformen und Sprechweisen aufzudecken, die im normalen Rezeptionsvorgang immer nur zu einem Teil bewußt werden. So nimmt etwa – abgesehen von der individuell verschiedenen Aufnahmefähigkeit – der Zuschauer die Struktur der Gesprächssituationen eher wahr als der Leser, der wiederum für die feinen Anspielungen und Mehrdeutigkeiten des Textes empfänglicher ist, während eine Schallplattenübertragung vor allem die musikalischen Qualitäten von Shakespeares Dramensprache vermittelt. Demjenigen, der die Stücke nur aus Übersetzungen kennt, geht vieles ganz verloren; ein simultanes Lesen von Original und Übertragung hingegen kann unübersetzbare Sinn- und Klangeffekte besonders stark empfinden lassen.

Im Folgenden wird skizzenhaft auf Aspekte der Sprachkunst Shakespeares hingewiesen, wie sie bisher erarbeitet worden sind. Eine Vorstellung von der Fülle der Variationen, die Shakespeare den sprachlichen Formen abzugewinnen versteht, können nur die Einzelstudien selbst geben durch das reiche Beispielmaterial, das sie zumeist vor dem Hintergrund der vorshakespeareschen Sprachsituation ausbreiten; einen adäquaten Eindruck vom vielfältigen Zusammenwirken dieser Formen im stilistischen Kosmos des Einzeldramas vermögen noch am ehesten Werkkommentare und Monographien zu vermitteln.

a) Die Gesprächsführung

Drei Sprechweisen herrschen in Shakespeares frühen Dramen vor und stehen oft ziemlich unverbunden nebeneinander: der direkt handlungsbezogene, mitteilende Dialog, die stilisierte Wechselrede, die in sich selbst zentriert, und das ebenfalls kunstvoll durchgestaltete, in sich geschlossene Redesolo. Die konventionellen Szenentypen des elisabethanischen Theaters, die hier dominieren – die Kampf-, die Belagerungs- und die Mordszene;

die Werbe- und die Umstimmungsszene; die Gerichts- und Beratungsszene, die Sterbeszene, der Botenbericht – haben solche Typisierung begünstigt und auch Muster dafür angeboten. Shakespeares frühe Historien neigen mehr zur Alternation von handlungsbezogenem Gespräch und selbstgenügsamer, langer Rede, während in den Komödien der stilisierte Dialog in besonderer Weise kultiviert wird. Die weitere Entwicklung ist gekennzeichnet von einer gegenseitigen Annäherung dieser Redeformen, einem geschmeidigeren Modulieren zu variierenden Gesprächssituationen. Es bilden sich Zwischenformen aus: die Solorede wird aufgelockert, indem andere Personen zitiert oder Briefstellen verlesen werden, sie wird unterbrochen durch Fragen und Einwürfe, sie kann auf mehrere Personen aufgeteilt werden; andererseits holt der Dialog in asymmetrischer Gestaltung zu weitbogigeren Redebewegungen aus. Soli und Dialogbeiträge werden überdies zunehmend durch die individuellen Sprachstile der Personen verklammert und durch intensiveren Bezug auf das Gegenüber und auf den Verlauf der Handlung (Überzeugungs-, Überredungs-, Umstimmungsintentionen) in die dramatische Bewegung integriert.

b) Besondere Dialogformen

Eine komödienspezifische Dialogart ist die des geistreichen, schnellen »repartee«. Ihm eignen besondere Formen der sprachlichen Ausgeschliffenheit. In *Love's Labour's Lost*, das aus solcher Dialogbewegung heraus lebt, werden sie alle, zumeist mehrfach, vorgeführt: das ironische Frage- und Antwortspiel (vgl. I, ii, 1 ff.), das stichomythische Gegeneinandersetzen zeilen- oder halbzeilenlanger, klangverwandter Aussagen (II, i, 94 ff., 182 ff.), das wortspielhaft anknüpfende Widersprechen (I, i, 261 ff., V, ii, 19 ff.), das Parieren mit Sprichwörtern und Sentenzen (I, i, 94 ff., II, i, 119 ff.). In späteren Stücken können solchem Dialog gelegentlich unkonventionelle Wirkungen abgewonnen werden, wenn er als Mittel individueller Figurenzeichnung genützt wird (die schnelle Wechselrede für Beatrice und Benedick in *Much Ado*, das Abfragen für die mit puritanischen Zügen behafteten Figuren Falstaff und Malvolio), wenn er in ernstem Kontext die Ironie einer Situation andeutet (*Richard III*, I, ii und IV, iv) oder bitteren Spott zum Ausdruck bringt (*Hamlet* III, iv, 9 ff.).

Während sich in solchem »civil war of wits« (*Love's Labour's Lost* II, i, 225) antithetischer Personenbezug artikuliert, streicht eine andere Form stilisierten Dialogs die besondere Parallelität von Situationen heraus. Es ist dies eine antiphonartige Redebewegung, bei der weitgehend gleichgestaltete Einzelrede mit Ensemblerede alterniert und eine geschlossene Gesamtwirkung entsteht. Sie erscheint vorwiegend in Klageszenen (*Richard III*, IV, iv, *Romeo and Juliet* IV, v, *Cymbeline* IV, ii, 259 ff.), in *As You Like It* jedoch auch im Ritual der Liebesbeteuerungen (V, iv).

c) Arten der Solorede

Wie diese Dialoge, so zeichnen sich auch die Redesoli zumeist durch besondere sprachliche Durchgeformtheit aus. Shakespeares häufiges Einsetzen solcher Soli (in heutigen Aufführungen gern gekürzt) mag begünstigt worden sein durch das Vorbild des Senecadramas und das Arsenal der »set speeches«, die das zeitgenössische Theater ihm bot; es wurde gefördert durch die Freude des elisabethanischen Publikums am Wortprunk und sein Connaisseurtum hinsichtlich rhetorischer Kunstformen. Historien und Römerdramen verlangen von der Handlung her entsprechend der weitgehenden Öffentlichkeit der Vorgänge die formale Rede; in *Titus Andronicus* und in den Romanzen ist sie sprachliches Äquivalent des schaubildhaften Bühnengeschehens.

Als Bericht, als Ansprache oder als thematisch-atmosphärische Evokation erscheint die Solorede innerhalb, als Monolog oder als Anrede ad spectatores außerhalb des dialogischen Kontextes. Der Bericht informiert (wenn auch manchmal nur als Vorwand für Publikumsinformation) das Gegenüber auf der Bühne; dichtgedrängte Wissensvermittlung charakterisiert ihn (die ausgeprägteste Variante ist *Tempest* I, ii). Während er durch die Art des Sprechers und durch seinen Stil zur Neutralität tendiert, ist die Rede (oratio) durch die Absicht der emotionalen Einwirkung auf das Gegenüber bestimmt. Die Formen antiker Beeinflussungskunst werden hier aufgegriffen: das judiziale Genus der Rede etwa in Othellos oder Hermiones Verteidigung, dialoghaft

aufgelockert in Isabellas Verteidigung ihres Bruders, das delibe-
rative Genus zum Beispiel in den Ansprachen Coriolans (III, i).
Das demonstrative Genus, dessen antagonistischer Bezug schwächer ist, wird in der Gegenüberstellung kontrastierender Reden
mit dramatischer Spannung erfüllt, wenn Richmonds von Richards »oration« (*Richard III*, V, iii), Brutus' Rede an das Volk
von der des Antonius abgelöst wird (*Julius Caesar* III, ii). Wenn
auch selten so offensichtlich wie in Berownes Rede (*Love's
Labour's Lost* IV, iii), die sich im strengen Formalismus ironischer
Distanz entfaltet, so scheint doch in solchen Ansprachen häufig
das klassische Strukturprinzip von exordium, propositio, argu-
mentatio und peroratio und deren Varianten durch. Weniger als
Bericht und Rede ist die atmosphärisch-thematische Evokation
in den Kommunikationszusammenhang integriert. In poetischer
Sprache und freier Bildhaftigkeit zu verallgemeinernder Reflexion ausholend, eröffnet sie gleichzeitig die Bereiche der Phantasie und der Sinndeutung. So sind dies auch die Passagen, die mit
Vorliebe in Gedichtanthologien einbezogen werden: Clarences
Traum (*Richard III*, I, iv), Mercutios »Queen Mab speech« (*Romeo
and Juliet* I, iv), Prosperos Vision der »cloud capp'd towers« (*Tempest* IV, i), Gaunts Sterberede, deren Bild- und Satzbewegung das
zentrale Wort »England« sinnspiegelnd umrahmt (*Richard II*, II, i).

Völlig vom Vorwand innerszenischer Mitteilung befreit, entfaltet der Monolog die Sinnbezüge eines Dramas. Die Klage von
Henry VI., der sein Schicksal und das seines Landes am Ideal
pastoralen Friedens mißt (3 *Henry VI*, II, v), die Ausführungen
von Richard II. über »time« (V, v); die Apostrophen von Henry
IV. an »sleep« und von Prince Hal an die Krone (2 *Henry IV*, III, i
und IV, v), die Worte von Henry V. über das Idol »ceremony«
(*Henry V*, IV, i) und von Philip Faulconbridge über den »smooth-
fac'd gentleman, tickling commodity« (*King John* II, i) sind jeweils thematische Kernstellen. Die Sprache solcher Monologe,
die Abstraktes und Bildhaftes dicht verwebt und durch Wieder-
holungsgesten sicher die Sinnakzente setzt, ist die des elisabethanischen »reflective verse«, wie sie im vielfachen Prozeß der »imitation« von Dichter zu Dichter zum Medium konzentrierter, allgemeingültiger Aussage entwickelt wurde; Sprecher und dramatische Situation aber verleihen ihr hier neue Aktualität.

Andererseits kann monologische Rede auch als persönliche Artikulation, als »Selbstgespräch« erscheinen. Indem Shakespeare sich dabei weit von den rhetorischen Normalformen entfernt, in denen die Rede sich einem spürbar vorausbedachten Ende entgegenbewegt, vermag er mit ihr die Illusion eines spontanen Sprechens zu erwecken; von *Richard III* (V, iii) zu *Hamlet* und *Macbeth* vermittelt sie mit zunehmender Geschmeidigkeit die feinen und widerstrebenden Bewegungen menschlichen Fühlens und Denkens. Schließlich kann der Monolog auch als Form der Publikumsansprache eingesetzt sein, als innerszenisches Äquivalent (wie auch das »aside«) zu den szenenumrahmenden Reden von Chorus, Prolog und Epilog. Wenn auch verhaltener als diese, dient er dann direkter Information des Publikums (vor allem als Planungsmonolog des Schurken) und dem Kommentieren des dramatischen Geschehens von außen, gleichsam aus der Zuschaueroptik (z.B. in Thersites' Soli in *Troilus and Cressida*).

d) Mehrere Kommunikationsebenen

Die Vorliebe Shakespeares für mehrschichtige, ineinander verschachtelte Darstellung äußert sich im Bereich der Redesituation in der simultanen Existenz mehrerer Kommunikationsebenen. Es kann sich eine Diskrepanz auftun zwischen dem Wortwechsel an der Gesprächsoberfläche und der »wirklichen« Mitteilung. Nach dem Muster der traditionellen Szene des Mordauftrags, der nicht offen gegeben und oft auch nicht ausdrücklich verstanden wird, geschieht dies in *King John* III, ii, in *Richard II*, V, iv. In Verkleidungssituationen entstehen feinere Spielarten solcher ironischen Doppelschichtigkeit (z.B. in *Twelfth Night* II, iv oder in *The Winter's Tale* IV, iv).

Es kann sich aber auch ein mehrfacher Gesprächsbezug etablieren, in der einfachsten Form als ein Durcheinanderreden (im Text zuweilen durch besondere Zeilenstruktur signalisiert; vgl. *Hamlet* V, i, 253 ff.; *Othello* III, iii, 371 ff.). In *Hamlet* (III, iv, 101 ff.) ist diese Verwirrung begründet in der Erscheinung des Geistes, die nur einem Gesprächspartner sichtbar ist; diese Gesprächssituation wird in *Macbeth* in der Bankettszene zu einem dramatischen Höhepunkt ausgestaltet. An anderen Stellen entsteht

ein doppelter Kommunikationsbezug in der Zweigleisigkeit von
Brieflektüre und Briefkommentar (z.B. *Hamlet* II, ii, 106ff.),
von öffentlichem und Beiseite-Gespräch (*Macbeth* II, iii),
von Dialog und monologischem Reden (*King Lear* III, ii und iv),
vor allem aber im Rahmen von Belauschungs- und Spielszenen.
Die Gespräche von Beobachteten und Beobachtern (*Troilus and
Cressida* V, ii), von Schauspielern und Zuschauern (*Hamlet* III,
ii) werden gleichzeitig nebeneinander hergeführt; im *Midsummer
Night's Dream* mit dem zusätzlichen Gesprächsbezug zwischen
Spielern und Publikum (V, i), in *Troilus* V, ii mit einer dritten
Kommunikationsebene, die sich in Thersites' publikumsbezoge-
nen Kommentaren etabliert.

e) Gesprächsführung als dramatisches Ausdrucksmittel

Die Art des Gesprächsbezugs kann zum Ausdrucksmittel werden für etwas, das noch unter der Gesprächsoberfläche liegt, erst
später ausgesprochen oder geschehen wird. So ist etwa die symmetrische Wechselrede zwischen zwei Personen in den Komödien
ein verläßliches Zeichen zukünftiger Liebesbande (vgl. z.B.
Love's Labour's Lost II, i, 94ff., 182ff.); ähnlich bereitet auch in
Richard III, I, ii der stichomythische Gleichklang auf die spätere
Einigung der feindlichen Gesprächspartner vor. Daß Richard III.
sich mit einem Monolog, Hamlet mit einem »aside« einführt, läßt
ihre Isolation bereits erahnen. Der Aufbruch des Redezeremo-
niells in der ersten Szene des *King Lear* durch Cordelias »nothing«
nimmt den Vorgang der Disintegration, die Bewegung vom
Äußeren zum Inneren, die sich im Folgenden vollzieht, im Ge-
sprächsbild vorweg. Der mangelnde Gesprächskontakt auf der
Seite der Rebellen in 1 *Henry IV* (I, iii, 187ff.; III, i) ist Omen
ihrer fatalen Entzweiung, während der Dialog zwischen Prince
Hal und Henry IV., in dem der Prinz die von seinem Vater be-
gonnene Redebewegung und Bildersprache ohne Bruch weiter-
führt (V, i, 3), ein verläßlicheres Zeichen ihrer Harmonie ist, als
es eine ausdrückliche Loyalitätserklärung sein könnte.

M.L.R. ARNOLD, *The Soliloquies of Sh.*, New York, 1911. – W.F. SCHIRMER,
»Sh. und die Rhetorik«, *SJ*, 71 (1935). – M.B. KENNEDY, *The Oration in Sh.*,
Chapel Hill, 1942. – W. CLEMEN, »Wandlung des Botenberichts bei Sh.«, 1952,
in: *Das Drama Sh.s*, Göttingen, 1969. – K. MUIR, »Sh. and Rhetoric«, *SJ*, 90

(1954). – W. CLEMEN, *Die Tragödie vor Sh.*, Heidelberg, 1955. – B. SCHMID, *Form und Gehalt der Großen Rede in Sh.s Historien*, Diss., München, 1955. – F. HOFFMANN, »Die typischen Situationen im elisabethanischen Drama und ihr Pattern«, *SJ*, 94 (1958). – K. SCHLÜTER, *Sh.s dramatische Erzählkunst*, Heidelberg, 1958. – J. L. STYAN, *The Elements of Drama*, Cambridge, 1960. – W. CLEMEN, *Sh.s Monologe*, Göttingen, 1964. – N. COGHILL, »Soliloquy«, in: *Sh.'s Professional Skills*, Cambridge, 1964. – K. MUIR, »Sh.'s Soliloquies«, *Separate da Revista › Occidente‹* 67 (1964). – W. RIEHLE, *Das Beiseitesprechen bei Sh.* Diss., München, 1964. – J. L. STYAN, *Sh.'s Stagecraft*, Cambridge, 1967. – E. KURKA, »Zur Darstellung von Redner und Rede in Sh.'s Dramen«, *SJ Ost*, 104 (1968). – T. HAWKES, *Sh.'s Talking Animals*, London, 1973. – R. Y. TURNER, »The Problem of Dialogue«, in: *Sh.'s Apprenticeship*, Chicago, 1974. – W. D. SMITH, *Sh.'s Playhouse Practice*, Hanover, New Engl., 1975.

7. DIE SPRACHE: IHRE FORMEN

a) Das Vokabular

Das elisabethanische Drama war nicht durch eine konventionelle Dramensprache, einen Kodex des literarisch Zulässigen eingeschränkt, es nahm vielmehr teil an einem allgemeinen Bestreben, die sprachlichen Möglichkeiten des Englischen auszuweiten und seinen Wortschatz zu bereichern. Inwieweit Shakespeare in seinen Werken sprachschöpferisch tätig geworden ist, läßt sich nicht genau abgrenzen, da die damalige Sprachsituation nicht mehr vollständig rekonstruiert werden kann (vieles, was wir bei Shakespeare zum erstenmal belegt finden, dürfte in nicht überlieferter Literatur und vor allem in der Umgangssprache ein Vorbild gehabt haben). Allgemein charakteristisch für ihn ist eine eigenwillige und gelegentlich auch experimentierende Verwendung des Wortguts, die jedoch kontrolliert wird durch ein Wissen um die Wirksamkeit der weniger aufdringlichen Variationen des Gewohnten und eine Abneigung gegenüber extravaganter Neuerung, wie er sie in seinen Sprachparodien zum Ausdruck bringt.

Als Wortneuschöpfungen in Shakespeares Dramen fallen vor allem die der komischen Figuren auf, die bizarren Gebilde der eitlen und ignoranten Wortverdreher und der latinisierten Schulmeister, deren Exzesse sich dem Wortungetüm »honorificabilitudinitatibus« (*Love's Labour's Lost* V, i, 37) annähern. Doch trotz des Spotts für den Gebrauch von »inkhorn terms« verwendet Shakespeare Latinismen durchaus auch in ernstem Kontext, nützt ihre fremde Klangmelodie und Wortbewegung zu suggestiver Aussage (»the multitudinous seas incarnadine«), ihre differenzierte Bedeutung zum Ausdruck abstrakter Sinnzusammenhänge. Die Statistik erweist, daß Wortneubildungen vorzugsweise bei ernsten Figuren (in abnehmender Häufigkeit bei Henry V., Macbeth, Troilus, Richard III., Iago und Ulysses) und in ernsten Stücken (*Troilus and Cressida*, *Hamlet*, *Othello*, *Henry V*, *King Lear* und *Richard III*) erscheinen.

Weiterhin hat die Erforschung seines Vokabulars gezeigt, daß Shakespeare die in der englischen Sprache angelegten Möglichkeiten der Wortschatzerweiterung vorzieht, insbesondere die neuartige Verbindung eines Wortes mit einem Präfix oder Suffix und die syntaktische Funktionsverschiebung. Adjektive und Substantive verwendet er als Adverbien, Verben als Substantive, und vor allem in den späten Stücken erzielt er eine starke, bildhafte Ausdruckswirkung, indem er andere Wortarten in verbaler Funktion einsetzt: »'Tis still a dream, or else such stuff as madmen / *Tongue*, and *brain* not« (*Cymbeline* V, iv, 144).

Auch im Einbezug von Sondersprachen ist Shakespeare im Vergleich zu anderen elisabethanischen Dramatikern zurückhaltend; Shylock den Juden oder Autolycus den Hausierer und Taschendieb zeichnet er mit nur ganz sparsamen Andeutungen gruppensprachlicher Art. Dialekt und fremde Sprachen erscheinen ebenfalls selten; ihr pittoresker Effekt in 1 *Henry IV* und *Henry V* wird durch thematische Relevanz gerechtfertigt, denn das Durcheinander der Sprachen demonstriert hier die Distanz innerhalb der Gruppe, die Verschiedenheit in der Einheit. Fremdartige Atmosphäre – die heidnische Welt des *King Lear*, der lateinische Kulturbereich der Römerdramen, die exotische Heimat Othellos – wird nur mit verhaltenen Variationen des Vokabulars im Rahmen des elisabethanischen Sprachgebrauchs suggeriert.

Als besonders wirkungsvoll empfunden worden ist immer wieder Shakespeares Art, vor dem Hintergrund kontrastierender Sprechweisen einfache, einsilbige Wörter und schlichte Sätze erscheinen zu lassen – Marcades Todesbotschaft in *Love's Labour's Lost* (V, ii, 706), Lady Macbeths Klagen der Schlafwandelszene, die Worte, die Lear nach dem Erwachen aus dem Wahnsinn spricht (*King Lear* IV, vii). Ein abgegriffenes Wort kann in insistierender Wiederholung lebendig werden, so zum Beispiel »but yet« in Cleopatras, »shall« in Coriolans Rede (*Antony and Cleopatra* II, v, 50, *Coriolanus* III, i, 90), oder wird wie Falstaffs »honour« (1 *Henry IV*, V, i, 132) und Edmunds »legitimate« (*King Lear* I, ii, 18) auf diese Weise zu gespenstischer Nichtexistenz verdammt. Auch durch leitmotivartiges Wiederaufnehmen kann ein Wort mit Bedeutung aufgeladen werden: »honest« in *Othello*, »honour« und »time« in 1 *Henry IV*, »noble« in den Römerdramen, »nothing« in *Richard II* und *King Lear* werden so jeweils zu Kristallisationspunkten für einen ganzen Themenkomplex des Dramas.

G. S. GORDON, *Sh.'s English*, S.P.E. Tract 29, Oxford, 1929. – Sr. M. JOSEPH, *Sh.'s Use of the Arts of Language*, New York, 1947. – D. BECKER, »Sh.s Englisch und seine Erforschbarkeit mit Hilfe des *New English Dictionary*«, *SJ*, 84/86 (1950). – W. EMPSON, *The Structure of Complex Words*, London, 1951. – H. STAHL, »Schöpferische Wortbildung bei Sh.«, *SJ*, 90 (1954). – B. v. LINDHEIM, »Syntaktische Funktionsverschiebung als Mittel des barocken Stils bei Sh.«, *SJ*, 90 (1954). – H. M. HULME, *Explorations in Sh.'s Language*, London, 1962. – P. A. JORGENSEN, *Redeeming Sh.'s Words*, Berkeley, 1962. – V. SALMON, »Elizabethan Colloquial English in the Falstaff Plays«, *Leeds Studies in English*, 1 (1967). – H. VOITL, »Sh.s Komposita: Ein Beitrag zur Stilistik seiner Wortneuprägungen,« *SJ West* (1969). – K. HUDSON, »Sh.'s Use of Colloquial Language«, *ShS*, 23 (1970). – V. SALMON, »Some Functions of Shakespearian Word Formation«, *ShS*, 23 (1970). – P. A. JORGENSEN, »Sh.'s Dark Vocabulary«, in: *The Drama of the Renaissance*, ed. M. Blistein, Providence, R. I., 1970. – M. CHARNEY, »Sh.'s Unpoetic Poetry«, *SEL*, 13 (1973). – M. DORAN, *Sh.'s Dramatic Language*, Madison, 1976. – R. A. LANHAM, *The Motives of Eloquence*, New Haven, 1976. – (vgl. auch Bibliographie zu I.A. 11)

b) Die Sinnfiguren

Sinnfiguren, von den Elisabethanern als »tropes« klassifiziert, lassen – im Gegensatz zu den »figures«, die vorrangig durch den Wortklang wirken – im Wortgebrauch eine Diskrepanz zur normalen Bedeutung des Wortes entstehen. Von solchen Wortgesten sind es vor allem das bildhafte Sprechen, das Wortspiel und das Sprichwort, daneben auch die Übertreibung (Hyperbel), denen Shakespeare dramatische Effekte abgewinnt. Die Skala ihrer Funktionen reicht vom ornamentalen Ausschmücken des Dramas bis zu einem konzentrierten Erfassen seiner Sinnbezüge.

aa) Die Bildersprache

Vom Zwang direkter Handlungsbezogenheit frei, evoziert die Bildersprache in Shakespeares Dramen jenseits des szenischen Geschehens eine reiche Welt. Die ungemeine Vielfalt der Bilder ist mit Shakespeares persönlichen Neigungen und Lebenserfahrungen (SPURGEON) wie auch mit seiner Belesenheit (HANKINS, AUGUSTIN) erklärt worden; ihre Auswahl hat man einerseits auf ein der dramatischen Effekte bewußtes Gestalten (CLEMEN), andererseits auf das Wirken nur halb bewußter Assoziationsvorgänge zurückgeführt (ARMSTRONG).

Bestimmte Bildbereiche dominieren. Vorrangig verwendet wird die Naturmetaphorik, durch die auf der Bühne nicht Darstellbares einbezogen werden, mit der das Geschehen bis in kosmische Dimensionen hinein ausgeweitet werden kann. Doch auch »homely images« sind häufig, vertraute Bilder des täglichen Lebens, die in Augenblicken des artifiziellen Spiels oder des extremen Pathos eine Brücke zurückschlagen können zur Alltagswelt. In den Historien erscheint bevorzugt heraldisches Bildgut; mit seinen vorgegebenen Sinnbezügen bietet es sich zur Andeutung geschichtstheoretischer Implikationen des Geschehens an. Als Medium metadramatischer Reflexion wie auch zur Darstellung der Sein-Schein Thematik kehrt Theater- und Pageantmetaphorik vielfach wieder.

Für verschiedene Stücke und Schaffensperioden sind bestimmte Formen der Bildverwendung charakteristisch. Das detailliert ausgemalte Bild, das sowohl von seiner formalen Gestaltung wie auch von der Wahl des Bildbereichs her nur locker mit dem übrigen Text verbunden ist, kennzeichnet den Frühstil. Seine ornamentale Selbstgenügsamkeit wird jedoch häufig dramatisch motiviert, indem es in formalen öffentlichen Reden, in den Redeposen von Höflingen und modisch Verliebten, schließlich als individuelle Wortgeste des Schauspielerkönigs Richard II. erscheint. In *Richard II* werden zur Intensivierung der Bildersprache zum erstenmal in größerem Umfang Theaterelemente eingesetzt: Szenenbilder (garden, base court), Gesten (Richards Küssen der Erde, das gemeinsame Ergreifen der Krone durch Richard und Bolingbroke) und Requisiten (der Spiegel). In späteren Dramen werden die Bilder zunehmend in den übrigen Sprachkörper integriert; das Übergleiten zum Bild über ein Wortspiel, das Ineinanderflechten von Abstraktem und Bildhaftem, die Aussage durch das Bild anstelle ihrer nachträglichen Illustration, die assoziative Bildverknüpfung sind nun die vorherrschenden Verfahrensweisen. Die Römerdramen finden entsprechend ihrer allgemeinen Tendenz zu logisch kontrollierter Sprache zum formal abgegrenzten, erklärenden Bild zurück; die Romanzen neigen wieder zu dem sich ausweitenden Bild der frühen Dramen, doch die Grenzen zwischen dem, was »wirklich« geschieht, und dem, was das Bild ausmalt, sind vor allem im *Tempest* fließend geworden, verwischen sich für Bühnenfiguren wie für Zuschauer.

Die Bildersprache kann handlungsbezogen sein, indem sie späteres Geschehen antizipiert oder vergangene Ereignisse nachklingen läßt, indem sie in heterogener Szenenfolge als einheitsstiftendes Element wirkt (wie etwa die Anspielungen auf den Mond in der verschachtelten Handlung des *Midsummer Night's Dream*) oder auch zum szenischen Vorgang eine kontrastierende Gegenwelt entfaltet. Andererseits setzt Shakespeare »imagery« zur Figurenzeichnung ein; Personen werden mit bildhafter Sprache skizziert (so entsteht etwa ein Porträt von Richard III. aus der Tiermetaphorik der anderen), sie charakterisieren sich durch ihren eigenen Bildgebrauch (die Art, in der Iago oder Hamlet Tierbilder verwenden, ist aufschlußreich für ihre Denkweise und ihre Sicht der Umwelt). Ornamentale, handlungsbezogene, atmosphärische und personentypische Bilder aber können darüber hinaus zu Medien der thematischen Exposition werden. Durch Bildparallelen werden Situationen und Gestalten in ein analogiehaftes Sinnmuster eingeordnet, durch Bilder von Verfall, Krankheit und Tod werden sie negativ bewertet, durch Lichtmetaphorik, kosmische und sakrale Bilder verklärt. Schon in *Henry VI* wirken durchgängige Bildanspielungen auf »butcher« und »slaughterhouse« wie ein moralischer Kommentar zum Geschehen. Die gesamte Lancaster-Trilogie wird von der Bildkette des Fetten und des zu Mageren durchzogen, die auf ein zentrales politisches Problem, den Mangel einer ordnenden, ausgleichenden Kraft, verweist (DORIUS). Deutungen der letzten Jahrzehnte haben (wenn auch mit gelegentlicher Überinterpretation) aufgezeigt, wie Shakespeare diese Technik der »iterative imagery« verfeinert, wie er komplexe thematische Relationen darstellt in einer korrespondierenden Gruppe miteinander verwandter Bilder, die sich entfalten können in einer symphonieartigen Bild-

modulation (ALTICK), in einem Muster paralleler und kontrastierender Bild- und Sinnbezüge (HEILMAN), in einem dramenumfassenden Analogiegewebe, das Handlungsmotive, Personen,
Bilder und abstrakte Begriffe vereint (BROWER).

C. FEHRMAN, »The Study of Sh.'s Imagery«, *MSpr*, 51 (1957). – K. MUIR,
»Sh.'s Imagery – Then and Now«, *ShS*, 18 (1965) (Forschungsberichte). – W.
WHITER, *A Specimen of a Commentary on Sh.*, 1794, eds. A. Over, M. Bell,
London, 1967. – F.C. KOLBE, *Sh.'s Way*, London, 1930. – G.W. KNIGHT,
The Wheel of Fire, Oxford, 1930. – G.W. KNIGHT, *The Imperial Theme*, Oxford,
1931. – G.W. KNIGHT, *The Shakespearian Tempest*, Oxford, 1932. – C.F.E.
SPURGEON, *Sh.'s Imagery and What It Tells Us*, 1935¹, Cambridge, 1958. –
E.A. ARMSTRONG, *Sh.'s Imagination*, 1946, repr. Lincoln, 1963. – A. YODER,
Animal Imagery in Sh.'s Character Portrayal, New York, 1947. – R.D. ALTICK,
»Symphonic Imagery in *Richard II*«, *PMLA*, 62 (1947). – C. BROOKS, »The
Naked Babe and the Cloak of Manliness«, in: *The Well-Wrought Urn*, New York,
1947. – R.B. HEILMAN, *This Great Stage: Image and Structure in King Lear*,
Baton Rouge, 1948. – M.M. MOROZOV, »The Individualization of Sh.'s Cha-
racters through Imagery«, *ShS*, 2 (1949). – C.W. SCOTT-GILES, *Sh.'s Heraldry*,
London, 1950. – W. CLEMEN, *The Development of Sh.'s Imagery*, London, 1951,
²1977. – R. BROWER, »The Mirror of Analogy: *The Tempest*«, in: *The Fields of
Light*, New York, 1951. – R. A. FOAKES, »Suggestions for a New Approach to
Sh.'s Imagery«, *ShS*, 5 (1952). – J. E. HANKINS, *Sh.'s Derived Imagery*, Lawrence,
Kansas, 1953. – R.B. HEILMAN, *Magic in the Web: Action and Language in
Othello*, Lexington, 1956. – R.J. DORIUS, »Prudence and Excess in *Richard II* and
the Histories«, *SQ*, 11 (1960). – M. CHARNEY, *Sh.'s Roman Plays: The Function
of Imagery in the Drama*, Cambridge, Mass., 1961. – A. RIGHTER, *Sh. and the
Idea of the Play*, London, 1962. – A. AUGUSTIN, *Der Einfluß der Quellen auf
Sh.s Bilder und Motive*, Diss., Hamburg, 1966. – D. MEHL, »Schaubild und Sprach-
figur in Sh.s Dramen«, *SJ West* (1970). – K. WENTERSDORF, »Imagery as a
Criterion of Authenticity: A Reconsideration of the Problem«, *SQ*, 23 (1972). – J.
DOEBLER, *Sh.'s Speaking Pictures*, Albuquerque, 1974. – M. M. DELILLE, *As
Imagens nas Tragédias de Sh.*, Coimbra, 1974. – R. WEIMANN, »Sh. and the Study
of Metaphor«, *New Literary History*, 6 (1974). – J. BENEKE, *Metaphorik im Drama*,
Bonn, 1975. – A. C. DESSEN, »Imagery and Symbolic Action for the Viewer's
Eye«, in: *Elizabethan Drama and the Viewer's Eye*, Chapel Hill, 1977.

bb) Das Wortspiel

Als Wort-Spiel, spielerische Redefigur, verwendet Shakespeare
das »pun« vorwiegend in den heiteren Komödien, wo es unent-
behrliches Element komischer Unterhaltungseinlagen, Ver-
knüpfungsmittel für Wortarabesken und movens im schlagfertigen Redewechsel ist. Jedoch auch hier zeichnet sich eine funktionale Zuordnung zu adäquaten Handlungsbereichen (etwa der
Höflingswelt in *Love's Labour's Lost*) und Figuren (den Clowns,
den witzigen Liebespaaren) ab. Später können sich im Gebrauch
des Wortspiels individuelle Züge bestimmter Personen manifestieren: bei Richard II. unterstreicht es die Neigung zu reali-
tätsfernem Wortemachen, bei Falstaff verweist es – im Rahmen
eines typisch Vice-haften Wortverdrehens – auf seine besonderen Vorlieben, wenn er von »waste« zu »waist«, von »reason« zu

»raisin«, von »grace« im Sinne von ›Euer Ehren‹ und ›Würde‹ zu »grace« ›Tischgebet‹ moduliert (2 *Henry IV*, I, ii, 132; 1, II, iv, 228; 1, I, ii, 16), bei Hamlet zeigt sich im Wortspiel allergische Sprachempfindlichkeit, bei Lear das Bemühen, zum Sein unter dem Wortschein vorzudringen.

JOHNSON hat Shakespeares fatale Verliebtheit in das Wortspiel beklagt, HAZLITT bedauert, daß für Shakespeare das »quibble« ein Idol war, doch elisabethanisches Stilgefühl bejahte – ähnlich wie der moderne Geschmack die »ambiguity« – das »pun« uneingeschränkt. Shakespeare handelt im Einklang mit seiner Zeit, wenn er das Wortspiel als ernste, akzentuierende Redefigur verwendet, mit der thematische Aspekte aufgewiesen und paradoxe Implikationen formuliert werden können. Als solches erscheint es zum Beispiel in den Spielen mit den mehrfachen und teilweise konträren Bedeutungen von »virtue« in *All's Well*, von »general« in *Troilus and Cressida*, von »fortune« in *Timon of Athens*, von »kind« und »nature« in *King Lear*, oder auch im bereits erwähnten »pun« Falstaffs mit »waste« und »waist«, das, unterstützt von einem »pun« mit »gaunt«, ›hager‹ (welches wiederum auf Gaunts Spiel mit seinem Namen in *Richard II* zurückweist), den thematischen Leitgedanken der Verschwendung anklingen läßt.

Ein Wortspiel kann den Beziehungsreichtum einer Bildandeutung noch vervielfältigen. So wird mit den Worten der Lady Macbeth nach dem Mord an Duncan – »If he do *bleed*, / I'll *gild* the faces of the grooms withal, / For it must seem their *guilt*« – nicht nur durch die rhetorische Kunstfigur ein wichtiger Augenblick des Dramas als solcher herausgestellt und, indem die Verwendung einer solchen Figur Distanz zur Sprache impliziert, die Selbstbeherrschung der Sprecherin angedeutet; es werden hier vor allem drei zentrale und in mehrfacher Weise aufeinander bezogene Motive des Dramas sprachlich verklammert: das Blut – das Gold der Krone – die Schuld.

L. WURTH, *Das Wortspiel bei Sh.*, Wien, 1895. – M. M. MAHOOD, *Sh.'s Wordplay*, London, 1957. – N. KOHL, *Das Wortspiel in der Shakespeareschen Komödie*, Diss., Frankfurt, 1966. – N. KOHL, »Sh.kritik zum Wortspiel: ein Beitrag zur historischen Wertung eines Sprachphänomens«, *DVLG*, 44 (1970). – R. WEIMANN, »Sh.'s Wordplay: Popular Origins and Theatrical Functions«, in: *Sh. 1971*, eds. C. Leech, J. M. R. Margeson, Toronto, 1972. – H. HEUN, »Sh.s Wortspiele in modernen deutschen Übersetzungen: Eine Stilbetrachtung«, *SJ West* (1971). – H. E. ELLIS, *Sh.'s Lusty Punning in Love's Labour's Lost*, The Hague, 1973.

cc) Das Sprichwort

Wenn in Shakespeares Komödien Dialoggefechte mit Sprichwörtern bestritten werden, so spiegelt sich hier ein zeitgenössisches Gesellschaftsspiel wider. Doch auch in ernstem Zusammenhang kann mit Sprichwortrepliken argumentiert werden (z. B. *Henry V*, III, vii, 109). Wie das »pun«, so ist auch das »proverb« erst nach der elisabethanischen Zeit abgewertet worden; dem Elisabethaner galt es als eine autoritative Wahrheitsaussage, ausgereift in der Erfahrung von Generationen. Shakespeare kann es deshalb im Drama als zusammenfassende, sinndeutende Sprachgeste einsetzen, die der Aufmerksamkeit und des Einverständnisses des Publikums in besonderer Weise sicher ist. Oft rundet es eine Rede ab, häufig wird es dabei durch Reim verhärtet, vorzugsweise handlungsneutralen Kommentatorfiguren in den Mund gelegt. Gelegentlich aber erscheint selbst diese generalisierende Redeform in charakterisierender Funktion: Richard III. verwendet sie nicht nur in distanziert sarkastischem Kommentar, sie ist auch Instrument für sein besonderes Schauspielertum, ist ihm joviale Sprachmaske; für Coriolanus hingegen ist die Verachtung des Sprichworts bezeichnend; für Othello wiederum die Beeinflußbarkeit durch die von Iago hingeworfenen Volksweisheiten. Und wie in bildhafter Sprache und Wortspiel, so kann auch im »proverb« eine doppelte, einerseits unmittelbar situationsbezogene, andererseits allgemeinere (möglicherweise konträre und vom Sprecher unbeabsichtigte) Bedeutung dramatisch relevant werden. An zentraler Stelle geschieht dies in *Macbeth*, wenn Lady Macbeth mit dem Sprichwort »What's done is done« (III, ii, 12) gegen zahlreiche frühere wortverwandte Aussagen einen befreienden Schlußstrich setzen will, um später seinen zweiten Sinn zu erfahren: »What's done cannot be undone« (V, i, 66).

K. LEVER, »Proverbs and Sententiae in the Plays of Sh.«, *SAB*, 13 (1938). – F.P. WILSON, *Sh. and the Diction of Common Life*, Annual Sh. Lecture, 1941. – M.P. TILLEY, *A Dictionary of the Proverbs in England in the Sixteenth and Seventeenth Centuries*, Ann Arbor, 1950. – F.P. WILSON, *The Proverbial Wisdom of Sh.*, London, 1961. – C.G. SMITH, *Sh.'s Proverb Lore*, Cambridge, Mass. 1963. – H. WEINSTOCK, *Die Funktion elisabethanischer Sprichwörter und Pseudosprichwörter bei Sh.*, Heidelberg, 1966.

c) Die Klanggestalt

Daß der Text des Dramas sich als gesprochenes Wort realisiert, hat Shakespeare als Theaterpraktiker, der sich berufsmäßig der Flaubertschen »épreuve du gueuloir« ausgesetzt sah, vermutlich mehr bedacht als viele seiner späteren Interpreten. Auch als Klanggebilde umwirbt sein Drama die Aufmerksamkeit des Publikums, mit einer rhythmisch und lautlich durchstrukturierten Sprache, mit klanglichen Wiederholungs- und Kontrastmustern, die vor allem das ästhetische Empfinden ansprechen, aber auch die Bedeutung des Gesagten unterstreichen, ergänzen, erweitern, modifizieren können.

aa) Der Blankvers

Der »blank verse«, der reimlose jambische Pentameter, den der Earl of SURREY († 1547) mit seiner *Aeneis*-Übersetzung in die englische Dichtung eingeführt hatte, der mit der Tragödie *Gorboduc* (1562) zum Metrum des Dramas geworden war und dem MARLOWES »mighty line« Ausdruckskraft und Bewegung verliehen hatte, ist das vorherrschende Medium in Shakespeares Werk. Er bestimmt mit Ausnahme der Volks- und Wirtshausszenen die Historien, er erscheint in den romantischen Liebeshandlungen der Komödien und prägt in der Regel die Sprechweise der tragischen Helden und ihrer Umgebung. Durch die rhythmische Kunstform signalisiert er die grundsätzliche Verschiedenheit der Dramensprache von der des normalen Lebens, den Verzicht des Dramas auf naturalistische Wiedergabe. So werden auch mit besonderer Konsequenz unrealistische Konventionen wie Monolog oder Sterberede und unwirkliche Figuren wie Chorus, allegorische Gestalten oder Erscheinungen aus dem übernatürlichen Bereich durch eine Blankverswand abgeschirmt.

Nachdem im Frühwerk die Regelform vorherrschte, in ihrer rhythmischen Regelmäßigkeit unterstützt durch korrespondierende syntaktische Gestaltung, öffnet sich der Shakespearesche Blankvers der freieren Modulation. Zeilenverschmelzendes Enjambement und zeilenaufbrechende interne Zäsur, Betonungsumstellung und dreisilbige Versfußveränderung, vorzugsweise die des weiblichen Zeilenausklangs, können bis an die Grenze zu rhythmischer Prosa führen. Eine solche Disintegration ist im besonderen für die Sprache der Tragödienhelden und für Augenblicke extremer emotionaler Spannung bezeichnend, zumeist wird ihr durch den regelnahen Blankvers anderer Personen oder anderer Szenen das Maß, die Norm entgegengesetzt. Blankversnuancierungen können im Zusammenwirken mit anderen Stilelementen den Individualstil eines Stückes oder die persönliche Sprechweise einer Dramengestalt prägen; auch ein Entwicklungsprozeß innerhalb eines Dramas kann durch Blankversänderung mitvermittelt oder sogar vorausdeutend suggeriert werden.

B. v. DAM, C. STOFFEL, *W. Sh.: Prosody and Text*, Leyden 1900. – M.A. BAYFIELD, *A Study of Sh.'s Versification*, Cambridge, 1920. – H. GRANVILLE-BARKER, »Sh.s Progress«, in: *On Dramatic Method*, New York, 1931. – W. FRANZ, *Sh.s Blankvers*, Tübingen, 1935². – R. FLATTER, *Sh.'s Producing Hand*, London, 1948. – T.S. ELIOT, »Sh.s Verskunst«, *Der Monat* (Mai, 1950). – U.' ELLIS-FERMOR. »Some Functions of Verbal Music in Drama«, *SJ*, 90 (1954). – T. FINKENSTAEDT, »Zur Methodik der Versuntersuchung bei Sh.«, *SJ* 90 (1954). – T. FINKENSTAEDT, *Die Verskunst des jungen Sh.: Richard III, Richard II, King John*, Diss., München 1955. – P. SIMPSON, »Sh.'s Versification«, in: *Studies in Elizabethan Drama*, Oxford, 1955. – D.L. SIPE, *Sh.'s Metrics*, New Haven, 1968. – W. CLEMEN, »Die dramatischen Impulse in Vers und Rhythmus«, *SJ West* (1969). – W. SEDLAK, *Blankversveränderungen in Sh.s späteren Tragödien*, Diss., München, 1971.

bb) Vers und Prosa

Vor allem aber in der Konfrontation mit der Prosarede entfalten sich die Ausdrucksmöglichkeiten des Blankverses: während Jaques in *As You Like It* sich in der blankverssprechenden Welt des verbannten Herzogs selbstverständlich dieser Redeweise bedient (II, vii), reagiert er mit Spott, als der verliebte Orlando ein scherzhaftes Prosagespräch mit einem jambischen Fünfheber (IV, i, 27) unterbricht. In solcher Kontrastierung wird der Gegensatz von literarischem Blankvers und natürlicher Sprache in das Drama selbst hineingeholt; Blankvers wird zum rhythmischen Signal für die innerszenische Existenz verschiedener Realitätsebenen. Es ist dies häufig die Zweischichtigkeit von »plot« und »subplot«, von ernstem und komischem, romantischem und burleskem oder von öffentlichem und privatem Geschehen; es kann auch ein Kontrast sein von idealistischer und egoistischer oder realistisch-sarkastischer Weltsicht (1 *Henry IV*, *Troilus and Cressida*, vgl. auch *Hamlet*). Die widersprüchlichen Seiten oder die Veränderungen im Charakterbild einer Figur können ebenfalls durch Wechsel zwischen Vers und Prosa vernehmbar werden. So äußert sich etwa bei Prince Hal oder bei Cressida die gleichzeitige Affinität zu den konträren Welten der Dramen, in denen sie erscheinen, durch die sprachliche Anpassung an den Vers- und an den Prosabereich. Ein Übergang von Blankvers zu Prosa begleitet den Übergang von Verstellung zu Enthüllung bei Goneril und Regan in *King Lear* I, i. Der Prozeß geistiger Disintegration spiegelt sich im Zerbrechen der Versordnung (Ophelia, Lear, Lady Macbeth). Durch isoliertes Verwenden von Vers oder Prosa inmitten einer Gruppe, die sich sprachlich anders verhält, wird Einzelgängertum, gesellschaftliche Randstellung oder die kritische Distanz einer Figur klanglich suggeriert (vgl. 5. c. bb).

M. CRANE, *Sh.s Prose*, Chicago, 1951. – L. BORINSKI, »Sh.s Comic Prose«, *ShS*, 8 (1955). – E. TSCHOPP, *Zur Verteilung von Vers und Prosa in Sh.s Dramen*, Bern, 1956. – B. VICKERS, *The Artistry of Sh.'s Prose*, London, 1968. – L. BO-RINSKI, »Konstante Stilformen in Sh.s Prosa«, *SJ West* (1969). – J. A. BARISH, »Continuities and Discontinuities in Shakespearian Prose«, in: *Sh. 1971*, eds. C. Leech, J. R. M. Margeson, Toronto, 1972.

cc) Der Reim und andere Muster der Klangwiederholung

Stärker noch als der Blankvers verweist der Reim, indem er die rhythmische Zeilenbewegung durch Klangrepetition akzentuiert, auf den Kunstcharakter der Sprache im Drama. Er unterstützt die Wirkung artifizieller, ausgeschliffener Komödiendialoge; er schafft die Atmosphäre der Künstlichkeit, in der wundersames Geschehen und allzu perfektes Denouement vom Publikum akzeptiert wird *(All's Well)*. Andererseits kann er im ernsten Drama eine zum Ritual formalisierte Gesprächsoberfläche mitgestalten, die sich über Situationen extremer seelischer Erregung legt: die erste Begegnung von Romeo und Julia vollzieht sich so in reimender Sprache, ebenso der Abschied Isabels vom todgeweihten König Richard II. Durch dreifachen Reim, durch kreuzende und umschlingende Reimbewegung (zum Beispiel in *Love's Labour's Lost* I, i), durch die patterns des »rhyme royal« und des Sonetts (*Romeo and Juliet*, Prolog, I, v, 95–108, V, iii, 12–17; *Richard II* III, ii, 76–81; *All's Well* III, iv, 4–17, u.a.) und durch liedhafte Kurzmetren kann der Eindruck des Irrealen noch verstärkt werden. Gelegentlich wird der ästhetische Distanzierungseffekt zu ironisierender Wirkung umfunktioniert, etwa im Spott des Bastard Faulconbridge über die Liebeswerbung des

Dauphin (*King John* II, v, 504–9) oder im Begrüßungszeremoniell
der Griechen für Cressida (*Troilus and Cressida* IV, v). Eine besonders differenzierte metrische Aufgliederung geschieht im
Midsummer Night's Dream; die Feenwelt, die Welt der Liebenden, der Athener Hof, das Handwerkermilieu und das Spiel im
Spiel sind hier gekennzeichnet durch eine klangliche Abstufung
von liedhaftem trochäischem Trimeter, gereimtem Vers, Blankvers, Prosa und antiquierten metrischen Kunstfiguren. In *King
Lear* hingegen vollzieht sich eine ausdrucksstarke Synthese des
Heterogenen, wenn in den Sturm- und Wahnsinnsszenen Blankvers, jambisches Couplet, gereimte Kurzzeilen und Prosa zu
einem Gesamteffekt verschmelzen.

Während durchgängige Reimpassagen charakteristisch für den
Frühstil sind, erscheinen einzelne Paarreime als Rahmen für eine
apodiktische Aussage, als abrundende Geste bei einem Redevor-
trag, als vorhangartiger Szenenschlußakzent auch in späteren
Stücken. Indem hier das Couplet durch symmetrische rhetorische
Ausgestaltung und betonten Reim eher noch formal verhärtet
wird, während der Blankvers zu freieren Bewegungen ausholt,
erscheint jenes nun weniger als Steigerung der Blankversstilisie-
rung denn als Gegensatz des Stilisierten seiner relativen Unge-
zwungenheit gegenüber.

Ähnliche Effekte wie durch die Klangwiederholung des Reims
können durch syntaktische Repetitionsfiguren erzielt werden,
durch die Wiederaufnahme gleichklingender Wörter am Anfang
(Anapher) oder am Ende der Zeilen (Epipher), durch zeilenstruk-
turierende Kontrast- oder Steigerungsbewegungen, durch genau
zeilenparallel gebaute Kola. Auch solche Passagen, ebenfalls typisch für die frühen Dramen, verstärken den Kunstcharakter des
Blankverses. In der formalen Strenge und monotonen Klang-
wirkung dieser Muster kann die konkrete Situation zum literarischen Klischee gerinnen (*Richard II*, III, iii, 147), jedoch auch –
wie dies mit besonderer Eindringlichkeit in der Klage von Henry
VI. geschieht: »So many hours must I tend my flock ...« (3
Henry VI, II, v) – ein individuelles Schicksal sinnbildhaft verall-
gemeinert werden.

G. RYLANDS, *Words and Poetry*, London, 1928. – M. MINCOFF, »Verbal Repetition in Elizabethan Tragedy«, *Annuaire de l'Université de Sofia, Faculté Histo-*

rico-Philologique, 1945. – F.W. NESS, *The Use of Rhyme in Sh.'s Plays*, New Haven, 1941. – K. FEHSE, *Der Reim und seine Funktion im englischen Drama vor 1600*, Diss., Saarbrücken, 1969. – B. J. PENDLEBURY, »Sh.'s Use of Rhyme«, in: *The Art of the Rhyme*, London, 1971. – I. SCHABERT, »Zum Reimgebrauch in Sh.s Dramen«, *SJ West* (1977).

dd) Tempo- und Stimmvariationen

Wie der Schauspieler intuitiv dem Dramentext Hinweise auf das Sprechtempo entnimmt, so versuchen Philologen methodisch, aus bestimmten Eigentümlichkeiten der Textstruktur Rückschlüsse auf die von Shakespeare intendierten »tempo patterns« zu ziehen. Kurze Sätze, insbesondere eine Folge von Befehlen, elliptische Formulierungen, das Hineinpressen von Aussagen mehrerer Figuren in eine Zeile, auch überlange Zeilen, die Silbenverschleifungen nahelegen – dies können Anzeichen für schnelles Sprechen sein. Hypotaktisch ineinander verschachtelte Sätze, amplifizierende Wortfiguren, redundante Ausstaffierung, aber auch Häufungen von sinn- und akzenttragenden Einsilblern oder schwer aussprechbare Konsonantengruppen deuten andererseits eher auf ein langsames Sprechen hin; eine Kette von parallel gebauten Zeilen oder Sätzen legt eine crescendo-Bewegung nahe. Aus solchen Tempozeichen hat man erschlossen, daß Shakespeare nach den – von ihren Staatsreden bis zu ihren Schlachtenszenen – relativ gleichmäßig verlaufenden frühen Stücken die Spanne der Tempovariationen zu den Extremen sehr schnellen und ganz ruhigen Sprechens ausweitet und daß er dazu tendiert, innerhalb der Szeneneinheit eine durchgängige Tempobewegung anzulegen – sei es ein großes crescendo oder decrescendo, sei es eine mehrfache wellenartige Auf- und Abbewegung.

Als weiteres Mittel akustischer Variation wirkt in Shakespeares Drama die verschiedenartige Kombination der Sprechstimmen. Monologisches, dialogisches und polylogisches Sprechen wird gegeneinander gestellt. Stimmkontraste werden im Dialog genützt, wenn Bottom sich mit den winzigen Elfen unterhält, wenn Katherine und Bianca aufeinandertreffen, wenn Violas »small pipe ... as a maiden's organ, shrill and sound« mit Sir Toby Belchs Stimme alterniert, wenn Prince Hal immer wieder das erregte »Anon, anon, sir« des Kellners Francis provoziert. Die Szenenfolge entfaltet sich als eine Sequenz verschiedener Stim-

menkombinationen. So wird zum Beispiel in *Macbeth* die turbulente Hexenszene IV, i vom Duett zweier Männerstimmen
abgelöst; IV, ii bringt das kontrastierende Duett einer »Frauen«-
und einer Kinderstimme; auf den hektischen Stimmwechsel am
Ende dieser Szene folgt in IV, iii ein ruhiger Dialog von Männerstimmen, der nur langsam akzeleriert und emotionalisiert wird.
V, i setzt dagegen das düstere Solo der Lady Macbeth, umrahmt
von den farbloseren Stimmen des Doctor und der Gentlewoman.

Wie ein indirekter Regiehinweis in *Macbeth* IV, iii zeigt (»Ne'er
pull your hat upon your brows; / Give sorrow words«) wird
hier wie in anderen Augenblicken in Shakespeares Dramen auch
die Sprechpause, das Zurückziehen aus dem Dialog, in das Klang-
muster einbezogen.

R. FLATTER, *Sh.s Producing Hand*, London, 1948. – R.B. Le PAGE, »The Dra-
matic Delivery of Sh.'s Verse«, *ESts*, 32 (1951). – W. DRAPER, *The Tempo-
Patterns of Sh.'s Plays*, Heidelberg, 1957. – J.L. STYAN, *Shakespeare's Stagecraft*,
Cambridge, 1967.

ee) Lied und Musik

Etwa hundert Lieder und Liedfragmente erscheinen in Shakespeares Dramen, vom kurzen Verslein bis zum kunstvoll gegliederten Strophenlied und Madrigal. Zumeist sind es eigene
Schöpfungen, manchmal aber auch Übernahmen vorliegenden
Liedguts oder Variationen volksliedhafter Muster. Vereinzelt
wird ein Lied gesprochen (Fidele's dirge in *Cymbeline*) oder auch
als »caterwauling« dargeboten (*Twelfth Night* II, iii), häufig aber
erscheint es als professionell perfektionierter Vortrag, der vom
stimmlich ausgebildeten Clown besorgt wird. Elisabethanische
Dramatiker pflegen Lieder als Ornamente in ihre Dramen einzu-
streuen; es scheint, daß das Lied als unterhaltende Einlage und
Kunstdarbietung dem Publikum jederzeit willkommen war.
Shakespeare jedoch tendiert dazu, dem Lied wichtige innerdramatische Funktionen zu übertragen. Wie die komische Szenen-
einlage kann es neben der entspannenden eine überleitende
Wirkung haben oder auch eine Spiegelfunktion erfüllen. In
volksliedhafter Form ordnet es gleich dem Sprichwort das Geschehen überindividuellen Erfahrungsmustern zu (das Schlußlied von *Love's Labour's Lost*, von *Twelfth Night*, die Lieder des
Fool in *Lear*). In intensiverer Weise wie die lyrische Rede ver-

mag es atmosphäreschaffend zu wirken: die pastorale Atmosphäre der romantischen Komödien, die feine Abstufung der ländlichen Stimmungen in *As You Like It*, der verklärte Naturbereich Ariels im *Tempest* werden vor allem durch Lieder evoziert. Es kann als objektives Korrelat einer emotionalen Situation eingesetzt werden (bei Mariana in *Measure for Measure*, bei Ophelia, bei Desdemona) oder auch (etwa bei Orsino in *Twelfth Night* II, iv) als ein solches posierend mißbraucht werden.

Wie im Liedvortrag können auch sonst der Sprachklang und die Mitteilungskraft des Worts intensiviert werden durch Musik; martialische Aufforderungen werden durch »drums and trumpets«, petrarkistisches Liebeswerben durch ein Ständchen, die einschmeichelnde Frauenstimme durch Lautenspiel unterstützt. Musik tritt an die Stelle des Worts und begleitet stummes Bühnengeschehen, die Pantomime, das Maskenspiel, das Bankett, den festlichen Aufzug, den Aufmarsch zum Kampf. Als Repräsentant der musica mundana, der kosmischen Musik (vgl. I. A. 7) vermag die Musik sogar als magische Kraft ins Geschehen einzugreifen, vermag Liebe zu stiften und zu stärken *(Merchant of Venice)*, Wahnsinn zu heilen *(King Lear)*, und durch ihre Harmonie die innere Harmonie des Menschen wiederherzustellen *(Pericles)*.

R. NOBLE, *Sh.'s Use of Song*, Oxford, 1923. – W.R. BOWDEN, *English Dramatic Lyric 1603–1642*, New Haven, 1951. – W.H. Auden, »Music in Sh.«, *Encounter*, 9 (1957). – J.M. NOSWORTHY, »Music and Its Function in the Romances of Sh.«, *ShS*, 11 (1958). – J.P. CUTTS, *Musique de la troupe de Sh.*, Paris, 1959. – J.H. LONG, *Sh.s Use of Music: A Study of the Music and Its Performance in the Original Production of Seven Comedies*, Gainesville, 1955. – J.H. LONG, *Sh.'s Use of Music: The Final Comedies*, Gainesville, 1961. – F.W. STERNFELD, *Music in Shakespearean Tragedy*, London, 1963. – F.A. SHIRLEY, *Sh.'s Use of Off-stage Sounds*, Lincoln, 1963. – W. CLEMEN, »Sh. und die Musik«, in: *Das Drama Sh.s*, Göttingen, 1969. – P. J. SENG, *The Vocal Songs in the Plays of Sh.*, Cambridge, Mass., 1967. – F. W. STERNFELD, »Sh. and Music«, in: *A New Companion to Sh. Studies*, eds. K. Muir, S. Schoenbaum, Cambridge, 1971. – J. H. LONG, *Sh's Use of Music: The Histories and Tragedies*, Gainesville, 1971. – R. W. INGRAM, »Music as Structural Element in Sh.«, in: *Sh. 1971*, eds. C. Leech, J. M. R. Margeson, Toronto, 1972. – C. LEECH, »Sh.'s Songs and the Double Response«, in: *The Triple Bond*, ed. J. G. Price, London, 1975. – I. NAEF, *Die Lieder in Sh.s Komödien*, Bern, 1976. – N. C. CARPENTER, »Sh. and Music: Unexplored Areas«, *RenD*, 7 (1976).

d) Fremde Sprachstile

aa) Das eingefügte Stilbild

Wenn in Shakespeares Drama ein Brief oder eine Proklamation verlesen wird, so heben sich diese in ihrem sprachlichen

Erscheinungsbild auffällig von der Sprachumgebung ab. Ihr fest etablierter Prosastil wird (dies gilt für das gesamte elisabethanische Drama) nicht durch die Blankverssprache ersetzt. Andererseits erscheinen Gedichte, gereimte Liebesbotschaften und Merkverse, die sich vom übrigen durch einen höheren Grad der Stilisierung unterscheiden. Shakespeares Drama ist reich an solchen stilistischen Fremdkörpern, die gleichsam von außen und vorfixiert in das szenische Geschehen hineingetragen werden. Die größte, selbständigste Form eines solchen sprachlichen »inset« ist das Spiel im Spiel, das, wo immer es erscheint, durch fremden, älteren und steiferen Sprachstil abgesetzt ist. Falstaff hält sich an diese Regel, wenn er, sobald er seine Schauspielvorführung beginnt (1 *Henry IV*, II, iv), in die Sprache des frühelisabethanischen *Cambises* und sodann in die pompöse Sprachbewegung Lylyscher Kunstprosa einschwenkt.

bb) *Auseinandersetzung, Parodie, Integration*

Solche Stilkontraste sind ästhetisch reizvolle Variationen, können aber darüber hinaus – wie die Kontraste auf anderen Ebenen – eine indirekte Kommentierung bewirken, zum Stilvergleich auffordern. Es dürfte kein Zufall sein, daß Shakespeare gerade in *Henry IV*, als er beginnt, Prosa zu einem ernsthaften und nuancenreichen Ausdrucksmittel zu entwickeln, ihre extreme Kunstform erscheinen läßt, so wie er am Anfang seiner dramatischen Karriere in *Love's Labour's Lost* die Exzesse spielerischer Verssprache ausprobierte und schließlich an den »russet yeas and honest kersey noes« maß und in *Richard III* den strengen Mustern der rhetorischen Tragödie Richards Vers gegenüberstellte, der unkonventionell bis zu kolloquialer Diktion modulieren konnte.

Durch Stilkommentare und durch Parodie nimmt er solches Nachdenken über den fremden Sprachstil und die Auseinandersetzung mit ihm in das Drama hinein. Den gereimten Liebesbrief Hamlets läßt er von Polonius auf seine Wortwahl hin abtasten (II, ii), Orlandos Reimepistel durch Touchstone ad libitum fortführen (*As You Like It* III, i); Hamlet redet vor den Schauspielern über dramatische Stile, das Trauerspiel von Piramus und Thisbe im *Midsummer Night's Dream* weist auf die Schwächen der älteren Tragödie, indem es ihre Stilkonventionen grotesk verzerrt darbietet. In der Figur des Pistol, dessen Sprache sich aus zitatähnlichen Anspielungen auf Dramen von KYD, GREENE, PEELE und MARLOWE zusammensetzt, personifiziert er solche Stilparodie und mobilisiert sie damit für den Einsatz in verschiedenen dramatischen Situationen.

In solcher Bindung des fremden Stils an eine Person kann er tiefer, bis in die gesellschaftlichen und moralischen Implikationen hinein, im Kontext des eigenen Dramas erforscht werden. Dies geschieht in *The Two Gentlemen of Verona*, wenn Proteus seine »Gefühle« in den Phrasen der Sonettdichter ausbreitet; es wiederholt sich differenzierter in *Romeo and Juliet*, wenn Romeos Veränderung dargestellt wird als ein Umschwung vom klischeehaften Schmachten in abgegriffenen Petrarkismen zu bewegter, persönlich geprägter petrarkistischer Liebeslyrik. Eine umfassende Ausdeutung des höfisch-petrarkistischen Ideals vollzieht sich an der Gestalt des Orsino in *Twelfth Night*, dessen Sprach- und Lebensstil von diesem Ideal geprägt ist. Im Wechsel der Perspektiven, die die Komödie eröffnet, werden die Schönheit dieser Lebensform, aber auch ihre narzißtischen und ihre komischen Züge sichtbar. In ähnlicher Weise zeigt sich an Hotspur (1 *Henry IV*), der eine Variante von Tamburlaines Sprache spricht, das Faszinierende und der moralische Wert und andererseits die Fragwürdigkeit dieses Marloweschen Menschenbildes. Parodie – hier von Falstaff, dort von Olivia und Viola beigesteuert – ist dabei auf wenige Sprühfunken reduziert. Noch einmal erscheint MARLOWES Sprachgestus wieder in Shakespeares Werk, in den Hauptgestalten von *Antony and Cleopatra*. Hier wird er konfrontiert mit einem anderen Stil, den Shakespeare, angeregt durch die Prosa der Plutarchübersetzung von Sir Thomas NORTH, in *Julius Caesar* zum Ausdruck einer »römisch«-strengen Selbstbeschränkung entwickelt hatte. Hyperbolischer Sprachbewegung, die den Kosmos zu umgreifen und sich zuzuordnen sucht, wird ein nüchterner, logisch kontrollierter Vers entgegengesetzt. Am fremden Stil entfaltet sich der zentrale Antagonismus des eigenen Dramas.

Siehe Bibliographien zu I.B. 7, 8, 10–12, daneben auch:
G. KITCHIN, *A Survey of Burlesque and Parody in English*, Edinburgh, 1931. –
H. W. GABLER, »Experiment and Parody in Sh.'s Early Plays«, *SN*, 46 (1974).

I. Aussagemodi

a) Welthaltigkeit

Shakespeares Dramen lassen eine ungemein reichhaltige äußere und innere Erfahrungswelt entstehen. Plastisch und präzise vergegenwärtigen sie verschiedenartigste menschliche Existenzweisen: ständische, feminine, senile, kindliche, poetische, pragmatische, skurrile Weltansichten, Outsider-Positionen, nationale Besonderheiten. Theologische, juristische, psychologische und medizinische Denkwelten sind mit so fachkundiger Genauigkeit festgehalten, daß in jedem dieser Bereiche die Bestandsaufnahme zum Anlaß einer Berufstheorie für den Autor geworden ist. Folklore, Aberglaube, Magie werden konkret gegenwärtig, wenn etwa im *Midsummer Night's Dream* das Feenreich auftritt, *Macbeth* Hexenalltag und Hexenküche vorführt, in *Lear* Teufel und Unterteufel beim Namen genannt werden. Sportarten, Spiele, Volksbräuche erscheinen in direkter oder metaphorischer Bezugnahme in derart spezialisierter Form, daß heute zum vollen Verständnis der Hinweise Nachschlagewerke nötig sind, die, indem sie die Referenzen erläutern, gleichzeitig die Vielfalt und Konkretheit des bei Shakespeare Festgehaltenen dokumentieren. Mit den im Dramenwort evozierten Pflanzenarten hat die Shakespeare-Gesellschaft (West) 1964 eine umfangreiche botanische Ausstellung veranstalten können. Tierliebhaber finden ihre Welt nicht nur wieder in den berühmten, sorgfältig ausgeführten Porträts von Roß und Stute und in den gedrängten, einfühlsamen Zeilen über den gehetzten Hasen und die erschrockene Schnecke in der Verserzählung *Venus and Adonis*, sondern auch in detailreichen Wortszenen der Dramen, etwa im Auftritt von Richards edlem, treulosen Barberschimmel (*Richard II*, V, v) und Petruchios groteskem kreuzlahmen Gaul (*Taming* III, ii). Mit einem nicht ganz unberechtigten Bedauern über die Selbstbezogenheit und Erfahrungsarmut moderner Dichterwelten vermerkt die Shakespeareforschung als Qualitäten von Shakespeares Darstellung seiner Welt das vielseitige Interesse, die sachkundige Information, die sensible Innenschau und die klarsichtige Akzentsetzung.

Die Aspekte von Shakespeares Wirklichkeitsbild sind jedoch nicht, wie einseitiges engagiertes Lesen und Forschen zuweilen selbstverständlich angenommen hat, in jedem Fall auch Shakespeares Themen, seine Aussageanliegen. Sie bilden vielmehr den Raum, in dem sich Aussageanliegen konkretisieren können.

A. HARBAGE, »Sh. and the Professions«, in: *Sh.'s Art*, ed. M. Crane, Chicago, 1973. – C. SPURGEON, *Sh.'s Imagery*, 1935[1], repr. Cambridge, 1958. – J. DUSINBERRE, *Sh. and the Nature of Women*, London, 1975. – L. FIEDLER, *The Stranger in Sh.*, London, 1972. – C. CLARK, *Sh. and National Character*, London, 1932. – Zur Psychologie: vgl. Bibliographie zu I. A. 8. – J. C. BUCKNILL, *The Medical Knowledge of Sh.*, London, 1860. – R. R. SIMPSON, *Sh. and Medicine*, Edinburgh, 1959. – I. I. EDGAR, *Sh.: Medicine and Psychiatry*, London, 1971. – C. CLARK, *Sh. and Science*, Birmingham, 1929. – A. DENT, *World of Sh.: Technology*, Reading, 1970. – W. L. RUSHTON, *Sh. a Lawyer*, London, 1858. – J. KOHLER, *Sh. vor dem Forum der Jurisprudenz*, Würzburg 1883/84. – P. S. CLARKSON, C. T. WARREN, *The Law of Property in Sh. and the Elizabethan Drama*, Baltimore, 1942, corr. repr. 1968. – G. W. KEETON, *Sh.'s Legal and Political Backgrounds*, London 1967. – R. BERMAN, »Sh. and the Law«, *SQ*, 18 (1967). – O. H. PHILLIPS, *Sh. and the Lawyers*, London, 1972. – P. A. JORGENSEN, *Sh.'s Military World*, Berkeley, 1956. – G. C. ROTHERY, *The Heraldry of Sh.*, London, 1936. – C. W. SCOTT-GILES, *Sh.'s Heraldry*, London, 1950. – H. S. CRAIG, »Dueling Scenes and Terms in Sh.«, *University of California Publications in English*, 9 (1940–43). – K. WOERMANN, *Sh. und die bildenden Künste*, Leipzig, 1930. – P. G. BREWSTER, *Games and Sports in Sh.*, Helsinki, 1959. – T. R. HENN, *The Living Image*, London, 1972 [Sports]. – A. DENT, *World of Sh.: Sports and Pastimes*, Reading, 1973. – A. L. SIMON, *Wine in Sh.'s Days and Sh.'s Plays*, London, 1964. – E. PARTRIDGE, *Sh.'s Bawdy*, London, 1947. – E. A. M. COLMAN, *The Dramatic Use of Bawdy in Sh.*, London, 1974. – T. F. T. DYER, *Folk-Lore of Sh.*, 1883, repr. New York, 1966. – A. GEIKIE, *The Birds of Sh.*, Glasgow, 1916. – A. DENT, *World of Sh.: Animals and Monsters*, Reading, 1972. – S. BEISLY, *Shakspere's Garden*, London, 1864. – L. H. GRINDON, *The Shakspere Flora*, Manchester, 1883[2]. – E. S. ROHDE, *Sh.'s Wild Flowers, Fairy Lore, Gardens, Herbs, Gatherers of Simples and Bee Lore*, London, 1935. – A. DENT, *World of Sh.: Plants*, Reading, 1971. – A. F. FALCONER, *Sh. and the Sea*, London, 1964. – A. F. FALCONER, *A Glossary of Sh.'s Sea and Naval Terms*, London, 1965. – C. CLARK, *Sh. and the Supernatural*, London, 1931. – K. M. BRIGGS, »Sh.'s Fairies«, in: *The Anatomy of Puck*, London, 1959. – K. M. BRIGGS, *Pale Hecate's Team*, London, 1962. – A. DENT, *World of Sh.: Magic and Superstition*, Reading, 1970. – R. NOBLE, *Sh.'s Biblical Knowledge*, London, 1935. – R. J. CARMODY, *An Investigation of Sh.'s Knowledge and Use of Dogmatic Theology*, Washington, 1949. – H. MUTSCHMANN, K. WENTERSDORF, *Sh. und der Katholizismus*, Speyer, 1950 (Teil III). – R. STEVENSON, *Sh.'s Religious Frontier*, The Hague, 1958. – R. M. FRYE, *Sh. and Christian Doctrine*, Princeton, 1963. – P. MILWARD, *Sh.'s Religious Background*, London, 1973.

b) Offenheit

aa) Einheit von Stoff und Thema

Bei Shakespeare sind die Themen innig verbunden mit den Stoffen, mit den Geschehnissen und Personen. Schon GUNDOLF hat hervorgehoben, daß deshalb, im Gegensatz zu GOETHES Werk, in Shakespeares Dramen das Herauslösen von diskursiven, philosophischen Sinnaussagen problematisch sei. Bereits die Realitätsebene der dramatischen Aussage kann sich als schwer bestimmbar erweisen. Repräsentiert z. B. das Geschehen im *Tempest* – so diskutiert die Shakespeareforschung – eine politische, eine metadramatische, eine mythische oder eine autobiographische Aussage, oder ist es das Traumspiel freier Phantasie? Ebenso offen kann der moralische Status von Handlungen sein: man ist sich nicht darüber im klaren, ob etwa im Handeln von Henry IV, Hotspur, Falstaff, von Duke Vincentio, von Prospero, von Troilus oder Cordelia Normen, Teilwerte oder Fehlverhalten anzusetzen sind. Die Unsicherheit in der Übersetzung von Handlungselementen in Sinnelemente setzt sich bis ins Detail fort. Ist z. B. der berühmte Glockenschlag im Rom des *Julius Caesar* als Kunstfehler aus der Deutung auszuklammern; oder muß er beachtet werden als innerdramatisches Sinnsignal, das unmittelbar vor Caesars Tod den Anbruch einer neuen Epoche ankündigt; oder liegt ein rezeptionslenkender Anachronismus vor, der das Übertragen der aus dem antiken Geschehen gewonnenen Einsichten in die politische Gegenwart nahelegen soll?

bb) Perspektivismus

An sinndeutenden Parabeln und expliziten moralischen Beurteilungen des Geschehens durch Personen im Drama besteht kein Mangel, doch können diese nur selten als übergreifende, auktoriale Deutungen gelten. Shakespeare gönnt seinen Gestalten, auch den bösen und den untergeordneten, einen ungewöhnlich weiten Freiraum tendenziöser, subjektiver, bornierter Meinungsäußerung, die durchaus im Augenblick des Miterlebens überzeugend, gewichtig, pfiffig, rührend wirken kann. Die verstehende Darstellung aus der jeweiligen Innenschau überwiegt gegenüber der autoritativen Abstimmung, Hierarchisierung, Kritik der perspektivischen Sehweisen. Für KEATS ist Shakespeare deshalb zum Prototyp des echten Dichters geworden, der im Selbstverzicht (»negative capability«) die eigene Individualität aufgibt und sich jeder fremden Erfahrungsweise anverwandelt; ähnlich sieht HAZLITT in einem vielzitierten Diktum Shakespeare

von den »Moralisten« durch ein außerordentlich großes Mitgefühl (»fellow-feeling«) unterschieden.

Je nach der Rangordnung, die ein Interpret den personalen
Äußerungen in bezug auf die auktoriale Gesamtaussage zugesteht, ergeben sich damit divergierende Deutungen. Diese kün-
digen sich gelegentlich durch das Titelzitat des ranghöchst gesetzten statement an. So benennt etwa D. P. YOUNG sein Buch
über *Midsummer Night's Dream*, das gegenüber dem herkömmlichen Verfahren, Theseus' leicht belustigte Aussage über Zauberspiel und Poesie (V, i) absolut zu setzen, Hippolytas Verteidigungsrede aufwertet, in ihren Worten *Something of Great Constancy* (1969); der skeptischen Beurteilung der Liebe, die F. M.
DICKEY mit Othellos reuigen Schlußworten in *Not Wisely But
Too Well* (1957) den Liebestragödien entnimmt, widersetzt sich
D. R. C. MARSH mit der idealisierenden Sehweise des Prolog-
sprechers in *Romeo and Juliet*: *Passion Lends Them Power* (1976).
Auktoriale Gültigkeit hat am ehesten, was chorisch entindivi-
dualisierte Sprecher und distanzierte Ratgeberfiguren sagen, was
in Sterbeworten und in der Schlußrede eines Dramas formuliert
wird. Auch eine signifikant parallel oder konträr gestaltete Nebenhandlung kann das thematische Anliegen eines Shakespeare-
dramas präzisieren. Ein Vergleich einer Dramenhandlung mit
ihrer Quelle führt ebenfalls, soweit dabei eine konsequente, sinn-
konstituierende Auswahl oder Abweichung beobachtet werden
kann, näher an die Aussageintention heran. Vor allem aber ist
diese zu erschließen, indem alle sinnstiftenden Aussagen und
Handlungen eines Stücks in Betracht gezogen und einander zugeordnet werden, und das Stück als Ganzes wiederum innerhalb
des Aussageprozesses von Shakespeares Gesamtwerk gesehen
wird.

cc) Komplementarität, Dualismus

Doch auch auf diese Weise entsteht für die zweite Historien-
tetralogie, für die »dark comedies« und für die Tragödien kein
stimmiger Aussagezusammenhang. Der distanzierte Kommentator, in der Person John of Gaunts zu Beginn von *Richard II* das
Gewissen des Stücks, verwandelt sich, wenn die Rolle auf den
Duke of York übergeht, in die verkörperte Unsicherheit; spätere

Nachfahren wie Polonius, Thersites, Menenius sind vollends
suspekt. In *Hamlet* mag das Schlußwort der Rettungsanker nach
desorientierter Sinnsuche sein, kaum aber in *Coriolan*. Manch ein
Quellenvergleich läßt erkennen, daß Shakespeare den Stoff problematisiert, indem er Recht und Unrecht wie willkürlich verteilt, ihn verrätselt, indem er den Personen die klaren Motive
nimmt. Die aufgrund des Dramentextes (neuere Inszenierungen
entmündigen oft durch einseitige Vorselektion und Akzentsetzung) vorgenommene Synchronisierung aller Bedeutungsele-
mente läßt eher ein Problem denn eine Lösung sichtbar werden.
Liebe und Vernunftdenken, nüchterner Realitätssinn und Phantasie, Idealismus und politischer Pragmatismus finden sich zugleich bestätigt, obwohl sie einander ausschließen. Alle Dramen
Shakespeares, so hat man zugespitzt gesagt, sind »problem plays«.
Antithetisch können auch die Werke zueinander stehen: das
Spiel von Pyramus und Thisby macht sich über *Romeo and Juliet*
lustig; *Hamlet* widerspricht den »happy comedies«; *Othello* den
Lehren, die man aus Troilus Schicksal zu ziehen geneigt ist; *The
Winter's Tale* ist ein Anti-*Lear*.

Um diesem Sachverhalt gerecht zu werden, hat man Shakespeares Vision der Welt als »komplementär« oder als »dualistisch«
begriffen. Der Dualismus kann geistesgeschichtlich erklärt werden mit der Umbruchsituation der elisabethanischen Zeit: um
mit den mittelalterlichen, noch hoch geachteten, und mit den
faszinierenden neuen Welterklärungen zugleich leben zu können,
entwickelten die Elisabethaner einen großzügig eklektizistischen
Wahrheitsbegriff. Doch jenseits des Zeitbedingten ist – wie sich
im Blick auf die eindeutigeren Dramen von Shakespeares Zeitgenossen erweist – ein persönlicher Kunstwille wirksam, der keinen Erfahrungsaspekt zugunsten einer einzigen Theorie aufgeben
mag, der die Wirklichkeit in der Vielgestalt, die menschliche
Existenz in der unauflösbaren Gespanntheit zu erfassen strebt.
Als moralischer Effekt, als »prodesse«, entspricht dem die Erziehung des Publikums zu vollständigerer Realitätswahrnehmung,
zur Toleranz und zum Überdenken traditioneller Normen.

J. KEATS, *Letters*, »To George and Thomas Keats«, 21. 12. 1817. – W. HAZLITT,
Characters of Shakespear's Plays, »Measure for Measure«, 1817/18. – U. ELLIS-FER-
MOR, *Sh. the Dramatist*, London, 1961. – A. P. ROSSITER, »Ambivalence: The
Dialectics of Histories«, in: *Angel With Horns*, London, 1961. – M. B. SMITH,

Dualities in Sh., Toronto, 1966. – L. C. KNIGHTS, »The Thought of Sh.« (1966), repr. in: *Explorations 3*, London, 1976. – N. B. RABKIN, *Sh. and the Common Understanding*, New York, 1967. – A. L. FRENCH, *Sh. and the Critics*, Cambridge, 1972. – R. LEVIN, »Some Second Thoughts on Central Themes«, *MLR*, 67 (1972). – M. McCANLES, *Dialectical Criticism and Renaissance Literature*, Berkeley, 1975.

c) Zeitdimension

aa) Zeitfluß

Die Welt in Shakespeares Werk ist eine Welt in der Zeit. Sie ist im steten Wandel begriffen, der den, der den Wandel erlebt, mitverändert. Die Bedeutung des Zeiterlebnisses für die menschliche Erfahrung und Sinnsuche erweist sich besonders massiv und direkt in den Sonetten. Entgegen aller petrarkistischen Tradition sieht der Dichter die Schönheit dem zerstörenden Wirken der Zeit voll ausgesetzt; die Huldigung an den geliebten Menschen vollzieht sich als das Bemühen um einen biologischen, einen poetischen und einen ethischen Akt der Gegenbewegung. Auch die Liebe, die der Zeit widersteht, ist hier nicht literarische Selbstverständlichkeit, sondern ein Wunder geistiger Autonomie des Menschen gegenüber der Natur (Sonn. 116). Tragik, doch auch Faszinationskraft des Vollkommenen liegt darin, daß die Zeit es nur für einen kurzen, glückhaften Augenblick heranbildet (Sonn. 15). Die Dramengeschehen sind geprägt von der Wirkdimension einer Zeit, die degenerieren läßt, zerstört, in die Irre führt – die aber andrerseits Schönes schafft und Liebe gewährt, die heilt und die Wahrheit offenbart. »I . . . both joy and terror / Of good and bad, that makes and unfolds error / Now take upon me«, läßt Shakespeare die personifizierte Zeit in *The Winter's Tale* (IV, i) als ihre Aufgaben verkünden.

Der Dramatiker führt den »Lauf« der Zeit deutlich spürbar vor in einer zeitraffenden Darstellung, die eine sehr viel längere dramatisierte Zeit als kausalen Bewegungsablauf in die zweistündige Dramenzeit hineinpreßt. Dazuhin bezieht er erzählte Zeiten der Vergangenheit und Zukunft ein (vgl. III. B. 4. c). Ein zweigleisiges Geschehen, in dem gegen Wissen und Willen der Akteure ihre Handlungen in fataler oder glückbringender Weise synchronisiert sind, macht – etwa in *Romeo and Juliet*, *Twelfth Night*, *Henry IV*, *Othello* – Time zu einem zentralen Agenten. Mithilfe eines gewagten »double time scheme« können gegenüber dem äußeren Geschehen (das einige Tage umfaßt) wesentlich größere Spannen psychologischen Geschehens (das normalerweise Jahre erfordern würde) einbezogen, und damit die weniger spektakulären geistigen Wirkungen der Zeit in den Vordergrund gerückt werden. Themen der Dramen stellen sich auf einer Sinnebene als Funktionen von Zeit dar: Liebe in den Komödien als Funktion wohlwollender, schützender Zeit; Liebe in *Romeo and Juliet* als Funktion physisch destruktiver, in *Troilus and Cressida* als Funktion psychisch destruktiver Zeit, in *Antony and Cleopatra* als Funktion ignorierter Zeit; Liebe in den Romanzen als Funktion einer Zeit, die ihr Zerstörungswerk widerruft. Deutungen, die Shakespeares Liebesdramen als philosophische Konstellationen begreifen (G. W. KNIGHT, VYVYAN), gewinnen aus ihnen zwar sehr klare, doch dem dynamischen Geschehen entfremdete, unshakespearehafte Botschaften.

Daß Dramengeschehen in der Zeit und daß Handlungen zeitbedingt zu begreifen sind, wird vielfach im Text selbst deutlich gemacht. In Isolation von Zeitumständen konstruierte und gegen sie gelebte Tugenden – die akademische Askese in *Love Labour's Lost*, der politische Idealismus bei Brutus, der Ehrbegriff Coriolans – stellen sich im Shakespeareschen Kontext, anders als bei Corneille, als Untugenden heraus. Das tragische Versagen von Richard II besteht nicht in einem an sich bösen Akt, sondern darin, im entscheidenden Augenblick des Machtkampfes untätig zu bleiben: »I wasted time, and now doth time waste me« (V, v, 49). Die Rebellen in *1 Henry IV* handeln bewußt gegen die Zeit (IV, i); in *2 Henry IV* verkennen sie das Gesetz der Zeit (IV, i) – in anderem Zeitzusammenhang wäre gleiches Verhalten nicht als Rebellion sondern Restauration denkbar. Henry Bolingbrokes politische Tugend ist es hingegen, die Gelegenheiten, welche die Zeit ihm bietet, sofort zu nützen, wie er es ebenso versteht, Herausforderungen der Zeit rasch zu parieren: »Are these things then necessities? / Then let us meet them like necessities« (*2 Henry IV*, III, 1, 92). Aufgrund der destruktiven und konstruktiven Doppelrolle der Zeit aber können die Handlungen, die sie vorzeichnet, ambivalent sein. »Opportunity« für Henry Bolingbroke ist eine Gabe der Zeit, die zerstört (durch die resultierenden Rosenkriege), und der Zeit, die heilt (durch die daraus resultierende Tudormonarchie). »Custom«, in *Richard II* als durch Zeitdauer erwiesene Wahrheit beschworen (II, i, 195ff.), wird in *Coriolan* verhöhnt als Werk der Zeit, die die Wahrheit immer mehr verhüllt (II, iii, 114ff.).

Sind derart Shakespeares Dramenhandlungen in Relation zu einem politischen Zeitverlauf gesetzt, können sie andrerseits auch auf einen rituellen, gesellschaftlichen Zeitrhythmus bezogen sein. Es gibt bei Shakespeare Zeiten, in denen saturnalische Ausgelassenheit erlaubt ist: Hochzeitsfeste, die Sommersonnenwende, die Nacht vor dem Dreikönigsfest (Twelfth Night). Zu anderen Zeiten hingegen ziemt sich ernstes, verantwortungsbewußtes Handeln. Malvolio geht fehl, indem er erstere, Falstaff, indem er (in *2 Henry IV*, Akt V) letztere verkennt. Aus einigen Dramen ist herausgelesen worden, daß Shakespeare darüber hinaus einen von einer übermenschlichen Macht verfügten Zeitverlauf ansetzt. Insbesondere Hamlets spätes »The readiness is all« ist verstanden worden als der Augenblick, in dem der Held sich aus verkrampftem Räsonnieren befreit in ein intuitives Offensein gegenüber dieser Zeit der Vorsehung. Im Vergleich mit der griechischen Tragödie, die auf einen Punkt zeitloser Einsicht hinführt, tritt Shakespeares Zielvorstellung eines sinnvoll gegliederten Zeitverlaufs besonders klar hervor.

bb) Subjektive Zeit

Die Zeitstruktur verkompliziert sich, wenn der Zeitverlauf sich in verschiedenartige, subjektive Zeiterfahrungen der Dramenfiguren aufteilt. Während die Zeit sich für den entthronten, einsamen Richard II im Bewußtseinsfluß schier endlos ausdehnt, und imaginativ gegliedert werden muß, wird sie vom Usurpator erfahren als klares äußeres Handlungsgesetz von Begnadigungs- und Bestrafungsaktionen. Während König und Rebellen in *Henry IV* Zeit als spannungsreiche Aufeinanderfolge politisch-historischer Ereignisse erleben, verläuft für Falstaff Zeit im Rhythmus geleerter Sherrygläser (*1 Henry IV*, I, ii). »Time travels in divers paces with divers persons«, so heißt es in *As You Like It*, das fast ein Thesenstück zur *durée* ist. Je nach persönlichem Erlebniszusammenhang kann die Zeit »den Paßgang gehen«, »trotten«, »galoppieren« oder »stillstehen« (III, ii, 290f.). Innerhalb der

Extreme szenischer Zerdehnung und gerafften Referats wird dies
Spektrum subjektiver Zeiterfahrung dem Publikum zum Mitvollzug angeboten.

Die subjektive Zeit ist insofern in die Deutung einzubeziehen,
als sie das Korrelat divergenter innerdramatischer Sinngebungen
sein kann. Für eine liebende, angstvoll wartende Rosalind weitet
sich der Moment zum kleinen inneren Drama und bekommt
existentielles Gewicht; bei Jaques hingegen, der das ganze Men-
schenleben in kürzester Zeit vor seinem inneren Auge Revue
passieren läßt, verflacht dieses zu sieben banalen Lebensphasen.
In der Mißachtung ethischer und gesellschaftlicher Sanktionen
deformiert sich für Macbeth Zeit zu einer Beckettschen Abfolge
gestaltloser »to-morrows« (V, v, 19); Henry V aber erfährt sie –
wie ein neuerer Shakespeareforscher für seine Generation voll
Nostalgie vermerkt (QUINONES, 1972) – aufgrund von gesetzes-
treuem, gesellschaftsbejahenden Handeln als wohlgegliederte
Folge glücklicher Stunden und Tage (2 Henry IV, V, ii).

L. C. KNIGHTS, »Time's Subjects: The Sonnets and King Henry IV, Part II«, in:
Some Shakespearean Themes, London 1959. – C. L. BARBER, Sh.'s Festive Comedies,
Princeton, 1959. – H. MacLEAN, »Time and Horsemanship in Sh.'s Histories«,
UTQ, 35 (1960). – T. F. DRIVER, The Sense of History in Greek and Shakespearean
Drama, New York, 1960. – S. C. SEN GUPTA, The Whirligig of Time, Bombay,
1961. – I. LEIMBERG, Untersuchungen zu Sh.s Zeitvorstellung als ein Beitrag zur
Interpretation der Tragödien, Köln, 1961. – J. L. HALIO, »›No Clock in the Forest‹:
Time in As You Like It«, SEL, 2 (1962). – H. E. TOLIVER, »Sh. and the Abyss of
Time«, JEGP, 64 (1965). – R. J. QUINONES, »Views of Time in Sh.«, JHI, 26
(1965). – F. TURNER, Sh. and the Nature of Time, London, 1971. – R. J. QUINO-
NES, The Renaissance Discovery of Time, Cambridge, Mass., 1972. – D. S. KASTAN,
»The Shape of Time: Form and Value in the Shakespearean History Play«, CD,
7 (1973/74). – Vgl. auch Bibliographie zu III. B. 4. c.

d) Werksequenz und Genrewechsel

Auch die Art und Weise, wie Shakespeare in seinen Dramen
Welt erfaßte, unterlag der Zeit – einer Zeit, die des Autors Vision
der Welt und das Konzept seiner Kunst veränderte, die es ihm
erlaubte, mit zunehmender technischer Virtuosität komplexere
und originellere Aussagen zu machen, einer Zeit, die als politischer und kultureller Wandel, als Veränderung des Publikums-
geschmacks, der Aufführungsbedingungen usw. in Themenstel-
lung und Gestaltung hineinwirkte (cf. I. »Die Zeit«). Wichtige
Wenden innerhalb des Entstehungsprozesses, der sich von ca.

1589 bis 1614 erstreckte (cf. S. 250f.), sind um 1599 und wieder um 1606/8 anzusetzen.

Die Komplexität des Wertgefüges und die innerdramatische Dynamik des Zeitgefüges sind in den ganz frühen Dramen am schwächsten ausgeprägt. Für den, der nicht von sich aus, oder aus der Perspektive des späteren Shakespeare, gegen den Strich fragt, bringen die ersten vier Historiendramen, die heiteren Komödien und die beiden frühen Tragödien weitgehend schlüssige, stimmige Aussagen. Sie enthalten klare Exempla von gutem und schlechten politischen Handeln; sie präsentieren für einen begrenzten Geltungsbereich auf die Fragen nach der Identität des Menschen, seinem Ort in der Gesellschaft, nach der sinnstiftenden Liebesbeziehung, befriedigende Antworten. Widersprüchliche Wertpostulate pflegen sich am Dramenschluß auf eine aristotelische Mitte hin zu bewegen.

Daß sich gegen Ende des ersten Schaffensjahrzehnts eine wesentliche Wandlung vollzieht, die, von *Richard II* und *Henry IV*, *Merchant of Venice* und *Julius Caesar* vorbereitet, mit *Hamlet* zu einem neuartigen Shakespeare führt, wird von ganz verschiedenen Seiten her bezeugt: »Reality breaks in« (L. C. Knights); »rhetorisches«, d. h. überzeugungskräftiges, weicht »mimetischem«, d. h. Wirklichkeit voll und vorurteilslos darbietendem Drama (R. Y. Turner); ein Prozeß intensiven Experimentierens setzt ein (P. Edwards); zwischen *Hamlet* und *Antony and Cleopatra* gibt es keine »marriage of true minds« (S. Burckhardt); »from *Hamlet* onwards Shakespeare knows not ›seems‹« (M. D. H. Parker). Der Dramatiker bricht angesichts der Grenzen des natürlichen Erkenntnisvermögens zu einer überrationalen, intuitiven Sinnsuche auf (R. Speaight). Dem Tiefenpsychologen scheint es, daß nun das Unbewußte vollständiger und bedrohlicher in die Dramenwelt hineinprojiziert wird (A. Aronson); ideologiekritischer Jargon beschreibt den Prozeß als: »Shakespeare's ability to accept the ideology of his time declined« (S. Shanker). Geistesgeschichtlich gesehen stoßen jetzt kosmologisches und modernes funktionales Naturverständnis gegeneinander (T. Spencer), aus literarhistorischer Sicht wird die Ablösung des elisabethanischen Dramas durch das jakobäische Drama (z. B. Muir/Schoenbaum), aus stilgeschichtlicher Sicht die Ablösung des Renaissance- durch das Barockdrama angesetzt (M. LÜTHI).

Aufgrund der Vielzahl offener und der Unterschiedlichkeit sich festlegender Deutungen erweist sich *Hamlet* als das Extrem der problematisierenden Darstellung bei Shakespeare. Sei es aus Absicht, sei es aufgrund eines Unvermögens, die neue Aussageintention sofort voll zu kontrollieren, führen hier die Fragen in desorientierender Weise in viele Richtungen, während die nachfolgenden Dramen, insbesondere die »dark comedies«, die Problematik auf bestimmte ethische oder politische Antagonismen hin eingrenzen. *King Lear* ist Shakespeares tiefste, umfassendste Aussage über die Komplexität der Lebenswirklichkeit, sein kühnster und reifster Versuch, den ontologischen Ort des Menschen im natürlichen und geistigen Universum zu bestimmen. Studien zu *Lear* sind deshalb oft gleichzeitig grundlegende Studien zu Shakespeares Denken.

Das zwischen 1606 und 1608 mit der *Pericles*-Bearbeitung einsetzende Spätwerk nimmt der Demonstration einer aus den Fugen geratenen äußeren und inneren Welt, die zwischen *Hamlet* und *Timon* in den Vordergrund gerückt ist, die Schärfe und Bitterkeit. Zwar manifestieren sich politische Unordnung und individuelle Bosheit und Schwäche zu Beginn einer jeden Romanze eher noch krasser und unheilstiftender als bisher, doch dieser Zustand verwandelt sich genre-regel-mäßig jeweils in ein glückliches Schlußstadium harmonischer, liebender, sinnerfüllter Existenz. Die ausgeprägte und betonte Künstlichkeit des Geschehens jedoch macht darauf aufmerksam, daß hier nicht mehr Realitätsexegese betrieben, sondern eine künstlerische Gegenwelt entworfen wird.

Dieser Wandlungsprozeß geht einher mit einem Prozeß des Überwechselns in verschiedene dramatische Gattungen. Die gegenseitige Abhängigkeit von Aussage und Genre – als Gattungsgesetzlichkeit, die die Welt des Dramas mitstrukturiert, und als Weltsicht, die die Wahl der dramatischen Gattung bedingt – wird in den Einleitungskapiteln zu den Historien, heiteren Komödien, Problemstücken und Romanzen, Römerdramen und Tragödien im einzelnen dargelegt werden. Wie sich Handlungsverläufe, Situationen, Personentypen, Darstellungsstil und Stimmung mit dem dramatischen Medium ändern, so auch die Bewertungsperspektive. Während in der Komödie und Historie der Einzelne primär innerhalb eines gesellschaftlichen bzw. politischen Gefüges erlebt und beurteilt wird, beansprucht in der Tragödie das Individuum selbst mit seinen, oft gesellschaftsfeindlichen, Bedürfnissen und Impulsen vorrangig die Aufmerksamkeit und Sympathie.

Daß Shakespeare dazu tendiert, die dramatischen Gattungen auf vielfältige Weise miteinander zu kreuzen, deutet darauf hin, daß er Aussageintentionen auch gegen vorgegebene Gattungsmuster durchsetzt. Zudem kommt diese Technik des Kombinierens komplementärer Formen seiner Vorliebe für komplementäre Aussagen entgegen. So kann in den Geschichtsdramen mittels einer Komödienhandlung eine Welt, in der die spontanen Freuden des Lebens als Wert gelten und die Sorgen der einfachen Leute (wenngleich unter komischem Vorzeichen) zum Anliegen werden können, der historienspezifischen Haupt- und Staatshandlung gegenübergestellt werden *(1, 2 Henry IV)*. Romanzenhafte Selektion und Stilisierung hingegen verinnerlicht und idealisiert die Historie; der geschichtliche Fall der Mächtigen wird zur »Komödie« in Dantes Sinn *(Henry VIII)*. Tragödienhaft introspektive Darstellung historischer Personen (Richard II, Hotspur, Prince Hal) macht in neuartiger Weise darauf aufmerksam, wie sehr der Geschichtsverlauf von persönlichen Veranlagungen und Entscheidungen der Mächtigen abhängen kann. In der Komödie wird analog durch tragödienhafte Innenschau das Anliegen eines Einzelnen gegenüber dem Interesse der gut funktionierenden Gesellschaft dem Zuschauer nahegebracht (Shylock; Angelo und Claudio in *Measure for Measure*). Die Tragödie hinwiederum kann komödienhaft äußerlich motiviert werden und so, statt auf die gattungsspezifische Schuld des Helden, auf die Bedeutung von Umwelt, Schicksal, Zufall hinweisen *(Romeo and Juliet)*. Komödienhafte Kurzszenen (comic relief) in den Tragödien schaffen Distanz für eine neutralere, gesellschaftsbezogene Beurteilung des tragischen Helden. *Macbeth* schaltet über einen Komödienauftritt (II, iii) von einer tragödienhaft dem inneren Erleben des sich in Schuld verstrickenden Helden zugewandten ersten Hälfte um zu einem zweiten Teil, der sich historienähnlich

dem gefährdeten Gemeinwohl zuwendet. In den »Roman plays«
hat sich die Synthese von tragödienspezifischer Innenschau und
historienspezifischer Gesamtansicht zur neuen Genreregel verfestigt. Die Romanzen schließlich geben, indem sie einer Tragö-
dienhandlung eine komödienhafte Wende folgen lassen (*Winter's
Tale* läßt die *Othello*-Tragödie wie *Twelfth Night* enden; *Tempest*
verbindet den Reichsverlust zu Beginn von *Lear* und die Restauration, mit der *As You Like It* ausklingt), die alternativen Möglichkeiten eines Verschuldens, das vom Schicksal lawinenhaft vermehrt oder ganz entkräftet werden kann, zu bedenken.

E. DOWDEN, *Shakspere: A Critical Study of His Mind and Art*, London, 1875. –
F. GUNDOLF, *Sh.: Sein Wesen und Werk*, 2 Bd., Berlin, 1928. – C. J. SISSON,
»The Mythical Sorrows of Sh.«, *PBA*, 20 (1934). – J. M. MURRY, *Shakespeare*,
London, 1936. – M. VAN DOREN, *Shakespeare*, 1939, repr. New York, 1953. –
H. CRAIG, *An Interpretation of Sh.*, Columbia, 1948. – H. C. GODDARD, *The
Meaning of Sh.*, 2 vols., Chicago, 1951. – D. A. TRAVERSI, *An Approach to Sh.*,
rev. ed. New York, 1956. – M. LÜTHI, *Sh.s Dramen*, Berlin, 1957. – P. ED-
WARDS, *Sh. and the Confines of Art*, London, 1968. – F. FERGUSSON, *Sh.: The
Pattern in His Carpet*, New York, 1970. – F. W. BROWNLOW, *Two Shake-
spearean Sequences*, London, 1977. – R. SPEAIGHT, *Sh.: The Man and His Achieve-
ment*, London, 1977.

2. AUSSAGEANLIEGEN, THEMEN

Wenn Shakespeares Aussagen aus dem Shakespeareschen Kontext, aus stofflicher Konkretheit, perspektivischer Auffächerung,
komplementärer Wertsetzung, Zeitdynamik und Genrespezifik
abstrahiert werden, so geht dabei unvermeidlich ihr undogmatisch offener, vorbehaltlicher, vorläufiger, relativer oder auch
ironischer Charakter verloren. Shakespeares volle Aussage ist
sein Werk. Der hier unternommene Versuch, thematische Zentren von Shakespeares Vision zu skizzieren, so wie sie in bestimmten Dramen hervortreten und wie sie die Forschung (deren
Akzentsetzung sich in nachfolgender Gliederung spiegelt) im
Rückbezug auf elisabethanisches Denken besser zu verstehen gelehrt hat, mag jedoch dazu dienlich sein, auf diese Dramen und
diese Themenstudien hinzuweisen.

W. J. BIRCH, *An Inquiry Into the Philosophy and Religion of Shakspere*, London,
1848, repr. New York, 1972. – W. C. CURRY, *Sh.'s Philosophical Patterns*, Baton
Rouge, 1937. – P. REYHER, *Essai sur les idées dans l'oeuvre de Sh.*, Paris, 1947. – H.
FLUCHÈRE, »The Themes«, in: *Shakespeare*, engl. London, 1953. – K. J.
SPALDING, *The Philosophy of Sh.*, Oxford, 1953. – L. C. KNIGHTS, *Some Shakespearean Themes*, London, 1959. – R. E. FITCH, *Sh.: The Perspective of Value*, Philadelphia, 1969. – W. G. ZEEVELD, *The Temper of Sh.'s Thought*, New Haven, 1974.

a) *Die Natur des Menschen*

aa) Natur als Norm

Mit beharrlichen Fragen nach dem, was und wer sie sind, läßt Shakespeare seine Dramenpersonen ihre durch das Drama vorprogrammierte Existenzweise erkunden. Stellt er das Problem in den Verwechslungskomödien eher spielerisch dar und löst es in amüsanter, befriedigender Weise innerhalb eines gesellschaftlichen Kontexts, so verweist er mit den desorientierenden Reflektionen des entthronten Richard II, der seine Identität innerhalb von Gesellschaft und Familie verloren hat, auf die existentielle Verunsicherung, die eintritt, wenn die Möglichkeit gesellschaftlicher Selbstbestimmung nicht gegeben ist. Er spaltet die ontologische Selbstdeutung zum Paradox auf, wenn er Hamlet zwischen sarkastischem Lob (»What a piece of work is a man! How noble in his reason! ... in apprehension, how like a god!«) und Selbstschmähung (»A beast, no more!«) alternieren läßt (II, ii, 197; IV, iv, 34). In Lears Erkenntnisweg führt er mit der Vision eines nackten, den Unwettern der Natur schutzlos ausgelieferten, geistesschwachen Menschen die These vom Elend des Menschen zum bitteren Extrem: »Is man no more than this?« (III, iv, 101).

Als Konstante in der vielfältigen dramatischen Gestaltung des Themas bleibt die negative Einsicht bestehen, daß Selbstbestimmung nicht allein auf die eigene Existenz bezogen geschehen kann. Daß Coriolan jenseits von Brauch und Sitte, jenseits des eigenen Landes und der Familienbande eine stolze Identität sucht (»As if a man were author of himself / And knew no other kin«; V, iii, 36), daß Edmund eine brillante Unabhängigkeitserklärung des Individuums gegenüber Gesellschaft und Natur lanciert (*Lear*, I, ii), daß Richard Gloucester sich auf ein trotziges, blasphemisches »I am myself alone« zurückzieht (*3 Henry VI*, V, vi, 83), ist aus romantischer und existentialistischer Sicht heraus gebilligt und bewundert worden; im Sinn- und Handlungszusammenhang der Dramen aber sind diese Auswege Irrwege.

Glückhafte, volle Selbstfindung geschieht innerhalb eines Sinnraums, in dem Außen und Innen, Psyche, Gesellschaft und Kosmos miteinander harmonieren. Die starken, guten Personen im Drama können wesentlich dazu beitragen, daß ein solcher Raum entsteht; auch labile, irrende Individuen vermögen in diesem Raum dann zu einem beständigen, besseren Selbst zu gelangen. Stereotype dramatische Motive, mit denen eine gemeinsame Identitätsfindung gegen Komödienschluß sichtbar gemacht wird, sind die Hochzeiten, die Gesamtauftritte, die bestätigenden Schlußworte vonseiten politischer Autorität, der Rückbezug auf eine pastorale Natur, die Lieder, die den Lauf der Natur besingen. In den Historien ist ein solcher Sinnraum weniger in der vorgespielten Welt, die von Leidenschaft, Eitelkeit und Streit gezeichnet ist, als in mahnenden Gegenentwürfen präsent. Vertraute Sinnsprüche und bildstenographische Andeutungen verweisen auf die elisabethanischen Modelle der Selbstbestimmung. Sie skizzieren den Menschen als die kleine Welt, in der sich alle Vielfalt und Ordnung der großen Welt wiederholt, als die Harmonie körperlicher und geistiger Elemente, welche in eine universale Harmonie einstimmt, als hohes aber nicht ranghöchstes Wesen in einer Hierarchie des Seins (cf. I. A. 6–9). Die Ausnahme unter den Historien, die ein Idealbild präsentiert, ist *Henry V*. In der Titelfigur entwirft Shakespeare einen König, der in seiner allseitigen maßvollen Vollkommenheit die Tugendspiegel Wirklichkeit werden läßt (cf. J. WINNY, R. SOELLNER).

bb) Funktionalisierte Natur, Entfremdung

Jedoch, so macht *Henry V* auf der anderen Seite deutlich, selbst das segensreiche Wirken des großen Königs geht gelegentlich mit pragmatischer Grausamkeit einher, um sich durchsetzen zu können. Das ordnungsstiftende Handeln vollzieht sich in einem ungeordneten gesellschaftlichen Raum, der unmoralisches Taktieren erforderlich machen kann. Während in früheren Historien die unmoralische Welt aufgrund königlichen Versagens zum Sonderfall erklärt werden konnte, erscheint sie hier als generell vorgegeben. Geistesgeschichtlich bedeutet dies, daß ein moderneres »Natur«verständnis thematisiert wird, das in der Philosophie mit Bacon, in der politischen Theorie mit Machiavelli assoziiert ist, die Auffassung nämlich, daß die »Natur« den Sinngebungen des Menschen ursprünglich fremd ist und nur dann und nur insoweit Sinn bekommt, als der Mensch sie seinen Zielen unterwirft. Es scheint, daß Shakespeare diese Auffassung außer in

Henry V auch in einigen anderen um diese Zeit konzipierten Figuren als positive Verhaltensnorm zu bedenken gibt (J. F. DANBY). Zumeist aber und zunehmend deutlich legen die auf *Henry V* folgenden Dramen negative Aspekte der Diskrepanz zwischen altem Ordnungsdenken und neuem Weltverständnis dar.

Der politische Raum zerbricht in Interessenbereiche, in denen die elisabethanischen Sinngebungen – in *Troilus* das Konzept hierarchischer, in *Coriolanus* das der organischen Ordnung – umfunktioniert werden zu Argumenten im Machtkampf von Parteien. Die gesellschaftlichen Formen, in denen das alte Menschenbild Ausdruck fand, werden zum Deckmantel, zum schönen Schein, unter dem sich pragmatisch skrupelloses Verhalten umso ungehemmter entfaltet *(Hamlet)*. Idealistisches Denken ist der Welt, in der es stattfindet, entfremdet: Isabella lebt ihr Ideal der Keuschheit gegen ein sittenfreies Vienna, Troilus sein Ideal treuer Liebe gegen ein frivoles Troja, Brutus entwickelt sein Konzept politischer Integrität in einem politisch degenerierten Rom. In solcher isolierten Sinnsuche aber verengen und pervertieren auch Selbstentwurf und Selbstverwirklichung. Der sanguinisch ausgeglichenen Persönlichkeit von Henry V folgen mit Hamlet, Othello, Lear, Macbeth Helden, die eine extreme physiologische und psychologische Veranlagung kennzeichnet (L. B. CAMPBELL). Brutus, Macbeth, Othello, Coriolan, Antony und Cleopatra ersetzen das umfassende mikrokosmische Leitbild durch einseitige Wunschbilder von Patriotismus, Virilität, militärischem Rigorismus, ästhetischer Intensität (M. N. PROSER). In der Mißachtung der idealen Zielgerichtetheit der Seinshierarchie gehen diese Dramengestalten Pseudoidealen nach, während in ähnlicher Blindheit andere Figuren in egozentrischem Rollenspiel die eigene Person als einzigen Bezugspunkt wahren (Timon, der frühe Lear), sich durch materielles und sinnliches Begehren erniedrigen (Angelo), oder sich in motivloser, spielerischer Bosheit verlieren (Iago) (cf. J. L. BARROLL). Den übergreifenden Sinnzusammenhang zu entwerfen, in dem das Fehlverhalten zu verstehen und zu beurteilen ist, wird nun, weit mehr als im frühen Werk, zur selbständigen Leistung des Publikums (bzw. der Shakespeareforschung).

cc) *Transzendierende Sinngebung*

»Reason«, das natürliche Erkenntnisvermögen, das innerhalb einer normativen, göttlich verfügten Natur praktische und philosophische Kompetenz zugleich ist, degeneriert in der Entfremdungssituation zur Fähigkeit empirischer Bestandsaufnahme und logischen Zuordnens. Der Akt der Sinnfindung muß nun als eine die Natur transzendierende geistige Bewegung begriffen werden. In den Dramen seit *Hamlet* wird demgemäß ein tieferes Verstehen, »understanding« (T. SPENCER), ein intuitives Sehen, »intuition« (R. SPEAIGHT, T. HAWKES), eine liebende Offenheit postuliert als Gegenkraft zum zweckrationalen Denken. Eine duldende, meditative Haltung gewinnt an Bedeutung gegenüber den heroisch aktiven Tugenden (R. A. BROWER). Den tieferen Sinn, der sich solcher Haltung in Shakespeares Dramen offenbart, hat man zumeist mithilfe religiöser und mythischer Kategorien zu erfassen versucht. In den Problem Plays und in den Tragödien ist er vornehmlich als Sinndefizit negativ gegenwärtig – sofern man nicht ein intuitives Gesamtverstehen in wenig durchgezeichnete positive Gestalten wie Horatio, Edgar, Cordelia, Virgilia projiziert. *Macbeth* deklariert die nach Macbeths Tyrannenherrschaft eingeleitete Neuordnung ausdrücklich als »order of grace«, ohne dies inhaltlich zu präzisieren.

Die Romanzen setzen zur positiven Vermittlung eines nichtrationalen Sinnzusammenhangs an (cf. III. C. p). Die Natur macht eine zweite Verwandlung durch. Wurde sie in den frühen Dramen erfahren als ein Forest of Arden, in dem für den Menschen Freuden und Moralpredigten zugleich zu entdecken waren *(As You Like It)*, oder als Garten, der zwar verwildert sein mochte, doch eine ursprünglich angelegte Schönheit und Ordnung weiterhin in sich barg (*Richard II*, III, iv), und veränderte sie sich in den Heideszenen des *Lear* zu einer privativen und destruktiven Macht, die menschlicher Sinnsuche widerstand, so wird sie nun abgelöst von der Insellandschaft des *Tempest*, die eine neuartige, nicht vorgegebene, sondern von Prospero geschaffene und überwachte Schönheit und Ordnung aufweist.

L. B. CAMPBELL, *Sh.'s Tragic Heroes*, Cambridge, 1930. – T. SPENCER, *Sh. and the Nature of Man*, London, 1942, 1961². – A. HARBAGE, »Sh.'s Ideal Man« (1948), rev. in: *Conceptions of Sh.*, Cambridge, Mass., 1966. – J. F. DANBY, *Sh.'s Doctrine of Nature: A Study of King Lear*, London, 1949. – R. SPEAIGHT, *Nature in Shake-*

spearian Tragedy, London, 1955. – G. BUSH, *Sh. and the Natural Condition*, Cambridge, Mass., 1956. – T. HAWKES, *Sh. and the Reason*, London 1964. – M. N. PROSER, *The Heroic Image in Five Shakespearean Tragedies*, Princeton 1965. – J. WINNY, *The Player King*, New York, 1968. – P. EDWARDS, *Person and Office in Sh.'s Plays*, Oxford, 1970. – R. A. BROWER, *Hero & Saint: Sh. and the Graeco-Roman Heroic Tradition*, Oxford, 1971. – R. SOELLNER, *Sh.'s Patterns of Self-Knowledge*, Columbia, 1972. – J. L. BARROLL, *Artificial Persons*, Columbia, 1974. – R. ELLRODT, »Self-consciousness in Montaigne and Sh.«, *ShS*, 28 (1975). – M. DORAN, »The Idea of Excellence in Sh.«, *SQ*, 27 (1976).

b) Der Mensch in der Gesellschaft

aa) Naturzustand und Zivilisation

Im Zeitalter der Entdeckungsreisen war die Frage, wie die Existenzweise der Naturvölker gegenüber der europäischen Kulturwelt zu begreifen sei, von aktuellem Interesse. So wird man eine darauf bezogene Zuordnung von Personen in Shakespeares Dramen als sinntragend aufzufassen und ihr Handeln als Aussage zu diesem Thema zu deuten haben.

Die provokative Selbstkritik MONTAIGNES an der zivilisierten Welt (*Of the Cannibals*, engl. 1603) klingt auch bei Shakespeare an, wenn er in *Titus Andronicus* und im *Tempest* diese Welt mit einem primitiven Bereich konfrontiert. Die frühe Greueltragödie führt im unmenschlichen Verhalten von Goten und Römern eine grausige Symmetrie zwischen unzivilisierter und zivilisierter Barbarei vor; die Romanze setzt der Mordlust des unedlen Wilden Caliban die Mordpläne kultivierter italienischer Machiavellisten parallel. Barbarei im zivilisierten Bereich hat sich nur aus der unbeherrschten Leidenschaft des Titus in das beherrschte zweckrationale Denken von Antonio und Sebastian verwandelt. *Othello* deutet das gute und das böse Extrem eines Zusammenkommens der beiden Welten an: als glückliche Verbindung von kultiviertem und natürlichem Edelmut in der Liebe zwischen Desdemona und Othello, und als unheilvolles Zusammenwirken von zivilisierter »reason« und ursprünglicher Brutalität in der Verführung Othellos durch Iago.

Komödien und Romanzen beschreiben mehrmals einen Erlebnisweg, in dem ein edel veranlagter Mensch in frühester Jugend in den unzivilisierten Raum verstoßen wird, dort rauhe Tugenden entwickelt und schließlich mit regenerativer Kraft in die Kulturwelt zurückkehrt (Valentine in *Two Gentlemen*, Orlando in *As You Like It*, Arviragus und Guiderius in *Cymbeline*, Perdita in *Winter's Tale*, bedingt auch Miranda in *Tempest*). Daß dabei die natürlichen Tugenden ihrerseits eines Erziehungsprozesses bedürfen – wie er mit Rosalinds »school of love« und Prosperos Pädagogik angedeutet wird – weist als Zielvorstellung eine durch Höflichkeit und literarische Bildung verfeinerte, gute Natürlichkeit aus.

E. JONES, *Othello's Countrymen*, London, 1965. – W. G. ZEEVELD, »Civility«, in: *The Temper of Sh.'s Thought*, New Haven, 1974. – M. LONG, *The Unnatural Scene*, London, 1976.

bb) Ehrbegriff

Konnte sich vor 30 Jahren C. S. LEWIS über Shakespeares »ethical tomfoolery of honour and revenge« entrüsten, so hat inzwischen geistesgeschichtliche Aufklärungsarbeit im Gebrauch des Ehrbegriffs in den Dramen eine bedeutungsreiche Differenziertheit aufgewiesen. »Honour« bezeichnete für Shakespeares Publikum die ›öffentliche Anerkennung tugendhaften Verhaltens‹; es scheint, daß Königin Elizabeth mit klug plazierten Ehrerweisungen diese uns heute so fremde Zuversicht bestärkte, daß Ehre erhält, wem Ehre gebührt. In der Art, wie die Dramenfiguren ihre Ehre begreifen und in Ehren leben, bestätigen sie also eine elisabethanische Gleichsetzung von dem, was das Gewissen als gut erkennt und dem, was außen als gut gilt, oder sie stellen diese – in Zusammenhang mit der oben (2. a. bb) dargelegten Entfremdungssituation – in Frage.

In einer Werkgruppe zwischen 1597 und 1604, in *1 Henry IV*, *Julius Caesar*, *Hamlet*, *Troilus and Cressida* und *Othello*, tritt Ehre als zentrales thematisches Anliegen hervor. *1 Henry IV* gibt, gleichsam zu Beginn der dramatischen Debatte, drei verschiedene Ehrbegriffe zu bedenken. Hotspur lebt die konventionelle Norm vor: die Erfüllung des gesellschaftlichen Ehrenkodex ist für ihn gleichbedeutend mit Tugend und Selbstverwirklichung; Prince Hal hingegen begreift die auf Tugend gegründete Ehre pragmatischer: seine und Hotspurs Ehre sind für ihn Mittel, um politische Ziele zu erreichen; Falstaff schließlich erklärt den Aspekt des tugendhaften Handelns für nichtig und läßt allein die äußere Ehrerweisung mit ihren konkreten Vorteilen gelten (cf. N. COUNCIL). Falstaffs Nachfolge in den Dramen übernehmen Zyniker wie Thersites, die Tugend und Ehre verspotten. Prince Hals prakti-

sches Verhältnis zu »honour« wird sich zum Negativen hin wei-
terentwickeln bei Claudius, der den naiven Ehrenkodex des
Laertes mißbraucht, und bei den Tribunen Sicinius und Brutus,
die den Coriolan über sein starres Ehrgefühl wie eine Marionette
lenken. Vor allem aber Hotspurs Ehrbegriff wird nachfolgend
kritischer präsentiert. Der schon bei ihm fragwürdige Ehrenkodex rückt mit Brutus Vorstellung von Ehre in den Bereich
subjektiver Setzung; Troilus stellt diese Setzung dessen, was Ehre
erstrebt, freier Willkür anheim (»What's aught, but as 'tis valued«,
II, ii, 52), Othello demonstriert, welches Unheil eine irrtümliche
Setzung anrichten kann.

Obgleich Shakespeare in allen diesen Versionen die elisabethanische Verklammerung von ehrbarer Tat und gesellschaftlicher
Ehrung lockert, zerbricht er sie nicht dadurch, daß er, wie eine
intellektuelle Minderheit seiner Zeit, öffentliche Ehre und private
Ehrbarkeit zu Gegensätzen und letztere zum alleinigen Ziel erklärt. Er schließt vielmehr diese Lösung aus, indem er persönliche
Vorstellungen von Ehre derart ins Licht allgemeinverbindlicher
Normen rückt, daß jene als Gegenteil von »honour« suspekt werden – »For Brutus is an honourable man«.

C. L. BARBER, *The Idea of Honour in the English Drama* 1591–1700, Göteborg,
1957. – C. B. WATSON, *Sh. and the Renaissance Concept of Honor*, Princeton,
1960. – P. N. SIEGEL, »Sh. and the Neo-Chivalric Cult of Honor«, *CentR*, 8
(1964). – G. BULLOUGH, »The Idea of Honour in Sh.«, *Filologia Moderna*, 4
(1964). – N. COUNCIL, *When Honour's at the Stake*, London, 1973.

cc) Rache, Gerechtigkeit, Vergebung

»Private revenge«, die Blut- und Ehrenrache, die trotz des Ver-
stoßes gegen christliches Gebot und staatliches Gesetz als Verhaltensnorm bis in die elisabethanische Zeit überlebte und die
von den Dramatikern als Motiv für atavistische Greueltaten
ästhetisch geschätzt, wenn auch moralisch verworfen wurde (cf.
I. B. 11), hat bei Shakespeare nur in *Titus* und in *Henry VI* vorrangige Bedeutung. Hingegen vollzieht sich in der Werkfolge
eine kontinuierliche Auseinandersetzung mit den widerstreiten-
den Normen von »justice«, als Rechtsprechung vonseiten staatlicher Autorität, und »mercy«, als Begnadigungsakt des Herrschers und verzeihende Geste des geschädigten Individuums.

Richard III läßt hinter öffentlichem und privatem Unrecht das

Wirken einer »divine justice«, einer strafenden Vorsehung spürbar werden, als deren Ausführungsorgan der menschliche Richter, Richmond, voll legitimiert ist. Die anderen Historien jedoch
stellen die (aufgrund des Tudormythos in bezug auf Richmond
verfängliche) Frage nach der angemessenen Art menschlicher
Rechtsprechung. Eine stete Bereitschaft des Königs, in märtyrer-
hafter Selbstverleugnung Vergebung zu üben, wirkt sich in
Henry VI für das Gemeinwohl verhängnisvoll aus; *Henry IV* stellt
(bedingt) gerechte, bedachte Bestrafungsaktionen als politische
Notwendigkeit hin; eine königliche Rechtsprechung, die Schmä-
hungen der eigenen Person großmütig verzeiht, während sie
Vergehen gegen die Allgemeinheit unerbittlich straft, wird in der
exemplarisch gestalteten Szene *Henry V*, II, ii zum Vorbild gemacht.

Für die Tragödien und Komödien ist eine verschiedene Akzentsetzung von der Gattung her angelegt. Die Tragödie ist mit
den Elementen der tragischen Verfehlung und der Katharsis dem
Postulat der Gerechtigkeit zugewandt, während die »happy
comedy« nur dadurch, daß Schuld vergeben und vergessen wird,
die genrespezifische Schlußharmonie erreichen kann. Nachdem
in *Romeo and Juliet* eine provokativ selbstsichere Rechtsprechung
(»Mercy but murders, pardoning those that kill«, III, i, 194) durch
das Geschehen indirekt diskreditiert wird, weitet sich in *Hamlet*
der Zweifel an der Möglichkeit gerechter Justiz aus zu einem
wichtigen Aspekt des Dilemmas, das den Helden handlungsun-
fähig macht. In *Lear* wird, aufgrund der negativen Sicht des Menschen (vgl. 2. a), die Möglichkeit menschlicher Rechtsprechung
verneint: »change places and, handy-dandy, which is the justice,
which is the thief?« (IV, vi, 153). Als Ausweg aus legaler und
illegaler Ungerechtigkeit erweist sich allein die verzeihende Liebe
Cordelias.

Daß Shakespeare in den Komödien gegenüber den Vorlagen
Begnadigungsakte einfügt und daß er Situationen des Verzeihens
rhetorisch auszugestalten pflegt, deutet auf ein besonderes Engagement für die Tugend der »mercy« hin. Im Epilog zum *Tempest*
gewinnt er ihr, wenn er Prospero das Publikum um eine großzügig verzeihende Haltung gegenüber den Schwächen des
Spiels bitten läßt, auch autothematische Bedeutung ab. Schon in

Two Gentlemen wird »mercy« an isolierter, doch prominenter Stelle (V, iv) als Verhaltensnorm hervorgehoben. *Merchant of Venice* bringt mit Portias Plädoyer eine ausführliche Begründung dieser Norm: Vergebung ist eine Pflicht, die im Tatbestand menschlicher Fehlbarkeit gründet, und durch die allein die göttliche Vergebung und Gnade erhofft werden kann, der jeder bedarf. »In the course of justice none of us / Should see salvation« (IV, i, 194). In *Measure for Measure*, der vollständigsten Stellungnahme gegen das Maß-für-Maß-Denken, demonstriert Angelos Sündenfall in drastischer Weise die gemeinsame Fehlbarkeit von Richter und Gerichtetem. Die Begnadigungsserie, mit der das Drama exemplarisch und kommentarreich schließt, macht deutlich, daß persönliches Verzeihen durch die Geschädigten (Isabella) und reuige Einsicht aufseiten der Täter (Claudio, Angelo) erstrebenswerte, doch nicht notwendige Vorbedingungen sind (Gegenbeispiel Barnadine). Der Zuschauer wird, da er die Vergebung mitvollziehen muß, um den Komödienschluß mitzuerleben, aufgefordert, an der moralischen Übung teilzunehmen. Da mit positiver Sympathielenkung in bezug auf diejenigen, denen vergeben werden muß, auffallend gespart wird (neben Angelo vgl. Bertram in *All's Well*, Claudio in *Much Ado*, Leontes in *Winter's Tale* und Alonso, Sebastian und Antonio im *Tempest*), ist auch der Zuschauer angehalten, nicht einfühlendes Verständnis für fremde Schuld, sondern die von Portia beschworene Besinnung auf die eigene Fehlerhaftigkeit als Motiv des Verzeihens zu aktivieren.

Sr. M. B. MROZ, *Divine Vengeance*, Washington, 1941. – E. Th. SEHRT, *Vergebung und Gnade bei Sh.*, Stuttgart, 1952. – M. D. H. PARKER, *The Slave of Life: A Study of Sh. and the Idea of Justice*, London, 1955. – H. JENKINS, »The Tragedy of Revenge in Sh. and Webster«, *ShS*, 14 (1961). – H. MATTHEWS, *Character & Symbol in Sh.'s Plays*, Cambridge, 1962. – C. J. SISSON, *Sh.'s Tragic Justice*, London, 1963. – R. G. HUNTER, *Sh. and the Comedy of Forgiveness*, New York, 1965. – H.-W. SCHWARZE, *Justice, Law and Revenge*, Bonn, 1971 (in deutscher Sprache). – A. R. VELIE, *Sh.'s Repentance Plays*, Rutherford, 1972. – Vgl. auch Bibliographie I. B. 11.

dd) Liebe

Wie vielerlei Gestalt die Liebe zwischen den Geschlechtern annehmen kann, führt *As You Like It* mit einem plot vor Augen, in dem vier recht verschiedene Paare Liebe suchen, in Liebe irren und liebend zusammenfinden. In Handlung, Kommentaren und

Liedern zeigt sich Liebe in den Facetten höfischen Ethos und petrarkistischer Manieriertheit, als moralisch edles, ästhetisch reizvolles oder auch burlesk derbes Verhalten, als sublimierte oder naturhaft instinktive Beziehung. Die elisabethanische Dichtung hatte bereits vor Shakespeare eine hohe Sensibilität für Nuancen und widersprüchliche Erfahrungsweisen der Liebe entwickelt und ein Raffinement kultiviert, den Gefühlsausdruck zum geistreichen Aperçu zu stilisieren (vgl. III. D). In seinen Sonetten macht Shakespeare diese Wortartistik mehr als dies bisher geschehen war zum Instrument ernsthaften Nachdenkens über die Liebe; die vorgegebene Vielfalt von »love« erweitert er hin zu den unpetrarkistischen Extremen einer gemeinsamen Liebe, die zeitüberdauernde geistige Verbundenheit ist (»the marriage of true minds«), und einer Liebe, die sexuelle Hörigkeit bedeutet (»th'expense of spirit in a waste of shame«).

Im dramatischen Werk wandelt sich die Darstellung der Liebe mit dem Wechsel der Gattungen und Stoffvorlagen. Eine von Plutarch übernommene Figur liebt weniger romantisch als eine, die einem pastoralen Arkadien entsprungen ist; ein Tragödienheld liebt öffentlicher und verantwortungsschwerer als ein Komödienherzog. Die Wahl von Vorlagen und Gattungen hinwiederum ist mitbedingt durch das sich verändernde Verständnis von Mensch und Welt (cf. 2. a), das auch die Liebesauffassung modifiziert.

Liebe in den Komödien ist zum gesellschaftlichen Raum hin geöffnet; sie ist gesellschaftskonstitutiv. Aspekte einer »éducation sentimentale«, die gleichzeitig Erziehung zu sozialem Verhalten ist, werden entworfen: als Einübung in einen selbstlosen höfischen Liebesdienst (As You Like It), als Überwindung sowohl akademisch-frauenfeindlicher wie auch petrarkistisch-frauenverehrender Verblendung (Love's Labour's Lost), als Konversion von egozentrischer Gefühlspflege zu partnerbezogener Zuneigung (Orsino in Twelfth Night), von Herrschsucht zu gehorsamer Liebe (Taming of the Shrew). Wie in Sidneys und Donnes Liebesdichtung ist Liebe in ihrer vollkommensten Form verbunden mit Intellektualität, Skepsis und Witz, welche die Erotik, die durchaus vorhanden ist, überformen (vgl. die werbenden Komödienheldinnen und Beatrice und Benedick). Wie im Werk Spensers geht sie mit moralischer Tugend einher, mit »charity« als alles verzeihender Geste des Liebenden und mit Reue und Selbstfindung aufseiten des Geliebten (von *Two Gentlemen* bis *All's Well*). Portia repräsentiert die sozialen Werte der Liebe besonders vollkommen: die Fähigkeit, durch trügerischen Schein hindurch zu echten Beziehungen zu finden (Kästchenwahl), die Bereitschaft des Verzeihens (»mercy speech«) und die Gabe, einen harmonischen gesellschaftlichen Raum zu schaffen (Belmont). Die Vermählung der Liebenden in den Komödien ist der Bezugspunkt einer sinnerfüllten gesellschaftlichen Ordnung. Liebesunfähigkeit wird assoziiert mit Exzentrizität, mit asozialer Mentalität, nicht selten auch mit Bösartigkeit.

Einen Widerstreit zwischen Liebe und Ehre als einen Wertkonflikt zwischen den Normen einer vollen individuellen und einer guten gesellschaftlichen Existenz, wie ihn die französische klassizistische Tragödie gegeben sieht, gibt es in Shakespeares Dramen nicht. Die Historien begreifen liebendes und politisches Verhalten ihrer königlichen Helden – Richard des Dritten perverse Bemühungen um Krone und Frauen, Richard des Zweiten schuldhaftes und elegisches Verzichten auf Krone und Königin, Heinrich des Fünften gewinnend menschlichen Stil des Regierens und des Werbens um Katharine – auffallend analog. Die Liebe zwischen Margaret und Suffolk in *Henry VI* ist eine politische Gefahr und eine menschliche Entwürdigung.

In den Tragödien vollziehen sich Akte echter edler Liebe im Widerstreit nicht mit gesellschaftlichen Normen, sondern mit gesellschaftlicher Realität. Erweist sich diese Realität in *Romeo and Juliet* (als Familienstreit, der Liebe verbietet und vernichtet, der aber durch den Tod der Liebenden geschlichtet wird) als nur vorübergehender Verlust einer Ordnung, die durch Liebe wiederhergestellt werden kann, so erscheint sie in nachfolgenden Dramen von *Hamlet* bis *Lear* als grundsätzlich pervertierter Bereich, der edle Liebe zerstört. Im Schicksal von Hamlet und Ophelia wird dies Zerstörungswerk bedauernd, im Schicksal des Troilus ironisch distanziert aufgezeichnet. Das sexuelle Moment, das vorher in ein emotionales, intellektuelles, ästhetisches und moralisches Liebeserlebnis integriert war, tritt nun isoliert und häßlich hervor (Regan, Goneril und Edmund in *Lear*). *Othello* ist die

Studie einer derart pervertierten Liebe, wenn man Iago die Ge-
sellschaft repräsentieren läßt; das Drama stellt sich jedoch als
Studie einer von innen her sich zersetzenden Liebe dar, wenn man
Iago als einen dramatischen Agenten begreift, der eine Disposition
des Othello aktualisiert. In *Antony and Cleopatra* behaupten die
Titelhelden ihre Liebe gegen die Gesellschaft in Mißachtung ihrer
Pflichten im politischen Bereich – Pflichten, die jedoch erst mit
DRYDENS Nachdichtung zu einer verbindlichen Norm aufgewertet werden und den Corneilleschen Wertkonflikt schaffen. Während jener Rückzug der Helden auf eine private erotische Beziehung die nachshakespearesche Tragödie kennzeichnet (LEECH),
weist Shakespeare mit Cordelia eine Alternative gesellschafts-
stiftender Liebe auf, die er in den Romanzen zu einem Leitgedanken ausgestaltet. Es ist dies eine Liebe, die sich ebenso häufig
als liebende Zuneigung zwischen Eltern und Kindern wie als
Liebe zwischen den Geschlechtern konkretisiert, und die sich ausweitet zu einer liebend duldenden, tapfer lebensbejahenden und
verzeihenden Grundhaltung.

C. H. HERFORD, *Sh.'s Treatment of Love and Marriage*, London, 1921. – E. E.
STOLL, *Sh.'s Young Lovers*, New York, 1937. – D. L. STEVENSON, *The Love-
Game Comedy*, New York, 1946. – C. LEECH, »Love as a Dramatic Theme«, in:
Sh.'s Tragedies and Other Studies, London, 1950. – W. G. MEADER, *Courtship in
Sh.*, New York, 1952. – F. M. DICKEY, *Not Wisely But Too Well: Sh.'s Love
Tragedies*, San Marino, Cal., 1957. – J. BAYLEY, *The Characters of Love*, London,
1960. – J. VYVYAN, *Sh. and the Rose of Love*, London, 1960; *Sh. and Platonic Beauty*,
London, 1961. – J. B. BROADBENT, »Sh.'s Plays«, in: *Poetic Love*, London,
1964. – H. R. MATTHÄI, *Das Liebesmotiv in den Komödien Sh.s*, Diss. Frankfurt
1965. – H. M. RICHMOND, *Sh.'s Sexual Comedy*, Indianapolis, 1971. – C. R.
LYONS, *Sh. and the Ambiguity of Love's Triumph*, Den Haag, 1971. – E. A. M.
COLMAN, *The Dramatic Use of Bawdy in Sh.*, London, 1974. – F. FERGUSSON,
»Romantic Love in Dante and Sh.«, *SR*, 83 (1975). – D. R. C. MARSH, *Passion
Lends Them Power: A Study of Sh.'s Love Tragedies*, Manchester, 1976.

c) Gesellschaft und Staat

Da es vor allem die Historien und Römerdramen sind, die diesen Themenbereich behandeln, sei auf die entsprechenden Abschnitte III. C. 1 und 3. d verwiesen. Vervollständigend dazu sollen hier nur einige gattungsübergreifende thematische Linien aufgezeigt werden. *Merchant of Venice*, *Measure for Measure* und
Tempest, *Troilus and Cressida*, *Hamlet*, *Lear*, *Macbeth* und *Timon*
sind Dramen mit einer politischen Aussagedimension außerhalb
jener Gattungen. Aus den anderen Stücken läßt sich eine solche

Aussage nur abstrahieren als eine allgemeine Vorstellung von guter bzw. korrupter Gesellschaft, auf die das Geschehen rückbezogen ist, oder sie läßt sich isolieren als punktuelle Bezugnahme auf tagespolitische Fragen der Entstehungszeit.

H. B. CHARLTON, *Sh., Politics and Politicians*, Oxford, 1929. – J. W. DRAPER, »Political Themes in Sh.'s Later Plays«, *JEGP*, 35 (1936). – H. H. GLUNZ, *Sh.s Staat*, Frankfurt a. M., 1940. – U. ELLIS-FERMOR, »Sh.'s Political Plays«, in: *The Frontiers of Drama*, London, 1945. – L. C. KNIGHTS, »Sh.'s Politics . . .«, *PBA*, 43 (1957). – A. BLOOM, H. V. JAFFA, *Sh.'s Politics*, New York, 1964. – K. MUIR, »Sh. and Politics«, in: *Sh. in a Changing World*, ed. A. Kettle, London, 1964. – H. M. RICHMOND, *Sh.'s Political Plays*, New York, 1967. – S. G. ESKIN, »Politics in Sh.'s Plays«, *BuR*, 15 (1967). – S. ORGEL, *The Illusion of Power: Political Theatre in the English Renaissance*, Berkeley, 1975.

aa) Modelle von Gesellschaft

Die Existenz des Menschen innerhalb eines gesellschaftlichen Gefüges wird in Shakespeares Dramen nicht als Beeinträchtigung, sondern – vorausgesetzt, daß dieses Gefüge intakt ist – als Chance der vollen Selbstverwirklichung begriffen. Während historische Forschung dies in einem kosmischen Weltverständnis der Renaissance begründet sieht (cf. I. A. 7 und III. BB. 2. a), stellen soziologisch orientierte Deutungen fest, daß hier moderne Auffassungen realisiert sind: das Konzept, daß das individuelle Leben erst im gesellschaftlichen Zeremoniell von Rollenspiel und Riten Form gewinnt (LYMAN/SCOTT), die Vorstellung, daß der Einzelne sich innerhalb eines Kommunikationsprozesses selbst gestaltet und die Gesellschaft zu gestalten beiträgt (EAGLETON).

Shakespeare läßt Personen seiner Dramen, z. T. in langen und gern zitierten Reden, Modelle gesellschaftlicher Ordnung entwickeln (in zunehmend ironisierendem Kontext: Englandmythos *Richard II* II, i; Bienenfabel *Henry V* I, ii; degree speech *Troilus* I, iii; Fabel von Bauch und Gliedern *Coriolanus* I, i; Utopie der klassenlosen Gesellschaft *Tempest* II, i). Er evoziert eine Vorstellung solcher Ordnung im Dramengeschehen über das Negativbild verletzter Ordnung, das gegen Dramenschluß mehr (*Richard III*, Komödien, *Macbeth*) oder weniger (zwischen *Hamlet* und *Lear*) in das Positivbild einzumünden beginnt; einige Dramen versuchen sich an der direkten Zeichnung des Positivbilds (*Henry V*, *Tempest*). Aspekte dieses Positivbilds lassen sich als das Modell der hierarchischen Gesellschaftsstruktur begreifen, dergemäß jedem Stand traditionelle Rechte, Pflichten und Abhängigkeitsverhältnisse zugewiesen sind (PHILLIPS, TILLYARD). Für einige Dramen, insbesondere *Midsummer Night's Dream* und *Timon*, hat man eine Affinität zu Platos Idee der Polis bemerkt, die eine streng auf das Gemeinwohl bezogene Ausrichtung des Einzelnen fordert – im Athen des Theseus als glücklicher Beginn der Polis, Absage an private Rechtswillkür, im Athen des Timon als Verfallsstadium, in dem der Einzelne die Gemeinschaft auf sich zu beziehen sucht (H. B. WHITE). Neuere Arbeiten heben gegenüber historischen Modellen hervor, daß Shakespeares gute Gesellschaft auf zeitlose Werte bezogen ist: Freundschaft, Loyalität, Integrität (R. ORNSTEIN), familienhafter Gemeinschaftssinn (R. B. PIERCE).

Dem entspricht, daß die besonders intensiv durchgezeichnete Königsfigur weniger als Repräsentant eines ideologischen Sonderstatus (»the King's two bodies«) interpretiert wird denn als menschliche Gestalt, an der die spannungsvolle Interrelation von gesellschaftlicher und persönlicher Existenz besonders wirkungsvoll demonstriert wird (WINNY). Der Königsmord wird analog nicht als Erbsünde im Tudor Mythos, sondern primär als Manifestation der Skepsis gedeutet, gute gesellschaftliche und authentische private Existenz vereinbaren zu können (M. MACK).

J. E. PHILLIPS, *The State in Sh.'s Greek and Roman Plays*, New York, 1940. – E. M. W. TILLYARD, *Sh.'s History Plays*, London, 1944. – D. EBNER, »*The Tempest*: Rebellion and the Ideal State«, *SQ*, 16 (1965). – T. EAGLETON, *Sh. and Society*, London, 1967. – J. WINNY, *The Player King*, New York, 1968. – H. B. WHITE, *Copp'd Hills Towards Heaven: Sh. and the Classical Polity*, Den Haag, 1970. – R. B. PIERCE, *Sh.'s History Plays: The Family and the State*, Ohio, 1971. – R. ORNSTEIN, *A Kingdom for a Stage*, Cambr., Mass., 1972. – M. MACK, *Killing the King*, New Haven, 1973. – S. M. LYMAN, M. B. SCOTT, *The Drama of Social Reality*, New York, 1975.

bb) Pastorale Gegenwelt

In der Welt von Shakespeares Dramen gibt es die Möglichkeit, aus dem gesellschaftlichen Bereich in eine Gegenwelt aufzubrechen. Diese Gegenwelt wird aufgrund ihrer literarischen Herkunft als »pastorale« Welt etikettiert. Sie hatte sich in einem lawinenähnlichen Traditionsvorgang zu einem sehr komplexen Raum sinnlicher und geistiger Erfahrung ausgeweitet: die Schäferidylle, Ziel der Flucht aus dem Hof- oder Stadtleben und Ort rustikal einfachen, unbeschwerten Lebensgenusses, wurde insbesondere mit den mythologischen heilen Welten des Paradieses und des Goldenen Zeitalters assoziiert und so zum moralisch vorbildhaf-

ten Raum eines friedlichen, lauteren, meditativen Lebens. Dieser
bot in seiner Andersartigkeit gleichzeitig einen Bezugspunkt für
ein kritisches Nachdenken über die Gesellschaft und Hilfe für
das Erkennen und Einüben positiver gesellschaftlicher Verhaltensweisen.

Paradigmatisch wird eine solche »anti-society« in *As You Like
It* im Forest of Arden ausgespielt. Alle Gestalten des Dramas ver-
schlägt es nacheinander in den pastoralen Bereich, und in sinnvoll
sich fügenden Verfremdungssituationen werden ihnen Wahrnehmung, Gefühl und moralischer Sinn geläutert und gestärkt.
Der Aufenthalt im Wald, in der »green world«, ist jedoch nur
gleichsam ein geistiger »Urlaub«, eine Zeit der Regeneration, die
darauf hinzielt, daß alle (außer dem Melancholiker und dem
Büßer) zu einem besseren Leben an den Hof zurückkehren. In
anderen Stücken werden Sonderaspekte der Pastorale evoziert –
so etwa in *Two Gentlemen* die Robin-Hood-Variante des rauhen
Edelmuts, in *Midsummer Night's Dream* ein in seiner Verwand-
lungskraft magisch intensivierter Naturraum, in *Henry VI* im
Wunschbild des frommen Königs der religiöse meditative Aspekt.
Oder es werden einem an sich unpastoralen Ort – z. B. Eastcheap
in *Henry IV*, Belmont in *Merchant of Venice* – teilweise pastorale
Werte zuerkannt, um eine alternative, kritische Perspektive gegenüber dem gesellschaftlichen Raum der Haupthandlung zu eröffnen.

Eine literarisch und ideengeschichtlich kühne Tat war es dann,
mit *King Lear* die Möglichkeit eines solchen Erholungsraums
schlichtweg zu verneinen, und den Rückzug des Königs in die
Heide anstatt als den zu erwartenden regenerativen Vorgang als
eine Phase bitterer Ent-Täuschung, Erniedrigung, Verunsicherung zu begreifen. Der privative Charakter der ehemals pastoralen
Enklave bleibt in *Timon* und abgemildert auch in *Cymbeline* bestehen. Die Pastoralwelten in *Winter's Tale* und *Tempest* sind wieder Räume, in denen Verfehlungen im gesellschaftlichen Bereich
des Hofs gutgemacht werden, destruktives Verhalten entkräftet
und seiner Folgen enthoben ist, menschliche Bindungen er-
neuert und neu geknüpft werden. Sie sind jedoch nicht mehr das
Geschenk der Natur, sondern vornehmlich des Menschen künst-
liches Werk, geschaffen durch inszeniertes Spiel und Magie.

W. P. KER, »Cervantes, Sh., and the Pastoral Idea«, in: *A Book of Homage to Sh.*, ed. I. Gollancz, London, 1916. – E. GREENLAW, »Sh.'s Pastorals«, *SP*, 12 (1916). – N. FRYE, »The Argument of Comedy«, *EIE* (1948); erweitert in: *The Anatomy of Criticism*, Princeton, 1957. – R. P. DRAPER, »Sh.'s Pastoral Comedy«, *EA*, 11 (1958). – C. L. BARBER, *Sh.'s Festive Comedy*, Princeton, 1959. – M. LASCELLES, »Sh.'s Pastoral Comedy«, in: *More Talking of Sh.*, London, 1959. – T. McFARLAND, *Sh.'s Pastoral Comedy*, Chapel Hill, 1972. – D. YOUNG, *The Heart's Forest: A Study of Sh.'s Pastoral Plays*, New Haven, 1972. – H. LINDENBERGER, »The Idyllic Moment: On Pastoral and Romanticism«, *CE*, 34 (1972). – Hallett SMITH, *Sh.'s Romances*, San Marino, Cal., 1972. – R. L. COLIE, *Sh.'s Living Art*, Princeton, 1974.

cc) Diskussion von Zeitgeschehen

Eine Reihe von Dramen beziehen sich auf aktuelle politische Vorgänge und Probleme der Shakespearezeit. Viele solcher Bezüge beschränken sich auf kurze Anspielungen (»topical allusions«), in denen damals Publikum, Schauspieler und Autor in der Gemeinsamkeit lebensweltlicher Interessen zusammenfinden konnten, die heute hingegen nur noch als Anhaltspunkte der Datierung und Gegenstand der Texterklärung fungieren und in Aufführungen zu Recht gestrichen oder modernisiert werden (z. B. die Anspielungen auf die Dissidentengruppe »school of night« in *Love's Labour's Lost*, auf Theaterkonkurrenten in *Hamlet* II, ii, 319ff., auf einen Jesuitenprozeß in *Macbeth* II, iii).

Weniger enggefaßte tagespolitische Anliegen können jedoch die thematische Gesamtstruktur einzelner Dramen mitbestimmen. Aus allen Historien hat man neben einer generellen politischen Aussage einen spezifischen, aktuellen Diskussionsbeitrag herausgelesen. *Richard II* bringt in den Jahren, da man allenthalben überlegte, ob die Thronfolge frühzeitig gegen den Willen der alternden Königin geregelt werden dürfe, das Drama einer Absetzung, das in seiner Ambivalenz bereits von den Zeitgenossen als konservatives und als emanzipatorisches Lehrstück gedeutet wurde. *King John* gibt gegenüber der sich abzeichnenden Möglichkeit einer katholischen Thronfolge die politischen Konsequenzen einer Abhängigkeit von Rom zu bedenken. *Henry IV* bezieht sich möglicherweise auf die Serie von Aufständen gegen die Monarchin, die nicht abbrach seit der päpstlichen Bulle von 1570, die den Katholiken Widerstand gegen die Staatsgewalt zur Pflicht machte (»now the Bishop / Turns insurrection to religion«, *2 Henry IV* I, i, 200). *Henry V* greift in eine heftig geführte Diskussion um Ethos und Techniken der Kriegsführung ein. *Richard II* und *Henry V* behandeln das Problem der »Ceremony«, die Frage, inwieweit das englische Königtum die aus römisch-katholischer Tradition ererbten Zeremonien als Ausdruck seiner Ziviltheologie beibehalten sollte.

Mit *Merchant of Venice* kann eine positive Stellungnahme intendiert sein innerhalb der Auseinandersetzung um Notwendigkeit und Gefahren des »Billigkeit«-Prinzips in der Rechtsprechung, die zur Institutionalisierung in einem »code of equity« unter James I führen sollte: Zweimal erweist sich in der großen Gerichtsszene drastisch die Notwendigkeit, das geschriebene Recht zu modifizieren, um es nicht zu grausamem Unrecht entarten zu lassen. *Macbeth* huldigt King James mit der positiven Darstellung seines mythischen Ahnen Banquo, wie *Midsummer Night's Dream* Queen Elizabeth mit der Erzählung von der Entstehung der Blume Love-in-idleness (II, i, 148ff.) ein anmutiges Kompliment gemacht hatte. *Antony and Cleopatra* mag in der Darstellung des römischen Imperiums auf die Ambition von James bezogen sein, ein britisches Empire zu errichten, das von der Bretagne bis zu den amerikanischen Kolonien reichen sollte.

Besondere Beachtung gefunden hat die Frage, wie Shakespeares Dramen zu damaligen Demokratisierungstendenzen (Machtdemonstrationen der Commons) und -ideologien (Puritanismus, Levellers) Stellung nehmen. Die dürftige und ablehnende Behandlung dieser Themen ist im 19. Jahrhundert zur Herausforderung der amerikanischen demokratischen Shakespearerezeption (WHITMAN), im 20. Jahrhundert zur Crux marxistischer Shakespeareaneignung geworden. Gewiß wird bei Shakespeare die Not des Volks, die von Kriegslust und Machthunger der Herrschenden verschuldet ist, anklagend und engagiert dargestellt; Figuren aus dem Volk können mit Mutterwitz und common sense ihr Anliegen zu dem des Publikums machen. Doch Aktionen politischer Selbstbestimmung aufseiten des Volks werden stets als Selbstschädigung und als neue Form der Unterwerfung charakterisiert – sowohl in der Revolte des Pöbels unter Jack Cade in *2 Henry VI*, wie auch in den Auftritten des Volks als Objekt rhetorischer Manipulation und Agent willkürlicher Grausamkeit in *Julius Caesar*, und wieder in der Funktion des Machtinstruments für die Tribunen in *Coriolanus*. (Nur mit tiefgreifenden Text-

änderungen und der Entlehnung positiver Volksfiguren aus
Richard II und *Julius Caesar* kann BRECHTs *Coriolan*-Version zu
einem mündigen Volk kommen.) Insofern als die Pose der Tribunen in *Coriolanus* die Möglichkeit einer echten Volksvertretung
als Norm impliziert, ist zwar ein demokratischer Ansatz gegeben,
der jedoch nicht weiter verfolgt wird. Ein später Entwurf eines
klassenlosen Gemeinwesens, die Utopie des Gonzalo, trifft im
Dialogzusammenhang auf Spott und wird im Gesamtkontext des
Dramas durch Prosperos Schöpfung einer gegliederten, kultivierten Gesellschaft entkräftet.

L. B. CAMPBELL, *Sh.'s Histories: Mirrors of Elizabethan Policy*, San Marino, 1947. –
W. SANDERS, »Sh.'s History: Critique of ›Elizabethan Policy‹«, in: *The Dramatist
and the Received Idea*, Cambridge, 1968. – D. BEVINGTON, »Introduction«, zu:
Tudor Drama and Politics, Cambridge, Mass., 1968. – J. HURSTFIELD, »The Paradox of Liberty in Sh.'s England«, *E&S*, ed. T. S. Dorsch (1972). – W. G. ZEE-
VELD, *The Temper of Sh.'s Thought*, New Haven, 1974.
zum Volk bei Sh.: E. H. CROSBY, *Sh.'s Attitude Toward the Working Classes*, Syracuse, N. Y., 1900. – F. TUPPER, jr., »The Shakespearean Mob«, *PMLA*, 27
(1912). – F. T. WOOD, »Sh. and the Plebs«, *E&S*, 18 (1932). – A. THALER, *Sh.
and Democracy*, Knoxville, 1941. – B. STIRLING, *The Populace in Sh.*, New York,
1949. – *SJ OST* (passim). – M. D. FABER, »Freud and Sh.'s Mobs«, *Literature and
Psychology* 15 (1965). – R. WEIMANN, *Sh. und die Tradition des Volkstheaters*, Berlin, 1967. – T. J. B. SPENCER, »Social Assent and Dissent in Sh.'s Plays«, *Review
of National Literatures*, 3 (1972). – R. MÜLLER-STERNBERG, »Klassenkampf um
Sh.«, *Deutsche Studien*, 10 (1972). – S. SHANKER, *Sh. and the Uses of Ideology*, Den
Haag, 1975.

d) *Künstlerischer Akt und Gesellschaft*

Als COLERIDGE vorschlug, die Gestalt des Prospero im *Tempest*
als Selbstdarstellung Shakespeares zu begreifen, gab er nicht nur
biographischen Spekulationen neue Anhaltspunkte. Er machte
damit auf Shakespeares Gewohnheit aufmerksam, Dramatiker
und Herrscher analog zu sehen und den künstlerischen Akt, die
Inszenierung eines Theaterspiels, gleichzusetzen mit der Tat, die
die Gesellschaft harmonisch und sinnvoll formt. Künstlerische
und gesellschaftliche Modellbildung, sprachliche und gesellschaftliche Kompetenz sind in Shakespeares Dramen miteinander verklammert; »Dekorum« bedeutet hier zugleich ›ästhetisches Form-
gesetz‹ und ›sozial angemessenes Verhalten‹. Der Augenblick, in
dem ein Mensch in kreativer Selbstverwirklichung seinen Platz
in der Gesellschaft findet, ist vergleichbar mit dem Moment, in
dem das Werk des Dramatikers durch den Applaus des Publikums
bestätigt wird (*Troilus and Cressida* III, iii, 115).

Zuerst eher implizit, später expliziter, setzen die Dramen die

Ordnung der Gesellschaft und die Gestaltungsprinzipien des Kunstwerks miteinander in Beziehung. Der Kontrast zwischen chaotischem, gewalttätigen, unkontrollierten Geschehen und einer künstlerischen Sprache, die sich auf isolierte schöne Stellen zurückzieht, führt die Wirkungslosigkeit des künstlerischen Formstrebens im gesellschaftlichen Raum vor *(Titus Andronicus, Henry VI)*. Von der anderen Seite her läßt eine stilisierte sprachliche Durchformung, welche im Augenblick tiefer Emotion zusammenbricht, die Unfähigkeit gewisser Arten von Kunst, Wirklichkeit aufzunehmen, offenkundig werden *(Love's Labour's Lost)*. Richard II inszeniert eine Herrscherexistenz des »l'art pour l'art«, die die politische Welt nicht zu prägen vermag, während der Herrscherstil von Henry V, der sich in informierter, bedachter Auswahl bestimmter Werte, Personen und Sprechweisen (cf. *2 Henry IV*, IV, iv, 67) herausbildet, wirklichkeitsgestaltende Kreativität ist. Pastorale Oasen repräsentieren dramenimmanent einen künstlerischen Weltentwurf innerhalb eines gesellschaftlichen Raums. In *Midsummer Night's Dream* und *As You Like It* erweisen sich solche Entwürfe als ordnungsstiftend und regenerativ. In späteren Dramen hingegen wird im Gegenüber von inszenierter und gegebener dramenimmanenter Welt die Übertragung des künstlerischen Modells in die menschliche Wirklichkeit problematisiert.

So läßt Shakespeare in *Hamlet* den werkimmanenten Dramatiker, Hamlet, mit einem Theaterspiel, welches tatsächliches Geschehen in seinen moralischen Konturen wiedergibt, die elisabethanische Zuversicht testen, daß ein solches Spiegelbild zur Konversion der Übeltäter führe (III, i, 584). Das Ergebnis der Aufführung hier, Claudius weiteres Verhalten, stellt den Glauben der Poetik in Frage. In *Lear* steht dem immanenten Dramatiker Edgar, der für den blinden Gloucester eine von der Vorsehung gefügte Welt erfindet (IV, vi), ein Lear gegenüber, der in der Gerichtsszene ebenfalls eine von »justice« strukturierte Welt entwirft, doch sofort wieder als Trug verwirft (III, vi). Der Sinnentwurf und die Wirklichkeit, die sich der Sinngebung widersetzt, stoßen in diesen Situationen, wie auch in der Sequenz des harmonisierenden 4. Akts und des disharmonischen 5. Akts, als zwei unvereinbare Aspekte menschlicher Erfahrung aufeinander.

Während *Antony and Cleopatra* die Autonomie eines gesellschaftsentsagenden kreativen Akts feiert, führen die Romanzen wieder Möglichkeiten der Projektion eines künstlerischen Entwurfs auf die Wirklichkeit vor. *The Winter's Tale* bringt mit dem von Camillo vorgeplanten Schäferspiel (IV, iv) und dem von Paulina erdachten Schaubild einer zum Leben erwachenden Statue (V, iii) Beispiele schöner Fiktion, die von den dramenimmanenten Zuschauern als solche erkannt wird, die jedoch wirklichkeitsprägend wird, da diese sie in den moralischen Implikationen akzeptieren und von sich aus weiterführen. Der Gedanke, daß der künstlerische Entwurf nicht aufgezwungen werden kann, sondern seine Verwirklichung der freien Entscheidung anheimzustellen ist, wird in *The Tempest* dramatisch ausgestaltet. Nachdem Prospero seine Inszenierung eines Lehrstücks den übrigen Personen im Drama als Wirklichkeit dargeboten hat, gelangt er zu dem Entschluß, auf solche totale Illusionskunst zu verzichten und die Realisation der neuen Gesellschaft dem freien Handeln und der Unvollkommenheit jener Personen zu überlassen. In der Gestaltung der späten Dramen Shakespeares entspricht dieser Auffassung von Kunst das klare Eingeständnis der Künstlichkeit. Unrealistische Handlungssequenzen, traditionell literarische Situationen, offensichtlich idealisierte oder melodramatische Personen weisen die Romanzen als Erfindungen aus, deren Sinnmuster zu akzeptieren dem Zuschauer freisteht.

L. ABEL, »Metatheatre: Sh. and Calderón«, in: *Metatheatre*, New York, 1963. – P. EDWARDS, *Sh. and the Confines of Art*, London, 1968. – S. BURCKHARDT, *Shakespearean Meanings*, Princeton, 1969. – T. WEISS, *The Breath of Clowns and Kings*, London, 1971. – J. CALDERWOOD, *Shakespearean Metadrama*, Minneapolis, 1971. – T. HAWKES, *Sh.'s Talking Animals: Language and Drama in Society*, London, 1973. – T. McALINDON, *Sh. and Decorum*, London, 1973. – L. DANSON, *Tragic Alphabet: Sh.'s Drama of Language*, New Haven, 1974. – K. FARRELL, *Sh.'s Creation: The Language of Magic and Play*, Amherst, 1975. – R. EGAN, *Drama Within Drama*, Columbia, 1976. – Vgl. auch Bibliographien zu B. 1. a, B. 4. f und BB. 2. c. bb.

e) Religion, Theologie

aa) Säkularisiertes Theater

Zu der Lebenswelt, die das Drama auf die Bühne holt, gehören in der elisabethanischen Zeit, sowie für die im christlichen Raum spielenden Historien, Tragödien und Komödien, auch kirchliche

Würdenträger, religiöse Kulthandlungen, die verschiedenartigen
Verhaltensnormen der christlichen Konfessionen und das Argu-
mentieren im theologischen Begriffsbereich. Shakespeare benützt
solches religiöse Material mit guter Sachkenntnis (vgl. Bibliogr.
zu 1. a) und – soweit es keine politischen Implikationen hat – mit
einer Neutralität, die verschiedenartige konfessionell-polemische
Lesarten des Werks und Theorien über die Religionszugehörig-
keit des Autors gedeihen ließ. (Werkunabhängigen Informationen zufolge dürfte Shakespeare praktizierender Anglikaner gewesen sein.)

Es fällt jedoch auf, daß in Shakespeares Dramen gegenüber den
Textvorlagen christliches Ritual und klerikales Personal reduziert
sind (Historien), katholisches Zeremoniell vom Sinn- zum bloßen
Handlungselement verflacht (*Romeo and Juliet*), christliche Bezüge
ausgespart werden (in *Lear* gegenüber *Leir*). Christliche Lehrmei-
nung erscheint subjektiviert als Privatmeinung (cf. H. A. KELLY
zu den Historien), christliches Glaubensgut wird der Charakterdarstellung dienstbar gemacht (z. B. der Gebrauch der Passions-
analogie in *Richard II*). Spezifisch theologische Argumente in
zentralen, sinntragenden Aussagen, wie die christliche Begründung für »mercy« in *Merchant of Venice* IV, i, 179ff., sind seltene
Ausnahmen.

Insoweit ist Shakespeares Drama, wie das seiner Zeitgenossen,
weltliches Drama. Das elisabethanische Theater versteht sich
nicht mehr, wie das vorausgegangener Jahrhunderte, als Fortsetzung religiöser Verkündigung außerhalb des Kirchenraums, sondern sieht seine Aufgabe der Belehrung darin, eine moralisch
konturierte Darstellung individualpsychologischer und gesellschaftlicher Vorgänge zu geben. Formuliert SIDNEY in der *Apology for Poetry* dies als Selbstverständnis der Dichter, so sorgen
andrerseits auch äußere Sanktionen (Zensur, Erlaß gegen den Gebrauch göttlicher Namen 1606) dafür, daß das Drama sich der
religiösen Kontroverse enthält.

G. SEIBEL, *The Religion of Sh.*, London, 1924. – G. BOAS, »Sh. and Christianity«,
The Sh. Review, 1 (1929). – U. ELLIS-FERMOR, *The Frontiers of Drama*, London,
1945. – A. SEWELL, *Character and Society in Sh.*, Oxford, 1951. – S. BARNET,
»Some Limitations of a Christian Approach to Sh.«, *ELH*, 22 (1955). – H. GARD-
NER, *The Business of Criticism*, Oxford, 1959. – R. M. FRYE, *Sh. and Christian
Doctrine*, Princeton, N. J., 1963. – M. DORAN, »Some Renaissance Ovids«, in:
Literature and Society, ed. B. Slote, Lincoln, Nebr., 1964. – H. A. KELLY, *Divine
Providence in the England of Sh.'s Histories*, Cambridge, Mass., 1970.

bb) Religiöse Implikationen

Wenn jedoch, so folgern Shakespeareinterpreten von ihrer persönlichen theologischen oder philosophischen Überzeugung her, das Drama die diesseitige menschliche Existenz wahrheitsgemäß vor Augen führt, so wird es zumindest *ex negativo* auf einen religiösen Bereich verweisen. Ein Drama, das die menschliche Situation getreu wiedergibt, muß damit auch die letzten menschlichen Fragen andeuten, selbst wenn es vielleicht keine Antworten und sicher keine dogmatischen theologischen Klarstellungen gibt. Ein spürbares Sinndefizit, Unstimmigkeiten, Offenheiten legen die Notwendigkeit einer transzendierenden geistigen Bewegung nahe.

Von diesem Deutungsansatz her werden insbesondere Irrtum und Verfehlung der Tragödienhelden verstanden als Demonstration eines Mangels an religiöser, transzendenzbezogener Einsicht und Handlungsbereitschaft. Ein spätes, nicht diskursiv ausformuliertes Wissen und ein Sich-Fügen der Helden läßt sich dann ausdeuten als Endstadium tiefer religiöser Einsicht – oder auch im umgekehrten Sinn als Zeichen totaler Verunsicherung (cf. W. R. ELTON über Lear). Als Zuschauererlebnis der Tragödien kann ein entsprechender Prozeß der religiösen Erkenntnis und Läuterung angesetzt werden (R. W. BATTENHOUSE).

Aus vereinzelten theologischen Rückbezügen in Shakespeares Werk und aus dem allgemein vorgegebenen christlichen Traditionshintergrund wird die Berechtigung abgeleitet, das Werk im spezifisch christlichen Sinn auszudeuten (I. MORRIS). Die Infragestellung von »nature« und »reason« und das Postulat einer intuitiven, liebenden Offenheit (cf. 2. a) lassen sich von daher präzisieren als die Konversion von einer natürlichen zu einer begnadeten, erlösten Existenz, von einem »state of nature« zu einem »state of grace«. Daß die Gültigkeit von »justice« zugunsten von »mercy« eingeschränkt wird, erscheint in diesem Kontext als eine Stellungnahme für die Ethik des Neuen Testaments (cf. 2. b. cc). Defizitäre Persönlichkeitsbilder können analysiert werden als Abweichung von einem christlich-neuplatonischen Lebensideal (BARROLL).

Wird so vom menschlichen Bewußtsein her, vom Bedürfnis nach Sinn, von der Intensität der Sinnsuche, vom Unglück des

Sinnverlusts, auf eine religiöse Wirklichkeit verwiesen, so können ergänzend dazu Andeutungen von übermenschlichen Wirkzusammenhängen – die Suggestion eines providentiell gefügten Zeitverlaufs, die Evokation einer von übermenschlichen Kräften, von Magie, Geistererscheinungen, Schicksalsmächten durchwalteten Welt – als Hinweise dafür gelten, daß auch der äußere Lebensraum auf einen transzendenten Bereich hin geöffnet ist (WEST).

S. L. BETHELL, *Sh. and the Popular Dramatic Tradition*, London, 1944. – N. COGHILL, »The Governing Idea: Essays in Stage Interpretation of Sh.«, *SQ*, 1 (1947). – G. R. ELLIOTT, *Scourge and Minister: A Study of Hamlet as a Tragedy of Revengefulness and Justice*, 1951, repr. New York, 1965. – S. L. BETHELL, »Sh.'s Imagery: The Diabolic Images in *Othello*«, *ShS*, 5 (1952). – E. T. SEHRT, *Vergebung und Gnade bei Sh.*, Stuttgart, 1952. – P. N. SIEGEL, *Shakespearean Tragedy and the Elizabethan Compromise*, New York, 1957. – G. R. ELLIOTT, *Dramatic Providence in Macbeth*, Princeton, 1958. – W. M. MERCHANT, »Sh.'s Theology«, *REL*, 5 (1964). – W. R. ELTON, *King Lear and the Gods*, San Marino, Cal., 1966. – K. OTTEN, »Gestaltungsweisen religiöser Thematik in Sh.s frühen Dramen«, in: *Literatur – Kultur – Gesellschaft in England und Amerika*, hrg. G. Müller-Schwefe, K. Tuzinski, Frankfurt a. M., 1966. – R. H. WEST, *Sh. and the Outer Mystery*, Lexington, 1968. – R. W. BATTENHOUSE, *Shakespearean Tragedy: Its Art and Its Christian Premises*, London, 1969. – I. MORRIS, *Sh.'s God: The Role of Religion in the Tragedies*, London, 1972. – J. L. BARROLL, *Artificial Persons*, Columbia, 1974. – H. FISCH, »Sh. and the Puritan Dynamic«, *ShS*, 27 (1974). – R. G. HUNTER, *Sh. and the Mystery of God's Judgements*, Athens, Georgia, 1976. – F. FERGUSSON, *Trope and Allegory: Themes Common to Dante and Sh.*, Athens, Georgia, 1977. – Zur weiteren christlichen Auslegung von Sh.s Werk, die eher dem Bereich der Wirkungsgeschichte als dem der Werkinterpretation zugehört, vgl. S. 706f. und 939f.

C. DIE EINZELNEN DRAMEN

1. DIE HISTORIEN

a) Einleitung

Shakespeares Historien müssen im Kontext eines umfassenden Historienschaffens gesehen werden, das einige Jahrzehnte vor seiner Beschäftigung mit der englischen Nationalgeschichte einsetzte und zahlreiche Chroniken, historische Epen (M. DRAYTON, S. DANIEL) und politische Dramen hervorbrachte. Die Sicht, aus der die Elisabethaner ihre geschichtliche Vergangenheit betrachteten, stand unter einem besonderen ideologischen Vorzeichen. Kennzeichen der als Tudor-Mythos bekannten elisabethanischen Staatsauffassung war das auf dem Artus-Mythos und der mittelalterlichen Ordnungslehre begründete Postulat der unbedingten Loyalität dem Monarchen gegenüber, welches das System der offiziellen Politik des Tudor-Hauses unterstützen sollte (vgl. S. 68). Unter diesem Blickwinkel wurden die blutigen Bürgerkriege und Rebellionen von BOLINGBROKES Thronbesteigung bis zur Tyrannenherrschaft RICHARDS III. als Folge von BOLINGBROKES Initialschuld gedeutet. Nur während der Regierungszeit von HENRY V. war der Fluch der Usurpation aufgrund der charakterlichen Lauterkeit des Königs vorübergehend suspendiert.

Die Geschichtsauffassung der Tudors beinhaltet Widersprüchlichkeiten, die von den einzelnen Chronisten und Dramatikern verschieden aufgelöst, aber eigentlich nur bei Shakespeare als kontrastierende Haltungen sichtbar werden: Das Land brauchte einen fähigen Herrscher, doch der König durfte auch als schwacher Herrscher nicht abgesetzt werden; andererseits aber war ein Usurpator, wenn er de facto zum Monarch wurde, anzuerkennen, weil die Ordnung im Staat Vorrang hatte. So betonten die einen die vollkommene und unbedingte Unterwerfung unter die Autorität (DANIEL), die anderen die fatalen Auswirkungen eines schlechten Herrschers auf das Reich (DRAYTON). Vor diesem Hintergrund müssen die ambivalenten Strukturen von Shakespeares *Richard II* und *Henry IV* gesehen werden.

aa) Die dramatische Gattung

Dem 16. Jahrhundert waren streng definierte Kategorien und fein säuberlich getrennte Gattungen, wie sie der Literaturwissenschaftler des 20. Jahrhunderts als hypothetische Arbeitsgrundlagen zu erstellen sucht, fremd. Der Terminus »history« (auch »lamentable history«, »comicall history«, »famous history«) wurde bis Shakespeare rein deskriptiv verwendet, meist als Synonym für »story«. Er läßt keinerlei Rückschlüsse auf eine spezifische Gattungserwartung zu. Zahlreiche Dramen, die heute unter die Historienstücke eingereiht werden, tragen die Bezeichnungen »chronicle«, »true chronicle«, »tragedy«, »troublesome reign of« usw. Erst die erste Quartoausgabe von Shakespeares *Henry IV* (1598) verwendet »history« als Gattungsbezeichnung für ein politisches Drama.

Die beiden Herausgeber des Shakespeare-Folio haben die Dramen der Lancaster-Tetralogie – *Richard II*, *Henry IV* und *Henry V* –, der York-Tetralogie – *Henry VI* und *Richard III* –, *King John* und das späte Drama *Henry VIII* unter die »Histories« eingereiht und damit den Tragödien und Komödien eine weitere Kategorie an die Seite gestellt. Dramen, die die römische Geschichte (z. B. *Julius Caesar*), die schottische Geschichte (*Macbeth*) oder die dänische Geschichte (*Hamlet*) behandeln, wurden als Tragödien eingestuft. Die Unterscheidung wurde in erster Linie nach inhaltlichen Gesichtspunkten vorgenommen. Natürlich stehen die Stoffwahl und die künstlerische Intention des Autors in einem dialektischen Verhältnis, so daß ein ähnlicher Stoff – *King Lear* und die Historien spielen beide im englischen Geschichtsbereich – durch unterschiedliche Verarbeitung im Drama ganz andere Dimensionen gewinnt.

Da die Historien in sich keine einheitliche Gattung darstellen und zwischen ihnen und den im literarischen System gleichzeitig existierenden Gattungen, vor allem den späten Moralitäten, Shakespeares Tragödien und Roman Plays, Funktionsgemeinsamkeiten bestehen, müssen Shakespeares Historien auf Unterschiede und Parallelen zu den sie umgebenden Gattungen im größeren Zusammenhang zeitgenössischer Dramenproduktion (vgl. I.B.) und im Kontext des Shakespeareschen Werks untersucht werden.

Bei der Abgrenzung der Historien von denjenigen Dramen Shakespeares, die in der römischen Geschichte angesiedelt sind (*Titus Andronicus, Julius Caesar, Antony and Cleopatra, Coriolanus*), fällt zunächst der Unterschied in der Stoffwahl auf. Die vordergründig thematische Differenzierung hat Implikationen für die dramatische Verarbeitung des Stoffs. Obwohl die Römertragödien in einen weit zurückliegenden historischen Kontext gestellt sind, behandeln sie politische Themen, die für die Elisabethaner durchaus aktuell waren: Tyrannenmord, Bürgerkrieg, Streben nach politischer Macht, die Frage der monarchischen und demokratischen Staatsordnung, die Rolle des Volkes. Doch sind die Akzente anders gelagert als in den Historien. Die didaktische Intention ist in den Römertragödien weniger stark zu spüren; bezeichnend ist das Fehlen der allegorischen Szenen, die in den Historien die politische Lehre zum dominanten Aspekt erheben. Es wird das Schicksal eines mächtigen Individuums dramatisiert und in seinem Verhältnis zur Gesellschaft und zu den in dieser Gesellschaft wirksamen Kräften gezeigt. Der römische Geschichtshintergrund gibt Shakespeare die Freiheit, unbelastet von den Implikationen des Tudormythos das politische Verhalten empirisch zu erforschen, Politik als autonome Aktivität darzustellen. In *Julius Caesar* zum Beispiel interessiert die Frage, wie sich eine durch persönliche Motive (Freundschaft, Liebe, Haß, Neid usw.) zusammenhängende Gruppe von einflußreichen Politikern in einer prekären politischen Situation verhält, wobei etwa für Brutus die persönlichen Implikationen des Tyrannenmordes wichtiger sind als der Tyrannenmord als Politikum.

Shakespeare hat einerseits seine Historien der Tragödie angenähert (vor allem *Richard II*), andererseits einige seiner Tragödien in einen historischen Kontext gestellt (z. B. *King Lear*, *Macbeth*), so daß sich auch die Frage nach der Relation von Historie und Tragödie aufdrängt. Es handelt sich nicht um sich ausschließende Bereiche; das Spezifische der beiden Dramentypen ist am ehesten in der unterschiedlichen Akzentuierung von privatem und öffentlichem Bereich zu fassen. Die Tragödie lenkt den Blick auf die persönlichen ethischen Implikationen menschlichen Tuns, die Historie auf die politischen. In der Historie werden stets die Rückwirkungen auf die Situation des Landes im

Auge behalten, die Aktionen der Figuren spielen sich im größeren politischen Kontext ab. Auch das Fehlen politischer Aktivität *(Richard II, Henry VI)* wirkt sich auf das Staatsgefüge aus und stürzt es in Chaos. In Tragödien wie *King Lear* oder *Macbeth* dient die Geschichte hingegen primär als Folie, vor deren Hintergrund die innere Entwicklung des Helden sichtbar wird, sein Leidensweg, an dessen tragischem Ende die Erkenntnis steht. Die Reichsteilung und das von Lear verkannte Wesen des Königtums werden in ihren Auswirkungen auf das persönliche Schicksal Lears, nicht auf das Schicksal Englands begriffen. (Das gleiche Motiv der Reichsteilung wird in dem vorshakespeareschen Stück *Gorboduc* umgekehrt mit allen seinen Konsequenzen für das Reich gezeigt.) Richard II. wird wie Lear durch politisches Fehlverhalten auf die Suche nach der eigenen Identität verwiesen, aber die Interdependenz von politischer und persönlicher Sphäre bleibt in *Richard II* bis zum Schluß erhalten (im Kerkermonolog erkennt Richard den tragischen Konflikt, der sich aus seiner Charakterdisposition und der politischen Situation ergeben hat), während Lears Leidensweg die politische Dimension überschreitet und in der Erkenntnis des Bösen im Menschen gipfelt.

Ein Vergleich der Schlußszenen von *Richard III* (V, iv) und *Macbeth* (V, v–vii) – wie ihn WAITH durchgeführt hat – zeigt im Rahmen offensichtlicher Strukturparallelen gattungsspezifische Besonderheiten von Historie und Tragödie. Beide Titelhelden befinden sich kurz vor der Entscheidungsschlacht in einer ausweglosen Situation. Beide werden von ihrem positiven Gegenspieler (Macduff – Richmond) besiegt, der damit die rechtliche und sittliche Ordnung des Landes wiederherstellt. Doch wenn Macbeth nach der Nachricht vom Tode der Lady Macbeth über seine innere Verfassung meditiert, so weist die Erkenntnis, daß sein maßloser politischer Ehrgeiz ihn auf einen Zustand geistiger Stumpfheit reduziert hat, auf die persönliche Tragik seiner Situation und verbietet es, ihn in rein geschichtlich-politischer Perspektive zu sehen. Richards Monolog hingegen, der mit erstaunlicher Präzision und rhetorischer Wendigkeit die Antinomie von schuldbeladenem Gewissen und Selbstliebe entwickelt, gibt nur für Augenblicke den Blick in Richards Inneres frei. Die sich anschließende Rede an seine Soldaten zeigt ihn wieder ganz als skrupellosen Tyrannen. Der Modus der öffentlichen Ansprache und Richmonds Schlußwort, das Richards Tod nachdrücklich auf die Situation Englands bezieht, zwingen dazu, Richard als öffentlich-politische Figur zu sehen.

King John und *Henry VIII* werden gewöhnlich als Prolog und Epilog zu den beiden Tetralogien betrachtet, da sie wegen zahlreicher thematischer Parallelen zwar dem Komplex der Historien zugehören, aber in der Behandlung des politischen Themas wie auch in dramentechnischer Hinsicht den übrigen Historien sehr verschieden sind. *Henry VIII*, schon wegen des späten Entstehungsdatums und der ungeklärten Verfasserschaftsfrage ein Sonderfall, erinnert in seinem Festspielcharakter an die Romanzen Shakespeares. Auch einige Motive – Vergebung und Geduld im Leiden, der Reifeprozeß zu Selbsterkenntnis und menschlicher Größe, die Hoffnung auf eine bessere Welt durch eine neue Generation – rücken *Henry VIII* in die Nähe von Stücken wie *The Winter's Tale* und *The Tempest*.

bb) Das Gesamtbild der »histories«

Shakespeares Historien ähneln von der Gesamtkonzeption her einem Fürstenspiegel. In ihnen ist panorama-artig das Schicksal einer Reihe von verschiedenen Königstypen gestaltet: der fromme, aber schwache König in *Henry VI*, der Tyrann in *Richard III*, der unfähige Herrscher in *Richard II*, der ideale König in *Henry V*. Bis auf *Henry V* sind sie alle nach dem Muster des »Fall of Princes« aufgebaut, des in elisabethanischer Sicht tragischen Sturzes einer ranghohen Persönlichkeit in Elend oder Tod.

Die beiden Tetralogien, von denen die zuerst verfaßte (1, 2, 3, *Henry VI – Richard III*) den in der Chronologie der Ereignisse späteren Zeitraum darstellt, sind durch zahlreiche thematische Querverbindungen wie etwa das Thema von Schuld und Sühne, das Problem von Usurpation und Rebellion, das Motiv der Drehung des Fortuna-Rades, den Gedanken der Unausweichlichkeit des Geschichtsablaufs, durch Wiederauftritte derselben Personen (Margaret und Richard Gloucester in 2, 3 *Henry VI* und *Richard III;* Hal in 1, 2 *Henry IV* und *Henry V*) und technische Mittel (Wort- und Situationsparallelen) miteinander verknüpft. Als für die Historien typische Handlungsstruktur kann die Episodenhaftigkeit angesehen werden, die freilich mehr *(Henry VI, Henry V, Henry VIII)* oder minder stark *(Henry IV, Richard III)* zum Ausdruck kommt und einer nahezu völligen Integration aller Teile weichen kann *(Richard II)*. Die Konzentrierung der Handlungsfäden ist in jedem Drama verschieden gelöst: Einheit im unsichtbaren »Helden« England *(Henry VI)*, Einheit auf der Handlungsebene *(Richard III)*, Einheit im Wesen des Königs (der »lyrische« Richard II, der idealisierte Henry V), Einheit im Entwicklungsprozeß (Hal in *Henry IV*). Am Schluß ist mit Ausnahme von *Richard III* nur ein vorläufiger Ruhepunkt erreicht. Neue Unruhen und Kriegspläne weisen auf das folgende Drama voraus. Die Nahtstelle zwischen *Henry V*, der letzten Historie der Tetralogien, und *Henry VI*, der ersten Historie überhaupt, ist dabei naturgemäß spürbarer als etwa die zwischen *Richard II* und *Henry IV*. Aber immerhin stellt der Chorus in *Henry V* in seinen Schlußworten eine Verbindung zu den nationalen Wirren in *Henry VI* her. Das Drama *Richard III* bringt, indem es mit der Thronübernahme des ersten Tudormonarchen langdauernden Frieden verheißt, den Schlußakkord.

cc) Differenzierungen

In jeder Historie beleuchtet Shakespeare die orthodoxe Staatslehre von einem anderen Blickwinkel her, modifiziert sie und setzt dabei seine Akzente so ausgewogen, daß seine Stücke weder als revolutionär noch als doktrinär angesehen werden können. Unruhen in London, die puritanische Antipathie gegen das Theater, die Bindung seiner Schauspieltruppe an einen adligen Patron mußten für Shakespeare Grund genug sein, sich in die orthodoxe Geschichtstradition einzuordnen. Trotzdem wurden seine Historien nicht zu Propaganda-Stücken elisabethanischer Geschichtsschau. Der in jeder Historie individuelle Stilwille und die jeweils unterschiedliche Akzentsetzung verbieten es auch, von einer zusammenhängenden geschichtsphilosophischen Doktrin Shakespeares zu sprechen.

Betrachtet man die Historien in der Chronologie ihrer Entstehungszeit, so ergibt sich eine politisch-ideologische und zugleich dramentechnische Entwicklungslinie: Eine Zunahme der handwerklichen Beherrschung der dramatischen Kunstmittel geht einher mit einem Wandel der geschichtsideologischen Intention. Die allgemeine Entwicklungslinie in den Shakespeareschen Dramen von einer »primitiveren« zu einer komplexeren Dramentechnik kann in den Historien durch eine spezifisch politisch-didaktische Aussageintention abgebogen werden (z. B. in *Henry V*). So müssen die Wandlungen von der Ideologie zum Pragmatismus, vom Geschichtspanorama mit metaphysischem Hintergrund *(Henry VI)* zur Charaktertragödie *(Richard II)*, von moralischer Akzentuierung zu moralischer Differenzierung immer zweigleisig gesehen werden: als dramentechnisches und geschichtsphilosophisches Problem.

In *Henry VI* ist eine verwirrende Vielzahl von Fakten und Personen zu einem breiten Geschichtspanorama verarbeitet; das Stück entspricht von allen Shakespeare-Historien am ehesten der Tudorvorstellung eines Geschichtslehrbuches: detaillierte Darstellung des historischen Geschehens und Warnung vor den Wirren des Bürgerkrieges. Der Streit der beiden Parteien York und Lancaster ist als Konfrontation großer Gruppen und Parteiungen vorgeführt, während sich in *Richard II* der Zwist zwischen zwei Adelshäusern auf die Auseinandersetzung zwischen zwei Individuen, Richard und Bolingbroke, konzentriert. Die Schlachtszenen werden v. a. im dritten Teil in ihrer Häufung zu einem historischen Spektakel, während Schlachtszenen in den späteren Historien sparsam *(Richard III, Henry IV, Henry V)* oder gar nicht mehr auf die Bühne gebracht werden *(Richard II)*. Verdeutlichungsstreben spricht aus der häufigen Reihung paralleler Situationen und der scharfen Kontrastierung antithetischer Szenen, aus den allegorischen Szenen (besonders 3 *Henry VI*, II, v), aus den langen chorischen Partien und aus den komischen Volksszenen.

Gerade an der Rolle des Volkes sind schon in dieser ersten Historie Veränderungen gegenüber der orthodoxen politischen Lehre zu beobachten. Der Volksaufstand wurde in elisabethanischen Historienstücken gewöhnlich als unmotivierte Rebellion einer zügellosen Horde dargestellt, um vor solchen Auswüchsen zu warnen (ein besonders drastisches Beispiel dieser Art ist das anonyme Stück *The Life and Death of Jack Straw* 1593/4). Obwohl auch die Rebellion Jack Cades mit erschreckender Deutlichkeit als völlig sinnlos gezeigt wird, ist sie in ihrem Ursprung motiviert. Die Beseitigung des Humphrey of Gloucester, der als Prototyp des redlichen Politikers von den »commons« unterstützt wurde, entschuldigt den Volksaufstand nicht, legt ihn aber zu Lasten des mächtigen Adels. Zudem entfacht York die Rebellion aus eigennützigem Machtstreben.

Richard III zeichnet sich durch die Beschränkung des Personals und eine deutliche Akzentsetzung auf einzelne historische Ereignisse aus. Der didaktisch-moralisierende Aspekt ergibt sich nun aus einer Geschichtsdarstellung, in der das historische Geschehen durch einen einzelnen geprägt ist. Zahlreiche Prophezeiungen stellen die Greueltaten Richards in das alle Historien umspannende Prinzip der Erbschuld, die moralisches Chaos bewirkt. Inmitten einer Welt des völligen moralischen Verfalls, in der fast alle Personen schuldig geworden sind und ihr Tod deshalb gerechte Strafe ist, stellt Richard das letzte und schuldigste Opfer der Geschichte dar. In diesem Sinn vermittelt *Richard III* eine Moral, die ganz dem Tudor-Geschichtsbild entspricht. Aber in der Darstellung der Art, in der Richard das gesamte Geschehen kontrolliert, geht Shakespeare weit über die herkömmliche politische Konzeption des Tyrannen hinaus. Die Publikumsnähe und komische Ausstrahlung der Vice-Figur werden in Richard ausgenutzt, um einer Tyrannenfigur eine gewisse Publikumssympathie zu verleihen. Ohne die Grenzen der Tudor-Doktrin zu sprengen, gewinnt Shakespeare hier dem Typ des Tyrannen, indem er ihm diabolische Faszinationskraft verleiht, neue Dimensionen ab.

In *Richard II* sind alle Szenen auf den zentralen Konflikt zwischen rechtmäßigem Herrscher und Usurpator hin funktionalisiert. Die konventionelle allegorische Gartenszene wird Mittel zur Ambiguität: Auf einer Ebene, die der unmittelbaren dramatischen Realität enthoben ist, kann Shakespeare die politische Notwendigkeit des Machtwechsels verteidigen, ohne Bolingbroke vom Makel der Usurpation freizusprechen. Auch Richards politisches Versagen erscheint in doppelter Wertung: Einerseits wird es in der Kontrastierung mit dem politischen Geschick Bolingbrokes moralisch verurteilt, andererseits mit Richards Charakterdisposition psychologisch erklärt und erweckt so Mit-

leid und Sympathie. Damit verlagert Shakespeare den Akzent
von der Tudor-Ideologie auf das Spannungsverhältnis von gött-
lichem Auftrag, politischer Unfähigkeit und politischer Notwendigkeit. Der Konflikt wird vor allem ausgetragen im Kampf
Richards mit sich selbst, der notwendig scheitert. Dadurch eröffnet sich eine tragische Perspektive. Shakespeare spürt den
Gründen nach, warum Bolingbroke die Macht ergreifen muß
und Richard die Krone nicht verteidigen kann.

Als Gipfelpunkte im Shakespeareschen Historienschaffen stehen sich *Richard II* mit seiner stilisierten »Kunstwelt« und *Henry
IV* mit seinem »Realismus« in der breiten Darstellung volkstümlicher und komischer Elemente gegenüber. Das Komische nimmt
gegenüber *Henry VI* nicht nur quantitativ mehr Raum ein, sondern hat auch eine wesentlich andere Funktion: der Welt Falstaffs kommt neben der ernsten Welt Hotspurs und des Königs
eigenständige Gültigkeit zu. Obwohl die Wertvorstellungen
dieser beiden Bereiche manchmal diametral entgegengesetzt sind
(vgl. die Auffassung des Ehrbegriffs von Hotspur und Falstaff),
schließen sie sich nicht aus, sondern ergänzen sich zu einer per-
spektivenreichen Weltsicht. Shakespeare erkennt die Notwendigkeit für den zukünftigen König, auch die Gesetze der Welt
Falstaffs kennenzulernen. Damit hat er sich der Frage nach den
realpolitischen Qualitäten eines Herrschers zugewandt.

Selbst in *Henry V* – obwohl primär ein panegyrisches Schauspiel – setzt Shakespeare neue Akzente. Auch tugendhaftes königliches Handeln wirft Schatten; innenpolitischer Friede wird
mit einem unheilbringenden Krieg gegen Frankreich bezahlt;
die politisch geschickte Eheschließung Henrys mit Katherine
ist ein Beweis mehr dafür, daß Henry primär pragmatisch den-
kender Politiker ist.

Lange Zeit schien das Interesse des deutschen Publikums an
Shakespeares Historien hinter der Beliebtheit seiner Tragödien
und Komödien weit zurückzustehen. Die Unsicherheit in der
Gattungsdefinition, der »Makel«, der den Historien als »Misch-
gattung« und als Übergangsstücken zu den großen Tragödien
anhaftete, trugen nicht unwesentlich zur geringen Beachtung
der Historien bei. Die Undurchsichtigkeit der dynastischen Que-
relen und der fremde politisch-philosophische Hintergrund er-

schwerten zusätzlich den Zugang. Erst in den letzten Jahrzehnten wuchs das Interesse bei Kritikern und Publikum, freilich aus unterschiedlichen Gründen, beträchtlich an. Die Forschung besann sich zunehmend auf ihren historisch-hermeneutischen Charakter und schenkte daher der Erschließung des Geschichtshintergrundes besondere Aufmerksamkeit. Andererseits ließ das veränderte Geschichtsbewußtsein, eine Folge der politischen Erfahrungen des 20. Jahrhunderts, die Historien für das moderne Theater attraktiv werden. Zudem scheint der heutige Zuschauer politischen Widersprüchlichkeiten und Paradoxien, wie sie in diesen Dramen angelegt sind, besonders zugänglich. Man fand, daß eine moderne Rezeption nicht notwendig einer profunden Kenntnis des elisabethanischen Geschichtsbildes bedarf. Denn an Shakespeares Modifizierungen des Tudormythos, auch wenn sie der moderne Zuschauer vielfach als solche nicht zu erkennen vermag, wird der Spielraum an Deutungsmöglichkeiten sichtbar. In den Historien angelegte Problemkreise wie Aufstieg und Fall von Diktatoren, Opportunismus der Staatsdiener, Ohnmacht des Volkes, Manipulierbarkeit der staatlichen Ordnungen scheinen gerade dem Theater des 20. Jahrhundert einer Aktualisierung wert.

H. JENKINS, »Sh.'s History Plays«, ShS, 6 (1953) (Forschungsbericht). – J.A.R. MARRIOTT, English History in Sh., London, 1918. – H.B. CHARLTON, Sh.: Politics and Politicians, Oxford, 1929. – B. STIRLING, »Anti-Democracy in Sh.: A Re-Survey«, MLQ, 2 (1941). – U. ELLIS-FERMOR, The Frontiers of Drama, London, 1945 (1964²). – J.L. PALMER, Political Characters of Sh., London, 1945. – A.P. ROSSITER, »Preface«, in: Woodstock: A Moral History, London, 1946. – L.B. CAMPBELL, Sh.'s Histories: Mirrors of Elizabethan Policy, 1947, San Marino, Cal., 1958². – H. CRAIG, »Sh. and the History Play«, Joseph Quincy Adams Memorial Studies, ed. J.G. McManaway, Washington, 1948. – R. CHAPMAN, »The Wheel of Fortune in Sh.'s Historical Plays.« RES, 1 (1950). – I. RIBNER, »The Political Problem in Sh.'s Lancastrian Tetralogy«, SP, 49 (1952). – J.D. WILSON, T.C. WORSLEY, Sh.'s Histories at Stratford 1951, New York, 1952. – W. STROEDEL, »Die Gestalt des Usurpators in Sh.s Dramen«, SJ, 87–88 (1951/52). – W. CLEMEN, »Anticipation and Foreboding in Sh.'s Early Histories«, ShS, 6 (1953). – R. DAVID, »Sh.'s History Plays – Epic or Drama?« ShS, 6 (1953). – R.A. LAW, »Links between Sh.'s History Plays«, SP, 50 (1953). – W.F. SCHIRMER, Glück und Ende der Könige in Sh.s Historien, Köln, 1953. – I. RIBNER, The English History Play in the Age of Sh., London, 1957, rev. ed. 1965. – D. TRAVERSI, Sh. From Richard II to Henry V, Stanford, Cal., 1957. – H. VIEBROCK, Englische Geschichte und Sh.s Historien , Rede beim Antritt des Rektorats, Frankfurt, 1959. – Z. STRIBRNY, Sh.'s History Plays«, Marxism Today, 3 (1959). – G. BULLOUGH, ed., Narrative and Dramatic Sources of Sh., vol. III, London, 1960, vol. IV. London, 1962. – A. NICOLL, »Tragical – Comical – Historical – Pastoral: Elizabethan Dramatic Nomenclature«, BJRL, 43 (1960/61). – M.M. REESE, The Cease of Majesty: A Study of Sh.'s History Plays, London, 1961. – E.M.W. TILLYARD, Sh.'s History Plays, London, 1961. – A.P. ROSSITER, Angel with Horns, London, 1961. – C. LEECH, W. Sh. The Chronicles: Henry VI, Henry IV, The

Merry Wives of Windsor, Henry VIII, London, 1962. – J.T. MARVIN, »Causation of Tragedy in the History Plays«, in: M. Bailey, ed., *Ashland Studies for Sh. 1962*, Ashland, 1962. – R.J. DORIUS, ed., *Discussions of Sh.'s Histories: Richard II to Henry V*, Boston, 1964. – J. KOTT, *Sh. heute*, München, 1964. – A. HUMPHREYS, »Sh. and the Tudor Perception of History«, in: B.W. JACKSON, ed., *Stratford Papers on Sh.*, Toronto, 1964. – A.L. MORTON, »Sh. et l'histoire«, *Recherches internationales à la lumière du marxisme: Sh.* No. 43, Mai-Juin, 1964. Paris, 1964. – K.MUIR, »Sh. and Politics«, in: *Sh. in a Changing World*, ed. A. KETTLE, London, 1964. – S.C. SEN GUPTA, *Sh.'s Historical Plays*, Oxford, 1964. – A.C. SPRAGUE, *Sh.'s Histories: Plays for the Stage*, London, 1964. – L. BORINSKI, »Sh.'s Conception of History«, in: *Hommage à Sh.*, Strasbourg, 1965. – Ch.R. FORKEV, »Sh.'s Chronicle Plays as Historical-Pastoral«, *ShakS*, 1 (1965). – A.L. MORTON, »Sh.'s Historical Outlook«, *SJ Ost*, 100–101 (1965). – K.E. SNYDER, »Kings and Kingship in Four of Sh.'s History Plays«, in: J.W. Corder, ed., *Sh. 1964*, Fortworth, 1965. – E.M. WAITH, ed., *The Histories: A Collection of Critical Essays*, Englewood Cliffs, N. J., 1965. – J. W. McCUTCHAN, *Plot Outlines of Sh.'s Histories*, New York, 1965. – S. G. ESKIN, »Politics in Sh.'s Plays«, *BuR*, 15 (1967). – T.W. ROSS, Sh.'s Philosophy of History«, *The Colorado College Studies*, 9 (April, 1967). – R.WEIMANN, *Sh und die Tradition des Volkstheaters: Soziologie, Dramaturgie, Gestaltung*, Berlin, 1967. – W. WEISS, »Vorbemerkung und Kommentare zu *H IV*, *H V*, *H VI*, *King John*, *R II*. *R III*«, in: *W. Sh. Sämtliche Dramen*, Bd. II, München, 1967. – D. BEVINGTON, *Tudor Drama and Politics: A Critical Approach to Topical Meaning*, Cambridge, Mass., 1968. – N. BROOKE, *Sh.'s Early Tragedies*, London, 1968. – J. WINNY, *The Player King. A Theme of Sh.'s Histories*, London, 1968. – A. KERNAN, »The Henriad: Sh.'s Major History Plays«, *YR*, 59 (1969). – H.A.KELLY, *Divine Providence in the England of Sh.'s Histories*, Cambridge, Mass., 1970. – L. AUCHINCLOSS, *Motiveless Malignity*, London, 1970. – J. C. BROMLEY, *The Shakespearean Kings*, Boulder, 1971. – R. B. PIERCE, *Sh.'s History Plays*, Columbus, Ohio, 1971. – P. BROCKBANK, »Sh.: His Histories, English and Roman«, in: C. Ricks, ed., *English Drama to 1710*, London, 1971. – W. A. ARMSTRONG, *Sh.'s Histories: An Anthology of Modern Criticism*, Harmondsworth, 1972. – R. ORNSTEIN, *A Kingdom for a Stage*, Cambridge, Mass., 1972. – A. R. HUMPHREYS, »The English History Plays«, in: *Select Bibliographical Guides*, ed. S. Wells, London, 1973. – D. S. KASTAN, »The Shape of Time: Form and Value in the Shakespearean History Play«, *CD*, 7 (1973/74). – M. MANHEIM, *The Weak King Dilemma in the Shakespearean History Play*, Syracuse, N. Y., 1973. – K. MUIR, »Image and Symbol in the Histories«, in: *Sh. the Professional*, London, 1973. – M. E. PRIOR, *The Drama of Power*, Evanston, 1973. – E. J. BERRY, *Patterns of Decay: Sh.'s Early Histories*, Charlottesville, 1975. – R. WEIMANN, »Sh. zwischen zwei Revolutionen . . .«, *SJ Ost*, 112 (1976). – P. SACCIO, *Sh.'s English Kings*, London, 1977. – E. JONES, *The Origins of Sh.*, Oxford, 1977. – Vgl. auch Bibliogr. zu I. B. 13 und III. BB. 2. c).

b) *King Henry the Sixth*, Parts I, II, III
(*König Heinrich der Sechste*, erster, zweiter und dritter Teil)

aa) *Datierung und Text*

Der erste Teil von *Henry VI* wurde erstmals in der Folioausgabe 1623 gedruckt, deren Text vermutlich auf ein unkorrigiertes Autorenmanuskript zurückgeht. (Die fehlerhafte Eintragung in das Stationers' Register 1623 als dritter Teil von *Henry VI* ist darauf zurückzuführen, daß Teil 2 und Teil 3 bereits vorher als schlechte Quartos in das Register aufgenommen wurden und so die Reihenfolge verdunkelten.) Da ein anonymes Drama von

1591, *The Troublesome Reign of King John*, eine Reihe verbaler Anklänge zu Shakespeares Stück aufweist, wird die Entstehungszeit von 1 *Henry VI* überwiegend für das Jahr 1590 angesetzt.

Die Textsituation des zweiten Teils ist komplizierter. Denn neben dem Foliotext liegen anonyme Quartos eines sehr ähnlichen Stücks vor, die 1594 und 1600 unter dem Titel *The First Part of the Contention betwixt the famous Houses of York and Lancaster* gedruckt wurden. Die früher vorherrschende Annahme, daß es sich dabei um ein Quellenstück handelte, welches Shakespeare bearbeitete, ist in neuerer Zeit der gesicherten Erkenntnis gewichen, daß diese Quartos einen von Schauspielern aus dem Gedächtnis rekonstruierten Text des gekürzt aufgeführten Shakespeareschen Originals aus den Jahren 1590/91 bringen.

Auch von dem dritten Teil von *Henry VI* existieren anonyme »bad quartos«. Sie erschienen 1595 und 1600 unter dem Titel *The true Tragedie of Richard Duke of Yorke, and the death of good King Henry the Sixt* und drucken ebenfalls eine Gedächtnisrekonstruktion des Shakespeareschen Textes.

1619 erschienen beide schlechten Quartos zusammen unter dem Titel *The Whole Contention betweene the Two Famous Houses, Lancaster and Yorke*, erstmals mit der Angabe Shakespeares als Verfasser. Einige Stellen des ersten Foliotextes gehen vermutlich auf ein korrigiertes Exemplar dieser Ausgabe zurück. Die Entstehungszeit des dritten Teils muß vor der Mitte des Jahres 1592 liegen, da GREENE in seinem Pamphlet *A Groatsworth of Wit* kurz vor seinem Tode im September 1592 ein umgeformtes Zitat aus 3 *Henry VI* zu einem Angriff auf Shakespeare benützte (vgl. S. 150). Die Jahre 1590–92 gelten allgemein als Datum der Abfassung. Manche Kritiker vertreten die Ansicht, 1 *Henry VI* sei zeitlich nach den zwei anderen Stücken geschrieben worden (u.a. J.D. WILSON). Sie identifizieren ein in HENSLOWES Notizbuch erwähntes Stück *Harey the vj*, das für den 3. März 1592 als »ne« (neu) bezeichnet wird, mit dem ersten Teil der Trilogie. Diese Identität ist jedoch nicht zwingend nachzuweisen.

Das Folio von 1623 vereinigt die Texte der Trilogie: *The First Part of Henry the Sixth; The Second Part of Henry the Sixth, with the Death of the Good Duke Humfrey; The Third Part of Henry the Sixth, with the Death of the Duke of York.*

bb) Die Verfasserfrage

Seit MALONE glaubte man lange Zeit, die schwankende künstlerische Qualität mancher Szenen in *Henry VI*, gewisse Widersprüche in der Handlung und Anklänge an den Stil anderer Autoren nur dadurch erklären zu können, daß Shakespeare eine bereits vorliegende Gemeinschaftsarbeit von »university wits« wie GREENE, NASHE oder MARLOWE lediglich überarbeitet habe. GREENES oben erwähnter Ausfall gegen seinen erfolgreichen Kollegen als einen mit fremden Federn geschmückten Emporkömmling (»an upstart Crow, beautified with our feathers«) wurde als Indiz für diese Theorie gewertet. Heute jedoch versteht man GREENES Anspielung eher in allgemeinem Sinn als polemische Äußerung aus dem Kreis der gebildeten »university wits« gegenüber einem Schauspieler-Autor. Die Anklänge in *Henry VI* an Formulierungen in Dramen von NASHE, GREENE und MARLOWE sind kaum mehr als das Zeichen einer unbewußten Anlehnung an etablierte Vorbilder, wie sie für einen Dichter in seiner frühesten Schaffensperiode zu erwarten ist. Unstimmigkeiten und stilistische Brüche in *Henry VI* dürften zum Teil auf die schlechte Textüberlieferung zurückzuführen sein. Die ineinandergreifende Struktur der Trilogie und das geschlossene Geschichtskonzept deuten auf Shakespeares alleinige Urheberschaft.

cc) Vorlagen

Das historische Material entnahm Shakespeare der zweiten Ausgabe von Raphael HOLINSHEDS *Chronicles of England, Scotland and Ireland* (1587) und Edward HALLS *The Union of the Two Noble and Illustre Famelies of Lancastre and Yorke* (1548). Neben diesen Hauptquellen wurden für kleinere Details die gesammelten Versbiographien des *Mirror for Magistrates* (1559), John FOXES *Book of Martyrs* (1563) und andere Chroniken herangezogen. Shakespeare hielt sich nicht an die Ereignisfolge der Chroniken, sondern nahm überaus freie Umstellungen des zeitlichen Ablaufs bis hin zu anachronistischen Personenzusammenführungen (z. B. Talbot mit Joan of Arc) vor, um den geschichtlichen Rohstoff zu einem dramatischen Kosmos umzuschmelzen. Einzelne Episoden wie die »Temple Garden«-Szene (1 *Henry VI*, II, iv) sind ganz Shakespeares Erfindungsgabe zu verdanken.

Zeitgeschichte wird in *Henry VI* wirksam im übersteigerten Patriotismus, der besonders den 1. Teil kennzeichnet. Das Nationalbewußtsein der Elisabethaner, das nach dem Sieg über die spanische Armada verstärkt hervortrat, findet hier seine Bestätigung: wie wir einer Passage in NASHES *Pierce Pennilesse* (1592) entnehmen können, wurde eine Figur wie der idealisierte englische Held Talbot vom Publikum begeistert aufgenommen. Andererseits jedoch stellt Shakespeare dem bewegten politischen Leben der frühen neunziger Jahre ein Lehrstück entgegen, das vor dem drohenden Unheil innerer Zerrissenheit warnt.

dd) Der Tetralogie-Zusammenhang

Die drei Teile von *Henry VI* bilden zusammen mit *Richard III* die sogenannte York-Tetralogie, die den Sturz des Hauses Lancaster und den Aufstieg der York-Partei während der Rosenkriege gestaltet. *Henry VI* unterscheidet sich von *Richard III* äußerlich dadurch, daß keine dominierende Königsfigur im Mittelpunkt steht. Verbindungselemente zwischen den vier Dramen ergeben sich jedoch aus der chronologisch fortlaufenden Materialgestaltung und der Übernahme von Personen von einem Teil in den folgenden. Vor allem aber ist die Fülle der Einzelschicksale eingegliedert in das Schicksal des Staates. Die einzelnen de-casibus-Fälle zeichnen sich ab vor dem Hintergrund der verletzten kosmischen Ordnung. In der Häufung von Unglück, Krieg, unschuldigem Leiden und verdienter Bestrafung in 1–3 *Henry VI* und in *Richard III* vollzieht sich der Sühneweg Englands für das Verbrechen der Thronusurpation durch Bolingbroke. Mit der Wiederherstellung der staatlichen Ordnung durch Richmond am Ende von *Richard III* ist die Bestrafung Englands abgeschlossen. Dieser umgreifende Zusammenhang wird immer wieder deutlich gemacht in einer Vielheit von Kommentaren, in genealogisch abgeleiteten Herrschaftsansprüchen, in der Rekapitulation vergangener Verbrechen und in Warnungen und Prophezeiungen künftigen Unheils.

ee) 1 Henry VI

Zu Beginn des ersten Teils ist die Titelfigur, Henry VI., noch ein unmündiges Kind. Bereits am Sarge von Henry V. bricht

der Adelszwist auf, wird Talbot als heroischer Heerführer eingeführt, bereiten düstere Prophezeiungen den Einbruch des
Chaos vor, das Gloucester und Talbot, die Verkörperungen
staatlicher und militärischer Tugend, nicht verhindern können.
In ständigem Schauplatzwechsel zwischen England und Frankreich wird der Gegensatz zwischen der Zwietracht zu Hause und
Talbots Kampf gegen die Franzosen ausgespielt. Der Streit zwischen Gloucester und dem ehrgeizigen Winchester tritt mehr und
mehr zurück hinter dem Rosenzwist zwischen Plantagenet und
Winchester; beide Auseinandersetzungen sind jeweils gespiegelt
auf der Ebene der Gefolgsleute. Talbot erwächst in Joan of Arc
eine mit den Höllenmächten verbündete Gegnerin, dazu auser-
sehen, als »Gottesgeißel« England zu züchtigen. Talbots Einzel-
siege heben sich ab vor dem Hintergrund allmählichen Land-
verlustes, bis in kausaler Verknüpfung Plantagenets und Somer-
sets Untätigkeit Talbot dem Untergang ausliefert. Nach Joans
Abtreten erwächst in Margaret eine neue Unheilstifterin, welche
die Rolle der Gottesgeißel übernimmt.

Trotz mancher Schwächen in Personenzeichnung, Handlungsführung und Versgestaltung wurde das Stück gegenüber früheren Abwertungen im Zusammenhang der Verfasserschaftsdis-
kussion in letzter Zeit mehr und mehr rehabilitiert. Da seine
episodenhaft zergliederte Handlungsstruktur dem zentralen
Thema von Zwist und Unordnung angemessen erscheint und
seine repetitive Reihentechnik den Lehrinhalt verdeutlicht, werden diese Charakteristika in der neueren Kritik kaum mehr als
technische Mängel, sondern eher positiv beurteilt. Einzelne Szenen des Dramas weisen bereits deutlich auf Shakespeares spätere
dramatische Kunst voraus, so etwa II, iv (Temple Garden), wo
auf meisterhafte Art die Requisiten des Gartens mit der Bildkette
von Rosen und Dornen in den Dialog eingefügt werden.

ff) 2 Henry VI

Der zweite Teil zeigt die verheerenden Folgen der Heirat von
Henry und Margaret, exemplifiziert einmal am Untergang des
aufrechten Gloucester, dann am Aufstieg des feindlich gesinnten
Plantagenet zum Herzog von York und schließlich mit Hilfe
Jack Cades zur Schwelle des Throns. Das Übel egoistischen Ehr-

geizes triumphiert über die guten Kräfte im Staat, die unfähig sind, die Unordnung zu verhindern. Die Zerrüttung des sozialen Gefüges wird demonstriert im Fall hochgestellter Personen – nacheinander Eleanor, Gloucester, Winchester, Suffolk; im Zweikampf von Peter und Horner wird gezeigt, daß auch das Volk in diese Entwicklung involviert ist. Das Extrem ist erreicht im blutigen Cade-Regiment. Doch schließlich findet Cade ein klägliches Ende im wohlgeordneten Garten Idens. Wie mehrfach in den Historien gestaltet Shakespeare hier das Bild des Gartens zu einem Symbol der idealen politischen Ordnung inmitten des umgebenden Chaos aus. Bilder des Dschungels, der Jagd, des Schlachthauses und giftiger Kreaturen dienen andererseits zur Kennzeichnung der negativen Gegenwelt und tragen bei zur Atmosphäre der Düsterkeit, die das Drama beherrscht. Durch enge thematische und stimmungsmäßige Verbindung der Szenenepisoden wird 2 *Henry VI* zum künstlerisch gelungensten Teil der frühen Trilogie.

gg) 3 Henry VI

Der dritte Teil, locker gefügt in einer Aneinanderreihung von Schlachtszenen, reflektiert wiederum die Anarchie der Rosenkriege in ihrer ganzen Spannweite, vom »body politick« über die Familie bis zur Einzelfigur. Das symmetrisch stilisierte Geschehen, in dem die Klage eines Sohns, der im Bürgerkrieg seinen eigenen Vater getötet hat, der Klage eines Vaters, der seinen eigenen Sohn getötet hat, gegenübergestellt wird (II, v), zeigt, daß auch die fundamentalen menschlichen Bindungen verletzt worden sind. Analog zur Bewegung des Fortuna-Rades trägt das Kriegsgeschehen die kämpfenden Parteien abwechselnd empor; das Schema des Glückwechsels wird thematisch. Es besteht eine offensichtliche Entsprechung zwischen der Schlacht bei Wakefield mit Rutlands Tod und Yorks Verhöhnung und Ermordung sowie der Schlacht bei Tewkesbury mit der Verhöhnung Margarets, dem Abschlachten des Prinzen Edward durch die Söhne Yorks und dem anschließenden Mord an Henry VI.

Gegen Zwist und Haß ist als Kontrastfolie gesetzt die Ordnungssehnsucht des frommen, aber schwachen, einflußlosen Henry. Sein Wunschbild einer pastoralen Utopie in der Szene auf dem Maulwurfshügel (V, ii) läßt durch den Gegensatz das Chaos des umgebenden Schlachtengeschehens umso deutlicher hervortreten. Eine Reihe der anderen Figuren sind nach Moralitätenart jeweils durch ein Laster charakterisiert: der meineidige Clarence, der rachsüchtige Clifford, der wechselhafte Warwick. Richard Gloucester hingegen ist scharf durchgezeichnet. Er tritt mehr und mehr in den Vordergrund. Als »hellhound«, als Verkörperung des Chaos, ist er der negative Bezugspunkt des Stücks. In der Art, wie er sich mit grausamer Ironie und machiavellistischer List skrupellos den Weg zur Macht bahnt, vor allem aber in seinem letzten Monolog über dem Leichnam von Henry VI., ist bereits der blutige Tyrann erkennbar, der das nächste Stück der Tetralogie beherrschen wird.

hh) Wirkungsgeschichte

Dem anfänglichen Erfolg von *Henry VI* steht bis in unsere Tage eine lange Zeit der Vernachlässigung gegenüber; die Trilogie gehört zu den am wenigsten gespielten Shakespearedramen. Zudem forderten die Dreiteiligkeit und der Reichtum an sich wiederholenden Episoden bis heute zu kürzenden Bearbeitungen heraus. Die Originalfassung kam auch seit dem Ende des 19. Jahrhunderts nur vereinzelt zur Geltung.

John CROWNE versuchte in einer zweiteiligen Version des Stoffes, um 1680 geschrieben, das Stück dadurch zu aktualisieren, daß er ihm eine antipäpstliche Tendenz gab und außerdem der Liebesintrige zwischen Margaret und Suffolk, dem Geschmack der Restorationszeit entgegenkommend, mehr Raum zugestand. In dieser poetisch mittelmäßigen Fassung spielte T. BETTERTON im ersten Teil den Gloucester und im zweiten Teil den Warwick. Ambrose PHILIPS' Drama *Humfrey Duke of Gloucester* (1723), das weitgehende Abweichungen vom Shakespeare-Text zeigt, kam mit Colley CIBBER als Beaufort im Drury Lane zu einigem Erfolg, während Theophilus CIBBERS *Historical Tragedy of the Civil Wars in the Reign of King Henry 6th* (ebenfalls 1723), sowohl auf Shakespeare wie auf CROWNE zurückgehend, nur einmal gegeben wurde.

Im Jubiläumsjahr 1864 wurde erstmals seit Shakespeares Zeit im Surrey Theatre der Originaltext wieder gespielt. Die Aufführung blieb allerdings auf den zweiten Teil von *Henry VI* beschränkt. 1906 stellte F. R. BENSON in Stratford die drei Teile zusammen an aufeinanderfolgenden Abenden auf die Bühne.

In Deutschland wurde das Werk seit der Erstaufführung durch F. DINGELSTEDT (Weimar 1864) fast nur im Rahmen von Inszenierungen des ganzen Historienzyklus gespielt und dabei meist auf einen oder zwei Abende zusammengezogen. Im letzten Jahrzehnt erlangte es in einigen Ländern wieder stärkere Beachtung in Bearbeitungen, welche die Thematik umakzentuieren zugunsten der Betonung feudaler Mißherrschaft und des Volkselends. Die Stratforder Inszenierung unter P. HALL (1963), auf zwei Abende verteilt, wurde von der Kritik als Wiederentdeckung des Stücks gepriesen. G. STREHLER hatte 1965 in Italien großen Erfolg mit seiner zweiteiligen Fassung *Il gioco dei potenti*, die auch Material aus anderen Historien verwendete und die Szenen durch eine Chorus-Figur verband. In Deutschland wurde vor allem P. PALITZSCHS Inszenierung im Rahmen der Rosenkriege (Stuttgart 1967) bekannt.

M. DORAN, *Henry VI, Parts II and III: Their Relation to the Contention and the True Tragedy*, Iowa City, 1928. – P. ALEXANDER, *Sh.'s Henry VI and Richard III*, London, 1929. – F. S. BOAS, »Joan of Arc in Sh., Schiller, and Shaw«, *SQ*, 11 (1951). – H. T. PRICE, *Construction in Sh.*, Michigan, 1951. – J. D. WILSON, »Introduction« zu *Henry VI*, Parts I, II, III, New Cambridge Sh., Cambridge, 1952. – B. JACKSON, »On Producing *Henry VI*«, *ShS*, 6 (1953). – C. T. PROUTY, *The Contention and Sh.'s 2 Henry VI: A Comparative Study*, New Haven, 1954. – A. B. KERNAN, »A Comparison of the Imagery in 3 *Henry VI* and *The True Tragedie of Richard, Duke of York*«, *SP*, 51 (1954). – R. A. LAW, »The Chronicles and the Three Parts of *Henry VI*«, *Texas Studies in English*, 33 (1955). – A. S. CAIRNCROSS, »Introduction« zu *Henry VI*, Parts I, II, III, New Arden Sh., London, 1957, 1962, 1964. – C. LEECH, »The Two-Part Play: Marlowe and the Early Sh.«, *SJ*, 94 (1958). – J. P. BROCKBANK, »The Frame of Disorder – *Henry VI*«, in: *Early Sh.*, Stratford-upon-Avon Studies 3, London, 1961. – M. MINCOFF, »*Henry VI, Part III* and *The True Tragedy*«, *ESts*, 42 (1961). – R. S. BERMAN, »Fathers and Sons in the Henry VI Plays«, *SQ*, 13 (1962). – J. JAQUOT, »Histoire et tragédie dans *Henry VI*«, *EA*, 15 (1962). – S. M. PRATT, »Sh. and Humphrey Duke of Gloucester: A Study in Myth«, *SQ* 16 (1965). – M. MINCOFF, »The Composition of *Henry VI, Part I*«, *SQ*, 16 (1965). – D. M. BEVINGTON, »The Domineering Female in 1 *Henry VI*«, *ShakS*, 2 (1966). – A. SCHLÖSSER, »Sh. s erste Tetralogie«, *SJ Ost*, 102 (1966). – S. BURCKHARDT, »›I am but a Shadow of Myself‹: Ceremony and Design in 1 *Henry VI*«, *MLQ*, 28 (1967). – J. L. CALDERWOOD, ‹Sh.'s Evolving Imagery: 2 *Henry VI*«, *ESts*, 48 (1967). – M. RICKS, *Sh.'s Emergent Form: A Study of the Structures of the Henry VI Plays*, Logan, Utah, 1968. – A. L. FRENCH, »Joan of Arc and *Henry VI*«, *ESts*, 49 (1968). – A. L. FRENCH, »*Henry VI* and the Ghost of Richard II«, *ESts*, 50 (1969). – H. MÜLLER, »Die Gestaltung des Volkes in Sh.s Historiendramen«, *SJ Ost*, 106 (1970). – D. RIGGS, *Sh.'s Heroical Histories: Henry VI and Its Literary Tradition*, Cambridge, Mass., 1971. – W. BILLINGS, »Ironic Lapses: Plotting in *Henry VI*«, *Studies in the Literary Imagination*, 5 (1972). – C. M. KAY, »Traps, Slaughter, and Chaos: A Study of Sh.'s Henry VI Plays«, *Studies in the Literary Imagination*, 5 (1972). – J. ARTHOS, *Sh.: The Early Writings*, London, 1972. – H. BORN, »The Date of 2,3 *Henry VI*«, *SQ*, 25 (1974). – R. E. BURK-

HART, »Obedience and Rebellion in Sh.'s Early History Plays«, *ESts*, 55 (1974). –
R. WATKINS, »The Only Shake-Scene«, *PhQ*, 54 (1975). – Ch. JAUSLIN, »Das
Spiel der Mächtigen: Giorgio Strehlers Einrichtung von *Henry VI*«, *SJ West* (1976).

c) King Richard the Third (König Richard der Dritte)

aa) Text und Datierung

Am 20. Oktober 1597 wurde das erste Quarto von *Richard III*
in das Stationers' Register eingetragen. Ihm folgten vor dem Folio
von 1623 weitere fünf Quartoausgaben in den Jahren 1598, 1602,
1605, 1612 und 1622, was wie im Falle von *1 Henry IV* auf die
frühe Popularität des Stücks schließen läßt. Alle Quartos fußen
auf der jeweils vorhergehenden Ausgabe, wobei die immer wieder übernommenen und neu hinzugefügten Fehler gegenüber der
Zahl der Verbesserungen meist überwiegen. Der Folio-Text mit
dem Titel *The Tragedy of King Richard the Third: with the Landing
of Earl Richmond, and the Battel at Bosworth Field* geht wahrscheinlich zum größten Teil auf das letzte Quarto zurück, ergänzt durch
den Quarto-Text von 1602.

Die Erforschung der genauen Textverhältnisse, vor allem die
Frage der Autorität des ersten Quarto und des Folio, gestaltet
sich sehr kompliziert und hat zu divergierenden Ergebnissen
geführt. Der erste Quartodruck wurde von den meisten Kritikern
als »reported text« angesehen, d. h. als ein aus dem Gedächtnis der
Schauspieler rekonstruierter Text. Er wurde vermutlich auf einer
Provinztournee der Truppe der Chamberlain's Men (Sommer
1597) erstellt, gilt daher als verkürzte Bühnenfassung des authentischen Textes, ist aber in seiner Textqualität wesentlich besser,
als es sonst bei den »bad quartos« der Fall ist (D. L. PATRICK, J. D.
WILSON, A. WALKER u. a.). Dem umfänglicheren Folio-Text
wird aus dieser Sicht der Kritiker größere Autorität zugesprochen, wenn auch seine vermutliche Verbesserung mit Hilfe eines
Theatermanuskripts als lückenhaft und inkonsequent erkannt
wurde. Demgegenüber wird vor allem in der neueren Forschung
die These vertreten, daß das erste Quarto schon aufgrund der
Textlänge kein Theatermanuskript sein könne (L. L. SCHÜCK-
KING, A. HART). Vielmehr basiere es auf »foul papers«, und auch
der Folio-Text gehe auf ein Manuskript zurück, das von Shakespeare selbst stammt, und stütze sich daneben auf Q3 und Q6

(K. SMIDT). Möglicherweise seien für den Druck von Q₁ und F dieselben oder Parallelhandschriften verwendet worden. Damit böten Q₁ und das Folio in gleichem Maße verläßliche Texte, wobei allerdings die Lesarten des Folio häufig vorzuziehen wären, da es in vielen Fällen die letzte und daher vermutlich beste Version des Textes bietet. (Zweifelhaft ist allerdings, welche Verbesserungen von Shakespeare selbst und welche von den Herausgebern stammen.)

Die Textsituation von *Richard III* muß weiterhin als ungeklärt betrachtet werden, in jedem Fall aber scheint Q₁ sehr viel verläßlicher zu sein als lange Zeit angenommen wurde, während das Folio einer skeptischen Prüfung unterzogen werden muß (HONIGMANN).

Zusammen mit der Tragödie *Titus Andronicus* und der kurz zuvor entstandenen dreiteiligen Historie *Henry VI* zählt *Richard III* zum Frühwerk Shakespeares. Gemeinsamkeiten zwischen den frühen Dramen bestehen u. a. in der Darstellung eines Helden, dessen Selbstverständnis noch wenig ausgebildet ist, und in einem auffälligen Streben nach Verdeutlichung. Das Entstehungsdatum von *Richard III* wird allgemein auf die Jahre 1592/3 angesetzt.

bb) Vorlagen

Als wichtigste Quellen benutzte Shakespeare HOLINSHEDs *Chronicles of England, Scotland and Ireland* (1587) und HALLs *The Union of the Two Noble and Illustre Fameliees of Lancastre und Yorke* (1548). Beide Werke stützen sich in ihrer Darstellung der Ereignisse und ihrem Charakterporträt Richards auf die *Anglica Historia* (1534) von Polydore VERGIL und die erste englische Biographie, *The History of King Richard the Third* von Sir Thomas MORE. Zwar ist das Bild Richards in diesen Darstellungen stark von der Geschichtskonzeption der Tudordynastie gefärbt, das Richard als pseudo-machiavellistischen Erzschurken abstempelt, doch ist gerade MORES Darstellung weit davon entfernt, Tudor-Propaganda zu leisten. Sein Richardporträt scheint am nachhaltigsten auf Shakespeare gewirkt zu haben. MORES *History* geht in der psychologisch tiefsinnigen Charakterstudie und in der scharfen Beobachtung der geschichtlichen Zusammenhänge weit über die üblichen Chronistendarstellungen hinaus. Während Shakespeare mit seinen Quellen meist sehr frei verfuhr, ist die Anlehnung an MORE (bis zum Abfall Buckinghams, wo die *History* abbricht) besonders eng und führt sogar zu genauen Situationsentsprechungen und wörtlichen Entlehnungen. Trotzdem mußte Shakespeare bei der Dramatisierung des Stoffes auch hier zeitlich stark raffen (die Ereignisse von 1471 bis 1485 werden auf einige Wochen zusammengedrängt) und Umstellungen vornehmen: Margaret z.B. starb in Wirklichkeit schon, bevor der Großteil der in *Richard III* dramatisierten Ereignisse stattfand. Andere Quellen wie *A Mirror for Magistrates* und das anonyme Drama *The True Tragedy of Richard the Third* (1590?) sind von geringerer Bedeutung, da sie nur für einige Details herangezogen wurden. Die neuere Forschung erwies, daß die Chronisten des 16. Jahrhunderts allzusehr der populären Vorstellung von RICHARD als dem Erzfeind der Tudordynastie verpflichtet waren. Eine genaue Erforschung der Geschichtsquellen führte zu einem wesentlich positiveren Bild RICHARDS (KENDALL).

cc) Zur Analyse und Deutung

Richard III schließt die York-Tetralogie ab und dramatisiert zugleich die letzte Station auf dem von Bürgerkriegen beherrschten Leidensweg des Landes vor dem Anbruch der segensreichen Tudordynastie. Der historische Stellenwert des Stücks wird besonders in der Schlußrede Richmonds betont (V, v), wo die Union der weißen und der roten Rose das Ende des Chaos ankündigt und England langdauernden Frieden verheißt. Vor dem Hintergrund des Geschichtsbildes der Elisabethaner, die die politischen Unruhen von Richard II. bis hin zum ersten Tudormonarchen als göttliches Strafgericht interpretierten, mußte Richard als gottgewollte Geißel erscheinen, die zur Bestrafung Englands gesandt ist. Mit Ausnahme der jungen Prinzen sind alle Opfer Richards selbst schuldig, sind sich dessen bewußt und erkennen die Gerechtigkeit ihrer Bestrafung. Daß ausgerechnet der Erzschurke Richard diesen Gerechtigkeitsakt vornimmt, macht die dem ganzen Stück zugrundeliegende Ironie aus. Denn Richards Thronbesteigung versinnbildlicht den Höhepunkt des politischen Chaos und der pervertierten Ordnung.

Christliche Vorsehung, die Richard zum Instrument göttlicher Sühne für ein schuldig gewordenes Land werden läßt, und die Nemesis, die wie in der antiken Tragödie die Figuren des Stücks in einen vorgezeichneten Kreislauf von Schuld und Sühne stellt, dem sie nicht entrinnen können, bestimmen gleichermaßen den Handlungsablauf. Bis zum IV. Akt zeichnet eine Reihe von Einzelschicksalen das Walten der Nemesis nach, so daß sich eine geschickt verzahnte Kette von Einzelhandlungen ergibt. Das Muster der verschiedenen Rache- und Sühnehandlungen dient in *Richard III* als Folie, auf deren Hintergrund sich die Gestalt Richards umso deutlicher abhebt. Eine kumulative, allzu mechanistische Wirkung der einzelnen de-casibus-Fälle wird dadurch vermieden, daß alle diese Handlungsfäden ihren entscheidenden Impetus von Richard erhalten.

Die Grundstruktur der Rachetragödie, wie sie schon vor Shakespeare etwa in Kyds *Spanish Tragedy* und in Marlowes *Jew of Malta* verwendet wurde und auch in *Richard III* weiterwirkt, wird durch den christlichen Schicksalsglauben und die Umgestaltung der Rächerfigur entscheidend erweitert. Richmond ist nicht als »realer« Gegenspieler Richards konzipiert, sondern als Verkörperung des Guten, als Bote Gottes, der in seinem Auftrag die Bestrafung Richards vollzieht.

Die Gestalt Richards weist ähnlich wie die Falstaffs einen ausgedehnten literarischen Stammbaum auf. In ihm wirkt der rücksichtslos mordende Tyrann weiter, der in den Rachetragödien des 16. Jahrhunderts erscheint, sowohl in der akademischen Tradition der Seneca-Stücke wie auch im Volksdrama (z. B. *Cambyses*). Die drastischen Bühneneffekte, die in dieser Dramenform dem Publikumsgeschmack besonders entgegenkamen, sind in *Richard III* weitgehend von der Bühne verbannt und erscheinen nur noch in abgemilderter Form u. a. in dem Gespräch der Mörder (I, iv) und in Tyrrels Bericht von der Ermordung der Prinzen (IV, iii). Richards Grausamkeit äußert sich nicht in handgreiflichen, blutigen Taten auf der Bühne, sondern in der fein abgestuften Ironie und den subtilen Sarkasmen, mit denen er seine Handlungen kommentiert. Auch der machiavellistische Held, so wie er aus der Staatslehre Machiavels in der von Gentillet verfälschten Form in England vor allem im Drama

Verbreitung fand, hat für Richards Zynismus, für seine kluge
Berechnung im Ränkespiel und seine heuchlerische Art Pate gestanden. Der Haupteinfluß dürfte jedoch von der »Vice«-Figur
der mittelalterlichen Moralitäten ausgehen, von jener personifizierten Bosheit, die anstelle des ursprünglich leibhaftig aufge-
tretenen Teufels mit ihren Opfern ein diabolisches Spiel der
Täuschung und Verstellung trieb und dramaturgischer Motor
der Handlung war. Der Zuschauer befindet sich bei der Rezeption der Figur Richards in einem eigenartigen Spannungsverhältnis von Faszination und Abscheu. Mit überdurchschnittlicher
Intelligenz und grausamer Ironie spielt Richard nicht eine, sondern viele Rollen: je nach Bedarf ist er werbender Liebhaber,
witziger Onkel, der Religion ergebener Gelehrter, überzeugter
Puritaner. Er kontrolliert die Handlungen aller übrigen Personen,
die meist zu spät erst zu der Erkenntnis kommen, daß sie als
Handwerkzeug Richards ausgenutzt wurden. Der Zuschauer
kann diesen ständigen Wechsel von Sein und Schein ohne Mühe
verfolgen, da ihm Richard selbst durch seine ständigen ironischen Kommentare (meist in »asides«) und ausführlichen Pla-
nungsmonologe Hilfestellung leistet. Er steht als einziger in einem
Kontaktverhältnis zum Publikum – einer Art ironischer Kompli-
zenschaft – und lenkt damit das Hauptinteresse des Publikums auf
sich. Eine emotionelle Identifikation des Zuschauers mit dem
Schicksal Richards, wie sie sich etwa im Falle des tragischen
Helden Macbeth vollzieht, ist jedoch nicht gegeben. Der Eingangsmonolog entwirft ein Bild Richards, das bis über den IV.
Akt hinaus bestimmend sein wird: Richard charakterisiert sich
von außen her (er akzentuiert besonders seine Mißgestalt), er ist
ganz berechnender Verstand. Erst in V, iii, 178 ff. vollzieht sich
eine Bewegung von außen nach innen, von der distanziert be-
rechnenden Betrachtungsweise zur angstvollen Beschäftigung
mit dem eigenen Ich. Ein Vergleich mit der Absetzungsszene in
Richard II (IV, i), wo auch Richard II. die Frage nach seiner eigenen Identität stellt, zeigt, daß Richard II. emotionell seine Person
und sein Amt (versinnbildlicht durch die Krone) ganz ineins setzt
und daher den Verlust des Amtes als tragischen Verlust seiner
Identität wertet, während Richard III. die Königswürde mit
keinem Wort erwähnt, sondern seine Gedanken ständig um

seinen Charakter als »villain« kreisen läßt. Das Königtum als Wertvorstellung, das die Thematik in *Richard II* bestimmt und in der Person Richards Ansätze einer echten Tragik ermöglicht, erscheint in *Richard III* nicht. Vielmehr steht dort das Machtstreben eines Schurken im Vordergrund, dessen Handeln allerdings durch seine Situierung in einem historischen Kontext auf die Geschichte zurückwirkt. Während fast alle Opfer und v. a. die chorischen Figuren nach jeder Missetat Richards den Bezug zur Geschichte Englands herstellen, reflektiert Richard selbst nicht über die staatspolitische Dimension seines Tuns.

Eines der wichtigsten Strukturmerkmale des Stücks ist die kunstvolle Stilisierung, die sich in der Symmetrie der Szenen bis hin zu Wortwiederholungen und der streng funktional eingesetzten Rhetorik (Überredungsschauspiel I, ii) beobachten läßt. Die mechanische Notwendigkeit, mit der die Ereignisse abrollen, wird verdeutlicht in der Wiederholbarkeit der Situationen (z.B. der beiden Werbungsszenen in I, ii und IV, iv), in der symmetrischen Anordnung einzelner Szenenglieder (z.B. der genau parallelen Geistererscheinungen und der beiden Ansprachen an die Soldaten in V, iii) und in den langen chorischen Redepartien (z. B. den Klagereden der Frauen in IV, iv). In der Anhäufung von geschichtlichem Detailwissen, wie es die klagende Margaret vorbringt (IV, iv, 40 ff.), liegt der Effekt nicht auf dem Einzelschicksal, sondern auf dem übergreifenden kosmischen System, in dem Individuen ihre Selbständigkeit und Identität verlieren und als Puppen in einem großen Welttheater erscheinen (darauf deutet auch die Theatermetaphorik, die Margaret wenige Zeilen später verwendet, IV, iv, 83 ff.)

Margaret kommt im Hinblick auf die Determiniertheit des Geschichtsablaufs besondere Bedeutung zu. Als chorische Figur scheint sie mehr noch als Richmond der dramatischen Realität enthoben zu sein und gibt den Ereignissen des Dramas mit ihren Flüchen, Verwünschungen und Warnungen eine übergeordnete Sinnstruktur. Indem sie sowohl die historische Vergangenheit mit in das Drama einbezieht als auch auf die Zukunft in Form von Propheizeiungen vorausweist, tritt sie gleichsam als verkörperte Geschichtlichkeit auf.

Die Sprache unterstützt konsequent die Isolation Richards von den übrigen Personen und seine überragende Stellung im Drama. Richard kann als einziger durchgehend aus der hochstilisierten Rhetorik in derbere Kolloquialismen ausbrechen. Die Flexibilität einer privaten, trocken-ironischen Sprache (vor allem in den »aside«-Kommentaren) und einer »öffentlichen«, meist kunstvoll rhetorischen Sprache spiegelt die Dualität seiner wirklichen Intentionen und sein Rollenspiel wider. Richards Charakterzeichnung wird durch die ausgeprägte Tiermetaphorik (v. a. »dog«, »boar«, »swine«, »toad«) und leitmotivische Wörter wie »devil«, »hell«, »blood«, verstärkt.

Eine Reihe von Leitmotiven trägt zur geschickten Verknüpfung der einzelnen Handlungsfäden bei. Die Motive der Schuld und des Gewissens beherrschen Clarences Traum, durchziehen Hastings, Buckinghams und später auch Richards Reden und erscheinen grotesk verzerrt im Dialog der Mörder von Clarence und in Tyrrels Bericht. Flüche, Prophezeiungen, Träume, Vorahnungen, Rückblicke und Richards ironische Kommentare durchziehen das ganze Drama als leitmotivische Sprachgesten.

dd) Wirkungsgeschichte

Die dämonisch-faszinierende Titelgestalt hat bis heute ihre Wirkung auf das Publikum und ihre Anziehungskraft für die Schauspieler nicht verloren. Seit R. BURBAGE, der die Rolle Richards zum erstenmal gestaltete, haben fast alle namhaften englischen Schauspieler, u. a. D. GARRICK (1741), J. P. KEMBLE (1783), C. KEAN (1837), B. HOLLOWAY (1923), L. OLIVIER (1944), in diesem Part große Erfolge gefeiert. Allerdings hat die Adaption von C. CIBBER (1700), der den Personenstand drastisch reduzierte (u. a. fehlen Clarence, Margaret, Hastings) und nur 800 Verse aus Shakespeares Original beibehielt, den authentischen Text über 150 Jahre aus dem Theater verdrängt. Erste entschlossene Versuche, die originale Fassung wieder auf die Bühne zu bringen, unternahmen W. C. MACREADY (1821) und S. PHELPS (1845), scheiterten jedoch am Publikum, das offensichtlich CIBBERS Collage bühnenwirksamer fand. H. IRVING gelang es schließlich, CIBBERS Bearbeitung durch den Shakespeare-Text, allerdings wieder nicht unerheblich gekürzt, zu ersetzen (1877). CIBBERS Text scheint auch im 20. Jahrhundert noch Anziehungskraft zu besitzen, wie die Filmversion von L. OLIVIER (1955) beweist (Margarets Part ist gestrichen).

In Deutschland taucht das Stück schon bei den deutschen Wandertruppen um 1680 (bei Magister VELTEN) auf. C.F. WEISSE arbeitete es zu einer Alexandrinertragödie um (1759), die sich bis zum Ende des Jahrhunderts auf den deutschen Bühnen behauptete und von LESSING in der *Hamburgischen Dramaturgie* besprochen wird. Seitdem L. DEVRIENT in der Titelrolle brillierte (1828), wurde *Richard III* auch in Deutschland zum schauspielerischen Virtuosenstück. Die zweite Hälfte des 19. Jahrhunderts verwirklichte die eine der beiden extremen Deutungsmöglichkeiten: Das Stück wird zur pathologischen Studie, in der der Machttrieb als Kompensation der menschlichen Isolierung dargestellt wird. Richards Mißgestalt wird nicht mehr sinnbildlich als Merkmal des Vice-Typus, sondern psychologisch, als Tatimpuls, gedeutet. Später tendierte man zu der anderen Möglichkeit, *Richard III* als politisches Zeitstück zu interpretieren, das den Rechtsverfall und die Manipulierbarkeit der staatlichen Ordnungen zeigt. L. JESSNER versuchte 1920 in Berlin (F. KORTNER als Richard) mit stilisierten Requisiten (»Treppe«) und ausgeprägter Farbsymbolik (schwarz, rot, weiß) einen Mittelweg zu beschreiten, indem Richard als Träger des Bösen erscheint, das losgelöst vom historischen Kontext und dem »Charakter« Richards vorhanden ist. Die Treppe symbolisiert Aufstieg und Sturz des Tyrannen in einem ewig sich wiederholenden Kreislauf der Geschichte (vgl. J. KOTT). J. FEHLINGS Inszenierung (Berlin, 1937 mit W. KRAUSS als Richard), deren politische Nebenbedeutung (Richard – Hitler) umstritten war, charakterisiert unromantische Sachlichkeit. Da Richmond für den modernen Zuschauer als Knecht Gottes im Sinne des Tudor-Mythos kaum noch akzeptabel erscheint, wird er hier in eine utopische Sphäre gehoben (am Schluß erklingt ein Te Deum). In F. KORTNERS Inszenierung (München, 1963), die Erinnerungen an die Hitlerkatastrophe wachruft, geschieht das Furchtbare beiläufig, wie alltäglich. Die Schlacht, in deutliche Parallele zum Krönungsbild gesetzt, wird makaber ausgespielt. P. PALITZSCH (Stuttgart, 1968) ironisiert eine gewissenlos mordende Feudalwelt, in der Richmond nicht unbescholtener Gottesbote, sondern ebenso wie Richard Vertreter einer Ideologie ist. RONCONI (Turin, 1968) verwandelt den Tyrannen in einen elektronisch gesteuerten Massenmörder, der weder moralisch noch faktisch für seine Taten verantwortlich zu machen ist. C. DULLIN (1933) führt durch große schauspielerische Leistung und symbolistische Raumgestaltung *Richard III* in Frankreich ein. Richards dramatische Doppelexistenz als historische Gestalt und als Spielmeister betonen die Inszenierungen von M. WEKWERTH (Ostberlin 1972, Zürich 1974) und von H. HOLLMANN (Hamburg 1973).

R.G. MOULTON, *Sh as a Dramatic Artist*, Oxford, 1888. – A.I.P. WOOD, *The Stage History of Sh.'s King Richard III*, New York, 1909. – P. ALEXANDER, *Sh.'s Henry VI and Richard III*, Cambridge, 1929. – D.L. PATRICK, *The Textual History of Richard III*, Stanford, 1936. – A.P. ROSSITER, »The Structure of *Richard III*«, *DUJ*, 31 (1938). – R.A. LAW, »*Richard III*: A Study in Sh.'s Composition«, *PMLA*, 60 (1945). – F.M. SMITH, »The Relation of *Macbeth* to *Richard III*«, *PMLA*, 60 (1945). – W.A. ARMSTRONG, »The Elizabethan Conception of the Tyrant«, *RES*, 22 (1946). – N. BALCHIN, »The Villain as Tyrant: King *Richard III*«, in: *The Anatomy of Villany*, London, 1950. – J.D. WILSON, Introduction«, *Richard III*, New Cambridge Sh., Cambridge, 1954. – P.M. KENDALL, *Richard the Third*, New York, 1955. – J.K. WALTON, *The Copy for the Folio Text of Richard III*, Auckland, 1955. – W.H. CLEMEN, *Kommentar zu Sh.s Richard III*, Göttingen, 1957. – W. CLEMEN, »Essay zum Verständnis des Werkes«, in: *Richard III*, Rowohlts Klassiker, Hamburg, 1958. – B. SPIVACK, *Sh. and the Allegory of Evil*, New York, 1958. – A.P. ROSSITER, »Angel with Horns: The Unity of *Richard III*«, in: *Angel with Horns*, London, 1961. – C.N. COE, *Demi-Devils: The Character of Sh.'s Villains*, New York, 1963. – H. OPPEL, *Sh.: Studien zum Werk und zur Welt des Dichters*, Heidelberg, 1963. – C.V. BOYER, *The Villain as Hero in Elizabethan Tragedy*, New York, 1963. – R.B. HEILMAN, »Satiety and Conscience: Aspects of *Richard III*«, *AR*, 24 (1964). – K. SMITH, *Injurious Impostors and Richard III*, Oslo, 1964. – N. BROOKE, »Reflecting Gems and Dead Bones. Tragedy versus History in *Richard III*«, *CritQ*, 7 (1965). – E.A.J. HONIGMANN, »The Text of *Richard III*«, *ThR*, 7 (1965). – W. CLEMEN, »Past and Future in Sh.'s Drama«, *PBA*, 52 (1966). – J.W.R. WHITE, *Sh.'s Richard III: An Interpretation for Students*, Sydney, 1966. – P. HAEFFNER, *A Critical Commentary on Sh.'s Richard III*, London, 1966. – R. BERMAN, »Anarchy and Order in *Richard III* and *King John*«, *ShS*, 20 (1967). – J. STRAUSS, »Determined to prove a Villain: Character, Action and Irony in *Richard III*«, *Komos*, 1 (1967/8). – A.L. FRENCH, »The World of *Richard III*«, *ShakS*, 4 (1968). – F. FAURÉ, »Langage religieux et langage pétrarquiste dans *Richard III* de Sh.«, *EA*, 23 (1970). – *Notes on Sh.'s King Richard III*, London, 1970 (Study-Aid-Series). – K. SMIDT, *Memorial Transmission and Quarto Copy in Richard III*, Oslo, 1970. – W.F. McNEIR, »The Masks of Richard the Third«, *SEL*, 11 (1971). – R.P. WHEELER, »History, Character and Conscience in *Richard III*«, *CD*, 5 (1971/72). – P. SAHEL, »Les voies des hommes dans *Richard III*«, *EA*, 25 (1972). – A.L. BIRNEY, »The Satiric Curser against Richard III«, in: *Satiric Catharsis in Sh.*, Berkeley, 1973. – A. GURR, »*Richard III* and the Democratic Process«, *EIC*, 24 (1974). – R.G. HUNTER, »*Richard III*«, in: *Sh. and the Mystery of God's Judgments*, Athens, Georgia, 1976.

d) *King John (König Johann)*

aa) *Datierung und Text*

Der einzige autoritative Text des Dramas erschien in der ersten Folioausgabe (1623), wo er unter dem Titel *The Life and Death of King John* am Anfang der Historiengruppe steht. F1 leitet sich wahrscheinlich vom Autorenmanuskript her.

King John ist in F. MERES' Liste von Shakespearestücken in *Palladis Tamia* (1598) enthalten und demnach sicher vor diesem Datum entstanden. Mit dem Argument, daß das anonyme Stück *The Troublesome Reign of John, King of England* (1591 in zwei Teilen gedruckt) ein erweitertes »bad quarto« von Shakespeares *King John* sei, datieren einige Kritiker (P. ALEXANDER, E. A. J. HONIGMANN) das Drama auf 1590 zurück. Doch im allgemeinen werden als Abfassungszeit die Jahre 1594–1597 angesetzt, und die offensichtliche Verwandtschaft der beiden Dramen wird damit erklärt, daß umgekehrt Shakespeare *The Troublesome Reign* als Quellenstück benützt habe.

bb) *Vorlagen*

King John wurde von den Geschichtsschreibern der Tudorzeit als Vorkämpfer für die Unabhängigkeit Englands von der römischen Kirche gezeichnet. Es ließen sich Parallelen ziehen zwischen seinem Abfall von Rom und der englischen Reformation. Sein Tod – er wurde von einem Mönch vergiftet – galt als Zeichen eines zeitweiligen Triumphs der Papisten, von deren unheilvollem Einfluß die Tudorherrscher das Land endgültig befreit hatten. Elemente dieser Tradition finden sich sowohl in *The Troublesome Reign* wie auch in HOLINSHEDS *Chronicles* (1587), die Shakespeare vermutlich neben jenem Drama als Quelle benützt hat. Beide Werke sehen zudem John als Herrscher, der auf das Staatswohl bedacht war und die zerstrittenen Adligen zu einigen verstand.

Shakespeare übernahm einige positive Züge dieses King John-Bildes, jedoch erscheint er bei ihm nicht mehr zum – vorzeitigen – protestantischen Helden und Martyrer idealisiert. Abweichend von den Vorlagen, die beide Thronansprüche begründen, stellt er John eindeutig als Usurpator dar, der den rechtmäßigen Erben

Arthur vom Thron fernhält. Er vermeidet so den groben
Schwarz-Weiß-Kontrast Rom-England, die krasse antikatho-
lische Tendenz, bestätigt aber umso geschickter antikatholisches
Gefühl: es ist nur ein illegitimer englischer Herrscher gewesen,
der seine Krone aus der Hand der päpstlichen Legaten empfangen
hat. Im Handlungsablauf weist *King John* weitgehende Ähnlichkeit mit *The Troublesome Reign* auf; es umfaßt wie jenes Stück die
gesamte Regierungszeit Johns. Dabei geht Faktentreue im geschichtlichen Detail einher mit freizügigen Variationen und
Ergänzungen in wichtigen Punkten. In IV, ii werden widrige
Ereignisse aus der ganzen Regierungszeit zusammengezogen, um
die Wendung in Johns Schicksal akzenthaft zu verdeutlichen; die
Figur des Bastard ist, wenn auch verschiedene historische und
legendäre Gestalten Anregungen gegeben haben mögen, eine
Schöpfung Shakespeares; Akt I, der King John in königlicher
Richterrolle und Philip Faulconbridge in persönlicher Entschei-
dungssituation herausstellt, ist durchaus unhistorisch. Es scheint,
daß solche Änderungen der Vorlagen in der Absicht einer besonderen thematischen Struktur für *King John* motiviert sind.

cc) *Analyse und Deutung*

Der Titel des Folio fordert dazu auf, das Drama als Lebensgeschichte Johns zu sehen, als die im mittelalterlichen Sinn tragische
Darstellung seines Aufstiegs und Falls. Zunächst im pragmatisch-
politischen Handeln erfolgreich, erreicht John mit dem Befehl
des Kindermords – Symbol des absolut Bösen – den Wendepunkt
seiner Schicksalskurve (III, iii). In der Abwärtsbewegung geht
politisches Unglück einher mit einer zunehmenden inneren Zerrüttung des Königs, in welcher der Tod durch das Gift nur als
letzte, physische Bestätigung erscheint.

Das Leben von King John ist jedoch in einem umfassenderen
thematischen Bezugsrahmen eingegliedert. Neben ihm, dem
tatsächlichen Herrscher, tritt zunächst Arthur auf, der Herrscher
de jure. In dieser Gegenüberstellung eines glückhaften Usurpators mit einem schwachen, leicht negativ beeinflußbaren Thron-
erben zeichnet sich ab, daß das staatstheoretisch eindeutig Richtige nicht in ebensolcher Eindeutigkeit das pragmatisch-politisch
Günstige sein muß. Im Verlauf des Dramas dann wird King

John, dem die Herrscherfähigkeit allmählich entgleitet, mit dem Bastard die Person an die Seite gestellt, die herrscherliche Qualitäten in hohem Maße entfaltet. Der Bastard übernimmt die Führungsrolle, derer John nicht mehr mächtig ist, nicht jedoch – wie Bolingbroke in *Richard II* – in einem Akt der Usurpation, sondern in einem Akt der Unterstützung: »he becomes the healthy substance of the corrupt shadow which is King John« (J. M. Murry). Mit dem abschließenden Verzicht auf die Krone zugunsten des jungen Prince Henry setzt er eine deutliche Kontrastgeste zum Verhalten Johns Arthur gegenüber.

Der Bastard, der im ersten Teil vornehmlich als Kommentatorfigur, mit komischen Zügen ausgestattet, erscheint, bewegt sich im Verlauf des Stücks immer mehr auf das Handlungszentrum und auf den moralischen Kernbereich des Dramas zu. Seine »commodity«-Rede (II, i, 561 ff.) zeigt, daß er – ähnlich wie Prince Hal – den pragmatischen Bereich, die Gegenwelt zum idealistischen Streben nach »honour«, aus Erfahrung realistisch zu bewerten versteht. Er selbst aber bietet die einzige positive moralische Alternative in einem Geschehen, das von prinzipienlosem, eng eigennützigem Handeln bestimmt wird, und entwickelt sich zur Kontrastfigur zum päpstlichen Legaten Kardinal Pandulph, dem Hauptvertreter und Verführungsinstrument der »commodity«. Nicht wie sonst üblich dem neuen Herrscher, sondern Faulconbridge werden die Schlußworte des Dramas in den Mund gelegt, der warnende, doch hoffnungsvolle Ausblick auf die Zukunft – eine Auszeichnung, die ihn gleichzeitig wieder in seine anfängliche Kommentatorrolle zurücktreten läßt.

In debattenhaften Auseinandersetzungen, vor allem in den Staatsszenen, findet immer wieder eine explizite Gegenüberstellung der um Loyalität einerseits und um »commodity« andererseits zentrierenden Wertbereiche statt. Solche Szenen mit intellektuellem Charakter werden jedoch theaterwirksam variiert durch andere, die vor allem an das Gefühl appellieren: die Szene, in der der kleine Arthur seinen zum Mord gedungenen Beschützer um sein Leben bittet in rührenden Überredungsversuchen, die durchsetzt sind von idyllischen Vignetten (41 ff.) und die brutal unterbrochen werden vom Auftritt der Mörder mit ihren Folterwerkzeugen (IV, i); der tragische Fluchtversuch des

Prinzen (IV, iii, 1–8); die großen Klagereden der Constance
(III, i und iv); die Sequenz der Schlachtszenen (V, ii–iv); die
Szene von Johns qualvollem Sterben (V, vii). Leitmotivische
Bilder von Hitze und Feuer, von Kälte und Tod, von Blut, berei-
ten solche szenischen Effekte vor und lassen sie weiter nach-
klingen.

dd) Wirkungsgeschichte

Einige Anhaltspunkte, etwa die Tatsache, daß man versuchte,
The Troublesome Reign als *King John* zu verkaufen, weisen auf die
Beliebtheit des Stücks zu Shakespeares Lebzeiten hin. Die früheste belegte Aufführung fand 1737 in Covent Garden statt.
Einige Jahre zuvor hatte C. CIBBER eine Adaption des Stücks,
betitelt *Papal Tyranny in the Reign of King John*, verfaßt, welche,
auf *The Troublesome Reign* zurückgreifend, die antikatholischen
Elemente des Stoffs erneut ins Zentrum stellte. Erst 1745, als sie
aus Anlaß eines drohenden Jakobiteraufstands beondere Aktualität gewonnen hatte, gelangte diese Version in Covent Garden
zur Aufführung; sie wurde jedoch bald verdrängt durch eine
neue Inszenierung des Originals, die D. GARRICK noch in der
gleichen Woche in Drury Lane herausbrachte. Die Zeit des poli-
tisierten Restorations-Shakespeare war vorüber. 1825 wagte
C. KEMBLE mit der künstlerischen Unterstützung von J.R.
PLANCHE mit *King John* das erste der historisierenden Ausstat-
tungsstücke, welche den Aufführungsstil der nächsten Jahrzehnte
bestimmen sollten. C. KEANS Inszenierung 1852 war einer der
Höhepunkte in dieser Entwicklung. Einen eigenen politischen
Akzent setzte H. Beerbohm TREE 1899 in seiner *King John*-Auf-
führung, indem er als »dumb show« eine Magna Charta-Szene
einfügte.

Auf der deutschen Bühne gehört *King John* zu den seltener ge-
spielten Shakespeare-Stücken. Erstmals wurde das Drama von
GOETHE 1791, nach dem Text von ESCHENBURG, an der Weimarer
Hofbühne aufgeführt; 1805 ließ er eine zweite Inszenierung des
Stücks, diesmal nach der Übersetzung SCHLEGELS, folgen. Im
Zusammenhang mit dem in jüngster Zeit neu erwachten Inter-
esse für die Historien steht F. DÜRRENMATTS Bearbeitung für
Basel (1968), welche, stark in die Handlungsstruktur des Origi-

nals eingreifend, Shakespeares Konzeption in Richtung auf eine
Groteske feudalistischer Machtpolitik abändert.

J.D. WILSON, »Introduction«, *King John*, New Cambridge Sh., Cambridge,
1939. – A. BONJOUR, »The Road to Swinstead Abbey: A Study of the Sense
and Structure of *King John*«, *ELH*, 18 (1951). – E.C. PETTET, »Hot Irons and
Fever: A Note on Some Imagery of *King John*«, *EIC*, 4 (1954). – E.A.J. HONIG-
MANN, »Introduction«, *King John*, New Arden Sh., London, 1954. – R.A. LAW,
»On the Date of *King John*«, *SP*, 54 (1957). – J.L. CALDERWOOD, »Commodity
and Honour in *King John*«, *UTQ*, 29 (1960). – J.R. ELLIOTT, »Sh. and the Double
Image of King John«, *ShakS*, 1 (1965). – W.H. MATCHETT, »Introduction«,
The Life and Death of King John, Signet Classic Sh., New York, 1966. – S. BURCK-
HARDT, »*King John*: The Ordering of this Present Time«, *ELH*, 33 (1966). –
A. SCHLÖSSER, »Sh.s *King John* als geschichtliche Lektion«, *ZAA*, 14 (1966). –
R. BERMAN, »Anarchy and Order in *Richard III* and *King John*«, *ShS*, 20 (1967).
– G. BOKLUND, »The Troublesome Ending of *King John*«, *SN*, 40 (1968). –
J. L. SIMMONS, »Sh.'s *King John* and Its Source: Coherence, Pattern, and Vision«,
TSE, 17 (1969). – R. STAMM, »*King John – König Johann*: Vom Historienspiel
zur politischen Moralität«, *SJ West* (1970). – J. R. PRICE, »*King John* and Pro-
blematic Art«, *SQ*, 21 (1970). –¹ R. STROUD, »The Bastard to the Time in
King John«, *CD*, 6 (1972). – R. WEIMANN, »Vice-Tradition und Renaissance-
Gestalt in *King John*«, *SJ Ost*, 108 (1972).

e) King Richard the Second (König Richard der Zweite)

aa) Text und Datierung

Insgesamt existieren fünf Quartoausgaben des Stücks vor der
ersten Folioausgabe von 1623, deren Text mit dem Titel *The
Life and Death of King Richard the Second* auf Q₃ und Q₅ beruht
und offensichtlich mit Hilfe eines Theatermanuskripts ergänzt
und verbessert wurde. Q₁ erschien 1597 unter dem Titel *The
Tragedie of King Richard the second* und enthält einen guten Text
(ohne die Abdankungsszene IV, i), der wahrscheinlich auf ein
von Shakespeare selbst stammendes Manuskript zurückgeht.
Weitere Quartoausgaben folgten 1598 (zweimal), 1608, hier zum
erstenmal mit der Abdankungsszene, und 1615. Die Gründe für
die Auslassung der Abdankungsszene sind in der politischen
Situation zur Regierungszeit von ELISABETH I. zu suchen. Obwohl diese Szene vermutlich immer gespielt wurde, erschien sie
erst unter JAKOB I. im Druck, da die Absetzung eines englischen
Herrschers zur Zeit ELISABETHS, die sich selbst mit Richard verglich, als ein für die Öffentlichkeit zu gefährliches Thema galt.
Als frühestes gesichertes Datum für die Fertigstellung von
Richard II gilt der Eintrag in das Stationers' Register am 29.
August 1597. Als Entstehungsdatum kann auf Grund von Text-
vergleichen mit einiger Sicherheit das Jahr 1595 angesetzt werden.

bb) Vorlagen

Als Quelle für die politischen Ereignisse in *Richard II* diente Shakespeare hauptsächlich HOLINSHEDS *Chronicles of England, Scotland and Ireland* in der Ausgabe von 1587. Als zweite Hauptquelle kommt DANIELS Versepos *The First Fowre Bookes of the Civile Wars Between the Two Houses of Lancaster and Yorke* (1595) in Betracht, das Shakespeare offensichtlich vor allem für Teile des V. Akts heranzog. Es ist umstritten, inwieweit andere Werke wie etwa das anonyme Drama *Woodstock*, der weithin bekannte Fürstenspiegel *The Mirror for Magistrates* und FROISSARTS *Chronicle* (in der englischen Übersetzung von BERNERS 1523–25) als unmittelbare Vorlagen gelten können.

Zahlreiche Abweichungen vom Quellenmaterial in Form von Auslassungen, Zusätzen, Zeitraffungen (vor allem im II. Akt) und Umstellungen in der Chronologie der Ereignisse zwischen 1398 und 1400 zeugen von Shakespeares freier Handhabung des tradierten Materials. John of Gaunt ist bei Shakespeare wesentlich älter und – ganz unhistorisch – leidenschaftlicher Patriot und großer Prophet. Auch die Königin, in Wirklichkeit erst 11 jährig, erscheint als reife Frau und wird zur unverdient mitleidenden Gattin, zum unschuldigen Opfer der politischen Ereignisse. Die allegorische Gartenszene und das Ritual der Abdankung Richards in Bolingbrokes Anwesenheit sind eigenständige Schöpfungen Shakespeares. Der Unterschied zwischen Richard und Bolingbroke ist bei Shakespeare durch den Altersunterschied hervorgehoben, während beide in der Quelle fast gleichaltrig waren. Insgesamt zielen die Veränderungen auf äußerste Konzentration und Sparsamkeit in der Darstellung der historischen Ereignisse zugunsten einer verstärkten Charakterzeichnung und Enthüllung von Motivationen.

cc) Zur Analyse und Deutung

Mit *Richard II*, der die Lancaster-Tetralogie einleitet, steht im Gegensatz zu *Henry VI* die Titelfigur des Stücks zugleich im Mittelpunkt des dramatischen Geschehens. Die Handlung beschreibt, wie – in einer Umdrehung des Rades der Fortuna – Richard von der Höhe der politischen Macht in die Tiefe der politischen Ohnmacht stürzt und Bolingbroke gleichzeitig vom entrechteten Untertan des Königs zum Herrscher des Landes aufsteigt. Umgekehrt symmetrisch zu diesem Schema verlaufen die zwei sich kreuzenden Sympathiekurven Richards und Bolingbrokes: Wird von Richard zunächst ein sehr negatives Bild entworfen, während Bolingbroke durch seine Enterbung die Sympathien auf seiner Seite weiß, so büßt dieser durch die Machtübernahme seine Sympathien ein, während Richard im Leiden starkes Mitgefühl erweckt. In rhythmischem Wechsel von langen und kurzen Szenen, von zeremoniellen Staatsszenen und privateren Szenen frei von rhetorischem Gepränge, von nüchtern kraftvollem Stil und metaphernreicher Sprache wird die Problematik der Unabsetzbarkeit des Königs einerseits und seiner Unfähigkeit andererseits von verschiedenen Seiten her beleuchtet. Auf die Schuld, die Bolingbroke durch seine Usurpation auf sich und seine Erben lädt, und auf die verheerenden Folgen für den Staat wird mehrmals in Form von Prophezeiungen und Vorahnungen explizit hingewiesen (III, ii, 53; IV, i, 134 ff. u. ö.).

Man würde der Intention des Dramas wohl kaum gerecht, wollte man es auf Grund der breit angelegten Historie auf seinen politisch-philosophischen Gehalt oder gar auf den politischen Konflikt zweier Rivalen reduzieren. Zu Recht ist *Richard II* nicht als politisches Lehrstück, sondern als Historie und Tragödie zugleich bezeichnet worden. Das auffallend komplexe Ineinandergreifen von historisch-politischem und privat-persönlichem Bereich verbietet eine eindeutige Zuordnung des Stücks zu einem gattungsgeschichtlich fixierten Dramentyp. Vielmehr wird Richards Schicksal ebensosehr von der historischen Situation, in die er sich gestellt sieht, besiegelt wie von seinen Charaktereigenschaften. Wichtige Stationen in der Persönlichkeitsentwicklung Richards fallen mit Höhepunkten in der politischen Entwicklung zusammen. So kommt Richard im großen Kerkermonolog (V, v) endgültig zu der Einsicht, daß die naive und passive Identifizierung seines Ich mit der Königswürde und seine politischen Fehlleistungen zu seinem Untergang führen mußten. Zugleich wird hier die historische Entwicklung zu ihrem notwendig vorgezeichneten Abschluß geführt: der abgesetzte König muß sterben, weil für ihn in der neuen Machtkonstellation kein Platz mehr ist. Richards Handeln oder besser Nicht-Handeln ist stets

bezogen auf die politische Situation des Landes: Historie und
Tragödie bedingen einander.

Richard erscheint als ein König, der anfangs seine politische
Rolle in hochstilisierten, rhetorischen Reden (I, i; I, iii) zu bewältigen sucht und im weiteren Verlauf das Auseinanderklaffen
von würdevollem Amt und eigenem Versagen mit der ständigen
Berufung auf die Rechtmäßigkeit der Thronfolge wettmachen
möchte. Indem er Gaunts Warnungen in den Wind schlägt (II, i)
und zudem bei Bolingbroke das Gesetz der Erbfolge mißachtet,
das ihm, Richard, allein den Anspruch auf den Thron sichert (explizit in Yorks Vorwurf in II, i, 198 f.), begeht er den entscheidenden realpolitischen Fehler. Die Vernachlässigung seiner Herr-
scherpflichten, allegorisch verdeutlicht in der Gartenszene (III,
iv), führt konsequenterweise zu seinem Sturz, der in zahlreichen
Andeutungen vorbereitet wird (zuletzt im Zerbrechen des Spiegels in IV, i, was von den Elisabethanern als Vorzeichen des
Todes gedeutet wurde). Zu einem Zeitpunkt, wo Bolingbroke
nur sein Recht auf das eingezogene Erbe fordert, beklagt Richard
bereits den Verlust seines Reiches und nimmt allzu früh eine neue
Rolle an: die des leidenden, passiven Helden. Die zunehmende
Verinnerlichung des Geschehens, die ausgedehnte Selbstreflexion
Richards mündet in die totale Handlungsunfähigkeit Richards,
die sich erst nach seiner Läuterung in einem plötzlichen Wutaus-
bruch löst (er schlägt den Gefängniswärter, V, v). Richard ist
nicht schon tragischer Held, weil er leidender Held ist, sondern
weil er ähnlich wie Lear zu spät und erst durch sein Leiden zur
Erkenntnis gelangt, seine späte Einsicht jedoch – infolge der
mittlerweile unaufhaltsam vollzogenen politischen Entwicklung
– mit dem Leben bezahlen muß.

Im Gegensatz zum politischen Fehlverhalten des rechtmäßigen
Herrschers steht das vorsichtig taktierende, aber entschlossene
Handeln des Usurpators. Bolingbroke meistert mit Tatkraft die
gleichen politischen Situationen (Zerschlagen des Komplotts in
V, iii), in denen Richard so kläglich versagte und dem Usurpator
die Macht ohne Gegenwehr überließ. Wenn auch Bolingbrokes
politisches Geschick seine widerrechtliche Machtübernahme keineswegs rechtfertigt, so wird hier durch diesen Gegensatz die
orthodoxe Staatslehre des »Tudor Myth« (vertreten v. a. in der

chorischen Figur Gaunts und in Carlisle) doch durch Bolingbrokes der Staatsräson verpflichtetes Handeln und Richards
Versagen zum echten Problem.

In Sprache und Stil hebt sich *Richard II* deutlich von den vorhergehenden Historien ab. Eine Fülle von assoziativen Bildreihen
einerseits und hochstilisierte Rhetorik andererseits erschaffen die
»Kunstwelt« dieses Dramas, das sich durch Ökonomie im historischen Detail und strenge Organisation auszeichnet. Die Bildbereiche des Schmerzes, der Krankheit, der Tränen, des Gartens
und der Sonne (als Symbol der Königswürde) durchziehen das
ganze Drama. Wortreiche pathetische Meditation und Reflexion
Richards kontrastieren mit der knappen, kühl rationalen Diktion
Bolingbrokes. So wird die Sprache hier bereits zu einem Medium
der Charakterisierung und weist auf die Sprachperfektion der
großen Tragödien voraus.

dd) Wirkungsgeschichte

Richard II schien Regisseuren und Schauspielern in England
lange Zeit zu sehr auf die lyrische Wirkung der Sprache ausgerichtet, zu »undramatisch«, als daß es auf der Bühne einen festen
Platz hätte erobern können. Noch das 19. Jahrhundert hatte
einen allzu engen Begriff von bühnenwirksamem Geschehen: es
forderte einen streng kausalen, bewegungsreichen Handlungsablauf, den das »Sprachdrama« *Richard II* nicht bieten konnte.
Erst gegen Ende des 19. Jahrhunderts führte eine Neubewertung
der dramatischen Funktion der Sprache zur Entdeckung dieses
Dramas für die Bühne. Seitdem wuchs die Popularität *Richards II*
im Theater, auch in Deutschland, bis in unsere Tage ständig.

Im 17. und beginnenden 18. Jahrhundert war das Stück nur
aus Adaptionen auf der Bühne bekannt, die das Gleichgewicht in
der Darstellung von Richards und Bolingbrokes Perspektiven
zerstörten. In N. TATES Bearbeitung (1681), die ebenso wie die
Aufführung von Shakespeares Original von der Zensur zeitweise
verboten wurde, wird der leidende Richard zu sehr in den Vordergrund gestellt, andererseits Bolingbroke einseitig als Intrigant
umgedeutet. L. THEOBALD (1719) behält nur die letzten drei Akte
des authentischen Textes bei und fügt eine sentimentale Liebesgeschichte ein. 1738 wird das Original für Aufführungen in

Covent Garden wieder aufgenommen. In diesem Jahrhundert wird das Stück erstmals in Deutschland von F.L. SCHRÖDER (1778 in Hamburg) aufgeführt. Das 19. Jahrhundert hat es verstanden, auch dieses Stück zu einer aufwendigen, pompösen Festaufführung zu verwandeln. In dem Bestreben, auch epische Passagen (Botenberichte usw.) dramatisch darzustellen, läßt C. KEAN (1857) den bei Shakespeare (V, ii) nur berichteten Einzug Bolingbrokes und Richards in London mit enormem Aufwand auf der Bühne abrollen.

Im 20. Jahrhundert, nachdem KAINZ (um 1900) in Deutschland Richard zum erstenmal als königlichen Schauspieler darstellte, war der Erfolg des Stücks oft mit großen darstellerischen Einzelleistungen verbunden, so die Interpretationen von J. GIELGUD (1937 im Queen's Theatre), D. WARNER (1964 unter P. HALL) und G. GRÜNDGENS (1939 unter der Regie J. FEHLINGS) der vor allem das sensible Schauspielertum Richards zum Ausdruck brachte. Die sprachliche Dimension des Stücks wird von J. VILAR (Avignon 1947, Paris 1953) in seiner Inszenierung, die prunkvolle, stilisierte Gewänder, aber kaum Requisiten verwendete, besonders akzentuiert. Das im Drama angelegte ausgewogene Verhältnis von Richards privat-persönlicher und öffentlich-politischer Sphäre ist bei C. PEYMANN (1969 in Braunschweig) ganz auf die private Perspektive reduziert: Auf einer ovalen Bühne, halb Arena, halb Gefängnis, wird Richard, von Anfang an irre, zwischen Temperamentsausbrüchen und Apathie schwankend, ganz isoliert von der »Gesellschaft« dargestellt.

M. DORAN, »Imagery in *Richard II* and *Henry IV*«, *MLR*, 37 (1942). – W.B.C. WATKINS, »The Two Techniques in *King Lear*«, *RES*, 18 (1942). – R.D. ALTICK, »Symphonic Imagery in *Richard II*«, *PMLA*, 62 (1947). – I. RIBNER, »Bolingbroke, A True Machiavellian«, *MLQ*, 9 (1948). – G. BONNARD, »The Actor in *Richard II*«, *SJ*, 87 (1952). – G. KIRCHNER, »Das historische und dichterische Bild Richards II«, *ZAA*, 1 (1953). – T. BOGARD, »Sh.'s Second Richard«, *PMLA*, 70 (1955). – J.A. BRYANT, »The linked Analogies of *Richard II*«, *SR*, 65 (1957). – M. QUINN, »The King is not himself«: The Personal Tragedy of Richard II«, *SP*, 56 (1959). – E. IONESCO, »Ganz einfache Gedanken über *Richard II*«, in: *Die Nashörner, Erzählungen Manifeste*, Zürich, 1960. – »A Little More than a Little«, *SQ*, 11 (1960). – F.D. HAINES, »The Tragedy of John of Gaunt«, in: *Ashland Studies for Sh., 1961*, M. Bailey, ed., Ashland, Oregon, 1961. – R.F. HILL, »Dramatic Technique and Interpretation in *Richard II*«, in: *Early Sh.*, Stratford-upon-Avon Studies 3, London, 1961. – H.F. HUTCHINSON, »Sh. and Richard II«, *History Today*, 11 (1961). – A.P. ROSSITER, »*Richard II*«, in: *Angel with Horns*, London, 1961. – P.G. PHIALAS, »*Richard II* and Sh.'s Tragic Mode«, *TSLL*, 5 (1963). – W.L. HALSTEAD, »Artifice and Artistry in *Richard II* and *Othello*«, in: *Sweet Smoke of Rhetoric*, eds. N.G. Lawrence, J.A. Reynolds, Coral Gables, Flor., 1964. – D.C. HOCKEY, »A World of Rhetoric in *Richard II*«, *SQ*, 15 (1964). – D.H. REIMAN, »Appearance, Reality, and Moral Order in *Richard II*«, *MLQ*, 25 (1964). – J.R. ELLIOTT, »*Richard II* and the Medieval«, *RenP* (1965). – H. MORRIS, *King Richard II*, Oxford, 1966. – P. URE, »Introduction«, *King Richard II*, New Arden Sh., London, 1966. – T. FINKENSTAEDT, »Der Garten des Königs. Wandlungen des Paradiesischen und Utopischen, Studien zum Bild eines Ideals«, in: *Probleme der Kunstwissenschaft*, 2 (1966). – A.L. FRENCH, »Who Deposed Richard the Second?«, *EIC*, 17 (1967). – A.R. HUMPHREYS, *Sh.: Richard II*, Studies in English Literature 31, London, 1967. – J.R. ELLIOTT, »History and Tragedy in *Richard II*«, *SEL*, 8 (1968). – H. GRABES, »*The Tragedie of King Richard the Second*«, *Poetica*, 2 (1968). – R.L. MONTGOMERY jr., »The Dimensions of Time in *Richard II*«, *ShakS*, 4 (1968). – T. HAWKES, »The Word Against The Word: The Role of Language in *Richard II*«, *Language and Style*, 2 (1969). – A.N. JEFFARES, »In One Person Many People: *King Richard the Second*«, in: *The Morality of Art*, ed. D.W. Jefferson, London, 1969. – M. GRIVELET, »Sh.'s ›War with Time‹: the Sonnets and *Richard II*«, *ShS*, 23 (1970). – J.L. CALDERWOOD, »*Richard II*: The Fall of Speech«, in: *Shakespearean Metadrama*, Minneapolis, 1971. – H. u. J. BONHEIM, »The Two Kings in Sh.'s Richard II«, *SJ West* (1971). – P. M. CUBETA, ed., *Twentieth Century Interpretations of Richard II*, Englewood Cliffs, N. J., 1971. – R. NEVO, »*Richard II*«, in: *Tragic Form in Sh.*, Princeton, N. J., 1972. – H. F. FOLLAND, »King Richard's Pallid Victory«, *SQ*, 24 (1973). – M. MACK, *Killing the King*, New Haven, 1973. – N. BROOKE, ed., *Sh.: Richard II: A Casebook*, London, 1973. – S. R. MAVEETY, »A Second Fall of Cursed Man: The Bold Metaphor in *Richard II*«, *JEGP*, 72 (1973). – R. BATTENHOUSE, »Tudor Doctrine and the Tragedy of *Richard II*«, *Rice University Studies*, 60 (1974). – J. DOEBLER, »*Richard II*: Second Adam«, in: *Sh.'s Speaking Pictures*, Albuquerque, 1974. – L. D. DULS, *Richard II in the Early Chronicles*, The Hague, 1975. – S. SCHOENBAUM, »*Richard II* and the Realities of Power«, *ShS*, 28 (1975). – E. B. GILMAN, »*Richard II* and the Perspectives of History«, *RenD*, 7 (1976).

f) *King Henry the Fourth*, Parts I, II
(*König Heinrich der Vierte*, erster und zweiter Teil)

aa) *Text und Datierung*

Der Text des ersten Teils von *Henry IV* ist in einem guten und vollständigen Quartodruck (1598) mit dem Titel *The History of Henrie the Fourth* überliefert. Von einem früheren Druck des gleichen Jahres sind nur vier Blätter erhalten (Q₀). Beide Texte gehen wahrscheinlich auf einen nachträglich revidierten Text der »foul papers« zurück und sind die einzig verläßlichen Texte. Die relativ hohe Anzahl von weiteren Quartodrucken (1599, 1604, 1608, 1613 und 1622) zeugt von der Beliebtheit des Stücks. Erst im Titel der Folio-Ausgabe von 1623 *The First Part of Henry the Fourth, with the Life and Death of Henry Sirnamed Hotspur*, die auf dem Quarto von 1613 basiert, wird der erste Teil als solcher ausgewiesen. Die recht inkonsequent durchgeführte Säuberung des Folio-Textes von anstößigen Redewendungen dürfte auf den Idiosynkrasien eines Zensors beruhen. Am 25. Februar 1598 in das Stationers' Register eingetragen und im gleichen Jahr bei

F. Meres in *Palladis Tamia* erwähnt (beide Male ohne Hinweis
darauf, daß es sich um den ersten Teil handelt), ergibt sich für den
ersten Teil eine Entstehungszeit, die nach *Richard II*, aber sicherlich vor *The Merry Wives of Windsor* (wahrscheinlich April/Mai
1597) liegt, also Ende 1596. Der zweite Teil, am 23. August 1600
in das Stationers' Register eingetragen, wurde vermutlich schon
kurze Zeit nach dem ersten Teil fertiggestellt, wohl in der ersten
Hälfte des Jahres 1597. Allerdings nahm Shakespeare nach den
ersten Aufführungen der Stücke (1596–97) Revisionen vor, die
sich jedoch im wesentlichen auf Namensänderungen beschränkt
haben dürften.

Die einzige Quartoausgabe des zweiten Teils erschien 1600 mit
dem Titel *The Second part of Henrie the fourth*, der im selben Jahr
eine zweite Ausgabe des gleichen Textes mit der in der ersten
fehlenden Szene III, i folgte. Beide Ausgaben bieten einen verläßlichen Text, der auf ein Autorenmanuskript zurückgehen
dürfte. Die Folio-Ausgabe mit dem Titel *The Second Part of
Henry the Fourth, Containing his Death: and the Coronation of
King Henry the Fifth* enthält allerdings eine Reihe von Stellen, die
in den beiden Ausgaben des Quarto-Textes nicht erscheinen. Da
sie fast durchwegs von politischem Aufruhr handeln, kann man
annehmen, daß sie der Zensur zum Opfer fielen; in der prekären
Situation um 1600 war politisch motivierter Aufstand ein gefährliches Thema. Die Rekonstruktion des Folio-Textes für den zweiten Teil bereitet besondere Schwierigkeiten. Ihm dürften eine
annotierte Quartoausgabe und ein Theatermanuskript zugrunde
gelegen haben.

bb) Vorlagen

Das historische Material für beide Teile von *Henry IV* entnahm
Shakespeare in der Hauptsache Holinsheds Chronik in der zweiten Auflage von 1587 und ergänzte es aus der Darstellung der
Percy-Rebellion im dritten Buch von Daniels *The First Fowre
Bookes of the Civile Wars Between the Two Houses of Lancaster
and Yorke* (1595). Shakespeare rafft den umfangreichen Geschichts-
stoff für beide Teile sehr stark, folgt im einzelnen nicht dem chronologischen Gang der Ereignisse und erweitert an dramatisch
wichtigen Stellen. So findet entgegen der Chronik die Versöh-

nung zwischen dem König und Prinz Hal zweimal statt, so daß die Ereignisse beider Dramen sich um den Vater-Sohn Konflikt gruppieren. Hotspur, in Wirklichkeit älter als Henry, wird bei Shakespeare (diese Veränderung ist bereits bei DANIEL angelegt) zum ehrgeizigen jugendlichen Gegenspieler des Königs und zum Altersgenossen des Prinzen, dessen ungestümer Lebenswandel damit in wirksamem Kontrast steht zum soldatischen Ehrgeiz Hotspurs. Der Plan eines Kreuzzugs wird von Shakespeare in Anlehnung an DANIEL von den letzten auf die ersten Jahre von Henrys Regierungszeit vorverlegt und fügt sich damit verdeutlichend ein in die Sinnlinie von Schuld und Sühne, die das Stück durchzieht.

Anekdoten von der ungezügelten Jugend des Prinzen entstanden schon im 15. Jahrhundert und waren noch zur Zeit der Elisabethaner äußerst populär. Das anonyme Drama *The Famous Victories of Henry the Fifth* (1594?) schildert Hal als stets betrunkenen, gewalttätigen Wegelagerer, der kurz vor der Thronbesteigung plötzlich und ganz unmotiviert bereut und fortan als idealer Herrscher sein Land regiert. Auch bei HOLINSHED und DANIEL und in STOWS *Chronicles of England* (1580) und *Annales of England* (1592) ist Hal sehr negativ gezeichnet. Shakespeare verwendet diese Berichte zurückhaltend, distanziert den Prinzen gleich zu Anfang von seinen derben Zechkumpanen (I, ii, 190 ff.) und läßt die Rehabilitierung Hals nach einer schrittweisen Entwicklung plausibel erscheinen.

Falstaff erscheint bei Shakespeare ursprünglich unter dem Namen einer historischen Person, des Lollarden Sir John OLDCASTLE, der unter HENRY V. als Wycliff-Anhänger auf dem Scheiterhaufen verbrannt wurde. In der Folgezeit wurde er von den Puritanern als Märtyrer verehrt, in katholischen Kreisen hingegen zur Zielscheibe des Spottes. Der Einfluß der Adelsfamilie COBHAM, die sich als Nachfahren von Sir John OLDCASTLE durch Shakespeares Darstellung in ihrer Ehre verletzt fühlte, bewirkte die Namensänderung, die Shakespeare im Sommer 1597 vorgenommen haben dürfte. Der ebenfalls nachträglich revidierte Epilog des zweiten Teils betont ausdrücklich, daß zwischen Falstaff und Sir John OLDCASTLE keine Verbindung bestehe. Für Einzelheiten in beiden Dramen ließen sich noch eine Reihe mutmaßlicher Quellen anführen, so etwa das anonyme Drama *Wood-stock* (1591–94) und die ersten fünf Episoden des populären Fürstenspiegels *A Mirror for Magistrates* (1559). Über diese Einflüsse des tradierten Materials hinaus sind in *Henry IV* viele Details aus den Schenken von Eastcheap und aus dem zeitgenössischen Land- und Soldatenleben eingegangen. Aber eine solche Aufzählung einzelner Vorbilder kann der kunstvollen Verschmelzung und Umformung der vielfältigen literarischen und außerliterarischen Elemente nicht gerecht werden.

cc) *Analyse und Deutung*

Die beiden Teile von *Henry IV* bilden den Mittelteil der Lancaster-Tetralogie und werden oft als Höhepunkt in Shakespeares Historienschaffen gewertet. Denn hier wie kaum an einer anderen Stelle in den Historien werden Ernst und Komik, Hofleben und Wirtshausmilieu, politischer und privater Bereich ständig zueinander in Beziehung gesetzt.

Die oft diskutierte Frage der Zusammengehörigkeit der beiden Teile läßt sich kaum eindeutig und endgültig beantworten. Die Unsicherheit bezüglich der zeitlichen Abfassung von 1 und 2 *Henry IV* trägt wesentlich zur Komplizierung des Problems bei. Die Tatsache, daß keine der zahlreichen Quartoausgaben von 1 *Henry IV* einen Hinweis auf die Zweiteiligkeit des Dramas enthält, kann auf die Nachlässigkeit des Editors zurückgehen (die Ausgabe von 1 *Henry IV* [1599] z.B. weist sich nicht als erster Teil aus, obwohl der zweite Teil zu dieser Zeit mit Sicherheit existierte) und läßt keinerlei Rückschlüsse auf die ursprüngliche Intention Shakespeares zu. In der Forschung lassen sich zwei Extrempositionen erkennen: Manche Kritiker sehen in *Henry IV* ein Zehn-Akt-Drama, das lediglich wegen seiner Überlänge zweigeteilt wurde. Andere betrachten den zweiten Teil als nicht geplanten, nachträglichen Anhang, den der Erfolg des ersten Teils, vor allem der Falstaff-Episoden, diktiert haben könnte. Beide Standpunkte sind inzwischen schlüssig widerlegt worden. Die Handlungskurve des ersten Teils findet in der Schlacht von Shrewsbury ihren erwartungsgemäßen, gültigen Höhepunkt, der das Drama abrundet und die Handlung zu einem – wenn auch vorläufigen – Stillstand bringt. Andererseits weisen zu viele the-

matische Bezüge über das Ende des ersten Teils hinaus, als daß
1 *Henry IV* losgelöst von 2 *Henry IV* betrachtet werden könnte.
So wird die Idee des Kreuzzuges im ersten Teil nur in I, i erwähnt
und erst im zweiten Teil mit größerem Nachdruck wiederaufgenommen. Nach Falstaffs mehrmaligen Anspielungen auf Hals
spätere Regierungszeit und Hals zweideutiger Antwort »I do, I
will« (II, iv, 475) auf seine Aufforderung, alle außer ihm, Falstaff,
aus seiner Gesellschaft zu verbannen, verdichten sich die Hinweise auf eine notwendige Fortführung im Verlauf des Dramas
immer mehr, bis schließlich die Schlußszene auf neue Kampf-
handlungen vorbereitet und den Frieden nach Shrewsbury als
einen vorläufigen ausweist. Die Darstellung Hals im zweiten
Teil, die die Versöhnung mit dem König und die glänzend be-
standene Bewährungsprobe von Shrewsbury zu negieren scheint,
beleuchtet in Wirklichkeit nur einen weiteren Aspekt in der
Entwicklung Hals – seine immer stärkere Distanzierung von
Falstaff und seine Entscheidung für Recht und Ordnung. Die
beiden Teile von *Henry IV* sind deutlich aufeinander bezogen,
besitzen aber auch dramatischen Eigenwert.

Henry ist nicht mehr der tatendurstige Usurpator aus *Richard
II*, sondern der alternde Herrscher, der durch seine Usurpation
die Schuld an der Uneinigkeit des Landes auf sich geladen hat.
Die Rebellen rollen mehrmals die Vorgeschichte aus *Richard II*
wieder auf, um ihren eigenen Umsturzversuchen den Anschein
der Legitimation zu geben. Henry sieht in der ungestümen Jugend des Prinzen seine eigene Bestrafung für begangenes Unrecht. Damit ist die metaphysische Geschichtsschau, die das politische Chaos des Landes als gottgewollte Sühne für Bolingbrokes
Usurpation wertet, auch in *Henry IV* präsent, aber nicht mehr
vorrangig wie in der ersten Tetralogie. Vielmehr steht der real-
politische Aspekt des fähigen bzw. unfähigen Herrschers im
Vordergrund. Der Akzent liegt nicht mehr auf der göttlichen
Bestrafung Englands (in *Henry VI* besonders deutlich), sondern
auf der politischen Notwendigkeit einer wirksamen Regierung.
Die erste Tetralogie findet ihren abschließenden Höhepunkt in
der gottgewollten Geißel Richard, die zweite in dem mit idealen
Herrscherqualitäten ausgestatteten Henry V.

Im Unterschied zu *Richard II*, *Richard III* und *Henry V* ist in

Henry IV die Titelfigur nicht Zentrum der Handlung. Der König setzt im ersten Teil von *Henry IV* die politische Handlung in Gang, die sich sofort auf die Rebellion der Percys konzentriert und bis zum 5. Akt parallel läuft mit dem komischen »plot« um Falstaff. Da Prinz Hal als einziges Bindeglied zwischen den beiden Handlungssträngen fungiert, rückt er in den Mittelpunkt des Interesses. Seine Entwicklung vollzieht sich in der Antinomie von politischem Bereich, verkörpert durch das Gegensatzpaar König-Percy Hotspur, und privatem Bereich, sinnfällig gemacht in der Figur Falstaffs. Die politische Handlung ist durchwegs sorgfältig motiviert und mit Anfang, Mitte und Ende streng durchkomponiert: Der Zwist zwischen dem König und Hotspur läßt den Plan der Rebellion konkrete Formen annehmen (I, iii) und aktiviert die Vorbereitungen beider Seiten auf die entscheidende Schlacht. Der heftige Streit im Lager der Rebellen zwischen Hotspur und Glendower (III, i), die sich plötzlich häufenden Unglücksmeldungen, an denen die Sache der Rebellen zu scheitern droht (IV, i), und schließlich die Unterredung zwischen dem Erzbischof und Sir Michael, die erhebliche Zweifel am Erfolg des Percy-Aufstandes äußern (IV, iv), steigern die Spannung und bereiten wirksam auf den Höhepunkt in der Schlacht von Shrewsbury vor. Als retardierendes Moment wirkt das Versöhnungsangebot des Königs (V, i), bevor die Schlacht endgültig zur Niederlage der Rebellen führt und die Ordnung des Staates momentan wiederhergestellt ist. Als einzige Vorbereitung auf Shrewsbury von Seiten der Königspartei dient die Versöhnungsszene des Königs mit Prinz Hal (III, ii), deren Wirkung und Bedeutung durch ihre isolierte Stellung im dramatischen Kontext hervorgehoben wird. Indirekt spielt die Handlung um den Königshof mehrmals in die komische Handlung mit herein, etwa in dem Auftreten des Sheriffs, der Recht und Ordnung zu wahren versucht (II, iv), oder in der Kunde vom nahenden Krieg mit den Rebellen. Gegenüber der in weiten Handlungsbögen angeordneten politischen Handlung ist die komische Handlung um Falstaff eher episodisch und setzt jeweils punktuell ein. Trotz ihrer Vitalität und der fein abgestuften Komik ist die Falstaff-Handlung strukturell untergeordnet, so daß sie das historische Anliegen des Dramas nicht in den Hintergrund drängen kann.

Nachdem im ersten Monolog Prinz Hals (I, ii, 190ff.) seine Zwischenstellung zwischen ernster und komischer Handlungsebene deutlich wird, indem Hal sich zwar von der Derbheit seiner Kumpanen distanziert, aber doch der Anziehungskraft eines Falstaff nicht widerstehen kann, werden beide Handlungsstränge in einer Alternation von Ernst und Komik bis zum 5. Akt getrennt weitergeführt.

Dennoch sind das bunte Wirtshaustreiben, die Straßenraubszenen, die hitzigen Streitgespräche der Rebellen und die Kriegsszenen nicht bloß eine abwechslungsreiche Mischung, sondern sind in zahlreichen Querverbindungen sinnvoll einander zugeordnet. Der Rebellion im staatlichen Bereich entspricht auf einer anderen Ebene die drohende Anarchie der Wegelagerer und Zechkumpane. Der Frieden, den Henry bereits zu Beginn nur in Bildern des Krieges und der nationalen Unruhe zu beschreiben vermag, ist von Percys Aufruhr ebensosehr bedroht wie von dem stürmischen Lebenswandel Hals. Henrys Kreuzzugsgedanken finden ihren parodistischen Widerpart in den grotesken Bibelanspielungen und der »Konversion« Falstaffs. Das Spiel im Spiel, in dem Falstaff und Hal die Reaktionen des Königs auf den ungeratenen Sohn spielerisch entwerfen (II, iv), nimmt mit satirischem Vorzeichen die Argumente und Vorwürfe vorweg, die der König in pathetischem Ernst vorbringen wird (III, ii). Hier wird die Relation von Henry und Falstaff besonders deutlich. In wirksamem Kontrast verkörpern sie beide für Hal zwei verschiedene Arten von Autorität, der alternde König als Hüter der Ordnung und der alternde Falstaff als Vertreter der Anarchie, der jedoch gleichzeitig den engen Moralkodex des Hoflebens für den Prinzen nutzbringend zu erweitern versteht. Damit schließen die beiden von ihnen vertretenen Wertvorstellungen einander nicht aus, sondern ergänzen sich in ihrer Erziehungsfunktion für Hal. Falstaffs bombastisch übertriebenes Rollenspiel als König spielt auf das Scheinelement in Henrys Königtum an und akzentuiert das Widerrechtliche seiner Machtübernahme, die ihn, den früheren Rebellen, nun zwingt, sich selbst vor Rebellion zu schützen. Für Hal kann es keinen eigentlich privaten Bereich geben. Denn als öffentliche Figur (Thronfolger) weicht er für eine begrenzte Zeit auf die private Ebene (Falstaff) aus. Damit macht er sich in den Augen des Königs zwar schuldig, aber gleichzeitig schafft er die Voraussetzung für seine Regierungszeit als idealer Herrscher.

Eine Reihe von Figuren werden in einer Weise charakterisiert, daß sie sowohl in ihren Gemeinsamkeiten als auch in ihren Gegensätzen einander zugeordnet sind. Hotspur und Hal, so offensichtlich verschieden in ihrer Lebensauffassung, ähneln sich in ihrer Jugend und ihrem kämpferischen Mut. Hotspur und Falstaff stellen sich beide gegen die bestehende staatliche Ordnung, vertreten aber zwei diametral entgegengesetzte Wertmaßstäbe. In Henry und Hotspur stehen sich Autorität und Rebellion gegenüber, aber der König war ebenso Rebell wie Hotspur, dessen Energie und Kampfkraft er bewundernd seinem Sohn vor Augen hält. In einer Vielfalt von wechselnden Standpunkten und immer neuen Sichtweisen zeichnet Shakespeare so ein vielschichtiges Bild der dramatischen Wirklichkeit.

In der Welt der Komödie ist Falstaff die dominierende Figur. Geistige Beweglichkeit und sprühender Witz auf der einen und körperliche Trägheit auf der anderen Seite machen ihn zu einer der lebendigsten komischen Figuren in Shakespeares Dramen. Falstaff ist ein Amalgam aus den verschiedenartigsten literarischen und volkstümlichen Elementen. Mittelalterliche Lasterallegorien wie »Gluttony«, »Idleness« und »Lechery« mögen als Vorbild für diesen Typ des verkommenen Ritters gedient haben. Auch die Vorstellung vom »miles gloriosus« und vom witzigen Parasiten aus der römischen Komödie findet sich in ihm wieder. Mit dem Typ des »Fool« teilt Falstaff nicht nur die witzige Wortgewandtheit, den Ideenreichtum und die verrückte Clownerie, sondern auch die Freiheit, die Wertmaßstäbe der realen Alltagswelt aus den Angeln zu heben.

Wichtiger als die Übernahme von Einzelheiten aus solchen Traditionen dürfte der Einfluß der mittelalterlichen Moralitäten sein, in denen der Mensch sich zwischen Gut und Böse, verkörpert durch gute und schlechte Ratgeber, gestellt sieht. Falstaff übernimmt in dieser Konstellation die wichtige Rolle des Versuchers, die in den Moralitäten die Vice-Figur innehatte und teuflisch und komisch zugleich sein konnte. Shakespeare ordnet seine Figuren in 1 *Henry IV* auf dem »Moralitätendreieck« in einer Weise an, daß Hals allmähliche Entwicklung zum idealen

Herrscher sichtbar wird. Damit werden die Anekdoten von der ungestümen Jugendzeit Heinrichs V., in denen er nur als jugendlicher Nichtsnutz gezeigt wird, sinnfällig in ein Entwicklungsschema integriert, das erst Ende des zweiten Teils abgeschlossen ist. Eine erste wichtige Entscheidung trifft Hal mit seinem bedingungslosen Einsatz in der Schlacht von Shrewsbury. Durch seinen Sieg im Zweikampf mit Hotspur und durch den großmütigen Verzicht auf Ruhm und Ehre, die er Falstaff überläßt, wird deutlich, daß er sich zwar gegen die Anarchie und für die staatliche Ordnung, aber auch gegen den übersteigerten Ehrbegriff eines Hotspur entschieden hat.

Die politischen Ereignisse im zweiten Teil fügen sich nahtlos an den Schluß des ersten Teils an. Die allegorische Figur »Rumour«, eine Variation des traditionellen Presenter, der das Publikum auf kommende Ereignisse vorbereitet, führt den Zuschauer in eine Welt von Lüge und Täuschung ein. Obwohl sich die falschen Gerüchte über den Ausgang der Schlacht von Shrewsbury schon im Lauf der ersten Szene aufklären, bleiben nicht erfüllte Erwartungen und das Verkennen des anderen für den weiteren Verlauf des Dramas charakteristisch. Hal deutet auch im zweiten Teil mehrmals an, daß der äußere Schein seines ausschweifenden Lebens trügt. Der König indes erkennt erst auf dem Sterbebett, daß sein Reich in den Händen des Thronfolgers nicht in Anarchie verfallen wird. Der Lord Chief Justice glaubt bei der Thronbesteigung Hals seinen Platz als oberster Richter des Landes an Falstaff abtreten zu müssen. Sogar Falstaff selbst täuscht sich in Hal, wenn er in seiner Hybris beim jungen König weiterhin seine Rolle als Zechkumpan spielen will (V, v). Indem er die Wandlung des Prinzen zum ernsthaften und verantwortungsbewußten König als Scheinhaltung interpretiert, die die Öffentlichkeit dem neuen König aufzwinge (V, v, 75), verkennt er die Wirklichkeit und muß eine bittere Niederlage hinnehmen. Auch auf der politischen Ebene der Rebellion wiederholt sich das Muster von Erwartung und Enttäuschung. Die Partei der Rebellen täuscht sich in Northumberland, der nicht in eine Entscheidungsschlacht eingreifen will und damit wie schon im ersten Teil den Sieg der Rebellen aufs Spiel setzt. John of Lancaster und Westmoreland täuschen die Rebellen mit einem hinterhältigen Trick und sichern auf diese Weise den Frieden des Landes. Nur im Bereich der Komik darf Falstaff sich ungestraft im Schein des tapferen Sieges über Hotspur sonnen und sich so eine Scheinwelt aufbauen, die notwendig mit der Regierungsübernahme des Prinzen zusammenbrechen muß.

Die endgültige Distanzierung Hals von Falstaff (V, v) kommt keineswegs überraschend. Falstaff, an dem die negativen Züge sehr viel deutlicher hervortreten als im ersten Teil, ist nicht mehr der ständige Spielgeselle des Prinzen, sondern erscheint im derb-komischen Schenkenmilieu in der Gesellschaft des randallierenden Pistol und in der ländlichen Welt des dümmlicheinfältigen Justice Shallow. In dem einzigen Zusammentreffen des Prinzen mit Falstaff (II, iv) wird die überlegene Distanz Hals deutlich. Die komischen Falstaff-Szenen, die gegenüber dem ersten Teil breiteren Raum einnehmen und in ihrer Reihung eine lockere Episodenstruktur ergeben, lassen erkennen, daß die von Falstaff angestrebte einflußreiche Stellung als Ratgeber des jungen Königs für das Reich untragbar wäre. Dies wird vor allem in der Konfrontation Falstaffs mit dem Lord Chief Justice deutlich, der nach dem Reifeprozeß Hals zum idealen Herrscher vom neuen König als weiser, väterlicher Ratgeber akzeptiert wird. Nicht zuletzt durch die Entscheidungsfreiheit des Prinzen, der am Ende die richtige Wahl zwischen Falstaff und dem Lord Chief Justice zu treffen vermag, zeigt Shakespeare aber auch die positiven Seiten auf, die der Umgang Hals mit Falstaff mit sich gebracht hat.

Wie im ersten Teil werden auch hier ähnliche Themen in ernsten und komischen Versionen durchgespielt, die sich gegenseitig beleuchten und kommentieren. So spiegelt sich die erneut aufflackernde Rebellion wiederum in der von Zank und derben Späßen beherrschten Welt von Eastcheap. Wie sich im ersten Teil Percys feurige Schlachtreden und das ungeordnete Soldatenhäuflein Falstaffs gegenüberstehen, so folgt im zweiten Teil auf Henrys Rede über die drückende Sorge um sein Reich, die ihm den Schlaf raubt, Falstaffs Rekrutierung einiger zerlumpter, heruntergekommener Soldaten. Der mit unfairer List errungene Sieg der Königspartei wird ironisch »vervollständigt«, indem Falstaff kampflos einen einsamen, nichtsahnenden Soldaten gefangennimmt. Die Gattung »history play« erfährt durch solche Vermischung tragischer und komischer Elemente eine entscheidende Erweiterung ihrer dramatischen Möglichkeiten.

Auch im Bereich der Sprache wird den beiden Teilen von *Henry IV* im ständigen Wechsel von Vers und Prosa, von Pathos und Witz, eine wesentliche Bereicherung zuteil gegenüber der einheitlichen Stillage in *Richard II*. In feinen Nuancierungen und zahlreichen Abwandlungen ist die Sprache in *Henry IV* geeignetes Medium sowohl für das aufbrausende Temperament Hotspurs wie für das schwermütige, von der Last der Krone gebeugte Wesen des Königs, für die geistreiche Komik Falstaffs wie für die derben Witze seiner Zechkumpane. Das Bildmotiv der Krankheit (der Staat wird häufig mit einem von Krankheit geschwächten Körper verglichen) und Anspielungen auf »time« durchziehen beide Teile, erhalten aber im zweiten Teil besonderes Gewicht und unterstützen dort eine Handlung, die deutlich dem Machtwechsel zustrebt. Die Wortbereiche des Kampfes und der Ehre dominieren im ersten Teil und werden zu Leitmotiven des ganzen Stücks. Schon in der Eröffnungsrede des Königs in 1 *Henry IV* wird eine Atmosphäre – die des bedrohten Friedens – in eine kraftvolle, von physischen Ausdrücken beherrschte Sprache umgesetzt. Diese konkrete Expressivität wird vollends in der Sprache Falstaffs deutlich, der sich besonders häufig der Speisemetaphern bedient. Bezeichnenderweise ist es auch Falstaff, der in seinen vielzitierten Überlegungen zu dem Begriff »Honour« (1, V, i, 127ff.) dem Wort eine konkrete Bedeutung abzugewinnen sucht. Als eine im physischen Bereich angesiedelte Beschreibung mißlingt, verwirft er »Honour« als nichtssagendes Zeichen. Diese Vitalität der Sprache im konkreten Detail wiederholt sich in Hotspurs temperamentvoller Erzählung über den »popinjay«-Lord (1, I, iii, 28ff.), die in anschaulichen, lebendigen Bildern das verrückte Gebaren Hals und Hotspurs maßlose Verärgerung vermittelt.

dd) Wirkungsgeschichte

Zwei Faktoren hatten auf die Bühnengeschichte des Stücks wesentlichen Einfluß. Das Stück schien vor allem im zweiten Teil für die Bühne zu langatmig, so daß beide Teile meist zu einer Aufführung zusammengezogen wurden. Der früheste Beleg für eine einteilige Bearbeitung ist das Dering-Manuskript (für eine Privatvorstellung um 1623). Zum anderen ist die jahrhundertelange Popularität des Dramas fast ausschließlich in der Rolle Falstaffs begründet. *Henry IV* wurde als eines der ersten Shakespeare-Stücke nach der Restoration für die Bühne wieder zugelassen. In den zahlreichen englischen Aufführungen des 18. und beginnenden 19. Jahrhunderts verkörperten u.a. J. Quin, J. Henderson, C. Kemble und W.C. Macready erfolgreich die Rolle Falstaffs. S. Phelps, der als Falstaff wechselnde Erfolge feierte, zeichnete sich durch die Wiederaufnahme des Spiels im Spiel in 1 *Henry IV* aus, und führte in der Doppelrolle von König und Shallow sogar den zweiten Teil zu prunkvollen und erfolgreichen Aufführungen (1853–74). Auch im 20. Jahrhundert bleibt der Erfolg des Stücks mit bekannten Falstaff-Darstellern wie G. Robey (1935), R. Richardson (1945) und P. Rogers (1954) verknüpft, aber auch die Rollen von Hotspur (Gielgud, 1930) und Prince Hal erhalten eigenständiges Gewicht. Ein in England vielbeachtetes Experiment ist die Bearbeitung von J. Barton (*When Thou Art King*, 1969), der Teile aus 1, 2 *Henry IV*, *Henry V* und *The Famous Victories of Henry V* zu einem Stück zusammenschmilzt.

Henry IV kam wahrscheinlich schon mit den englischen Komödianten des 17. Jahrhunderts nach Deutschland. Die erste belegte Aufführung fand 1778 in Hamburg unter F.L. Schröder statt, der das Stück einteilig bearbeitete und die Handlung auf die Beziehung Falstaff-Hal konzentrierte. Diese und die Inszenierung Goethes (1792 in Weimar), der den zweiten Teil für Deutschland erstaufführte, fanden beim Publikum nur kühle Aufnahme. Erst die großen Falstaff-Interpreten des 19. Jahrhunderts, T. Döring, L. Devrient und B. Baumeister, sicherten dem Stück Publikumserfolg. Verdi gestaltete den Falstaff-Stoff in einer seiner beliebtesten Opern *(Falstaff)*. Am Anfang des 20. Jahrhunderts gelang es M. Reinhardt (1912 in Berlin mit Wegener als König, Bassermann als Hotspur und Moissi als Hal), mit den technischen Möglichkeiten der Drehbühne, die verschiedenen Handlungsbereiche gleichmäßig auszubalancieren. Die Moralitätensituation Vater-Sohn-Verführer erscheint den Regisseuren nun

vorrangig, wie eine Inszenierung unter L. LINDTBERG (1956) mit
W. QUADFLIEG als Hal und H. SCHOMBERG als Falstaff beweist.
PLANCHONS Inszenierung von *Henry IV* (1957) in Villeurbanne
ist ein früher Versuch, Brechtsche Verfremdungstechniken in
Historienaufführungen anzuwenden: auf trapezförmiger Bühne
werden den Szenen erklärende Texte vorangestellt, lassen riesige
mittelalterliche Landkarten das Geschichtsproblem in den Vordergrund rücken. An neuesten Versuchen, *Henry IV* dem modernen Publikum nahe zu bringen, sind die Fassung von P.
HACKS (1970 in Berlin) und die Leningrader Inszenierung (1969)
unter G. A. TOVSTONOGOV und mit einem hervorragenden Ensemble erwähnenswert.

A. C. BRADLEY, »The Rejection of Falstaff«, in: *Oxford Lectures on Poetry*, Lon-
don, 1909. – R. A. LAW, »Structural Unity in *1, 2 Henry IV*«, *SP*, 24 (1927). –
J. D. WILSON, *The Fortunes of Falstaff*, Cambridge, 1943. – B. T. SPENCER,
»*2 Henry IV* and the Theme of Time«, *UTQ*, 14 (1944). – M. A. SHAABER, »The
Unity of *Henry IV*«, in: *J. Q. Adams Mem. Stud.*, ed. J. C. McManaway, Washington,
1948.–W. EMPSON, »Falstaff and Mr. Dover Wilson«, *KR*,15 (1953). – C. LEECH,
»The Unity of *2 Henry IV*«, *ShS*, 6 (1953). – C. L. BARBER, »From Ritual to
Comedy: An Examination of *Henry IV*«, in: *English Stage Comedy*, ed. W. K. Wim-
satt Jr., New York, 1955. – H. JENKINS, *The Structural Problem in Sh.'s Henry the
Fourth*, London, 1956. – G. K. HUNTER, »Sh.'s Politics and the Rejection of Fal-
staff«, *CritQ*, 1 (1959). – L. C. KNIGHTS, »Time's Subjects: the Sonnets and *2 Henry
IV*«, in: *Some Shakespearean Themes*, London, 1959. – R. J. DORIUS, « Little
More than a Little«, *SQ*, 11 (1960). – G. L. EVANS, »The comical-tragical-histori-
cal method: *Henry IV*«, *Early Sh.*, Stratford-upon-Avon Studies 3, London,
1961. – W. R. BOWDEN, »Teaching Structure in Sh.«, *CE*, 23 (1962). – N.
SANDERS, »Metamorphoses of the Prince, 1864–1964«, *Shakespearean Essays*,
eds. A. Thaler, N. Sanders, Knoxville, 1964.! – J. BARISH, »The Turning Away
of Prince Hal«, *ShakS*, 1 (1965). – R. J. BECK, *Sh.: Henry IV*, Studies in English
Literature 24, London, 1965. – A. LA BRANCHE, »If Thou Wert Sensible of
Courtesy. Private and Public Virtue in *Henry IV*, Part One«, *SQ*, 17 (1966). –
A. R. HUMPHREYS, »Introduction« zu *King Henry IV*, Part One, Part. Two,
New Arden Sh., London 1960 und 1966. – D. P. YOUNG, ed., *20th Century Inter-
pretations of 2 Henry IV*, Englewood Cliffs, N. J., 1968. – C. BARBER, »Prince
Hal, Henry V and the Tudor Monarchy«, in: *The Morality of Art*, ed. D.W.
Jefferson, London, 1969. – M.C. BRADBROOK, »*King Henry IV*«, *Manner and
Meaning in Sh.*, Stratford Papers 1965–67, ed. B. A. W. Jackson, Dublin, 1969. –
A. KERNAN, »The Henriad: Sh.'s Major History Plays«, *YR*, 59 (1969). – E.
SJOBERG, »From Madcap Prince to King: The Evolution of Prince Hal«, *SQ*, 20
(1969). – R. J. DORIUS, ed., *Henry IV. Part One. A Collection of Critical Essays*,
Englewood Cliffs, N.J., 1970. – G. K. HUNTER, ed., *Sh. Henry IV, Part I and II.
A Casebook*, London, 1970. – F. BOWERS, »Theme and Structure in *King Henry
IV, Part I*«, in: *The Drama of the Renaissance*, ed. E. M. Blistein, Providence, R. I.,
1970. – P. HOLLINDALE, *A Critical Commentary on Sh.'s King Henry IV, Part II*,
London, 1971. – R. B. PARKER, »The Prince and the King: Sh.'s Machiavellian
Cycle«, *Revue des Langues Vivantes*, 38 (1972/73). – F. MANLEY, »The Unity of
Betrayal in *II Henry IV*«, *Studies in the Literary Imagination*, 5 (1972). – A. STEIN-
BACH, *Untersuchungen zur Dramentechnik in Sh.s King Henry IV, Part 1*, Göttingen,
1972. – N. COUNCIL, »Prince Hal: Mirror of Success«, *ShakS*, 7 (1974). –
A. C. DESSEN, »The Intemperate Knight and the Politic Prince: Late Morality
Structure in *1 Henry IV*«, *ShakS*, 7 (1974). – R. BATTENHOUSE, »Falstaff as
Parodist and Perhaps Holy Fool«, *PMLA*, 90 (1975). – J. W. BLANPIED,
»Unfathered heirs and loathly births of nature‹: Bringing History to Crisis in

2 *Henry IV*«, und S. H. HAWKINS, »Virtue and Kingship in Sh.'s *Henry IV*«, *English Literary Renaissance*, 5 (1975). – R. W. DESAI, *Falstaff*, Delhi, 1976. – *ShS*, 30 (1977): Aufsätze zu *Henry IV* von G. R. HIBBARD, D. SELTZER, N. SANDERS, J. A. B. SOMERSET, W. BABULA.

g) King Henry the Fifth (König Heinrich der Fünfte)

aa) Text und Datierung

Der erste Quartodruck des Stücks mit dem Titel *The Chronicle History of Henry the fift* bietet einen schlechten Text. Vermutlich stellt er die Gedächtnisrekonstruktion einer gekürzten Bühnenfassung dar, die von der Shakespeare-Truppe auf einer Provinztournee benützt wurde. Q1 erschien, obwohl mit einem ergänzenden Hinweis zur Eintragung des Stücks in das Stationers' Register am 4. August 1600 eine unautorisierte Drucklegung des Stücks verhindert werden sollte. Der Text von Q1 wurde in zwei weiteren Quartoausgaben 1602 und 1619 (unter dem falschen Datum 1608) nachgedruckt. Die Folioausgabe (1623) enthält den einzig vollständigen und verläßlichen Text mit dem Titel *The Life of King Henry the Fifth*. Er basiert vermutlich auf den »foul papers« oder einer korrigierten Kopie des Quarto von 1619.

Henry V kann ziemlich genau datiert werden. Im Prolog zum 5. Akt findet sich ein Hinweis darauf, daß der Earl of ESSEX wegen eines Irlandfeldzugs von London abwesend sei. Da ESSEX am 27. März 1599 zu seiner militärischen Mission aufbrach und am 28. September des gleichen Jahres erfolglos zurückkehrte, dürfte das Drama zwischen diesen beiden Daten, vermutlich im Frühjahr 1599, entstanden sein.

bb) Vorlagen

Hauptquellen für das historische Material von *Henry V* sind HOLINSHEDS *Chronicles of England, Scotland and Ireland* (1587) und HALLS *The Union of the Two Noble and Illustre Famelies of Lancastre and Yorke* (1548). Beide Werke lieferten die Klischeevorstellungen von HENRY als dem idealen Regenten und verantwortungsbewußten Führer des Landes, dem gerechten Richter und väterlichen Freund seiner Soldaten. Die Popularität dieses Königs mochte Shakespeare dazu veranlaßt haben, sich enger als gewohnt an das tradierte Material zu halten. Trotzdem nahm er Umstellungen vor und straffte die historischen Ereignisse, so daß sich die Friedensverhandlungen von Troyes unmittelbar an den Sieg von Agincourt anzuschließen scheinen, obwohl historisch ungefähr fünf Jahre dazwischenliegen.

Der Einfluß verschiedener anderer Chroniken – etwa FABYANS *New Chronicles of England and France* (1516) und die Chronik von LE FEVRE – bezieht sich nur auf einige Details und ist überdies nicht gesichert. Es ist auch umstritten, ob das anonyme Drama *The Famous Victories of Henry V* (1594?) als Vorlage in Frage kommt, da der Text sehr unvollständig überliefert ist. Die neuere Kritik tendiert dazu, statt dessen eine Abhängigkeit des Shakespeare-Stücks von einem früher entstandenen, nicht überlieferten Drama anzunehmen.

cc) Analyse und Deutung

Henry V bringt die Lancaster-Tetralogie zu einem positiven Abschluß und ist zugleich, abgesehen von *Henry VIII*, Shakespeares letztes Historienstück. Es stellt innerhalb des von Shakespeare dramatisierten Geschichtsabschnitts ein Zwischenspiel dar, in dem Henry durch persönliche Integrität und staatsmännisches Geschick sein Volk auf begrenzte Zeit aus der schuldhaften Verstrickung lösen kann. In Thematik und Struktur nimmt es eine Sonderstellung in Shakespeares Historiendramatik ein. Es ist die einzige Historie, die nicht die innenpolitische Zerrissenheit Englands zum Thema hat, sondern das Land in nationaler Einigkeit unter der Führung einer starken Herrscherpersönlichkeit zeigt. Die Stärke der Nation erwächst aus der Einheit in der Vielheit: die vier Charaktere Fluellen, Gower, Jamy und Macmorris, die Shakespeare als »humour«-Typen in ihren landsmannschaftlichen Verschiedenheiten wohlwollend karikiert, sind in patriotischem Kampfgeist fest miteinander verbunden. Das Phänomen des Krieges ist Gegenstand zahlreicher Debatten; der Krieg wird zum Prüfstein für den Patriotismus des gemeinen Mannes und verhilft dem König zu Ruhm und Ehre im glorreichen Sieg über den Feind. Während in den übrigen Historien, in denen wie in *Henry V* eine Königsgestalt im Mittelpunkt des Interesses steht, die Stellung des Königs aufgrund permanenter Rebellionen äußerst labil ist, bleibt Henry V im Grunde unangefochten von moralischen und genealogischen Zwistigkeiten. Er selbst erscheint als Angreifer, freilich in einer aus englischer Sicht gerechten Sache.

Die für Shakespeare ungewöhnliche idealisierende Darstellung des Helden hat zu konträren Deutungen Anlaß gegeben. Die einen werten Henry als chauvinistischen Imperialisten, der Frankreich unter dem Vorwand berechtigter Thronansprüche unter seine Gewalt bringen wollte, oder interpretieren – vor allem aufgrund von IV, i – Henry V als Antikriegsstück, das die Sinnlosigkeit territorialer Machtansprüche darstellen will. Andere sehen in Henry den ausschließlich positiven Helden, den »mirror of all Christian kings« (Chorus zu Akt II). Aus der politischen Sicht des 20. Jahrhunderts erscheinen manchen Kritikern die elisabethanischen Herrscherideale als hohle Phrasen, die nur eine Persiflage eines vorzüglichen Monarchen beabsichtigen können. Tatsächlich aber hat die Möglichkeit einer ironischen Deutung des Stücks ihre Grenzen, wenn man es vor dem Hintergrund der Entstehungszeit betrachtet. Abgesehen davon, daß Shakespeare aufgrund des überkommenen Bildes von Henry V nur relativ geringe Bewegungsfreiheit blieb, konnte der Autor auch wegen der aktuellen politischen Verhältnisse wohl kaum tiefgreifende Veränderungen vornehmen. Es darf als sicher gelten, daß Henry V als panegyrische Darstellung des englischen Sieges bei Agincourt intendiert ist und der Titelheld als Idealtypus des elisabethanischen Herrschers.

Shakespeares Bild des Titelhelden, das tableauartig entwickelt wird (vgl. die Struktur des Fürstenspiegels Mirror for Magistrates), entspricht weitgehend dem christlichen Herrscherideal, wie es u. a. in der einflußreichen Schrift des ERASMUS, Institutio Principis (1516), ausführlich dargelegt ist. Die dort geforderte Tugend der Gerechtigkeit erweist sich in den von Henry initiierten Nachforschungen über die Berechtigung seiner französischen Thronansprüche. Die Episode, in der der König ein Mordkomplott aufdeckt, exemplifiziert politisch notwendige und gerechte Härte (II, ii). Milde dagegen läßt er walten, als ihn ein Soldat, ohne ihn zu erkennen, herausfordert (IV, i). Mit seiner Heirat erfüllt Henry die vornehmste Pflicht eines christlichen Königs. Es ist ein weiterer Beweis für sein kluges realpolitisches Verhalten, daß er diese Ehe nicht primär aus persönlichen, sondern politischen Motiven schließt. Henrys Frömmigkeit äußert sich vor allem in den Gebeten vor Agincourt. Die christliche Tugend der Selbstbeherrschung übt der König, als der Dauphin ihm zum Spott Tennisbälle als Geschenk überreichen läßt. Im Gegensatz zum aktiven kriegerischen Einsatz, der in der populären Legende und den Chorus-Partien gepriesen wird, legt Shakespeare in den Szenen selbst den Akzent auf Henrys beruhigende, väterliche Betreuung seiner Soldaten. Erscheint Henrys Erfüllung seiner Königspflichten als beinahe makellos, so ist sein eigenes Verhältnis zu seinem Königsamt doch keineswegs problemlos. Wie Richard II. (und schon vorher Henry VI.) ist ihm seine Verantwortung eine Bürde, leidet er an seiner undankbaren Aufgabe. Aber anders als Richard II. und Henry VI. akzeptiert er sein Amt und die politischen Notwendigkeiten. Shakespeare versucht damit eine Fusion der privaten und politisch-öffentlichen Tugenden eines Herrschers, die in Richard II. hoffnungslos auseinanderklaffen und auch in Henry IV. nicht ganz zusammenstimmen.

Das Fehlen jeglicher tragischer Konflikte und die mangelnde Differenziertheit der Titelgestalt, die blockartige Aneinanderreihung einzelner Episoden und das Übergewicht einer einzigen Bühnenfigur wurden lange Zeit als dramentechnische Rückschritte gewertet. Erst in der neueren Kritik wurden der Modus des epischen Historienstücks als eigene Form akzeptiert und die dramatischen Mittel als der Thematik des Dramas angemessen erkannt.

Der dem antiken Drama entlehnte Chorus, der Prolog und Epilog spricht und den einzelnen Akten vorangestellt ist, verknüpft die weit auseinanderliegenden Schauplätze und die einzelnen Episoden. Er bereitet den Zuschauer auf das Geschehen vor, überbrückt längere Zeitspannen zwischen den einzelnen Akten und informiert über Ereignisse, die auf der Bühne nur schwer darstellbar waren (vgl. Prologe zu den Akten III und V). Außerdem weist er in *Henry V* den Zuschauer auf die Unzulänglichkeit einer Bühnenaufführung hin (Prolog zu Akt I) und appelliert an seine Imagination. Damit wird er zum Mittel, Mängel der Darstellung (etwa die stark verkürzte Schlacht von Agincourt) als dramentechnisches Problem auszuweisen und ihrer ironischen

Wirkung entgegenzutreten. Überdies fungiert der Chorus als
Instanz, die Henry in den Kontext orthodoxer Geschichtsbe-
trachtung stellt. In den Aktprologen entwirft Shakespeare ein
Bild des Königs und der politischen Situation, das genau der
zeitgenössischen Publikumserwartung entspricht. Es bleibt den
Szenendialogen vorbehalten, an einigen Stellen Korrekturen an
diesem undifferenzierten Bild vorzunehmen.

Entsprechend den populären Klischeevorstellungen erscheint
in den Choruspartien Henrys Feldzug gegen Frankreich als heroischer Akt von Patriotismus, dem sich der gemeine Soldat um
der Ehre und des Vaterlandes willen anschließt; aus den ersten
Szenen aber ist zu erkennen, daß eines der Motive für den Feldzug in der Angst des Klerus liegt, Einbußen an Kirchengütern
zu erleiden. Canterburys langatmige Rechtfertigung des Krieges
aus dem »Salic law« (I, ii, 33 ff.) muß vor dem Hintergrund eines
anderen, viel pragmatischeren Motivs gesehen werden (bereits
in 2 *Henry IV* erwähnt): außenpolitische Initiativen sind geeignet, von innenpolitischen Unruhen abzulenken. Solch ein
Schachzug gehörte zwar zu den politischen Realitäten, die die
Renaissance durchaus akzeptierte, doch das Motiv verlagert den
Akzent vom Krieg als Heroenschauspiel auf den Krieg als real-
politische Notwendigkeit.

Die Berechtigung eines Krieges, auch wenn er politisch notwendig ist und zum Sieg führt, wird von den einfachen Soldaten
Court, Bates und Williams in Frage gestellt. Sie konfrontieren
den König (der hier incognito auftritt) mit Fragen, die deutlich
machen, daß sie den Krieg als eine der schlechtesten Möglichkeiten ansehen, ihre Liebe zum Vaterland unter Beweis zu stellen.
Henry gelingt es nicht, auf alle anstehenden Fragen befriedigende
Antworten zu finden. Der Krieg bleibt trotz Henrys offenkundi-
gem Verantwortungsbewußtsein Problem und Gefährdung für
das ganze Land.

Manchmal stehen die Aussagen des Chorus sogar in direktem
Kontrast zu den Vorgängen innerhalb der Akte. So schildert
der Chorus die Tapferkeit und den ehrenvollen Kampfgeist des
englischen Kriegsvolkes, während neben tapferen Kämpfern
auch eine Gruppe heruntergekommener und vernachläßigter
Soldaten (Pistol, Nym, Bardolph) widerwillig in den Krieg zieht.

Ebenso erwähnt der Chorus, daß die Franzosen aus Furcht vor den Engländern zittern (Chorus zu Akt II), während sie dann als hochmütig und überheblich gezeigt werden.

Die negativen Klischees über die Franzosen, die in der Historiendramatik der Elisabethaner besonders beliebt waren, verwendet Shakespeare wie bereits in 1 *Henry VI* in abgemilderter Form. Wohl auch mit Rücksicht auf den Dramenschluß, der mit dem Friedensvertrag und Henrys Heirat mit Katherine das Verhältnis von England und Frankreich wieder ins rechte Lot rückt, konzentrieren sich die Angriffe gegen die französische Wesensart auf den Dauphin. Eigenheiten des englischen Volkes, die Einfachheit der Kost, die Anspruchslosigkeit, die soldatische Offenherzigkeit werden in der Gegenüberstellung mit den französischen Adligen und Soldaten als positive Eigenschaften besonders akzentuiert. Die Franzosen, in die gleichen Situationen wie die Engländer gestellt, verhalten sich fast immer schlechter. Allerdings schafft Shakespeare einen Ausgleich durch die Darstellung von Pistols unwürdigem Verhalten gegenüber einem wehrlosen französischen Soldaten (IV, iv). Zudem ist dies die einzige »Schlachtszene«, die Shakespeare von dem grandiosen englischen Sieg bei Agincourt auf die Bühne bringt.

Die komischen Volksszenen (ohne Falstaff, obwohl Shakespeare im Epilog von 2 *Henry IV* ein weiteres Stück »with Sir John in it« versprach) verlieren das Eigengewicht, das sie in *Henry IV* innehatten, und damit auch ihre Funktion als wichtiges Korrektiv zur zeremoniellen Hofwelt. Sie dienen meist als Kontrastfolie zum idealen Herrscherbild, sind aber weniger integriert als in *Henry IV* und beschränken sich zumeist auf Situationskomik. Nur der Schilderung von Falstaffs Tod, die die Hartherzigkeit der politisch notwendigen Zurückweisung Falstaffs durch den König nochmals betont, hat man aufgrund ihrer sprachlichen Wirkung größere Beachtung geschenkt.

dd) Wirkungsgeschichte

Nach der vermutlichen Uraufführung des Stücks 1599 ist zu Shakespeares Lebzeiten nur eine Aufführung belegt, am 7. Januar 1605 mit R. BURBAGE in der Titelrolle. Erst 1723 bringt A. HILL *Henry V* erneut auf die Bühne, allerdings in einer Bearbeitung, in der alle komischen Charaktere gestrichen und ein sentimentales »subplot« eingefügt wurden. Ab 1735 wurde den Inszenierungen wieder der authentische Text zugrundegelegt; das ganze 18. Jahrhundert hindurch wurde das Stück regelmäßig an den großen englischen Bühnen, vor allem in Covent Garden und Drury Lane, gespielt. Die individuelle Anziehungskraft der Schauspieler charakterisiert die meisten dieser Aufführungen. Im 19. Jahrhundert, in Inszenierungen von W. C. MACREADY 1839 und C. KEAN 1859, wurde der bis dahin fast immer gestrichene Chor wieder eingesetzt und das Stück durch die zusätzliche Verwendung von lebenden Bildern episch erweitert. Das Anliegen, das Stück historisch exakt auf die Bühne zu bringen, stand im Vordergrund. Auch im 20. Jahrhundert ist eine Fülle von Inszenierungen, u. a. 1926 mit B. HOLLOWAY in der Titelrolle und 1964 unter P. HALL in Stratford, Ausdruck der Popularität dieses Dramas. *Henry V* scheint aufgrund seiner patriotischen Wirkung besonders in politischen Krisenzeiten Anziehungskraft für die englische Bühne besessen zu haben. Die Filmversion von L. OLIVIER 1944 ist charakterisiert durch straffen, symmetrischen Aufbau, ironische Pointierung (Ziel der Ironie ist der Klerus) und Glorifizierung Henrys nicht als König, sondern als Heerführer. In Terry HANDS' Stratforder Inszenierung (1976) hingegen spielt Alan HOWARD einen Henry V, der dem Hamlet verwandt ist.

Es kennzeichnet die deutsche Aufführungsgeschichte des Stücks, daß der nationalhistorische Aspekt gegenüber einem allgemein ethischen (Problem des Krieges, des Heldentums) zurückgedrängt wird. F. DINGELSTEDT unternahm eine der ersten Aufführungen von *Henry V*, als er 1864 in Weimar fast den gesamten Shakespeareschen Historienzyklus inszenierte, wobei er *Henry V* um alle zu »englisch« anmutenden Passagen kürzte. ZADEKs Bearbeitung des Stücks 1964 macht auf radikale Weise die in dem Drama angelegte Spannweite der Auslegungsmöglichkeiten deutlich: vor kahler Bühne rollt das Stück als Abschreckungsbeispiel mit politisch provokatorischen Absichten ab. Die Szenen, z. T. stark brutalisiert, exemplifizieren die massenpsychologische Wirkung des Heldentums. Zurückhaltender hat V. PUECHER *Henry V* 1968 in Mailand modernisiert: der

Frankreichfeldzug wird zum Prüfstein des Kräftespiels .in der Macht- und Wirtschaftspolitik, Henrys Heldentum zur heldischen Attitüde. Das Stück hat allerdings auf deutschen Bühnen nie eine dominierende Rolle gespielt, auch wenn es immer wieder auf den Spielplan gesetzt wird.

H.T. PRICE, *The Text of Henry V*, Newcastle-Under-Lyme, 1920. – P.A. JORGENSEN, »Accidental Judgments, Casual Slaughters, and Purposes Mistook: Critical Reactions to Sh.'s *Henry the Fifth*«, *SAB*, 22 (1947). – P.A. JORGENSEN, »The Courtship Scene in *Henry V*«, *MLQ*, 11 (1950). – A. GILBERT, »Patriotism and Satire in *Henry V*«, in: A. Matthews, C.M. Emery, eds., *Studies in Sh.* Coral Gables, Flor., 1953. – J.K. WALTER, »Introduction«, *King Henry V*, New Arden Sh., London, 1954 (1961³). – D.A. TRAVERSI, »*Henry V*«, in: L.F. Dean, ed., *Sh.: Modern Essays in Criticism*, New York, 1961. – L.C. BURNS jr., »Three Views of *King Henry V*«. *DramS*, 1 (1962). – J.W. CUNLIFFE, »The Character of Henry V as Prince and King«, B. Matthews/A.H. Thorndike, eds., *Shaksperian Studies*, New York, 1962. – R.W. BATTENHOUSE, »*Henry V* as Heroic Comedy«, in: *Essays on Sh. and Elizabethan Drama*, ed. R. Hosley, London, 1963. – C. MITCHELL, »*Henry V*: The Essential King«, in: *Shakespearean Essays* (1964). – A. SCHLÖSSER, »Widerstreit von Patriotismus und Humanismus in *Heinrich V.*«, *ZAA*, 12 (1964). – Z. STRIBRNY, »*Henry V* and History«, in: *Sh. in a Changing World*, ed. A. Kettle, London, 1964. – J. NAUMANN, »*Henry V: A Scene-by-Scene Analysis with Critical Commentary*«, New York, 1965. – P.G. PHIALAS, »Sh.'s *Henry V* and the Second Tetralogy«, *SP*, 62 (1965). – H.F. HUTCHINSON, »Sh. and *Henry V*«, *History Today*, 17 (1967). – M.A. O'BRIEN, *A Critical Commentary on Sh.'s Henry V*, London, 1967. – R. BERMAN, ed., *Henry V: A Collection of Critical Essays*, Englewood Cliffs, N.J., 1968. – R. EGAN, »A Muse of Fire: *Henry V* in the Light of *Tamburlaine*«, *MLQ*, 29 (1968). – C.H. HOBDAY, »Imagery and Irony in *Henry V*«, *ShS*, 21 (1968). – A.R. HUMPHREYS, »Introduction«, *Henry V*, New Penguin Sh., Harmondsworth, 1968. – G.P.V. AKRIGG, »*Henry V*: The Epic Hero as Dramatic Protagonist«. *Stratford Papers 1965–67*, ed. B.A.W. Jackson, Shannon, 1969. – M. QUINN, ed., *Sh.: Henry V*, Casebook Series, London, 1969. – U. SUERBAUM, »*Henry V*«, *Das englische Drama*, ed. D. Mehl, Bd. 1, Düsseldorf, 1970. – H.R. COURSEN, »Henry V and the Nature of Kingship«, *Discourse* (Concordia College), 13 (1970). – D. COOK, »Henry V: Maturing of Man and Majesty«, *Studies in the Literary Imagination*, 5 (1972). – E. F. J. TUCKER, »Legal Fiction and Human Reality: Hal's Role in *Henry V*«, *ETJ*, 26 (1974). – A. BARTON, »The King Disguised: Sh.'s *Henry V* and the Comical History«, in: *The Triple Bond*, ed. J. G. Price, London, 1975. – S. BEAUMAN, ed., *Henry V for the Centenary Season at the Royal Sh. Theatre*, Oxford, 1976. – K. P. WENTERSDORF, »The Conspiracy of Silence in *Henry V*«, *SQ*, 27 (1976). – Vgl. auch Bibliogr. zu *Henry IV*.

h) King Henry the Eighth (König Heinrich der Achte)

aa) Datierung und Text

Während der ersten Aufführung von *Henry VIII* brannte das Globe-Theater bis auf die Grundmauern nieder. Aus zeitgenössischen Berichten über dieses Unglück ist uns das genaue Datum der Uraufführung überliefert, der 29. Juni 1613. Das Drama entstand mit Sicherheit in der ersten Hälfte des gleichen Jahres und möglicherweise aus Anlaß der Hochzeit Prinzessin ELISABETHs, der Tochter von JAMES I, mit Kurfürst FRIEDRICH von der Pfalz.

Der Text des Stücks ist nur im First Folio – unter dem Titel *The Famous History of the Life of King Henry the Eighth* – überliefert. F$_1$ enthält überaus detaillierte Bühnenanweisungen, konsequent einheitliche Personenbezeichnungen sowie volle Akt- und Szeneneinteilungen. Als Druckvorlage diente vermutlich eine sorgfältige Reinschrift des Autorenmanuskripts. Schwerwiegende Textprobleme stellen sich nicht.

bb) Die Verfasserfrage

Bis zur Mitte des 19. Jahrhunderts galt Shakespeare unangefochten als alleiniger Autor von *Henry VIII*. 1850 jedoch überraschte James SPEDDING in einem Artikel im Londoner *Gentleman's Magazine* mit der These, daß das Stück eine Gemeinschaftsarbeit von Shakespeare und John FLETCHER sei. Neben dem komplexen Shakespeareschen Spätstil entdeckte er einen weniger konzentrierten, schmucklosen Zeilenstil, welchen er dem jüngeren Dramatiker zuschrieb. Aufgrund seiner Stilanalyse teilte er einzelne Szenen auf die beiden Verfasser auf; für den vierten Akt postulierte er eine enge Zusammenarbeit von Shakespeare und FLETCHER. Diese Theorie fand in der Shakespeare-Kritik weitgehende Anerkennung.

SPEDDINGS Beweisführung stützt sich ebenso wie spätere Argumentationen mit gleichem Ziel jedoch ausschließlich auf textinterne Kriterien, und sie kann mit Hilfe ebensolcher Kriterien auch wieder in Frage gestellt werden. Die Beobachtungen etwa, daß das Quellenmaterial im ganzen Stück homogen verarbeitet wurde oder daß bestimmte Bilder durchgängig wiedererscheinen, sprechen gegen eine doppelte Autorschaft. So ist die Verfasserfrage bis heute ein offenes Problem geblieben.

cc) Vorlagen

Hauptquelle für das historische Material sind R. HOLINSHEDS *Chronicles of England, Scotland and Ireland* (1587); die Cranmer-Geschichte wurde aufgrund von J. FOXES *Book of Martyrs* (1563) ergänzt. Das Material ist so ausgewählt, daß es sich sechs verschiedenen Handlungen zuordnet. Dieses sind: der Untergang von Buckingham, von Katherine und von Wolsey – drei »de casibus« Tragödien –, die Hochzeit von Henry VIII. mit Anne

Bullen, Gardiners Intrige gegen Cranmer und die Feierlichkeiten anläßlich der Geburt von Elisabeth. Weit auseinanderliegende Ereignisse wurden im Drama zusammengezogen (Buckingham starb 1521, Annes Hochzeit fand 1532 statt) und Details aus einem Handlungsbereich in einen anderen übertragen. Durch diesen Umformungsprozeß entsteht ein historisches Festspiel; berühmte Figuren aus der Zeit von HENRY VIII. werden in einer Szenenfolge vorgestellt, in der tragische und freudige Ereignisse miteinander abwechseln, und die in der Geburt der großen ELISABETH ihre Kulmination erreichen.

dd) Analyse und Deutung

Im Unterschied zu den frühen Historien Shakespeares liegt in *Henry VIII* das Gewicht nicht auf der Geschichtsdeutung und der Vermittlung politischer Lehren, sondern – wie in anderen späten Dramen – auf einem persönlich-moralischen Grundgedanken. Die Darstellung geduldigen Leidens, welches zu Selbsterkenntnis und Reife führt, ist Leitmotiv des Stücks. *Henry VIII* findet auch nicht mehr wie die späteren Geschichtsdramen der ersten Schaffensperiode in einer durchgehend dominierenden Königsfigur seine Geschlossenheit. Vielmehr gewinnt es einen lockeren Gesamtzusammenhang in einer thematischen Struktur, die der der Shakespeareschen Romanzen verwandt ist; die episodenhafte Darstellung von Einzelschicksalen und Charakterentwicklungen zielt hin auf den visionären Gesamteffekt eines Restitutionsmusters. Eine versöhnte und hoffnungsvolle junge Generation verspricht die Leiden und Vergehen der Vergangenheit zu überwinden. In der Feststimmung der Schlußszene anläßlich der Taufe von Elisabeth darf Cranmer den prophetischen Ausblick auf eine goldene Zukunft in Worte fassen.

Im einzelnen ergeben sich fein abgestufte Kontrast- und Parallelbezüge zwischen den verschiedenen Schicksalslinien, die das Drama aufzeichnet. Buckinghams »Fall« ist vor allem das Werk von persönlicher Rivalität und Verrat; er geht gelassen in den Tod, die unvermeidliche Abwärtsbewegung des Rades der Fortuna demonstrierend. Katherine erscheint als eine reine Gestalt, deren Niedergang allein von verleumderischen Anklägern verschuldet wird. Sie bildet ein starkes dramatisches Gegengewicht zum ehrgeizigen und skrupellosen papistischen Prälaten Wolsey. Ihre Verstoßung, vom Kardinal in die Wege geleitet, markiert in dessen Schicksalslinie den höchsten Punkt; sein »Fall« steht unmittelbar bevor. Im Untergang jedoch, in seiner Abschiedsrede (III, ii) findet Wolsey zu Selbsterkenntnis, zu Vergebung und innerem Frieden. Annes Aufstieg andererseits wird möglich durch Katherines Verstoßung. Das Schicksal der beiden Frauen wird aber weniger gegeneinander ausgespielt als zu einer parallelen Bewegung gestaltet. In Katherines Vision ihrer himmlischen Krönung spiegelt sich in übernatürlichem Glanz das Zeremoniell der irdischen Krönung, die Anne zuteil wird. In der zweiten Hälfte des Stücks tritt Henry VIII. mehr in den Vordergrund. Ist bereits in der Wolseyepisode Gerechtigkeit geschehen durch sein Eingreifen, so hält er auch Cranmers »Fall« durch seinen Schiedsspruch an. Das Unrecht hingegen, das an Buckingham und Katherine geschehen ist, wirft, da die Leidenden an ihm zu innerer Größe emporwuchsen, kaum einen Schatten auf die Figur des Königs.

Seinen Festspielcharakter gewinnt *Henry VIII* durch die Staatsszenen mit ihren großartigen Schaueffekten, den zeremoniellen Auftritten, den »masque«-artigen Aufzügen, den prächtigen, weit ausladenden Reden. Um diese Höhepunkte gruppieren sich sprachlich wie vom Bühnenvorgang her schlichte Szenen, in denen Hofdamen und Edelleute die großen Ereignisse kommentieren; intime, verhaltene Szenen, in denen die ins Unglück Gestoßenen über ihr Schicksal reflektieren, bewirken einen stimmungsmäßigen Kontrast.

ee) Wirkungsgeschichte

Im englischen Theater hat sich *Henry VIII* vor allem wegen seiner spektakulären und patriotischen Qualitäten als erfolgreiches Stück erwiesen. Von der ersten Aufführung an, bei der Salutschüsse in der Bankettszene I, iv den Theaterbrand auslösten, wurde immer wieder große Sorgfalt auf die Ausstattung verwendet. Im 18. Jahrhundert, einer Zeit großer Aufführungsdichte, fand Mrs. SIDDONS als Katherine in J. P. KEMBLES Einrichtung des Stücks für das Drury Lane (1788) eine ihrer Glanzrollen. Das 19. Jahrhundert sah in *Henry VIII* einen willkommenen Anlaß für die historisch getreue Nachbildung von Aufzügen, Kostümen, und Szenerien, die in den Mittelpunkt des Inszenierungsbemühens gerückt war. Obwohl das Stück seit SPEDDING von der Shakespearekritik abgewertet wurde und nach der Jahrhundertwende auch von der Bühne vernachlässigt worden ist, sind auch in jüngerer Vergangenheit Neuinszenierungen zu festlichen Anlässen beliebt. T. GUTHRIE inszenierte *Henry VIII* im Old Vic zum Krönungsjahr 1953.

In Deutschland hingegen wurde das Stück nur selten gespielt, so 1927 in Bochum im Rahmen von S. SCHMITTS Inszenierung des gesamten Historienzyklus.

J. SPEDDING, »On the Several Shares of Sh., and Fletcher in the Play of *Henry VIII*«, *Gentleman's Magazine*, 34 (1850). – M.H. NICHOLSON, »The Authorship of *Henry VIII*«, *PMLA*, 37 (1922). – C. CLARK, *A Study of Sh.'s Henry VIII*, London, 1938. – F. KERMODE, »What is Sh.s *Henry VIII* about?«, *DUJ*, 9 (1948). – A.C. PARTRIDGE, *The Problem of Henry VIII Reopened*, Cambridge, 1949. – R.A. FOAKES, »Introduction«, *King Henry VIII*, New Arden Sh., London, 1957. – R.A. LAW, »Holinshed and Henry the Eighth«, *Texas Studies in English*, 36 (1957). – R.A. FOAKES, »On the First Folio Text of *Henry VIII*«, *SB*, 10 (1958). – R.A. LAW, »The Double Authorship of *Henry VIII*«, *SP*, 52 (1959). – E.M.W. TILLYARD, »Why Did Sh. Write *Henry VIII*?«, *CritQ*, 3 (1961). – M. MINCOFF, »*Henry VIII* and Fletcher«, *SQ*, 12 (1961). – J.D. WILSON, »Introduction«, *King Henry the Eighth*, New Cambridge Sh., Cambridge, 1962. – H. HOWARTH, »An Old Man Looking at Life: *Henry VIII* and the Late Plays«, in: *Stratford Papers on Sh.*, ed. B.W. Jackson, Toronto, 1962. – J. WASSON, »In Defense of *King Henry VIII*«, *RS*, 32 (1964). – A. SCHLÖSSER, »Konturen unter der Oberfläche in *Heinrich VIII*«, *ZAA*, 12 (1964). – H. FELPERIN, »Sh.'s *Henry VIII*: History as Myth«, *SEL*, 6 (1966). – H. OPPEL, *Sh. oder Fletcher?*, Mainz, 1966. – R. BERMAN, »*King Henry the Eight*: History and Romance«, *ESts*, 48 (1967). – H.M. RICHMOND, »Sh.'s *Henry VIII*: Romance Redeemed by History«, *ShakS*, 4 (1968). – H. HOWARTH, »An Old Man's Methods: *Henry VIII* and the Late Plays«, in: *The Tiger's Heart*, London, 1970. – H. WOLFF, *Das Charakterbild Heinrichs VIII. in der englischen Literatur bis Sh.*, Diss. Freiburg, 1972. – L. BLISS, »The Wheel of Fortune and the Maiden Phoenix in Sh.'s *King Henry the Eighth*«, *ELH*, 42 (1975). – F. O. WAAGE jr., »*Henry VIII* and the Crisis of the English History Play«, *ShakS*, 8 (1975). – Vgl. auch Bibliogr. III. C. 2. p.

2. DIE KOMÖDIEN

a) Die heiteren Komödien

Einleitung

Als sich Sir Philip SIDNEY um 1580 in seiner *Apology for Poetry* mit der zeitgenössischen englischen Literatur auseinandersetzte, wandte er sich gegen eine Komik, die auf nichts anderes abzielt als »loud laughter« – zweckfreies Gelächter über skurril-absurde Farcensituationen oder satirisches Verlachen menschlicher Un-

zulänglichkeiten und Laster. Er forderte dagegen eine Komödie
»full of delight«, in der sich die satirisch-didaktische Intention
mit der Darstellung des Schönen und Erfreulichen zum »delight-
ful teaching« verbindet. Diese originell akzentuierte Neuformu-
lierung der horazischen Forderung nach »delectare« und »prodesse« als der Aufgabe der Dichter geht nicht nur weit über die
frühelisabethanische Rechtfertigung des Komischen durch den
befreienden und damit therapeutischen Effekt des Lachens hinaus,
sondern hebt auch die klassizistische Einengung des Komischen
auf den Bereich satirischen Verlachens auf. Wenn auch Shakespeare als ein Erbe der Tradition des Volkstheaters SIDNEYS klassizistischen Postulaten der Einheit von Ort, Zeit und Handlung
und der Reinheit der Gattung nicht folgt, ist doch in diesem
programmatischen Entwurf die zutreffendste zeitgenössische
Charakterisierung der Shakespeareschen Komödie zu sehen.
Denn wo sonst als bei Shakespeare finden wir im Bereich des
elisabethanischen Dramas Komödienhelden und vor allem -hel-
dinnen, über deren harmonisches Wesen und glücklich endendes
Schicksal wir ein ähnlich reines Entzücken empfinden?

Shakespeares »happy comedies« (J. WILSON) stehen damit in
pointiertem Gegensatz zu den kritisch-satirischen Komödien
Ben JONSONS und seiner »Schule«, die in unverstellt didaktischer
Absicht die Torheiten und lasterhaften Verirrungen karikaturi-
stisch überzeichneter »humour«-Typen dem Spottgelächter des
Publikums aussetzen. Der direktere Bezug auf die außerliterari-
sche Wirklichkeit in JONSONS Komödien – freilich kein »realistischer«, sondern ein satirisch verzerrter Bezug – zeigt sich schon
in der Wahl Londons als Ort der Handlung; Shakespeare dagegen beläßt fast ausnahmslos seine Komödien in den mittel-
meerischen Schauplätzen der romanzenhaften Vorlagen und
läßt allenfalls in den burlesken Nebenhandlungen englisches
Lokalkolorit einfließen. Offene Satire ist in seinen Komödien mit
ihren liebenswürdig-sympathischen Helden, mit denen wir mehr
lächeln, als daß wir über sie lachen, von untergeordneter Bedeutung. Sie ist im allgemeinen auf die Darstellung einzelner Nebenfiguren beschränkt und entbehrt auch hier der Bitterkeit und
Schärfe, da diese Figuren nicht in satirisch distanzierter Außen-
schau zu völlig verachtenswerten Karikaturen reduziert werden,

sondern sich in differenzierter Selbstdarstellung dem mitfühlen-
den Verständnis der Zuschauer aufschließen. Damit wird auch
jene explizit eindeutige Didaxis, jene offene Verurteilung von
Torheiten und Lastern im Zeichen eines verbindlich vorgegebenen Moralkodex aufgegeben, wie sie für JONSONS Komödien
kennzeichnend ist. Shakespeare entwirft vielmehr ein ganzes
Spektrum unterschiedlicher und oft widersprüchlicher Perspektiven, die sich wechselseitig erhellen und relativieren und deren
wertende Zuordnung die moralische Sensibilität und mitschaf-
fende Phantasie des Zuschauers herausfordert. So geht seine
Komödie über die »konservative« Bekräftigung vorgegebener
moralischer Normen hinaus, stellt in heiterem Spiel eben diese
Normen auf die Probe und verweist in indirekter, nur impli-
zierter Wertung auf schöpferisch neue Formen eines glücklichen
Zusammenlebens und harmonischen Weltverhältnisses.

Wenn wir für die Gruppe der frühen Komödien Shakespeares,
die in der letzten Dekade des 16. Jahrhunderts, vor der Wendung
zu den großen Tragödien, entstanden sind, in Einklang mit J.D.
WILSON und C.L. BARBER die Bezeichnung »heitere Komödien«
vorschlagen, wollen wir an die elisabethanische Vorstellung
einer »comedy of delight« anknüpfen, wie sie SIDNEY und LYLY
programmatisch entwarfen, und den Unterschied zur satirischen
Verlachkomödie der JONSON-Schule und zu Shakespeares eigenen »problem plays« hervorheben. Dabei soll jedoch nicht unterschlagen werden, daß auch in diese heiteren Komödien immer
wieder bedrohliche Elemente einbrechen, die sie gelegentlich –
etwa in *The Merchant of Venice* und *Much Ado About Nothing* –
dem zeitgenössischen Verständnis einer Tragikomödie annähern,
in der, wie John FLETCHER um 1609 formulierte, »niemand
stirbt, was ausreicht, sie von der Tragödie abzusetzen, und doch
einige in Todesnähe geraten, was ausreicht, sie von der Komödie
abzusetzen«.

Während die Zusammenfassung dieser zehn Komödien Shakespeares zu einer Gruppe sich in der Shakespeare-Kritik allgemein
und wohl auch zu Recht durchgesetzt hat, da sie bei aller individueller Verschiedenheit doch genug Gemeinsames haben, um
sie von den »problem plays« und den späten Romanzen abheben
zu können, ist man sich über ein charakterisierendes Etikett noch

keineswegs einig. Rein chronologische Kennzeichnungen wie
die »frühen« (D. TRAVERSI, E. M. W. TILLYARD, B. O. BONAZZA)
und die »reifen« oder »späten« Komödien (F. KERMODE, G. K.
HUNTER) sagen nur wenig über die Eigenart dieser Dramen aus
oder wecken sogar falsche Erwartungen (schon *A Midsummer
Night's Dream* zeigt kaum mehr Spuren einer künstlerischen Unreife, wie sie die Bezeichnung »frühe Komödie« suggeriert, und
die Bezeichnung »späte Komödien« sollte wohl eher den Romanzen vorbehalten bleiben). Die Klassifizierung als »romantische
Komödien« (G. W. KNIGHT, H. B. CHARLTON, E. C. PETTET, P.
G. PHIALAS) führt andererseits leicht zu Verwechslungen mit den
sogenannten Romanzen und stiftet durch die Mehrdeutigkeit
des Begriffs »romantisch« weitere Verwirrung. Und selbst wenn
man, mit CHARLTON und PETTET, »romantisch« streng historisch
als Verweis auf die Romanzen-Tradition des Mittelalters und
der Renaissance versteht, wie sie sich im gesamteuropäischen
Raum in epischer, lyrischer und dramatischer Dichtung nieder-
geschlagen hat, werden dabei die un- bzw. anti-romantischen
Elemente in Shakespeares heiteren Komödien unterschlagen
und darüber hinaus die Grenzen zu den »problem plays« und den
Romanzen verwischt, denen ja auch oft »romaneske« Stoffe zugrundeliegen.

Von dem archetypisch-strukturalen Ansatz N. FRYES ausgehend, erkennt C. L. BARBER als gemeinsame Grundstruktur
der heiteren Komödien den saturnalischen Rhythmus befreien-
der Entspannung und Klärung, wie er sich auch in den volkstümlichen elisabethanischen Festbräuchen findet. Die Charaktere
dieser »festive comedies«, dieser »festlich-heiteren« Komödien,
gelangen in einer alltagsfernen Ferienwelt durch heitere Mißverständnisse und anarchische, turbulente Verwirrungen hindurch
zu einem vertieften Verständnis ihrer selbst und zu einem gesteigerten Verhältnis zu den Mitmenschen und zur Natur. Der saturnalische Rhythmus »primitiven« Brauchtums erscheint in Shakespeares Komödien gefiltert durch eine entwickelte Formkultur, die
er dem Erbe der lateinischen und italienischen Komödie und den
Vorarbeiten einheimischer Neuerer wie John LYLY und Robert
GREENE verdankt und die er sich durch formale Experimente mit
herkömmlichen literarischen Typen und Mustern – die plautini-

sche Komödie in *The Comedy of Errors*, Romanze und romanes-
kes Drama in *The Two Gentlemen of Verona* – in seinen ersten
Komödienversuchen aneignete. In *Love's Labour's Lost*, noch
orientiert an LYLYS Konversationskomödien und doch schon
über sie hinausgehend, zeichnet sich die saturnalische Grundstruktur zum erstenmal deutlich ab, um dann von *A Midsummer
Night's Dream* bis *Twelfth Night* die Form der Shakespeareschen
Komödie zu bestimmen. Dabei ist der Gegensatz zwischen All-
tags- und Ferienwelt oft schon in der antithetischen Raumstruktur angedeutet: in mondbeglänzter Waldlandschaft, im märchenhaften Schloß von Belmont, in der Robin-Hood-Welt des
Ardennerwalds lösen sich die Spannungen, die in der Werktagswelt der Städte aufbrachen.

Shakespeares heitere Komödien sind Liebeskomödien, und sie
sind dies in ganz spezifischem Sinn. »The course of true love
never did run smooth« (*Midsummer Night's Dream*, I, i, 134) und
»Jack shall have Jill; / Nought shall go ill« (*Midsummer Night's
Dream*, III, ii, 461f): diese beiden Zitate charakterisieren den
Handlungsverlauf der meisten dieser Komödien. Liebe wird dabei fast immer in ihrer ersten Phase, der Werbung, gezeigt;
Elemente einer Ehekomödie nehmen einen breiteren Raum nur
in *The Comedy of Errors*, *The Taming of the Shrew* und *The Merry
Wives of Windsor* ein – Komödien, die mit ihren stark ausgeprägten farcenhaften Zügen auch sonst sehr von den übrigen
Dramen dieser Gruppe abweichen. Es ist nicht mehr das rein
sexuelle, sinnliche Verlangen der jungen und alten Freier in der
antiken Komödie, das Shakespeares junge Liebespaare bewegt,
sondern eine durch die Konventionen romantischer Literatur
und petrarkistischer Dichtung verfeinerte und sublimierte Liebe.
Dieses Ideal romantischer Liebe wird freilich mehr und mehr
durch anti-romantische, realistische Kontrastperspektiven in
Frage gestellt. Während noch in *The Two Gentlemen of Verona*
die beiden Diener Speed und Launce mit ihren burlesken Späßen
die romantische Liebespose ihrer Herren nur gelegentlich und
punktuell in ein ironisches Licht rücken, stellt in *Much Ado
About Nothing* das unromantische Liebesgeplänkel Benedicks
und Beatrices einen fortlaufenden kritischen Kommentar zur
konventionellen Werbung Claudios um Hero dar. In *As You*

Like It und *Twelfth Night* halten sich schließlich diese beiden
Impulse im Bewußtsein der Heldinnen selbst die Waage: spielerisch sich selbst bewußter Witz und romantisches Gefühl ergänzen sich zur harmonischen Synthese. So verkörpern Shakespeares
Komödienheldinnen am reinsten den Geist dieser heiteren Spielwelt, und die Entwicklung seiner Komödien läßt sich als die
tastende und allmähliche Entwicklung dieses Mädchenideals beschreiben.

Rosaline und Portia, Rosalind und Viola verkörpern nicht nur
das Ideal einer Liebe jenseits idealistischer Romantik und derb-
realistischer Sinnlichkeit, sie halten auch als hellsichtige und
geistvolle Intrigantinnen weitgehend die Fäden der Handlung
in ihren Händen. Sie – und ein mit launigen Zufällen spielendes
Schicksal – inszenieren die karnevalesk heiteren oder tragikomisch
umschatteten Verwechslungssituationen, Identitätsverwirrungen
und Verkleidungskomödien, die immer wieder die Struktur der
Handlung bestimmen, und treten dabei häufig in kecken Hosenrollen auf, in denen sie ihre wahren Empfindungen aussprechen
können, ohne in die konventionellen Klischees romantischer
Liebesdichtung verfallen zu müssen. Reflektiert schon das bewußte oder unbewußte Rollen- und Verkleidungsspiel den
Spielcharakter der Komödien selbst, so wird diese Potenzierung
der dramatischen Illusion oft noch durch die elisabethanische
Bühnenkonvention des »Spiels im Spiel« betont, in dem Zuschauer auf der Bühne theatralische Aufführungen ihrer Mitspieler kommentieren. Damit wird die Bühnenillusion selbst in
das Leitmotiv von Sein und Schein mit einbezogen, das in den
heiteren Komödien – bei aller Verinnerlichung des Motivs in der
Entwicklung von den mechanisch-äußerlichen Identitätsverwirrungen der *Comedy of Errors* zu den psychologisch vertieften Verwechslungen von Schein und Sein in *Twelfth Night* – den Zuschauer nie in die Abgründe existentieller Täuschung führt, wie
sie sich in den Tragödien und den »problem plays« auftun. Gelten in den Tragödien Bühne und Theaterspiel als Symbol nichti-
gen Scheins, so lösen sich in den heiteren Komödien gerade durch
das Spiel mit dem Schein Verblendung und Verwirrung in
nichts auf und weichen einem beglückenden Sein.

Charakteristisch für alle heiteren Komödien Shakespeares –

und für einen Großteil der gesamten elisabethanischen Komödienliteratur – ist auch, daß die zentralen Liebeswirren der meist
aristokratischen Helden und Heldinnen von burlesken und oft
drastisch possenhaften Nebenhandlungen um Personen niedrige-
ren Stands begleitet werden. Dieses Nebeneinander von ernsten
und grotesken Handlungselementen und die damit verbundene
Stilmischung, die sich in der Tradition des englischen Theaters
bis zu den mittelalterlichen Mysterienspielen zurückverfolgen
lassen, zielt – wie auch in Shakespeares Tragödien und Historiendramen – nicht nur auf »comic relief« ab, sondern mehr und
mehr auf erhellenden Kontrast und verdeutlichende Spiegelung.
So läßt sich in der Entwicklung der heiteren Komödien eine
Verdichtung der Bezüge zwischen romantischer Liebeshandlung
und burlesk komischen Nebenhandlungen verfolgen: aus einer
mehr additiven Aneinanderreihung komischer und romantischer
Handlungselemente in den frühen Komödien entwickelt sich in
As You Like It und *Twelfth Night* eine Synthese, in der sich diese
beiden Elemente völlig durchdringen und ständig gegenseitig
relativieren und qualifizieren. Die romantischen Liebenden selbst
werden dabei immer wieder in die Sphäre burlesker Komik
hineingezogen, und das Personal der komischen Nebenhandlungen gewinnt in den Gestalten der witzigweisen Hofnarren Touchstone und Feste einen neuen, intellektuell anspruchsvolleren
Status.

Als Liebeskomödien enden Shakespeares heitere Komödien
mit der glücklichen Vereinigung der durch äußere Hindernisse
oder innere Spannungen entzweiten Paare. Die Harmonie ihres
Liebesglücks, oft symbolisch überhöht durch Musik, Tanz oder
Maskenzüge, strahlt gleichsam auf die ganze Komödiengesellschaft über: in breit angelegten Schlußszenen klären sich die
Mißverständnisse, versöhnen sich Diener und Herren, bekehren
sich Schurken und finden sich lange getrennte Familienmitglieder
wieder. Gerade in den reifen Komödien liegt jedoch häufig ein
Anflug melancholischer Schwermut über diesem »happy end«.
Außenseiter der Komödiengesellschaft, eingefleischte Böse-
wichter, verbitterte »malcontents« und von inneren Zwängen
Gefesselte schließen sich selbst aus der beglückenden Harmonie
aus oder müssen entmachtet und bestraft werden und verweisen

somit auf eine Welt jenseits der heiteren Spielwelt der Komödie, eine Welt, in der heiteres Spiel nicht alle Spannungen zu lösen vermag – die Welt des Publikums, unsere Welt.

J.R. BROWN, »The Interpretation of Sh.'s Comedies, 1900–1953«, ShS, 8 (1955). – M. CRANE, »Sh.'s Comedies and the Critics«, SQ, 15 (1964) (Forschungsberichte). – G.W. KNIGHT, »The Romantic Comedies«, in: The Shakespearian Tempest, London, 1932. – W. JACOBI, Form und Struktur der Shakespeareschen Komödie, Diss. Berlin, 1937. – H.B. CHARLTON, Shakespearian Comedy, London, 1938. – G. GORDON, Shakespearian Comedy and Other Studies, London, 1944. – J. PALMER, Comic Characters of Sh., London, 1946. – D.L. STEVENSON, The Love-Game Comedy, New York, 1946. – N. FRYE, »The Argument of Comedy«, English Institute Essays 1948, New York, 1949. – T.M. PARROTT, Shakespearean Comedy, New York, 1949. – E.C. PETTET, Sh. and the Romance Tradition, London, 1949. – N. COGHILL, »The Basis of Shakespearian Comedy«, E&S, n.s. 3 (1950). – S.C. SEN GUPTA, Shakespearian Comedy, London, 1950. – K.F. THOMPSON, »Sh.'s Romantic Comedies«, PMLA, 67 (1952). – M. DORAN, Endeavors of Art, Madison, 1954. – O. REETZ, Die Entwicklung der Sprachkomik in den Komödien Sh.s, Diss., Berlin, 1954. – M.C. BRADBROOK, The Growth and Structure of Elizabethan Comedy, London, 1955. – R.H. GOLSDMITH, Wise Fools in Sh., East Lansing, 1955. – G. BULLOUGH, ed., Narrative and Dramatic Sources of Sh., vol. I, London, 1957, vol. II, London, 1958. – J.R. BROWN, Sh. and His Comedies, London, 1957. – K. MUIR, ed., Sh.'s Sources, vol. I, London, 1957, 1961². – C.L. BARBER, Sh.'s Festive Comedies, Princeton, 1959. – B. EVANS, Sh.'s Comedies, Oxford, 1960. – D. TRAVERSI, Sh.: The Early Comedies, London, 1960. – N. SANDERS, »The Comedy of Greene and Sh.«, in: Early Sh., Stratford-upon-Avon Studies 3, London, 1961. – F. KERMODE, »The Mature Comedies«, in: Early Sh. – B. HERKENRATH, Untersuchungen zum Szenengefüge in Sh.s Komödien, Diss. Tübingen, 1961. – E.T. SEHRT, Wandlungen der Shakespeareschen Komödie, Göttingen, 1961. – G.K. HUNTER, Sh.: The Late Comedies, London, 1962. – J.D. WILSON, Sh.'s Happy Comedies, London 1962. – E. HUBLER, »The Range of Sh.'s Comedy«, in: Sh. 400. ed. G.J. McManaway, New York, 1964. – N. FRYE, A Natural Perspective: The Development of Shakespearean Comedy and Romance, New York, 1965; dts.: Sh.s Vollendung, München, 1966. – R.G. HUNTER, Sh. and the Comedy of Forgiveness, New York, 1965. – C. LEECH, Twelfth Night and Shakespearian Comedy, Toronto, 1965. – H.R. MATTHÄI, Das Liebesmotiv in den Komödien Sh.s, Diss. Frankfurt, 1965. – K. MUIR ed., Sh.: The Comedies. A Collection of Critical Essays, Englewood Cliffs, N.J., 1965. – E.M.W TILLYARD, Sh.'s Early Comedies, London, 1965. – B.O. BONAZZA, Sh.'s Early Comedies, Den Haag, 1966. – N. KOHL, Das Wortspiel in der Shakespeareschen Komödie, Diss. Frankfurt, 1966. – P.G. PHIALAS, Sh.'s Romantic Comedies, Chapel Hill, 1966. – L. LERNER, ed., Sh.'s Comedies: An Anthology of Modern Criticism, Harmondsworth, 1967. – R. ORNSTEIN, »Shakespearean and Jonsonian Comedy«, ShS, 22 (1969). – F.P. WILSON, »Sh.'s Comedies«, Shakespearian and Other Studies, Oxford, 1969. – L. S. CHAMPION, The Evolution of Sh.'s Comedy, Cambridge, Mass., 1970. – W. J. MARTZ, Sh.'s Universe of Comedy, London, 1970. – H. M. RICHMOND, Sh.'s Sexual Comedy, Indianapolis, 1971. – V. SCHULZ, Studien zum Komischen in Sh.s Komödien, Darmstadt, 1971. – R. BERRY, Sh.'s Comedies: Explorations in Form, Princeton, 1972. – M. BRADBURY u. D. PALMER, eds., Shakespearian Comedy, Stratford-upon-Avon Studies 14, London, 1972. – T. McFARLAND, Sh.'s Pastoral Comedy, Chapel Hill, 1972. – J. W. SIDER, »The Serious Elements in Sh.'s Comedies«, SQ, 25 (1973). – P. SWINDEN, An Introduction to Sh.'s Comedies, New York, 1973. – E.C. WILSON, Sh., Santayana and the Comic, London, 1973. – J. HASLER, Sh.'s Theatrical Notation: The Comedies, Bern, 1974. – A. LEGGATT, Sh.'s Comedy of Love, London, 1974. – M. PFISTER, Studien zum Wandel der Perspektivenstruktur in elisabethanischen und jakobäischen Komödien, München, 1974. – L. G. SALINGAR, Sh. and the Traditions of Comedy, Cambridge, 1974. – J. SMITH, Shakespearian and Other Essays, Cambridge, 1974. – J. NAEF, Die Lieder in Sh.s Komödien, Bern, 1976. – J. A. ROBERTS, »American Criticism of Sh.'s Comedies«, ShakS, 9 (1976).

b) The Comedy of Errors (Komödie der Irrungen)

aa) Text und Datierung

Bei der Ungesichertheit der absoluten und relativen Chronologie der meisten frühen Komödien Shakespeares muß zweifelhaft bleiben, ob der *Comedy of Errors* wirklich der Ruf als erster Komödie des Dramatikers gebührt. Die früheste belegte Aufführung fand am 28. Dezember 1594 an der Londoner Juristenschule Gray's Inn statt; ob es sich dabei um die Uraufführung handelte, wie manche Forscher aus dem besonderen Charakter dieses Stücks schließen wollen, und ob das Werk bereits früher – etwa um 1590–93 – entstanden ist, läßt sich kaum mehr entscheiden.

Gedruckt wurde *The Comedy of Errors* offenbar zum erstenmal in der Folioausgabe von 1623. Widersprüchlichkeiten in der Benennung der Charaktere und der ansonsten relativ gute Zustand dieses Textes lassen vermuten, daß Shakespeares eigenes Manuskript dem Druck zugrundelag; die Einteilung in Akte und Szenen ist wahrscheinlich der einzige bedeutende redaktionelle Eingriff der Herausgeber.

bb) Vorlagen

Die farcenhafte Verwechslungskomik der Zwillinge in der *Comedy of Errors* folgt der Handlungsstruktur von PLAUTUS' Komödie *Menaechmi*. Gegenüber seiner Vorlage verstärkt er jedoch das farcenhafte Element, indem er dem plautinischen Zwillingspaar ein Zwillings-Dienerpaar zuordnet und damit die Arithmetik des ausgeklügelten Verwechslungsspiels wesentlich kompliziert. (Die Anregung für das Motiv des ununterscheidbaren Dienerpaars kam wohl von PLAUTUS' *Amphitruo*, in dem Sosia von dem als Sosia verkleideten Merkur Zutritt zum Haus seines Herrn verwehrt wird.) Andererseits versucht Shakespeare, durch eine sorgfältige Motivation des Geschehens, durch eine differenzierte Charakterzeichnung und durch die Betonung romantischer Situationen und zwischenmenschlicher Konflikte der nüchternen, gefühlsarmen Atmosphäre der römischen Farce humanere Züge zu geben. So entfaltet er die romantische Vorgeschichte, die bei PLAUTUS nur kurz im Prolog skizziert wird, zu der ernsten Rahmenhandlung um Egeon, wobei dessen Ge-

fährdung zu Anfang des Stückes einen dunklen Schatten über
das folgende Possenspiel wirft und seine schließliche Errettung
und die Wiedervereinigung der Gatten und Kinder bereits die
mythische Märchenwelt der Romanzendramen vorwegzuneh-
men scheint. (Hier wie später dann in *Pericles* verwendet Shakespeare Motive der mittelalterlichen Romanze von Apollonius
von Tyrus, eines Erzählstoffs, der ihm wohl durch John GOWERS
Fassung in der *Confessio Amantis* vermittelt wurde.)

Die wichtige Rolle der Kurtisane in PLAUTUS' Komödie wird
in der *Comedy of Errors* in den Hintergrund gedrängt, so daß hier
die moralisch und menschlich bedeutsamere Problematik der
ehelichen Beziehungen zwischen Antipholus von Ephesus und
seiner Frau Adriana größeres Gewicht gewinnen kann. Diese
Akzentverschiebung unterstreicht noch die Einführung Lucianas,
die als Adrianas Schwester und Vertraute zum Sprachrohr einer
christlich orientierten Ehelehre wird. Gleichzeitig ergänzt die
Werbung des Antipholus von Syrakus um Luciana die symmetrische Anlage der Handlungsstruktur und schafft weitere Möglichkeiten perspektivischen Kontrasts und beziehungsreicher
Parallelisierung. Die Verlagerung des Schauplatzes von Epidam-
num nach Ephesus, das schon in der Apostelgeschichte als ein
Ort magischen Zaubers und Götterkults erscheint, macht die
sonst völlig unbegreifliche Begriffsstutzigkeit der Syrakusaner
etwas wahrscheinlicher und verwies das bibelfeste elisabethanische Publikum auf den Epheserbrief, in dem Paulus im 5. und
6. Kapitel das rechte Verständnis des Gehorsams der Frau ihrem
Gatten und des Dieners seinem Herrn gegenüber erwähnt.

cc) Analyse und Deutung

Das Thema des Identitätsverlusts, das sich aus den präzis inszenierten »Irrungen«, den Verwechslungen und Mißverständnissen, ergibt, klingt als vielfältig variiertes Leitmotiv in allen
Szenen und bei allen Figuren des Stücks an. Während die beiden
Dromios, die immer wieder wegen unverschuldeter Versäumnisse von ihren Herren geprügelt werden, allmählich glauben,
in Esel verwandelt zu sein, verliert sich Antipholus S. auf der
Suche nach seinem Bruder wie ein »Tropfen Wasser, der einen
anderen Tropfen sucht im Meer« (I, ii, 35–40). Seine Erfahrung,

in einer fremden Stadt jedermann bekannt zu sein, verdichtet sich ihm mehr und mehr zu der Überzeugung, das Opfer übernatürlichen Zaubers und Teufelsspuks zu sein. Antipholus E., dem umgekehrt die vertraute Welt von Ephesus immer fremder und bedrohlicher wird, glaubt schließlich an eine böswillige Verschwörung seiner Frau und seiner Mitbürger gegen ihn. Die Möglichkeit der tiefsten Wesensverwandlung, ja Neuschöpfung, eröffnet sich aber Antipholus S. in seiner Begegnung mit Luciana (III, ii), von deren Liebe er sich ein neues, gesichertes Ich jenseits aller Verwirrungen erhofft. Auch für Adriana bedeutet Gattenliebe die Aufgabe der eigenen Identität; der Wunsch nach völligem Verschmelzen von Ich und Du (II, ii) führt jedoch bei ihr zu einer Eifersucht, die ihr Bild des Gatten völlig entstellt und verzerrt. So vertieft Shakespeare hier das farcenhafte Motiv der Verwechslung zu einem fast existentiellen Verkennen von Sein und Schein und gestaltet im Rahmen einer Komödie, die keineswegs handfeste und burleske Situationskomik verschmäht, das Problem der Entfremdung des Menschen von sich selbst und von seinen Mitmenschen.

Dieser fortschreitenden Intensivierung und Vertiefung des Verwechslungsmotivs entsprechen in der Handlungsstruktur eine Beschleunigung des Spieltempos, eine Potenzierung der Verwechslungssituationen und schließlich eine Ausweitung der Verwicklungen auch auf Nebenfiguren wie Balthazar, Angelo und Pinch. Was als Konflikt privater Erfahrungsbereiche begann, führt in Akt IV und V zu öffentlichen Gewalttätigkeiten und gefährdet schließlich Recht und Ordnung der ganzen Bürgerwelt von Ephesus. Erst die verständnisvolle Menschenkenntnis Emilias, der Gattin Egeons, die Intervention des Herzogs Solinus, an dessen Gerechtigkeit alle Beteiligten appellieren, und nicht zuletzt das zufällige Aufeinandertreffen der Zwillingspaare können im fünften Akt diese Ordnung wiederherstellen und durch die glückliche Zusammenführung der Geschwisterpaare, der Ehegatten und der Liebenden krönen.

Schon in dieser frühen und vom dramatischen Vorwurf her relativ einfach gebauten Komödie erweist sich Shakespeares Sprachkunst in der charakter- und situationsgebundenen Kontrastierung verschiedener Stilebenen. Neben dem epischen

Blankvers der Erzählung Egeons stehen die kunstlos anmutenden
gereimten Knittelverse der Dienerszenen; ihre burleske, an
Wortspielen reiche Prosa kontrastiert mit den künstlich stilisierten, oft stichomythisch verschränkten Wortgefechten in Reimen
zwischen Adriana und Luciana; die strophisch gefaßte, lyrische
Werbungsszene zwischen Antipholus S. und Luciana ist von
dem gehobenen Konversationston der Blankversdialoge der
Bürger von Ephesus abgehoben. Leitmotivisch wiederkehrende
Sprachbilder der Verwandlung und Verzauberung, des Traums
und des Wahnsinns verknüpfen diese verschiedenen Sprachebenen zu einem dichten Geflecht thematischer Bezüge.

dd) Wirkungsgeschichte

Abgesehen von der bereits erwähnten Aufführung der *Comedy
of Errors* in Gray's Inn 1594 und ihrer Wiederholung nach zehn
Jahren ist nur eine weitere Inszenierung vor dem 18. Jahrhundert
belegt. Gegenüber verschiedenen vergröbernden Bearbeitungen
des Stücks als vordergründiges Possenspiel oder als heitere Spiel-
oper konnte sich der Originaltext erst in der Mitte des 19. Jahrhunderts wieder durchsetzen. Auch moderne Inszenierungen in
England und im deutschen Sprachraum, in dem die *Comedy of
Errors* zu Shakespeares meistgespielten Komödien gehört, mißtrauen noch oft der Theaterwirksamkeit der Originalfassung und
experimentieren mit vielfältigen und nicht immer glücklichen
Verfremdungseffekten.

G.R. ELLIOTT, »Weirdness in *The Comedy of Errors*«, *UTQ*, 9 (1939). – F. FER-
GUSSON, »*The Comedy of Errors and Much Ado About Nothing*«, *SR*, 62 (1954). –
H.F. BROOKS, »Themes and Structure in *The Comedy of Errors*«, in: *Early Sh.*,
Stratford-upon-Avon Studies 3, London, 1961. – R.A. FOAKES, »Introduction«,
The Comedy of Errors, The Arden Sh., London, 1962. – C.L. BARBER, »Shake-
spearean Comedy in *The Comedy of Errors*«, *CE*, 25 (1964). – G. WILLIAMS,
»*The Comedy of Errors* Rescued from Tragedy«, *REL*, 5 (1964.) – H. LEVIN, »Two
Comedies of Errors«, *Stratford Papers on Sh.*, *1963*, Toronto, 1964. – H. LEVIN,
»Introduction«. *The Comedy of Errors*«, The Signet Classic Sh., New York, 1965. –
T.W. BALDWIN, *On the Compositional Genetics of the Comedy of Errors*, Urbana,
Ill., 1965. – A. SCHLÖSSER, »Das Motiv der Entfremdung in der *Komödie der
Irrungen*«, *SJ Ost*, 100/101 (1965). – D. MEHL, »Zum Verständnis des Werkes«,
Die Komödie der Irrungen, Rowohlts Klassiker, Reinbek, 1969. – M. GRIVELET,
»Sh., Molière, and the Comedy of Ambiguity«, *ShS*, 22 (1969). – G. SALGADO,
»›Time's Deformed Hand‹: Sequence, Consequence, and Inconsequence in *The
Comedy of Errors*«, *ShS*, 25 (1972). – S. WELLS, »Introduction«, *The Comedy of
Errors*, New Penguin Sh., Harmondsworth, 1972. – V.F. PETRONELLA,
»Structure and Theme Through Separation and Unity in Sh.'s *The Comedy of
Errors*«, *MLR*, 69 (1974). – K. TETZELI, V. ROSADOR, »›Intricate Impeach‹:
Die Einheit der *Comedy of Errors*«, *SJ West* (1975).

c) The Two Gentlemen of Verona (Die beiden Veroneser)

aa) Text und Datierung

Bereits F. MERES in *Palladis Tamia* (1598) beginnt mit *The Two Gentlemen of Verona* seine Liste Shakespearescher Komödien. Vermutlich um 1593 – also in enger zeitlicher Nachbarschaft zur *Comedy of Errors* – entstanden, unterscheidet sich diese erste »romantische« Komödie Shakespeares von den späteren schon dadurch, daß hier das Ideal einer alles überwindenden, in überschwenglicher Rhetorik sich äußernden Liebe nur gelegentlich ironisch gebrochen wird und die anti-romantischen Aspekte und Perspektiven noch auf einzelne, nicht ganz integrierte Nebenszenen der Diener und Clowns beschränkt bleiben. Auch zeugen gewisse Züge der dramatischen Gestaltung – etwa das Übergewicht von Monologen und Zwiegesprächen gegenüber komplexeren Formen eines vielstimmigen Gesprächs – von der handwerklich-technischen Unerfahrenheit des Autors.

Der einzig bekannte Text von *The Two Gentlemen of Verona*, überliefert in der Folioausgabe von 1623, ist im allgemeinen zuverlässig, wenn vielleicht auch stellenweise etwas gekürzt. Ihm liegt vermutlich eine Abschrift des »prompt book« durch Ralph CRANE zugrunde. Durch diese Hypothese lassen sich eine Reihe kleinerer Unstimmigkeiten erklären, ohne daß eine Theorie kollaborativer Verfasserschaft oder einer verlorengegangenen älteren Fassung bemüht werden müßte.

bb) Vorlagen

Wenn auch zahlreiche Elemente und Situationen dieser Komödie so tief in der gemeineuropäischen Tradition der Romanzenliteratur verwurzelt sind, daß in den meisten Fällen nur genrebedingte Analogie und nicht unmittelbare Quellenabhängigkeit behauptet werden kann, läßt sich doch deutlich die Geschichte von Felix und Felismena aus der spanischen Prosaromanze *Diana Enamorada* (1559) von Jorge de MONTEMAYOR als Vorlage für die Liebeshandlung um Proteus, Julia und Silvia greifen. Neben französischen und englischen Übersetzungen könnte eine verlorengegangene Bühnenfassung *The History of Felix and Philiomena* (1585) Shakespeare Zugang zu diesem Stoff vermittelt haben. In seiner Komödienversion verliebt sich jedoch Silvia

nicht in die als Page verkleidete Julia und stirbt dann aus Liebes-
kummer; vielmehr wird Proteus' Freund Valentine, der in
Montemayors Schäferroman eine nur unbedeutende Rolle
spielte, zum würdigen und erfolgreichen Bewerber um die Hand
Silvias. Damit fügt Shakespeare dem Motiv des treulosen Liebhabers (Proteus' Name verweist bereits auf seine Unbeständigkeit) den Konflikt zwischen Freundschaft und Liebe hinzu. Dieses
Thema wurde in der Literatur der Renaissance immer wieder
behandelt und hatte in den Geschichten von Titus und Gisippus,
von Damon und Pithias und schließlich in John Lylys *Euphues*
(1578) einflußreiche Gestaltungen gefunden. Auch die Lösung
dieses Konfliktes, Valentines Überordnung der Freundschaft über
die Liebe, wie sie in der Schlußszene (V, iv) als Möglichkeit anklingt, war schon in Romanzen und Komödien vorgebildet – etwa
im Verhalten des Eumenides in Lylys *Endimion* (1591) und, wohl
ironisch persifliert, in George Peeles *Old Wives' Tale* (um 1590).

cc) Analyse und Deutung

Bei aller dramentechnischen Unbeholfenheit, die *The Two
Gentlemen of Verona* zum wohl schwächsten Stück im Kanon
Shakespearescher Komödien macht, stellt doch gerade dieses
Werk und nicht die handwerklich perfekteren possenhaften
Lustspiele *The Comedy of Errors* und *The Taming of the Shrew*,
den ersten und entscheidenden Schritt in Richtung auf die dramatische Struktur seiner reifen Komödien dar. Dabei sind Vorwegnahmen konkreter Handlungselemente wie die Heldin in
Männerkleidern, die Flucht aus dem Vaterhaus oder das Ring-
motiv weniger wesentlich als die Ansätze zu einer Synthese von
romanzenhaften und komödiantischen Elementen und die Herausbildung eines Typs der Komödienheldin, die überlegenen
Witz, verspielte Anmut, Feingefühl und beherzte Tatkraft in
sich vereinigt. Auch die Kontrastierung einer aristokratisch-
idealistischen Liebesauffassung mit einer mehr realistischen Sicht
der Liebe ist hier – etwa in der Parodie der romantischen Liebhaber in Launces Werbung um das Milchmädchen (III, i) oder in
den klarsichtigen Kommentaren Speeds – bereits vorgebildet.
Schließlich findet Shakespeare hier zu jener Technik der Parallelisierung und Antithetik von Situationen, Figuren und Schauplät-

zen, die seine reifen Komödien kennzeichnet. So wirft zum Beispiel Proteus' Verrat an Liebe und Freundschaft (II, vi) ein ironisches Licht auf Julias hymnischen Preis der Treue und Vollkommenheit ihres Geliebten (II, vii); so bildet Valentines Weg aus der konventionellen Haltung des Liebesverächters zum romanzenhaften Liebeshelden den dramatischen Kontrapunkt zu Proteus' Wandlung vom romantisch stilisierten Liebhaber zum treulosen Verräter an Liebe und Freundschaft; und so kontrastiert schließlich der Hof des mailändischen Herzogs, an dem Intrigen und Gegenintrigen einander durchkreuzen, sinnfällig mit der Robin-Hood-Welt des Waldes bei Mailand, in dem schließlich Reue und Vergebung zur Vereinigung der Liebenden führen.

In der Anlage dieser Komödie lassen sich deutlich verschiedene Realitätsebenen voneinander abheben, die sich hier noch nicht immer wechselseitig qualifizieren und erhellen, sondern gelegentlich zu wohl unfreiwillig komischen Effekten führen. So verträgt es etwa die eigengesetzliche Logik der Romanzenwirklichkeit durchaus, wenn Mailand und Verona ein Seeweg verbindet oder wenn grimmige Wegelagerer Valentine aufgrund seines einnehmenden Äußeren und seiner sprachlichen Begabung spontan zu ihrem Anführer wählen. In dieser gleichen Romanzenwelt, in der die logischen und psychologischen Gesetze aufgehoben scheinen, bekennt und bereut Proteus innerhalb weniger Verszeilen seine doppelte Schuld und erlangt dadurch nicht nur Valentines hochherzige Verzeihung, sondern rührt diesen sogar so sehr, daß er ihm in selbstloser Freundschaft die Hand Silvias anbietet. Dieser ausgeklügelte Mechanismus von Reue und Verzeihung kann jedoch nur deshalb so reibungslos ablaufen, weil die wirklichkeitsnähere Darstellungsebene, auf der Proteus' schurkische Treulosigkeit vorher in eindringlichen Monologen sorgfältig und mit psychologischem Interesse gezeigt worden war, hier völlig unterschlagen wird. Auch die psychologisch differenziertere Perspektive Silvias, die nach Proteus' Vergewaltigungsversuch bis zum Spielende völlig verstummt, wird hier ebenso ausgespart wie die ironisch-realistische Welt Speeds, Launces und seines Hundes Crab, da die romanzenhafte Verstiegenheit der Schlußszene unter der Konfrontation mit diesen Wirklichkeitsebenen zusammenbrechen würde.

Trotz dieses Mangels an struktureller Konsequenz sind einzelne Situationen und Details bereits so gelungen, daß spätere Wiederaufnahmen – vor allem im *Merchant of Venice*, in *As You Like It* und in *Twelfth Night* – sie kaum übertreffen. Dazu gehören etwa die vielschichtig angelegte Belauschungszene (IV, ii) und die Szene, in der Julia als Proteus' Liebesbote in potenziertem Rollenspiel Silvias Mitgefühl für die treulos verlassene Geliebte weckt (IV, iv). In solchen Situationen verliert das Interesse an der Intrigenhandlung an Bedeutung gegenüber einer psychologisch nuancierten Charakterdarstellung, die der elisabethanischen Komödie eine neue Dimension erschließt.

Dramentechnisch und sprachlich ist Shakespeare auf dieser Entwicklungsstufe noch vielfältig den romantischen Komödien John LYLYS verpflichtet. Hier lernte er die Technik des witzigen Dialogs mit seinen Sprachspielereien und Wortgefechten, die »euphuistische« Stilisierung der Liebesrhetorik, die Symmetrie der Personengruppierung und die Kommentierung der Haupthandlung durch komische Dienerszenen. Die lebhafte, an gestischen und pantomimischen Impulsen reiche Prosa dieser Dienerszenen kontrastiert dabei effektvoll mit der oft unbeweglichen Steifheit des Blankverses, der nur selten den strengen Zeilenstil überwindet.

dd) Wirkungsgeschichte

Erst 1762 fand unter David GARRICK die erste belegte Aufführung von *The Two Gentlemen of Verona* statt, das wohl schon zu Shakespeares Lebzeiten keinen großen Bühnenerfolg hatte. Im 19. Jahrhundert gewann die opernhafte Bearbeitung von Frederic REYNOLDS (1821) größere Beliebtheit; ihr war auch A. DALYS Inszenierung (1895) verpflichtet, die durch SHAWS vernichtende Kritik notorische Berühmtheit erlangte. In Deutschland übersetzte und inszenierte WIELAND (1765/82) zum erstenmal das Stück; weder seine Fassung noch die klassische Übersetzung Dorothea TIECKS und moderne Übertragungen von ROTHE und anderen konnten ihm jedoch einen breiteren Publikumserfolg sichern.

A. THALER, »Sh. and the Unhappy Happy Ending«, *PMLA*, 42 (1927). – S.A. SMALL, »The Ending of *The Two Gentlemen of Verona*«, *PMLA*, 48 (1933). – J.F. DANBY, »Sh. Criticism and *The Two Gentlemen of Verona*«, *CritQ*, 2 (1960). – H.F. BROOKS, »Two Clowns in a Comedy (to Say Nothing of the Dog)«,

Essays and Studies 1963, London, 1963. – S. WELLS, »The Failure of *The Two Gentlemen of Verona*«, *SJ*, 99 (1963). – B. EVANS, »Introduction«, *The Two Gentlemen of Verona*, The Signet Classic Sh., New York, 1964. – N. SANDERS, »Introduction«, *The Two Gentlemen of Verona*, New Penguin Sh., Harmondsworth, 1968. – W.L. GODSHALK, »The Structural Unity of *The Two Gentlemen of Verona*«, *SP*, 66 (1969). – C. LEECH, »Introduction«, *The Two Gentlemen of Verona*, The Arden Sh., London, 1969. – R. WEIMANN, »Laughing with the Audience: *The Two Gentlemen of Verona* and the Popular Tradition of Comedy«, *ShS*, 22 (1969). – I.-S. EWBANK, »»Were man but constant, he were perfect«: Constancy and Consistency in *The Two Gentlemen of Verona*«, in: *Shakespearian Comedy*, Stratford-upon-Avon Studies 14, London, 1972. – P. LINDENBAUM, »Education in *The Two Gentlemen of Verona*«, *SEL*, 15 (1975).

d) The Taming of the Shrew (Der Widerspenstigen Zähmung)

aa) Text und Datierung

Der einzig authentische Text von *The Taming of the Shrew* findet sich in der Folioausgabe von 1623; ihm liegt vermutlich eine provisorisch für den Theatergebrauch bearbeitete Umschrift von Shakespeares »foul papers« zugrunde.

Eine genauere Datierung von *The Taming of the Shrew* muß so lange fraglich bleiben, wie das Verhältnis dieses Werkes zu der 1594 anonym erschienenen Komödie *The Taming of A Shrew*, die sich von *The Shrew* erheblich unterscheidet, noch ungeklärt ist. Die Unterschiede zwischen den beiden Fassungen sind nicht nur sprachlich-stilistisch (in *A Shrew* fallen etwa häufige Anklänge an Dramen MARLOWES auf), sondern beziehen sich auch auf die Handlungsstruktur (die Rahmenhandlung ist in *A Shrew* ganz ausgeführt; Baptista ist Vater dreier Töchter). Drei verschiedene Theorien der Abhängigkeit bieten sich an: (1) *The Shrew* ist eine Bearbeitung von *A Shrew*, (2) *The Shrew* und *A Shrew* gehen auf eine gemeinsame, verlorengegangene Vorlage zurück, (3) *A Shrew* ist ein unautorisierter Raubdruck von *The Shrew*. Die neuere Forschung neigt zu der dritten Theorie und damit zu einer Datierung um oder vor 1593.

bb) Vorlagen

Shakespeare verknüpft hier drei verschiedene Handlungsstränge zu seiner bislang komplexesten Komödienstruktur: die Rahmenhandlung um den betrunkenen Kesselflicker Sly, den eine übermütige Hofgesellschaft nach seinem Erwachen aus tiefem Rausch als Schloßherrn behandelt und dem sie die eigentliche Komödie vorführen läßt (ein volkstümliches Motiv, das

sich schon in den Märchen aus *1001 Nacht* findet und in Gerhart
HAUPTMANNS *Schluck und Jau* wieder aufgenommen wird), die
Zähmung der kratzbürstigen Kate durch Petruchio (auch dies ein
weitverbreiteter Stoff von Märchen und Fabliaux) und schließlich die Intrigenhandlung um Bianca und ihre drei Freier, der
George GASCOIGNES *Supposes* (1566) zugrunde liegt, die englische
Bearbeitung von ARIOSTS *I Suppositi* (1509). Selbst wenn der unbekannte Autor einer hypothetischen Ur-*Shrew* bereits diese
Handlungselemente miteinander verbunden haben sollte, so ist
doch nur schwer vorstellbar, daß jemand anderes als Shakespeare
selbst sie durch so beziehungsreiche Parallelisierung, Kontrastierung und leitmotivische Verflechtung zu einer in sich geschlossenen Struktur integriert habe. Der Nachweis dieser einheitlichen
Struktur hat auch Vermutungen entkräftet, Shakespeares Verfasserschaft beschränke sich auf das Vorspiel und die Zähmungs-
handlung. Neuere Studien sehen in der konventionelleren und
weniger realistischen Manier der Bianca-Handlung nicht mehr in
erster Linie einen qualitativen Unterschied zur Haupthandlung
als vielmehr den dramatisch wirkungsvollen und funktionalen
Kontrast einer auf komplizierte äußere Verwicklungen angelegten Intrigenhandlung zum mehr psychologisch orientierten, dabei aber doch farcenhaft einfachen Zähmungsvorgang.

cc) Analyse und Deutung

Im Gegensatz zu früheren Gestaltungen des gleichen Motivs in
Balladen und Verserzählungen hat Shakespeare den brutal physischen Zähmungsvorgang auf ein mehr psychisches Niveau gehoben. So wird Petruchio bei aller Drastik seiner Erziehungsmetho-
den nie gegen Kate selbst gewalttätig und teilt willig alle Drang-
sale und Mühen, die er Kate während dieses Erziehungsprozesses
zumutet. Wenn er auch seine Strategie explizit im Bild der
Falkenzähmung beschreibt (IV, i, 178–201), verbirgt sich doch
hinter seinem ruppigen Auftreten eine wirkliche Zuneigung zu
Kate. Sein bravouröses Verstellungsspiel zielt darauf ab, einerseits durch parodistische Überzeichnung und Übertreibung
ihres ungestümen und zänkischen Gebarens Kate ein Spiegelbild
vorzuhalten und andererseits durch das überschwengliche Lob
ihrer angeblich so sanften und liebenswerten Natur das Idealbild

aufzuzeigen, dem sie ihrem wahren Wesen nach entsprechen könnte. Ihre vermeintlichen Demütigungen während der Werbung (II, i), der Hochzeit (III, ii) und der »Flitterwochen« (IV, i; IV, iii) haben ein Ende, sobald sie beginnt, seine Taktik zu durchschauen und damit zum willigen und witzigen Partner seines Spiels wird (IV, v).

Verstellung und Verkleidung in den Intrigen und Gegenintrigen der rivalisierenden Freier Biancas und das unfreiwillige Rollenspiel Slys in der Rahmenhandlung unterstreichen das Motiv der Täuschung und Selbsttäuschung, die Diskrepanz zwischen Sein und Schein, die psychologisch vertieft das bewußte Spiel Petruchios und Kates Reaktionen bestimmen. Dabei bringt die Schlußszene eine letzte Aufgipfelung des Spiels um Sein und Schein: bei einer Wette während des Hochzeitsbanketts entpuppen sich plötzlich Bianca und Hortensios junge Witwe als die wirklich launenhaften und eigenwilligen Ehefrauen, während Kates Gehorsam ihrem Gatten den Sieg einbringt. Die leichte Ironie freilich, die ihre Schlußrede über die heilsame Subordination der Frauen umspielt (sie entspricht ganz elisabethanischer Eheauffassung, wie sie im offiziellen *Book of Homilies* dargelegt und von Shakespeare bereits in der Auseinandersetzung zwischen Adriana und Luciana in der *Comedy of Errors* gestaltet wurde), macht deutlich, daß sie nicht zum willenlosen Objekt dressiert wurde, sondern »spielend« die weibliche Kunst gelernt hat, den Gatten durch kluge Unterwürfigkeit mühelos und wirksam zu lenken. In den beiden Parallelhandlungen werden so zwei Auffassungen von Liebe und Ehe – auch stilistisch – miteinander kontrastiert: Petruchios »realistische« Sicht, die gelegentlich ins Prosaische und Rohe umzuschlagen droht, aber zu wirklicher Partnerschaft und gegenseitigem Erkennen führt, und Lucentios mehr »romantisch-idealistische« Sicht, deren Täuschbarkeit die Schlußszene erweist. Damit klingt bereits in farcenhafter Vereinfachung und drastischer Deutlichkeit ein zentrales Thema von Shakespeares »romantischen« Komödien an, das in *As You Like It* und *Twelfth Night* seine differenzierteste Gestaltung finden wird.

Die theatralische Wirksamkeit dieser Schlußszene ist wohl ein Grund dafür, daß die Rahmenhandlung – Shakespeares einziges Beispiel für diese verbreitete elisabethanische Bühnenkonvention

– ohne Abschluß bleibt: die Rückführung Slys in seine gewohnte
Umwelt würde wohl im Vergleich dazu einen antiklimakti-
schen Dramenschluß bedeutet haben. Dennoch lassen die parodistische Vorwegnahme der Sein-und-Schein Thematik und des
Ehemotivs und vor allem die burlesk-realistische Komik dieses
Vorspiels das Verstummen Slys nach der ersten Szene bedauerlich
erscheinen.

dd) Wirkungsgeschichte

Trotz der gelegentlich nicht recht überzeugenden psychologischen Motivation des Geschehens und der überdeutlichen moralischen Akzentuierung, wie sie vor allem bei einer Lektüre des
Textes auffallen, erwies sich *The Taming of the Shrew* immer
wieder als theaterwirksames Erfolgsstück und gehört auch auf
der modernen Bühne zu den am häufigsten inszenierten Komödien Shakespeares. Dabei spielen in der Bühnengeschichte länger
als bei allen anderen Dramen Shakespeares Bearbeitungen eine
größere Rolle als der Originaltext. So war in England noch im
späten 19. Jahrhundert David GARRICKS *Catherine and Petruchio*
(1754) ebenso erfolgreich wie das Original, das J.R. PLANCHÉ
1844 erstmals wieder auf die Bühne brachte. In Deutschland
wurde *Der Widerspenstigen Zähmung* bereits 1658 von Zittauer
Gymnasiasten aufgeführt, 1705 von Christian WEISE bearbeitet
und lag früher als alle anderen Dramen Shakespeares schon 1672
in gedruckter Übersetzung vor.

Bearbeitungen des 19. Jahrhunderts wie HOLBEINS *Liebe kann
alles* (1822) wurden erst in diesem Jahrhundert durch die Originalfassung – in Übersetzungen von ESCHENBURG, BAUDISSIN
u.a. – völlig verdrängt. Neuere Inszenierungen zielen dabei häufig auf eine psychologische Akzentuierung des farcenhaften Geschehens ab, indem sie etwa den Zähmungsprozeß bewußt ver-
feinern und dämpfen, Kates Wesen als Abwehrreaktion gegen
eine feindliche Umwelt deuten und ironische Elemente unterstreichen. Die Beliebtheit des Stoffes bezeugen auch mehrere
Opernfassungen, Cole PORTERS Musical *Kiss me Kate* (1948) und
der außergewöhnliche Erfolg der jüngsten Verfilmung durch
F. ZEFFIRELLI (1967) und der Stuttgarter Ballettfassung mit der
Choreographie J. CRANKOS (1969).

E. H. SCHOMBURG, »*The Taming of the Shrew*«: *Eine Studie zu Sh.s Kunst*, Halle, 1904. – E. P. KUHL, »Sh.'s Purpose in Dropping Sly«, *MLN*, 36 (1921). – D. A. STAUFFER, *Sh.'s World of Images*, New York, 1949. – H. C. GODDARD, *The Meaning of Sh.*, Chicago, 1951, I ,68–73. – T. N. GREENFIELD, »The Transformation of Christopher Sly«, *PQ*, 33 (1954). – M. C. BRADBROOK, »Dramatic Role as Social Image: A Study of *The Taming of the Shrew*«, *SJ*, 94 (1958). – C. C. SERONSY, »Supposes‹ as the Unifying Theme in *The Taming of the Shrew*«, *SQ*, 14 (1963). – H. WEINSTOCK, »Zum Verständnis des Werkes«, *Der Widerspenstigen Zähmung*, Rowohlts Klassiker, Reinbek, 1963. – G. R. HIBBARD, »*The Taming of the Shrew*: A Social Comedy«, in: *Shakespearean Essays*, eds. A. Thaler und N. Sanders, Knoxville, 1964. – R. HOSLEY, »Sources and Analogues of *The Taming of the Shrew*«, *HLQ*, 27 (1964). – R. B. HEILMAN, »*The Taming Untamed, Or, The Return of the Shrew*«, *MLQ*, 27 (1966). – R. B. HEILMAN, »Introduction«, *The Taming of the Shrew*, The Signet Classic Sh., New York, 1966. – N. SANDERS, *The Taming of the Shrew*, New York, 1967. – G. R. HIBBARD, »Introduction«, *The Taming of the Shrew*, New Penguin Sh., Harmondsworth, 1968. – W. E. HARROLD, »Sh.'s Use of *Mostellaria* in *The Taming of the Shrew*«, *SJ West* (1970). – K. MUIR, »Much Ado About the Shrew«, *Trivium*, 7 (1972). – P. L. CORNETT, »The Shrew in Shakespearean Comedy«, *ShN*, 23,4 (1973). – M. MINCOFF, »The Dating of *The Taming of the Shrew*«, *ESts*, 54 (1973).

e) Love's Labour's Lost (Verlorene Liebesmüh')

aa) Text und Datierung

Obwohl dieses Werk nicht mehr als Shakespeares früheste Komödie gilt, dürfte es doch geraume Zeit vor 1598, dem Erscheinungsjahr der ersten erhaltenen Quartoausgabe, entstanden sein. (Der Text in der Folioausgabe von 1623 mit gleichlautendem Titel stellt eine nur geringfügig redigierte Version dieser Quartofassung dar.) Schon der Hinweis auf dem Titelblatt, daß es sich dabei um eine verbesserte Fassung handelt, läßt ein verlorengegangenes »bad quarto« vermuten, das durch diese autorisierte Ausgabe ersetzt werden sollte. Auch gewisse Unstimmigkeiten des vorliegenden Textes legen die nachträgliche Überarbeitung einer älteren Fassung nahe. Dieser textkritische und bibliographische Befund steht also durchaus in Einklang mit einer Datierung um 1593–94, wie sie die zeitgenössischen Bezüge dieser Komödie und die sprachlichen und stilistischen Anklänge an die Verserzählungen *Venus and Adonis* und *The Rape of Lucrece* (beide um 1593) mit ihrer Stilisierung und ihrem lyrischen Überschwang nahelegen.

bb) Vorlagen

Love's Labour's Lost gehört zu den wenigen Komödien Shakespeares, für die sich keine unmittelbare literarische Vorlage nachweisen ließ. Eine Sonderstellung nimmt sie zudem durch die

außergewöhnlich große Zahl an Anspielungen auf aktuelle Ereignisse und Zeitströmungen ein. Wenn sich auch nicht mehr
alle Bezüge eindeutig klären lassen, so gilt doch als sehr wahrscheinlich, daß die Pläne Ferdinands von Navarra und seiner
drei Höflinge, sich zu humanistischen Studien aus der Welt
zurückzuziehen, auf einen historischen Henri de NAVARRE verweisen, der sich, wie andere italienische und französische Fürsten,
als Begründer einer musisch-philosophischen Akademie hervor-
getan hatte. Information über solche aristokratisch gelehrte Institutionen bot Pierre de la PRIMAUDAYES *L'Académie françoise*, die
1586 ins Englische übersetzt worden war. Shakespeares Ironisie-
rung dieser Bestrebungen ist vermutlich gegen eine »school of
night« (IV, iii, 251) in England gerichtet, die sich im Umkreis um
Sir Walter RALEIGH und Shakespeares Dichterrivalen George
CHAPMAN greifen läßt. Noch schwieriger fällt es, die Anspielungen auf Thomas NASHE in der Figur des Moth und auf dessen
Gegenspieler Gabriel HARVEY, dessen affektierte Gelehrsamkeit
vielleicht Holofernes und Armado karikieren, literarhistorisch
einzuordnen und zu deuten. Einem zeitgenössischen aristokratischen Premierenpublikum oder der Hofgesellschaft ELISABETHS I.,
vor der *Love's Labour's Lost* zu Weihnachten 1597 aufgeführt
wurde, waren solche Bezüge offenkundig; dem uneingeweihten
modernen Zuschauer und Leser erschließt sich dennoch die zeitlose, über den aktuellen Anlaß hinausgehende Satire auf eitle
Pedanterie, dünkelhafte Affektiertheit und idealistische Verstiegenheit.

cc) Analyse und Deutung

Love's Labour's Lost ist Shakespeares »literarischste« Komödie:
in keinem seiner anderen Werke hat Sprache eine ähnliche vorrangige Bedeutung für die Charakterisierung der Figuren, noch
wird sie vergleichbar häufig in der gegenseitigen Kommentierung der Personen thematisch und damit explizit zum zentralen
Gegenstand des komischen Geschehens gemacht. So wird schon
der Plan und das Gelübde König Ferdinands und seiner Höflinge,
in ihrer platonischen Akademie ganz philosophischen Studien
und asketischen Übungen zu leben (I, i), durch die Künstlichkeit
ihrer rhetorisch gestelzten Diktion als unnatürliche Pose gekenn-

zeichnet, die mit der Ankunft der Prinzessin und ihrer drei Hofdamen bald zusammenzubrechen beginnt. Aber auch als Liebende verfallen sie einer schwärmerisch-petrarkistischen Rhetorik, die in ihren Liebessonetten und Kanzonen bis zur Persiflage übersteigert wird. Dagegen verkörpern die Damen in ihrer kultivierten Natürlichkeit und ihrem ungekünstelten Witz – wie später die Komödienheldinnen in *As You Like It* und *Twelfth Night* – jene Mitte zwischen Natur und Geist, die ihre Freier verfehlen. Außerdem karikieren die Nebenfiguren, die nach Typen der Commedia dell' arte geformt sind, durchgehend das Verhalten und die sprachlichen Verirrungen der Aristokraten. Der bombastische, mit modischen Fremdwörtern aufgeputzte Redeschwulst, in den der Prahlhans Armado seine Werbung um das Bauernmädchen Jaquenetta kleidet, die absurde Sprachpedanterie und die geschraubten Latinismen des Dorfschulmeisters Holofernes und des Dorfpfarrers Nathaniel, Costards einsichtige, aber sprachlich rührend unzulängliche Äußerungen und das völlige Sprachversagen des einfältigen Dorfbüttels Dull bilden für die euphuistische Rhetorik und die überschwenglichen Lyrismen der Höflinge den desavouierenden Kontext sprachlicher Extravaganzen und Perversionen. Innerhalb dieser Kontrastierung verschiedener Stilebenen kommt eine besondere Bedeutung dem Spötter Berowne zu, der von Anfang an durch eine bewußtere und kritischere Haltung und eine größere sprachliche Flexibilität aus dem Kreis seiner Gefährten herausragt. Er rechtfertigt den Verrat am akademischen Gelübde, indem er – zunächst noch in hyperbolischer Rhetorik – die Augen der Geliebten kühn zum eigentlichen philosophischen Textbuch und die Liebe zur eigentlichen Akademie erklärt (IV, iii), und formuliert schließlich die Bekehrung zu einem unaffektierten, natürlichen Verhältnis der Sprache und der Wirklichkeit gegenüber in der feierlichen Absage an die »Taffeta phrases and silken terms precise« (V, ii).

Dem artifiziellen Reiz der sprachlichen Gestaltung entsprechen die symmetrisch ausgewogene Choreographie der Personengruppierung und die geometrisch-ornamentale Stilisierung der Dialogtechnik und Handlungsführung. Diese Stilmittel erinnern an John LYLYs höfische Komödien, von deren ästhetisch über-

steigerter Rhetorik und Dramaturgie sich Shakespeare jedoch
hier bereits parodistisch distanziert. Die Dreizahl strukturiert
immer wieder die Personengruppierung und die lockere Reihung
der Gruppengespräche mit ihren vielfältigen Vers- und Strophen-
formen. So wird etwa der Triumph natürlicher Instinkte über
affektierte Anmaßungen des Geistes in einer dreifach potenzierten
Belauschungsszene (III, iv) theatralisch sinnfällig demonstriert.
Ähnlich wie Shakespeare hier eine Konvention der elisabethanischen Komödie spielerisch-parodistisch übertreibt, gibt er auch
der Schlußszene eine unkonventionelle, überraschende Wendung.
Mit der Nachricht vom Tod des französischen Königs bricht in
die Maskenaufzüge des fünften Akts (die Höflinge werden als
Moskowiter verkleidet von ihren Geliebten in eine witzige Verwechslungskomödie verwickelt, und die Bürger von Navarra
präsentieren eine komisch-unzulängliche Aufführung der »Neun
Helden«, die bereits auf das Handwerkerspiel im *Midsummer
Night's Dream* vorausweist) eine ganz unkomödienhafte Wirklichkeit ein und bereitet auf einen in Shakespeares Komödien
einzigartigen Dramenschluß vor. Erst nach einem Jahr der Be-
währung, in dem Ferdinand und seine Höflinge ihre Bekehrung
zur Wirklichkeit und zu einer Haltung ungekünstelter Natürlichkeit beweisen müssen, wird ihre Werbung endgültig akzeptiert
werden. Dieser Aufschub des »happy end« und die abschließenden
Lieder von Frühling und Winter, die dünkelhafte Unnatürlichkeit
noch einmal mit dem Rhythmus der Natur im Kreislauf der
Jahreszeiten kontrastieren, unterstreichen den Ernst, mit dem
Shakespeare – wenn auch in spielerisch-leichter Form – das Verhältnis von Natur und Geist, von verfeinerter Natürlichkeit und
affektiertem Witz behandelt.

dd) Wirkungsgeschichte

Die zweite Quartoausgabe von 1631 bezeugt, daß diese Komödie sich auch nach Shakespeares Tod noch großer Beliebtheit
erfreute, bevor sie dann für mehr als 200 Jahre sowohl von den
Kritikern als auch vom Theater fast völlig vernachlässigt wurde.
Erst der viktorianische Essayist und Dichter W. PATER und der
Kritiker und Theatermann H. GRANVILLE-BARKER (1927) entdeckten neu den poetischen Reiz ihrer Sprache und ihrer drama-

tischen Struktur und regten damit eine Reihe bedeutender Regisseure wie T. GUTHRIE (1936), P. BROOK (1946) und P. HALL (1953 und 1956) zu erfolgreichen Inszenierungen an. In der deutschen Tradition beschäftigten sich schon GOETHE und sein Straßburger Freundeskreis mit dieser Komödie, wie J. M. R. LENZS Übersetzung von 1774 zeigt, und noch Th. MANN räumt ihr im *Doktor Faustus* (Kap. 24) einen gewichtigen Platz in seiner Darstellung der dialektischen Antinomie von »Bildung« und »Barbarei« ein.

O. J. CAMPBELL, »Love's Labour's Lost Restudied«, in: *Studies in Sh., Milton and Donne by Members of the English Department of the University of Michigan*, New York, 1925. – H. GRANVILLE-BARKER, »Love's Labour's Lost«, in: *Prefaces to Sh.*, First Series, London, 1927; London, 1958, Bd. II. – E. L. CLARK, *The Satirical Comedy of Love's Labour's Lost*, New York, 1933. – M. C. BRADBROOK, *The School of Night*, Cambridge, 1936. – F. A. YATES, *A Study of Love's Labour's Lost*, Cambridge, 1937. – D. C. BOUGHNER, »Don Armado and the Commedia dell'Arte«, *SP*, 37 (1940). – R. DAVID, »Introduction«, *Love's Labour' Lost*, The Arden Sh., London, 1951. – B. ROESEN (Anne Righter), »Love's Labour's Lost«, *SQ*, 4 (1953). – W. SCHRICKX, *Sh.'s Early Contemporaries*, Antwerpen, 1956. – A. HARBAGE, »Love's Labour's Lost and the Early Sh.«, *PQ*, 41 (1962). – C. HOY, »Love's Labour's Lost and the Nature of Comedy«, *SQ*, 13 (1962). – W. MATTHEWS, »Language in Love's Labour's Lost«, *E&S*, n.s. 17 (1964). – J. ARTHOS, »Introduction«, *Love's Labour's Lost*, The Signet Classic Sh., New York, 1965. – A. SCHLÖSSER, »Love's Labour's Lost. Sh.s Jahrmarkt der Eitelkeit«, *ZAA*, 13 (1965). – R. BERRY, »The Words of Mercury«, *ShS*, 22 (1969). – W. L. GODSHALK, »Pattern in Love's Labour's Lost«, *RenP 1968* (1969). – J. J. ANDERSON, »The Morality of Love's Labour's Lost«, *ShS*, 24 (1971). – T. M. GREENE, »Love's Labour's Lost: The Grace of Society«, *SQ*, 22 (1971). – J. D. HUNT, »Grace, Art and the Neglect of Time in Love's Labour's Lost«, in: *Shakespearian Comedy*, Stratford-upon-Avon Studies 14, London, 1972. – H. A. ELLIS, *Sh.'s Lusty Punning in ›Love's Labour's Lost‹*, The Hague, 1973. – S. K. HENINGER, »The Pattern of Love's Labour's Lost«, *ShakS*, 7 (1974). – M. EVANS, »Mercury Versus Apollo: A Reading of Love's Labour's Lost«, *SQ*, 26 (1975). – W. C. CARROLL, *The Great Feast of Language in Love Labour's Lost*, Princeton, 1976.

f) A Midsummer Night's Dream (Ein Sommernachtstraum)

aa) Text und Datierung

A Midsummer Night's Dream wurde 1600 in einem guten Quartodruck veröffentlicht, der wohl direkt auf Shakespeares Manuskript zurückgeht, 1619 in einem weiteren »good quarto« und 1623 unter gleichem Titel im First Folio. 1598 von F. MERES in *Palladis Tamia* erwähnt, dürfte das Stück schon um 1595/96 entstanden sein, also nach *Love's Labour's Lost* und in zeitlicher Nachbarschaft zu *Romeo and Juliet* und *The Merchant of Venice*. Mit diesen drei Dramen verbindet *A Midsummer Night's Dream* der ausgeprägt lyrische Stil. Das Werk gilt als ein erster Höhepunkt innerhalb von Shakespeares Komödienschaffen. In neu gewonnener Meisterschaft werden Situationen und Motive seiner frühen Komödienversuche variiert und miteinander verknüpft – etwa das Motiv des »Spiels im Spiel« aus *The Taming of the Shrew* und *Love's Labour's Lost*, die choreographisch stilisierten Identitätsverwirrungen der *Comedy of Errors* oder die Gestalten des wankelmütigen Liebhabers und der verlassenen Geliebten aus *The Two Gentlemen of Verona*. Im Gegensatz zu jenen früheren Versuchen, in denen er jeweils mit nur einem der herkömmlichen Komödientypen experimentierte, gelingt ihm hier zum erstenmal die ebenso originelle wie beziehungsreiche Synthese der unterschiedlichsten dramatischen Grundformen und Sprachstile.

Eine genauere Datierung wird dadurch erschwert, daß sich der konkrete Anlaß, für den diese Komödie verfaßt wurde, nicht mehr eindeutig ermitteln läßt. Die zentrale Stellung der Fürstenhochzeit von Theseus und Hippolyta, die formalen Anklänge an die Dramaturgie höfischer Maskenspiele (etwa die große Bedeutung von Musik und Tanz, von schaubildhafter Personengruppierung und Szenerie, die wichtige Rolle übernatürlicher Symbolgestalten und die Funktion der Rüpelszenen um Bottom als einer Art grotesker »anti-masque«) und der größere szenische Aufwand legen die Vermutung nahe, daß *A Midsummer Night's Dream* – ähnlich wie das »interlude« von Pyramus und Thisbe in dieser Komödie selbst – für eine private Festaufführung zur Vermählungsfeier eines aristokratischen Paares angelegt war. Eine völlig überzeugende Identifizierung dieses Anlasses ist jedoch bisher noch nicht gelungen. Die frühe erfolgreiche Übernahme ins Repertoire der öffentlichen Theater und die große Beliebtheit auch beim modernen Publikum zeigen jedoch, daß sich seine Sinnstruktur und sein poetischer Reiz auch abgelöst von einem konkreten Anlaß dem Betrachter eröffnen.

bb) Vorlagen

Mit *Love's Labour's Lost* und *The Tempest* bildet *A Midsummer Night's Dream* die kleine Gruppe Shakespearescher Komödien, für die man bisher keine direkte Vorlage gefunden hat. Dafür greift Shakespeare hier mannigfaltige Anregungen aus den verschiedenen literarischen Traditionen auf. So geht etwa die Rahmenhandlung um Theseus und Hippolyta auf PLUTARCHS

Parallel-Biographien und auf die Erzählung des Ritters in CHAU-
CERS *Canterbury Tales* zurück, wo sich schon die Verknüpfung
dieser Geschichte mit dem Motiv des Konflikts von Freundschaft
und Liebe findet. Der Stoff der Tragödie von Pyramus und
Thisbe, in der Shakespeare die primitive Dramaturgie des älteren
Volksschauspiels und das hohle Pathos der SENECA-Übersetzer
und -Nachahmer karikiert, war dem elisabethanischen Publikum
vor allem aus GOLDINGS Übersetzung der *Metamorphosen* OVIDS
vertraut. Besonders deutlich zeigt sich jedoch Shakespeares Kunst
der Verknüpfung heterogener Elemente zu einem neuen und
originellen Ganzen in der Feenwelt dieser Komödie. Hier überschneiden sich Einflüsse der englischen Nationalliteratur (SPEN-
SERS Epos *The Faerie Queene* und GREENES Lustspiel *James IV*
hatten die Feen in der Dichtung heimisch gemacht), der französischen Romanzendichtung (*Huon de Bordeaux*, 1534 von Lord
BERNERS ins Englische übersetzt, ist die Quelle für den Elfenkönig
Oberon), der antiken Literatur (die Feenkönigin Titania hat
ihren Namen von OVIDS »Titanen-geborener« Diana, die schon
vor Shakespeare mit der Feenkönigin identifiziert wurde) und
der mündlich überlieferten Volkssage, der vor allem der Kobold
Puck und die Elfen entstammen.

cc) Analyse und Deutung

Schon in der äußeren Verknüpfung der vier so unterschiedlichen Handlungsstränge zeigt sich Shakespeares reifer Kunstverstand. Das Hochzeitsfest von Theseus und Hippolyta bildet den
Rahmen und den zentralen Zielpunkt für alle Fäden der Handlung: an diesem Festtag soll sich das Schicksal Hermias entscheiden, der Todesstrafe oder ewiges Klosterleben drohen, wenn sie
sich nicht dem Willen ihres Vaters beugt und ihrer Liebe zu Lysander abschwört (I, i); für dieses Fest bereiten Quince (Squenz),
Bottom (Zettel) und ihre Gesellen die Theateraufführung vor
(I, ii), und auch der Ehezwist des Herrscherpaars der Feenwelt ist
mit diesem Fest verknüpft, da sich Oberon und Titania gegenseitig frühere Liebschaften mit Theseus und Hippolyta vorwerfen
und die Hochzeit ihrer Günstlinge durch ihre Anwesenheit segnen
wollen (II, i). Die einzelnen Handlungsstränge sind aber auch
untereinander verflochten. Puck (Droll) als Zaubergehilfe

Oberons inszeniert die Liebesverwirrungen der beiden jungen
Paare im Athener Wald und stiftet mit seinem Zaubertrank auch
die Liebe Titanias zu Bottom, in der sich die beiden Extreme die-
ser Spielwelt treffen. Freilich sind diese Beziehungen nicht allen
Figuren in gleichem Maße bewußt: so wird allein dem einfältigen
Bottom Einblick in die Welt der Feen gewährt, während den
jungen Liebenden und dem fürstlichen Hochzeitspaar – entgegen
Shakespeares sonstiger Gepflogenheit – auch am Schluß noch die
Begebenheiten im Zauberwald rätselhaft wie ein Traum bleiben.

   In den beiden Schauplätzen werden zwei gegensätzliche Bereiche sinnfällig miteinander kontrastiert: am Hof von Athen
herrscht die männlich klare Vernunft des Theseus, während im
naheliegenden Wald Narrheit, Traum und Phantasie die Geschicke von Menschen und Elfen regieren. (Von hier aus erschließt sich auch der Titel dieser Komödie: »midsummernight« –
unsere Johannisnacht – wurde zu Shakespeares Zeit mit phantasti-
schem Mummenschanz und ausgelassenen Liedern und Tänzen
gefeiert und mit jener »midsummer madness« in Verbindung gebracht, die gemäß dem Volksglauben den Menschen nach der Glut
heißer Sommertage ergriff.) Wenn in diesem Bereich auch die
Gesetze der Alltagsvernunft und der normalen Wirklichkeit aufgehoben scheinen, so offenbart sich hier doch der schöpferischen
Phantasie eine höhere Wirklichkeit und entwirren sich menschliche Konflikte in ferienhafter Gelöstheit. Dies zeigt sich etwa in
den Geschicken der Liebenden im Wald von Athen, die durch
zauberische Wirrungen hindurch zu sich selbst und zueinander
finden. Aber auch Theseus' Vernunft erweist sich als doppelge-
sichtig: sie erlaubt ihm zwar, Athen klug zu regieren, versperrt
ihm aber auch den Zugang zu der Traumwahrheit des nächtlichen
Geschehens und zu der Wahrheit, die dichterische Phantasie zu
stiften vermag (vgl. V, i). So findet sich schließlich ein ganzes
Spektrum perspektivischer Beurteilungen des phantastischen
Traumgeschehens: von Theseus' Ablehnung als irrealer Hirnge-
spinste über Hippolytas verwunderte Betroffenheit bis zu
Bottoms Deutung seiner Eselsmetamorphose und seiner Begegnung mit der Feenkönigin als einer alle menschliche Vernunft
übersteigende Vision. Wenn Puck dann im Epilog auch die
Komödie selbst als Vision deutet, potenziert er noch das Spiel

mit den verschiedenen Ebenen der Realität und der Illusion und
bezieht das Kunstwerk selbst in die Ambivalenz von irrealer Erfindung und einer höheren Wirklichkeit ein, die nur der schöpferisch intuitiven Phantasie zugänglich ist.

Auch die Liebesthematik ist auf diese zentrale Antinomie bezogen. »Fancy« bedeutet ja nicht nur Phantasie, sondern auch Verliebtheit, und diese Verliebtheit findet sich in vielfältigen, miteinander kontrastierenden Spielformen. Die Liebe Oberons und
Titanias etwa erscheint als Grundlage der Harmonie und Ordnung der Natur, und die Störung dieser Liebe durch eine irrationale Eifersucht liefert das ganze Reich der Natur dem Chaos
aus (II, i). Ebenso ist die reife, durch Erfahrung geläuterte Liebe
von Theseus und Hippolyta der Garant der staatlichen Ordnung
in Athen und wird wiederholt mit dem Symbol musikalischer
Harmonie in Verbindung gebracht (IV, i). Die Verliebtheit des
Lysander und Demetrius dagegen ist ein unreifes, wandelbares
und irrationalen Einbildungen ausgeliefertes Gefühl, wie schon
Demetrius' Liebesverrat an Helena zeigt (I, i), noch ehe Puck mit
seinem Zaubersaft die Manipulierbarkeit dieses Gefühls in grotesker Übertreibung demonstriert. Titanias Verliebtheit in den zum
Esel verwandelten Bottom schließlich wird vollends zum Emblem der Irrationalität dieses Gefühls.

Schon von ihrem Stoff her ist auch die Tragödie von Pyramus
und Thisbe auf die Liebesthematik bezogen. Hier wie in den
Konflikten der beiden Liebespaare geht es um eine Liebe, die
durch elterliches Verbot verhindert werden soll. Wie Shakespeare
mit *A Midsummer Night's Dream* und *Romeo and Juliet* beziehungs-
voll die komische und tragische Lösung desselben Motivs nebeneinander gestellt hat, so kontrastiert er die beiden Aspekte auch
innerhalb jener Komödie selbst, wobei freilich das Handwerkerspiel zur unfreiwillig komischen Persiflage einer Tragödie ent-
artet. Denn Bottom und seine Gesellen verkennen völlig das
Wesen der dramatischen Illusion, indem sie die Überzeugungskraft ihrer ganz unzulänglichen Aufführung grotesk überschätzen
und glauben, die Wirkung der gräßlichen Ereignisse auf die Phantasie ihres aristokratischen Publikums durch Kommentare ab-
mildern zu müssen, die auf das Illusionäre ihres Spiels hinweisen.
Durch diese Potenzierung der Illusion im »Spiel im Spiel« wird

dem Theaterpublikum der Scheincharakter der ganzen Komödie bewußt gemacht; die linkische Unbeholfenheit des Hand-
werkerspiels parodiert so nicht nur die primitive Dramaturgie
älterer Volksschauspiele, sondern zeigt die Unzulänglichkeit aller
Bühnendarstellung und damit die Notwendigkeit phantasievollen
Mitschaffens der Zuschauer auf.

Die euphuistisch künstliche Rhetorik der athenischen Liebespaare, die sich alle der gleichen Stilmittel wie Antithesen, Wortspiele, syntaktischer Parallelismen und Stichomythien bedienen,
erlaubt kaum eine Individualisierung dieser Charaktere. Dies ist
jedoch nicht notwendig als Zeichen unreifen Frühstils zu deuten,
sondern es betont den Eindruck der Auswechselbarkeit und Beliebigkeit der jeweiligen Partnerwahl, der die Liebeswirren im
Wald bei Athen kennzeichnet. Mit dieser Sprachebene kontrastiert deutlich die lyrische Poesie der Elfen, in der die zauberische
Atmosphäre der mondbeglänzten Waldnacht dichterisch verklärt wird. Die drastisch-komische Prosa der Rüpelszenen zerstört keineswegs diese zarte Poesie, sondern hebt sie in kontra-
punktischem Kontrast noch deutlicher hervor. Vor allem in der
Bildersprache zeigt sich die Kunst der Verknüpfung dieser verschiedenen Stilebenen: so durchziehen leitmotivische Gegensatz-
paare wie Träumen und Wachen, Nacht und Tag, Vernunft und
Narrheit, Ordnung und Chaos alle Wirklichkeitsbereiche der
Komödie, während im immer wiederkehrenden Bild des Mondes zentrale Themen zusammengefaßt und variiert werden.

dd) Wirkungsgeschichte

Die zahlreichen Bearbeitungen, die Shakespeares Text von
der Restorationszeit bis zur ersten Hälfte des 19. Jahrhunderts
von der Bühne verdrängten, bezeugen sowohl die Beliebtheit
dieses Werks als auch das mangelnde Verständnis, auf das es
immer wieder stieß. So stehen neben Neubearbeitungen und
Opernfassungen wie Andreas GRYPHIUS' *Peter Squentz* (1663)
oder John RICHS *The Comic Masque of Pyramus and Thisbe* (1716),
die die drastische Komik der Rüpelszenen aus ihrem Zusammenhang herauslösten, andere Versionen, die wie die Barockoper
The Fairy Queen (1692; Musik von Henry PURCELL) oder D.
GARRICKS *The Fairies* (1755) mit großem szenischen Aufwand

die romantischen Aspekte betonten und die possenhaften Elemente unterschlugen. L. TIECK inszenierte 1843 die deutsche Erstaufführung als ein romantisch-poetisches Märchenspiel, wobei ihm F. MENDELSSOHNS Bühnenmusik entgegenkam. Dieser Auffassung stellte 1905 M. REINHARDT zum erstenmal seine antiromantische Interpretation entgegen, wie sie dann auch den Inszenierungen von O. FALCKENBERG und G. R. SELLNER zugrundelag, die – von C. ORFFS Musik unterstützt – den *Sommernachtstraum* als eine Komödie der panischen Verzauberung und die Elfen als dämonische Elementargeister deuteten. In der englischen Bühnentradition stellt H. GRANVILLE-BARKERS ausgewogene Inszenierung auf einer requisitenarmen Shakespeare-Bühne (1914) einen bedeutenden Neuansatz dar. Die wichtigste neuere Inszenierung ist wohl die P. BROOKS (Stratford-upon-Avon, 1970), die in ihren antiromantischen Tendenzen über SELLNER hinausgeht und das Zauberwesen in virtuose Artistik umsetzt.

E. WELSFORD, *The Court Masque*, Cambridge, 1927. – M. W. LATHAM, *The Elizabethan Fairies*, New York, 1930. – R. A. LAW, »The ›Preconceived Pattern‹ of *A Midsummer Night's Dream*«, *Texas Studies in English*, 23 (1943). – R. A. SCHRÖDER, »Das Menschenbild in Sh.s *Sommernachtstraum*« (1946), in: *Gesammelte Werke*, Bd. II, Frankfurt/M., 1961. – R. WATKINS, *Moonlight at the Globe*, London, 1946. – K. MUIR, »Pyramus and Thisbe: A Study in Sh.'s Method«, *SQ*, 5 (1954). – E. SCHANZER, »The Moon and the Fairies in *A Midsummer Night's Dream*«, *UTQ*, 24 (1955). – G. A. BONNARD, »Shakespeare's Purpose in *A Midsummer Night's Dream*«, *SJ*, 92 (1956). – I. CANDIDUS und E. ROLLER, »Der Sommernachtstraum in deutscher Übersetzung von Wieland bis Flatter«, *SJ*, 92 (1956). – H. NEMEROV, »The Marriage of Theseus and Hippolyta«, *KR*, 18 (1956). – P. A. OLSON, »*A Midsummer Night's Dream* and the Meaning of Court Marriage« *ELH*, 24 (1957). – K. M. BRIGGS, *The Anatomy of Puck*, London, 1959. – W. CLEMEN, »Zum Verständnis des Werkes«, *Ein Sommernachtstraum*, Rowohlts Klassiker, Reinbek, 1959. – W. M. MERCHANT, «*A Midsummer Night's Dream*: A Visual Recreation«, in: *Early Sh.*, Stratford-upon-Avon Studies 3, London, 1961. – D. KERSTEN, »Sh.'s Puck«, *SJ*, 98 (1962). – J. L. CALDERWOOD, »*A Midsummer Night's Dream*: The Illusion of Drama«, *MLQ*, 62 (1965). – D. P. YOUNG, *Something of Great Constancy: The Art of A Midsummer Night's Dream*, New Haven, 1966. – J. A. ALLEN, »Bottom and Titania«, *SQ*, 18 (1967). – S. WELLS, »Introduction«, *A Midsummer Night's Dream*, New Penguin Sh., Harmondsworth, 1967. – S. FENDER, *Sh.: A Midsummer Night's Dream*, London, 1968. – W. HABICHT, »*A Midsummer Night's Dream*«, in: *Das englische Drama*, hrg. D. Mehl, Düsseldorf, 1970, Bd. I. – A. D. WEINER, »Multiformite uniforme‹: *A Midsummer Night's Dream*«, *ELH*, 38 (1971). – S. WELLS, »Sh. Without Sources«, in: *Shakespearian Comedy*, Stratford-upon-Avon Studies 14, London, 1972. – R. A. ZIMBARDO, »Regeneration and Reconciliation in *A Midsummer Night's Dream*«, *ShakS*, 6 (1972). – M. A. TAYLOR, *Bottom, Thou Art Translated: Political Allegory in ›A Midsummer Night's Dream‹*, Amsterdam, 1973. – M. DORAN, »Titania's Wood«, *Rice University Studies*, 60 (1974). – R. WATKINS u. J. LEMMON, *In Sh.'s Playhouse: ›A Midsummer Night's Dream‹*, Newton Abbot, 1974. – W. FRANKE, »Nachwort«, *A Midsummer Night's Dream*, Neuer Reclam Sh., Stuttgart, 1975. – R. LENGELER, *Das Theater der leidenschaftlichen Phantasie: Sh.s ›Sommernachtstraum‹ als Spiegel seiner Dichtungstheorie*, Neumünster, 1975. – F. H. LINK, »Die Zeit in Sh.s *Midsummer Night's Dream* und *The Merchant of Venice*«, *SJ West* (1975).

g) The Merchant of Venice (Der Kaufmann von Venedig)

aa) Text und Datierung

Zwei Jahre nach der Anmeldung zum Druck erschien das Stück 1600 in einer ersten Quartoausgabe, der Shakespeares eigenes Manuskript zugrunde liegen dürfte. Die zweite Quartoausgabe 1619 folgt ebenso wie der Foliotext *(The Merchant of Venice)* dem Text des Erstdrucks.

Eine Anspielung auf das spanische Schiff »St. Andreas« (I, i), das 1596 von den Engländern gekapert wurde, und die Eintragung ins Stationers' Register von 1598 markieren den Zeitraum, in dem das Drama entstanden sein muß. Spekulationen über eine hypothetische Erstfassung aus dem Jahr 1594, in dem der Hochverratsprozeß gegen Roderigo LOPEZ, den jüdischen Leibarzt Königin ELISABETHS, antisemitische Emotionen hervorrief und MARLOWES *Jew of Malta* mit großem Erfolg wiederaufgeführt wurde, lassen sich ebensowenig erhärten wie die Hypothese, nach der Shakespeares Drama die Bearbeitung eines 1579 in Stephen GOSSONS *School of Abuse* erwähnten, aber verlorengegangenen Stücks *The Jew* darstellt.

bb) Vorlagen

Die Geschichte um einen Schuldschein, der auf ein Pfund menschlichen Fleisches ausgestellt wird, ist ein traditionsreiches, weit verbreitetes Erzählmotiv. Shakespeares unmittelbare Vorlage ist Ser GIOVANNI FIORENTINOS Novelle um Giannetto und die Dame von Belmont in der Erzählsammlung *Il Pecorone* (um 1378; Erstdruck 1558): nicht nur in Details wie den Schauplätzen Venedig und Belmont, sondern auch in der Handlungsstruktur, der Verknüpfung des Schuldscheinmotivs mit der märchenhaften Werbung um die Dame von Belmont und mit der heiteren Ring-Episode, stimmt Shakespeares Drama mit der italienischen Novelle überein. Während jedoch bei Ser Giovanni der anekdotenhafte Reiz der Geschichte im Vordergund steht, vertieft und veredelt Shakespeare die Motivation seiner Charaktere und betont die dramatischen und poetisch-atmosphärischen Aspekte. Das erotische Schwankmotiv des erfolgreichen Beischlafs als Liebesprobe ersetzt er durch die bühnengemäßere und be-

ziehungsreichere Kästchenwahl, die er einer zeitgenössischen
Übersetzung der mittelalterlichen Fabelsammlung *Gesta Roma-*
norum (1595) entnahm, und das Patenverhältnis zwischen dem
Freier und dem Opfer des jüdischen Wucherers wandelt er in
eine innige Freundschaft um, wie er sie bereits in *The Two*
Gentlemen of Verona und den *Sonnets* dargestellt hatte. Auch für
die Einführung der Clownszenen um Launcelot Gobbo und der
kontrastierenden Nebenhandlungen um Jessica und Nerissa
finden sich Entsprechungen in den frühen Komödien Shakespeares. Die Gestalt des jüdischen Wucherers schließlich, bei Ser
Giovanni eine blasse Nebenfigur, wird hier zu einer so zentralen
Figur, daß sich schon im Stationers' Register »The Jew of Venice«
als Alternativ-Titel findet. Dabei wurde wohl die vielschichtige
Gestalt Shylocks durch MARLOWES machiavellistisch-machtgieri-
gen Schurken Barabas, die Titelfigur des *Jew of Malta* (um 1589),
beeinflußt. Außerdem bot die kleine jüdische Gemeinde im
elisabethanischen London – sie war dem Gesetz nach zwar
christianisiert, behielt jedoch Elemente ihres ursprünglichen
Kults und ihrer Lebensweise bei – Gelegenheit für eigenständige
Beobachtungen.

cc) Analyse und Deutung

Kaum eine Komödie Shakespeares hat ähnlich divergierende
Auslegungen erfahren wie *The Merchant of Venice*. Schon die
Frage der Gattungszugehörigkeit ist umstritten: auf dem Titelblatt der Erstausgabe neutral als *Historie* ausgewiesen und im zeitgenössischen poetologischen Verständnis wegen des glücklichen
Ausgangs wohl als Komödie oder, angesichts der lebensbedro-
henden Intrige Shylocks, als Tragikomödie aufgefaßt, wurde
dieses Drama schon im 18. Jahrhundert von dem Shakespeare-
Herausgeber Nicholas ROWE in die Nähe der Rachetragödien gerückt und von Heinrich HEINE dann vollends unter die Tragödien
eingereiht. Bei einer Betonung der realistischen Momente wird
das Drama um den jüdischen Wucherer und seine venezianischen
Gegenspieler zum »Problemstück«, während in anderen Interpretationen die Schuldschein-Handlung und das Motiv der Werbung
in die Wirklichkeitsferne eines Märchenspiels gerückt werden.
Von der Antwort auf die Frage nach dem Realitätsanspruch dieses

Dramas hängt nicht nur die Beurteilung Shylocks ab, sondern auch das Bild der Liebenden und Freunde: Ist Shylocks Haß der des Angehörigen einer verfolgten und gequälten Rasse den Peinigern, der eines Pfandleihers dem Geschäftsrivalen gegenüber, oder Ausdruck einer Bosheit, die tiefer wurzelt als rational erfaßbare Motivationen? Ist Bassanio ein verschwenderischer Mitgiftjäger oder die Märchenfigur des liebenswürdigen Helden, dem das Glück in den Schoß fällt? Ist Jessicas Flucht aus dem Vaterhaus der Vertrauensbruch einer selbstsüchtigen Tochter, die mit ihrem Verlobten das vom Vater gestohlene Geld verpraßt, oder erweist sie sich dabei als beherzte Liebende, die ihren tyrannischen Vater verläßt, um in einer lichteren Welt zu leben?

Solche Ambivalenzen verweisen auf eine tieferliegende Zweischichtigkeit der dramatischen Struktur. Ein romanzenhaftmelodramatisches Handlungsgerüst mit ebenso einfachen wie eindeutigen Wertantinomien ist von einer zweiten Gestaltungsebene überlagert, auf der durch eine vertiefende Individualisierung der Charaktere diese Wertantinomien relativiert werden. Dies wird besonders an der Gestalt des Shylock deutlich, dessen Außenseiter-Perspektive auf so breitem Raum und mit so eindringlicher Sprachkraft gestaltet ist, daß seine große Rede in III, i, in der er seine unmenschliche Rache an Antonio zu rechtfertigen versucht, immer wieder als der menschlich bewegende Ruf einer gedemütigten Kreatur nach Toleranz verstanden wird. Eine so einseitige Interpretation übersieht jedoch, daß Shylock noch in der selben Szene als grotesk-komisches Monstrum erscheint, das wie eine seelenlose Marionette zwischen der Empörung über den Verlust seiner Dukaten und der teuflischen Freude über Antonios Unglück hin und her schwankt. Vor allem aber diskreditiert er sich durch seinen heimtückischen Anschlag auf Antonios Leben, seinen Geiz, der ihn den Verlust seiner Dukaten schmerzlicher empfinden läßt als den Verlust seiner Tochter, und durch sein erbarmungsloses Bestehen auf einem unmenschlichen Recht nicht nur in den Augen seiner Gegenspieler, die sich vom clownhaften Diener Launcelot bis zur eigenen Tochter in der Ablehnung des engherzigen Geizhalses einig sind, sondern auch in den Augen jedes Publikums, für das »alles Verstehen« nicht »alles Verzeihen« bedeutet.

Der düsteren und freudlosen Welt des jüdischen Wucherers ist in dem Freundeskreis um Antonio und vor allem im arkadischen Bereich von Belmont eine sinnenfreudige, die Lebensideale der Renaissance verkörpernde Gegenwelt konstrastierend zugeordnet. Dieser strukturbildende Kontrast, der auch in einem fast regelmäßigen Szenenwechsel zwischen dem mehr realistisch erfaßten Venedig und dem Märchenschloß Belmont wirksam ist, entfaltet sich auf den verschiedenen Ebenen des Spiels. So stellen schon die beiden romanzenhaft unglaubwürdigen Handlungsmotive des Paktes und der Kästchenwahl einen sinnfälligen Gegensatz dar, indem der Pakt Shylocks zerstörerischem Haß entspringt, die Kästchenwahl jedoch eine fruchtbare und harmonische Liebesehe stiften soll. Auch die Ring-Episode ist als parodistisches Kontrastmotiv auf den Prozeß um das Pfund Fleisch bezogen: während Shylock die Haltung von Gnade und Vergebung fremd ist, arrangiert Portia die Episode um den Ring nur, um in heiterem Spiel eben diese Haltung demonstrieren zu können. Wenn in der Gerichtsszene (IV, i) die beiden Welten in dramatischem Konflikt unmittelbar aufeinander treffen, wird Shylocks alttestamentliche Rechtsauffassung pointiert mit Portias Rede über die Gnade als dem Inbegriff neutestamentlich-christlichen Denkens kontrastiert und sein Rechtsanspruch im Sinne des »Summum jus, summa injuria« als Unrecht enthüllt.

In ähnlicher Weise wird Shylocks Gewerbe zum Kristallisationspunkt einer dramatischen Auseinandersetzung über das Verhältnis des Menschen materiellem Besitz gegenüber. Die Diskussion über die Notwendigkeit oder Rechtmäßigkeit der Wucherei, von Thomas WILSONs *Discourse upon Usury* (1572) bis zu BACONs Essay *Of Usury* (1625), stellte eine der zentralen ökonomischen Kontroversen der Zeit dar, und Shylocks Versuch, sein Gewerbe, zu dem er als Jude privilegiert war, durch eine biblische Parabel als natürlich und daher auch sittlich erlaubt zu rechtfertigen (I, iii), reflektiert diese Diskussion ebenso wie Antonios konservativ ablehnende Haltung. Für Shylock ist Geld ein Selbstzweck, und er verleiht es nur, um noch mehr Geld anzuhäufen oder den Schuldner ganz in seine Gewalt zu bekommen; für den Kaufmann Antonio, seine venezianischen Freunde und die Herrin von Belmont ist Geld dagegen die Grundlage kulti-

vierter Geselligkeit und gehört dem Freund oder Geliebten
ebenso wie dem eigentlichen Besitzer. So kann die Geldsumme,
die Antonio mit dem Unterpfand seines Lebens Bassanio leiht,
zum Zeichen seiner innigen Zuneigung für den Freund, und
Portias Reichtum zum Symbol ihres inneren Werts werden.
Diesen Symbolzusammenhang verdeutlicht die leitmotivische
Geld- und Handelsmetaphorik, in der die Liebe als Tauschhandel
und ihr reicher Lohn als Wucherzins erscheinen (III, ii). Groß-
zügiges Geben und Wagen und engherzige Habgier und Berechnung werden so in paradoxer Bildlichkeit miteinander in Beziehung gesetzt und kontrastiert.

Wagnis ist nicht nur Antonios Einstehen für den Freund, sondern auch Bassanios Wahl des bleiernen Kästchens (III, ii), wobei
er weder, wie der Prinz von Marocco, sich vom äußeren Glanz
des Goldes blenden läßt (II, vii), noch, wie der Prinz von Arragon,
auf sein eigenes Verdienst vertraut (II, ix). Dieser Wagemut entspringt einer Haltung des Spiels dem Leben gegenüber, wie sie
auch Portias und Nerissas virtuose Verkleidungskomödie kennzeichnet: Shylock, ein Femdkörper in einer fest- und spielfreudi-
gen Welt, wird von dem Mädchen in Männerkleidern, die geschickt seinen Rechtsanspruch gegen ihn selbst wendet, »überspielt«. In der lyrisch verklärten und heiter verspielten Atmosphäre des letzten Akts beschwören das Bild der drei glücklich
vereinten Paare und das Symbol platonischer Sphärenmusik eine
zwischenmenschliche und kosmische Harmonie, an der die Dis-
harmonien in Shylocks verwaistem, gegen Musik und gesellige
Festlichkeit verriegeltem Haushalt gemessen werden müssen.

Auch die sprachliche Gestaltung ist von dem zentralen Kontrast dieser zwei Welten bestimmt. Gegenüber der nuancenreichen, witzig verspielten oder durch poetische Bilder angereicher-
ten Sprache der jungen Liebenden, die sich flexibel der jeweiligen
Situation anpassen und anzügliche Zweideutigkeit ebenso beherrschen wie eine sententiös getragene Rhetorik, wirkt Shylocks
Diktion mit ihren stakkatohaften Wiederholungen und abgehackten Satzpartikeln, den alttestamentlichen Wendungen, den
Bildern aus der Sphäre niederer oder abstoßender Tiere und dem
konkret dinglichen Wortschatz als schrille Dissonanz. Aber auch
die gefühlstiefen und von Melancholie überschatteten Verse

Antonios stellen immer wieder den heiter geselligen Sprachton seiner Freundesgruppe in Frage: wenn auch Portias rettendes Eingreifen verhindert, daß er zum Opfer eines konventionellen Konflikts von Freundschaft und Liebe wird, so bleibt er am Ende doch – wie Shylock – aus der glücklichen Komödiengesellschaft der vereinten Liebespaare ausgeschlossen.

Diese nur implizierte Korrespondenz zwischen dem Titelhelden und seinem Antagonisten als Vereinsamte und Außenseiter gehört zu den beunruhigenden Aspekten dieses Spiels, die immer wieder die idealisierten Gefühle und Reaktionen der jungen Liebenden in Frage stellen. Gerade die Tatsache, daß dieses Drama solche Fragen und ironischen Perspektiven aufwirft, ohne sie völlig zu klären, verleiht ihm jene Kraft positiver Verunsicherung, die Leser, Regisseure und Zuschauer zu immer neuer Auseinandersetzung mit ihm provoziert.

dd) Wirkungsgeschichte

Die Bühnengeschichte des *Merchant of Venice* ist in erster Linie eine Geschichte der Wandlungen des Shylock-Bilds. Wurde Shylock in G. GRANVILLES freier Bearbeitung *The Jew of Venice* (1701) von dem berühmten Clown Thomas DOGGET noch ganz als komische Figur aufgefaßt, so betrat mit C. MACKLIN in der frühesten Neuinszenierung des Originaltexts (1741) Shylock als eine dämonische Schurkengestalt die Bühne. E. KEANS Verkörperung dieser Figur (1814) bedeutete einen entscheidenden Wendepunkt: zum erstenmal gelingt es einem Schauspieler, durch eine differenzierte Darstellung der widersprüchlichen menschlichen Regungen in Shylock die Sympathie des Publikums für diese Gestalt zu gewinnen. Dieser »romantischen« Auffassung, der Kritiker wie W. HAZLITT und H. HEINE begeistert zustimmten, folgten alle bedeutenden Shylock-Darsteller von W. MACREADY bis H. IRVING; in der deutschen Bühnentradition gestaltete erstmals L. DEVRIENT einen im Kern seines Wesens »edlen« Shylock. In deutschen Inszenierungen des 20. Jahrhunderts griff W. KRAUSS (1943) die antisemitische Konzeption eines Abscheu erregenden, grotesk-komischen Shylock auf, während A. BASSERMANN in M. REINHARDTS Berliner Inszenierung von 1905 der Tradition des diabolischen Schurken folgte und E.

Deutsch und F. Kortner das Bild des menschlich tragischen
Shylock weiterentwickelten. Dabei zeichnet sich jedoch als
wichtigste Tendenz in modernen Inszenierungen des *Merchant of
Venice* der Versuch ab, die Gestalt Shylocks aus dem Mittelpunkt
zu rücken, und sie einer übergreifenden und ausgeglichenen Gesamtstruktur einzuordnen. W. Poels Inszenierung auf einer dekorationsarmen »Shakespeare-Bühne« (1898), die mit der Tradition opernhafter Schaueffekte brach, und Reinhardts ausgewogene Inszenierung gaben dafür wichtige Anregungen. Die
vielbeachtete Inszenierung im National Theatre (1970), mit
Olivier als Shylock, näherte sich wieder der Shylockinterpreta-
tion von Irving.

J.L. CARDOZO, *The Contemporary Jew in Elizabethan Drama*, Amsterdam,
1925. – E.E. STOLL, *Sh. Studies*, New York, 1927, pp. 255–336. – H. GRAN-
VILLE-BARKER, »*The Merchant of Venice*«, in: *Prefaces to Shakespeare*, Second
Series, London, 1930; London, 1958, Bd. I. – M. PLOWMAN, »Money and *The
Merchant*«, *Adelphi*, 2 (1931). – G.W. KNIGHT, *The Shakespearean Tempest*, Lon-
don, 1932. – H.P. PETTIGREW, »Bassanio, the Elizabethan Lover«, *PQ*, 16
(1937). – E.C. PETTET, »*The Merchant of Venice* and the Problem of Usury«,
E&S, 31 (1945). – H. SINSHEIMER, *Shylock*, London, 1947. – N. COGHILL,
»The Basis of Shakespearean Comedy«, *E&S*, n.s. 3 (1950). – E.T. SEHRT, *Ver-
gebung und Gnade bei Shakespeare*, Stuttgart, 1952, S. 86–105. – C.B. GRAHAM,
»Standards of Value in *The Merchant of Venice*«., *SQ*, 4 (1953). – J.R. BROWN
»Introduction«, *The Merchant of Venice*, The Arden Sh., London, 1955. – G.
MIDGLEY, »*The Merchant of Venice*: A Reconsideration«, *EIC*, 10 (1960). – E.T.
SEHRT, »Zum Verständnis des Werkes«, *Der Kaufmann von Venedig*, Rowohlts
Klassiker, Reinbek, 1960. – J.R. BROWN, »The Realization of Shylock«, in:
Early Sh., Stratford-upon-Avon Studies 3, London, 1961. – T. LELYVELD,
Shylock on the Stage, London, 1961. – S. BURCKHARDT, »*The Merchant of
Venice*: The Gentle Bond«, *ELH*, 29 (1962). – B. GREBANIER, *The Truth About
Shylock*, New York, 1962. – W.H. AUDEN, »Brothers and Others«, in: *The
Dyer's Hand*, London, 1963. – A.D. MOODY, *Sh.: The Merchant of Venice*, Lon-
don, 1964. – K. MYRICK, »Introduction«, *The Merchant of Venice*, The Signet
Classic Sh., New York, 1965. – A. ANIKST, »Der Kaufmann von Venedig«, *SJ
Ost*, 102 (1966). – T.H. FUJIMURA, »Mode and Structure in *The Merchant of
Venice*«, *PMLA*, 81 (1966). – W.M. MERCHANT, »Introduction«, *The Merchant
of Venice*, New Penguin Sh., Harmondsworth, 1967. – J. WILDERS, ed., *Sh.:
The Merchant of Venice. A Casebook*, London, 1969. – H. de LEEUWE, »Sh.s
Shylock. Europäische Darsteller einer berühmten Rolle«, *Kleine Schriften der Ge-
sellschaft für Theatergeschichte Berlin*, 23 (1969). – S. BARNET, ed., *Twentieth
Century Interpretations of ›The Merchant of Venice‹*, Englewood Cliffs, N. J., 1970. –
S. BARNET, »Prodigality and Time in *The Merchant of Venice*«, *PMLA*, 87
(1972). – R.C. HASSEL, »Antonio and the Ironic Festivity of *The Merchant of
Venice*«, *ShakS*, 6 (1972). – D.J. PALMER, »*The Merchant of Venice* or the Im-
portance of Being Earnest«, in: *Shakespearian Comedy*, Stratford-upon-Avon
Studies 14, London, 1972. – J.A. BRYANT, »*The Merchant of Venice* and the
Common Flaw«, *SR*, 81 (1973). – A.R. HUMPHREYS, ›*The Merchant of Venice*‹,
Oxford, 1973. – R.E. FORTIN, »Launcelot and the Uses of Allegory in *The
Merchant of Venice*«, *SEL*, 14 (1974). – B. PUSCHMANN-NALENZ, »Nach-
wort«, *The Merchant of Venice*, Neuer Reclam Sh., Stuttgart, 1975. – A. SCHLÖS-
SER, »Dialectic in *The Merchant of Venice*«, *ZAA*, 23 (1975). – J.S. COOLIDGE,
»Law and Love in *The Merchant of Venice*«, *SQ*, 27 (1976).

h) The Merry Wives of Windsor (Die lustigen Weiber von Windsor)

aa) Text und Datierung

Recht gewichtige Unterschiede zwischen den Texten der Quarto-Ausgabe von 1602 und der Folio-Ausgabe von 1623 *(The Merry Wives of Windsor)*, werfen schwierige Editionsprobleme auf: während das um etwa 1200 Zeilen kürzere »bad quarto« wohl einen Raubdruck darstellt, der von dem Schauspieler der Wirtsrolle aus dem Gedächtnis rekonstruiert wurde, scheint der Text der Folio-Ausgabe auf eine Abschrift von Shakespeares »foul papers« zurückzugehen. Wenn so der Quarto-Text im allgemeinen von geringerer Autorität ist (die stark abweichende Gestalt der Schlußszene im Park von Windsor, in der alle Verweise auf den Hof und den Hosenbandorden fehlen, läßt an eine Redaktion für öffentliche Aufführungen in der Provinz denken), bietet er doch gelegentlich Lesarten, die dem Shakespeareschen Original näher stehen als die entsprechenden Textvarianten der Folio-Fassung.

Die Anspielungen auf Hoffeste im Zusammenhang mit dem Hosenbandorden (I, iv; II, ii; V, v) lassen vermuten, daß *The Merry Wives of Windsor* als eine unterhaltsame Einlage für ein solches Fest konzipiert waren. Einen besonders beziehungsreichen Anlaß für die Uraufführung stellt das »Garter«-Fest am St. Georgstag (23. April) 1597 dar, das im Beisein der Königin in Windsor gefeiert wurde. Während dieser Zeremonie wurden Lord HUNSDON, als neu ernannter Lord Chamberlain der Schutzherr von Shakespeares Truppe, und – in Abwesenheit – Herzog FRIEDRICH von Württemberg in den Orden aufgenommen. Auf die recht aufdringlichen Bemühungen des deutschen Fürsten um die Ehrung bezieht sich wohl als aktuelle Satire die nicht ganz integrierte Pferdediebstahl-Episode (IV, iii und v). In diesem Zusammenhang wird auch ein Gerücht aus dem frühen 18. Jahrhundert bedeutsam, nach dem dieses Drama innerhalb von 14 Tagen auf eine Anregung der Königin selbst entstand, die Falstaff, den komischen Helden von *Henry IV*, in der Rolle des Liebhabers zu sehen wünschte.

Dieser Auftragscharakter des Werks und die Kürze der Entstehungszeit würden gewisse Schwächen und Unstimmigkeiten in Handlungsführung und Personenzeichnung hinreichend motivieren.

bb) Vorlagen

Shakespeare variiert in dem zentralen Handlungsstrang um den betrogenen Betrüger Falstaff konventionelle Situationen der italienischen Novellistik. Dabei muß ungeklärt bleiben, ob er selbständig Erzählmotive dramatisierte, wie sie sich in Ser GIOVANNI FIORENTINOS *Il Pecorone* (I, 2), in *The Tale of the Two Lovers of Pisa* aus *Tarltons Newes out of Purgatorie* (1590) oder in der Geschichte der *Two Brethren and their Wives* aus *Riche his Farewell to Militarye Profession* (1581) finden, oder aber ein bereits vorliegendes Drama, etwa die 1593 erwähnte, verschollene *Jealous Comedy* eines anonymen Autors, im Sinn des königlichen Auftrags bearbeitete. Auch die Nebenhandlung um Anne Page und ihre drei Freier geht auf traditionelle Novellen- und Komödienmotive zurück und weist deutliche Ähnlichkeit mit PLAUTUS' *Casina* auf. Shakespeares Versuch, in diese Welt farcenhafter Komödienverwicklungen Gestalten seiner eigenen Königsdramen einzuführen, ist nicht völlig geglückt: Falstaffs Gefährten Bardolph, Pistol und Nym bleiben ohne eigentlich dramatische Funktion am Rand des Geschehens; die resolute Mistress Quickly aus der Boar's Head Tavern ist zum Mädchen-für-Alles des französischen Doktors Caius und zum bloßen Instrument des Dramatikers als Zuträgerin und Botin für die zahlreichen Intrigen abgesunken; der Streit zwischen Falstaff und Justice Shallow, mit der die Komödie einsetzt, erweist sich als blindes Motiv, und Falstaff selbst hat mit seinem Vorgänger in den Historien kaum mehr als den Namen gemeinsam. Immer wieder mischen sich Züge der Komödienfigur des pedantischen Gelehrten aus den novellistischen oder dramatischen Vorlagen in das Charakterbild Falstaffs, der von seiner ursprünglichen Gerissenheit, Schlagfertigkeit und Lebensfülle fast völlig verlassen, zum hilf- und ratlosen Opfer einer Reihe recht durchsichtiger Streiche wird und den die beherzten Bürgerfrauen Mistress Ford und Mistress Page, um deren Gunst er aus finanziellen, nicht aber erotischen Motiven wirbt, an der Nase herumführen und als Schmarotzer und Tölpel entlarven.

cc) Analyse und Deutung

Mit dem Übergewicht an rein farcenhaften Spielelementen hebt sich *The Merry Wives of Windsor* deutlich von den »romantischen« Komödien Shakespeares ab und erinnert in seiner stärkeren Betonung von drastischer Situationskomik gegenüber differenzierter Charakterkomik an die *Comedy of Errors* und *The Taming of the Shrew*. Nicht weniger als elf Intrigen und Gegenintrigen – eine Zahl, die nicht einmal in *Much Ado About Nothing* erreicht und nur von *Cymbeline* überboten wird – bestimmen den Gang der Handlung, die immer wieder durch die Dreizahl strukturiert wird. So trifft der ahnungslose Falstaff in drei geschickt variierten Parallelszenen mit dem unter falschem Namen auftretenden Ehegatten von Mrs. Ford zusammen (II, ii; III, v; V, i), und in einer Folge von ebenfalls drei Szenen (III, iii; IV, ii; V, v) bringen ihn die Bürgersfrauen in immer mißlichere und groteskere Situationen. Diese farcenhaften Verwicklungen drängen die Liebeswerbung Fentons um Anne Page – ein Motiv, das in einer romantischen Komödie Shakespeares den zentralen Handlungsstrang darstellen würde – ganz in den Hintergrund.

Als einziges Drama Shakespeares, das ausschließlich im zeitgenössischen England spielt, überrascht *The Merry Wives of Windsor* auch dadurch, daß hier, dem bürgerlichen Milieu entsprechend, in fast allen Szenen Prosa dominiert. Individuelle Abstufungen des Prosastils heben die einzelnen Gestalten in karikaturhafter Typisierung voneinander ab. Dies gilt vor allem für die breite Galerie komischer Nebenfiguren, die durchwegs auf eine besondere sprachliche Idiosynkrasie oder einen einseitig übersteigerten Charakterzug festgelegt sind. Fords Rolle erschöpft sich in seiner grotesken Eifersucht; Parson Hugh Evans sorgt immer wieder durch seinen walisischen Akzent und seine grammatischen Fehlleistungen für komische Effekte; bei Slender paart sich Einfältigkeit mit sprachlicher Beschränktheit; Doktor Caius wird durch sein Kauderwelsch aus Französisch und Englisch und Mrs. Quickly durch ihre intrigante Geschäftigkeit und ihre Malapropismen charakterisiert. Die eindimensionale Personenzeichnung muß wohl auf den Einfluß der »comedy of humours« zurückgeführt werden, die von George CHAPMAN schon 1596 in Mode gebracht und dann in Ben JONSONS *Every Man in his Humour* (1598) weiterentwickelt wurde. Diesen Zusammenhang verdeutlicht auch Nyms stereotype Verwendung des Wortes »humour«. Während jedoch die »comedy of humours« bei JONSON Medium einer kritischen Analyse der Gesellschaft wird, bleibt sie hier ein heiteres Spiel mit harmlosen Exzentrizitäten. So werden auch ernstere Komplikationen, wie sie sonst immer in Shakespeares Komödienwelt einzubrechen drohen, völlig ausgespart, und das Spiel der Intrigen erweist sich durchwegs als so »lustig«, wie es sein Titel verspricht.

dd) Wirkungsgeschichte

Mit Hofaufführungen vor ELISABETH I. und CHARLES I. beginnt die erfolgreiche Bühnengeschichte dieser Komödie, die sich bis in unser Jahrhundert, in dem die Zahl der Inszenierungen merklich zurückgegangen ist, einer größeren Beliebtheit beim Theaterpublikum als bei ihren Kritikern erfreute. Von wenigen und nur kurzlebigen Bearbeitungen wie John DENNIS' *The Comical Gallant, or The Amours of Sir John Falstaffe* (1702) und der Opernfassung von Frederic REYNOLDS und Henry BISHOP (1824) abgesehen, wurde dieses Drama in der englischen Bühnentradition kaum verändert oder verstümmelt, so daß hier die Rückkehr zum ungekürzten Originaltext durch Ch. KEAN (1851) keinen entscheidenden Einschnitt in der Bühnengeschichte markiert. Dagegen dominierten im deutschsprachigen Raum bis ins 19. Jahrhundert Bearbeitungen, die – wie *Die lustigen Abenteuer an der Wien* (1771) – das Geschehen auf heimische Verhältnisse übertrugen. Auch dem modernen Publikum sind Opernfassungen des Werks – O. NICOLAIS Vertonung (1849) und VERDIS *Falstaff* (1893) – geläufiger als das Original; sie machen *Die Lustigen Weiber von Windsor* in Deutschland zu dem nach *Was ihr wollt* am häufigsten gespielten Stück Shakespeares.

L. HOTSON, *Sh. versus Shallow*, Boston, 1931. – O. J. CAMPBELL, »The Italianate Background of *The Merry Wives of Windsor*«, in: *Essays and Studies in English and Comparative Literature*, University of Michigan Publications in Language and Literature 8, Ann Arbor, 1932. – J.E.V. CROFTS, *Sh. and the Post Horses: A New Study of The Merry Wives of Windsor*, Bristol, 1937. – W. GREEN, *Sh.'s Merry Wives of Windsor*, Princeton, 1962. – J.M. STEADMAN, »Falstaff as

Actaeon: A Dramatic Emblem«, *SQ*, 14 (1963). – W. GREEN, »Introduction«, *The Merry Wives of Windsor*, Signet Classic Sh., New York, 1965. – J.M. NOSWORTHY, *Sh.'s Occasional Plays*, London, 1965. – H. J. OLIVER, »Introduction«, *The Merry Wives of Windsor*, New Arden Sh., London, 1971. – R. G. HIBBARD, »Introduction«, *The Merry Wives of Windsor*, New Penguin Sh., Harmondsworth, 1973. – J. A. BRYANT, »Falstaff and the Renewal of Windsor«, *PMLA*, 89 (1974). – W. L. GODSHALK, »An Apology for *The Merry Wives of Windsor*«, *RenP 1973* (1974). – J. A. ROBERTS, »Falstaff in Windsor Forest: Villain or Victim«, *SQ*, 26 (1975).

i) Much Ado About Nothing (Viel Lärm um Nichts)

aa) Text und Datierung

Die früheste Ausgabe, der sorgfältig gesetzte Quartodruck von 1600, geht wohl unmittelbar auf Shakespeares eigenes Manuskript zurück. Da auch der Text der Folioausgabe von 1623 *(Much ado about Nothing)* nur geringfügig von diesem abweicht, bereitet die Komödie kaum nennenswerte Editionsprobleme.

Dagegen ist die Datierung dieses Lustspiels nicht völlig geklärt. Da es in MERES' Liste der Komödien Shakespeares (1598) nicht namentlich erwähnt wird, bietet sich 1598/99 als Entstehungszeit und Datum der Uraufführung an. Ist es jedoch, wie gelegentlich behauptet wird, mit der bei MERES aufgeführten Komödie *Love's Labour's Won* (Gewonnene Liebesmüh') identisch, wäre es schon einige Jahre früher – vielleicht in einer verloren gegangenen ersten Fassung – als Gegenstück zu *Love's Labour's Lost* entstanden. Wenn auch die witzigen Wortgefechte und die Bekehrung Benedicks und Beatrices an Berowne und Rosaline in *Love's Labour's Lost* erinnern, will doch MERES' Titel nicht recht auf *Much Ado* passen; außerdem wird derselbe Titel von manchen Forschern für eine frühe Fassung von *All's Well That Ends Well* in Anspruch genommen. Die Datierung auf 1598/99 hingegen, zwischen *The Merchant of Venice* und *As You Like It*, entspricht auch am ehesten unseren Vorstellungen von der Entwicklung Shakespeares als Komödiendichter: so zeugt etwa die scheinbar mühelose und doch äußerst wirkungsvolle Verknüpfung der beiden Liebeshandlungen von einer reifen Komödienkunst, die bald in *As You Like It* und *Twelfth Night* ihre glücklichsten und geglücktesten Schöpfungen zeitigen wird.

bb) Vorlagen

Die Verleumdungsintrige gegen Hero, ihre Verstoßung durch Claudio, ihr Scheintod und schließlich die glückliche Vereinigung der Liebenden sind ein altes Erzählmotiv, dessen Beliebtheit im 16. Jahrhundert zahlreiche epische und dramatische Neugestaltungen bezeugen. Shakespeare kannte vermutlich sowohl die Version dieser Geschichte in ARIOSTS *Orlando Furioso* (1516), die in englischen Übersetzungen vorlag und von SPENSER in *The Faerie Queene* (II, iv) nacherzählt worden war, als auch die Prosafassung in Matteo BANDELLOS *Novelle* (1554). Während in allen diesen Versionen der Freund zum verleumderischen Nebenbuhler wird und somit der konventionelle Konflikt von Freundschaft und Liebe – wie etwa in *The Two Gentlemen of Verona* – zentrale Bedeutung gewinnt, schuf Shakespeare hier in der Gestalt des intrigierenden Außenseiters Don John einen jener machiavellistischen Schurken, die im zeitgenössischen Drama große Popularität erlangten. Die damit freiwerdende Rolle des Freundes mag der Anstoß für die Erfindung der Figur des Liebesverächters Benedick gewesen sein, dessen geistvolle Wort- und Witzgefechte mit Beatrice die kontrastierende melodramatische »Haupthandlung« in den Hintergrund verdrängt. Dieser Handlungsstrang, für den sich keine unmittelbare Vorlage nachweisen läßt, folgt der Konvention der »spöttischen Liebenden«, die vor allem in euphuistischen Romanen und in den Dramen John LYLYS eine wichtige Rolle spielte und die Shakespeare bereits mit Berowne und Rosaline (*Love's Labour's Lost*) aufgriff. Die beiden tölpelhaften Gerichtsdiener Dogberry (Holzapfel) und Verges (Schlehwein) stellen eine weitere Hinzufügung Shakespeares dar, durch die er den lustspielhaften Charakter dieses Dramas auch in den Phasen ernster Verwicklungen sichert und das soziale und emotionale Spektrum gegenüber den Vorlagen wesentlich verbreitert.

cc) Analyse und Deutung

Schon der Titel der Komödie verweist auf ihr zentrales Thema: die verwirrungsstiftende Macht des Scheins, des nicht Wirklichen, sondern nur Eingebildeten oder Suggerierten. So stellt das »Nothing« des Titels im elisabethanischen Englisch ein deutliches Wortspiel mit dem ähnlich lautenden »noting« dar, das in diesem Lustspiel gelegentlich als Ausdruck des Wahrnehmens und Erkennens verwendet wird – eines Wahrnehmens und Erkennens, dessen Anfälligkeit für Täuschungen auf allen Ebenen der Handlung demonstriert wird. Die beiden Liebespaare stehen im Mittelpunkt zweier einander symmetrisch entsprechender Intrigen: des abgefeimten Schurkenstücks, mit dem der Bastard Don John die Vermählung von Claudio und Hero durchkreuzen will, und der wohlwollenden Intrige Don Pedros, die den beiden widerspenstigen Liebenden Benedick und Beatrice das Geständnis ihrer Liebe entlockt. Der Auftakt der Komödie, Don Pedros stellvertretende Werbung um Hero und Don Johns erfolgloser Gegenzug der Verleumdung seines Halbbruders (I, i – II, i), nimmt als Vorspiel diese Struktur kontrastierender Intrigen bereits vorweg. In diesem Vorspiel und in den folgenden Verwicklungen bedienen sich sowohl die schurkischen als auch die wohlmeinenden Intriganten ähnlicher Methoden der Wahrheitsverfälschung: so entspricht etwa die nächtliche Verkleidungsszene, die Don John inszeniert, um Claudio die Untreue Heros zu beweisen, den von Don Pedro sorgfältig geplanten parallelen Belauschungsszenen (II, iii und III, i), die Benedick und Beatrice davon überzeugen, daß sie leidenschaftlich geliebt werden.

Entsprechungen wie diese unterstreichen die kontrapunktische Verschränkung der beiden Handlungsstränge. Während die Verlobten Claudio und Hero ihre Liebe allzu selbstverständlich hinnehmen und, ohne sich wirklich gegenseitig zu kennen, das konventionelle Ritual einer verflachten Liebesromantik durchlaufen, bis sie durch die Wirren der Verleumdungsintrige hindurch in reiferer Liebe einander neu finden, müssen Benedick und Beatrice ihre zur Pose erstarrte Haltung der Liebesskepsis und Ehefeindlichkeit überwinden, um ihre Liebe zueinander erkennen und gestehen zu können. Dieser entscheidende Fortschritt in der Benedick-Beatrice Handlung fällt mit dem Tiefpunkt der Parallelhandlung zusammen, der öffentlichen und zynischen Verstoßung Heros durch Claudio. Dabei macht Heros Ohnmachtsanfall das ohnmächtige Ausgeliefertsein der Liebenden an das Intrigenspiel Don Johns sinnfällig. So muß

schließlich die Lösung dieser Verwirrungen von Wirklichkeits-
sphären ausgehen, die unter bzw. über der höfischen Intrigen-
welt angesiedelt sind: von der Tölpelwelt um Dogberry und
Verges, die – unbeabsichtigt – die Schurkerei Don Johns aufdecken, und von dem in Pater Francis personifizierten Bereich
der Gnade. In ihrem intuitiven Glauben an Heros Unschuld
stellen er und Beatrice den positiven Bezugspunkt dar, an dem
Claudios Kleingläubigkeit gemessen werden muß, während die
Entlarvung Don Johns ausgerechnet durch die einfältige Wach-
mannschaft Dogberrys ein ironisches Licht auf die eingebildete
Klugheit der Aristokraten wirft.

Täuschungsmanöver aller Art bestimmen immer wieder den
Gang der Handlung: sie reichen von irreführenden Gerüchten,
Falschmeldungen und bewußten Verleumdungen, von Be-
lauschungs- und Verkleidungsszenen, die als »Spiel im Spiel«
den Gegensatz von Sein und Schein veranschaulichen, bis zu der
subtileren Form der unbewußten Verstellung im gesellschaftlichen Rollenspiel. Zentrales Symbol für die Scheinhaftigkeit des
Geschehens ist der festliche Maskenball in II, i; ihm entspricht in
pointiertem Kontrast die Enthüllungsszene des letzten Akts, die
in einen Tanz der liebenden Paare ausklingt und so den Triumph
der Liebe, der Harmonie, des wahren Witzes und der harmlosen
Torheit über die Welt des verwirrenden Scheins und der ver-
schlagenen Täuschung sinnfällig macht.

Im Vergleich zu den schlagfertigen und psychologisch komplexen Liebenden Benedick und Beatrice und den köstlich einfältigen und doch von ihrer eigenen Geistesschärfe überzeugten
Tölpeln Dogberry und Verges wirken Claudio und Hero blaß
und wenig individualisiert. Ein Claudio, der in der konventionellen Pose eines mehr in die Liebe als in seine Braut Verliebten befangen bleibt, eine Hero, die an den entscheidenden Wen-
depunkten verstummt, und ein schurkischer Don John, der
kaum mehr als der farblose Träger einer Handlungsfunktion ist,
sorgen dafür, daß die Unglaubwürdigkeit des düsteren Melo-
drams und die potentielle Tragik der Entfremdung zwischen den
Liebenden vom Zuschauer mit innerer Distanz aufgenommen
werden. So ist es auch irreführend, die Figur Claudios mit den
Kriterien einer Charakterinterpretation zu deuten, wie sie bei

Othello angebracht sind. Die künstliche Stilisierung des Spiels durch die symmetrische Personengruppierung und Handlungsführung und die anti-pathetischen Gegenwelten des zweiten Liebespaares und der Tölpel tragen ebenso wie das märchenhafte Element des Scheintods und der Wiedergeburt Heros, das bereits auf Hermiones mythische Wiedergeburt in *The Winter's Tale* vorausweist, dazu bei, diese Distanz aufrechtzuerhalten. In *Much Ado About Nothing* nähert sich Shakespeare dem Typ der Gesellschaftskomödie, der »comedy of manners«. Das Geschehen entfaltet sich an einem einzigen Schauplatz (Messina), dem nicht – wie in anderen Komödien Shakespeares – ein kontrastierender arkadischer Bereich als »Flucht«-Punkt zugeordnet ist, und gesellschaftliche Feste (Empfänge, Bälle, Hochzeitsfeierlichkeiten) markieren den Gang der Handlung. Wie in *The Merry Wives of Windsor* überwiegt die Prosa: weniger als ein Viertel des Textes ist in Versen geschrieben. Der witzige, spontan wirkende Konversationston der Höflinge bestimmt den Duktus dieser Prosa, der auf der einen Seite durch Benedicks und Beatrices äußerst zungenfertiges und oft frivoles Spiel mit Worten, auf der anderen Seite durch die absolute Artikulierunfähigkeit Dogberrys und Verges' durchbrochen wird. In dieser eher nüchternen Welt fällt der Natur im Unterschied zu anderen Komödien Shakespeares keine poetisierende Funktion zu, und auch die beiden Lieder (II, iii und V, iii) wirken weniger als stimmungsschaffende lyrische Einlagen, sondern sind funktional auf die dramatische Situation bezogen. Die Bildwelt ist, dem zentralen Motiv von Sein und Schein entsprechend, durch die leitmotivische Kleidermetaphorik bestimmt, und wiederholte Bilder aus dem Bereich des Jagens und Fallenstellens spiegeln die Welt der Intrige wider.

dd) Wirkungsgeschichte

Von Shakespeares Zeiten bis zur Gegenwart hat sich *Much Ado About Nothing* als eine seiner beliebtesten Komödien erwiesen. Und ebenso lange schon wandte das Publikum seine Gunst vor allem der »Nebenhandlung« zu; CHARLES I. schrieb in seine Folioausgabe »Benedick and Beatrice« als Alternativtitel über das Stück. Noch in der Komödie der Restorationszeit ist dieses »gay couple« als Vorbild geistvoll-witziger Liebespaare greifbar. Die bedeutendsten Schauspieler fühlten sich immer wieder gerade von diesen Rollen angezogen – D. GARRICK und Mrs. PRITCHARD im 18. Jahrhundert, H. IRVING und E. TERRY im 19. und J. GIELGUD und P. ASHCROFT im 20. Jahrhundert. Auch in Deutschland gehört *Viel Lärm um Nichts* seit der Uraufführung der Übersetzung BAUDISSINS (1835) zu den meistgespielten Komödien Shakespeares; dabei setzten die Inszenierungen von M. REINHARDT (1912) und die Bühnenbearbeitung von H. HILPERT (1932) neue Akzente. Dieser Popularität des Stücks steht eine gewisse Zurückhaltung der Kritiker von CH. GILDON über G. B. SHAW bis zu E. K. CHAMBERS gegenüber, die die Unvereinbarkeit oder die mangelnde Integration der verschiedenen Handlungselemente beklagten. Erst neuere Interpretationen haben die strukturelle Integration der verschiedenen Elemente in der Einheit der Handlung, des Tons oder der Thematik nachzuweisen versucht.

N. PAGE, »The Public Repudiation of Hero«, *PMLA*, 50 (1935). – J. SMITH, »*Much Ado About Nothing*«, *Scrutiny*, 13 (1946). – C. T. PROUTY, *The Sources of Much Ado About Nothing*, New Haven, 1950. – M. C. BRADBROOK, *Sh. and Elizabethan Poetry*, London, 1951. – K. NEILL, »More Ado About Claudio: An Acquittal for the Slandered Groom«, *SQ*, 3 (1952). – T. W. CRAIK, »*Much Ado About Nothing*«, *Scrutiny*, 19 (1953). – F. FERGUSSON, »*The Comedy of Errors* and *Much Ado About Nothing*«, *SR*, 62 (1954). – P. A. JORGENSEN, »*Much Ado About Nothing*«, *SQ*, 5 (1954). – G. STOREY, »The Success of *Much Ado About Nothing*«, in: *More Talking of Sh.*, ed. J. Garrett, London, 1959. – N. T. CARRINGTON, *Sh.: Much Ado About Nothing*, London, 1961. – B. EVERETT, »*Much Ado About Nothing*«, *CritQ*, 3 (1961). – A. P. ROSSITER, »*Much Ado About Nothing*«, in: *Angel with Horns*, London, 1961. – W. N. KING, »Much Ado About Something«, *SQ*, 15 (1964). – D. L. STEVENSON, »Introduction«, *Much Ado About Nothing*, The Signet Classic Sh., New York, 1964. – D. HOROWITZ, *Sh.: An Existential View*, New York, 1965, pp. 19–36. – J. R. MULRYNE, *Sh.: Much Ado About Nothing*, London, 1965. – P. und M. MUESCHKE, »Illusion and Metamorphosis in *Much Ado About Nothing*«, *SQ*, 18 (1967). – J. WAIN, »The Shakespearean Lie-Detector: Thoughts on *Much Ado About Nothing*«, *CritQ*, 9 (1967). – W. G. McCOLLOM, »The Role of Wit in *Much Ado About Nothing*«, *SQ*, 19 (1968). – R. A. FOAKES, »Introduction«, *Much Ado About Nothing*, New Penguin Sh., Harmondsworth, 1968, pp. 7–32. – W. RIEHLE, »Zum Verständnis des Werkes«, *Viel Lärmen um Nichts*, Rowohlts Klassiker, Reinbek, 1968. – W. R. DAVIS, ed., *Twentieth Century Interpretations of Much Ado About Nothing*, Englewood Cliffs, N. Y., 1969. – R. BERRY, »*Much Ado About Nothing*: Structure and Texture«, *ESts*, 52 (1971). – D. ORMEROD, »Faith and Fashion in *Much Ado About Nothing*«, *ShS*, 25 (1972). – J. A. ALLEN, »Dogberry«, *SQ*, 24 (1973). – C. DENNIS, »Wit and Wisdom in *Much Ado About Nothing*«, *SEL*, 13 (1973). – J. A. BARISH, »Pattern and Purpose in the Prose of *Much Ado About Nothing*«, *Rice University Studies*, 60 (1974).

j) As You Like It (Wie es Euch gefällt)

aa) Text und Datierung

Das Fehlen eines Hinweises auf das Stück in F. MERES' Werkkatalog (1598) und ein »blockierender Eintrag« im Stationers' Register von 1600, der wohl unautorisierte Raubdrucke dieser Komödie unterbinden sollte, lassen als Entstehungsjahr 1599 vermuten. Kleinere Widersprüchlichkeiten im Text der Folioausgabe von 1623 (As You Like It), dem wahrscheinlich keine Quartoausgabe vorausgegangen ist und dem offensichtlich ein sorgfältig abgefaßtes Soufflierbuch zugrunde liegt, rechtfertigen kaum die Theorie J.D. WILSONS, nach der As You Like It bereits 1593 entstand und 1599 überarbeitet wurde. Auch zeitgenössische Anspielungen im Drama selbst widersprechen der herkömmlichen Datierung nicht, die durch stilistische und strukturelle Erwägungen noch bestätigt wird.

bb) Vorlagen

Shakespeare folgt hier in großen Zügen dem Handlungsverlauf seiner Vorlage, dem modisch-euphuistischen Prosaroman Rosalynde von Thomas LODGE (1590), überrascht jedoch durch eine neue Verteilung der Schwerpunkte und Proportionen. Die dramatischen Szenen am Hof des Usurpators und im Elternhaus des Helden, die bei LODGE die Hälfte der Erzählung ausmachen, werden von Shakespeare zur Exposition des ersten Akts zusammengedrängt und dann nur noch in einigen wenigen Einzelszenen eingeblendet. Damit stehen in As You Like It die pastoralen Liebesszenen im Wald von Arden ganz im Mittelpunkt, wobei im Gegensatz zur Romanvorlage die Liebeswerbungen der drei Paare nicht einfach additiv aneinandergereiht, sondern kunstvoll ineinander verschränkt werden und sich so in Korrespondenzen und Kontrasten wechselseitig ironisch beleuchten. Dieser Spiegelungstechnik wird durch die Einführung des Melancholikers Jaques und des Clowns Touchstone noch größerer Spielraum gegeben: als Kommentatorfiguren gewinnen sie dem thematischen Gegensatz von Hofleben und Schäferdasein weitere Aspekte ab, und Touchstones recht unromantische Liebesaffäre mit dem Landmädchen Audrey variiert das Motiv pastoraler Liebesromantik auf der Ebene derb

sinnlicher Begierde. So werden bei Shakespeare gerade jene
Werte in Frage gestellt, die der romanesken Prosaerzählung
als fraglos akzeptierte Axiome vorgegeben sind – die paradiesi-
sche Idyllik des Schäferdaseins und die idealistischen Ansprüche
romantischer Liebe.

cc) Analyse und Deutung

Schon der mit leichter Hand formulierte Titel verrät einen
Autor, der sich der souveränen Beherrschung seiner Kunstmittel und der Zustimmung seines Publikums sicher ist. Ohne
Inhalt und Thema der Komödie näher zu bezeichnen, weckt er
doch Erwartungen, wie sie im zeitgenössischen Publikum durch
die Kenntnis der früheren Komödien Shakespeares vorgeprägt
waren. Und wirklich finden sich in *As You Like It* die Strukturelemente und Einzelmotive der früheren Komödien wieder –
allerdings überraschend abgewandelt und in neue Zusammenhänge gebracht. So nimmt Shakespeare hier das Motiv der
Heldin in Männerkleidern wieder auf, das er schon in *The
Two Gentlemen of Verona* und *The Merchant of Venice* gestaltet
hatte, gibt ihm aber eine neue Wendung, indem Rosalinds Verkleidung Orlando gegenüber nicht mehr durch äußere Notwendigkeit oder inneren Zwang, sondern allein aus ihrer überschwenglichen Spielfreude heraus motiviert ist. Hierin wird
deutlich, daß sowohl eine von außen über die Liebenden verhängte Intrige (vgl. *Much Ado*) als auch innere Widerstände der
Liebenden selbst (vgl. *Love's Labour's Lost*) das Schicksal Rosalinds und Orlandos kaum mehr berühren. Ebenso stellen die
drei Liebeshandlungen, die das zentrale Geschehen um Held
und Heldin begleiten, gleichzeitig ein Fortführen und eine Erweiterung der Technik kontrastierender Nebenhandlungen dar.
Auch Rolle und Funktion des Narren ist diesem Wandel in der
Kontinuität unterworfen: Touchstone ist nicht mehr der tölpelhafte Diener oder Handwerker, der in den frühen Komödien
unfreiwillig für Komik sorgte, sondern der höchst bewußte,
seine Kunst virtuos beherrschende Narr, dessen enthüllende
Kommentare ihn immer wieder zum »Prüfstein« für Schwär-
merei und Einbildung machen.

Wie schon in *A Midsummer Night's Dream* und *The Merchant*

of Venice bestimmt der Kontrast zweier Schauplätze – die korrupte Welt des Hofes mit ihren Intrigen und modischen Torheiten und die Schäferwelt des Ardennerwalds – die Raumstruktur dieser Komödie. In Arden lösen sich in heiterem Spiel und scheinbar wie von selbst die Konflikte und Spannungen, die in der Welt des Hofs aufbrachen; hier trifft Rosalind »zufällig« ihren Orlando, und der Vater findet nach langer Trennung seine Tochter wieder. Hier bekehren sich die Schurken Oliver und Duke Frederick, und hier findet der widernatürliche Zwist der Brüderpaare sein versöhnliches Ende. Dieser Kontrast zwischen der Werktagswelt der Stadt und des Hofes, wo moralisches Chaos und Haß regieren, und dem ferienhaft gelösten Waldleben der Flüchtlinge wird durch die unterschiedliche dramatische Gestaltungsweise noch hervorgehoben. Während die beiden parallel geführten, handlungsreichen Szenenfolgen um Usurpation und Erbbetrug in einer bewußt primitiven, stark raffenden und nach Märchenschema vereinfachenden Holzschnitt-Technik ausgeführt sind, werden die handlungsarmen, locker aneinander gereihten Szenen im Ardennerwald in differenzierter Kleinmalerei ausgebreitet. Die Reihenfolge der Szenen, in denen die Bewohner von Arden in immer neuen, zufälligen Gruppierungen zusammentreffen, ist nicht durch die zwingende Logik eines Handlungszusammenhangs und auch nicht – wie in *Love's Labour's Lost* – durch eine symmetrisch ausgewogene Choreographie der Personenführung bedingt, sondern zielt auf eine nuancenreiche Kontrastierung und Ergänzung wechselnder Perspektiven ab.

So entfaltet sich die Welt von Arden im Fortgang der Szenen als ein mehrdimensionales Sinngefüge. Während vorbereitende Gespräche im ersten Akt eine idyllische Schäferwelt erwarten lassen, in der sich Züge des klassischen Mythos vom Goldenen Zeitalter mit Elementen der heimisch-populären Robin-Hood-Tradition mischen, häufen sich in den ersten Szenen im Ardennerwald Hinweise auf Aspekte, die die Konvention des pastoralen »locus amoenus« überraschend ironisieren. Der Herzog preist zwar in pastoraler Manier die Vorzüge des Landlebens gegenüber dem Leben am Hof, betont aber auch die realen Unbilden der Witterung, denen Schäfer und Waldbewohner

schutzlos preisgegeben sind (II, i); den erschöpften Flüchtlingen
erscheint der Wald auf den ersten Blick als unwirtlicher Ort,
und die Gestalt des Schäfers Corin spiegelt eher die Nöte und
Sorgen zeitgenössischer englischer Landarbeiter wider als die
unbeschwerte Heiterkeit arkadischen Schäferdaseins (II, iv und
vi). Aus den Perspektiven des Clowns Touchstone und des Zyni-
kers Jaques gewinnen diese negativen Aspekte ihre schärfste
Kontur: in einseitig materialistischer Einschätzung der Wirklichkeit zieht Touchstone entschieden die Behaglichkeit des
Hoflebens dem Schäferdasein vor, und für Jaques, die typisch
elisabethanische Figur des desillusionierten Reisenden, verkehrt
sich der pastorale Topos ewiger Jugend zur grimmigen Vision
einer Abfolge von sieben immer trostloseren Lebensaltern
(II, vii). Aber auch die übrigen Begleiter des Herzogs und die
Liebespaare, die sich bereitwillig dem Reiz des Schäferlebens
öffnen und mit scherzhaften Gesprächen, heiter-melancholi-
schen Liedern, witzigem Rollen- und Verstellungsspiel und höfischen Jagden sich die Zeit vertreiben, sind nach Lösung aller
Konflikte und Verwirrungen nur zu bereit, in die Verantwortung ihres gewohnten Daseins zurückzukehren. Der Wald von
Arden ist ein Ort ferienhafter »Ent-Spannung«, kein Ort zum
Bleiben. Allein der unverbesserliche Melancholiker Jaques und
der zum Büßer bekehrte Duke Frederick beschließen, als Ein-
siedler zurückzubleiben.

Ähnliche Abstufungen der Perspektiven kennzeichnen die
vier Liebeshandlungen, die in der zweiten Hälfte des Dramas in
den Vordergrund rücken. Hier markieren das Schäfer-Liebes-
paar Silvius und Phebe, die ohne innere Distanz und in absurder
Übertreibung das konventionelle Ritual romantischer Liebe
zelebrieren, und Touchstones derb sinnliche Werbung um das
einfältige Landmädchen Audrey die extremen Positionen des
Spiels. Unfreiwillig komische Übertreibung und burleske Parodie auf niedrigerer Ebene stellen damit die wichtigsten Techniken dar, mit denen Shakespeare das Ideal romantischer Liebe
relativiert, ohne es aber grundsätzlich zu verwerfen. Rosalind,
die strahlendste und souveränste der Komödienheldinnen
Shakespeares, kann dieses Ideal gerade dadurch überzeugend
verkörpern, daß sie mit erfrischendem Wirklichkeitssinn und in

spielerischer Selbstironie skeptische Vorbehalte des Publikums vorwegnimmt. Diese Funktion kommt auch der zynischen Liebesverachtung des früheren Libertins Jaques und der drastischen Persiflage romantischer Liebe durch Touchstone zu – Haltungen, die jedoch durch Rosalinds ausgewogene Synthese von romantischer Gefühlstiefe und ironischer Distanz als einseitig widerlegt werden.

Das zweifach potenzierte Rollenspiel (III, ii; IV, i; V, ii), das sie dem ebenso naiven wie treu und innig liebenden Orlando gegenüber inszeniert, um ihn – wie sie vorgibt – von den Krankheitssymptomen der Liebe zu kurieren, während sie in Wirklichkeit seine konventionelle Pose des romantischen Liebhabers in ein gelösteres und bewußteres Verhältnis umwandelt, gibt ihr selbst Gelegenheit, jenseits der traditionellen petrarkistischen Formeln und Wendungen ihre Gefühle frei auszusprechen. Diese Sicht des Spiels als einer Möglichkeit, zu sich selbst und zueinander zu finden, widerlegt Jaques' pessimistische Deutung der Welt als scheinhafter, insubstantieller Bühne (II, vii) und findet ihre letzte Steigerung in dem mythologischen Maskenaufzug des Hochzeitsgottes Hymen (V, iv), den Rosalind als die geheime Regisseuse der komischen Verwicklungen in Szene setzt. Der Tanz der glücklich vereinten Liebespaare, mit dem das Spiel ausklingt, symbolisiert schließlich nach elisabethanischer Auffassung eine vielstimmige, kosmische Harmonie, die die zwischenmenschliche Ordnung und die Versöhnung der im Spiel dialektisch auseinandergefalteten Gegensätze umgreift.

Vielstimmigkeit und Kontrast kennzeichnen auch die sprachlich-stilistische Gestaltung. In lockerer Fügung sind längere Reden, dialogische »débats« und scherzhaft verspielte Dialoge, kunstvoll arrangierte Gespräche und solistische Liedeinlagen aneinander gereiht, wobei Prosa und Vers in zwanglosem Wechsel ineinanderspielen. Die Prosa dieser Komödie, die schon quantitativ den Vers überwiegt, vermeidet die geschraubte Künstlichkeit des euphuistischen Stils, dessen kalkulierte Aufbauschemata sie zwar gelegentlich nachahmt, um sie dann aber durch überraschende Asymmetrien und Wendungen ins Burleske immer wieder abzubiegen. Sie dient hier auch nicht mehr wie in den frühen Komödien zur Charakterisierung der niederen Figuren, sondern wird zum Medium unverstellter Gefühlsaussprache, während der Blankvers überwiegend sententiöser Belehrung, eitler Selbstdramatisierung und konventioneller Liebesrhetorik vorbehalten bleibt.

dd) Wirkungsgeschichte

Von einem nicht mehr nachprüfbaren Gerücht abgesehen, nach dem *As You Like It* 1603 vor JAMES I. aufgeführt wurde, setzt die urkundlich belegte Bühnentradition dieser Komödie erst im 18. Jahrhundert ein. 1723 erschien eine Bearbeitung von Charles JOHNSON, *Love in a Forest*, in der die Rüpel- und Clownsszenen aus *A Midsummer Night's Dream* als erheiterndes Zwischenspiel für den verbannten Herzog und sein Gefolge in das radikal vereinfachte Handlungsgerüst der Komödie eingefügt wurden. Erst mit der Aufführung des Shakespeareschen Originals 1740 in Drury Lane begann die bis heute nicht abgerissene Kette der Inszenierungen, wobei im Gegensatz zu anderen Komödien der Urtext nur gelegentlich verlassen wurde. Als interessantes Experiment ist C. WILLIAMS' Inszenierung am Londoner Old Vic (1967) zu sehen, in der – Anregungen von J. KOTT folgend – alle Rollen von Männern verkörpert wurden und der Wald von Arden zu einem surrealistisch ausgestalteten »Bitteren Arkadien« entartete. – Die deutsche Uraufführung fand bereits 1775 durch die von WIELAND inspirierte Biberacher Theatergruppe statt. Trotz einer Reihe erfolgreicher Inszenierungen im 19. Jahrhundert wurde *Wie es Euch gefällt* erst seit der Jahrhundertwende durch Arbeiten bedeutender Regisseure wie E. KILIAN, O. FALCKENBERG (1917 und 1933), M. REINHARDT (1919), H. HILPERT (1934) und G. GRÜNDGENS (1941/42) zum regelmäßigen Repertoirestück deutscher Bühnen.

C. CLARK, *A Study of As You Like It*, London, 1932. – E. WELSFORD, *The Fool*, London, 1935, repr. 1961. – J. SMITH, »*As You Like It*«, *Scrutiny*, 9 (1940). – O.J. CAMBELL, *Sh.'s Satire*, New York, 1943, pp. 44–63. – S.L. BETHELL, *Shakespeare and the Popular Dramatic Tradition*, London, 1944. – M.C. BRADBROOK, *Sh. and Elizabethan Poetry*, London, 1951. – R.H. GOLDSMITH, *Wise Fools in Shakespeare*, East Lansing, 1955. – H. JENKINS, »*As You Like It*«, *ShS*, 8 (1955). – J. SHAW, »Fortune and Nature in *As You Like It*«, *SQ*, 6 (1955). – D. SCHÄFER, »Die Bedeutung des Rollenspiels in Sh.s *Wie es euch gefällt*«, *SJ*, 9 (1958). – H. GARDNER, »*As You Like It*«, in: *More Talking of Shakespeare*, ed. J. Garrett, London, 1959. – M. MINCOFF, »What Shakespeare Did to *Rosalynde*«,

SJ, 96 (1960). – R. Y. TURNER, »Dramatic Conventions in *As You Like It*«, *PMLA*, 75 (1960). – J.L. HALIO, »No Clock in the Forest‹: Time in *As You Like It*«, *SEL*, 2 (1962). – C.H. SHATTUCK, *Mr William Charles Macready produces As You Like It: A Promptbook Study*, Urbana, 1962. – A. GILMAN, »Introduction«, *As You Like It*, Signet Classic Sh., New York, 1963. – E.T. SEHRT, »Zum Verständnis des Werkes«, *Wie es euch gefällt*, Rowohlts Klassiker, Reinbek, 1960. – M. JAMIESON, *Sh.: As You Like It*, London, 1965. – J. L. HALIO, ed., *Twentieth Century Interpretations of As You Like It*, Englewood Cliffs, N.J., 1968. – H.J. OLIVER, »Introduction«, *As You Like It*, New Penguin Sh., Harmondsworth, 1968. – C. UHLIG, »Der weinende Hirsch: *As You Like It*, II, i, 21–66, und der historische Kontext«, *SJ West* (1968). – S. BARNET, »Strange Events‹: Improbability in *As You Like It*«, *ShakS*, 4 (1969). – R. BERRY, »No Exit from Arden«, *MLR*, 66 (1970). – A. R. CIRILLO, »*As You Like It*: Pastoralism Gone Awry«, *ELH*, 38 (1971). – D. J. PALMER, »*As You Like It* and the Idea of Play«, *CQ*, 13 (1971). – A. BARTON, »*As You Like It* and *Twelfth Night*: Sh.'s Sense of an Ending«, in: *Shakespearian Comedy*, Stratford-upon-Avon Studies 14, London, 1972. – J. H. BAKER, *Comments on Sh.'s Comedy ›As You Like It‹*, Reading, 1974. – C. W. HIEATT, »The Quality of Pastoral in *As You Like It*«, *Genre*, 7 (1974). – K. T. van den BERG, »Theatrical Fiction and the Reality of Love in *As You Like It*«, *PMLA*, 90 (1975). – A. LATHAM, »Introduction«, *As You Like It*, New Arden Sh., London, 1975. – R. WILSON, »The Way to Arden: Attitudes Toward Time in *As You Like It*«, *SQ*, 26 (1975).

k) *Twelfth Night; or What You Will (Was Ihr Wollt)*

aa) Text und Datierung

Der früheste Beleg einer Inszenierung von *Twelfth Night* findet sich im Tagebuch John MANNINGHAMS, der als Student an der Londoner Juristenschule des Middle Temple am 2. Februar 1602 einer Festaufführung dieser Komödie zur Feier von Mariä Lichtmeß beiwohnte. Der Titel der Komödie verweist auf einen ähnlichen festlichen Anlaß: die »zwölfte Nacht« nach Weihnachten, in der das ausgelassen saturnalische Treiben zwischen Weihnachten und Dreikönig seinen Höhepunkt erreichte. Dies läßt vermuten, daß die Komödie am Vorabend des Dreikönigsfests von 1601 oder 1602 uraufgeführt wurde und unmittelbar nach *Much Ado About Nothing* und *As You Like It* entstanden ist. Es bestand also ein enger Zusammenhang zwischen der Aufführungssituation und der Atmosphäre der Komödie selbst, die durch heiteren Schabernack und die Freude an Spiel, Verkleidung und Täuschung geprägt ist. Auch der Name des Narren, Feste, weist auf diesen festlich-heiteren Charakter des Spiels hin, und die zahlreichen Wortspiele im Bereich der Gerichtssprache lassen ein juristisch gebildetes Publikum vermuten. Als letzte der heiter-»romantischen« Komödien Shakespeares stellt sie gleichzeitig den Höhepunkt und das Ende dieses Genres dar. In den späteren Lustspielen experimentiert

Shakespeare mit der Gattung der Tragikomödie und wendet sich dann dem märchenhaften Romanzendrama zu. So zieht er an diesem Wendepunkt seines Schaffens noch einmal die Summe der Motive, Themen und Situationen der frühen Komödien: Violas Verkleidung als Page Cesario etwa variiert die Hosenrolle Julias in *The Two Gentlemen of Verona* und Rosalinds in *As You Like It* und erweist noch einmal zusammen mit der »Komödie der Irrungen« um Viola und ihren Zwillingsbruder Sebastian die Verflechtung von Sein und Schein als zentrales Thema der Komödien Shakespeares; in Antonios opferbereiter Freundschaft, der des gleichnamigen Kaufmanns von Venedig ähnlich, klingt ein weiteres Leitmotiv der romantischen Komödien noch einmal an.

Der früheste erhaltene Text findet sich, unter dem Titel *Twelfe Night, Or What You Will*, in der Folioausgabe von 1623; er ist durchaus zuverlässig und geht wohl unmittelbar auf ein Regiebuch oder eine sorgfältige Abschrift davon zurück. Kleinere Unstimmigkeiten deuten jedoch darauf hin, daß Shakespeare während der Arbeit an dieser Komödie die ursprünglich für Viola gedachten Lieder auf Feste übertrug, der wahrscheinlich von Robert ARMIN, dem musikalisch begabten neuen Clown der Chamberlain's Men gespielt wurde.

bb) Vorlagen

Schon MANNINGHAM verwies auf die Ähnlichkeit von *Twelfth Night* mit italienischen Komödien wie *Gl'Ingannati* (1531) oder Nicolo SECCHIS *Gl'Inganni* (1547). Shakespeares unmittelbare Vorlage war jedoch kaum eine dieser italienischen Komödien, sondern Barnabe RICHES Erzählung *Of Apolonius and Silla* aus der Sammlung *Riche his Farewell to Militarye Profession* (1581), die ihrerseits auf BANDELLOS oder BELLEFORESTS Novellenfassungen dieses Stoffs zurückgeht. Shakespeare rafft im Vergleich zu den Quellen den Handlungsverlauf, verfeinert und vertieft die psychologische Motivation (Viola reist dem Herzog nicht nach, um ihn für sich zu gewinnen, sondern sie tritt mehr zufällig in seine Dienste und verliebt sich dann erst in ihn; Olivia ist keine Witwe, deren sinnliche Begierde bald die Trauer um den Gatten verdrängt, sondern eine Waise, die um den Bruder

trauert und dann von einer reinen und tiefen Liebe zu Viola erfaßt wird) und verlagert das Interesse vom Spannungsmoment
der äußeren Intrige auf die seelischen Verwirrungen der Charaktere. Die wichtigste und originellste Zutat sind jedoch die
komischen Nebenfiguren – der tölpelhafte Sir Andrew Aguecheek (Junker Christoph von Bleichenwang), dessen groteske
Werbung um Olivia mit Orsinos romantischen Liebesschwüren
kontrastiert, Sir Toby Belch (Junker Tobias von Rülp) und
Maria, die mit dem steifen und unfreiwillig komischen Haushof-
meister Malvolio, einem weiteren Freier Olivias, ihren übermütigen Schabernack treiben, und schließlich Feste, der Narr, der
die Torheiten der Liebenden ebenso weise wie witzig kommentiert. Diese komischen Nebenhandlungen, die hier einen
breiteren Raum einnehmen als in den übrigen Komödien
Shakespeares, sorgen nicht nur für Abwechslung und »comic
relief«, sondern beleuchten in perspektivischem Kontrast die
Irrungen und Wirrungen der romantischen Liebeshandlung.

cc) Analyse und Deutung

In Orsino, dem Herzog von Illyrien, der sich in schwärmerischer
Liebe verzehrt, und in Olivia, die gelobt hat, den Tod ihres
Bruders sieben Jahre lang zu betrauern, werden schon zu Anfang der Komödie zwei romantisch stilisierte Posen einander
gegenübergestellt, die beide auf Selbsttäuschung und Verken-
nung der Wirklichkeit beruhen: Orsino ist mehr in das Verliebt-
sein verliebt als in die petrarkistisch verehrte Dame (schon sein
Eingangsmonolog macht seine Liebe zu Olivia als ein narzisti-
sches Auskosten des Liebesschmerzes deutlich), und Olivias
Trauerzeremoniell wird schon von Feste als Narrheit entlarvt
(I, v), noch ehe diese künstliche Attitüde unter dem Ansturm
ihrer Liebe zu dem »Pagen« Cesario zusammenbricht. (Dieser
Abbau einer theoretischen Pose erinnert an den dramatischen
Vorgang von *Love's Labour's Lost*.) So hebt die Ankunft Violas,
die wie Olivia ihren Bruder verloren zu haben glaubt, sich aber
in pointiertem Kontrast dazu nicht passiver Trauer überläßt
(I, ii), das »impasse« der Werbung Orsinos um Olivia auf. Als
Liebesbote des Herzogs, der eine tiefe, in ihrer wirklichen
Bedeutung ihm freilich noch unbewußte Zuneigung zu dem

»Knaben« faßt, erweckt sie auch in Olivia eine spontane Liebe,
die zwar in ihrer Orientierung auf das verkleidete Mädchen
noch irreal und absurd ist und auf die Täuschbarkeit aller Liebe
hinweist, aber bereits die Erfüllung dieses nun nicht mehr re-
flexiv ich-bezogenen Gefühls durch Violas Zwillingsbruder vorbereitet.

Es entfaltet sich ein subtiles Spiel der Verkennung und Täuschung, in der Violas Maske und bewußte Verstellung – die
elisabethanische Bühnenkonvention, nach der Mädchenrollen
von Knaben gespielt wurden, potenzierte Violas Rollenspiel
noch – den inneren und unbewußten Masken und Selbsttäu-
schungen ihrer Mitmenschen entspricht. In einer Reihe von Be-
gegnungen mit Olivia (I, v; III, i; III, iv) wird die feine Komik
dieser symmetrischen Dreieckskonstellation variiert und entwickelt: immer unverstellter und drängender spricht Olivia
ihre Gefühle aus, während Viola gerade durch ihre Maske Spielraum hat, die Intensität ihrer Liebe zu Orsino in der stellvertre-
tenden Werbung um Olivia zu artikulieren (I, v, 252–260). In
den entsprechenden Dialogen mit Orsino (I, iv; II, iv) ist ihre
Diktion, die sie flexibel dem jeweiligen Gesprächspartner anzupassen versteht, ganz auf verhaltene Andeutungen und verhül-
lende Gleichnisse (II, iv, 106–120) abgestimmt. Trotz dieser
sprachlichen und schauspielerischen Virtuosität, die hinter der
Rolle immer wieder ihr wahres Wesen durchscheinen läßt, ist
Viola nicht mehr wie Rosalind in *As You Like It* der souveräne
und unbeschwerte Regisseur des Verwechslungsspiels, da sie die
erzwungene Unaufrichtigkeit schmerzlichen Konflikten aussetzt und sie außerdem – vor allem durch die Verwirrungen, die
Sebastians und Antonios Ankunft in der Hauptstadt Illyriens auslösen – peinlichen und bedrohlichen Situationen ausgesetzt wird.

Diese Doppelgänger-Verwirrungen, die in III, iv einsetzen
und die zweite Hälfte der Komödie bestimmen, stellen eine
Steigerung des Motivs von Sein und Schein dar, indem sie die
mehr psychologischen Irrungen und Täuschungen der romantischen Liebesverwicklungen veräußerlichen und theatralisch
sinnfällig machen. Im Gegensatz zu den Zwillingen der *Comedy
of Errors* vermutet Viola schon bald (III, iv, 359–368) die Ursache
der Verwirrungen: der Schiffbruch (ein romanzenhaftes Motiv,

das sowohl an die *Comedy of Errors* erinnert, als auch auf die späten Märchenlustspiele vorausweist) hat sie von ihrem Bruder
nur vorübergehend getrennt, sie aber nicht endgültig seiner beraubt. Ihr Wissen um diese glückliche Fügung des Schicksals
dämpft die dunkleren Töne dieser Szenen, in denen sie von Antonio des Bruchs der Freundschaft, von Orsino des treulosen
Verrats, von Olivia eines zaghaft-halbherzigen Wankelmuts
und – auf der burlesken Ebene der komischen Nebenhandlungen – von Aguecheek und Sir Toby der Rauflust bezichtigt wird.

Im Bereich der komischen Figuren findet sich das Motiv der
Täuschung und Selbsttäuschung vor allem bei Malvolio, der
sich in seiner grotesken Eigenliebe (eine parodistische Perversion von Orsinos ich-bezogener romantischer Pose) für einen
würdigen Freier um die Hand seiner Herrin hält. Der groteske
Aufzug, in dem er vor Olivia erscheint, ist das sichtbare Zeichen dieser Selbsttäuschung – eine Maskerade, die im Gegensatz zu Violas Verkleidung von ihm nicht als solche empfunden
wird. Die Belauschungsszene, in der ihm Maria einen fingierten
Liebesbrief Olivias zuspielt (II, v), gehört mit dem absurden
Duell zwischen dem prahlerischen Feigling Aguecheek und dem
kampfunwilligen Pagen Cesario, die einander für blutgierige
Kämpfer halten (IV, i), zu den komischen Höhepunkten nicht
nur dieser Komödie, sondern aller Komödienliteratur. Wenn
schließlich Sir Toby und seine Gefährten Malvolio als Verrück-
ten einkerkern, verdeutlicht das auf drastische Weise die Narrheit seiner Eigenliebe und seiner puritanischen Selbstgefälligkeit,
die – wie sein Racheschwur am Ende des Dramas zeigt – auch
durch dieses »gulling« nicht geheilt wird. Während Orsino und
Olivia durch die Begegnung mit Viola aus ihren künstlichen
Posen der Selbstbespiegelung heraus zu einer dem Partner gegenüber offenen Haltung finden und wohl auch Sir Toby durch
Marias eheliche Erziehungsmaßnahmen von anarchischer Ausgelassenheit zu einer gemäßigteren Lebensweise geführt werden
wird, macht sich Malvolio durch seine uneinsichtige Humor-
losigkeit und innere Starrheit selbst zum Außenseiter der glücklich versöhnten und vereinten Komödienwelt des »happy
ending«. Ein »tragischer« Malvolio, wie ihn CH. LAMB 1823 gezeichnet hatte, stellt ein romantisches Mißverständnis dar und

gefährdet das ausgewogene Gleichgewicht kontrastierender Perspektiven, in dem sowohl Malvolios spielverderberische Sittenstrenge als auch Sir Tobys maßlose Saturnalien jene Norm des Menschlichen verfehlen, die am reinsten in Viola und komisch verfremdet in Feste verkörpert ist.

Festes Lieder, die zu Shakespeares schönsten lyrischen Gebilden gehören, spiegeln in ihrer Vielfalt die verschiedenen Stilebenen und Tonlagen dieser Komödie wider: sie reichen vom derb-ausgelassenen Tavernengesang über das kunstvolle Lautenlied »Come away, come away, death«, das verhalten Orsinos Liebesmelancholie ironisiert, bis zum pessimistisch-resignierenden Schlußlied (der Refrain davon wird in *King Lear* wieder aufgenommen), das den Zuschauer aus der romantischen Komödienwelt in den Alltag zurückführt, in dem der Regen »raineth every day«. Ebenso differenziert ist die Abstufung der sprachlichen Ausdrucksmittel, die weit über die konventionelle ständische Scheidung von Vers und Prosa hinausgeht. So kontrastieren etwa Orsinos petrarkistisch stilisierte, bilderreiche Reflexionen mit Violas wandlungsfähiger, ungekünstelter Diktion und die umständlich geschraubten Perioden von Malvolios Prosa mit Sir Tobys burlesker Rhetorik und Sir Andrew Aguecheeks sprachlichem Unvermögen.

dd) Wirkungsgeschichte

Zwei Aufführungen am Hof 1618 und 1622 bezeugen den zeitgenössischen Erfolg von *Twelfth Night*, der Komödie Shakespeares, die sich bis heute der beständigsten Beliebtheit erfreut hat. (Zu den wenigen unzufriedenen Zuschauern gehören der Tagebuchschreiber Samuel PEPYS, der 1661, 1663 und 1669 William D'AVENANTS Inszenierung im Geschmack der Restorationszeit sah und dabei *Twelfth Night* für »eines der schlechtesten Stücke, die ich je auf der Bühne sah«, hielt, und Samuel JOHNSON, der das Werk zwar unterhaltsam fand, aber die Unglaubwürdigkeit der Handlung und den Mangel an moralischer Belehrung tadelte.) In Deutschland steht *Twelfth Night* in der Statistik der Aufführungen mit Abstand an der Spitze aller übrigen Komödien Shakespeares. Dabei verfehlen auch moderne Inszenierungen häufig jenes delikate Gleichgewicht von Komik und Poesie, das

H. GRANVILLE-BARKER am Londoner Savoy Theater 1912 in denkwürdiger Weise verwirklichte, und machen entweder Malvolio zum heimlichen Helden der Komödie oder rücken die burleske Komik der Nebenhandlungen allzu sehr in den Vordergrund.

M.P. TILLEY, »The Organic Unity of *Twelfth Night*«, *PMLA*, 39 (1914). – A.C. BRADLEY, »Feste the Jester«, in: *A Book of Homage to Sh.*, Oxford, 1916. – P. MUESCHKE und J. FLEISHER, »Jonsonian Elements in the Comic Underplot of *Twelfth Night*«, *PMLA*, 48 (1933). – E. WELSFORD, *The Fool*, London, 1935; repr. 1961. – J.W. DRAPER, *The Twelfth Night of Sh.'s Audience*, New York, 1950; vgl. dazu N A. BRITTIN, »The *Twelfth Night* of Sh. and of Professor Draper«, *SQ*, 7 (1956). – A.S. DOWNER, »Feste's Night«, *CE*, 13 (1952). – S. BARNET, »Charles Lamb and the Tragic Malvolio«, *PhQ*, 33 (1954). – L. HOTSON, *The First Night of Twelfth Night*, London, 1954. – R.H. GOLDSMITH, *Wise Fools in Sh.*, East Lansing, 1955, pp. 51–57. – M. CRANE, »*Twelfth Night* and Shakespearean Comedy«, *SQ*, 6 (1955). – J.H. SUMMERS, »The Masks of *Twelfth Night*«, *UR*, 22 (1955). – D. CECIL, *The Fine Art of Reading*, London, 1957, pt. 94–106. – J. HOLLANDER, »Musica Mundana and *Twelfth Night*«, in: *Sound and Poetry*, ed. N. Frye, New York, 1957. – L.D. SALINGAR, »The Design of *Twelfth Night*«, *SQ*, 9 (1958). – J. HOLLANDER, »*Twelfth Night* and the Morality of Indulgence«, *SR*, 68 (1959). – H. JENKINS, »Sh.'s *Twelfth Night*«, *Rice Institute Pamphlet*, 45 (1959). – S. NAGARAJAN, »›What You Will‹: A Suggestion«, *SQ*, 10 (1959). – P. WILLIAMS Jr., »Mistakes in *Twelfth Night* and Their Resolution«, *PMLA*, 76 (1961). – L. FORBES, »*What You Will*?«, *SQ*, 13 (1962). – J. MARKELS, »Sh.'s Confluence of Tragedy and Comedy: *Twelfth Night* and *King Lear*«, *SQ*, 15 (1964). – M. MINCOFF, »*Twelfth Night* – An End and a Beginning«, *FP*, 1–2 (1964). – E. ROYLE, »The Pattern of Play in *Twelfth Night*«, *Theoria*, 23 (1964). – H. BAKER, »Introduction«, *Twelfth Night*, The Signet Classic Sh., New York, 1965. – C. LEECH, *Twelfth Night and Shakespearian Comedy*, Toronto, 1965. – B.K. LEWALSKI, »Thematic Patterns in *Twelfth Night*«, *ShStud.*, 1 (1965). – P. BRYANT, *Twelfth Night and Sh.'s Comic Art*, Port Elizabeth, 1967. – D. MEHL, »Zum Verständnis des Werkes«, *Was ihr wollt*, Rowohlt Klassiker, Reinbek, 1967. – T. EAGLETON, »Language and Reality in *Twelfth Night*«, *CritQ*, 9 (1967). – L.S. CHAMPION, »The Perspective of Comedy: Sh.'s Pointers in *Twelfth Night*«, *Genre*, 1 (1968). – W.N. KING, ed., *Twentieth Century Interpretations of Twelfth Night*, Englewood Cliffs, N.J., 1968. – M.M. MAHOOD, »Introduction«, *Twelfth Night*, New Penguin Sh., Harmondsworth, 1968. – H. HOWARTH, »*Twelfth Night* with a Touch of Jonson«, in:, *The Tiger's Heart*, London, 1970. – W. VON KOPPENFELS, »*Twelfth Night*«, in: *Das englische Drama*, hrg. D. Mehl, Düsseldorf, 1970, Bd. I. – D.R. PRESTON, »The Minor Characters in *Twelfth Night*«, *SQ*, 21 (1970). – D.J. PALMER, ed., *Sh.: ›Twelfth Night‹. A Casebook*, London, 1972. – J. HARTWIG, »Feste's ›Whirligig‹ and the Comic Providence in *Twelfth Night*«, *ELH*, 40 (1973). – J.L. SIMMONS, »A Source for Sh.'s Malvolio: The Elizabethan Controversy with the Puritans«, *HLQ*, 36 (1973). – M. TAYLOR, »*Twelfth Night* and ›What You Will‹«, *CritQ*, 16 (1974). – J.M. LOTHIAN u. T.W. CRAIK, »Introduction«, *Twelfth Night*, New Arden Sh., London, 1975. – R.K. TURNER »The Text of *Twelfth Night*«, *SQ*, 26 (1975).

l) Die Problemstücke: Einleitung

Der Name »problem play« wurde gegen Ende des 19. Jahrhunderts einer Reihe von Dramen Shakespeares aufgeprägt, die zwischen 1601 und 1604 entstanden und die bereits von COLERIDGE und den deutschen Romantikern als eine besondere Gruppe aus den traditionellen Kategorien von Komödie und Tragödie herausgelöst betrachtet wurden. Nachdem E. DOWDEN für sie die gemeinsame Bezeichnung »dark comedies« verwandt hatte (1875), übertrug F. S. BOAS den Begriff »problem play« von den zeitgenössischen Dramen IBSENS und PINEROS auf jene Stücke. Kennzeichnend für ein Problemstück ist nach allgemeiner Meinung eine komplexe und verwirrende Gewissensfrage im Mittelpunkt der Handlung, die auch den Zuschauer vor eine schwierige Entscheidung stellt, welche nicht immer eindeutig ausfällt. BOAS zählte *Troilus and Cressida*, *All's Well that Ends Well*, *Measure for Measure* und *Hamlet* zu den Problemstücken. In neuerer Zeit werden mit *Measure for Measure* oft nur noch *Troilus and Cressida* oder auch *All's Well* zu einer Gruppe zusammengezogen; E. SCHANZER scheidet dagegen gerade *Troilus and Cressida* und *All's Well* als »problem plays« ganz aus und zieht auf Grund des Bauprinzips der »dramatic coquetry« (bewußte Doppeldeutigkeit in der Figurenbewertung) *Antony and Cleopatra* und *Julius Caesar* neu hinzu.

Die hier vorgenommene Gruppierung schließt aus der Reihe der Dramen, die als »problem plays« aufgefaßt werden können, *Julius Caesar* und *Antony and Cleopatra* aus und ordnet sie der relativ homogenen Gruppe der »Roman plays« zu; sie beläßt außerdem, auf Grund der engen Verwandtschaft mit den großen Tragödien, *Hamlet* in der elisabethanischen Einordnung als »tragedy«. Die Problemstücke *Troilus and Cressida*, *All's Well that Ends Well* und *Measure for Measure* stellen Grenzerweiterungen innerhalb des Themen- und Formenkreises des Shakespeareschen Dramas dar. In die Welt der Komödie wird das Niedere, Böse und Gemeine stärker als bisher einbezogen. Der Ton verschiebt sich mehr ins Ernsthafte. Fehlerhafte Figuren, die in *The Merchant of Venice* oder *Much Ado About Nothing* noch mehr am Rande stehen, treten in die Handlungsmitte. In *All's Well* und *Measure for Measure* finden sich einige charakterlich vorbildliche Hauptgestalten, in *Troilus and Cressida* dagegen sind sie mit Aeneas und Andromache an die Peripherie gedrängt.

Von einem generell tragischen Charakter kann aber bei den Problemstücken nicht gesprochen werden, da sich der Zuschauer nicht in notwendigem Maße mit den fehlerhaften Charakteren identifiziert. Für F.S. BOAS und W.W. LAWRENCE stellen deshalb die »problem plays« eine neue Gattung im Mittelfeld zwischen Komödie und Tragödie dar, während E.M.W. TILLYARD den Begriff in doppelter Bedeutung verwendet; in *Troilus and Cressida* (und *Hamlet*) versuche Shakespeare, ein intellektuell-moralisches Problem zu analysieren; *All's Well* und *Measure for Measure* dagegen seien in der künstlerischen Ausgestaltung problematisch.

Im Kontext der elisabethanischen Gattungstheorien sind *All's Well* und *Measure for Measure* auf Grund ihres Aufbaus – anfängliche Schwierigkeiten werden zu einem glücklichen Ende gebracht – eindeutig Komödien. *Troilus and Cressida*, das nur thematisch und nicht handlungstechnisch geschlossen ist und deshalb unter diesem Aspekt kaum zu klassifizieren ist, dagegen spielt mit den Gattungserwartungen sowohl von Komödie als auch Tragödie und nimmt eine in Shakespeares Werk einzigartige Mittelstellung ein. In der kritisch-korrigierenden Einstellung zu den dargestellten Personen und Handlungen gleichen alle drei »problem plays« den Komödien JONSONs, ohne aber dessen offen didaktische Art zu teilen.

Versuche, das Wesen der Problemstücke aus Shakespeares Biographie oder aus der Zeitgeschichte kausal zu erklären, befriedigen wenig. Der Hinweis auf ein tragisches Weltgefühl Shakespeares in der fraglichen Schaffensperiode legt einen Zirkelschluß zugrunde, denn über die seelische Verfassung des Dramatikers in der Zeit von 1601 bis 1604 sind wir ausschließlich durch das Werk unterrichtet, jedoch hängen Stimmung des Dichters und Charakter des Kunstwerkes oft nur sehr mittelbar miteinander zusammen. Auch die Erklärung der »problem plays« aus dem »Zeitgeist« um 1600 ist fragwürdig, da das Lebensgefühl der betreffenden Jahre anscheinend eher optimistisch war. England befand sich in einer Epoche der Konsolidierung und Blüte.

In der Erkenntnis der unbefriedigenden Ergebnisse solcher außerliterarischer Ableitungsversuche hat man sich im Verlauf der letzten Jahrzehnte mehr der Analyse der formalen und thematischen Aspekte zugewandt. Im Vergleich zu den früheren Komödien Shakespeares treten in den drei Problemstücken

Diskussionen abstrakt-philosophischer oder theologischer Themen stärker hervor. In jedem Drama finden sich regelrechte Debatten, in denen bestimmte Probleme von verschiedenen Standpunkten aus logisch folgerichtig dargelegt werden. Im Gegensatz zu den modernen Problemstücken IBSENS und SHAWS handelt es sich nicht um soziale, sondern um ethisch-moralische Fragen, in *Troilus and Cressida* um die Bedeutung von Ehre und Recht, Wert und Bewertung, in *All's Well* um Ehre und sozialen Rang, in *Measure for Measure* um Recht und Gnade. Parallel hierzu findet sich ein erheblich abstrakterer Wortschatz, der aber hohe Gefühlsintensität auszudrücken vermag. Handlungstechnisch zentriert die Darstellung der Probleme jeweils in der Figur eines unreifen jungen Mannes, der sich über sein eigenes Wesen und das seiner Umwelt nicht im klaren ist.

Die Einstellung der Shakespeare-Philologie zu den Problemstücken ist bis in die jüngste Zeit zwiespältig gewesen. Auf Grund der Gattungsunsicherheit erklärte man ihre Struktur verschiedentlich für unorganisch und hielt deshalb die Dramen für künstlerisch nicht gelungen (z. B. V. K. WHITAKER). Das intellektuelle Element und die distanzierende Darstellungsweise in diesen Stücken veranlaßte E. M. W. TILLYARD, von einem Versagen der dichterischen Imagination Shakespeares und einem Ersatz durch kalte Gedankenkonstruktionen zu sprechen. Eine andere Schule, für die zwei Aufsätze G. W. KNIGHTS in *The Wheel of Fire* (1936) und *The Sovereign Flower* (1958) wegweisend sind, sieht die fraglichen Dramen überhaupt nicht als Problemstücke, sondern als allegorische oder symbolische Aussagen, die weitgehend der christlichen Heilslehre entsprechen. (*Troilus and Cressida* wird dabei, da es sich diesem Deutungsversuch kaum öffnet, ausgeklammert.) Diese Interpretation betont die Bindung der »problem plays« zu den späteren Romanzen, mit denen sie die Handlungssequenz von Sünde, Reue und Vergebung, und die moralitätenähnliche Konfrontation eines Vertreters der irrenden Menschheit (Bertram bzw. Angelo) mit einem Repräsentanten der himmlischen Gnade (Helena bzw. Duke Vincentio) gemein haben. 1965 fand diese Anschauungsweise bei R. G. HUNTER unter dem Begriff »comedy of forgiveness« eine zusammenfassende Darstellung.

J.R. BROWN, »The Interpretation of Sh.'s Comedies, 1900–1953«, ShS, 8 (1955) (Forschungsbericht). – F.S. BOAS, *Shakspere and His Predecessors*, New York, 1902. – W.W. LAWRENCE, *Sh.'s Problem Comedies*, New York, 1931. – C.J. SISSON, *The Mythical Sorrows of Sh.*, Annual Sh. Lecture of the British Academy, London, 1934. – H.B. CHARLTON, »The Dark Comedies«, *BJRL*, 21 (1937). – O.J. CAMPBELL, *Sh.'s Satire*, New York, 1943. – E.M.W. TILLYARD, *Sh.'s Problem Plays*, London, 1950. – V.K. WHITAKER, »Philosophy and Romance in Sh.'s Problem Comedies«, in: *The Seventeenth Century*, by R.F. Jones and Others Writing in His Honor, Stanford, 1951. – E.T. SEHRT, *Vergebung und Gnade bei Sh.*, Stuttgart, 1952. – G. BULLOUGH, *Narrative and Dramatic Sources of Sh.*, vol. II, London, 1958, vol. VI, London, 1966. – A.P. ROSSITER, »The Problem Plays«, in: *Angel With Horns*, London, 1961. – A. ANIKST, »Die beiden düsteren Komödien Sh.s«, *Sowjetwissenschaft: Kunst und Literatur*, 12 (1963). – G.B. HARRISON, »Shakespearean Comedy«, in: *Stratford Papers on Sh., 1962*, ed. B.W. Jackson, Toronto, 1963. – E. SCHANZER, *The Problem Plays of Sh.*, London, 1963. – F. CORIN, »Sh's Problem Plays«, *RLV*, 31 (1965). – R.G. HUNTER, *Sh. and the Comedy of Forgiveness*, New York, 1965. – R.C. SLACK, »The Realms of Gold and the Dark Comedies«, in: »*State of Poets*: *Discussions of Sh.*, Carnegie Series in English 10, Pittsburgh, 1966. – W.B. TOOLE, *Sh.'s Problem Plays*, Den Haag, 1966. – R.A. FOAKES, *Sh.: The Dark Comedies to the Last Plays*, Charlottesville, 1971. – A. KIRCHHEIM, *Tragik und Komik in Sh.s Troilus and Cressida, Measure for Measure und All's Well That Ends Well*, Frankfurt a. M., 1971. – M. JAMIESON, »The Problem Plays, 1920–1970: A Retrospect«, *ShS*, 25 (1972). – A. SHALVI, *The Relationship of Renaissance Concepts of Honour to Sh.'s Problem Plays*, Salzburg, 1972. – W. BABULA, ›*Wishes Fall Out as They're Willed*: *Sh. and the Tragicomic Archetype*, Salzburg, 1975. – (vgl. auch Bibliographie zu III. C. 2. a.)

m) Troilus and Cressida (Troilus und Cressida)

aa) Text und Datierung

Troilus and Cressida ist, da es einerseits in seinem Prolog auf JONSONS Drama *The Poetaster* anspielt und andererseits in MIDDLETONS Stück *The Family of Love* parodiert wird, zwischen 1601 und 1603 zu datieren. 1603 wird im Stationers' Register auch ROBERTS das Druckrecht zugesprochen, aber erst 1609 bringen BONIAN und WALLEY zwei Quartoausgaben auf den Markt, wobei sich die zweite von der ersten lediglich durch ein anderes Titelblatt und ein neu aufgenommenes Vorwort unterscheidet. Die darin aufgestellte Behauptung, *Troilus and Cressida* sei »never staled with the stage, never clapper-clawed with the palmes of the vulger«, bedeutet wahrscheinlich nicht, daß das Stück noch nie auf der Bühne zu sehen war, sondern entweder, daß es nur in einer Privataufführung, eventuell vor den Inns of Court, gespielt wurde, oder daß es wegen eines Mißerfolges beim »gewöhnlichen« Publikum bald abgesetzt werden mußte.

Textgrundlage für den Druck des Quarto war ziemlich sicher eine schlecht leserliche Abschrift eines autoritativen Manuskripts. Ein Exemplar des Quarto mit Korrekturen aus einer Bühnenhandschrift der King's Men stellte dann die Vorlage für den Abdruck im First Folio dar, wo das Stück unter dem Titel *The Tragedy of Troilus and Cressida* erscheint. Theorien über die Entstehung von *Troilus and Cressida* als Revision eines älteren Dramas oder unter der Mitarbeit anderer Autoren stützen sich meist weniger auf textliche Indizien als vielmehr auf eine allgemeine Unzufriedenheit mit der künstlerischen Gestaltung des Stücks.

bb) Vorlagen

Die Belagerung Trojas gehörte um 1600 zu den populären literarischen Stoffen in England; allein aus dem *Diary* HENSLOWES sind uns zwei verlorengegangene Dramen zu diesem Thema bekannt. Eventuell hat Shakespeare *Troilus and Cressida* unter anderem geschrieben, um seiner Truppe ein Stück zur Verfügung zu stellen, mit dem sie den Kampf gegen ein gleichnamiges Drama der konkurrierenden Admiral's Men aufnehmen konnte. Obgleich im elisabethanischen England die *Ilias* in griechischen, lateinischen und französischen Ausgaben zugänglich war und mit CHAPMANS erstem Teil seiner Homerübersetzung (1598) auch eine englische Fassung bereitgestellt wurde, greift Shakespeare in *Troilus and Cressida* eindeutig auf die mittelalterliche Überlieferungstradition zurück. Über DICTYS, DARES, BENOIT, Guido delle COLONNE und BOCCACCIO war die Geschichte in die mittelenglische Literatur eingeflossen. Die unhomerische Liebesgeschichte um Troilus und Cressida erschien in CHAUCERS *Troilus and Crisseyde* und HENRYSONS *Testament of Cresseid*, das Kriegsgeschehen in LYDGATES *Troy Book* und CAXTONS *Recuyell of the Historyes of Troye*, wobei der Stoff einerseits in höfisch-ritterlicher, andererseits in zunehmend kritisch-negativer Weise umgestaltet wurde. Diese Tendenz verstärkte sich besonders in Bezug auf das Bild Cressidas noch im Verlauf des 16. Jahrhunderts (TURBERVILLE, WHETSTONE, PEELE, GREENE und HEYWOOD), so daß um die Jahrhundertwende Troilus und Cressida zu Inbegriffen der Treue und der Falschheit und der Name Pandarus (pander) zum Synonym für Kuppler geworden waren.

Shakespeares Bild von den Geschehnissen und Figuren in *Troilus and Cressida*, das im Vergleich zur *Ilias* geradezu als zynische Parodie anmutet, ist also weitgehend unoriginell und

übernommen. (Eine direkte Beeinflussung von HOMER ist auch in
Bezug auf die in den mittelalterlichen Versionen der Geschichte
nicht vorhandene Figur des Thersites schwer zu beweisen, da
dieser im rhetorischen Exempelschatz als gemeiner und zynischer
Spötter einen festen Platz hatte.) Neu bei Shakespeare ist etwa
der Minnezweikampf zwischen Hector und Ajax, ein Anachronismus in einem mit bestialischer Grausamkeit geführten Krieg,
oder der – gegenüber den Quellen – späte Tod des Patroclus, der
in Achill Trauer und Rachedurst aufflammen läßt und ihn veranlaßt, wieder in die Schlacht einzugreifen. Die Cressidas Sinnlichkeit offenbarende Begrüßung im griechischen Lager und die Be-
lauschung ihrer Untreue durch Troilus, die sein und ihr Wesen
nochmals mit schonungsloser Klarheit offenlegt, sind ebenfalls
Züge, die sich so nicht vorgeprägt finden.

cc) Analyse und Deutung

Der dominierende Eindruck, den *Troilus and Cressida* hinterläßt, ist die Offenheit des Geschehens. Weder die Liebeshandlung
noch das Kriegsgeschehen werden zu einem Abschluß gebracht.
Diomedes und Cressida bleiben unbestraft, die Rachepläne des
Troilus finden keine Erfüllung, Hector fällt zwar, aber auf
Grund einer reinen Affektreaktion Achills – ein gemeiner Mord,
der wiederum nicht bestraft wird. Die Offenheit ist thematisch
motiviert; der Verzicht auf ein »plot« im üblichen Sinne muß im
Zusammenhang gesehen werden mit dem Versuch, eine Welt
darzustellen, in der Unordnung und Verfall herrschen.

Nicht eine schlüssige Handlungsfolge, sondern Parallelismus
und Kontrast der einzelnen Szenen, Figuren und Themen sind
das Kompositionsprinzip des Dramas. Dem griechischen Lager
wird Troja kontrastiert, aber zugleich entsprechen einander
deutlich viele der Figuren, Themen und Szenen auf beiden Seiten. Ulysses gleicht in seiner Betonung der Vernunft stark Hector,
Thersites durch seinen Zynismus Pandarus, Diomedes durch
seine Rolle Paris. Die beiden Ratsszenen entsprechen einander
ebenfalls. Als Doppelthema stehen über allem die Liebe und der
Krieg, die kausal eng miteinander verschränkt sind. Helenas
Beziehung zu Paris hat den Krieg ausgelöst; der Krieg wiederum
ist es, der das zweite Liebespaar Troilus und Cressida voneinander

trennt. Helena und Cressida werden in ihrem Charakter deutlich
aufeinander abgestimmt. In leichter Abwandlung wiederholt
sich das Thema von Liebe und Krieg auch bei Achill, der auf
Grund seiner Gefühle für Polyxena die eigene Partei in Stich
läßt.

In negativer Zeichnung erscheint die Liebe vor allem in den
Titelfiguren. Troilus mißversteht in seiner Unreife seine Gefühle
für Cressida als die große, romantische Liebe, die alles andere zur
Bedeutungslosigkeit herabdrückt. Er bemerkt dabei weder, daß
er selbst in starkem Maße von Sinnlichkeit geleitet wird, noch
daß seine Leidenschaft auf ein unwürdiges Objekt gerichtet ist.
Cressida, im Gegensatz zu CHAUCERS Version ein junges Mädchen und keine reife Witwe, versucht kühl kalkulierend den
Wert ihrer Zuneigung durch ihr Zögern zu erhöhen. Erniedri-
gend wirken auch die banalen und frivolen Bemerkungen des um
seines eigenen Vergnügens willen kuppelnden Pandarus, die sich
Troilus gern gefallen läßt und die Cressida sogar in gleicher
Münze erwidert. Nur bei der unerwarteten Trennung zeigt sie
sich einmal tiefer berührt, bei ihrer Ankunft im griechischen
Lager aber bricht ihre Leichtfertigkeit bereits wieder durch. Dem
scharfen Auge des Ulysses entgeht ihre unbeherrschte Sinnlichkeit ebensowenig wie Diomedes, der in brutaler Schnelligkeit
von ihr Besitz nimmt. Die Liebe des Troilus schlägt darüber in
Haß um, den er in blindwütendem Gemetzel abzureagieren versucht. Es bleibt ihm aber sowohl die Genugtuung, seinen Rivalen
zu töten, als auch die Erlösung durch den eigenen Tod versagt.
Zu einer Einsicht über sich selbst oder Cressidas Wesen stößt er
nicht vor. Shakespeare verwehrt ihm eine vom Handlungsablauf
her durchaus mögliche tragische Bedeutung.

Nicht nur aus der Sicht des enttäuschten Troilus, sondern auch
im Gesamtkontext des Stückes erscheint der Krieg, der zwischen
Griechen und Trojanern ausgetragen wird, in negativer Bewertung. Beide Parteien sind des Kämpfens müde und sich vollkommen einig, daß Helena das viele Blut nicht wert ist, das um sie
vergossen wurde. Die Kämpfer haben gemeinsame Ideale längst
durch private Motive wie Stolz, Eitelkeit und Ehrgeiz ersetzt,
was notwendig zu Auflösungserscheinungen führt. Bei den
Griechen hat die Desintegration schon deutlichere Formen ange-

nommen als bei den Trojanern, ohne bei diesen aber zu fehlen; der Unterschied zwischen den beiden Parteien ist nur graduell.

Bei den Trojanern stellt sich die Frage nach dem Sinn des Krieges ganz ausdrücklich. In der Ratsszene II, ii berät man über das Angebot der Griechen, die Belagerung aufzuheben, falls Helena zurückgegeben würde. Paris und Troilus lehnen dies als unehrenhaft ab, obwohl Hector ihnen klar nachweist, daß die Entführung gegen Natur- und Völkerrecht verstoßen hat und Helena den Preis des Krieges nicht wert ist. Troilus beharrt darauf, daß der Wert eines Menschen nicht in ihm, sondern in der Bewertung bestehe, die ihm andere zumessen, ein Subjektivismus, der nach elisabethanischen Anschauungen eindeutig falsch ist. Aus Loyalität zu Familie und Partei stimmt Hector schließlich gegen besseres Wissen für die Fortsetzung des Kampfes. Er wird schuldig, tut dies im Gegensatz zu den meisten anderen Personen aber wenigstens aus edlen Motiven. Er beweist im Kampf noch Ritterlichkeit und Großmut und schenkt besiegten Feinden oft ihr Leben. Troilus nennt dies in einem Krieg, in dem es um die nackte Existenz geht, selbstmörderische Narretei, eine Prophezeiung, die sich an Hector persönlich erfüllt. Er gesteht auch dem bereits unterlegenen Achill eine Kampfpause zu und wird von diesem mit Hilfe der Myrmidonen dafür bestialisch ermordet. Noch in anderer Form ist er an seinem Tod mitschuldig, denn er wird waffenlos in dem Augenblick überrascht, als er gerade die prunkvolle Rüstung eines Feindes anlegen will, den er aus reiner Habgier getötet hat. Damit hat gerade auch er sich noch vor seinem Ende als moralisch fehlerhaft enthüllt.

Das Hauptproblem der Griechen ist es, den untätigen Achilles wieder zum Kämpfen zu bewegen. Ulysses analysiert dies in seiner berühmten Rede über den »degree« (den angestammten Platz und die feste Aufgabe, die jeder in einer hierarchisch geordneten Welt hat) als Symptom einer allgemeinen Korruption, bei der Fehler eines einzelnen ein politisches und militärisches Chaos auslösen (I, iii, 75 ff.). Diese Erkenntnis, für den Elisabethaner ein Gemeinplatz, setzt er allerdings nur in eine Intrige um, die noch dazu ihren Zweck verfehlt, da sich Achilles Liebe zu Polyxena, von Ulysses zwar erkannt, aber nicht genügend in Rechnung gestellt, als stärker erweist als sein verletzter Stolz. Zudem hält

Achill sein im Dialog angedeutetes und von Thersites ausdrücklich kommentiertes homosexuelles Verhältnis zu Patroclus vom
Kampf zurück. Der Tod des Freundes ist es dann, der ihn zum
Mord an Hector treibt; er kehrt also aus persönlichen Motiven
und nicht aus einer Erkenntnis über seine moralische Verpflichtung gegenüber seiner Partei in den Krieg zurück.

Trotz dieser negativen Züge an allen wichtigen Figuren ist
Troilus and Cressida kein pessimistisches oder gar nihilistisches
Drama, denn die Normen von Recht, Sinn und Ordnung werden
nicht aufgehoben, sondern bleiben als Wertmaßstäbe gegenwärtig. Unter den Figuren sind sie allerdings lediglich Ulysses und
Hector und auch diesen nur momentan einsichtig, die damit aber
die Welt des Scheines durchstoßen, der die anderen verhaftet
bleiben. Die zynisch-negativen Kommentare des Thersites dagegen sind trotz aller Teilwahrheiten ganz einem von Neid und
Haß gefärbten Zerrbild der Wirklichkeit verhaftet. Thersites ist
mehr Narr als chorische Figur und darf nicht als Sprecher des
Autors interpretiert werden.

dd) Wirkungsgeschichte

Erst 1679 ist eine Aufführung des Stückes belegt, und zwar
nicht im Original, sondern in einer Adaption John DRYDENS
unter dem Titel *Truth Found Too Late*, die bis 1733 in regelmäßigen Abständen gespielt wurde. Cressida wird in dieser Version
zu einer treu liebenden Frau, die nur aus Gehorsam zu ihrem
Vater Interesse für Diomedes heuchelt und sich aus Schmerz
über die Eifersucht des Troilus am Ende selbst den Tod gibt.
Troilus fällt, nachdem er sich an seinem schurkischen Nebenbuhler
gerächt hat, durch die Hand der Myrmidonen. Damit gewinnt
DRYDEN zwar einen effektvollen Schluß, opfert dem klassizistischen Ordnungssinn aber die Intention, die hinter Shakespeares
Stück steht.

1907 wurde am Great Queen Street Theatre London erstmals
das Drama im Originaltext gespielt. In der Inszenierung durch
POEL 1912 in der King's Hall, Covent Garden, wurden Thersites,
Aeneas und Paris durch Frauen dargestellt, um die Effeminiertheit
der Figuren zu unterstreichen. Mit der Skepsis und dem Pessimis-
mus der Jahre nach dem ersten Weltkrieg erlangte *Troilus and*

Cressida eine neue Aktualität. Typisch war die Aufführung 1956 am Old Vic London unter der Regie T. GUTHRIES, der das Geschehen in den Kostümen von 1913 spielen ließ und es als Antikriegsstück interpretierte. Als die wichtigste Inszenierung in England gilt die von J. BARTON (Stratford/London 1969).

Die erste deutsche Übersetzung von *Troilus and Cressida* findet sich bei J.J. ESCHENBURG (1775–82), für die SCHLEGEL/TIECK-Ausgabe übertrug Graf BAUDISSIN das Stück. Die erste deutsche Aufführung 1895 am Gärtnerplatztheater in München war ein Kuriosum, da man den Text auf ein Drittel zusammengestrichen hatte, um um das eigentliche Geschehen das Abbild einer elisabethanischen Premiere aufbauen zu können.

Während das Libretto für WALTONs Oper *Troilus and Cressida* (1954) auf CHAUCER zurückgreift, bauen die sechs Spielszenen von W. ZILLIGS Musikdrama *Troilus and Cressida* auf Shakespeare auf. Mit ihnen verbunden ist eine siebensätzige Symphonie mit Chor, eine Konstruktion, die einer griechischen Tragödie nachempfunden ist. In das rein Tragische ist auch das Geschehen umgeformt, denn Cressida wendet sich zwar zunächst von Troilus ab und Achill (statt Diomedes) zu, stürzt sich dann aber trauernd in die Flammen des Scheiterhaufens, auf dem die Leiche des Helden verbrannt wird.

J.S.P. TATLOCK, »The Siege of Troy in Elizabethan Literature, Especially in Sh. and Heywood«, *PMLA*, 30 (1915). – H.E. ROLLINS, »The Troilus-Story from Chaucer to Sh.«, *PMLA*, 32 1917). – P. ALEXANDER, »*Troilus and Cressida*, 1609,« *Library*, n.s. 9 (1928). – W.B.D. HENDERSON, »Sh.'s *Troilus and Cressida* Yet Deeper in Its Tradition«, in: *The Parrott Presentation Volume*, ed. H. Craig, 1935, repr. New York, 1967. – O.J. CAMPBELL, *Comicall Satyre and Sh.'s Troilus and Cressida*, San Marino, Cal., 1938. – D. TRAVERSI, »*Troilus and Cressida*«, *Scrutiny*, 7 (1938). – A. WALKER, »The Textual Problems of *Troilus and Cressida*, *MLR*, 45 (1950). – L.C. KNIGHTS, »*Troilus and Cressida* Again«, *Scrutiny*, 18 (1951). – H. HEUER, »*Troilus and Cressida* in neuerer Sicht«, *SJ*, 89 (1953). – R.K. PRESSON, *Sh.'s Troilus and Cressida and the Legends of Troy*, Madison, 1953. – G.W. MEYER, »Order Out of Chaos in Sh.'s *Troilus and Cressida*.« *TSE*, 4 (1954). – K. MUIR, »*Troilus and Cressida*.« *ShS*, 8 (1955). – M.C. BRADBROOK, »What Sh. Did to Chaucer's *Troilus and Criseyde*«, *SQ*, 9 (1958). – A. GERARD, »Meaning and Structure in *Troilus and Cressida*.« *ESts*, 40 (1959). – R.C. HARRIER, »Troilus Divided«, in: *Studies in the English Renaissance Drama in Memory of K.J. Holzknecht*, ed. J.W. Bennett, New York, 1959. – A.S. KNOWLAND, »*Troilus and Cressida*«, *SQ*, 10 (1959). – K. SCHMID DI SIMONI, *Shakespeares Troilus and Cressida*, Heidelberg, 1960. – R.A. FOAKES, »*Troilus and Cressida* Reconsidered«, *UTQ*, 32 (1963). – R.J. SMITH, »Personal Identity in *Troilus and Cressida*«, *ESA*, 6 (1963). – R. KIMBROUGH, *Sh.'s Troilus and Cressida and Its Setting*, Cambridge, Mass., 1964. – C. LEECH, »**Sh.**'s Greeks«, in: »Stratford Papers on Sh.«, *1963*, ed. W.B. Jackson, Toronto, 1964. – M.E. RICKEY »'Twixt the Dangerous Shores‹: *Troilus and Cressida* Again«, *SQ*, 15 (1964). – D. MARSH, »Interpretation and Misinterpretation: The Problem of *Troilus and Cressida*«, *ShStud*, 1 (1965). – A. SHALVI, »Honor in *Troilus and Cressida*«, *SEL*, 5

(1965). – W.R.ELTON, »Sh.'s Ulysses and the Problem of Value«, *ShStud*, 2 (1966). – J.C. OATES, »The Ambiguity of *Troilus and Cressida*«, *SQ*, 17 (1966). – J.O. SMITH, Essence and Existence in *Troilus and Cressida*«, *PQ*, 46 (1967). – D. MEHL, »W. Sh.: *Troilus and Cressida*«, in: *Das englische Drama*, hrg. D. Mehl, Düsseldorf, 1970 Bd. I. – D. J. HOUSER, »Armour and Motive in *Troilus and Cressida*«, *RenD*, 4 (1972). – M. SACHAROFF, »The Tradition of the Troy Story Heroes and the Problem of Satire in *Troilus and Cressida*«, *ShakS*, 6 (1972). – E. SCHWARTZ, »Tonal Equivocation and the Meaning of *Troilus and Cressida*«, *SP*, 69 (1972). – R. A. YODER, »Sons and Daughters of the Game‹: An Essay on Sh.'s *Troilus and Cressida*«, *ShS*, 25 (1972). – C. SLIGHTS, »The Parallel Structure of *Troilus and Cressida*«, *SQ*, 25 (1974). – J. BAILEY, »Time and the Trojans«, *EIC*, 25 (1975). – R. D. FLY, »Suited in Like Condition as Our Argument‹: Imitative Form in Sh.'s *Troilus and Cressida*«, *SEL*, 15 (1975). – R. GRUDIN, »The Soul of State: Ulyssean Irony in *Troilus and Cressida*«, *Anglia*, 93 (1975). – G. L. VOTH, O. H. EVANS, »Cressida and the World of the Play«, *ShakS*, 8 (1975). – P. MARTIN, ed., *Troilus and Cressida: A Casebook*, London, 1976.

n) All's Well that Ends Well (Ende gut, alles gut)

aa) Datierung und Text

Die Entstehungszeit von *All's Well*, die weder durch den Beleg einer zeitgenössischen Aufführung noch durch einen Quartodruck näher fixierbar ist, wird weitgehend auf Grund stilistischer Indizien auf die Jahre 1600 bis 1604 festgelegt. In seiner komprimierten, gedanklich stark belasteten Sprache steht dieses Drama *Measure for Measure* und *Troilus and Cressida* nahe. Mit letzterem teilt es die – allerdings bei ihm etwas positiver behandelte – Thematik der Ehre, mit ersterem das Motiv des »bed-trick« und die Figur des fehlerhaften und unreifen jungen Mannes, der in einer großen und geschickt inszenierten Gerichtsszene zur Besinnung gebracht wird. Da diese Elemente in *Measure for Measure* in komplexerer und ausgereifterer Weise verwendet werden, nimmt man in der Regel an, daß *All's Well* das frühere der beiden Stücke ist.

Auf Grund dieser inneren Verwandtschaft ist es sehr unwahrscheinlich, daß sich hinter *All's Well* das von F. MERES 1598 in *Palladis Tamia* genannte *Love's Labour's Won* verbirgt. Man müßte für diesen Fall annehmen, daß *All's Well* aus dem von MERES erwähnten Stück durch eine umfassende und tiefgreifende Revision hervorgegangen ist. Zwar haben einige Kritiker Spuren einer solchen Urfassung in *All's Well* zu sehen geglaubt (etwa die gereimten Passagen in II, i), doch den von ihnen angeführten Stellen können ähnliche Stellen in Stücken, die sicher nach 1600 entstanden sind, entgegengehalten werden.

Der einzige Text von *All's Well that Ends Well* ist im First Folio überliefert und trotz vieler kleiner unklarer Stellen im ganzen gesehen verläßlich. Auf Grund der für diese Manuskriptvorlage bezeichnenden Indizien nimmt man als Druckvorlage die »foul papers« des Autors an.

bb) Vorlagen

Die Motive der Heilung eines kranken Königs und der Erfüllung einer scheinbar unlösbaren Aufgabe durch ein kluges Mädchen sind in Märchen und Sagen der ganzen Welt verbreitet. Shakespeare hat den Stoff für *All's Well* nicht aus der unterliterarischen Tradition, sondern auf indirektem Wege der Novelle III, 9 des *Decamerone* BOCCACCIOS entnommen. Er kannte die Geschichte Gilettas von Narbonne entweder in der englischen Übersetzung von William PAINTERS *Palace of Pleasure* (1566/67) oder in einer französischen Übertragung (Namensformen wie »Senois« weisen auf letzteres hin).

Während Beltramo bei BOCCACCIO keine Schuld trifft, wird Bertram bei Shakespeare zur Charakterstudie des jungen Mannes, der sich immer tiefer in seine Fehler verstrickt. Giletta ist in der Vorlage eine reiche junge Erbin, die genau weiß, was sie tut, und jeden ihrer Schritte genau kalkuliert. Helena dagegen ist im Bewußtsein ihrer niederen Abkunft demütig; ihre Unternehmungen sind ein Wagnis ins Ungewisse hinein; ihr kluger Verstand ist der Liebe untergeordnet. Die Gräfin, Lafeu und Parolles sind von Shakespeare neu geschaffene Figuren, die durch ihr Verhalten das der beiden Zentralfiguren zu beleuchten vermögen.

cc) Analyse und Deutung

Auf den ersten Blick scheint *All's Well* in zwei Abschnitte zu zerfallen: die Heilung des Königs und die Erfüllung der von Bertram gestellten Aufgabe. Die Handlungseinheit des Dramas ist aber dadurch gesichert, daß Helena nach ihrem eigenen Zeugnis (I, iii, 223 ff.) nur deshalb den König heilen will, um Bertram für sich zu gewinnen. Handlungstechnisch gesehen ist Helena die dynamische Kraft, vergleichbar dem Herzog in *Measure for Measure* oder Prospero in *The Tempest*. Bertram beschränkt sich,

ausgenommen in seiner Affäre mit Diana, in seinen Handlungen
auf Abwehr und Flucht. Das Geschehen in *All's Well* kann, ein
Novum gegenüber den früheren Komödien Shakespeares, als
einsträngige Handlung bezeichnet werden; auch die Episode der
Entlarvung des Parolles findet ihre Bedeutung in der Rückwirkung auf die Charakterentwicklung Bertrams.

Helenas bestimmende Rolle in der Handlungsführung bringt
für Shakespeare das Problem mit sich, sie als positive Zentralfigur
vor dem Vorwurf schützen zu müssen, sie stelle Bertram zäh und
unerbittlich nach. So läßt er sie, als Bertram eine Heirat mit ihr
ablehnt, ausdrücklich ihre Bereitschaft zum Verzicht betonen
(II, iii, 145f.). Als ihr frisch angetrauter Mann vor ihr in den
Krieg flieht, verläßt sie Rousillon als Pilgerin, um ihm auf diese
Weise seine Rückkehr zu ermöglichen und ihn vor weiteren
Gefahren zu schützen. Der König, die Gräfin, Lafeu, Diana und
ihre Mutter – alles Personen, deren Urteil für den Zuschauer als
vorbildlich gekennzeichnet ist – sind mit ihrem Vorgehen Punkt
für Punkt einverstanden.

Überdies macht Shakespeare aus dem falsch behandelten, aber
an sich harmlosen Geschwür des Königs, von dem die Vorlage
berichtet, eine nach menschlichem Ermessen tödliche Krankheit,
die Helena zwar mit einem besonders wirksamen Mittel, aber
trotzdem nur mit Hilfe des Himmels zu heilen vermag. Helena
und der König wissen dies, auch Lafeu und Parolles kommentieren diesen Umstand ausdrücklich. Indem ihr die Hilfe des Himmels zuerkannt wird, wird indirekt auch Helenas Absicht, aus
der sie die Aufgabe übernommen hat, gutgeheißen.

Der »bed-trick«, der Rollentausch mit Diana beim nächtlichen
Stelldichein, darf nicht gegen Helenas Charakter ins Feld geführt
werden. Im Gegensatz zu Mariana in *Measure for Measure* ist sie
mit ihrem Partner rechtsgültig und kirchlich verheiratet. Bertram
hat in der Umschreibung seines »never« (III, ii, 55ff.) die Gründe
für seine Weigerung, Helena zu akzeptieren, von der geistigen
auf die körperliche Ebene verlegt und ihr so gleichsam den Weg
vorgezeichnet. Es gelingt ihr auf Grund ihrer Täuschung im
letzten, ihn von seiner moralischen Schwäche ebenso zu heilen
wie vorher den König von seiner körperlichen Erkrankung.

Ähnliche Schwierigkeiten wie bei der Charakterisierung Helenas ergeben sich für die Darstellung Bertrams. Einerseits muß er, da Helena gänzlich im Recht ist, Tadel auf sich ziehen, andererseits darf er nicht als unheilbar schlecht erscheinen, da der Zuschauer sonst nicht das versöhnliche Ende akzeptieren würde. Shakespeare zeichnet deshalb Bertram, wie Angelo in *Measure for Measure*, als sehr jung und gibt ihm in Parolles einen Verführer bei, dem er in seiner Unerfahrenheit blind folgt. Obgleich Bertram schwere Fehler begeht, – die unloyale, in hohem Standesdünkel motivierte Ablehnung Helenas, der Ehebruch ihr gegenüber, und schließlich die Verletzung der Familienehre, die in seinem Ring symbolisiert ist, aus unbeherrschter Sexualität – ist er von Anfang an als vielversprechender junger Held angelegt. Der König deutet dies im Vergleich Bertrams mit seinem Vater an. In Italien bewährt sich Bertram als Soldat so gut, daß ihm die Führung der Florentiner Reiterei anvertraut wird – eine Manifestation persönlicher Tapferkeit, die in der Renaissance hoch eingeschätzt wurde.

Seine Bekehrung wird sorgsam und überzeugend dargestellt. Vorstufe ist die Entlarvung des Parolles, die von Bertrams Freunden ausdrücklich dazu arrangiert ist, um diesem die Augen über sich selbst zu öffnen (IV, iii, 30f.). Sein Läuterungsweg führt – in auffallender Parallelität zu dem Angelos in *Measure for Measure* – von einem verzweifelten Ausbrechen in die Lüge zu einer tiefen Demütigung, die durch das Aufdecken einer unehrenhaften Liebesintrige ausgelöst wird; der innere Zusammenbruch ermöglicht die Einsicht in die eigene Schuld, die jedoch begleitet wird von einer glücklichen Lösung der durch das schuldhafte Verhalten verursachten Entwicklung.

Als verbindendes Element in der Fülle der Geschehnisse tritt immer wieder das Thema der Ehre und des hohen Standes in den Vordergrund. Thematisch wird es in der großen Rede des Königs (II, iii, 115 ff.). Während dem König und der Gräfin von Rousillon diese Auszeichnung von Anfang an zu eigen ist, ist Bertram zwar durch seine hohe Geburt geadelt, muß seine Stellung aber noch durch eigene Verdienste bestätigen. Helena und Parolles versuchen, in den höheren Stand aufzusteigen. Parolles vermag durch seine Worte und seine Kleidung aber nur eine Fassade von Ehre zu errichten, deren Scheinhaftigkeit schließlich aufgedeckt wird. Helena dagegen gelingt es auf Grund ihrer Tugend und ihrer Taten, den gesetzten Anspruch zu erfüllen.

Das individuelle Schicksal der Personen, der Wechsel von Ehre und Schande, von Verdienst und Versagen erscheinen eingefügt in den großen Bogen einer allgemeinen Entwicklung, die von Krankheit zur Heilung und vom Absterben zur Wiedergeburt führt; man hat deshalb versucht, sie auch mythisch oder christlich zu deuten.

dd) Wirkungsgeschichte

All's Well ist bis heute eines der am wenigsten beliebten Stücke Shakespeares geblieben. Erst für 1741 ist die erste Aufführung belegt; allerdings war die Komödie im 18. Jahrhundert wegen der Figur des Parolles verhältnismäßig populär. Im 19. Jahrhundert spielte man *All's Well* in England lediglich viermal, einmal darunter als ein Singspiel mit Liedern und Musik. SHAW dagegen hatte eine Vorliebe für das Stück und deutete Helena als »new woman« im Stile IBSENS. In gleicher Richtung inszenierte W. POEL 1920 das Werk als ein Dokument der Frauenemanzipation. Weniger eigenwillig und mehr um eine werkgetreue Interpretation bemüht waren die beiden triumphalen Aufführungen unter T. GUTHRIE 1953 im kanadischen und 1959 im englischen Stratford.

Auch in Deutschland gehört *All's Well* zu den am seltensten gespielten Dramen des Autors, obwohl es kurioserweise schon 1783 im Repertoire des Wiener Volksschauspielers Christoph SEIPP zu finden ist. Übersetzt wurde es erstmals von J.J. ESCHENBURG (1775–82), später von H. VOSS (1818–29) und von Graf BAUDISSIN für die SCHLEGEL/TIECK-Ausgabe von 1826–33.

Literatur:
M.C. BRADBROOK, »Virtue Is the True Nobility: A Study of the Structure of *All's Well that Ends Well*«, *RES*, n.s. 1 (1950). – H.S. WILSON, »Dramatic Emphasis in *All's Well*«, *HLQ*, 13 (1950). – C. LEECH, »The Theme of Ambition in *All's Well*«, *ELH*, 21 (1954). – J. ARTHOS, »The Comedy of Generations«, *EIC*, 5 (1955). – G.W. KNIGHT, »The Third Eye«, in: *The Sovereign Flower.* London, 1958. – W.N. KING, »Sh.'s ›Mingled Yarn‹«, *MLQ*, 21 (1960). – J.F. ADAMS, »*All's Well that Ends Well*: The Paradox of Procreation«, *SQ*, 12 (1961). – J.L. CALDERWOOD, »The Mingled Yarn of *All's Well*«, *JEGP*, 62 (1963). – J.L. CALDERWOOD, »Styles of Knowing in *All's Well*«, *MLQ*, 25 (1964). – J.L. HALIO, »*All's Well that Ends Well*«, *SQ*, 15 (1964). – R. HAPGOOD, »The Life of Shame: Parolles and *All's Well*«, *EIC*, 15 (1965). – N. COGHILL, »*All's Well Revalued*«, in: *Studies in Language and Literature in Honour of Margaret Schlauch*, ed. M. Brahmer, Warschau, 1966. – A. SHALVI, »The Pursuit of Ho-

nour in *All's Well that Ends Well*«, *Scripta Hierosolytima*, 17 (1966). – J. BENNETT, »New Techniques of Comedy in *All's Well*«, *SQ*, 18 (1967). – J. PRICE, *The Unfortunate Comedy: A Study of All's Well that Ends Well and its Critics*, Toronto, 1968. – A. LEGGATT, »*All's Well That Ends Well*: The Testing of Romance«, *MLQ*, 32 (1971). – M. SHAPIRO, »The Web of Our Life: Human Frailty and Mutual Redemption in *All's Well That Ends Well*«, *JEGP*, 71 (1972). – R. L. SMALLWOOD, »The Design of *All's Well That Ends Well*«, *ShS*, 25 (1972). – R. P. WHEELER, »Marriage and Manhood in *All's Well That Ends Well*«, *BuR*, 21 (1973). – W. L. GODSHALK, »*All's Well That Ends Well* and the Morality Play«, *SQ*, 25 (1974). – F. M. PEARCE, »In Quest of Unity: A Study of Failure and Redemption in *All's Well That Ends Well*«, *SQ*, 25 (1974). – N. BROOKE, »*All's Well That Ends Well*«, *ShS*, 30 (1977).

o) Measure for Measure (Maß für Maß)

aa) Datierung und Text

Die einzige elisabethanische Aufführung von *Measure for Measure* ist durch das Rechnungsbuch des »Master of Revels« für den 26. Dezember 1604 belegt. Wie andere Dramen, von denen eine Hofaufführung bekannt ist, wurde es aber vermutlich nicht speziell zu diesem Zweck geschrieben; es dürfte etwas früher, 1603/04, entstanden sein.

Überliefert ist von *Measure for Measure* lediglich ein einziger Text im First Folio, so daß Fragen nach eventuellen Umarbeitungen oder Kürzungen sehr schwer schlüssig zu beantworten sind. Einige Stellen (wie I, ii, 44–109) sind offensichtlich korrumpiert. Im ganzen gesehen scheint das Stück aber verhältnismäßig verläßlich überliefert zu sein.

bb) Vorlagen

Das Motiv des »monstrous ransom«, nämlich des Preises ihrer Tugend, den eine Frau für das Leben ihres Mannes oder Bruders bezahlen muß, ist in der Weltliteratur weit verbreitet. Im 16. Jahrhundert allein hat man sieben dramatische und acht nichtdramatische Fassungen gezählt, die Shakespeare hätten bekannt sein können. Als unmittelbare Quelle für *Measure for Measure* läßt sich George WHETSTONES Drama *Promos and Cassandra* (1578) fixieren; vom gleichen Autor liegt auch noch eine in allen wichtigen Punkten gleiche Novellenfassung des Stoffes in seinem *Heptameron of Civil Discourses* (1582) vor, die Shakespeare ebenfalls bekannt gewesen sein mag. Für einige Züge der Handlung, etwa den österreichischen Schauplatz, die Gestalt des Escalus oder den verhärteten Verbrecher als Ersatz für den verurteilten Bruder, scheint Shakespeare aber auf WHETSTONES Vorlage in Giraldi CINTHIOS Novellensammlung *Hecatommithi* (1566) und auf deren Dramatisierung in seiner *Epitia* (1583) zurückgegriffen zu haben. Neben dem Hauptgeschehen sind auch zahlreiche Details von *Measure for Measure* bis hin zu einzelnen Formulierungen aus diesen vier Vorlagen erklärt worden, eine Vorstellung von dichterischer Arbeitsweise, die sich nicht unbedingt mit Shakespeares tatsächlichem Vorgehen decken muß.

Neu gegenüber CINTHIO und WHETSTONE ist die Weigerung Isabellas, sich Angelos Willen zu fügen, was eine Ehe zwischen ihr und dem Herzog ermöglicht. Statt durch einen mitleidigen Gefängniswärter wird Claudio durch Vincentio persönlich gerettet; der Herzog tritt nicht wie in den Vorlagen erst am Ende auf, sondern beobachtet von Anfang an unerkannt alles und sichert auf diese Weise einen guten Ausgang.

cc) Analyse und Deutung

Das Geschehen von *Measure for Measure* wird zwar von Claudio und Juliet ausgelöst, aber sie bleiben im weiteren Verlauf der Entwicklung passiv. Auch Isabellas Auseinandersetzung mit Angelo ist mit Akt III beendet, von diesem Zeitpunkt an wird sie zum gefügigen Werkzeug in der Hand des Herzogs. So spitzt sich das Drama zu einer Konfrontation zwischen dem ahnungslosen Angelo und Vincentio zu, der jenen zu Beginn der Handlung als Stellvertreter eingesetzt hat, um ihn auf die Probe zu stellen. Dies erklärt auch, warum die Wahl nicht auf den wesentlich erfahreneren Escalus fiel.

Angelo führt seinen Auftrag, den Verfall der Sitten in Vienna – ein Phantasie-Wien mit einigen Zügen Londons – zu bekämpfen, mit der Verurteilung Claudios und Julias an einem weitgehend ungeeigneten Objekt aus. Die beiden sind nach elisabethanischen Vorstellungen durch ihre Verlobung rechtsgültig verheiratet, wenn auch der Vollzug der Ehe vor dem kirchlichen Segen eine Sünde darstellt. Der Herzog ist bemüht, Angelo nach seinem Erpressungsversuch an Isabella in die gleiche Lage wie die des von ihm verurteilten Claudio zu bringen. Um ihn dabei endgültig überführen zu können, muß er zum »bed-trick«, der Unterschiebung einer falschen Braut, greifen, wozu der Autor eine frühere Verlobte, Mariana, einführt. Vincentio bedient sich hier des Privilegs des Fürsten, zu gutem Zweck auch außerordentliche Mittel einzusetzen.

In einem geschickt inszenierten Gerichtsverfahren wird Angelo zur Erkenntnis seiner selbst gebracht. Die Warnung der Bergpredigt, an die auch der Titel des Stückes erinnert, hat sich gegen ihn gewendet: er wird mit dem gleichen Maß gemessen, das er gegen andere angewendet hat. Er sah lediglich den Splitter im Auge des anderen und nicht den Balken in seinem eigenen. Im Gegensatz zu Angelo kann aber Vincentio das Gnadengebot der Bergpredigt befolgen, da Angelo tiefe und rückhaltlose Reue zeigt und weder Isabella noch Claudio wirklich ein Leid geschehen ist.

Angelo ist nicht ein wirklich böser, sondern lediglich ein unerfahrener und selbstgerechter Mensch, der seine natürliche Sinnlichkeit soweit verdrängt hat, daß er schließlich glaubt, er sei vollkommen von ihr frei. Als sie sich plötzlich unwiderstehlich Bahn bricht, ist niemand darüber entsetzter als er selbst. Den Befehl, Claudio trotz seines Versprechens an Isabella hinzurichten, gibt er aus Angst vor Vergeltung und bereut ihn schnell wieder (IV, iv, 18 ff.). Die aus fadenscheinigen Gründen abgebrochene Verlobung mit Mariana sollte bei der Beurteilung seines Charakters nicht überbewertet werden; sie ist handlungstechnisch bedingt – ein nachträglicher Einfall Shakespeares, um Isabella vor Angelo zu schützen.

Mit Isabella stellt Shakespeare Angelo ein weibliches Ebenbild gegenüber. Sie ist nicht wie Epitia oder Cassandra bei CINTHIO und WHETSTONE eine ausgeglichene, reife Frau, sondern unerfahren, selbstgerecht, legalistisch und gefühlskalt. Ihre Weigerung, sich Angelo für Claudio zu opfern, darf der Zuschauer allerdings nicht als Verfehlung werten; grausam und mitleidlos dagegen ist ihre Behandlung Claudios. Als sie jedoch in der abschließenden Gerichtsverhandlung für Gnade um Angelo bittet, beweist sie eine neue, tiefere und wärmere Menschlichkeit. Wie Angelo hat der Herzog auch sie auf eine Probe gestellt, denn sie weiß zu diesem Zeitpunkt noch nicht, daß ihr Bruder lebt.

Das Bekenntnis Vincentios in I, iii, er habe durch seine Milde

selbst den Sittenverfall in Wien verschuldet, darf nicht dazu verleiten, den Herzog generell als einen fehlerhaften Charakter zu
betrachten, der Angelo noch dazu die schmutzige Arbeit für sich
machen läßt. Im Rahmen des Geschehens entspricht sein Vorgehen, scharfe Maßnahmen einem Stellvertreter zu übertragen,
den Vorschriften zeitgenössischer Fürstenspiegel. Andererseits ist
dieser Charakterbruch nur das Resultat· der Komprimierung
zweier Gestalten zu einer aus Gründen dramatischer Ökonomie,
denn auf diese Weise gewinnt Shakespeare im Vincentio der
Vorgeschichte einen zu milden Herrscher im Gegensatz zu einem
zu strengen Angelo und im Herzog der eigentlichen Handlung
einen vorbildlichen Fürsten, der sich nicht nur um die Aufrecht-
erhaltung der Ordnung in seinem Staat, sondern auch um das
moralische Wohl seiner Untertanen bemüht. Seine Urteile,
besonders was Angelo und Barnadine anbetrifft, sind weniger
aus juristischer als aus geistlich-seelsorgerischer Perspektive zu
verstehen. Vincentios Verkleidung als Mönch, sein oft zweideu-
tiges, aber immer zu einem guten Ende führendes Verhalten und
mehrere Vergleiche seiner Person mit »Vater«, »Schäfer« und
»Gott« dürfen nicht dahingehend interpretiert werden, ihn als
Symbol himmlischer Vorsehung zu verstehen. Um sein menschliches Wesen zu betonen, gibt ihm Shakespeare in Akt IV und V
Lucio bei, über dessen phantastisch unwahre Verleumdungen er
sich durchaus ungöttlich ärgert. Nur insoweit nach elisabethanischer Vorstellung jeder gute Herrscher ein Stellvertreter Gottes
auf Erden ist und religiöse Autorität genießt, kann auch Vincentio
als solcher verstanden werden.

Als Hauptthema steht in *Measure for Measure* die Frage nach
Recht und Gnade im Vordergrund. Ihre Diskussion in II, ii, II,
iv, III, i und in der großen Schlußszene ist erheblich weniger
handlungsintegriert als zum Beispiel in *The Merchant of Venice*,
wo sich ähnliche Probleme stellen. Einsichtsloses Bestehen auf
dem Buchstaben des Gesetzes wird in *Measure for Measure* mit
Angelo für den Bereich der Sexualität dargestellt. Angelo wie
auch Isabella negiert das Faktum sinnlicher Liebe, während in
Lucios und Pompeys Worten die Erotik als menschliche Natur-
gegebenheit erscheint. Indem Angelo so eine Seite der Realität
verkennt, konzentriert sich die vielfach im Stück kommentierte

Spaltung von Sein und Schein, Wahrheit und Täuschung ganz besonders auf seine Person und sein Tun.

dd) Wirkungsgeschichte

Von *Measure for Measure* ist bis zur Restauration des Königshauses 1660 lediglich die eine bereits erwähnte Hofaufführung 1604 belegt, und auch danach scheint sich das Drama keiner wesentlich höheren Gunst des Publikums erfreut zu haben. Zwar legte W. DAVENANT bereits 1662 mit seinem *Law against Lovers* eine Umarbeitung des Stückes nach dem Zeitgeschmack vor, in welcher der Ton eindeutig in Richtung der Komik verändert ist, da Angelo Isabella nur auf die Probe stellt und sie am Ende heiratet. Außerdem verpflanzt DAVENANT Benedick and Beatrice aus *Much Ado About Nothing* nach *Measure for Measure*, um das Stück durch ein witzig-schlagfertiges Heldenpaar zu bereichern und so der zeitgenössischen »comedy of manners« anzugleichen. Bei ihm wie bei C. GILDON, der 1700 mit seiner Adaption *Measure for Measure, or Beauty the Best Advocate* ein Stück des Weges zu Shakespeare zurückging, sieht Claudio dem Tod heroisch ins Auge, und die derb-komischen Nebenszenen werden weitgehend gestrichen. Letzteres ist weiterhin die Regel, als man nach 1720 wieder den Originaltext für Aufführungen zugrundelegt. Obgleich man alles anstößige Vokabular getilgt hatte, erhob noch 1908 bei einer Aufführung in Stratford der Ortspfarrer gegen das Drama Protest. Lediglich im 18. Jahrhundert und nach 1930 gehört *Measure for Measure* zu den häufiger gespielten Dramen Shakespeares.

In Deutschland ist neben den Übersetzungen durch C. M. WIELAND (1762–66), SCHRÖDER (1777) und SCHLEGEL/TIECK (1839–40) auch R. WAGNERS *Das Liebesverbot* (1836) zu nennen. Unter Umkehrung der Geist-Sinne-Thematik ist dieses Stück, eine der ersten Shakespeare-Opern, ganz in der Manier DONIZETTIS gehalten. 1936 hat B. BRECHT in *Die Rundköpfe und die Spitzköpfe* den Handlungskern von *Measure for Measure* in einem Drama über den Konflikt von Arm und Reich verwendet.

R. M. SMITH, »Interpretations of *Measure for Measure*«, SQ, 1 (1950). – J. R. PRICE, »*Measure for Measure* and the Critics«, SQ, 20 (1969) (Forschungsberichte). – R. W. CHAMBERS, »Jacobean Sh. and *Measure for Measure*«, Annual Sh. Lecture of *the British Academy*, 1937; Oxford, 1937. – L.C. KNIGHTS, »The Ambiguity of *Measure for Measure*«, *Scrutiny*, 10 (1942). – F.R. LEAVIS, »The Greatness of *Measure for Measure*«, *Scrutiny*, 10 (1942). – D. TRAVERSI, »*Measure for Measure*«, *Scrutiny*, 11 (1942/3). – R.W. BATTENHOUSE, »*Measure for Measure* and the Christian Doctrine of Atonement«, *PMLA*, 61 (1946). – W.M.T. DODDS, »The Character of Angelo in *Measure for Measure*«, *MLR*, 49 (1946). – G.W. KNIGHT, *The Wheel of Fire*, London, 1949. – E.M. POPE, »The Renaissance Background of *Measure for Measure*«, *ShS*, 2 (1949). – C. LEECH, »The Meaning of *Measure for Measure*«, *ShS*, 3 (1950). – M. LASCELLES, *Sh.'s Measure for Measure*, London, 1953. – N. COGHILL, »Comic Form in *Measure for Measure*«, *ShS*, 8 (1955). – F. KNORR, *Sh.s Maß für Maß*, Coburg, 1955. – W. DUNKEL, »Law and Equity in *Measure for Measure*«, *SQ*, 13 (1962). – J. BENNETT, *Measure for Measure as a Royal Entertainment*, New York, 1965. – M. GROSS, *W. Sh.s Measure for Measure und die Politik Jakobs I.*, Neumünster, 1965. – D. STEVENSON, *The Achievement of Sh.'s Measure for Measure*, Ithaca, N.Y., 1966. – J.A. PRICE, »*Measure for Measure* and the Critics«, *SQ*, 20 (1969). – W.B. BACHE, *Measure for Measure as Dialectical Art*, Purdue, 1969. – J. MAXWELL, »*Measure for Measure*: The Play and the Themes«, *PBA*, 60 (1974). – N. ALEXANDER, *Sh.: Measure for Measure*, London, 1975. – A.C. KIRSCH, »The Integrity of *Measure for Measure*«, *ShS*, 28 (1975). – A.H. SCOUTEN, »An Historical Approach to *Measure for Measure*«, *PQ*, 54 (1975). – R. MILES, *The Problem of Measure for Measure*, London, 1976.

p) Die Romanzen: Einleitung

Unter den Romanzen Shakespeares, in Deutschland auch als Märchendramen bezeichnet, versteht man die Gruppe der Stücke, die nach 1608 entstanden sind. Ihr Zentrum bilden *Cymbeline*, *The Winter's Tale* und *The Tempest*, dazu treten zumeist *Pericles*, oft *The Two Noble Kinsmen* und seltener *Henry VIII*. *Pericles* wird verschiedentlich ausgeschlossen, weniger wegen seiner etwas früheren Datierung (1606–08) als vielmehr auf Grund dessen, daß Shakespeare hier vermutlich ein fremdes Drama stellenweise recht oberflächlich umgearbeitet hat. *The Two Noble Kinsmen* und *Henry VIII*, beide noch nach *The Tempest* zu datieren, nehmen als Ergebnisse einer Kollaboration Shakespeares mit einem anderen Autor eine Sonderstellung ein. Das letztere der beiden Dramen wird in diesem Handbuch wegen seines Stoffes im Rahmen der Historien behandelt. Im Aufbau sind die Romanzen (ausgenommen *The Tempest*) locker und episodisch strukturiert, ihre Atmosphäre ist der Wirklichkeit entrückt und poetisch verklärt; die Figuren sind meist psychologisch flach und in ihren Handlungen gelegentlich unglaubhaft angelegt.

Die Romanzen stellen eine der am strengsten geschlossenen Gruppen in Shakespeares Werk dar. Ihre Entstehung und ihre

Charakteristika wurden von der Shakespeare-Philologie um die Jahrhundertwende in erster Linie durch biographische Spekulationen erklärt. E. DOWDEN sah sie als Zeugnisse der Altersheiterkeit Shakespeares an, L. STRACHEY dagegen interpretierte sie als poetische Spielereien eines gelangweilten Dichters.

Vor dem zweiten Weltkrieg begann das Bemühen, die Romanzen vorwiegend von ihrem Aufbau her zu erfassen. Man versuchte eine allgemein mythische bzw. archetypische Struktur in ihnen zu erkennen oder auch eine christliche Konzeption hinter ihnen zu ermitteln. Ansatzpunkt für Analysen dieser Art ist zumeist *The Tempest*, aber auch *Cymbeline* (F.C. TINKLER) und *The Winter's Tale* (F.D. HOENIGER) sind auf diese Weise gedeutet worden. Die archetypischen Interpretationen betonen die Abfolge von Trennung und Wiedervereinigung, Schuld und Vergebung, Chaos und Harmonie in den Dramen und deuten sie als einen Erneuerungsvorgang, in dem eine alte, sterile Welt durch eine junge, fruchtbare Generation abgelöst wird. Dabei stehen statt der Werkinterpretation die Verifizierung archetypischer Gattungsvorstellungen (z.B. N. FRYE) oder die Illustration von Frühlings- und Fruchtbarkeitsriten (z.B. R. WINCOR) im Vordergrund. Mythische Vorstellungen bestimmen auch noch die Standardmonographien von D. TRAVERSI und, in schwächerer Form, von E.M.W. TILLYARD. Christliche Deutungen der Geschehnisse als des Wirkens einer gütigen Vorsehung beeinflussen die Arbeiten von G.W. KNIGHT und R.G. HUNTER. Beiden Ansätzen ist gemeinsam, daß durch eine zu starke Systematisierung die Individualität der einzelnen Stücke verwischt wird. Außerdem werden immer wieder einzelne Passagen aufgegriffen und auf ihnen eine Konstruktion errichtet, die vom Gesamteindruck der Dramen her nicht verifiziert werden kann.

In den letzten beiden Jahrzehnten hat sich daneben eine Gruppe von Deutungen etabliert, die die letzten Stücke vor allem aus der Formgeschichte der Romanzen zu beleuchten versucht (bes. E.C. PETTET). Unter dem Terminus »romance« fielen für den Elisabethaner eine breite Skala von an sich heterogenen Textgruppen zusammen: literarische und volkstümliche, einheimische und fremde, narrative und dramatische Werke wurden darunter verstanden. Eine der Wurzeln der Gattung liegt im hellenistischen

Roman (für *Pericles* war *Apollonius von Tyrus* sogar die Quelle).
Zahlreiche Handlungselemente der Märchendramen – Meer,
Sturm und Schiffbruch, Trennung und Wiedervereinigung von
Liebenden und Familien, sensationelle Zufälle – finden sich in
diesen Erzählungen, die sich trotz des Einspruchs gelehrter Kriti-
ker wie GOSSON und JONSON bei den Elisabethanern großer
Beliebtheit erfreuten, wie die Übersetzungen beweisen: *Daphnis
und Chloe* von LONGOS durch DAY (1587), HELIODORS *Aethiopica*
durch UNDERDOWNE (1569) und *Clitophon und Leucippe* des
ACHILLES TATIUS durch BURTON (1597). Daneben gehören mittel-
alterliche höfische Erzählungen wie *Palmerin* und *Amadis de
Gaule*, *Guy of Warwick* und *Bevis of Hampton*, die Epen eines
BOIARDO, ARIOST und TASSO, MONTEMAJORS *Diana*, SPENSERS
The Faerie Queene und elisabethanische Romane wie GREENES
Pandosto (die Vorlage für *The Winter's Tale*) zur elisabethanischen
Gattung der Romanzen. In dramatischer Form wird Romanzen-
stoff in *Mucedorus* (vermutlich das beliebteste Stück zu Shake-
speares Zeit überhaupt), *The Rare Triumphs of Love and Fortune*
(mit starken Parallelen zu *Cymbeline*) und in *Sir Clyomon and
Clamydes* dargestellt. All dies hat die Romanzenauffassung des
elisabethanischen Theaterbesuchers geprägt und bedingte seine
Erwartungen auch an die letzten Dramen Shakespeares. Einen
besonders starken Faktor in diesem Bereich stellte Sir Philip
SIDNEYS Roman *Arcadia* dar, in dem eine halb abstrakte, halb
persönliche, göttliche Macht am Ende die Geschehnisse in poetischer Gerechtigkeit zum Abschluß bringt – ein Prinzip, das auch
hinter Shakespeares Romanzen deutlich zu fühlen ist.

Im Verlauf der Tradition nahm die Romanze häufig Elemente
der Schäferdichtung auf. Die idealisierte Natur der Pastorale
wurde zum Raum des romanzenhaften Geschehens. Wenn in
Shakespeares Romanzen pastorale Elemente einfließen – am
stärksten ist dies in *The Winter's Tale* geschehen –, so entfaltet
sich dabei regelmäßig die Kontrastthematik von Naturzustand
und Zivilisation bzw. höfischem Leben, von Natur und Kunst.

Die Märchendramen stehen gattungsgeschichtlich gesehen
zwischen Tragödie und Komödie; sie der Form der Tragikomödie in der Art BEAUMONTS und FLETCHERS zuzuordnen (A.
THORNDIKE), ist aber wegen deutlicher Wesensunterschiede

wenig sinnvoll. Während diese beiden Dramatiker geistreiches Hoftheater für den Adel schrieben, greift Shakespeare in Motiven und Technik bewußt auf volkstümliche, naive Elemente zurück. Allerdings erscheinen sie bei ihm nicht in der ungebrochenen Form wie bei DEKKER, sondern werden oft in einer artifiziellen, illusionsstörenden Weise verwendet.

Wichtig ist die Tatsache, daß in den Romanzen sich Elemente der früheren Komödien und der Tragödien Shakespeares neu vereinigen. In Liebesthematik und pastoraler Atmosphäre erinnern die Romanzen an *As You Like It*, das Motiv der Trennung von Eltern und Kindern weist auf *The Comedy of Errors* zurück, das Thema der Freundschaft auf *The Two Gentlemen of Verona*. In der tieferen Gefährdung der Helden und der bedrohlicheren Form, die das Böse annimmt, wird nicht nur an die Problemstücke, sondern auch an die Tragödien angeknüpft, zu denen sich Motivparallelen wie die Eifersucht des Leontes, die an *Othello* erinnert, ziehen lassen. Deutlich ist auch die strukturelle Ähnlichkeit des Auffangens eines tragischen Konfliktes in einem sicheren Rahmen, der in den Tragödien nur angedeutet, in den Romanzen aber in der Harmonie des Schlusses voll dargestellt wird (TILLYARD).

Nicht aus der literarischen Verwandtschaft, sondern aus der Theaterrealität der Zeit nach 1600 versuchen J. Q. ADAMS und G. E. BENTLEY die Besonderheiten der Romanzen zu erklären. BENTLEY verweist auf den Ankauf des Blackfriars Theatre 1608 durch die King's Men, für dessen Kulissenbühne und Beleuchtungseffekt Shakespeare die letzten Stücke speziell geschrieben habe. Da über dieses »private theatre« aber sehr wenig sicher bekannt ist, andererseits die Charakteristika der Romanzen sich organisch aus Shakespeares früherem Schaffen entwickelt haben oder durch einen deutlichen Einfluß der »court masque« erklärt werden können, kann diese Hypothese kaum verifiziert werden. Auf die höfischen Maskenspiele verweisen besonders das Zauberbankett und das allegorische Schauspiel zur Feier der Verlobung von Ferdinand und Miranda in *The Tempest*, die Erscheinung Jupiters in *Cymbeline* und die Statuenszene in *The Winter's Tale*. Auch die Musik, die in den Romanzen sehr häufig verwendet wird, gehört zu den Charakteristika der »court masque«; Shakespeare setzt sie aber nicht dekorativ, sondern dramatisch ein und macht sie zum Bild der Harmonie, die die Handlungsschlüsse bestimmt.

P. EDWARDS, »Sh.'s Romances 1900–1957«, ShS, 11 (1958) (Forschungsbericht). – E. DOWDEN, Sh.: His Mind and Art, London, 1897. – A. THORNDIKE, The Influence of Beaumont and Fletcher on Sh., London, 1901. – L. STRACHEY, »Sh.'s Final Period«. in: Books and Characters and Other Essays, London, 1906. –J. Q. ADAMS, Life of W. Sh., London, 1923. – D. G. JAMES, Scepticism and Poetry, London, 1937. – F. R. LEAVIS, »The Criticism of Sh.'s Last Plays: A Caveat«, Scrutiny, 10 (1942). – T. SPENCER, Sh. and the Nature of Man, New York, 1942. – G. W. KNIGHT, The Crown of Life, Oxford, 1947. – G. E. BENTLEY, »Sh. and the Blackfriars Theatre«, ShS, 1 (1948). – E. C. PETTET, Sh. and the Romance Tradition, London, 1949. – T. M. PARROTT, Shakespearean Comedy, New York, 1949. – U. ELLIS-FERMOR, »Die Spätwerke großer Dramatiker«, DVLG, 24 (1950). – S. C. SEN GUPTA, Shakespearean Comedy, Oxford, 1950. – R. WIN-COR, »Sh.'s Festival Plays«, SQ, 1 (1950). – J. F. DANBY, Poets on Fortune's Hill, London, 1952. – D. S. BLAND, The Heroine and the Sea«, EIC, 3 (1953). – P. CRUTTWELL, The Shakespearean Moment, London, 1953. – H. OPPEL, Sh.s Tragödien und Romanzen: Kontinuität oder Umbruch?, Mainz, 1954. – M. C. BRADBROOK, The Growth and Structure of Elizabethan Comedy, London, 1955. – W. FISCHER, »Sh.s späte Romanzen.« SJ, 91 (1955). – K. MUIR, Sh.'s Sources, London, 1957, 1961². – C. LEECH, »The Structure of the Last Plays«, ShS, 11 (1958). – J. M. NOSWORTHY, »Music and Its Function in the Romances of Sh.«, ShS, 11 (1958). – A. F. POTTS, Sh. and the Faerie Queene, Ithaca, N. Y., 1958. – E. M. W. TILLYARD, Sh.'s Last Plays, London, 1958. – B. DOBRÉE, The Last Plays«, in: The Living Shakespeare, ed. R. Gittings, London, 1960. – B. EVANS, Sh.'s Comedies, London, 1960. – J. R. BROWN, Sh. and His Comedies, London, 1962. – D. R. C. MARSH, The Recurring Miracle, Pietermaritzburg, 1962. – K. MUIR, Last Periods of Sh., Racine, and Ibsen, Detroit, 1962. – M. DORAN, Endeavors of Art, Madison, Wisc., 1963. – H. SMITH, »Sh.'s Romances«, HLQ, 27 (1964). – N. FRYE, A Natural Perspective, London, 1965. – R. G. HUNTER, Sh. and the Comedy of Forgiveness, New York, 1965. – D. TRAVERSI, Sh.: The Last Phase, Stanford, Cal., 1965. – L. G. SALINGAR, »Time and Art in Sh.'s Romances«, RenD, 9 (1966). – G. BULLOUGH, Narrative and Dramatic Sources of Sh., vol. VI, London, 1966. – D. SELTZER, »The Staging of the Last Plays.« in: Later Sh., Stratford-upon-Avon-Studies 8, London, 1966. – S. WELLS, »Sh. and Romance.« in: Later Sh., Stratford-upon-Avon-Studies 8, London, 1966. – D. GRENE, Reality and the Heroic Pattern, Chicago, 1967. – J. A. HEISE, Die drama-tische Funktion der Musik in Sh.s Romanzen, Diss., Marburg, 1967. – R. A. FOAKES, »Character and Dramatic Technique in Cymbeline and The Winter's Tale.« in: Studies in the Arts, ed. F. Warner, Oxford, 1968. – C. M. DUNN, »The Function of Music in Sh.'s Romances«, SQ, 20 (1969). – C. GESNER, Sh. and the Greek Romances, Lexington, 1970. – E. C. PETTET, Sh. and the Romance Tradition, London, 1970. – R. A. FOAKES, Sh.: The Dark Comedies to the Last Plays, Charlottes-ville, 1971. – H. FELPERIN, Shakespearean Romance, Princeton, 1972. – J. HART-WIG, Sh.'s Tragicomic Vision, Baton Rouge, 1972. – J. JAQUOT, »The Last Plays and the Masque«, in: Sh. 1971, eds. C. Leech, J. M. R. Margeson, Toronto, 1972. – H. SMITH, Sh.'s Romances, San Marino, 1972. – D. PETERSON, Time, Tide, and Tempest, Palo Alto, 1973. – F. A. YATES, Sh.'s Last Plays, London, 1975. – R. EGAN, Drama Within Drama, New York, 1975. – D. HOENIGER, »Sh.'s Romances Since 1958: A Retrospect«, ShS, 29 (1976). – B. A. MOWAT, The Dramaturgy of Sh.'s Romances, Athens, Georgia, 1976.

q) Pericles, Prince of Tyre (Pericles, Prinz von Tyrus)

aa) Datierung und Text

Pericles ist vermutlich zwischen 1606 und 1608 entstanden. Am 20. Mai 1608 behielt sich Edward BLOUNT durch einen Eintrag im Stationers' Register die Druckrechte vor. Der erste Quarto-druck von 1609 *(Pericles, Prince of Tyre)* wurde aber nicht von ihm, sondern von Henry GOSSON besorgt; das Quarto wurde im gleichen Jahr nochmals nachgedruckt. Weitere Ausgaben folgten 1611, 1619, 1630 und 1635. Obwohl das Drama in den Quartos immer unter dem Namen Shakespeares erschien, wurde es nicht in das First Folio aufgenommen, sondern erst 1664 in F₃. Im 18. Jahrhundert galt das Stück als nicht authentisch; E. MALONE nahm es wieder in den Kanon auf.

Der Quartotext ist von schlechter Qualität. Mangelhafte Arbeit des Setzers ist dafür keine ausreichende Erklärung; die Druckvorlage muß ein schlecht leserliches Manuskript gewesen sein. Es dürfte sich dabei nicht um die »foul papers« Shakespeares, sondern (wegen der zahlreichen holprigen Stellen) um einen »reported text« gehandelt haben, der von einem Theaterbesucher aus dem Gedächtnis rekonstruiert wurde.

Zusätzlich unterscheiden sich Akt I und II von *Pericles* stark vom Stil der zweiten Hälfte des Dramas. Der erste Teil zeigt in der Regel eine hölzerne und eintönige Sprache und glatte, aber klappernde und in unregelmäßigen Abständen gereimte Verse. Ab III, i dagegen findet sich durchgehend die für Shakespeares Spätwerk typische elliptische Syntax und die Mischung von lyrisch-dekorativer und kolloquialer Diktion; im Blankvers erscheinen die ebenfalls für diese Schaffensperiode bezeichnenden zahlreichen Enjambements und weiblichen Endungen. Die stilistischen Unterschiede zwischen den beiden Teilen sind so groß, daß sie nicht zwei verschiedenen »reporters«, die den Text nach grundverschiedenen Methoden rekonstruiert haben müßten, zugeschrieben werden können, sondern für Akt I und II ein anderer Autor als Shakespeare angenommen werden muß. WILKINS, ROWLEY, HEYWOOD und DAY sind dafür in Erwägung gezogen worden.

Pericles zeigt im Gesamtaufbau in allen fünf Akten die gleiche Konzeption, weshalb nicht eine Kollaboration Shakespeares mit einem anderen Dramatiker, sondern eine Revision eines bereits vollständig vorliegenden Stückes durch seine Hand wahrscheinlich ist. Diese wurde erst ab III, i gründlich durchgeführt; vorher ist sie nur selten zu fassen. Am deutlichsten trägt hier II, i (mit der

qualitativ besseren Prosa und den für Shakespeares niedere
Charaktere typischen Lebensanschauungen der Fischer) die
Zeichen seines Eingriffes.

bb) Vorlagen

Die Handlung des *Pericles* geht auf den hellenistischen Roman
Apollonius von Tyrus zurück, der nur in lateinischer Version er-
halten ist. Er dürfte im Stil den Werken des XENOPHON, des
ACHILLES TATIUS und des HELIODOR entsprochen haben. Der
Stoff war im Mittelalter und der Renaissance sehr beliebt und in
zahlreichen Fassungen verbreitet. Eine der Vorlagen für *Pericles*
war die Bearbeitung der Geschichte in Buch VIII von John
GOWERS *Confessio Amantis*, die zweite Quelle Laurence TWINES
The Patterne of Painfull Adventures (1576, 1594 und 1607). *Pericles*
wurde selbst zur Vorlage für die Erzählung *The Painfull Aduen-
tures of Pericles Prince of Tyre* (1608) von George WILKINS, die
dem Drama streckenweise so getreu folgt, daß sie zur Emendation
schlechter Textstellen bei Shakespeare herangezogen werden kann.

Pericles übernimmt die Darstellung des Apollonius-Stoffes in
den Quellen sehr genau. Hauptvorlage ist die *Confessio Amantis;*
TWINES Erzählung wird nur für die Piraten- und Bordellszenen
stärker herangezogen. Bei TWINE findet sich in Athanagoras auch
das Vorbild für Shakespeares Lysimachus, während der Regent
von Mytilene bei GOWER erst bei der Ankunft von Pericles im
Hafen auftritt. Zum erstenmal in der Geschichte des Stoffes wird
bei Shakespeare auch eine Reihe von Namen geändert: aus
Apollonius wird Pericles, aus Thaisa Marina, deren früherer
Name an die Mutter übergeht. Auch wird die Rolle Marinas,
nun als eine Parallelfigur zum Helden ausgestaltet, mehr betont.
In der Zeichnung des Pericles schließlich werden seine königliche
Abkunft und seine höfischen Tugenden klarer herausgestellt.

Dem Dichter der *Confessio Amantis* setzt das Drama in der Figur
des Erzählers und Kommentators Gower ein Denkmal. Dieser
erinnert weniger an die Chorfiguren der klassizistischen Seneca-
tragödien als vielmehr an die volkstümliche Theatertradition;
die deutlichsten Vorbilder finden sich in Barnabe BARNES' *The
Divil's Charter* und in *The Travails of the Three English Brothers*
von DAY, ROWLEY und WILKINS. Auf die einheimische Bühnen-

tradition zurückbezogen ist auch der biographische Aufbau, der klare Parallelen in früheren dramatischen Romanzen und in Heiligenleben wie *The Play of Mary Magdalene* hat.

cc) Analyse und Deutung

Pericles ist die erste der Romanzen Shakespeares. Das Stück stellt einen denkbar starken Kontrast zur Bautechnik dar, die er in den Komödien und Tragödien seiner mittleren Schaffensperiode verwendet hat. Die Handlung umspannt einen großen Zeitraum; zwischen Akt III und IV wächst Marina vom Neugeborenen zum heiratsfähigen jungen Mädchen heran. Immer wieder schaltet sich Gower nicht nur als Kommentator, sondern als Erzähler ein; er gibt den Handlungsverlauf wieder, und nur die Höhepunkte werden in szenischer Gestaltung oder als archaische Pantomimen geboten. Dies gibt dem sehr locker gefügten Geschehen eine gewisse Einheitlichkeit.

Der Aufbau ist generell episodisch und gewinnt erst von der Heirat des Helden mit Thaisa an einen größeren Zusammenhalt. Aber auch in diesem Teil folgen die Geschehnisse weitgehend zufällig aufeinander. Der Zufall führt anfänglich Pericles auf seiner Flucht vor Antiochus nach Tharsus und läßt ihn dann vor Pentapolis stranden. Der Tod Thaisas, die Entführung Marinas und die schließliche Zusammenführung von Vater und Tochter sind ebenfalls zufällige Ereignisse. Shakespeare hat in *Pericles* die Kausalverknüpfung gegenüber seinen Quellen vermindert, denn der Held versucht weder durch seine Hilfe für Tharsus sich Schutz vor Antiochus zu erkaufen, noch hat Lysimachus wie Athanagoras bei TWINE bereits Kenntnis von der Abstammung Marinas, sondern schickt sie vollkommen ahnungslos auf das Schiff ihres Vaters. Shakespeare versucht in diesem Drama also nicht durch die logisch unausweichliche Abfolge der Geschehnisse den Zuschauer in seinen Bann zu ziehen, sondern appelliert an seine Freude am Überraschenden und Wunderbaren.

Durch das Vorherrschen des Zufalls unterscheidet sich *Pericles* von *Cymbeline* und *The Winter's Tale*, in denen die dramatischen Verwicklungen durch menschliche Schuld ausgelöst werden. Im Gegensatz zu Posthumus und Leontes ist Pericles eine Figur, deren Vollkommenheit als Mensch, Hofmann und Herrscher immer wieder betont wird. Er flieht aus Tyrus nicht nur, um sein eigenes Leben zu retten, sondern auch, um seine Untertanen vor dem Zorn des Antiochus zu schützen. Dem hungernden Tharsus hilft er vollkommen uneigennützig, und am Hof von Pentapolis glänzt er in der höfischen Fähigkeit des Tanzes und im ritterlichen Turnierkampf.

Problematisch ist der Versuch, den auf der Figurenebene fehlenden Zusammenhang zwischen den einzelnen Geschehnissen durch einen religiös-moralischen Sinnbogen herzustellen und das Rad der Fortuna, von Gower mehrfach in seinen Kommentaren berufen, durch den Ratschluß der Vorsehung zu ersetzen. Damit würde Pericles zu einer Art Hiob, der als Personifikation der christlichen Tugend der »patientia« alle Schicksalsschläge als irdische Anfechtungen hinnimmt und am Ende von Gott für sein frommes Dulden schon im Diesseits belohnt wird. Doch Pericles ist kein Mensch, der sein Geschick geduldig auf sich nimmt; er muß immer wieder dazu ermahnt werden, das Unausweichliche zu akzeptieren, und gibt sich schließlich nach der Mitteilung vom vermeintlichen Tod seiner Tochter selbst auf. Erst Marina gelingt es, ihn wieder aus seiner Apathie zu reißen, wobei die Einsicht, daß hier jemand ein noch härteres Los als das seine gemeistert hat, sich mit der Erkenntnis verbindet, daß das junge Mädchen vor ihm Thaisa ähnelt und seine eigene Tochter sein könnte.

Trennung und Wiedervereinigung, Tod und Wiedergeburt, Chaos und neue Harmonie, dies sind die für alle Romanzen Shakespeares typischen Themen. Im ersten Experiment mit der neuen Form, in *Pericles*, erscheinen sie noch recht oberflächlich handlungsgebunden und werden auch sprachlich wenig ausgeführt. Nur in einigen isolierten Szenen ist die Struktur bereits klar zu erkennen, so in V, i, wo sich die endlich erreichte Harmonie in den Sphärenklängen und in der Theophanie manifestiert. Diana erscheint als die Personifikation einer allgemeinen natürlichen Ordnung, die der Welt der Romanzen zugrunde liegt. In ihr wird Gutes vergolten, Schlechtes zum Schluß bestraft und so eine poetische Gerechtigkeit realisiert. In einzelnen kleineren Hinweisen wird dies vorweggenommen und vorbereitet, so in der Tatsache, daß Pericles zwar mit seinem Schiff

scheitert, das Meer aber seine Rüstung an Land spült, und daß
Thaisa stirbt, aber bei Ephesus an den Strand geworfen wird, wo
ihr Cerimon helfen kann.

dd) Wirkungsgeschichte

Wie die sechs Quartodrucke im 17. Jahrhundert beweisen,
war *Pericles* bei den Zeitgenossen ein ähnlich beliebtes Drama
wie *Richard III* und 1 *Henry IV*. Allerdings sind nur zwei Aufführungen des Stückes aus der Zeit belegt; am 2. Februar 1610
wurde es von den Cholmeley Players in Gowthwaite Hall,
Nidderdale, gegeben, und am 24. Mai 1619 vor dem Hof in
London gespielt. Zwar verdammte JONSON *Pericles* in seiner *Ode
to Himself* als ein »mouldy tale«, da es in seinem Handlungsaufbau
nicht den klassizistischen Regeln entspricht, doch auch die Restoration fand Geschmack an dem »altmodischen« Stück. W.
DAVENANT sicherte sich die Aufführungsrechte; Pericles wurde
zu einer der Glanzrollen T. BETTERTONS. G. LILLO brachte 1738
eine Adaption mit dem Titel *Marina* heraus, in der Pericles ganz
hinter seiner Tochter zurücktritt. Die Bordellszenen werden zugunsten derber Komik verbreitert. Für die Gestalt des Lysimachus nimmt LILLO Anregungen aus *Measure for Measure* auf und
gestaltet ihn zu einer Art Duke Vincentio um.

Trotz dieses Erneuerungsversuchs geriet das Drama im 18.
Jahrhundert in Vergessenheit und wurde erst 1854 am Sadler's
Wells Theatre, London wieder im Original gespielt, wo es als
Ausstattungsstück großen Erfolg hatte. 1900 fiel es in einer alt-
modisch viktorianischen Inszenierung in Stratford durch und
kam dort erst 1947 und 1958 wieder auf den Spielplan.

In Deutschland war J.M.R. LENZ einer der ersten Verteidiger
des Stückes. Die erste Übersetzung besorgte J.J. ESCHENBURG
1775–82; in der SCHLEGEL/TIECK-Ausgabe von 1839/40 ist es
ebenfalls enthalten. Die Inszenierung am Münchener Hoftheater
1882 in der Bearbeitung von E. POSSART war ein Kuriosum; ein
stark gekürzter und umgestellter Text wurde mit Musik von
K. PERFAHL unterlegt. Erst 1924 wagte man in Mannheim die
deutsche Erstaufführung mit vollem Originaltext.

H.T. BAKER, »The Relation of Sh.'s *Pericles* to George Wilkins' Novel *The
Painful Adventures of Pericles, Prince of Tyre*«, *PMLA*, 23 (1908). – R.M. GARRETT,
»Gower in *Pericles*«, *SJ*, 48 (1912). – S. SPIKER, »George Wilkins and the Author-

ship of *Pericles*«, *SP*, 30 (1933). – W.T. HASTINGS, »Sh.'s Part in *Pericles*«, *SAB*, 14 (1939). – H. CRAIG, »*Pericles* and *The Painful Adventures*«, *SP*, 45 (1948). – H. CRAIG, »*Pericles Prince of Tyre*«, in: *If by Your Art: Testament to Percival Hunt*«, Pittsburgh, 1948. – K. MUIR, »The Problem of *Pericles*«, *ESts*, 30 (1948). – T.M. PARROTT, »*Pericles*: The Play and the Novel«, *SAB*, 23 (1949). – P. EDWARDS, »An Approach to the Problems of *Pericles*«, *ShS*, 5 (1952). – J. ARTHOS, »*Pericles*: A Study of the Dramatic Use of Romantic Narrative«, *SQ*, 4 (1953). – G. BARKER, »Themes and Variations in Sh.'s *Pericles*«, *ESts*, 44 (1963). – T.N. GREENFIELD, »A Re-Examination of the ›Patient‹ *Pericles*«, *ShStud*, 3 (1967). – H. FELPERIN, »Sh.'s Miracle Plays«, *SQ*, 18 (1967). – J.P. CUTTS, »*Pericles*' Downright Violence.« *ShStud*, 4 (1969). – J. D. LAKE, »The *Pericles* Candidates: Heywood, Rowley, Wilkins«, *N&Q*, n.s. 17 (1970). – J. P. BROCKBANK, »*Pericles* and the Dream of Immortality«, *ShS*, 24 (1971). – P. A. KNAPP, »The Orphic Vision of *Pericles*«, *TSLL*, 15 (1973). – K. J. SEMON, »*Pericles*: An Order Beyond Reason«, *Essays in Literature*, 1 (1974). – A. C. FLOWER, »Disguise and Identity in *Pericles*«, *SQ*, 26 (1975).

r) *Cymbeline*

aa) *Datierung und Text*

Cymbeline wird aus Kriterien der künstlerischen Entwicklung zwischen *Pericles* und *The Winter's Tale* angesetzt und seine Entstehung für 1609/10 postuliert. Simon FORMAN, der 1611 starb, beschreibt in seinem Tagebuch eine Aufführung des Stückes im Globe Theatre.

Cymbeline wurde erst 1623 im First Folio gedruckt, wo es als *The Tragedy of Cymbeline*, vermutlich irrtümlich, unter den Tragödien erscheint; die Vorlage war wegen der übergroßen Länge des Textes wahrscheinlich nicht ein Theatermanuskript, sondern eine Reinschrift des Autors. Der Text ist verläßlich, nur etwa 60 einzelne Wörter sind emendationsbedürftig.

Trotz unterschiedlicher dichterischer Qualität des Textes dürfte *Cymbeline* mit großer Sicherheit ganz aus der Hand Shakespeares stammen. Interpolationen anderer Autoren, wie sie FURNESS und GRANVILLE-BARKER annahmen, sind unwahrscheinlich, da die fraglichen Stellen, so die Vision des Posthumus, in ihrer Thematik sich durchaus in die Gesamtkonzeption des Dramas einfügen.

bb) *Vorlagen*

Die Wette von Posthumus und Iachimo über die Treue Imogens ist vorgebildet in der Novelle II, 9 von BOCCACCIOS *Decamerone*, das Shakespeare im Original oder in einer französischen Übersetzung gekannt haben muß. Einige Abweichungen vom italienischen Original legen die Vermutung nahe, daß Shakespeare auch die Nachdichtung des Stoffes in *Frederyke of Jennen*

(1518, 1520 und 1560) kannte. Er verringert gegenüber den Quellen die handlungsbestimmende Bedeutung der Frau, die dort aktiv an ihrer Rehabilitierung beteiligt ist. Dem Verleumder, der in den Vorlagen hingerichtet wird, verzeiht man, dem versöhnlichen Romanzenschluß angemessen, am Ende großmütig. Die Schuld des Posthumus wird gegenüber Bernabo im *Decamerone* verstärkt, seine Bereitschaft zur Buße stärker betont. Ebenfalls der Gattung der Romanze gemäß transponiert Shakespeare den Stoff aus dem Kaufmannsmilieu in die höfische Ebene und in die legendäre britische Vorzeit. Für die Zeichnung Cymbelines und seiner Auseinandersetzung mit Rom greift er auf HOLINSHEDS *Chronicles* zurück, wobei er den Tributstreit aus der Regierungszeit seines Sohnes Guiderius vorzieht. Die Taten von Belarius, Guiderius und Arviragus im Kampf der Briten und Römer sind der Darstellung HOLINSHEDS vom entscheidenden Eingreifen des Bauern Haie und seiner Söhne in der Schlacht von Luncarty zwischen den Schotten und Dänen 976 n. Chr. nachgebildet. Ein Einfluß von BEAUMONTS und FLETCHERS *Philaster* auf *Cymbeline* ist unbeweisbar. Deutlichere Entsprechungen weisen auf die frühe dramatische Romanze *The Rare Triumphs of Love and Fortune* zurück, in der sich der tölpelhafte Bruder der Heldin Fidelia gegen Hermione wendet, der seine Schwester liebt. Er wird an der Höhle von Hermiones Vater Bomelio getötet, als er Fidelia bei einem heimlichen Treffen des Liebespaares abfangen und entführen will. Auch hier sorgt Jupiter am Ende durch seinen Sendboten Merkur persönlich für einen glücklichen Schluß.

cc) Analyse und Deutung

Cymbeline ist aus zwei Handlungskreisen aufgebaut, die sich teilweise überschneiden. Das Geschehen zwischen Imogen und Posthumus steht zunächst im Vordergrund, wird dann aber von den Ereignissen am Königshof etwas zurückgedrängt, um sich in den letzten beiden Akten immer enger mit ihnen zu verbinden. In der Figur Imogens sind beide Handlungen am engsten aufeinander bezogen, denn sie ist nicht nur die Frau des Posthumus, sondern auch die britische Thronfolgerin. Der König, die Königin und Cloten spielen eine aktive Rolle auch im Liebesgeschehen, und Posthumus und Iachimo greifen in den Kampf Cymbelines gegen die Römer ein. Auch im Rätselspruch Jupiters besteht eine enge Verbindung zwischen beiden Geschehen.

Dies verweist auf eine tiefere Einheit der beiden Handlungsstränge. Von den Personen des Posthumus und Cymbelines aus gesehen sind sie parallel angelegt. Beide laden eine Schuld auf sich, die sie später bereuen, worauf sich ihr Schicksal zum Guten wendet. Bei Posthumus erscheint dies in vertiefter, bei Cymbeline in oberflächlicherer Darstellung. Mit der Wette auf die Treue seiner Frau reduziert Posthumus ihren Wert auf ein physisches Faktum und degradiert sie zu seinem Besitz; mit dem Empfehlungsbrief, der in den Vorlagen ohne Beispiel ist, macht er sich außerdem zum Komplicen Iachimos. Den Verleumdungen glaubt er vorschnell, bevor noch der scheinbar endgültige Beweis des Muttermales genannt wird. Während ihm außerdem die Treue der Diener über alle Zweifel erhaben ist, glaubt er nicht an die Integrität Imogens.

Cymbeline hat mehrere Fehler begangen: vor 20 Jahren glaubte er den Verleumdungen über Belarius und verlor dafür seine beiden Söhne. Nun täuscht er sich über den Charakter Clotens und der Königin; er verbannt auf ihr Betreiben Posthumus und beginnt einen Krieg mit Rom, das hier nicht als historisch-geographische Realität, sondern als eine Verkörperung der Ideale von Tugend und friedlicher Zivilisation gesehen wird. (Deshalb bezahlt Cymbeline am Ende auch trotz seines Sieges den Tribut als Zeichen der Anerkennung dieser Werte weiter.)

Die Charakterentwicklung, die bei Posthumus noch im großen und ganzen glaubhaft gemacht wird, ist beim König nur skizziert. Solche statische und flache Figurenzeichnung ist bei fast allen anderen Gestalten zu finden. Dies paßt die Charaktere dem besonderen Wesen der Romanzen an mit ihren Zufällen, überraschenden Wendungen und sensationellen Effekten wie dem plötzlichen Erscheinen Iachimos aus seiner Truhe, dem Faustschlag des Posthumus gegen die verkleidete Imogen oder der Erscheinung Jupiters. Der Zuschauer soll Personen und Geschehen gegenüber in Distanz gehalten werden. Dies dürfte auch der Grund dafür sein, daß Imogen, mit der sich das Publikum am ehesten identifizieren könnte, in IV, ii über dem Leichnam Clotens einem Irrtum unterworfen wird, durch den sie sich in einer tragischen Situation sieht, während für den Zuschauer das Geschehen nicht der Komik entbehrt.

Die gleiche »kunstlose Künstlichkeit« (GRANVILLE-BARKER) wie in der Figurenzeichnung findet sich auch im Handlungsaufbau. Das lange Verschwinden von Posthumus und Iachimo aus dem Geschehen oder die späte Einführung von Belarius und seinen Ziehsöhnen in die Handlung gelten nach dramentechnischen Kriterien als Kunstfehler. Die auffällige Art, in der Information und Kommentar auf psychologisch unmotivierte Monologe und Asides verschiedener Figuren verteilt wird, wirkt illusionsbrechend, wie auch der deutliche Anachronismus, mit dem antikes Rom und Renaissance-Italien nebeneinander gestellt werden. Auch die naive Selbstvorstellung des Belarius betont den Spielcharakter des Dramas, aus dem der Zuschauer die Gewißheit schöpft, daß alle Verwicklungen gut enden werden, obwohl dies erst mit dem kryptischen Orakel Jupiters ausgesprochen ist und im Denouement im einzelnen eingelöst wird.

Das Geschehen umfaßt eine Abfolge von unglücklichen Verwirrungen und Irrtümern, die wie in *The Winter's Tale* durch die Schuld einzelner Personen ausgelöst wird. Das Schicksal scheint den Schuldigen zur Strafe die nächsten Angehörigen zu nehmen, um sie ihnen schließlich nach ihrer Buße überraschend wiederzuschenken. Im größeren Umfang als in den anderen Romanzen setzt Shakespeare hierbei in *Cymbeline* das Motiv des Scheintodes ein, das auf Imogen, Posthumus, Guiderius und Arviragus bezogen wird.

Das Thema von Verfall und Regeneration wird aber nicht nur an Einzelpersonen, sondern auch an der gesamten Gesellschaft dargestellt. Das Land Britannien ist durch den verderblichen Einfluß der Königin und Clotens in Gefahr geraten und wird durch das heroische Eingreifen der beiden Prinzen, des Belarius und Posthumus, beinahe wunderbar gerettet. Guiderius als Vertreter der einfachen und gesunden Natur besiegt mit Cloten bezeichnenderweise einen Exponenten höfischen Lasters. Die Waldszenen bieten aber keineswegs eine schäferliche Idylle, sondern stellen eine wilde und beinahe tierische Existenzart dar, welche die Prinzen hinter sich lassen müssen.

Durch die Handlungselemente des Scheintodes und des Irrtums, der Verwechslung und Verkleidung wird auch das Problem von Schein und Sein eingeführt. Besonders die Szenen zwischen Fidele und den beiden Brüdern erhalten eine durchgehende ironische Doppelbödigkeit. In den Kontrasten zwischen Cloten und Posthumus und Cloten und Guiderius verbindet Shakespeare dieses Thema mit der verwandten Frage nach äußerem Rang und innerem Wert, die auch im Zentrum von *All's Well* stand.

dd) Wirkungsgeschichte

Neben der bei FORMAN bezeugten Aufführung von *Cymbeline* ist nur noch eine zeitgenössische Vorstellung am Hof vom 1. Januar 1634 belegt. Von 1682 bis 1738 kam dann nicht mehr Shakespeares Original, sondern Thomas D'URFEYS Adaption *The Injured Princess, or The Fatal Wager* auf die Londoner Bühnen. In dieser Bearbeitung wird Iachimo durch den französischen Schurken Shattillion ersetzt und eine parallele Nebenhandlung um Pisanios Tochter Clarina eingeführt. Der Adaption von W. HAWKINS hingegen, der 1759 das Stück nach dem Gesetz der drei Einheiten vereinfachte und zu einer Tragödie umgestaltete, war kein Erfolg beschieden. 1744 wurde *Cymbeline* am Haymarket Theatre erstmals wieder in unbearbeiteter Form gespielt. Posthumus war eine der Lieblingsrollen von D. GARRICK und im 19. Jahrhundert von C. KEMBLE und W.C. MACREADY; Mrs. SIDDONS und Helen FAUCIT waren eindrucksvolle Interpretinnen Imogens. Mit der Inszenierung von *Cymbeline* 1896 am Lyceum Theatre mit H. IRVING als Iachimo und E. TERRY als Imogen beginnt die moderne Theatergeschichte des Stückes. In Stratford wurde das Drama regelmäßig gespielt, darunter 1957 in einer sehr poetischen Inszenierung mit P. ASHCROFT in der Hauptrolle. 1947 wagte das Embassy Theatre in London den fünften Akt in der verkürzten Fassung G.B. SHAWS zu bieten. Guiderius, Arviragus und Imogen reagieren hier auf das Denouement wie Figuren H. IBSENS; die Brüder weigern sich, ihre unbequeme Prinzenrolle zu übernehmen, und Imogen muß von Iachimo überredet werden, Posthumus zu verzeihen.

Schon vor der ersten deutschen Übersetzung des Stückes bei J.J. ESCHENBURG (1775–82) erschien 1772 eine Bearbeitung von

J. G. Sulzer, die Goethe in seiner ersten Rezension im *Frankfurter Gelehrten Anzeiger* scharf kritisierte. Den drei Wiener Aufführungen von 1782, 1842 und 1853 lagen ebenfalls Bearbeitungen zugrunde, während 1897 in München das Original gespielt wurde. 1919 am Deutschen Theater M. Reinhardts mit H. Thimig und 1934 an den Münchner Kammerspielen mit K. Gold als Imogen und E. Flickenschildt als Königin war dem Drama in künstlerisch gelungenen Aufführungen beim Publikum guter Erfolg beschieden.

W. W. LAWRENCE, »The Wager in *Cymbeline*«, *PMLA*, 35 (1920). – F. C. TINKLER, »*Cymbeline*«, *Scrutiny*, 7 (1938). – A. A. STEPHENSON, »The Significance of *Cymbeline*«, *Scrutiny*, 10 (1942). – C. CAMDEN, »The Elizabethan Imogen«, *Rice Institute Pamphlet*, 38 (1951). – H. S. WILSON, »Philaster and *Cymbeline*«, *EIE*, 1951, New York, 1952. – W. D. SMITH, »Cloten with Caius Lucius«, *SP*, 49 (1952). – J. M. NOSWORTHY, »The Integrity of Sh., Illustrated from *Cymbeline*«, *ShS*, 8 (1955). – I. RIBNER, »Sh. and Legendary History: *King Lear* and *Cymbeline*«, *SQ*, 7 (1956). – J. P. BROCKBANK, »History and Histrionics in *Cymbeline*«, *ShS*, 11 (1958). – G. von STOLTZENBERG, »Sh.s *Cymbeline*«, *GRM*, 8 (1958). – E. JONES, »Stuart Cymbeline«, *EIC*, 11 (1961). – F. D. HOENIGER, »Irony and Romance in *Cymbeline*«, *SEL*, 2 (1962). – R. MOFFET, »*Cymbeline* and the Nativity«, *SQ*, 13 (1962). – H. SWANDER, »*Cymbeline* and the ›Blameless Hero‹«, *ELH*, 31 (1964). – A. C. KIRSCH, »*Cymbeline* and Coterie Dramaturgy«, *ELH*, 34 (1967). – B. A. MOWAT, »*Cymbeline*: Crude Dramaturgy and Aesthetic Distance«, in: *Renaissance Papers*, eds. G. W. Williams, P. G. Phialas, 1967. – G. HILL, »The True Conduct of Human Judgment: Some Observations on *Cymbeline*«, in: *The Morality of Art*, ed. D. W. Jefferson, London, 1969. – N. SHAHEEN, »The Use of Scripture in *Cymbeline*«, *ShStud*, 4 (1969). – W. B. THORNE, »*Cymbeline*: Lopped Branches and the Concept of Regeneration«, *SQ*, 20 (1969). – J. R. SCHORK, »Allusion, Theme and Characterization in *Cymbeline*«, *SP*, 69 (1972). – J. S. COLLEY, »Disguise and New Guise in *Cymbeline*«, *ShakS*, 7 (1974). – J. E. SIEMON, »Noble Virtue in *Cymbeline*«, *ShS*, 29 (1976). – G. ALMANSI, *Il Ciclo della Scommessa dal Decamerone al Cymbeline di Sh.*, Rom, 1976. – R. WARREN, »Theatrical Virtuosity and Poetic Complexity in *Cymbeline*«, *ShS*, 29 (1976).

s) The Winter's Tale (Das Wintermärchen)

aa) Datierung und Text

The Winter's Tale ist mit ziemlicher Sicherheit 1610/11 entstanden. Am 15. Mai 1611 sah Simon Forman eine Aufführung im Globe Theatre, während Jonsons *Masque of Oberon*, aus der Shakespeare den Tanz der Satyrn in den vierten Akt von *The Winter's Tale* übernommen hat, erstmals am 1. Januar 1611 gespielt wurde. Auch falls es sich hier um eine spätere Interpolation gehandelt hat, ist als der früheste Termin für die Fertigstellung des Dramas die zweite Jahreshälfte von 1610 anzunehmen.

Für das Stück ist kein Quartodruck bekannt. Der einzige Text

von *The Winter's Tale* ist im First Folio überliefert und von ungewöhnlich guter Qualität. Als Druckvorlage diente vermutlich
eine Reinschrift, die eventuell von Ralph CRANE, dem professionellen Schreiber der Truppe, angefertigt wurde.

bb) Vorlagen

Für *The Winter's Tale* hat Shakespeare GREENES *Pandosto* (1588)
als einzige Quelle herangezogen, eine zu seiner Zeit sehr beliebte
Prosaromanze. Shakespeare hat die meisten Namen geändert, das
Geschehen im ganzen gestrafft und die Schauplätze Böhmen und
Sizilien gegeneinander ausgetauscht. Shakespeare läßt nicht
mehr, wie in der Vorlage, die Königin nach der Gerichtsverhandlung tatsächlich sterben, sondern täuscht Dramenfiguren
und Zuschauer mit einer Falschmeldung. Aber während der
König bei GREENE bis zum Schluß jähzornig, bösartig und von
seinen Leidenschaften beherrscht bleibt, sogar seine ihm unbekannte Tochter Fawnia zu zwingen versucht, ihm zu Willen zu
sein, und passend durch Selbstmord endet, wird Leontes von
tiefer, dauerhafter Reue über seine Eifersucht erfüllt. So werden
durch die abschließende Versöhnung mit Hermione nicht nur
die beiden Zeit- und Handlungsabschnitte verklammert, sondern diese aus der inneren Konsequenz des Geschehens überzeugend abgeleitet.

Generell wird im Gegensatz zu GREENE in *The Winter's Tale*
Zufall durch Kausalität ersetzt. Perdita wird nicht wie Fawnia
auf dem offenen Meer in einem Boot ausgesetzt, sondern von
Antigonus absichtlich nach Böhmen gebracht. Umgekehrt werden auch Florizel und Perdita nicht zufällig von einem Sturm
nach Sizilien verschlagen, sondern von Camillo dorthin gelenkt.
Nur in Bezug auf die Eifersucht des Helden hat Shakespeare auf
eine Motivation verzichtet, während Pandostos Mißtrauen gegenüber Bellaria im einzelnen glaubhaft gemacht wird.

cc) Analyse und Deutung

The Winter's Tale vereint in sich Elemente der früheren Romanzen *Pericles* und *Cymbeline*. Auf die letztere verweist besonders das Eifersuchtsmotiv, auf erstere die Fabel des Helden,
der Frau und Tochter verliert und nach langer Zeit überraschend

wiedererhält, ferner das Auftreten einer Chorfigur Time. Time erscheint im Gegensatz zu Gower in *Pericles* aber nur einmal, um auf den Zeitsprung von 16 Jahren hinzuweisen, der zwischen Akt III und IV liegt. Die prologartige Szene IV, i leitet über zu einem Dramengeschehen, das sich durch Schauplatzwechsel, neue Figurenkonstellation (Florizel und Perdita stehen nun im Mittelpunkt) und eine gänzlich veränderte, pastorale und überwiegend heitere Atmosphäre von Akt I mit III unterscheidet. Ausgangspunkt für die Handlungsbewegung in Akt IV und V ist jedoch das Ende von III, iii; die Rettung Perditas eröffnet die Aussicht auf die Erfüllung des Orakels und damit auf ein glückliches Ende.

Das Geschehen von *The Winter's Tale* ist zunächst ganz von Leontes beherrscht. Shakespeare geht es hier im Gegensatz zu *Othello* nicht um eine psychologisch glaubhafte Darstellung des Entstehens der Eifersucht, sondern darum, die verheerende Wirkung darzustellen, die sie auf einen Menschen und seine Umwelt ausüben kann. Leontes verliert jeden Kontakt zur Realität und sieht nur noch Korruption und Krankheit um sich. Obwohl sich der gesamte Hof für Hermiones Unschuld verbürgt, läßt Leontes sich nicht von der tyrannischen Verfolgung Hermiones abbringen. Um die Gerechtigkeit seines Vorgehens zu demonstrieren, stellt er seine Frau vor Gericht – bei dem er jedoch Ankläger und Richter in einer Person darstellt und den göttlichen Orakelspruch mißachtet. Der plötzliche Tod von Mamillius und Hermione aber bringt ihn schlagartig wieder zur Besinnung. Die glückliche Wiedervereinigung mit Hermione, die seine sechzehnjährige Bußzeit abschließt, wird durch einen im Gesamtwerk Shakespeares einzigartigen Kunstgriff realisiert. Die Belebung der »Statue« ist ein typisches Motiv der höfischen »masques«; im *Winter's Tale* erklärt sich das Geschehen zwar in der Rückschau, wirkt aber im Augenblick als übernatürlicher Eingriff. Daß auch der Zuschauer in Hermiones Weiterleben nicht eingeweiht wurde, ist ohne Entsprechung in den Dramen Shakespeares.

Leontes' Schuld ist kein individuelles Moralproblem, sein Schicksal repräsentiert die Macht des Chaotischen, das die natürliche Ordnung bedroht. Diese umfassende Perspektive wird dadurch verdeutlicht, daß einmal Leontes kein Privatmann, sondern Herrscher von Sizilien ist, dessen zerstörerische Leidenschaft sein Land mit gefährdet. Außerdem deutet Shakespeare ein paralleles Geschehen auch bei Polixenes an, der mit seinen Drohungen in die Welt der Liebe und der natürlichen Harmonie der Schäferszenen einbricht.

Mit Akt IV stellt Shakespeare der Hofatmosphäre der ersten Dramenhälfte eine ländliche Szenerie gegenüber, die in der Liebe des verkleideten Prinzen zur vermeintlichen Schäferin deutliche Züge der literarisch-pastoralen Tradition trägt. Shakespeare malt hier den beinahe idyllischen Zustand aus, den er schon in der Beschreibung der gemeinsamen glücklichen und unschuldigen Jugend von Leontes und Polixenes kurz angedeutet hatte. Diese Form des Lebens ist aber weder in sich ganz vollkommen, wie Autolycus auf seine komische Weise demonstriert, noch ein Endzustand; Perdita und Florizel müssen sie ebenso hinter sich lassen wie Leontes und Polixenes und sich einer umfassenderen gesellschaftlichen Realität stellen. Das Ideal, das am Ende erreicht scheint, ist eine Verbindung der beiden Lebensformen. Als Symbol dafür erscheint im programmatischen Gespräch zwischen Polixenes und Perdita (IV, iv, 97 ff.) die Kunst des Gärtners, einem wilden Reis einen edlen Trieb aufzupfropfen. Zentrale Metapher für die innere Bewegung von Chaos zu neuer Ordnung, von zerstörerischer Leidenschaft zu liebender Erfüllung sind die Bilder von Winter und Frühling, durch den Titel bereits akzentuiert und durch Perditas Blumengaben in IV, iv auch in Bühnengeschehen übertragen.

Wie in *Cymbeline* ist in *The Winter's Tale* das Problem von Sein und Schein von zentraler Bedeutung. In der grundlosen Eifersucht des Leontes erscheint das Thema in ähnlicher Ausprägung wie in den großen Tragödien, später in der für die Romanzen typischen, mehr spielerischen Form. Augenfällig ist die Frage nach äußerem Anschein und verborgener Wirklichkeit in IV, iv gestellt, in der Perdita, Florizel, Polixenes, Camillo und Autolycus in Verkleidung auftreten und im Dialog ihre wahre Identität immer wieder aufleuchten lassen. Der Titel schließlich, wiederaufgenommen in den Aussagen der Personen über den Charakter des Geschehens in Akt V, in denen die Handlung mit

der eines »old tale« verglichen wird, ist, wie auch die offensichtlich bewußte Verwendung von Anachronismen, falscher Topo-
graphie und naiven Asides, ein Hinweis auf die Realitätsferne des
gesamten Dramas.

dd) Wirkungsgeschichte

Obwohl Ben JONSON, wenn er in *Bartholomew Fair* von »Tales,
Tempests, and such like Drolleries« spricht, verächtlich auf das
Stück anspielen dürfte, war *The Winter's Tale* ein sehr beliebtes
Drama. Dies beweisen die vielen Hofaufführungen (1611, 1613,
1618, 1619, 1623, 1624 und 1634). Danach wurde es jedoch erst
1741 am Goodman's Fields Theatre London wieder gespielt. Bis
auf eine zweite Aufführung 1771 im Original war das 18. Jahrhundert für *The Winter's Tale* aber die Epoche der Adaptionen.
Um dem Geschmack an Schäferszenen entgegenzukommen und
der klassizistischen Forderung nach den Einheiten von Zeit, Ort
und Handlung genügezutun, beschränkte man sich dabei auf die
Geschehnisse von Akt IV und V. Die bekannteste Bearbeitung
Florizel und Perdita (1758) stammt von D. GARRICK. Sie beeinflußte auch die Fassung der Schlußszene in J. KEMBLES Inszenierung von 1802, die im übrigen den Auftakt für die erheblich
werkgetreueren Aufführungen des 19. Jahrhunderts bedeutete:
Die Inszenierungen von W. C. MACREADY (1823), S. PHELPS
(1845/46), CH. KEAN (1856, allerdings mit stark historisierender
Tendenz, die dem Märchencharakter des Stückes zuwiderläuft)
und Miss M. ANDERSON (1887). 1912 wählte H. GRANVILLE-
BARKER dieses Stück für den ersten seiner Versuche am Savoy
Theatre, ein elisabethanisches Drama nach den Regeln seiner
Zeit zu inszenieren. Er legte besonderen Wert auf schnelles,
pausenloses Spiel und die Betonung der natürlichen Sprachmelo-
die des Textes. Ein weiterer Markstein der neueren Theatergeschichte des Stückes war die Aufführung am Phoenix Theatre
London 1951 unter der Regie von P. BROOK und mit J. GIELGUD
als Leontes.

Die erste deutsche Übersetzung von *The Winter's Tale* brachte
J. J. ESCHENBURG in seiner Shakespeareausgabe von 1775–82; für
die SCHLEGEL/TIECK-Übersetzung übertrug es Dorothea TIECK.
Im 19. Jahrhundert war F. DINGELSTEDT ein Vorkämpfer für

dieses Stück. Er brachte es 1859 in Weimar in einer eigenen freien
Bearbeitung mit Musik von F. von FLOTOW heraus. Nach 1878
gastierten die Meininger mit *The Winter's Tale* erfolgreich in
35 Städten. 1906, 1935 und 1944 stand es auf dem Spielplan des
Deutschen Theaters in Berlin, 1917 und 1935 kam es in den
Münchener Kammerspielen auf die Bühne, das erstemal noch
ganz im Stil des 19. Jahrhunderts mit einer Begleitmusik von
ZILCHER. Auch HUMPERDINCK komponierte eine Bühnenmusik
zu diesem Drama.

F.C. TINKLER, »*The Winter's Tale*.« Scrutiny, 5 (1937). – S.L. BETHELL, *The
Winter's Tale*, London, 1938. – M.Y. HUGHES, »A Classical vs. a Social Approach
to Sh.'s Autolycus«, *SAB*, 15 (1940). – H.S. WILSON, »Nature and Art in *The
Winter's Tale*«, *SAB*, 18 (1943). – F.D. HOENIGER, »The Meaning of *The Winter's Tale*«, *UTQ*, 20 (1950). – A. BONJOUR, »The Final Scene of *The Winter's
Tale*«, *ESts*, 33 (1952). – J.A. BRYANT, »Sh.'s Allegory: *The Winter's Tale*, *SR*,
63 (1955). – N. COGHILL, »Six Points of Stagecraft in *The Winter's Tale*.« *ShS*,
11 (1958). – J. LAWLOR, »*Pandosto* and the Nature of Dramatic Romance.« *PQ*,
41 (1962). – J.H. BRYANT, »*The Winter's Tale* and the Pastoral Tradition.« *SQ*
14 (1963). – N. FRYE, »Recognition in *The Winter's Tale*«, in: *Fables of Identity*,
New York, 1963. – W.O. SCOTT, »Seasons and Flowers in *The Winter's Tale*«,
SQ, 14 (1963). – I.-S. EWBANK, »The Triumph of Time in *The Winter's Tale*«,
REL, 5 (1964). – E. SCHANZER, »The Structural Pattern of *The Winter's Tale*«,
REL, 5 (1964). – A.D. NUTTALL, W. Sh.: *The Winter's Tale*, London, 1966. –
G.P. FOX, *The Winter's Tale*, Oxford, 1967. – J.A. WILLIAMS, *The Natural
Work of Art*, Cambridge, Mass., 1967. – N. NATHAN, »Leontes' Provocation«
SQ, 19 (1968). – F. PYLE, *The Winter's Tale*, London, 1968. – J. SMITH, »The
Language of Leontes«, *SQ*, 19 (1968). – A. BONJOUR, »Polixenes and the Win-
ter of His Discontent.« *ESts*, 50 (1969). – L.S. COX, »The Role of Autolycus in
The Winter's Tale«, *SEL*, 9 (1969). – M.L. LIVINGSTON, »The Natural Art of
The Winter's Tale.« *MLQ*, 30 (1969). – K. MUIR, »The Conclusion of *The Win-
ter's Tale*«, in: *The Morality of Art*, ed. D. W. Jefferson, London, 1969. – R.W.
UPHAUS, »The Comic Mode of *The Winter's Tale*«, *Genre*, 3 (1970). – L.S.
CHAMPION, »The Perspective of Comedy: Sh.'s *The Winter's Tale*«, *CE*, 32
(1971). – M. MUELLER, »Hermione's Wrinkles, Or Ovid Transformed: An
Essay on *The Winter's Tale*«, *CD*, 5 (1971). – R. STUDING, »Spectacle and
Masque in *The Winter's Tale*«, *EM*, 21 (1971). – P. M. WEINSTEIN, »An Inter-
pretation of Pastoral in *The Winter's Tale*«, *SQ*, 22 (1971). – P. LINDENBAUM,
»Time, Sexual Love, and the Use of Pastoral in *The Winter's Tale*«, *MLQ*, 33
(1972). – C. T. NEELY, »*The Winter's Tale*: The Triumph of Speech«, *SEL*, 15
(1975). – R. R. HELLENGA, »The Scandal of *The Winter's Tale*«, *ESts*, 57 (1976). –
T. SPENCER, »The Statue of Hermione«, *E&S*, 30 (1977).

t) The Tempest (Der Sturm)

aa) Text und Datierung

The Tempest ist nur im First Folio überliefert, in dem es mit
der ersten Stelle einen Ehrenplatz einnimmt. Der Text ist von
ausnehmend guter Qualität. Die Druckvorlage dürfte eine Reinschrift des Dramas, eventuell von der Hand Ralph CRANES, gewesen sein. Die Entstehung des Stückes läßt sich sehr genau auf

1610/11 fixieren. Einerseits ist für den 1. 11. 1611 eine Hofaufführung des Dramas belegt, andererseits verwendet Shakespeare
in *The Tempest* Einzelheiten der Strandung des Flaggschiffes der
Virginiaflotte mit Sir Thomas GATES auf den Bermudas, die
erst im Verlauf des Jahres 1610 bekannt wurden.

bb) Vorlagen

Für die Haupthandlung des Dramas sind bis heute noch keine
Quellen im eigentlichen Sinne nachgewiesen worden. Die
Grundsituation eines vertriebenen Fürsten, der den Sohn seines
Gegners in seine Gewalt bringt, ihn mit seiner Tochter verheiratet und durch das Mittel der Magie auf seinen Thron zurückkehrt, findet sich allerdings in vielen Varianten und scheint auf
eine Volkssage zurückzugehen. Die engsten literarischen Parallelen zu *The Tempest* stellen Jakob AYRERS Drama *Die schöne
Sidea* (vor 1605) und zwei Erzählungen in den spanischen Romanzen *Espejo de Principes y Caballeros* (1562) des Diego ORTUNEZ
de Calahorra (nach 1578 mehrfach als *The Mirrour of Princely
Deeds and of Knighthood* übersetzt) und *Noches de Invierno* (1609)
des Antonio de ESLAVA dar. Nur für Einzelheiten sind eindeutige
Vorlagen nachzuweisen; so finden sich in Gonzalos Utopie wörtliche Parallelen zu MONTAIGNES Essay *Of the Caniballes* in John
FLORIOS Übersetzung von 1603. Die Situation der Absetzung
und Rückkehr eines Herzogs Prospero Adorno von Mailand ist
in William THOMAS' *History of Italy* (1549) belegt. In dieser Geschichtsdarstellung konnte Shakespeare auch die Mehrzahl der
in *The Tempest* verwendeten Namen vereint finden, die allerdings auch in Robert EDENS *History of Travaile* vorkommen, aus
der der Dichter Setebos als Dämon der Patagonier kannte. Von
den Berichten über die Strandung von Sir Thomas GATES und
Sir George SOMERS 1609 auf den Bermudas benützte Shakespeare
Sylvester JOURDAINS *Discovery of the Barmudas* (1610) und im
handschriftlichen Original auch William STRACHEYS erst 1625
in *Purchas His Pilgrimes* gedruckten Brief *A True Repertory of the
Wrack* vom 15. Juli 1610, ferner die offizielle Apologie des Ko-
lonialrates von Virginia, *A True Declaration of the State of the Colonie
in Virginia* (1610). Obwohl Prosperos Insel auf der Reiseroute
von Genua nach Tunis liegt, paßt doch der Ruf der Bermudas

als verzauberter Teufelsinseln sehr gut zum Schauplatz der Geschehnisse des Dramas. Schließlich dürften auch Schilderungen
über die Indianer und die amerikanische Tier- und Pflanzenwelt
in *The Tempest* eingegangen sein.

cc) *Analyse und Deutung*

Shakespeare variiert in *The Tempest* nicht nur Strukturen und
Themen der vorausgegangenen Romanzen, sondern versucht in
mancher Hinsicht auch einen Neuanfang. Der lockeren Handlungsführung und den großen Zeitspannen von *Pericles* und *The
Winter's Tale* stehen in *The Tempest* ein streng organisierter Plot
und eine geradezu klassizistische Einheit von Ort und Zeit gegenüber. Handlungs- und Aufführungszeit decken sich mit vier
Stunden fast vollständig. Die Handlung ist auf die abschließende
Krise und Lösung eines längeren Geschehens beschränkt. Prosperos Vertreibung und die Ankunft auf der Insel werden in die
Vorgeschichte verlegt, was zu einer in Shakespeares Werk einmalig umfangreichen und kompakten Expositionserzählung in
I, ii führt. Das Bühnengeschehen ist weitgehend auf die Aufar-
beitung dieser Vergangenheit beschränkt, unter deren über-
mächtigen Druck es steht; neue Handlungselemente kommen
kaum noch hinzu. Die Figuren in *The Tempest* sind in drei Gruppen (Alonso und sein Hofstaat; Caliban, Stephano und Trinculo;
Ferdinand und Miranda) aufgeteilt, die gleich zu Beginn voneinander getrennt und erst zum Schluß wieder zusammenge-
führt werden. Die verschiedenen Handlungsstränge sind nicht
kausal oder personell, sondern nur thematisch zueinander in
Beziehung gesetzt. Alle Geschehnisse stehen durch Ariel unter
der Kontrolle Prosperos, was bereits in I, ii dem Zuschauer zu
Bewußtsein gebracht wird. Dadurch wird jeder nicht mehr gut-
zumachende Schaden verhindert, jeder Zufall ausgeschaltet und
von Anfang an der harmonische Ausgang gesichert, aber auch
auf jeden echten Konflikt verzichtet und stärkere Spannung auf
das Ende hin kurzgeschlossen.

Nur Duke Vincentio in *Measure for Measure* nimmt eine ähnlich beherrschende Rolle im Geschehen ein. Prospero ist nicht
nur Mithandelnder, sondern auch Regisseur und Zuschauer: es
geht ihm nicht nur um seine eigene Rückkehr auf den Thron,

sondern auch um das selbstlose Ziel, die Schuldigen zu ihrem eigenen Nutzen zu bessern. Er übernimmt damit die Aufgabe, die in den früheren Romanzen eine unpersönliche, das Geschehen übergreifende Ordnungsmacht hatte. Instrument Prosperos bei dieser Aufgabe ist seine Magie, deren Charakter besonders durch den Kontrast zu Sycorax' Künsten genauer definiert wird. Sycorax ist eine Hexe, die mit dem Teufel im Bunde steht und deren höllische Befehle zu erfüllen Ariel sich weigerte. Prosperos Macht dagegen trägt Züge der neuplatonischen Theurgie, einer priesterlichen Kunst, sich in die höheren Sphären der Elementargeister (Ariel) und des Göttlichen zu erheben. Diese »weiße Magie« kann nur zu guten Zwecken angewendet werden. Die Elisabethaner, unter anderem auch JAMES I. persönlich in seiner *Daemonology*, erkannten den Unterschied zwischen weißer und schwarzer Magie allerdings nicht als endgültig an; auch Shakespeare gibt der Zauberei Prosperos (bes. in V, i, 33 ff.) einige dunkle Züge und läßt ihn am Ende auf seine Kunst verzichten. Prospero ist, genauer betrachtet, nicht allmächtig durch seine Magie; er vermag weder den Charakter Calibans noch den Antonios und Sebastians zu bessern, und er kann zwar Ferdinand mit Miranda zusammenführen, aber ihn nicht zur Liebe zwingen. Seine Zaubermacht erhebt ihn jedoch über die menschliche Ebene, auf die er am Ende mit dem Verzicht auf seine magischen Kräfte zurückkehrt.

Im Gegensatz zu *Cymbeline* und *The Winter's Tale* sind es in *The Tempest* nicht die Haupt-, sondern die Nebenfiguren, an denen das Thema von Schuld, Reue und Vergebung ausgeführt wird. Prospero hat sich lediglich in seiner Vergangenheit als Duke of Milan dadurch mitschuldig gemacht, daß er zugunsten seiner Studien – an sich eine geziemende Beschäftigung für einen Renaissancefürsten – seine Herrscheraufgaben ganz Antonio überließ. Im Stück selbst bleibt er schuldfrei; er widersteht der Verlockung zur Rache und vergibt seinen Gegnern. Alonsos Schicksal dagegen bildet eine deutliche Parallele zu dem des Posthumus oder Leontes. Er wird durch den scheinbaren Tod seines Sohnes seelisch erschüttert und beim Zauberbankett durch Ariel, der als Harpyie passend als Bote des Götterzornes erscheint, mit seiner Schuld gegenüber Prospero konfrontiert und zu tiefer

Verzweiflung getrieben. Zur Erkenntnis über sich selbst geführt, ist er in Akt V reif für die Vergebung. Antonio ist an Prospero ebenso schuldig geworden wie Alonso, aber weder er noch sein Gesinnungsgenosse Sebastian sind einer ähnlichen Wandlung fähig. Unbeeindruckt vom Schiffbruch planen sie sofort eine Verschwörung und versuchen zweimal, Alonso zu ermorden. Obwohl auch sie mit ihrer Schuld konfrontiert werden, bessern sie sich nicht. Prospero vergibt ihnen zwar, aber er weiß, daß ihr Charakter unverändert böse geblieben ist (V, i, 48 ff.). Das Ende von *The Tempest* ist dadurch also nicht in der gleichen Unbedingtheit harmonisch wie das von *Cymbeline* und *The Winter's Tale*.

Durch Antonios und Sebastians Mordanschlag und durch Calibans Komplott mit Stephano und Trinculo wird das Thema der Rebellion gegen einen rechtmäßigen Herrscher und eine gottgewollte Ordnung, das in der Vorgeschichte die bestimmende Rolle gespielt hat, auch im Bühnengeschehen variiert und neu belebt. Das Böse und Chaotische findet sich in *The Tempest* aber nicht nur im Bereich der Zivilisation wie am Hofe eines Cymbeline oder Leontes, sondern tritt auch in der Natur auf. Caliban ist Repräsentant einer Natur, die fast alle Züge einer goldenen arkadischen Welt verloren hat. Pastoral-idyllische Elemente treten nur noch in Prosperos geisterhaftem Maskenspiel für Ferdinand und Miranda, in Gonzalos Utopie (beides irreale Wunschbilder) und in Ariels Beschreibung der Welt auf, in die er nach seiner Befreiung aus Prosperos Diensten zurückkehren wird. Caliban dagegen läßt sich von seinen Begierden treiben; die Erziehung durch Prospero steigert nur seine Fähigkeit zum Bösen. Er ist aus sich heraus unfrei und wird, als er sich von Prospero lossagt, sofort zum Sklaven eines anderen Herrn. Mit seiner Empfänglichkeit für Schönheit und Musik steht er allerdings in positivem Kontrast zu Antonio und Sebastian.

Während Caliban, Antonio und Sebastian sich in ihrem Wesen weitgehend entsprechen und auch in der Handlung parallele Aufgaben erfüllen, bilden Ferdinand und Miranda, die mit Prospero im Zentrum des Dramas stehen, einen starken Gegensatz zu ihnen. Sie sind die einzigen Personen, die ohne jede Schuld bleiben; in ihrer Liebe kann sich deshalb die Vergebung und die neue Harmonie des Schlusses positiv manifestieren. Mirandas naive Unschuld und Güte kontrastieren zu Calibans Animalismus und Bosheit, Ferdinands keusche Liebe zu Calibans ungezügelter Sexualität. Ferdinand nimmt aus Liebe zu Miranda die Arbeit des Holzsammelns freudig auf sich und macht dadurch aus Bindung Freiheit, während durch Calibans widerwilliges Gehorchen unter Zwang die gleiche Aufgabe zu Sklaverei wird.

Wichtige Themen des Dramas erscheinen z. T. auch auf der sprachlichen Ebene in Form von Leitwörtern wie »noble« und »vile«, »nature« und »art«; die Auflösung von Oppositionen und der unerwartete Wandel vom Tragischen zum Heiteren manifestiert sich in Vokabeln wie »sea-change« und »sea-sorrow«. Während sprachliche Bilder im Vergleich zu den anderen Romanzen verhältnismäßig selten erscheinen, wirken einzelne Elemente des Dramas wie Sturm und ruhige See (durch den Titel noch besonders betont) und der insulare Charakter des Schauplatzes selbst bildlich. Die Allmacht der Magie gibt dem Geschehen eine gewisse irreale Einheit und Entrücktheit, die durch die zahlreichen Lieder Ariels und den häufigen Einsatz der Musik verstärkt wird. Der Charakter des Stückes nähert sich dadurch dem der »court masque«, und in einzelnen Szenen wie dem Zauberbankett Ariels für Alonso und seinen Hofstaat, der Verlobungsfeier für Ferdinand und Miranda und der Bestrafung Calibans und seiner Komplicen werden Techniken des Maskenspiels direkt angewendet.

Die große Einheitlichkeit, Wirklichkeitsentrücktheit und poetische Evokationskraft des *Tempest* ist die Begründung auch dafür, daß dieses Stück von allen Dramen Shakespeares am häufigsten allegorischen Deutungen unterworfen wurde. (Eine Übersicht über die Vielzahl solcher Versuche findet sich bei NUTTALL.) Am beliebtesten ist die Erklärung des Stückes als Shakespeares Abschied von der Dichtkunst und der Bühne (J. D. WILSON); R. GRAVES deutete Prospero als Shakespeare, Sycorax als die »Dark Lady« und Caliban als den Freund »W. H.« der Sonette. WAGNER sieht im Geschehen sogar eine Allegorie der historischen Entwicklung des Christentums.

dd) Wirkungsgeschichte

Neben der Hofaufführung vom 1. 11. 1611 ist nur noch eine zweite zeitgenössische Aufführung während der Hochzeitsfeierlichkeiten für Prinzessin Elisabeth 1612/13 belegt. Bis ins 19. Jahrhundert hinein wird die Theatergeschichte von *The Tempest* dann von Adaptionen bestimmt. Schon 1622 verwendeten Philip MASSINGER und John FLETCHER Elemente des Stückes für *The Sea Voyage;* auch SUCKLINGS *The Goblins* (1638) weist einige Ähnlichkeiten auf. W. DAVENANTS und J. DRYDENS Bearbeitung von 1670, 1674 vermutlich von T. SHADWELL oder T. BETTERTON opernhaft umgestaltet, beherrschte für 150 Jahre dann weitgehend unbestritten die Bühne. Grundzüge dieser Adaption sind neben sensationellen Bühneneffekten das Streben zur Symmetrie und zur Doppelung. Caliban erhält eine Schwester Sycorax, Ariel eine Partnerin Milcha. Miranda, die noch nie einen Mann gesehen hat, wird Hippolito entgegengesetzt, der nichts von der Existenz von Frauen weiß, und um seinetwillen erscheint noch eine Schwester Mirandas, Dorinda. Gemäß dem Geschmack der Restorationszeit wird das zu erotischen Doppeldeutigkeiten ausgenützt. Erst 1756 wurde diese Version in D. GARRICKS Operntext etwas in Richtung auf Shakespeares Drama zurückentwickelt, aber auch J. KEMBLE benützte für seine Inszenierungen von 1789 und 1806 noch DAVENANTS und DRYDENS Adaption. 1821 unterlegten F. REYNOLDS und H. R. BISHOP den Text mit Kompositionen von unter anderem PURCELL, HAYDN, MOZART, LINLEY und ROSSINI. 1797 schrieb F. G. WALDRON mit *The Virgin Queen* eine Fortsetzung, in der Sycorax, Claribel und ihr tunesischer Ehemann auftreten und Prospero gezwungen wird, zu Abwendung einer erneuten Rebellion Antonios auf seine Magie zurückzugreifen.

Mit W. C. MACREADYS Inszenierung von 1838 war die Zeit der Adaptionen endgültig vorbei; vorher sind nur aus dem Jahr 1746 zwei vereinzelte Aufführungen im Original belegt. Das 19. Jahrhundert brachte die großen Prachtinszenierungen von *The Tempest*, so die beiden Aufführungen 1847 und 1849 am Sadler's Wells Theatre unter S. PHELPS und die Inszenierung C. KEANS von 1857. Glanzlichter der Theatergeschichte des Stückes im 20. Jahrhundert waren die Aufführungen 1940 am Old

Vic unter der Regie von J. GIELGUD und 1930 und 1963 in Stratford, das erste Mal unter W. BRIDGES-ADAMS in einem »elisabethanisch« schnellen, lebendigen Spiel, das zweite Mal unter der Leitung von C. WILLIAM und P. BROOK in modernem Gewand vor einer kahlen Rundleinwand. Die ungefährdete, heile Welt der Romanze wurde hierbei zu Widersprüchen und Dissonanzen hin aufgelöst.

In Deutschland kam *The Tempest* bereits 1761 in Biberach unter C. M. WIELAND auf die Bühne, der das Werk, allerdings mit verändertem Text, auch in seine Shakespeare-Übersetzung von 1762–66 aufnahm. 1780 und 1792 wurde *Der Sturm* in Bearbeitungen in Wien, 1798 als Singspiel in Weimar aufgeführt. 1796 schuf der junge L. TIECK eine eigene Bearbeitung, und 1798 erschien *Der Sturm* im dritten Band von SCHLEGEL/TIECKS Shakespeare-Ausgabe. Im 19. Jahrhundert war F. DINGELSTEDT der große Verfechter des *Tempest*, dessen Bearbeitung unter anderem 1855 in München, 1866 in Weimar, 1868 in Mannheim und 1877 in Wien gespielt wurde. 1915 kam das Drama im Münchner Künstlertheater und in der Berliner Volksbühne am Bülowplatz (hier unter der Regie M. REINHARDTS) auf das Programm. 1937 inszenierte es E. ENGEL für das Berliner »Deutsche Theater«; er führte auch bei der ersten Nachkriegsaufführung an den Münchner Kammerspielen Regie.

Unter den zahlreichen *Tempest*-Opern ist besonders die Vertonung von F. LATTUADA und die volkstümlich sangbare *Zauberinsel* von H. SUTERMEISTER (1942) zu nennen. Kompositionen zu Shakespeares *Sturm* liegen vor von PURCELL, SULLIVAN, HONEGGER und SIBELIUS u. a. Sowohl H. BERLIOZ als auch P. TSCHAIKOWSKY haben zu diesem Drama Orchesterphantasien geschrieben.

W. W. NEWELL, »The Sources of Sh.'s *Tempest*«, *JAF*, 16 (1903). – A. H. GILBERT, »*The Tempest: Parallelism in Characters and Situations*«, *JEGP*, 14 (1915). – H. D. GRAY, »The Sources of *The Tempest*«, *MLN*, 35 (1920). – E. E. STOLL, »*The Tempest*«, *PMLA*, 47 (1932). – W. C. CURRY, »Sacerdotal Science in Sh.'s *Tempest*«, *Archiv*, 168 (1935). – G. HOWARTH, *Shakespeare's Tempest*, Sidney, 1936. – C. STILL, »An Interpretation of Sh.'s *Tempest*«, in: *The Timeless Theme*, London, 1936. – J. D. WILSON, »The Meaning of *The Tempest*«, *Proceedings of the Literary and Philosophical Society of Newcastle-upon-Tyne*, 1936. – A. KOSZUL, »Ariel«, *ESts*, 19 (1937). – J. E. HANKINS, »Caliban the Bestial Man«, *PMLA*, 62 (1947). – J. M. NOSWORTHY, »The Narrative Sources of *The Tempest*«, *RES*, 24 (1948). – R. GRAVES, »The Sources of *The Tempest*«, in: *The Common Asphodel*, London, 1949. – D. TRAVERSI, »*The Tempest*«, *Scrutiny*, 16 (1949). –

L.E. BOWLING, »The Theme of Natural Order in *The Tempest*«, *CE*, 12 (1951). – R.A. BROWER, »The Mirror of Analogy: *The Tempest*«, in: *The Fields of Light*, New York, 1951. – R.A. BROWER, »The Heresy of Plot«, *EIE*, 1951. New York, 1952 – B. DOBRÉE, »The Tempest«, *E&S*, n.s. 5 (1952). – R. SPEAIGHT, »Nature and Grace in *The Tempest*«, *DubR*, 459 (1953). – H. OPPEL, »Die Gonzalo-Utopie in Sh.s *Sturm*«, *DVLG*, 28 (1954). – F.D. HOENIGER, »Prospero's Storm and Miracle«, *SQ*, 7 (1956). – J.P. CUTTS, »Music and the Supernatural in *The Tempest*«, *M&L*, 39 (1958). – R.H. GOLDSMITH, »The Wild Man on the English Stage«, *MLR*, 53 (1958). – C.J. SISSON, »The Magic of Prospero«, *ShS*, 11 (1958). – R.R. REED, »The Probable Origin of Ariel«, *SQ*, 11 (1960). – D. WILLIAM, »*The Tempest* on the Stage«, in: *Jacobean Theatre*, Stratford-upon-Avon Studies 1, London, 1960. – L. KIRSCHBAUM, *Two Lectures upon Sh.*, Oxford, 1961. – P. MASON, *Prospero's Magic*, Oxford, 1962. – F. DAVIDSON, »*The Tempest*: An Interpretation«, *JEGP*, 62 (1963). – R.A. ZIMBARDO, »Form and Disorder in *The Tempest*«, *SQ*, 14 (1963). – E. GOHN, »*The Tempest*: Theme and Structure«, *ESts*, 45 (1964). – J.E. ROBINSON, »Time and *The Tempest*«, *JEGP*, 63 (1964). – D. EBNER, »*The Tempest*: Rebellion and the Ideal State«, *SQ*, 16 (1965). – P. BROCKBANK, »*The Tempest*: Conventions of Art and Empire«, in: *The Later Sh.*, Stratford-upon-Avon Studies 8, London, 1966. – J.W. DRAPER, »Monster Caliban«, *RLC*, 40 (1966). – D.G. JAMES, *The Dream of Prospero*, Oxford, 1967. – A.D. NUTTALL, *Two Concepts of Allegory*, New York, 1967. – V. STADLER, »Zur Utopie des Gonzalo in Shakespeares *The Tempest*.« *SJ West* (1968). – R. WEIMANN, »Puck und Ariel: Mythos und poetische Phantasie«, *SJ Ost*, 104 (1968). – H. BERGER, »Miraculous Harp: A Reading of Shakespeare's *Tempest*«, *ShStud*, 5 (1969). – J.R. BROWN, Shakespeare: *The Tempest* (Studies in English Literature, 39). London, 1969. – K. BARTENSCHLAGER, »Shakespeares *Tempest*: Der ideale Traum und Prosperos Magie.« *SJ West*, (1970). – K. TETZELI VON ROSADOR, *Magie im elisabethanischen Drama*, Braunschweig, 1970. – R. LANGBAUM, »*The Tempest* and Tragicomic Vision«, in: *The Modern Spirit*, New York, 1970. – H. OPPEL, »*The Tempest*«, in: *Das moderne englische Drama*, hrg. D. Mehl, Düsseldorf, 1970. – R.W. UPHAUS, »Virtue in Vengeance: Prospero's Rarer Action«, *BuR*, 18 (1970). – T. BAREHAM, »*The Tempest*: The Substantial Pageant Unfaded«, *DUJ*, n.s. 32 (1971). – M.C. BRADBROOK, »Romance Farewell!: *The Tempest*«, *English Literary Renaissance*, 1 (1971). – G. AUERBACH, *Sachgehalt und Wahrheitsgehalt in Sh.s The Tempest*, Diss. Frankfurt a. M., 1973. – S.R. HOMAN, »*The Tempest* and Sh.'s Last Play: The Aesthetic Dimension«, *SQ*, 24 (1973). – K.A. SEMON, »Sh.'s *Tempest*: Beyond the Common Joy«, *ELH*, 40 (1974). – R. BORGMEIER, »Sh.s *Tempest* als Utopie«, *Poetica*, 7 (1975). – H. EPSTEIN, »The Divine Comedy of *The Tempest*«, *ShakS*, 8 (1975). – C. SISKIN, »Freedom and Loss in *The Tempest*«, *ShS*, 30 (1977).

u) *The Two Noble Kinsmen (Die beiden edlen Vettern)*

aa) *Datierung und Text*

The Two Noble Kinsmen wurde wahrscheinlich im Herbst 1613 im Blackfriars Theatre zum erstenmal gespielt und dürfte unmittelbar vorher entstanden sein. Diese Datierung stützt sich vor allem auf den Morristanz, mit dem die Athener Landleute das Herrscherpaar und seine Jagdgesellschaft im Rahmen der Maifestlichkeiten erfreuen, denn die genaue Aufzählung der Tänzer durch den Schulmeister Gerrold in III, v zeigt, daß hier eine Übernahme aus der zweiten »anti-masque« von BEAUMONTS *Masque of the Inner Temple and Gray's Inn* vorliegt, die am 20.

Februar 1613 in Whitehall inszeniert worden war. Verschiedene Stellen in Ben JONSONS *Bartholomew Fair* (1614) scheinen auf *The Two Noble Kinsmen* anzuspielen und damit den Herbst 1613 als Zeitpunkt der Erstaufführung zu bestätigen. Im Juni desselben Jahres hatten die King's Men durch das Feuer im Globe einen schweren Verlust erlitten, der die im Prolog erwähnte prekäre Situation der Schauspielertruppe bedingt haben mag.

Der Text des Stückes wurde 1634 in einer zuverlässigen Quartoausgabe erstmals veröffentlicht. Da in dieser Ausgabe auch die Namen zweier Schauspieler und Hinweise auf im voraus bereitzustellende Requisiten erscheinen, liegt die Vermutung nahe, daß der Text nach einem vom Souffleur angemerkten Manuskript gedruckt wurde. Es dürfte sich jedoch nicht um das eigentliche Souffierbuch, sondern nur um dessen vorläufige Fassung gehandelt haben, die dann anläßlich einer Wiederaufnahme mit zusätzlichen Anmerkungen versehen worden sein muß. Der in das BEAUMONT und FLETCHER Folio von 1679 aufgenommene Text des Dramas geht auf das Quarto von 1634 zurück.

bb) Vorlagen

The Knight's Tale, die erste von CHAUCERS *Canterbury Tales*, diente als unmittelbare Vorlage zu diesem Stück. Bei CHAUCER kommt es allerdings nicht zu der jähen Unterbrechung der Hochzeitsfeier (I, i), da bei ihm Theseus und Hippolyta bereits vermählt sind, wenn sie bei ihrer Rückkehr nach Athen auf die klagenden Frauen treffen. Palamons und Arcites Vorhaben, den Hof Creons zu verlassen (I, ii), Emilias Erzählung von Flavina (I, iii) und das von Theseus über den Verlierer des Kampfes verhängte Todesurteil (V, iv) haben in der epischen Quelle ebensowenig eine Entsprechung wie das ganze Geschehen um die Tochter des Kerkermeisters. Der von CHAUCER erwähnte Streit im Himmel zwischen Venus und Mars ist dagegen nicht mehr in das Drama eingegangen, und die zeitlichen Abstände innerhalb der Handlung sind im Vergleich zur Vorlage sehr stark verkürzt worden. Ansonsten aber hält sich *The Two Noble Kinsmen* eng an das in der Quelle vorgegebene Material. Die Geschichte der beiden edlen Vettern war schon vor 1613 dramatisiert worden.

Im September 1566 hatte Königin ELISABETH in Oxford einer Aufführung von Richard EDWARDES' *Palamon and Arcite* beigewohnt. Aus HENSLOWES Tagebuch geht zudem hervor, daß 1594 ein weiteres Stück mit dem gleichen Titel auf die Bühne gekommen war. Es gibt jedoch keinen Grund anzunehmen, daß eines dieser verschollenen Dramen als Quelle herangezogen wurde.

cc) Verfasserfrage

Die Titelseite des Quarto von 1634 und die Eintragung in das Stationers' Register vom 8. April desselben Jahres weisen *The Two Noble Kinsmen* als Gemeinschaftsproduktion FLETCHERS und Shakespeares aus. Die literaturwissenschaftliche Beschäftigung mit dem Stück hat sich bis vor kurzem darauf konzentriert, die Glaubwürdigkeit dieser Angaben zu überprüfen und den wirklichen Anteil Shakespeares so genau wie möglich zu bestimmen. Seit der Mitte des 18. Jahrhunderts sind dabei die verschiedensten Theorien hinsichtlich der Autorschaft entstanden. Sowohl FLETCHER als auch Shakespeare wurden von einigen Außenseitern als alleinige Verfasser vermutet. Die große Mehrheit jedoch sah in *The Two Noble Kinsmen* zwei grundverschiedene künstlerische Handschriften und war deshalb von einer Doppelautorschaft überzeugt. FLETCHERS Beteiligung an diesem Stück war weniger umstritten. Das Interesse richtete sich hauptsächlich auf seinen Mitarbeiter, den man vorübergehend als MASSINGER, BEAUMONT, CHAPMAN, mit der Zeit aber immer überzeugender als William Shakespeare identifizierte.

The Two Noble Kinsmen enthält zahlreiche Stellen, die mehr oder weniger stark an Formulierungen kanonischer Stücke Shakespeares erinnern. Häufig hat man versucht, eben diese Wortechos als Beweise für Shakespeares Mitautorschaft anzuführen; doch gerade sie sind dazu ungeeignet, weil sie besonders leicht auf bewußter oder unbewußter Imitation eines anderen Dramatikers beruhen können. Aufschlußreicher erscheinen die metrischen Verhältnisse innerhalb des Dramas. Untersuchungen der Versszenen, wie sie vor allem im 19. Jahrhundert vorgenommen wurden, haben im Stück zwei verschiedene Blankverstypen nachgewiesen, die sich auffallend mit jenen decken, die man in FLETCHERS Dramen einerseits und Shakespeares Spätwerken anderererseits vorfindet (Shakespeares später Blankvers unterscheidet sich von dem FLETCHERS durch einen geringeren Prozentsatz weiblicher Endungen und durch einen höheren Anteil an Enjambements und unbetonten, einsilbigen Wörtern an den Zeilenenden). Andere Studien haben das Ergebnis der metrischen Tests im Hinblick auf die Verfasserfrage weitgehend bestätigt. So ergaben Wortschatzuntersuchungen, daß in manchen Szenen des Dramas Neuprägungen und ungewöhnliche Zusammensetzungen, wie sie für Shakespeare sehr typisch sind, wesentlich häufiger als in den übrigen Szenen erscheinen. Aber auch im Gebrauch bestimmter Wortformen und Wortkontraktionen lassen sich innerhalb des Dramas beträchtliche Abweichungen feststellen, die auf eine Zusammenarbeit Shakespeares und FLETCHERS deuten. Zudem hat man in *The Two Noble Kinsmen* immer wieder für Shakespeare charakteristische Bildvorstellungen entdeckt und sogar zeigen können, daß sie zuweilen in assoziativen Verbindungen auftreten, die sich auch in anderen Shakespearedramen beobachten lassen.

Die Ergebnisse all dieser Untersuchungen berechtigen zu der Annahme, daß in diesem Stück tatsächlich FLETCHER und Shakespeare kollaboriert haben. Über die Szenenverteilung ist auf Grund der verschiedenen Tests ein großes Maß an Übereinstimmung erzielt worden: Shakespeare dürfte für I, i–v, II, i, III, i und V, i, iii–iv verantwortlich sein, FLETCHER für die übrigen Szenen des Dramas. Etwas umstritten sind vor allem I, v, III, ii, IV, iii und einige Stellen in den Shakespeareszenen, an denen Einschübe FLETCHERS vermutet werden. Der Modus der Zusammenarbeit ist unbekannt, doch scheint FLETCHER den Text zusammengefügt zu haben.

dd) Analyse und Deutung

Trotz des offensichtlichen Kontrastes zwischen Shakespeares involviertem und FLETCHERS glattem Sprachstil und trotz einiger Unstimmigkeiten in der Charakterzeichnung, handelt es sich bei *The Two Noble Kinsmen* um ein wirkungsvoll angelegtes Stück mit einer klaren thematischen Konzeption. In allen Bereichen der Handlung – in der Auseinandersetzung zwischen Theben und Athen, im Kampf der edlen Vettern um Emilia und auch in der Geschichte der »jailer's daughter« – tritt als zentrale Idee die Ironie des Schicksals hervor. Die Personen können sich dem Zwang unvorhergesehener Ereignisse nicht entziehen und geraten dadurch ständig in Widerspruch zu ihren ursprünglichen Absichten. Das sich in ironischen, kontrastreichen Wendungen vollziehende Geschehen deutet auf die Existenz überirdischer Mächte, die mit den Erwartungen und Bestrebungen des Menschen immer wieder ihr Spiel zu treiben scheinen.

Bereits am Anfang des Stückes erscheint in augenfälliger Weise das beherrschende Strukturmotiv der durchkreuzten Entschlüsse, wenn die Frauen der drei vor Theben erschlagenen Könige den feierlichen Hochzeitszug jäh unterbrechen und Theseus veranlassen, noch vor seiner Vermählung in den Krieg zu ziehen (I, i). Palamon und Arcite entschließen sich bei ihrem ersten Auftreten, den korrupten Hof ihres Onkels Creon zu verlassen, und werden im nächsten Augenblick durch die Kunde von dem bevorstehenden Kampf um Theben daran gehindert, ihren Vorsatz auszuführen (I, ii). Wie Theseus sehen sie keine andere Möglichkeit, als ihre sittliche Verpflichtung gegenüber der Gemeinschaft vor ihre persönlichen Neigungen zu stellen. Die später von beiden begehrte Emilia äußert den Wunsch, für immer Jungfrau zu bleiben (I, iii 86), und gerät doch unvermittelt in eine Situation, in der ihr nichts anderes übrig bleibt, als in eine Heirat einzuwilligen (III, vi).

Die menschlichen Reaktionen auf die Zufälle des Lebens sind in diesem Drama aber nicht nur durch das Gefühl sittlicher Verantwortung, sondern vor allem auch durch die sinnliche Leidenschaft motiviert. Palamon und Arcite unternehmen den Versuch, ihre lebenslange Einkerkerung als eine Gunst der Götter zu verstehen, weil diese sie angeblich vor den Gefahren und Anfechtungen der Welt bewahrt und den Fortbestand ihrer Freundschaft, ihres höchsten Glückes, ermöglicht. Wenn sie sich dann aber gerührt ihre Treue bis in den Tod vorstellen, erscheint Emilia, und die in beiden erweckte Leidenschaft bringt sogleich ihr idealistisches Gedankengebäude zum Einsturz (II, ii). Die Tochter des Kerkermeisters wiederum verliebt sich in Palamon und kümmert sich bei ihrem absurd anmutenden Versuch, seine Liebe zu gewinnen, nicht mehr um das einem anderen gegebene

Heiratsversprechen. Ihr unverhülltes sexuelles Verlangen, das von viktorianischen Literaturkritikern häufig gerügt wurde, kontrastiert auffällig mit Emilias kühler Unbeteiligtheit und spiegelt zugleich in bisweilen komischer Verzerrung die Motive der beiden edlen Vettern wider.

The Two Noble Kinsmen legt großen Nachdruck auf die destruktiven Wirkungen der Leidenschaft. Die unerwiderte Liebe zu Palamon bringt die Tochter des Kerkermeisters um ihren Verstand und läßt diese damit zu einer bemitleidenswerten, aber auch komischen Gestalt werden. Die Liebe zu Emilia wiederum treibt die edlen Vettern zu persönlichen Zweikämpfen (III, vi, V, iii), bei denen nicht nur ihr Anspruch auf Emilia, sondern auch ihr Leben auf dem Spiel steht. Jeder von ihnen weiß die Vortrefflichkeit seines Freundes zu würdigen und ist dennoch bereit, seinen Tod in Kauf zu nehmen. Wenn Arcite und Palamon dann am Ende nacheinander Emilia zugesprochen bekommen, drücken ihre Worte das bittere Bewußtsein aus, ihren Gewinn mit einem unersetzlichen Verlust bezahlen zu müssen (V, iii 111–114, V, iv 109–112). Das Beispiel der »jailer's daughter« und der beiden Freunde vervollständigt indirekt die lange Reihe grotesk wirkender Bilder (V, i 77–136), mit denen Palamon in seinem Gebet die universale Gewalt der Liebesgöttin Venus beschreibt und zugleich, wenn auch nur unbewußt, die Gefährdung menschlicher Würde und Ordnung durch die sinnliche Leidenschaft evoziert.

Die zerstörerische Liebe aber wird mit einer Liebe kontrastiert, welche die natürliche Ordnung zu bewahren scheint. Aus den Worten einer der Königinnen geht deutlich hervor, daß Hippolyta im Begriff war, durch ihre Heldentaten die dem weiblichen Geschlecht gesetzten Grenzen zu überschreiten, und erst durch ihre Liebe zu Theseus ihrer eigentlichen Bestimmung zugeführt wurde (I, i 77–85). Theseus und Hippolyta geben auch zu erkennen, daß sie ihre bevorstehende Vermählung als bedeutungsvollen Schritt in eine neue, ihnen gemäße Lebensform empfinden. Emilia hingegen steht noch unter dem Eindruck ihrer kindlichen Freundschaft mit dem toten Mädchen Flavina und ist nicht bereit, den Übergang in diese neue Phase zwischenmenschlicher Beziehungen freiwillig vorzunehmen. Die poetische Schilderung ihres Verhältnisses zu Flavina (I, iii 55–82) drückt die in Shakespeares Romanzen immer wieder auftauchende Sehnsucht nach einem Zustand der Unschuld aus. Wenn Emilia anschließend erklärt, daß sie nie einen Mann lieben werde, versucht sie instinktiv, sich vom Leben fernzuhalten – ebenso wie die beiden edlen Vettern, die ihre Einkerkerung willkommen heißen, um ihre Freundschaft, und damit auch einen Zustand der Unschuld, bis in den Tod verlängern zu können. Sie alle aber werden unvermittelt in eine neue Existenzphase geworfen, in der die geschlechtliche Liebe an die Stelle der Freundschaft tritt. Das Leben nimmt entgegen den ursprünglichen Plänen der Personen seinen gesetzmäßigen Verlauf. Der dadurch bedingte Konflikt zwischen Freundschaft und Liebe, der auch Theseus nicht ganz erspart bleibt (I, iii 94–96), wird im Fall der edlen Vettern auf das schärfste zugespitzt und unaufhaltsam seiner bitteren Lösung entgegengeführt.

Die Serie ironischer Umschwünge im Drama erreicht mit dem Bericht von Arcites Sturz (V, iv 48–85) ihren Abschluß und Höhepunkt zugleich – Emilia, die schon dem Gewinner des Turniers zugesprochen worden ist, wird dem Verlierer zuteil, und der Tod, den der besiegte Palamon auf dem Schafott erwartet, ereilt den siegreichen Arcite. Diese spektakuläre Peripetie wird ebenso wie vorher der Ausgang des Turniers von den Personen als ein Urteil der Götter aufgefaßt. Arcite scheint nun plötzlich die größeren Rechte seines Freundes anzuerkennen, da er ihm Emilia mit der Bitte um Verzeihung anvertraut, und Theseus rechtfertigt ganz explizit den göttlichen Eingriff durch den Umstand, daß Palamon Emilia einige Sekunden früher gesehen hat. Doch diese Versuche, das unerwartete Geschehen nachträglich mit der Vorstellung göttlicher Gerechtigkeit in Einklang zu bringen, können im Licht der vorausgehenden Handlung nur wenig überzeugen. Aus ihr ergibt sich nämlich keine ernsthafte Begründung rechtlicher oder moralischer Natur dafür, daß die überirdischen Mächte in der von ihnen inszenierten Tragikomödie gerade Palamon und nicht dem ebenso vollkommenen Arcite am Ende die glücklichere Rolle zugedacht haben.

Ähnlich wie *Pericles, Cymbeline, The Winter's Tale* und *The Tempest* illustriert *The Two Noble Kinsmen* das Interesse, das

Shakespeare in der letzten Phase seines Schaffens wieder der Romanzentradition entgegenbrachte. Die geringe Individualisierung der vorwiegend nach den Konventionen mittelalterlichen Rittertums agierenden Personen geht letztlich auf diese Tradition zurück. Sie erfüllt jedoch im Stück zugleich eine wichtige Funktion, indem sie den Eindruck unterstreicht, daß sich hier ein überpersönliches Geschehen abspielt.

ee) Wirkungsgeschichte

Das eindrucksvolle Zeremoniell mancher Szenen (I, i, I, v und V, i) und die gekonnte Handhabung von Pathos, Spannung und Kontrast erklären wohl zu einem Teil den zeitgenössischen Erfolg, auf den die Titelseite des Quarto von 1634 verweist und den Wiederaufnahmen um 1619 und 1625 zu bestätigen scheinen. Der heroische Ehrenkodex der Freunde Palamon und Arcite und das Motiv ihrer durch die Liebe bedingten Rivalität kamen auch später noch dem Theatergeschmack der Restaurationszeit entgegen, so daß Samuel PEPYS 1664 Gelegenheit hatte, im Lincoln's Inn Fields Theatre eine sehr freie Bearbeitung des Stückes mit dem Titel *The Rivals* zu sehen, die allgemein Sir William DAVENANT zugeschrieben wird. In der Folgezeit jedoch wurde dieses Drama auf der Bühne vollständig vernachlässigt, ehe es dann im 20. Jahrhundert – erstmals 1928 im Old Vic – wieder zu vereinzelten Aufführungen kam.

W. SPALDING, *A Letter on Shakspere's Authorship of The Two Noble Kinsmen*, Edinburgh, 1833 (repr. in: *Transactions of the New Shakspere Society 1876*). – H. LITTLEDALE, »Introduction«, *The Two Noble Kinsmen*, The New Shakspere Society, London, 1876–85. – A. HART, »Sh. and the Vocabulary of *The Two Noble Kinsmen*«, *RES*, 10 (1934). – T. SPENCER, »*The Two Noble Kinsmen*«, *MP*, 36 (1939). – M. MINCOFF, »The Authorship of *The Two Noble Kinsmen*«, *ESts*, 33 (1952). – F.O. WALLER, »Printer's Copy for *The Two Noble Kinsmen*«, *SB*, 11 (1958). – K. MUIR, *Sh. as a Collaborator*, London, 1960. – C. HOY, »The Shares of Fletcher and his Collaborators in the Beaumont and Fletcher Canon«, *SB* 15 (1962). – C. LEECH, *The John Fletcher Plays*, London, 1962. – E.A. ARMSTRONG, *Sh.'s Imagination*, Lincoln, Nebraska, 1963² (Appendix B). – F. KERMODE, *W. Sh.: The Final Plays*, London, 1963. – P. EDWARDS, »On the Design of *The Two Noble Kinsmen*«, *REL*, 5 (1964). – P. BERTRAM, *Sh. and The Two Noble Kinsmen*, New Brunswick, 1965. – C. LEECH, »Introduction«, *The Two Noble Kinsmen*, The Signet Classic Sh., New York, 1966. – D.V. ERDMAN, E.G. FOGEL, *Evidence for Authorship*, Ithaca, N.Y., 1966. – J. P.CUTTS, »Sh.'s Song and Masque Hand in *The Two Noble Kinsmen*«, *EM*, 18 (1967). – G.R PROUDFOOT, »Introduction«, *The Two Noble Kinsmen*, Regents Renaissance Drama Series, London, 1970 (Szenen- und Zeilenangaben beziehen sich auf diese Ausgabe). – G. R. PROUDFOOT, »*The Two Noble Kinsmen*, and the Apocryphal Plays«, in: *Sh.: Select Bibliographical Guides*, ed. S. Wells, London, 1973. – R.

WESTERMAYR, *W. Sh. and John Fletcher, The Two Noble Kinsmen: Eine kritische Ausgabe*, Diss. München, 1976. – F. W. BROWNLOW, »*The Two Noble Kinsmen*«, in: *Two Shakespearean Sequences*, London, 1977.

3. Die Tragödien

a) Die frühen Tragödien: Einleitung

Isolierte Vorläufer der großen Periode Shakespearescher Tragödienkunst, die 1599 mit *Julius Caesar* beginnt, sind – sieht man von der Herausbildung tragischer Elemente in den Historien ab – die beiden recht unterschiedlichen Dramen *Titus Andronicus* und *Romeo and Juliet*, das erstere künstlerisch so wenig angesehen, daß man es lange aus dem Shakespeare-Kanon auszuschließen versuchte, letzteres in seinem Rang als poetisches und dramatisches Meisterwerk durch jahrhundertelangen Erfolg bestätigt. Beide Dramen dürften zeitlich voneinander getrennt entstanden sein; die neuere Kritik neigt dazu, *Titus Andronicus* als authentisch anzuerkennen und an das Ende der achtziger Jahre zu stellen, *Romeo and Juliet* dagegen um die Mitte der neunziger Jahre anzusetzen. Beide Werke lassen sich jedoch als frühe Experimente in der Tragödienform verstehen, die sich so stark von Shakespeares späteren Werken in dieser Gattung unterscheiden, daß ihre gesonderte Betrachtung gerechtfertigt scheint. Ein relativ äußerlicher Begriff von Tragik, deklamatorischer Stil und melodramatisches Finale zeigen die Nähe zum Tragödientyp SENECAS an. Freilich sind die Unterschiede im einzelnen doch größer als die Gemeinsamkeiten, weshalb auch die Kritik beide Stücke kaum als eigene Kategorie betrachtet: während in *Titus Andronicus* die Unmenschlichkeit des Helden tragisches Mitleid nicht aufkommen läßt, gehen die Liebenden von Verona weniger durch eigene Schuld als durch eine Verkettung unglücklicher Zufälle zugrunde, und den Restbeständen starr-rhetorischer Stilisierung steht in *Romeo and Juliet* Reichtum und Vitalität einer neuen Dramensprache gegenüber, die Shakespeare Erfahrung als Komödienautor und lyrischer Dichter spiegelt. Andere Gruppierungsversuche ordnen *Titus* als erstes der Römerdramen (T. B. SPENCER) oder *Romeo* als erste der Liebestragödien (F. M. DICKEY) ein.

H. BAKER, *Induction to Tragedy*, Baton Rouge, 1939. – H.B. CHARLTON, *Shakespearian Tragedy*, Cambridge, 1948. – M.C. BRADBROOK, »Moral Heraldry«, in: *Sh. and Elizabethan Poetry*, London, 1951. – W. CLEMEN, *Die englische Tragödie vor Sh.*, Heidelberg, 1955. – B. STIRLING, *Unity in Shakespearian Tragedy*, New York, 1956. – I. RIBNER, *Patterns in Shakespearean Tragedy*, London, 1960. – R. HAPGOOD, »Sh.'s Maimed Rituals: The Early Tragedies«, *CentR.* 9 (1965). – N. BROOKE, *Sh.'s Early Tragedies*, London, 1968. – G. K. HUNTER, »Sh.'s Earliest Tragedies: *Titus Andronicus & Romeo and Juliet*«, *ShS*, 27 (1974).

b) *Titus Andronicus*

aa) *Datierung, Text und Verfasserfrage*

HENSLOWES *Diary* belegt für den 24. Januar 1594 die Aufführung eines »neuen« Stückes *Titus & Ondronicus;* im selben Jahr erscheint die erste Quartoausgabe des Dramas mit dem Titel *The Most Lamentable Roman Tragedy of Titus Andronicus.* Doch das somit wahrscheinliche Entstehungsjahr 1593 erweist sich als fragwürdig: HENSLOWES »neu« schließt eine frühere Aufführung in anderer Fassung oder durch eine andere Truppe keineswegs aus, und einige Stellen in älteren Stücken scheinen auf das Drama anzuspielen. Bedeutsam ist in dieser Hinsicht auch das Zeugnis Ben JONSONS, der in seiner Komödie *Bartholomew Fair* (1614) über die schon »25 oder 30 Jahre« anhaltende Beliebtheit von so altmodischen Stücken wie KYDS *Spanish Tragedy* (ca. 1588) und *Titus Andronicus* spottet; seine recht runden Zahlen legen ein Entstehungsdatum um oder vor 1590 nahe.

Erst 1904 wurde ein Exemplar der ersten Quartoausgabe von 1594 (Q1) aufgefunden, die den besten Text des Dramas enthält; vermutlich wurde sie nach einem Autorenmanuskript gedruckt. Q2 (1600) bietet einen stellenweise verderbten Text und wird zur Grundlage für Q3 (1611), worauf wiederum die Version der ersten Folioausgabe (*The Lamentable Tragedy of Titus Andronicus*) zurückgeht. Allein die Folioausgabe enthält jedoch die für den dramatischen Rhythmus wichtige Szene III, ii, die vermutlich vom Autor selbst nachträglich eingefügt wurde.

Titus Andronicus galt jahrhundertelang im Shakespeare-Kanon als apokryph. E. RAVENSCROFT behauptete 1687 in der Vorrede zu seiner Bearbeitung des Stückes, daß Shakespeare nur ein altes Andronicusdrama flüchtig verbessert habe, und begründete damit die Tradition, den Dichter von der Verfasserschaft an diesem »Greuelstück« freizusprechen. Die englische Kritik (im Unter-

schied zur deutschen seit A. W. SCHLEGEL) machte sich diese
These fast ausnahmslos und bis ins 20. Jahrhundert hinein zu
eigen, ehe sich die Reaktion gegen solch spekulative Literaturgeschichte durchsetzte. Tatsächlich sind die Zeugnisse für Shakespeares Autorschaft, nämlich das Erscheinen des Titels in F. ME-
RES' Liste der Werke des Dichters (1598) und die Aufnahme der
Tragödie in die erste Folioausgabe, kaum anfechtbar. Nicht zuletzt hat die Erkenntnis, daß dem Stück ein bestimmter historischer Standort in Shakespeares Gesamtwerk zukommt, daß es
Züge trägt, die auf spätere Dramen vorausweisen (vgl. die Fehlentscheidung des Helden zu Beginn des Dramas mit *King Lear*,
den vorgetäuschten Wahnsinn als Maske des Rächers mit *Hamlet*,
die Schurkenrede Aarons mit den Reden von Richard III, Edmund und Iago), die Zweifel an einer alleinigen Verfasserschaft
Shakespeares entkräftet. Nur der erste Akt wird noch gelegentlich einem Mitautor (meist PEELE) zugeschrieben.

bb) Vorlagen

   Das Drama, im Drucktitel als »Roman Tragedy« bezeichnet,
entnimmt im Unterschied zu den späteren Römertragödien seinen
Stoff keiner klassischen Quelle. Als wahrscheinliche Vorlage gilt
das Volksbuch *The History of Titus Andronicus*, das nur in einer
1936 entdeckten, offenbar von Shakespeare unbeeinflußten Fassung aus dem 18. Jahrhundert erhalten ist. Ein Vergleich mit dieser »Quelle« läßt in *Titus Andronicus* bereits Kompositionsprinzipien hervortreten, die für den späteren Shakespeare charakteristisch sind. Die Ausgangssituation ist verdichtet und vertieft worden, so daß die Zentralfigur, dort unschuldiges Opfer, zum Weg-
bereiter des eigenen Untergangs wird; gerade die höchste Römertugend des Titus, seine »pietas«, pervertiert zu blindem Starrsinn,
wenn er seinen gefallenen Söhnen ein grausames Menschenopfer
darbringt und danach im Thronstreit dem erstgeborenen, aber
untauglichen Prinzen seine unbedingte Unterstützung leiht; von
beidem steht nichts in der »Vorlage«. Hatte sich dort die Intrige
gegen den Helden im Nacheinander isolierter Greueltaten vollzogen, so wird sie hier zeitlich gerafft, einheitlich konzipiert und
von einem einzigen Ränkeschmied gelenkt, dem diabolischen
Mohren Aaron; der wiederum übertrifft an dramatischer Potenz

sein Vorbild, den namenlosen Negersklaven, Buhler und Hand-
langer der Kaiserin aus der »Quelle«, bei weitem. Bezeichnend für
Shakespeares Tragödienauffassung ist schließlich der Ausblick
auf die Wiederherstellung der staatlichen Ordnung durch den
letzten Sohn des Titus; das Volksbuch endet abrupt mit dem
Selbstmord des Helden und verwendet keinen Gedanken auf die
Zukunft des durch individuelle Tragik erschütterten Gemeinwesens.

Wenn JONSON *Titus Andronicus* in einem Atem mit KYDS
Spanish Tragedy nennt, so spielt er damit auf das beliebte Genre
der Blut- und Rachetragödie an, in der KYD Shakespeares bedeu-
tendster Vorläufer ist: das Motiv des halb gespielten, halb wirklichen Wahnsinns der Rächerfigur verbindet beide Werke. Die
Dramen SENECAS, reich an hochstilisierter Rhetorik, Sensations-
intrigen und Bühnengreueln, haben diese Tragödienform nachhaltig beeinflußt. Direkte Motivbeziehungen ergeben sich von
Titus zu SENECAS *Troerinnen* (Tötung eines unschuldigen Gefan-
genen, um die Geister der Gefallenen zu versöhnen) und *Thyestes*
(kannibalisches Gastmahl). Mit der SENECAS verbindet sich einheimische Bühnentradition in der Gestalt des monströsen, unmotiviert handelnden und reuelosen Bösewichts Aaron, der zugleich
(pseudo-)machiavellistischer Schurke und Nachfolger des teuflischen Unheilstifters aus den »morality plays« ist. Der melodramatische Kern der Tragödie, die Schändung und Rache der
Lavinia, ist nach dem Mythos von Tereus und Philomela aus
OVIDS *Metamorphosen* gestaltet. Diese Beziehung, die schon in der
»Vorlage« anklingt, im Drama jedoch tiefere Bedeutung gewinnt, wirkt vor allem in der üppigen und doch eigentümlich
entrückten Bildlichkeit des Grauens nach, aber auch im moralischen Leitmotiv der »Vertierung« des Menschen. Anspielungen
auf römische Geschichte, Mythen und Einrichtungen sind zahlreich eingefügt und durch lateinische Zitate unterstützt, um der
in der Epoche des späten Kaiserreiches und der Gotenkriege vage
angesiedelten Handlung klassisches Lokalkolorit zu verleihen.

cc) Analyse und Deutung

Bei aller hektischen Handlungsfülle ist das Drama klar und
sinnvoll nach der Fünfaktfolge SENECAS aufgebaut. Der Exposi-

tionsakt führt den siegreichen Titus auf der Höhe seines Einflusses als Herrn über Leben und Tod der unterworfenen Goten und als Schiedsrichter über die Besetzung des Kaiserthrons ein. Durch die Folgen erweisen sich seine Entschlüsse, Tamoras Sohn zu opfern und Saturninus zu krönen, sogleich als Fehlentscheidungen. Die Saturninus anvertraute Macht geht in ominöser Abwärtsbewegung auf dem Weg der sinnlichen Hörigkeit vom neuen Herrscher auf Tamora und von ihr auf Aaron über, dessen Auftritt die angestaute Feindseligkeit gegen die Sippe des Andronicus zu einem teuflischen Komplott verdichtet. (Die Akteinteilung der Folioausgabe ist an dieser Stelle fehlerhaft, denn die Szene des Mohren fügt sich nahtlos an das Vorausgegangene an und beschließt den Auftakt der Tragödie.) Die »Jagd« im 2. Akt ist zugleich Rahmen und Sinnbild für die Ausführung der vorgeplanten Greuel an Titus' Kindern. Akt III, der große Bitt-, Klage- und Verzweiflungsauftritt des Helden, enthält den Wendepunkt des Dramas: Titus hat, wie am Anfang Tamora, vergeblich um das Leben seiner (fälschlich beschuldigten) Söhne gefleht, sich auf Anraten Aarons die eigene Hand abgehackt, um sie zu retten, und die Hand samt den Köpfen seiner Kinder zurückgesandt bekommen. Der Gipfel der Greuelhäufungen, die in dieser Tragödie das Maß menschlichen Leidens setzen, ist erreicht, das irre Lachen des Titus läßt – genau in der Mitte des Dramas – die Klagelitanei in einen Racheschwur umschlagen, und die dramatische Gegenbewegung beginnt. Akt IV schafft alle Voraussetzungen für das Gelingen der Rache, und der Schlußakt vollzieht das im Philomela-Mythos vorgegebene furchtbare Sühneritual; Schuldige und Rächer gehen gleichermaßen zugrunde, ehe eine neue, hoffnungsvollere Kaisereinsetzung den Handlungskreis schließt.

Emblemhaft stilisierte Bühnengruppierungen bezeichnen die Stufen der dramatischen Entwicklung: die vor Titus kniende Tamora (I); das Flehen der Tochter Titus' vor Tamora (II); Titus, wie er sich vor den Richtern seiner Söhne demütigt und wie er mit den Seinen in grotesker Prozession über die Bühne zieht, die Köpfe seiner Kinder tragend und gefolgt von seiner Tochter Lavinia, die seine abgeschlagene Hand zwischen den Zähnen hält (III); Titus in seinem Rächerwahnsinn, Pfeile gegen den Himmel schießend (IV); Titus als Koch, wie er die Söhne Tamoras schlachtet und dabei ihr Blut in eine Schüssel rinnen läßt, die Lavinia mit den Armstümpfen hält (V). Solche und ähnliche Tableaus verdeutlichen nicht nur das Handlungsgesetz der Rachetragödie, wo Gleiches mit Gleichem oder (möglichst) Schlimmerem vergolten wird, sondern sie setzen auch einen gewissen Rahmen der Bewertung: die Verstümmelung Lavinias und Titus' symbolisiert die Auflösung des Staatswesens (»body politic«), Tamora beim Gastmahl verkörpert Lust und Machtgier, die die eigene Substanz verzehren. Noch die Hautfarbe des Mohren ist ein Element dieser simplen moralischen Emblematik: »Aaron will have his soul black like his face« (III, i, 206).

Die Schaubilder und eine gewisse, auf Kontrast hin angelegte Symmetrie der Charaktere sind Ausdruck des grundlegenden Gegensatzes zwischen Rom als dem Inbegriff der Zivilisation und den Goten, die geschichtlich und sittlich dem Barbarentum, den Kräften der unveredelten, animalischen Menschennatur gleichgesetzt werden. Brennpunkte des Konflikts sind gleich zu Anfang die Frage des Menschenopfers und der Thronstreit. Titus, der Gotensieger, öffnet durch eigenes Verschulden den römischen Staat der Barbarei, Saturninus liefert ihn völlig aus, und Haß und Unzucht treten ihr mörderisches Regiment an. Auch die Natur ist dieser pejorativen Wandlung unterworfen; in wirkungsvollem atmosphärischen Kontrast verändert sich in II, iii dieselbe Szenerie vom üppig gepriesenen »Lustort« zum düsteren Schauplatz für Mord und Schändung. Frühlingslandschaft wird zur Wüstenei, das verstümmelte Opfer erscheint in der Klagemetapher als Baum mit abgehackten Ästen, Menschen werden wilden Tieren gleichgesetzt, Rom selbst verödet zu einer »wilderness of tigers«. Die zahlreichen Jagdbilder signalisieren diesen Vorgang der »Verwilderung«. Die unerwartet artikulierten Vaterinstinkte Aarons seinem Bastard gegenüber (IV, ii) heben den Gegensatz der Wertwelten nicht auf; auch und gerade hier zeigt sich der Mohr als Vertreter der primitiven, animalischen Natur und nimmt Züge an, die auf Caliban vorausweisen.

Der keineswegs kunstlosen Komposition stehen freilich erhebliche dramatische Mängel gegenüber. So ist etwa im Schlußakt die Handlungsmotivation für die Art, wie Aaron und Tamora

sich mit ihren Kindern der Gegenpartei ausliefern, ganz ungenügend, und die Befreiung Roms von der Gotentyrannei mithilfe eines Gotenheeres widersinnig. Trotz des Ansatzes zu tragischer Mitschuld bleibt der Leidensgang des Helden, da er als
emblematische Greuelreihung gestaltet ist, äußerlich und bilder-
bogenhaft. Eine Individualisierung der Figuren durch die Sprache
ist noch nicht geleistet, ebensowenig ein Zueinandersprechen im
dramatischen Dialog. Deklamation in festgefügten Redeblöcken
und gleichförmigem, starren Blankvers bestimmt den Redefluß.
Prosa erscheint nur kurz und sporadisch in den Tölpelreden des
Clowns in Akt IV. Die sprachliche Anstrengung des Dichters ist
ganz auf rhetorische Prunkpassagen gerichtet, die sich vom Kontext abheben und gerade dabei unintegriert und statisch wirken
(vgl. die lyrische Liebeseinladung der Tamora in II, iii, oder die
Schilderung der geschändeten Lavinia in II, iv und andere der
zahlreichen barock wirkenden Blut- und Tränenconcetti). Aaron
durchbricht als Bühnenschurke und wendiger Intrigant noch am
ehesten die sprachliche Stilisierung: ihm steht MARLOWES tönen-
der Blankvers ebenso zur Verfügung wie kräftiges Alltagsidiom
oder brutale sexuelle Wortspiele und Bilder.

dd) Wirkungsgeschichte

Der von JONSON angedeuteten und bereits belächelten Beliebtheit des Dramas bei den Zeitgenossen steht sein fast völliges
Verschwinden aus dem modernen Repertoire gegenüber. Weni-
ger die Horrorhandlung als die zu geringe menschliche Substanz
der Charaktere macht es zu einem der am seltensten gespielten
Stücke Shakespeares. Der Stoff wurde früh durch die englischen
Komödianten auf dem Kontinent bekannt; es existiert eine deutsche Version *Die Tragoedia von Tito Andronico und der hoffertigen
Kayserin* (1620) und eine holländische von Jan Vos mit dem Titel
Aran en Titus (1641). Von der Restoration bis zur Mitte des 18.
Jahrhunderts wurde in England die erwähnte Bearbeitung von
RAVENSCROFT gespielt, die keine radikalen Textänderungen ent-
hält, allenfalls die Greuel in Akt II und III ein wenig abschwächt,
um dafür die der Schlußszene zu verstärken. Das 19. Jahrhundert
unternahm ganze drei Aufführungen, und noch 1925 wurde in
R. ATKINS' Old Vic-Inszenierung die Schlußszene mit Gelächter

bedacht. Mit dem Interesse an einem »Theater der Grausamkeit«
schien in den fünfziger Jahren die Zeit für eine» Wiederentdek-
kung« des Werkes gekommen: die üppige Stratforder Inszenierung von P. BROOK (1955) mit L. OLIVIER in der Hauptrolle wurde
der erste (wenn auch nicht uneingeschränkte) Erfolg von *Titus
Andronicus* auf der modernen Bühne. – Die deutsche Erstaufführung fand 1925 statt und stand im Zeichen expressionistischer
Strömungen auf dem deutschen Theater der ersten Nachkriegszeit.

H. BAKER, *Induction to Tragedy*, Baton Rouge, 1939. – F.T. BOWERS, *Eliza-
bethan Revenge Tragedy*, Princeton, 1940. – H.T. PRICE, »The Authorship of
Titus Andronicus«, *JEGP*, 42 (1943). – R.A. LAW, »The Roman Background of
Titus Andronicus«, *SP*, 40 (1943). – J.D. WILSON, »Introduction«, *Titus Andronicus*, The New Cambridge Sh., Cambridge, 1948. – E.M.W. TILLYARD,
Sh.'s History Plays, London, 1948. – R.M. SARGENT, »The Source of *Titus
Andronicus*«, *SP*, 46 (1949). – J.C. MAXWELL, »Introduction«, *Titus Andronicus*,
New Arden Sh., London, 1953 (rev. 1961). – E.M. WAITH, »The Metamorphosis of Violence in *Titus Andronicus*«, *ShS*, 10 (1957). – R.F. HILL, »The Composition of *Titus Andronicus*«, *ShS*, 10 (1957). – A. SOMMERS, »Wilderness of Tigers«, *EIC*, 10 (1960). – H. OPPEL, *Titus Andronicus*, Heidelberg, 1961. – A.C.
HAMILTON, »*Titus Andronicus*: The Form of Shakespearian Tragedy«, *SQ*, 14
(1963). – J. STAMPFER, *The Tragic Engagement: A Study of Sh.'s Classical Tragedies*, New York, 1968. – W. BRAEKMAN, *Sh.'s Titus Andronicus: Its Relationship
to the German Play of 1620 and to Jan Vos's Aran en Titus*, Ghent, 1969.

c) *Romeo and Juliet (Romeo und Julia)*

aa) *Datierung und Text*

Shakespeares erste bedeutende Tragödie erschien 1597 im
Druck. Der Titel enthält den Hinweis auf zahlreiche vorausgegangene Aufführungen durch »the L[ord] of HUNSDON his
Servants«, wie sich Shakespeares Truppe 1596/97 nannte. Da
gewichtige Argumente für eine wesentlich frühere Datierung
fehlen, wird eine Entstehungszeit um 1595/96 wahrscheinlich.
Die lyrische Liebestragödie rückt so in die Nähe der themenver-
wandten lyrischen Komödie *A Midsummer Night's Dream* und
der Sonettdichtung Shakespeares.

Die erste Quartoausgabe von 1597 (Q1) ist ein Raubdruck,
der wohl auf einer Gedächtnisrekonstruktion durch Schauspieler
beruht und starke Textentstellungen aufweist. Das 2. Quarto
geht auf die gleiche Bühnenfassung zurück wie Q1, muß sich
jedoch auf eine schriftliche Aufzeichnung stützen und bietet
einen vergleichsweise zuverlässigen Text; freilich scheint das

Manuskript selbst lückenhaft oder schwer leserlich gewesen zu sein. Gelegentliche Übernahmen aus Q1 sind keine Seltenheit, ebenso Spuren eines hastigen und ungenauen Drucks. Die nachfolgenden Ausgaben sind für die Textfrage unergiebig: Q3 (1609) fußt auf Q2 und bildet die Grundlage für Q4 (1622) und die Folioversion (*The Tragedy of Romeo and Juliet*). Die Herausgeber des Folio haben auf den ersten Chorus verzichtet und damit bei der Kritik Zweifel an seiner Authentizität geweckt.

bb) Vorlagen

Der Stoff des Dramas stammt, sieht man von entfernteren Entsprechungen wie der Sage von Pyramus und Thisbe in OVIDS *Metamorphosen* ab, aus der Novellenliteratur der Renaissance. Schon im *Novellino* des MASUCCIO von Salerno (1474) ist die Geschichte in wesentlichen Zügen gegeben, und bei L. DA PORTO (um 1535) erhält sie durch neue Eigennamen und zusätzliche Handlungselemente (Ball, Balkonszene, zweifacher Selbstmord am Ende – Julia stirbt durch Anhalten des Atems!) ihre vertraute Gestalt. Von den Neufassungen dieser Version ist die BANDELLOS (1554) die beste und bedeutsamste; sie wurde in der französischen Übertragung von BOIAISTUAU (1559) die Grundlage zweier elisabethanischer Bearbeitungen, eines über 3000 Verse langen, metrisch schwerfälligen Gedichts von A. BROOKE mit dem Titel *The Tragical History of Romeus and Juliet* (1562) und einer Novelle von W. PAINTER (1567). Beide Fassungen – und wohl nur sie – hat Shakespeare gekannt, sich aber vor allem an die Verserzählung gehalten und ihr wichtige Anregungen (Sprache und Charakter der Amme sind erstmals bei BROOKE skizziert) und auch einzelne Formulierungen entnommen. Eine zeitgenössische Bühnenversion, die BROOKE selbst erwähnt, ist nicht erhalten.

Die Vorrede des Gedichts betont den streng exemplarischen Charakter der Erzählung; das tragische Ende wird als Strafe des Himmels für ungezügelte Leidenschaft und Ungehorsam gegen Eltern und Ratgeber gedeutet. Die Zeichnung der Liebenden selbst fällt freilich milder aus; immerhin nimmt etwa Juliet bei ihrer Täuschung der Eltern Züge von weiblicher Arglist an. Das Schicksal ist letzten Endes mehr Fatalität als richtende Instanz. Shakespeare verwandelt die Motive von eigener Schuld und Schicksalsverhängnis in seinem Konzept der Tragödie: in ihrer Unbedingtheit zerstört sich die Liebe selbst im unvermeidlichen Konflikt mit der Umwelt (II, vi, 9: »These violent delights have violent ends«), und der Unstern über den Liebenden (schon der Prolog spricht von »star-crossed lovers«) ist zugleich Verhängnis und eigene Wahl eines weltverachtenden Gefühls. – Shakespeare prägt dem Stoff dramatischen Rhythmus auf und rafft das Geschehen von Monaten zum jagenden Zeitablauf von vier Tagen und Nächten; die so entstehenden Verkettungen und ironischen Situationskontraste erwecken den Eindruck tragischer Unaufhaltsamkeit. Seine Juliet ist im Unterschied zur Vorlage fast noch ein Kind; umso stärker treten die Reinheit ihrer Liebe und ihr erstaunliches Reifen zur tragischen Heldin ins Bewußtsein. Die tiefe Teilnahme, die der Dichter für seine Liebenden zu wecken vermag, und im Zusammenhang damit der lyrische Reichtum ihrer Sprache hatten in der Quelle keine Entsprechung. Doch auch die für die Konturen des Dramas so wichtige politische und moralische Schiedsrichterrolle des Fürsten Escalus und des »geistlichen Vaters« Lawrence und ferner die komödiantisch bunte Gegenwelt zur Gefühlsentrückung der Liebenden (vor allem die Figur Mercutios) ist ganz das Werk Shakespeares. Er hat schließlich den italienischen Charakter der alten Fabel zu einer Atmosphäre voll südländischer Lokalfarbe und Leidenschaft wiedererweckt und ihm dramatische Relevanz verliehen.

cc) Analyse und Deutung

Die zeitgenössischen Ausgaben enthalten keinerlei Akteinteilung, doch ist eine fünfaktige Gliederung klar vorgezeichnet; schon die beiden der Senecatradition entstammenden Chöre vor Beginn der ersten Akte weisen darauf hin. Exposition, Peripetie und Katastrophe des Dramas verknüpfen in symmetrischer Anlage das private Liebesschicksal mit der Bedrohung des Staatswesens durch die Familienfehde. Dreimal erstarrt heftige dramatische Bewegung zur großen Schauszene, wenn der Fürst den streitenden Parteien gegenübertritt, Rechenschaft fordert und sein Urteil spricht: I, i – die Straßenszene des Auftaktes endet mit einer strengen Warnung des Prinzen an die feindlichen Häuser, doch Romeo, noch im Stadium des narzißhaften Schwärmertums, hat seinen Auftritt erst danach, nimmt an der Fehde keinerlei Anteil; III, i – gegen seinen Willen hat Romeo nach seiner heimlichen Trauung Tybalt, den Vetter Juliets, als Mörder seines Freundes Mercutio getötet, und der Fürst spricht ihm das Verbannungsurteil; die Fallinie des Dramas setzt ein; V, iii – über den Leichnamen der Liebenden versöhnt Prinz Escalus endlich die verfeindeten Familien. Die Stufen des Liebesgeschehens innerhalb beider Handlungsbögen, also die Begegnung auf dem Ball, die heimliche Heirat, die Vereinigung, der Scheintod Juliets und der gemeinsame Freitod am Ende, sind durchgehend von einer feindlichen Gegenbewegung begleitet, wobei die Herausforderung Romeos durch Tybalt dem ersten Bogen zugeordnet ist, während die schon in I, iii geplante Ehe Juliets mit Paris erst nach Tybalts Tod zur aktuellen Bedrohung wird. Die erste Hälfte des Dramas hat vor allem dank Mercutio und der Amme reiche Anlage zur Komödie, wie überhaupt romantische Liebe für die Zeit primär als komödiantisches Sujet galt. Mit dem Tod des leichtherzigen, witzigen Freundes und mit Juliets Abkehr von ihrer Amme verdüstert sich das Drama: die Isolierung der Liebenden nimmt ein tragisches Maß an. Die Wandlung des alten Capulet vom noblen Familienoberhaupt (»woo her, gentle Paris«) und liebenswert redseligen, ritterlichen Gastgeber in I, ii zum grausam tyrannischen Vater, der sein Kind verstoßen will, wenn es ihm blinde Unterwerfung verweigert (III, v), läßt die Tragweite des Umschwungs ermessen.

Die drei Hauptelemente der elisabethanischen Tragödie, Schicksalsungunst, Störung des staatlichen Ordnungsgefüges und Sieg der Leidenschaften über die Vernunft, hat Shakespeare in *Romeo* kombiniert, und doch erscheint seine Konzeption des Tragischen dabei nicht voll befriedigend. Weder ist eine starke Gegenkraft des Bösen am Werk wie in *Othello*, noch sind die Liebenden selbst in Schuld verstrickt wie in *Antony and Cleopatra*. Der Unglücksstifter Tybalt ist kein Bösewicht, sondern ein törichter Kampfhahn, Juliets Vater und ihre Amme, die die Verlassene zu einer verhaßten Ehe drängen, sind komischen Standardfiguren der Renaissancekomödie nachgezeichnet, ja, der fatale Familienzwist selbst ist zu Beginn der Tragödie nur mehr Anlaß für Bedientenreibereien und lustlose Gewohnheit. Romeo er-

schlägt Tybalt, ohne es zu wollen, Juliets Verstellung ihren
Eltern gegenüber rechtfertigt sich nachträglich durch deren kalte
Herzlosigkeit, und der einzige »Intrigant« des Stückes ist ausgerechnet der aus moralischer Verantwortung für den Staat und
die Hauptfiguren handelnde Bruder Lawrence. Was die Liebenden vernichtet, ist weniger Feindseligkeit als Verständnislosigkeit
der Umwelt; diese Einstellung manifestiert sich wiederholt im
dramatischen Nichtverstehen einer Situation: Mercutio und
Tybalt ahnen ebensowenig den Grund für Romeos »unmännli-
che« Friedfertigkeit wie Juliets Eltern die Ursache für den unge-
wohnten Eigenwillen ihrer Tochter. Immer wieder greift an
entscheidender Stelle der Zufall ein; so verschuldet Romeos
Schlichtungsversuch den Tod des Freundes, in der Verbannung
erfährt er wohl den vermeintlichen Tod Juliets, nicht aber die
dahinterstehende Planung des Bruder Lawrence, und schließlich
trifft er kurze Zeit zu früh (wie Lawrence zu spät) im Grabmal
der Capulets ein. Eine solche Kette fataler Zufälle enthüllt sich
als Ironie des Schicksals, als Unstern, den die Liebenden immer
wieder in ihren dunklen Ängsten erahnen und in der Absolut-
heit ihres Fühlens bewußt herausfordern, bei der Liebesentschei-
dung wie bei der Wahl des Liebestodes. So verbinden sich Zufall,
Schicksal und eigene Wahl zu einer Motivation, deren letzter
Sinn den Gestalten im Zentrum verborgen bleibt. Die Erkenntnis, daß das Opfer der unschuldigen Kinder den Zwist der schuldigen Väter sühnt, erschließt erst das Todesritual und die lange
(in Aufführungen gewöhnlich gekürzte) Rekapitulation in der
letzten Szene.

Das Drama zeigt eine in der Renaissancetragödie bislang un-
erhörte Weltfülle im Gegeneinander und in der Versöhnung
heterogener Elemente, von Dramatik und Lyrismus, Tragik und
Komik, zynischer und ergriffener Haltung, spontanem und ge-
künsteltem Stil. Der Gegensatz der Liebenden zur Welt, die sie
negieren, zum routinemäßigen Haß ihrer Familien, zu den Alten
und Desillusionierten, aber auch zur satirisch herausfordernden
oder behaglich derben Reduktion der Liebe auf das Sexuelle,
könnte nicht wirkungsvoller angelegt sein. Shakespeares Hohes
Lied der reinen Liebe wird umrahmt von einer verbalen Komödie
mit einer erstaunlichen Frequenz frivoler und obszöner Spässe,

und die Vertrauten der Liebenden, Mercutio und die Amme, sind die wichtigsten Träger dieser Sprachschicht. Gerade die berühmten Liebesbegegnungen in Ball-, Balkon- und Abschiedsszene verdanken ihre tiefe Wirkung beseelter Sprachkunst und erregender Situationsdramatik nicht zuletzt diesem Rahmenkontrast. In I, v versinkt das Balltreiben mit den Stimmen des alten Capulet, Tybalts und Mercutios um Romeo und Juliet, als sich ihre Hände und Lippen berühren, im Garten der Capulets (II, ii) hat Romeo noch den übermütigen Spott des Freundes im Ohr, als er seine innige Zwiesprache mit Juliet auf dem Balkon beginnt, und der Liebesabschied (III, v) ist von den Vorbereitungen für die Hochzeit mit Paris umgeben, ebenso wie die Szene, in der Juliet den Schlaftrunk leert (IV, iii). Die elisabethanische Dreifelderbühne hat – besonders in der Spannung zwischen Unter- und Oberbühne – durch gleichzeitiges oder unmittelbar aufeinanderfolgendes Bespielen zweier Ebenen diese Stimmungskontraste unterstrichen. Auch Szenerie und Bildersprache spiegeln die Lösung der Liebenden von der Welt und ihre zunehmend tragische Vereinsamung: im Kontrast zum grellen südlichen Tag begegnen sie einander im Kerzenschimmer des Festes, in der Mondnacht, im heraufdämmernden Morgen und endlich im zweifachen Dunkel der nächtlichen Gruft. Bilder des aufleuchtenden und vergehenden Lichtes sind die Chiffren dieser Liebe; das Hochzeitslager wird in der suggestiven Bildführung mehr und mehr zum Totenbett.

Gerade in seinem Reichtum an Sprachebenen bietet das Drama gewisse Aufnahmeschwierigkeiten, denn zeitgebundene Ausdrucksformen wie die stilisierte Metaphorik der petrarkistischen Liebesdichtung oder die pathetische Deklamationsrede wechseln mit geschmeidigerer, spontan wirkender Diktion, so daß Vielfalt als künstlerische Unebenheit wirken mag. Doch eine konventionelle Sprache ist etwa in Romeos Schmachten um die (nie auftretende) Rosaline oder in der chorischen Klage der eben noch herzlosen Angehörigen um die scheintote Juliet dramatisch durchaus angebracht; der Kontrast zu leidenschaftlicherer Liebessprache und Totentrauer wird damit vorbereitet. Freilich bleiben auch so noch einzelne Redeteile, Relikte eines älteren Dramenstiles, die sich dem bedeutsamen neuen Ansatz zu charakter-

licher Individualisierung und dramatischer Integration wider-
setzen. Auf der anderen Seite sind selbst in die poetisch bewegendsten Stellen Formen und Themen der elisabethanischen
Liebeslyrik eingegangen, die um die Entstehungszeit des Dramas
in hoher Blüte stand. Die erste Zwiesprache der Liebenden verdankt ihre dramatische Resonanz und Intensität, ihre Einheit von
spielerischem Witz und feierlichem Ernst, dem Gebrauch der
Sonettform für den Dialog und einer Aktualisierung der petrarkistischen Bilder des »Pilgers« und der »Heiligen«, die für den An-
beter und seine Dame stehen (ital. »romeo« heißt nichts anderes
als »Pilger«). Juliets Monolog in Erwartung des Geliebten ist
ein Prothalamium (Hymnus der hochzeitlichen Erwartung), und
der Abschiedsdialog in III, v hat den Charakter eines Tageliedes.
Die stilisierende Kraft der Konvention erhebt die kurzen Augenblicke erfüllter Liebe über das sonstige Geschehen zu Epiphanien.

dd) Wirkungsgeschichte

Neben *Hamlet* dürfte *Romeo and Juliet,* wenn man sich an
der Aufführungsgeschichte orientiert, das beliebteste Drama
Shakespeares sein. Der zeitgenössische Erfolg läßt sich aus Angaben wie den Aufführungshinweisen der Quartos erschließen.
Die englischen Komödianten haben das Stück frühzeitig nach
Deutschland gebracht (eine Nördlinger Aufführung von 1604
ist die erste nachweisbare Spur Shakespeares auf dem Kontinent;
deutsche Fassung unter dem Titel *Romio und Julietta,* 1625). Die
ungebrochene Beliebtheit des Stückes nach der Restoration in
England bezeugen nicht zuletzt seine rigorosen Anpassungen an
den Zeitgeschmack. J. HOWARD schrieb die Schlußszene zu
einem »happy end« um, und das Drama wurde zeitweise abwechselnd als Tragödie und als Tragikomödie gespielt. 1680
übertrug T. OTWAY die Liebesszenen in sein Drama *The Fall of
C. Marius,* d.h. er ersetzte die Veroneser Familienfehde durch
den römischen Bürgerkrieg (gespielt bis 1735). Bedeutsamer als
eine weitere Bearbeitung durch T. CIBBER (1744) ist D. GARRICKS
Fassung (1748), denn sie leitet eine weitgehende Rückkehr zum
Originaltext und eine Periode triumphaler Erfolge des Stückes
auf den Londoner Bühnen ein. 1750 wurde es zum Gegenstand
eines Theaterkrieges zwischen den Bühnen von Covent Garden

und Drury Lane, die es gleichzeitig mit ihren besten Besetzungen aufführten. GARRICKS Version hielt sich fast 100 Jahre auf der Bühne, und mit ihr die Tradition, den Beginn der großen Liebe vor den Dramenauftakt zu verlegen, sowie ein tränenreicher Abschiedsdialog der Liebenden im Grabe, der erst 1845 fiel. Beides übernahm GARRICK wie schon sein Vorgänger CIBBER von T. OTWAY. Die größten Schauspieler-Regisseure des 18. und 19. Jahrhunderts von GARRICK über MACREADY bis zu H. IRVING und die bedeutendsten Charakterdarstellerinnen wie Miss BELLAMY, F. KEMBLE, E. TREE, A. NEILSON und E. TERRY haben die Hauptpartien zu Glanzrollen ihrer Laufbahn gemacht. Unter den neueren englischen Aufführungen erreichte die Londoner Inszenierung von J. GIELGUD mit L. OLIVIER und P. ASHCROFT die Rekord-Spielzeit von 186 Aufführungen. Tendenzen, die Liebestragödie »zeitnaher« zu interpretieren, zeigte beispielhaft die Old Vic-Aufführung unter F. ZEFFIRELLI 1960: Teenagerliebe im Schatten rivalisierender Großstadtbanden. Lyrische Emotion und tragisches Pathos traten zurück, während sexueller Zynismus und »realistisches« Blutvergießen mit großem Elan ausgespielt wurden.

In der zweiten Hälfte des 18. Jahrhunderts begann mit einer Blankversübertragung von S. GRYNÄUS (1758), gefolgt von den im wahren Sinne prosaischen Versionen von WIELAND (1764) und C.F. WEISSE (1768) die lange Reihe der Eindeutschungen des rasch außerordentlich beliebten Stückes. 1797 erschien A.W. SCHLEGELS klassisch gewordene Übertragung, die zum erstenmal dem leidenschaftlichen Lyrismus des Dramas gerecht wurde, dafür aber die sprachlichen Derbheiten abschwächen zu müssen glaubte. GOETHES allzu gemessene, den Charakter des Werkes verfälschende Bearbeitung (1812) konnte sich ihr gegenüber ebenso wenig durchsetzen wie der Versuch von J.H. VOSS, Versmaß und Sprache des Originals sklavisch nachzuahmen (1818). Die berühmtesten deutschen Aufführungen des Dramas fallen in die Jahrzehnte um die Wende zum 20. Jahrhundert. J. KAINZ und A. SORMA boten ihrer Zeit die klassische Verkörperung des Liebespaares, während A. MOISSI 1907 den Romeo modisch interessant als morbiden Neurastheniker spielte. M. REINHARDTS Berliner Inszenierung von 1907 brillierte in der Renaissancepracht der großen Szenen (Fest bei Capulets; Grabesszene). Die mit der deutschen Bühne so eng verbundene E. DUSE begann ihre Laufbahn als Vierzehnjährige in der Rolle der gleichaltrigen Julia in deren Heimatstadt Verona; rund 20 Jahre später (1891) bestand sie triumphierend das Wagnis einer Gastspieltournee in der gleichen Rolle.

Die erfolgreiche Karriere des Stückes als Musikdrama begann 1776 in Gotha mit einem »Schauspiel mit Gesang« von F.W. GOTTER; die eingängige Musik von G. BENDA und das zum heiteren Opernfinale abgewandelte Ende der Liebeshandlung eroberten die deutschen Lande. Musikalisch bedeutsamer sind die Opernfassungen von BELLINI (1829), GOUNOD (1867) und SUTERMEISTER (1940) sowie die Orchesterphantasien von TSCHAIKOWSKY und PROKOFJEW. Von KELLERS Novelle *Romeo und Julia auf dem Dorfe* bis hin zu dem amerikanischen Musical *West Side Story* wurde der klassische Stoff darüber hinaus immer wieder in freier Nachschöpfung aktualisiert.

H. GRANVILLE-BARKER, »Romeo and Juliet«, in: Prefaces to Sh., 1930, London, 1958, Bd. II. – E.E. STOLL, Sh.'s Young Lovers, London, 1937. – J.W. DRAPER, »Sh.'s Star-Crossed Lovers«, RES, 15 (1939). – L.E. BOWLINS, »The Thematic Framework of Romeo and Juliet«, PMLA, 64 (1949). – O.H. MOORE, The Legend of Romeo and Juliet, Columbus, Ohio, 1950. – B. EVANS, »The Brevity of Friar Lawrence«, PMLA, 65 (1950). – W. CLEMEN, »Zum Verständnis des Werkes«, Romeo und Julia, Rowohlts Klassiker, Hamburg, 1957. – F.M. DICKEY, Not Wisely But Too Well, San Marino, 1957. – H. LEVIN, »Form and Formality in Romeo and Juliet«, SQ, 11 (1960). – P.N. SIEGEL, »Christianity and the Religion of Love in Romeo and Juliet«, SQ, 12 (1961). – L. LAWLOR, »Romeo and Juliet« in: Early Sh., Stratford-Upon-Avon Studies 3, London, 1961. – W. SCHMIELE, Sh.: Romeo und Julia (Text und Dokumentation), Frankfurt, 1963. – D. LAIRD, »The Generation of Style in Romeo and Juliet, JEGP, 63 (1964). – R.Q. EVANS, The Osier Cage, Lexington, 1966. – T.J.B. SPENCER, »Introduction«, Romeo and Juliet, New Penguin Sh., Harmondsworth, 1967. – I. LEIMBERG, Romeo und Julia, München, 1968. – D. COLE, ed., Twentieth Century Interpretations of Romeo and Juliet, Englewood Cliffs, 1970. – J.H. SEWARD, Tragic Vision in Romeo and Juliet, Washington, 1973. – D.R.C. MARSH, Passion Lends Them Power: A Study of Sh.'s Love Tragedies, Manchester, 1976.

d) Die Römerdramen: Einleitung

Der Begriff »Römerdramen« ist seit M.W. MACCALLUMS gründlicher und etwas trockener Studie von 1910 fest eingeführt und bezeichnet eine der am wenigsten fraglichen Gruppierungen in Shakespeares Gesamtwerk. Denn obwohl die Römerdramen (oder Römertragödien) starke Stilunterschiede aufweisen und zeitlich weit auseinanderliegen – *Julius Caesar* eröffnet 1599, und

Antony and Cleopatra und *Coriolanus* beschließen 1607–09 eine unvergleichlich fruchtbare, vor allem dem Tragödienschaffen zugewandte Dekade in Shakespeares Laufbahn – so zeigen sie doch fundamentale Gemeinsamkeiten der Quelle, Thematik und Dramenkonzeption. Die Beziehung zur Vorlage, PLUTARCHS klassischen Lebensbeschreibungen, die 1579 von Sir Thomas NORTH nach der französischen Version des AMYOT in höchst lebendige und ausdrucksvolle elisabethanische Prosa übertragen worden waren, ist so weitreichend und tief, daß man von einer Art Zusammenarbeit der beiden großen Autoren hat sprechen können. PLUTARCH will nicht Geschichte schreiben, sondern die Charaktere geschichtslenkender Gestalten ergründen, und dazu benützt er Kunstmittel, die Shakespeares Absichten entgegenkamen: erzählerische Logik und Spannung, dramatische Situationen und Reden, und die Analyse charakterlicher Widersprüche. NORTHS Prosa scheint gelegentlich den Blankversrhythmus des Dramas geradezu vorzuzeichnen: durch einen Quellenvergleich läßt sich beispielhaft ablesen, wie Shakespeare die dramatische und dichterische Potenz der klassischen Stoffe schöpferisch verwirklicht.

Römische Geschichte hatte für die Renaissance als exemplarischer Gegenstand politischer Doktrin und Diskussion eine ungleich größere Bedeutung als für die Moderne; hier und nicht in der eigenen Nationalgeschichte, die auf die Tudormonarchie als endgültige Lösung aller Widersprüche ausgerichtet schien, sieht Shakespeare tragische Verstrickung am Werk. Jedes der Dramen ist auf den Konflikt zwischen großem Individuum und staatlicher Ordnung gegründet und erforscht die Diskrepanz zwischen öffentlicher Rolle und privater Natur mit analytischer Schärfe. Der Perspektivismus ist in diesen Stücken (anders als in den großen Tragödien) bis zur moralischen Mehrdeutigkeit getrieben, weshalb sie z.T. den »problem plays« (E. SCHANZER) zugerechnet wurden. Wenn Shakespeare auch immer wieder, etwa in den Volksszenen, römische Geschichte mit elisabethanischem Leben erfüllt, so betont er andrerseits das Starre, schulbuchhaft Lebensferne der Römertugend eines Brutus oder Coriolan oder die hyperbolische Selbstverherrlichung eines Caesar oder Antonius, freilich um diese Haltungen durch dramatische Ironien mehr und mehr zu untergraben. Dieses Verfahren mindert bewußt den Charakter des tragischen Helden und die Intensität der tragischen Erfahrung und vermeidet dadurch, wie der Auslegungsstreit um alle drei Dramen zeigt, die eindeutige politische oder ethische Aussage zugunsten eines komplexen Gleichgewichts der Spannungen. Es erscheint bedeutsam, daß jeweils die Expositionsszene den Rang des Helden noch vor seinem ersten Auftritt herabsetzt und daß am Ende die Wiederherstellung der politischen Ordnung in einer Stimmung der Desillusion vor sich geht.

J.C. MAXWELL, »Sh.'s Roman Plays: 1900–1956«, ShS, 10 (1957) (Forschungsbericht). – M.W. MacCALLUM, Sh.'s Roman Plays and their Background, London, 1910. – G.W. KNIGHT, The Imperial Theme, London, 1931, rev. ed. 1951. – J.W. DRAPER, »The Realism of Sh.'s Roman Plays«, SP, 30 (1933). – J.E. PHILIPPS, The State in Sh.'s Greek and Roman Plays, New York, 1940. – O.J. CAMPBELL, Sh.'s Satire, London, 1943. – T.W. BALDWIN, W. Shakspere's Small Latine and Lesse Greeke, Urbana, 1944. – J. PALMER, Political Characters of Sh., London, 1945. – R. WALKER, »The Northern Star: An Essay on the Roman Plays«, SQ, 2 (1951). – J.A.K. THOMSON, Sh. and the Classics, London, 1952. – V.K. WHITAKER, Sh.'s Use of Learning, San Marino, Cal., 1953. – J.L. BARROLL, »Sh. and Roman History«, MLR, 53 (1958). – T.B. SPENCER, »Sh. and the Elizabethan Romans«, ShS, 10 (1957). – M. CHARNEY, Sh.'s Roman Plays: The Function of Imagery in the Drama, Cambridge, Mass., 1961. – E. WAITH, The Herculean Hero in Marlowe, Chapman, Sh., and Dryden, New York, 1962. – T.B. SPENCER, Sh.: The Roman Plays, London, 1963. – D. TRAVERSI, Sh.: The Roman Plays, London, 1963. – E. SCHANZER, The Problem Plays of Sh., London, 1963. – M. CHARNEY, ed., Discussions of Sh.'s Roman Plays, Boston, 1964. – G. BULLOUGH, Narrative and Dramatic Sources of Sh., Vol. V, London, 1964. – T.J.B. SPENCER, ed., Sh.'s Plutarch, Harmondsworth, 1964. – H. M. RICHMOND, Sh.'s Political Plays, New York, 1967. – J. W. VELZ, Sh. and the Classical Tradition: A Critical Guide to Commentary 1660–1960, Minneapolis, 1968. – J. STAMPFER, The Tragic Engagement: A Study of Sh.'s Classical Tragedies, New York, 1968. – R. A. BROWER, Hero & Saint: Sh. and the Graeco-Roman Heroic Tradition, Oxford, 1971. – J. L. SIMMONS, Sh.'s Pagan World: The Roman Tragedies, Charlottesville, 1973. – W. v. KOPPENFELS, »Our swords into our proper entrails: Aspekte der Lucanrezeption in elisabethanischen Bürgerkriegsdrama«, Antike und Abendland, 21, 1975. – P. A. CANTOR, Sh.'s Rome: Republic and Empire, Ithaca, 1976. – (vgl. auch Bibliographien zu III. C. 3. a und h)

e) Julius Caesar

aa) Datierung und Text

Entstehung und Erstaufführung sind mit großer Wahrscheinlichkeit auf 1598/99 zu datieren, da der Titel in F. MERES' Werkliste Shakespeares noch nicht erscheint, während ein Tagebucheintrag des Schweizer Reisenden T. PLATTER vom 21. September 1599 eine Londoner Aufführung des Stückes erwähnt: ». . . haben in dem streüwinen Dachhaus die Tragedy vom ersten Keyser Julio Cesare mitt ohngefahr 15 personen sehen gar artlich agieren.« Möglicherweise hat Shakespeare das Drama für die Einweihung des 1599 fertiggestellten Globe-Theaters geschrieben. Aus seiner Stellung nach *Henry V* und vor *Hamlet* wird seine Bedeutung als Markstein in Shakespeares dramatischem Schaffen deutlich; es leitet von den Königsdramen über zu den großen Tragödien.

Alleinige Textgrundlage ist die verläßliche Fassung der ersten Folioausgabe *(The Tragedy of Julius Caesar)*, die wohl auf ein Bühnenmanuskript zurückgeht. An einer wichtigen Stelle werden allerdings Spuren einer Textrevision sichtbar: die beiden aufeinanderfolgenden Versionen vom Tod Portias (IV, iii, 141–190) schließen sich gegenseitig aus. Die modernen Herausgeber sehen in der Regel die erste, dramatisch überlegene Fassung als nachträgliche Verbesserung Shakespeares an und geben ihr den Vorzug. Die Vorlage für den Foliodruck muß die Verbesserung zusammen mit der ursprünglichen Version enthalten haben.

bb) Vorlagen

Das Caesarbild der Renaissance ist in seinen Widersprüchen ein Erbe der Antike. Je nach den monarchistischen oder republikanischen Sympathien der Betrachter mußte Caesar als Herrscher von Gottes Gnaden und Begründer des Römischen Kaiserreiches oder als Tyrann und Usurpator erscheinen und Brutus entsprechend als Königsmörder oder Freiheitsheld. Den Elisabethanern war die Gestalt Caesars aus der didaktischen Literatur (etwa der Fassung des *Mirror for Magistrates* von 1587) und vom Theater her vertraut. Die neulateinischen und französischen Caesardramen von MURET (gedr. 1553), GRÉVIN (1561) und GARNIER (1574; englische Fassung 1594 von KYD) stehen unter dem Einfluß SENECAS und modellieren ihren Helden nach dessen großsprecherisch-bombastischer Herkulesfigur. In dem anonymen, möglicherweise vorshakespeareschen Drama *Caesar's Revenge* ist der Stoff dem Genre der elisabethanischen Rachetragödie angepaßt. Schließlich muß es noch eine Reihe nicht erhaltener zeitgenössischer Caesardramen gegeben haben. Wenn sich auch nicht eindeutig bestimmen läßt, welche dieser älteren Fassungen Shakespeare gekannt hat, so ist doch für seine eigene Gestaltung die Existenz einer festgegründeten und lebendigen Tradition der Darstellung von Caesars Fall von unübersehbarer Relevanz.

Eigentliche Quelle der Tragödie sind die Parallelbiographien von PLUTARCH, genauer – und in der Reihenfolge ihrer Bedeutung – seine Lebensbeschreibungen von Brutus, Caesar und Marcus Antonius. Nicht selten hat der Dichter ganze Sätze der Vorlage (in der englischen Fassung von NORTH) mit geringen Umstellungen in seinen Blankvers übertragen. Von drei verschiedenen Hauptfiguren aus und mit wechselnden Schwerpunkten fand Shakespeare die Ereignisse um die Ermordung Caesars dargestellt; er verband das sorgsam ausgewählte Material zu einem perspektivisch vielfältigen, kunstvoll geordneten, dichten und bewegten Handlungsganzen. Da PLUTARCHs Interesse bereits einer kritischen Charakteranalyse historischer Gestalten galt, konnte Shakespeare wesentliche Ansätze der Charakterisierung übernehmen, um sie zu vertiefen, ihre Widersprüchlichkeit stärker hervorzuheben und die Beziehungen der Figuren zueinander spannungsreicher anzulegen. So kontrastiert er Caesars staatsmännische Größe mit erheblichen persönlichen Schwächen, setzt neben die stoische Kühle des politischen Brutus private Momente einer lyrisch milden Stimmung, ergänzt PLUTARCHs Bild des Marc Anton als eines Opportunisten der Macht durch einen Einblick in seine echte und tiefe Bindung an Caesar und läßt in Cassius persönliche Gehässigkeit mit römischer Noblesse wechseln. Wie schon in den Königsdramen faßt Shakespeare auch in *Julius Caesar* historisch auseinanderliegendes Geschehen zu raschen Abläufen und dramatischen Brennpunkten zusammen. Die der Ermordung vorausgehenden Ereignisse erstrecken sich in der Quelle über Monate; im Drama umfassen sie den Zeitraum eines Tages und einer Nacht. Bei PLUTARCH richtet Brutus nach der Tat zwei Rechtfertigungsreden an das Volk, das sich nur allmählich gewinnen läßt, Antonius hält erst am folgenden Tag und nach Veröffentlichung von Caesars Testament seine Leichenrede, und Octavius trifft ganze sechs Wochen später in Rom ein; bei Shakespeare sind diese Vorgänge mit Meisterhand gerafft: als Antony die Rednertribüne besteigt, hat er noch den Beifall der Masse für Brutus' Ansprache im Ohr. Über den Inhalt der Forumsreden teilt PLUTARCH so gut wie nichts mit; auch APPIANS Geschichte der Bürgerkriege, die als zusätzliche Quelle in Frage kommt, konnte dem Dichter für die größte Szene seiner Tragödie nur wenig spezifische Hinweise geben. – Zahlreiche Querverbindungen bestehen zwischen *Julius Caesar* und der Gattung der Historiendramen; die Bürgerkriegsprophezeiungen an der Bahre des ermordeten Herrschers etwa oder die Geistererscheinungen vor der Entscheidungsschlacht waren dem Publikum der Zeit als Elemente der Königsdramen vertraut.

cc) *Analyse und Deutung*

Die ungewöhnliche Struktur der Tragödie, deren dramatische Höhepunkte im Zentrum liegen (Ermordung Caesars: III, i; Forumsreden: III, ii), ergibt sich daraus, daß der Tod des Titelhelden zugleich Katastrophe und Peripetie der Handlung ist; die Tragödie Caesars wird von der des Brutus begleitet und kontrapunktiert. Der gelegentlich erhobene Vorwurf, das Stück zerfalle in zwei eigenständige Teile, wird widerlegt, sobald die Zentralszenen als Schnitt- und Wendepunkte zweier dramatischer Entwicklungslinien verstanden sind. Die Auftritte des Titelhelden sind äußerst sparsam verteilt, doch steht sein Name auch während seiner Bühnenabwesenheit ständig im Mittelpunkt des Bewußtseins. In der ersten Hälfte des Stückes wird die Person des Herrschers mit ihren menschlichen Schwächen mehr und mehr ausgeleuchtet, während die Verschwörung gegen ihn im gleichen Maße Anhang und Überzeugungskraft gewinnt. Der Sturz Caesars und der Sieg der Verschwörung bedeutet jedoch paradoxerweise, daß sich Caesars Geist, das Wesen seines (monarchischen) Herrschertums, unaufhaltsam durchsetzt, während Brutus und Cassius immer mehr Positionen einbüßen und schließlich im Freitod ihre Tat sühnen.

Ganze Kritikergenerationen von W. HAZLITT bis J. D. WILSON haben aus dem befremdlich von Ehrsucht, physischer Schwäche, Prahlerei und Aberglauben gezeichneten Auftreten Caesars vereinfachend ein negatives Urteil Shakespeares herausgelesen. Doch einmal werden auch einnehmendere Züge des Porträts wie Herrschergabe, Menschenkenntnis, Gerechtigkeitssinn und Leutseligkeit angedeutet, während die negative Sicht oft als eine durch die Parteilichkeit der Betrachterfiguren begründete Verzerrung erscheint; zum anderen liegt der dramatische Sinn der deutlichen Entheroisierung des Caesarbildes in der Absicht, die menschliche

Unvollkommenheit und Verletzlichkeit des Herrschers warnend und auf seinen Fall vorausweisend sichtbar zu machen.

So bleibt die zeremonielle Huldigung, das Angebot der Krone an Caesar (I, ii), hinter der Bühne, doch ihre farcenhafte Wiedergabe durch Casca und die herüberschallenden Rufe der Menge wirken nachhaltig in die kleine Schar der Abseitsstehenden hinein, gerade als der »Versucher« Cassius Brutus auf die Seite der Verschwörer ziehen will. Cassius' Taktik und die Macht der Stunde lösen in Brutus einen in seiner Tiefe nur zu ahnenden Zwiespalt zwischen der persönlichen Bindung an Caesar und seinem republikanischen Ethos aus. Zwei Szenen später, nachdem ein rasender Sturm, begleitet von schrecklichen Vorzeichen, über die Bühne gegangen ist und die übrigen Verschworenen in fieberhafte Erregung gestürzt hat, spricht Brutus in der Stille seines nächtlichen Gartens das Schlußwort seines Seelenkampfes und entscheidet sich für den Staat und gegen den Freund. Wo Cassius und die anderen die vermeintlichen und echten Schwächen des Menschen Caesar in Bausch und Bogen auf den Herrscher übertragen, will Brutus streng zwischen dem Menschen und dem Politiker unterscheiden und politisch handeln, ohne seinen Idealismus zu beflecken (II, i, 166: »Let's be sacrificers, but not butchers . . .«). Cassius steht der politischen Wirklichkeit illusionsloser gegenüber, doch er bedarf der Autorität des integren Brutus und unterwirft sich bereitwillig seiner Führung. Die kurze Zwiesprache zwischen Brutus und seiner Frau Portia hebt sich in ihrer ernsten Würde und warmen Vertrautheit absichtsvoll von der folgenden Szene Caesars mit Calpurnia ab, die Caesars Scheinwürde und seine Beeinflußbarkeit im Hinblick auf den verhängnisvollen Senatsbesuch in den Vordergrund stellt. Nach der tragischen Ironie seiner machttrunkenen Worte im Senat jedoch, im Augenblick des Todesstreiches und mit dem lapidarsten aller Sätze »Et tu, Brute? – Then fall, Caesar!« gewinnt der Titelheld seinen heroischen Rang zurück. Die rituelle Handwaschung, die Brutus die Verschwörer im Blut des Getöteten vollziehen läßt, um die »Schlächterei« in eine »Opferung« umzustilisieren, zeigt ein idealistisches Wunschdenken, das der Verblendung des todgeweihten Caesar um nichts nachsteht.

Der Eindruck, daß Brutus gerade mit seinem Sieg verspielt hat, da er die weiteren Implikationen seiner Handlung nicht sehen konnte oder wollte, verdichtet sich in der zweiten Hälfte des Dramas von Szene zu Szene. Ohne ihn undurchführbar, ist doch die Sache der Verschwörer gerade unter seiner Führung zum Scheitern verurteilt, da er Integrität wahren möchte, wo skrupelloses Handeln erforderlich wäre. Der plötzliche Aufstieg Antonys, dem im ersten Teil nur eine kleine Chargenrolle im Schatten Caesars zugefallen war, zum überlegenen Gegenspieler des Brutus hat exemplarischen Charakter. Seine erste, meisterhaft formulierte Botschaft an die Sieger der Stunde (III, i, 125 ff.) ist es, die den dramatischen Gezeitenwechsel ankündigt; sein folgender Monolog – eigentlich eine Zwiesprache mit dem Leichnam Caesars – setzt das Freundschaftsmotiv zumindest als gleichwertig neben den Eigennutz im nun anhebenden Spiel um die Macht. Die Gegenüberstellung der berühmten Forumsreden in III, ii bezeichnet nicht nur den Ausbruch, sondern auch bereits den Ausgang des Konflikts: Brutus' durchaus eindrucksvoller, geschliffen antithetischer Appell an die Vernunft der Masse kommt nicht gegen die vollendet demagogische Schauspielkunst von Antonys Appell an die Emotionen derselben Zuhörerschaft an; die Reaktionen der Plebejer erweisen das republikanische Ideal als unzeitgemäß. Im Gegensatz zu Brutus hat Antony den Rückfall in Bürgerkrieg und Proskription in sein Kalkül einbezogen. Die beiden Schlußakte sind gegenüber dem Vorhergegangenen verhalten, doch nicht spannungslos; sie zeigen Brutus als Feldherren und sind vom Bewußtsein seines Verhängnisses verdüstert. Im Streit mit Cassius klingt noch einmal die Sinnfrage der Verschwörung an, doch die Kunde vom heroischen Freitod der Portia tilgt den Gegensatz, indem sie beiden ihr gemeinsames Schicksal vorausweist. Ihren Römertod im letzten Akt vollziehen sie nach der verlorenen Entscheidungsschlacht (auf der Brutus gegen Cassius' Rat bestanden hatte) als Sühneritual mit den Waffen, die Caesar töteten. Der Geist Caesars, den allein Brutus vernichten wollte, hat sich als übermächtig erwiesen; seinem Werkzeug Antony ist jedoch bereits in Octavius, dem künftigen Augustus, der eigene Überwinder beigegeben.

Julius Caesar ist von der Kritik vorwiegend als politisches Charakterdrama betrachtet worden. In allen vier Hauptgestalten wird der Widerspruch zwischen privater Haltung und politischer Rolle ausgelotet, wobei eine höchst differenzierte Sympathielenkung die Figuren bald in günstigem, bald in unvorteilhaftem Licht erscheinen läßt. Gerade deshalb erhalten in dieser politischen Tragödie die persönlichen Bindungen eminente Bedeutung: ein Zwiespalt der Loyalitäten bestimmt das Geschehen. In allen Handlungen ist Wesenhaftes aufs engste mit Kalkulation verflochten. So werden immer neue Bündnisse geschlossen, Freundschaften und Liebe beschworen (wobei Frauenliebe als solche kaum Anteil hat), zerbrochen oder bewahrt. Immer wieder bieten die Hauptgestalten ihr verwundbares Fleisch dem Dolchstoß dar, in rhetorischer Römergeste oder in der Bereitschaft, wirklich das Letzte einzusetzen. Vieldeutig wie das oft gebrauchte Wort »Liebe« sind auch die dramatischen Metaphern und Tableaus; die Zentralbilder des gejagten Wildes und des Opferblutes werden höchst gegensätzlichen Symboldeutungen unterworfen, analog zur Interpretation der Vorzeichen auf den Fall Caesars. Dabei gibt es keine chorische Figur, deren Sicht der Zuschauer uneingeschränkt vertrauen könnte. Gegenüber den Historienstücken mit ihrer relativ klaren Geschichtsbewertung ist die perspektivische Auffächerung der Standpunkte erstaunlich weit getrieben und umfaßt alle Elemente des Dramas. Dies gilt nicht zuletzt für den sprachlichen Ausdruck, obwohl im Vergleich zur überreichen Stilvielfalt von *Romeo and Juliet* eine Dämpfung auf den Grundton ernster, dem römischen Thema angemessener Würde eingetreten ist. Ein lyrisches Element klingt nur in den flüchtigen Augenblicken an, wo Brutus sich von der ständigen Anspannung, Brutus zu sein, löst. Komik ist sparsam eingesetzt und erscheint in farcenhafter oder bitter ironischer Form, getragen von den Plebejern und dem plebejisch anmutenden Casca. Indem Shakespeare die Plebejer schon in I, i auftreten und (hier wie auch sonst unbekümmert um Anachronismen) wie elisabethanische Handwerker sprechen läßt, überbrückt er die Distanz seines Publikums zu dem klassisch-legendären Sujet. Die übrige, »gehobene« Sprache des Stückes leistet eine ähnliche Veranschaulichung durch ihren Doppelcharakter als individueller Wesensausdruck und Rhetorik; dabei ist Rhetorik nicht wie in der SENECA-Nachfolge als Wortprunk und Deklamation mißverstanden, sondern im ursprünglichen Sinn, d.h. funktional als Sprachkunst zum Zwecke der Überredung, begriffen. In den beiden Forumsreden, deren Stilkontrast der Dichter aus PLUTARCHS Hinweis auf Brutus' »lakonische« und Marc Antons »asiatische« Ausdrucksweise entwickelt hat, wird die funktionale Rhetorik zum vollendeten Wesensausdruck der Sprecher.

dd) Wirkungsgeschichte

Zahlreiche zeitgenössische Anspielungen, besonders bei Ben JONSON, der mit seinen eigenen klassizistischen Römerdramen Konkurrent seines weniger gelehrten Freundes Shakespeare um die Publikumsgunst war, bezeugen die anhaltende Beliebtheit des Werkes bis zur Schließung der Theater durch die Puritaner. Noch Ende der dreißiger Jahre scheint es mehrmals bei Hofe gespielt worden zu sein. Der für klassische Stoffe voreingenommene Geschmack der Restoration und der Folgezeit ging mit dem Stück glimpflich um und versuchte allenfalls, der verhaltenen Geisterszene durch Zusätze mehr pathetische Wirkung abzugewinnen. Hundert Jahre lang, bis 1780, war das Stück fast jedes Jahr in London zu sehen; die vier großen Charakterpartien waren begehrte Rollen für die besten Schauspieler, etwa für T. BETTERTON, der jahrzehntelang als Brutus glänzte. Zwei längere Perioden der Vernachlässigung beendete J.P. KEMBLES wegweisende historisierende Inszenierung von 1812, und kurz vor der Jahrhundertwende die prächtig ausgestattete Aufführung unter Sir H. Beerbohm TREE. Aus den politischen Erfahrungen im Schatten der Weltkriege erwuchs die Tendenz, das Drama zu aktualisieren, indem man seinen Titelhelden als modernen Diktator deutete und die Schauspieler in moderner Kleidung auftreten ließ, wie in O. WELLES' berühmt gewordener New Yorker Inszenierung von 1937.

Ein durch die englischen Komödianten vermittelter *Julius Caesar* wurde seit 1626 in verschiedenen deutschen Städten gespielt. 1741 übertrug der preußische Gesandte in London, von BORCK, das englische Original in deutsche Alexandriner und leistete damit den ersten Schritt zu einem deutschen Shakespeare. Erstmals aufgeführt wurde *Julius Caesar* 1785 in Mannheim in einer Prosafassung, die der Übertragung WIELANDS folgte. A.W.

SCHLEGELS Übersetzung, 1803 unter GOETHES Leitung in Weimar gespielt, setzte sich bald auf den deutschen Bühnen durch. Das Meininger Theater wählte ab 1874 *Julius Caesar* als Hauptstück seiner einflußreichen Tourneen; in historisierender Genauigkeit und bei der Regie von Großszenen hat es Vorbildliches geleistet. Die deutschen Regisseure und Schauspieler der neueren Zeit von E. POSSART über A. BASSERMANN und W. KRAUSS bis zu F. KORTNER sind bei der Charakterdarstellung der Hauptfiguren eindrucksvoll gegensätzliche Wege gegangen und haben den erstaunlichen Deutungsspielraum des stets aktuellen Stückes praktisch erwiesen.

L.L. SCHÜCKING, *Die Charakterprobleme bei Sh.*, Leipzig 1919, 1932[3]. – F. GUNDOLF, *Caesar: Geschichte seines Ruhmes*, Berlin, 1924. – H. GRANVILLE-BARKER, *»Julius Caesar«, Prefaces to Shakespeare*, 1927, London, 1958, Bd. II. – G.W. KNIGHT, *The Imperial Theme*, London, 1931 (rev. ed. 1951). – M. HUNTER, *Politics and Character in Sh.'s Julius Caesar*, London, 1931. – L. MORSBACH, *Sh.s Caesarbild*, Halle, 1935. – J.D. WILSON, »Introduction«, *Julius Caesar*, New Cambridge Sh.*, Cambridge, 1949. – J.I.M. STEWART, *Character and Motive in Sh.*, London, 1949. – L. KIRSCHBAUM, »Sh.'s Stage Blood«, *PMLA*, 64 (1949). – R.A. FOAKES, »An Approach to *Julius Caesar*«, *SQ*, 5 (1954). – T.S. DORSCH, »Introduction«, *Julius Caesar*, New Arden Sh., London, 1955. – I. RIBNER, »Political Issues in *Julius Caesar*«, *JEGP*, 56 (1957). – A. BONJOUR, *The Structure of Julius Caesar*, Liverpool, 1958. – R. ORNSTEIN, »Seneca and the Political Drama of *Julius Caesar*«, *JEGP*, 57 (1958). – E.T. SEHRT, »Zum Verständnis des Werkes«, *Julius Caesar*, Rowohlts Klassiker, Hamburg, 1959. – B. KYTZLER, *Sh.: Julius Caesar* (Text und Dokumentation), Frankfurt, 1963. – N. RABKIN, »Structure, Convention, and Meaning in *Julius Caesar*«, *JEGP*, 63 (1964). – N. SANDERS, »The Shift of Power in *Julius Caesar*«, *REL*, 5 (1964). – L.C. KNIGHTS, *Further Explorations*, London, 1965. – P. URE, ed., *Julius Caesar: A Casebook* London, 1965. – I. RIBNER, *Julius Caesar*, New York, 1967. – W. v. KOPPENFELS, »Plutarch, Sh., Quevedo und das Drama der Ermordung Caesars«, *GRM*, 51 (1970). – W.F. McNEIR, *Sh.'s Julius Caesar: A Tragedy Without a Hero*, Wiesbaden, 1971. – J.I.M. STEWART, *Sh.'s Lofty Scene*, British Academy Lecture, London, 1971. – D. DAICHES, *Sh.: Julius Caesar*, London, 1977.

f) Antony and Cleopatra (Antonius und Cleopatra)

aa) Datierung und Text

Im Mai 1608 wurde *Antony and Cleopatra* zusammen mit *Pericles* in das Stationers' Register eingetragen, möglicherweise, um durch Sicherung des Publikationsrechts einem Raubdruck zuvorzukommen. B. BARNES' Ende 1607 gedrucktes Drama *The Devil's Charter* weist einige Wortechos aus Cleopatras Todesszene auf. Im selben Jahr überarbeitete S. DANIEL seine Cleopatra-Tragödie von 1594, ein Vorgang, der meist als bewußte Annäherung an Shakespeares Behandlung des Stoffes gedeutet wird,

wobei freilich Einfluß in umgekehrter Richtung auch nicht völlig
auszuschließen ist. Jedenfalls lassen sich als Entstehungszeit von
Antony and Cleopatra die Jahre 1606/07 ansetzen. Nach den auf
Sagenstoffen basierenden »privaten« Königstragödien *King Lear*
und *Macbeth* kehrt Shakespeare zum weltgeschichtlichen Drama
zurück.

Die 1608 angekündigte Druckausgabe ist nicht erhalten und
wohl auch nie erschienen. Einzige und verläßliche Textgrundlage
ist die Foliofassung von 1623 (*The Life of Antony and Cleopatra*).

bb) Vorlagen

Die historischen Gestalten von Antonius und Cleopatra wurden
von der Antike bis zur Renaissance vorwiegend negativ, als
Beispiele unmäßiger Sinnenleidenschaft und Vergeuder des
römischen Reiches beurteilt. (CHAUCER dagegen nennt die »Lie-
besmärtyrerin« Cleopatra an erster Stelle seiner *Legend of Good
Women*). Eine gewisse Wende führt die klassizistische Renaissancetragödie herbei, die das Geschick des königlichen Paares zu einem
ihrer Lieblingssujets macht und dazu neigt, dem Pathos die
ethische Verurteilung unterzuordnen. Bearbeitungen liegen vor
von G. CINTHIO (um 1542), E. JODELLE (1552), R. GARNIER (1578;
englische Fassung von SIDNEYS Schwester, der Gräfin PEMBROKE,
1590); und S. DANIEL, der dem Pembroke-Kreis nahestand
(1594). Daß Shakespeare die allgemeine Tradition der zeitgenössischen Cleopatra-Darstellung und insbesondere einige der englischen Fassungen kannte, ist mit Sicherheit anzunehmen.

Die unmittelbare Quelle seines Dramas ist, in der Übersetzung
von Sir T. NORTH, PLUTARCHS Leben des Marcus Antonius, ein
zwischen tiefer Mißbilligung und widerwilliger Bewunderung
schwankender Bericht, und das differenzierteste antike Zeugnis
der großen Liebesgeschichte. Bei seiner Dramatisierung geht
Shakespeare weiter als in den übrigen Römerdramen auf dem
von PLUTARCH gewiesenen Weg, die Charakteranalyse historischer Gestalten dem Entwurf eines Geschichtspanoramas vorzuziehen. Dabei ist freilich der Eindruck unvergleichlicher Welt-
weite und Geschehensfülle für sein Konzept wesentlich: zehn
bewegte Jahre des Übergangs von der römischen Republik zum
Kaiserreich, eine Szenerie, die Europa und Asien, West und Ost

gleichermaßen umspannt, und eine erstaunliche Vielzahl individualisierter Charaktere wagt Shakespeare in der raschen Folge seiner etwa 40 Szenen auf die Bühne zu bringen. Doch Welthistorie fungiert hier als Hintergrund für den Untergang der Liebenden. Aus dieser Sicht erscheint Geschichte reduziert, und die Dimensionen sind willentlich verschoben; Antonius' lange parthische Feldzüge, in der Vorlage ausführlich erörtert, werden in einer Anspielung abgetan (IV, xiv, 70), die Entscheidungsschlacht von Aktium schrumpft auf den persönlichen Aspekt von Liebeshörigkeit zusammen, und ein militärisch unbedeutendes Scharmützel am Ende wird zur heroischen Feldschlacht aufgewertet – Gelegenheit für einen letzten trügerischen Aufschwung vor dem Fall des Helden. Geschichtliche Ereignisse finden vorwiegend durch Botenbericht Eingang in das Drama, werden in Kommentaren vielfach perspektivisch gebrochen und in den seelischen Reaktionen der Hauptfiguren relevant. Die von Shakespeare erfundene Botenszene II, v mit Cleopatras maßlosem Gefühlsausbruch auf die Nachricht von Antonys römischer Heirat zeigt diese Kunst, das Geschichtsdrama in die Seelen zu verlagern, beispielhaft.

Gewichtige moralische Akzente PLUTARCHS sind getilgt oder doch ihrer Eindeutigkeit beraubt. So treten die zynischen und grausamen Züge des Antonius bei Shakespeare stark zurück, und seine Zechgelage und Ausschweifungen fügen sich in das Bild einer dionysischen und herkulischen Gestalt. Bei Cleopatra dagegen erhöhen gerade die aus der Quelle übernommenen und noch verstärkten Züge des vulgär Weiblichen die Faszination dieser unergründlichsten Frauenfigur Shakespeares: ihr Zauber verwandelt »Makel in Vollkommenheit«. Vollkommenheit verleiht ihr die Kunst des Dramatikers, der die eindrucksvolle Todesszene der Cleopatra aus der Vorlage zu einer Apotheose der Liebe und der Liebenden steigert, ihren Abschied von der Welt zu einem Äußersten an dichterischer Weltverwandlung und Todesverklärung.

In ihren heftigen Gefühlsschwankungen spiegelt die zentrale Liebesbeziehung eine Welt, die in all ihrer Weite unter dem Gesetz des ewigen Wechsels steht und in der jedes Handeln unweigerlich ins Zwielicht gerät. Wie wenig eindeutig Shakespeare die

Alternative zu Antonys ägyptischer Verstrickung darbietet, erweist das aus der Quelle übernommene Gelage auf der Galeere des Pompejus (II, vii), eine für den Handlungsfortschritt unwesentliche Szene, die die neuversöhnten Herrscher der soeben verteilten Welt aus kraß unheroischer Sicht und auf schwankendem Boden zeigt. Die politische Tat, das römische Weltregiment wird hier als lauernde Berechnung, trunkene Selbstüberhebung und Schicksalsblindheit entlarvt: erst innerhalb der Dramenstruktur kann diese Augenblickskonstellation ihre abgründige Ironie voll entfalten.

Die Dauer des Augenblicks und die Tragfähigkeit momentaner Gefühle und Entscheidungen ironisch in Frage zu stellen, ist die Hauptaufgabe der wichtigsten Nebenfigur Enobarbus. In der Vorlage ein kaum konturierter Gefolgsmann des Antonius, ist er im Drama von Anfang an als Waffengefährte und sarkastischer Kritiker Antony an die Seite gestellt. Seine Stimme, unverstellt bis zur Grobheit und illusionslos bis zum Zynismus, erinnert an Antonys ursprüngliche Römernatur – Nüchternheit, soldatische Härte und Loyalität – inmitten des alexandrinischen Luxus, und wird ohnmächtig bitterer Kommentar zu Antonys selbstverschuldetem Niedergang. Gerade diesem Enobarbus ist aber PLUTARCHS rhapsodische Schilderung der Cleopatra bei ihrer ersten Begegnung mit Antonius (II, ii) in den Mund gelegt; hingerissen wider Willen beschwört er in der kühlen Atmosphäre Roms die Magie der Ägypterin und deutet an, daß sie sich als stärker erweisen wird als der soeben geschlossene römische Freundschaftspakt. Später geht er in Zorn und Verzweiflung über Antonys selbstzerstörerisches Verhalten zur Gegenpartei über, doch eine letzte großmütige Geste seines Herrn läßt ihn unter der Schmach des eigenen Verrates zusammenbrechen. So zollt gerade ihr schonungslosester Kritiker der Größe der Liebenden höchsten Tribut und bezeugt mit seiner eigenen Tragödie die Unmöglichkeit, ihnen gegenüber bis zuletzt kritische Distanz zu wahren.

cc) *Analyse und Deutung*

Dr. JOHNSON vermißte – darin gefolgt auch von weniger streng klassizistischen Kunstrichtern – an *Antony and Cleopatra* die

»Kunst der Verknüpfung und Sorgfalt der Anordnung«. Die Gefahr einer Atomisierung des Dramas in Einzelszenen ist vor allem unter den Bedingungen der Guckkastenbühne gegeben, zumal das Hin und Her der Akte I–III zusammen mit dem Fehlen einer tragischen Vertiefung von Antonys Konflikt zwischen politischer Verantwortung und persönlicher Liebeserfüllung das Verwischen der architektonischen Kontur begünstigt. Beherrschendes Thema in der ersten Hälfte der Handlung ist der Versuch Antonys, sich von Ägypten ab- und den römischen Aufgaben zuzuwenden, und nach dem Scheitern des halbherzigen Unternehmens seine endgültige Rückkehr zu Cleopatra. Vor allem der letztere Aspekt ist aber dramatisch kaum ausgeschöpft. Der Wendepunkt im politischen und persönlichen Geschick Antonys, Aktium, scheint in seiner Bedeutung eher herabgespielt, und zwei Akte lang zieht sich am Ende die Agonie der Helden hin.

Und doch fehlt es nicht an dramatischer Linienführung. Der erste Akt enthüllt zielstrebig die Gegensätze, aus denen die dramatischen Konflikte erwachsen: Antonys Verfallensein an die Welt des Ostens und seinen Versuch, sich von ihr loszureißen, Cleopatras Schauspielkunst und leidenschaftliche Liebe, Octavians Geschick, seinen strengen Moralkodex in den Dienst persönlicher Machtpolitik zu stellen. Akt II zeigt Antony auf der Höhe seines wiedergewonnenen Ansehens; doch die wirkungsvoll eingestreuten ägyptischen Erinnerungen und das groteske »Versöhnungsfest« am Ende des Handlungsabschnitts lassen die Brüchigkeit des Ausgleichs ironisch durchscheinen. Der Mittelakt mit seiner erstaunlichen Szenenzahl bringt den entscheidenden Schicksalsumschwung für Antony – nicht als punktuelle Peripetie, sondern als allmähliches Abbröckeln seiner Position. Zu Beginn noch im vollen Besitz seiner militärischen Macht, der Unterstützung Octavians und der Liebe seiner Schwester Octavia gewiß, ist er am Ende, nach seiner Entscheidung für Ägypten und der (durch die Augen seiner Soldaten gesehenen) Niederlage bei Aktium, unwiderruflich geschlagen, und soweit gesunken, seine wütende Enttäuschung (wie Cleopatra zuvor in II, v) durch Mißhandlung eines römischen Boten abzureagieren. Die beiden Schlußakte sind ganz vom Pathos des heroischen Untergangs bestimmt und nach den Gesetzen von Parallelismus und Steigerung gestaltet, während bisher vor allem das Auf und Ab der Stimmungen und generell das Kontrastprinzip (in der Konfrontation beider Welten und ihrer Vertreter – Antony/Octavian, Cleopatra/Octavia – sowie der Liebenden selbst) den dramatischen Rhythmus prägte. Am Ende ihrer wechselvollen Beziehung sind die Liebenden einander näher gebracht als je zuvor; die rastlos fluktuierende Bewegung des Geschehens kommt zur Ruhe, und das Monument der Cleopatra stiftet die klassische Einheit des Ortes: erst das Grab als Eigenwelt der Liebenden löst den von Anfang an erhobenen Anspruch einer weltüberwindenden Liebe (ironisch) ein. Wie am Ende von *Julius Caesar* geht dem »römischen« Freitod des letztlich größeren der Protagonisten der seines Partners voraus, und jeder der Todesakte wird durch die Selbstopferung treuer Gefolgsleute rituell erhöht. Beide Liebenden empfinden ihr Sterben als sinnliche Erfahrung und wählen die ihrem Wesen zutiefst entsprechende Todesgeste. Dem Zugriff des römischen Gegenspielers sind sie in ihrem triumphalen Untergang entrückt, seine Welt der Realien erscheint eng und farblos neben ihrer leuchtenden Phantasiewelt, ohne jedoch ihre harten Konturen einzubüßen. Nicht Schuldeinsicht und Sühne der Helden führen die tragische Katharsis herbei, sondern das unbedingte Mit-leiden, das sie mit der Magie ihres Wortes dem Publikum abfordern.

Dabei ist für Schauspieler und Zuschauer der Umschwung von der satirischen Reduktion zur imaginativen Verklärung der Liebenden außerordentlich schwer zu vollziehen; seit L.L. SCHÜK-KING hat die Kritik immer wieder von einem Bruch der Kontinuität zwischen Hauptteil und Finale der Tragödie gesprochen. Doch ebenso wie die dichterische Verherrlichung der Liebenden von der Eröffnungsszene an mit wechselnder Betonung den ersten Teil des Dramas durchzieht, reichen letzte Zweifel an ihrer Größe und an der Tiefe ihres Gefühls bis in die Apotheose hinein. Shakespeare exponiert das Paradox dieser Beziehung in voller Schärfe, indem er in den Anfangszeilen der derben Charakterisierung Antonys durch seine Soldaten als »Narr einer Dirne« die herausfordernd hyperbolische Deutung der Liebenden selbst gegenüberstellt: »Kingdoms are clay ... The nobleness of life is to do thus ... we stand up peerless.« Erst das Ende gibt diesen Worten Substanz, doch ein letztes Zwielicht fällt noch auf ihr

Sterben: Antony tötet sich, nachdem ihm die Geliebte den eigenen Tod vorgetäuscht hat, und Cleopatra stirbt erst, als ihr schmachvolle Behandlung durch die Sieger unentrinnbar scheint. Diese Liebe steht von Anfang an im Schatten des Alterns. Sie ist von periodisch wiederkehrenden Täuschungen und Enttäuschungen gezeichnet, auf die stimulierende Kraft der Erinnerung angewiesen, da sie der Gegenwart nie ganz sicher ist, und greift doch immer wieder gierig nach dem Augenblick. Dem Schwanken Antonys begegnet Cleopatras fordernde Liebe, die bewußt oder unbewußt das Opfer von Welt und Ich zum endgültigen Liebesbeweis erhebt, mit wesensgemäßem Schauspielertum, und jede mitverschuldete Krise wird ihr zur Gelegenheit, mit fortschreitendem Verlust der Welt Antonys Liebe als höchste und einzige Realität bestätigt zu sehen. Das Auseinanderklaffen von heroischer Vergangenheit und gegenwärtiger Ohnmacht, Willen zu poetischer Verklärung der eigenen Leidenschaft und immer wieder aufbrechendem Verdacht ihrer Hohlheit und Todesnähe, bedroht die Identität der Liebenden. Antony drückt in surrealen Bildern das Schwindelgefühl angesichts der Vergänglichkeit aus: er spürt die festen Formen der Welt zerschmelzen, und das Ich zergehen wie Wolkengestalten (IV, xiv). Der Tod erst verwirklicht die idealen Wesenszüge ganz und gibt ihnen Dauer.

Es ist die Steigerung der von Anfang an weitgespannten imaginativen Ausdrucksmittel in den letzten Szenen, die den Eindruck überwältigender Klimax bewirkt. Die »unendliche Vielfalt« der dramatischen Sprache und die Intensität ihrer Bilder veranlaßte die romantische Kritik (S. T. COLERIDGE), das Werk auf eine Stufe mit den vier großen Tragödien zu stellen. Die Sinnlichkeit dieser Sprache spiegelt gleichermaßen das vitale Erleben des Augenblicks wie die Flucht in den Rausch der Phantasie, so wie in der Bildwelt des Dramas der Nil die Fruchtbarkeit und die Schlangen Ägyptens hervorbringt. War in *Romeo and Juliet* die hohe Leidenschaftlichkeit in der Sprache der Liebenden klar vom derbkomischen Sexualzynismus ihrer Umwelt abgehoben, so kann nun der weit über die Zeilengrenzen greifende Blankvers Antonys bald in kosmischen Bildern die Ausweitung seiner Liebe ins Unendliche beschwören, bald in stoßenden Rhythmen der Empörung und des Ekels den widerwärtigen Nachgeschmack seiner Hörigkeit ausdrücken. Die Bildersprache der politischen Eroberung weist eine ähnliche Spannweite zwischen hyperbolischer Übersteigerung und satirischer Deflation auf. Cleopatra steht die reichste Ausdrucksskala von der schrillen Scheltstimme bis zum königlichen Pathos zur Verfügung; als Schauspielerin ihrer selbst versteht sie ihre Auftritte zu inszenieren: im Sterben spielt sie die höchsten Augenblicke ihres Lebens noch einmal, ihre Krönungsszene und die Begegnung mit Antony auf dem Kydnos. Bei derartiger Wandlungsfähigkeit von Charakteren und Sprache erscheinen eigene komische Figuren entbehrlich. Doch die kurze Einführung des Clowns, der dicht vor dem Ende als Überbringer der Schlangen mit der todgeweihten Königin auf bäurische Weise »scherzt«, dient als dramatische Folie für die unmittelbar folgende sublime Sterberede. Dieses Drama versteht sich als dichterische Synthese extremer Spannungen.

dd) Wirkungsgeschichte

Über die zeitgenössische Aufnahme von *Antony and Cleopatra* ist so wenig bekannt, daß man vermuten darf, das Stück habe nicht zu den beliebtesten seines Verfassers gehört. Nach der Restoration wurde es für lange Zeit durch J. DRYDENS freie Nachdichtung *All For Love, or The World Well Lost* (1678) auf der Bühne ersetzt. Diese Version gilt als die gelungenste der neuklassischen Shakespeare-Bearbeitungen. Beispielhaft in ihrer Reduktion dramatischer Vielfalt zu einheitlicher Struktur (die Handlung wird auf Alexandria und den letzten Tag der Liebenden beschränkt, die Liste der Charaktere um rund zwei Drittel gekürzt und das Drama auf die Idee des Untertitels vereinfacht), stellt sie eine »Regularisierung« Shakespeares von beachtlicher Originalität und Konsequenz dar. D. GARRICK spielte 1759 die stark bearbeitete und gekürzte Fassung des Shakespeare-Philologen E. CAPELL, und J.P. KEMBLE brachte 1813 eine ebenso unbefriedigende Mischung aus Shakespeares und DRYDENS Text auf die Bühne. Erst 1849, unter S. PHELPS, sah das englische Publikum wieder eine einigermaßen textgetreue Version der Tragödie. Doch weder das romantische Interesse am lyrischen Reichtum des Werkes, noch eine prunkvolle Bühnenausstattung konnten das

Stück fest auf den Spielplänen etablieren, ehe entscheidende Fortschritte der Bühnentechnik und später eine Rückkehr zur fast leeren Bühne und pausenlosen Dramaturgie der Elisabethaner das Problem des allzu häufigen Schauplatzwechsels lösten. Um die Jahrhundertwende erlebte London die üppigen und erfolgreichen Inszenierungen von F. BENSON und H. Beerbohm TREE. Die entscheidende moderne Interpretation gab R. ATKINS 1922 im Old Vic, wo ohne Vorhänge und mit minimaler Szenerie gespielt wurde. Neuere Inszenierungen zeigen die Neigung, statt der orientalischen Atmosphäre die politische Satire des Stückes stärker auszuspielen.

Das deutsche Publikum mußte auf die Erstaufführung des Werkes, sieht man von melodramatischen Vorläufern ab, bis zur Mitte des 19. Jahrhunderts warten (Dresden 1852, Wien 1854), und erst F. DINGELSTEDTS monumentale Wiener Inszenierung von 1878 stellte seine Theaterwirksamkeit unter Beweis. (Zehn Jahre später feierte E. DUSE als Cleopatra in Mailand einen ihrer größten Triumphe). Vor allem das Fehlen einer dichterisch angemessenen und bühnenwirksamen Übersetzung (BAUDISSINS Text enttäuscht in beider Hinsicht) hat das Werk in Deutschland nicht so heimisch werden lassen wie die anderen großen Tragödien Shakespeares, obgleich einzelne Aufführungen wie die modern stilisierte von F. ZAVREL (München 1913) oder von S. SCHMITT (Bochum 1939, im Rahmen des Römerzyklus) faszinierende Entdeckungsmöglichkeiten boten.

A.C. BRADLEY, *Sh.'s Antony and Cleopatra*, Oxford, 1905. – A.H. CASE, »Introduction«, *Antony and Cleopatra*, Arden Sh., London, 1906. – L.L. SCHÜCKING, *Die Charakterprobleme bei Sh.*, Leipzig, 1919, 1932[3]. – E.E. STOLL, »Cleopatra«, *MLR*, 23 (1928). – H. GRANVILLE-BARKER, *»Antony and Cleopatra«*, in: *Prefaces to Sh.*, 1930, London, 1958, vol I. – F.R. LEAVIS, *»Antony and Cleopatra and All For Love*, *Scrutiny* 5 (1936). – R. BINDER, *Der dramatische Rhythmus in Antony and Cleopatra*, Würzburg, 1939. – D. CECIL, *Antony and Cleopatra*, Glasgow, 1944. – L.C. KNIGHTS, »On the Tragedy of *Antony and Cleopatra«*, *Scrutiny*, 16 (1949). – J.F. DANBY, »The Shakespearean Dialectic«, *Scrutiny*, 16 (1949). – J.D. WILSON, »Introduction«, *Antony and Cleopatra*, New Cambridge Sh., Cambridge, 1950. – F.M. DICKEY, *Not Wisely But Too Well*, San Marino, 1957. – B.T. SPENCER, *Antony and Cleopatra* and the Paradoxical Metaphor«, *SQ*, 9 (1958). – M. LLOYD, »Antony and the Game of Chance«, *JEGP*, 57 (1958). – A. STEIN, »The Image of Antony«, *KR*, 21 (1959). – W.F. SCHIRMER, »Zum Verständnis des Werkes«, *Antonius und Cleopatra*, Rowohlts Klassiker, Hamburg, 1962. – H.A. MASON, »Angelic Strength – Organic Weakness«, *CQ*, 1 (1966). – R. ORNSTEIN, »The Ethic of Imagination«, in: *Later Sh.*, Stratford-upon-Avon Studies 8, London, 1966. – J.R. BROWN, ed., *Antony and Cleopatra: A Casebook*, London, 1968. – A. P. RIEMER, *A Reading of Sh.'s Antony and Cleopatra*, Sydney, 1968. – J. MARKELS, *The Pillar of the*

World: Antony and Cleopatra in Sh.'s Development, Ohio, 1968. – Ph. J. TRACI, *The Love Play of Antony and Cleopatra*, The Hague, 1970. – J. ADELMAN, *The Common Liar: An Essay on Antony and Cleopatra*, New Haven, 1973. – D. R. C. MARSH, *Passion Lends Them Power: A Study of Sh.'s Love Tragedies*, Manchester, 1976. – M. ROSE, ed., *Twentieth Century Interpretations of Antony and Cleopatra*, Englewood Cliffs, 1977.

g) Coriolanus (Coriolan)

aa) Datierung und Text

Auf Grund stilistischer Kriterien, besonders hinsichtlich der Blankversbehandlung, wird *Coriolanus* meist als letzte der Shakespeareschen Tragödien nach *Antony and Cleopatra* eingeordnet. Objektivere Anhaltspunkte für eine Datierung ergeben zwei 1609 entstandene Werke, die jeweils eine auffallende Zeile des Stückes (I, i, 210 bzw. II, ii, 99) parodieren: R. ARMINS *Phantasma* und Ben JONSONS Komödie *The Silent Woman*. Eine satirische Wirkung konnten derart spezifische Anspielungen nur haben, wenn die Erstaufführung des Dramas nur kurz zurücklag oder wenn es für längere Zeit ein Bühnenerfolg war. Ein Hauptthema des Stückes, die politisch-soziale Spannung zwischen Volk und Aristokratie, war für die Zeitgenossen nach den Midland-Aufständen im Frühsommer 1607 höchst aktuell und wurde heftig debattiert. Schließlich hat man in dem Bild »the coal of fire upon the ice« (I, i, 171) einen Hinweis auf den äußerst strengen Winter 1607/08 sehen wollen, als auf der Eisdecke der Themse in großen Becken Kohlenfeuer entzündet wurden. All diese Beobachtungen legen eine Datierung um 1608 nahe.

Der Text ist lediglich in der Folioausgabe von 1623 überliefert, wo er *The Tragedy of Coriolanus* betitelt ist. Trotz der Notwendigkeit zahlreicher Einzelemendationen (vor allem bei Fragen der Verseinteilung) bietet er im ganzen gesehen keine schwerwiegenden Probleme. Die außergewöhnlich detaillierten Bühnenanweisungen lassen als Druckvorlage mit Sicherheit ein sorgfältig konzipiertes Bühnenmanuskript annehmen.

bb) Vorlagen

Gaius Martius Coriolanus, der Titelheld des Dramas, hat nach Erkenntnis der modernen Geschichtsforschung nie gelebt. Die Ursprünge seiner von Anfang an literarischen Existenz liegen in einer Familienlegende des römischen Geschlechtes der Marcier. Seit der Antike hat die Figur des Coriolan immer wieder zwei grundverschiedene Bewertungen erfahren: die einen sahen in ihm einen Heros, ausgestattet mit den höchsten Tugenden des alten Rom, und in seinem Schicksal den Undank des Vaterlandes gegen seinen Retter; die anderen einen überheblichen Verächter und schließlich Verräter seines Volkes.

Die Quelle für Shakespeares letztes Römerdrama ist PLUTARCHS Leben des Coriolanus aus den von Sir T. NORTH übersetzten Parallelbiographien. Nur für seine Gestaltung der »Fabel von Bauch und Gliedern« scheint der Dichter zusätzlich die Version der Geschichte bei LIVIUS (in HOLLANDS Übertragung von 1600) und in CAMDENS Remains (1605) berücksichtigt zu haben. Zweifellos hat Shakespeare an der Gestalt des Coriolan der vollkommene Kontrast zu Marc Anton fasziniert, dessen Geschick er um die gleiche Zeit nach PLUTARCH dramatisierte. Für die so beliebten großen Volks- und Schlachtenszenen bot die auf der Bühne noch unbekannte Handlung aus der Frühzeit Roms mit ihrem Kriegsheros und den aufrührerischen Volksmassen mehr Raum als die vorhergegangenen Römerdramen. Nach Thematik, Struktur und Stil ist Coriolanus darüber hinaus eng mit der (teilweise auf PLUTARCH zurückgreifenden) satirischen Tragödie Timon verwandt, die Shakespeare nicht voll ausgearbeitet hat.

Im wesentlichen konnte der Dramatiker die Ereignisfolge und selbst den Charakterzwiespalt des Helden, in dem edelste Römerart (die Kardinaltugenden »virtus« und »pietas«) und cholerische Maßlosigkeit um Ausgleich ringen, in der Quelle vorgebildet finden. So hat er die klimaktische Szene seiner Tragödie, in der Volumnia als Bittstellerin Roms den Zorn ihres ungerecht verbannten Sohnes von seiner Vaterstadt abwendet, mit geringen Veränderungen aus PLUTARCH übernommen, und hier wie auch an anderen Stellen schließt sich sein Blankvers erstaunlich dicht an NORTHS ausdrucksstarke Prosa an. Auf der anderen Seite erscheint die dramatische Umwandlung und Neuproportionierung des Stoffes vollkommen. Die politischen Vorgänge, mit denen Coriolanus' Geschick verflochten ist, sind gerafft, überschaubarer gemacht und ganz auf den Helden hin ausgerichtet. Shakespeare gliedert das Geschehen in zwei Handlungsbögen und hebt als

Wendepunkt Coriolanus' Kandidatur und Niederlage bei der
Konsulwahl heraus. Im Unterschied zur Vorlage geht dieses
zentrale Ereignis direkt aus seiner heldischen Rolle im Krieg
gegen die Volsker hervor und führt unmittelbar zu seiner Verbannung aus Rom. Der auf Symmetrie gerichtete Formwille des
Dichters läßt die ständische Gegnerschaft des Coriolanus zu den
Volkstribunen und seine kriegerische Rivalität mit dem Volsker
Aufidius gleich bei Beginn der Handlung einsetzen und nicht
erst im Zentrum oder in der zweiten Hälfte wie die Quelle; dazu
schafft er ebenfalls im ersten Handlungsbogen (III, ii) mit einer
ersten Überredungsszene der Volumnia ein dramatisches Gegengewicht zu ihrem Bittgang am Ende (V, iii). Naturgemäß sind
die Spannungen, in denen der Held steht, weit stärker als in der
Vorlage personal bestimmt. Figuren wie Menenius oder die
Tribunen sind dort wenig mehr als Stimmen in einer politischen
Auseinandersetzung; erst Shakespeares Charakterisierungskunst
macht sie zu Menschen von Fleisch und Blut. Die Gattin des
Helden, Virgilia, in der Vorlage ein Schemen, erhält mit feinster
dramatischer Ökonomie einen weiblich-versöhnenden Standort
zwischen Coriolanus' Absolutheitsanspruch und dem seiner
Mutter zugewiesen. Endlich ist es Shakespeare gelungen, Rom
selbst in seiner Volksmenge zu dramatisieren, ihm eine Rolle zu
geben, in der sich die Charaktermängel des Helden, sein unge-
bärdiges Wesen und seine Manipulierbarkeit spiegeln (die Geschlossenheit des Dramas resultiert nicht zuletzt daraus, daß Coriolanus in seinen »Gegenspielern«, also auch in Aufidius und
Volumnia, mit Teilaspekten seines eigenen Charakters konfrontiert wird). Durch diskrete Anachronismen und stilistische
Nuancierung ist der klassische Konflikt zwischen dem einzelnen
und der Menge der englischen Aktualität angenähert: die hoch-
fahrende Sprache des Coriolanus ähnelt der zeitgenössischer
Aristokraten, und die Plebejer gleichen Londoner Handwerkern
und Tagedieben; als Individuen mit Mutterwitz und unfreiwilli-
ger Komik, Torheit und Einsicht ausgestattet, werden sie in der
Masse und unter dem Einfluß eines Demagogen zur reißenden
Meute. Dabei hat Shakespeare den Konflikt der Quelle gegenüber deutlich verschärft: die aggressiv-höhnische Herausforderung als Grundhaltung des Helden dem gemeinen Volk gegen-

über gibt seiner Sprache einen Ton maßloser Gereiztheit, und während er seine legendären Kriegstaten vor Corioli im Alleingang vollbringt, zeigen sich – in ausdrücklichem Widerspruch zu PLUTARCH – die Plebejer-Soldaten feige und erbärmlich. Auch der Haß des verbannten Coriolanus auf seine Vaterstadt nimmt am Ende viel heftigere Form an als in der Vorlage; dort wollte er mit Hilfe der Volsker die absolute Macht der römischen Aristokratie über das Volk wiederherstellen, hier brennt er darauf, ganz Rom in Flammen aufgehen zu lassen. Die Tiefe seines Abfalls wie seiner Umkehr läßt sich an dieser Haltung ermessen.

cc) Analyse und Deutung

Shakespeare macht in seiner letzten Tragödie (wie bei seinem ersten Versuch in dieser Gattung, *Titus Andronicus*, doch aus anderen Gründen) seinem Publikum ein katharrisches Mitleiden mit dem tragischen Helden schwer, wenn nicht unmöglich. Strenger noch als in *Julius Caesar* ist in diesem langen, handlungsreichen Drama die römische Welt nachgebildet, düsterer erscheint der politische Horizont, noch radikaler sind Lyrismus und Sprachmusik verbannt. Indem der Dichter zielstrebig sein Drama unter Verzicht auf jede Nebenhandlung um einen Helden aufbaut, dem keine andere Figur diesen Rang bestreiten kann, macht er die Menschenferne und das tödliche Anderssein dieses Helden spürbar. Fast immer steht er, drohend und bedroht, als einzelner einer Gruppe gegenüber, in Abwehrstellung selbst unter seinen Standesgenossen und Angehörigen; jeder Dialog mit der Umwelt wird ihm zum Agon. Kühn und frei von aller Verstellung, aber auch schroff und zur Mäßigung unfähig, sucht er die kompromißlose Auseinandersetzung im Krieg Roms mit den Volskern ebenso wie im innenpolitischen Konflikt der Patrizier mit den Plebejern. Seine entscheidende Herausforderung geht jedoch von einem Antagonisten aus, der ihm selbst am meisten gleicht, von seiner Mutter.

Auf die militärischen Siege des Coriolanus folgen in beiden Hälften des Dramas seine politischen und persönlichen Niederlagen. Der Taktik der Volkstribunen, ihn durch kalkulierte Reizung (»traitor!«) zu selbstzerstörerischen Ausbrüchen seines

hybriden Ehrgefühls zu treiben (III, i), entspricht dabei in der
Schlußszene genau die Intrige des Aufidius gegen seinen großen
Rivalen. Verwundbar für die Ränke der Unedlen und verletzlich
für den Vorwurf des Verrats wird der Held aber erst, nachdem
Volumnia schicksalhaft in sein Handeln eingegriffen hat. In
Coriolans Verhältnis zu Volumnia, die den früh vaterlosen
Knaben einzig nach ihrem ehrgeizigen Leitbild römischer Größe,
dem des unbeugsamen Kriegsmannes, erzog, und die ihn in Verkennung seiner Neigungen und Gaben als Führer des Staates
sehen möchte, stellt Shakespeare mit der dialektischen Kunst
seiner Spätzeit eine Mutterbindung dar, die zugleich Haltung der
Pietät und knabenhafte Unreife ist. In III, ii bringt Volumnia
ihren Sohn dazu, aus taktischen Erwägungen eine Pose der
Demut einzunehmen und so gegen seinen ehernen Grundsatz,
nie sich selbst untreu zu werden, zu verstoßen. Sie tut es nach
außen hin, um die Gefahr eines Parteienkampfes von Rom abzuwenden, doch der eigentümlich zynische Ton ihrer Ratschläge
zeigt eigenen Ehrgeiz und Herrschaftsanspruch über den Sohn als
Motive an. Daß Coriolanus sich dazu bewegen läßt, in der Kon-
fliktsituation die Sohnespflicht über seine Mannhaftigkeit zu
stellen, bedeutet, wie er klar erkennt, Selbstverrat. Seine anschließende Verbannung, Konsequenz des Scheiterns am aufge-
nötigten Rollenspiel, und das Überlaufen zum Landesfeind – die
große Trotzgeste und nachträgliche Rechtfertigung seiner Ankläger – sind nur mehr Veräußerlichung des ursprünglichen
Zwiespalts. Coriolanus' kühnes Hintreten an den Herd des Tod-
feindes Aufidius – durch die vorhergehende zwielichtige Szene
zweier Spione im Niemandsland zwischen Rom und Antium
vorbereitet – und seine Führung des Haßkrieges gegen Rom
erweisen wieder die tragische Trennung von Heldenmut und
Liebespflicht in seiner Seele; hatte er im ersten Konflikt aber die
Regungen der »virtus« zu unterdrücken versucht, so will er nun
die Sohnesbindung gegenüber der Vaterstadt verleugnen. Erst
als Volumnia sich selbst ohne den alten Eigennutz mit der Mutter
Rom identifiziert und erneut seinen festen Vorsatz bezwingt,
finden die beiden Grundeigenschaften seiner Größe und Gefährdung wieder zueinander. Die Parallelen zur ersten Bittszene sind
unübersehbar: wieder haben zuvor die Freunde Cominius und

Menenius fruchtlos geworben, wieder gewinnt Volumnia ihr
Spiel, indem sie vorgibt, es aufzugeben, wieder sieht der Held das
Verhängnis seines Nachgebens; er ahnt, daß er sich selbst das
Todesurteil spricht. Doch erst in diesem Augenblick der Selbst-
überwindung reift Coriolanus zu souveräner Menschlichkeit, da
ihm die Kommunikation mit der Welt gelingt; durch seine Bereitschaft, sich selbst aufzuopfern, um seine Integrität zurückzu-
erlangen, erwächst ihm tragische Größe. Den Gipfelpunkt des
Dramas bezeichnet nicht das gesprochene Wort, sondern Shakespeares beredteste Bühnenanweisung: »Holds her by the hand,
silent.« Dieser Moment widerlegt die in vieler Hinsicht plausiblen
Versuche der Kritik, dem Stück Tragödiencharakter überhaupt
abzusprechen und es als »dramatische Satire« oder »politisches
Diskussionsstück« in unmittelbare Nähe von *Timon* und *Troilus
and Cressida* zu stellen.

Das Ende ist kein Heldentod nach Art der übrigen Römertragödien, sondern erbärmliche Kabale wie der Fall Hectors am
Ende von *Troilus and Cressida*. Die Intriganten dürfen ihr Opfer
ungestraft überleben; kein Ebenbürtiger, sondern ein Aufidius
spricht den Nachruf. Und doch ist dieser Tod des Mannes, der
ständig seine zerstörerische Energie gegen die Menge gewendet
hat und nun von der Meute zerfleischt wird, dramatische Notwendigkeit. Ein Schicksal hat sich erfüllt.

Shakespeares Perspektivismus der Darstellung, der alle Haupt-
akteure erbarmungslos kritisch beleuchtet, dabei die Aspekte
wechseln läßt und Abstufungen des Versagens setzt, ohne eine
Partei völlig zu verwerfen, bewirkt eine verwirrend komplizierte
Form der Sympathielenkung. Am ehesten kann sich der Zuschauer von den einflußarmen Figuren Cominius, Menenius und
Virgilia leiten lassen, die ausnahmslos auf Seiten des Helden
stehen und doch durch ihre politische und humane Haltung
indirekt an ihm und an anderen Hauptfiguren Kritik üben. Das
Drama setzt bedeutungsvoll mit Menenius' Erzählung der Fabel
von Bauch und Gliedern ein, einer klassischen Staatsallegorie,
die der zungengewandte und diplomatische Patrizier den aufrührerischen Plebejern als Modell eines auf Vernunft gegründeten
Gemeinwesens vorhält und mit der sich auch Shakespeares Zeitgenossen noch identifizieren konnten. Die unmittelbar anschlie-

ßenden Auftritte der kunstvollen Expositionsszene zeigen im
Vorgriff auf die gesamte Handlung, wie sowohl der Held mit
seinem völligen Mangel an Gemeinschaftsgefühl und staatsdie-
nender Haltung als auch die Tribunen als eigensüchtige Macht-
politiker gegen dieses Maß verstoßen.

Die Fabel des Menenius führt mit der Vorstellung vom Orga-
nismus des Staates den wichtigsten Bildkomplex des Dramas ein.
Coriolanus und die Tribunen erscheinen jeweils in der Sicht der
Gegenpartei als kranke Glieder des Staates, die abzutrennen
seien; Metaphern aus dem Bereich der niederen organischen
Funktionen durchziehen die sprachlichen Auseinandersetzungen;
in ihrer Nachbarschaft stehen die Bilder der niederen Tierwelt,
wie sie Coriolanus für die Plebejer verwendet, und die von jenen
wiederum auf ihn bezogenen Raubtiervergleiche. Als krank und
un-menschlich stellt diese überaus konsequent eingesetzte Metaphorik das Staatswesen in seinen ständischen Gruppen dar. Dazu
werden Wertworte wie Adel, Ruhm, Größe, Liebe im rhetorischen Wettstreit der Parteien unablässig mit stets wechselndem
Stellenwert hin- und hergespielt. Wie die Charaktere, so wirbt
auch die Sprache des Dramas nicht um Leser und Zuschauer,
sondern gibt sich spröde und abweisend; der Vers mit kompli-
ziertem Satzbau, elliptisch, übermäßig enjambierend, meidet
Wohlklang und Glätte; epigrammatisch beißend, ohne behag-
liche Komik ist die Prosa. Ein Blick auf die üppige Stilvielfalt des
gleichzeitig entstandenen *Antony and Cleopatra* enthüllt, wie
vollkommen, gerade in ihrer absoluten Verschiedenheit, in den
beiden letzten Tragödien Sprache und Sujet aufeinander bezogen
sind. Die gewandt vom aristokratischen Vers zur volkstümlichen
Prosa überwechselnde weltkluge Spöttersprache des Menenius
charakterisiert ihren Sprecher ebenso wie die wiederholungs-
reichen, im Affekt aufgetürmten Blankversblöcke des Coriolanus.
In der nüchtern antithetischen Welt von Stadt und Heerlager
entfällt dagegen weitgehend die Aufgabe der Sprache, atmosphärischen Hintergrund zu schaffen und Naturgegenwart zu
evozieren.

dd) Wirkungsgeschichte

Shakespeare hatte wie vor ihm PLUTARCH durch seine differenzierte Charakterdarstellung den propagandistischen Gehalt des Coriolan-Stoffes neutralisiert. Gerade seine skeptische Behandlung der Römerlegende forderte jedoch die Nachfolger immer wieder dazu heraus, das Stück in ein politisches Bekenntnisdrama umzuschreiben oder umzuinszenieren. Bis weit in das 19. Jahrhundert hinein wurden fast nur mehr oder minder tendenziöse Bearbeitungen gespielt. Die erste, N. TATES *The Ingratitude of a Commonwealth* (1682), verfälschte den Schlußakt zu einem Schauerdrama im Dienst royalistischer Propaganda, die zweite, J. DENNIS' *The Invader of His Country* (1719) benützte Coriolan angesichts der Gefahr einer Invasion des Kronprätendenten als negatives Exempel; in J. THOMSONS mit der Verbannung des Helden einsetzender Version (1749) wurde der römische Krieger dann wieder zum idealen Aristokraten umstilisiert. 1754 führte D. GARRICK den einigermaßen wiederhergestellten Urtext auf, den jedoch bald eine Mischfassung aus Shakespeares und THOMSONS Stück erneut verdrängte. J.-P. KEMBLE spielte seit 1789 wiederholt in seiner eigenen Adaptation des Dramas mit großem Erfolg die Hauptrolle. Nach ihm waren W. MACREADY und S. PHELPS die berühmtesten Interpreten der Figur im 19. Jahrhundert. Unter den Darstellern der neueren Aufführungen ragte besonders G. WARD als Volumnia (1901–19) und L. OLIVIER als überzeugend tragischer Coriolanus (1938; 1959) hervor.

Die erste vollständige Übertragung ins Deutsche stammt von J.J. ESCHENBURG (1777). Auf der Bühne wurde das Drama in den recht freien klassizistischen Bearbeitungen von SCHINK (Hamburg 1781), DALBERG (Mannheim 1791) und v. COLLIN (Wien 1802; dazu BEETHOVENS *Coriolan-Ouvertüre* von 1807) gespielt. K. GUTZKOWS Fassung von 1847 konnte dank der politischen Unruhe der Zeit das Stück erstmals über mehrere Dekaden auf den deutschen Spielplänen halten. Doch nur E. DEVRIENT wagte es 1855 und 1864, sein Publikum mit dem unverfälschten Shakespearetext zu konfrontieren. Während des ersten Weltkriegs und in der Nachkriegszeit entdeckte man die Relevanz des Dramas für das eigene nationale Schicksal. Es kam zu zahlreichen Neuinszenierungen und stark unterschiedlich akzentuierten Deutun-

gen, von denen besonders die Berliner Aufführungen unter
E. ENGELS Theatergeschichte gemacht haben (1925/28 mit
F. KORTNER; nachhaltiger Einfluß auf BRECHTS Konzept des
Epischen Theaters; 1936/7 mit E. BALSER).

Zwei der interessantesten Versuche, den Stoff dichterisch zu
aktualisieren, sind Fragment geblieben: T. S. ELIOTS *Coriolan*-
Gedicht, eine Wortcollage, stellt vergangener Größe ironisch die
Wirklichkeit moderner Militärdiktaturen gegenüber, und B.
BRECHTS dramatische Bearbeitung (1952) verschiebt die Gewichte
zugunsten der Plebejer.

A. C. BRADLEY, *Coriolanus*, London, 1912. – G. W. KNIGHT, *The Imperial Theme*, London, 1931, rev. ed. 1951. – H. GRANVILLE-BARKER, »*Coriolanus*«, in: *Prefaces to Sh.*, 1947, London, 1958, Bd. II. – P. A. JORGENSEN, »Sh.'s *Coriolanus*: Elizabethan Soldier«, *PMLA*, 64 (1949). – D. J. ENRIGHT, »*Coriolanus*: Tragedy or Debate?« *EIC*, 4 (1954). – K. MUIR, »In Defence of the Tribunes«, *EIC*, 4 (1954). – I. R. BROWNING, »Coriolanus: ›Boy of Tears‹«, *EIC*, 5 (1955). – H. HEUER, »From Plutarch to Sh.: A Study of *Coriolanus*«, *ShS*, 10 (1957). – S. K. SEN, »What Happens in *Coriolanus*«, *SQ*, 9 (1958). – K. MUIR, »The Background of *Coriolanus*, *SQ*, 10 (1959). – H. J. OLIVER, Coriolanus as Tragic Hero«, *SQ*, 10 (1959). – L. C. KNIGHTS, *Some Shakespearean Themes*, London, 1959. – J. D. WILSON, »Introduction«, *Coriolanus*, New Cambridge Sh., Cambridge, 1960. – A. P. ROSSITER, »*Coriolanus*«, in: *Angel With Horns*, London, 1961. – L. C. KNIGHTS, *Further Explorations*, London, 1965. – B. KYTZLER, *Sh.: Coriolan* (Text und Dokumentation), Frankfurt, 1965. – G. R. HIBBARD, »Introduction«, *Coriolanus*, New Penguin Sh., Harmondsworth, 1967. – W. RIEHLE, »Zum Verständnis des Werkes«, *Coriolanus*, Rowohlts Klassiker, Hamburg, 1967. – J. E. PHILLIPS, ed., *Twentieth Century Interpretations of Coriolanus*, Englewood Cliffs, 1970. – C. C. HUFFMAN, *Coriolanus in Context*, Lewisburg, 1971. – M. BRUNKHORST, *Sh.s Coriolanus in deutscher Bearbeitung*, Berlin, 1973. – R. BERRY, »The Metamorphoses of *Coriolanus*«, *SQ*, 26 (1975). – P. BROCKBANK, »Introduction«, *Coriolanus*, New Arden Sh., London, 1976. – B. VICKERS, *Sh.: Coriolanus*, London, 1976. – B. A. BROCKMAN, ed., *Sh.: Coriolanus; A Casebook*, London, 1977.

h) Die späteren Tragödien: Einleitung

aa) Die Tragödienauffassung der Zeit

Es gibt zur Zeit Shakespeares in England keine detailliert aus-
geführte Theorie der Tragödie, die genaue Forderungen an die
Handlungsstruktur oder eine Konzeption des tragischen Helden
formuliert. Die Tragödie unterliegt wie alle Dichtung der Forderung, zu belehren und zu tugendhaftem Handeln zu bewegen
(SIDNEY, WEBBE); darüber hinaus soll sie »exempla« vom Fall der
Großen und von bestraftem Verbrechen zeigen, die vor Hochmut
und Tyrannei warnen (PUTTENHAM; HEYWOOD). Es wirkt hier
die »de casibus« Konzeption weiter, welche die mittelalterliche
»tragedye« (CHAUCER, LYDGATE, *Mirror for Magistrates*) bestimmt

hatte. Diese Tragödienauffassung gründete in zwei weltanschaulichen Konzeptionen der Zeit: einerseits in der Vorstellung vom
sich unaufhörlich drehenden Rad der Fortuna, andererseits auf
der Betrachtung des Kosmos als eines »chain of being«, einer
Seinskette, in der jedem Wesen sein bestimmter Platz zukommt;
wer diesen zu übersteigen versucht, muß zu Fall kommen, doch
kann sein Tun zuvor alle Glieder der Kette, Mikrokosmos wie
Makrokosmos, in Mitleidenschaft ziehen (vgl. S. 21). Neben
solchem Gedankengut ist vorwiegend in akademischen Tragödien der Einfluß Senecas wirksam, der in seinen Dramen den
tragischen Fall dadurch auslöst, daß der Held unfähig ist, seine
heftigen Leidenschaften und Emotionen durch den Verstand zu
beherrschen; er wird zum »slave of passion«.

In der Praxis hatten sich unter den Dramen, die zur Zeit Shakespeares den Titel »Tragödie« trugen, einige Unterarten herausgebildet, die eine spezielle Plot-Struktur und Zentralthematik gemeinsam haben. Es gibt die »tragedy of revenge«, in der eine
Rachehandlung unter gewissen Verzögerungen, Fehlgriffen,
Intrigen und Täuschungsmanövern zum blutigen Ende gebracht
wird, wobei meist der Rächer, schuldig geworden, mit zugrunde
geht. Es gibt die »domestic tragedy«, gewöhnlich im bürgerlichen
Milieu angesiedelt, wo private Vergehen (meist Ehebruch) nach
einem christlich-homiletischen Schuld-Sühne-Mechanismus behandelt werden und es gibt Tragödien, die den »histories« nahe-
stehen, bei denen sich die Handlung um Fragen von echtem und
falschem Herrschertum, um Tyrannei oder Usurpation dreht.

bb) Das Tragische bei Shakespeare

Auch Shakespeare steht in dieser Tradition, und seine Tragödien sind den konventionellen Formen nahe: *Hamlet* der »tragedy
of revenge«, *Othello* der »domestic tragedy«, *Macbeth* den »histories«. Darüber hinaus weisen sie jedoch Aspekte auf, die in den
Dramen der Zeitgenossen nur vereinzelt anklingen und die an die
aristotelische Definition der Tragödie erinnern (obgleich die
theoretischen Äußerungen der Zeit auf Aristoteles keinen
Bezug nehmen). Der Held erscheint als eine potentiell edle Gestalt, sein Untergang gründet auf einem tragischen Irrtum seinerseits, einer charakterlichen Schwäche oder einer moralischen

Fehlentscheidung; das Erkennen und Durchleiden der tragischen Situation als einer unentrinnbaren sowohl durch den Helden als auch durch den Zuschauer zeitigt die Wirkung einer Katharsis. Inwieweit wirklich eine Adaption von ARISTOTELES zugrunde-liegt, läßt sich nicht nachweisen; viele dieser Züge lassen sich auch auf mittelalterlich-christliche Traditionen zurückführen (die Vorstellung des Menschen als des gefallenen Sohnes Adams; die Versuchungs- und Entscheidungssituationen in den »morali-ties«). Sehr oft wird der tragische Eindruck mitbestimmt von Wertkonflikten, die für die historische Situation relevant sind, vom Gegeneinander mittelalterlich-christlicher Ordnungsvor-stellungen und dem stolzen Selbstverständnis des Menschen einer neuen Zeit. Doch umfaßt das tragische Weltbild von Shake-speares Tragödien mehr als persönliche Schuldverstrickung und zeitbedingte Wertkonflikte. Sie greifen das Problem des Bösen in der Welt als ein Überpersönliches auf und stellen die Frage nach der letzten Gerechtigkeit. Widersprüche werden konsequent ausgetragen; die Natur selbst bringt das Unnatürliche hervor (das Vater-Kind-Verhältnis in *King Lear*), aus den besten Eigen-schaften des Menschen erwächst sein Ruin (Timons Vertrauen und Großzügigkeit; Hamlets skrupelhaftes Gewissen), Leiden und Untergang Unschuldiger werden durch keine »poetic justice« übertüncht (Desdemona; Cordelia), das Böse als ein Wille außerhalb des Menschen frohlockt über sein Straucheln (Macbeth), Anschein und Wesen, Realität und Ideal klaffen un-versöhnlich auseinander, ein weltimmanenter Zwiespalt er-scheint als übergeordnetes Korrelat für individuell tragische Situationen. Dennoch wird der ungemildert tragische Effekt im persönlichen Bereich und die Widersprüchlichkeit als Weltgesetz aufgefangen vom Glauben an eine umfassendere gerechte Ord-nung, und der tragische Held erweist noch in Schuld, Leiden und Untergang die mögliche Größe des Menschen.

cc) Probleme der Gruppierung

Seit A. C. BRADLEYS *Shakespearean Tragedy* (1904) ist es mehr oder weniger Tradition geworden, *Hamlet*, *Othello*, *King Lear* und *Macbeth* als die Gruppe der »großen« Tragödien geschlossen zu betrachten. Die vier Dramen erschienen kurz nacheinander zwischen 1601 und 1606; und da auch die im gleichen Zeitraum entstandenen »problem plays« neben Komödienelementen tragödienhafte Aspekte aufweisen, bezeichnet man diese fünf Jahre als Shakespeares »tragische Periode«. Bemühungen, die künstlerische Konzentration auf die Tragödie mit tragischen Ereignissen in Shakespeares Leben in Zusammenhang zu bringen, blieben rein spekulativ. Es läßt sich sachlich nur feststellen, daß er nun, in größerer Unabhängigkeit von literarischen Vorlagen als bisher, mit den künstlerischen Mitteln des Dramas Probleme und Einsichten darzustellen vermochte, die mehr als in seinen früheren Werken zu den Grenzen und Tiefen menschlicher Erfahrung vorstoßen. Die Stoffe der Dramen stammen aus höchst unterschiedlichen Quellen, italienischen Novellen, englischen oder lateinischen Chroniken und anonymen Volksstücken. Die Homogenität der vier Tragödien ist begründet in der Verwandtschaft ihres Weltbildes und der gemeinsamen Konzeption eines Helden, der nicht – wie in den Historien – primär durch seine öffentliche Funktion oder die geschichtliche Situation in tragischen Konflikt gerät, sondern – in jedem Drama auf andere Weise – als menschliches Individuum.

Zuweilen wird die Gruppe durch Zuziehung anderer, ebenfalls den Titel »Tragödie« rechtfertigender Werke erweitert. *Timon of Athens*, sowohl dem Stoff als auch den Text- und Datierungsproblemen nach schwer einzuordnen, soll hier auf Grund seines Menschenbildes und seiner tragischen Konzeption als eine weitere Variante den vier »großen« zugesellt werden. *Romeo and Juliet* hingegen weist durch seinen Anteil an Komödienelementen und die ausschlaggebende Rolle des Zufalls bei der tragischen Zuspitzung einen so tiefgreifenden Unterschied zu ihnen auf, daß eine Behandlung im Rahmen der frühen Werke angebrachter erscheint. *Julius Caesar, Coriolanus, Antony and Cleopatra* werden auf Grund ihrer Quellengleichheit und ihrer engen Bezogenheit auf römische Staatsformen und antike Tugendideale vorzugsweise der Sondergruppe der »Roman plays« zugeordnet.

dd) Deutungen der Tragödien

Anfangs standen meist naturalistisch-realistische Charakteranalyse und die Untersuchung des individuellen Schuldproblems nach der aristotelischen Tragödiendefinition im Mittelpunkt der Interpretationen von Shakespeares Tragödien; teilweise setzte sich diese Richtung bis in unsere Zeit fort (BRADLEY; W. FARN-HAM). Untersuchungen über die spezifisch durch die Renaissance-zeit bedingten weltanschaulichen und künstlerisch-strukturellen Faktoren traten als Korrektiv hinzu (L. B. CAMPBELL; E. E. STOLL). Später verlagerte sich das Interesse auf die die Gesamtheit des Dramas beherrschenden Themen und ihren Niederschlag in der Sprach- und Bildstruktur (G. W. KNIGHT; W. CLEMEN; R. B. HEILMAN). Heute zeichnen sich vor allem zwei verschiedene Deutungsansätze ab: die eine Interpretationsrichtung sieht in den Tragödien christliche Moralitätenspiele mit gleichnishaften Zügen (P. N. SIEGEL; R. W. BATTENHOUSE) oder die Realisierung eines mythischen, repräsentativen Reinigungsprozesses; eine Gesellschaft erlebt das Opfer eines Individuums, das Träger ihrer Ideale und ihrer Liebe war und nun zum Träger kollektiver Schuld geworden ist (H. S. WILSON). Die zweite Gruppe von Interpreten sucht in den Tragödien diejenigen Züge aufzuspüren, die modernen Weltdeutungen entsprechen. Sie betonen entweder das Absurde, die inhärenten Diskrepanzen und Paradoxe des Le-bens und die Machtlosigkeit des Menschen angesichts einer a priori gegebenen, unlösbaren Widersprüchlichkeit (J. KOTT), oder aber sie arbeiten die historischen und sozialen Bedingtheiten heraus, die den Konflikt des tragischen Helden in Shakespeares Dramen mitbestimmen. Die beiden letztgenannten Aspekte sind es auch, die die meisten zeitgenössischen Bühnenaufführungen beherrschen.

H. WEISINGER, »The Study of Shakespearian Tragedy since Bradley«, SQ, 6 (1955) (Forschungsbericht). – A. C. BRADLEY, Shakespearean Tragedy, London, 1904. – L. B. CAMPBELL, Sh.'s Tragic Heroes, London, 1930. – H. GRANVILLE-BARKER, Prefaces to Sh., 1930–1947, 2 vols., London, 1958. – G. W. KNIGHT, The Wheel of Fire, London, 1930. – G. W. KNIGHT, The Imperial Theme, London, 1931. – E. E. STOLL, Art and Artifice in Sh., London, 1933. – M. C. BRAD-BROOK, Themes and Conventions of Elizabethan Tragedy, Cambridge, 1935. = F. BOWER, Elizabethan Revenge Tragedy, Gloucester, Mass., 1940. – H. H. ADAMS, English Domestic or Homiletic Tragedy 1575 to 1642, New York, 1943. – L. L. SCHÜCKING, Sh. und der Tragödienstil seiner Zeit, Bern, 1947. – H. B. CHARLTON, Shakespearian Tragedy, Cambridge, 1948. – W. FARNHAM, Sh.'s Tragic Frontier, Berkeley, 1950. – W. CLEMEN, Die Tragödie vor Sh., Hei-delberg, 1955. – P. N. SIEGEL, Shakespearean Tragedy and the Elizabethan Com-promise, New York, 1957. – H. S. WILSON, On the Design of Shakespearean Tragedy, Toronto, 1957. – K. MUIR, Sh.'s Sources, London, 1957. – I. RIBNER, Patterns in Shakespearean Tragedy, London, 1960. – W. ROSEN, Sh. and the Craft of Tragedy, Cambridge, Mass., 1960. – M. H. SHACKFORD, Sh., Sophocles: Dramatic Themes and Modes, New Haven, 1960. – J. HOLLOWAY, The Story of *the Night*, London, 1961. – K. MUIR, *Sh.: The Great Tragedies*, London, 1961. – C.J. SISSON, *Sh.'s Tragic Justice*. London, 1963. – J. KOTT, *Sh. heute*, München, 1964. – V.K. WHITAKER, *The Mirror up to Nature*. San Marino, Cal., 1965. – G. BRERETON, *Principles of Tragedy*, London, 1968. – R.B. HEILMAN, *Tragedy and Melodrama*. Seattle, 1968. – R.H. WEST, *Sh. and the Outer Mystery*. Lexington, 1968. – R.W. BATTENHOUSE, *Shakespearean Tragedy: Its Art and its Christian Premises*, London, 1969. – R.A. BROWER, *Hero & Saint: Sh. and the Graeco-Roman Heroic Tradition*, Oxford, 1971. – E. JONES, *Scenic Form in Sh.*, Oxford, 1971. – A.L. FRENCH, *Sh. and the Critics*, Cambridge, 1971. – A. HOBSON, *Full Circle: Sh. and Moral Development*, London, 1972. – I. MORRIS, *Sh.'s God: The Role of Religion in the Tragedies*, London, 1972. – K. MUIR, *Sh.'s Tragic Sequence*, London, 1972. – R. NEVO, *Tragic Form in Sh.*, Princeton, 1972. – R. SOELLNER, *Sh.'s Patterns of Self-Knowledge*, Ohio State UP, 1972. – E. QUINN, J. RUOFF, G. GRENNEN, *The Major Shakespearean Tragedies: A Critical Bibliography*, New York, 1973. – B. McELROY, *Sh.'s Mature Tragedies*, Princeton, 1973. – J.L. BARROLL, *Artificial Persons*, Columbia, 1974. – L. DANSON, *Tragic Alphabet: Sh.'s Drama of Language*, London, 1974. – L.S. CHAMPION, *Sh.'s Tragic Perspective*, Athens, Georgia, 1976. – M. LONG, *The Unnatural Scene*, London, 1976.

i) Hamlet, Prince of Denmark (Hamlet, Prinz von Dänemark)

aa) Text und Datierung

Das Stück wurde am 26. Juli 1602 im Stationers' Register verzeichnet. Stilistische Kriterien (vor allem die Versgestaltung) deuten auf die Entstehungszeit von 1600/01, desgleichen die Anspielung auf die Kinder-Schauspieltruppen (II, ii, 319ff), die 1599–1601 besonders hervortraten.

Der Text liegt in zwei Quarto-Ausgaben und im Folio von 1623 vor. Q1 von 1603 ist ein stark gekürzter Raubdruck, dessen Vorlage wahrscheinlich von einigen Schauspielern zusammengestellt wurde. Er zeigt sprachliche Vergröberungen und dramaturgische Vereinfachungen (die nunnery-Szene erscheint z.B. gleich nach der Planung, ohne Zwischenschiebung anderer Szenen), sowie Anklänge an den vorshakespeareschen »Ur-Hamlet«. Q2 von 1604 dürfte von Shakespeares Manuskript abgedruckt sein; es bietet mit 3800 Zeilen den längsten Text, weist aber zahlreiche Druckversehen und Übertragungsfehler auf. Die Druckvorlage für F1, wo das Stück unter dem Titel *The Tragedy of Hamlet, Prince of Denmark* erscheint, dürfte ein Bühnenmanuskript oder eine annotierte Ausgabe von Q1 gewesen sein; F1 bringt zwei Stellen, die in Q2 fehlen (II, ii, 244–277; 358–379), streicht jedoch dafür etwa 200 Zeilen aus Q2; im übrigen weist es ebenfalls viele Druckfehler und Irrtümer auf. Kritische Textausgaben des *Hamlet* beruhen heute meist auf einer Kollationierung von F1 und Q2.

bb) Die Vorlagen

Hamlet liegt ein nordischer Sagenstoff zugrunde, der in der *Historia Danica* des SAXO GRAMMATICUS (Ende des 12. Jahrhunderts) aufgezeichnet ist. In dieser Geschichte des Dänenprinzen Amleth, der sich an seinem Oheim für die Ermordung seines Vaters rächt, sind wichtige Elemente von Shakespeares Drama vorgegeben: Brudermord, Inzest, gespielter Wahnsinn des Helden, seine zeitweilige Untätigkeit und Melancholie, die Benützung eines Mädchens als Lockvogel, die Auseinandersetzung im Gemach der Mutter, die Reise nach England mit dem Uriasbrief. Doch Hamlet führt dort am Ende seine Rache aus und wird König von Dänemark. In der elisabethanischen Zeit wurde der Hamlet-Stoff vor allem auch durch die *Histoires Tragiques* des BELLEFOREST bekannt. Dort kommt das Motiv des Ehebruchs vor dem Brudermord hinzu. Hamlet findet in dieser Version den Tod. Shakespeare dürfte beide Quellen mittelbar oder unmittelbar gekannt haben. Die dramatische Vorstufe zu seinem Werk ist ein nicht erhaltenes Hamletdrama, von dem wir durch Hinweise von Zeitgenossen wissen und dessen Verfasser wahrscheinlich T. KYD war, der auch die Rachetragödie *Spanish Tragedy* schrieb. Rückschlüsse auf den »Ur-Hamlet« erlaubt das vermutlich auf ihm beruhende deutsche Drama *Der bestrafte Brudermord* (1710). Es dürfte eine typische Rachetragödie nach dem Muster SENECAS gewesen sein und die Erscheinung des rachefordernden Geistes sowie das »Spiel im Spiel« enthalten haben. Shakespeares Leistung ist es, den schablonenhaften Handlungsreichtum solcher Tragödien einer faszinierenden, äußerst komplexen Zentralfigur zugeordnet zu haben, der bis in unsere Zeit immer neue Generationen Modernität abzugewinnen vermochten.

cc) Charaktere und Handlungsstruktur

Hamlets Zaudern, seine lange Untätigkeit, ist Ansatzpunkt vieler Interpretationen. Eine gewisse Passivität ist durch das Schema der Rachetragödie bedingt: Der Held sieht sich in ein Übel verstrickt, dessen Urheber ein anderer ist, und er muß abwarten, bis sich die Gelegenheit ergibt, das Unrecht zu vergelten. Meist sind die Hindernisse jedoch rein äußerer Art. In *Hamlet* aber wird die moralische Problematik dieser Handlung, die Tatsache, daß der Held in der Ausübung der Rache notgedrungen schuldig wird, tiefer als üblich sondiert. Die Erscheinung des Geistes ist zwielichtig, er kann sowohl Abgeordneter des gerechten Gottes als auch Versucher aus der Hölle sein. Seine Mahnungen »Revenge this foul and most unnatural murder« (I, v, 25) und »Taint not thy mind« (I, v, 85) erscheinen unvereinbar. In Hamlet schuf Shakespeare einen Charakter, der die Problematik der Rachetragödie durchsichtig macht, indem er ihre ethischen Implikationen reflektiert. Der Ehrenkodex, der private Rache zur Pflicht macht, treibt ihn vorwärts; das moralische Dilemma aber wird zur vorrangigen inneren Motivation des Zauderns. Hinzu kommt jedoch, daß Hamlet nach der elisabethanischen Lehre von den Temperamenten als Porträt eines Melancholikers geschaffen ist, und zwar eines Menschen, der nicht an natürlicher, sondern an durch einen besonderen Anlaß hervorgerufener extremer Melancholie (melancholy adust) leidet: er ist völlig von einem Zentralgedanken beherrscht, brütet düster vor sich hin, neigt zu plötzlichen Stimmungsumschwüngen und zu Ausbrüchen von bitterem Zynismus, seine Untätigkeit ist von kurzen Perioden fieberhafter Aktivität unterbrochen, doch neigt er mehr zur skrupulösen Reflexion als zur Tat. Er zeigt Merkmale dieser Melancholie bereits vor der Begegnung mit dem Geist, eine Verdüsterung, die auf einer durch die vorzeitige Heirat seiner Mutter bewirkten allgemeinen Desillusionierung beruhen dürfte; seine Reaktionen nach den Eröffnungen des Geistes decken sich mit den Erwartungen, die sein Typus im Zuschauer erwecken mußte.

Hamlets Verhaltensweise tritt umso deutlicher hervor, als sie sich von den Reaktionen anderer in ähnlich gearteten Situationen abhebt. Auch der junge Laertes, Student und Hofmann wie er, hat seinen Vater zu rächen; doch Laertes hat auf seinen Studienfahrten nur den äußeren Firnis des »gentleman« erworben und verschreibt sich ohne jeden Skrupel dem Ehrenkodex der Rache. Fortinbras, Thronfolger wie Hamlet, sucht militärische Vergeltung für seinen erschlagenen Vater und geht dabei jede Gefahr für das Leben seiner Soldaten ein, ohne Ziel und Einsatz abzuwägen. Horatio hat sich trotz seiner Jugend die Gelassenheit des Stoikers erworben, die Hamlet fehlt. Dieser bewundert und beneidet die anderen um der unbedingten Handlungsbereitschaft und der inneren Ausgeglichenheit willen, doch dem Zuschauer erscheint sein Zweifeln und seine Zerrissenheit als Merkmal der tiefer angelegten Persönlichkeit. Neben den jungen Männern, die mit Mitteln des Geistes oder der Gewalt sich zu behaupten und das Dickicht zu durchbrechen suchen, mit dem fremde Schuld sie umgeben hat, steht die Generation der Väter, vertreten durch Claudius und Polonius, weltklug und berechnend, bereit, andere Menschen (Ophelia; Rosencrantz und Guildenstern; Laertes) bedenkenlos als Werkzeug für ihre Zwecke zu gebrauchen.

Innerhalb des umfassenden Zusammenhangs durch das »revenge pattern«, das in drei Spiegelsituationen auftaucht und die Handlungsfolge von Intrigen und gegenseitigem Belauern bedingt, zeichnen sich die Spuren anderer Handlungsschemata ab, die dem Stoff anverwandelt wurden: der Beginn der Beziehung zwischen Hamlet und Ophelia, der aus Berichten und dem Verlesen von Hamlets Gedicht (II, ii, 110ff.) nachvollziehbar wird, verweist auf das Thema der »romantic love«, doch das glückliche Ende, das den Liebenden gewöhnlich nach Prüfungen beschert wird, hat keinen Raum in einer Welt, in der alle zwischenmenschlichen Beziehungen durch Mißtrauen vergiftet sind. Auch das Motiv der Familienfehde klingt an, die Zukunftshoffnung zweier Häuser geht unter durch die gegenseitige Vernichtung ihrer Kinder, doch gibt es keine klar geschiedenen Fronten, da Claudius im eigenen Erben den Feind und im Vaterrächer Laertes ein willkommenes Mittel zu seiner Beseitigung sieht.

So gut die Verschlingung dieser Handlungsfäden an sich gelungen ist – das Drama weist Passagen auf, die zu einer Kritik wegen mangelnder künstlerischer Integration geführt haben (C. S. LEWIS; T. S. ELIOT; V. K. WHITAKER). Die Gefühlsausbrüche Hamlets und viele seiner Aussagen, so wird argumentiert, seien weder durch die dramatische Situation hinreichend begründet, noch für das Stück als Ganzes relevant. Gewiß ist *Hamlet* ein Drama, bei dem der Zuschauer zuzeiten mehr von der Auseinandersetzung des Helden mit sich selbst als vom äußeren Vorgang gefangengenommen wird und in dem mehr als in anderen Tragödien allgemeine Aussagen über Leben und Welt gemacht werden. Doch eben in der Art und Weise, wie Hamlet seine persönlichen Erfahrungen ins allgemeine ausweitet und umgekehrt Einzelbeobachtungen aus den verschiedensten Bereichen auf seine Situation bezieht, schafft er in seiner Gedankenwelt die Integration des Disparaten. Passagen, die unverbunden dazustehen scheinen wie z. B. die Deklamation des Schauspielers über Priamus' Schwert (II, ii, 500 ff.) und sein Nachempfinden von Hekubas Schmerz gewinnen in Hamlets Deutung einen situationsbezogenen, zeichenhaften Charakter als Kontrastbilder zu seiner eigenen gewaltsamen Zurückhaltung und als Symbol für den vernichtenden Schlag, zu dem er ausholt.

dd) Leitmotivische Bilder und Wörter

Es handelt sich bei *Hamlet* um eine Tragödie, in welcher das Leben des Protagonisten und seines Gegenspielers von der Verstellung, bzw. vom Durchschauen einer Maske abhängt; daher kommt dem Thema von Schein und Sein eine Schlüsselstellung zu. Hamlet muß die Wahrheit herausfinden, er will den Schein nicht gelten lassen (I, ii, 76 »I know not ›seems‹«); ironischerweise ist er gezwungen, zu diesem Zwecke selbst eine Maske anzulegen (I, i, 172). Überall sieht er sich vom Schein umgeben; im Lächeln, in der Schönheit sieht er die Maske für Verbrechen (I, v, 108 ff.), für Verderbtheit (III, i, 150 ff.), für den Tod (V, i, 212 ff.). »To put on«, »to paint«, »to assume«, »apparel«, »colouring« sind häufig gebrauchte Wörter. Auch Hamlet selbst ist gehalten, andere zu täuschen; ein durchschaubarer Mensch ist manipulierbar, ist die Flöte, auf der andere spielen (III, ii, 380 ff.). Die Notwendigkeit zu täuschen und die Notwendigkeit zu handeln sind identisch für Hamlet, der häufige Gebrauch des Wortes »to act« bezeichnet beides, handeln und schauspielern. Durch Schauspiel die Wahrheit zu ergründen, ist auch der Sinn des »Spiels im Spiel«, und Hamlets Interesse an den Schauspielern gewinnt so thematischen Bezug.

Die Welt, in der zu leben Hamlet gezwungen ist, erscheint ihm als Gefängnis, als Garten voller Unkraut, als verseucht von einer ansteckenden Krankheit, zersetzt von heimlich wachsenden Krebsgeschwülsten. Mit Giftmord beginnt die Handlung, mit

Tod durch Gift endet sie, gleichsam vergiftet ist für Hamlet jeder Lebensbereich. Besonders der Bereich des Geschlechtslebens, repräsentiert in der inzestuösen Ehe seiner Mutter und seiner eigenen Beziehung zu Ophelia, die man als Falle für ihn mißbraucht, wird mit Bildern von »poison« und ekelerregender Krankheit, Ansteckung und Geschwür belegt. Das Königspaar ist die Quelle der Infektion, die Hof und Staat erfaßt; der König trägt die Verantwortung, wenn etwas im Staate »faul« ist; wo er stürzt, reißt er alle mit, die um ihn sind (III, iii, 15 ff.).

Indem sich Hamlet der hohle Schein des Lebens offenbart, eröffnet sich ihm der Ausblick auf den Tod. Hamlet, der über dem Totenschädel meditiert, ist dafür ein zeichenhaftes Szenenbild (V, i, 200). Das Bild des Menschen, das Hamlet stets vor Augen schwebt, hat zwei Gesichter: er ist angelegt zum Großen und Edlen und doch umnachtet vom Bösen und zum Tode verurteilt (II, ii, 310 ff.; IV, iv, 33 ff.). Die Bitterkeit dieser Erkenntnis gilt es für ihn zu überwinden.

ee) Die dramatische Sprache

Das Drama zeichnet sich aus durch ein ungewöhnliches Ausmaß individueller Sprachschattierungen. Bei Hofe finden sich Abstufungen förmlicher Rede: die rhetorische Sprache des Königs mit dem plural majestatis und der schon in der ersten Ansprache zum Ausdruck kommenden Zwiespältigkeit der Aussage (I, ii, 8 ff.); die vorsichtige, weitschweifige, »schulmeisterliche« Redeweise des Ratgebers Polonius, der stets nur auf Umwegen zur Sache kommt, seine Sätze der Gründlichkeit halber bis zur Unkenntlichkeit verschachtelt (II, ii, 86 ff.) und seine Aussagen durch ein »but« einzuschränken liebt (I, iii, 60 ff.); die äffische Redeweise des Höflings Osric, über die sich Hamlet und Horatio lustig machen (V, ii). Der künstlichen Rhetorik des Laertes stellt sich Hamlets echter Zorn- und Schmerzensausbruch gegenüber (V, i, 270 ff.). Lyrische Sprache erklingt in Ophelias Wahnsinnsszenen mit ihrer Blumensymbolik (IV, v) und in der zarten Schilderung ihres Todes durch die Königin (IV, vii, 167). Die Prosa des Totengräbers bezieht die kolloquiale Diktion mit ein (V, i). Hamlets eigene Sprachmittel sind – angemessen den vielen Rollen, in denen wir ihn sehen – am weitesten gespannt und am flexibelsten eingesetzt. Keine andere Figur Shakespeares kennt diese Fülle sprachlicher Möglichkeiten. Er kann die konventionelle Sprache der anderen ad absurdum führen, wenn er z.B. Laertes mit seiner Rhetorik ironisch übertrumpft, und er ist des raschen, grob-realistischen Ausbruchs fähig, der alle Tabus bricht. Seine komplexen Gedankengänge spiegeln sich im zögernden Rhythmus und im verschlungenen Satzbau seiner Monologe; seine innere Erschütterung drückt sich aus in ganz kurzen Sätzen und Ausrufen, in einfachen Wortwiederholungen. Hinter der Maske halben Wahnsinns, in einer Prosa voller Zweideutigkeiten, Wortspiele und bitterem Witz ähnlich der eines Hofnarren verbirgt sein beweglicher Geist die Erkenntnis der Wahrheit und entzieht sich dem plumpen Zugriff derer, die ihn belauern.

ff) Verschiedene Deutungen

Die Mehrzahl der Interpretationen basiert auf einer Charakteranalyse des Helden. Durch lange Tradition sanktioniert ist die Deutung *Hamlets* als die Tragödie des reflektierenden Menschen, den die Tiefe seines geistigen und seelischen Lebens am Handeln hindert (S. T. COLERIDGE). Dies kann jedoch dazu führen, den Helden zu sentimentalisieren und zu idealisieren, die brutale Härte zu übersehen, deren er fähig ist (gegen Ophelia, Rosencrantz und Guildenstern, Polonius), die Tatkraft, die er in allem zeigt, was nicht mit der Racheforderung zusammenhängt (der Kampf mit den Piraten), die Berichte, die ihn vor Beginn der Tragödie als aktiven jungen Mann schildern. Andere Interpretationen sehen den Grund seiner Melancholie und Untätigkeit in einem ausgeprägten Oedipuskomplex (E. JONES). Einzelne Forscher sehen Hamlet selbst als Quelle des Übels, da er durch Zynismus und Mißtrauen die Welt zerstöre (P.N. SIEGEL; G.W. KNIGHT; L.C. KNIGHTS). Man hat in *Hamlet* die Tragödie des neuzeitlichen Intellektuellen gesehen, das Fragen, Forschen und die Niederlage des reinen Verstandes, die Unsicherheit des Glaubenslosen darstellend (D.G. JAMES); man hat *Hamlet* als existentialistisches Stück gedeutet, das sowohl die letztliche Unsicherheit des Menschen als auch die trotzdem von ihm geforderte Verantwortung zeigt (M.C. BRADBROOK). Andererseits wurde

das Drama als religiöse Allegorie gesehen, die den Kampf der
Menschheit gegen das Böse repräsentiert (H.D. KITTO). Eine so
allgemeine Aussage trifft jedoch auf alle Tragödien zu. Wieder
andere Interpretationen, die das Problem der Rachetragödie als
zentral betrachten, untersuchen vor allem den Zusammenhang
von privater Rache und göttlicher Gerechtigkeit und Vorsehung
(G.R. ELLIOTT, F. BOWERS, I. RIBNER): Hamlet, der sich vor dem
Auftrag sieht, eine aus den Fugen gegangene Welt wieder ein-
zurichten, zweifelt, ob dies durch Handeln seinerseits erreicht
werden kann (Akt I und II), unternimmt einige Versuche, die
zu eigener Verschuldung führen (Akt III, Mord an Polonius),
gelangt durch seine wunderbare Errettung (Akt IV) zu neuer
Einsicht und erreicht sein Ziel, nachdem er sich selbst als Werkzeug der Vorsehung anheimgibt (Akt V). Wieder andere Interpretationen betonen den sozial-politischen Aspekt der Tragödie
(T. EAGLETON; J. KOTT); sie zeige die Welt als ein Gefängnis
öffentlicher Zwänge, wo einer den anderen belauert und bedroht, wo Anpassungen verlangt und Situationen aufgedrängt
werden, wo der Mensch entweder den anderen manipuliert oder
selbst manipuliert wird; Hamlet erscheine als der Mensch, der
sich nicht fixieren lassen, der wenigstens seine Gedanken frei-
halten wolle. Das Drama ebenso wie der Charakter seines Titelhelden ist nicht auf eine einzige Deutung festzulegen – seine
Rätselhaftigkeit selbst macht vielleicht seinen größten Reiz aus.

gg) Wirkungsgeschichte

Bis zum Ende des 18. Jahrhunderts war die Tragödie ungemein beliebt; allein zwischen 1700 und 1750 gab es etwa 360
Hamlet-Aufführungen. Es wurde nach dem Originaltext gespielt, nur D. GARRICK schrieb 1772 eine kürzere Neufassung
(die Totengräber, die Englandreise, der Mordanschlag des Laertes fehlen), die sich jedoch nicht durchsetzte. T. BETTERTON
spielte einen aktiv-heldischen Hamlet (1661-1709), J.P. KEMBLE
einen romantisch-melancholischen (1783-1817), D. GARRICK betonte Hamlets Rollenspiel (1742-1776); berühmt ist seine erschütternde Darstellung der Geisterbegegnung. Im 19. Jahrhundert spielten E. KEAN, S. PHELPS, B. SULLIVAN, E. BOOTH, H.
IRVING, im 20. Jahrhundert J. GIELGUD, L. OLIVIER, P. O'TOOLE

den Hamlet. In Frankreich schuf J. F. Ducis 1769 eine Adaption, die die drei Einheiten beachtete und des klassischen Dekorums halber den Geist, die Schauspieler, die Totengräber und die Fechtszene ausließ. In Deutschland verfaßte Schröder 1776 eine Version, die Fortinbras ausspart, Hamlet am Leben läßt und ihm die Regierung überträgt. 1799 wird A. W. Schlegels Übersetzung unter Iffland in Berlin aufgeführt. Die beiden Devrient spielen den romantischen Hamlet. Große Aufführungen im 20. Jahrhundert zeigen mehr einen heldisch-ringenden Hamlet (E. Bassermann unter M. Reinhardt 1908–14; E. Balser unter O. Falckenberg 1930), oder einen spöttisch-sarkastischen (G. Gründgens 1936). Seit den zwanziger Jahren gab es Inszenierungen, die die Zeitgemäßheit der Problematik auch äußerlich betonen wollten: Hamlet im Frack und Hamlet in Blue Jeans. Der Film bemächtigte sich des Stoffes schon früh; zur Pariser Weltausstellung erschien ein Streifen von C. Maurice mit S. Bernhardt in der Titelrolle; 1920 gab es den Film von Gade/Schall mit A. Nielsen: Hamlet als Frau, die Horatio liebt. 1948 entstand der Film von L. Olivier, in dem wieder Hamlets Entschlußunfähigkeit betont wird.

Der deutschen Literatur wurde *Hamlet* wie kaum ein anderes Werk Vorbild und Herausforderung. Im Sturm und Drang folgt die Hamletkrankheit dem Wertherfieber. Schiller bekennt die Wirkung auf seinen *Don Carlos*. In Goethes *Wilhelm Meister* gewinnt die Interpretation der Hamlet-Handlung (als eine Forderung des Schicksals, die die Kräfte des Betroffenen übersteigt) eine zentrale Bedeutung. Auch der *Faust* zeigt Anklänge an *Hamlet* (Monologe; Gretchenszenen). Die Romantiker sahen im Träumer Hamlet den Inbegriff romantischen Menschentums. Die Reaktion kam mit dem Jungen Deutschland; Hamlet erschien als abschreckendes Beispiel politischer Untätigkeit (vgl. K. Gutzkows Drama *Hamlet in Wittenberg*, 1835; F. Freiligraths Ausspruch »Deutschland ist Hamlet«). A. Holz und J. Schlaf reprivatisierten den Stoff in ihrer Novelle *Papa Hamlet* (1889), der Geschichte eines arbeitsscheuen, großsprecherischen Komödianten. Während A. E. Brachvogel in seinem Roman *Hamlet* (1867) und D. v. Liliencron in seiner Novelle *Die siebente Todsünde* (1903) sich mit dem Problem befassen, welche Persönlich-

keit seiner Zeit Shakespeare als Vorbild für seinen Hamlet gedient haben könnte, greift G. BRITTING in seinem Roman *Lebens-
lauf eines dicken Mannes, der Hamlet hieß* (1932) die Hamlet-Fabel
selbst mit Abwandlungen wieder auf. Von G. HAUPTMANNS
langer Beschäftigung mit dem Stoff zeugen sein *Ur-Hamlet*, der
den Helden vom Vorwurf der Tatenlosigkeit zu befreien sucht,
sein Versuch eines Menschheitsdramas in *Hamlet in Wittenberg*
(1942) und sein Theaterroman *Im Wirbel der Berufung* (1943). Wie
bereits in Frankreich P. BOURGET in seinem Roman *André Coné-
lis* (1887), überträgt auch A. DÖBLIN in dem Roman *Hamlet oder
Die lange Nacht nimmt ein Ende* (1956) den Stoff auf zeitgenössische Verhältnisse und verbindet die Hamletfabel (Suche nach
dem Verbrechen der Eltern) mit einem Heimkehrerschicksal
nach dem zweiten Weltkrieg.

In der englischen Dramatik unternahm E. RICE mit *Cue for
Passion* (1960) den Versuch einer Übertragung auf moderne
Verhältnisse, ebenso B. KOPS in der ironisch-komödienhaften
Version von *The Hamlet of Stepney Green* (1958), während T.
STOPPARD in *Rosencrantz and Guildenstern are Dead* (1967) die
shakespearesche Tragödie noch einmal aufrollt, diesmal jedoch
aus der Sicht der Nebenfiguren und ihrer absurden Situation des
Nicht-Verstehens und Nicht-Eingeweiht-Seins.

Musikalischen Niederschlag fand das Hamlet-Thema in F.
LISZTS sinfonischer Dichtung *Hamlet* (1876), sowie in einer Fan-
tasie-Ouvertüre von P.I. TSCHAIKOWSKI (1888) und neuerdings
in einem Ballett von B. BLACHER (1950).

R.M. SMITH, »Current Fashions in *Hamlet* Criticism«, *SAB*, 24 (1949). – C.
LEECH, »Studies in *Hamlet*, 1901–1955«, *ShS*, 9 (1956). – P.S. CONKLIN, *A
History of Hamlet Criticism 1601–1821*, 1957¹, New York, 1968. – H. JENKINS,
»*Hamlet* Then Till Now«, *ShS*, 18 (1965) (Forschungsberichte). – W.W. GREG,
»Hamlet's Halluzination«, *MLR*, 12 (1917). – T.S. ELIOT, »Hamlet and his
Problem«, in: *The Sacred Wood*, London, 1920. – L.B. CAMPBELL, »Theories of
Revenge in Renaissance England«, *MP*, 28 (1930). – J.D. WILSON, *What happens
in Hamlet*, Cambridge, 1935. – A.A. RAVEN, *A Hamlet Bibliography and Reference
Guide, 1877–1935*, Chicago, 1936. – L.L. SCHÜCKING, *The Meaning of Hamlet*,
Oxford, 1937. – A.A. JACK, *Young Hamlet*, Aberdeen, 1950. – D.G. JAMES, *The
Dream of Learning*, Oxford, 1951. – H.J. LÜTHI, *Das deutsche Hamletbild seit
Goethe*, Bern, 1951. – L. BABB, *The Elizabethan Malady: A Study of Melancholia
in English Literature, from 1580–1642*. East Lansing, 1951. – B. JOSEPH, *Conscience
and the King*, London, 1953. – E. HENNINGS, *Hamlet, Sh.'s Faust-Tragödie*,
Bonn, 1954. – P. ALEXANDER, *Hamlet Father and Son*, Oxford, 1955. – A.
WORMHOUDT, *Hamlet's Mousetrap: A Psychoanalytical Study of the Drama*,
New York, 1956. – H. LEVIN, *The Question of Hamlet*, New York, 1959. – W.
BABCOCK, *Hamlet: A Tragedy of Errors*, Lafayette, Ind., 1961. – A. JOHNSON,
»The Player's Speech in *Hamlet*«, *SQ*, 13 (1962). – G.K. HUNTER, »The Heroism

of Hamlet«, in: *Hamlet*, Stratford-upon-Avon Studies 5, London, 1963. – H. JENKINS, *Hamlet and Ophelia*, London, 1963. – K. MUIR, *Sh.: Hamlet*, London, 1963. – M.C. BRADBROOK, »An Interpretation of *Hamlet*«, *Hiroshima Studies in English Language and Literature* XI, I (1964). – H. BRADDY, *Hamlet's Wounded Name*. El Paso, Texas, 1964. – H. CRAIG, »Hamlet as a Man of Action«, *HLQ*, 27 (1964). – A.G. DAVIS, *Hamlet and the Eternal Problem of Man*, New York, 1964. – M. HOLMES, *The Guns of Elsinore*, London, 1964. – G.R. ELLIOTT, *Scourge and Minister: A Study of Hamlet as a Tragedy of Revengefulness and Justice*, New York, 1965. – R. HAPGOOD, »Hamlet nearly Absurd, *The Dramaturgy of Delay*«, *TDR*, 9 (1965). – J. KAISER, ed., *Hamlet heute: Essays und Analysen*, Frankfurt, 1965. – C.C. WALCUTT, »*Hamlet*. The Plot's the Thing«, *MQR*, 5 (1966). – T. EAGLETON, »Hamlet«, in: *Sh. and Society*, London, 1967. – E. PROSSER, *Hamlet and Revenge*, London, 1967. – M. CHARNEY, *Style in Hamlet*, Princeton, 1969. – Dazu in D. BEVINGTON, ed., *Twentieth Century Interpretations of Hamlet*, Englewood Cliffs, N.J., 1968, die Aufsätze von E.E. STOLL, »Hamlet's Fault in the Light of Other Tragedies« (1919); C.S. LEWIS, »Hamlet – The Prince or the Poem« (1942); E. JONES, »Hamlet and Oedipus« (1949); F. BOWERS, »Hamlet as Minister and Scourge« (1955); L.C. KNIGHTS, »An Approach to *Hamlet*« (1960). – Dazu in J. JUMP, ed., *Hamlet: A Casebook*, London, 1968, die Aufsätze von M. MACK, »The World of *Hamlet*« (1955); H.D.F. KITTO, »*Hamlet* as Religious Drama« (1956); H. GARDNER, »The Historical Approach to *Hamlet*« (1959). – K. R. EISSLER, *Discourse on Hamlet and ›Hamlet‹: A Psychoanalytic Inquiry*, New York, 1971. – W. FARNHAM, »Hamlet among Fools«, in: *The Shakespearean Grotesque*, Oxford, 1971. – W. HABICHT, »Die desintegrierte Hamlet-Gestalt«, in: *Weltliteratur und Volksliteratur*, hg. A. Schaefer, München, 1972. – M. MACK, *Killing the King*, London, 1973. – A. R. HUMPHREYS, »Style and Expression in *Hamlet*«, in: *Sh.'s Art*, ed. M. Crane, London, 1973. – K. MUIR, »Image and Symbol in *Hamlet*«, in: *Sh. the Professional*, London, 1973. – R. L. COLIE, »*Hamlet*: Reflections on an Anatomy of Melancholy«, in: *Sh.'s Living Art*, Princeton, 1974. – R. WATKINS, J. LEMMON, *In Sh.'s Playhouse: Hamlet*, Newton Abbot, 1974. – D. K. C. TODD, *I am not Prince Hamlet*, London, 1974. – J. M. NOSWORTHY, »Hamlet and the Pangs of Love«, in: *The Elizabethan Theatre* IV, ed. G. R. Hibbard, London, 1974. – *SJ Ost*, 111 (1975) passim. – T. LIDZ, *Hamlet's Enemy: Madness and Myth in Hamlet*, London, 1976. – R. COHN, *Modern Sh. Offshoots*, Princeton, 1976. – P. J. ALDUS, *Mousetrap: Structure and Meaning in Hamlet*, Toronto, 1977.

j) Othello, the Moor of Venice (Othello, der Mohr von Venedig)

aa) Text und Datierung

Eine Eintragung in den Revels Accounts bezeugt eine Aufführung von *Othello* in Whitehall am 1. November 1604. Anspielungen in einem 1604 publizierten Stück (*The Honest Whore* von DEKKER und MIDDLETON) lassen jedoch darauf schließen, daß das Drama bereits 1603 entstanden war.

Der Text liegt in der ersten Quarto-Ausgabe (Q1) von 1622 und in der ersten Folio-Ausgabe (F1) von 1623 vor. Sowohl Q1 als auch F1 sind relativ verläßliche Texte, wenn auch der große zeitliche Abstand zwischen der Entstehung des Originals und dem ersten Druck auf etliche Zwischenstufen schließen läßt. Der Text von F1 (*The Tragedy of Othello, the Moor of Venice*) enthält 160 Zeilen, die in Q1 fehlen, Q1 dagegen einige kurze Passagen, die sich in F nicht finden. Alle diese Stellen in beiden Ausgaben können jedoch als Shakespeares eigenes Werk gelten. Die Gründe für den unterschiedlichen Textbefund (ob z. B. Q1 nach einem Souffleurbuch gedruckt ist, in dem Stellen gekürzt wurden, die in der Vorlage von F enthalten waren, dafür jedoch mehr Regieanweisungen zugefügt wurden, die dort fehlten) gehören zu den Streitfragen der Forschung; ebenso, ob unter den Varianten denen von F der Vorzug zu geben sei. Neuere Textausgaben (z. B. New Arden) nähern sich mehr als früher Q1.

bb) Die Vorlagen

Die Quelle für die Tragödie findet sich in den *Hecatommithi* des G. CINTHIO (in der siebten Erzählung der dritten Dekade), einer Erzählsammlung, die 1566 in Venedig gedruckt wurde. Die erste uns bekannte englische Übersetzung stammt von 1753. Ob Shakespeare das italienische Original bzw. dessen französische Übersetzung von 1584 studierte oder ob eine frühere englische Übersetzung existierte, läßt sich nicht nachweisen. Wo er Iagos Intrige mit Hilfe des gestohlenen Taschentuchs und unter Einbeziehung des nichtsahnenden Cassio entwickelt und das Schüren von Othellos Eifersucht darstellt, folgt Shakespeare seiner Vorlage. Doch ändert er Iagos Motiv: bei CINTHIO handelt der Leutnant aus Rache gegen Disdemona, die seine Liebe abwies, bei Shakespeare aus Haß gegen Othello; dadurch wird die innere Konsequenz des Dramas gesteigert: das Leiden Othellos, das Zerbrechen seiner Welt, konstituiert die Tragödie. Gänzlich abweichend ist das Ende gestaltet. Bei CINTHIO planen der Leutnant und der Mohr den Mord an Disdemona so, daß er wie ein Unfall erscheinen muß. Der Mohr wird erst lange Zeit später der Tat verdächtigt und von Verwandten Disdemonas getötet. Er erfährt nie, daß sie unschuldig war. Der Leutnant findet seine Strafe erst nach vielen weiteren Schandtaten. Shakespeares Othello hingegen handelt aus den Tiefen einer Leidenschaft, die eine kluge Berechnung der Folgen seiner Tat für seine Karriere und sein Leben unmöglich macht. Aus einer feigen Schlächterei zu zweit wird bei Shakespeare eine einsame Tat, in der sich richterliche Strenge, unzerstörbare Liebe und jäher, leidenschaftlicher Zorn seltsam vermischen. Wie ein betäubender Schlag folgt der Ermordung Desdemonas unmittelbar die Erkenntnis ihrer Unschuld. Und ebenso konsequent wie das Gericht über Desdemona fällt Othello das Gericht über sich selbst. Jedes ausdrückliche Moralisieren wird vermieden. Bei CINTHIO sieht Disdemona sich als moralisches Exempel einer verfehlten, widernatürlichen Gattenwahl. Bei Shakespeare bleibt das Einzigartige dieser Bindung nach dem Bekenntnis im Senat unangetastet von jeder moralischen Mißbilligung seitens der positiven Charaktere, und Desdemonas Liebe bleibt bis zum Ende ohne Reue und Anklage.

cc) Handlung und Charakterentwicklung

Von allen Tragödien Shakespeares ist *Othello* diejenige, die der Wahrung der »drei Einheiten« am nächsten kommt. Außer den drei Szenen des ersten Aktes, der in mancher Hinsicht als Prolog gelten kann, spielt die weitere Handlung stets am selben Ort, in und vor der Festung auf Zypern. Auch die Einheit der Handlung ist gewahrt. Es gibt keine Nebenhandlung, die vom strengen Gang der Tragödie ablenken könnte; sogar die wenigen Szenen mit dem genasführten Roderigo, die etwas Auflockerung bringen, haben ihren Platz in der Hauptintrige Iagos. Was die Handlungszeit betrifft, so folgen die Ereignisse einander nach dem Einschnitt vor dem 2. Akt so schlagartig, spinnt sich die Intrige in solcher Steigerung und vom Zufall so kraftvoll unterstützt ab, daß schließlich selbst der Intrigant mehr getrieben als treibend erscheint, dem Opfer Othello kein Atemraum zum Überlegen und Abwägen bleibt und im Zuschauer der Eindruck eines reißenden, unaufhaltsamen Drängens zur Katastrophe geweckt wird. Daß bei distanzierter Betrachtung die historischen Hintergrundsereignisse (Sieg über die Türken, Meldung an Venedig, Ankunft einer Gesandtschaft von dort) einen sehr viel längeren Zeitraum wahrscheinlich machen, dringt kaum ins Bewußtsein des Zuschauers, denn das unbarmherzige und scheinbar unablässige Hetzen Iagos sowie der innere Kampf und die steigende Qual Othellos beanspruchen seine ganze Aufmerksamkeit. Der Konflikt setzt erst verhältnismäßig spät ein: bis zur dritten Szene des 3. Aktes ist Othellos Glück und Seelenfrieden unangetastet, wenn man auch sieht, wie die Falle für ihn

gestellt wird. Dann jedoch wird er durch zwei Unterredungen
in einer einzigen Szene vom ersten Mißtrauen bis zu dem Punkt
geführt, wo er allem abschwört, was Sinn und Inhalt seines Lebens ausmachte. Von da an bis zum Mordplan und dessen Ausführung wirkt das Gift des Verdachts in so rasender Eile fort,
daß Iago selbst das Gesetz des Handelns entgleitet, und augen-
blickliche Improvisationen an die Stelle des Planens treten. Auf
diesem Eindruck der unaufhaltsam fortschreitenden Verstrickung
aller Personen beruht die Wirkung der Tragödie. Sogar das
kurze Ritardando, das die lyrische, intime Szene in Desdemonas
Gemach kurz vor der Katastrophe gewährt (IV, iii), verstärkt
durch die Unheilsahnung in Desdemonas Lied das Gefühl eines
eilenden Verhängnisses.

Iago, der dieses Verhängnis in Gang setzt, ist auf sehr verschiedene Art gedeutet worden. Die Motive, die er nennt (be-
rufliche Zurücksetzung, Eifersucht), scheinen kaum hinreichend
für das zerstörerische Ausmaß seiner Tat. Man sieht daher in
Iago den verkörperten Teufel, der das Böse um des Bösen willen
tut (H. S. WILSON; R. H. WEST); den schlauen, machiavellistischen Rechner, der aus Freude an der Macht die Menschen manipuliert (L. LERNER); oder eine neue Inkarnation der »vice«-Figur
aus den Moralitätenspielen, versehen mit einem Firnis von individuellen menschlichen Zügen (B. SPIVACK). Der Zuschauer
wird die Frage nach der Stichhaltigkeit von Iagos Motiven kaum
stellen; er sieht auf der Bühne eine durch bitteren Witz und überlegenen Verstand faszinierende Figur, deren So-Sein er nicht in
Zweifel zieht. Der Grundtenor von Iagos Persönlichkeit ist ein
Zynismus, der ihn die Realitäten des Lebens klarer erkennen
läßt als die übrigen Gestalten, ihn jedoch über eine rein negative
Sicht nicht hinausgelangen läßt: Liebe ist für Iago nur fleisch-
liche Lust, der gute Name eines Menschen nur ein Deckmäntel-
chen, Heldentum nur Bombast; Ehre, Treue und Aufrichtigkeit
nur der Fetisch eines Narren; die »Narrheit« der übrigen zum
eigenen Vorteil auszunützen, ist ein Zeichen von Überlegenheit,
die zum Aufstieg berechtigt. Daß er ein guter Soldat ist und all-
tägliche Realitäten in der rauhen, ungeschminkten Sprache des
Soldaten ausspricht, bringt ihn in den Ruf des »honest« Iago (z. B.
II, iii, 6). Es fehlt ihm jedoch jede Beziehung zum Idealen, und

er ist von Natur aus all denen feind, die besitzen, was ihm mangelt: »If Cassio do remain / He has a daily beauty in his life / That makes me ugly.« (V, i, 18 ff.).

Othello ist Iagos Gegenpol. Er ist die Verkörperung des Heroischen, um ihn ist eine Atmosphäre des Exotischen, des Abenteuerlichen, des Kriegerischen und Ritterlichen; er ist ohne Falsch, von natürlicher Würde und voll Vertrauen in sich selbst und die Menschen seiner Umgebung. Den Respekt des venetianischen Senats erwirbt er sich durch seine militärischen Verdienste, die Liebe Desdemonas gilt seiner durch Leiden erprobten Persönlichkeit. Er zeigt all das, was Iago verspottet: loyalen Dienst an einer Aufgabe, Ehrfurcht vor dem Alter, Fähigkeit zur Liebe, und ihn umgibt der Glanz solcherart erhöhten Lebens, der Iago fehlt. Seine Hautfarbe hebt seine Sonderstellung noch mehr hervor. Manche Kritiker (F. R. LEAVIS, L. KIRSCHBAUM, T. S. ELIOT) haben die negativen Seiten Othellos betont, seine Neigung zur Selbstdramatisierung, zur Selbstidealisierung, seine ichbezogene Betrachtensweise. Doch Shakespeare läßt Othello durch die Menschen seiner Umgebung durchweg positiv beurteilen. Othellos Selbstdarstellung ist Ausdruck seiner ungebrochenen Persönlichkeit, eines Selbstbewußtseins, das sich auf den Wert treuen Dienstes gründet. Daß aber nicht er selbst, sondern Desdemona, ihre Liebe und ihre Reinheit, der sinngebende Mittelpunkt und die Krönung seines Lebens ist, erweist sich daran, daß er innerlich zerbricht, als er den Glauben an sie verliert (IV, ii, 48 ff.). Daß schlecht sein soll, was schön und gut erschien, daß er verachten muß, was er zu lieben nicht aufhören kann, läßt ihn sich selbst verlieren (IV, i, 174 ff.). Alles, was sein Leben ausmachte, Kampf, Ruhm und Ehre, verliert seinen Wert und Glanz (III, iii, 351 ff.). Er rächt nicht nur sich selbst in persönlicher Eifersucht, die auf beleidigtem Besitzerstolz gründet, sondern er will die Sinn- und Wertordnung der Welt wiederherstellen, indem er die wandelnde Falschheit beseitigt. Er will den Mord wie eine rituelle Handlung, wie ein Opfer vollziehen (V, ii, 1 ff.). Daß seine persönlichen Emotionen, Liebe, Haß und jähe Wut, seine richterliche Ruhe sprengen, läßt ihn menschlich nahe bleiben. Seine letzte Rede faßt in wenigen Sätzen zusammen, was sein Leben ausmachte, seinen Wert und die Tiefe seines Irrtums.

Die psychologische Wahrscheinlichkeit dieses Irrtums ist umstritten. Spricht Othello wirklich die Wahrheit, wenn er sagt, daß Eifersucht seinem Wesen im Grunde fern liege (J.HOLLOWAY, K. MUIR)? Glaubt er Iago aus dem tiefinnersten Unterlegenheitsgefühl des Farbigen heraus, der sich als Außenseiter weiß, der nicht leicht zu lieben ist und die Frauen nicht kennt (V.K. WHITAKER)? Oder beruht sein Vertrauen zu Iago einfach auf der theatralischen Konvention des elisabethanischen Dramas, daß einem Verleumder stets Glauben geschenkt wird und Eifersucht sich im Nu entzündet (E.E. STOLL)? Den Zuschauer wird, wie auch hinsichtlich der Motivation Iagos, die Frage des Warum weniger bewegen, weil ihn das Wie, der fortschreitende Prozeß innerer Disintegration, gefangennimmt. Dieser Prozeß läßt sich auch als eine Auflösung von Denk- und Verhaltensweisen christlich-zivilisierter Prägung und als Aufbrechen eines unbezähmten »barbarischen« Wesenskerns sehen, was eindrucksvoll betont wird durch die räumliche Versetzung in die Atmosphäre eines Außenpostens der Zivilisation, wo Kampf, nächtlich schwelender Aufruhr und alle Art von Ausschweifung stündlich die Ruhe bedrohen. Der Kontrast zwischen Othellos würdevollem Auftreten vor dem Senat in Venedig (I, iii, 76ff.) und seinem unbeherrschten Empfang der venezianischen Abgesandten auf Cypern (IV, i, 210ff.) zeigt den Weg auf, den er innerlich wie äußerlich zurückgelegt hat. In seinen letzten Worten stellt er selbst die Verbindung her zwischen seinem Selbstmord als einem Akt vergeltender Gerechtigkeit und seinem Kampf gegen die Feinde der christlichen Zivilisation (V, iii, 355ff.).

dd) Die dramatische Sprache

In der Sprache zeigt sich zunächst am deutlichsten der Gegensatz der beiden Hauptgestalten. Othellos Sprache ist der Vers mit den weiten Spannungsbögen, mit weitausgesponnenen Vergleichen, mit erlesenen, oft fernliegenden Bildern und exotischen, fremdartigen Wörtern. Er spricht imaginativ und assoziativ, der Gedanke formt sich ihm zum Bild. Iago dagegen spricht überwiegend bilderarme Prosa, kolloquial, direkt und oft voll gewollter Grobheit. Spricht er in Bildern, was meist im Zusammenhang mit dem Geschlechtsbereich geschieht, so stammen diese vorzugsweise aus der niederen Tierwelt. Sein wachsender Einfluß auf Othello spiegelt sich auch in der Rede, in der Disintegration von Othellos Sprache; Othellos Verse werden mehr und mehr von Prosa durchsetzt, von kurzen, unzusammenhängenden Ausrufen, unverbundenen Sätzen und Flüchen. Er entlehnt Bilder aus Iagos Vokabular für sein Verhältnis zu Desdemona. Der dramatische Vollzug dieser Zersetzung im Dialog, Iagos Andeutungen, sein Zurückschrecken, das Othello mehr reizt als jede offene Anklage, Othellos Phantasie, die vorwegnimmt, was noch nicht gesagt ist, seine vereinzelten Ausrufe, die den inneren Aufruhr unter der noch beherrschten Oberfläche verraten, zeigen Shakespeares Kunst, innere Vorgänge in sprachliches Geschehen umzusetzen. Erst in seiner letzten Rede findet Othello die ruhige Würde und damit auch den Sprachmodus und die Bilderwelt wieder, die seine erste Rede vor dem Senat auszeichneten. Der Bogen schließt sich, im Selbstgericht gewinnt Othello seine Größe zurück.

ee) Leitmotivische Themen und Wörter

In diesem Stück, wo die Tragödie durch Täuschung und falsche Nachrede ausgelöst wird, tritt das Zentralthema von Sein und Schein in der szenischen Struktur und in vielen kontrastierenden Begriffspaaren hervor. Bereits in der ersten Szene des Dramas wird dem Zuschauer durch Iago und Roderigo ein verfälschtes Bild Othellos und seiner Beziehung zu Desdemona geboten, das dann durch das persönliche Auftreten beider widerlegt wird. So wird auf den späteren Konflikt vorausgewiesen. »Reputation«, der gute Ruf, der für Othello eins ist mit der Person, den Iago fälschlich besitzt und den er bei Cassio und Desdemona untergräbt, ist ein Zentralbegriff der Tragödie. Das Attribut »honest«, das Iago wie ein Plakat trägt, wird in seinem Munde, mit ironischem Klang auf Cassio und Desdemona bezogen, zum Ausgangspunkt der Katastrophe. Ideelle Werte, Ehre und reine Liebe, die sich für Othello und Desdemona in Bildern kostbarsten Reichtums darstellen, werden in Iagos Mund zum billigen Handelsgut, das man stehlen und meistbietend verschachern kann. Das Taschentuch, für Othello und Desdemona das magische Symbol der Gattenliebe, ist für Iago Diebesbeute und Instrument der Intrige. In den leitmotivisch wiederkehrenden Kontrasten von schwarz und weiß, hell und dunkel, Tag und Nacht, spiegelt sich das Drama der Ehe zwischen dem Mohren und der Venezianerin. Erscheint zu Beginn Desdemonas Wahl gerechtfertigt, weil Othellos Inneres so hell und glänzend wie seine Haut schwarz ist (I, iii, 289 f.), so glaubt Othello am Ende, seine Wahl beklagen zu müssen, weil Desdemonas Seele so dunkel ist wie ihr Äußeres schön und licht (III, iii, 390 ff.). Die vielerlei Spielarten, in denen Liebe sich zeigen kann, sind repräsentiert in Roderigos zügellosem Begehren, in Cassios zarter Verehrung für Desdemona und seiner fleischlichen Beziehung zur Dirne Bianca und in Iagos Verhältnis zu Emilia und seiner Eifersucht und geben die Folie ab, vor der die Bindung zwischen Othello und Desdemona sich darstellt.

ff) Verschiedene Deutungen

Wiederholt hat man die Tragödie als Allegorie religiös interpretiert. Man sieht Iago als den Satan und Versucher, Othello als den Menschen auf dem Scheidewege zwischen Gut und Böse, der am Ende in die Sünde der Verzweiflung verfällt, Desdemona als eine christusähnliche Gestalt, eine Heilige und Märtyrerin der Liebe (I. RIBNER; P. N. SIEGEL; R. W. BATTENHOUSE). Diese Betrachtensweise birgt die Gefahr der Verzeichnung in sich, vor allem bei der ganz individuellen Figur Desdemonas, deren Liebe zu dem einen erwählten Mann ebenso menschlich ist wie ihr häusliches Wesen, ihr kindlicher Trotz und ihre kleinen Lügen. Eine Interpretation in Richtung des absurden Theaters (J. KOTT) sieht in der Tragödie die Auseinandersetzung zweier Weltanschauungen, der Iagos und der Othellos. Das Gelingen der Intrige beweise Iagos Ansicht, daß die Welt schlecht ist, die Menschen Narren sind, göttliche Gerechtigkeit nicht existiert. Sein eigenes Ende sei so sinnlos wie alles übrige Geschehen. Dabei wird das inhärente Wertsystem des Dramas übersehen; Iagos Weltsicht kann hier nicht akzeptiert werden, denn er selbst wird als die negativste Figur dargestellt. Othello wird nicht für immer erniedrigt, sondern gewinnt in Reue und Selbstgericht seine Größe zurück; und Desdemonas Liebe wird geadelt durch ihre Fähigkeit zu vergeben. Eine soziologische Interpretation sieht in *Othello* vor allem die Tragödie des Außenseiters, des Barbaren in der zivilisierten Gesellschaft und des Kriegshelden, der von seinem Mythos lebt und ihn zerbrechen sieht (A. BLOOM).

gg) Wirkungsgeschichte

Im 17. Jahrhundert gehört *Othello* zu den beliebtesten Stücken Shakespeares. Es kam der Vorliebe des Restorationstheaters für exotische Schauplätze und orientalische Helden entgegen, desgleichen auch der Neigung des beginnenden 18. Jahrhunderts zur »domestic tragedy«. Zwischen 1700 und 1750 erlebte es 265 Aufführungen, und zwar im nur wenig veränderten Originaltext, obwohl er von manchen klassizistischen Kritikern, z.B. T. RYMER, wegen Unwahrscheinlichkeiten in der Handlungsführung, mangelnder expliziter Moral und fehlender »poetic justice« getadelt wird. In Paris spielte man im 18. Jahrhundert eine Adaption von J.F. DUCIS, der das Drama dem klassizistischen Dekorum anpaßt, die rassische Verschiedenheit zwischen den Liebenden mildert und ein glückliches Ende schafft. In Deutschland ist eine Aufführung der Englischen Komödianten von 1661 bezeugt, offensichtlich mit glücklichem Ausgang. Auch SCHRÖDER zeigt in Hamburg 1776 eine Fassung mit glücklichem Ende. Berühmte Interpreten der Titelrolle sind in England T. BETTERTON, S. BARRY, J.P. KEMBLE, E. KEAN, S. PHELPS (18. und 19. Jahrhundert) sowie R. RICHARDSON und L. OLIVIER (20. Jahrhundert), in Deutschland A. BASSERMANN, H. GEORGE und F. KORTNER. Neuere Inszenierungen, von M. KARGE und M. LANGHOFF in Ostberlin 1973, von P. ZADEK in Hamburg 1976 und von H. HOLLMANN in Basel 1976, rücken einen mephistophelischen, publikumsorientierten Jago mehr ins Zentrum des Dramas.

Es gibt zahlreiche Filmversionen, z. B. von D. BUCHOWETZKI (1922, mit E. JANNINGS als Othello, W. KRAUSS als Jago), von O. WELLES (1952), von S. JUTKEWITSCH (1955), von L. OLIVIER (Wiedergabe seiner Theateraufführung im National Theatre London, 1965). Musikalisch verarbeitet erscheint der Stoff in der Opernfassung von ROSSINI (1816), die heute fast in Vergessenheit geraten ist, und in der von VERDI (1877), die wachsenden Erfolg verzeichnet und sich im Handlungsablauf näher an Shakespeare hält.

Von A. Dvořák liegt eine Konzertouvertüre *Othello* (op. 93) vor, von B. Blacher ein Ballett (1966).

H. GARDNER, »*Othello*: A Retrospect«, *ShS*, 21 (1968) (Forschungsbericht). – C. F. T. BROOKE, »The Romantic *Othello*«, *YR*, 7 (1918). – E.E. STOLL, »*Othello*«, in *Art and Artifice in Sh.*, London, 1933. – F.R. LEAVIS, »Diabolic Intellect and The Noble Hero«, *Scrutiny*, 6 (1937/38). – L. KIRSCHBAUM, »The Modern *Othello*«, *ELH*, 11 (1944). – P.A. JORGENSEN, »Honesty in *Othello*«, *SP*, 47 (1950). – K. MUIR, »The Jealousy of Jago«, *EM*, 2 (1951). – S.L. BETHELL, »The Diabolic Images in *Othello*«, *ShS*, 5 (1952). – G.R. ELLIOTT, *Flaming Minister: A Study of Othello as Tragedy of Love and Hate*, Durham, N.C., 1953. – H. GARNER, »The Noble Moor, *PBA*, 41 (1955). – R.B. HEILMAN, *Magic in the Web: Action and Language in Othello*, Lexington, 1956. – J.D. WILSON, »Introduction«, *Othello*, New Cambridge Sh., London, 1957. – B. SPIVACK, *Sh. and the Allegory of Evil*, London, 1958. – M.R. RIDLEY, »Introduction«, *Othello*, New Arden Sh., 1958. – L. LERNER, »The Machiavel and the Moor«, *EIC*, 9 (1959). – M. ROSENBERG, *The Masks of Othello*, Berkeley, 1961. – J.F. DEAN, ed., *A Casebook on Othello*, New York, 1962. – C.N. COE, »Jago«, in: *Demi-Devils: The Character of Sh.'s Villains*, New York, 1963. – A. BLOOM, H. JAFFA, »Cosmopolitan Man and the Political Community«, in: *Sh.'s Politics*, New York, 1964. –, H. LEVIN, »*Othello* and the Motive-Hunters«, *CentR*, 8 (1964). – M.N. PROSER »*Othello*«, in: *The Heroic Image in Five Shakespearean Tragedies*, Princeton, 1965. – M. DORAN, »Good Name in *Othello*«, *SEL*, 7 (1967). – G.R. HIBBARD, »*Othello* and the Pattern of Shakespearean Tragedy«, *ShS*, 21 (1968). – G.K. HUNTER, »*Othello* and Colour Prejudice«, *PBA*, 53 (1968). – J. WAIN, ed., *Othello: A Casebook*, London, 1971. – S.E. HYMAN, *Iago: Some Approaches to the Illusion of his Motivation*, London, 1971. – J. McLAUCHLAN, »Sh.: *Othello*«, *SEL*, 47 (1971). – P. G. MUDFORD, »*Othello* and the Tragedy of Situation«, *English*, 20 (1971). – S. SNYDER, »*Othello* and the Conventions of Romantic Comedy«, *RenD*, 5 (1972). – S.E. MAROVITZ, »*Othello* Unmasked: A Black Man's Conscience and a White Man's Fool«, *SoR*, 6 (1973). – G.J. MATTEO, *Sh.'s Othello: The Study and the Stage 1604–1904*, Salzburg, 1974. – D.R.C. MARSH, »*Othello*«, in: *Passion Lends Them Power*, Manchester, 1976. – P. BETTINGER, *Sh.s Othello im Spiegel der literarischen Kritik*, Frankfurt a. M., 1977.

k) King Lear (König Lear)

aa) Text und Datierung

Die erste Aufführung von *King Lear*, die im Stationers' Register verzeichnet ist, fand am 26. Dezember 1606 in Whitehall Palace vor JAMES I. statt. Als terminus post quem für die Entstehung betrachtet man das Jahr 1603, in dem HARSNETTS *Declaration of Egregious Popish Impostures* erschien (eine Schrift, die Shakespeare bei der Gestaltung von Edgars Wahnsinnsszenen benützt hat). Nach vorherrschender Ansicht entstand die Tragödie im Winter 1604/05.

Gedruckt erschien *King Lear* zum erstenmal in einer Quarto-Ausgabe (Q1) 1608. Es existiert noch eine zweite Quarto-Ausgabe (Q2), die fälschlich ebenfalls auf 1608 datiert ist, tatsächlich jedoch erst 1619 gedruckt wurde. Sie dürfte ein Abdruck der leicht veränderten ersten Ausgabe sein. Der Quartotext wird für

relativ gut erachtet, wenn er auch zu den »doubtful quartos«
gehört und die Entstehungstheorien variieren. Der Text der
ersten Folio-Ausgabe *(The Tragedy of King Lear)* weist Passagen
auf, die in der Quarto-Ausgabe fehlen und läßt andererseits einige
dort abgedruckte weg. Mit wenigen Ausnahmen geben die Kritiker dem Folio-Text den Vorzug vor dem Quarto.

bb) Die Vorlagen

Die Sage vom alten König, der von seinen drei Töchtern die
geliebteste und beste verstößt, um dann von ihren undankbaren
Schwestern, unter die er sein Reich teilt, Verachtung und Mißhandlung zu erfahren, liegt in zahlreichen Fassungen vor. Sie
findet sich in der *Historia Regum Britanniae* des GEOFFREY of
MONMOUTH im 12. Jahrhundert, ausführlicher in HOLINSHEDS
Chronik 1577, sie findet sich in SPENSERS *Faerie Queene* (Buch II,
Canto X) 1590, ferner als moralisches Beispiel für den Fall der
Großen im *Mirror for Magistrates* 1559 und in anonymer drama-
tischer Bearbeitung als *The True Chronicle History of King Leir*,
1594 aufgeführt und 1605 veröffentlicht. Daß Shakespeare dieses
Drama gekannt hat, läßt sich aus Wortechos und szenischen An-
klängen schließen. Er übernimmt jedoch nicht das glückliche
Ende des Chronikdramas, in dem Leir durch das siegreiche Heer
der jüngsten Tochter Cordelia und ihres Gatten wieder in seine
Königsrechte eingesetzt wird und mit ihr noch einem langen
Leben entgegensieht, sondern variiert das tragische Ende der
nicht-dramatischen Vorlagen; dort setzt Cordelia Lear wieder
in seine Herrschaft ein, tritt nach seinem friedlichen Tode die
Nachfolge an, fällt jedoch später den Söhnen ihrer Schwestern
in die Hände und verübt im Kerker Selbstmord. Shakespeare
rafft diese Ereignisse auf den Zeitraum eines Tages und das Bild
dreier Szenen zusammen. Damit verwandelt er einen epischen
Vorgang in gestrafftes dramatisches Geschehen und gibt zudem
ein Ende, das dem tragischen Erkenntnisweg Lears angemessener
ist. Gleichzeitig verklärt er die Gestalt Cordelias; er läßt sie
nicht als unterlegene Herrscherin, sondern als aufopfernde Tochter den Tod finden, indem er den Selbstmord einer Verzweifeln-
den durch die Ermordung einer Unschuldigen ersetzt. Die wichtigste Umformung des Stoffes aber geschieht in seiner Ausrich-

tung auf Lears innere Erfahrung, seinen Seelenweg. Die Wahnsinnsszenen auf der nächtlichen Heide sind Shakespeares Werk.
Durch die Spiegelung des inneren Aufruhrs in der Empörung
und im Sturm der Naturgewalten läßt er das Bild einer aus den
Fugen geratenen Welt erstehen. Aus der Geschichte eines un-
klugen Herrschers, eines uneinsichtigen und daher betrogenen
Vaters wird die Tragödie des Menschen, dessen Glaube an die
Ordnung, die ihm fest gegründet schien, zerbricht, dessen Geist
sich gleicherweise umnachtet und erhellt vor einer gnadenlosen,
ungeschminkten Wirklichkeit. Die Gestalt des Fool, die Shakespeare Lear als Begleiter beigibt (auch sie findet sich in keiner
Vorlage) gibt durch ihr professionelles, mit alter Volksweisheit
durchsetztes Narrentum die Folie ab, von der sich das anfängliche
auf Illusion beruhende Narrentum Lears, sein späterer Wahnsinn
und seine aus Leid geborene Einsicht umso deutlicher abheben.

   Die symbolische Bedeutung der Handlung wird betont durch
die Verbindung mit der Nebenhandlung um den Grafen Gloucester, deren Vorlage aller Wahrscheinlichkeit nach die Geschichte
des Königs von Paphlagonien in SIDNEYs Roman *Arcadia* (1580)
ist. Wenn Shakespeare auch Einzelheiten ändert oder hinzufügt
(z.B. Edmunds Bastardschaft; Edgars vorgetäuschten Wahnsinn, der als weiteres Spiegel- und Kontrastmotiv den Wahnsinn
Lears unterstreicht), die Grundzüge der Fabel bleiben erhalten:
die Geschichte eines Vaters, der von seinem undankbaren Sohn
verfolgt und von dem von ihm verstoßenen Sohn getröstet wird.
Durch die Verknüpfung zweier Handlungen mit dem Haupt-
motiv der Undankbarkeit und des Zerbrechens natürlicher Bande
wird die Tragödie dem rein Privaten enthoben und gewinnt
zeichenhaften Charakter als Abbild eines allgemein ungesicherten Weltzustandes.

cc) Handlungsablauf und Charaktere

   Der äußere Handlungsverlauf von *King Lear* stellt sich als
fallende Linie dar. Die falsche Entscheidung (Lears Reichsteilung
und die Verstoßung Cordelias), von der alles übrige als logische
Folge abhängt, erfolgt bereits in I, i. Hier erleben wir Lear noch
im Besitz seiner Königsgewalt, umgeben vom Zeremoniell des
Hofes, einer getragenen und beherrschten Sprache mächtig.

Seine herrscherliche und väterliche Fehlentscheidung ist kaum motiviert; sie wird als die axiomatische Voraussetzung des folgenden dargeboten. Der weitere Verlauf zeigt, wie Lear langsam Gefolgschaft, Befehlsgewalt und alle äußeren Güter verliert und sein Verstand zunehmend zerrüttet wird, seine Ordnungsvorstellungen zerbrechen. Der Tiefpunkt ist erreicht im 3. Akt, als er als Ausgestoßener auf der stürmischen Heide umherirrt, während die Macht der undankbaren Töchter im Zenit steht. In den letzten beiden Akten setzt zwar die Gegenbewegung ein, die Mächte des Guten gewinnen Einfluß, doch für Lear gibt es keine irdische Rettung mehr. Nach dem Ritardando des 4. Aktes (Lears Wiedervereinigung mit Cordelia und seinem Heilschlaf) drängt die Handlung der Katastrophe zu, die zwar die Gegenseite vernichtet, Lear und Cordelia jedoch mit einschließt. Mit geringer zeitlicher Phasenverschiebung nimmt die Gloucester-Handlung einen parallelen Verlauf. Der Leidensweg Gloucesters beginnt im 3. Akt mit seiner Blendung, findet im 4. Akt den Tiefpunkt in seinem verzweifelten Selbstmordversuch und führt zu seinem Tode, nachdem auch ihm die Wiedervereinigung mit dem verstoßenen Sohn einen Moment des Glücks geschenkt hat.

Dieser äußere Ablauf ist jedoch begleitet von einer gegenläufigen inneren Handlung. Je mehr der äußere Stand der Gestalten reduziert wird, desto mehr gelangen sie zur Erkenntnis vom wahren Wert der Dinge, zur Einsicht ihrer eigenen Fehler und der Gebrechlichkeit weltlicher Rangordnungen. Der König findet im tiefsten Elend zu Mitleid und Sorge für die Armen und Schwachen (III, iv, 28 ff.), kann in Demut vor der Tochter knien, der er Unrecht tat (IV, vii, 59 ff.) und rechnet das Leiden der Gefangenschaft für nichts gegen das Glück ihrer Liebe und Treue (V, iii, 8 ff.). Gloucester wird sehend in seiner Blindheit (IV, i, 19 f.) und findet den Sinn des Lebens im geduldigen Ertragen und in der Ergebung in sein Geschick (IV, vi, 75 ff.).

Die Zentralgestalten sind umgeben von einer Figurenkonstellation, die auf Parallelität und Kontrast beruht. Gegenüber den undankbaren Kindern (Goneril, Regan und Edmund) stehen die liebenden und getreuen (Cordelia und Edgar); gegenüber dem getreuen und aufrechten Ratgeber Kent steht das willige Werkzeug des Bösen, Oswald; gegenüber Cornwall, der der

Grausamkeit seiner Gattin nacheifert, steht Albany, der sich ihr widersetzt; gegenüber Burgundy, der um der Mitgift willen wirbt, steht France, der um der Liebe und Tugend willen Cordelia freit. Wie selten sonst bei Shakespeare findet sich hier ein übergangsloser Schwarz-Weiß-Kontrast. Er erinnert an den Kampf der guten und bösen Mächte in den allegorischen Moralitätenspielen. Im Bereich dieser Figuren spielt sich die Intrige ab, hier gibt es wie in den »moralities« explizit moralisierende Aussagen und am Ende ein Gottesurteil durch Zweikampf. Doch läßt die stark individualisierende Zeichnung einzelner Figuren vor allem durch die Sprache (Cordelias Ringen um Worte, Kents Grobheit, Edmunds Ironie) kaum den Eindruck des Typenhaften, Schematischen aufkommen.

dd) Leitmotive, Symbole

Die Hauptstationen dieses Leidensweges kommen in sinnfälligen und einprägsamen Szenenbildern in zeichenhafter Raffung zum Ausdruck: der König vor der Karte seines Reiches; der wahnsinnige König, begleitet von Narr und Bettler; der blinde Gloucester, geführt von einem alten Mann und einem Bettler; der Vater, der die tote Tochter auf den Armen trägt. Gesten von besonderer Bedeutsamkeit machen das innere Geschehen anschaulich wie z. B. der Akt des Niederkniens, den Lear zunächst in verzweifelt-trotziger Komödie Regan vorspielt (II, iv, 152 ff.), am Ende jedoch in wahrer Demut vor Cordelia vollzieht (IV, vii, 59); desgleichen die Geste des Entkleidens: der König, der sich seiner Macht entledigt hat (I, i, 37), will in der Einsicht des Wahnsinns auch die Kleider ablegen, die nur Schein sind über der kreatürlichen Not (III, iv, 100 ff.); schließlich wird diese Geste zum Zeichen letzter Entäußerung, des Bestrebens, den unerträglichen Druck des Lebens abzustreifen (V, iii, 309). All diese Vorgänge sind an das durchgehende Zentralmotiv von Schein und Sein gebunden. Die Tragödie ergibt sich aus der Verkennung eines geheuchelten Zungenbekenntnisses für wahre Liebe, einer gehemmten oder rauhen Rede für Lieblosigkeit. Lear muß unter Schmerzen den Unwert der Schmeichelei durchschauen lernen, muß erfahren, daß der Titel des Königs ein Nichts ist ohne den realen Besitz, daß er wie ein unpassendes Kleid den Träger der

Lächerlichkeit preisgibt. Andererseits aber ist inmitten einer gewalttätigen Welt das Gute zuweilen gezwungen, unter abstoßender Verkleidung sich zu bergen, und es will auch darin erkannt werden, was sich an Edgar und Kent erweist. Für Lear zerbricht die Illusion, daß Wort und Tat, Anschein und Wahrheit eins sein müssen. Sprachliche und szenische Bilder des Entkleidens, Bilder auch des Nackt-Animalischen verweisen auf eine desillusionierte Sicht des Menschen. Menschentum wird reduziert auf die entblößte, leidende und ausgesetzte Kreatur. Dagegen stehen wiederkehrende Bilder reissender Tiere und Raubvögel, die das Unmenschliche liebloser Menschen bezeichnen. In den Gleichnissen seiner Sprüche zeigt der Narr wiederholt das Bild einer verkehrten Welt, in der der Diener den Herrn, das Kind den Vater, das Tier den Menschen beherrscht und die rechte Ordnung erst eintreten wird, wenn das, was diese Welt »Ordnung« nennt, umgekehrt wird (III, ii, 80ff). Unter solchen Umständen werden auch die Grenzen zwischen Wahnsinn und Vernunft gleitend, und »Narrheit« wird ein schillerndes Leitmotiv. Narrheit nennen es die einen, aus Gewissensgründen den irdischen Vorteil nicht zu wahren, Narrheit nennen es die anderen, um äußeren Glanzes willen inneres Heil zu verlieren. Narrheit wird die Maske der Hilflosen und Helfen-Wollenden (Edgar, der Narr), Wahnsinn birgt scharfe, unbewußte Einsichten, kalkulierende Vernunft verrechnet sich. Begriffe werden ambivalent, jeder gebraucht sie in anderem Sinn. So ist »Natur« für Lear eine gültige hierarchische Ordnung, die den Kosmos ebenso umgreift wie die Bindungen von Familie und Staat; diese Natur ruft er an in den Heideszenen, und im Toben der Elemente findet er eine Entsprechung zu dem Zerreißen der natürlichen Bande zwischen Kind und Vater. Andere Naturgesetze sind es, auf die Edmund sich beruft, Gesetze, nach denen das Recht des Stärkeren gilt, wo von der Natur verliehene Talente mehr zählen als ererbter Stand, wo man vernichtet, um nicht vernichtet zu werden.

ee) Die dramatische Sprache

Das statuarische Zeremoniell der einleitenden Staatsszene mit rhetorisch gebauten und parallel geordneten Reden gerät durch ein einziges Wort, das kompromißlose »Nichts«, das Cordelia diesen Reden entgegenstellt, in dramatische Bewegung. Unmittelbare menschliche Reaktion sprengt das Ritual. Unbeherrschtheit kommt zum Ausbruch (Lear), glatte Zungen verraten sich (Burgundy, Goneril, Regan), rauhe Ehrlichkeit verdrängt höfische Unterwürfigkeit (Kent). Fortan gibt es durchgehende Sprachbewegungen; auf der einen Seite das kalkulierende, argumentierende, zählende Intrigieren, auf der anderen Seite das Helfenwollen unter der sprachlichen Maske des Unsinns, der tölpelhaften Grobheit, der professionellen Narrheit. Lears sprachliche Entwicklung spiegelt seinen inneren Weg; nie findet er zurück zu der vom majestätischen Plural getragenen Redeweise des Anfangs; vom rauhen, ungeduldigen, knappen Befehlston führt sein Weg über Klage- und Anklagereden, die von wilden Ausrufen und Apostrophen unterbrochen sind, zu den rhythmisch und syntaktisch zerbrechenden Versen der großen Naturanrufe in den Heideszenen und schließlich zur Prosa der Wahnsinnsreden; der im 4. Akt neugewonnene Vers entbehrt der großen Spannungsbögen und bleibt in der persönlichen Innigkeit der Gefängnisrede und in den unverbundenen Klagerufen der letzten Worte der Prosa nah. Von Anfang an ist Lears Sprechen monologisch, kaum je kommt er zu echter Zwiesprache, im Gang der Handlung wird er zunehmend isoliert und bleibt nur der Sprache des Narren erreichbar, die in Bildern und Assoziationen an Unterbewußtes rührt. Das Fragen, worauf es keine Antwort gibt, ist Lears kennzeichnende Redeform, das Fragen nach dem Maß der Liebe (I, i, 50), das Fragen, das nach dem innersten Kern des eigenen Ich forscht (I, iv, 225) und das Fragen, das das Geheimnis der Theodizee berührt: nach dem Grund des Bösen in der Welt (III, vi, 76), nach dem Sinn des Todes und der Vernichtung der Unschuld (V, iii, 306). Ihm gegenüber steht Cordelia, die keine Fragen stellt, die ihrem Wesen nach Antwort auf viele Fragen ist. Sie kann sich in Worten nur zögernd offenbaren, ihre Liebe nur mittelbar bekunden. Ihre Rede ist stockend, suchend, hart in ihrer Aufrichtigkeit, und doch enthalten ihre kurzen Verse die meisten liebe- und ehrfurchtsvollen Bezeichnungen. Ihre stammelnde Antwort auf Lears Selbstanklage »No cause, no cause« (IV, vii, 75) widerspricht aller Logik und ist doch ihrem Wesen nach als reine Liebe Antwort auf alles Leid.

ff) Verschiedene Deutungen

Einerseits wird *Lear* als die dunkelste und hoffnungsloseste Tragödie Shakespeares gesehen: das seinem Fehler unangemessene, übermenschliche Ausmaß von Lears Leiden, die Ungerechtigkeit von Cordelias Tod, die vorwiegend pessimistische Weltsicht der Figuren ließen kein Gefühl der Versöhnung am Ende aufkommen (N. Brooke). Es ist jedoch zu bedenken, daß die Werte, für die Cordelia steht, durch ihren Tod nicht ausgelöscht werden, sondern ihre Bestätigung finden durch den Untergang der Gegenspieler und die Machtübernahme von Albany, Edgar und Kent, und daß Cordelias Ergebung und Lears Leiden menschliche Größe noch im Untergang erweisen. Die Gegenmeinung, die in der Tragödie besonders Lears Weg zu höherer Wiederherstellung hervorhebt (z.B. I. Ribner), idealisiert einseitig den König, der bis zum Ende der jähen Gewalttat und der Illusion fähig bleibt, und unterschätzt den Eindruck von Cordelias Tod. Eine Interpretation, die von jeder ethischen Wertung absieht, deutet die Tragödie als die Auseinandersetzung zweier Zeitalter, als das mythische Drama von der Umformung der Zivilisation: zwei Ideen von Herrschertum, zwei Auffassungen von Gesellschaft stehen sich gegenüber, die eine gegründet auf die Heiligkeit der Tradition und die ethischen Bindungen von Ehrfurcht und Liebe, die andere auf das Recht des Stärkeren und den Vorstoß des Individuums (E. Muir). Die in jüngster Zeit meistdiskutierte Deutung sieht in *King Lear* eine Art absurden Endspiels vom Fall der Welt mit den zeichenhaften Figuren des wahnsinnigen Königs, des Bettlers und des Narren (J. Kott). Unleugbar durchzieht das Element des Grotesken die Tragödie, und gerade die schrecklichsten und bewegendsten Stellen sind zugleich lächerlich absurd: Lears fürchterliche Racheschwüre im Kontrast zu seiner absoluten Machtlosigkeit, die Gerichtsszene auf der Heide, wo der Narr und der Rechtlose den Richter spielen, der Selbstmordversuch Gloucesters, der wie das Stolpern eines Clowns erscheinen muß, endlich die Sprüche des Narren, die in der Tat eine absurde Welt spiegeln. Aufs Ganze gesehen könnte das Geschehen jedoch nur absurd wirken, wenn es nichts gäbe, worauf es sich sinnvoll hinordnete. Das Ende des *Lear* aber führt nicht nur äußerlich zur Wiederherstellung der Ordnung; es weist dem schmerzhaften Erkenntnisweg des Menschen einen metaphysischen Bezugspunkt zu: »Men must endure / Their going hence, even as their coming hither: / Ripeness is all.« (V, ii, 9)

gg) Wirkungsgeschichte

King Lear war von Shakespeares großen Tragödien im 17. Jahrhundert am wenigsten populär. Das Stück mag den Zeitgenossen zu düster und zu wenig spektakulär erschienen sein. Erst in einer Adaption von N. TATE (1681) gewann das Drama an Beliebtheit; er ließ den Narren weg, der gegen das klassizistische Dekorum der Tragödie verstieß, er schuf ein glückliches Ende und machte aus Edgar und Cordelia, den tugendhaften Kindern, ein Liebespaar. Hervorragende Kritiker des 18. Jahrhunderts, z. B. Dr. JOHNSON, billigten diese Version, bekannte Schauspieler wie T. BETTERTON, D. GARRICK, J. P. KEMBLE interpretierten in diesem Rahmen die Rolle Lears. Von den Shakespeare-Kritikern der Romantik (LAMB, HAZLITT) auf die überlegene Qualität des Originals verwiesen, spielte E. KEAN 1823 das tragische Ende. 1838 ließ W. C. MACREADY wieder den gesamten Originaltext spielen. Bekannte Interpreten der Titelrolle sind im 19. Jahrhundert H. IRVING, im 20. Jahrhundert L. OLIVIER und J. GIELGUD sowie P. SCOFIELD in der Inszenierung von P. BROOK (1962), die wegen ihrer Ausrichtung nach J. KOTTS Endspiel-Interpretation vieldiskutiert war und auch verfilmt wurde. In Frankreich schuf J. F. DUCIS im 18. Jahrhundert eine Adaption mit glücklichem Ende. In Deutschland sind ebenfalls Aufführungen einer Version mit »happy end« durch Englische Komödianten 1626 und 1660 belegt. Die Bearbeitung von F. L. SCHRÖDER 1778, die auch in Weimar unter GOETHE gespielt wurde, läßt Cordelia am Leben. 1824 ließ TIECK in Dresden erstmals die Originalfassung spielen. Bekannte deutsche Interpreten der Titelrolle sind F. FLECK (18. Jahrhundert), L. DEVRIENT (19. Jahrhundert), A. BASSERMANN und W. KRAUSS (20. Jahrhundert), der Rolle des Narren J. KAINZ und A. MOISSI. Neuere Bearbeitungen und Inszenierungen – E. BOND 1971, G. STREHLER 1972, P. ZADEK 1974 – bringen unorthodoxe Interpretationen der Narr- und der Cordelia-Rolle. P. BROOK hält in einer Verfilmung (1971) seine nihilistische *Lear*-Deutung fest, während K. KOSINZEWS Film (1970)

Lear christlich-marxistisch als Geschichte einer persönlichen Läuterung und gesellschaftlichen Erneuerung aufzeichnet.

In der Erzählkunst diente der Name Lears verschiedentlich zur Charakterisierung verwandter Schicksale, so z.B. in I.S. TUR-GENJEWS Erzählung *Ein König Lear der Steppe* (1870) und in L. TÜGELS Novelle *König Lear auf der Mole* (1948). G. BOTTOM-LEYS Drama *King Lear's Wife* (1915) stellt die Vorgeschichte zu Shakespeares Tragödie dar. H. BERLIOZ schrieb eine Konzertouvertüre *König Lear* (op. 4).

E. MUIR, *The Politics Of King Lear*, Glasgow, 1947. – R.B. HEILMAN, *This Great Stage*, Baton Rouge, 1948. – O.J. CAMPBELL, »The Salvation of Lear«, *ELH*, 15 (1948). – J.M. LOTHIAN, *King Lear: A Tragic Reading of Life*, London, 1949. – J.F. DANBY, *Sh.'s Doctrine of Nature: A Study of King Lear*, London, 1949. – G.D. JAMES, *The Dream of Learning*, Oxford, 1951. – K. MUIR, »Introduction«, *King Lear*, New Arden Sh., London, 1952 (8. Ed.). – D. TRAVERSI, »*King Lear*«, *Scrutiny*, 19 (1952). – M.T. NOWOTTNY, »Lear's Questions«, *ShS*, 10 (1957). – R.H. GOLDSMITH, »Lear's Fool and His Five Wits«, in: *Wise Fools in Sh.*, Liverpool, 1958. – G.R. ELLIOTT, »The Initial Contrast in *Lear*«, *JEGP*, 58 (1959). – R.H. WEST, »Sex and Pessimism in *King Lear*«, *SQ*, 11 (1960). – H. BONHEIM, ed., *The King Lear Perplex*, Belmont, Cal., 1960. – J.W. BENNETT, »The Storm Within: The Madness of Lear«, *SQ*, 13 (1962). – R.F. FLEISSNER, »The Nothing Element in *King Lear*«, *SQ*, 13 (1962). – N. BROOKE, *Shakespeare: King Lear*, London, 1963. – R. FRASER, »Introduction«, *King Lear*, Signet Classic Edition, New York, 1963. – A. BLOOM, H. JAFFA, »The Limits of Politics: *King Lear*, Act I, Scene I«, in: *Sh.'s Politics*. New York, 1964. – A. HARBAGE, ed., *Sh.: The Tragedies*, Englewood Cliffs, N.J., 1964. – G.J. DUTHIE, *Der Text des King Lear*, Veröffentlichungen der Schleswig-Holsteinschen Universitätsgesellschaft 35, Kiel, 1965. – W.R. ELTON, *King Lear and the Gods*, San Marino, Cal., 1966. – M. MACK, *King Lear in Our Time*, London, 1966. – H. GARDNER, *King Lear*, London, 1967. – P.A. JORGENSEN, *Lear's Self-Discovery*, Berkeley, 1967. – H. OPPEL, *Die Gerichtsszene in King Lear*, Mainz, 1968. – F. KERMODE, ed., *King Lear: A Casebook*, London, 1969. – M.H. PARTEE, »The Divine Comedy of *King Lear*«, *Genre*, 4 (1971). – R.D. FLY, »Revelations of Darkness: The Language of Silence in *King Lear*«, *BuR*, 20 (1972). – R.L. COLIE, T. FLAHIFF, eds., *Some Facets of King Lear*, London, 1974. – A.G. DAVIS, *The Royalty of Lear*, New York, 1974. – H. OPPEL, S. CHRISTENSON, *Edward Bond's Lear and Sh.'s King Lear*, Mainz, 1974. – D. MEHL, »King Lear and the ›Poor Naked Wretches‹«, *SJ West* (1975.) – R. COHN, *Modern Sh. Offshoots*, Princeton, 1976. – J. REIBETANZ, *The Lear World*, London, 1977.

l) Macbeth

aa) *Text und Datierung*

Die erste uns sicher bezeugte Aufführung von *Macbeth* fand 1611 im Globe-Theater statt. Aus Wortechos und Anspielungen in zeitgenössischen Dramen um 1607 ist jedoch der Schluß zu ziehen, daß die Uraufführung bereits 1606 stattgefunden haben muß. Das Stück dürfte 1605/06 als letzte der großen Tragödien entstanden sein.

Der Text ist nur in der Folio-Ausgabe von 1623 überliefert: *The Tragedy of Macbeth*. Die Fülle der Bühnenanweisungen sowie die auffallende Kürze des Textes lassen auf eine Bühnenversion, ein Soufflierbuch als Druckvorlage schließen. Zeilenverschiebungen und Unklarheiten im Satzbau deuten auf etliche Kürzungen hin. Einige Passagen in III, v und IV, i sind wohl auf spätere Interpolation zurückzuführen (die jambischen Zeilen der Hecate passen nicht zu den Trochäen der übrigen Hexen; die »songs« in diesen Szenen stammen aus MIDDLETONS Stück *The Witch*, das zwischen 1610 und 1616 entstanden sein dürfte).

bb) Die Vorlagen

Die Hauptvorlage für das Drama war HOLINSHEDS Chronik. Shakespeare folgt der dort aufgezeichneten Geschichte mit nur wenigen, allerdings bezeichnenden Abweichungen. Für den Mord an König Duncan, der bei HOLINSHED unter der offenen Mittäterschaft anderer Adliger, vor allem Banquos, erfolgt, entlehnt Shakespeare statt dessen Einzelheiten aus der ebenfalls bei HOLINSHED aufgezeichneten Geschichte der Ermordung König Duffs durch Donwald: die Anstiftung durch die eigene Frau; die Tatsache, daß das Opfer Gast im Hause des Mörders ist; die heimliche Ausführung der Tat und das Abschieben der Schuld auf die Diener. Einerseits wird durch diese Änderung aus zeitgeschichtlichen Rücksichten Banquo entlastet, der als Ahnherr des Stuarthauses galt und daher unter der Herrschaft von JAMES I. nicht als Verräter dargestellt werden konnte; andererseits gewinnt der Stoff auch in künstlerischer Hinsicht durch die Darstellung der alptraumartigen, bedrückenden Mordnacht, in der Macbeth und die Lady in dunkler, heimlicher Isolation handeln. Durch den Verstoß gegen das Gebot der Gastfreundschaft wird außerdem Macbeths Schuld noch vertieft. In diese Richtung zielen auch zwei weitere Abweichungen von der Vorlage: während bei HOLINSHED Duncan ein schwacher, unfähiger König ist, Macbeth hingegen sich nach dem Mord zehn Jahre lang als fähiger und kluger Herrscher erweist und überdies ein legitimes Anrecht auf den Thron hat, das Duncan übergeht, indem er seinen eigenen Sohn zum Prinzen von Cumberland ernennt, zeigt Shakespeare in Duncan das Bild eines weisen, gerechten und großzügigen

Königs und verkürzt Macbeths Herrschaft auf den knappen Zeitraum von etwa zehn Wochen, in denen sich Frevel auf Frevel in
fast zwangsläufiger Folge häuft. Ebenso bezeichnend sind zwei
Hinzufügungen, die Shakespeare nicht in seiner Quelle vorfand:
die Bankettszene mit der Vision von Banquos Geist und die
Schlafwandelszene der Lady Macbeth. Offensichtlich will Shakespeare ein eindeutiges schweres Verbrechen und seine Auswirkungen auf das Seelenleben der Täter darstellen. Für die Hexenszenen fand Shakespeare in seiner Quelle nur wenige Andeutungen. Er gestaltet den Bereich der Hexen aus zu einer Welt des
Bösen jenseits der moralischen Schuld eines einzelnen.

cc) Handlungsablauf und Charaktere

Die Handlung entwickelt sich in rascher, dramatischer Folge,
und ihre Hauptlinie zeichnet die fortschreitende schuldhafte Verstrickung Macbeths in seinem Streben nach der Macht nach: Die
erste Begegnung mit der Versuchung und sein inneres Erliegen
(1. Akt); das Grauen der Mordnacht, wo im seelischen und kosmischen Geschehen gleichermaßen die Verkehrung der natürlichen Ordnung sich vollzieht (2. Akt); die Unsicherheit auf dem
usurpierten Thron, aus welcher der Mord an Banquo und die
öffentliche Enthüllung von Macbeths zerrüttetem Seelenzustand
resultieren (3. Akt); das unwiderrufliche Absinken zum blutigen
Tyrannen, markiert durch den freiwilligen Gang zu den Hexen
und den unmotivierten Mord an Lady Macduff (4. Akt); die
Vergeltung, die an den Seelen der Schuldigen bereits vollzogen
ist, ehe auch die äußere kriegerische Niederlage erfolgt: Lady
Macbeths Geist ist umnachtet, Macbeth sieht sein Leben entblößt
von Wert und Würde, der Achtung und Liebe seiner Mitmenschen beraubt (V, iii, 22 ff.). Während sich in dieser Handlungslinie das zwanghafte zerstörerische Fortwirken des Bösen in der
menschlichen Seele und in der Gesellschaft darstellt, zeichnet sich
daneben auch bald die positive Gegenbewegung ab. Zunächst in
der Defensive (Flucht der Königssöhne, Fleances, Macduffs;
Beunruhigung des Adels durch Macbeths Halluzinationen), formiert sich diese Bewegung schließlich am Hof des englischen
Königs, der das friedvolle Gegenbild zu Macbeths Hofhaltung
bietet. In der Begegnung von Malcolm und Macduff (4. Akt)

wird das Mißtrauen überwunden, das Laster der Tyrannei entlarvt und die echte Königstugend ins Licht gestellt. Die Thronbesteigung Malcolms am Ende und das Königtum Duncans zu
Beginn bilden den hellen Rahmen gottgewollter rechtlicher
Ordnung, der das düstere Interim von Macbeths Gewaltherrschaft noch nachdrücklicher hervortreten läßt.

Die dramatische Technik, die die Handlungsfolge bestimmt,
ist die der tragischen Ironie. Sie erweist sich besonders deutlich
in den handlungsauslösenden Prophezeiungen der Hexen; diese
enthalten zwar Teilwahrheiten (Macbeths Ernennung zum
Thane of Cawdor; der Heilruf für Banquo als den Ahnherrn
künftiger Könige), doch verleiten sie den Verführten durch
falsche Kausalverknüpfung zu trügerischen Schlußfolgerungen
(als müsse Macbeth auch König werden, wenn er Thane of Cawdor wird), oder sie sind zweideutig und wiegen in falsche Sicherheit. Die Verheißungen in IV, i werden von Macbeth in der
einen Möglichkeit ausgelegt, der Handlungsgang erweist die
zweite. Tragische Ironie liegt auch in vielen Handlungen und
Worten der Gestalten, die auf unbewußter Fehleinschätzung der
Situation beruhen: so wenn Duncan dem Macbeth die Würde
des überführten Verräters Cawdor verleiht, ohne zu ahnen, daß
auch Macbeth Verrat plant; so wenn Lady Macbeth nach dem
Mord meint, ein wenig Wasser wasche die Blutschuld von ihren
Händen (II, ii, 67), während sie später einsehen muß, daß alle
Wohlgerüche Arabiens die Flecken nicht tilgen können (V, i, 48);
so wenn Macbeth nach der Entdeckung von Duncans Ermordung
in geheuchelter Trauer klagt, diese Stunde habe Ruhm, Ehre und
Glück seines Lebens zerstört (II, iii, 90 ff.) und am Ende verzwei-
felt erkennt, daß er damit die Wahrheit gesprochen hat (V, iii,
22 ff.). Diese Ironie, mit der sich das Geschehen jeder menschlichen Berechnung entzieht, vermittelt dem Zuschauer den Eindruck eines großen Verhängnisses, aber auch einer gerecht ver-
geltenden Vorsehung, die über allem waltet.

Tragische Ironie ist auch der inneren Situation des Protagonisten inhärent. Nie, weder in Wunschträumen vor dem Mord,
noch nach seiner Thronbesteigung, schwelgt Macbeth in Glück
und Ehren der erstrebten Königsmacht. Seine Monologe kreisen
in so marternder Hartnäckigkeit um die Schrecken seiner Tat,

daß er den Gewinn weder in Gedanken vorwegnehmen noch tatsächlich genießen kann. Daß er das Böse mit offenen Augen begeht, wissend, daß das, womit er sich als Mann zu erweisen glaubt, des Menschen unwürdig ist (I, vii, 46 f.), ist seine Tragödie.

Lady Macbeth hingegen sieht, fasziniert vom Gewinn der Tat, nicht den Preis, der dafür zu zahlen ist. Sie, die Macbeth erhöhen will, wird Helferin zu seinem Niedergang; sie überredet ihn, gegen sein Gewissen zu handeln, während ihr eigenes, mit Gewalt unterdrücktes Gewissen doch am Ende in den Schlafwandelszenen zum Durchbruch kommt. Die persönliche Tragik in der Bindung dieser beiden Menschen liegt darin, daß die Tat, die sie in Schuld zu verbinden scheint, sie in Wahrheit voneinander isoliert. Jeder lebt fortan in seiner eigenen Hölle und kann den anderen nicht mehr verstehen oder helfend erreichen. Für Macbeth ist die Welt so sinnentleert, daß sogar der Tod der Lady für ihn nur ein unzeitiger Zufall mehr ist im ewigen Kreislauf der Sinnlosigkeit (V, v, 17 ff.).

Außer den beiden Hauptgestalten bleiben die Figuren dieses Dramas als Charaktere schattenhaft. Am deutlichsten zeichnet sich Banquo gegen Macbeth ab. Mit Macbeth zusammen begegnet er den Hexen, doch während auch er es nicht verhindern kann, daß seine Gedanken mit der Hoffnung ihrer Prophezeiungen spielen, gelingt es ihm, sich von jeder blutigen Tat reinzuhalten, die ihre Erfüllung herbeiführen würde. Wo Macbeth die Finsternis anruft, seine Gedanken zu bergen (I, iv, 50 ff.; III, ii, 46 ff.), vertraut sich Banquo den Mächten der Gnade und des Lichtes an (II, i, 7 f.).

Doch obwohl es in der Tragödie keinen Zweifel gibt, wo Recht, wo Unrecht getan wird, versteht es Shakespeare durch die Kunst seiner Sympathielenkung, auch Macbeth nie zum reinen Schreckbild werden zu lassen. Im Schuldigen bleibt stets der Mensch sichtbar, der selbst am Bösen leidet. Neben dem moralischen Urteil steht die Trauer über Fehlleitung und Verderb großer und edler Anlagen. Auch wird der Bereich des außermenschlichen Bösen deutlich genug spürbar, um dem Zuschauer das Verhältnis von Verhängnis, Willensfreiheit und Verschuldung als Frage aufzugeben.

dd) Leitmotivische Themen und Bilder

Ein umfassendes, das ganze Stück durchziehendes Thema ist die Verkehrung alles Natürlichen, die vom menschlichen auf den kosmischen Bereich übergreift. Lady Macbeth schwört ihrer weiblichen Natur ab, um die Greueltat begehen zu können (I, v, 37 ff.); auch die Erscheinung der Hexen, in denen sich Männliches und Weibliches mischt, weist auf Pervertierung hin (I, iii, 45 f.); in der Mordnacht geschehen widernatürliche Vorzeichen im Bereich der Elemente und der Tierwelt (II, iii, 52 ff.; II, iv, 11 ff.); die Wunden Duncans sind ein »Riß in der Natur« (II, iii, 112); die Toten treten auf unter den Lebenden; und am Ende ist es die Natur selbst in Gestalt des Naturwidrigen, die erscheint, um die Unnatur zu beseitigen (der wandelnde Wald von Birnam; der nicht vom Weibe geborene Mann). Die Empörung des Kosmos deutet die Tragweite an, die der Verkehrung der moralischen Wertmaßstäbe in Macbeths Reich zukommt. Sprachliche Zeichen dafür, wie sehr Macbeth auch seiner eigenen Natur Gewalt antut, sind die Stellen in seinen Reden, wo er gleichsam eine Spaltung seiner selbst versucht, seine Hand als eigenständiges Wesen will handeln lassen, wo sein Auge nicht sehen soll, was sie tut (I, iv, 52 f.); Macbeth mordet mit Duncan seinen eigenen Schlaf, d.h. seine innere Ruhe, einen Teil seiner selbst.

Die Bilder, die dem ganzen Drama die beherrschende Atmosphäre von Grauen, Angst und Düsternis verleihen, sind solche von Nacht und Blut. Im brauenden Nebel, bei Blitz und Donner treffen sich die Hexen; wiederholt werden die Mächte der Dunkelheit beschworen, damit finstere Gedanken und Taten vor dem klaren Licht von Sonne und Sternen verhüllt seien (z. B. I, iv, 50 ff.). Und ausgehend von dem Auftritt des blutüberströmten Boten der Schlacht, über Macbeths Vision der blutigen Dolche, über die Beschreibung von Duncans Wunden, über Lady Macbeths Wahnidee der blutigen Hände bis zu dem festen Beinamen »bloody«, den Macbeth sich erwirbt, steigern sich die Bilder, die auf Gewalttat und Greuel deuten. Die wenigen Passagen, in denen eine friedliche Natur- und Menschenwelt sprachlich realisiert wird, verstärken noch die Wirkung des umgebenden Schreckens, indem sie die mögliche Alternative aufweisen: die idyllische Beschreibung von Macbeths Burg, die ihr Herr in eine Mörderhöhle verwandelt (I, vi, 1 ff.); das Heim der Lady Macduff, das untergeht in der Welt von Blut und Finsternis; und der Hof des englischen Königs, das licht- und gnadenvolle Gegenbild zum Hofe Macbeths.

Zwei Bildbereiche kennzeichnen zwei verschiedene Herrschaftsformen. Bilder des Maskentragens (I, iv, 11 ff.; III, ii, 34) und Bilder unpassender, zu großer Kleidung (V, ii, 20) bezeichnen die durch Verstellung und Usurpation errungene Stellung Macbeths. Bilder des natürlich Gewachsenen (am Anfang in Verbindung mit Duncan, am Ende mit Malcolms Sieg durch den grünenden Wald) und Bild und Erscheinung des Kindes – Zeichen des hilflosen Ausgesetztseins und des Zukunftsversprechens zugleich – stehen für die gottgewollte rechtliche Ordnung und den Sieg des Lebens über das Todverfallene.

ee) Die dramatische Sprache

Die Funktion der Sprache als Charakterisierungsmittel zeigt sich besonders deutlich bei Macbeth. Der Bilderreichtum seiner Worte (kosmische und apokalyptische Bilder; Bilder aus den Bereichen von Nacht, Krieg und Tierwelt) weist auf seine lebhafte Vorstellungs- und Einbildungskraft, die ihn für die Erscheinung der Hexen so anfällig macht und ihn die Folgen seiner Tat so geisterhaft vorempfinden läßt. Die Fügung seiner Sätze mit ihrem Zögern, ihrem Auseinanderlaufen in Nebensätzen, ihren Brüchen im Gedankengang, ist eine Projektion seiner inneren Zerrissenheit. Die Sprache der Lady Macbeth ist wesentlich zielgerichteter und ärmer an Bildern.

Eine ganz eigene Sprache außerhalb der menschlichen haben die Hexen. Schon die Versgestalt unterscheidet sie (meist gereimte vierhebige Trochäen, wie sie auch andere Gestalten Shakespeares aus dem außermenschlichen Bereich, z.B. Ariel und Puck, gebrauchen); darüber hinaus betonen ihr Bilderschatz aus dem Bereich von Nacht, Nebel und niedriger Tierwelt sowie ihre Anspielungen auf die Zahlenmystik das Geheimnisvolle und Schreckliche ihres Wesens. Die ihnen eigentümlichen Aussageformen sind Doppeldeutigkeit und Paradox (»Fair is foul and foul is fair«). Indem Macbeth ihren Einflüssen unterliegt, gerät auch er selbst in den Bereich dieses Sprachgebrauchs (z. B. I, iii, 142: »And nothing is, but what is not«).

ff) Verschiedene Deutungen

Die Streitfrage, ob Macbeth ein von Natur aus gefährlich ehrgeiziger Mann sei (A. C. BRADLEY) oder ob ein psychologischer Widerspruch zwischen seinem Charakter und seiner Tat bestehe (E. E. STOLL), wird heute kaum noch erhoben. *Macbeth* erscheint weniger als Tragödie eines ehrgeizigen Menschen denn als Drama über Natur und Auswirkungen des Bösen überhaupt. Christliche Interpretationen betonen die Parallelen zwischen Lucifer, Judas, Adam und Macbeth, zwischen Eva und Lady Macbeth (P. N. SIEGEL, V. K. WHITAKER). Nicht zu vergessen sind jedoch auch die politischen Implikationen, der Königsmord, die Gewaltherrschaft, die klare Scheidung von echtem und falschem Königtum. Andere Deutungen konzentrieren sich auf das absurd-groteske Element des Geschehens, auf den alptraumartigen Mechanismus, mit dem Tat auf Tat folgt, auf die Paradoxität, daß gemordet wird, um dem Morden ein Ende zu bereiten (J. KOTT; G. I. DUTHIE). Es ist jedoch nur der im Kreislauf der Schuld gefangene Macbeth, der in diesem Mechanismus das Gesetz der ganzen Welt sieht; neben ihm aber sind Kräfte am Werk, die eine übergeordnete Gerechtigkeit und Wertordnung bestätigen.

gg) Wirkungsgeschichte

Macbeth zählt im 18. und 19. Jahrhundert zu den meistgespielten Shakespeare-Stücken. Schon zwischen 1674 und 1744 sind fast 300 Aufführungen belegt, allerdings nur in Adaptionen, vor allem in der opernhaften Version D'AVENANTS, der die Hexenszenen mit Tanz, Gesang und Bühneneffekten zu Schaustücken für die Restorationsbühne erweitert, die Pförtnerszene und den Mord an Macduffs Sohn wegläßt und die Rolle der Lady Macduff als Kontrastfigur zu Lady Macbeth ausgestaltet. D. GARRICK und W. C. MACREADY stellten den Shakespearetext weitgehend wieder her. Berühmte Interpreten der Hauptgestalten waren D. GARRICK und Mrs. PRITCHARD, J. P. KEMBLE und Mrs. SIDDONS, H. IRVING und E. TERRY, FORBES ROBERTSON und Mrs. P. CAMPBELL. Die bekanntesten Darsteller des Macbeth im 20. Jahrhundert sind J. GIELGUD und L. OLIVIER. In Deutschland verfaßte G. A. BÜRGER eine Prosanachdichtung, die das Dämonische in den Hexenszenen im Sinne des Sturm und Drang betont. Eine Bühnenbearbeitung SCHILLERS, die in Weimar zur Aufführung kam, betont die Willensfreiheit Macbeths und setzt moralische Akzente in den Hexen- und Pförtnerszenen. F. FLECK war der berühmteste Macbeth-Darsteller des 18. Jahrhunderts. Anfang des 20. Jahrhunderts machten die Inszenierungen von M. REINHARDT (1916, mit P. WEGENER und H. KÖRNER) und L. JESSNER (1922, mit F. KORTNER, im expressionistischen Stil) von sich reden. Unter den Filmversionen ragt besonders diejenige von O. WELLES (1948) hervor, die den archaischen Charakter der *Macbeth*-Welt optisch stark betont. G. BOTTOMLEY griff in seinem Drama *Gruach* (1919) den Macbeth-Stoff wieder auf und gestaltete die Vorgeschichte zu Shakespeares Tragödie. N. S. LESKOVS Erzählung *Lady Macbeth von Mzensk* (1865), die den Stoff auf zeitgenössische Verhältnisse überträgt, diente ŠOSTAKOVIČ als Vorlage für eine Oper. VERDIS Oper *Macbeth*, deren erste Fassung 1847 in Florenz uraufgeführt wurde, behauptet nach wie vor ihren Platz auf den Spielplänen. Fast unbekannt ist hingegen R. STRAUSS' sinfonische Dichtung *Macbeth* (op. 23). 1972 erschienen E. IONESCOS *Macbeth*, wo das Geschehen zu einem absurden Kreislaufmechanismus von Machthunger, Mord und Grausamkeit übersteigert wird, und H. MÜLLERS Drama *Macbeth*, das sozialkritische Akzente setzt.

G. K. HUNTER, »Macbeth in the Twentieth Century«, *ShS*, 19 (1966) (Forschungsbericht). – C. CLARK, *A Study of Macbeth*, Stratford-upon-Avon, 1926. – W. C. CURRY, *The Demonic Metaphysics of Macbeth*, Chapel Hill, 1933. – E. R. HUNTER, *Macbeth as a Morality*, *SAB*, 12 (1937). – E. E. STOLL, »Source and Motive in *Macbeth* and *Othello*«, *RES*, 19 (1943). – C. BROOKS, »The Naked Babe and the Cloak of Manliness«, in: *The Well Wrought Urn*, New York, 1947. – M. C. BRADBROOK, »The Sources of *Macbeth*«, *ShS*, 4 (1951). – K. MUIR, »Introduction«, *Macbeth*, New Arden Sh., London 1951. – R. SPEAIGHT, »Nature and Grace in Macbeth«, 1952, in: *Essays by Divers Hands*, ed. G. R. Hamilton, London, 1955. – M. D. BURRELL, »*Macbeth*: A Study in Paradox«, *SJ*, 90 (1954). – G. R. ELLIOTT, *Dramatic Providence in Macbeth*, Princeton, 1958. – L. C. KNIGHTS, »Macbeth«, in: *Some Shakespearean Themes*, London, 1959. – G. J. DUTHIE, »Sh.'s *Macbeth*: A Study in Tragic Absurdity«, in: G. A. Bonnard, ed., *English Studies Today*, II, Bern, 1961. – M. A. BERNAD, »The Five Tragedies in *Macbeth*«, *SQ*, 13 (1962). – W. H. TOPPEN, *Conscience in Sh.'s Macbeth*, Groningen, 1962. – H. OPPEL, »Die Bankettszene in *Macbeth*«, in: *Shakespeare*, Heidelberg, 1963. – G. L. KITTREDGE, »The Dramatic Function of the Porter's Scene« (1916), in P. N. Siegel, ed., *His Infinitive Variety*, New York, 1964. – C. LEECH, ed., *Shakespeare: The Tragedies*, Chicago, 1965. – J. L. HALIO, ed., *Approaches to Macbeth*. Belmont, Cal., 1966. – R. B. HEILMAN, »The Criminal as Tragic Hero«, *ShS*, 19 (1966). – W.M. MERCHANT, »His Fiend-like Queen«, *ShS*, 19 (1966). – T. EAGLETON, »Macbeth«, in: *Sh. and Society*, London 1967. – J. WAIN, ed., *Sh.: Macbeth. A Casebook*, Bristol, 1968. – M. LÜTHI, »Macbeth, Tragödie der Selbstspaltung und Selbstentfremdung«, in: *Festschrift für R. Stamm*, hrg. E. Kolb, J. Hasler, München, 1969. – C. DAVIDSON, *The Primrose Way*, Conesville, 1970. – P. A. JORGENSEN, *Our Naked Frailties: Sensational Art and Meaning in Macbeth*, Los Angeles, 1971. – M. MACK, *Killing the King*, London, 1973. – P. R. MOORTHY, »Fear in Macbeth«, *EIC*, 23 (1973). – K. MUIR, »Image and Symbol in *Macbeth*«, in: *Sh. the Professional*, London, 1973. – I. RAMSEY, »The Perversion of Manliness in *Macbeth*«, *SEL*, 13 (1973). – R. WATKINS, J. LEMMON, *In Sh.'s Playhouse: Macbeth*, Newton Abbot, 1974. – T. HAWKES, ed., *Twentieth Century Interpretations of Macbeth*, Englewood Cliffs, 1977.

m) *Timon of Athens (Timon von Athen)*

aa) *Datierung und Text*

Es gibt keine Quarto-Drucke des Textes, das Stück erschien zum erstenmal in der Folioausgabe von 1623 *(The Life of Timon of Athens)*. Die Druckvorlage dürfte das Manuskript des Autors gewesen sein, teilweise vielleicht eine Abschrift davon.

Das Entstehungsdatum steht nicht fest. Die zentrale Thematik (Undankbarkeit; Vertrauen auf Schmeichelei) verweist das Stück in die Nähe von *King Lear*, einzelne Züge (Stolz, Menschenverachtung) sowie die Quellengleichheit nähern es *Coriolanus* und *Antony and Cleopatra* an. Das Stück dürfte demnach zwischen 1605 und 1607/08 entstanden sein.

Der Text ist kürzer als jede andere Shakespeare-Tragödie und weit weniger durchgestaltet. Die Verbindung zwischen der Timonhandlung und der Alcibiadeshandlung ist äußerst schwach, in der Namengebung der Personen finden sich Inkonsequenzen, die Charaktere bleiben schattenhaft und der Vers ist unregelmäßig. Diese Merkmale haben zu einer Theorie geteilter Autorschaft geführt; man glaubte, Shakespeare habe das Stück eines anderen Dramatikers aufgegriffen (J.M. ROBERTSON, D. SYKES), oder ein unvollendetes Stück Shakespeares sei von einem anderen zu Ende geführt worden (G.C. VERPLANCK, T.M. PARROTT). Die Theorie hält jedoch dem Einwand nicht stand, daß jeder Bearbeiter sich wohl in erster Linie bemüht hätte, die obengenannten Mängel zu beseitigen. Auch verweist die Durchgängigkeit einzelner Bilder und Leitgedanken sowie die Schlüssigkeit der Gesamtkonzeption auf einen einzigen Autor. Heute herrscht die Meinung vor, daß das Stück ein Entwurf Shakespeares sei, der nicht zur eingehenderen Durchgestaltung gelangte (U. ELLIS-FERMOR).

bb) Vorlagen

Shakespeares Hauptquelle war zweifellos die PLUTARCH-Übersetzung von NORTH *(Lives of the Noble Grecians and Romans)*. Dort finden sich in der Lebensgeschichte des Marcus Antonius die Grundzüge der Timon-Fabel (Timons Einsiedlertum und Menschenhaß auf Grund des Verrats und der Undankbarkeit seiner Freunde; Alcibiades und Apemantus; der Epitaph). Ob Shakespeare LUCIANS Timon-Dialog kannte, ist nicht erwiesen; er könnte ihm manche Einzelheit entnommen haben (die Befreiung eines Freundes aus dem Gefängnis, der Goldfund in der Wildnis, die daraus resultierende Rückkehr und die Beschimpfung der Parasiten), doch gab es keine englische Übersetzung dieses Dialogs. Eine anonyme Timon-Komödie aus der Zeit um 1600 hat manche Züge mit Shakespeares Stück gemein (der getreue Diener; das Steine-Bankett), doch ist eine Verbindung zwischen beiden nicht nachzuweisen. Die Timon-Fabel war in der Shakespeare-Zeit allgemein und in vielerlei Versionen bekannt. Eine Fassung, die Shakespeare sicherlich kannte, findet sich in PAINTERS *Palace of Pleasure* (1566); sie betont Timons tierähnliches Leben in der Einöde.

cc) Analyse und Deutung

Der Aufbau des Stückes ist streng zweiteilig; die ersten beiden Akte zeigen Timon im Überfluß der Glücksgüter, umgeben von Freunden und Schmeichlern, der 3. Akt den Zusammenbruch seines äußeren Glücks, und der 4. und 5. Akt sein Leben in der Wildnis in selbstgewählter Einsamkeit. Dem krassen Wechsel im äußeren Schauplatz korrespondiert eine plötzliche Sinnesänderung Timons, die so extrem ist, daß man von einer Charakterentwicklung nicht sprechen kann, ja kaum von einem Charakter.

Auch der übrige Aufbau des Stückes läßt die üblichen Ent- und Verwicklungen vermissen. Gezeigt werden ziemlich unverbunden eine Reihe paralleler Situationen, die aufeinander verweisen. In den ersten Akten folgen aufeinander Episoden, in denen Freunde von Timon überreiche Gaben entgegennehmen (I, i; I, ii), und Episoden, in denen dieselben Freunde Timon ihre Hilfe verweigern (III, i–iii). Dagegen stehen in den letzten Akten die Episoden, in denen Räuber Timon sein neugefundenes Gold nehmen wollen (IV, iii), und Episoden, in denen Timon seinerseits Bittsteller abweist (V, i). Gleiche Handlungen werden mit konträrem Sinn erfüllt; wo Timon in den ersten Akten schenkt, um Hilfe zu bringen und Freude zu verbreiten, da gibt er in den letzten Akten Gold, um Zerstörung und Korruption zu fördern (IV, iii).

Das Verhältnis der Figuren zueinander fügt sich in diese schematische Struktur von Analogien ein. Apemantus und Alcibiades sind mit Timon weniger durch das »plot« verbunden als dadurch, daß sie Alternativen zu seinem Handeln zeigen. Alcibiades macht ein vergleichbares Schicksal durch, auch er erfährt menschlichen Undank und lechzt nach Rache; doch statt sich in ohnmächtigem Gefühl zu verzehren, setzt er seine Gedanken in die Tat um; auch ist Alcibiades im Gegensatz zu Timon, der sogar seinen redlichen Diener als störend empfindet, da er seinen allgemeinen Menschenhaß widerlegt, des gerechten Abwägens fähig und weiß Schuldige von Unschuldigen zu sondern. Daher kann er am Ende die Ordnung in Athen wieder herstellen und auch Timon eine gerechte Würdigung angedeihen lassen. Apemantus, der Zyniker, dessen Menschenverachtung philosophischem Denken entspringt, bildet den Kontrast zur Misanthropie Timons, die Reaktion auf erfahrenes Unrecht ist.

Die Bauform dieses Stückes erscheint experimentell, als ein Variieren paralleler Situationen. Es mag dies auf der eigentlich undramatischen Qualität des Stoffes beruhen, der sich weniger für ein spannendes »plot« als für seelische Verhaltensstudien anbietet. Auf der sprachlichen Gestaltung psychischer Vorgänge beruht denn auch, vor allem im zweiten Teil, der von Timons Anklagen und Verwünschungen beherrscht wird, in hohem Maße die Wirkung des Stückes.

Dabei spielt die Bildersprache eine wichtige Rolle. Bilder von Gift, Krankheit und Infektion dienen zur Verfluchung einer von innen her verfaulten, korrupten Welt; Tierbilder kennzeichnen den ambivalenten Zustand Timons, der seine Mitmenschen als reißende Tiere sieht, sich aber auch selbst zum Tier erniedrigt in seinem unmenschlichen Haß und seinem Ausweichen vor jeder menschlichen Gesellschaft. Von Anbeginn ist Timons Schicksal

vorgedeutet durch das Bild der Fortuna, wie es der Dichter im
ersten Akt entwirft.

Ausgehend von diesem Bild und der Typenhaftigkeit der
Figuren hat man immer wieder das moralitätenhafte Wesen
dieses Dramas betont (A. S. COLLINS; M. VAN DOREN). Und in
der Tat sprengen erst in den letzten Akten Timons gewaltige
seelische Ausbrüche den Rahmen der für ein Moralitätenstück
charakteristischen Folge exemplarischer Szenen. Soziologische
Deutungen sehen in der Tragödie vor allem die Darstellung des
Wuchererunwesens und in Timon das Ideal einer zum Untergang
verurteilten feudalen Welt (J. W. DRAPER; E. C. PETTET); K.
MARX, der seine Aufmerksamkeit besonders der Szene IV, iii
zuwendet, interpretiert *Timon* als ein Stück über die entfrem-
dende Wirkung des Geldes auf den Menschen. Doch Timons
Unglück und vor allem seine Reaktion darauf beruhen auch auf
seinen individuellen Fehleinschätzungen. Aus diesem Grunde
läßt sich Timon auch nicht ethisch idealisieren als unschuldiges
Opfer und als gerechtfertigt in seinem Menschenhaß (W.
KNIGHT; T. M. PARROTT; H. S. WILSON). Von Anfang an wird
klargemacht, daß Timon der Blick für Menschen und Welt fehlt,
daß er realistischen Rat nicht annehmen will und daß sein Idealismus am Anfang ebenso wie sein genereller Haß am Ende auf
falscher, extrem einseitiger Einstellung beruht (IV, iii, 301: »The
middle of humanity thou never knewst, but the extremity of
both ends«). Gewiß handelt es sich in *Timon* auch um die Tragödie
eines Mannes, dem das hohe Bild, das er sich vom Menschen gemacht hat, zerbricht (P. ALEXANDER). Doch ist es in erster Linie
das Drama eines Menschen, der das rechte menschliche Maß
nicht wahren kann. Wie er zu Beginn nicht erkennt, daß er eine
Gesellschaft idealisiert, deren Künstlichkeit und Falschheit sich in
schmeichlerischen Reden und Gesten kundtut, so erkennt er am
Ende nicht das Irreale seines haßgeprägten Weltbildes, das von
der Treue seines Dieners widerlegt wird. Wie er sich am Anfang
als glückspendender Gott überhebt, so reduziert er sich am Ende
auf die rein tierische Existenz. Nie sieht er, daß er das, was er an
der menschlichen Gesellschaft haßt – ihre Gier und ihre Falschheit – durch sein Verhalten selbst gefördert hat. Wohl wäre dies
Stoff für eine Satire (O. J. CAMPBELL), doch läßt die unmittelbare

Gewalt seines Leidens kaum die Distanz aufkommen, die Bedingung für einen satirischen Effekt ist.

dd) Wirkungsgeschichte

Es gibt kein Zeugnis für eine Aufführung des Stückes vor 1642. Von der Restorationszeit bis ins 19. Jahrhundert wurde es verhältnismäßig selten und nur in Adaptionen gespielt; die bekannteste davon war T. SHADWELLS' Version von 1678, die als Zugeständnis an das Restorationspublikum das Kontrastmuster durch weibliche Rollen ergänzte: Timons geldgierige Verlobte Melissa, die ihn verläßt, und seine auch im Elend getreue Geliebte Evandra. Die Schauspieler T. BETTERTON und B. BOOTH spielten Timon in dieser Version. 1694 komponierte H. PURCELL die Musik für eine Maskeneinlage. 1771 erschien eine neue Adaption von R. CUMBERLAND, die eine engere Verknüpfung von Timon- und Alcibiadeshandlung anstrebt; er gibt Timon eine Tochter bei, die sich Alcibiades verbindet. D. GARRICK und J. P. KEMBLE spielten in dieser Version. 1816 wurde zum erstenmal wieder Shakespeares Originaltext gespielt. E. KEAN und S. PHELPS zeichneten sich in der Titelrolle aus. Im 20. Jahrhundert steigt das Interesse an dieser Tragödie; es gab zahlreiche Aufführungen in London und Stratford. SCHILLER und A. W. SCHLEGEL rühmten die Wahrhaftigkeit und Lebensweisheit des Stückes.

F. BUTLER, *The Strange Critical Fortunes of Sh.'s Timon of Athens*, Ames, Iowa, 1966 [Forschungsbericht]. –
K. MARX, *Ökonomisch-Philosophische Manuskripte*, 1844. – G.C. VERPLANCK, »Introduction«, *Timon of Athens*, The Illustrated Sh., New York, 1847. – J.M. ROBERTSON, *Sh. and Chapman*, London, 1917. – T.M. PARROTT, *The Problem of Timon of Athens*, Sh. Association Papers 10, London, 1923. – D. SYKES, »The Problem of *Timon of Athens*«, in: *Sidelights on Elizabethan Drama*. London, 1924. – J.W. DRAPER, »The Theme of *Timon of Athens*«, *MLR*, 29 (1934). – P. ALEXANDER, »*Timon of Athens*«, in: *Sh.'s Life and Art*, London, 1939. – M. VAN DOREN, »*Timon of Athens*«, 1939, in: A. Harbage ed., *Sh.: The Tragedies*. Englewood Cliffs, N.J., 1964. – U. ELLIS-FERMOR, »*Timon of Athens*: An unfinished Play«, *RES*, 18 (1942). – O.J. CAMPBELL, »*Timon of Athens*«, in: *Sh.'s Satire*, London, 1943. – A.S. COLLINS, »*Timon of Athens*: A Reconsideration«, *RES*, 22 (1946). – E.C. PETTET, »*Timon of Athens*: The Disruption of Feudal Morality«, *RES*, 23 (1947). – W.M. MERCHANT, »*Timon* and the Conceit of Art«, *SQ*, 6 (1955). – R.P. DRAPER, »*Timon of Athens*«, *SQ*, 8 (1957). – H.J. OLIVER, »Introduction«, *Timon of Athens*, New Arden Edition, 1959². – J. STAMPER, »*Timon of Athens*«, in: *The Tragic Engagement*, New York, 1968. – A. L. BIRNEY, »The Satirist's Purgation in *Timon of Athens*«, in: *Satiric Catharsis in Sh.*, Berkeley, 1973. – H. LEVIN, »Sh.'s Misanthrope«, *ShS*, 26 (1973). – J. C. BULMAN, »The Date and Production of *Timon* Reconsidered«, *ShS*, 27 (1974). – G. W. KNIGHT, *Sh.'s Dramatic Challenge*, London, 1977.

D. DIE NICHT-DRAMATISCHEN DICHTUNGEN

1. DIE SONETTE

Unter Shakespeares nicht-dramatischen Werken haben lediglich die Sonette im Bewußtsein der Nachwelt eine eigenständige Rolle zu spielen vermocht. Seit dem 19. Jahrhundert entwickelte sich eine Forschungstradition, deren wissenschaftliche Ausbeute nur noch von der Zahl der Schriften über *Hamlet* übertroffen wird.

a) Forschungsberichte:
E. HUBLER, »The Sonnets and their Commentators«, in: *The Riddle of Sh.'s Sonnets*, London, 1962. – A. NEJGEBAUER, »Twentieth-Century Studies in Sh.'s Songs, Sonnets, and Poems: 2. The Sonnets«, *ShS*, 15 (1962). – T. HELTON, »Contemporary Trends in Sh. Sonnet Scholarship«, *Wisconsin English Journal*, 8 (1965). – I. HAYASKI, *Sh.'s Sonnets: A Record of 20th Century Criticism*, Metuchen, N. J., 1972. – J. M. NOSWORTHY, »The Sonnets and Other Poems«, in: *Sh.: Select Bibliographical Guides*, ed. S. Wells, London, 1973.
b) Aufsatzsammlungen und Kommentare:
The Riddle of Sh.'s Sonnets, London, 1962 (Beiträge von E. HUBLER, N. FRYE, u.a.). – G. WILLEN, V. B. REED, eds., *A Casebook on Sh.'s Sonnets*, New York, 1964. – B. HERRNSTEIN, ed., *Discussions of Sh.'s Sonnets*, Boston, 1964. – W. WEISS, »Kommentare zu den Sonetten, Epen und kleineren Dichtungen«, in: *Sh.-Kommentar*, München, 1968. – S. BOOTH, ed., *Sh.'s Sonnets*, New Haven, 1977 [Text von 1609, mod. Text und Kommentar]. – P. JONES, ed., *The Sonnets: A Casebook*, London, 1977.

a) Der Text

Kurz bevor Shakespeare sich aus dem Londoner Theaterleben zurückzog, im Jahre 1609, veröffentlichte der Verleger Thomas THORPE »SHAKE-SPEARES SONNETS Neuer before Imprinted«. Am Schluß dieser Quarto-Ausgabe (Q), von der 13 Exemplare erhalten sind, folgt, ebenfalls unter Shakespeares Namen, *A Lover's Complaint*.

Über die Vorgeschichte und Verläßlichkeit von Q herrscht in der Textforschung keine Einmütigkeit. So ist ungeklärt, ob Shakespeare die Veröffentlichung selbst gewollt hat oder ob THORPE mit unlauteren Mitteln zu seiner Druckvorlage gekommen ist. Immerhin hat er das Copyright der Stationers' Company erworben. Es kann als sicher gelten, daß Shakespeare nicht wie im Falle seiner Verserzählungen die Drucklegung selbst beaufsichtigt hat. Die Zahl der Druckfehler und Entstellungen wäre dafür zu groß, obschon sie nicht über das allgemein übliche Maß bei nichtautorisierten Texten hinausgeht.

Von Q abweichende Fassungen zweier Sonette (138 und 144) waren bereits 1599 in *The Passionate Pilgrim* enthalten gewesen. Eine Neuauflage von Q fand nicht statt. Die gebräuchlichste Erklärung hierfür ist das schwindende Interesse des Publikums an Sonetten. Bereits tief in die biographische Spekulation führt die Annahme, Shakespeare und der oder die betroffenen Gönner hätten weitere Auflagen dieser kompromittierenden Gedichte verhindert.

Erst im Jahre 1639 brachte der Verleger John BENSON eine gründlich veränderte Fassung heraus. Er benützte Q, von dessen 154 Sonetten er offenbar aus Versehen acht ausließ, außerdem griff er zurück auf *The Passionate Pilgrim* und weitere Texte, in denen er Shakespeariana vermutete. Unter phantasievollen Titeln arrangierte er Gruppen von zwei oder mehr Sonetten zu einer Reihe von »Poems« und vermischte sie mit den übrigen Gedichten. Sein Ziel war es nicht, wie lange Zeit angenommen wurde, die Tatsache eines Raubdrucks zu verschleiern. Vielmehr war er von der Absicht geleitet, möglichst viel von Shakespeares lyrischem Werk zu erhalten, die Sonette sinnvoller zu gruppieren und sie durch Verwandlung des männlichen Hauptadressaten in eine Frau (mithilfe der Pronomina) dem Zeitgeschmack anzupassen. Zahlreiche Exemplare sind überliefert. Bis tief ins 18. Jahrhundert blieb BENSONS Ausgabe die allgemein gültige, der nahezu alle Herausgeber folgten, während Q weitgehend unbekannt war. Erst mit E. MALONES kritischer Ausgabe von 1780 wurde Q zur Grundlage für alle späteren Versuche, einen unverfälschten Text zurückzugewinnen. MALONE übernimmt auch THORPES Nummerierung, die für nahezu alle Neuausgaben verbindlich blieb.

Es ist ungewiß, ob Shakespeares Originalhandschrift für Q als Vorlage diente. Feststeht, daß einige, wenn nicht gar alle Sonette bereits vor 1598 in einer kleinen Zahl von Abschriften unter Shakespeares Freunden zirkulierten und damit für den Dichter bereits »veröffentlicht« waren. Die Gewähr hierfür bietet F. MERES' Literaturbericht *Palladis Tamia* von 1598. Von SIDNEYS *Astrophel and Stella* sind mehrere solcher Handschriften überliefert. Da für Shakespeare jegliche äußeren Anhaltspunkte fehlen, hing es bislang sehr vom persönlichen Urteil der Herausgeber ab, ob sie Q in mehr oder weniger große Nähe zur Original-handschrift rückten. In der letzten Zeit neigt man eher dazu, keine Zwischenstufen mehr anzunehmen.

a) Textprobleme:
R.M. ALDEN, »The 1640 Text of Sh.'s Sonnets«, *MP*, 14 (1916). – H. LANDRY, »Malone as Editor of Sh.'s Sonnets«, *BNJPL*, 63 (1963). – J.W. BENNET, »Benson's Alleged Piracy of Sh.'s Sonnets and Some of Jonson's Works«, *SB*, 21 (1968).
b) Neuere Ausgaben:
C.H. BEECHING, Boston, 1904. – R.M. ALDEN, Houghton, N.Y., 1916. – C.K. POOLER (Arden Sh.), London, 1918. – E.B. REED (Yale Sh.), New Haven, 1923. – T.G. TUCKER, London, 1924. – C.F.T. BROOKE, London, 1936. – G.B. HARRISON (Penguin Sh.), Harmondsworth, 1938ff. – H.E. ROLLINS (New Variorum Edition), Philadelphia, 1944. – D. BUSH u. A. HARBAGE, Baltimore, 1961. – M. SEYMOUR-SMITH, London, 1963. – W.G. INGRAM u. T. REDPATH, London, 1964. – A.L. ROWSE, London, 1964. – O.J. CAMPBELL, New York, 1964. – J.D. WILSON (New Cambridge Sh.), Cambridge, 1966. – S. BOOTH, New Haven, 1977. – zu Übersetzungen cf. IV. F.

b) Datierung, Zeitbezüge, Biographisches

Die meisten Versuche, Shakespeares Sonette auf das literari-sche und gesellschaftliche Leben seiner Zeit zu beziehen, nehmen ihren Ausgang von THORPES persönlicher Widmung zu seiner Ausgabe von 1609:

TO. THE. ONLIE. BEGETTER. OF.
THESE. INSUING. SONNETS.
MR. W. H. ALL. HAPPINESSE.
AND. THAT. ETERNITIE.
PROMISED.
BY.
OUR. EVER-LIVING. POET.
WISHETH.
THE. WELL-WISHING.
ADVENTURER. IN.
SETTING.
FORTH.
T.T.

Dieser enigmatische Satz, nach Art einer römischen Weihe-inschrift abgefaßt und charakteristisch für THORPES extravagan-ten Stil, hat eine ausgedehntere Diskussion ausgelöst als irgend-ein anderer Ausspruch von oder über Shakespeare. Aus der Fülle

der Spekulationen seien lediglich exemplarisch einige Vorschläge herausgegriffen, die immerhin ernsthafte Lösungsversuche darstellen, obschon bislang nichts eindeutig bewiesen
wurde.

Es geht vor allem um die Identität von Mr. (= Master) W.H.
und die Bedeutung von »begetter«. Lange Zeit hat dieses Wort
für viele Forscher als Synonym für »procurer« (Beschaffer) gegolten. THORPE habe somit einem Freund, beispielsweise dem
Verleger William HALL, seinen Dank für ein wertvolles Manuskript erweisen wollen. Diese Bedeutung des Wortes »begetter«
ist jedoch für die elisabethanische Zeit nicht mit Sicherheit nachweisbar, vielmehr bezeichnete es jemanden, der etwas erschafft
oder inspiriert.

Sieht man von der Möglichkeit einer bewußten Mystifikation
durch THORPE ab, so bliebe zu folgern, daß es sich bei Mr. W.H.
um den Adressaten und Hauptgegenstand der Sonette handelt.
Von den zahlreichen möglichen Kandidaten für diese Ehre haben Henry Wriothesley, Graf von SOUTHAMPTON (1573–1624)
und William Herbert, Graf von PEMBROKE (1580–1630) die größte Anhängerschaft hinter sich versammelt.

Schwierigkeiten in beiden Fällen bereitet die Anrede »Master«
für einen jungen Earl. Allein über diese Frage ist ein langer und
heftiger Streit entbrannt. Gegen SOUTHAMPTON spricht die Um-
stellung seiner Initialen, ebenso die – nach der Überlieferung zu
urteilen – eher spärlichen Kontakte zwischen ihm und Shakespeare. Zu seinen Gunsten wird angeführt: die großzügige Förderung der Künstler in seinen jungen Jahren und Shakespeares
Widmung der Verserzählungen an ihn. Besonders auffallend und
unüblich ist der herzliche Ton des Vorspruchs zu *Lucrece*.

PEMBROKE kann u.a. für sich buchen, daß seine Initialen die
richtige Reihenfolge zeigen und daß er Shakespeares Schauspielertruppe großzügig unterstützt hat. Ihm und seinem Bruder
wurde später die Folio-Ausgabe der Dramen gewidmet.

Die ersten 17 Sonette sind häufig als Auftragsarbeit angesehen
worden mit dem Ziel, einen widerspenstigen Jüngling zur Heirat zu bewegen. Die beiden jungen Adligen bereiteten ihren Familien zu verschiedenen Zeiten Sorgen, als die Wahl einer Ehe-
frau zur Entscheidung stand. Da das heiratsfähige Alter der bei-

den um einige Jahre auseinander lag, entscheiden sich die »Southamptonites« für eine frühe Abfassungszeit der Sonette (ca. 1592–96), die »Pembrokites« für eine spätere (ca. 1598–1603).

Gelegentliche Anspielungen auf aktuelle Ereignisse sind im Sonett, zumal wenn es in einem Zyklus steht, seit seinen Anfängen üblich gewesen. Der Dichter äußert sich zwar meist recht verhüllt, doch dürften die Hinweise für den Zeitgenossen durchweg einsichtig gewesen sein. Die Andeutungen beispielsweise Sir Philip SIDNEYS, über den wir als Angehörigen der Oberschicht biographisch weitaus besser informiert sind als über Shakespeare, entsprechen den historisch ermittelten Tatsachen recht genau.

Am unverkennbarsten ist der Versuch einer zeitgeschichtlichen Anspielung bei Shakespeare in Sonett 107. Entscheidend ist der Vers 5: »The mortal moon hath her eclipse endur'd«. Unter den zahllosen Deutungen sind drei am nachdrücklichsten verfochten worden: 1. Das Bild des Mondes bezeichnet die Formation der spanischen Armada und ihre Vernichtung (1588); 2. Der Mond wird, wie allgemein üblich, als Symbol für die Königin ELISABETH gebraucht, und die Zeile deutet auf ihr »großes Klimakterium« im Jahre 1596 hin (ihr Alter betrug 63 Jahre, eine astrologisch bedeutsame Zahl, da in ihr die gefährliche Kombination von 7 und 9 enthalten ist); 3. Die Eklipse bezieht sich auf den Tod der Königin im Jahre 1603 und den Anbruch einer neuen Ära. Die übrigen Verse dieses Sonetts sowie einige weitere Beispiele lassen sich dank ihrer Vieldeutigkeit je nach gewähltem Blickwinkel mit einer Vielzahl von zeitgeschichtlichen Vorgängen in Verbindung bringen.

Eine klare Entscheidung zwischen den drei angeführten Lösungen ist nicht möglich, doch scheint man heute der zweiten zuzuneigen, da der Textvergleich mit anderen Werken Shakespeares eine frühe, jedoch nicht vor 1590 zurückreichende Abfassungszeit der Sonette wahrscheinlich macht. Die deutlichsten Parallelen finden sich in den Verserzählungen; aber auch Dramen wie *Love's Labour's Lost*, *Romeo and Juliet*, *Midsummer Night's Dream* und *Richard II* legen eine zeitliche Verwandtschaft nahe. Freilich zeigen sich auch in den späteren Stücken Entsprechungen, vor allem erscheinen Themen wieder, die Shakespeare bereits in den Sonetten experimentell durchgespielt hat.

J.M. ROBERTSON, *The Problems of the Sh. Sonnets*, London, 1926. – U. NISBET, *The Onlie Begetter*, London, 1936. – L. HOTSON, *Sh.'s Sonnets Dated*, London, 1950. – F.W. BATESON, »Elementary, My Dear Hotson«, *EIC*, 1 (1951). – C. SCHAAR, *Elizabethan Sonnet Themes and the Dating of Sh.'s Sonnets*, Lund, 1962. – L. HOTSON, *Mr. W. H.*, London, 1964. – M. N. PROSER, »Sh. of the Sonnets«, *Critical Survey*, 5 (1971). – R. J. C. WAIT, *The Background to Sh.'s Sonnets*, London, 1972. – M. GREEN, *The Labyrinth of Sh.'s Sonnets*, London, 1974.

c) Der literarhistorische Kontext

Neben die historisch-biographische Betrachtung trat gegen Ende des 19. Jahrhunderts in der Forschung die Hinwendung zur Gattungspoetik des Sonetts. Shakespeares Beitrag entwicklungsgeschichtlich herzuleiten, war ihr Hauptanliegen. Zuweilen schoß sie über das Ziel hinaus, indem sie nahezu jeden Stilzug oder thematischen Vorwurf als Element eines traditionellen Formelschatzes zu erklären versuchte. Heute liefern derartige Vergleiche eher eine Basis, auf der sich Shakespeares Sonderstellung innerhalb der Entwicklung des Sonetts klarer definieren läßt. Da seine Sonette zweifellos einen Höhepunkt in der Tradition darstellen, erscheint es als sinnvoll, sich die Vielzahl von Gestaltungsmöglichkeiten zu vergegenwärtigen, die er aufgriff, modifizierte oder verwarf.

aa) Der kontinentale Petrarkismus

Bezugs- und Ausgangspunkt ist PETRARCA (1304–74), dessen Synthese zwischen der Liebesdichtung der Antike und der mittelalterlichen Troubadourlyrik in der Weiterentwicklung des »dolce stil nuovo« (DANTE und CAVALCANTI) eine jahrhundertelange Entwicklung inaugurierte. Die wesentlichen vom Petrarkismus aufgegriffenen Merkmale des *Canzoniere* PETRARCAS sind die Sonettform, die Gruppierung der Einzelsonette in lockerer Folge zu einem Zyklus, die bisweilen zum Manierismus getriebene stilistische Durchformung der Aussagen und die extreme Idealisierung der Frau. Die Dichtung der italienischen und französischen Petrarkisten – den englischen Sonettdichtern ebenso bekannt wie PETRARCA – zeichnet sich vor allem aus durch die Weiterentwicklung und Ausweitung des Petrarcaschen Fundus an stilisierten Aufbauformen, rhetorischen Sprachmustern und pretiösen Bildvergleichen (concetti). Die englischen Sonettdichter stehen bis auf wenige Ausnahmen der extremen Idealisierung der Frau reserviert gegenüber. Sie reaktualisieren in Nachdichtung und freien Versionen den Formelschatz der romanischen Petrarkisten; jedoch die Meister unter ihnen und insbesondere Shakespeare suchen neue Wege in der Auseinandersetzung mit der Tradition und in ihrer Überschreitung.

bb) Wyatt

Sir Thomas WYATT (ca. 1503–42) war der erste, der das Sonett PETRARCAS und des Quattrocento in England heimisch zu machen versuchte. Seine Bemühungen galten zunächst der Form. Nach Versuchen mit traditionellen englischen Verstypen und dem italienischen Elfsilbler, deren Ergebnisse heute meistenteils holprig und ungefüge anmuten, wandte er sich dem strengen, »heroischen« jambischen Pentameter zu, der zum Standardvers des elisabethanischen Sonetts wurde. WYATT hielt an der herkömmlichen Zweigliedrigkeit des Gesamtaufbaus fest, deren Hauptkennzeichen in der harmonischen Abstimmung zwischen einer Oktave und einem Sextett besteht. Die Grundform der Zeilengliederung lautet bei PETRARCA und bei betont formbewußten englischen Sonettdichtern bis ins 19. Jahrhundert: abba abba cde cde. Bei WYATT findet sich häufig bereits ein Reimpaar am Schluß, das die Italiener nur gelegentlich verwendet hatten, das aber der englischen Auffassung von einem in sich geschlossenen und wohl abgerundeten Gedicht entsprach. Es diente ihm wie seinen Nachfolgern zu einer Pointierung der Aussage. Diese besteht nicht selten in einer Umdeutung der petrarkistischen Vorlage und sogar ihrer Verkehrung ins Gegenteil, etwa in einer satirischen Attacke auf die Geliebte. Gemessen am traditionellen Laura-Kult mußten solche Ausfälle als Häresie erscheinen. Dieser kritisch-skeptische Zug, gepaart mit innerweltlicher Nüchternheit, ist bei den Elisabethanern und nicht zuletzt bei Shakespeare immer wieder zum Durchbruch gekommen.

cc) Surrey

Das Experimentierstadium verließ bereits WYATTS Freund Henry Howard, Graf von SURREY (ca. 1517–47), der durch seine sprachliche Eleganz, lyrische Schlichtheit und metrische Korrektheit den Zeitgenossen lange in den Schatten gestellt hat und zum Vorbild für technisch-unpersönliches Virtuosentum wurde.

SURREY kommt das Verdienst zu, die Sonettform entwickelt zu haben, die von den meisten Elisabethanern übernommen wurde und die Shakespeare fast ausschließlich verwendete. Das Reimschema lautet: abab cdcd efef gg. Man hat den Erfolg dieses Typs mit dem relativen Mangel an Reimen im Englischen zu erklären versucht. Entscheidend ist jedoch wohl, daß die Reimfolge einen Dreischritt der Gedankenbewegung auf einen Höhepunkt hin mit abrundender Schlußgebärde nahelegt und unterstreicht. Dieses Aufbauschema kam dem Streben vieler Sonettdichter nach Dynamik, Zielgerichtetheit, Überzeugungskraft und Gedankenschärfe entgegen.

WYATT und SURREY blieben einige Jahrzehnte lang ohne Nachfolger. Ihre Sonette sowie die einiger Zeitgenossen lebten jedoch weiter in der ersten elisabethanischen Anthologie der *Songs and Sonnets* (gen. *Tottel's Miscellany*, 1557), die immer wieder neu aufgelegt wurde.

dd) Watson

In den frühen achtziger Jahren kam es zu einem Neuanfang. So wie SPENSER mit seinem *Shepherd's Calender* von 1579 entscheidend dazu beitrug, daß ein »Goldenes Zeitalter« der elisabethanischen Dichtung möglich wurde, verhalfen einige entschlossene Neuerer dem Sonett bald zu einer einzigartigen Blüte.

Unter ihnen trat Thomas WATSON (ca. 1557–92) mit seiner *Hekatompathia, or Passionate Century of Love* (1582) als erster an die Öffentlichkeit. Er reihte sich bewußt ein in die Tradition des Kontinents; PETRARCA, SERAFINO und die Pléiade (RONSARD) sind seine Vorbilder. WATSON fühlte sich als Experimentator. Seine »Sonette« bestehen aus 18 Zeilen mit einem abschließenden Reimpaar nach jedem Quartett. Das Bauprinzip des Surreyschen Sonetts ist hier auf die Spitze getrieben. Ebenso extravagant sind Sprachgebung und Thematik. WATSONS Ziel war es, die Liebesdichtung vom Stigma der Trivialität zu befreien und ihr eine geradezu philosophische Gewichtigkeit zu verleihen. Die Gefühlslagen des Liebenden, vor allem die unauflösbaren Spannungen, unter denen er leidet, werden vom Dichter analysiert und mit historischen, mythologischen und kosmischen Vorgängen in Verbindung gebracht. Seine Denkweise ist bestimmt durch »concetti«, geistreiche Gedankenfiguren voll metaphorischer Gesuchtheit und gewollter Widersprüchlichkeit. Dieser Art, Sonette zu schreiben, war in den neunziger Jahren eine zahlreiche Nachfolge beschieden. Shakespeares häufige Hinweise auf die Schlichtheit seiner eigenen Darstellungsweise (z. B. 26; 76) sind erst vor diesem Hintergrund recht zu verstehen, obschon seine Sonette keineswegs frei von den hier aufgezeigten Stilzügen sind.

ee) Sidney

Der entscheidende Durchbruch gelang Sir Philip SIDNEY (1554–86), dem gesellschaftlich-literarischen Idol der Zeit. Sein Sonettzyklus *Astrophel and Stella* entstand in den Jahren 1581–83, zirkulierte handschriftlich bei Hofe und erschien zusammen mit einigen Sonetten DANIELS im Jahre 1591. Dieser Raubdruck, der später durch eine legalisierte Ausgabe abgelöst wurde, eröffnete einer breiteren Öffentlichkeit neue Möglichkeiten, Sonette zu erleben und selbst zu gestalten.

Bei SIDNEY werden zwei gegenläufige Grundtendenzen spürbar: zum einen die noch ungeminderte Kraft der ritterlich-höfischen Tradition, zum anderen der entschiedene Anspruch einer neuen Weltsicht. So ist er einerseits in seiner Haltung als begeistert Liebender PETRARCA verpflichtet, andererseits betont kritisch gegenüber den epigonalen Verflachungen, die das Quattrocento und sein eigenes Jahrhundert gebracht hatten. Er wehrt sich gegen eine Sonettdichtung, die reine Kunstübung und Selbstzweck ist. Das klassizistische Gebot der Wahrscheinlichkeit und Glaubwürdigkeit betont er in seiner *Defense of Poesie* (ca. 1583) ebenso wie in den Sonetten. Erfüllen kann er es nur, indem er als Liebender ständig sein Ziel im Auge behält, die Geliebte zu besingen und von seinem Engagement zu überzeugen. SIDNEY erscheint in seinem Sprecher Astrophel verinnerlichter, mehr auf Selbstrechtfertigung bedacht, an den eigenen Gefühlen und Reaktionen interessierter als Shakespeare, für den sein Gegenüber ganz im Mittelpunkt steht.

SIDNEYS Hauptthema ist der Konflikt des Liebenden zwischen Vernunft und Begierde, ferner gestaltet er die psychologischen und ethischen Konsequenzen der Erotik; nicht jedoch verleiht er, wie PETRARCA, der Liebesbegegnung einen letztlich transzendenten Charakter. In seiner Liebe zu einer verheirateten Frau (Penelope Devereux, Lady RICH) schildert er, der Aristokrat, Diplomat und Soldat, mit sicherem Gespür für die Realitäten den gesellschaftlichen Konflikt, den seine Zuneigung heraufbeschwören mußte.

Für viele Zeitgenossen – und wohl auch für Shakespeare – wurde Astrophels Rolle so überaus glaubwürdig, da SIDNEY es verstand, im Einzelsonett wie im Gesamtzyklus seinem Erleben Unmittelbarkeit und dramatische Zuspitzung zu verleihen. Eine kraftvolle, oftmals kolloquiale Sprache, die sich frei zwischen dem Erhabenen und Einfachen bewegt, ein bei aller Rhetorik geschicktes Verbergen der Kunst durch Kunst, ein Verzicht auf wehleidiges Klagen bei gleichzeitiger Bereitschaft zur Selbstironie – dies sind Wesenszüge, die SIDNEYs Stimme im Chor der petrarkistischen Lyrik so modern und originell erscheinen ließen. Er selbst brachte seine Forderung nach einer neuen Ursprünglichkeit in seinem Sonett Nr. 1 auf die Formel: »›Fool‹, said my Muse to me, ›look in thy heart and write‹.«

ff) Daniel

Als erster eigenständiger Beitrag in der Sidneynachfolge und als letzte Vorstufe zu Shakespeares Sonetten kann Samuel DANIELS (1562–1619) Zyklus *Delia* von 1592 gelten. DANIEL wird häufig im Kontrast zu SIDNEY gesehen. Seine eher konventionelle Haltung als Liebender, die nicht zuletzt durch die hohe Stellung der Adressatin, der Gräfin von PEMBROKE, bestimmt war, der betont lyrische Zug mit starkem Hang zur Melancholie, die Glätte seiner Diktion, all dies steht im Gegensatz zu SIDNEYs Vitalität und Egozentrik. Der leidenschaftliche Impuls erscheint stets gedämpft. Lediglich bei dem Gedanken an die Vergänglichkeit und an die Möglichkeit einer Verewigung in der Dichtkunst spricht eine gesteigerte Erregung aus ihm. Die Brücke zu Shakespeare sieht man vor allem in dieser Thematik, überdies in einer gewissen Schlichtheit und Direktheit der Aussage, in einer entsagungsvollen Zurückhaltung, die manche seiner Sonette bereits als schwachen Vorklang zu Shakespeares unverkennbarem

Ton erscheinen lassen. DANIEL bevorzugte die Sonettform SUR-
REYS, die seiner Auffassung von Klarheit und logischer Exaktheit
entsprach. Viele Zeitgenossen nahmen sich seine Sonette zum
Vorbild, entgingen jedoch häufig nicht der Gefahr des Ab-
gleitens in Süßlichkeit, Tränenseligkeit, Pseudoreligiosität, For-
melhaftigkeit und monotone Kunstglätte.

Auf der Suche nach dem vollendeten Sonett gingen zwei führende Dichter der Zeit eigene Wege, die sich gelegentlich, wenn
auch nicht immer eindeutig, mit dem Shakespeares kreuzten:
SPENSER und DRAYTON.

gg) Spenser

Eine besondere Stellung nimmt Edmund SPENSER (ca. 1552–99)
mit seinen *Amoretti* von 1595 ein, die zusammen mit einem
Hochzeitsgedicht *(Epithalamion)* erschienen. Er sah offenbar nicht
in SIDNEY seinen Meister. Vielmehr trug seine langjährige Erfahrung als Berufsdichter, der in vielen Gattungen zuhause war, in
seinen Sonetten reiche Früchte. Kennzeichnend für ihn sind die
bildhafte Anschauungskraft und lyrische Suggestivität der
Sprache, die Emblematik bei der Beschreibung und ein musika-
lisch-fließender Versduktus. Im Gegensatz zu SIDNEY, Shakespeare und DRAYTON lehnte er sich nicht gegen die erstarrten
Konventionen des Petrarkismus auf, sondern bediente sich des
überlieferten Formelschatzes, um seine Geliebte (und spätere
Frau) in prunkvoller Weise zu preisen.

hh) Drayton

Michael DRAYTON (1563–1631) schließlich faßt einige der wichtigsten von den kontinentalen Sonettdichtern, SIDNEY und DA-
NIEL ausgehenden Entwicklungslinien zusammen. Frühe Gedichte seines *Idea*-Zyklus (1594–1619) haben möglicherweise
Shakespeare als Anregung gedient; in späteren Revisionen von
Idea macht sich in einigen Sonetten verhalten Shakespeares Einfluß geltend. Parallelen in Shakespeares und DRAYTONS Zyklen
finden sich vor allem im Lob der zeitüberwindenden Dichtung,
welche den Ruhm der geliebten Person der Zukunft zuträgt, und
in der Ausgestaltung eines paradoxen Abhängigkeitsgefühls, in
dem Faszination und Haß verschmolzen sind. Gemeinsam ist bei-

den auch das Wagnis, neue, aktuelle Bildquellen dem Sonett zu
erschließen und die petrarkistische Liebesdarstellung mit realistischen Elementen zu durchsetzen.

ii) Das Quellenproblem

Trotz angestrengter Suche hat die Forschung kaum konkrete
Einflüsse von Seiten der elisabethanischen Sonettdichter auf
Shakespeare feststellen können. Das gilt auch für etwaige Quellen
im Bereich der ausländischen Sonettliteratur und der übrigen
Gattungen. Zwar gelingt es, für nahezu jedes Motiv im großen
Formelschatz der Liebesdichtung eine Entsprechung zu finden.
Jedoch berechtigt dies nicht zum Vorwurf der Konventionalität
oder des mangelnden persönlichen Engagements, wie ihn
manche Kritiker mehr oder weniger indirekt gegen Shakespeare
erhoben haben. Am ehesten wird eine Analyse seiner Auseinandersetzung mit den Vorlagen noch fruchtbar, wenn sie Fälle aufzeigt, in denen er sich nachdrücklich gegen eine altbewährte
Grundhaltung stellt.

S. LEE, ed., *Elizabethan Sonnets*, Westminster, 1904. – J.G. SCOTT, *Les Sonnets
élisabéthains*, Paris, 1929. – L.C. JOHN, *The Elizabethan Sonnet Sequences*, New
York, 1938. – H. SMITH, »The Sonnets« in: *Elizabethan Poetry*, Cambridge,
Mass., 1952. – P. CRUTTWELL, *The Shakespearean Moment and Its Place in the
Poetry of the Seventeenth Century*, New York, 1954. – J.W. LEVER, *The Elizabe-
than Love Sonnet*, London, 1956. – C. SCHAAR, *An Elizabethan Sonnet Problem:
Sh.'s Sonnets, Daniel's Delia, and their Literary Background*, Lund, 1960. – F.T.
PRINCE, »The Sonnet from Wyatt to Sh.«, in: *Elizabethan Poetry*, Stratford-
upon-Avon Studies 2, London, 1960. – J. GRUNDY, »Sh.'s Sonnets and the
Elizabethan Sonneteers«, *ShS*, 15 (1962). – D. PETERSON, *The English Lyric
from Wyatt to Donne*, Princeton, 1967. – T. P. ROCHE, »Sh. and the Sonnet Sequence«, in: *English Poetry and Prose 1540–1674*, ed. C. Ricks, London, 1970. –
A. C. PARTRIDGE, *The Language of Renaissance Poetry*, London, 1971. – A.
FERRY, *All in War with Time: Love Poetry of Sh., Donne, Jonson, Marvell*, Cambridge, Mass., 1975. – A. FOWLER, »The Shakespearean Conceit«, in: *Conceitful
Thought*, Edinburgh, 1975. – W. WEISS, *Die elisabethanische Lyrik*, Darmstadt,
1976. – H. SMITH, »The Nondramatic Poems«, in: *Sh.: Aspects of Influence*, London, 1976 [Wirkungsgeschichte bis ins 20. Jh.]. – M. EVANS, ed., *The Elizabethan Sonnet*, London, 1977 [Textausgabe].

d) Die Gestaltungsmittel

Erst in den letzten Jahrzehnten hat die Forschung ihr Augenmerk zunehmend der literarischen Technik (Metrik, Metaphorik, Rhetorik) in Shakespeares Sonetten zugewandt. Noch in
H.E. ROLLINS' »Variorum Edition« (1944) findet sich auf 1000

Seiten über Fragen des zeitgeschichtlichen Hintergrunds so gut
wie nichts über die Dichtung selbst. Als besonders ergiebig haben
sich Untersuchungen von Einzelsonetten erwiesen, da Verallge-
meinerungen und Schematisierungen über das Gesamtwerk meist
sehr widersprüchlich bleiben und berechtigte Kritik hervorrufen.
Dennoch lassen sich einige Grundtatsachen festhalten.

aa) Die Sonettform

Mit SURREYS Form (Reimschema: abab cdcd efef gg) entschied
sich Shakespeare für den einfachsten und am klarsten gegliederten
Typ. Er nahm das Risiko der Monotonie auf sich, indem er sich
in diesem längsten aller elisabethanischen Sonettzyklen der
Variation über das einmal erprobte Schema enthielt. Ausnahmen
sind lediglich die Vierheber in Sonett 145 und die Reimpaare in
126. Letzteres Gedicht ist ohnehin kein Sonett, sondern dient
offenbar als »Envoy« zum ersten Teil des Zyklus oder zu irgendeiner Einzelgruppe. Der Dichter betont ausdrücklich, daß die
Gleichförmigkeit eine gewollte ist, da er nur so seinem leidenschaftlichen Erleben ohne spielerisches Beiwerk Ausdruck zu verleihen vermöge (76).

Dieses Prinzip befolgt er auch im einzelnen bei der Füllung
des Reimschemas. Meist sind je zwei Zeilen eines Quartetts syntaktisch zusammengefaßt (Zeilenstil). Die Quartette heben sich
durchweg recht plastisch von ihren Nachbarn ab. Vom dritten
Quartett zum Schluß-»couplet« erfolgt selten eine Überleitung,
wie sie manche Zeitgenossen versucht haben. Zuweilen sind die
ersten beiden Quartette zu einer »Oktave« zusammengefaßt,
obschon es selten zu der charakteristischen Polarisierung des
Petrarcaschen Bautyps kommt. Die Beziehung der einzelnen
Teile bestimmt sich bei der Lektüre in jedem Falle progressiv
neu: Aus zwei Quartetten kann eine »Oktave« werden, aus dem
dritten Quartett und dem Schluß-»couplet« ein »Sextett«, schließlich beim Überblicken des Ganzen ein 14-Zeilen-Gedicht mit
Einschnitt vor dem »couplet«.

Dieses »couplet« ist für viele Kritiker zu einem Stein des Anstoßes geworden. Häufig empfinden sie es als zu abrupt gegen
das Vorausgehende gestellt. Die epigrammatische Wendung erscheint ihnen als zu gewollt, zu sentenziös und in ihrer Schluß-

folgerung wenig glaubhaft. Nach glänzendem Anfang nehme manches Sonett – so die Kritiker – ein recht klägliches Ende.

bb) Sprachkunst

Auch die syntaktische Füllung mancher Sonette hat Kritik ausgelöst. Abgekommen ist man inzwischen von der Forderung, die metrische und die logische Struktur hätten übereinzustimmen. Man erblickt heute vielmehr einen besonderen Kunstgriff darin, daß Shakespeare die paradoxe Situation des Liebenden durch die Diskrepanz zwischen Sonettform und Denkablauf spürbar zu machen versteht. Häufig ist dieser Ablauf durchaus nicht logisch-transparent, sondern eher assoziativ-irrational. Nicht immer jedoch verzichtet der Sprecher auf die Möglichkeit, seine Argumentation von der Sonettform lenken zu lassen. Die Lösungen können dann überraschend einfach und klar sein. Besonders häufig und bewährt ist ein Schema, das sich auf die Grundformel bringen läßt: »When I..., Then I..., Then I..., So...« (z. B. 12; 15; 30; 43).

Klare Konturen zeichnen sich auch in der Wortwahl ab. Einsilbler sorgen für einen gemessenen, rhythmisch verhaltenen Verlauf. Dieser Duktus überträgt sich zuweilen auch auf die klangreichen Mehrsilbler meist lateinischen Ursprungs. Höhepunkte fallen auch auf Wortzusammensetzungen, mit denen Shakespeare gern experimentierte (z. B. »fore-bemoaned moan« in 30). Überall spürt man seine Freude an der gediegenen, glanzvollen Form und seine Ablehnung gegenüber dem Irregulären, Preziösen, Überzüchteten und Gewaltsamen, das manche petrarkistische Dichter der Zeit, zumal dann die sog. »Metaphysical Poets«, auszeichnet.

Wie sehr jedoch die Einfachheit der Shakespeareschen Sonette nur eine scheinbare ist, hat sich vor allem bei genauerer Untersuchung der rhetorischen Figuren herausgestellt. Häufig befindet sich der Sprecher in einer argumentativen Angriffshaltung, in der er die üblichen Überredungsmittel aufbietet und den Partner oder sein Publikum zwingt, ihre eigene Position neu zu überdenken. Bei aller angenommenen Objektivität ist es schließlich doch immer der sprachliche Einsatz des redenden Ich, der angesichts schwankender Überzeugungen den Ausschlag in einer bestimmten Richtung gibt. Scharfsinn und Witz sind Postulate dieser Art von Rollendichtung, denen sich Shakespeare kaum je entzieht.

Die Entgrenzung des sprachlichen Ordnungsgefüges »Sonett« erfolgt vor allem mithilfe von Bildern. Durch sie wird das einmal anvisierte Zentralthema in eine Fülle von Zusammenhängen gestellt. Shakespeare erreicht dies, indem er – im Gegensatz zu den meisten Zeitgenossen – innerhalb eines Sonetts rasch zwischen den Bildebenen wechselt, sie neu kombiniert, ohne sich in gegenstandsferne Spekulationen zu verlieren. Diese Disziplinierung ist immer wieder gerühmt worden. Sie ist auch in seinen eigenen dichtungstheoretischen Einwürfen impliziert.

Am einprägsamsten für den modernen Leser sind die Bilder aus dem Bereich der freien, ländlichen Natur. Zumal als Einleitung und lyrische Einstimmung finden sie immer wieder Verwendung. Nicht weniger kennzeichnend ist eine durchaus drastische Metaphernsprache mit Bildern aus dem Bereich des Handels, Gewerbes und Kriegswesens. Schockwirkungen löst der Dichter überdies aus durch Wortspiele, deren Deutlichkeit zumal im sexuellen Bereich dem heutigen Leser lediglich aus Gründen der Sprachentwicklung nicht immer gleich bewußt wird. Moderne Einwände gegen die zahlreichen »puns« gehen an der Tatsache vorbei, daß dieses Ausdrucksmittel erst im 17. Jahrhundert seiner ursprünglichen Würde entkleidet wurde, früher jedoch einem spekulativ-etymologischen Analogiedenken durchaus gemäß war.

A. WIETFELD, *Die Bildersprache in Sh.'s Sonetten*, Halle, 1916. – L. C. KNIGHTS, »Sh.'s Sonnets«, *Scrutiny*, 3 (1934). – A. MIZENER, »The Structure of Figurative Language in Sh.'s Sonnets«, *SoR*, 5 (1940). – M. C. BRADBROOK, *Sh. and Elizabethan Poetry*, London, 1951, ²1961. – W. M. T. NOWOTTNY, »Formal Elements in Sh.'s Sonnets«, *EIC*, 2 (1952). – G. K. HUNTER, »The Dramatic Technique of Sh.'s Sonnets«, *EIC*, 3 (1953). – M. M. MAHOOD, *Sh.'s Wordplay*, London, 1957. – M. KRIEGER, *A Window to Criticism: Sh.'s Sonnets and Modern Poetics*, Princeton, N. J., 1964. – R. GERMER, »Sh.s Sonette als Sprachkunstwerke«, *SJ West* (1965). – T. REDPATH, »Sh.'s Sonnets«, *Archiv*, 204 (1968). – S. BOOTH, *An Essay on Sh.'s Sonnets*, New Haven, 1969. – D. PARKER, »Verbal Moods in Sh.'s Sonnets«, *MLQ*, 30 (1969). – R. JAKOBSON, L. G. JONES, *Sh.'s Verbal Art in Th'Expence of Spirit*, The Hague, 1970 [mit H. VENDLER, »Jakobson, Richards, and Sh.'s Sonnet 129«, in: *I. A. Richards: Essays in His Honor*, eds. R. Brower u. a., New York, 1973]. – K. WILSON, *Sh.'s Sugared Sonnets*, London, 1974. – H. BODDEN, H. KAUSSEN, »W. Sh., Sonnet 29«, in: *Modellanalysen englischer Lyrik*, Stuttgart, 1974. – G. MELCHIORI, *Sh.'s Dramatic Meditations*, London, 1976.

e) Die Anordnung

Seit BENSONS Edition von 1639 sind Herausgeber und Kritiker nicht müde geworden, die offenbar von THORPE oder seinem Drucker bewerkstelligte Anordnung der Sonette in Frage zu stellen und eigene Lösungen anzubieten. Im Extremfall wurde entweder THORPE vollauf bestätigt, oder es wurden nur noch Rudimente des ursprünglichen Arrangements übernommen. Diese Rekonstruktionsversuche sind insofern legitimiert, als eine große Anzahl von Sonetten offensichtlich in Gruppen zusammengehört. Das Einzelgedicht wird durch verwandte Sonette definiert, modifiziert und ausgeweitet. Die ursprüngliche Anordnung wiederherzustellen, heißt, der Kunstabsicht Shakespeares näherzukommen.

Versuche dieser Art sind jedoch in Verruf geraten, da in Ermangelung gesicherter Kriterien bei 154 Sonetten eine astronomische Zahl von Kombinationsmöglichkeiten vorhanden ist. Als besonders vergeblich gilt heutzutage das Bemühen, mithilfe biographischer Daten einen fortlaufenden Bericht zu erstellen. Ebenso bedenklich erscheint es, etwa in der Thorpeschen oder irgendeiner neuen Anordnung die Sequenz des Lesens mit der Chronologie der Abfassung gleichzusetzen. Immerhin kann es nunmehr als sicher gelten, daß eine völlig stimmige und jedermann einsichtige Ordnung der Sonette als Ganzheit nicht möglich ist. Das liegt in der Natur der Sache, wie die autorisierten Zyklen der Zeit beweisen. Ihre Abfolge ist oftmals durchaus nicht zwingender als die von Q. Offenbar darf ein Zyklus nur in seltenen Fällen als Gesamtkunstwerk mit eigenen Gesetzen und einer sich progressiv entwickelnden Aussage angesehen werden. Üblicher ist eine Serie von Sequenzen, die jeweils um einen thematischen Schwerpunkt gruppiert sind und in einem losen Zusammenhang miteinander stehen.

Einige solcher Gruppierungen sind in THORPES Ausgabe unverkennbar, vor allem die der beiden Hauptteile. Die Sonette 1–126 richten sich an einen blonden jungen Mann, 127–154 haben eine dunkelhaarige Frau (die sog. »Dark Lady« zum Gegenstand. 153 und 154 sind nur lose mit dem zweiten Zyklus verbunden. Es handelt sich bei ihnen um die freie Übertragung einer hellenistischen Vorlage. Beide Zyklen sind aufeinander bezogen durch die »Liaison-Sonette«, die das Dreiecksverhältnis Freund – Dame – Dichter schildern (40–42; 133–134; 144).

Die ersten 17 Sonette sind für die Forschung zum Hauptanlaß geworden, innerhalb der beiden Teile weitere feste Gruppierungen zu vermuten und gegebenenfalls THORPES Anordnung zu emendieren. Diese Gruppe lieferte die Kriterien für einen eindeutigen, engen Zusammenhalt: alle Sonette in ihr behandeln ein Zentralthema, die Aufforderung des Dichters an seinen jungen Freund, zu heiraten und durch Nachkommenschaft seine Schönheit in Abbildern zu erhalten. Formal sind die Einzelsonette zusammengehalten durch Entsprechungen bei Reimverwendung und Wortwahl, durch syntaktische Überleitungen und logische Verknüpfungen.

Verstreut durch beide Zyklen finden sich weitere solchermaßen eng verwobene Gruppen von zwei bis sechs Sonetten, die entweder für sich Einheiten bilden oder aber sich zu größeren, eher lockeren Verbänden mit durchgehender Thematik zusammenschließen lassen. Von solchen Gruppen, die der Autor möglicherweise auf einem Blatt oder Bogen vereinte und an den oder die Adressaten schickte, enthält die Sammlung ungefähr vierzig (Beispiele wären: 25–26; 29–31; 71–74; 147–152). Etwa ein Viertel der Gesamtzahl gehört nicht eindeutig zu bestimmten Gruppen. Für einige bieten sich verschiedene Zuordnungen an, andere sind durchaus selbständig.

Als Beispiel für die Möglichkeit einer Emendation der Thorpeschen Anordnung möge die Gruppe dienen, die von einem Dichterrivalen handelt (76–86). Zwei Sonette sind offensichtlich Fremdkörper (77 und 81). Sucht man nach einem Partner für 81, so bietet sich in sprachlicher und thematischer Hinsicht 32 an. Dieses Sonett ist jedoch wiederum deutlich auf die Gruppe über den Rivalen bezogen und seinerseits ein Fremdkörper in der Serie 29–35. Die Sonette 71–74 sind nicht mit 76–87 verknüpft, jedoch auch nicht unvereinbar mit ihnen. Wenn die verstellten Sonette 32 und 81 als Brücke zwischen die beiden Gruppen treten, ergibt sich eine fortlaufende Aussage und ein sinnvoller Zusammenhang. 77 muß aus dem Kontext entfernt werden. Es ist ein Begleitgedicht zu einem Buchgeschenk und läßt sich an vielen Stellen unterbringen. 75 erfordert syntaktisch-logisch einen Vorgänger, den man in 48, 52 oder 56 erblicken könnte. Die emendierte Sonettgruppe über den »rival poet« würde also lauten: 71–74, 32, 81, 76, 78–80, 82–86. In ihrer Länge entspricht sie als »Lieferung« ungefähr der Gruppe der »procreation sonnets«(1–17). Die Gründe für die Irrtümer THORPES'oder seines Druckers sind höchst vielfältig, aber eher technischer Natur und angesichts der damaligen Editionspraxis nicht weiter verwunderlich.

Trotz derartiger Klärungsversuche bleibt dem Leser auch weiterhin die Freiheit, die Einzelsonette und Gruppen in einer Vielzahl von sinnvollen Bezugssystemen zu assoziieren und zu kombinieren. Das Zentralthema der Liebesbeziehung zu den beiden Gestalten verleiht ihnen einen starken inneren Zusammenhalt. Bei fortschreitender Lektüre gewinnt man den Eindruck, sich auf einem bald vertrauten Gelände zu bewegen, ohne recht sagen zu können, wie dieses eigentlich beschaffen ist.

D. BRAY, The Original Order of Sh.'s Sonnets, London, 1925. – R. FISCHER, Sh.'s Sonette, ed. K. Brunner, Wien, 1925. – E.K. CHAMBERS, »The Order of the Sonnets«, in: Shakespearean Gleanings, London, 1944. – H. LANDRY, Interpretations of Sh.'s Sonnets, Berkeley, 1963. – J. D. WILSON, An Introduction to the Sonnets of Sh., London, 1963. – K. OTTEN, »Gedankenentwicklung und Gruppenaufbau in Sh.s Sonetten der Freundschaftsliebe«, NS, 13 (1964). – M. B. SMITH, »The Poetry of Ambivalence«, in: Dualities in Sh., Toronto, 1967. – B. STIRLING, The Sh. Sonnet Order, Berkeley, 1968. – A. FOWLER, Triumphal Forms, London, 1970.

f) Die »story«

Die Entscheidung darüber, ob die Reihenfolge und Gliederung der Sonette von 1609 weitgehend verläßlich oder eher verbesserungswürdig ist, hängt auch wesentlich davon ab, wie man ihre stofflich-epische Basis beurteilt. Seit dem 19. Jahrhundert wird das Feld der Auseinandersetzung und des etwaigen Kompromisses von drei Grundpositionen flankiert: 1. Shakespeare schildert als Autobiograph eine Phase seines Lebens; 2. Die Sonette enthalten eine völlig frei erfundene, aber folgerichtige Geschichte über vier imaginäre Gestalten; 3. Der Dichter entwickelt nach den Gesetzen der lyrischen Gattung thematische Aspekte einer Beziehung zwischen vier Figuren.

Die Anhänger der autobiographischen Betrachtungsweise sind vor allem von dem Wunsch geleitet, Einblick in Shakespeares

Leben zu nehmen und durch das Medium des Gedichts seine eigene Stimme zu hören. Man hält das in der lyrischen Gattung für eher möglich als in der Epik oder Dramatik.

Die Gegenposition beruht in ihrem Ansatz ebenfalls auf einer übertriebenen Wertschätzung des Menschen Shakespeare. Man hält es für unwahrscheinlich, daß der große Dichter zu einem charakterschwachen Jüngling und einer überaus leichtfertigen Frau ein Verhältnis hatte. Als noch unverständlicher muß es erscheinen, daß er über die erlittenen Demütigungen in aller Öffentlichkeit Bekenntnisse ablegte. Die Zeitgenossen, die skandalöse Enthüllungen dieser Art lediglich in der Fiktion tolerierten, haben jedenfalls nur »literarisch«, wenn überhaupt, auf die Sonette reagiert. Wie sehr Shakespeare sich in einem rein fiktionalen Raum bewegt, zeigt sich für die Gegner einer autobiographischen Auslegung auch darin, daß er es im Gegensatz zu einigen anderen Sonettdichtern unterlassen hat, den Namen dessen klarzumachen, dem Unsterblichkeit durch diese Dichtung verheißen wird. Einzuwenden wäre hiergegen, daß Anonymität keinesfalls die Tatsache einer geglückten Verewigung aufhebt, ja sie sogar im Bewußtsein der Beteiligten durch Exklusivität erhöhen kann. Auch ist angesichts der Sonett-Tradition ein wie auch immer gearteter biographischer Bezug nicht von der Hand zu weisen. Nur zeigt sich an durchaus unstrittigen Beispielen wie dem SIDNEYS, wie wenig ein solches Wissen zum Verständnis der Dichtung beiträgt.

Einwände gegen die Auffassung, den Sonetten liege eine fiktive Erzählung mit Anfang, Mitte und Ende zugrunde, sind leichter zu erhärten, da sie sich auf Innerliterarisches richten. Es erweist sich, daß bei noch so ingeniöser Verknüpfung und Neuordnung der Sonette keine stimmige Geschichte oder gar Fabel entsteht. Vom Standpunkt der Epik ist das Ganze zu erratisch, inkonsequent, richtungs- und ergebnislos. Ursache und Wirkung bleiben oft unklar. So spricht 41 von einem Betrug des Freundes, während der Sprecher in 92 trotz einigen Verdachtes so tut, als sei nichts vorgefallen. Ab 101 werden überhaupt keine Vorwürfe mehr erhoben.

Das Medium ist zum Geschichten-Erzählen durchaus ungeeignet. Selbst in den Einzelgruppen erkennt man bei näherem Hinsehen Unstimmigkeiten, die im Epos oder Roman sogleich auffallen würden. Der Dichter hat offenbar eine ungefähre Vorstellung von den Beziehungen zwischen den Personen und ihrer Entwicklung, legt sich aber nicht fest und zwingt den Leser in keiner Weise, sich wie in den fiktionalen Gattungen ein genaues Bild zu machen. Das Epische ist lediglich eine dünne Folie, die der Dichter ganz nach Belieben aktivieren und unter dem vorherrschenden Blickwinkel des jeweiligen Gedichts immer neu modifizieren kann.

Geleitet war Shakespeare bei der Auswertung seines fiktiven Rohstoffes offenbar von den Möglichkeiten der Variation und Kontrastierung. So begibt sich der Freund in 27–28 auf eine Reise. »Später« wird dieses Motiv abgewandelt, als der Dichter selbst Ursache einer Trennung ist (50–52). Der Freund wird verleumdet in Sonett 70, der Dichter in 121. Der Freund macht den Dichter unfähig zu schreiben, weil er einem Dichterrivalen seine Gunst schenkt. »Später« vernachlässigt der Dichter den Freund (100 ff.), weil er anderen, wertlosen Partnern seine Aufmerksamkeit zuwendet.

Bis auf einige wenige Sonette, die betont abstrakte Feststellungen enthalten (z. B. 94), beziehen sich die meisten in irgendeiner Weise auf die epische Folie. Von diesen sind es jedoch nur wenige, die unmittelbar auf konkrete Ereignisse Bezug nehmen. Sie sind Orientierungshilfen für den Leser, die ihm die Lokalisierung der Gedankengänge in einem imaginären Raum erleichtern. Die wichtigsten innerhalb des ersten Zyklus sind 26: der Dichter schickt dem Freund einen Brief (offenbar eine Sendung mit Sonetten); 27–28: die erste Trennung; 33–35: der Freund lädt Schande auf sich und kränkt den Dichter; 40–42: der Freund verführt die Geliebte des Dichters (offenbar in Beziehung zu 33–35); 50–52: die zweite Trennung; 57–58: der Freund vernachlässigt den Dichter; 76–86: das Wirken des Dichterrivalen; 87–92: die gesellschaftliche Barriere zwischen Dichter und Freund wird bedrohlich; 97–98: Rückkehr des Dichters nach einer Trennung; 100–103: der Dichter über sein zeitweiliges Schweigen; 104: ein Hinweis, daß die Freundschaft bereits drei Jahre gedauert hat; 109–112: der Dichter entschuldigt sich für die Vernachlässigung des Freundes.

E. HUBLER, *The Sense of Sh.'s Sonnets*, New York, 1952. – K. M. WILSON, *Sh.'s Sugared Sonnets*, London, 1974.

g) Die Personen

Seinen augenfälligsten Versuch, den Rahmen der Sonettkonventionen zu sprengen, unternimmt Shakespeare bei der Wahl und Ausgestaltung seiner Figuren. Zwar ist die Hinwendung zu einem jungen Mann oder zu einer dunkelhaarigen Frau nicht ohne Vorbilder in der Tradition des Petrarkismus, doch dürften die Ausschließlichkeit und die Personenkonstellation, innerhalb derer sie erfolgt, in einem Sonettzyklus als einmalig gelten. Überdies sind die an diesem Erlebnis Beteiligten ungleich profilierter, aktiver, mehrschichtiger und wandlungsfähiger als die marionettenhaften Idealgestalten, die die zeitgenössischen Sonettkränze bevölkern. Gerade hier nützt Shakespeare das Potential seines Mediums, um eine intensiv gefühlte Beziehung von möglichst vielen Seiten auszuleuchten. Vor allem durch die Verbindung zwischen einer rigorosen, wenn auch indirekten Selbstanalyse und der Erforschung eines rätselhaften Gegenübers dringt er in Erfahrungsbereiche vor, die dem Epos und Drama weitgehend verschlossen waren.

aa) Der Freund

Das Auf und Ab in der Beziehung zwischen dem Dichter und dem jungen Mann macht die dramatischen Bewegungen innerhalb des ersten Zyklus aus. In den einzelnen Sonettgruppen zeichnet sich jeweils nur allmählich ab, welcher Grad der Vertrautheit oder Entfremdung erreicht ist. So erkennt man die Anfänge einer herzlichen Zuneigung erst in Sonett 10. Ein erster Gipfel der Begeisterung ist erreicht in 18. Anzeichen für eine Erwiderung der Liebe durch den jungen Mann werden in 22 sichtbar. Aus vielen Einzelhinweisen im Huldigungsstil können wir entnehmen, daß der Freund noch sehr jung und von auffallender Schönheit ist, einer Schönheit, die gemäß einem Ideal der Zeit Männliches und Weibliches zur Vollkommenheit vereinigt (20; 53). Ferner wird deutlich, daß er der Oberschicht angehört (z.B. Erwähnung von Porträts und vergoldeten Grabdenkmälern), daß er als gesellschaftlicher Mittelpunkt seine Umgebung fasziniert, daß er erotischen Verlockungen leicht anheim fällt, sich aber energisch zu heiraten weigert.

Viel ist geschrieben worden über die Bewunderung des Dichters für den jungen Aristokraten. In den letzten Jahren ist Shakespeares kritische Haltung stärker herausgestellt worden. Rein äußerlich wird die Wechselhaftigkeit der Beziehung unterstrichen durch ein diplomatisch geschicktes Spiel mit den Anredeformen. Während die Geliebte stets mit dem konventionellen »thou« der Dichtersprache angeredet wird, differenziert der Sprecher gegenüber dem jungen Mann mithilfe des hier vertraulich-kameradschaftlichen »thou«, des hier ehrfürchtig-unterwürfigen »you« und des distanzierten »he«.

Nach der Begeisterung des Anfangs handeln die meisten Sonette von den oft verzweifelten Versuchen des Sprechers, seine Liebe zu retten, die der Freund zu zerstören droht. Sein sexueller Seitensprung mit der Geliebten des Dichters fällt dabei gar nicht so sehr ins Gewicht, und seine zeitweilige Reue stellt den Geprellten anscheinend vollauf zufrieden. Als weitaus gravierender erscheint die narzißtische Veranlagung des Jünglings, die ihm wie anderen Gestalten Shakespeares (z. B. Adonis, Olivia, Angelo) gleich in den ersten Sonetten zum Vorwurf gemacht wird. Daß solche Kritik nahezu stets in höfliche Komplimente gekleidet ist, nimmt ihnen kaum etwas von ihrer Schärfe.

Im Laufe des Zyklus wird immer deutlicher, daß der Freund seine einzigartigen Gaben vergeudet und die in ihn gesetzten Hoffnungen nicht erfüllt. Er ist weder bereit, Nachkommenschaft zu zeugen, noch ist er zu hingebungsvoller Freundschaft fähig. Distanz, Kühle und mangelnde innere Substanz (z. B. 94) lassen ihn geradezu zu einem Phantom werden, so daß der Dichter fragen kann: »What is your substance, whereof are you made . . .?« (53). Zuweilen werden Unmut und Trauer so groß, daß der Liebende auf die eher gnädig gewährte Freundschaft ganz zu verzichten bereit ist (87).

Shakespeare hat das Idealbild des Geliebten keineswegs so hoch emporgehoben wie so viele der Zeitgenossen. Die Schönheit des jungen Mannes ist bei ihm nicht, wie üblich, abgeleitet von einer überirdischen Vollkommenheit und damit absolut gesetzt. Die Einsicht in die Vergänglichkeit und menschliche Unvollkommenheit dient dem Enthusiasmus des Dichters stets als Korrektiv.

bb) Die »Dark Lady«

Gegenüber seiner Geliebten ist der Dichter gleich von Anfang an frei von Illusionen. Er ist sich nicht einmal sicher, ob sie wenigstens als äußerlich attraktiv gelten kann. In satirischer Laune findet er sie durchaus unschön (130). Die Umwelt denkt abschätzig von ihr (133). Nur gelegentlich bescheinigt er ihr »pretty looks« (139). Keinerlei Zweifel plagen ihn, wenn er über ihren Charakter und ihre Moralvorstellungen nachsinnt. Die typischen Merkmale ihres Aussehens (dunkles Haar, schwarze Augen, dunkler Teint) werden dann zu Symbolen ihrer Verwerflichkeit.

Scharfe Vorwürfe gegen die Dame hatte es bereits bei anderen Sonettdichtern gegeben, doch diese resultierten aus ihrer Unnahbarkeit und Hartherzigkeit. Bei Shakespeare sind es gerade ihr Mangel an Zurückhaltung, ihre nonchalante Promiskuität und ihre Unaufrichtigkeit, die den Liebenden grausam quälen. »Tugend« gehörte stets zu den Minimalforderungen der Petrarkisten im Katalog der erwünschten Vorzüge. Das Verhalten der »Dark Lady« spricht dieser Tradition Hohn.

Es erhebt sich für den Dichter die Frage, warum er sie dennoch liebt. Während das Verhältnis zum Freund in einer paradoxen Spannung gehalten wird durch den Widerspruch zwischen äußerer Erscheinung und innerem Wesen, verzehrt sich der Liebende der »Dark Lady« angesichts des Zwiespalts zwischen offensichtlicher Unzulänglichkeit und zwanghafter Liebe. Zwar ist die Geliebte trotz ihres lockeren Lebenswandels nicht, wie mehrfach angenommen, als typische Kurtisane gezeichnet. Es fehlt beispielsweise der Hinweis auf die Hilfsmittel und Künstlichkeiten der Kosmetik. Ihre Erscheinung ist eher unauffällig, und ihre Natürlichkeit, gepaart mit feiner Bildung (128), übt auf den Dichter den einzigen erkennbaren Reiz aus. Dennoch erscheint ihm seine Liebe zu ihr als eine geradezu perverse Sucht, sich in Selbsttäuschung zu verlieren und sein Herz versklaven zu lassen. Falschheit und Versteckspiel sind überdies auf beiden Seiten stillschweigend eingestanden. Im Wortspiel werden Lüge und Liebeserfüllung eins: »Therefore I lie with her, and she with me, / And in our faults by lies we flatter'd be« (138).

Freilich ist die Geliebte im Rahmen des Ganzen auch als Kon-

trastfigur zum Freund konzipiert; jedoch es entsteht kein einfacher Gegensatz. So sehr ist der junge Mann der »Dark Lady« in
vieler Hinsicht wesensgleich, daß er ihren Verlockungen wider-
standslos anheimfällt. Nur versucht der Dichter ihn unter Auf-
bietung aller Kräfte zu entschuldigen, während gegenüber der
Frau, die den Freund korrumpiert hat, jegliches liebevolle Verstehen und Verzeihen-Wollen aussetzt. Das ganze Dilemma des
Dichters findet seine unerbittliche Verkündigung in Sonett 144.
Die »Dark Lady«, die zu identifizieren sich selbst einige der kühn-
sten Biographen versagen mußten, ist häufig mit Dramenfiguren
Shakespeares verglichen worden. Man erkennt Parallelen in den
gleichzeitigen Komödien, wie überhaupt der Geist der Komödie
im zweiten Zyklus vorzuherrschen scheint. Das Liebeswerben
Berownes um Rosaline (*Love's Labour's Lost*, IV, iii, 253 ff.) zeigt
Anklänge an die Sonette. Noch beliebter ist der Vergleich mit
Cleopatra, deren Bindung an Antony bei aller Grenzenlosigkeit
des Gefühls von einer ähnlichen schonungslosen Sachlichkeit und
sexuellen Offenheit gekennzeichnet ist wie die der »Dark Lady«
zu ihrem »poet«.

cc) Der Dichter

   Obschon Shakespeare sich in der Figur des Dichters eine Rolle,
eine »persona«, geschaffen hat, würde es an Purismus grenzen,
wollte man nicht wenigstens einige Verbindungslinien zwischen
Autor und Geschöpf zugeben. Auch SIDNEYS Astrophel trägt bei
aller Stilisierung ins Allgemeine Züge der historischen Persönlichkeit. Nur sollte eine Gleichsetzung vermieden werden.
   Es ist eingewendet worden, daß die biographisch einschlägi-
gen Sonette (etwa 27-32; 110-112) nur mit zusätzlichem Wissen
auf Shakespeares Schauspielertum hin gedeutet werden können.
Dieses Wissen besaßen jedenfalls die damaligen Leser, die von
MERES erwähnten "private friends". Man kann sich vielleicht
mit dem Hinweis begnügen, daß Shakespeare hier ganz allgemein die Rolle des Berufsdichters in der damaligen Gesellschaft
schildert und beklagt. Er fühlt sich ausgestoßen, mit einem Makel behaftet und vom Schicksal vernachlässigt, das ihn zwingt,
um die Gunst der Öffentlichkeit zu buhlen.
   Spezifischer wird der Hinweis auf den Autor – gleichsam als

burleske Signatur – in zwei Sonetten (135 und 136), die auf obszönen Wortspielen über »Will« (Wille, sexuelle Begierde, »mem-
brum pudendum« im damaligen Sprachgebrauch) aufgebaut
sind. Freilich mag dies nicht mehr zu bedeuten haben als ein
Kokettieren mit der Möglichkeit der Identifizierung, einem auch
damals beliebten Gesellschaftsspiel. Die Klagen über sein hohes
Alter (z. B. 73) sind sicherlich nicht streng biographisch zu nehmen. Sie erscheinen als notwendiger Akzent für den extremen
Kontrast, den Shakespeare zwischen der jugendlichen Schönheit
des Freundes und der Unansehnlichkeit des alternden Dichters
herausarbeitet.

Die vasallenhafte Liebesbeziehung zu einem Angehörigen des
Hochadels lebte seit der Zeit der Troubadours von einer sozialen
Spannung, die Shakespeare andeutungshaft mit persönlichen Inhalten anreichert. Die Demut und die Unterwürfigkeit des petrarkistischen Liebhabers überbietet er damit in einzigartiger
Weise. Seine Hingabe ist vollkommen, und zwar erfolgt sie
ganz ohne den persönlichen Stolz, der sich bei PETRARCA, SIDNEY
und SPENSER immer wieder zu behaupten sucht. Der Dichter
treibt seine Verehrung für den jungen Mann bis zur Selbstverleugnung, ein Vorgang, dessen Unerbittlichkeit viele biographisch orientierte Kritiker angesichts der einzigartigen Stellung
Shakespeares beklagt haben. Der Sprecher kommt gelegentlich
zur Einsicht in die Wertlosigkeit seines Partners. Auch durch-
schaut er die mangelnde Liebesbereitschaft des anderen. Dennoch
kämpft er am Rande der Selbstzerstörung weiter, um seine Ideal-
vision retten und im Kunstwerk verewigen zu können. Er vertritt
die Forderung nach Offenheit und Rückhaltlosigkeit mit derselben Kompromißlosigkeit, die auch spätere Dramengestalten
wie Hamlet auszeichnet.

Trotz oder gerade wegen seiner Selbstverleugnung ist der Dichter die Zentralfigur; der Zyklus zeichnet sein Seelendrama, ist
die halbprivate Chronik seines Innenlebens. Zuweilen geht er
ganz in seinen Partnern auf, indem er seine Identität mit der
ihrigen vertauscht (z. B. 62), ihre Schuldgefühle in sich austrägt
(120) und seinen eigenen Zwiespalt in sie hineinprojiziert.

Diese Freundeshaltung und Selbsteinschätzung des Dichters ist
heute für viele Betrachter einschneidender geworden als etwa

die Beantwortung der Frage, ob der dargestellten Beziehung Homosexualität zugrunde lag. In diesem Punkte haben überdies Sexualpsychologen unter Hinweis auf die Heiratssonette (1–17) und das unmißverständliche Sonett 20 besorgte Leser beruhigen können.

dd) Der Dichterrivale

Zu all den Demütigungen, denen sich der Dichter von Seiten seiner Umwelt ausgesetzt sieht, trägt die Konkurrenz seiner Zunftgenossen mit besonderer Schärfe bei. Von seinem eigenen Künstlertum spricht er zuerst nur mit höchster Bescheidenheit, ganz im Geist der Vorreden zu den Verserzählungen. Erst in Sonett 38 macht sich nach Anfangserfolgen ein gewisses Selbstvertrauen bemerkbar (»If my slight Muse do please these curious days«). Doch im Gegensatz zu den meisten Sonettdichtern erwartet er von seinem »pow'rful rhyme« (55) keinerlei Ruhm und Unsterblichkeit für sich selbst, sondern nur für den Freund.

Als dieser nach Art der Gecken am Hofe Richards II. (im gleichnamigen Drama) den neuesten literarischen Moden zu huldigen beginnt und als er seine Aufmerksamkeit einem anderen zuwendet (76 ff.), ist es zunächst um den »poet« geschehen. Ob ein konkreter Rivale gemeint war und wer dieser Rivale war, hat sich nicht überzeugend klären lassen. MARLOWE und vor allem CHAPMAN kämen am ehesten in Frage. Der Dichter zollt dem Gegner seine volle Bewunderung, preist seine technische Virtuosität und Gelehrsamkeit in den höchsten Tönen. Je höher der Rivale jedoch emporgehoben wird, umso tiefer stürzt er vor dem Nachstoß der Satire herab: seine Inspiration erweist sich als die eines Lügengeistes (86), seine Sprache ist gekünstelt und inhaltsleer, seine devote Haltung gegenüber dem jungen Adligen voller Berechnung. Schließlich tragen in dieser Auseinandersetzung die bewährten Qualitäten wie Schlichtheit, Aufrichtigkeit und echte Liebe den Sieg davon. Der Dichterrivale wird ab 86 nicht mehr erwähnt.

R. GITTINGS, Sh.'s Rival, London, 1960. – L. BREWER, Sh. and the Dark Lady, Boston, 1966. – J. WINNY, The Master-Mistress, London, 1968. – P. W. EDWARDS, »The Sonnets to the Dark Woman«, in: Sh. and the Confines of Art, London, 1968. – C. F. WILLIAMSON, »Themes and Patterns in Sh.'s Sonnets«, EIC, 26 (1976).

h) Die Liebesauffassung

Gegen Ende des 16. Jahrhunderts kommt es in der petrarkistischen Liebeslyrik der Elisabethaner zu einer krisenhaften Selbst-
besinnung. In seinen Dramen nimmt Shakespeare mehrfach zu
den Auswüchsen der Sonettmode kritisch Stellung. Als Alternativen zur petrarkistischen Grundhaltung boten sich an: der
ovidische Sensualismus und die satirische Umkehrung des blutlos
gewordenen Ideals. Shakespeare hat beide Möglichkeiten durchgespielt, und zwar in den Verserzählungen und im zweiten Teil
seines Sonettzyklus.

aa) Petrarkismus und Antipetrarkismus

Bereits im 15. und 16. Jahrhundert hatten einige Italiener den
petrarkistischen Höhenflug recht drastisch zu bremsen versucht.
Während sie jedoch einfach die erotische Erlebniswelt etwa der
Novellen ins Sonett übertrugen, geht Shakespeare mit der sexuellen Liebe selbst ins Gericht, indem er ihr jegliche Sublimier-
barkeit abspricht. Das Angriffssignal gibt er in den Sonetten 127
und 130, in denen er die Formkonventionen (z.B. den Schön-
heitskatalog) mit Spott bedenkt. Anders als bei den Italienern
richtet sich seine Polemik nicht nur gegen die Frau, sondern den
Liebenden selbst, der ein Opfer der Selbsttäuschung und Perversion zu werden droht. Während früher nur die Dame den Liebhaber hatte heilen können, ist es bei Shakespeare ähnlich wie bei
Sidney die entsagende Vernunft (147), die eine Läuterung bewirken kann. Der traditionelle Konflikt zwischen Leib und Seele
wird schließlich in einem durchaus christlichen Sinne ausgetragen (146).

Der erste Teil des Zyklus (1–126) bringt hingegen eine eher
konstruktive Auseinandersetzung mit der Tradition des Petrarkismus. Bereits die Italiener hatten in Einzelsonetten oder kleineren Gruppen die Freundschaft zwischen einem Dichter und seinem adligen Gönner als einen geradezu heiligen Bund verklärt
(z.B. Serafino, T. Tasso). Jedoch war die Frauenliebe das
Hauptthema geblieben. Shakespeare greift eher auf die Tradition
des höfischen Romans und der Komödie zurück, wenn er die
Überlegenheit der Männerfreundschaft besingt. Seine Sonette

sind beseelt von einer geradezu hellenischen Begeisterung für die
männliche Schönheit, von einer tiefen Verehrung für edle Geburt und von einer elegischen Zärtlichkeit für die Jugend. Der
neoplatonischen Tradition entspricht es durchaus, daß eine
Freundschaft dem Rettung bringen kann, der in eine unglück-
lich-widerwärtige Liebesbeziehung verstrickt ist: Der »amor
razionale« überwindet schließlich den »amor sensuale«. Da Shakespeare die Liebesbeziehung möglichst lebensnah zu gestalten
sucht, kann der Sprecher seinem Freund durchaus auch die
Liebe, deren Zweck und Ziel die Nachkommenschaft ist, den
»amor volgare«, anempfehlen.

Entscheidend ist jedoch, daß Shakespeare den »amor razionale«
nicht einfach bestätigt und gar in die Nähe des »amor divino«
emporhebt wie manche der Zeitgenossen, sondern daß er sich
seine Haltung erst einmal erkämpfen muß. Im Entwicklungs-
gang der Sonette, soweit er rekonstruierbar und überhaupt erfaß-
bar ist, fällt zunächst das platonisch-petrarkische Ideal eines vollkommenen Geliebten auseinander. Shakespeare muß den Versuch einer Verabsolutierung rückgängig machen, da der junge
Mann als Verkörperung des Goldenen Zeitalters und eines höfischen Schönheits- und Tugendideals (106) die Einheit von
»beauty« und »truth« (letzteres 65 mal erwähnt) nicht mehr garantieren kann. Das Leben unter dem Zwang und den Versu-
chungen einer modernen Gesellschaft voller Neider und Verführer läßt das Idealbild verblassen. Jedoch der Verlust der Idealität
ist es schließlich, der den Weg frei macht für eine echte Freundschaft, die wenigstens einer dichterischen Erfüllung teilhaftig
werden kann.

bb) Zeit und Ewigkeit

Die letzte Instanz für eine Bestätigung der Liebe innerhalb
eines anthropozentrischen Universums ist das individuelle Erleben, dem die Dichtkunst Ausdruck und Bestand verleiht. Auch
bei den Italienern waren Liebeserfahrung und schöpferischer
Prozeß in eins verwoben gewesen. Nur in der Erfahrung seiner
Liebe erlangt der Dichter Inspiration, Erhöhung und Entzücken.
Nur in der Kunst werden alle irdischen Verluste überwunden.

Hätte der Freund durch Nachkommenschaft zum Reichtum

und zur Schönheit der Welt beigetragen, so hätte er eine Grund-
forderung der Renaissance erfüllt. In seiner Enttäuschung nimmt
der Dichter unter Einsatz seiner Kunst selbst den Kampf gegen
Zeit und Vergänglichkeit auf. Den Petrarkisten war die Bedrohung durch die Zeit meist in der Überredungsformel des
»carpe diem« zustatten gekommen. Shakespeare hingegen greift
auf OVID und HORAZ zurück und macht sich ihre Überzeugung
zueigen, daß die Dichtkunst über die Zeit triumphieren wird (55).
Nicht mehr der Freund, sondern die Liebe selbst, die Liebe zweier
unvollkommener, irrender Menschen ist es, die im Kunstwerk
überdauert. Sie steht im Mittelpunkt jener Sonette, die mit großem Pathos von der Verewigung künden. In 116 erfährt »the
marriage of true minds« eine Apotheose. Die letzte Gruppe des
ersten Zyklus (100–126) enthält die entscheidenden Sonette, die
den zukünftigen Weg dieser Freundschaft weisen. In einer
Herbst- und Abschiedsstimmung sieht der Dichter bereits die
bisherigen Konflikte überzeitlich aufgehoben.

S. LEE, »Ovid and Sh.'s Sonnets«, *QR*, 210 (1909). – M. J. WOLFF, »Petrarkismus und Antipetrarkismus in Sh.s Sonetten«, *EStn*, 49 (1915–16). – L. E. PEARSON, *Elizabethan Love Conventions*, Berkeley, 1933. – T. W. BALDWIN, *On the Literary Genetics of Shakspere's Poems & Sonnets*, Urbana, Ill., 1950. – P. CRUTTWELL, »Sh.'s Sonnets and the 1590s«, in: *The Shakespearean Moment*, London, 1954. – G. W. KNIGHT, *The Mutual Flame*, London, 1955. – C. L. BARBER, »An Essay on the Sonnets«, in: *The Laurel Sh.: The Sonnets*, New York, 1960. – J. B. LEISH-MAN, *Themes and Variations in Sh.'s Sonnets*, London, 1961. – M. M. MAHOOD, »Love's Confined Doom«, *ShS*, 15 (1962). – J. B. BROADBENT, »Sh.'s Sonnets«, in: *Poetic Love*, London, 1964. – F. T. PRINCE, »Sonnets«, in: *Sh.: The Poems*, London, 1964. – T. WOLPERS, »W. Sh.: Sonnets 18, 29, 30, 60, 73, 116, 129, 146«, in: *Die englische Lyrik*, Bd. I, hg. K. H. Göller, Düsseldorf 1968. – P. KOGAN, »A Materialist Analysis of Sh.'s Sonnets«, *Literature and Ideology*, 1 (1969). – M. GRIVELET, »Sh.'s ›War with Time‹: The Sonnets and *Richard II*«, *ShS*, 23 (1970). – P. MARTIN, *Sh.'s Sonnets*, London, 1972. – G. MELCHIORI, *L'uomo e il potere*, Torino, 1973. – D. MIDDLEBROOK, *Sweet My Love: A Study of Sh.'s Sonnets*, London, 1974. – B. PUSCHMANN-NALENZ, *Loves of Comfort and Despair*, Frankfurt, 1974. – C. HOY, »Sh. and the Revenge of Art«, *Rice University Studies*, 60 (1974).

2. DIE VERSERZÄHLUNGEN
(VENUS AND ADONIS; LUCRECE)

Die wachsende Bereitschaft der Literaturwissenschaft, die elisabethanische Lyrik und Epik in ihrer Eigengesetzlichkeit zu begreifen, hat im 20. Jahrhundert auch Shakespeares Verserzählungen und kleinere Dichtungen aus ihrem Schattendasein erlöst.

Vorher dienten sie der Forschung meist als negative Folie zu
Shakespeares dramatischem Werk. Heute sieht man sie eher als
Aufgipfelungen innerhalb ihrer jeweiligen Gattungstradition.
Freilich liefern sie wie die übrigen Frühwerke Ansatzpunkte,
von denen aus Shakespeares dichterische Entwicklung nachge-
zeichnet werden kann.

Forschungsbericht: J. W. LEVER, »Twentieth-century Studies in Sh.'s Songs,
Sonnets, and Poems: 3. The Poems«, *ShS*, 15 (1962).

a) Die Texte

Shakespeare schrieb seine Verserzählungen in einer kritischen
Phase, als die Theater wegen der Pest geschlossen werden mußten
(August 1592 bis April 1594). Er widmete sie dem jungen Grafen
von SOUTHAMPTON, der ihm, wie es scheint, daraufhin erhebliche
finanzielle Zuwendungen machte. Shakespeare nutzte die erzwungene Ruhepause in seiner Karriere als Schauspieler und
Dramatiker, um sich als professioneller Dichter bei Hofe und in
den literarischen Zirkeln Londons einen Namen zu machen. Das
Motto zu *Venus and Adonis* (»Vilia miretur vulgus . . .«), das er
OVIDS *Amores* (XV, 35) entnahm, verkündet den gesellschaftlich-
literarischen Ehrgeiz des Neulings nur allzu deutlich. Von seinem
Erzählgedicht spricht er im Vorwort als dem »first heir of my
invention«, da Texte für die Bühne, wie er sie bereits bearbeitet
und verfaßt hatte, nicht als Dichtung im eigentlichen Sinne galten. *Lucrece* kündigt er im selben Vorwort als »graver labour«
und damit als gewichtigeres Gegenstück zu seinem Erstlingswerk
an.

Venus and Adonis erschien 1593 in einer Quarto-Ausgabe, die
R. FIELD, ein Stratforder Bekannter Shakespeares, mit aller Sorgfalt druckte. Das Werk hatte sogleich einen großen Erfolg und
brachte es bis 1617 auf zehn Auflagen. *Lucrece* oder *The Rape of
Lucrece*, wie die Kolumnentitel lauten, folgte im Jahr darauf und
stand seinem Vorgänger an Popularität nur wenig nach (sechs
Auflagen). Es wird vermutet, daß Shakespeare den Druck in
beiden Fällen selbst überwachte. Editorische Probleme ergeben
sich im Gegensatz zu seinen übrigen Werken nicht. Bei den späteren Auflagen hat Shakespeare offenbar selbst nicht mehr eingegriffen, so daß diese für den Herausgeber keinen Eigenwert be-

sitzen. Erst seit E. MALONE (1780) hat man die Erstausgaben allen Neueditionen zugrunde gelegt.

Neuere Ausgaben: G. WYNDHAM, London, 1898. – C.K. POOLER, (Arden Sh.), London, 1911. – A. FEUILLERAT, (Yale Sh.), New Haven, 1927. – H.E. ROLLINS, (New Variorum Edition), Philadelphia, 1938. – G.B. HARRISON, (Penguin Sh.), Harmondsworth, 1938 ff. – E. HUBLER, (Songs and Poems), New York, 1959. – F.T. PRINCE, (New Arden Sh.), London, 1960. – O.J. CAMP-BELL, The Sonnets, Songs & Poems, New York, 1964. – J.C. MAXWELL, (New Cambridge Shakespeare), Cambridge, 1966. – J. W. LEVER, The Rape of Lucrece (New Penguin Sh.), Harmondsworth, 1971.

b) Die ovidische Tradition

Unter den zahlreichen Rezeptionen älterer Gattungen (Hirten-dichtung, Sonettdichtung, klassische Tragödie) in der elisabetha-nischen Zeit kennzeichnet die Wiederbelebung OVIDS besonders augenfällig den Grad der literarischen Erneuerung. Während des Mittelalters war OVID Schulautor gewesen, dessen Werk in christlichem und später humanistischem Sinne recht willkürlich didaktisch-allegorisch ausgelegt wurde. Seine neutral-distanzierte Darstellung zumal in den Metamorphosen erlaubte diese Art der Behandlung durchaus. Die italienische Renaissance besann sich dann auf den heidnischen, den erotischen, leidenschaftlichen, bild-haften, virtuosen und urban-eleganten OVID. Die Werke der Nachahmer vom 14. bis ins 17. Jahrhundert (BOCCACCIO, SAN-NAZARO, POLIZIANO, ARIOSTO, MARINO) sind mythologisch-pastoral eingekleidet, von überbordender Pracht und sinnenhaft-saftiger Erotik. Malerei und Dichtung wetteiferten in der Ent-faltung der ovidischen Motive.

Die Elisabethaner fanden erst spät den Anschluß an diese Ent-wicklung. Arthur GOLDINGS Übertragung der Metamorphosen (1565–67), die Shakespeare wahrscheinlich neben dem Original zu Rate zog, ist noch völlig mittelalterlich in ihrer moralisieren-den Tendenz. Erst Thomas LODGES Glaucus and Scylla (1589) leitete die neue Ära der Ovid-Nachahmung im italienischen Stil ein. MARLOWES Fragment Hero and Leander (1593), das nach sei-nem Tode von CHAPMAN vollendet wurde (1598) und Shake-speare in einer Handschrift bekannt gewesen sein dürfte, stellt einen ersten Höhepunkt dar. Es folgte sogleich im Wettstreit der jungen Talente Shakespeares Venus and Adonis. Bis ins frühe 17. Jahrhundert beteiligten sich führende Dichter an dieser lite-

rarischen Mode: DRAYTON, MARSTON, BEAUMONT u. a. Einige
von ihnen vergröberten das ovidische Verfahren und trieben es
bis an die Grenze der Travestie, der Pornographie und sinnent-
leerten Beschreibungskunst.

Lucrece steht in einer gesonderten Tradition, die sich jedoch
mit der ovidischen eng verbindet. Es handelt sich dabei um einen
Typ des Klagegedichts, der im Gefolge von Samuel DANIELS
Complaint of Rosamond (1592) ebenfalls zu einer Modeerscheinung
wurde. Vorausgegangen waren seit dem Mittelalter Fürstenspiegel über den Sturz hochgestellter Persönlichkeiten. Bei DA-
NIEL wird die Frau zur Hauptfigur und der tragische Konflikt
zwischen Keuschheit und sinnlicher Begierde zum empfindsam
ausgekosteten Hauptgegenstand. Der ernst-gewichtige OVID
etwa der *Heroides* und mancher *Metamorphosen* trug zur Modernisierung dieses bewährten und noch immer beliebten Gedichttyps
wesentlich bei. Ebenfalls fanden Elemente von SENECAS Blut-
und Rachetragödie in die Gattung Eingang.

D. BUSH, *Mythology and the Renaissance Tradition in English Poetry*, Minneapolis,
1932. – H. SMITH, »Ovidian Poetry«, in: *Elizabethan Poetry*, Cambridge, Mass.,
1952. – E.S. DONNO, ed., *Elizabethan Minor Epics*, London, 1963. – N. ALEX-
ANDER, ed., *Elizabethan Narrative Verse*, London, 1967. – M.M. REESE, ed.,
Elizabethan Verse, Romances, London, 1968. – J. W. VELZ, *Sh. and the Classical
Tradition; A Critical Guide to Commentary*, Minneapolis, 1968.

c) Die Gestaltungsweisen

Shakespeare war offenbar in *Venus and Adonis* auf starke Effekte
bedacht. Er lieferte gleichsam ein Konzentrat aus drei der bekanntesten ovidischen Metamorphosen, indem er die vergleichsweise farblose Erzählung von Venus und Adonis (*Metam.* X,
519–739) unter Verwendung der Narcissus-Echo-Episode (III,
339–510) und der Salmacis-Hermaphroditus-Geschichte (IV,
288–388) schärfer artikulierte. Diese zusätzlichen Passagen dienten ihm vor allem als epische Vorlagen für die Herausarbeitung
eines Gegensatzes zwischen dem kühl-abweisenden Adonis und
der hitzig-aggressiven Venus. Überdies lieferten sie ihm technische
Muster für sein Erzählverfahren. Dieses ist gekennzeichnet durch
eine breite Ausdrucksskala, die von der schwebenden Eleganz
großer Bewegungsverläufe bis zur präzisen, oftmals harten
Aktionsschilderung reicht, mit einer geradezu photographischen

Genauigkeit in der Wiedergabe der Details. Für viele Leser wird der Eindruck der Unmittelbarkeit und Frische noch verstärkt durch die Tatsache, daß Shakespeare Ovids mediterrane Hirtenlandschaften in ein unverkennbar südenglisches Milieu transponiert, ein Vorgang, der auch in der eigentlichen Pastoraldichtung zu beobachten ist. Die naturnahe Darstellung, gepaart mit der ironisch-skeptischen Sehweise des Erzählers, verhindert, daß sich, wie in den meisten ovidischen Nachahmungen, eine allzu erschlaffende Atmosphäre verbreitet.

Mit der »sixain«-Strophe (Reimschema ab ab cc) griff Shakespeare ebenfalls auf bereits in der Hirtendichtung Bewährtes zurück. Sie ermöglichte ihm bei seiner Art der Handhabung rasche Erzählgebärden mit gedanklicher Pointierung in den Schluß-»couplets« ähnlich wie in den Sonetten. Der Einzelvers ist häufig antithetisch gespannt. Bilder aus dem Bereich des Krieges und des Jagdwesens sorgen für Unruhe und Heftigkeit. Als Leitmotiv zieht sich der Widerstreit von Rot und Weiß durch das ganze Gedicht und wird erst aufgehoben in der gesprenkelten Adonis-Blume des Schlusses. Eine zusätzliche Ausweitung des Erzählvorgangs erfolgt nach alexandrinischem und ovidischem Vorbild mithilfe von Digressionen, die das Hauptgeschehen kommentieren. Die Episode mit dem Spiel der Pferde (259–324) ist sogar als Schlüssel zum Ganzen interpretiert worden.

In *Lucrece* hat Shakespeare das traditionelle Schema der monologischen Klagerede zugunsten einer epischen Einkleidung aufgegeben. Als Quellen benützte er vor allem Ovids *Fasten* (II, 721–852) und die *Römische Geschichte* des Livius (I, 47–60). Bei seinem »graver labour« scheint die für seine Verserzählungen häufig verwendete Bezeichnung »Kleinepos« eher gerechtfertigt, da über die Metaphorik und die große Digression des Troja-Gemäldes (1366–1582) Elemente des heroischen Epos in die Schilderung dieses historisch-legendären Vorfalls einfließen.

Die Strophenform des »rhyme royal« hatte bereits seit dem Mittelalter bei der Darstellung erhabener Gegenstände Verwendung gefunden. Aus der Tragödie sind übernommen die streng eingehaltenen »drei Einheiten« sowie die Deklamationsrede im Stil Senecas. Shakespeare treibt seinen rhetorischen Aufwand bewußt bis an die Grenzen des eben noch Möglichen und kaum noch Erträglichen. Immer wieder weist der Erzähler angesichts der Lucretia-Reden kritisch auf die Unzulänglichkeiten der sprachlichen Mittel gegenüber einem unfaßbaren Leid und damit auch auf die Grenzen der Klagedichtung als Trostspender hin. Als Autor tritt er, wie so häufig in der ovidischen Dichtung, mit dem Maler in Wettstreit (im Sinne des »ut pictura poesis«), erkennt dessen Errungenschaften an, betont aber auch nicht ohne Stolz die überlegene Fähigkeit des dichterischen Wortes, in verborgene Zonen der menschlichen Existenz vordringen zu können.

H. T. PRICE, »The Function of Imagery in *Venus and Adonis*«, *PMASAL*, 31 (1945). – H. CASTROP, *Sh.s Verserzählungen*, Diss., München, 1964. – R. J. GRIFFIN, »›These Contraries Such Unity Do Hold‹: Patterned Imagery in Sh.'s Narrative Poems«, *SEL*, 4 (1964). – A. FOWLER, »Time-Beguiling Sport: Number Symbolism in Sh.'s *Venus and Adonis*«, in: *Sh. 1564–1964*, ed. E. A. Bloom, Providence, 1964. – R. M. FRYE, »Sh.'s Composition of *Lucrece*«, *SQ*, 16 (1965). – R. L. Montgomery, »Sh.'s Gaudy: The Method of *Lucrece*«, in: *Studies in Honor of D. T. Starnes*, ed. T. P. Harrison u. a., Austin, 1967. – H. BROWN, »*Venus and Adonis*: The Action, the Narrator, and the Critics«, *Michigan Academician*, 2 (1969). – L. GENT, »*Venus and Adonis*: The Triumph of Rhetoric«, *MLR*, 69 (1974). – W. KEACH, *Elizabethan Erotic Narratives*, London, 1976.

d) Die Thematik

In den letzten Jahren ist man von dem allzu bequemen Vergleichsschema abgekommen, demzufolge *Venus and Adonis* eine epische Komödie und *Lucrece* eine epische Tragödie sein sollen. Das Erstwerk jedenfalls bietet ein weitaus komplexeres Bild, mit einem Mischungsverhältnis der Sehweisen, das eher dem einer Tragikomödie entspricht. Der erste Teil ist burlesk-satirisch, der zweite bringt eine tragische Wendung. Die traditionelle Nachbarschaft zwischen Satire und Tragödie bewahrheitet sich auch in diesem Gedicht.

Die Tragödie des Adonis resultiert aus dem unauflöslichen Zwiespalt zwischen den Forderungen der Liebe und eines aktiven Lebens als draufgängerischer Jäger. Er glaubt sich noch zu jung, um in Liebe und Nachkommenschaft seine Erfüllung zu finden. Venus macht ihm immer wieder ob seines narzistischen Verhaltens bittere und offenbar berechtigte Vorwürfe ähnlich wie der Sprecher der Sonette seinem Freund. Von der ihn liebenden Frau reißt er sich los, nicht wie ein Held der Antike (z. B. Aeneas), um ein höheres Ziel zu verfolgen, sondern um seinem Jagdvergnügen zu frönen, einer Tätigkeit, in der die prophetische Göttin nur eine sinnlose Gefährdung für den zarten Knaben erblickt. Die Tragödie der Venus resultiert aus ihrer Unfähigkeit, den Geliebten vor der schicksalhaften Bedrohung durch den Tod (den Eber) bewahren zu können. Überdies erscheint ihr der Vorgang als gleichnishaft und endgültig für alle Zeiten, da mit dem Tod des Adonis die Schönheit und zugleich die Liebe zerstört werden, während die rohe Triebhaftigkeit von der Erde Besitz ergreift.

In der Gestalt der Venus sind zahlreiche Fazetten der Erotik zusammengekommen, die sich zuweilen verwirrend überschneiden. Ihr Liebeserleben reicht von der wahnhaften Nymphomanie des Anfangs über die neoplatonische Läuterung des zweiten Teils bis zu einer eher zaghaften Illusion der Mutterliebe am Schluß. Entscheidend ist jedoch ihre prophetische Verwünschung der Liebe nach dem Tode des Adonis (1135–1164), für die es bei OVID keine Entsprechung gibt. Die düstere Vision, die dieser mythologische Vorfall zu rechtfertigen scheint, steht in auffallendem Gegensatz zu dem optimistisch-hellen Bild, das MARLOWE in *Hero and Leander* entwirft. Direkte Anspielungen, beispielsweise der »rose-cheek'd Adonis« (3) und die Pferde der Digression, machen den Zusammenhang deutlich. In der Sprache der Mythographie distanziert sich Shakespeare entschieden von der Liebesauffassung seines berühmten Zeitgenossen und möglichen Rivalen.

Lucrece spielt bereits in einer Zeit, in der sich der Fluch der Venus erfüllt hat. Die beiden Hauptgestalten befinden sich ebenfalls in einem tragischen Dilemma. Während Tarquinius in den literarischen Vorlagen ohne Schuld- und Reuegefühle über die Keuschheit der Lucretia triumphiert, schreitet er bei Shakespeare in vollem Bewußtsein seines Unrechts zu der Tat, von der er weiß, daß sie ihn völlig zerstören wird. Mit der Schilderung der Lucretia schaltet sich Shakespeare ein in die jahrhundertealte Diskussion über die Frage ihrer Schuld. Eine betont eigene Lösung bietet er nicht an, sondern artikuliert lediglich einige der bereits vorliegenden Deutungsmöglichkeiten neu. Obschon Lucretia unter Zwang handelt, als sie auf die Drohungen des Schurken Tarquin nachgibt, überträgt sich ein Teil seiner Schuld auf sie. Diese Paradoxie setzt sich fort in ihrem Entschluß, sich durch den Freitod rein zu waschen. Hierdurch lädt sie abermals Sünde auf sich, eine Vorstellung, die bereits seit AUGUSTIN in der christlichen Beurteilung ihres Handelns eine entscheidende Rolle gespielt hatte.

Shakespeares eigentlicher Beitrag besteht in der sprachlichen Auslotung aller emotionalen Konsequenzen und dem wiederholten Hinweis auf die wahnhafte Verstrickung des leidenden Menschen in seine sich zwanghaft fortzeugenden Erlösungsgedanken.

T.W. BALDWIN, *On the Literary Genetics of Shakspere's Poems & Sonnets*, Urbana, Ill., 1950. – R. PUTNEY, »*Venus and Adonis:* Amour with Humour«, *PQ*, 20 (1941). – D.C. ALLEN, »On *Venus and Adonis*«, in: *Elizabethan and Jacobean Studies*, eds. H. Davis, H. Gardner, Oxford, 1959. – H.R. WALLEY, »*The Rape of Lucrece* and Shakespearean Tragedy«, *PMLA*, 76 (1961). – K. MUIR, »*Venus and Adonis:* Comedy or Tragedy?«, in: *Shakespearean Essays*, eds. A. Thaler, N. Sanders, Knoxville, Tenn., 1964. – A.C. HAMILTON, *The Early Sh.*, San Marino, Cal., 1967. – R.W. BATTENHOUSE, »Sh.'s Re-Vision of *Lucrece*«, in: *Shakespearean Tragedy*, London, 1969. – J.D. JAHN, »The Lamb of Lust: The Role of Adonis in Sh.'s *Venus and Adonis*«, *ShStud*, 6 (1970). – J.W. LEVER, »Sh.'s Narrative Poetry«, in: *A New Companion to Sh. Studies*, eds. K. Muir, S. Schoenbaum, Cambridge, 1971. – A. ROTHENBERG, »Oral Rape Fantasy and Rejection of Mother«, *Psychoanalytic Quarterly*, 40 (1971). – H. ASALS, »*Venus and Adonis:* The Education of a Goddess«, *SEL*, 13 (1973). – W.E. SHEIDLEY, »›Unless It Be a Boar‹: Love and Wisdom in Sh.'s *Venus and Adonis*«, *MLQ*, 35 (1974). – R.T. SIMONE, *Sh. and Lucrece*, Salzburg, 1974.

3. DIE KLEINEREN DICHTUNGEN

a) *A Lover's Complaint*

Als Anhang zu T. THORPES Ausgabe von Shakespeares Sonetten erschien 1609 *A Lover's Complaint*, die Klage eines verlassenen Mädchens in 47 »rhyme-royal«-Strophen. Im 20. Jahrhundert wurden Zweifel an Shakespeares Autorschaft laut, die noch nicht ganz ausgeräumt sind. Für einige Interpreten ist das Gedicht zu unbedeutend und nicht charakteristisch genug für Shakespeare. Andere jedoch verweisen auf Parallelen in seinem übrigen Werk und siedeln es zeitlich nach *Lucrece* und irgendwann vor *Troilus and Cressida* an. Ähnlichkeiten erkennt man auch in den Sonetten, etwa in der Kälte und Gleichgültigkeit des jungen Mannes. Gegenüber den Verserzählungen ist die Sprache konzentrierter, zuweilen dunkler und abrupter geworden. Man lobt allgemein die Feinheit der Charakterzeichnung und die Intensität des Leidensausdrucks. Es hat den Anschein, als ob das Gedicht unvollendet blieb und der Autor von einer Veröffentlichung seines im Ganzen wenig geglückten Experiments absah.

b) The Passionate Pilgrim

Im Jahre 1599 veröffentlichte der nicht immer ganz ehrliche Verleger W. JAGGARD eine Anthologie mit obigem Titel und »W. Shakespeare« als Autor. Von den zwanzig Gedichten dieser Sammlung sind nur fünf mit Sicherheit von Shakespeare: frühe oder verderbte Fassungen der Sonette 138 und 144; zwei Sonette sowie eine Ode aus *Love's Labour's Lost*. Drei der Gedichte (Nr. 4, 6 und 9) haben die Geschichte von Venus und Adonis zum Inhalt. Doch ist die Wahrscheinlichkeit nicht groß, daß es sich bei ihnen um Vorstudien zu der Verserzählung handelt. Einige der übrigen Gedichte können Zeitgenossen wie MARLOWE zugeschrieben werden.

c) The Phoenix and the Turtle

1601 erschien R. CHESTERS *Love's Martyr*, eine Kompilation allegorisch-philosophischer Gedichte über das Thema des Phoenix und der Taube mit möglichen Anspielungen auf zeitgenössische Persönlichkeiten einschließlich der Königin und des Grafen von ESSEX. An CHESTERS abstruses Machwerk schließen sich 14 »Poetical Essays« über das vorgegebene Grundthema an, die einige führende Dichter der Zeit, unter ihnen Shakespeare, beisteuerten.

Sein Beitrag, der ohne Titel ist, handelt vom Tod und der Verewigung zweier liebender Eheleute, dargestellt im Bild des Phoenix (weiblich) und der Taube (männlich). Er formt den Mythos und CHESTERS Grundkonzeption in eigener Weise um, indem er die »unio mystica« der beiden Liebenden zwar im Tode weiterbestehen läßt, nicht aber eine Wiedergeburt des Phoenix erwägt.

Diese hymnische Totenklage hat im 20. Jahrhundert besondere Aufmerksamkeit erregt, da man in ihr Shakespeares einzigen und überaus geglückten Versuch in Richtung der »Metaphysical Poetry« zu erblicken glaubt, die nach 1600 in England eine beherrschende Rolle spielte. Die kryptisch-vieldeutige Aussage, die hypnotische Evokationskraft des vierhebigen Verses, das ver-

haltene Pathos dieser neoplatonischen Verkündigung über die
Vollkommenheit einer Liebesbindung haben das kleine Werk für
manche Kritiker in die Nähe der »poésie pure« gerückt.

Texte in den meisten Ausgaben der Verserzählungen. – H. STRAUMANN,
Phönix und Taube, Zürich, 1953 [Text, Übersetzungen und Interpretation]. –
G. W. KNIGHT, *The Mutual Flame*, London, 1955, repr. 1962. – R. ELLRODT,
»An Anatomy of The Phoenix and the Turtle«, *ShS*, 15 (1962). – K. MUIR, »›A
Lover's Complaint‹. A Reconsideration«, in: *Sh. 1564–1964*, ed. E. A. Bloom,
Providence, 1964. – W. H. MATCHETT, *The Phoenix and the Turtle*, Den Haag,
1965. – W. EMPSON, »*The Phoenix and the Turtle*«, *EIC*, 16 (1966). – P.
DRONKE, »*The Phoenix and the Turtle*«, *Orbis Litterarum*, 23 (1968). – K. T. S.
CAMPBELL, »*The Phoenix and the Turtle* as a Signpost of Sh.'s Development«,
British Journal of Aesthetics, 10 (1970). – C. H. HOBDAY, »Sh.'s Venus and Adonis
Sonnets«, *ShS*, 26 (1973). – R. A. UNDERWOOD, *Sh.'s The Phoenix and Turtle:
A Survey of Scholarship*, Salzburg, 1974. – W. OAKESHOTT, »Love's Martyr«,
HLQ, 39 (1975). – J. ARTHOS, *Sh.'s Use of Dream and Vision*, London, 1976.

IV. DIE WIRKUNGSGESCHICHTE

A. SHAKESPEAREKRITIK UND REZEPTION SHAKESPEARES IN DER LITERATUR

1. ENGLAND

a) Präjudizierende Urteilsnorm: die Zeitgenossen und das 17. Jahrhundert

aa) Zeitgenössische Rezeption

Durchforscht man die Vorworte zu Werken, die Flugschriften, Widmungsgedichte und literarischen Anspielungen und Parodien, in denen sich zur elisabethanischen Zeit das literarkritische Urteil vollzog, so fällt auf, daß nur relativ wenige Aussagen sich auf das Dramenschaffen Shakespeares beziehen. Der von Robert GREENE 1592 als plagiaristischer Emporkömmling verspottete Shakespeare schreibt für das volkstümliche Theater, das ein Publikum aus ganz unterschiedlichen Klassen und Schichten anzieht. Dadurch und durch seine soziale Stellung steht Shakespeare der eigentlich literarischen Welt seiner Zeit fern, die sich bereits klassizistisch orientiert. Erwähnt Francis MERES in *Palladis Tamia, Wit's Treasury* (1598) Shakespeare lobend als Sonett- und Epen-, aber auch als Dramendichter, so bleibt dies in der Kritik ein vereinzeltes Phänomen. Samuel DANIELs Klage über den Barbarismus des volksorientierten Theaters in der Widmung seiner klassizistisch formalisierten Tragödie *Cleopatra* (1594) muß uns richtungsweisend sein für das Verständnis der überlieferten Rezeption, in der Shakespeare nur am Rande erscheint und in der Ben JONSON, BEAUMONT und FLETCHER über diesem rangieren. Sie stehen näher an dem von SIDNEY propagierten klassizistischen Theaterideal als Shakespeare und sind in der Stoffwahl origineller als dieser: seine Stücke dürften zum Großteil für die Zeitgenossen als Adaptionen bekannter Stoffe gelten. Will man der Überlieferung gerecht werden, ist ferner zu bedenken, daß das Drama in der elisabethanischen Zeit noch mehr als Gebrauchs- denn als Kunstliteratur galt. Ben JONSON ist der erste Dramatiker unter den Elisabethanern, der für die Gleichberechtigung dieser Gattung

mit den anderen poetischen Gattungen eintritt. Seine selbstbe-
wußte Herausgabe seiner Stücke als *Works* (1616) ist program-
matische Herausforderung und wird als Vermessenheit gewertet.
Annehmen darf man wohl, daß Shakespeare mehr von dem normalen Theaterpublikum, die bewußt dichtungstheoretisch orientierten und auch sich äußernden Autoren wie Ben JONSON mehr
von der gebildeten Elite geschätzt wurden, deren Urteil vorrangig sich schriftlich niederschlug und uns erreichte. Oberflächlich
mag so der Eindruck entstehen, Ben JONSON werde über Shakespeare gestellt – ein von der Sekundärliteratur lange perpetuiertes
Fehlurteil (BENTLEY u.a.). Doch die Tatsache, daß Ben JONSON
schon 1616 seine *Werke* drucken lassen kann, ohne Raubaufführ-
rungen zu befürchten, gibt zu denken. Die Bevorzugung Shakespeares auf der Bühne beweist die Tatsache, daß noch 1627 – vier
Jahre nach Erscheinen der Folio-Ausgabe seiner Dramen – die
King's Men, die noch immer vom Shakespeare-Repertoire leben,
gegen unrechtmäßige Aufführungen durch andere Truppen bei
Sir Henry HERBERT, Master of the Revels, ein kostspieliges Verfahren beantragen, um sich dadurch das Shakespeare-Monopol
juristisch bestätigen zu lassen. Aphra BEHN gibt der Vorrangstellung Shakespeares im Vorwort zu *The Dutch Lover* (1673) eindeutigen Ausdruck: »We all well know that the immortal Shakespeare's playes have better pleas'd the world than JOHNSON's
works«.

Die Veröffentlichung der Werke Shakespeares in einem Folio-
Band ist ein weiterer Beweis für seine Beliebtheit. Von der ersten
Ausgabe erschienen rund 1200 Exemplare, bis 1685 folgen drei
weitere Folio-Ausgaben in mehreren Auflagen. Obwohl der
Band für die Zeit teuer ist (£ 1), läßt die Vorrede der Herausgeber
HEMINGE und CONDELL an die Leser darauf schließen, daß ein
breiter Adressatenkreis intendiert ist.

Ben JONSON ist es, der das erste detaillierte Werturteil über
Shakespeare abgibt. Freilich weist er durch sein relativ ober-
flächliches Urteil (DRYDEN muß als der erste eigentliche Kritiker
gesehen werden, der seine Prämissen definiert und nach ihnen
urteilt) das Shakespeare-Verständnis in eine durch die stabilisierte
Wahrnehmungstäuschung klassizistischer Vorurteile geprägte
Vorstellung. Sein gegenüber DRUMMOND OF HAWTHORNDEN

kategorisch geäußertes Urteil»Shakespeare wanted Art« läßt diesen lange in der Kritik als eine Art naives, von jeder Bildung unberührtes Urtalent erscheinen, dessen Werke sich rational-empirischer Kunsterfassung und -analyse entzogen. MILTONS Umschreibung Shakespeares als »Fancy's child« und der Dramen als »his native wood-notes wild« in seiner Ode *L'Allegro* (1645) bestätigt diese Auffassung. Daneben freilich entwirft das Huldigungsgedicht Ben JONSONS in der ersten Folio-Ausgabe ein Shakespeare-Bild, das einen bewußt-künstlerisch Schaffenden zeigt, den eine glückliche Symbiose zwischen »nature« und »art« zum »good Poet« mache. Bei Ben JONSON findet sich somit bereits die Anlage zur zwiespältigen Beurteilung, die einerseits klassizistisch, andererseits objektiv würdigend determiniert ist. Für den klassizistischen Modus ästhetischer Wertung, der sich in England nie vollends zum System verdichten soll – und dies vielleicht gerade wegen des Phänomens Shakespeare –, findet sich somit bereits im Moment der Entstehung die Aufhebung der theoretischen Basis angelegt. Bis weit ins 18. Jahrhundert hinein allerdings richten sich Lob und Tadel für Shakespeare nach dem Maße aus, wie sich die einzelnen Kritiker klassizistischer Doktrin gegenüber verpflichtet fühlen.

bb) Shakespeare im Prisma einer gewandelten Kultur: die Zeit der Restoration

Auf Betreiben der Puritaner erfolgt 1642 die Schließung der Theater und damit ein Bruch in der Kontinuität der Theaterentwicklung. Mit der Rückkehr CHARLES II. lebt das Theater zwar wieder auf, jedoch nicht als Volkstheater, sondern als Hoftheater. Shakespeare überdauert das Interregnum; man findet Zitate aus seinen Dramen in Predigten und Grammar School-Texten der Zeit. Mit dem Neubeginn des Theaters finden sich seine Stücke mit dem Rezeptionshabitus einer an Frankreich orientierten Kultureinheit konfrontiert, die sich aus Hof, Adel und preziösem Großbürgertum zusammensetzt. Die weltanschaulichen und ästhetischen Postulate dieser Gruppe entsprechen nicht mehr denen des von Shakespeare intendierten Publikums. Hinzu kommen eine gewandelte Bühnen- und Aufführungskonzeption und neue szenische und technische Errungenschaften in der Theaterpraxis, die auszunutzen Shakespeares Dramen nur ungenügend gestatten. Das erstellte theoretische Fortschrittspostulat für Kunst und Literatur, in dem das Alte notgedrungen gegenüber dem Neuen als unvollkommen erscheinen mußte, trägt ferner dazu bei, Shakespeare mit der Aura des Antiquierten auszustatten. So urteilt DRYDEN über die Elisabethaner: »That their wit is great, and many times their expression noble, envy itself cannot deny, but the times were ignorant in which they liv'd. Poetry was then, if not in its infancy among us, at least not arriv'd to its vigor and maturity.«

Das Werk Shakespeares wird nun Stoff und Quelle für eine Reihe von Adaptionen, die DRYDEN, DAVENANT, RAVENSCROFT, OTWAY, TATE u.a. vornehmen, um es dem gewandelten Rezeptionshabitus anzupassen. Diese Adaptionen beherrschen lange die Bühne: die Lear-Fassung von Nahum TATE (1681) hält sich eineinhalb Jahrhunderte, bis 1838 William MACREADY den Mut aufbringt, den Originaltext zu inszenieren. DAVENANTS Macbeth-Bearbeitung (1664) hält das Original 80 Jahre lang von der Bühne fern.

Die vorgenommenen Veränderungen betreffen einerseits Einzelstellen. Man nimmt Anstoß am als vulgär empfundenen Einzelwort oder antiquierten Ausdruck, am niedrigen Stil und bemüht sich um urbane, geschliffene Rede. Der Shakespearesche Blankvers weicht in vielen Fällen dem wohlgesetzten, gereimten Vers. Für niedergestellte Personen findet sich kein Platz im klassizistisch ausgerichteten Tragödiensystem: vor dem Vorwurf der unzulässigen Mischung von Tragischem und Komischen weichen der Porter in Macbeth genauso wie der Fool in King Lear. Um der »lex suprema« Publikumsgeschmack gerecht zu werden, fügt man melodramatische Szenen ein und Liebesgeschichten, bringt Maschineninterludes mit Musik und Gesang; so den Chor der an Trapezen über das Pit hinwegfliegenden Hexen in Macbeth: »O what a dainty pleasure's this!/ To sail i' th'air, while the moon shines fair, / To sing, to toy, to dance and kiss ...«. Im Tagebuch des wenig kritischen Theaterexperten der Zeit, Samuel PEPYS, wird dieser besonders lobend hervorgehoben. Um das Horazische Postulat des »prodesse et delectare« in eine ausgewogene Ausformung zu bringen, vollzieht sich

gleichzeitig mit dem Ausbau des Spektakulären ein verstärktes
Explizitmachen der Moral in Sentenzen und moralisierenden
Monologen und »set speeches«. Auch werden unter dem Impetus
des Postulats einer Imitatio der wohlgeordneten, idealen Natur
die Stücke strukturell schematisiert und systematisiert, wobei die
»poetic justice« eine wesentliche Rolle spielt – jene Belohnung des
Guten und Bestrafung des Bösen, entwickelt gemäß der mechanistischen Gerechtigkeit der aristotelischen Ethik. Konditioniert
durch das gesellschaftlich Erwartbare wird das Dénouement von
TATES *King Lear* zum »happy ending«: Cordelia und Edgar
werden glücklich vereint und erhalten aus Lears Hand das
Königtum. Auch die Titelhelden von James HOWARDS Adaption
von *Romeo and Juliet* finden sich schließlich zum glücklichen
Ehebund.

In diesen Adaptionen ereignet sich im Vergleich zu Shakespeare (und die Kritik an Shakespeare ist daran ablesbar) ein Verlust der Darstellung des Individuellen, das in einem ästhetischen
System, das nur den graduellen, nicht aber den essentiellen Unterschied erfassen kann, nicht zu orten ist. Vollzogen wird die
Repräsentation des Generellen, der gesellschaftlich relevanten
und allgemein akzeptablen Erfahrung. Das so geschaffene Drama
vollzieht sich an der eigenen Oberfläche, in sprachlicher Eindeutigkeit, vorhersehbar bis ins Detail. Die Personen sind plan,
plakativ-typisch, austauschbar und exemplarisch-modellhaft,
nach der gängigen Publikumserwartung einander zugeordnet.
Schachspielartig vollzieht sich der Plot in strenger Symmetrie.

Diese für uns als Einengung des dramatischen Gestaltungs-
repertoires empfundene Schematisierung ist notgedrungene
Folge der Normativität der von Frankreich adoptierten Poetik,
die in der Nachfolge der italienischen ARISTOTELES-Ausleger
(TRISSINO, SCALIGER, CASTELVETRO) die Lehre von den drei Einheiten in den Dienst einer falsch verstandenen Naturnachahmung
stellte, wo die Imitatio zur Stilisierung wird, die Wahrscheinlichkeit die Naturhaftigkeit ausmacht. Der wohl typischste englische
Vertreter dieser Richtung war Thomas RYMER, der die poetologischen Traktate RAPINS ins Englische übersetzte und in dessen
Short View of Tragedy (1692) Shakespeare als Monstrum an zügel-
los-barbarischem und unkünstlerischem Schaffen erscheint.

Ein wesentlich freieres und großzügigeres Verhältnis zu jener Regelpoetik und damit auch die Möglichkeit einer gewiß mehr spontanen als systematischen Würdigung der künstlerischen Brillanz Shakespeares weist John DRYDENS ästhetisch begründete und methodologisch belangvolle Shakespeare-Rezeption auf. Dieses wohl nicht zuletzt deshalb, weil insbesondere DRYDENS frühe Kritik an CORNEILLE orientiert war und damit die einengende, das dramatische Schaffenspotential präjudizierende Kraft der Regelpoetik erkannte, obwohl natürlich auch er sich ihr weitgehend als gültiger, intersubjektiver Richtschnur ästhetischen Werturteils gegenüber verpflichtet fühlte. Die späte Kritik DRYDENS orientiert sich an RAPIN, LE BOSSU und BOILEAU und zeigt sich Shakespeares Dramengestaltung gegenüber in vieler Hinsicht weit dogmatisch-bemängelnder als die frühe. DRYDENS Kritik richtet sich an der zeittypischen Antithese von »nature« und »art« aus, die Ben JONSON schon der Shakespeare-Kritik zugrundegelegt hatte. In seiner Kritik liegt jedoch keimhaft angelegt Geschichtlichkeit des Verstehens, wenngleich sie auch noch rein apologetischen Zwecken dient. Shakespeares Fehler – Verstöße gegen das Dekorum, gegen die Einheiten von Ort und Zeit, das Untypische der Charaktere – werden entschuldigend auf die barbarische, dunkle Zeit zurückgeführt, in der er schrieb. Apologetisch wird der plebejische Geschmack von Shakespeares Publikum heraufbeschworen, dem er sich habe beugen müssen. Diese Apologetik wird wesensbestimmend für die Grundhaltung des 18. Jahrhunderts gegenüber Bühne, Publikum und auch sozialem Stand Shakespeares (CAPELL, FENTON, JOHNSON, POPE, SHERLOCK, WARTON, u. a.). Die Stücke werden nun als literarische Kunstwerke akzeptiert, ihre Fehlerhaftigkeit wird aber mit der Tatsache begründet, daß sie für die Bühne geschrieben waren. In der Romantik gipfelt diese Tendenz in dem von WEIMANN konstatierten Paradox: »Shakespeares Größe wurzelte nicht in der Wirklichkeit seines Theaters, sondern Shakespeare war groß, obwohl er für das Theater schrieb.« (WEIMANN, 1966).

1.) Überblicksartige Zusammenstellungen:
    a) Texte:
C.E. HUGHES, *The Praise of Sh.: An English Anthology*, London, 1904. – D.N. SMITH, ed., *Sh. Criticism: A Selection, 1623–1840*, Oxford, 1916. – B.M. WAGNER, *The Appreciation of Sh.*, Washington, 1949. – E.T. SEHRT, hrg., *Sh.:*

Englische Essays aus drei Jahrhunderten zum Verständnis seiner Werke, Stuttgart, 1958. – A.M. EASTMAN, G.B. HARRISON, eds., *Sh.'s Critics from Jonson to Auden*, Ann Arbor, 1964. – P.N. SIEGEL, ed., *His Infinite Variety: Major Shakespearian Criticism since Johnson*, Philadelphia, 1964, 1972². – W. T. ANDREWS, ed., *Critics on Sh.*, London, 1973. – B. VICKERS, ed., *Sh.: The Critical Heritage*, Vol. I: *1623–1692*, London, 1974; Vol. II: *1693–1733*, London, 1974; Vol. III: *1733–1752*, London, 1975; Vol. IV: *1753–1765*, London, 1976.

b) Abhandlungen:

A.H. TOLMAN, »A View of the Views about Hamlet«, *PMLA*, 13 (1898). – G. SAINTSBURY, *A History of Criticism and Literary Taste*, 3 vols., Edinburgh, 1900–1903. – T.R. LOUNSBURY, *Sh. as a Dramatic Artist: With an Account of His Reputation at Various Periods*, 1901, repr. New York, 1965. – C.F. JOHNSON, *Sh. and His Critics*, New York, 1909. – H.J. GÖTZ, *Die komischen Bestandteile von Sh.s Tragödien in der literarischen Kritik Englands*, Worms, 1917. – S.A. SMALL, *Shakespearian Character Interpretation: The Merchant of Venice*, Göttingen, 1927. – V.K. AYAPPAN-PILAI, *Sh. Criticism from the Beginning to 1765*, London, 1932. – I. BROWN, G. FEARON, *Amazing Monument: A Short History of the Sh. Industry*, London, 1939. – P.S. CONKLIN, *A History of Hamlet Criticism 1601–1821*, Col.UP, 1947. – F.E. HALLIDAY, *Sh. and his Critics*, London, 1949, 1958². – W.F. SCHIRMER, *Alte und neue Wege der Sh.-Kritik*, Bonn, 1953. – H. JENKINS, »Hamlet then till now«, *ShS*, 18 (1955). – K. MUIR, »Changing Interpretations of Sh.«, in: *The Pelican Guide to English Literature*, ed. B. FORD, vol. II: *The Age of Sh.*, Harmondsworth, 1955. – F.E. HALLIDAY, *The Cult of Sh.*, London, 1957. – A. RALLI, *A History of Shakespearian Criticism*, 2 vols., New York, 1959. – L. MARDER, *His Exits and his Entrances. The Story of Sh.'s Reputation*, London, 1964. – E.C. MASON, »Das englische und das deutsche Sh.-Bild«, *SchM*, 44 (1964). – K. OPPENS, »Sh. in der Deutung der angelsächsischen Welt«, *Merkur*, 18 (1964). – T. SPENCER, »The Course of Sh. Criticism«, in: *Sh.'s World*, eds. J. Sutherland, J. Hurstfield, London, 1964. – F. KERMODE, *Four Centuries of Shakespearian Criticism*, New York, 1965. – A. BROWN, »The Great Variety of Readers«, *ShS*, 18 (1965). – C.R. CROW, »Chiding the Plays: Then till now«, *ShS*, 18 (1965). – S. WELLS, »Shakespearian Burlesques«, *SQ*, 16 (1965). – T.J.B. SPENCER, »Sh. and the Noble Woman«, *SJ West* (1966). – A. M. EASTMAN, *A Short History of Shakespearian Criticism*, New York, 1968. – M. A. SHAABER, »Sh. Criticism: Dryden to Bradley«, in: K. Muir, S. Schoenbaum, eds., *A New Companion to Sh. Studies*, Cambridge, 1971; deutsch: »Sh. in der Literaturkritik. Von Dryden bis Bradley«, in: *Sh.: Eine Einführung*, Stuttgart, 1972. – G.J. MATTEO, *Sh.s Othello: The Study and the Stage 1604–1904*, Salzburg, 1974. – A. SCHLÖSSER u. a., »Das Werk Sh.s: Interpretation – Adaption – Bearbeitung – Neuschöpfung«, *SJ Ost*, 110 (1974). – H. E. JACOBS, C. D. JOHNSON, eds., *An Annotated Bibliography of Shakespearean Burlesques, Parodies, and Travesties*, New York, 1976. – G. B. EVANS, ed., *Sh.: Aspects of Influence*, London, 1976. – Vgl. auch Bibliogr. zu IV. B. 2. b und IV. G.

2.) 16. und 17. Jahrhundert:

a) Texte:

J. MUNRO, ed., *The Sh.-Allusion Book: A Collection of Allusions to Sh. from 1591–1700*, 2 vols., rev.ed., London, 1909. – F.J. FURNIVALL, ed., *Some 300 Fresh Allusions to Sh. from 1594 to 1694 A.D.*, London 1886. – J.E. SPINGARN, ed., *Critical Essays of the Seventeenth Century*, 3 vols., Bloomington, Ind., 1957. – G. THORN-DRURY, ed., *More Seventeenth Century Allusions to Sh. and his Works not Hitherto Collected*, London, 1924. – W. SHAKESPEARE, *The First Folio* (1623) Facsimile prepared by C. Hinman, New York, 1968. – Th. FULLER, »W. Sh.«, in: *The History of the Worthies of England*, 1643–1662. – C. SPENCER, ed., *Davenant's Macbeth from the Yale Manuscript: An Edition with a Discussion of the Relation of Davenant's Text to Sh.'s*, New Haven, 1961. – S. PEPYS, *The Diary*, 1660–1669. – J. EVELYN, *The Diary*, 1631–1707. – J. DRYDEN, *Essay on Dramatic Poesy*, 1668. – E. PHILLIPS, *Theatrum Poetarum*, 1675. – J. DRYDEN, »Preface« to *The State of Innocence and the Fall of Man*, 1677. – T. RYMER, *Tragedies of the Last Age*, 1678. – J. DRYDEN, »The Grounds of Criticism in Tragedy«, Preface to *Troilus and Cressida*, 1679. – G. LANGBAINE, *Account of the English*

Dramatick Poets, 1691. – T. RYMER, *Short View of Tragedy*, 1692–93. – C. GIL-DON, *Some Reflections on Mr. Rymer's Short View of Tragedy*, 1694. – J. COLLIER, *A Short View of the Immorality and Profaneness of the English Stage*, 1698. – M. SUM-MERS, ed., *Adaptations*, Capetown, 1922, 1966². – C. SPENCER, ed., *Five Restoration Adaptations of Sh.*, Urbana, 1965. – J. D. REDWINE, jr., ed., *Ben Jonson's Literary Criticism*, Lincoln, Nebr., 1970.

b) Abhandlungen:
O. GLÖDE, *Sh. in der englischen Literatur des 17. und 18. Jahrhunderts*, Doberau, 1902. – S. LEE, *Pepys and Sh*, London, 1906. – WM.E. BOHN, »The Development of John Dryden's Literary Criticism«, *PMLA*, 22 (1907). – M. CASTELAIN, »Sh. and Ben Jonson«, *RG* 3 (107) 21–65; 133–180. – A. HOFIER, *Rymers dramatische Kritik*, Heidelberg, 1908. – L.L. SCHÜCKING, *Sh. im literarischen Urteil seiner Zeit*, Heidelberg, 1908. – G.B. DUTTON, »The French Aristotelian Formalists and Thomas Rymer«, *PMLA*, 29 (1914). – A. NICOLL, *Dryden as an Adapter of Sh.*, Milford, 1921. – W. KELLER, »Sh., Ben Jonson und die Folio von 1623«, *SJ*, N. F. 1 (1923/24). – A. H. TOLMAN, »The Early History of Sh.'s Reputation«, in: *Falstaff and other Shakespearian Topics*, New York, 1925. – H. SPENCER, *Sh. Improved. The Restoration Versions in Quarto and on the Stage*, Harvard, 1927 (1963²). – F.L. JONES, »Echoes of Sh. in Later Elizabethan Drama«, *PMLA*, 45 (1930). – B. SCHERER, »Welche Bedeutung hat Samuel Pepys' *Diary* für die Sh.-Forschung?«, NS, 38(1930). – E.M. MARTIN, »Sh. in a Seventeenth-Centuy Manuscript«, *ER*, 51 (1930). – A.B. BLACK, R.M. SMITH, *Sh. Allusions and Parallels*, Bethlehem, Penns., 1931. – H. SPENCER, *Seventeenth Century Cuts in Hamlet's Soliloquies*, London, 1933. – A. WÜLKER, *Sh.s Einflüsse auf die dramatische Kunst von Nathaniel Lee*, Emsdetten, 1933. – O. EIDSON, »Dryden's Criticism of Sh.«, *SP*, 33 (1936). – F.G. WALCOTT, »John Dryden's Answer to Thomas Rymer's *The Tragedies of the Last Age*«, *PQ*, 15 (1936). – M. W. BLACK, M.A. SHAABER, *Sh.'s Seventeenth-Century Editors, 1632–1685*, New York, 1937. – T. SPENCER, »Sh. and Milton«, *MLN*, 53 (1938). – R. WALLERSTEIN, »Dryden and the Analysis of Sh.'s Technique«, *RES*, 19 (1943). – G.E. BENTLEY, *Sh. and Ben Jonson: Their Reputations in the Seventeenth Century Compared*, Chicago, 1945. – G.B. EVANS, »A Seventeenth-Century Reader of Sh.«, *RES*, 21 (1945). – S. MUSGROVE, *Sh. and Jonson*, Auckland, 1957. – R. PRUVOST, »Robert Greene a-t-il accusé Sh. de plagiat?«, *EA*, 12 (1959). – R.K. DAS GUPTA, »Milton on Sh.«, *ShS*, 14 (1961). – M. BRAUN, »This is not Lear – Die Leargestalt in der Tateschen Fassung«, *SJ*, 99 (1963). – M. FREEDMAN, »Milton's ›On Sh.‹ and Henry Lawes«, *SQ*, 14 (1963). – J.D. GORDAN, »The Bard and the Book: Editions of Sh. in the 17th Century«, *BNYPL*, 68 (1964). – F.E. HALLIDAY, »Reade him, Therefore«, in: B.W. Jackson, ed., *Stratford Papers on Sh.*, Toronto, 1964. – C. LEECH, »Sh., Cibber, and the Tudor Myth«, in: R.A. Thale, N. Sanders, eds., *Shakespearian Essays*, Knoxville, 1964. – S.H. MONK, »Dryden and the Beginnings of Sh. Criticism in the Augustan Age«, in: H. Schueller, ed. *The Persistence of Sh. Idolatry*, Detroit, 1964. – C.V. WEDGWOOD, »The Close of an Epoch«, in: J. Sutherland, J. Hurstfield, eds. *Sh.'s World*, London, 1964. – G. FRIED, »Das Charakterbild Sh.s im 17. und 18. Jahrhundert« *SJ West* (1965). – D. FROST, »Sh. in the Seventeenth Century«, *SQ*, 16 (1965). – N. SHOEMAKER, »The Aesthetic Criticism of *Hamlet* from 1692 to 1699«, *SQ*, 16 (1965). – R. WEIMANN, »Sh.'s Publikum und Plattformbühne im Spiegel klassizistischer Kritik (bei Rymer, Dryden, u.a.)«, *SJ Ost*, 102 (1966). – H. PAPAJEWSKI, »Ben Jonson's Laudatio auf Sh. Kategorien des literarischen Urteils in der Renaissance«, *Poetica*, 1 (1967). – S. MACEY, »Duffet's *Mock Tempest* and the Assimilation of Sh. during the Restoration and the 18th Century«, *RECTR*, 7 (1968). – A. NIGEL, »Thomas Rymer and *Othello*«, *ShS*, 21 (1968). – J. C. SHERWOOD, »Precept and Practice in Dryden's Criticism«, *JEGP*, 68 (1969). – J. FREESHAFER, »Leonard Digges, Ben Jonson, and the Beginning of Sh. Idolatry«, *SQ*, 21 (1970). – G. SCHARF, *Charaktergestaltung and psychologischer Gehalt in Drydens Sh.-Bearbeitungen*, Hamburg, 1970. – T. KISHI, »Dryden and Sh.«, *ShStud*, 10 (1971/72). – L. A. BJÖRK, »The ›Inconsistencies‹ of Dryden's Criticism of Sh.«, *Anglia*, 91 (1973). – A. SCHLÖSSER, »Ben Jonson and Sh.«, *SJ Ost*, 109 (1973). – T. J. B. SPENCER, »Ben Jonson on His Beloved, the Author Mr. W. Sh.«, in: G. R. Hibbard, ed., *The Elizabethan Theatre IV*, Toronto, 1974. – Vgl. auch Bibliogr. IV. B. 2. b. aa.

b) Normenpluralismus und relative Ästhetik: das 18. Jahrhundert

aa) Ausweitung des Rezeptionsbodens: Ausgaben und
Theaterrepertoire

War das 17. Jahrhundert (neben den Quarto-Texten) ausschließlich auf die vier Folio-Ausgaben angewiesen, sieht das beginnende 18. Jahrhundert in der Shakespeare-Edition ein lukratives Geschäft. Nicholas Rowes Werkausgabe von 1709 eröffnet
die Reihe. Aufteilung in Akte und Szenen, Regieanweisungen,
Listen der »dramatis personae« sichern gute Lesbarkeit. Es folgt
Popes sechsbändige Ausgabe, die preislich und ausstattungsmäßig
eine höhergestellte soziale Schicht anvisiert als die Rowes. Neue
Ausgaben erscheinen nun in rascher Folge und in hohen Auflagen.
Nachdem das Copyright des ersten Verlegers – Tonson – Mitte
der dreißiger Jahre durchbrochen und die Frage zugunsten freier
Veröffentlichungsmöglichkeit gesetzlich geregelt wird, kommt
es auf dem Shakespeare-Markt zu Konkurrenzkämpfen und Preiskriegen. Um 1740 kann jeder Interessent Shakespeares Werke
für wenige Shillings erwerben. Ein breites Lesepublikum bildet
sich heraus. Mit der zunehmenden sozialen Unabhängigkeit der
Literaten der Zeit erwacht ein neues Verhältnis gegenüber der
Literatur und das Bewußtsein der wechselseitigen Abhängigkeit
von Literatur und Lebensform. Zwingend ergibt sich daraus die
vertiefte Beschäftigung mit der Literaturtheorie und das Neudurchdenken poetologischer Prämissen. Die stattliche Reihe von
Monographien zu Shakespeares Schaffen ist Gradmesser und
Reflex der geistigen Auseinandersetzung des Jahrhunderts mit
literarischen Schaffensprozessen.

Das Theater – insbesondere der junge Garrick, der 1741 seine
Bühnenkarriere beginnt – richtet sich nach der zunehmenden
Beliebtheit Shakespeares aus und fördert sie damit gleichzeitig.
Zwischen 1740 und 1747 nehmen seine Stücke den höchsten Prozentsatz an aufgeführten Stücken ein: 831 von 3510 (24%). Zwischen 1703 und 1710 waren es nur 11% gewesen. Mit der verbreiterten Rezeptionsbasis stellen sich der Kritik neue Probleme.
Der Klassizismus und seine rationale Kritik – ästhetische Anschauung der Oberen Zehntausend – erweist sich als gesellschaftlich generell gültige Richtschnur für kritisches Werturteil un

geeignet. Das klassizistische Regelsystem bestimmt zwar noch die Produktion. Shakespeares Stücke unterscheiden sich aber nun von der Dramenproduktion der Zeit so sehr, daß man ihn nicht innerhalb rationaler Kriterien preisen kann, doch aber ob seines Erfolges vermeint, preisen zu müssen. Der rationalen Kritik wird damit eine emotionale an die Seite gestellt, deren Sublimierungs-klischees heute zu leichtfertig als nichtssagend abgetan werden, die aber in der historischen Situation als echte Wertung und nicht bloß als diese ersetzende, nichtssagende Wertschätzung begriffen werden müssen.

bb) Shakespeare zwischen Lob und Tadel

Die Spezifika der Werke Shakespeares werden damit zunächst noch der rationalen Analyse entzogen. Das Werturteil richtet sich aus zwischen den – noch – antithetischen Begriffen »art« als regel-bestimmtes Kunstschaffen und »nature«, d.h. die in Shakespeare vorgefundene, spontan geschaffene, natürliche Welt. Shakespea-res »faults« (Dichtung konnte nach dem Regelkodex falsch oder richtig sein) stehen in der Kritik unverbunden neben seinen »beauties«, den Stellen und Textelementen, wo er der Norm ent-sprach. Die »faults« einerseits und »beauties« andererseits zu be-sprechen wird zum Gliederungsprinzip einer Reihe von kriti-schen Abhandlungen, die *Prefaces* zu den Shakespeare-Ausgaben von Alexander POPE (1725) und Samuel JOHNSON (1765) nicht ausgenommen. Was die »beauties« betrifft, kommt es zu den Florilegien ausgewählter Passagen (William DODD, 1752 u.a.). Was die »faults« angeht, so stehen hier die schon von der Restora-tion aufgegriffenen Fragen im Zentrum der Kritik. Das Problem des Nichteinhaltens der drei Einheiten mündet in die gemüterbe-wegende Frage nach Shakespeares Bildung – kannte er die antiken Regeln überhaupt? Konnte man ihn, falls er sie nicht kannte, danach beurteilen? Diese Frage zieht sich, wenn auch umakzen-tuiert, bis ins 20. Jahrhundert hinein (BALDWIN, 1944). Für das 18. Jahrhundert entscheidet Richard FARMER sie in seinem *Essay on the Learning of Shakespeare* (1767) zugunsten eines ungebildeten Shakespeares, der schrieb, um dem niederen Geschmack eines ebenso ungebildeten Publikums zu entsprechen. Andererseits deutet man in diesem Zusammenhang aber auch auf die histo-

rische Bedingtheit der Einheiten in der Aufführungspraxis der
Antike hin und verweist in der Verteidigung Shakespeares auf
den deskriptiven, nicht normativen Charakter der Poetik des
ARISTOTELES (Lord KAMES, 1761 u. a.), die damit ihre anscheinend
allzeit verpflichtende Kraft verliert. Schließlich spricht man Shakespeare von allen Vergehen frei, indem man ihn nicht als fehler-
haftes Glied in einem Entwicklungskontinuum deutet, sondern
als eigenständigen Neubeginn der nationalen Dichtung erkennt.
Nicht ARISTOTELES, sondern Shakespeare selbst solle das Maß
sein, lautet das neue Postulat (FARQUHAR, 1702; THEOBALD, 1733;
WALPOLE, 1759).

   Die aufkommende »mirror of nature«-Theorie, in der »nature«
als empirische Realität und Dichtung als Spiegel des Lebens und
der menschlichen Gesellschaft gedeutet wird, zeigt sich nun der
dramentechnischen Forderung nach einer streng mechanistischen
Didaxe gemäß dem teleologischen Prinzip der »poetic justice«,
des endlich Guten und rational Ausgerichteten, als antithetisch
entgegengeordnet. In einem literarwissenschaftlichen Dilemma
befinden sich innerhalb dieser Extreme all jene – Samuel JOHNSON
nicht ausgeschlossen – die eine mehr utilitaristische Kunstbetrachtung leisten, in der das Ästhetische auch zugleich das Ethische
sein muß, wo die Moral zur bestimmenden ästhetischen Erfahrung wird. Bemüht sich JOHNSON auch, auf Sentenzen und Moral-
axiome in Shakespeare hinzuweisen, nimmt er es ihm dennoch
übel, daß er die Moral nicht zum strukturgebenden System verdichtet hat. So beklagt er an *Hamlet* »the untimely death of
Ophelia, the young, the beautiful, the harmless, and the pious.«
Ein langsamer Erkenntnisprozeß erst ermöglicht die Anerkennung der impliziten, individuellen und nicht auf ein simples
Schema reduzierbaren Moralvorstellungen der Dramen. Dann
aber schlägt das Pendel ins andere Extrem aus, das sich bei Mrs.
MONTAGU (1769) angedeutet findet, wenn sie Shakespeare rühmt
als »one of the greatest moral Philosophers that ever lived.«
Shakespeare zu Hilfe kommen all jene Stimmen, die gegen dies
Prinzip der gültigen Moral als Ferment des literarischen Werkes
plädieren. So wendet sich ADDISON im *Spectator* (1711) gegen die
»poetic justice« als Urteilsnorm; sie besitze »neither classical war-
rant nor truth to nature«. Bemüht, positiv auf den Geschmack des

Massenpublikums einzuwirken, fällt er im selben Artikel ein scharfes Urteil gegen TATES und GARRICKS *King Lear* mit »happy ending«. Das Postulat der Darstellung einer Natur, wie sie sein soll, das der klassizistischen Geschmacksnorm unterlag, schwindet vor dem der illusionistischen Darstellung der Natur, wie sie ist, und dieses Prinzip wird als Shakespeare zugrundeliegend erkannt. Dies zeigt sich auch in der Debatte um die Genre-Mischung in Shakespeare, die zunächst apologetisch aus dem schlechten Publikumsgeschmack seiner Zeit gedeutet worden war, dem er Zugeständnisse habe machen müssen. Vereinzelt wird nun angeführt (BEATTIE, JOHNSON, UPTON), daß sich auch im Leben Komik und Tragik mischen. UPTON (1746) spricht sich scharf gegen eine Kritik aus, in deren Zentrum das steht, was Shakespeare hätte machen sollen. Er fordert eine Kritik dessen, was Shakespeare macht, und realisiert auch ansatzweise diese Kritik. So erkennt er die Wirksamkeit der komischen Einschübe in den Tragödien als »little refreshment«, d.h. »comic relief«. Wenn er damit auch dem Phänomen nicht in seiner Totalität gerecht wird, liegt hier doch ein Ansatz zu einer weit gerechteren Beurteilung.

cc) Shakespeare als Dichter des Realismus

So zeigt sich die Shakespeare-Rezeption im 18. Jahrhundert als ständiges Pendeln zwischen zwei Extremen (wobei kein chronologischer Übergang, sondern ein Nebeneinander und oft auch Verwobensein beider Prinzipien zu sehen ist). Zum einen legt man von außen Maßstäbe klassizistischer Provenienz an, zum anderen sucht man in Shakespeare selbst das ästhetische Maß. Mit der historischen Relativierung klassizistischer, rationaler Prämissen, die zunächst mehr polemisch als konstruktiv die Kritik durchsetzt, lenkt man die Bahnen des Shakespeare-Verständnisses in eine Rezeptionsweise, die man auf den Nenner »Shakespeare – der Dichter des Realismus« bringen könnte. Mitbestimmend war dabei ein nicht länger zu verhehlender Nationalstolz auf die im Vergleich zur Antike so völlig andersartige Dichtung Shakespeares. So urteilt Samuel FOOTE (1747) im Zusammenhang mit einer Laudatio auf Shakespeare (»He had produced more matter for delight and instruction than could be culled from all the starved strait-laced brats that ever other bard has produced«)

über die Regeln: »In general, these bonds do not hit the taste and genius of the free-born luxuriant inhabitants of this isle. They will no more bear a yoke in poetry than in religion«.

Was vorher Zielscheibe negativer Kritik war, wird nun tastend positiv gedeutet im Sinne empirischer, illusionistischer Naturnachahmung: Shakespeares Nichteinhalten der drei Einheiten, seine mangelnde Übereinstimmung mit klassischen Poetiken und Vorbildern, die Genremischung, die Darstellung von edlen Charakteren in trivialen Situationen, die Schaffung von untypischen und mehrdimensionalen Charakteren, der Verstoß gegen die »poetic justice«, grammatische und rhetorische »Extravaganzen«. Das Einbringen des Geniebegriffes in das kritische Aspektarsenal der Zeit (SHAFTESBURY) erweist sich dabei als entscheidend für die Aufnahme Shakespeares. Endgültig werden damit nämlich die Grenzen der klassizistischen Regeln durchbrochen, die vereinzelt nun als mechanistisch, d.h., der Dichtung nicht essentiell, erkannt werden. So Mrs. MONTAGU (1769) in ihrer Attacke auf die destruktive Kritik VOLTAIRES: »Heaven-born genius acts from something superior to rules . . .«. Die intellektuelle Rechtfertigung ist mit diesem Postulat jedoch noch nicht ganz erreicht. Die bedeutsamen Komponenten genialen Schaffens »taste« und »judgment« (Geschmack und Urteilsvermögen im Bezug auf die Kunstmittel) werden Shakespeare noch abgesprochen: »Nature and sentiment will pronounce our Shakespeare a mighty genius; judgment and taste will confess, that as a writer he is far from being faultless.« (Mrs. MONTAGU). Immerhin aber erkennt man das Genialische als inneres, im Kunstwerk waltendes Formprinzip und schafft damit die Voraussetzung zum Übergang von einer normativen zu einer relativen Ästhetik. An die Stelle der Horazischen Kriterien der Belehrung und Unterhaltung tritt nun eine stärker subjektive Ausdruckswertung in den Vordergrund, die die Originalität und Individualität des Dichters als zentrale ästhetische Kategorie begreift und den subjektiven Erlebnischarakter der Kunst aufwertet. Diese Überlegungen, die das 18. Jahrhundert nur ansatzweise entwickelt, verdichten sich dann bei COLERIDGE zum poetologischen System. Ausgehend von der Feststellung einer illusionistischen Mimesis bei Shakespeare und dem Lob für dessen empirische Nachahmung der Natur und seine individuelle Men-

schengestaltung, legt MORGANN (1777) einen neuen Ausgangspunkt literarkritischer Analyse, die mehr subjektiv rezeptions-
als objektiv produktionsorientiert ist. Er postuliert als Grund-
gesetz ästhetischer Urteilsfindung: »The impression is the fact.«

dd) Die »dramatis personae« im Zentrum der Kritik

Mit der Absage an die Antike als unbedingte Autorität für
ästhetische Werturteile und dem Wandel im kritischen Aspektarsenal ist ein Fundament der Übereinkunft zwischen Autor und
Rezipierendem gefunden. Der Weg ist frei zu induktiver Betrachtung und Detailanalyse, ja diese erweisen sich als unbedingtes
Desiderat, will man Shakespeare gerecht werden: »General criticism is on all subjects useless and unentertaining; but it is more
than commonly absurd with respect to Shakespeare, who must
be accompanied step by step, scene by scene, in his gradual development« of characters and passions«(Joseph WARTON, 1753). Das
Plädoyer für den methodischen Neuansatz umschließt den Un-
tersuchungsgegenstand, der nun ins Zentrum der Kritik rückt:
den Menschen, wie ihn Shakespeare in seinen Dramen erscheinen
läßt. An ihm wird nun der »test of nature« vorgenommen, der sich
als notwendig erweist, will man dem Schaffen eines Dramatikers
gerecht werden: Mit dem Abtun der Regeln als Maßstab wird die
»knowledge of human nature« (Lord KAMES) als das geniales
Schaffen auszeichnende Kriterium postuliert. In der Suche nach
gemeinverbindlichen Grundlagen des ästhetischen Urteils wird
der Aspekt der »distinction and preservation of character« (WHA-
TELY, 1785) relevant.

RYMER, ROWE, GILDON, Francis GENTLEMAN und Mrs. LENNOX
folgten noch dem aristotelischen Diktat, daß Personen idealtypi-
scher Art in exemplarischer Modellhaftigkeit darzustellen seien –
ein Maßstab, nach dem Shakespeares Charaktere in ihrer Kritik
notgedrungen inakzeptabel, ja »falsch« erscheinen mußten. Samuel
JOHNSON vollzieht einen ersten Schritt weg von der Ausrichtung
des Urteils am vorgegebenen Modell, wenn er postuliert, Shakespeare stelle nicht Römer, Könige, Soldaten, sondern »mankind
itself« dar. POPE (1725) und THEOBALD (1733) allerdings loben
seinen neuartigen Realismus individueller Menschengestaltung,
die sich besonders in der charakterisierenden Sprachgebung

äußere: ». . . had all the Speeches been printed without the very
names of the persons, I believe one might have apply'd them
with certainty to every speaker« (POPE). Mit dieser Erkenntnis
gleichsam parallel läuft die – im Anschluß an die Kritik VOLTAIRES
besonders heftige – polemische Differenzierung zwischen dem
illusionistischen Shakespearedrama, dem Theater des »showing«,
und dem französischen Theater des »telling«, in dem der Autor
als nur Beschreibender im Sprachduktus präsent bleibt (STEELE,
Mrs. MONTAGU, RICHARDSON, WHATELY). Daß Shakespeare
völlig hinter seinen Personen verschwinde, gilt als positiv.

Anstelle der Untersuchungen der sprachlichen, charakterlichen, handlungsbedingten und dramaturgischen Bezüge der
Figuren rückt in allzu eilfertiger Bereitschaft zur Gleichsetzung
von dramatischer Figur mit historisch-realer Person die Frage
nach der individuell psychologischen Charakteranlage in den
Vordergrund. So nimmt MORGANN (1777) für die Charakterbe-
trachtung bei Shakespeare in Anspruch »to consider them rather
as Historic than Dramatic Beings« und postulieren Lord KAMES
und Edward YOUNG, Shakespeares »personas« seien »real People«.
Das 19. Jahrhundert vollzieht diese Art der Charakteranalyse als
seelenkundlichen Raubbau par excellence an Shakespeare, denn
in der Romantik steht fest: ». . . Shakespeare's characters have
long ceased to be poetical creations, and are now as absolute flesh
and blood as any other subject of his Majesty's dominions«
(WILSON, 1829). Als Vorläufer dieser Kritik analysiert und kontrastiert Thomas WHATELY (1785) Richard III. und Macbeth,
schildert William RICHARDSON (1774, 1784 und 1789) einen
Großteil der Charaktere im Hinblick auf ihre »ruling passion«
und schafft Maurice MORGANN (1777) eine heute wieder viel
beachtete Studie über Falstaff.

Schwärmerisch deklariert man die Werke des nun zum »immortal bard« stilisierten Shakespeare (WARBURTON, 1747) als
»map of Life« (Mrs. LENNOX, 1753). Beglückt über die neu erkannte Bedeutsamkeit der Lebensfülle in der Mimesis Shakespeares erklärt man: »If human nature were destroyed, and no monument left except his works, other beings might know what man
was from those writings« (so POPE in LYTTELTONS *Dialogue of the
Dead*, 1760).

a) Texte:

E. BYSSHE, *Art of English Poetry*, 1702. – G. FARQUHAR, *Discourse upon Comedy*, 1702. – N. ROWE, *Some Accounts of the Life &c of Mr. William Shakespear*, 1709. – C. GILDON, »Remarks on the Plays of Sh.«, in C. Gildon, ed., *The Works of Mr. W. Sh.*, 1710. – J. DENNIS, *On Poetical Justice*, 1711. – J. DENNIS, *An Essay on the Genius and Writings of Sh.*, 1712. – A. POPE, *Preface*, 1725. – L. THEOBALD, *Sh. Restored*, 1726. – L. THEOBALD, *Preface*, 1733. – T. HANMER, *Preface*, 1744. – J. UPTON, *Critical Observations on Shakespeare*, 1746. – S. FOOTE, *Roman and English Comedy Considered and Compared*, 1747. – W. GUTHRIE, *Essay on English Tragedy, with Remarks on the Abbé Le Blanc's Observations on the English Stage*, 1747. – W. WARBURTON, *Preface*, 1747. – T. EDWARDS, *Canons of Criticism*, 1748. – P. WHALLEY, *An Enquiry into the Learning of Sh.*, 1748. – W. DODD, ed., *The Beauties of Shakespear . . .*, 1752. – C. LENNOX, *Sh. Illustrated: Or the Novels and Histories on which the Plays of Sh. are Founded Collected and Translated from the Original Authors with Critical Remarks*, 1753. – Z. GREY, *Critical, Historical and Explanatory Notes on Sh.*, 1754. – T. GRAY, *The Progress of Poesy*, 1757. – H. BLAIR, *Lectures on Rhetoric and Belles Lettres*, 1759. – H. WALPOLE, *Book of Materials*, 1759–1775. – Lord KAMES, Henry Home, *Elements of Criticism*, 1761. – S. JOHNSON, *Preface to Sh.*, 1765. – W. KENRICK, *A Review of Dr. Johnson's New Edition of Sh.*, 1765. – R. FARMER, *An Essay on the Learning of Sh.*, 1767. – E. MONTAGU, *An Essay on the Writings and Genius of Shakespear, Compared with the Greek and French Dramatic Poets*, 1769. – F. GENTLEMAN, *The Dramatic Censor*, 1770. – W. KENRICK, *Introduction to the School of Sh.*, 1774. – E. TAYLOR, *Cursory Remarks on Tragedy, on Sh.*, etc., 1774. – W. RICHARDSON, *Philosophical Analysis and Illustration of Some of Sh.'s Remarkable Characters*, 1774. – T. WARTON, *History of English Poetry*, 1774. – E. GRIFFITH, *The Morality of Sh.'s Drama Illustrated*, 1775. – M. MORGANN, *An Essay on the Dramatic Character of Sir John Falstaff*, 1777. – E. MALONE, *Attempt to Ascertain the Order in which the Plays of Sh. were written*, 1778. – E. CAPELL, »Introduction« to: *Notes and Various Readings of Sh.*, 1779. – J. RITSON *Remarks on the Text and Notes of the Last Edition of Sh.*, 1783. – T. DAVIES, *Dramatick Miscellanies, Consisting of Critical Observations on the Plays of Sh.*, etc., 3 vols., 1784. – J.M. MASON, *Comments on the Last Edition of Sh.'s Plays*, 1785. – T. WHATELY, *Remarks on Some of the Characters of Sh.*, 1785. – J.P. KEMBLE, *Macbeth Reconsidered. An Essay Intended as an Answer to Part of the Remarks on some of the Characters of Sh.*, 1786. – M. SHERLOCK, *A Fragment on Sh.*, 1786. – S. FELTON, *Imperfect Hints Towards a New Edition of Sh.*, 1787. – W. RICHARDSON, *Essays on Sh.'s Dramatick Character of Sir John Falstaff, and on his Imitation of Female Characters*, 1788. – T. ROBERTSON, *An Essay on the Character of Hamlet*, 1788. – E. MALONE, *Dissertation on Henry VI*, 1790. – T. PERCY, *Essay on the Origin of the English Stage*, 1793. – W. WHITER, *A Specimen of a Commentary on Sh.*, 1794. – J. PLUMPTRE, *Observations on Hamlet*, 1796. – W. K. WIMSATT, jr., ed., *Doctor Johnson on Sh.*, Harmondsworth, 1969. – D. A. FINEMAN, ed., *Maurice Morgann: Shakespearian Criticism*, Oxford, 1972. – R. D. STOCK, ed., *Samuel Johnson's Literary Criticism*, Lincoln, Nebr., 1974.

b) Abhandlungen:

E. WALDEN, *Shakespearian Criticism Textual and Literary from Dryden to the End of the Eighteenth Century*, Bradford, 1895, 1972[2]. – R. ERZGRÄBER, *Nahum Tate's und George Colman's Bühnenbearbeitungen des Shakespeareschen King Lear*, Diss., Weimar, 1897. – O. WENDT, *Steeles literarische Kritik über Sh. im Tatler und Spectator*, Diss., Rostock, 1901. – T.R. LOUNSBURY, *Sh. and Voltaire*, New York, 1902. – H.A. EVANS, »A Shakespearian Controversy of the Eighteenth Century«, *Anglia*, 28 (1905). – J. ADLER, *Zur Sh.-Kritik des 18. Jahrhunderts*, Königsberg, 1906. – T.R. LOUNSBURY, *The First Editors of Sh.* (Pope u. Theobald) London, 1909. – F.W. KILBOURNE, *Alterations and Adaptations of Sh.*, Boston, 1910. – J.W. DRAPER, »Aristotelian Mimesis in Eighteenth-Century England«, *PMLA*, 36 (1921). – J.H. NEUMANN, »Shakespearian Criticism in the *Tatler* and the *Spectator*«, *PMLA*, 39 (1924). – J.E. BROWN, *The Critical Opinions of Samuel Johnson*, Princeton, 1926. – T.M. RAYSOR, »The Study of Sh.'s Characters in the Eighteenth Century«, *MLN*, 42 (1927). – T.M. RAYSOR, »The Downfall of the Three Unities«, *MLN*, 42 (1927). – D.N. SMITH, *Sh. in the Eighteenth Century*, Oxford, 1928. – A. BOSKER, *Literary Criticism in the Age of Johnson*, Groningen,

1929. – A. WARREN, *Alexander Pope as Critic and Humanist*, Princeton, 1929. –
R.W. BABCOCK, »William Richardson's Criticism of Sh.«, *JEGP*, 28 (1929). –
R.W. BABCOCK, »The English Reaction Against Voltaire's Criticism of Sh.«,
SP, 27 (1930). – R.W. BABCOCK, »The Attack of the Late Eighteenth Century
Upon the Alterations of Sh.'s Plays«, *MLN*, 45 (1930). – R.W. BABCOCK,
»The Attitude Toward Sh.'s Learning in the Late 18th Century«, *PQ*, 9 (1930). –
C.H. GRAY, *Theatrical Criticism in London to 1795*, New York, 1931 (1964²). –
H.S. ROBINSON, *English Shakespearian Criticism in the Eighteenth Century*, New
York, 1932 (1968²). – F.T. WOOD, *The Merchant of Venice in the Eighteenth
Century«, *ESts*, 15 (1933). – T.S. ELIOT, »Shakespearian Criticism: 1. From
Dryden to Coleridge«, in: H. Granville-Barker, G.B. Harrison, eds., *A Compa-
nion to Shakespeare Studies* New York, 1934. – J.M. STEIN, »Horace Walpole and
Sh.«, *SP*, 31 (1934). – H. WOHLERS, *Der persönliche Gehalt in den Sh.-Noten
Samuel Johnsons*, Diss., Bremen, 1934. – D. LOVETT, »Sh. as a Poet of Realism
in the Eighteenth Century«, *ELH*, 2 (1935). – J. BUTT, *Pope's Taste in Sh.*, Lon-
don, 1936. – C.S. KILBY, »Horace Walpole on Sh.«, *SP*, 38 (1941). – G.W.
STONE Jr., »Garrick's Handling of *Macbeth*«, *SP*, 38 (1941). – R.D. HAVENS,
»Johnson's Distrust of the Imagination«, *ELH*, 10 (1943). – I. RIBNER, »Dryden's
Shakespearian Criticism and the Neo-Classical Paradox«, *SAB*, 21 (1946). –
E.R. WASSERMAN, *Elizabethan Poetry in the Eighteenth Century*, Urbana, 1947. –
G.W.STONE Jr., »Garrick's Production of *King Lear:* A Study in the Temper of
Eighteenth-Century Mind«, *SP*, 45 (1948). – A.M. EASTMAN, »The Text from
which Johnson Printed his Sh.«, *JEGP*, 49 (1950). – G.W. STONE Jr., »David
Garrick's Significance in the History of Shakespearean Criticism«, *PMLA*, 65
(1950). – J.D. WILSON, »Malone and the Upstart Crow«, *ShS*, 4 (1951). – A.
SHERBO, »Dr. Johnson on *Macbeth:* 1745 and 1765«, *RES*, n.s. 2 (1951). – G.W.
STONE Jr., »Sh. in the Periodicals 1700–1740«, *SQ*, 2 (1951), *SQ*, 3 (1952). –
J.H. HAGSTRUM, *Samuel Johnson's Literary Criticism*, Minneapolis, 1952. –
C.B. HOGAN, *Sh. in the Theatre 1701–1800*, 2 vols., Oxford, 1952–1957. – A.
SHERBO, »Warburton and the 1745 Sh.«, *JEGP*, 51 (1952). – T.J. MONAGHAN,
»Johnson's Additions to his *Sh.* for the Edition of 1773«, *RES*, n.s. 4 (1953). – R.G.
NOYES, *The Thespian Mirror: Sh. in the 18th Century Novel*, Providence, 1953. –
M. ROSENBERG, »The Refinement of *Othello* in the Eighteenth-Century Bri-
tish Theatre«, *SP*, 51 (1954). – G.C. BRANAM, *Eighteenth-Century Adaptations
of Shakespearean Tragedy*, Berkeley, 1956. – A.H. SCOUTEN, »The Increase of
Popularity of Sh.'s Plays in the Eighteenth Century«, *SQ*, 7 (1956). – A. SHERBO,
Samuel Johnson, Editor of Sh., Urbana, Ill., 1956. – A.M. EASTMAN, »In Defense
of Dr. Johnson«, *SQ*, 8 (1957). – J.H. ADLER, »Johnson's ›He that Imagines This‹«,
SQ, 11 (1960). – J.R. BROWN, »Three Adaptations«, *ShS*, 13 (1960). – K.A.
BURNIM, *David Garrick, Director*, Pittsburgh, 1961. – S. KUMAR SEN, »A
Neglected Critic of Sh.: Sir Walter White«, *SQ*, 13 (1962). – D.N. SMITH,
»Shakespearian Criticism in the Eighteenth Century« in: *Eighteenth-Century Essays
on Sh.*, Oxford, 1963². – C. SPENCER, »A Word for Tate's *King Lear*«, *SEL*, 3
(1963). – R.W. BABCOCK, *The Genesis of Sh. Idolatry 1766–1799*, New York,
1964. – P. DIXON, »Pope's Sh.«, *JEGP*, 63 (1964). – A. BROWN, »The Great
Variety of Readers«, *ShS*, 18 (1965). – C.R. CROW, »Chiding the Plays. Then
till Now«, *ShS*, 18 (1965). – P.M. GRIFFITH, »Joseph Warton's Criticism of
Sh.«, *TSE*, 14 (1966). – M. LEHNERT, »Arthur Murphy's *Hamlet*-Parodie (1772)
auf David Garrick«, *SJ Ost*, 102 (1966). – D.C. WILLIAMS, »Mr. Nahum Tate's
King Lear«, *SN*, 38 (1966). – J.W. DONOHUE, »Kemble and Mrs. Siddons in
Macbeth. The Romantic Approach to Tragic Character«, *TN*, 22 (1967/68). –
H.C. FRAZIER, »The Rifling of Beauty's Stores: Theobald and Sh.«, *NM*, 69
(1968). – J. M. NEWTON, »Alive or Dead? Alexander Pope on Sh.'s Best Pas-
sages. A Checklist«, *CQ*, 3 (1968). – B. H. BRONSON, »Johnson's Sh.«, in: *Facets
of Enlightenment*, Berkeley, 1969. – M. KALLICH, *The Association of Ideas and
Critical Theory in Eighteenth-Century England*, Den Haag, 1970. – S. SCHOEN-
BAUM, *Sh.'s Lives*, Oxford, 1970. – M. KRIEGER, »Fiction, Nature, and Literary Kinds in Johnson's Criticism of Sh.«, in: *Eighteenth Century Studies*, 4 (1971). –
R.D. STOCK, *Samuel Johnson and Neoclassical Dramatic Theory*, Lincoln, Nebr.,
1973. – W. KOWALK, *Popes Sh.-Ausgabe als Spiegel seiner Kunstauffassung*, Bern,
1975. – B. VICKERS, »Die ersten Sh.-Kritiker«, *SJ West* (1975). – T. B. JONES,
B. de BEAR NICOL, »Rowe, Pope, and Johnson on Sh.«, in: *Neoclassical Dramatic
Criticism*, Cambridge, 1976.

c) Subjektive Impression als zentrales Heuristikon:
das 19. Jahrhundert

aa) Shakespeare – Literatur und Lebenshilfe

Charakteristisch für die dem Augustan Age folgenden Epochen erscheint die Tatsache, daß Shakespeare – seiner eigenen Theaterwirklichkeit entfremdet, an die neue nicht oder ungenügend adaptierbar – ausschließlich als Lesetext im Rezeptionskontinuum wirkt. Eine Ursache hierzu ist die Tendenz, sein Werk als zeitlose Poesie zu betrachten. Ein bedeutsamerer Grund ist in der Bühnenpraxis der Zeit zu suchen. Postulierte die Kritik die »imagination« des Rezipierenden als Zentralkriterium ästhetischer Erfahrung und Erfassung, so drängen sich in der zeitgenössischen Aufführungspraxis naturalistisch-realistische Szenerie und Bühneneffekte, jetzt nicht länger Hintergrund, zwischen Phantasie und Stück. Die Aktualisierung des für die illusionsarme Plattformbühne der elisabethanischen Zeit breit und vielfältig angelegten Sinnpotentials wird dadurch vielfach nur allzu eindeutig beeinflußt. Lamb kritisiert an den zeitgenössischen Aufführungen einen plan-plakativen Richard III. im Zuschnitt eines »giant and ogre of child books«; Coleridge beklagt, daß Shakespeares »weird sisters« auf der Bühne zu »mere witches with broomsticks« zusammenschrumpfen. Insgesamt erscheint es den Kritikern, als verliere sich die intellektuelle Dimension der Stücke, die die schöpferische Mitarbeit des Rezipierenden erfordere, im Konkret-Gegenständlichen. Gerade dieser Dimension – für Lamb jene »distinguishing excellence«, die Shakespeares Stücke der Bühne entfremden – und vorrangig ihrer moralistischen Ausprägung gilt das literarkritische Interesse. Dies verwundert umso weniger, als sie auch als Ziel dichterischen Schaffens postuliert wird: »The communication of pleasure may be the immediate purpose . . . truth, either moral or intellectual, ought to be her ultimate end« (Coleridge, 1817). Insbesondere dem Drama wird spezifisch belehrende Wirkungskraft zugeschrieben, es ist »the best teacher of morals, for it is the truest and most intelligible picture of life« (Hazlitt, 1817).

1807– und bis 1850 in 11 Auflagen – erscheint die Ausgabe von »24 plays expurgated by Thomas Bowdler«, angeregt durch regelmäßige, laute Lektüre im Familienkreis. Sie beläßt nur das

Positive, Saubere und Exemplarisch-Belehrende und gibt Zeugnis dafür, daß die moralische Erbauung an und durch Shakespeare in weiten Kreisen verbreitet war. Shakespeare wird nun durch allerlei »Readers« und Florilegien fest in der Rezeption eines »middle class sentimental movement« verankert. Die erbauliche Kraft seiner Werke soll auch der Jugend nicht verloren gehen: Charles und Mary LAMB geben in rührend treuherzigem Erzählton Kindern eine Art Vorschule für Shakespeare. »Sie klingen als kämen sie aus dem warmen und redlichen Herzen einer Großmutter«, beurteilt der deutsche Übersetzer KECK (1888) diese Geschichten. Im 20. Jahrhundert erlebt diese Art der Shakespare-Verbreitung ein Wiederaufleben. Es entstehen M. CHUTES *Stories from Shakespeare* (1960) und I. BUCKMANS *Twenty Tales from Shakespeare* (1963), »written for the young playgoer and the young playgoer's parents.« Das 19. Jahrhundert sieht auch die ersten Schulausgaben, in denen vor allem *Julius Caesar* angeboten wird. 1822 gibt J. R. PITMAN seinen *School Shakespeare* heraus. Bis zur Gleichberechtigung der heimischen Autoren mit den lateinischen und griechischen Klassikern im Unterricht ist es allerdings noch ein weiter Weg, denn – so Dr. Thomas ARNOLD von Rugby 1836 in einem Brief: »Shakespeare, with English schoolboys, would be but a poor substitute for Homer.« Auch die Charakteranalyse der romantischen und insbesondere der viktorianischen Kritik, die nunmehr weit über den Text hinausgehend im Bemühen um subtile psychologistische Personendeutung Motive und Motivationen erfindet und am Prüfstein des »moral sense« abwägt, ist von utilitaristischem Belehrungsstreben mitbestimmt. Man sucht bei Shakespeare das, was man in den Romanen etwa George ELIOTS findet. Um dem Bestreben nach weitergehender, lebenspraktischer Aussage zu genügen, verbinden die Analysen der Frauengestalten Shakespeares von Mrs. Anna JAMESON (1832) einfühlsamen Psychologismus mit emanzipatorisch-frauenrechtlerischen Forderungen und direkter Lebenshilfe. Shakespeares Frauengestalten werden dabei geschildert als von ihm visionär geprägte Prototypen des viktorianischen »new woman«-Ideals. Das zeitlose Menschenverständnis Shakespeares wird zeitbedingt aufgefüllt, Shakespeare dem utilitaristischen Geist einer bürgerlichen Gesellschaft verpflichtet.

Der Shakespeare-Kritik, die es sich generell zum Ziel gestellt zu haben scheint, im Leser das rechte Gefühl für die Lektüre zu erstellen, durch das eigene Sicheinfühlen die Leserreaktion gleichsam vorzuprogrammieren, liegt ebenfalls am Vorstoß zum Metaphysisch-Exemplarischen. So verdichtet sich bei DOWDEN (1875) Shakespeare maximartig zu anwendbarer Philosophie und Lebenshilfe; Shakespeare bringe, so verkündet DOWDEN ». . . to each one courage, and energy, and strength, to dedicate himself and his work to that – whatever it be – which life has revealed to him, as best, and highest and most real.«

bb) Romantische Kunstauffassung und Shakespeare-Bekenntnis

Standen sich im 18. Jahrhundert produktionsbestimmende Kunstauffassung und das im Werk Shakespeares aktualisierte Performanzarsenal dramaturgischer Schaffensmöglichkeiten diametral gegenüber, so daß in vielen Fällen Kritik an Shakespeare als Zweckpolemik mit dem uneingestandenen Ziel der Verteidigung der eigenen Produktion interpretiert werden kann, so orientiert sich die romantische Kunstauffassung an Shakespeare und findet sich in ihm bestätigt. Mit der Erkenntnis der dichterischen Anders- und Einzigartigkeit Shakespeares verliert die Kritik ihre Aufgabe der Wertung und wendet sich der Beschreibung und Begründung des Phänomens Shakespeare zu. Grundhaltung ist dabei die von G.B. SHAW später als »bardolatry« gekennzeichnete bedingungslose Anerkennung des großen Genies: »An overstrained enthusiasm is more pardonable with respect to Shakespeare than the want of it, for our admiration cannot easily surpass his genius« (HAZLITT, 1817).

Die romantische Kunstauffassung, wie sie insbesondere COLERIDGE in seinen theoretischen Äußerungen darlegt, wird mit dem Bekenntnis zu Shakespeare gleichgesetzt. Die Einstellung zur Dichtung ist Einstellung zu Shakespeare, erkannte man diesen doch als ». . . the greatest Master of the Romantic drama« (MOULTON, 1885, vorher v.a. COLERIDGE). Dies Drama war verstanden als losgelöst von den Fesseln von Zeit und Ort, in idealer »intermixture« aller Konstruktions- und Stilmöglichkeiten als perfekte Einheit des Heterogenen im Erlebnis einer allgemein gültigen Weltharmonie von Gut und Böse. Jede Dramenfigur ist darin sowohl Symbol universaler menschlicher Natur, wie individueller Charakter in lebensvoller Mehrdimensionalität. Wie auch in der Malerei der Zeit wird Naturwahrheit im Sinne realistisch-illusionistischer Nachahmung zum Maßstab des Ästhetischen postuliert. Die im Aspektarsenal der Neoklassizistik antithetischen Begriffe »nature« und »art« verschmelzen damit in der Shakespeare-Kritik COLERIDGES zu perfekter Synthese. Anstelle des von außen angetragenen Regelkanons tritt das Postulat des organischen Kunstwerks, in dem die »totality of interest«, d.h., ein einziges thematisches Interesse, dem Werk Struktur gibt und jene übergeordnete Gesetzlichkeit ausmacht, die das System als Ganzheit ausweist. Für COLERIDGE ist diese Gesetzlichkeit im Werke Shakespeares die des Universums schlechthin. Sie hervorzubringen kann nicht einem »wild and irregular genius« zugeschrieben werden. COLERIDGE setzt als Grundaxiom, das Kritik und entstehende wissenschaftliche Beschäftigung mit Shakespeare in neue Bahnen lenken soll: »The judgment of Shakespeare is commensurate with his genius«. Er bemüht sich um den Nachweis der gezielten dramatischen Schaffenskraft des »myriad-minded bard«, denn: »No work of true genius dare want its appropriate form, neither indeed is there any danger of this. As it must not, so neither can it, be lawless! For it is even this that constitutes its genius – the power of acting creatively, under laws of its own origination.« Die objektive Frage nach dem »Wie« ersetzt damit die Frage nach dem »Was« der vorausgegangenen Kritik. Im Gegensatz zu HAZLITTS und später BRADLEYS (1904) nur charakterbeschreibender Betrachtung, welche die Figur dem dramatischen Kontext entreißt, ist die dynamische Betrachtung COLERIDGES bemüht, den komplexen Verflechtungen von Charakter und Motivationen im Kontext von Handlung und Sprachvollzug gerecht zu werden. DE QUINCEY (1823) versucht, ausgehend von der Analyse der im Hörer hinterlassenen emotionalen Impression einer Stelle in *Macbeth* die von Shakespeare intendierte »unity of feeling« zu ergründen. Wie er vertreten auch SWINBURNE (1879) und Walter PATER (1889) eine vorurteilslose, anti-utilitaristische Kunstbetrachtung. MOULTON (1885) plädiert in enger Bezugnahme auf die Irrtümer der vorangegangenen Shakespeare-Kritik für die induktive literaranalytische Methode.

Neben Fragen der Strukturgebung rücken Fragen nach Sprachgebung, Sprechstil und Verskonzeption ins Zentrum der Betrachtung. Die Kritik, die sich aus einem tiefen Gefühl der Ehrerbietung heraus als Dienst an Shakespeare verstanden hatte, verselbständigt und professionalisiert sich als literarwissenschaftliche Betrachtung im engeren Sinn, deren Gegenstand Shakespeare ist. Es kommt zur systematischen Erforschung Shakespeares, ein Gedanke, der bis zur Romantik unmöglich war.

cc) Vom Psychologismus zum Biographismus

Mit dem Konzept des individuell-subjektiven Ausdruckswerts als zentraler Grundkategorie dichterischen Schaffens wird das Poetische schlechthin identifiziert mit dem »poetic genius« als solchem. Das Erlebnis der Dichtung erscheint unter dieser Voraussetzung zugleich als das Erlebnis des Dichters, der im Werk direkt faßbar ist. Die Shakespeare-Kritik fühlt sich legitimiert, den Rückschluß vom Werk auf Leben und Denken des Autors zu unternehmen, über die nur wenig bekannt war. Mit *The Hero as Poet* von Thomas CARLYLE (1840) kündigt sich der Biographismus an: Shakespeare, der größte aller Dichter ist »the greatest intellect who, in our recorded world, has left record of himself in the way of literature.«

Für diese Art der Literaturbetrachtung ist Edward DOWDENS Werk, *Shakespeare, his Mind and Art* (1875) typisch, das unter dem Postulat steht: »It is a real apprehension of Shakespeare's character and genius which is desired ... we endeavour to pass through the creation of the artist to the mind of the creator.« Wurde im 17. und 18. Jahrhundert noch Shakespeares Werk als Schaffenseinheit gesehen, so steht um die Mitte des 19. Jahrhunderts die Chronologie der Stücke so weit fest, daß DOWDEN (und auch SWINBURNE) es unternehmen zu müssen vermeint, über Shakespeares persönliche Entwicklung, wie sie aus den Stücken ablesbar ist, zu sprechen und eine Periodisierung von Shakespeares Leben und Reifen vorzunehmen nach den Phasen: »In the Workshop – In the World – In the Depths – On the Heights.«

Diese Art der biographistischen Werkanalyse bringt freilich die sittenstrenge didaktische Kritik der Viktorianer in ein peinliches Dilemma in dem Maße, wie die Sonette systematisch mit

ins Rezeptionskontinuum eingebracht werden. Von den romantischen Dichtern als direkter Zugang zum Herzen Shakespeares
in der Dichtung besungen (WORDSWORTH, Sonnet 19: »Scorn
not the sonnet . . .«), schienen sie nun den Propheten universaler
Lebensweisheiten als Homosexuellen auszuweisen. Dieser Rückschluß vom Werk auf den Autor ist auch dem 20. Jahrhundert
nicht fremd, findet sich z. B. bei Caroline SPURGEON (1935), die
diese viktorianische Fragestellung weiterträgt und ausgehend
von der Untersuchung der Bildersprache in den Dramen zu dem
Ergebnis kommt: »These, then, as I see them are the five outstand-
ing qualities of Shakespeare's nature – sensitiveness, poise,
courage, humour and wholesomeness – balancing, comple-
menting and supporting each other. If he is abnormally sensitive,
he is also unusually courageous, mentally and spiritually . . . He
is indeed himself in many ways in character in what we can only
describe as Christ-like . . .«.

a) Texte

F. DOUCE, Illustrations of Sh. and of Ancient Manners, with Dissertations on the
Clowns and Fools of Sh., 2 vols., 1807. – C. und M. LAMB, Tales from Sh., 1807. –
C. LAMB, On the Tragedies of Sh., 1811. – W. HAZLITT, Characters of Sh.'s
Plays, 1817. – W. HAZLITT, A View of the English Stage, 1818. – W. HAZLITT,
Lectures on the Dramatic Literature of the Age of Elizabeth, 1820. – S. T. COLERIDGE,
Shakespearian Criticism, ed. T. M. Raysor, London, 1930. – S. T. COLERIDGE,
Coleridge on Sh., ed. T. Hawkes, 1959, Harmondsworth, 1969. – T. BOWDLER,
The Family Sh., 1818. – J. R. PITMAN, The School Sh., 1822. – T. DE QUINCEY,
On the Knocking at the Gate in Macbeth, 1823. – A. B. JAMESON, Sh.'s Heroines:
Characteristics of Women, 1832. – W. C. MACREADY, The Journal, 1832–1851. –
T. DE QUINCEY, »A Summary Survey«, Encyclopedia Britannica, 7th ed. (1938). –
T. CARLYLE, The Hero as Poet, 1840, in: On Heroes, Heroworship and the Heroic
in History, 1841. – J. HUNTER, New Illustrations of the Life, Studies and Writings
of Sh., 2 vols., London, 1845. – H. HALLAM, Introduction to the Literature of
Europe in the Fifteenth, Sixteenth and Seventeenth Century, 3 vols. 1847. – W. HAZ-
LITT, Criticism and Dramatic Essays of the English Stage, 1851. – W. W. LLOYD,
Essays on the Life and Plays of Sh. . . . , 1858. – W. L. RUSHTON, Sh. a Lawyer,
1858. – R. CARTWRIGHT, The Footsteps of Sh., 1862. – J. S. KNOWLES,
Lectures on Dramatic Literature: Macbeth, 1872. – E. DOWDEN, Sh.: A Critical
Study of his Mind and Art, 1875. – A. C. SWINBURNE, A Study of Sh., 1879. –
R. G. MOULTON, Sh. as a Dramatic Artist: A Popular Illustration of the Principles
of Scientific Criticism, 1885. – W. PATER, »Sh.'s English Kings«, in: Appreciations,
1889. – W. RUSHTON, Sh. an Archer, 1897. – R. G. MOULTON, The Moral
System of Sh.: A Popular Illustration of Fiction as the Experimental Side of Philo-
sophy, London, 1903. – R. A. FOAKES, ed., Coleridge on Sh.: The Text of the
Lectures of 1811–12, London, 1971. – G. ROWELL, ed., Victorian Dramatic Criticism,
London, 1971. – C. LAMB, Tales from Sh.: Sh. nacherzählt, München, 1975.

b) Abhandlungen

E. ZABEL, Byrons Kenntnis von Sh. und sein Urteil über ihn, Diss., Halle, 1904 –
F. W. ROE, Thomas Carlyle as a Critic of Literature, New York, 1910. – C. F.
SPURGEON, Keats' Sh., London, 1928, repr. 1966. – B. FEHR, »Das Sh.-Er-
lebnis in der englischen Romantik«, SJ, 65 (1929). – R. W. BABCOCK, »The
Direct Influence of the Late Eighteenth Century Sh. Criticism on Hazlitt and

Coleridge«, *MLN*, 45 (1930). – G. SCHNÖCKELBORG, *August Wilhelm Schlegels Einfluß auf William Hazlitt als Sh.-Kritiker*, Diss., Emsdetten, 1931. –A.E. DU BOIS, »Sh. and Nineteenth-Century Drama«, *ELH*, 1 (1934). – J. ISAACS, »Shakespearian Criticism: 2. From Coleridge to the Present Day« *A Companion to Sh. Studies*, eds. H. Granville-Barker, G.B. Harrison, New York, 1934. – E. PROBST, *Der Einfluß Sh.'s auf die Stuart-Trilogie Swinburnes*, Diss., München, 1934. – J.M. MURRY, *Keats and Sh.*, Oxford, 1935. – A. STROUT, »John Wilson (Christopher North) as a Sh.-Critic. A Study of Sh. in the English Romantic Movement«, *SJ*, 72 (1936). – D.L. CLARK, »Shelley and Sh.«, *PMLA*, 54 (1939). – F.L. JONES, »Shelley and Sh.: A Supplement«, *PMLA*, 59 (1944). – W. NETHERY, »Coleridge's Use of *Judgment* in Shakespearian Criticism«, *Person*, 33 (1952). – C.J. CARLISLE, »William Macready as a Sh. Critic«, in: *Renaissance Papers*, ed. A.H. GILBERT, Durham, 1954. – C.J. CARISLE, »The Nineteenth-Century Actors *versus* the Closet Critics of Sh.«, *SP*, 51 (1954). – W.P. ALBRECHT, »Hazlitt's Preference for Tragedy«, *PMLA*, 71 (1956). – R.H. FOGLE, »Coleridge's Critical Principles«, *TSE*, 6 (1956). – W.P. ALBRECHT, »More as Hazlitt's Preference for Tragedy,« PMLA, 73 (1958). – R.D.ALTICK, »From Aldine to Everyman: Cheap Reprint Series of the English Classics 1830–1906«, *SB*, 11 (1958). – B. HARDY, »›I have a smack of Hamlet‹: Coleridge and Sh.'s Characters«, *EIC*, 8 (1958). – R. FRICKER, »Sh. und das englische romantische Drama«, *SJ*, 95 (1959). – A.M. BADAWI, »Coleridge's Formal Criticism of Sh.'s Plays«, *EIC*, 10 (1960). – R.H. FOGLE, *The Idea of Coleridge's Criticism*, Berkeley, 1962. – R. WEIMANN, »Grundpositionen romantisch-viktorianischer Sh.-Kritik (Ein historischer Rückblick)«, in: *»New Criticism« und die Entwicklung bürgerlicher Literaturwissenschaft*, Halle (Saale), 1962. – H. FELPERIN, »Keats and Sh.: Two New Sources«, *ELN*, 2 (1964). – J.R. de J. JACKSON, »Coleridge on Dramatic Illusion and Spectacle in the Performance of Sh.'s Plays«, *MP*, 62 (1964). – N. SANDERS, »Metamorphoses of the Prince, 1864–1964«, in: *Shakespearian Essays*, eds. A. Thaler, N. Sanders, Knoxville, 1964. – E.R. WASSERMAN, »Sh. and the English Romantic Movement«, in: *The Persistence of Sh. Idolatry*, ed. H.M. Schueller, Detroit, 1964. – W.P. ALBRECHT, *Hazlitt and the Creative Imagination*, Lawrence, 1965. – J.W. DONOHUE, »Hazlitt's Sense of the Dramatic Actor as Tragic Character«, *SEL*, 5 (1965). – J. BHATTACHARJEE, »Oscar Wilde as a Shakespearian Critic«, in: *Sh. Commemoration Volume*, ed. K. Sen Gupta, Calcutta, 1965. – R. F. FLEISSNER, *Dickens and Sh.*, New York, 1965. – G. W. KNIGHT, *Byron and Sh.*, London, 1966. – J.R. de J.JACKSON, »Coleridge on Sh.'s Preparation«, *REL*, 7 (1966). – A. Y. STAVISKY, *Sh. and the Victorians: Roots of Modern Criticism*, Norman, Okl., 1969. – J. ALUN, »Thomas Bowdler: Surgeon to Sh.«, *Anglo-Welsh Review*, 18 (1969). – J. I. ADES, »Charles Lamb, Sh., and Early Nineteenth-Century Theatre«, *PMLA*, 85 (1970). – R. A. FOAKES, »The Text of Coleridge's 1811–12 Sh. Lectures«, *ShS*, 23 (1970). – A. A. JELISTRATOWA, »Byron's Verhältnis zu Sh.«, *SJ Ost*, 107 (1971). – G. C. GROSS, »Mary Cowden Clarke: ›The Girlhood of Sh.'s Heroines‹ and the Sex Education of Victorian Women«, *Victorian Studies*, 16 (1972). – J. MECKIER, »Dickens and *King Lear*. A Myth for Victorian England«, *SAQ*, 71 (1972). – M. M. BADAWI, *Coleridge: Critic of Sh.*, New York, 1973. – R. RAPIN, »Byron et Shelley: Dialogue et commentaire sur *Hamlet*«, *Etude des Lettres*, 3 (1973). – D. J. DELAURA, »A Background for Arnold's ›Sh.‹«, in: C. de L. Ryals, ed., *Nineteenth-Century Literary Perspectives*, Durham, N. C., 1974. – P. HOHEISEL, »Coleridge on Sh.: Method Amid the Rhetoric«, *Studies in Romanticism*, 13 (1974). – J. KINNAIRD, »Hazlitt and the ›Design‹ of Shakespearean Tragedy: A ›Character‹ Critic Revisited«, *SQ*, 28 (1977).

d) Die Frage nach den inhärenten Wertsystemen: das 20. Jahrhundert

aa) Infragestellung . . .

Eine freilich mehr implizite als explizite Erkenntnis der romantischen und viktorianischen Kritik war die semantische Mehrschichtigkeit und die mit Shakespeares Neutralität verbundene

interpretatorische Offenheit seiner Texte (vgl. COLERIDGE
über »the wonderfully philosophic impartiality of Shakespeare's
politics«). Zwar ging jene Erkenntnis unter der Flut exklama-
torisch-begeisterter Superlative nahezu unter. Ohne sich über
diesen Ausgangspunkt Rechenschaft zu geben, richtet sich aber
die nichtwissenschaftliche Kritik der Folgezeit danach aus. Sucht
die Shakespeare-Forschung hintergrunderhellend nach dem
elisabethanischen Shakespeare und textanalytisch nach Erkenntnissen über seine dramatischen und sprachlichen Kunstmittel,
so setzt in der »Laienkritik« eine Infragestellung der Shakespeareschen Dramen als sinnhaltige Mitteilung für die gewandelte Zeit
ein. T. S. ELIOT sieht in Shakespeare den Vertreter einer »rag bag
philosophy«, in der sich MONTAIGNES Skepsis, MACHIAVELLIS
Zynismus und SENECAS Stoizismus treffen, und beklagt diesen
Ausdruck von »inferior philosophy in the greatest poetry«. DAN-
TES Dichtung sei als systematische Offenbarung gültiger Lebens-
philosophie der Shakespeares vorzuziehen »because ist seems to
illustrate a saner attitude towards the mystery of life.«

Eine analoge zwiespältige – der des 18. Jahrhunderts nicht un-
ähnliche, weil aus der Prämisse der grundsätzlich möglichen
Trennung von Form und Inhalt resultierende – Haltung nimmt
G. B. SHAW ein. Bei ihm wird Lob der Form – Shakespeares
Blankvers, seine Wortmusikalität – überlagert vom Tadel der
dichterischen Message, die gemessen wird am eigenen metaphysischen Anspruch, dem der als »Seher und Weisheitsverkünder«
vom 19. Jahrhundert apostrophierte Shakespeare nicht mehr genügen kann. SHAW – überzeugt von den didaktischen Möglichkeiten und damit den Aufgaben der Literatur als sozialem Korrektiv innerhalb einer beeinflußbaren und einflußbedürftigen
Gesellschaft – wendet sich gegen den objektiven Realismus dessen, den er gönnerhaft »poor immortal William« nennt. So
schreibt er 1905 in den *London Daily News:* »Shakespeare's weakness lies in his complete deficiency in that highest sphere of
thought, in which poetry embraces religion, philosophy, morality and the bearing of these on communities, sociology.« Das
Fehlen einer akzeptablen lebenspraktischen Mitteilungsebene
oder gar These läßt den von SHAW geförderten IBSEN weit über
Shakespeare rangieren, weil im Shawschen Interpretationsschema

Sinnhaltigkeit der Wertmaßstab des literarischen Kunstwerkes ist: »Until then Shakespeare had been conventionally ranked as a giant among psychologists and philosophers. Ibsen dwarfed him so absurdly in these aspects that it became impossible for the moment to take him seriously as an intellectual force.«

Auch im Romanschaffen der Zeit ist die Tendenz zu bemerken, Shakespeare als Mitteilung – zumindest in der Weise, wie er fraglos vom breiten Publikum rezipiert wird – zu problematisieren. In den satirischen Romanen Evelyn WAUGHS *(Vile Bodies, The Loved One)* wird das Shakespeare-Zitat und Shakespeare-Zitieren der Figuren zur Bildungs- und Gesellschaftskritik, weil es nur noch mechanische Denkschematismen aufzeigt und die Tendenz zur Flucht ins Klischee als neutrale Zone menschlicher Begegnung unterstützt. In den frühen Gesellschaftssatiren Aldous HUXLEYS *(Crome Yellow, Antic Hay)* stellt sich das Shakespeare-Zitat als formelhaft erstarrte Sprache der adäquaten Wirklichkeitserfassung und der zwischenmenschlichen Beziehung hemmend in den Weg. In HUXLEYS *Brave New World* letztlich wird der Sinnanspruch der Dichtung in einer Welt, die zwar eine andere, aber doch die unsere ist, grundsätzlich in Frage gestellt, wenn nicht verneint. Shakespeare – »a marvellous propaganda technician« – wird der versklavenden Technik der Emotionsmanipulation angeprangert, der einem fraglos Rezipierenden nur antiquiertes Denkmobiliar liefert, das den Menschen sich selbst und seiner Umwelt gleichermaßen entfremdet. Es ist, als gälte es zu beweisen, daß jene Zeit gekommen ist, die – wie Mrs. LENNOX (1753) prophezeite – Shakespeares Reputation als universeller Ideenträger in sich aufhebt: »Shakespeare's excellence is not the Fiction of a Tale, but the Representation of Life; and his Reputation is therefore safe, till Human nature shall be changed.«

bb) ... und Sinnfindung

Proklamiert hier eine Richtung der Rezeption das Fehlen oder die Unangemessenheit des bedeutungskonstituierenden Zusammenhangs auf einer höheren als der strikt handlungsgemäßen Mitteilungsebene für den Rezipienten des 20. Jahrhunderts, so scheint für eine andere Richtung ein Postulat von QUILLER-COUCH (1917) programmatischen Charakter zu haben: »Few of us doubt that he often wrote greater than he knew; that he is what we can read into him.« Auf vielfältige Weise vollzieht sich die Suche nach dem Weltanschaulichen in Shakespeare, wobei das Werk – nun »extended symbol« – als Beweismaterial für die verschiedensten esoterischen Philosophien und Religionsentwürfe dient und die Interpretation in anachronistischer Willkür die Frage übergeht, ob sie den geistigen Rahmen des Shakespeare-Zeitalters nicht sprenge. Die formale Präsentation, d. h. die Tatsache, daß nicht ein Traktat, sondern Fiktion, Drama, vorliegt, wird dabei völlig vernachlässigt, als sei die Form dem Gedanken lediglich strategisch zugeordnet. Das Sprachsystem ist nicht Darstellung und Handlung, sondern nur Trägerbasis für die durch Auflösung der Konnotationen zu erschließende Sinnschicht, die von lebenspraktischen und ideellen Interessen und Bedürfnissen weitgehend apriorisch determiniert ist. Parteilichkeit aus ethischen, religiösen, politischen und psychologischen Kriterien nährt die Stellungnahme, kennzeichnet die unkontrollierbare Spekulation der Auslegung.

Die anthropologische, allegorische Deutung, die zunächst in der Orientierung am Modell primitiver organisierter literarischer Texte des Mittelalters erstand und erst dann in die Shakespeare-Interpretation übergriff, suchte in kaum beweisbaren Hypothesen genetische Erklärungen für stoffliche Teilstücke der Dramen in primitiven Riten und Volksbräuchen: Hamlet erscheint als Wintergott, der den Sommer tötet, Ophelia als Fruchtbarkeitsgeist (E. SITWELL, 1948). Macbeth wird gedeutet als »Lord of Misrule«, seine Verfolgung durch die mit Zweigen getarnten Soldaten ist die Maiprozession, die den Triumph des neuen Lebens über den Winter feiert (HOLLOWAY, 1961).

Vor einem spekulativ-religiös orientierten Verstehenshorizont vollzieht sich die christliche Shakespeare-Allegorese: *Macbeth* läßt sich reduzieren auf die These eines »traditional Catholic Christian poem, the moral vitality of which is rooted in an uncompromising medieval faith . . .« (MURRAY, 1966). Auch im Interpretationsarsenal von VYVYAN (1959) erscheinen Shakespeares Dramen als kaum mehr als dramatische Allegorien, die Shakespeare als Anhänger einer starren, orthodoxen christlichen Moralphilosophie ausweisen. BRYANT (1961) bringt diese Art der

Shakespeare-Deutung zur Optimalausprägung: In mittelalterlicher Typologie werden die Stücke als biblische Allegorien gedeutet, deren Zentralthema die Geschichte Christus' ist.

Die psychoanalytische, von Freud und Jung inspirierte Rezeptionsphase, die neben England vor allem Amerika beherrscht, sieht und deutet sowohl die Charaktere (JONES u. a.) wie auch den Autor (McCURDY u. a.) im Netz allgemeingültiger menschlicher Verhaltensweisen und psychischer Schwächen. (Vgl. HOLLAND, 1966).

a) Texte

A. RIDLER, ed., *Sh. Criticism 1919–35*, London, 1936. – A. RIDLER, ed., *Sh. Criticism 1935–60*, London, 1963. – A. C. BRADLEY, *Shakespearean Tragedy*, London, 1905. – A. QUILLER-COUCH, *Notes on Sh.'s Workmanship*, New York, 1917. – G. B. SHAW, *Dramatic Opinions and Essays*, New York, 1928. – G. B. SHAW, *On Sh.: An Anthology of Shaw's Writings on the Plays and Productions of Sh.*, ed. E. Wilson, London, 1962. – H. GRANVILLE-BARKER, *Associating with Sh.*, London, 1932. – T. S. ELIOT, *Selected Essays*, London, 1934. – H. GRANVILLE-BARKER, *Prefaces to Sh.*, 2 vols., Princeton, 1947. – T. W. BALDWIN, *W. Shakspere's »Small Latine and Lesse Greeke«* 2 vols., Urbana ,1944. – E. SITWELL, *Notebook on W. Sh.*, 1948[1], Boston, 1961. – E. G. McCURDY, *The Personality of Sh.*, New Haven, 1953. – C. J. SISSON, *New Readings in Sh.*, 2 vols., Cambridge, 1956. – C. L. BARBER, *Sh.'s Festive Comedies*, Princeton, 1959. – J. VYVYAN, *The Shakespearian Ethic*, London, 1959. – J. A. BRYANT, *Hippolyta's View*, Lexington, 1961. – J. HOLLOWAY, *The Story of the Night: Studies in Sh.'s Major Tragedies*, London, 1961. – T. S. ELIOT, *To Criticise the Critic and Other Writings*, New York, 1965. – E. WILSON, ed., *Shaw on Sh.*, Harmondsworth, 1969. – M. D. FABER, ed., *The Design Within: Psychoanalytic Approaches to Sh.*, New York, 1970. – L. CROMPTON, H. CAVANAUGH, eds., »Shaw's 1884 Lecture on Troilus and Cressida«, *Shaw Review*, 14 (1971). – D. COLLINS, ed., *Chesterton on Sh.*, Chester Springs, Pa., 1971. – H. GRANVILLE-BARKER, *More Prefaces to Sh.*, Princeton, 1974.

b) Abhandlungen

W. REHBACH, »Shaw's ›Besser als Sh.‹«, *SJ*, 52 (1916). – E. E. STOLL, »A True Sh. Critic«, *SAB*, 6 (1931). – E. J. WEST, »G. B. S. on Shakespearian Production«, *SP*, 45 (1948). – J. P. SMITH, »Superman versus Man: Bernard Shaw on Sh.«, *YR*, 42 (1952). – H. KRABBE, *Bernard Shaw on Sh. and English Shakespearian Acting*, Kopenhagen, 1955. – S. BARNET, »Bernard Shaw on Tragedy«, *PMLA*, 71 (1956). – R. STAMM, »Shaw und Sh.«, *SJ*, 94 (1958). – R. GERMER, »Die Bedeutung Sh.s für T. S. Eliot«, *SJ*, 95 (1959). – W. CLEMEN, »Sh. and the Modern World«, *ShS*, 16 (1963). – M. CRANE, »Sh.'s Comedies and the Critics«, *SQ*, 15 (1964). – B. BRAY, »Sh. at Home«, *Europe*, 42, 417–18 (1964). – C. B. WATSON, »T. S. Eliot and the Interpretation of Shakespearian Tragedy in our Time«, *EA*, 17 (1964). – S. C. SEN GUPTA, *Trends in Shakespearian Criticism*, Calcutta, 1965. – D. WINANDY, »Granville-Barker's Theory and Practice, *Drama Critic*, 8 (1965). – N. N. HOLLAND, *Psychoanalysis and Sh.*, New York, 1966. – A. KETTLE, »Some Tendencies in Shakespearian Criticism«, *SJ Ost*, 102 (1966). – S. N. MITRA, »T. S. Eliot on Sh.«, in: *Calcutta Essays on Sh.*, ed. A. Bose, Calcutta, 1966. – P. L. MARCUS, »T. S. Eliot and Sh.«, *Criticism*, 9 (1967). – A. GILLON, »Joseph Conrad and Sh.«, I–III: *Conradiana*, 1 (1968); IV: *Conradiana*, 8 (1976). – C. BARKER, »Contemporary Shakespearean Parody in British Theatre«, *SJ Ost*, 105 (1969). – C. HAYWOOD, »George Bernard Shaw on Shakespearian Music and the Actor«, *SQ*, 20 (1969).–K. MUIR, »Shaw and Sh.«, in: *Festschrift Rudolf Stamm*, ed. E. Kolb, J. Hasler, Bern, 1969. – R. W. DESAI, *Yeats's Sh.*, Evanston, Ill., 1971. – C. LEECH, »Shaw and Sh.«, in: N. Rosenblood, ed., *Shaw*, Toronto, 1971. – J. MECKIER, »Sh. and Aldous Huxley«, *SQ*, 22 (1971). – J. TORRENS,

»T. S. Eliot and Sh.: ›This Music Crept by«, *BuR*, 19 (1971). – A. F. BLITCH, »O'Casey's Sh.«, *Modern Drama*, 15 (1972). – N. KIASASCHWILI, »Die Sh.-Tradition und die englische Literatur des 20. Jahrhunderts«, *SJ Ost*, 110 (1974). – J. LUTZ, *Pitchman's Melody: Shaw About Sh.*, Lewisburg, 1974. – R. COHN, *Modern Sh. Offshoots*, Princeton, 1976. – J. L. STYAN, *The Sh. Revolution: Criticism and Performance in the Twentieth Century*, Cambridge, 1977. – Vgl. auch Bibliogr. zu IV. B. 2. e und IV. G.

e) Rezeption und Rezipierender

Es zeigt sich – und dies gilt für die vergangenen Jahrhunderte wie für das jetzige – daß die Kommentare über Shakespeare uns nicht nur mit Shakespeare bekannt machen. Dies ist verständlich, denn die Wesensbestimmung eines literarischen Werkes beruht auf Wertentscheidungen, die von dem kognitiven und emotiven Erkenntnispotential des Rezipierenden abhängen. Shakespeare-Kritik enthält das Urteil der Jahrhunderte über Shakespeares Werk. Sie enthält aber auch die vorstellungsmäßigen und gedanklichen Voraussetzungen und Denkweisen, die geistige und soziale Situation der jeweiligen Zeit und ist Ausdruck der Bestimmtheit und Geartetheit des verstehenden Bewußtseins: »Es gleicht die Geschichte dieser Kritik einem Kaleidoskop, in dem die jeweils gesichteten Gestalten des Rezipierten, also Shakespeares, in dem Maße neu aufleuchten, wie sich die Blickpunkte der Rezipierenden, also seiner Kritiker, wandeln.« (WEIMANN, 1970).

2. AMERIKA

Zeugnisse einer Shakespeare-Rezeption in Amerika sind erst mit Beginn des 18. Jahrhunderts auffindbar. Dies gründet vermutlich darin, daß wohl kaum eine der Folio-Ausgaben im 17. Jahrhundert ihren Weg nach Amerika fand: die Auswanderer waren vor allem Puritaner, die dem Theater mit religiöser Intoleranz gegenüberstanden und für die überdies Lebenskampf und Daseinsbehauptung in den neuen Kolonien kaum Zeit und Gelegenheit ließen, sich kulturellen Dingen zu widmen.

a) Shakespeare auf der Bühne

Im 18. Jahrhundert ändert sich das Bild. An den großen Flüssen entstehen Städte, im Süden des Landes weite Plantagenbesitzungen. Das sich herausbildende Kulturbedürfnis einer mehr weltlich ausgerichteten Besitzer- und Händlerschicht entdeckt Shakespeare; der Besitz seiner Werke wird kulturelles Prestigesymbol. Das Leseerlebnis bleibt dennoch nur einer verhältnismäßig kleinen Schicht vorbehalten. Die breite Bevölkerung kennt Shakespeare vor allem durch die Bühne. Im puritanischen Klima kann das Theater allerdings nur langsam Fuß fassen. Die erste belegte Shakespeare-Aufführung ist die von *Richard III* 1750 in New York. Gespielt wird die Version Colley CIBBERs, die dem Sensationsbedürfnis der Zuschauer weit mehr entgegenkam als die Originalversion. Die Ankündigung verspricht blutiges Melodrama: »In this play is contained the Death of King Henry 6th; artful acquisition of the crown by King Richard; the murder of the Princes in the Tower; the landing of the Earl of Richmond and the Battle of Bosworth Field . . .«. Neben *Richard III* beherrschen in den nächsten Jahrzehnten vor allem die großen Tragödien – meist in den Adaptionen auf die Bühne gebracht – das amerikanische Theater; Philadelphia, New York und Charleston sind Träger der neuen Theaterkultur. Auf »showboats« bereisen Wandertruppen den Ohio und Mississippi. Ihr Repertoire enthält *Richard III, Macbeth, Hamlet* und *The Merchant of Venice*. Auf Ochsenkarren ziehen Shakespeare-Truppen in den Westen, in die Goldgräberstädte Kaliforniens. Vielfach stellt sich noch puritanischer Unmut den Aufführungen in den Weg. Durch Ankündigung der Stücke als »Moral Dialogues« (meist ohne Nennung von Autor und Originaltitel) unter Herausstellung der zu degagierenden Moral unterläuft man das Vorurteil: *Richard III* wird zu *The Fate of Tyranny* (1788, Philadelphia); und *Othello* wird angekündigt als: »A series of moral dialogues . . . proving that happiness can only spring from the pursuit of virtue« (1761, Newport).

Der Bruch mit England ist keine Absage an Shakespeare: Die englischen Offiziere, die 1780–82 New York besetzen, spielen ihn im John Street Theatre, an das Primat bestehender Bindungen mahnend; die Gründer der neuen Republik zitieren ihn zur Untermauerung ihrer Unabhängigkeitsansprüche. WASHINGTON, John ADAMS und JEFFERSON zeigen sich als Shakespeare-Kenner und -Liebhaber.

Das 19. Jahrhundert sieht einen verstärkten kulturellen Austausch mit dem Mutterland. Die großen Shakespeare-Mimen Englands bereisen die Staaten, unter ihnen Edmund KEAN, Junius Brutus BOOTH, die KEMBLES, Charles MACREADY. James H. HACKETT (1800–1871) und Edwin FORREST (1800–1872) sind die großen nationalen Shakespeare-Darsteller, die sich ihren englischen Kollegen als durchaus ebenbürtig zeigen.

b) Shakespeare-Ausgaben und »Readers«

Die Publikation von Shakespeares Werken auf amerikanischem Boden beginnt in Boston und New York mit Nachdrucken englischer Ausgaben von *Hamlet* und *Richard III* (1794 und 1804). Die erste Gesamtausgabe erscheint 1795 in Philadelphia. Ihr folgt eine stattliche Reihe weiterer Ausgaben. Unter den wissenschaftlichen Herausgebern haben Bedeutung DENNIE, VERPLANCK, HUDSON, SIMMS, WHITE, ROLFE und vor allem FURNESS Vater und Sohn mit der Variorum-Ausgabe. Die frühen amerikanischen Ausgaben sind allerdings meist von den Druckern ediert und im wesentlichen Leseausgaben für den bildungsinteressierten Laien. Man vermeidet die umfassenden kritischen Apparate der englischen Herausgeber, um nur die zusammenfassenden Bemerkungen von Samuel JOHNSON und George STEEVENS gelegentlich wiederzugeben. Richard Grant WHITES Vorwort zu seiner Ausgabe von 1857 – obwohl gerade er es ist, der den ersten Schritt zur Unabhängigkeit der amerikanischen von der englischen Shakespeare-Forschung tut – erscheint symptomatisch für die laienhaft unkomplizierten Lesegewohnheiten der Zeit: »... read him only. Throw the commentators and editors to the dogs. Don't read any man's notes, or essays, or introductions, aesthetical, historical, philosophical, or philological. Don't read mine. Read the plays themselves . . .«.

Neben den Ausgaben tragen Anthologien und »Readers« das Bildungsgut Shakespeare in weite Kreise der Bevölkerung. Thomas SHERIDANS in Amerika viel beachtete Schrift *Lectures on the Art of Reading* (1775) gibt dem deklamatorik- und rhetorikbewußtem Amerikaner des 19. Jahrhunderts den Verweis auf Shakespeare als »an indispensable aid in the teaching of elocution.«

John WALKERS *Elements of Elocution* (1810) versteht sich als »Complete System of the Passions ... exemplified by a Copious Selection of the most Striking Passages of Shakespeare«. Besonders erfolgreich ist der *Rhetorical Reader* von W.H. McGUFFEY (1844), der allerdings nur sechs Shakespeare-Passagen enthält. *The American Common School Reader*, zusammengestellt von J. GOLDSBURY und W. RUSSELL, katalogisiert Emotionen wirkungsgerecht-deklamatorischer Pathetik unter Kategorien wie »Astonishment, Amazement, Extreme Amazement, Horror, Grief, Moderate Grief«, wobei jede durch eine Shakespeare-Passage illustriert ist. Bis 1845 werden davon allein 100000 Exemplare abgesetzt.

HOWES *Shakespearian Reader* (1849), eine Kollektion von »most approv'd portions«, sieht sich als »prepared expressly for the use of classes and the family reading circle«. Geeignete Lektüre für den Familienkreis verspricht auch der 1849 in Philadelphia und New York gleichzeitig neu aufgelegte BOWDLER-*Shakespeare* (vgl. S. 697).

c) Die Shakespeare-Kritik

Von einer amerikanischen Shakespeare-Kritik kann erst seit der 2. Hälfte des 18. Jahrhunderts die Rede sein. Generell zeigt sie sich der englischen und deutschen verpflichtet, wenn sie auch gewisse Probleme – so die Regelfrage – aus begreiflichen Gründen ausklammert: der Nährboden antiker Gelehrsamkeit und damit das Interesse fehlt. Nachdrucke kritischer Monographien und Essays beginnen mit RICHARDSON (1788), es folgen Mrs. LENNOX, SCHLEGEL, GOETHES *Hamlet*-Kritik, COLERIDGE, HAZLITT, Mrs. JAMESON, u.a.

Der puritanisch und lebenspraktisch konditionierte Rezeptionshabitus zeigt sich darin, daß das Problem, welches die amerikanische Kritik beherrscht, die Frage nach der moralischen Lehre ist, die Shakespeares Stücken entnommen werden könne. Symptomatisch ist bereits das Vorwort der ersten amerikanischen Gesamtausgabe, das heute allgemein John HOPKINSON zugeschrieben wird. Dem Publikum wird versichert, daß es mit diesem Werk »the best lessons in morality« erwerbe, denn: »The fools of Shakespeare are always despised and his villains are always hated.« Wo Shakespeare gezwungen sei, lasterhafte Frauen darzustellen, sind sie »divested of the usual attractions of the sex: Lady Macbeth and the two elder daughters of Lear, present examples too horrid to be contagious, and each of them meets with the due reward of her merits.« Cressida »affords no promising prospect to her successors«, und Cleopatra »is represented not as an alluring companion, but a repulsive termagant.« Inwieweit hier Zwang zur Defensivhaltung mitwirkt oder die Moralsuche sich zur Wahrnehmungstäuschung verdichtet, sei dahingestellt.

In einem Artikel in der *North American Review* (1830) wird Shakespeare als unvergleichliches Genie wahrheitsgetreuer Naturnachahmung gerühmt; bedauernd wird aber festgestellt, daß ihm der Blick über Mensch und Natur hinaus auf deren Schöpfer gefehlt habe, und das Fazit gezogen: »... the mind which has formed for all succeeding ages, and compounded of all imaginable glories, astonished, instructed, overawed and delighted men, without making them better ...«. Die schärfste Attacke auf Shakespeares fehlenden Willen zu Moral und Didaxe findet sich in *The Romance of Yachting* von J.C. HART (1848): »Whoever has looked into the original editions of his dramas, will be disgusted with the obscenity of his allusions. They absolutely teem with the grossest impurities – more gross by far than can be found in any contemporary dramatist.«

Partei für Shakespeare als perfekten Unterweiser in praktischer Moralphilosophie ergreifen John Quincy ADAMS, der sich in seinem Briefwechsel mit dem Schauspieler HACKETT und Artikeln in verschiedenen Wochenschriften als Shakespeare-Kenner ausweist, und H.N. HUDSON in seinen 1848 veröffentlichten Vorlesungen. WHITE verweist im Vorwort seiner Shakespeare-Gesamtausgabe (1857) darauf, daß die moralische Lehre nicht im Stück, sondern im rezipierenden Bewußtsein angesiedelt sein müsse: »... the world which he shows us, like that in which we live, teaches us moral lessons according to our will and capacity.«

Shakespeares Ruhm als Dichter schlägt sich in der amerikanischen Rezeption in ähnlichen Sublimierungsklischees nieder, wie sie die englische Romantik kennzeichnen. Für HUDSON steht fest: »... the man has never yet written, except Shakespeare, who could produce ten lines having that quality, which, for lack of other names, we call Shakespearian . . .« Für R. W. EMERSON wird Shakespeare zum Maß aller Dinge: »Now, literature, philosophy and thought are Shakespearized. His mind is the horizon beyond which, at present, we do not see« (*Representative Men*, 1884). Das System der Charakteranalysen wird von DENNIE, HOPKINSON, HUDSON, WHITE u.a. aufgenommen und weitergeführt. Träger der Kritik sind dabei vor allem die Wochenschriften *The Port Folio*, *The New England Magazine*, *The American Monthly Magazine* und *Orion*. Wie in anderen Ländern erhält Hamlet vorrangige Beachtung. Psychologische Fallstudien über Hamlets Geisteskrankheit erscheinen 1844 (KELLOGG) und 1846 (RAY) in *The American Journal of Insanity*.

Ein besonderes Kapitel der amerikanischen Shakespeare-Rezeption zentriert sich um die Frage nach dem wirklichen Autor der Stücke. Dem ungebildeten Mann aus Stratford bestritt 1805 als erster J. C. COWELL in einer Rede vor der Ipswich Philosophic Society den Ruhm der Autorschaft. Er äußerte sich für Francis BACON als mutmaßlichen Verfasser der Stücke. J. C. HARTS *Romance of Yachting* trägt das Problem in breite Kreise. Dem 1856 in *Putnam's Magazine* erscheinenden Artikel von Delia BACON *William Shakespeare and his Plays; An Enquiry Concerning them* und seiner Grundthese, ein »stupid, ignorant, illiterate, third-rate play-actor« könne nicht Autor dieser Stücke sein, ist damit der Boden bereitet. In ihrem in Boston erscheinenden Buch *The Philosophy of Shakespeare Unfolded* (1857) vertritt Delia BACON die Verfasserschaft Francis BACONs und erklärt die Stücke als Niederschlag von dessen Philosophie des »New Learning«. Mark TWAIN ist einer der bekannten Anti-Stratfordians. Es erscheinen – in England und Amerika – in den folgenden Jahrzehnten eine Reihe ähnlich spekulativer Abhandlungen zu diesem Thema (SMITH, 1857; HOLMES, 1866; DONNELLY, 1888; vgl. dazu S. 192ff.).

d) Shakespeare und die amerikanischen Literaten

Die heraufkommende amerikanische Literatur zeigt ihre Schulung an Shakespeare und Beeinflussung durch Shakespeare (George BROKER, Percy MAC KAYE, Maxwell ANDERSON, Washington IRVING). Bedeutsame Zeugnisse der Rezeption und Beeinflussung stellen Werke und theoretische Äußerungen von Ralph Waldo EMERSON, Herman MELVILLE und Walt WHITMAN dar. EMERSON ist ein Shakespeare-Verehrer romantischer Prägung, für den Shakespeare groß ist, obwohl er für die Bühne schrieb: »Anything more excellent never came from the human brain than the plays of Shakespeare ... hating only that they are plays.« Als Resultat einer streng puritanischen Erziehung und eines grundsätzlichen Mißtrauens gegenüber der Institution des Theaters erscheint für EMERSON Shakespeare als allzu weltlich: »The best poet led an obscure and profane life, using his genius for the public amusement.« MELVILLE rühmt Shakespeare als »a shaper of metaphor and a dark philosopher«. Struktur, gedanklich-ideelles Ferment, Symbolhaftigkeit und Sprache von *Moby Dick* lassen eine tiefgehende Beeinflussung durch Shakespeare erkennen. Walt WHITMAN kann aufgrund seiner produktionsbestimmenden Intention, eine demokratische, Amerika adäquate Literatur zu schaffen, Shakespeare, dessen Werk »feudal literature« und »reflector of ideals not consonant with American Democracy« sei, nicht akzeptieren: »The great poems, Shakespeare included, are poisonous to the idea of the pride and dignity of the common people, the life-blood of democracy. The models of our literature, as we get it from other lands ultra-marine, have had their birth in courts, and basked and grown in castle-sunshine, all smells of princes' favours.« Doch auch er findet eine Antwort auf die dem Jahrhundert wichtige Frage nach dem, was Shakespeare ihm zu bieten habe. Als »Poet of Great Personalities« allein findet Shakespeare seine Anerkennung: Hamlet, Richard und Marc Anthony seien exemplarische Individuen, die anderen Vorbild und Lehre sein sollen, weil sie ein wirksames Gegengewicht gegen die nivellierende Tendenz der Demokratie bilden können. Auf dem Gebiet der Erziehung zum eigenverantwortlichen, bewußten Individualismus sieht WHITMAN den Wert der Werke Shakespeares: »Here is where Shakespeare ... performs a service incalculably precious to our America.«

e) Parodie, Travestie und Pastiche

Während die wissenschaftliche Rezeption sich in der Folgezeit auf übernationaler Ebene vollzieht, weist Shakespeares Wirksamkeit im künstlerischen und literarischen Schaffen Amerikas weiterhin einige besondere Züge auf. Im 19. Jahrhundert zeigt sich erstmals die Tendenz, die historische Parallaxe zwischen Autor und Leser aufzuheben und das Bedeutsame in Shakespeare in die zeitgenössische Wirklichkeit zu versetzen. Shakespeare findet über das amerikanische Vaudeville und die Negro Minstrelsy Eingang in die Trivialrezeption. Teils werden dabei Shakespeare-Texte direkt in die »popular songbooks« übernommen, z. B. »Tell me where is fancy bred« aus dem *Merchant of Venice* oder »O Mistress mine« aus *Twelfth Night*. Daneben finden sich zahlreiche Parodien, wie etwa »Negro's seven ages – not Shakespeare's« in den *Plantation Melodies* von CHRISTY (1851). Travestien von *All's Well* und *The Comedy of Errors* werden 1860 und 1876 veröffentlicht. Die dramatische Grundstruktur der Dramen wird darin im Alltagsleben Kentuckys angesiedelt. Auch *Roamy-E-Owe and Julie-Ate* (1905) spiegeln den Negeralltag im amerikanischen Süden.

Die neue Gattung des 20. Jahrhunderts – das Musical – läßt die Material- und Motivfülle Shakespeares nicht ungenutzt liegen. 1938 schreibt G. ABBOTT das Libretto zu *The Boys from Syracuse*, das auf *The Comedy of Errors* beruht. R. RODGERS und M. HART zeichnen für die Musik verantwortlich. 1948 entsteht *Kiss Me, Kate* mit Texten von P. und B. SPEWACK. Die Musik von Cole PORTER bürgte für Zugkraft und Publikumserfolg. 1949 hat J. ROBBINS erstmals die Idee, ein Musical um ein tragisches Grundmuster – die Handlung von *Romeo and Juliet* nämlich – zu zentrieren und im Stil der in Deutschland von Kurt WEILL vertretenen »Zeitoper« zu konzipieren. Vertont von L. BERNSTEIN, wird *West Side Story* 1957 am Broadway uraufgeführt. Von Shakespeare bleibt nur noch das Grundmuster der Personenzuordnung. Aktuelle Tagesthemen – die ethnischen Gegensätze und die Zwistigkeiten im New Yorker West Side, Jugendverwahrlosung und -kriminalität – bestimmen die Werkintentionalität.

In Romanschaffen der Zeit wirkt Shakespeare v.a. als Zitat-
und Titelspender. Man denke an W. FAULKNERS *The Sound and
the Fury* (1929) und *The Winter of our Discontent* (1961) von John
STEINBECK. Eine Ausdeutung des Hamletstoffes und die Rehabilitierung von Hamlets Mutter unternimmt L.B. CHACE WYMAN
mit *Gertrude of Denmark. An Interpretative Romance* (1924).

Auf dem Gebiet des Dramas versucht Elmer RICE, der Hamlet-
Fabel zeitgenössische Relevanz zu verleihen. Sein Stück *Cue
for Passion* (1958) zeigt einen modernen Hamlet, der – von
einer Weltreise zurückkehrend – die Mutter neu verheiratet
findet und den tödlichen Unfall des Vaters als Mord aufzuklären
sucht.

Ein mit zeitgenössischem politischem Inhalt aufgefüllter
Macbeth erscheint 1966: *Mac Bird!* von Barbara GARSON. Shake-
speares dramatische Grundstruktur wird mit Stilelementen des
Negro Vaudeville und Versatzstücken aus *Hamlet, Julius Caesar,
Richard II* und *Richard III* verbrämt und zum satirischen Schlüs-
seldrama über die Hintergründe von KENNEDYs Ermordung kon-
zipiert: John Ken O'Dunc (John F. KENNEDY), dem die drama-
tische Funktion des Duncan zukommt, wird auf Anstiften von
Lady MacBird von MacBird (Lyndon B. JOHNSON) ermordet.
Dessen Diktatur wird von Robert Ken O'Dunc (Robert KEN-
NEDY), der Shakespeares Malcolm entspricht, beendet. Die drei
Hexen personalisieren die drei Grundkräfte sozialer Unrast in
Amerika: die Beatniks, die Black Muslims und die Arbeiter.

Freilich wird hier das Eigentliche der Rezeption – der Prozeß des Erkennens und Entschlüsselns im Wechselverhältnis zwischen Autor- und Rezipientenvorstellung – unterlaufen. Beschäftigung mit Shakespeare bezeugen aber auch diese Werke.

a) Texte

J. VERY, *Essays and Poems*, Boston, 1839. – H.N. HUDSON, *Lectures on Sh.*, 2
vols, New York, 1848. – H. GILES, *Lectures and Essays*, Boston, 1850. – R.G.
WHITE, *Sh.'s Scholar*, New York, 1854. – H. REED, *Lectures on English History
and Tragic Poetry, as Illustrated by Sh.*, Philadelphia, 1856. – H. REED, *Lectures on
the British Poets*, Philadelphia, 1857. – D. BACON, *The Philosophy of the Plays of
Sh. Unfolded*, Boston, 1857. – W.H. SMITH, *Bacon and Sh.*, London, 1857. –
J. CAMPBELL, *Sh.'s Legal Acquirements Considered*, New York, 1859. – J.H.
HACKETT, *Notes and Comments upon Certain Plays and Actors of Sh. with Criticism
and Correspondence*, New York, 1863. – C.W. STEARNS, *Sh.'s Medical Know-
ledge*, New York, 1865. – N. HOLMES, *The Authorship of Sh.*, New York, 1866. –
J.R. LOWELL, *Sh. Once More*, New York, 1868. – R.G. WHITE, *Studies in Sh.*,
Boston, 1886. – I. DONNELLY, *The Great Cryptogram*, New York, 1888. – D. J.
WATERHOUSE, ed., *Between Actor and Critic: Selected Letters of Edwin Booth and
William Winter*, Princeton, 1971.

b) Abhandlungen

K. KNORTZ, *Sh. in Amerika*, Berlin, 1882. – G. B. CHURCHILL, »*Sh. in America*«, *SJ*, 42 (1906). – J. SHERZER, »American Editions of Sh. 1753–1866«, *PMLA*, 22 (1907). – J. M. ROBERTSON, *The Baconian Heresy*, London, 1913. C. M. GAYLEY, *Sh. and the Founders of Liberty in America*, New York, 1917. – A. W. WARD, *Sh. and the Makers of Virginia*, London, 1919. – G. C. D. ODELL, *Annals of the New York Stage*, New York, 1927. – A. H. THORNDIKE, *Sh. in America*, Oxford, 1927. – R. M. SMITH, »The Formation of Sh. Libraries in America«, *SAB*, 4 (1929). – H. B. SIMON, *The Reading of Sh. in American Schools and Colleges*, New York, 1932.–A. H. THORNDIKE, »Sh. in America«, in: *Aspects of Sh.*, Oxford, 1933. – E. C. DUNN, *Sh. in America*, New York, 1939, repr. 1968. – A. van R. WESTFALL, *American Sh. Criticism 1607–1865*, New York, 1939. – R. FALK, »Emerson and Sh.«, *PMLA*, 56 (1941). – A. THALER, *Sh. and Democracy*, Knoxville, 1941. – J. BAB, »Sh. in Amerika«, *SJ* 82/83 (1948). – R. BERKELMAN, »Lincoln's Interest in Sh.«, *SQ*, 2 (1951). – F. STOVALL, »Whitman's Knowledge of Sh.«, *SP*, 49 (1952). – F. STOVALL, »Whitman, Sh. and the Baconians«, *PQ*, 31 (1952). – J. P. ROPPOLO, »*Hamlet* in New Orleans«, *TSE*, 6 (1956). – L. B. WRIGHT, *The Cultural Life of the American Colonies*, New York, 1957. – R. B. BROWNE, »Sh. in American Vaudeville and Negro Minstrelsy«, *AQ*, 12 (1960). – S. GREEN, *The World of Musical Comedy*, New York, 1960. – E. J. SCHLOCHAUER, »Sh. and America's Revolutionary Leaders«, *SQ*, 12 (1961). – H. R. STEEVES, »American Editors of Sh.«, in: *Shakespearian Studies*, eds. M. Brander, A. H. Thorndike, New York, 1962. – C. ARNAVON, »Sh. et les Etats-Unis«, *Europe*, 42, 417–18 (1964). – H. J. LANG, »Melville und Sh.«, in: *Sh.: Seine Welt – unsere Welt*, hrg. G. Müller-Schwefe, Tübingen, 1964. – J. G. McMANAWAY, »Sh. in the United States«, *PMLA*, 79 (1964). – L. MARDER, »Sh. in the United States«, in: *His Exits and his Entrances: The Story of Sh.'s Reputation*, London, 1964. – R. FALK, »Sh. in America: A Survey to 1900«, *ShS*, 18 (1965). – R. SHULMAN, »Sh. and the Drama of Melville's Fiction«, in: *Pacific Coast Studies in Sh.*, eds. W. F. McNeir, T. N. Greenfield, Eugene, Oregon, 1966. – A. M. WITMER, »Sh. in Amerika«, *Praxis des neusprachlichen Unterrichts*, 13 (1966). – W. M. WYNKOP, *Three Children of the Universe: Emerson's View of Sh., Bacon and Milton*, The Hague, 1966. – C. HAYWOOD, »Negro Minstrelsy and Shakespearean Burlesque«, in: *Folklore and Society*: Essays in Honor of B. A. Botkin, Hatboro, Pa., 1966. – U. GATZKE, *Das amerikanische Musical*, Dis. München, 1969. – E. B. KIRKHAM, »Huck and Hamlet. An Examination of Twain's Use of Sh.«, *Mark Twain Journal*, 14 (1969). – A. C. KIRSCH, »A Caroline Commentary on the Drama«, *MP*, 66 (1969). – F. M. BRISTOL, *Sh. and America*, Nachdr. New York, 1970. – G. JACKSON, »*Kiss me, Kate*: Ein Musical von W. Sh.«, *Contact*, 15 (1970). – G. JACKSON, »*West Side Story*: Thema, Grundhaltung und Aussage«, *MuK*, 16 (1970). – U. BROICH, »Montage und Collage in Sh.-Bearbeitungen der Gegenwart«, *Poetica*, 4 (1971). – L. S. MANSFIELD, »›Very like a Whale‹: Herman Melville and Sh.«, in: B. F. Colquitt, ed., *Studies in Medieval, Renaissance and American Literature*, Fort Worth, 1971. – M. D. EDWARDS, »Sh. in the New World«, B. A. W. Jackson, ed., *Stratford Papers 1968–69*, Hamilton, 1972. – R. HAPGOOD, »*West Side Story* and the Modern Appeal of *Romeo and Juliet*«, *SJ West* (1972).

3. DEUTSCHLAND

a) Shakespeare in Deutschland: die Geschichte eines Symbols

In keinem anderen Land auf dem Kontinent hat Shakespeare eine so paradigmatische Bedeutung erlangt wie in Deutschland, und kein ausländischer Dichter ist hier so sehr zum Anreger, Leitbild und Mythos geworden wie Shakespeare. Sein Name war eine Parole, bevor man seine Werke kannte, sein »Genie« eine Berufungsinstanz, bevor man seine Kunst gründlicher zu studieren unternahm. Die Erkenntnis seines Schaffens entband zugleich produktive Kräfte und verband sich mit einem Kult, in dem Bewunderung und Selbstgenuß nahe beieinander lagen. Die deutsche Shakespeare-Rezeption neigte von Anfang an zu einer Idolisierung, die sich zuletzt auf ihre Selbstdarstellung ausdehnte. Das hat viele Gründe: Shakespeare begegnete um die Mitte des 18. Jahrhunderts in einem Vermittlungszusammenhang, der ihn den Deutschen kulturpolitisch empfehlen mußte. Seine Aneignung konnte umso eher eine wichtige katalysatorische Funktion in der Entwicklung der deutschen Poetik und Dichtung erfüllen, als es in Deutschland keine ausgeprägte und tiefer reichende nationale Literaturtradition gab. Shakespeare trat gleichsam in eine leergebliebene Position ein, die ihn zum »deutschen Klassiker« prädisponierte, noch ehe SCHLEGELS Übersetzung, die mit der Vollendung der klassischen deutschen Dichtersprache ineins ging, diese repräsentative Stellung besiegelte. In einer entscheidenden Phase der deutschen Literaturgeschichte integriert, genoß Shakespeare fortan ein Ansehen, dem so etwas wie Dank beigemischt war. Die Verbindlichkeit, die das 19. Jahrhundert gegenüber GOETHE und SCHILLER übernahm, erstreckte sich auch auf den dritten großen »Nationalautor« Shakespeare; wo man aber SCHILLER einen antiklassischen und anti-idealistischen Affekt entgelten ließ, geschah es wieder und explizit zu Shakespeares Gunsten. Seine Autorität wurde bestärkt durch eine spekulative Ästhetik, die seine Werke zu Kronzeugen ihrer Auffassungen machte und am Primat des Dramas auch festhielt, als es kaum noch Dramatiker in Deutschland gab. Schließlich nahm sich auch eine ambitionierte Gesellschaft, die sich nie nur als Forschervereinigung verstand, der kontinuierlichen Shakespeare-»Pflege« an; selbst in England war ihm das noch nicht zuteil geworden.

Diese Shakespearomanie fand ihren bezeichnendsten Niederschlag im *Hamlet*-Erlebnis der Deutschen. Es setzte im 18. Jahrhundert mit einer Identifikationswelle ein, dem »Hamletfieber« der siebziger und achtziger Jahre. In GOETHES *Wilhelm Meister* vergeistigte es sich zur bedeutungsvollen Station eines deutschen Bildungsweges. Damit war *Hamlet* für ein Jahrhundert und mehr zum Schlüsselstück geworden. Schon den Romantikern symbolisierte es ganze Welten, und noch Gerhart HAUPTMANN verspann sich in selbstgeschaffene *Hamlet*-Mysterien. Dem von Wilhelm Meister als edler Schwärmer und Melancholiker gedeuteten Titelhelden fühlte sich manche Generation seelenverwandt. Von da war es nicht weit zur nationalen Selbststilisierung: Hamlet wurde neben Faust zum Inbild des deutschen Charakters. Die aggressive politische Auslegung solcher Affinitäten bei Ludwig BÖRNE und die bittere Allegorie Ferdinand FREILIGRATHS, die das Schlagwort »Deutschland ist Hamlet« zum Topos machte, bestätigten den Nimbus auf ihre Weise.

Den Höhepunkt erreichte die Mythisierung Shakespeares in Deutschland bei Friedrich GUNDOLF, und sie hatte weitreichende Folgen nicht nur, weil sie mit subtilen künstlerischen Erkenntnissen einherging und faszinierend vorgetragen war, sondern weil sie die deutsche Rezeptionsgeschichte selbst zu ihrem Substrat machte. In seiner Habilitationsschrift *Shakespeare und der deutsche Geist* (1911) unterwarf GUNDOLF diesen Aneignungsprozeß einer teleologischen Betrachtung, die ihn keiner bloßen Einfluß- und Geschmacksgeschichte mehr eingliederte, sondern zur Koordinate einer »Kräftegeschichte« erhob, in der Shakespeares Siegeszug stellvertretend für die Individuation des »deutschen Geistes« steht. Da ihm die Entelechie »Shakespeare als deutscher Geist« mit der Goethezeit als erreicht galt, verfiel die folgende Entwicklung einem Verdikt, das insofern konkrete Konsequenzen hatte, als die meisten Darstellungen wie die GUNDOLFs mit der Romantik enden. Solch einseitige Wertung und Perspektive wird am ehesten zu revidieren, zumindest zu neutralisieren sein, wenn das elitäre Konstrukt vom deutschen Geist durch den Begriff der literarischen Öffentlichkeit ersetzt und die Shakespeare-Rezeption wieder im engeren Rahmen einer Problemgeschichte der Shakespeare-Kritik untersucht wird.

a) Texte:
G. WÜRTENBERG, hrsg., *Sh. in Deutschland*, Bielefeld, 1931, Neuausg. 1938, 1951. – R. PASCAL, ed., *Sh. in Germany 1740–1815*, Cambridge, 1937, repr. 1973. – H. WOLFFHEIM, hrsg., *Die Entdeckung Sh.s: Deutsche Zeugnisse des 18. Jahrhunderts*, Hamburg, 1959. – K. HAMMER, hrsg., *Dramaturgische Schriften des 18. Jahrhunderts*, Berlin, 1968. – W. STELLMACHER, hrsg., *Auseinandersetzung mit Sh.: Texte zur deutschen Sh.-Aufnahme von 1740 bis zur Französischen Revolution*, Berlin, 1967.

b) Darstellungen:
M. JOACHIMI-DEGE, *Deutsche Sh.-Probleme im 18. Jahrhundert und im Zeitalter der Romantik*, Leipzig, 1907, repr. 1976. – F. GUNDOLF, *Sh. und der deutsche Geist*, Berlin, 1911. – R. PASCAL, »Introduction«, in: *Sh. in Germany 1740–1815*, Cambridge, 1937, repr. 1973. – P. van TIEGHEM, *Le Préromantisme*, vol. III: *La Découverte de Sh. sur le continent*, Paris, 1947. – P. BÖCKMANN, »Der dramatische Perspektivismus in der deutschen Sh.-Deutung des 18. Jahrhunderts«, in: *Vom Geist der Dichtung*, hrg. F. Martini, Hamburg, 1949. – H. GLASER, *Hamlet in der deutschen Literatur*, Diss., Erlangen, 1952. – H. OPPEL, »Der Einfluß der englischen Literatur auf die deutsche«, in: *Deutsche Philologie im Aufriß*, Bd. III, Berlin, 1954. (Erweitert unter dem Titel *Englisch-deutsche Literaturbeziehungen*, I, Berlin, 1971). – K. WOLFFHEIM, »Die europäische Sh.-Kritik in ihren Beziehungen zu den deutschen Zeugnissen des 18. Jahrhunderts«, in: *Die Entdeckung Sh.s: Deutsche Zeugnisse des 18. Jahrhunderts*, Hamburg, 1959. – K. S. GUTHKE, »Gerstenberg und die Sh.deutung der deutschen Klassik und Romantik«, *JEGP*, 58 (1959). (Überarbeitet u. d. Titel »Richtungskonstanten in der deutschen Sh.-Deutung des 18. Jahrhunderts«, *SJ*, 98 [1962]). – L. M. PRICE, *Die Aufnahme englischer Literatur in Deutschland 1500 bis 1960*, Bern, 1961 (Bibliographie »Sh. in Deutschland« S. 417–444). – H. J. WEIGAND, »Sh. in German Criticism«, in: *The Persistence of Sh. Idolatry*, ed. H. M. Schueller, Detroit, 1964. – K. ZIEGLER, »Sh. und das deutsche Drama«, in: *Sh. Seine Welt – unsere Welt*, hrg. G. Müller-Schwefe, Tübingen, 1964. – W. MUSCHG, »Deutschland ist Hamlet«, in: *Studien zur tragischen Literaturgeschichte*, Bern, 1965. – P. MICHELSEN, Ausführliche Rezension zu L. M. Price (1961): *Göttingische Gelehrte Anzeigen*, 220 (1968). – M. BRUNKHORST, *Sh.s Coriolanus in deutscher Bearbeitung*, Berlin, 1973.

b) Von der Entdeckung zur Apotheose: das 18. Jahrhundert

aa) Erste Kenntnisse über Shakespeare und ihre Vermittlung

Von den Englischen Komödianten, die im frühen 17. Jahrhundert Europa durchzogen und auch auf Shakespeare basierende Stücke gespielt hatten, führten keine Traditionslinien zur literarischen Shakespeare-Rezeption des 18. Jahrhunderts. Was die Wanderbühnen zu GOTTSCHEDs Zeit von solchen Versionen allenfalls noch boten, war weder als Shakespeare kenntlich, noch interessierte es die Kritik; das Genre wurde, wenn überhaupt beachtet, pauschal beurteilt. Daß Shakespeare nun bekannt zu werden begann, hing vielmehr mit der allgemeinen Hinwendung des literarisch mündig gewordenen deutschen Bürgertums zur englischen Kultur zusammen. Die demokratische Ausrichtung des liberaleren, weltoffenen Geisteslebens in England kam den eigenen Bestrebungen mehr entgegen als die ständische Orientierung der französischen Kultur, wenngleich deren fortschrittliche Tendenzen bis um die Jahrhundertmitte noch den größeren Einfluß hatten, nicht zuletzt aus Sprachgründen. Zentren der englisch-deutschen Literaturvermittlung wurden die Handelsstadt Hamburg, die hannoveranische Universitätsstadt Göttingen und die Verlagsstädte Leipzig, Zürich und Frankfurt. Hier wurde auch Shakespeares Name seit 1700 häufiger genannt.

Die neuere Forschung hat gerade diese frühen Indizien um einige vermehrt und sich ihrer Auslegung gewidmet. Dem 17. *Literaturbrief* LESSINGS wurde damit seine Dramatik nicht bestritten; mit ihm begann 1759 die kämpferische Phase der Shakespeare-Rezeption, aber Jahrzehnte der unbefangenen Erwähnung und indirekten Werbung gingen dem voraus. Die ersten Hinweise kamen aus dem gelehrten Bereich und vermittelten Kenntnisse aus zweiter Hand. Was der Kieler Professor Daniel Georg MORHOF (1682), die Leipziger *Acta Eruditorum* (1700 und 1702) und drei Lexika über Shakespeare zu sagen wußten, stammte von DRYDEN, LANGBAINE, FULLER und ROWE. Dem polyhistorischen Bildungsideal der Zeit war auch das Hörensagen willkommen. Popularisiert und im Geiste der Aufklärung »critisch« aktiviert wurde solches Wissen in den Zeitschriften, die bald das literarische Leben bestimmten. Durch die Übersetzung des *Spectator*, *Guardian* und *Tatler* ins Französische, später auch ins Deutsche, trat Shakespeare auch im Ausland als fester Bestandteil der englischen Literaturtradition in Erscheinung. Vor allem der *Spectateur*, der 1714–26 in einem hugenottischen Verlag in Amsterdam herauskam, wirkte in diesem Sinne in den deutschen Sprachraum hinein. Wo er sich auf Shakespeare bezog, geschah es oft mit Wendungen, die die Neugier auf diesen »fameux«, »admirable« und »inimitable« genannten Autor wecken mußten. Bald brachten auch deutsche moralische Wochenschriften Nachdrucke englischer Rezensionen, in denen auf den Dichter verwiesen wurde.

Das Vorstellungsmosaik, das sich aus solchen Anspielungen ergeben konnte, enthielt als dominierenden Zug die Gegenüberstellung von »Kunst« und »Natur«, um die es mit wechselnden Akzenten bis zur Romantik gehen sollte und die hier noch in Biographismen eingeschlossen war, etwa dem Diktum, Shakespeare habe zwar keine Gelehrsamkeit aber »Geist und Feuer« besessen. Die Seelenkenntnis in seiner Charaktergestaltung und die Phantasiekräfte in seiner Darstellung des Übersinnlichen wurden besonders anerkannt. Damit waren zwei seiner »Tugenden« berührt, die in der künftigen Propagierung die Hauptrolle spielten.

bb) Shakespeare in der Auseinandersetzung mit der klassizistischen Ästhetik

Neben der englischen Kritik hatte aber auch die französische keinen geringen Anteil am Bekanntwerden Shakespeares in Deutschland. Die *Dissertation sur la poésie angloise* (1717) wurde schon im Erscheinungsjahr von einer deutschen Zeitschrift exzerpiert und resümiert, und Voltaires Englandberichte blieben ebensowenig unbeachtet. Auf diesem Wege wurde nun freilich ein stärker klassizistisch gebrochenes Shakespeare-Bild vermittelt. In ihm waren, so generös Voltaire auch über einzelnes urteilte, alle Einwände präfiguriert, die 1741/42 der einflußreichste deutsche Sachwalter der französischen Ästhetik, Johann Christoph Gottsched, gegen Shakespeare vorbrachte, als der literarische Außenseiter Caspar Wilhelm von Borck mit seinem *Caesar* zum erstenmal ein Drama Shakespeares ins Deutsche übertragen hatte. Gottsched sah darin nur »Schnitzer und Fehler wider die Regeln der Schaubühne und gesunden Vernunft«, verdammte allgemein die Unordnung und Unwahrscheinlichkeit und im besonderen die »läppische« Mischung von Pöbel und Helden, die Verletzung der Zeit-Einheit und das Verstandeswidrige der Geistererscheinung. In den Normen, die diese Ablehnung bestimmten, erschien Voltaires geschmackliche Argumentation moralistisch verengt und sein Kulturbegriff auf platte Formalien reduziert. Vor so äußerlichen »Regeln« war Shakespeare jedoch zunächst zu rechtfertigen. Es geschah zum Teil in Gottscheds eigenem publizistischen Imperium mit der *Vergleichung Shakespears und Andreas Gryphs* von Johann Elias Schlegel (1741), zum Teil durch seinen schweizerischen Gegner Johann Jakob Bodmer in Abhandlungen über das »Wunderbare« (1740) und die »poetischen Gemählde« (1741), bis Lessing die Diskussion auf eine neue Ebene führte, indem er die aristotelischen Grundlagen dieser Gesetzgebung überprüfte und statt Gottsched wieder Voltaire als den eigentlichen Antipoden ins Auge faßte.

Den apologetischen Rahmen für diese Rehabilitierung Shakespeares bot die wachsende Überzeugung von der – mehr charakterologisch als historisch begründeten – Eigenart der Nationalliteraturen, die der Übertragbarkeit eines abstrakten poetologischen Normensystems gewisse Grenzen setzt. Das war schon

BODMERS Ansatz für sein Shakespeare-Lob. Wenn er sich auch primär für MILTON interessierte, so erschien ihm »Saspar« oder »Sasper« – wie er in Anlehnung an CONTI aus schwer erfindlichen Gründen, aber jedenfalls nicht aus Unkenntnis schrieb – doch schon deshalb bedeutsam, weil er den englischen Geschmack habe bilden helfen; und da literarkritische Äußerungen dieser Zeit immer auch literaturstrategische waren, schwang in der Anerkennung von Shakespeares Ruhm und Eigenwert eine geheime Empfehlung Shakespeares als Vorbild für die Deutschen mit. Offen ausgesprochen wurde das erst von LESSING, vorbereitet durch J. E. SCHLEGELS *Gedanken zur Aufnahme des dänischen Theaters* (1747), die erstmals eine auf die »besondern Sitten« und die »Gemütsbeschaffenheit einer Nation« abgestellte Dramaturgie vertraten, was LESSING zu der Forderung umformulierte, die deutsche Bühne habe dem »Naturell« und der »Denkungsart« der Deutschen zu entsprechen. Denen sei aber der englische Geschmack näher verwandt als der französische. Deshalb habe GOTTSCHED unrecht getan, der deutschen Dramatik die französische – »das Artige, das Zärtliche, das Verliebte« – zum Muster zu setzen; die englische – »das Große, das Schreckliche, das Melancholische«, kurzum: Shakespeare – hätte sie angemessener fördern können. Daß LESSING Shakespeare erst im *17. Literaturbrief* als Exponenten herausstellte, während er ihn 1749 noch in einer Reihe mit DRYDEN, WYCHERLEY, VANBRUGH, CIBBER und CONGREVE empfohlen hatte, verwies auch hier auf das Mittelbare der Shakespeare-Begegnung und den Vorrang des Nationalpsychologischen und -pädagogischen, für das ihm schließlich auch DRYDEN, dessen *Essay* er 1758 übersetzte, die besten Stichworte lieferte.

Durch den nationalen Aspekt wurde die wirkungsästhetische Fundierung der aufklärerischen Kritik und Poetik, die in GOTTSCHEDS Regelkodex kaum mehr erkennbar war, neu akzentuiert. Das hieß nicht, daß die aristotelischen »Gesetze« der Tragödie ad acta zu legen seien. Es galt sie vielmehr neu zu interpretieren, ja überhaupt erst zu motivieren und verstehbar zu machen aus dem »Zweck« der Tragödie. Der aber stand für LESSING fest mit seiner philanthropischen, sozialpolitisch gefärbten Leitidee der Erziehung durch Miterleben und Mitleiden, und auch soviel wußte er vorweg, daß Shakespeare mit seiner »Gewalt über unsere Leidenschaften« diesen Zweck am besten erreiche. Poetologisch ging es also um eine Revision der Affekttheorie. Sie wurde möglich von dem neugefaßten Charakter-Begriff her, den ebenfalls J.E. SCHLEGEL zum erstenmal in seiner Shakespeare-Deutung exponiert hatte. Es eröffnete eine Alternative zu jener gängigen Dramaturgie, die auf die Fabel als Einkleidung und Explikation eines »moralischen Lehrsatzes« das größte Gewicht legte, wenn SCHLEGEL unvoreingenommen als Shakespeares Stärke die Menschengestaltung hervorhob und seine besondere Kunst in der indirekten Personencharakteristik nachwies. Friedrich NICOLAI erweiterte diese Sicht, indem er auch die Mannigfaltigkeit der Charaktere bei Shakespeare pries (1755). »Weltkenntnis« trat zu »Menschenkenntnis« als neuer Wert. LESSING zeigte seine poetische Relevanz auf: die Individualität der Figuren bei Shakespeare und ihre je »eigne Art zu sprechen«.

Durchbrach dieses an Shakespeare gewonnene und exemplifizierte Ideal einer auf die Charaktere verlagerten Mimesis die klassizistische Ästhetik in Richtung auf einen neuen Realismus, so befreite die Auseinandersetzung mit dem Übernatürlichen und »Abenteuerlichen« bei Shakespeare den Mimesisbegriff selbst von dem starren Postulat der Wahrscheinlichkeit. BODMER unternahm es noch umständlich, das »Wunderbare« der Geisterwelt, die ihn auch bei Shakespeare anzog, als ein »vermummtes Wahrscheinliches« zu erweisen, Moses MENDELSSOHN legitimierte 1758 solche und andere Freiheiten Shakespeares ohne weitere Bedenken aus ihrer Wirkung auf unsere Einbildungskraft, ein Kriterium, das LESSING dann systematisch ausbaute und abstufte und mit dem er z.B. im 11. Stück seiner *Hamburgischen Dramaturgie* (1767/68) den Geist in *Hamlet* vor der Ratio rechtfertigte. Für WIELAND aber bedurfte das »Wunderbare« bei Shakespeare keiner Verteidigung mehr, und den Romantikern wurde es schließlich zum Inbegriff seiner Poesie.

Die Entdeckung Shakespeares verhalf also neuen poetologischen Leitvorstellungen zu ihrer Kristallisation. Zu einer eingehenden Würdigung Shakespeares kam es dabei noch nicht. Auch für LESSING war er hauptsächlich Folie der Polemik, proklamierte Autorität, Zeuge dramaturgischer Einsichten. Während aber seine Vorgänger Shakespeares Vorzüge immer noch von »Feh-

lern« (die man seiner unaufgeklärten Zeit zuschrieb) begleitet
sahen und auch WIELAND sich höchstens zu dem Eingeständnis
durchrang, »daß sehr oft seine Fehler selbst eine Art von Schönheiten sind«, löste sich LESSINGS perspektivische Betrachtung so
weit von dieser mechanistischen Zergliederung, daß er überall
sinnvoll organisierte Ganzheiten und auch in der Ausnahme die
tiefere Regel erkennen konnte. Gerade Shakespeare wurde ihm
zum empirischen Bürgen der dramatischen Wirkgesetze, die er
mit der theoretischen Hilfe des ARISTOTELES zu ergründen suchte.
Nannte er ihn Genie, so meinte er das Ingeniöse dieser Wirkkraft,
die in prästabilierter Harmonie »die Probe aller Regeln in sich«
habe. Das unterschied ihn zugleich von seinen Nachfolgern, die
nach HAMANNS Muster eine regelfeindliche, intuitionistische Ge-
nielehre auf Shakespeare gründeten.

cc) Shakespeare als schöpferisches Vorbild

Paradoxerweise hat zu der Shakespeare-Begeisterung, die in
den sechziger Jahren aufkam und gegen die sich die *Hamburgische
Dramaturgie* bald rationalistisch kühl ausnahm, am meisten ein
Werk beigetragen, das in mancher Hinsicht einen älteren Stand
der Rezeption vertrat und viele Zeichen einer unsicher schwan-
kenden Haltung gegenüber Shakespeare trug: WIELANDs Übersetzung (1762–66). Sie führte den Dichter als unübersehbaren
Faktor ins literarische Leben ein. Ihre Prosawiedergabe prägte
das veristische Shakespeare-Bild der Stürmer und Dränger entscheidend mit. Fast noch fruchtbarer war der Widerspruch, den
sie hervorrief, vor allem mit ihren Kommentarteilen, in denen
noch POPE und VOLTAIRE das Urteil färbten, während doch schon
YOUNG, SHAFTESBURY und HOME – Exponenten der letzten Phase
englischer Einflüsse, bevor sich die Verarbeitung Shakespeares als
innerdeutscher Vorgang verselbständigte – das Potential der
Argumente für dieses »Originalgenie« bereichert und neue ästhetische Anschauungsmöglichkeiten gefördert hatten. Kritik an
WIELAND bot den Anlaß und Rahmen für das Shakespeare-Plä-
doyer von Heinrich Wilhelm von GERSTENBERG im 14.–18. seiner
Briefe über Merkwürdigkeiten der Litteratur (1766), das bei aller
Sprunghaftigkeit wichtige neue Ansätze enthielt. Als Sendschrei-
ben an GERSTENBERG wiederum konzipierte HERDER 1771 einen

Aufsatz *Shakespear,* dessen dritte Fassung er 1773 in den »fliegenden Blättern« *Von Deutscher Art und Kunst* veröffentlichte und der das gehaltvollste Zeugnis jener Wende des deutschen Shakespeare-Verständnisses darstellt.

Was LESSING hatte überein bringen wollen, das trat nun mit vertauschten Vorzeichen wieder auseinander. War es für LESSING der von Shakespeare auf unorthodoxe Weise erreichte »Zweck« der Tragödie gewesen, der den Briten den Griechen ebenbürtig mache, so lehnte GERSTENBERG diese wirkungsästhetische Begründung und Kategorisierung und damit auch den Vergleich ab. Nicht die Erregung der Leidenschaften sei das Bedeutende bei Shakespeare, sondern die Darstellung eines Welt-»Ganzen«, die ihren Zweck in sich habe. Durch die Lockerung des alten, auf aristotelische »Absichten« verpflichteten Betrachtungsschemas wurde der Blick frei für eine Werkdeutung, die mit ihrer in Einzelanalysen (erstmals auch von Komödien) erhärteten Auffassung von Shakespeares planendem Kunstverstand, ihren Beobachtungen zu seiner Kompositionsweise (Kontrasttechnik, »malerische Einheit«) und ihrer Rechtfertigung der Wortspiele und Narrenszenen bereits auf SCHLEGELS Shakespeare-Interpretation vorauswies.

HERDER dagegen löste Shakespeare aus dem Bezugsrahmen der antiken Dramaturgie, indem er deren Kunstregeln genetisch erklärte, als gleichsam natürlich erwies und dadurch geschichtlich relativierte. So war, wenn er Shakespeare »Sophokles' Bruder« nannte, nicht mehr eine Verwandtschaft dramatischer Gattungsgesetze und Wirkungen gemeint, sondern höchstens eine objektive Wertgleichheit, auf die schon BODMER mit der Ehrenbezeichnung »engelländischer Sophokles« gezielt hatte und die das subjektive Bekenntnis HERDERS, er sei »Shakespeare näher als dem Griechen«, nicht ausschloß. Die Historisierung, die den Gültigkeitsbereich der klassischen Vorbilder und klassizistischen Ansprüche so rigoros einschränkte, um für die Anerkennung von Shakespeares Eigenständigkeit Raum zu schaffen, konnte jedoch vor diesem selbst nicht halt machen und sprach sich auch zuletzt in dem »traurigen« Gedanken aus, daß er »immer mehr veralte«. Dennoch richtete sich der Geschichtssinn hier mehr auf die Ursprünge als auf die Vergänglichkeit und gelangte so nicht nur zu der Vorstellung, daß sich in Shakespeares Werk die altenglische Volkspoesie fortsetze und sublimiere, sondern stieß in ihm schließlich auf das Axiom des Schöpferischen überhaupt – womit seine Historizität prinzipiell aufgehoben erschien.

Shakespeare als Prototyp des Schöpfergeistes, lebendige Welten schaffend nach Analogie Gottes und der Natur, das war der zentrale Gedanke, den HERDER in immer neuen Wendungen (»dramatischer Gott«, »Dolmetscher der Natur«) wiederholte. Doch der »Rhapsodist« war auch ein »Ausleger« mit umfassenden neuen Einsichten in Shakespeares Kunst. So wie er hinter dem Theaterautor und Dramatiker den universalen Dichter sichtbar machte, so lenkte er den Blick vom Gattungstypischen oder -idealen auf die Totalität und Individualität des Einzelwerks, von den Einheiten auf die Ganzheit, den spezifischen »Lokalgeist« und die jedes Stück durchströmende »Hauptempfindung«, und so verlegte er auch die Wertungsakzente von der Charaktergestaltung auf den Kosmos von Schicksalen, von der Nachahmung des Wirklichen auf das – bedeutsame Klimax! – »Urkundliche, Wahre, Schöpferische« der im Drama sich entfaltenden Geschichte, von den Affekten auf den weltsymbolischen Gehalt.

Die assoziationsreichen und suggestiven Stichwörter, mit denen er das Organische dieser Genieschöpfungen darzulegen versuchte, hätten freilich einer weitläufigeren Explikation bedurft, um die Zeitgenossen in mehr als ihrem Enthusiasmus für Shakespeare und ihrer Polemik gegen das französische regelmäßige Trauerspiel zu bestärken. Um die subtileren Erkenntnisse, die HERDER zu vermitteln gehabt hätte, war es den jungen Dichtern seines geistigen Umkreises allerdings auch weniger zu tun als um das befreiende Erlebnis der Größe. So erschien in GOETHES überschwenglicher Rede *Zum Schäkespears Tag* (1771) das Schöpferische als das Prometheische, das auch im Shakespeare Preisenden den Funken eines neuen Ich-Gefühls entzündete. Den Mitstreiter und Bruder suchte man in ihm und eiferte ihm literarisch nach, wie man ihn verstand: als Dichter der formalen Unbekümmertheit und Schöpfer leidenschaftlicher, überlebensgroßer Gestalten. LESSINGS Warnung »Shakespeare will studiert, nicht geplündert sein« fand bald ein Echo in HERDERS Urteil über die 1. Fassung des *Götz* (1771): »Shakespeare hat Euch ganz verdorben«.

Wie engagiert man Shakespeare aber auch studieren konnte und in welcher Breite sein Werk bereits rezipiert wurde, das zeigen die auf 1780 datierten Aufzeichnungen *Etwas über William Shakespeares Schauspiele* des schweizer Bauern Ulrich BRÄKER. In ihrem Duz-Verhältnis zum Dichter und seinen Figuren, ihren moralisch bewegten, spontanen Sympathie- und Antipathie-Erklärungen und ihrem offenen Sinn für Shakespeares Menschenkenntnis und alle Erfahrungswerte in seinen Dramen sind sie mehr als der Extremfall einer individuellen Begegnung; sie spiegeln auch etwas von der allgemeinen Haltung, mit der man Shakespeare jetzt überall aufnahm, besonders aber im Theater, bei dessen Publikum Friedrich Ludwig SCHRÖDER endlich das Eis gebrochen hatte.

K. A. RICHTER, *Sh. in Deutschland von 1739 bis 1770*, Oppeln, 1912. – H. ISAACSEN, *Der junge Herder und Sh.*, Berlin, 1930, repr. Nendeln/Liechtenstein, 1967. – A. GILLIES, »Herder's Essay on Sh.: ›Das Herz der Untersuchung‹«, *MLR*, 32 (1937). – E. BEUTLER, »Goethe und Sh.«, in: *Goethes Rede zum Schäkespears Tag*, hrg. E. Beutler, Weimar, 1938. – M. LANZ, *Klinger und Sh.*, Diss., Zürich, 1941. – W. F. SCHIRMER, »Sh. und der junge Goethe«, *PEGS*, 17 (1948). – F. BLÄTTNER, »Das Sh.bild Herders«, in: *Vom Geist der Dichtung*, Gedächtnisschrift für Robert Petsch, Hamburg, 1949. – K. SCHREINERT, »Der *Spectateur* und sein Sh.-Bild, 1714–1726«, in: *Sh.-Studien*, Festschrift für H. Mutschmann, Marburg, 1951. – W. DOBBEK, »Herder und Sh.«, *SJ*, 91 (1955). – E. A. BLACKALL, »Ulrich Bräker und Eschenburg«, *SJ*, 98 (1962). – F. A. BROWN, »Sh. in Germany: Dryden, Langbaine and the *Acta eruditorum*«, *GR*, 40 (1965). – F. A. BROWN, »Sh. and English Drama in German Popular Journals, 1717–1759« *KFLQ*, 12 (1965). – W. STELLMACHER, *Untersuchungen zur Sh.rezeption des jungen Herder*, Diss., Humboldt-Univ. Berlin, 1966. (Extrakte in *WB*, 10 [1964] und *SJ Ost*, 103 [1967]). – R. ROHMER, »Lessing und Sh.«, *SJ Ost*, 103 (1967). – E. M. BATLEY, »Rational and Irrational Elements in Lessing's Sh. Criticism«, *GR*, 45 (1970). – H. G. SCHWARZ, »Lenz und Sh.«, *SJ West* (1971). – M. BIRCHER, H. STRAUMANN, *Sh. und die deutsche Schweiz bis zum Beginn des 19. Jahrhunderts. Eine Bibliographie raisonnée*, Bern, 1971. – S. L. MACEY, »The Introduction of Sh. into Germany in the Second Half of the Eighteenth Century«, *Eighteenth Century Studies*, 5 (1971/72). – J. B. GARDINER and A. R. SCHMITT, »Christoph Martin Wieland: *Theorie und Geschichte der Red-Kunst und Dichtkunst. Anno 1757*. An Early Defense of Sh.«, *Lessing Yearbook*, 5 (1973). – A. BLUNDEN, »Lenz, Language and *Love's Labour's Lost*«, *Colloquia Germanica*, (1974). – K. S. GUTHKE, »Der ›Göttinger Sh.‹«, in: K. S. Guthke, *Literarisches Leben im 18. Jahrhundert in Deutschland und in der Schweiz*, Bern, 1975. – K. S. GUTHKE, »Sh. ›mitten in Leipzig und vor den Augen der Magnifizenz‹. Eine Studie zum deutschen literarischen Leben um 1750«, *Jahrbuch des Freien Deutschen Hochstifts*, (1975). – W. STELLMACHER, Einleitung zu: *Auseinandersetzung mit Sh.*, hrsg. W. Stellmacher, Berlin, 1976.

c) Objektivierende Erkenntnis und Würdigung: Klassik und Romantik

aa) Das Shakespeare-Bild Goethes und Schillers

Hatte sich LESSING im 17. *Literaturbrief* gerade von Shakespeares Einfluß die Erweckung einer nationalen Dramatik verspro-

chen (»denn ein Genie kann nur von einem Genie entzündet werden«), so sah GOETHE 1825, auf die Erfahrungen eines halben
Jahrhunderts zurückblickend, eher das Gegenteil verwirklicht:
»Wie viel treffliche Deutsche sind nicht an ihm zu Grunde gegangen!«. Sich selber nahm er nur aus, weil er sich Shakespeare
mit *Götz* und *Egmont* »vom Halse geschafft« habe. Dieses Fazit
bezeugt zumindest eines: wie bedrohlich produktiven Naturen
das schöpferische Vorbild Shakespeares erscheinen konnte, nachdem einmal die kulturpolitische Argumentation überholt war,
die ihn für ein notwendiges Ferment der deutschen Literatur-
entwicklung erklärt hatte. »Er ist gar zu reich und zu gewaltig«,
resümierte GOETHE. Nicht viel anders empfanden später GRABBE,
GRILLPARZER und Otto LUDWIG ihre Empfänglichkeit für Shakespeare zugleich als Belastung und Beengung, und SCHILLER hatte
Ähnliches schon bei der Arbeit an *Don Carlos* artikuliert.

Für das Shakespearisieren der Sturm und Drang-Periode, das
sich in Kraftgebärden und strukturellen Freiheiten erschöpft
hatte, mochte GOETHES Beobachtung zutreffen. Er selbst wußte
sich jedoch vor der erdrückenden Erscheinung zu behaupten,
ohne ihren bildenden Wert zu verleugnen und den persönlichen
Zugang preiszugeben. Im 5. und 6. Buch von *Wilhelm Meisters
theatralische Sendung* thematisierte er 1784/85 sein Shakespeare-
Erlebnis und rückte es in die Distanz der epischen Reflexion. In
Wilhelm Meisters Lehrjahre, der endgültigen Fassung des Romans
(1795/96), erschien es vollends als »Spiel im Spiel« und büßte doch
nichts vom Ernst einer neu hinzugekommenen anschauenden Erkenntnis ein. Die berühmten *Hamlet*-Kapitel des 4. und 5. Buches
interpretierten zum erstenmal ein Shakespearesches Einzelwerk
als autonomes künstlerisches Gebilde, ja fast als ein Stück Wirklichkeit, und führten dabei mit der charakterologischen Deutung
der Titelfigur von ihrer Vorgeschichte her eine Methode ein,
die im 19. Jahrhundert Schule machte, aber zuletzt zur kunst-
blinden psychologischen Tüftelei verkam, während sie im symbolischen Geflecht des Romans eine eigene Berechtigung hatte
und einen zusätzlichen Sinn aufschloß.

Durch GOETHE trat auch eine andere Komponente in der deutschen Shakespeare-Kritik erstmals hervor. Sie zog sich mit merk-
würdiger Konstanz durch all seine Bemühungen, die starken

Shakespeare-Eindrücke seiner Jugend zu verarbeiten: die Frage
nach dem Schicksalsgesetz im Shakespeareschen Drama. Hierzu
hatte HERDER mit Begriffen wie »Vorsehung«, »Theodizee«, aber
auch »Fatalität« (2. Fassung), und Anspielungen auf SPINOZAS
Pantheismus nur dunkle Auskünfte gegeben. GOETHE aber meinte
schon in seiner Frankfurter Rede den »geheimen Punkt«, um den
sich alle Stücke drehen, im Zusammenstoßen von Freiheit und
Notwendigkeit gefunden zu haben. In den 1813 und 1816 entstandenen drei Aufsätzen *Shakespeare und kein Ende* griff er solche
Gedanken wieder auf und stellte sie in den Rahmen einer prin-
zipiellen poesiegeschichtlichen Erörterung. Das Einzigartige bei
Shakespeare sah er nun darin, daß der Dichter die despotische,
uns fremde Schicksalsidee der Antike, das Sollen, mit dem allzu
schmeichlerischen Idol der Moderne, dem Wollen, in den Charakteren so verknüpft habe, daß die Notwendigkeit die Freiheit
nicht mehr ausschließt, aber konditioniert.

Die Versittlichung der Notwendigkeit, die er Shakespeare jetzt
zuschrieb, mochte an das Kategoriensystem erinnern, das SCHILLER
an dessen Werke herantrug, hatte aber wenig damit zu tun.
SCHILLER, den in Shakespeare zunächst der Theatraliker anzog,
modifizierte diese Annäherung von Anfang an durch eine moralische Perspektive. Die »großen Verbrecher« Richard, Macbeth,
Iago, Aaron oder Edmund liehen seinen Jugenddramen nicht nur
manchen Gestus, sie dienten ihm vor allem zur Orientierung bei
der sittlichen Problemstellung. Auch später dominierte bei ihm
die Vorstellung von einer sittlichen Weltordnung in Shakespeares Dramen. An *Richard III* berührte ihn 1797 die »hohe
Nemesis«, die durch das Stück walte, und in seiner *Macbeth*-
Bearbeitung brachte er 1800 diese Idee einseitig gegen das Original zur Geltung. So teilte er mit GOETHE nur grundsätzlich das
primäre Interesse für den Sinngehalt der Shakespeareschen
Werke, für die Prinzipien ihrer Weltsicht, die bestimmenden
Kräfte ihrer Schicksalsgestaltung, letztlich für ihre »Wahrheit«.

Bei der formal-künstlerischen Beurteilung knüpften beide stärker an traditionelle Betrachtungsweisen an. Den nun schon geläufigen Hinweis auf den Reichtum und die Fülle der Shakespeareschen Welt kleidete der junge GOETHE noch in das preziöse
Bild vom »Raritätenkasten«, im Alter sprach er vom »großen, be-

lebten Jahrmarkt«. Darin klang die Möglichkeit einer Kritik mit an, deren Richtung sich schon in Wilhelm Meisters detailliert beschriebener Bühneneinrichtung des *Hamlet* abzeichnete und die sich dann am schroffsten in der *Romeo*-Adaption (1812) geltend machte. Nun hieß es, Shakespeare habe seinem Publikum zuliebe (»Jahrmarkt«!) auch »viele disharmonische Allotria« in sein Werk hineingemischt, deshalb sei ein »Konzentrieren« vonnöten. Das bezog sich vor allem auf die komischen Szenen in den Tragödien, die auch SCHILLER verwarf. So wie GOETHE in *Romeo* die »possenhaften Intermezzisten« Mercutio und die Amme völlig umwandelte, so ersetzte SCHILLER in *Macbeth* das tiefsinnig groteske Gerede des Pförtners durch ein frommes Morgenlied.

Das Formideal, das hinter solchen Einwänden und Änderungen stand, glaubte SCHILLER zum Teil aus Shakespeare selbst herauslesen zu können. 1797 äußerte er sich in Briefen an GOETHE voller Bewunderung über die Behandlung des Volks als »poetisches Abstractum« in *Julius Caesar* und über Shakespeares »Kunst, Symbole zu gebrauchen«, in *Richard III.* Er sah darin exemplarische Belege für eine Gestaltungsweise, die von der naturalistischen Nachahmung zur klaren und bedeutenden Form strebe und die stoffliche Wirkung in eine »rein ästhetische Rührung« aufhebe. Das erlaubte ihm, Shakespeare wieder in die unmittelbare Nähe der Antike zu rücken, wie er sich schließlich sogar ausmalte, daß die Einführung des Chors der Shakespeareschen Tragödie erst ihre wahre Bedeutung gäbe.

So weit ging GOETHE nicht. Sein Gestaltbegriff blieb Shakespeares Vielfalt gegenüber offener und beweglicher, aber auch er schätzte ihn in erster Linie als »Epitomator«, der die Natur im symbolischen Auszug wiedergebe. Die innere Einheit und Harmonie der Werke sah er morphologisch begründet und umschrieb sie gelegentlich mit der These, daß Shakespeare jedem Drama einen zentralen Begriff zugrundelege, der im Ganzen wirksam sei. Diese vergeistigte Formauffassung und der spezifische Anspruch, den GOETHE an das Symbolische der Kunst stellte, ließ ihn den Dichter Shakespeare immer mehr vom Theaterautor Shakespeare absetzen und dem Letzteren all das unnatürliche Beiwerk anlasten, das er sich als Direktor eines höher entwickelten Theaters zu beseitigen für berechtigt hielt. Es

blieb den Romantikern vorbehalten, Shakespeares poetisch-
theatralische Kunstmittel in ihrer Gesamtheit zu würdigen und
im einzelnen nachzuweisen.

bb) Die romantische Shakespeare-Kritik

Die Jahre 1795–97 waren für die deutsche Shakespeare-Rezeption entscheidend wie wenige andere. Viele Kräfte, die zuvor
in der Isolation gewirkt hatten und bald wieder auseinanderstreb-
ten, vereinigten sich in ihnen zu einem gemeinsamen Bemühen
um den Dichter, das freilich, wie der Blick auf die in dieser Zeitspanne erschienenen Schriften zeigt, kein gleichartiges und
gleichgerichtetes war. Während SCHILLER Shakespeare kunst-
theoretisch als »naiven« Dichter vor den eigenen »sentimenta-
lischen« Erwartungen rechtfertigte und bei erneuter Lektüre eine
Art Klassiker in ihm entdeckte (was indirekt die Erkenntnis der
rhetorisch-humanistischen Tradition bei Shakespeare vorbereitete) und während GOETHE im *Wilhelm Meister* eine Shakespearesche Schöpfung in ihrer Organik vorstellte, legte TIECK mit
seiner *Abhandlung über Shakespeare's Behandlung des Wunderbaren*
die erste eingehende dramaturgisch-technische Analyse vor und
A. W. SCHLEGEL mit zwei Aufsätzen in SCHILLERS *Horen (Etwas
über William Shakspeare bei Gelegenheit Wilhelm Meisters* und
Über Shakspeares Romeo und Julia) die Muster einer neuen konkreten und doch ganzheitlichen Werkbetrachtung. Und dann
folgte der 1. Band der epochemachenden Übersetzung.

Die Romantiker erwiesen also mit Nachdruck ihre Zuständig-
keit für Shakespeare und führten neue Themen und Gesichtspunkte in die Diskussion ein. Der eigentlich anregende Kopf war
Friedrich SCHLEGEL. In seinen literarischen Notizbüchern, die
erst spät aus dem Nachlaß herausgegeben worden sind, findet
sich in Abbreviaturen, fragmentarischen Aufzeichnungen und
kühnen Gleichungen und Paradoxien vieles von dem berührt,
was sein Bruder zusammenhängend darlegte, und manche Gedanken gingen darüber hinaus. Aber die Universalität der Einsichten, die hier über Shakespeare gewonnen waren, verlangte
um so mehr nach einer die spekulative Spannweite gleichsam
künstlerisch einfangenden Darstellung, um mit ihrem Eigentüm-
lichsten zur Geltung zu kommen. Diese Bedingung erfüllte

August Wilhelm SCHLEGEL, am glänzendsten in seinem *Romeo*-Aufsatz – an dem nicht nur die Vergegenwärtigung eines beziehungsdichten Ganzen, sondern ebenso die Kunst des Weglassens besticht – und in der 12. seiner 1808 in Wien gehaltenen *Vorlesungen über dramatische Kunst und Literatur*, dem international folgenreichsten Dokument der deutschen Shakespeare-Kritik.

Obwohl also gerade im ausgewogenen Charakterisieren, das jeden Schematismus des Zugangs ausschloß, der besondere Wert dieser Shakespeare-Deutung lag, sind doch einige Haupttendenzen hervorzuheben. Am wichtigsten war die Betonung von Shakespeares bewußtem Schaffen, für das Begriffe wie Überlegung, Übung und Kultur durchaus wieder von Bedeutung erschienen. »Mir ist er ein tiefsinniger Künstler, nicht ein blindes, wild laufendes Genie«, verkündete A. W. SCHLEGEL. Damit war in der Auseinandersetzung um Shakespeares »Kunst« bzw. »Natur« die dritte Stufe erreicht und ein endgültiges Wort gesprochen. F. SCHLEGEL nahm sich 1798 in einem *Athenäums*-Fragment auch die ältesten Argumente gegen den Dichter noch einmal vor und machte klar, inwiefern dieser in einem edleren Sinne sogar »korrekt« und »systematisch« sei.

Volle Aufmerksamkeit richtete sich nun auf die Komposition der Dramen, die Bezüge, Kontraste, Kontrapunkte und Spiegelungen in allen Gestaltungsbereichen von der Handlungsführung über die Figurenkonstellation bis in die Details der Sprache. So wurde über das Pragmatische und Psychologische hinaus immer auch die dramaturgische Symbolik, das Musikalische und Malerische der »Zusammenstellungen« (wie man gerne sagte) erfaßt. Dabei ging es nicht um äußerlich formale Korrespondenzen und Harmonien, vielmehr sollte in jedem Werk der »Geist des Ganzen« dialektisch bestimmt werden. Dazu reichten die Kriterien der alten Regel-, Wirkungs- oder Schöpfungsästhetik nicht aus; neue poetische Prinzipe, mit denen namentlich F. SCHLEGEL das Terrain der Poetik auflockerte, traten in ihr Recht: Ironie, Spiel, Phantasie, Witz, Laune. Sie befähigten die Romantiker, zum erstenmal auch die Komödien, deren »zerstreuter Manier« selbst LESSING nichts hatte abgewinnen können, angemessen und als gleichrangig mit den Tragödien zu würdigen.

Vor allem TIECK hatte ein enges Verhältnis zu dieser Seite der

Shakespeareschen Dramatik, die er zugleich konkreter im Rahmen von Theaterproblemen sah. Seine besondere Neigung galt dem *Sturm* und dem *Sommernachtstraum* und hier speziell der Erweiterung der Komödiensphäre um die Dimension des Übernatürlichen und »Wunderbaren«, dessen dichterische Fiktion – außerhalb der gewohnten antik-mythologischen oder christlichen Vorstellungstradition stehend – der stimmungshaft»romantischen« Poesie manche Anregung gab. TIECK war es auch, der die Kontinuität der Bemühung um Shakespeare wahrte, als sich die Gebrüder SCHLEGEL bald nach 1800 stärker der Kunst und Ideenwelt CALDERÓNS zuwandten. Die Verlagerung ihres Hauptinteresses auf den katholischen Dichter mochte u. a. aufwiegen, daß sie bei Shakespeare wenig nach dem Gehalt gefragt, ihn ätherisiert oder – wie Friedrich SCHLEGEL – als allzu pessimistisch erfahren hatten. TIECK dagegen ließ nicht ab, sich als Dichter (*Poetisches Journal, Dichterleben, Der junge Tischlermeister*), Forscher (*Das Buch über Shakespeare* im Nachlaß, Studien zum elisabethanischen Theater), Theatermann (*Dramaturgische Blätter*, Inszenierungsvorschläge), Übersetzer und Vorleser intensiv mit Shakespeare zu befassen. Obwohl bei so vielseitigem Engagement mehr geplant und angekündigt wurde als ausgeführt, gingen doch von seiner persönlichen Geschäftigkeit kräftige Impulse aus. Sein Wirken in die Breite entsprach aber auch einer gewandelten Situation in der deutschen Shakespeare-Rezeption: die geistige Eroberung war in gewissem Sinne mit der Frühromantik abgeschlossen, der Kreis der Näherungsweisen fürs erste ausgeschritten, soviel auch weiterhin der Erkenntnis aufgegeben blieb. Shakespeare war durchgesetzt und zum Bildungsgut geworden, die Universitäten nahmen sich seiner an: 1806 hielten Adam MÜLLER in Dresden und Friedrich BENECKE in Göttingen die ersten akademischen Vorlesungen über ihn. SCHELLING und SOLGER aber führten ihn in die philosophische Ästhetik ein und gaben den Spekulationen der romantischen Shakespeare-Kritik die Systematik und Form, die sie in Deutschland am längsten wirksam erhielt.

A. KÖSTER, *Schiller als Dramaturg*, Berlin, 1891. – H. LÜDEKE, *Ludwig Tieck und das alte englische Theater*, Frankfurt, 1922. – J. PETERSEN, »Schiller und Sh.«, *Euphorion*, 32 (1931). – H. REHDER, »Novalis und Sh.«, *PMLA*, 63 (1948). – H. OPPEL, *Das Sh.-Bild Goethes*, Mainz, 1949. – H. HIMMEL, »Sh. und die deutsche Klassik«, *JWGV*, 64 (1960). – R. PASCAL, »Goethe und das Tragische. Die Wandlung von Goethes Sh.-Bild«, *Goethe*, 26 (1964). – U. WERTHEIM, »Philosophische und ästhetische Aspekte in Prosastücken Goethes über Sh.«, *Goethe*, 26 (1954). – H. SCHANZE, »Sh.-Kritik bei Friedrich Schlegel«, *GRM*, 15 (1965). – D.M. MUELLER, »Wieland's *Hamlet* Translation and Wilhelm Meister«, *SJ West* (1969). – P.A. BLOCH, »Schillers Sh.-Verständnis«, in: *Festschrift Rudolf Stamm*, hrg. E. Kolb, J. Hasler, Bern, 1969. – A. BORSANO FIUMI, *La critica Shakespeariana di Ludwig Tieck*, Milano, 1970. – U. KLEIN, *Die Entwicklung frühromantischer Kunstanschauung im Zusammenhang mit der Sh.-Rezeption durch F. und A. W. Schlegel im letzten Jahrzehnt des 18. Jahrhunderts*, Diss., Berlin, 1972 (Auszüge in *SJ Ost*, 110 [1974] und 111 [1975]).

d) *Studium und Exegese: das 19. Jahrhundert*

aa) *Zwischen Spekulation und pragmatischer Orientierung*

In der nachromantischen Shakespeare-Kritik dominierte nicht mehr das Votum der Dichter. Die produktive Auseinandersetzung mit Shakespeares Werk, die durch SCHLEGELS Verdeutschung eine neue Grundlage erhalten hatte, setzte sich zwar bei KLEIST, BÜCHNER, GRABBE und GRILLPARZER auf je eigene Art fort, doch geschah das fast ohne theoretische Artikulation abseits der literarischen Öffentlichkeit. Die Aufgaben und Funktionen der Shakespeare-Kritik änderten sich: sie wurde eine Angelegenheit der Wissenschaft, der Schulästhetik, der allgemeinbildenden Publizistik und der dramaturgischen Handwerkslehre. Das Gesamtbild, das die Romantiker von Shakespeares poetischem Kosmos entworfen hatten, verlor seine Verbindlichkeit und integrierende Kraft. Spezialfragen traten in den Vordergrund, und sie waren, wo sie sich mit einem lebendigen aktuellen Interesse verbanden, weniger von künstlerischer als philosophischer und politischer Relevanz. Shakespeares Weltweisheit und sittliche Hoheit, Shakespeare als männlicher Führer zu einem tätigen Leben und als Muster des Patriotismus – das waren Leitvorstellungen, denen gegenüber ästhetische Belange merklich zurücktraten. Auch wer für Gestaltprobleme sensibel blieb, sah sie doch vorwiegend unter dem Aspekt technischer Ökonomie. So führten selbst Otto LUDWIGS nachgelassene *Shakespeare-Studien* (1871) nur in punktuellen Beobachtungen zur Dramaturgie des Indirekten und zum Schauspielerischen bei Shakespeare über die Erkenntnisse der Romantiker hinaus, während die Breitenwirkung von Gustav FREYTAGS formalistischer *Technik des Dramas* (1863), die sich häufig auf Shakespeare berief, deutlich genug anzeigte, wie weit man sich vom Geist des romantischen Formverständnisses entfernt hatte.

Symptomatisch für den neuen Zugang zu Shakespeare waren HEGELS Ästhetik-Vorlesungen der zwanziger Jahre mit ihrer auf die Charaktere konzentrierten Betrachtung. Im Unterschied zu früher wurde nun nicht die lebendige Vielfalt, menschliche Wahrheit, leidenschaftliche Gewalt oder unkonventionelle Größe der Shakespeareschen Gestalten hervorgehoben, sondern ihre konkrete Bestimmtheit und das Besondere und Konstante ihres individuellen Wesens. Indem HEGEL sie aber immer noch dialektisch als »Künstler ihrer selbst« definierte, schloß er eine einseitig psychologische Auffassung ihrer Eigenart aus. Zur Psychologisierung tendierte freilich alles. Immer nuancensüchtiger warteten die Interpreten in der Folgezeit mit »Charakterstudien« auf, die Shakespeares Figuren aus dem dramatischen Kontext herauslösten und wie historische Persönlichkeiten behandelten. Im übrigen wirkte HEGEL weniger durch seine Auslegung des Dichters als durch seine Tragödientheorie und Geschichtsphilosophie auf die Shakespeare-Deutung der nächsten Jahrzehnte. Das wird besonders erkennbar in Hermann ULRICIS Buch *Über Shakespeare's dramatische Kunst* (1839, mehrfach umgearbeitet), in Heinrich Theodor RÖTSCHERS Abhandlungen über Shakespeares Charaktere (1844, 1864), in Friedrich Theodor VISCHERS frühen Schriften (während seine redseligen *Shakespeare-Vorträge* der sechziger bis achtziger Jahre, die 1899–1905 postum in 6 Bänden erschienen, diese Spuren verwischten) und – abgeschwächt – in Hermann HETTNERS kritischer Untersuchung *Das moderne Drama* (1852).

Dieser philosophisch orientierten, deduktiven, um den Nachweis von Grundideen in Shakespeares Dramen bemühten Exegese stand eine zusehends an Boden gewinnende, allem Spekulativen abgeneigte, »realistische« Interpretation gegenüber, die Shakespeare nicht mehr wie noch HEGEL mit den antiken Dramatikern konfrontierte und in Typologien einordnete, sondern sein Schaffen vom Biographischen her zu begreifen suchte und auf ethische Ideale bezog. Der Hauptvertreter dieser Richtung war Georg Gottfried GERVINUS, dessen Buch *Shakespeare* (1849/50) mit seinen vier Auflagen das Standardwerk der 2. Jahrhunderthälfte wurde. Popularisierungen wie etwa F. KREYSSIGS *Vorlesungen über Shakspeare* (1858/60) schlossen sich bald in großer Zahl an. Daneben entwickelte sich nun eine rege Spezial- und Detailforschung, die sich vor allem mit Shakespeares Text (N. DELIUS), Quellen, Lebenszeugnissen und kultureller Umwelt befaßte, hieraus aber kaum neue Kriterien für das Verständnis der Werke gewann, weil sie auch diese in zeittypischer Umkehrung der Fragerichtung nur als Indizien zur Rekonstruktion von Shakespeares Persönlichkeit und Weltanschauung heranzog (z.B. K. ELZE).

Trotz der verschiedenen Ausgangspunkte, Ziele und Methoden und trotz mancher polemischen Parteiung ging es bei all diesen Bestrebungen doch um ähnliche Themen und Probleme. Die historischen Kenntnisse waren reicher, aber das Blickfeld war zweifellos auch enger geworden. Umsonst hatten die Romantiker z.B. für die Komödien geworben; die Tragödien, deren Vorrang nun auch kunstphilosophisch beweisbar erschien, absorbierten wieder bis zur Ausschließlichkeit das Interesse. Angelpunkte der Deutung waren die Charaktere (und als »Charakterlustspiele« fanden auch die Komödien noch einige Beachtung); in der dramatischen Handlung sah man nichts als die Verwirklichung von Schicksalen, die bereits in den Charakteren angelegt waren. Bei der kasuistischen Ermittlung, welche Schuld oder welches »Unmaß« des Helden seinen Untergang bedinge, wurde der ganze pragmatische Tugendkatalog des nationalliberalen Bürgertums aufgeblättert. Für das Tragische gab es moralische (GERVINUS, anders SCHOPENHAUER), religiöse (ULRICI, Julian SCHMIDT, W. KÖNIG, W. SIEVERS) oder geschichtsphilosophische (HETTNER, M. CARRIERE) Erklärungen, die es hinwegtrösteten. Wohl allzu leichten Herzens konstatierte man in Shakespeares Katastrophen die Selbstvernichtung des Bösen, den Sieg einer vernünftigen, gerechten Weltordnung, eine dialektische Notwendigkeit, den historischen Fortschritt. So sehr man sich also an den individuellen Charakteren erwärmte, so kategorisch setzte man doch ein Allgemeines gegen sie ins Recht.

Die politischen Implikationen dieses Shakespeare-Bildes sind nicht zu übersehen. Der durch keine musische Kontrolle mehr ausbalancierte Überschuß an aktivistischen Maximen und sittlichen Geboten, der bei der Beschäftigung mit dem Dichter abfiel, spiegelt die Hoffnungen, Appelle und Ideologien der Demokraten und Patrioten in dieser Epoche vielfältig wider. Die Emphase, mit der Shakespeare nicht nur von GERVINUS als »ein Lehrer von unbestreitbarer ethischer Autorität und der wählenswürdigste Führer durch Welt und Leben« hingestellt wurde, bezeugte den Wunsch, das Erlebnis seiner Werke mit den Postulaten des »Zeitgeistes« zu verknüpfen. Unversehens wurde dann das nationale Anliegen zur nationalen Aneignung. Begünstigt durch das seit TIECK übliche deutsche Vorurteil gegenüber der englischen Shakespeare-Kritik, gegen das N. DELIUS und R. GENÉE vergebens protestierten, verbreitete sich die Überzeugung, »daß der deutsche Geist zuerst Shakespeares Wesen tiefer erkannte« (VISCHER). Nicht dieser Dünkel, wohl aber die Erwartung, daß die systematische Pflege Shakespeares und seine Verbreitung in allen Klassen des Volks zur »Hebung patriotischer Gesinnung« beitragen und die Nation der ersehnten Freiheit und Einheit näherbringen könne, charakterisierte schließlich die Anstrengungen, die wenige Jahre vor der deutschen Reichsgründung zur Gründung der Deutschen Shakespeare-Gesellschaft führten.

bb) Öffentliche Shakespeare-Pflege und private Opposition

»Pflegt das klassische, das historische, das nationale Drama!«, mit dieser Aufforderung begleitete Franz DINGELSTEDT 1867 die Herausgabe seiner Königsdramen-Fassungen, deren zyklische Aufführung im Jubiläumsjahr in Weimar die Konstituierung der Shakespeare-Gesellschaft eingeleitet hatte. Das Motto kennzeichnet einen Intentionszusammenhang, in den sich die allgemeine Einschätzung des Dichters mühelos einfügte: klassische Vorbildlichkeit wurde seinem dramatischen Stil zuerkannt, den man nach den Vorstellungen des poetischen Realismus umdeutete (Idealisierung des wirklichkeitsnahen Vorwurfs, Reinheit der Motive, Kausalität der Verknüpfung, Strenge der Komposition); als im höchsten Sinne historisch konnten seine Dramen (und nicht die Historien allein) gelten, weil aus ihnen »die Erkenntnis der in der Geschichte waltenden Gesetze« zu gewinnen sei; als Muster einer nationalen Literatur erschienen sie auf Grund ihrer

Volkstümlichkeit. Noch einmal rückte Shakespeare ins Zentrum eines umfassenden kulturpolitischen Programms und einer nationalen Bildungsidee, und noch immer erhoffte man sich von ihm insgeheim eine Förderung der deutschen Dramatik. Daß dabei die Historien an Bedeutung gewannen, entsprach dem in jeder Richtung fortentwickelten, das geistige Leben beherrschenden Geschichtssinn und dem aufkommenden Staatsbewußtsein. »Deutsche« Königsdramen, wie BISMARCK sie sich wünschte, lieferte bald Ernst von WILDENBRUCH.

So begnügte sich die organisierte Shakespeare-Pflege nicht mit einer Rationalisierung des wissenschaftlichen Fachbetriebs. DIN-GELSTEDT, der schon 1858 in seinen *Studien und Copien nach Shakspeare* die Gründung einer Gesellschaft angeregt hatte, und Wilhelm OECHELHÄUSER, dessen Initiative das meiste zu ihrer Verwirklichung beitrug, setzten ihr beide das Ziel, Shakespeare zu wahrer Popularität zu verhelfen, und erkannten im Theater das wichtigste und geeignetste Instrument dazu. DINGELSTEDT wies seiner Edition von 1867 ausdrücklich die Doppelaufgabe zu, Bühnenmanuskript und Volksausgabe zu sein, und auch OECHEL-HÄUSERs Bearbeitungen erschienen 1870–78 unter dem Signum einer »Ausgabe für Bühne und Familie«. Das soziale Konzept dieser Bemühungen war konkret, aber letztlich doch begrenzter als das der späteren Volksbühnenbewegung: dem »gebildeten Bürgerstand« und namentlich auch der »Frauenwelt« sollte Shakespeare nähergebracht werden. Die Jahrbücher der Gesellschaft aber wurden zum wirksamen Stimulans und repräsentativen Organ einer deutschen Shakespeare-Kritik, die sich zunehmend der literaturgeschichtlichen Forschung verpflichtete.

Doch es gab auch manche Außenseiter und Opponenten der hier skizzierten, zuletzt gleichsam offiziell gewordenen Rezeptionshaltung. Am originellsten stach HEINES Umgang mit Shakespeare vom üblichen ab. Seine launige Gelegenheitsarbeit *Shakspeares Mädchen und Frauen* (1839), Begleitschrift zu einer Reihe von Stichen, hatte nichts von der bürgerlichen Erbaulichkeit, die diesem typischen Genre (»Charaktere«) etwa bei Friedrich BODEN-STEDT anhaftete. Mit ihrer Bevorzugung von *Troilus und Cressida* als »Shakespeares eigentümlichster Schöpfung«, ihrem Sinn für die »Caprice« der Komödien, für den Humor und die tragische

Ironie Shakespeares entwickelte sie romantische Sehweisen selbständig, wenn auch nur flüchtig weiter. Auch GRILLPARZER ging
in seinen Untersuchungen zu Shakespeare unkonventionelle
Wege, wenn er ihn – als einziger nach TIECK – primär als Thea-
terdichter, als »Gesamt-Schauspieler seiner Stücke« betrachtete
und auf dramaturgischem Gebiet die Rolle des Zufalls, der Über-
raschungen und Inkonsequenzen, der genialen Verstöße gegen
das – für mindere Dramatiker freilich verbindliche – Kausalitäts-
prinzip hervorhob.

Daneben fehlte es nicht an Autoren, die das Ansehen der deutschen Klassiker bzw. die Entfaltung der dramatischen Nationalliteratur durch eine Überschätzung Shakespeares gefährdet sahen.
Am meisten Aufsehen erregte 1866 Gustav RÜMELIN mit seinen
Shakespearestudien (eines Realisten), die vom Standpunkt eines
nüchternen Positivismus aus scharf mit dem Shakespeare-Kult
der Zeitgenossen abrechneten, dabei aber so viele Verständnis-
voraussetzungen mit ihnen teilten und so viele historische und
ästhetische Einsichten vermittelten, daß sie eher als Bereicherung
und Variation denn als Verurteilung der herrschenden Auffassung aufgenommen wurden. Das Stichwort hatte solchem Unmut schon 1827 GRABBES Aufsatz *Über die Shakspearo-Manie* gegeben, der freilich in mancher Hinsicht auf die Stufe der vor-
lessingschen Argumentation zurückfiel. Ein plattes Nachspiel bot
1873 *Die Shakespearomanie – Zur Abwehr* von Roderich BENEDIX.
Kritiker vom Gewicht eines TOLSTOJ oder SHAW sind Shakespeare in Deutschland bis zu BRECHT nicht erstanden.

W. OECHELHÄUSER, »Ideen zur Gründung einer Deutschen Sh.-Gesellschaft«
(1863), vgl. *SJ*, 58 (1922). – M. WUNDT, »Sh. in der deutschen Philosophie«,
SJ, 70 (1934). – G.F. HERING, »Grabbe und Sh.«, *SJ*, 77 (1941). – L. ALFES,
*Otto Ludwigs Sh.-Studien und ihre Beziehungen zur romantisch-idealistischen Sh.-
Kritik*, Diss., Bonn, 1943. – R. KAYSER, »Georg Herweghs Sh.-Auffassung«,
GQ, 20 (1947). – E. WOLFF, »Hegel und Sh.«, in: *Vom Geist der Dichtung*, hrg.
F. Martini, Hamburg, 1949. – A. SCHWARZ, »Otto Ludwig's Shakespearean
Criticism«, in: *Perspectives of Criticism*, ed. H. Levin, Cambridge, Mass., 1950. –
H.J. LÜTHI, *Das deutsche Hamletbild seit Goethe*, Bern, 1951. – M. LEHNERT,
»Hundert Jahre Deutsche Sh.-Gesellschaft«, *SJ Ost*, 100/101 (1965). – D. DIEDE-
RICHSEN, »Grillparzers Beitrag zum Verständnis Sh.s«, in: *Grillparzer-Forum
Forchtenstein 1967*, Wien, 1967. – S. PRAWER, *Heine's Sh.: A Study in Contexts*,
Oxford, 1970. – D. HEALD, »A Dissenting German View of Sh.: Christian
Dietrich Grabbe«, *GLL*, 24 (1970). – P. C. THORNTON, *Grabbes Verhältnis zu
Sh.: Studien zum gedanklichen Gehalt seiner Geschichtsdramen*, Diss., Marburg, 1971. –
J. H. J. WESTLAKE, »Some Aspects of the Criticism in the *Sh. Jahrbuch* in the
19th Century«, *Literatur in Wissenschaft und Unterricht*, 4/3 (1971). – K. J. HÖLT-
GEN, »Über *Sh.s Mädchen und Frauen*: Heine, Sh. und England«, in: *Internationaler
Heine-Kongreß 1972*, hrsg. M. Windfuhr, Hamburg, 1973.

e) Neubewertung und Aktualisierung: das 20. Jahrhundert

Als sich die deutsche Shakespeare-Kritik im späten 19. Jahrhundert in die Schule eines gediegenen, aber etwas schwunglosen Positivismus begab, wurde sie endgültig professionalisiert. Sie gehört von da an in die Geschichte der Shakespeare-Forschung und kann allein in deren übernationalem Rahmen kohärent dargestellt werden. So ist hier nur noch ein kurzer Blick auf einige Erscheinungen der Shakespeare-Rezeption am Rande oder außerhalb der Wissenschaft zu werfen, die für das deutsche Geistesleben bedeutend oder symptomatisch waren, wenn sie auch untereinander kaum mehr in einem direkten Zusammenhang standen. Daß die Interessen und Entdeckungen des nicht fachorientierten Shakespeare-Studiums in unserem Jahrhundert stärker als je divergierten und höchst individuell bedingt waren, zeigt sich schon äußerlich an der Diskontinuität und dem allmählichen Schwund einer literarischen Gattung, die zu GERVINUS' Zeiten noch geblüht und eine Art öffentlicher Meinung über Shakespeare repräsentiert hatte – die umfassende, von profilierten Konzeptionen und Wirkabsichten getragene essayistische Deutung. Nach den Shakespeare-Vorträgen von Gustav LANDAUER (hrg. 1920) und dem Buch von Julius BAB (1925) war GUNDOLFS zweibändiger *Shakespeare* (1928) ihr letztes großes Exempel.

Gerade in diesem Bereich aber hatten sich frühzeitig neue Zugangsmöglichkeiten zu Shakespeare eröffnet. Aus der Enge und den Zirkelschlüssen der Biographik, die um die Jahrhundertwende die Interpretation beherrschte – am populärsten vertreten durch die Schriften von Georg BRANDES (deutsche Übersetzung 1895/96), Rudolph GENÉE (1905) und Max J. WOLFF (1907/08) –, führte schon 1895 Wilhelm DILTHEYS methodisch weitgespannter Versuch hinaus, die geistige Atmosphäre und die ideengeschichtlichen Traditionen der Shakespeare-Zeit zu umreißen. Er blieb allerdings Fragment und wurde erst 1954 in dem Band *Die große Phantasiedichtung* aus dem Nachlaß bekannt. Ein neues Werkverständnis, das die erstarrten philosophisch-ethischen Deutungskategorien des 19. Jahrhunderts ignorierte und sensiblere, für die Dichtungserkenntnis ergiebigere geltend machte, kündigte sich bald darauf bei HOFMANNSTHAL an. Sein Vortrag *Shakespeares*

Könige und große Herren, 1905 vor der Deutschen Shakespeare-Gesellschaft gehalten, sah wieder mit den Augen HERDERs und der Romantiker auf die Kunst der Konfiguration, die »Lebensluft« und die »Musik des Ganzen« in den Shakespeareschen Dramen. Anregungen Otto LUDWIGs wirkten nach, wenn er die Aufmerksamkeit zugleich auf das Mimische, die symbolischen Gebärden und die indirekten Gestaltungsmittel lenkte. Es war das Jahr, in dem Max REINHARDT sich anschickte, solche Einsichten in Bühnenwirklichkeiten umzusetzen.

1911 bezeugte dann GUNDOLF, wie sehr sein Shakespeare-Bild dem HERDERs verpflichtet war. »Shakespeare ist wie kein anderer das menschgewordene Schöpfertum des Lebens selbst«, erklärte er im Vorwort zu *Shakespeare und der deutsche Geist*. Dazu kam nun eine von NIETZSCHE und GEORGE beeinflußte Heroisierung des Dichters, die sich in herrischen Tönen gegen alle positivistische Kleinkrämerei und geschichtliche Relativierung wandte, vor allem aber gegen die christlichen und moralisierenden Auslegungstendenzen der Vergangenheit. GUNDOLFs neue Leitvorstellung war die von Shakespeares »Renaissance-Individualismus«, die er freilich auch im späteren Buch kaum historisch konkretisierte. Denn in erster Linie ging es ihm hier um die Schau von Shakespeares »Wesen« und »Seele«. Mochten die Begriffe auch weiter und geistiger und die Methoden und Ergebnisse um vieles inspirierter sein, es waren die alten Fragen nach Shakespeares Persönlichkeit, Erlebnis und Weltsicht. Aber im Verfolgen der inneren Biographie wurden nun auch die Werke mit einer stupenden Charakterisierungskunst und Überredungsgabe vergegenwärtigt: ihre großen Figurenschöpfungen, ihr dreidimensionaler »Lebensraum«, ihre »Landschaft«, ihre Polyphonie.

Der Künstler Shakespeare war damit wieder in den Vordergrund getreten, und zum letztenmal verband sich mit seiner Aufnahme und Wertung eine ausgeprägte ästhetische Programmatik. Das Monument, das GUNDOLF ihm errichtete, wies zugleich über Shakespeare hinaus und galt der Dichtung überhaupt als einer hohen Lebensäußerung und Lebensmacht. Solche Unbedingtheit lag der späteren Shakespeare-Essayistik fern. Wo sie sich noch einmal vernehmlicher zu Wort meldete wie in den vierziger Jahren mit Rudolf Alexander SCHRÖDERs einfühlsamen Reden

und Aufsätzen oder Reinhold SCHNEIDERs schon leicht ins Erbauliche tendierenden Abhandlungen, knüpfte sie williger an die
Forschung an und setzte ihre eigenen Akzente eher wieder im
Thematisch-Gehaltlichen, indem sie Zentralbegriffe wie Vergebung und Gnade, die Idee der Ordnung oder die Relation von
Macht und Gewissen, Tragik und christlicher Transzendenz betonte. So hat eine spezifische Richtung des Shakespeare-Engage-
ments in Deutschland mit GUNDOLF ihren Abschluß und in seinem Übermenschen Shakespeare zugleich ihr extremstes Sinnbild gefunden.

Was aber konnte Shakespeare noch für die deutschen Dramatiker bedeuten? Welche gestalterischen Anregungen vermochte ein
Klassiker ihnen zu geben, und welcher Rezeptionsmodus war
ihnen bei ihrem historischen Bewußtsein noch möglich? Die
Funktion eines Erweckers hatte Shakespeare naturgemäß nur in
der ersten Begegnung einer Epoche oder eines Individuums mit
ihm erfüllen können, und er hatte in diesem Sinne kräftig genug
gewirkt, auf eine ganze Generation im Sturm und Drang (vor
allem bei GOETHE, KLINGER und LENZ), auf einzelne Autoren noch
Jahrzehnte später, wie es nach *Götz von Berlichingen* und den
Räubern die Anfänge von KLEIST *(Die Familie Schroffenstein)*,
GRABBE *(Herzog Theodor von Gothland)* und BÜCHNER *(Dantons
Tod)* bezeugten. Auf die Phase der Identifikation war dann in der
romantischen Poesie (TIECK, ARNIM) die einer spielerischen Integration Shakespearescher Elemente gefolgt. Den Dichtern des
19. Jahrhunderts, die von Shakespeare in erster Linie Dramatur-
gisch-Technisches lernen wollten, war sein Werk bereits ein
Modell neben anderen, aber noch immer machte sich sein Einfluß, besonders im Geschichtsdrama, stark und unmittelbar geltend (KLEISTS *Robert Guiscard*, GRABBES *Marius und Sulla*, GRILL-
PARZERS *König Ottokars Glück und Ende*). Erst das Modernitätsbe-
wußtsein und Aktualitätsstreben des Naturalismus verbot solche
Anlehnung ganz; ein Shakespearisieren mußte nun endgültig als
unzeitgemäß und epigonal erscheinen. Doch brauchte der Ausfall der stilistisch-formalen Anregung die stoffliche nicht zu beschränken, und gerade sie wurde im 20. Jahrhundert ausgiebiger
denn je genutzt.

Es ist nur scheinbar paradox, daß die produktive Aneignung

Shakespeares am Ende eines langen und zu sublimen Einsichten vorgedrungenen Rezeptionsprozesses wieder bei den Stoffen, gleichsam beim Vorshakespeareschen, anlangte. Denn erstens enthielt jener Prozeß auch den gegenläufigen eines zunehmenden Verschleißes und einer Verdinglichung, und zweitens war die Verwertung Shakespearescher Werke als Rohmaterial kein Rückfall in die barbarischen Gepflogenheiten der wandernden Komödianten des 17. Jahrhunderts, sie reaktivierte vielmehr den von Brecht namhaft gemachten und nicht gering veranschlagten »Materialwert« ihrer Fabeln und reflektierte meist auch den fortgeschrittenen Rezeptionsstand mit. Je weniger Shakespeare mit den neuen literarischen Intentionen einfach zu verschmelzen war, desto gelegener kam er als Folie der eigenen Standortbestimmung, als zu verfremdender Traditionskomplex, als Anspielungshintergrund und als Quelle des parodistischen Zitats.

Dieser Wandel des Bezugs machte sich auf verschiedenen Ebenen und in mehreren Stufen bemerkbar. Die letzten Spuren einer »naiven«, nicht nur motivlichen, sondern auch stilistischen Anknüpfung zeigten zu Beginn des Jahrhunderts die Bemühungen Gerhart Hauptmanns um das Versdrama *(Schluck und Jau, Indipohdi)* oder die Hofmannsthals um die Großform der Tragödie *(Das gerettete Venedig)*. Die unterschiedlichen Spielarten der zitathaften Verwendung Shakespeares, die ja keineswegs auf das Drama begrenzt zu sein braucht, mag die bloße Aufzählung einiger Werke andeuten: Sternheims *Bürger Schippel,* G. Hauptmanns *Hamlet in Wittenberg* und *Im Wirbel der Berufung,* Brechts *Arturo Ui,* T. Manns *Doktor Faustus,* M. Walsers *Der schwarze Schwan.* Die bezeichnendsten Muster für die neue Art der Aneignung aber waren die *Hamlet*-Versionen von Hauptmann und die Shakespeare-Stücke von Brecht *(Macbeth* und *Hamlet* für den Rundfunk, *Coriolan)* und von Dürrenmatt *(König Johann, Titus Andronicus).* Dies sind weder herkömmliche Bearbeitungen nach aufführungspraktischen oder geschmacklichen Gesichtspunkten, noch moderne Fassungen von Shakespeares Stoffen (wofür Brecht mit *Die Rundköpfe und die Spitzköpfe* nach *Maß für Maß* ein Beispiel lieferte), sondern kritische Neuaufbereitungen seiner Fabeln, Kontrafakturen, die ebenso Shakespeare-Derivate wie Originale genannt werden können.

Am umfassendsten hat Brecht diese Erneuerung begründet. Es ist allzu simpel, seine theoretischen Motive zu ignorieren, um *Coriolan* als eine »Verfälschung« Shakespeares zu erweisen, oder sie psychologistisch als »Haß auf Shakespeare« abzutun. Seine Kritik richtete sich vor allem gegen die – als konstituierendes Prinzip des Shakespeareschen Dramas gesehene – Darstellung der großen einzelnen und ihrer Leidenschaften. Dadurch mangle es den Werken heute an gesellschaftlichem Gebrauchswert. Als Theaterpraktiker konnte Brecht nur empfehlen, sie, wenn überhaupt, als historische zu spielen, d. h. in kräftigen Gegensatz zu unserer Zeit zu setzen; als Autor konnte er es wagen, sie zu »aktualisieren«, nicht im Kostüm, sondern im Problem. Aber mit seiner salomonischen Formel »Wir können den Shakespeare ändern, wenn wir ihn ändern können« verwies er ausdrücklich auf den Zusammenhang von Dürfen und Vermögen. Denn auch er wußte um die Schwierigkeit aller Shakespeare-Bearbeiter: ihn zu adaptieren, ohne seine Vorzüge gegen sich zu mobilisieren.

F.A. VOIGT und W.A. REICHART, *Hauptmann und Sh.*, Breslau, 1938, Goslar, 1947². – G. ROHRMOSER, *Kritische Erörterungen zu Gundolfs Sh.-Bild unter den Kategorien der Geschichte und der Person*, Diss., Münster, 1954. – M. PROSKE, »Sh. und Hofmannsthal«, *SJ*, 95 (1959). – H. HULTBERG, »Bert Brecht und Sh.«, *OL*, 14 (1959). – E.C. MASON, »Gundolf und Sh.«, *SJ*, 98 (1962). – B. DORT, »Brecht devant Sh.«, *RHT*, 16 (1965). – H. IDE, »Die Geschichte und ihre Dramatiker. Coriolan als Thema für Sh., Brecht und Günter Grass«, *JSUB*,Beiheft 7 (1967). – J. KLEINSTÜCK, »Bertolt Brechts Bearbeitung von Sh.s *Coriolanus*«, *LJGG*, 9 (1968). – I.H. REIS, *Gerhart Hauptmanns Hamlet-Interpretation in der Nachfolge Goethes*, Bonn, 1969. – R.T.K. SYMINGTON, *Brecht und Sh.*, Bonn, 1970. – R. STAMM, »*King John – König Johann:* Vom Historienspiel zur politischen Moralität«, *SJ West* (1970) (Dürrenmatt). – A. SUBIOTTO, »The ›Comedy of Politics‹. Dürrenmatts *King John*«, in: *Affinities: Essays in German and English Literature*, ed. R. W. Last, London, 1971. – P. GEBHARDT, »Brechts Coriolan-Bearbeitung«, *SJ West* (1972). – U. BAUM, *Bertolt Brechts Verhältnis zu Sh.*, Diss., Berlin, 1972. – P. KUSSMAUL, *Bertolt Brecht und das englische Drama der Renaissance*, Bern, 1974. – R. Freifrau v. LEDEBUR, *Deutsche Sh.-Rezeption seit 1945*, Frankfurt, 1974. – W. PACHE, *»Measure for Measure* und *Die Rundköpfe und die Spitzköpfe:* Zur Sh.-Rezeption Bertolt Brechts«, *Canadian Review of Comparative Literature*, 3 (1976). – T. E. REBER, »Dürrenmatt und Sh.: Betrachtungen zu Dürrenmatts *König Johann*«, in: *Friedrich Dürrenmatt*, hrsg. G. P. Knapp, Heidelberg, 1976.

4. Die Romania (Frankreich, Italien, Spanien)

a) Anfänge

Die Shakespeare-Rezeption setzt in den romanischen Ländern überraschend spät ein. Zwar gastierten auch in Frankreich (in

Paris nachweislich 1598, 1603, 1604) englische Wandertruppen, die vor allem Stücke von Shakespeare spielten, doch finden sich in Zusammenhang hiermit keine Aussagen über Shakespeare. Ganz vereinzelte und nur beiläufige Erwähnungen finden sich in Berichten von Englandreisenden seit der zweiten Hälfte des 17. Jahrhunderts (L. MAGALOTTI 1667, SAINT-EVREMOND 1682 u. a.). Mit dem zunehmenden Interesse an England im ausgehenden 17. und im 18. Jahrhundert werden dann die – allerdings noch immer beiläufigen – Erwähnungen Shakespeares häufiger (in Zeitschriften: *Nouvelle République des Lettres*, Jan. 1703, *Journal des Savans*, Okt. 1708 und in den Reiseberichten von LE PAYS, PAYEN, MURALT, LE SAGE u. a.). Als Beginn der Shakespeare-Kritik in der Romania ist jedoch erst die *Dissertation sur la poésie angloise* im *Journal littéraire* von 1717 anzusehen. Den Anfang der italienischen Shakespeare-Rezeption bedeutet CONTIS Vorwort zu seiner Tragödie *Il Cesare* (1726); seine Ausführungen sind jedoch sehr pauschal und spärlich, und allein schon die Schreibung des Namens (»Sasper«) verweist auf eine Kenntnis aus zweiter Hand. Noch später setzt die Rezeption in Spanien ein, und zwar in Zusammenhang einer Streitschrift F. M. NIFOS gegen VOLTAIRE (1764); doch kannte auch NIFO keinen Text Shakespeares, sondern versuchte nur die Argumente VOLTAIRES gegen diesen selbst zu verwenden.

Dieser späte Beginn der Shakespeare-Rezeption in der Romania ist im Gesamtzusammenhang der Kulturbeziehungen zwischen Germania und Romania zu sehen, wobei die germanischen Länder bis hinein ins 18. Jahrhundert im allgemeinen die Rezipierenden waren. Erst nachdem das Interesse an England auf anderen Gebieten geweckt worden war (Philosophie, Naturwissenschaften, politische Verfassung), fand auch die englische Literatur Beachtung. Sie traf hierbei auf ein strikt normatives poetologisches System, das des Klassizismus, das durch die kulturelle Vormachtstellung Frankreichs bis hinein ins 19. Jahrhundert auch in Italien und Spanien, wo bezeichnenderweise »galoclasicismo« als Epochenbegriff existiert, seine Gültigkeit besaß. Diese war dergestalt verfestigt, daß z. B. noch 1825 ein spanischer *Hamlet* erschien, der nicht aus dem Urtext, sondern aus der französischen, klassizistischen Nachdichtung von DUCIS übersetzt war.

b) Rezeption im Rahmen der klassizistischen Ästhetik

aa) Der »goût classique« als fraglos gültiger Rezeptionshabitus

Einem breiteren Publikum bekannt gemacht wird Shakespeare erst durch VOLTAIRE, einen der wesentlichen Exponenten der klassizistischen Ästhetik. VOLTAIRES Äußerungen über Shakespeare werden von dem zunächst englisch verfaßten *Essay on Epic Poetry* (1728) bis zur Vorrede zu *Irène* (1778) in der Betonung des Negativen zunehmend rigoroser, insgesamt behalten sie jedoch grundsätzlich den gleichen Tenor bei. Daß VOLTAIRES Meinung, die erst durch LE TOURNEUR (1776) systematisch in Frage gestellt wurde, zur bestimmenden Position des Jahrhunderts werden konnte, die nicht selten bis in die sprachliche Formulierung hinein auch von spanischen und italienischen Autoren übernommen wurde, erklärt sich nicht nur aus der dominanten Rolle VOLTAIRES im kulturellen Leben seiner Zeit. Voraussetzung hierfür ist, daß VOLTAIRE vor dem Hintergrund eines kohärenten und verbindlichen Verständnishorizonts urteilt, was nicht zuletzt daraus ersichtlich ist, daß sich in der *Dissertation* von 1717 bereits die wesentlichen Kriterien der Voltaireschen Kritik finden. In das erste Rezeptionsparadigma gehören außer VOLTAIRE und der *Dissertation* u. a. der insgesamt etwas positiver, nichtsdestoweniger klassizistisch urteilende PRÉVOST, in Frankreich ferner MARMONTEL, VAUVENARGUES, L. RACINE, RICCOBONI, LA HARPE, der frühe CHATEAUBRIAND, GEOFFROY (1819/20), P. DUPORT (1828); in Italien ALGAROTTI, QUADRIO, DENINA, BETTINELLI, CESAROTTI, NAPOLI-SIGNORELLI (1801), PAGANI-CESA (1825); in Spanien die Jesuiten LAMPILLAS, ANDRÉS und ARTEAGA (die nach ihrer Verbannung zwar italienisch schrieben, deren Werke aber sofort ins Spanische übersetzt wurden), MORATÍN. Grundtendenz dieser Kritik ist, daß man Shakespeare einzelne »beautés«, daß man ihm »force« (PRÉVOST, VOLTAIRE), »fécondité«, ja sogar »du génie infiniment« *(Dissertation)* zugesteht, daß als Ganzes gesehen seine »Farces monstrueuses qu'on appelle Tragédies« (VOLTAIRE, 1734) jedoch nur ein »fumier« seien, auf dem sich einige Perlen fänden (die krasseste Formulierung Voltaireschen Unmuts über das zunehmende Interesse an Shakespeare, 1776). Immer wieder dienen Begriffe wie »monstruosités«, »barbarie«, »fautes grossières«,

»bouffonneries« u.ä. zur Charakterisierung der Dramatik Shakespeares, Shakespeare selbst erscheint als »un cerveau déreglé« *(Dissertation)*, als »fou« (VOLTAIRE, 1735), »ivrogne« (VOLTAIRE, 1776) oder als »Gilles Shakespeare« (VOLTAIRE, 1764), der »sans la moindre étincelle de bon goût, et sans la moindre connaissance des règles« (VOLTAIRE, 1734) seine Dramen verfaßt habe. Mit den Regeln, gegen die Shakespeare verstößt, sind nicht nur die drei Einheiten gemeint, sondern auch die Stil- bzw. Gattungstrennung und das Prinzip des Dekorum, wonach Komik und Tragik sich nicht in ein- und demselben Werk finden dürfen, wonach in der Tragödie nur hochgestellte Personen mit einer ihrer Würde entsprechenden, feierlichen Sprache erscheinen dürfen, ein »noblesse«-Ideal, das nicht nur Vulgarismen, Kolloquialismen und obszöne Anspielungen als der »bienséance« zuwiderlaufend ausschließt, sondern auch die Artikulation jeglicher Kreatürlichkeit als ebenso ungeziemend verpönt wie die direkte Darstellung drastischer Handlungen auf der Bühne. Daneben wurden Shakespeare kleinere »Kunstfehler« wie Anachronismen, historische und geographische Unstimmigkeit, mangelhafte Durchkomposition seiner Werke (unnötige Wiederholungen, die Handlung nicht vorantreibende Szenen usw.), zu große Zahl der Figuren, Unwahrscheinlichkeit der Intrige, Ignorierung der »liaison des scènes« (das »clear-stage«-Prinzip der elisabethanischen Bühne war natürlich unbekannt) vorgeworfen. Obwohl also von Autoren wie VOLTAIRE theoretisch durchaus die Relativität und historische Bedingtheit des Schönen (vgl. *Dictionnaire philosophique*, s.v. »beau«) festgehalten und ein Einfluß des Publikums auf die Ausprägung der Shakespeareschen Dramenform angenommen wurde, fand zu deren Beurteilung der klassizistische Kunstbegriff uneingeschränkt Verwendung. Dies war nur deshalb möglich, weil der herrschende Regelkanon nicht als historisch bedingtes Kunstsystem, sondern als ideale Natur (vgl. z.B. VOLTAIRE, 1776) begriffen wurde, die der »unión confusa de objetos« (MORATÍN, 1798), wie sie sich in der Realität findet, übergeordnet ist. Der Dichter wählt aus, ordnet, »desecha lo inútil e inoportuno« (MORATÍN, 1798) und bildet mit den Regeln der Kunst nicht das Sein nach, sondern das Sein-Sollen der Realität. Indem Shakespeare die von ihm dargestellte Natur nicht in ein

spezifisches Kunstsystem als eigentlicher, höherer Natur über-
führt, ist er kunstlos und damit gleichzeitig unnatürlich.

bb) Beginn geschichtlichen Verstehens und Neudefinition des Verhält-
nisses von Kunst und Natur

Noch im 18. Jahrhundert und im Zusammenhang des klassizistischen Verständnishorizonts entwickelt sich ein neuer Rezeptionshabitus apologetischer Tendenz, der sich durch die Uminter-
pretation gängiger Kategorien und die zumindest partielle Erstellung eines neuen Literaturverständnisses auszeichnet. Das bisherige Literatursystem wird im allgemeinen nicht einfach als
falsch und überholt abgelehnt, wohl aber dessen Anspruch auf
Allgemeingültigkeit negiert. Zaghafte Ansätze hierzu finden sich
bereits in der Vorrede von LA PLACE zu seiner Übersetzung ausgewählter englischer Dramen (1745). Wegweisend, da von ähnlich europäischer Bedeutung wie die Äußerungen VOLTAIRES, war
jedoch das Vorwort LE TOURNEURS zu seiner Übersetzung der
Dramen Shakespeares. Diese erste Gesamtübersetzung, die sogar
das offizielle Frankreich, allen voran der König und die Königin,
subskribiert hatten, war die wichtigste Textgrundlage für die
romanische Shakespeare-Rezeption bis weit in die Romantik
hinein: Noch MANZONI z. B. kannte Shakespeare nur im LE
TOURNEUR-Text, einer Prosaversion weitgehend paraphrasieren-
den Charakters, die die Kühnheit und Vielfalt des Shakespeareschen Sprachduktus wesentlich abschwächte und der klassizistischen Literatursprache annäherte. Im Vergleich zur englischen
Kritik bringt die Vorrede kaum Neues, entscheidend für den
sich verändernden Verständnishorizont ist jedoch, daß die Argumente im klassizistischen Frankreich vertreten und in einer
Sprache verbreitet wurden, die von den gebildeten Schichten in
ganz Europa verstanden wurde. In der Grundtendenz analog zu
LE TOURNEUR äußerten sich in Frankreich BACULARD D'ARNAUD,
MERCIER, Mme. de STAEL (deren De la littérature im Gegensatz zu
De l'Allemagne jedoch noch stark klassizistisch geprägt ist), in
Italien vor allem BARETTI und MONTI, in Ansätzen auch GOLDONI
und GOZZI, während in Spanien bis auf vereinzelte Bemerkungen
bei NIFO und CADALSO und die Ausführungen ROMOS die Rezep-

tion bis in das erste Drittel des 19. Jahrhunderts grundsätzlich klassizistisch blieb.

Von wesentlich zwei Ansatzpunkten her wird von diesen Autoren mit unterschiedlicher Verbindlichkeit gegenüber den herrschenden Auffassungen (LE TOURNEUR, MERCIER und BARETTI wagen sich am weitesten vor) anhand von Shakespeare ein neues Literaturverständnis explizit. Zum einen wird auf der Geschichtlichkeit der jeweiligen Kunstform insistiert, die die apriorische Applizierung eines bestimmten Kunstsystems als Wertmaßstab ausschließt (»Pour mieux apprécier les travaux de tout Artiste, il faut les reporter au siècle où il a vécu, et comparer ses succès avec ses moyens«, LE TOURNEUR); zum anderen wird gegenüber dem Regelkanon der Kunst die Vorrangstellung der Natur postuliert, die so dargestellt werden soll, wie sie ist.

So versucht man nunmehr, die Besonderheit Shakespeares aus dem »goût national« (Mme. de STAEL, 1814) und aus dem »génie de la littérature du nord« (Mme. de STAEL, 1800) zu erklären, aus den Erwartungen seines Publikums und der gesamtkulturellen Situation der Epoche. Da jene Zeit eben noch nicht über den verfeinerten Geschmack der Franzosen des 18. Jahrhunderts verfügte, wird diesen infolgedessen das Recht abgesprochen, auf alles, was nicht ihrem Geschmack entspricht, mit Verachtung herabzusehen (LA PLACE, LE TOURNEUR). Bleiben diese und ähnliche Argumente, die auch schon bei den doktrinären Klassizisten, natürlich unter negativ wertendem Vorzeichen, auftauchten, im wesentlichen apologetischer Natur, so bedeutet der Hinweis darauf, daß die Poetik des ARISTOTELES ein völlig inadäquater Maßstab für Shakespeares Dramatik sei (LA PLACE, LE TOURNEUR, BARETTI) und die von LE TOURNEUR aufgeworfene Frage, ob ARISTOTELES nicht ein völlig anderes Regelsystem konzipiert hätte, hätten ihm die Dramen Shakespeares vorgelegen, eine grundsätzliche Infragestellung der Allgemeinverbindlichkeit der klassizistischen Ästhetik. Der Regelkanon büßt damit seinen Charakter einer universalen, höheren Natur ein und erscheint als Produkt einer spezifischen, historischen Auffassung des Verhältnisses von Natur und Kunst. Diese Einsicht macht eine völlig neue Bewertung der Shakespeareschen Dramatik mit ihrer Mischung von Ernst und Komik, von feierlicher und einfacher Sprache, von hohen und niederen Personen usw. möglich. Gerade durch das Ineinanderübergehen von Komik und Ernst nähern sich Shakespeares Dramen der Realität (LE TOURNEUR, MENEGHELLI); seine Personen seien keine »héros« (LE TOURNEUR), keine »marionettes héroïques« (Mme. de STAËL, 1814), sondern »des hommes« (LE TOURNEUR); ihre Sprache sei nicht immer die einer öffentlichen Proklamation, sondern in natürlicher Weise dem Thema, der Situation und dem jeweiligen Charakter angepaßt (LA PLACE, LE TOURNEUR; der Klassizismus wird hier mit seinen eigenen Waffen geschlagen). In Shakespeares Dramen würde nicht mehr künstlich »la moitié de l'espèce humaine« als »vil rebut« aus der Darstellung ausgeschlossen, sie seien insgesamt »le tableau de ce monde dans son état naturel et dans son cours ordinaire« (LE TOURNEUR). Damit wird nunmehr Shakespeare zum eigentlichen Dichter der Natur, seine Dramen werden zum Inbegriff des Natürlichen, das sich nicht mehr aus der Erfüllung eines als universal gesetzten Regelkanons ergibt, sondern aus der Annäherung an eine Realitätserfahrung. Freilich finden sich Einschränkungen und Nuancierungen. So wird z. B. von Mme. de STAËL u. a. die Drastik in der Darstellung des Schrecklichen auf der Bühne als illusionszerstörend betrachtet, wird selbst noch von MERCIER, der sich vielleicht am weitesten von der klassizistischen Position entfernt, die »indécence« der Sprache Shakespeares kritisiert und somit das »bienséance«-Ideal perpetuiert. Generell bleibt jedoch bestehen, daß sich in der zweiten Jahrhunderthälfte in Frankreich und Italien ein grundsätzlich neues Shakespeare-Verständnis artikuliert, das den Verständnishorizont der klassizistischen Ästhetik in weitgehendem Maße überschreitet.

c) Romantik: Shakespeare als Ausgangspunkt und Rechtfertigung für ein neues Regelsystem

Die romantische Shakespeare-Rezeption ist insgesamt durch den Ausbau und die Systematisierung jenes Verständnishorizontes charakterisiert, der mit LE TOURNEUR usw. aufgekommen war. Dieser Vorgang vollzog sich in Frankreich genau wie in Italien oder Spanien unter ausgeprägtem Einfluß der deutschen Klassik und Romantik (vor allem A. W. SCHLEGELS), so daß BOTTA 1826

von der Ablösung der »franceserie« durch die »tedescherie« sprechen konnte. Am intensivsten ist die Beschäftigung mit Shakespeare in Frankreich (GUIZOT, STENDHAL, HUGO, VIGNY, VILLE-
MAIN; eher reserviert klassizistisch bleibt die Position LAMARTI-
NES u.a.). In Italien flacht das Interesse am Drama und damit
auch an Shakespeare nach den Auseinandersetzungen der zwanziger Jahre, wesentlich getragen von MANZONI und den Äußerungen PELLICOS und MONTANIS in der *Antologia*, dem *Concilia-
tore* usw., zugunsten des »teatro lirico«, der Oper, merklich ab.
In Spanien hingegen blieb, trotz BÖHL DE FABER, BLANCO-
WHITE, LISTA, dem späten GALIANO (anfangs war er noch klassizistisch und Gegner BÖHL DE FABERS) u.a. die ganze erste Jahrhunderthälfte der Chor eher klassizistischer Stimmen durchaus
vernehmbar (HERMOSILLA, MARTÍNEZ DE LA ROSA, ARECILLA,
PIDAL).

LE TOURNEUR und verwandte Autoren des 18. Jahrhunderts
fortführend, betonen die Romantiker einerseits die grundsätzliche Geschichtlichkeit des literarischen Systems und die Notwendigkeit, dieses aus dem sozio-kulturellen Gesamtsystem der
jeweiligen Zeit zu begreifen und zu erklären, und negieren damit
die Allgemeingültigkeit bestimmter Normen. Andererseits sehen sie in Shakespeare aber eine mögliche Basis für das eigene
Kunstwollen: »le système que je crois convenable à notre époque«
(VIGNY; ebenso GUIZOT), während sie die klassizistische Dramatik, abgestimmt auf »les exigences des Français de 1670, et non
sur les besoins moraux, sur les passions dominantes des Français
de 1824« (STENDHAL) als inadäquat ablehnen. So sei es unhaltbar,
nach der Französischen Revolution das Volk aus der dramatischen Darstellung auszuschließen (MONTANI, 1826); GUIZOT erklärt den grundsätzlich anderen Charakter der englischen Tragödie aus der größeren Freiheit und den geringeren Klassenun-
terschieden der englischen Gesellschaft, und VILLEMAIN meint,
daß das Verständnis für Shakespeare mit der Zunahme der demokratischen Gesinnung steige.

Indem dergestalt die Ästhetik an politisch-gesellschaftliche
Gegebenheiten rückgekoppelt wird und sich das System der
Dramatik Shakespeares als den Intentionen der eigenen Zeit ent-
sprechend erweist, während das klassizistische diesen zuwider-

läuft, findet eine Traditionsablösung statt, in deren Verlauf anstelle der klassizistischen die Shakespearesche Dramatik als vorbildhaft tritt (HUGO, 1827: »Shakespeare, c'est le Drame«). Selbstverständlich wehren sich alle Romantiker gegen »imitatio«, gleichgültig, ob es sich nun um RACINE oder Shakespeare handle, denn zum einen sei schließlich auch Shakespeare in den Vorstellungsweisen seiner Zeit verwurzelt, denen ein Fortschritt des »esprit général« gegenüberstünde (VIGNY), und zum anderen sei ein Genie überhaupt unnachahmlich (HUGO). Trotz dieser Betonung der Geschichtlichkeit und Individualität der Dramatik Shakespeares wird ihr eine Verbindlichkeit für die eigene Zeit zugesprochen, die dem klassizistischen System entzogen wird. Damit ist Shakespeares Dramenform nun jedoch nicht mehr wie bei den positiven Stellungnahmen des 18. Jahrhunderts eine Möglichkeit neben anderen, sondern sie ist Ausgangspunkt zur Erstellung eines neuen Normensystems, das für die eigene Zeit dieselbe Verbindlichkeit beansprucht wie einst das klassizistische und das sich trotz gegenteiliger Behauptungen (»Loin de détruire les grandes réputations [sc. die klassischen Autoren], je dis que l'art doit savoir gré à chacun de son oeuvre selon son temps«, VIGNY) dann natürlich auch gegen dieses richtet. So zeigt z.B. MANZONI durch eine Gegenüberstellung von Zaïre und Othello, daß VOLTAIRES Tragödie gerade durch die Zeiteinheit unwahrscheinlich werde, daß eine Darstellung der Entwicklung der Eifersucht innerhalb dieses Rahmens unmöglich sei und das »plot« nur auf Zufällen basiere. Unter Zugrundelegung des neuen Verhältnisses von Natur und Kunst, wie es sich seit dem 18. Jahrhundert allmählich konstituierte, werden die vom Klassizismus an Shakespeare kritisierten »Fehler« zu positiven Qualitäten. Die Mischung von Ernst und Komik (dagegen sprechen sich allerdings weiterhin MANZONI, CHATEAUBRIAND und LAMARTINE aus), die Variationsbreite der Sprache, der Verzicht auf Orts- und Zeiteinheit (die Einheit der Handlung bzw. des Interesses wird weiter gefordert) werden als wahrscheinlich und natürlich interpretiert, da sie dem So-Sein der vorgegebenen Wirklichkeit entsprächen.

d) Ausgehendes 19. Jahrhundert und 20. Jahrhundert: Traditionalität
und Partikularisierung des Rezeptionshabitus

War die Shakespeare-Rezeption in Klassizismus und Romantik durch die Anlegung eines relativ homogenen und allgemeinverbindlichen Normensystems charakterisiert, so vollzieht sich im letzten Drittel des 19. Jahrhunderts ein Partikularisierungsprozeß, der die verschiedensten Rezeptionsweisen zuläßt, deren jeweilige Spezifizität sich aus der mehr oder weniger privaten Ästhetik des einzelnen Rezipienten ergibt. Dies soll nicht heißen, im ausgehenden 19. und im 20. Jahrhundert gäbe es keine transindividuellen Rezeptionsweisen, gemeint ist nur, daß sehr Verschiedenes simultan existiert, während ähnliche bzw. gleiche Rezeptionsformen ein ganzes Jahrhundert auseinanderliegen können.

aa) Kontinuation romantischer Rezeptionsweisen

Typisch für das ausgehende 19. Jahrhundert ist einmal die Kontinuation des romantischen Rezeptionsparadigmas. Wie HUGO sieht TAINE die zentrale Qualität von Shakespeares Dramatik in der »imagination« und betrachtet diese damit als Gegenpol zum logisch-rational ausgerichteten klassischen französischen Drama. Ebenfalls wie HUGO deutet TAINE ferner die Darstellung auch des Häßlichen im Gegensatz zur Idealität der »belle nature« als besonders naturgetreue Wiedergabe der vorgegebenen Realität. Überhaupt wurde bis zu MONTHERLANT Shakespeares Dramatik immer wieder als besonders lebensecht und realitätsnah gesehen, d.h. sie wurde an der Auffassung von der »Natürlichkeit« der Kunst gemessen, wie sie die Romantik verstand. Das ermöglichte es dann auch, als der Begriff in Mode gekommen war, Shakespeare als großen Realisten zu bezeichnen (MENÉNDEZ Y PELAYO, A. FEUILLERAT). Selbst ein BARRAULT (1948) denkt noch wesentlich in diesen Kategorien, auch wenn er an einer Stelle von der »réalité supranaturelle« der Dramen Shakespeares spricht.

Umstritten ist das Spezifische der Figuren Shakespeares: Verweisen die einen (DE SANCTIS, MONTÉGUT, BERGSON) auf deren individualisierende Charakterisierung und interpretieren diese im Gegensatz zu den Typen der klassizistischen Tragödie als besonders lebensecht, so wendet sich etwa CROCE gegen diesen romantischen Individualismus, indem er betont, daß es sich um ewige Seinsweisen des Menschlichen handle. Typisch romantischem Denken verhaftet ist ferner die biographistische Ausdeutung der Personen (TAINE: »Hamlet, c'est Shakespeare«), wogegen sich zwar bereits DE SANCTIS gewendet hatte, die aber Bestandteil der Shakespeare-Rezeption bis ins 20. Jahrhundert bleibt (ALCALÁ-GALIANO, JOSÉ DE ARMAS, MÉZIÈRES u.a.). Eine systematische Gegenposition bezieht, was die Dramatik betrifft, wiederum CROCE, während in bezug auf die Sonette auch er sich nicht von der romantischen Konzeption der Erlebnisdichtung befreit, was seinerseits dann UNGARETTI tut. Auf dem eben nicht privat-persönlichen, sondern transindividuellen Charakter von Shakespeares Werk insgesamt hatte jedoch bereits FLAUBERT insistiert. Er sah das Spezifische Shakespeares im Gegensatz gerade etwa zu romantischen Autoren wie BYRON in dessen »impersonnalité surhumaine« und vertrat damit eine grundsätzlich andere Position, die erst im 20. Jahrhundert zum Tragen kommen sollte.

bb) Rückwendung zu klassizistischen Beurteilungsmaßstäben

Neben dem romantischen Rezeptionsparadigma ist ein in seinen Grundanschauungen klassizistisches zu ermitteln, das vor allem zu Beginn des 20. Jahrhunderts wieder stärker in den Vordergrund tritt (JUSSERAND, PELLISSIER, J. GALLARDO) und dem nach jugendlichem Enthusiasmus für Shakespeare auch Autoren wie CLAUDEL und GIDE zuneigen. In geradezu Voltairescher Manier unterscheidet etwa JUSSERAND zwischen der »nourriture grossière«, die das »gemeine Volk« als »collaborateur« der Werke Shakespeares erzwungen habe, wie »indécences, brutalités, mystifications, tortures, basses plaisanteries« usw., und der »nourriture éthérée«, die Shakespeares eigenem Geist entsprungen sei und die seit Jahrhunderten »les délices des plus grands parmi les hommes« ausmache. Nur auf der Basis der klassizistischen Dramenkonzeption ist es ferner CLAUDEL möglich, Shakespeare mangelnde Komposition vorzuwerfen oder kann GIDE Shakespeare und RACINE dergestalt gegenüber stellen, daß der eine zwar menschlicher sei, der andere aber den Gipfel der Kunst darstelle. Dieses Urteil fußt auf der gleichen Vorstellung von Kunst als einer auf unwandelbaren Gesetzmäßigkeiten beruhenden

höheren, idealen Realität, wie sie Grundlage der klassizistischen
Poetik und der Shakespeare-Rezeption jener Zeit war.

cc) Ideologische Kritik

Bleibt also die Kritik, die sich wesentlich mit literarischen
Aspekten der Shakespeareschen Dramatik beschäftigt, weitgehend
romantisch oder kehrt zu klassizistischen Beurteilungsmaßstäben
zurück, so entsteht im ausgehenden 19. Jahrhundert eine nur
mehr inhaltlich orientierte, ideologische Kritik, die aus den Dramen eine bestimmte Geisteshaltung bzw. Philosophie Shakespeares extrapoliert und diese dann je nach der eigenen Position
bewertet. Von religiös überzeugten Autoren wie Charles Du
Bos oder CLAUDEL wird die fehlende Transzendenz, die aus-
schließliche Diesseitsbezogenheit der Dramatik Shakespeares bedauert, während Antonio de ALARCÓN das grundsätzlich Christliche des Shakespeareschen Dramas betont (»Diós misericordioso
está siempre en el fondo del drama«); MAURIAC und R. ROLLAND
verweisen auf den nihilistischen Grundton; MÉZIÈRES sieht in
Shakespeare den Moralisten, der »imagination« und »raison« ver-
eine und dessen Popularität auf der »beauté morale de ses conceptions« beruhe, und J. ECHEGARAY begreift *Hamlet* gar als Thesenstück über die Frage »To be or not to be . . .«.

dd) Shakespeares »Modernität«

Neben und im Gegensatz zu den bisher skizzierten Rezeptions-
paradigmen konstituiert sich im Laufe des 20. Jahrhunderts allmählich ein viertes, das sich vereinfacht in der Formel »Shakespeare our contemporary« fassen läßt. Insistiert wird auf der
überzeitlichen Gültigkeit der Problem- und Weltsicht der
Shakespeareschen Dramen, auf deren »actualité immédiate«
(MAURIAC) und »vérité d'aujourd'hui« (FEUILLERAT). Die spezifische »Modernität« gerade Shakespeares etwa gegenüber MO-
LIÈRE wird jedoch nicht auf Grund reiner Thematisierung anthro-
pologischer Konstanten begründet. Es wird argumentiert, daß
»les conditions de son existence sont très proches de nos conditions d'existence« (BARRAULT), daß Shakespeare wie wir in einer
Zeit des Übergangs und der Umwälzungen lebte, einer Zeit, in
der die überkommenen Werte in Frage gestellt werden, und

dies zum Gegenstand seiner Dramatik gemacht habe. Im Gegensatz zur philosophisch-moralisierenden Shakespeare-Kritik vor allem des ausgehenden 19. Jahrhunderts wird in diesem Zusammenhang nunmehr gerade darauf insistiert, daß Shakespeare zwar Probleme aufwerfe und darstelle, aber keine Lösungen gebe, daß seine Welt ein »triomphe de l'ambiguïté« (BARRAULT) sei, daß seine Figuren keinen konsistenten, festlegbaren Charakter besäßen (MONTHERLANT, aber auch schon J. VALERA), daß er überhaupt einen gänzlich neuen Helden, den »héro du Doute« (BARRAULT) schaffe. CAMUS bestimmt ihn als »ancêtre« des »homme absurde«. Ein erster Ansatz zu diesem neuen, sich erst im zweiten Drittel des 20. Jahrhunderts durchsetzenden Shakespeare-Bild findet sich wiederum bereits bei FLAUBERT, der als wesentliches Merkmal wirklicher Kunst postuliert, daß sie aufzeige, aber nicht »folgere« und infolgedessen nie Vehikel einer spezifischen Ideologie werden könne. Genauso äußert sich BARRAULT, indem er feststellt, daß Shakespeare selbst in seinen politischen Stücken die »basse propagande« vermeide, daß er nicht Stellung beziehe und »tout simplement un artiste« bleibe.

Verweist das zuletzt skizzierte Rezeptionsparadigma, in dem das Positive und Moderne des Shakespeareschen Werkes mit Begriffen wie Komplexität, Ambiguität, Nichtfestlegbarkeit, vielfältige Interpretierbarkeit, Zweckfreiheit usw. charakterisiert wird, auf einen Verständnishorizont, der als einzig verbindlich das Unverbindliche akzeptiert, so stellt sich die Frage, inwieweit nicht wiederum eine Faszination des Verbindlichen aufzukommen scheint, die auch an Shakespeare anderes sehen wird.

I. Texte
1. Sammlungen
I. GOLLANCZ, hrg. *A Book of Homage to Sh.*, Oxford, 1916. – O. Le WINTER, hrg., *Sh. in Europe*, London, 1970.

2. Frankreich
C. de SAINT-EVREMOND, »Lettre à Madame la Duchesse de Mazarin«, *Oeuvres meslées*, hrg. Des Maizeaux, 2 Bde., London, 1705, Bd. II. – »Dissertation sur la poésie angloise«, *Journal littéraire*, 9 (1717). – VOLTAIRE, »Voltaire on Sh.,« hrg. T. Besterman, *Studies on Voltaire*, 54 (1967). – J.L. PRÉVOST, *Mémoires et aventures d'un homme de qualité*, 7 Bde., Amsterdam, 1728-1731. – J.L. PRÉVOST, *Le pour et le contre*, 20 Bde., Paris, 1733-1740. – L. RICCOBONI, *Réflexions historiques et critiques sur les différentes théâtres de l'Europe*, Amsterdam, 1738. – J.-B. Le BLANC, *Lettres d'un François concernant le gouvernement, la politique et les moeurs des Anglois et des François*, 3 Bde., Den Haag, 1745. – P.A. de LA PLACE,

»Discours sur le théâtre anglois«, in: *Théâtre Anglois*, 8 Bde., London, 1745–1748, Bd. I. – *Encyclopédie*, 35 Bde., Paris, 1751–1780 (s. v. *critique, génie, Stratford, tragédie*). – L. RACINE, *Remarques sur la poésie de J. Racine, suivies d'un traité sur la poésie dramatique*, 3 Bde., Amsterdam, Paris, 1752. – J.B.A. SUARD, »Essai historique sur l'origine et les progrès du drame anglais«, in: *Variétés littéraires ou recueil de pièces tant originales que traduites*, 4 Bde., Paris, 1768. – F.-T.-M. de BACULARD D'ARNAUD, *Le Comte de Comminges ou les Amants malheureux*, Paris, 1768³. – J.-F. de MARMONTEL, *Chefs-d'oeuvres dramatiques . . . avec des discours préliminaires sur les trois genres, et des remarques sur la langue et le goût*, Paris, 1773. – L.-S. MERCIER, *Du théâtre, ou nouvel essai sur l'art dramatique*, Amsterdam, 1773, Nachdruck Genf, 1970. – L.-S., MERCIER, *De la littérature et des littérateurs*, 2. Teil: *Nouvel examen de la tragédie française*, Yverdon, 1778. L.-S. MERCIER, *Mon bonnet de nuit*, 4 Bde., Neuchâtel, 1784. – L.-S. MERCIER, *Tableau de Paris*, 12 Bde., Amsterdam, 1781, 1782–88². – P.F. LE TOURNEUR, »Discours extrait des différentes préfaces, que les éditeurs de Sh. ont mises à la tête de leurs éditions«, in: *Sh. traduit de l'Anglois*, 20 Bde., Paris, 1776–1783, Bd. I. – J.-F. LA HARPE, »De Sh.«, in: *Oeuvres*, 16 Bde., Paris, 1820/21, Bd. V. – J.L. GEOFFROY, *Cours de littérature dramatique, ou recueil par ordre de matières des feuilletons de Geoffroy*, 5 Bde., Paris 1819–20 (Artikel über Sh. 1799ff.). – Mme. de STAËL, *De la littérature*, éd. crit. P. van Tieghem, 2 Bde., Genf, 1959 (1800¹). – Mme. de STAËL, *De l'Allemagne*, éd. crit., de Ponge, 5 Bde., Paris 1958–1960 (1814¹). – F.-R. de CHATEAUBRIAND, *Oeuvres complètes*, 18 Bde., Paris, 1859–1893, Nachdruck New York, 1970 (Bde. 6, 11). – F.P.G. GUIZOT, *Oeuvres complètes de Sh.*, nouvelle édition . . . précédée d'une notice biographique et littéraire, 13 Bde., Paris, 1821. – F.P.G. GUIZOT, *Sh. et son temps*, Paris, 1852. – STENDHAL, *Racine et Sh.*, hrg. P. Martino, 2 Bde., Paris, 1925 (1823–1825¹). – J.J. AMPÈRE, »Le théâtre comparé de Racine et de Sh.«, in: *Le Globe*, 1825; abgedruckt in: J.J. A., *Mélanges d'histoire littéraire et de littérature*, 2 Bde., Paris, 1867. – V. HUGO, »Préface de Cromwell«, in: *Théâtre*, 2 Bde., Paris, 1963–64, Bd. I (1827¹). – V. HUGO, *W. Sh.*, Paris, 1864. – P. DUPORT, *Essais littéraires sur Sh.*, 2 Bde., Paris, 1828. – A. de VIGNY, »Lettre à Lord*** sur la soirée du 24 octobre 1829 et sur un, système dramatique«, in: *Oeuvres complètes*, 2 Bde., hrg. F. Baldensperger, Paris. 1948–1950, Bd. I. – duc de BROGLIE, »Sur Othello, traduit en vers français par M. Alfred de Vigny, et sur l'état de l'art dramatique en France en 1830«, *Revue française*, Jan. 1830 (abgedruckt in: M. Guizot, *Sh. et son temps*, Paris, 1852). – A.F. VILLEMAIN, *Essai biographique et littéraire sur Sh.*, Paris, 1838. – A.F. VILLEMAIN, *Etudes de littérature ancienne et étrangère*, Paris, 1854. – J.B.M.A. LACROIX, *De l'influence de Sh. sur le théâtre français jusqu'à nos jours*, Bruxelles, 1856. – G. FLAUBERT, *Correspondance*, 9 Bde., Paris, 1926–1933. – H. TAINE, »Sh.«, in: *Histoire de la littérature anglaise*, 5 Bde., Paris, 1863–1874, Bd.II. – A.J.F. MÉZIÈRES, *Sh., ses oeuvres et ses critiques*, Paris,1860. – A. de LAMARTINE, *Sh. et son oeuvre*, Paris, 1865. – A. de LAMARTINE, »Molière et Sh.«, in: *Cours familier de littérature*, 28 Bde., Paris, 1856–1869, Bd. XXVI. – P. STAPFER, *Sh. et l'antiquité*, 2 Bde., Paris, 1879–1880. – P. STAPFER, *Molière et Sh.*, Paris, 1887. – E. MONTÉGUT, *Types littéraires et fantaisies esthétiques*, Paris, 1882. – E. MONTÉGUT, *Essais sur la littérature anglaise*, Paris, 1883. – Y. BLAZE DE BURY, *Répertoire de Sh., lecture et commentaires*, Paris, 1885. – Y. BLAZE DE BURY, *Profils shakespeariens*, Paris, 1891. – J.-J. JUSSERAND, *What to expect of Sh.* Annual Sh. Lecture of the British Academy, London, 1911. – J.-J. JUSSERAND, »Fragments sur Sh.«, in: *A Book of Homage to Sh.*, hrg. I. Gollancz, Oxford, 1916. – G.J.M. PELLISSIER, *Sh. et la superstition shakespearienne*, Paris, 1914. – H. BERGSON, »Hommage à Sh.«, in: *A Book of Homage to Sh.*, hrg. I. Gollancz, Oxford, 1916. – A. CHEVRILLON, »Sh. et l'âme anglaise«, in: *Trois Etudes de littérature anglaise*, Paris, 1928. – R. ROLLAND, »Sh.: quatre essais«, in: *Compagnons de route*, Paris, 1961³ (1931¹). – A. GIDE, *Journal, 1889–1949*, 2 Bde., Paris 1948, 1954. – A. GIDE, *Correspondance d'André Gide et de P. Valéry, 1890–1942*, Paris, 1955. – F. MAURIAC, *Oeuvres complètes*, 12 Bde., Paris, 1950–56, Bd. XI. – P. CLAUDEL, *Oeuvres en prose*, Paris, 1965. – J.L. BARRAULT, *A propos de Sh. et du théâtre*, o.O., 1949. – Y. BONNEFOY, »Sh. and the French poet«, *Encounter*, 18 (1962).

3. Italien
A. CONTI, *Giulio Cesare*, Faenza, 1726. – F.S. QUADRIO, *Della storia e della ragione d'ogni poesia*, 7 Bde., Mailand, 1739–1759. – C. DENINA, *Discorso sopra le Vicende della letteratura*, Turin, 1760. – S. BETTINELLI, *Opere edite e inedite in prosa ed in versi*, 24 Bde., Venedig, 1799/1801. – P. NAPOLI-SIGNORELLI, *Storia critica de' teatri antichi e moderni*, Neapel, 1777. – C. GOLDONI, *Tutte le opere*, hrg. G. Ortolani ,14 Bde., Mailand, 1935–1956, Bd. V (Vorwort zu *I Malcontenti*). – C. GOZZI, *Opere edite e inedite*, 14 Bde., Venedig, 1801–02, Bd. XIV. – M.G. BARETTI, *Discours sur Sh. et sur M. de Voltaire*, London, Paris, 1777; Neuaufl. hrg. V. Biondelillo, Lanciano, 1911. – J. LAMPILLAS, *Saggio storico-apologetico della letteratura spagnola*, 7 Bde., Genua, Rom 1778–1781 (= *Ensayo historico-apologético de la literatura española*, 7 Bde., Zaragoza, 1782–1786). – J. ANDRÉS, *Dell' origine de' progressi e dello stato attuale d'ogni letteratura*, 7 Bde., Parma 1782–1789, VIII (= *Origen, progresos y estado actual de toda literatura*, 10 Bde., Madrid, 1784–1806). – P. MENEGHELLI, *Dissertazione sopra la tragedia cittadinesca*, Padua, 1795. – V. MONTI, *Opere*, 6 Bde., Mailand, 1839–1842. – V. MONTI, *Epistolario*, hrg. A. Bertoldi, 6 Bde., Florenz, 1928–1931. – MANZONI *Opere*, hrg. M. Barbi, F. Ghisalberti, 6 Bde., Mailand 1942–1961. – G.U. PAGANI-CESA, *Sopra il teatro tragico italiano*, Florenz, 1825. – F. DE SANCTIS »Lezioni sullo Sh. (1846–1847)«, in: *Teoria e storia della letteratura*, 2 Bde. Bari 1926, Bd. II.–B. CROCE, *Ariosto, Sh. e Corneille*, Bari, 1920. (englische Übersetzung London, 1921, deutsche Übersetzung Zürich 1922). – G. UNGARETTI, »Appunti sull' arte poetica di Sh.«, *Poesia*, I (1945) (engl. Übersetzung in: *Sh. in Europe*, hrg. O. Le Winter, London, 1970). – S. QUASIMODO, *Scritti sul teatro*, O.O., 1961.

4. Spanien
F.M. NIFO, *La nación española defendida de los insultos del Pensador y sus secuaces*, Madrid, 1764. – J. CADALSO, *Los eruditos a la violeta*, Madrid, 1928 (1772¹). – E. de ARTEAGA, *La belleza ideal*, hrg. P.M. Batllori, Madrid, 1943 (1789¹). – L.F. de MORATÍN, *Obras*, 6 Bde., Madrid, 1830–31. – L.F. de MORATÍN, *Obras póstumas*, 3 Bde., Madrid, 1867/68, (*Hamlet*-Übersetzung mit Anm. 1798¹). – G. ROMO, »Paralelo entre Sh. y Corneille«, *Memorial literario* 41, 5 (1806). – J.N. BÖHL DE FABER, *Vindicaciones de Calderón y del teatro antiguo español contra los afrancesados en literatura recogidas y ordenadas*, Cadiz, 1820. – J. GÓMEZ HERMOSILLA, »Reflexiones sobre la dramática española en los siglos XVI y XVII«, *El Censor* 38, 7 (1821). – A. LISTA, *Ensayos literarios y críticos*, 2 Bde., Sevilla, 1844. – P.J. PIDAL, *Estudios literarios*, 2 Bde., Madrid, 1890 (»Observaciones sobre la poesia dramática«, 1839¹). – Antonio ALCALÁ-GALIANO, *Historia de la literatura española, francesa, inglesa e italiana en el siglo XVIII*, Madrid, 1845. – J. VALERA, *Obras completas*, 3 Bde., Madrid 1949–1958 (Bd. II: *Crítica literaria*). – MENÉNDEZ Y PELAYO, »Advertencia«, *Dramas de G. Sh.*, Barcelona, 1881. – MENÉNDEZ Y PELAYO, »Calderón y su teatro«, *Estudios y discursos de crítica histórica y literaria* hrg. E. Sanchez Reyes, 7 Bde., Madrid, 1941–1942, in: Bd. III (1881¹). – P.A. de ALARCÓN, *Juicios literarios y artísticos*, Madrid, 1883 (»La moral en el arte«, 1877¹). – J. ECHEGARAY, *Reflexión sobre la crítica y el arte literario. Discurso de recepción en la RAE*, Madrid, 1894. – J. de ARMAS, *Ensayos críticos de literatura inglesa y española*, Madrid, 1910. – Alvaro ALCALÁ-GALIANO, *Conferencias y ensayos*, Madrid, 1919. – J. GALLARDO, *Teatro de Sh.*, Paris, 1922. – J. ORTEGA Y GASSET, *Obras completas*, 6 Bde., Madrid, 1957⁴. – S. de MADARIAGA, *On Hamlet*, London, 1964² (1948¹).

II. Darstellungen
1. Allgemeines
G. BOCQUET, »L'Europe en quête de Sh.«, *Annales. Economies. Société. Civilisations*, 23 (1968). – W. CLEMEN, »Sh. and the Modern World«, *ShS*, 16 (1963). – C.H. HERFORD, »A Sketch of the History of Sh.'s Influence on the Continent«, *BJRL*, 9 (1925).

2. Frankreich
J. ENGEL, »Sh. in Frankreich«, *SJ*, 34 (1898). – J.-J. JUSSERAND, *Sh. en France sous l'Ancien Régime*, Paris, 1899. – T.R. LOUNSBURY, *Sh. and Voltaire*, New

York, 1902, Nachdruck 1968. – F. BALDENSPERGER, »Esquisse d'une histoire de Sh. en France«, in: *Etudes d'histoire littéraires, deuxième série*, Paris, 1910. – E.P. DARGAN, »Sh. and Ducis«, *MP*, 10 (1912). – G.R. HAVENS, »The Abbé Prévost and Sh.«, *MP*, 17 (1919). – P. HAAK, *Die ersten französischen Sh.-Übersetzungen von La Place und Le Tourneur*, Diss., Berlin, 1922. – C.M. HAINES, *Sh. in France. Criticism Voltaire to Victor Hugo*, London, 1925. – C.C. LOOTEN, *La première controverse internationale sur Sh. entre l'abbé le Blanc et W. Guthrie*, Lille, 1927. – P. van TIEGHEM, *Le Préromantisme*, 3 Bde., Paris, 1924–1947. – H.C. LANCASTER, »The Alleged First Foreign Estimate of Sh.«, *MLN*, 63 (1948). – H. FLUCHÈRE, »Les tâches de la critique shakespearienne française de demain«, *EA*, 17 (1964). – R.W. CANNADAY, *French Opinion of Sh. from the Beginnings Through Voltaire 1604–1778*, Diss., Virginia, 1957. – A.J. AXELRAD, »Sh.s Impact Today in France«, *ShS*, 16 (1963). – P. RODDMAN, »André Gide on Sh.«, A. Paolucci, hrg., *Sh. Encomium*, New York, 1964. – H. PEYRE, »Sh. and Modern French Criticism«, in: *The Persistence of Shakespeare Idolatry*, ed. H.M. Schueller, Detroit, 1964. – M. GRIVELET, »La mort d'Hamlet: Sh. dans les lettres françaises depuis le début du siècle«, *EA*, 17 (1964). – M. GRIVELET, »Sh. in France«, *YFS*, 33 (1964). – J. BOCHNER, »Sh. in France: A Survey of Dominant Opinion, 1733–1830«, *RLC*, 39 (1965). – A.G. BING, *French Criticism of Sh., 1930–60*, Diss. Univ. of Michigan 1966, *DA*, 27 (1966/67). – R. DESNÉ, »Diderot et Sh.«, *RLC*, 41 (1967). – T. BESTERMAN, »Sh. and the Drama 1726–1776«, in: *Voltaire*, London, 1969. – P. BRUNEL, *Claudel et Sh.*, Paris, 1971. – J.H. McDOWELL, »Translations, Adaptations, and Imitations of Sh. in Eighteenth-Century France«, *Arlington Quarterly*, 3,1 (1971). – A.G. KUCKHOFF, »Die Revolutionäre hielten es mit Sh.‹. Zur Sh.-Rezeption in Frankreich zur Zeit der bürgerlichen Revolution«, *SJ Ost*, 108 (1972). – J. GURY, »Sh. à la cour de Versailles sous le règne de Louis XVI«, *RLC*, 49 (1975). – Vgl. auch Bibliographien IV. B. 2. d.

3. Italien
L. COLLISON-MORLEY, *Sh. in Italy*, Stratford, 1916, Nachdr. New York, 1967. – S. A. NULLI, *Sh. in Italia*, Mailand, 1918. – G. FERRANDO, »Sh. in Italy«, *SAB*, 5 (1930). – A. LOMBARDO, »De Sanctis e Sh.«, *EM*, 7 (1956). – M. BONI, *Amleto da noi: Un capitolo sulla fortuna di Sh. nella letteratura italiana del Novecento*, Bologna, 1964. – G. E. DORRIS, »The First Italian Criticism of Chaucer and Sh.«, *Romance Notes*, 6 (1965). – A. LOMBARDO, »La fortuna di Sh. in Italia«, *Terzo Programma*, 1 (1965). – G. GETTO, »Manzoni e Sh.«, *LI*, 19 (1967). – A. LOMBARDO, »Sh. in Italian Criticism«, in: *The Disciplines of Criticism*, hrg. P. Demetz, T. Greene, L. Nelson, New Haven, 1968. – W. T. ELWERT, »Italiens Weg zu Sh.«, in: *Studien zu den romanischen Sprachen und Literaturen*, Bd. 2, Wiesbaden, 1969. – L. BRAGAGLIA, *Sh. in Italia . . . (1792–1973)*, Roma, 1973.

4. Spanien
R. RUPPERT Y UJARAVI, *Sh. en España*, Madrid, 1920. – A. PAR, *Contribución a la bibliografía española de Sh.*, Barcelona, 1930. – R. ESQUERRA, »Sh. a Catalunya«, *La Revista*, 21 (1935). – A. PAR, *Sh. en la literatura española*, 2 Bde., Madrid, 1935. – A. PAR, *Representaciones shakespearianas en España*, 2 Bde., Madrid, 1936/40. – R. ESQUERRA, *Sh. a Catalunya*, Barcelona, 1937. – J. de ENTRAMBASAGUAS, »En torno a Sh. en España«, in: *La determinación del Romanticismo español*, Barcelona, 1939. – T.-A. FITZGERALD, »Sh. in Spain and Spanish America«, *MLJ*, 35 (1951). – Ch. LEY, *Sh. para los españoles*, Madrid, 1951. – J. SILES ARTES, »Sh. en España desde 1933 a 1964«, *Filología moderna*, 4,13 (1963).

5. Sonstiges
C. ESTORNINHO, »Sh. na literatura portuguesa«, *Ocidente*, 67,317 (1964). – A. P. FORJAZ, »Presença de Sh.«, *Boletim da Academia das Ciências de Lisboa, nova série*, 36 (1964). – M. GHEORGHIU, A. DUTU, *Sh. in Rumania: A Bibliographical Essay*, with an Introduction by M. Gheorghiu, Bukarest, 1964. – M. do C. S. JORGE, »As primeiras referências a Sh. na literatura portuguesa«, *Ocidente*, 66,314 (1964). – E. CORILLA, »Sh. en la Argentina«, *Humanitas*, 13 (1965). – E. CORILLA, *Sh. en la Argentina*, La Plata, 1966.

5. DER SLAVISCHE BEREICH

In der Geschichte der Shakespeare-Rezeption in den slavischen Ländern zeichnen sich in der Vielfalt individueller Rezeptionsweisen und in nationalen Abschattierungen folgende Phasen ab: die Kritik an Shakespeare unter dem Einfluß des französischen Klassizismus; die »Entdeckung« Shakespeare als National- und Volksdichter; die Suche nach positiven, moralisch konkretisierbaren Aussagen in seinen Dramen; schließlich das Bemühen, Autor und Werk soziologisch und ideologisch zu erfassen.

a) Rußland

aa) 18. Jahrhundert: Rezeption im Zeichen des französischen Klassizismus

Der Beginn der Rezeption Shakespeares in Rußland stand unter dem Zeichen der klassizistischen Kunstauffassung. Wohl reisten bereits unter PETER dem Großen Englische Komödianten, die vor der theaterfeindlichen Politik der Puritaner aus ihrem Heimatland geflüchtet waren, auch durch den Osten Europas, doch ist über ihre Aufführungen nur soviel bekannt, daß sie das Hauptgewicht auf die farcenhaften Elemente in Shakespeares Stücken legten. Erst an Aleksandr SUMAROKOVs *Hamlet*-Adaption, 1748 der Akademie der Wissenschaften zu Petersburg vorgelegt, lassen sich Tendenzen ablesen, die prototypisch für die Aufnahme des englischen Dramatikers im 18. Jahrhundert sind. SUMAROKOV, Stückeschreiber und Regisseur am Hof der Kaiserinnen ELISABETH und KATHARINA II., war ein Adept der französischen Klassik. Ihm, einem Bewunderer CORNEILLES und RACINES, ging es vor allem darum, Shakespeares Tragödie nach dem anerkannten Kunstkanon der Zeit umzuformen und ihr ein dramatisches Dekorum zu geben, das dem englischen Original so augenscheinlich fehlte. In seinem *Hamlet* werden die drei Einheiten streng beachtet; die Gesetze der Rhetorik und deklamatorische Wirkungen finden größere Berücksichtigung; die »zügellosen« Reden des fürstlichen Hamlet werden gemildert; der Kothurn kommt zu Ehren; die von VOLTAIRE gerügten »groben Schnitzer« und »Irregularitäten« werden eliminiert; der Geist von Hamlets

Vater wird von der Liste der »dramatis personae« gestrichen. Das zentrale Thema des französischen klassizistischen Dramas, der Konflikt zwischen Liebe und Pflicht, ist auch bestimmend für *Hamlet.* Im rigorosen Schema von Gut und Böse wird Polonius zum Urheber des Übels, und am Schluß steht nichts mehr der Heirat zwischen Hamlet und Ophelia im Wege. SUMAROKOV hat für seine Bearbeitung, die nach seinen stolzen Worten »kaum mehr etwas mit Shakespeares Tragödie gemein hat«, den Prosatext von LA PLACE als Vorlage benützt und ihn in eine Art russischen Alexandriner übertragen. Auch noch knapp 30 Jahre später mußten sich die wenigen Verteidiger Shakespeares hinter der Anonymität verstecken. In dem *Brief eines Anglomanen* (1775), dem eine Übersetzung des großen Monologs aus *Hamlet* (III, i, 56ff.) vorausgeht, wird das Voltairesche Verdikt zum erstenmal heftig kritisiert. 1786 veröffentlichte Kaiserin KATHARINA II., die *Julius Caesar* als »subversiv« und »republikanisch« verdammt hatte, ein Stück mit dem Titel *Wenn man Wäsche und einen Korb hat,* das nichts anderes als eine sehr freie Adaption der *Merry Wives of Windsor* ist.

bb) Romantik: Entdeckung Shakespeares als National- und Volksdichter

Die Aufwertung Shakespeares vollzieht sich nur sporadisch und oft auf Umwegen, doch läßt sie bereits die Folgen ahnen. 1787 übertrug der Historiker und Kritiker Nikolaj KARAMZIN, der bedeutendste Vertreter des Stils der Empfindsamkeit, LE TOURNEURS Version von *Julius Caesar* in seine Muttersprache. Obgleich seine eigenen historiographischen Werke am Stil französischer Prosaschriftsteller geschult sind, vollzieht er als einer der ersten die Abkehr vom Kanon der französischen Tragödie: diese sei, so schreibt er, einzig ein »gleichmäßiger Garten, in dem die Natur durch die Kunst des Gärtners versteckt wurde«. Der Bann über Shakespeare war aufgehoben. Zwar wurden in der Frühzeit der russischen Romantik immer noch einzig Bearbeitungen der originalen Werke aufgeführt, bevor Michajl VRONČENKO 1828 die erste vollständige Übersetzung des *Hamlet* veröffentlichte, doch der graduelle Wandel in der Kunstauffassung ermöglichte eine wachsende Anerkennung des englischen

Dramatikers. In diesem Zusammenhang ist der Einfluß Shakespeares auf PUŠKIN von unüberschätzbarer Bedeutung. PUŠKIN erkannte, daß »der Geist des Jahrhunderts tiefe Reformen auf dem dramatischen Gebiet benötigt«, und nahm nach langer Beschäftigung mit BYRON das Theater Shakespeares zum Modell für seine eigenen Werke. *Boris Godunov,* vom Dichter selbst charakterisiert als ein »romantisches Drama, in dem die Regeln gesprengt werden«, kann seine gattungsmäßige Anlehnung an Shakespeares »chronicle plays« nicht verleugnen. Jahrelang hatte sich PUŠKIN auf das bedeutendste nationalhistorische Bühnenepos seines Landes vorbereitet. Dabei hatte er sehr eingehend studiert, wie bei Shakespeare (den er später »unseren Vater« nannte) die Tradition des Volkstheaters einwirkte und realistische Elemente eine breitere Schilderungsebene für die sozialen Zustände in einer bestimmten Geschichtsepoche ermöglichten. Der Verweis auf die »geschminkte französische Muse« und »den großen Unterschied zwischen der volkstümlichen Tragödie Shakespeares und dem höfischen Theater Racines« deutet auf die Hinwendung zu einer Volksdichtung, die alle Kreise und Klassen des Theaterpublikums ansprechen sollte, wie auch das Theater Shakespeares von den Gründlingen ebenso verstanden und geschätzt werden konnte wie von aristokratischen Zuschauern. Als wichtig erschien dem russischen Dichter vor allem die nahtlose Verschmelzung der sehr komplexen Darstellung geschichtlicher Großprozesse mit der differenzierten Gestaltung der dramatischen Charaktere, deren psychologische Disposition von eben diesen Prozessen bestimmt werde und andererseits auf sie wiederum einwirke. Der inhaltliche und dramatische Neuanspruch läßt sich auf der formalen Ebene von *Boris Godunov* sehr schlüssig weiterverfolgen: Sprengung der klassischen Einheiten, Stilmischung, größtmögliche Individualisierung der »dramatis personae« mittels der Sprache, abwechselnder Gebrauch von Prosa und Vers, 23 Szenen anstelle einer rigorosen Akteinteilung, Blankvers statt des russischen Alexandriners. PUŠKIN der Aristokrat hatte überdies die sozialen Zeichen der Zeit klar erkannt und bezog das Volk als ein wichtiges Agens in die dramatische Entwicklung mit ein. Die Spaltung in »Klassik« und »Romantik« (zu der Shakespeare ganz selbstverständlich gerechnet wurde) war bald zum literarhistorischen Pendant der Auseinandersetzungen zwischen autoritärfeudalem Zarismus und freiheitlich-aufgeklärtem Bürgertum geworden. Die Dekabristen, junge aufständische Freiheitskämpfer, kannten und bewunderten Shakespeares Stücke; ein Freund des revolutionären Schriftstellers und Philosophen Aleksandr HERZEN, N. KETCHER, übersetzte später sogar eine Reihe von Dramen. Obgleich 1833, also drei Jahre nach Entstehung des *Boris Godunov*, mit der Premiere von *Richard III* in Petersburg zum erstenmal ein Drama Shakespeares in seiner integralen Fassung auf eine russische Bühne kam, blieben die Pressionen von offizieller Seite doch beträchtlich: noch bis 1882 bestimmten die kaiserlichen Theater den Spielplan der beiden Hauptstädte, und sie machten aus ihrer Abneigung gegenüber Shakespeare (wie auch gegenüber SCHILLER) kein Hehl.

Ivan TURGENEV, Verfasser der Erzählung *Ein König Lear der Steppe* (1870), deren Rahmennovelle das Shakespearesche Modell bis in Details in das zaristische Gutsbesitzermilieu überträgt, konnte in einer Rede zum 300. Geburtstag Shakespeares stolz behaupten: »Er ist ein Teil unseres nationalen Schatzes, ein Teil unseres Lebens geworden ... er ist in unser Fleisch und Blut übergegangen«. In der Tat hat kein bedeutender russischer Dichter des 19. Jahrhunderts – mit einer wichtigen Ausnahme freilich – es versäumt, auf Shakespeare als Vorbild und Lehrmeister hinzuweisen. Der junge ČECHOV wurde schon von seinem Erzieher, dem progressiven Priester POKROVSKIJ, mit ihm vertraut gemacht. OSTROVSKIJ übersetzte *The Taming of the Shrew;* diese Fassung wurde freilich wegen »unstatthafter Passagen« 1850 vom Zensor verboten. DOSTOEVSKIJ, der als einer der ersten die kategorische Alternative Shakespeare oder RACINE als unsinnig verwarf, interessierte sich vor allem für die komplexe Charaktergestaltung der Verbrecherfiguren, die psychologisch weit überzeugender seien als bloße Moralitätenschurken. Vielleicht verlangt gerade deshalb Šigalev, der »grenzenlose Despot« aus den *Dämonen*, daß man Shakespeare steinige. GOGOL' stellte fest, daß »der tiefe und leuchtende Shakespeare in seinem Innern die ganze weite Welt und all das, was den Menschen ausmacht, widerspiegelt«. Nur ein großer russischer Dichter stand Shake-

speare weitgehend feindlich gegenüber und begründete diese
Aversion in leidenschaftlich formulierten Attacken: Lev TOLSTOJ.

cc) Tolstoj: Shakespearekritik unter moralischem Aspekt

»Man begann Shakespeare zu schätzen, als man das moralische
Kriterium verloren hatte«. Diese Eintragung TOLSTOJS in sein
Tagebuch ist bezeichnend für den Rigorismus, mit dem er den
elisabethanischen Dramatiker verurteilte. Die Gründe für die
Ablehnung lassen sich wie folgt zusammenfassen:

TOLSTOJS Haltung war die eines am Moralismus des 18. Jahrhunderts geschulten Romanciers, dem die spezifischen Bedingungen des Theaters – vor allem des Renaissancetheaters –
fremd und unverständlich waren. Realismus bedeutete ihm weniger »neutrales« Erfassen der Wirklichkeit als deren erzählerische
Durchdringung mittels streng beachteter religiöser und weltan-
schaulicher Maßstäbe. Die Epoche Shakespeares war für TOLSTOJ
dadurch bestimmt, daß in ihr die mittelalterlichen Werte korrumpiert worden waren und ihren religiösen Gehalt verloren hatten.
Da das damalige Rußland unter PETER dem Großen zwar Anschluß an die geistige und wirtschaftliche Entwicklung gesucht
hatte (etwa durch die Verlegung der Hauptstadt nach Petersburg), doch auf Grund der besonderen Herrschaftsverhältnisse
kaum eine der Renaissance entsprechende Umwälzung selbst
erlebte, war der Beginn der Neuzeit gleichsam eine Erfahrung
aus zweiter Hand – und zudem bereits gemessen an der Krise des
Humanismus in der frühkolonialistischen und frühindustriellen
Epoche. Wenn TOLSTOJ Hamlet als »Pornographen Shakespeares«
bezeichnet und an N. N. STRACHOV schreibt: »Was für ein rüdes,
unmoralisches, niedriges und sinnloses Stück Hamlet doch ist!«,
wenn er für Onkel Toms Hütte enthusiastischere Worte findet
als für Shakespeare und diesem »jedes Gefühl für Maß und Geschmack« abspricht, dann wird damit deutlich, daß das Fehlen
einer direkt ablesbaren moralischen Tendenz gerügt wird, d.h.
der Verzicht auf klar spezifizierbare Ideengehalte und das von
TOLSTOJ geforderte erzieherische Engagement, dem die »Er-
griffenheit des Autors« vorausgeht.

Nachdem TOLSTOJ auf Anraten von TURGENEV die Übersetzung
des King Lear von DRUŽINIUS studiert hatte, schrieb er am 11. 12.

1856 in sein Tagebuch: »*King Lear* gelesen, wenig Eindruck gemacht«. Die Gründe dafür sind aus verstreuten Äußerungen und Eintragungen zu eruieren: das Drama war für TOLSTOJ einzig eine Leseerfahrung und wurde mit den Kriterien der erzählenden Dichtung gemessen. Der Wahnsinn Edgars, von DOSTOEVSKIJ wohl begriffen, erschien TOLSTOJ als bloßer Vorwand zur Effekthascherei. Die Geschlossenheit der alten Quellenfassung werde durch die Hereinnahme »durchaus überflüssiger Charaktere« zerstört. Anachronismen, illusionsstörende, weil maßlose Naturszenen sowie eine pomphafte Sprache seien schon deshalb verwerflich, weil die Glaubwürdigkeit der Handlung darunter leide. Die bei *King Lear* zweifellos erforderliche »willing suspension of disbelief« war für TOLSTOJ nichts anderes als eine Sünde wider die Wahrheit eines unbestechlichen und unerbittlichen Realismus. Ein Kunstwerk hatte den höchsten Anforderungen der Wahrscheinlichkeit, der Logik, Konsistenz und Luzidität zu entsprechen. LAZURSKIS Vermutung, daß er hier nur Ansichten über Shakespeare übernehme, die bereits von VOLTAIRE vorformuliert worden seien, wurde von ihm ausdrücklich bestätigt. So waren für TOLSTOJ weithergeholte Metaphern, »puns« und hyperbolische Redewendungen grobe Verstöße gegen die Regeln der »probabilité«. Nach der Bühnenangabe »Ghost enters« setzt er in seiner Privatausgabe des *Hamlet* ein Fragezeichen. Theatereffekte werden in seiner puritanisch strengen Kunsttheorie scharf verurteilt. Die Faszination, die Shakespeares Stücke auf das russische Publikum ausübten, konnte er sich nur als eine »epidemische Massensuggestion« erklären, unmoralisch und verwerflich.

TOLSTOJS sozialrevolutionäres Ethos und moralisches Pathos, die ihn – den Aristokraten und reichen Gutsbesitzer – in schwere Konflikte stürzten, waren gewiß ausschlaggebend für seine Abwehr gegen jegliche Kunst, die zu »Standpunktlosigkeit« und »Wertneutralität« hin tendierte (auch BEETHOVEN fiel unter dieses Verdikt). Shakespeare, so schien ihm, schrieb für die »Gebildeten«, die dem »unreligiösen und unmoralischen Seelenzustand der oberen Klassen« nichts entgegenzusetzen haben. Zwar empfahl er einmal T.N. SELIVANOV, einem Mitglied des Moskauer Skomoroch-Theaters, die Aufführung Shakespeares für das

Volk (»narod«, ein sehr wichtiges Wort in der späteren sowjetischen Shakespeare-Kritik), doch sah er in dem englischen Dramatiker immer wieder einen Schriftstelleraristokraten, der dem Volk gleichgültig gegenüberstand, mit chauvinistischem Patriotismus den Thron gegen die Massen verteidigte und auf Grund seiner Irreligiosität blind war für moralische Gerechtigkeit. Diese Deutung wurde im postrevolutionären Rußland noch einmal modifiziert vertreten, bevor Shakespeare ohne Einschränkungen als großer Volksdichter anerkannt wurde.

dd) Jahrhundertwende: philologisch fundiertes Shakespeare-Theater

TOLSTOJS Shakespeare-Verständnis, das sehr genau über seine eigenen ethisch geprägten künstlerischen Auffassungen Auskunft gibt, blieb in der Folgezeit ohne klar ersichtliche Konsequenzen. Seit Professor Nikolaj STOROŠENKO als einer der ersten russischen Philologen seine gesamten akademischen Studien auf Shakespeare konzentriert hatte, fanden die Werke des englischen Dramatikers auch in den Studienplänen der Universitäten breiteren Platz. STOROŠENKO war zudem mit dem Moskauer Maly-Theater eng verbunden und leitete damit eine Entwicklung ein, die bis auf den heutigen Tag fortgesetzt wurde: die Bühnenaufführungen sollten sich jeweils als »praktische Realisierung der Forschungsergebnisse« (B. JEMELJANOV) erweisen – ein Ziel, zu dessen Durchsetzung schließlich 1934 ein »Shakespeare-Kabinett« gegründet wurde, an dem der im Westen wohl bekannteste Shakespeare-Forscher MOROSOV maßgeblich beteiligt war.

Unter dem Regisseur und Schauspieler Aleksandr LENSKIJ entwickelte sich das Maly-Theater zu einer der größten Bühnen des Landes; ohne je in bloßen Akademismus abzugleiten, bemühte sich LENSKIJ in seinen Inszenierungen um historische Genauigkeit, eine philologisch fundierte Herausarbeitung der stilistischen Feinheiten des Textes und eine sorgfältige Evozierung der besonderen Atmosphäre des jeweiligen Dramas. Einige der denkwürdigsten und auch vom Ausland stark beachteten Aufführungen verdankt das russische Theater Konstantin STANISLAVSKIJ, der in Moskau 1903 *Julius Caesar* und 1912 zusammen mit E.G. CRAIG den *Hamlet* inszenierte. Die Arbeit am Römerdrama fiel in eine Zeit, die von heftigen politischen Kämpfen bestimmt war; die Konstitutionalisten schlossen sich zusammen, und die explosive soziale Lage deutete bereits auf die Revolution, bzw. den Generalstreik von 1905. STANISLAVSKIJ gelang es im *Julius Caesar*, zeitgenössischen Kritiken zufolge, selbst die 150 Statisten in den Massenszenen mit individuellen Zügen auszustatten und auf bewegende Weise die republikanischen Aspirationen der russischen Intelligentsia zu repräsentieren. Diese erkannte sich auch in seinem Hamlet wieder, der ganz in Schwarz gekleidet vor dem Hintergrund einer riesigen goldenen Halle auftrat, Skeptiker und Rächer in einer aus den Fugen gegangenen Welt.

ee) Postrevolutionäre Rezeption: soziologische und ideologische Neuorientierung

Die Shakespeare-Rezeption nach der Oktoberrevolution ist von einer kritischen Neuorientierung bestimmt, die sich vor allem für die sozialen Voraussetzungen in den Dramen interessiert. Aleksandr ANIKST schreibt dazu: »Man mußte hier in der UdSSR wirklich leben, um zu begreifen, daß das Interesse sowjetischer Wissenschaftler an der ›Shakespeare-Soziologie‹ der bewegten sozialen und politischen Geschichte dieses Landes entsprang ... Die marxistische Theorie des Klassenkampfes hatte Einfluß auf die ersten kritischen Werke, doch geschah ihre Anwendung ziemlich primitiv, da man jede marxistische Ästhetik vernachlässigte oder von ihr einfach nichts wußte«. Nach 1922 nahm die Zahl der Shakespeare-Inszenierungen rapide ab. Das Werk des Dramatikers wurde der wissenschaftlichen Kritik überantwortet, die – wie heute auch von den meisten sowjetischen Philologen offen zugestanden wird – den Dramen undialektisch sozio-ökonomische Bedingtheiten abforderte, wo diese vielmehr in einer inhärenten und historisch fundierten Analyse zu erkunden wären. LUNAČARSKIJ, einer der Vorkämpfer des Proletkult, beschrieb (sich dabei auf den zweifelhaften Biographismus des Belgiers DEMBLON beziehend) Shakespeare als reaktionären Aristokraten, der das Volk einzig verachtete – ein letzter Anklang an TOLSTOJ. Nach der Theorie seiner Freunde F. ŠIPULINSKIJ und W. M. FRIČE war es der Earl of RUTLAND, der unter Shakespeares Namen das Totengeläute für seine eigene

Klasse, den Adel, einläutete. In *Antony and Cleopatra* habe er ausschließlich den Zusammenstoß zwischen ägyptischer Monarchie und römischem Republikanismus sichtbar machen wollen; Hamlet simuliere nur den Auftritt des Geistes, um den Thron vom Usurpator zu befreien; Falstaff opponiere als Vertreter der neuzeitlichen Demokratie gegen Prince Hal, den Repräsentanten des dekadenten Königstums; *All's Well that Ends Well* schließlich sei ein Stück über den Klassenkampf, fortgesetzt mit den Mitteln der Liebe. Vieles von dem wurde nur wenig später von Aleksandr SMIRNOV zurechtgerückt, der die Rutland-Theorie als bloße Spekulation verurteilte und über die sozialen und politischen Umwälzungen in der Renaissance differenziertere Aussagen machte. Die erneute Aufwertung vollzog sich zugleich mit Verweisen auf die marxistischen Klassiker. Man erinnerte sich daran, daß sowohl MARX als auch ENGELS in Briefen LASSALLE ermuntert hatten, an Stelle SCHILLERS Shakespeare als dramatisches Modell zu benutzen, und daß LENIN einst schrieb, er empfehle eine »genaue Kenntnis der gesamten kulturellen Werte, die sich aus der Evolution der Menschheit ergaben«.

Nicht zufällig zu Beginn der Dreißiger Jahre kam ein Terminus auf, der bereits im 19. Jahrhundert die Rückkehr zu einer originalen nationalen Volksdichtung bezeichnete: »narostnod« (Volkstümlichkeit). Er will besagen: Shakespeare war weniger Klassendichter als Nationaldichter, der seine Kunst auf die bestehenden Traditionen und Sitten seines Heimatlandes gründete und erst aus dieser Verbundenheit heraus allgemeine »ethische Werte« erstellen konnte. Zudem galt nun »das Eindringen in die Gefühlswelt des Menschen ... der gesamten sowjetischen Kritik als unveräußerlicher Bestandteil der Shakespeareschen Schaffensmethode« (W. WICHT). Eine Grundtendenz setzt sich hier fort, die Sofia NELS in einem ideologisch programmatischen Artikel den »Optimismus der Tragödie« genannt hat. Dieser Tendenz liegt die Idee zugrunde, daß in Shakespeares Dramen der Mensch trotz Fehler und Leiden immer wieder triumphiert, da im Kampf für das Glück seines Volkes selbst sein Untergang nicht umsonst war: »Bis zu einem gewissen Grad nehmen die Shakespeareschen Helden eine Position ein, die analog zu der von führenden Persönlichkeiten in jeder revolutionären Ära ist«

(S. NELS). Der jahrhundertelange, von komplexen sozialen und ideologischen Prozessen bestimmte Prozeß der Integrierung Shakespeares in eine Nationalkultur scheint damit vorläufig abgeschlossen. Heute gehören seine Dramen zum festen Aufführungsrepertoire der meisten sowjetischen Theater. Hamlet ist nicht nur, wie FREILIGRATH glaubte, Deutscher, sondern auch Russe.

b) Polen

In der Betrachtung der osteuropäischen Shakespeare-Rezeption nimmt Polen eine besondere Stellung ein, weil hier im 19. Jahrhundert der Streit um die »klassische« und »romantische« Kunstauffassung mit großer Heftigkeit ausgetragen wurde und die Fronten noch klarer als anderswo sichtbar wurden. Nach John GREENES Aufführungen vor dem Hof von SIGISMUND III. (1616) gelangten erst wieder um 1800 Stücke von Shakespeare auf polnische Bühnen (darunter vor allem die großen Tragödien). Diese Verspätung hatte ihre Gründe im starken Einfluß der französischen Klassik, in der Zuwendung zu anderen Dramenformen, die dem Geschmack der Zeit entsprachen (bürgerliches Trauerspiel, Farce, Melodram, Operntheater), und nicht zuletzt im Fehlen geeigneter Übersetzungen. Die wenigen Kritiker, die über Shakespeare überhaupt schrieben, schwankten zwischen persönlicher Bewunderung und dem Zwang, die abwertenden französischen Urteile von VOLTAIRE, LONGUET und MARMONTEL zu übernehmen. Shakespeares Stücke paßten in keine der approbierten Dramenkategorien und erschienen als hybride, wenn auch z.T. geniale Textvorlagen, die in den Aufführungen »gezähmt«, gekürzt und neu bereichert werden mußten. Geschmack und Konvention erlaubten weder die Anhäufung von Leichen, welche das Ende zahlreicher Historien und Tragödien kennzeichnet, noch die »frivolen« Reden etwa eines Hamlet. Moralisches Empfinden forderte, daß die Hauptfiguren, wenn sie einen Läuterungsprozeß durchgemacht hatten, aus dem Konflikt lebend hervorgehen sollten; so vermählt Lear am Ende Cordelia mit Edgar. Noch bekämpfte man den Autor von *Hamlet* und *Macbeth* als »betrunkenen Barbaren« und typischen Vertreter des »germanischen Irrationalismus«. Einem Referat des jungen Dramatikers WEZYK, der 1811 vor der Warschauer »Gesellschaft der

Freunde der Wissenschaft« unter Berufung auf die deutsche und
englische Kritik den polnischen Dichtern empfahl, Shakespeare
Tag und Nacht zu studieren, wurde von der Kommission die
Druckerlaubnis entzogen. Doch WEZYK hatte einflußreiche Nachfolger: der Warschauer Literaturprofessor Kazimierz BROD-
ZINSKI verwarf kategorisch die französische Tragödie und pries
Shakespeare als beispielhaft für eine Erneuerung des polnischen
Geschichtsdramas. Józef KORZENIOWSKI, Verfasser von Volksstücken und Romanen, wagte den Vergleich mit HOMER und
rühmte vor allem Shakespeares Fähigkeit, das Denken und Fühlen einer ganzen Epoche in einem dramatischen Großentwurf
vermittelt zu haben. In seinem eigenen Stück *Dymitr i Maria*
ist KORZENIOWSKI freilich nicht über eine geschickte Ausbeutung
der Motive in *Macbeth* und *King Lear* hinausgekommen. Erst
der Begründer der polnischen romantischen Schule, Adam
MICKIEWICZ, der mit seiner Eloge auf Shakespeare in dem programmatischen Gedicht *Romantycznosc* neue Maßstäbe setzte,
befreite sich von bloßen eklektischen Anlehnungen an das große
Modell. Julius SŁOWACKI, mit KRASINSKI und MICKIEWICZ einer
der drei großen polnischen Romantiker, erblickte in Shakespeare
einen Geistesverwandten, dessen dramatische Figuren von einer
Intensität und Leidenschaft erfüllt seien, die von der gefühllosen
Umwelt kaum erwidert werden könnten. In *Kordian*, einer
Apotheose polnischen Freiheitswillens, steigt der Wanderer auf
die Klippen von Dover und liest eine Passage aus *King Lear*.
Balladyna, eine dichterische Beschwörung der Urgeschichte Po-
lens in balladenhaften Bildern, liefert das augenscheinlichste
Beispiel dafür, wieviel SŁOWACKI von Shakespeare gelernt hat: es
ist nicht nur voll von verbalen und thematischen Anspielungen,
sondern verbindet die komplizierte Struktur der Bilderwelt mit
einem perfekten dramatischen Aufbau und einer funktional bestimmten Mischung der Stile und Dichtformen. Wenngleich
weniger deutlich und nicht stets ausdrücklich bestätigt, setzt
sich Shakespeares Einfluß fort in so unterschiedlichen Werken
wie den romantisch-realistischen Geschichtserzählungen von
J. I. KRASZEWSKI, den Zeitromanen von B. PRUS (1847–1912),
den Gedichten des Spracherneuerers S. ZEROMSKI (1864–1925)
und selbst noch in der Prosa eines Jerzy ANDRZEJEWSKI (* 1909).

c) Tschechoslowakei

Das besondere Verhältnis der Tschechen zu Shakespeare erklärt sich nicht zuletzt daraus, daß eines seiner Stücke, *The Winter's Tale*, in Böhmen spielt – einem romantisch-märchenhaften Böhmen freilich, das am Meer liegt und seinen literarischen Ursprung in Robert GREENES *Pandosto* hat. Um 1600 war Prag als Sitz von Kaiser RUDOLF II. ein bedeutendes kulturelles Zentrum und unterhielt Beziehungen zum England von ELISABETH I und JAMES I. Wahrscheinlich noch zu Shakespeares Lebzeiten, sicherlich jedoch kurz nach seinem Tod, wurden einige seiner Stücke in Böhmen und Mähren aufgeführt. 1617 gab eine englische Schauspieltruppe unter John GREENE ein Gastspiel anläßlich der Feierlichkeiten zur Krönung des Habsburgerkönigs FERDINAND II., und FRIEDRICH V., Böhmens tragischer »Winterkönig«, übernahm selbst die Patronage über einige Shakespeareaufführungen. Das Publikum gehörte einzig den höheren Ständen an, das Volk (das keine eigene Theatertradition besaß) wurde vom Besuch ausgeschlossen. Nach der Gegenreformation im Dreißigjährigen Krieg war es allein einer Dresdner Gruppe gestattet, 1651 *Julius Caesar* und eine vollkommen überarbeitete Version der *Merry Wives of Windsor* auf eine Prager Bühne zu bringen. Die erneute Entdeckung Shakespeares fällt auf die letzten beiden Jahrzehnte des 18. Jahrhunderts. Ihr Ursprung liegt nicht in einem Wandel in der offiziellen Kunstrichtung, die immer noch vom deutschsprachigen Theater bestimmt wird, sondern kann nur aus der nationalen Geschichte des Landes erhellt werden; nach Jahrhunderten politischer und kultureller Fremdherrschaft gab eine Amateurgruppe junger Patrioten den ersten bedeutenden Anstoß zu einer kulturellen Eigenentwicklung. Außerhalb von Prag gründeten sie 1786 ein Theater, die »Bouda« (Hütte), wo sie eine im gleichen Jahr von Karel THAM aus dem Deutschen übersetzte Prosaversion von *Macbeth* aufführten. Zwar fehlte es dem Stück nicht an »Verbesserungen«, auch wurde der erzieherische Wert von Shakespeares Dramen in der Interpretation zu ausschließlich hervorgehoben (so schrieb noch ŠEDIVY zu *King Lear*: »Oh wie schrecklich ist die hier geschilderte Undankbarkeit. Das soll uns lehren, unsere Eltern mit kindlicher Liebe zu ehren«). Das wichtige Ereignis war jedoch, daß mit der Übertragung in ein weit weniger entwickeltes Sprachidiom ein erster ermutigender Schritt auf der Suche nach einer nationalen Identität getan wurde. Kultureller Fortschritt bedeutete zugleich den Anfang einer nationalstaatlich-sozialen Eigenentwicklung, die von der Obrigkeit nicht zu Unrecht mit Sorge betrachtet wurde. Die Revolution von 1848/49 war das sichtbarste Anzeichen dieser Unabhängigkeitsbewegung; ein Jahr zuvor hatte der utopische Sozialist F. M. KLACEL in einem vielbeachteten Artikel seine posthegelianische Kunsttheorie auf Shakespeare appliziert. Die tschechische Sprache, im 18. Jahrhundert nur mehr von den unteren Klassen gesprochen, erschien in Shakespeares Dramen nun als Ausdrucksmittel für Könige und Helden. Der sorgfältig vorbereitete Gedenktag anläßlich der 300. Wiederkehr von Shakespeares Geburtstag war eine eindrucksvolle Demonstration der kulturellen und politischen Bedeutung, die die Tschechen der Aufführung seiner Dramen beimaßen. Ähnlich 1916: J. KVAPIL, Leiter des Prager Nationaltheaters und Bewunderer M. REINHARDTS, organisierte mitten im Krieg gegen die Dreierentente eine demonstrative Feier, die mit einer Rede von Professor F. X. ŠALDA über Shakespeares »freiheitlichen Genius« begann und der ein Zyklus von 15 tschechischsprachigen Aufführungen folgte. KVAPIL, der ein Jahr später am antiösterreichischen Manifest der Schriftsteller seines Landes beteiligt war, hatte die Veranstaltung als Provokation gegen die Monarchie geplant, und als solche wurde sie auch von den habsburgischen Behörden verstanden, die vergeblich einzugreifen versuchten. Auch später hatten Shakespeare-Aufführungen in der Tschechoslowakei ihren eigenen politischen Symbolwert. Das Prager Stadttheater brauchte *Richard III* kaum abzuändern, um die Parallelen im diktatorischen Machtmißbrauch zu verdeutlichen. Emil František BURIAN, der Direktor des Prager Experimentiertheaters *D34*, gab 1934 dem *Merchant of Venice* eine marxistische Interpretation, die keine antisemitische Deutung zuließ und den Konflikt zwischen Antonio und Shylock einerseits und Launcelot Gobbo und Tubal andererseits als einen der materiellen Interessen herausarbeitete. Im Oktober 1939, sieben Monate nach der Besetzung und zum Jahrestag der

Errichtung der tschechischen Republik, inszenierte J. Bor einen *Macbeth*, bei dem das Bühnenbild mit Naziemblemen geschmückt war: das Drama war reduziert auf Aufstieg und Fall eines Usurpators. 1944 wurden schließlich alle Theater von den nationalsozialistischen Invasoren geschlossen.

Die tschechisch-slowakische Shakespeare-Rezeption in der Nachkriegsära bestätigt eine Tendenz, die seit Ende des 18. Jahrhunderts in fast allen östlichen Ländern vorherrscht, daß nämlich die Auseinandersetzung mit dem englischen Dramatiker sehr direkt von der nationalen, politischen und sozialen Entwicklung bestimmt wird. Shakespeare der Erneuerer, der Lehrmeister, Moralist und Vorkämpfer der bürgerlichen Freiheit: diese Charakterisierungen vertragen hier keine Trennung von Shakespeare, dem großen Künstler. Was außenstehende Kritiker als einseitige und ideologisch verzerrte Aufnahme beschrieben haben, die nur wenig Rücksicht auf die historische Entstehungssituation der Dramen nehme, dürfte jedoch in Wirklichkeit ein Beweis dafür sein, daß die Geschichtlichkeit der Literatur erst im aktiven Verstehensprozeß voll begreifbar wird und eine »im Prozeß der Rezeption fundierte Literaturgeschichte die gesellschaftlichen und kommunikativen Funktionen der Literatur einbegreifen muß« (H. R. Jauss).

d) Anhang: Ungarn

Der Dichter György Bessenyei hatte in den siebziger Jahren des 18. Jahrhunderts nicht nur den entscheidenden Anstoß zur Entwicklung der modernen ungarischen Literatur gegeben, sondern auch als erster auf die noch zu entdeckende Größe Shakespeares hingewiesen. Nur wenig später fertigte Ferenc Kazinczy eine Übersetzung des *Hamlet* an, die sich allerdings ebenso wie Szabós Übertragung von *Romeo and Juliet* auf eine deutsche und zudem reichlich unzuverlässige Prosaversion stützte. Durch die Aufführung ausländischer Klassiker erhoffte sich Kazinczy eine Neubelebung der magyarischen Sprache und Kultur, für die die deutsche Oberschicht und die Intellektuellen des Landes bis zu jenem Zeitpunkt nur wenig Interesse gezeigt hatten.

»Shakespeare. Ändere seinen Namen in einen Berg, und er wird den Himalaja an Höhe übertreffen. Verwandle ihn in einen Ozean, und du wirst ihn weiter und breiter finden als den Atlantik. Mache aus ihm einen Stern, und er wird selbst die Sonne überstrahlen«. Diese enthusiastische Eloge des bedeutendsten ungarischen Lyrikers, Sandór Petöfi (1823–1849), ist ein Indiz unter vielen für die unproblematische und von literarhistorischen Kontroversen weitgehend freie Aufnahme Shakespeares in Ungarn. Kaum ein Dichter in diesem Land, der nicht irgendeinmal dem englischen Dramatiker seinen Tribut gezollt hätte: Mihály Vörösmarty, Apologet der ungarischen Landnahme und bekannt für seine geschichtlich-romantischen Stücke, erwies sich als ein aufmerksamer Leser der Historien; József Katona, Verfasser des aus politischen Gründen unterdrückten Nationaldramas *Bánk bán*, stattete Shakespeare seine Dankesschuld ab; Lajos Kossuth, Politiker und Schriftsteller, lernte im Gefängnis Englisch, um Shakespeares Werke studieren zu können, und begann selbst eine Übersetzung von *Macbeth*; János Arany schließlich, Petöfis Freund und wie dieser ein Sprachkünstler großen Ranges, war einer der ersten, die sich für die Popularisierung und »Naturalisierung« (meghonosítás) Shakespeares in Ungarn einsetzten. In seine Zeit, die sog. ungarische Klassik (um 1865), fällt die Übersetzung des Gesamtwerkes, an der er selbst mitwirkte. Im offiziellen Nationaltheater zu Budapest erlebten Shakespeares Dramen eine große Zahl von Aufführungen, doch wurde der Inszenierungsstil immer akademischer und eklektischer. Erst als Sándor Hevesi – Kritiker, Essayist und Freund von E. G. Craig – das Theater übernahm (1902), deutete sich eine Wende an: statt eines pompösen Bühnenaufbaus bediente er sich weniger Requisiten, die schnelle Szenenwechsel erlaubten, er richtete sich gegen jedes Deklamieren im Vortrag und verwandte besondere Mühe auf eine psychologisch überzeugende Handlungsabfolge.

Besondere Erwähnung muß schließlich die Beschäftigung der jungen ungarischen Dichter um 1900 mit Shakespeares Sonetten finden. Die angestrebte Synthese aus Formelementen des französischen Symbolismus und der elisabethanischen Lyrik ist vor allem in den Werken der »modernen Schule« zu entdecken, der

der Sozialrevolutionär Endre ADY sowie M. BABITS und A.
TÓTH angehörten.

A. LIRONDELLE, *Sh. en Russie 1748–1840*, Paris, 1912. – G.W. KNIGHT, *Sh. and Tolstoj*, Oxford, 1934. – R. WASSENBERG, *Tolstois Angriffe auf Sh.*, Diss., Bonn, 1935. – N. GOURFINKEL, »Sh. chez les Soviets«, *Mercure de France*, 268, (1936). – C. BRYNER, »Shakespeare Among the Slavs«, *ELH*, 8 (1941). – M.M. MOROZOV, *Sh. on the Soviet Stage*, London, 1947. – H. NOWAK, hrg., *Stanislawski Produces Othello*, London, 1948, repr. 1963. – A. LUTHER, »Moskaus erster *Hamlet*«, *SJ*, 82/83 (1948). – A. LUTHER, »Sh. in Rußland«, *SJ*, 84/86 (1950). – V. POPOVIC, »Sh. and Post-War Yugoslavia«, *ShS*, 4 (1951). – J. SIMKO, »Sh. in Slovakia«, *ShS*, 4 (1951). – J. POKORNY, *Sh. in Czechoslovakia*, Prag, 1955. – G. GIBIAN, *Tolstoj and Sh.*, 's-Gravenhage, 1957. – A. ANIKST, »Shakespearean Studies in the USSR«, *Diogenes*, 35 (1961). – W. WICHT, »Sowjetische Beiträge zur Sh.kritik 1945–58«, *ZAA*, 10 (1962). – H. NOWAK, hrg., *Stanislawski Produces Othello*, London 1948, repr. 1963. – J. BOURILLY, »Sh. et le romantisme polonais«, *RHT*, 16 (1964). – A. DUTU, *Sh. in Rumania. A Bibliographical Essay*, Bukarest, 1964. – N. GOURFINKEL, »Sh. sur la scène russe«, *RHT*, 16 (1964 und 1965). – D. KERESZTURY, »Sh. and the Hungarians«, *NHQ*, 5 (1964). – J.D. LEVIN, »Die westeuropäische Sh.-Forschung in Rußland und ihre Popularisierung durch V.P. Botkin«, *ZAA*, 12 (1964). – S. NELS, »Sh. and the Soviet Theatre: The Optimism of Tragedy«, *AR*, 24 (1964). – A. ALITAN »Das Sh.-Jahr in Rußland«, *Archiv*, 201 (1965). – L. BATI, »Sh. sur la scène hongroise«, *RHT*, 17 (1965). – S. HELSZTYNSKI, hrg., *Poland's Homage to Sh.*, Warschau, 1965. – Y. KORNILOVA, »Modern Soviet Shakespeariana«, *ShN*, 15 (1965). – V. STEPANEK, »The Importance of Sh. for the Formation of Modern Czech Literature«, in: Z. Stribrny, hrg., *Charles University on Sh. 1966*, Prag, 1966. – Z. STRIBRNY, »Sh. in Czechoslovakia«, in: L.B. Wright, hrg., *Sh. Celebrated: Anniversary Lectures Delivered at the Folger Library*, Ithaca, 1966. – O. VOCADLO, »Sh. and the Slavs«, *SEER*, 44 (1966). – R. SAMARIN, A. NIKOLYNKIN, hrg., *Sh. in the Soviet Union: A Collection of Articles*, Moskau, 1966. – R. SARJAN, *Sh. und die Armenier*, Jerewan, 1967. – J.D. LEVIN, »Tolstoy, Sh. and Russian Writers of the 1860's«, *Oxford Slavonic Papers*, I (1968). – M.P. ALEXEJEW, »Sh. und Puschkin«, *SJ Ost*, 104 (1968). – A. SESPLANKIS, »Sh. in Litauen«, *SJ West* (1968). – J. SITO, »Sh., Poland's National Poet«, *Delos*, 3 (1969). – R.L. COX, *Between Earth and Heaven: Sh., Dostoevski, and the Meaning of Christian Tragedy*, New York, 1969. – *SJ OST*, 107 (1971) [Sonderheft zur russischen Sh.-Rezeption]. – T. WOLFF, ed., *Pushkin on Literature*, London, 1971. – W. MAWRODREW, »Sh. in Bulgarien«, *SJ Ost*, 109 (1973). – A.V. BARTOSCHEWITSCH, »Zur neueren sowjetischen Sh.-Forschung«, *SJ Ost*, 109 (1973). – A. GRIGORGAN, R. MARGUNI, »Armenische Sh. Studien«, Sammelrezension in *SJ Ost*, 110 (1974). – E. ROWE, »Pushkin, Lermontov, and *Hamlet*«, *TSLL*, 17 (1975). – Vgl. auch Bibliogr. zu IV. B. 2. e.

B. DAS WERK AUF DER BÜHNE

1. Voraussetzungen und Grundzüge

Shakespeares Bedeutung für das Theater steht außer Frage, die Bedeutung des Theaters für die Vermittlung Shakespeares ist umstritten: Kann es zur Erkenntnis seines Werkes beitragen? Will es das überhaupt? Im Gegensatz zur Lektüre ist die Aufführung ein Akt der Versinnlichung, der vielen pragmatischen Bedingungen von Ort und Zeit unterworfen ist und nicht ein Drama identisch zur Erscheinung bringt, sondern etwas mit ihm veranstaltet. Schon deshalb ist ihre »Authentizität« höchstens eine metaphorische. Das Kriterium der Werktreue, das manche Historiker der theatralischen Shakespeare-Rezeption zum obersten Maßstab erhoben haben, wird durch den geschichtlichen Abstand vollends problematisch. Und es gilt nur begrenzt und relativ für das Theater, dessen Funktionen nicht auf die Reproduktion von Literatur einzuengen sind und das somit auch nicht auf einen »Dienst am Dichter« zu verpflichten ist. In der Bühnengeschichte Shakespeares spielte das produktive »Mißverstehen« oft eine größere und wichtigere Rolle als die werktreu gemeinte Interpretation.

Dennoch erscheint sie, zumindest äußerlich, auch als eine Erfolgsgeschichte Shakespeares und ist uns als solche so selbstverständlich geworden, daß wir kaum mehr nach den Motiven fragen, warum er gespielt wird. Die Breite und Kontinuität seiner Rezeption verweist gewissermaßen vor allen Zweifeln und Argumenten auf eine Lebendigkeit der Wirkung, wie sie kein anderer Dramatiker erreicht hat. Ein Blick auf das Theaterrepertoire soll diesen ersten Eindruck klären und modifizieren.

a) Beobachtungen zum Spielplan

aa) Shakespeare im Repertoire

Als Beispiele mögen der deutsche und der englische Spielplan dienen, weil für sie die meisten, wenn auch keine allumfassenden Zusammenstellungen und Zahlenbelege publiziert worden sind.

Shakespeare steht in den jährlichen Aufführungsstatistiken, die für das deutschsprachige Theater seit 1956 vorliegen, von zwei jubiläumsbedingten Ausnahmen abgesehen bis 1971 an erster Stelle, und zwar mit großem Abstand sowohl vor den deutschen Klassikern als vor BRECHT, DÜRRENMATT, GOETZ, SHAW, MO-LIÈRE, ANOUILH und ČECHOV, um einige seiner nächsten Konkurrenten zu nennen. Erst in den letzten Jahren hat BRECHT ihn eingeholt. Shakespeare wurde in diesem Zeitraum im Jahresdurchschnitt rund 2300 mal in rund 110 Inszenierungen von etwa zwei Dritteln aller deutschen Berufsbühnen gespielt. Was besagen solche Rekordmeldungen? Nichts als das Allbekannte: daß Shakespeare »beliebt« ist. Aber es wäre töricht, aus dem Umstand, daß diese Ziffern in England nicht entfernt erreicht werden, zu schließen, Shakespeare habe in Deutschland seine eigentliche Heimat gefunden, wie das zuzeiten behauptet worden ist. Quantifikationen haben einen begrenzteren Sinn. So muß auch beim historischen Vergleich die Relation zum jeweiligen Theatersystem bedacht werden. Die Vervierfachung der jährlichen Shakespeare-Aufführungszahl in Deutschland seit den Gründerjahren beweist, wenn man sich die Aufgipfelungen der Popularitätskurve genauer ansieht, nicht viel mehr, als daß Produktionssteigerungen, wie sie die Gewerbefreiheit, die Volksbühnenbewegung, die Theaterleidenschaft der Weimarer Zeit oder der hektische Wiederaufbau der Theater nach dem letzten Krieg mit sich gebracht haben, auch Shakespeare zugute gekommen sind. Sein entscheidender Durchbruch im deutschen Repertoire geschah vor dieser Zeit, nach der Jahrhundertmitte, aber auch hier erklären sich die erhöhten absoluten Zahlen, die uns die wenigen Lokalstatistiken angeben, zumeist aus dem Übergang zum täglichen Spielbetrieb. Vollends skeptisch gegenüber jeder fortschrittsstolzen globalen Deutung aber macht der Londoner Spielplan des 18. Jahrhunderts, der früheste, den wir ziemlich vollständig kennen. Shakespeare nimmt in ihm fast ein Sechstel ein. Das stellt alle späteren Anteile in den Schatten und wirkt überaus gewichtig, verglichen etwa mit den drei Prozent, die ihm in GOETHES Shakespeare-berühmtem Spielplan zufallen.

Vernachlässigt hat das Theater Shakespeare also zu keiner Zeit, das gilt in England auch für das 17. Jahrhundert. Aber statt die

Beliebtheit seiner Werke mit isolierten Zahlen zu belegen, sollte man lieber nach ihrem Stellenwert im Repertoire fragen. Sie waren zunächst das Erbe, auf das die englische Bühne nach der Restoration von 1660 mangels moderner Stücke nicht verzichten konnte, mochten sie dem Geschmack des neuen aristokratischen Publikums auch wenig entsprechen. Deshalb gehört Shakespeare schon hier neben BEAUMONT, FLETCHER und JONSON zu den meistgespielten Autoren. So sehr in den nächsten 150 Jahren dann Originalwerke – vor allem des heiteren Genres wie die Sittenkomödien aller Spielarten, aber auch die Rührstücke, bürgerlichen Trauerspiele und Schauerdramen – die zeitgenössischen Theaterbedürfnisse befriedigten, der Bedarf blieb, insbesondere nach seinen Tragödien, die von den heroischen und klassizistischen Dramen der Folgezeit, auch den aus Frankreich eingeführten, am wenigsten ersetzt werden konnten. Daß Shakespeares Stücke bei dieser Aneignung dem ästhetischen Standard und den moralischen Normen einer veränderten Gesellschaft rigoros angeglichen wurden, weist auf das vitale Repertoire-Interesse hin. Das wurde anders mit dem 19. Jahrhundert, der Verbreiterung des Theaterwesens und der bewußteren historischen Tiefenschichtung des Spielplans, die ja gerade mit der Auf- und Einarbeitung Shakespeares unvermerkt begonnen hatte. Shakespeare vertrat nun immer mehr die Niveau-Ansprüche eines traditionsverpflichteten und literaturorientierten Theaters gegenüber dem Massenangebot an Melodramen, Burlesken, Farcen und später Familien- und Konversationslustspielen bis hin zum Musical und Boulevardstück unserer Tage; er wurde nun eher umsorgt als gebraucht. In Deutschland hatte er sich in der Goethezeit gegen KOTZEBUE und IFFLAND zu behaupten, die alle Spielpläne beherrschten. Seine Reputation stieg gemeinsam mit der SCHILLERS, gegen den er nur von der literarischen Kritik ausgespielt wurde, während die Theaterleiter (z.B. SCHREYVOGEL, LAUBE, DINGELSTEDT) beide betont nebeneinander- und der Verschleißdramatik der Zeit entgegenstellten. In der zweiten Hälfte des 19. Jahrhunderts begann die Zahl der Shakespeare-Aufführungen die SCHILLERS schon öfters zu übersteigen. Diese neue Repertoirestellung erwies sich im Laufe der Entwicklung aber auch als ambivalent; Shakespeare konnte zum »Bollwerk« gegen progressive Tendenzen, etwa des sozialen Dramas, Problem- und Zeitstücks, gemacht werden, bis er selbst Mitte der zwanziger Jahre als möglicher Träger jener Impulse erkannt bzw. umgedeutet wurde.

Der hier skizzierte Funktionswandel unterscheidet auch die gelegentlichen, äußerlich recht ähnlichen zyklischen Ballungen Shakespearescher Werke im Spielplan voneinander, die von Anfang an zu beobachten sind. Im 17. und 18. Jahrhundert dienten die serienmäßigen »revivals« noch primär den spektakulären Wettkämpfen der Londoner Bühnen und Mimen. Im späteren 19. Jahrhundert dagegen dokumentierten sie die kulturpolitischen Initiativen eines Bürgertums, das ein Nationaltheater anstrebte und seine akkumulierenden Kräfte auch im Geistigen beweisen wollte. Spürbar bleibt dahinter das Verlangen, der Shakespeareschen Universalität habhaft zu werden, und die Hoffnung, daß das Ganze mehr als die Summe der Teile ergebe. So wurden auch bis dato vergessene Werke dem Theater in diesem Rahmen zumindest experimentell wieder zugeführt. In England behielten die zyklischen Vergegenwärtigungen des »ganzen« Shakespeare noch im 20. Jahrhundert den Charakter der Vorleistung auf eine gehobenere nationale Theaterkultur (Old Vic, Stratford), während sie im saturierten deutschen Theatersystem zu ausgesprochen konservativen Veranstaltungen werden konnten (Bochumer Zyklen 1927 und 1937, Dresden 1930).

bb) Das Shakespeare-Repertoire

Ergiebiger werden die Aufführungsstatistiken beim Vergleich der Shakespeareschen Werke untereinander. Hier sind echte Progressionen festzustellen, z. B. in der generellen Wiederentdeckung der Komödien in unserem Jahrhundert, und es zeichnen sich Bühnenschicksale ab, deren Signifikanz zu erörtern sich lohnt. Auffällig und wenig überraschend ist die Sonderstellung des *Hamlet;* er befindet sich immer und überall in der Repertoirespitze, oft an erster Stelle. Aber wirft nicht gerade das die meisten Fragen auf? Wer sich mit dem Argument der künstlerischen Qualität nicht begnügt und historisch differenziertere Begründungen sucht, steht hier vor einem noch kaum gelösten, wenn auch inflationär behandelten Shakespeare-Problem. Einzigartig in anderer Hinsicht ist auch die Theaterkarriere von *Twelfth Night;*

relativ spät, aber stetig und unaufhaltsam eroberte sich diese Komödie ihre heute unangefochtene Favoritenposition und wurde dabei so dezidiert zum Pionier-Stück originalnaher Aufführungen und zum Anlaß so vieler Bühnenreform-Versuche von TIECK bis COPEAU, daß ihr Erfolgsweg geradezu paradigmatisch den des »echten« Shakespeare repräsentiert.

Vielen Ländern gemeinsam ist auch der weitere Kernbestand des Shakespeare-Repertoires. Zu ihm gehörten von Anfang an – außerhalb Englands mit der entsprechenden Verzögerung von mehr als einem Jahrhundert – *Othello* und, meist in einschneidenden Bearbeitungen, *King Lear* und *Macbeth*. Etwas später, aber um so schneller zu größter Popularität aufsteigend, kamen *The Merchant of Venice* und *Romeo and Juliet* hinzu. Daß *Lear* und *Macbeth* schon im 19. Jahrhundert nicht mehr so bevorzugt wurden und *Romeo and Juliet* seit dem ersten Weltkrieg in der Statistik langsam absinkt, ist ebenfalls eine allgemeine Erscheinung und wirft ein Licht auf sich wandelnde Rollenauffassungen und damit zusammenhängende Besetzungsschwierigkeiten, während das eklatante plötzliche Zurückfallen des *Kaufmanns von Venedig* im deutschen Spielplan seit 1933 eine nur allzu erklärliche traurige Sonderentwicklung darstellt.

Wegen ihres nationalgeschichtlichen Interesses spielten natürlich die Historien in England von jeher eine größere Rolle als anderswo; im 17. und frühen 18. Jahrhundert standen *Henry IV* und *Henry VIII*, danach *Richard III* und *Henry V* vornean, ohne die übrigen zu verdrängen. Auch Shakespeares einziges englisches »Milieustück« *The Merry Wives of Windsor* wurde in seiner Heimat stets gerne aufgeführt. Klassizistische Trends hinwiederum begünstigten die Aufnahme der ihnen wenigstens stofflich entgegenkommenden Römerdramen; *Julius Caesar* war in England bis in die Zeit GARRICKS hinein ein regelmäßig und oft gespieltes Stück, fand früh und leicht Eingang ins Repertoire der romanischen Länder und zählte auch in Deutschland zusammen mit *Coriolanus* zu den Schrittmachern der Rezeption. Heute werden beide Werke ungleich seltener gespielt; die bezeichnende Ausnahme blieb Frankreich, wo die fortwirkende klassizistische Tradition auch anderen Dramen des antiken Stoffkreises (*Troilus and Cressida*, *Antony and Cleopatra*) den Boden bereiten half und in den letzten Jahrzehnten die Sommerfestspiele in den römischen Arenen besondere Voraussetzungen für diese Vorliebe schufen.

Unübersichtlich und nur differenziert zu begründen ist die wechselvollere Bühnengeschichte der meisten Komödien, weil sie häufig in Bearbeitungen von recht unterschiedlicher Art den Zeittendenzen und Moden angepaßt wurden und dadurch zu ebenso plötzlichen wie kurzlebigen Erfolgen kamen. So ist noch in neuerer Zeit das ungewöhnlich steile, aber auf Deutschland beschränkte Ansteigen der Aufführungsziffern von *Komödie der Irrungen*, *Zwei Herren aus Verona* und, mit einigem Abstand, *Ende gut, alles gut* auf die Fassungen von Hans ROTHE zurückzuführen. Daß die Prävalenzen im deutschen Theater kaum an bestimmte Gattungstypen gebunden sind, zeigen die gegenläufigen Entwicklungen der beiden Romanzen *Der Sturm* und *Das Wintermärchen;* die erstere gliedert sich dem Repertoire seit dem 19. Jahrhundert immer fester ein, die letztere hat viel von der einstigen Beliebtheit verloren. Und die bedeutsame Wiedergewinnung der beiden »Problemstücke« *Measure for Measure* und *Troilus and Cressida* im 20. Jahrhundert, in Deutschland zahlenmäßig auffälliger als in England, erfolgte aus individuell ganz verschiedenen Antrieben.

Bleibt schließlich ein Blick auf Shakespeares theatralische »Mißerfolge« zu werfen. Einige standen schon in der englischen Restoration ziemlich fest: *Love's Labour's Lost*, *The Two Gentlemen of Verona*, *Pericles*. *Antony and Cleopatra* wurde lange durch DRYDENS *All for Love* »ersetzt« und verzeichnet bis heute nur Achtungserfolge. Nach Adaptionsversuchen um 1680 fielen 1724–39 auch *Titus Andronicus*, *Henry VI*, *Troilus and Cressida* und *Richard II* für viele Generationen aus dem Repertoire. Wirklich erholt haben sich davon nur die beiden letzteren Werke. Nicht ganz so glücklos wie heute waren nach ihrer Wiederaufführung um 1740 bis ins 19. Jahrhundert hinein *Cymbeline* und *All's Well that Ends Well*. Auch *Timon of Athens* war bis hin zu GARRICK nicht vergessen. Dennoch ist mit diesen Titeln – für den Kontinent kommen noch die am stärksten nationalenglisch geprägten Historien *Henry VIII* und *Henry V* hinzu – wohl die Gruppe, ja fast der Kanon derjenigen Stücke umschrieben, die nur sporadisch Theatergeltung erlangt haben. Aber das Urteil der Geschichte ist revidierbar. So hat sich in den letzten Jahren, erstaunlich spät, eine entschiedene Neueinschätzung von *Love's Labour's Lost* angebahnt. Nicht selten auch gingen in jüngster Zeit exemplarische Vorstöße zu einem neuen Theaterstil und Shakespeare-Bild gerade von den Außenseitern des Repertoires aus *(Titus Andronicus, Henry VI)*. Das macht einmal mehr auf die Grenzen der quantitativen Betrachtung aufmerksam. Und das Beispiel *Measure for Measure* – das Stück, das ein ganzes Jahrhundert von Prüderie geächtet wurde – kann darüber hinaus vielleicht am besten lehren, daß es nicht genügt, Repertoire-Erfolge oder -Mißerfolge einer unhistorisch und rein ästhetisch-technisch taxierten Bühnenwirksamkeit zuzuschreiben, daß sie vielmehr von thematisch-gehaltlichen Reizen und Tabus mitbedingt sind, die einer kurzen Erörterung bedürfen.

Spielplan-Zusammenstellungen, -Statistiken und -Studien
a) England:
The London Stage 1660–1800, eds. W. van Lennep (Part 1), E.L. Avery (Part 2), A.H. Scouten (Part 3), G.W. Stone, Jr. (Part 4), C.B. Hogan (Part 5), 11 vols., Carbondale, Illinois, 1960–68 (tägl. Auff. nachweise). – C.B. HOGAN, *Sh. in the Theatre 1701–1800: A Record of Performances in London*, 2 vols., Oxford, 1952/57. – A.H. SCOUTEN, »The Increase in Popularity of Sh.'s Plays in the Eighteenth Century: A *Caveat* for Interpretors of Stage History«, *SQ*, 7 (1956). – J.C. TREWIN, *Sh. on the English Stage 1900–1964*, London, 1964 (Appendices: Premierenlisten West End, Old Vic und Stratford). – *ShS*, 5 ff. (1952 ff.) (jährliche Premierenlisten, für die Zeit ab 1950).

b) Deutschland:
SJ, 7–9 (1872–74), 12 (1877), 15 (1880), 37 (1901) (Sh.-Spielpläne Leipzig, Dresden, Karlsruhe, Mannheim und Wien im 19. Jahrh.). – *SJ*, 8 ff. (1873 ff.), ab 1964 geteilt in *SJ West* und *SJ Ost* (jährliche Theaterberichte mit Aufführungslisten, für die Zeit ab 1870). – *Neuer Theater-Almanach*, 13 (1902) (S. 114: Sh.-Aufführungen, Tabelle 1881–1900). – W. STROEDEL, *Sh. auf der deutschen Bühne vom Ende des Weltkriegs bis zur Gegenwart*, Weimar, 1938 (S. 88–92: Sh.-Inszenierungen und -Aufführungen, Tabellen 1911–37). – *Die Deutsche Bühne*, 1 ff. (1956 ff.) (in den November- und Dezember-Heften jeweils umfangreiche Spielplanstatistiken). – *Dramatiker und Komponisten auf den Bühnen der Deutschen Demokratischen Republik*, Spielzeit 1960/61 ff., Berlin, 1962 ff.

b) Probleme und Tendenzen der Aneignung

Spontaner und trivialer als die literarische Kritik hat das Theater von jeher das Stoffliche von Shakespeares Dramen aufgegriffen und dabei Anlässe genug gefunden, es auch auf aktuellste Fragen zu beziehen. Um nur an die politisch-sozialkritische Komponente der heutigen Rezeption zu erinnern: da wird an *Coriolanus* der Klassenkampf, an *Timon* der Kapitalismus und an *Tempest*

der Kolonialismus exemplifiziert, da wird *Caesar* zum antifa-
schistischen und *Troilus* zum Antikriegsstück, *Richard III* zum
Modell erlebter Katastrophen und *Henry V* zur Parabel des
Nationalismus, und da werden Juliet, Desdemona oder Helena
(All's Well) mit der Frauenemanzipation in Verbindung gebracht
und Shylock und Othello wie eh und je mit Rassismus. Mit
solchen Aktualisierungen, deren Niveau freilich abzustufen wäre,
nutzt das Theater seinen legitimen Spielraum im Umgang mit
Shakespeare. Die Spielart, das Ausmaß und die Bewußtheit des
subjektiven Zugriffs mögen heute neu erscheinen, das Prinzip ist
es nicht. Es äußerte sich in den Anfangsphasen der Shakespeare-
Rezeption in allen Ländern darin, daß man seine Stücke sprachlich modernisierte, ihre Fabeln, Konflikte und Schlüsse schonungs-
los veränderte und sie in ein anderes Genre übertrug, um sie dem
zeitgenössischen Empfinden zu nähern; es zeigte sich im 19. Jahrhundert darin, daß man – bei allen sonstigen historistischen Rücksichten – ihre Vorstellungswelt materialisierte und ihr Szenengefüge rationalisierte, um sie den Spielmöglichkeiten der Illusionsbühne anzupassen; und es bekundete sich vom ersten Weltkrieg an in vielerlei Versuchen, ihre stilistisch konventionalisierte
Oberfläche aufzubrechen, um etwas von ihren Gehalten für Tag
und Stunde zu mobilisieren. Obwohl also die Formen dieser geschmacklichen, technischen und ideologischen Bemächtigung
wechselten und nur von der jeweiligen historisch konkreten
Situation her sinnvoll zu deuten und zu bewerten sind, lassen sich
doch vorweg und pauschal ein paar zentrale Anknüpfungs- und
Differenzpunkte hervorheben.

aa) Die Tragödien

Die Folioausgabe hatte den Bestand an Shakespeare-Texten
nach Komödien, Historien und Tragödien geordnet; für das
Theater der Folgezeit spielten die Konstituentien dieser Gattungen erst spät eine Rolle. So standen einer reinen Auffassung des
Tragischen bei Shakespeare bis ins 19. Jahrhundert hinein Empfindsamkeit und bürgerlicher Optimismus entgegen. Ein aufge-
klärtes Zeitalter, zu dessen philosophischem Konzept die Theodizee gehörte und das in praxi alle Konflikte einer moralischen
Sicht unterstellte, konnte nicht zulassen, daß etwa die »unschul-

dige« Cordelia sterben sollte. Auch dem leidgeprüften Lear wurde der Tod gerne erspart, und ebenso erging es in vielen Bearbeitungen Hamlet, ja sogar Desdemona und Othello und den Liebenden von Verona. Das von John DOWNES berichtete Kuriosum, daß *Romeo and Juliet* eine Zeitlang in zwei konkurrierenden Fassungen über die Londoner Bühne ging, einmal mit tödlichem, einmal mit glücklichem Ausgang, verweist anekdotisch zugespitzt auf die Beliebigkeit auch der beibehaltenen Katastrophen, deren tragische Konsequenz meist zum traurigen Vorfall gemildert oder als Bestrafung gerechtfertigt wurde. Die Tragik bewirkenden Kräfte schrumpften dabei zur äußerlichen Intrige, deren rechtzeitige Entdeckung ethisch wünschbar und poetisch denkbar erschien, oder wurden wie in SCHILLERS Adaption und GOETHES Inszenierung des *Macbeth* zu einer Schicksalsinstanz verinnerlicht, die im Rahmen des Sittengesetzes kontrollierbar blieb. Die Darstellung »böser« Helden vor einem identifikations- und solidarisierungssüchtigen Publikum war nur umständlich mit den Lehr- und Besserungs-Absichten zu begründen, die man dem Theater allgemein zuerkannte, wenngleich es für die Sensationen des Grausigen oder blind Zufälligen noch Raum genug behielt; denn gerade wo um einer vordergründigen Harmonie und Gerechtigkeit willen Shakespeares Entwicklungen coupiert und begradigt wurden, fiel das Ende oft ungewollt um so krasser aus.

Doch was Kabale trübte, lichtete Liebe auf. Schon die englischen Bearbeiter des 17. Jahrhunderts akzentuierten dieses Thema und versahen es mit heroisch-galanten Zügen. *All for Love* gab die Losung bereits im Titel an. Cordelias heimliche Liebe zu Edgar wurde mit Ehe und Thron gekrönt (Nahum TATE), und selbst der Menschenfeind Timon blieb nicht ohne amouröse Bande (Thomas SHADWELL). Auch in den Historien fand sich für die Schauspielerinnen, die jetzt die »boy actors« ablösten, bald ein erweitertes Betätigungsfeld, wurden die Staatsaktionen mit mancherlei Liebesgeschichten durchwirkt (TATES und später Lewis THEOBALDS *Richard II*, Aaron HILLS *Henry V*). Wo dann ein bürgerliches Publikum die Rezeption trug, traten neben solchen sentimentalisierten Abenteuern die Familienbeziehungen in den Vordergrund des Interesses: *Hamlet*, *King Lear* und *Othello* mochten nun vor allem als Trauerspiele der gestörten häuslichen

Ordnung bewegen, und *Coriolanus* wurde in Deutschland explizit als »Familiengemälde eines Helden« eingeführt (Johann Friedrich SCHINK). Wenn auch gerade in *Coriolanus*, aber auch in *Julius Caesar* oder *Hamlet* zuzeiten eine Dimension des »Öffentlichen« politisch genutzt worden ist, die Domestizierung der Shakespeareschen Tragödien überwog. Für ihre Bitterkeit hatte noch das Theater des vorigen Jahrhunderts kein Organ, es realisierte höchstens ihren Ernst und schätzte ihre »Weltweisheit«.

Desto ungehöriger mußten in ihnen auch die komischen und grotesken Umbrüche anmuten. Der Pförtner in *Macbeth* und der Narr in *King Lear* – für den Theaterhistoriker wahre Testfiguren für den gesellschaftlichen Radius und das Tragik-Verständnis – begannen erst nach der Romantik auf der Bühne heimischer zu werden, und für den endgültigen Verbleib der Totengräber in *Hamlet* mußten erst die Galerien plädieren. Bis heute vom Theater vernachlässigt oder verkannt ist schließlich die besondere Art, wie Shakespeare seine Tragödien rundet und aus- und abklingen läßt, wie er die tragischen Geschicke seiner Helden von einer neugewonnenen Ordnung her beleuchtet und mit einem Wort des Gedenkens (nicht der Bilanz) in die Distanz der Geschichte oder Sage zurückversetzt, aus der er sie erweckt hatte. Zu groß ist wohl die Illusionswirkung der Guckkastenbühne, als daß die Rück- und Ausblicke der Epitaphsprecher und Testamentsvollstrecker anders als handlungsimmanent begriffen werden könnten. Sie wurden und werden deshalb meist beschnitten oder zu inhaltlichen Pointen umgeformt. Ihre kathartische Funktion (im Verein mit den Trauermärschen) – die Gegenwart des Dramas aufhebend und zugleich den theatralischen Vollzug reflektierend – scheint ganz der Bühne und Erlebnisweise der Elisabethaner zugehörig.

bb) Die Komödien

Weniger noch als das Tragische bei Shakespeare erwies sich das Komische als eine verbindliche Rezeptionskategorie. Zu vielfältig in den Erscheinungsformen, zu oberflächlich als Gattung definiert, zu sehr gebunden an das Gesellschaftsbild und Persönlichkeitsideal der Shakespearezeit und die volkstümlichen Traditionen und rhetorischen Konventionen ihres Theaters, konnten die Komödien nur einzeln und meist weitgehend bearbeitet die Bühne erobern und mit JONSON, der »Restoration comedy«, MOLIÈRE oder GOLDONI konkurrieren. Als eigene Werkgruppe spezifisch Shakespearescher Prägung wurden sie überhaupt erst von der romantischen Kritik verstanden und dann allmählich auch vom Theater aufgenommen. Die Grenzen des Corpus sind bis heute unscharf: während *The Merchant of Venice* und *Measure for Measure* der Bühne oft als ernste Schauspiele galten, rechnete sie *Cymbeline* häufig und *Troilus and Cressida* gelegentlich den Komödien zu; die Betonung des Heiteren oder Finsteren schwankt noch immer stark und tendiert zum Ausschließlichen, das Tragikomische beschäftigt offenbar mehr die Poetik als das Theater. Ähnlich divergent waren die theatralischen Stilbereiche, denen Shakespeares Komödien assimiliert wurden. Ihre musikalischen und phantastischen Elemente begünstigten eine Veroperung, wie schon früh bei *The Tempest* und *A Midsummer Night's Dream;* das »Wunderbare« in diesen Stücken zog auch die Deutschen als erstes an und zeitigte erfolgreiche Singspiel-Adaptionen und Bühnenmusiken. Ihre Figurenwelt und ihre Gesellschaftsmotive wurden andererseits gerne in ein näherliegendes Milieu verpflanzt und auf zeitgenössische Verhältnisse zugeschnitten. In Deutschland nationalisierte man Ende des 18. Jahrhunderts fast alle übernommenen Shakespeare-Komödien zu Genrelustspielen und Sittenkomödien, die sich lange im Repertoire hielten. Windsor wurde dabei zu Wien, Katharina zur harmlosen *Widerbellerin* (SCHINK), *Die Quälgeister* (Heinrich BECK) vertraten *Much Ado About Nothing*, *Gerechtigkeit und Rache* erinnerte entfernt an *Measure for Measure* und *Schein und Wirklichkeit* an *Twelfth Night*. Die Titel deuten auf die moralischen Hintergedanken. Die strukturelle Zerklüftung schließlich, etwa von *A Midsummer Night's Dream*, *The Winter's Tale* und *The Taming of the Shrew*, ließ es zu Adaptionen nur einzelner Werkteile und -schichten kommen, die vor allem auf der englischen Bühne als »Afterpieces« recht beliebt waren. Dabei wurden nun wiederum die possenhaften und burlesken Züge einseitig zur Geltung gebracht.

Wie aus alledem zu ersehen, war also gerade die Balance von Wirklichkeitsgehalt und artifiziellem heiterem Spiel in Shakespeares Komödien schwer einzubringen. Ein Theater, das sich primär als Instrument der praktischen Lebensbewältigung verstand und tätige und leidenschaftliche Charaktere als Vorbilder herauszustellen liebte, schätzte ihren Werk-Wert nie hoch ein; so berichtete noch LAUBE eher widerwillig von den Erfolgen seiner Komödien-Inszenierungen. Das pure Unterhaltungstheater dagegen setzte Shakespeares Komik stets zu niedrig und realitätsfern an. Erschwerend kam hinzu, daß das Komische zu einem Gutteil auf punktuellen Wirkungen der Sprache beruht, den Anspielungen, phantasievollen und geistreichen Wortwitzen, launigen Verdrehungen, Zweideutigkeiten usw., die von späteren Zeiten teils nicht mehr verstanden, teils als abgeschmackt verurteilt wurden und in den Übersetzungen am meisten einbüßen mußten. Es bedurfte einer Lebens- und Theaterkultur, die nach dem Leistungsethos des 19. Jahrhunderts wieder die Werte des Spiels entdeckte, eines dramaturgischen Denkens, das jenseits der kausal-pragmatischen Linearität wieder den Reiz und symbolischen Sinn von Spiegelungen wahrnahm, und einer Ensemblekunst, die das Beziehungsgeflecht und das Gesellige der Gestalten wiederzugeben vermochte, damit die in der Rezeption zerteilte Komödienwelt Shakespeares zu neuen Ganzheiten zusammenfinden konnte. Diese Voraussetzungen waren erst um die Jahrhundertwende gegeben. Es begann die Glanzzeit der artistisch-poetischen Interpretation, die vor allem an das Wirken von Regisseuren wie REINHARDT, GRANVILLE-BARKER, COPEAU, GÉMIER, FALCKENBERG, BERGER, FEHLING und HILPERT geknüpft war, während sich vom zweiten Weltkrieg an wieder bohrender die Frage erhob, was Shakespeares Komödien über Theaterseligkeiten hinaus zu einer realistischen Welterfahrung beitragen könnten. So ist ihr Gleichgewicht stets von neuem zur Aufgabe und Anregung geworden.

cc) Die Historien

Rezeptionsschwierigkeiten ganz eigener Art bereiteten die Historien. Zwar bieten sie in Falstaff und Richard Gloster zwei der attraktivsten Rollen, doch setzt ihr Stoff ein geschichtliches Interesse und eine Informiertheit voraus, mit denen auch beim englischen Publikum nicht durchwegs zu rechnen war. Ihr zentraler »Held« England sprach zwar immer wieder nationale Gesinnungen an, doch erforderte dies auf dem Kontinent ein abstrahierendes Analogiedenken, das die Unmittelbarkeit der Wirkung brach und für die Franzosen bei *Henry V* und 1 *Henry VI* begreifliche Grenzen fand. Für Shakespeares dynastisch orientiertes Geschichtsbild verlor sich mit fortschreitender Demokratisierung der direkte Erlebnisbezug, seine zum Teil noch in mittelalterlichen Ordnungsvorstellungen wurzelnde Deutung historischen Geschehens lag dialektischen oder fatalistischen Geschichtsauffassungen fern. Besondere Aufführungsprobleme stellte auch die Drei- bzw. Zweiteiligkeit von *Henry VI* und *Henry IV*, die häufig zu dramaturgischen Bearbeitungen herausforderte. Andererseits war der inhaltliche Zusammenhang der Historien von *Richard II* bis *Richard III* ein Hauptmovens ihrer Rezeption als eigenständiger Gattung. Sie wurden schon früh gruppenweise wiederbelebt; im 19. Jahrhundert regte dann die Vorliebe für Trilogien und Tetralogien immer mehr zu zyklischen Kombinationen an, bis schließlich im Jubiläumsjahr 1864 mit DINGELSTEDTS Gesamtaufführung in Weimar die Flut der Fortsetzungshistorien begann. Freilich war diese breite Einbeziehung ins Repertoire nur durch einen Historismus möglich geworden, der seinen Blick einseitig auf die Stoffe richtete und sie geradezu als nichtfiktionale Gegebenheiten ansah. Das minderte zugleich die poetische Einschätzung der Königsdramen, da chronikalisch bezeugte Geschichte nun in einen Gegensatz zum weiterhin hochgehaltenen Prinzip der dichterischen Freiheit trat; die Historien galten also als bloße Vorstufe zu den Tragödien, ihr epischer Charakter schien nur in der dramatischen Großform des Zyklus (mit *Richard II* als Exposition, *Henry V* als Höhepunkt und *Richard III* als Katastrophe) aufhebbar.

Der Gattung angemessener war sicher ein Zugang, der in den Königsdramen Fragen der Politik und Herrscherethik, der Interdependenz von öffentlichem Wohl und privater Tugend, Legitimität und Fähigkeit gestaltet sah. Politisch gefärbt war schon die royalistische, die Gefahren des Bürgerkriegs beschwörende Interpretation in den Londoner Krisenjahren 1680/81 und nach 1715, in anderem Sinne auch die Rezeption durch die bürgerliche Schaubühne in Deutschland: wenn sie ihr Interesse vorwiegend Charakterproblemen zuwandte, so demonstrierte sie damit doch, wie hoch sie das »Menschliche« über die Standesaura zu stellen gewillt war. Mit der psychologischen Verästelung der Darstellung ging dann allerdings auch das politische Thema verloren, zerrann in matte Heraldik. Erst in den dreißiger Jahren wurde es gelegentlich wieder aktiviert (DULLIN, FEHLING). Ein entscheidender Wandel kündigte sich schließlich im letzten Krieg in Züricher und Londoner Inszenierungen und danach in den Regie-Intentionen eines VILAR, PLANCHON, KORTNER, HALL, STREHLER oder PALITZSCH an: die Historien wurden nun als politische Essayistik und Allegorie, als Parabeln von Herrschaft und Macht, als aufklärende bis denunziatorische Muster öffentlichen Verhaltens verstanden. Diese Wiederentdeckung ist noch nicht abgeschlossen und stellt die markanteste Entwicklung in der heutigen Shakespeare-Rezeption dar.

Bühnengeschichte einzelner Werke
a) England:
A.I.P. WOOD, *The Stage History of Sh.s King Richard the Third*, New York, 1909, repr. 1965. – G.C. CASTELLO, »La tradizione interpretativa del *Riccardo III*«, *Bianco e Nero*, 18 (1957). – T. LELYVELD, *Shylock on the Stage*, London, 1961. – M. ROSENBERG, *The Masks of Othello*, Berkeley, 1961, repr. 1971. – A. C. SPRAGUE, *Sh.'s Histories: Plays for the Stage*, London, 1964. – N. SANDERS, »Metamorphoses of the Prince: Some Critical and Theatrical Interpretations of *Hamlet* 1864–1964«, in: *Shakespearean Essays*, eds. A. Thaler, N. Sanders, Knoxville, 1964. – M. MACK, *King Lear in Our Time*, Berkeley, 1965. – J. G. PRICE, *The Unfortunate Comedy: A Study of All's Well That Ends Well and its Critics*, Liverpool, 1968. – D. BARTHOLOMEUSZ, *Macbeth and the Players*, Cambridge, 1969. – »One Play in its Time No. 1: *Macbeth*«, *TQ*, 1 (1971). – M. ROSENBERG, *The Masks of King Lear*, Berkeley, 1972, repr. 1974. – G. J. MATTEO, *Sh.'s Othello: The Study and the Stage 1604–1904*, Salzburg, 1974. – R. BERRY, »The Metamorphoses of *Coriolanus*«, SQ, 26 (1975).

b) Deutschland:
W. WIDMANN, *Hamlets Bühnenlaufbahn (1601–1877)*, Leipzig, 1931. – W. DREWS, *König Lear auf der deutschen Bühne bis zur Gegenwart*, Berlin, 1932, repr. 1967. – E. SCHUMACHER, *Sh.s Macbeth auf der deutschen Bühne*, Emsdetten, 1938. – M. BRUNKHORST, *Sh.s Coriolanus in deutscher Bearbeitung*, Berlin, 1973. – G. ERKEN, *Sh.s Königsdramen auf der deutschen Bühne* (Ausstellungskatalog), Duisburg, 1977.

c) Frankreich:
H.P. BAILY, *Hamlet in France from Voltaire to Laforgue*, Genève, 1964.

c) Aspekte und Formen der Darbietung

In der Art, wie das Gegenwartstheater Shakespeares Stücke versinnlicht, scheint es zwar durch signifikante Stiltendenzen geprägt, aber durch keine allgemeinen Übereinkünfte mehr getragen und gebunden zu sein. So flexibel jedoch die Mittel und so vielfältig die Formen der Shakespeare-Inszenierung geworden sind, auf ein Problem ist sie überall und vor allem fixiert: inwieweit man die Werke in ihrer Bühnenerscheinung aktualisieren oder historisieren solle, ob Shakespeare als »unser Zeitgenosse« (Jan KOTT) sichtbar zu machen oder »als Vergangenheit« zu spielen sei (Martin WALSER). Daß dies als Alternative, nicht die Synthese als paradoxe Aufgabe begriffen wird, kennzeichnet die heutige Shakespeare-Rezeption vielleicht am stärksten in ihrer Historizität, verdeutlicht ihre Labilität in einer post-historistischen Situation. So ist auch ihr Pluralismus nur Indiz und Abwandlung, nicht Aufhebung einer Problematik, die durch die ganze Bühnengeschichte Shakespeares geht. Ein kurzer Blick auf einige Theaterkonventionen und pragmatische Bedingungen, denen Shakespeares Stücke im Laufe der Zeit konfrontiert und ausgesetzt waren, soll Aufführungsprobleme dieser Art umreißen und auf frühere Lösungsversuche hinweisen.

aa) Ausstattung und Inszenierung

Bestimmend wie kein anderer Faktor war für die Shakespeare-Rezeption, daß sie von 1660 bis heute weitgehend auf der Guckkastenbühne vonstatten ging. Shakespeares »Theatralik«, ganz in Sprache integriert und dem dekorationsarmen, im Prinzip neutralen Spielgerüst, dem »Arbeitsgestell« der Schauspieler als einfachster, ursprünglichster und offenster Bühnenform zugeordnet, wurde dabei visuell festgelegt, materialisiert. Das Imaginative wandelte sich zum konkret Illusionierten, verloren gingen der pars pro toto-Charakter der Darstellung, ihre spieltechnisch wie gehaltlich variable Publikumsnähe und die unmittelbare Beziehbarkeit jener zentralen Motivik des Spiels, des Scheins, der Rolle und Verkleidung, des Zuschauens, der Bühne schlechthin, auf den theatralischen Vollzug selbst, den sie reflektiert und symbolisiert. Das geschah stufenweise von der unschuldigen Ausschmückung über die informative Andeutung »realer« Aktionsräume bis zur selbstzwecklichen Vortäuschung milieuhafter Wirklichkeiten.

Der dekorierte Einheitsort der klassizistischen Bühne war insofern noch lokal unbestimmt, als er einen Ideal-Schauplatz der Handlung vorstellte und zugleich homogener Ort des Publikums blieb. Als solcher schloß er freilich schon aus, was diesem Publikum nicht konform war, prätendierte er die Realität des Palastes, der Shakespeares Gestalten gewisse Verhaltensweisen vorschrieb, nivellierte er Lebensbereiche, die Shakespeare kontrastiert. Die Bühnenwelt konkretisierte sich, wo sie den Zuschauern als fremde und der Vergangenheit zugehörige bewußt gemacht und gegenübergestellt wurde. Der Prozeß setzte bei der Kostümgestaltung ein. Schon das elisabethanische Theater hatte Shakespeares Römer und seine Exponenten der nationalen Geschichte »historischer« gekleidet. Figuren wie Henry VIII, dessen Erscheinung nach HOLBEIN festlag, Richard III und Falstaff wurden im Äußeren früh konventionalisiert; Caesar, Coriolanus oder Antony traten im 17. und 18. Jahrhundert »à la Romaine« gewandet auf, bis sich kurz vor 1800 nach TALMAS Vorbild Tunika und Toga durchsetzten. Im letzten Drittel des 18. Jahrhunderts begann man, auch andere Protagonisten der Tagesmode zu entfremden: MACKLIN wagte 1773 einen altschottischen Macbeth, GARRICK trug 1776 bei seinem Abschied als Lear »old English dresses«, KEMBLE führte 1783 bei seinem Debut als Hamlet eine Art van DYCK-Kostüm ein.

Das 19. Jahrhundert dehnte in dem Maße, wie es die visuelle Ausgestaltung der Bühne bis zur minutiösen illusionistischen Wirklichkeitswiedergabe vorantrieb, auch die Historisierung aus und machte sie exakt. Zur üppigen Veranschaulichung und naturalistischen Fixierung reizte nach wie vor besonders die Welt der Historien; *Henry VIII* blieb das Ausstattungsstück par excellence, aber auch *King John* diente oft zur Prachtentfaltung, die sich als Rekonstruktion legitimierte. Daneben waren es die Schauplätze Venedig und Verona, denen man kulturgeschichtliche Sorgfalt angedeihen ließ. Auch die außerhalb der Zivilisation stehende Sphäre suchte man mit großem Theateraufwand zu bewältigen: an Shakespeares Geistern, Naturgewalten, Mondschein und Wäldern erprobte sich erst der Opernapparat und bald auch die romantische Stimmungs- und Lichtregie des Schauspiels; selbst den Tages- und supponierten Jahreszeiten galt kein geringes Interesse.

Der Austapezierung der Shakespeareschen Phantasieräume entsprach eine Multiplizierung der Inszenierungsmittel. Man glaubte, das historische Gewicht von Staatsaktionen, Volksauftritten, Feldzügen oder Schlachten auf der Bühne nicht anders als quantitativ bekräftigen zu können, Massenaufgebote machten auch die Gerichtsszenen in *The Merchant of Venice* oder *The Winter's Tale* zu öffentlichen Ereignissen. Die symbolische Darstellung solcher Vorgänge bei Shakespeare wich einer pompösen Repräsentation (wie später einer allegorischen Stilisierung). Um die Jahrhundertwende kam es dann zur Gegenbewegung, die nicht nur die Shakespeare-Inszenierung wieder auf ihre primären Ausdrucksmittel, den Schauspieler und die Sprache, zurückverwies, sondern um Shakespeares willen sogar eine neue »elisabethanische« Bühne forderte und mancherorts verwirklichte. Damit war eine Historisierung – nicht mehr der Inhalte, sondern der Aufführungspraxis – ermöglicht, die mit dem letzten logischen Schritt – die Figuren, wie Shakespeare es getan, wieder zeitgenössisch zu kostümieren – in die Aktualisierung umschlug.

bb) Dramaturgie

Auch dramaturgische Normen haben die Shakespeare-Rezeption von früh an erschwert und modifiziert. Den klassizistischen Einheiten kamen *Othello*, *Macbeth* oder *Coriolanus* wenigstens mit ihrer stringenten Handlungsführung etwas entgegen, und aus *2 Henry VI* vermochten zwei Bearbeiter um 1700 sogar recht geschlossene Fabeln um den Duke of Gloster herauszupräparieren; dafür boten andere Stücke exemplarische Schwierigkeiten: schon DRYDEN erschien an *Antony and Cleopatra* die Szenenzersplitterung und an *Troilus and Cressida* das verstreute Interesse und offene Ende revisionsbedürftig; bei *Julius Caesar* gab der vorzeitige Tod des Titelhelden einigen Bearbeitern Anlaß zur Zweiteilung der Tragödie in ein Caesar- und ein Brutus-Drama; an *The Winter's Tale* machte der Zeitsprung zu schaffen und an *The Merchant of Venice* der »überflüssige« Schlußakt, in dem es viel Poesie, aber keinen Shylock mehr gibt. Die Adaptionen dieser Werke verrieten bis weit ins 19. Jahrhundert einen engeren dramaturgischen Begriff von Kontinuation und Finalität, als ihn die Shakespeare-Zeit gekannt hat. Erst die anti-aristotelische Dramatik und Poetik des 20. Jahrhunderts vermittelte dem Theater ein neues Verständnis für die Szenenrhythmik, die relative Autonomie der Einzelszene und die epischen Züge (z.B. Chorus-Figuren) bei Shakespeare.

Liberaler stand die Bühne anfangs den vielen Shakespeareschen Nebenhandlungen gegenüber. DAVENANT baute sie in seinen Bearbeitungen *The Law Against Lovers (Measure for Measure), The Tempest* und *Macbeth* (1662–67) sogar aus, indem er Parallelfiguren und Motivspiegelungen hinzuerfand, allerdings weniger um dramatische Strukturen zu verdichten als formale Proportionen auszutarieren. Als dieses kompositionelle Ideal verblaßte und eine realistischer gewordene Bühnenkunst die pragmatische Zweckhaftigkeit des Geschehens höherstellte, wurde vieles, was bei Shakespeare vom »Faden« der Haupthandlung abwich, als Episode abgetan. Das 19. Jahrhundert rechtfertigte solche Eingriffe dann nicht mehr von dramaturgischen Zielen, sondern zunehmend von bühnentechnischen Notwendigkeiten her. Wenn es aber immer neue Gelegenheiten aufspürte, auch Geschehnisse, die Shakespeare in der verdeckten Handlung beläßt, auf der Bühne zu entfalten (mit Bolingbrokes und Richards II Einzug in London hat Charles KEAN 1857 ein prominentes Beispiel dafür gegeben), und wenn es durch Wandeldekorationen und Umzüge selbst Ortsveränderungen in Szene setzte, so äußerte sich darin eine noch viel weiter gehende Einschränkung des dramatischen Handlungsbegriffs auf die sichtbare Aktion. Nicht die Drehbühne konnte somit diese verdinglichte Shakespeare-Dramaturgie überwinden, sondern erst die Reaktivierung der Phantasie.

cc) Schauspielerische Darstellung

Hat das rezipierende Theater die Forderungen und Möglichkeiten der Shakespeareschen Dramaturgie lange unerfüllt gelassen und hat es vom Anspruch seines Werkes erst spät den entscheidenden Anstoß erhalten, eine effiziente Bühnenform wiederzugewinnen, so hat es auf dem Gebiet der Schauspielkunst Shakespeare von jeher fast alles zu verdanken. In keinem theatralischen Bereich hat sein Werk intensiver und kreativer nachgewirkt. Die Geschichte der Schauspielkunst ist in England fast identisch mit der Entwicklung der Shakespeare-Darstellung, und nicht selten hat auch anderswo die Gestaltung einer Shakespeare-Rolle der Bühne ein neues Menschenbild erschlossen; die Margaret der WOLTER, die Cleopatra der DURIEUX und die Rosalind der

BERGNER mögen hier für viele häufiger Genannte stehen. Um so paradoxer erscheint es, daß Shakespeares Anregerfunktion gerade auf diesem »lebendigsten« Ausdrucksfeld des Theaters von den stärksten Konventionen vermittelt, normiert und gestützt worden ist. Das englische Theater steht diesem Überlieferten am schauspielerischen Vortrag und am »stage business« übrigens noch heute aufmerksamer und verständiger gegenüber als etwa das deutsche, das sich mehr um Regieauffassungen und deren Innovationen kümmert.

Vor allem im tragischen Fach bildeten sich im 17. und 18. Jahrhundert für die Shakespeare-Darstellung feste Regeln heraus. Die rhetorischen »points« und Körperhaltungen standen für die Hauptrollen fest, wurden erlernt und weitergegeben. In Shakespeares Realismus lag zwar ein Ausdruckspotential von großer Sprengkraft bereit, doch aktualisierte es sich, etwa bei GARRICK, vornehmlich in einzelnen mimisch-gestischen Inventionen und überlegteren Vortragsnuancen, die einem detailversessenen Zeitalter viel bedeuteten und ihrerseits kopiert und tradiert wurden. Wer eine Rolle solcherart einmal kreiert hatte, faßte sie innerlich wie äußerlich als Besitz auf. Diese Monopolisierung führte häufig zur Überalterung, wie sie besonders stabilisierte Institutionen (Burgtheater, Comédie Française) bis in neuere Epochen behindern konnte. Sie bezeugt aber zugleich, wie irrelevant früheren Zeiten das Alter ihrer Shakespeare-Darsteller gewesen sein mochte. BETTERTON hatte noch mit 74 Jahren großen Erfolg als Hamlet (1709), und in der langen Reihe der 60jährigen Dänenprinzen fehlen weder GARRICK noch FORBES-ROBERTSON; andererseits erwarben sich GARRICK und SCHRÖDER schon in ihrer Jugend den größten Ruhm mit Lear.

Shakespeares Gestalten, die aus aller poetischen, dramaturgischen und didaktischen Überformung noch so individuell, plastisch und selbstbestimmt hervortreten, daß sie im literarischen Gedächtnis ein fast mythisches Eigenleben führen, mußten in hohem Maße auch zur isolierenden Verkörperung verleiten. Das Virtuosentum des 19. Jahrhunderts lebte von dieser Chance und verfestigte vor allem die »Intriganten« zu einem shakespearefernen Rollentyp. Daneben erwiesen sich schon im 18. Jahrhundert Hamlet und Romeo als dankbare Hosenrollen, wobei anfangs die Opernpraxis, die sich auch in der meist weiblichen Besetzung von Puck und Ariel auswirkte, die Annexion begünstigt haben mag. Solche und ähnliche Formen der verselbständigten Rollen-attraktion (echte Neger als Othellos usw.) wichen erst zu Beginn dieses Jahrhunderts einem Regietheater, welches wieder realisierte, daß Shakespeares Gestalten nicht nur aus eigener Mitte existieren, sondern in Spannung zu ihrer Umwelt und noch in der maßlosen Vereinzelung in einem schicksalhaften »Ensemble« stehen. Das machte aus überlebensgroßen Rampenhelden oder psychologisch übermotivierten »Charakteren« Shakespeares wieder dramaturgisch relevante Bühnen-»Figuren«.

M. JACOBS, *Deutsche Schauspielkunst: Zeugnisse zur Bühnengeschichte klassischer Rollen*, Leipzig, 1913, neu hrg. Berlin, 1954. – A.C. SPRAGUE, *Sh. and the Actors: The Stage Business in His Plays (1660–1905)*. Cambridge, Mass., 1944, repr. 1963. – R. MANDER, J. MITCHENSON, eds., *Hamlet Through the Ages: A Pictorial Record from 1709*, London, 1952. – A.C. SPRAGUE, *The Stage Business in Sh.'s Plays: A Postscript*, London, 1954. – W. M. MERCHANT, »Classical Costume in Shakespearian Productions«, *ShS*, 10 (1957). – W.M. MERCHANT, *Sh. and the Artist*, London, 1959. – B. JOSEPH, *The Tragic Actor*, London, 1959. – J.R. BROWN, »The Realization of Shylock: a Theatrical Criticism«, in: *Early Sh.*, Stratford-upon-Avon Studies 3, London, 1961. – R. DAVIES, »Changing fashions in Shakespearean Production«, *Stratford Papers on Sh. 1962*, Toronto, 1963. – J.R. BROWN, »Sh. and the Actors«, in: *Sh.: A Celebration 1564–1964*, ed. T.J.B. Spencer, Harmondsworth, 1964. – J.R. BROWN, »The Study and Practice of Sh. Production«, *ShS*, 18 (1965). – J.R. BROWN, *Sh.'s Plays in Performance*, London, 1966, repr. 1969. – F.W. WADSWORTH, »Hamlet and Iago: Nineteenth-Century Breeches Parts«, *SQ*, 17 (1966). – P.C. WILLIAMS, *English Shakespearean Actors*, London, 1966. – H. NÜSSEL, *Rekonstruktionen der Sh.-Bühne auf dem deutschen Theater*, Diss., Köln, 1967. – W.A. BUELL, *The Hamlets of the Theatre*, New York, 1968. – C.H. SHATTUCK, *The Hamlet of Edwin Booth*, Urbana, 1969. – C. GLICK, »Hamlet in the English Theater: Acting Texts from Betterton (1676) to Olivier (1963)«, *SQ*, 20 (1969). – C.J. CARLISLE, *Sh. from the Greenroom: Actors' Criticisms of Four Major Tragedies*, Chapel Hill, 1969. – H. de LEEUWE, »Sh.s Shylock: Europäische Darsteller einer berühmten Rolle«, in: *Kleine Schriften der Gesellschaft für Theatergeschichte*, 23 (1969). – R. FINDLATER, *The Player Kings*, London, 1957, repr. 1971. – R. FOULKES, »Henry Irving and Laurence Olivier as Shylock«, *TN*, 27 (1972). – C. CARMANN, *Shylock am Wiener Burgtheater*, Diss., Wien, 1972. – *SJ West* (1973) (Thema Schauspieler und Sh.). – J. R. BROWN, *Free Sh.*, London, 1974.

2. GESCHICHTLICHE ABRISSE

a) Internationalität

Eine Weltgeschichte der theatralischen Shakespeare-Rezeption ist bisher nicht geschrieben worden. Das hat weniger stoffliche oder sprachliche als methodische Gründe. Die Ortsgebundenheit des Theaters ließe nur eine vergleichende Stilgeschichte zu, die abstrahieren müßte von allen bühnenpraktischen, kulturellen und gesellschaftlichen Sonderumständen, unter denen sich die Aneignung Shakespeares vollzog. So findet auch die Komparatistik nur dort ein schmales Forschungsfeld, wo konkrete Symptome einer internationalen Vermittlung greifbar werden: bei GARRICK, dessen Ruhm Shakespeare den Weg auf die Bühne des Kontinents ebnete, dessen Europareise einer Mission gleichkam und dessen spektakuläres »Jubilee« in Stratford (1769) noch in der Frankfurter Privatfeier des 22jährigen GOETHE seinen Reflex fand; bei TALMA, dessen Publizität, mitgetragen von der napoleonischen Expansion, Shakespeare in den Adaptionen von DUCIS auf dem spanischen, polnischen und russischen Theater einführen half; bei TIECK oder FONTANE, die genaue Kunde von englischen Shakespeare-Aufführungen nach Deutschland brachten; schließlich in jenen direkten, bis in Stückwahl und Inszenierungskonzept nachweisbaren Anregungen, die DINGELSTEDT *(Wintermärchen)*, Friedrich HAASE *(Kaufmann von Venedig)* oder die Meininger von Charles KEAN empfingen. Hierher gehören dann auch: Ensemble-Gastspiele wie das englische, das 1827 eine Wende der französischen Haltung gegenüber Shakespeare bewirkte, oder die Aufführungen der Meininger in London und Rußland, die IRVING und STANISLAVSKIJ neue Möglichkeiten der Shakespeare-Regie eröffneten, die Rivalitäten des englisch-amerikanischen Gastspielaustausches, die fremdsprachigen Shakespeare-Sensationen von Reise-Stars wie Ira ALDRIDGE, Ernesto ROSSI, Tommaso SALVINI oder Bogumil DAWISON, die übernationalen Einflüsse von POEL, CRAIG oder REINHARDT und nicht zuletzt jene Kettenreaktionen, die seit den zwanziger Jahren eine Homogenisierung des europäischen Theaterlebens anzeigen, die »Hamlet-im-Frack«-Welle und die »Uraufführungen« von *Titus Andronicus* in England und Deutschland um 1925, die Jan KOTT-Welle und die Erfolgsserie der *Wars of the Roses* von HALL über STREHLER bis zu PALITZSCH und BARRAULT vierzig Jahre später – die Reihe ließe sich fortsetzen. Trotzdem sind auch solche Verbindungen in erster Linie aus den jeweiligen lokalen und nationalen Zusammenhängen zu interpretieren. Deren Vergleich etwa im Rahmen bestimmter Perioden (die selten als »Epochen«

zueinanderpassen) wird aber zusätzlich erschwert durch die verschiedenen Forschungslagen und -interessen. Die umfangreiche
englische Shakespeare-Rezeptionsforschung betrachtet das Theater als relativ isolierte Sparte und konzentriert sich vor allem
auf Schauspielerleistungen und Adaptionsdelikte (Restoration);
die deutsche ist, dem Partikularismus entsprechend, zumeist
lokalhistorisch organisiert, befaßt sich mehr mit Konzeptions-
und Übersetzungsproblemen und bleibt deshalb stärker an der
Literaturgeschichte orientiert; die französische hat sich überhaupt erst im letzten Jahrzehnt stärker profiliert. So kann auch
die folgende Darstellung nur Abrisse in den Grenzen der drei
für die Shakespeare-Rezeption historisch wichtigsten Länder geben.

1. Gesamtdarstellungen:
P. van TIEGHEM, *Le Préromantisme, III: La Découverte de Sh. sur le continent*,
Paris, 1947. – L. MARDER, *His Exits and His Entrances. The Story of Sh.'s Reputa-
tion*, Philadelphia, 1963 (simple Faktenaufzählung). – R. SPEAIGHT, *Sh. on the
Stage*, London, 1973.

2. England:
a) Dokumentation:
A.C. SPRAGUE, *Shakespearian Players and Performances*, Cambridge, Mass.
1953. – C.H. SHATTUCK, *The Sh. Prompt-Books: A Descriptive Catalogue*,
Urbana, 1965. Supplement in *TN*, 24 (1969/70). – G.L. EVANS, *Sh. in the
Limelight: An Anthology of Theatre Criticism*, Glasgow, 1968. – *Adaptations and
Stage Versions of Sh.'s Plays*, Facs. publ. by Cornmarket Press, series 1, 80 vols.,
London, 1969, series 2, 50 vols., London 1970–1972. (Von Davenant bis Charles
Kean). – B. VICKERS, ed., *Sh.: The Critical Heritage*, vol. I–IV: 1623–1765, Lon-
don, 1974–1976 (Geplant: 6 vols.). – G. SALGADO, *Eyewitnesses of Sh.: First
Hand Accounts of Performances 1590–1890*, London, 1975.

b) Darstellung:
G.C.D. ODELL, *Sh. from Betterton to Irving*, 2 vols., New York, 1920, repr.
London, 1963, 1966. – H. CHILD, »Sh. in the Theatre from the Restoration to
the Present Time«, in: *A Companion to Sh. Studies*, eds. H. Granville-Barker, G.B.
Harrison, Cambridge, 1934, repr. 1955, 1960. – R. STAMM, *Geschichte des engli-
schen Theaters*, Bern, 1951. – F.E. HALLIDAY, *The Cult of Sh.*, London, 1957. –
I. RIBNER, »Sh. in the Theatre, 1642–1968«, in: *W. Sh.: An Introduction to his Life,
Times, and Theatre*, ed. I. Ribner, Waltham, Mass., 1969. – A.C. Sprague, »Sh.'s
Plays on the English Stage«, in: *A New Companion to Sh. Studies*, eds. K. Muir,
S. Schoenbaum, Cambridge, 1971; deutsch: »Sh. auf der englischen Bühne«, in:
Sh.: Eine Einführung, Stuttgart, 1972.

3. Deutschland:
a) Dokumentation:
R. GENÉE, *Geschichte der Shakespeare'schen Dramen in Deutschland*, Leipzig, 1870,
repr. Hildesheim, 1969 (umfangreiches Verzeichnis der Bearbeitungen). –
L.M. PRICE, »Sh. in Deutschland« (Bibliographie), in: *Die Aufnahme englischer
Literatur in Deutschland 1500–1960*, Bern, 1961. – *Sh. und das deutsche Theater*
(Ausstellungskatalog Bochum und Heidelberg), Köln, 1964.

b) Darstellung:
F. GUNDOLF, *Sh. und der deutsche Geist*, Berlin, 1911 (bis zur Romantik). –
W. Sh. im Lichte seiner und unserer Zeit (Abhandlungen zur deutschen Bühnenge-
schichte von A. LUDWIG, G. ALTMAN und M. JACOBS), in: *Sh.'s Werke*,

hrg. M. J. Wolff, Berlin, 1925, Bd. 22. – E. L. STAHL, *Sh. und das deutsche Theater*, Stuttgart, 1947. – P. MICHELSEN, Ausführliche Rezension zu L. M. Price (siehe Dokumentation), *Göttingische Gelehrte Anzeigen*, 220 (1968).

4. Andere Länder:
L. COLLISON-MORLEY, »Garrick's Stratford Jubilee: *Sh. in Italy*, Stratford-upon-Avon, 1916, repr. New York, 1967. – J. CALINA, *Sh. in Poland*, London, 1923. – E. C. DUNN, *Sh. in America*, New York, 1939, repr. 1968. – A. PAR, *Representaciones Shakespearianas en España*, 2 Bde., Madrid, 1936/40. – J. POKORNÝ, *Sh. in Czechoslovakia*, Prague, 1955. – M. HORN-MONVAL, *Les Traductions Françaises de Sh.*, Paris, 1963 (Bibliographie, auch der Theaterfassungen). – N. GOURFINKEL, »Sh. sur la scène russe«, *RHT*, 16 (1964) und 16 (1965). – S. HELSZTYŃSKI, ed., *Poland's Homage to Sh.*, Warszawa, 1965. – L. BÁTI, »Sh. sur la scène hongroise«, *RHT*, 16 (1965). – Z. STRÍBRNÝ, »Sh. in Czechoslovakia«, in: *Sh. Celebrated*, ed. L. B. Wright, Ithaca, 1966. – H. GATTI, *Sh. nei teatri Milanesi dell'ottocento*, Bari, 1968. – L. BRAGAGLIA, *Sh. in Italia*, Roma, 1973. – E. M. TUSSETSCHLÄGER, *Sh.-Aufführungen im spanischen Theater: Madrid und Barcelona*, Diss., Wien, 1973. – C. H. SHATTUCK, *Sh. on the American Stage: From the Hallams to Edwin Booth*, Washington, 1976.

5. Zur internationalen Vermittlung:
M. W. ENGLAND, »Garrick's Stratford Jubilee: Reactions in France and Germany«, *ShS*, 9 (1956). – B. JUDEN et J. RICHER, *L'entente cordiale au théâtre: Macready et Hamlet à Paris en 1844*, Paris, 1962. – F. JOLLES, »Sh.s Sommernachtstraum in Deutschland: Einige Betrachtungen über den Vorgang der Assimilation«, *GLL*, 16 (1963). – M. St. C. BYRNE, »Charles Kean and the Meininger Myth«, *ThR*, 6 (1964). – P. MICHELSEN, »Theodor Fontane als Kritiker englischer Sh.-Aufführungen«, *SJ West* (1967).

b) England

aa) 17. Jahrhundert

Daß Shakespeare sich 1613 vom Theater zurückzog, bedeutete für das Bühnenleben seiner Werke keinen Einschnitt. Seine Truppe, die King's Men, spielte sie weiter bei Hofe, im Globe und im Blackfriar's und konnte ihrer unverminderten Zugkraft sicher sein. Sie »lebe« durch die Toten, sagte jedenfalls noch 1640 Leonard DIGGES. Über 30 Aufführungen von mindestens 16 Dramen – *Othello*, die Falstaff-Stücke und *The Winter's Tale* an der Spitze – sind bis 1638 bezeugt. Doch die soziokulturelle Balance, die Shakespeares Schaffen getragen und seine komplexe Resonanz bedingt hatte, begann allmählich Polarisierungen zu weichen, die Wirkweise und -bereiche verändern mußten. In dem Maße, wie sich die politische Auseinandersetzung zwischen Parlament und Krone verschärfte, tendierte auch das unter ELISABETH noch so vielgestaltige Theaterleben zu einer Alternative, die sich zuletzt extrem wie selten in der Geschichte ausprägte: auf das 1642 vom puritanischen Bürgertum erreichte Spielverbot folgte 1660 die Restauration eines sinnenfrohen

Theaters, das völlig vom Geschmack des aus Frankreich zurück-
gekehrten Hofs und Adels bestimmt war.

Der doppelte Wandel besiegelte die Aufspaltung der theatralischen Shakespeare-Rezeption in drei Richtungen. Die volkstümliche hielt sich weiterhin an die komischen Szenen, die nun
aber isoliert und zu sogenannten »drolls« mit Bottom the Weaver,
Falstaff oder den Totengräbern als Hauptfiguren verarbeitet
wurden. Der rührige Francis KIRKMAN hat uns Beispiele der
Gattung in der Sammlung *The Wits* (1672) überliefert. Sonst ist
dieser Rezeptionszweig, der bald ganz in die Subkultur absank,
nur vereinzelt bei den »strolling players« in der Provinz zu fassen.
Das aristokratische Theater aber begegnete Shakespeare zunächst
auf zweierlei Art. Von den beiden 1660 neu formierten Truppen,
denen der König die alleinige Spiellizenz verlieh, faßte sich die
King's Company unter Thomas KILLIGREW als Erbin und in gewissem Sinne Nachfolgerin der alten Shakespeare-Truppe auf.
Sie war stärker traditionsorientiert, bestand aus dem älteren
Stamm von Schauspielern, spielte anfangs noch im Red Bull,
dem letzten nicht abgerissenen, ungedeckten, amphitheatrali-
schen Großbau, und erhielt die meisten Rechte an Shakespeare-
Stücken (21), von denen sie aber im ersten Jahrzehnt offenbar
nur die drei bewährtesten, *Othello*, 1 *Henry IV* und das Falstaff-
Lustspiel, mehrfach aufführte. Daß sie ihre Rechte auch in der
Folgezeit spärlich nutzte und sich eher auf JONSON konzentrierte,
macht deutlich, daß Shakespeare nicht mehr unbegrenzt zu spielen war, zumindest nicht in der alten Weise. Ihn zu bearbeiten,
entschloß sich die King's Company aber nur zögernd und selten.

Diese Notwendigkeit und Chance hatte der anpassungsfähige
und experimentierfreudige Leiter der Duke's Company, Sir
William DAVENANT, früher erkannt. Schon vor der Restoration
hatte sich in seinem – oftmals behinderten – Wirken der theatralische Stil angekündigt, dem die Zukunft gehörte; er knüpfte
an die höfischen Maskenspiele an und brachte deren fortent-
wickelte Errungenschaften in das öffentliche Theater ein. DAVE-
NANT besaß nur für 10 Shakespeare-Dramen die Aufführungsrechte, aber er machte raschen und intensiven Gebrauch davon,
indem er sie sukzessive und immer stärker in ihre Struktur eingreifend den neuen Gegebenheiten anpaßte. Mit *Hamlet* (ab

1661), in dem sein erster Schauspieler Thomas BETTERTON brillierte, *Henry VIII* (ab 1663), in dem die pompöse Ausstattung gefiel, *Macbeth* (ab 1664) und *The Tempest* (ab 1667, gemeinsam mit DRYDEN), in denen die musikalischen und choreographischen Effekte und die Maschinenkünste der erweiterten Hexen- bzw. Geisterszenen faszinierten, errang er Serienerfolge. Bis zu seinem Tod (1668) hatte er alle Stücke herausgebracht. Seine Truppe erhielt nun noch *Timon*, *Troilus* und *Henry VI* zugesprochen, mit deren Bearbeitungen (von SHADWELL, DRYDEN und John CROWNE) die zweite Adaptionswelle (1677–82) begann. TATE steuerte seinen notorischen *King Lear* bei, und auch die King's Company trat jetzt konkurrierend mit freien Versionen von *Titus Andronicus* (Edward RAVENSCROFT), *Richard II*, *Coriolanus* (TATE) und *Cymbeline* (Thomas DURFEY) hervor. Ihre Eingliederung in die Duke's Company beendete diese von der Rivalität der Truppen forcierte Aneignung Shakespeares. Manchen Bearbeitungen dieser Phase lag allerdings auch ein politischer Impetus zugrunde, ließen sich doch *Coriolanus* (als *The Ingratitude of a Common-Wealth* betitelt), *Lear* und die Historien gegen die Whigs und die Hintermänner des »Popish Plot« ausspielen. CHARLES II. belohnte soviel monarchistisch-loyale Gesinnung trotzdem nicht, sondern verbot die Stücke, die von Absetzung der Majestät und Königsmord handelten und seine katholische Neigung verletzten.

Man muß den Shakespeare-»Verbesserern« der Restoration zugute halten, daß sie zumindest nicht halbherzig mit ihren Vorlagen umgingen, wie viele der verlegenen Bühnenfassungen späterer Epochen. Im Bekenntnis zur eigenen Zeit und in der Einstellung, daß Adaptieren ein schöpferischer Akt sei, konnten sie sich durchaus auf Shakespeare berufen, der ja selbst ein großer Bearbeiter war. Die meisten waren sich auch bewußt, daß ihr Material Juwelen enthielt, die freilich zu polieren und neu zu reihen waren. Schon diese Metaphorik verrät, wie wenig sie Shakespeares Werke als individuelle und organische Gebilde sahen. Um seine theatralischen »Meisterstreiche« zu konservieren und seine »Fehler« auszuscheiden, fanden sie es sogar legitim, verschiedene Dramen miteinander zu kombinieren. Was mit DAVENANTS schauspielerisch spürsinnigem Versuch, das Paar

Beatrice und Benedick in *Measure for Measure* einzuführen, begann, sollte nach 1700 auf mehr philologischer Basis die Regel werden. Solch mechanistische Auffassung von einem Shakespeare-Arsenal wurde jedoch bedingt und aufgefangen von einem Klarheits-, Kongruenz- und Symmetrie-Anspruch, der alle Gestaltungsbereiche vom Bühnenbild über die Dramaturgie bis zur Moral neu organisierte. Dabei wußte z.B. TATE recht gut, daß es nicht nur kühn, sondern auch schwierig sei, den *King Lear* glücklich enden zu lassen, und er sah seine Kunst eben darin, daß er diese »gerechtere« Lösung auch klassizistisch regelgerecht und »wahrscheinlich« herbeigeführt habe. Künstlerisch am glücklichsten gelangen freilich jene Werke, denen Shakespeare nur Stilfolie und motivliches Stimulans war, wie manche von DRYDEN und OTWAY.

Die Bearbeitungsprinzipien und ihre poetologischen Prämissen sind andernorts (IV. A. 1.) dargelegt worden. Auch wo sie weniger streng, inkonsequent und widersprüchlich angewendet wurden, dienten sie dem einheitlichen theatralischen Ziel, Shakespeares Gestalten in ein neues gesellschaftliches Verhältnis zum Publikum zu setzen. Selbst negative Helden wie Macbeth und Richard Gloster traten nun gleichsam unentwegt über die Rampe und machten sich zum Anwalt der Zuschauer gegen alle Macbeths und Richards, denen Ehrgeiz über Gewissen und Liebe geht. Sie bekamen dadurch etwas gesteigert Fiktives, während sich andererseits der Figuren-Kosmos einebnete – eine konfigurative Dimension wie die Gestalt Margarets fand in Colley CIBBERS *Richard III* (1700) keinen Raum mehr – und auf das Empirische und Zwischenmenschliche reduzierte. Das blieb bis in GARRICKS Zeit so.

Dokumentation:
M. SUMMERS, ed., *Sh. Adaptations. The Tempest, The Mock Tempest, and King Lear*, London, 1922, repr. New York, 1966. – R.C. BALD, »Sh. on the Stage in Restoration Dublin«, *PMLA*, 56 (1941). – G.B. EVANS, »The ›Dering MS‹ of Sh.'s *Henry IV* and Sir Edward Dering«, *JEGP*, 54 (1955). – G.B. EVANS, ed., *Shakespearean Prompt-Books of the Seventeenth Century*, 5 vols., Charlottesville, 1960–70. – G.B. EVANS, »The Douai Manuscript. Six Shakespearean Transcripts (1694–95)«, *PQ*, 41 (1962). – C. SPENCER, ed., *Five Restoration Adaptations of Sh.*, Urbana, 1965. – G.R. GUFFEY, ed., *After The Tempest: The Tempest, or The Enchanted Island (1670); The Tempest, or The Enchanted Island (1674); The Mock-Tempest: or The Enchanted Castle (1675); The Tempest. An Opera (1756)*, Los Angeles, 1969. – G. SORELIUS, »The Smock Alley Prompt-Books of 1 and 2 *Henry IV*«, *SQ*, 22 (1971). – G. W. WILLIAMS, G. B. EVANS, eds., *W. Sh., The*

History of King Henry the Fourth as revised by Sir Edward Dering, Facs. Ed., Charlottesville, 1974. – N. TATE, *The History of King Lear*, ed. J. Black, London, 1976.

Interpretation:
H. SPENCER, *Sh. Improved: The Restoration Versions in Quarto and on the Stage*, Cambridge, Mass., 1927, republ. New York, 1963. – L. HOOK, »Sh. Improv'd, or A Case for the Affirmative«, *SQ*, 4 (1953). – W.M. MERCHANT, »Sh. ›Made Fit‹«, in: *Restoration Theatre*, Stratford-upon-Avon Studies 6, London, 1965. – G. SORELIUS, »*The Giant Race before the Flood*«: *Pre-Restoration Drama on the Stage and in the Criticism of the Restoration*, Uppsala, 1966. – D.L. FROST, *The School of Sh.: The Influence of Sh. on English Drama 1600–42*, Cambridge, 1968. – S. MACEY, »Duffett's *Mock Tempest* and the Assimilation of Sh. during the Restoration and Eighteenth Century«, *RECTR*, 7 (1968). – J. BLACK, »An Augustan Stage-History: Nahum Tate's *King Lear*«, *RECTR*, 6 (1967). – A. E. KALSON, »Colley Cibber Plays Richard III«, *Theatre Survey*, 16 (1975).

bb) 18. Jahrhundert

In der Bühnengeschichte Shakespeares dominierten zunächst weiterhin die Bearbeitungen, und wie ehedem vollzog sich die Aneignung stoßweise, konzentriert nunmehr auf die Historien und Komödien. Einer Adaptionswelle um die Jahrhundertwende folgte 1716–23 eine Phase besonders intensiver Aufbereitungsversuche und schließlich in dem halben Jahrzehnt vor GARRICKS erstem Auftreten (1741) eine ungewöhnliche Häufung von Erstaufführungen, wobei sich endlich auch mehr Originale durchzusetzen begannen. Ähnlich wie vor der Glorious Revolution von 1688 spielten nach dem Regierungsantritt des Hauses Hannover von 1714 nationale und antipapistische Motive eine große Rolle für die propagandistische Wiederbelebung der Römerdramen und Historien. Den erstaunlichen zweiten Repertoire-Aufschwung – trotz der Popularität einer *Beggar's Opera* oder eines *London Merchant* – bewirkte dann vor allem die erhöhte Shakespeare-Interesse, das die Flut billiger Ausgaben und die Publizistik bei immer weiteren am Bildungs- und Theaterleben teilnehmenden Kreisen weckte; der Club der »Shakespeare's Ladies« ist ein Symptom dessen. Die Lizenzakte von 1737, die wie einst nur zwei Londoner Theatern die Aufführung »legitimer« Stücke gestattete und die Zensur verschärfte, mochte wohl auch die Entfaltung der zeitgenössischen dramatischen Produktion hemmen und damit den Weg für Shakespeare freigeben. Um so mehr wetteiferten Drury Lane und Covent Garden, sich in Revivals zu übertrumpfen.

An den Grundsätzen der Shakespeare-Bearbeitung änderte sich in der ersten Jahrhunderthälfte nur wenig, allenfalls wandelten

sich Grad und Methode. Henry PURCELLS *The Fairy Queen* (1692)
war zwar die letzte ausgesprochen opernhafte Version, doch blieben die anderen im Repertoire erhalten und verloren nichts an
Beliebtheit; und Charles GILDON, der Beatrice und Benedick
aus *Measure for Measure* wieder entfernte, baute stattdessen PUR-
CELLS Maskenspiel *Dido and Aeneas* ein (1700), wie auch George
Granville Lord LANSDOWNE das 1701 erstmals wiedererweckte
Shylock-Stück mit einer Masque zierte. Die klassizistische Tendenz erschien in den Adaptionen von John DENNIS, Lewis
THEOBALD, Aaron HILL und Theophilus CIBBER eher noch verstärkt. Das stolze Bewußtsein, aus Shakespeares Rohstoff – trotz
aller verbalen Huldigung – etwas Neues und Passenderes geschaffen zu haben, konnte sich nun mit einer merkwürdigen
Pedanterie verbinden, die in den Ausgaben sorgfältig typogra-
phisch kennzeichnete, was aus den Vorlagen zitiert, was sinngemäß übernommen und was aus eigener poetischer Erfindung
hinzugetan war. Dabei verfuhr man in der Shakespeare-Ver-
wertung so frei wie kenntnisreich: Colley CIBBER montierte in
seinen *Richard III* nicht ungeschickt Passagen aus sechs weiteren
Historien; *As You Like It*, 1723 als *Love in a Forest* erstmals wieder gespielt, barg nicht nur Material aus vier anderen Komödien,
sondern auch aus *Richard II*; in *Much Ado About Nothing* geister-
ten neben Anleihen aus *The Two Gentlemen of Verona* und *Twelfth
Night* auch solche aus MOLIÈRE; und noch 1773 konnte Tate
WILKINSON seinen *Hamlet* mit Versen aus 2 *Henry IV* und *Coriolanus* aufputzen.

Die kritisch wählende Haltung, die sich in solcher Blütenlese
abzeichnete, systematisierte sich in der zweiten Jahrhunderthälfte zum quasi wissenschaftlichen Vorgehen. Da sie keimhaft
die Möglichkeit zur reziproken Anwendung enthielt, brauchte
sie nur die überlieferten Adaptionen in ihr Betrachtungsfeld einzubeziehen, um den Blick auf die Originale freizubekommen.
GARRICK ließ willig von Experten anregen und beraten,
restituierte in seinen Spielfassungen viel originalen Shakespeare-
Text und legte als Bearbeiter so wenig Wert auf Autorenruhm,
daß er z.B. seinen *Hamlet* nicht einmal druckte. John Philip
KEMBLE ging noch gewissenhafter zu Werke, prüfte die Provenienz aller Adaptionen, verglich sie mit Shakespeare, verzichtete

fast ganz auf eigene Zusätze und dokumentierte mit seinen vielen veränderten Bühnenausgaben, daß er weniger ein Bearbeiter als ein kluger Kompilator und Verwalter von Bearbeitungen war. Freilich bedurfte es zu dieser Entwicklung auch einer Lockerung und Bezweiflung der alten klassizistischen Forderungen. Was man von der Jahrhundertmitte an mit Shakespeare veranstaltete, geschah immer ausschließlicher um des schauspielerischen und szenischen Effekts willen. Juliets Erwachen vor Romeos Tod, Macbeths verzweifeltes Sterben auf offener Bühne – mit solchen Abänderungen sicherte sich GARRICK melodramatische Schluß-szenen. Und die Einführung von Begräbnisprozessionen für Juliet und Arthur (King John), ein Triumphzug für Coriolanus mit weit über 100 Personen, ein noch reicherer Krönungszug für Anne Bullen – das wies voraus auf künftige Adaptionsweisen.

Aus dem Überblick mag klar geworden sein, daß David GARRICKs große Bedeutung für die Shakespeare-Rezeption nicht in der Repertoire-Erweiterung und im partiellen Rückgriff auf die Originale lag. Seine ersten und anhaltendsten Erfolge errang er gerade in den shakespearefernen Bearbeitungen, die sich (mit durch ihn) als die dauerhaftesten überhaupt erwiesen, in CIBBERS Richard III und TATES King Lear. Doch brach sein Spiel hinter der planen Typisierung von deren Titelfiguren individuellere Charakterzüge auf und gewann der Bühne damit etwas von Shakespeares Geist zurück. Unmittelbar vorausgegangen war ihm sein Jugendfreund und späterer Gegner Charles MACKLIN, der 1741 das Publikum mit einer dämonischen Darstellung des Shylock ergriffen hatte. Die pathetisch-singende Rezitation, die von BETTERTONS Nachfolgern Robert WILKS, Barton BOOTH und James QUIN in der Tragödie gepflegt worden war, wich bei GARRICK einer Rollengestaltung, die mit sinnbezogenen Wort-betonungen und Sprechpausen, stummem Spiel, großer körper-licher Beweglichkeit, lebhafter Mimik und raschem Wechsel der Haltungen neue schauspielerische Ausdrucksbereiche er-schloß. Mit seinem empirisch-begründenden Verfahren bei der Erarbeitung noch der kleinsten Details verdiente er sich den Ehrennamen »theatralischer Newton«. Beobachtung der Wirk-lichkeit statt Befolgung bewährter Spieltraditionen, natürliche Handlungen statt rhetorischer Attitüden, Psychologik statt Repräsentation – das war vom wohlvorbereiteten Debüt an das Signum seiner Shakespeare-Interpretation, der er ein Fünftel seiner nahezu 100 Rollen widmete. Schon im ersten Jahrzehnt eroberte er sich den Grundstock, später feilte er aus, was seine Domäne geworden war. Am häufigsten und kontinuierlichsten trat er als Benedick auf; im tragischen Fach waren es eher die seelisch verfeinerten, zwiespältigen, zum Mitleiden bewegenden Figuren als die monomanen, von einer gewaltigen Leidenschaft getriebenen, mit deren Darstellung er europäischen Ruhm errang. Als er sich 1776 als »actor – manager« von Drury Lane, das er 29 Jahre künstlerisch geleitet hatte, zurückzog, kannte das Theater – wie gleichzeitig die Kritik – in Shakespeare vor allem den Schöpfer von »Charakteren«.

Trotzdem hat GARRICKS realistische Schauspielkunst keine unmittelbaren Nachfolger gefunden. Die führenden Shakespeare-Darsteller der nächsten Generation, Sarah SIDDONS und ihr Bruder John Philip KEMBLE, tendierten wieder zu einem stilisierten, würdevoll-erhabenen Spiel und erreichten ihre größte Wirkung in Rollen, die solcher Gestaltung besonders zugänglich erschienen: Lady Macbeth, Constance, Volumnia bzw. Coriolanus und Henry V. Die bedeutende Erweiterung der beiden Theater beim mehrfachen Um- und Neubau um die Jahrhundertwende förderte und erzwang geradezu ein stärkeres Deklamieren, und eine neue Antikenbegeisterung ließ die skulptural-statuarische, auf edles Maß bedachte Darbietung nach klassischen Bildmodellen sich ausrichten und drapieren. »Realismus« (den Begriff ganz oberflächlich genommen) erstrebte KEMBLE jedoch auf einem anderen Gebiet, dem der Ausstattung und speziell der Kostümierung, die er im Sinne historischer Richtigkeit – noch nicht antiquarischer Genauigkeit – zu reformieren begann. Damit leitete er eine Bemühung ein, die für die Shakespeare-Rezeption eines ganzen Jahrhunderts bestimmend werden sollte.

Dokumentation:
G.W. STONE, Jr., »Garrick's Long Lost Alteration of *Hamlet*«, *PMLA*, 49 (1934). – G.W. STONE, Jr., »Garrick's Handling of *Macbeth*«, *SP*, 38 (1941). – G.W. STONE, Jr., »Garrick's Production of *King Lear*«, *SP*, 45 (1948). – G.W. STONE, Jr., »*Romeo and Juliet:* The Source of its Modern Stage Career«, in: *Sh. 400*, ed. J.G. McManaway, New York, 1964. – J.G. McMANAWAY, »*Richard II* at Covent Garden«, in: *Sh. 400*, ed. J.G. McManaway, New York, 1964. – C.H. SHATTUCK, ed., *The John Philip Kemble Promptbooks*, Facs., 11 vols., Charlottesville, 1975.

Interpretation:
C. GAEHDE, *David Garrick als Sh.-Darsteller*, Berlin, 1904. – H. CHILD, *The Shakespearian Productions of John Philip Kemble*, London, 1935. – G.W. STONE, Jr.,»The God of His Idolatry. Garrick's Theory of Acting and Dramatic Composition with Especial Reference to Sh.«, in: *Joseph Quincy Adams Memorial Studies*, ed. J.G. McManaway, Washington, 1948. – G.W. STONE, Jr.,»David Garrick's Significance in the History of Shakespearian Criticism«, *PMLA*, 65 (1950). – G.C. BRANAM, *Eighteenth-Century Adaptations of Shakespearean Tragedy*, Berkeley, 1956. – K.A. BURNIM, *David Garrick, Director*, Pittsburgh, 1961. – J.W. DONOHUE, Jr.,»Kemble and Mrs. Siddons in *Macbeth*: The Romantic Approach to Tragic Character«, *TN*, 22 (1967/68). – G.W. STONE, Jr., »Bloody, Cold, and Complex Richard: David Garrick's Interpretation«, in: *On Stage and Off: Eight Essays in English Literature*, ed. J.W. Ehrstine et al., Washington, 1968. – J.W. DONOHUE, Jr., *Dramatic Character in the English Romantic Age*, Princeton, New Jersey, 1970. – D. ROSTRON, »John Philip Kemble's *King Lear* of 1795«, in: *Eighteenth Century English Stage*, eds. K. Richards, P. Thomson, London, 1972. – D. ROSTRON, »Contemporary Political Comment in Four of J. P. Kemble's Shakespearean Productions«, *ThR*, 12 (1972). – R. JOPPIEN, »Philippe Jacques de Loutherbourg und Sh.s *Sturm*«, *SJ West* (1974). – J. T. NEWLIN, »The Darkened Stage: J. P. Kemble and *Troilus and Cressida*«, in: *The Triple Bond*, ed. J. G. Price, London, 1975. – M. VAN DIJK, »John Philip Kemble as King John: Two Scenes«, *TN*, 29 (1975).

cc) 19. Jahrhundert

War die Shakespeare-Idolatrie, die sich in der GARRICK-Zeit angebahnt hatte, vom Theater gestützt, wenn nicht mitbewirkt, und in der ganzen Breite eines mittelständischen, literarisch bewußten Publikums verankert worden, so fand sich, als sie in der Romantik ihren Gipfel erreichte, die Bühne von den Kritikern als Medium einer angemessenen Aneignung und Verehrung Shakespeares nicht mehr anerkannt, ja zum störenden Faktor degradiert. Die gebildeten Schichten hatten sich großteils von ihr abgewandt, die beiden patentierten Schauspielhäuser mußten, um wirtschaftlich bestehen zu können, mit dem gröberen Geschmack eines anonymisierten Millionenstadtpublikums rechnen und versuchten durch vermehrte Opernaufführungen gesellschaftliche Repräsentationsbedürfnisse zu befriedigen. Shakespeare verlor die gewohnte Theater-Resonanz, obwohl KEMBLE, vor allem nachdem er 1803 als Direktor zu Covent Garden übergegangen war, das Repertoire durch sorgfältige Produktionen auch der seltener gespielten Stücke vervollständigt hatte; als er 1817 abtrat, hörten solche Anstrengungen für zwei Jahrzehnte fast völlig auf. Zwar gewann Edmund KEANS genialisches Spiel Shakespeare noch einmal die erregende Bühnenwirkung zurück, die auch HAZLITT und BYRON betroffen registrierten, doch stand hier nur noch ein Virtuose für sich selbst, vertrat keine Kultureinheit und kein Rezeptionskontinuum mehr.

Shakespeares Bühnenschicksale blieben auch weiterhin an die Initiative einiger weniger Männer gebunden, was die Theaterhistoriker oft veranlaßt hat, die geschichtliche Darstellung gerade dieses Jahrhunderts durch monographische Porträts zu ersetzen. Neben KEAN, der 1814 sein sensationelles Londoner Debüt als Shylock gab und mit seinen elementaren Rollengestaltungen (vor allem Richard III. und Othello) rasch über die kühle Präzision und den melodischen Vortrag KEMBLES triumphierte, waren es in erster Linie: William Charles MACREADY, der als Schauspieler lange in KEANS Schatten stand und bis zu seinem Abgang (1851) trotz respektabler Leistungen als Macbeth oder Lear niemals unangefochten blieb, der aber als künstlerischer Leiter von Covent Garden (1837–39) und Drury Lane (1841–43) in nur vier Spielzeiten für die Shakespeare-Regie neue Maßstäbe setzte; ferner Samuel PHELPS, der als langjähriger »actor-manager« von Sadler's Wells im nördlichen Vorort Islington (1844–62) sein Repertoire fast ganz auf Shakespeare und andere Elisabethaner abstellte – das Schauspielprivileg war 1843 endlich gefallen –, alle Stücke außer *Titus Andronicus*, *Troilus*, *Henry VI* und *Richard II* in gediegener Ensemblekunst darbot und damit ein neues Publikum systematisch an Shakespeare heranführte; sein Konkurrent und Antipode Charles KEAN, der Sohn Edmunds, der 1850–59 im Princess's Theatre seine berühmten »Revivals« herausbrachte, historistische Prachtinszenierungen vor allem der Königsdramen und romantischen Komödien; und schließlich Henry IRVING, in dessen Shakespeare-Darstellung sich ein neuer Psychologismus ankündigte – er wurde mit seiner Partnerin Ellen TERRY besonders in *Hamlet* (1874/78), *The Merchant of Venice* (1879) und *Much Ado About Nothing* (1882) gefeiert – und der im Lyceum die Keanschen Ausstattungsfeste fortführte, bis um die Jahrhundertwende in Herbert Beerbohm TREES Shakespeare-Produktionen im neuen Her (His) Majesty's Theatre der imperiale Pomp zum letztenmal aufrauschte, während längst die Reformer am Werk waren.

Die Intentionen, die hinter dem Wirken dieser Männer standen, waren relativ gleichartig, prägten sich aber in gegensätzlichen und oft in sich selbst widersprüchlichen Erscheinungsformen aus, was schon von den Zeitgenossen festgestellt wurde.

Um Shakespeares Werke gegenüber den beliebten Melodramen, Opern und Spektakelstücken konkurrenzfähig zu halten, wurden sie in verstärktem Maße mit deren Mitteln inszeniert. Das zog die Zuschauer von PHELPS' Volkstheater ebenso an, wie es die großbürgerlichen Veranstaltungen von Ch. KEAN und IRVING bestimmte. Nur zwang der ungeheure Aufwand die letzteren zu en-suite-Vorstellungen – KEAN erreichte oft über 100, IRVING über 200 –, während MACREADY und PHELPS, die beim alten Repertoire-System blieben, mehr Abwechslung bieten und in der Werkwahl wagemutiger sein konnten.

Konträr wie die Betriebsformen waren auch die künstlerischen Kräfte, die um die Dominanz rangen. Ein Zeitalter, das Shakespeares Figuren psychologistisch umwarb und den Charakter-Darsteller zum Star erhob, ließ sich andererseits durch szenischen Prunk von ihm ablenken. Man bannte die Protagonisten in Massenarrangements (in Ch. KEANS *Richard II* sollen es 500 Statisten gewesen sein), in denen sie höchstens als dekorative Zentren Geltung erlangen konnten. Konträr auch die Spielweise und das schauspielerische Naturell der beiden Hauptvertreter des tragischen Fachs, E. KEAN und MACREADY: analytische Zerstückung der Rollen beim einen mit abruptem Wechsel des Ausdrucks und heftigen Akzenten auf einzelnen Stellen und Momenten, ganzheitliches Erfassen beim anderen unter Verzicht auf effektvolle »points«; romantische Dämonie und Ausschweifung gegen frühviktorianische Bürgerlichkeit und Hypochondrie. KEAN fand Nachfolger in den reisenden Virtuosen, MACREADYS Lerneifer machte Schule bei den Ensemblespielern. Aber auch wo sich eine dritte Spielart anbahnte, in Charles FECHTERS und IRVINGS naturalistischer Manier, paßte die Suche nach dem seelisch Exzentrischen und Sublimen in Shakespeares Gestalten wenig zu den freskohaften Inszenierungsgemälden.

Das Wort verkümmerte in diesem Theater der sinnlichen Vortäuschung oft zum Kommentar der Schaustellung, und so sehr man sich jetzt im Detail um textliche Originaltreue kümmerte, so shakespearefern gerieten die Darbietungen als ganze. Es bezeichnet eine Divergenz mehr, daß die entscheidenden Bemühungen um Authentizität der Spielfassungen sich zeitlich mit der letzten Adaptionswelle alten Stils, der von Frederick

REYNOLDS 1816 eingeleiteten und bis in die dreißiger Jahre er-
folgreichen Veroperung der meisten Komödien, überschnitten.
Die Restitution der Originale, von der Kritik längst gefordert,
begann mit der Wiedereinführung von Margaret und Clarence
in *Richard III* (1821) und des tragischen Schlusses in *King Lear*
(R. W. ELLISTON-E. KEAN 1823), gipfelte in MACREADYS vollständiger Wiederherstellung des *Lear* und des *Tempest* (1838),
James Robinson PLANCHÉS textlicher Reinigung des *Midsummer
Night's Dream* (1840) und PHELPS' freilich noch episodischem
Versuch, den originalen *Richard III* (1845) und *Macbeth* (1847)
durchzusetzen, und war begleitet von der Wiederentdeckung
von *Love's Labour's Lost* (1839) – um nur die wichtigsten Fälle
zu nennen. Doch soviel an Buchstabentreue gewonnen war,
soviel ging meist bei der technischen Adaption an die überladene,
zunehmend aus soliden Bauten zusammengesetzte und deshalb
immer schwerer zu verwandelnde Bildbühne wieder verloren.
Die Störung des dramaturgischen Rhythmus durch das Streichen oder Zusammenlegen von Szenen und durch die Interpolation von Umzügen, Tableaus und Diorama-Effekten wurde
bagatellisiert und bloßen Sachzwängen zugeschrieben. Symptomatisch für den Einsatz einander paralysierender Mittel war es,
daß MACREADY den Chorus in *Henry V* wiedereinführte, aber
nur, um die Verse dieser reinsten Verkörperung des Shakespeareschen Imaginationsprinzips mit Lebenden Bildern und anderen
spektakulären »dumb shows« zu illustrieren.

Der Drang, alles von Shakespeare in der Vorstellung Evozierte konkret »vorzustellen«, spezialisierte sich in einem Historismus, der in Charles KEMBLES *King John* (1823) mit seinen nach
alten Bilddokumenten entworfenen Kostümen (PLANCHÉ) erstmals das Stadium minutiöser Konsequenz erreichte und in Ch.
KEANS »archäologischen« Ausstellungen mit all ihren gelehrten
Kommentaren und Rechtfertigungen kulminierte. Für das Bestreben dieses Historismus, über das geschichtlich Ferne und
Fremde zu unterrichten und zugleich in der »lebensechten«
Nachahmung die Distanz zu überwinden, mögen die Historien,
bei denen er ansetzte und in denen er sich vollendete, den legitim-
sten und geeignetsten Anlaß geboten haben; bei den Komödien
wurde KEAN selbst das Unstimmige dieses peripheren Zugangs

zu Shakespeare gelegentlich bewußt, und so versetzte er z. B.
Theseus ins klassische Athen und verschaffte sich für ein unlokali-
sierbares Böhmen am Meer Ersatz in einem kaum minder phantastischen Bithynien. Solch zaghafte Korrekturen gingen freilich
nicht von einer Werkerkenntnis aus, sondern lockerten nur das
strenge Rekonstruktionsprinzip etwas auf und suchten ihm
künstlerisch gefälligere Ziele, eine Tendenz, die im Ästhetizismus
IRVINGS und TREES mündete und damit auch den Ernst der Wirk-
lichkeitssuche aufgab. Es konnte aber nicht ausbleiben, daß der
akzidentell an Shakespeares Stoffen sich beweisende historische
Sinn auch auf Shakespeares Theater gelenkt wurde, und so kam
es schon 1844 zu einer Inszenierung von *The Taming of the Shrew*
(Benjamin WEBSTER), die nicht nur den Originaltext restituierte,
sondern auch – gerahmt und begründet durch die Anstalten des
Vorspiels – den originalen Bühnentypus, oder was man dafür
hielt. Daß auch hieran der vielseitige PLANCHÉ beteiligt war,
weist auf die gemeinsame Wurzel dieses »elisabethanischen«
Purismus und des Ausstattungshistorismus hin.

Dokumentation:
A.S. DOWNER, ed., *King Richard III: Edmund Kean's Performance*, London,
1958. – C.H. SHATTUCK, ed., *William Charles Macready's King John: A facsi-
mile prompt-book*, Urbana, 1962. – C.H. SHATTUCK, *Mr. Macready Produces As
You Like It: A Prompt-Book Study*, Urbana, 1962. – D. RITTENHOUSE, »A
Victorian *Winter's Tale*« (Charles Kean 1856), *Queens Quarterly*, 77 (1970). – A.
HUGHES, »Henry Irving's Tragedy of Shylock«, *ETJ*, 24 (1972). – M. M.
NILAN, »The *Tempest* at the Turn of the Century: Cross-currents in Produc-
tion«, *ShS*, 25 (1972). – M. M. NILAN, »Sh., Illustrated: Charles Kean's 1857
Production of *The Tempest*«, *SQ*, 26 (1975). – S. WELLS, ed., *Sh. Burlesques*,
5 vols., London, 1977.

Interpretation:
A.E. DuBOIS, »Sh. and 19th-Century Drama«, *ELH*, 1 (1934). – E.L. STAHL,
»Sh.-Gestaltung auf dem englischen Theater im 19. Jahrhundert«, *SJ*, 74 (1938). –
C.J. CARLISLE, »The Nineteenth-Century Actors *Versus* the Closet Critics of
Sh.«, *SP*, 51 (1954). – E.J. WEST, »Irving in Sh.: Interpretation or Creation?«,
SQ, 6 (1955). – A.S. DOWNER, *The Eminent Tragedian William Charles Mac-
ready*, Cambridge, Mass., 1966. – M.G. WILSON, »Charles Kean's Production
of *Richard II*«, *ETJ*, 19 (1967). – C. MURRAY, »Elliston's Productions of Sh.«,
Theatre Survey, 11 (1970). – J. McDONALD, »*The Taming of the Shrew* at the
Haymarket Theatre, 1844 and 1847«; W.M. MERCHANT, »On Looking at *The
Merchant of Venice*«; K.RICHARDS, »Samuel Phelps's Production of *All's Well
that Ends Well*«, in: K. Richards, P. Thomson, eds., *Nineteenth Century British
Theatre*, London, 1971. – M. G. WILSON, »Charles Kean: Tragedian in Transition«, *Quarterly Journal of Speech*, 60 (1974). – M. R. BOOTH, »Sh. as Spectacle
and History: The Victorian Period«, *ThR International*, n. s. 1 (1976).

dd) 20. Jahrhundert

In den Reformbewegungen, die sich schon vor der Jahrhundertwende regten und die das Gesicht des englischen Theaters

allmählich verändern sollten, spielte Shakespeare eine entscheidende Rolle. Die Vorteile seiner nunmehr besser erforschten Bühne wurden immer häufiger gegen die herrschende Inszenierungsweise – welcher Autoren auch immer – ausgespielt; eine neue Lektüre-Erfahrung Shakespeares prägte die Träume Edward Gordon CRAIGS von einem metaphysischen Theater der »reinen« Formen; im Zeichen des Nationaldichters Shakespeare standen schließlich die Proklamationen und zähen Verwirklichungen eines Repertoiretheaters, das die Zwänge des merkantilen, illiteraten »long run«-Systems aufheben sollte und für seinen Dienst an der Volksbildung öffentliche Subventionen erhoffte. Es waren Strömungen, die lange zum obskuren Experiment verdammt schienen und die doch in dem manchmal anarchisch anmutenden Pluralismus des neueren englischen Theaters eine Kraft des Exemplarischen entfalteten, wie sie durch rein theaterimmanente Vermittlung kaum wirksam geworden wäre. Denn es kennzeichnet noch die heutige Shakespeare-Rezeption in England, daß in ihr Wissenschaft, Schulerziehung, geselliges und literarisches Leben mit einer vielstufigen Theaterkultur eng zusammengehen und daß ihr dichtes Traditionsgeflecht – auch der reformerischen Ideen – in einer äußerlichen Aufführungsgeschichte nur unvollkommen und in schmaler Kontinuität faßbar ist.

Bis zum ersten Weltkrieg beherrschten durchaus TREES aufwendige Shakespeare-Spektakel die Londoner Szene. Lebende Kaninchen in Oberons Wald, Cleopatra in ihrer Nilbarke, kostbare Tudor-Interieurs für *Henry VIII*, die tanzenden Hexenchöre in *Macbeth* und eine fromme Prozession Duncans ins Schlafgemach – in solchen Attraktionen versammelten sich noch einmal die Auswüchse der Veranschaulichung Kean-Irvingscher Herkunft. Die rabiaten Proteste SHAWS hatten dieser Entwicklung keinen Abbruch tun können, bestärkten aber die Unternehmungen eines Mannes, dessen Konzepten das neue Theater viel verdankte: William POEL. Abseits vom offiziellen Theaterbetrieb, in halbprofessioneller Sphäre wirkte er für eine Regeneration der Shakespeareschen Dramen vom Wort her und suchte zur unbeeinträchtigten Darlegung ihrer rhythmischen Struktur die alten Bühnenbedingungen wiederherzustellen. Schon 1881 organisierte er eine »elisabethanische« Aufführung des ersten Quarto-Textes von *Hamlet*, ab 1887 veranstaltete er vers-bedachte Lesungen mit der »Shakespeare Reading Society«, 1893 rekonstruierte er für *Measure for Measure*, so gut es ging, das alte Fortune, gründete im Jahr darauf die »Elizabethan Stage Society« und brachte mit ihr mehr als eine Dekade lang jährliche Musterinszenierungen heraus, die sogar für seinen Plan, in London wieder ein Globe zu errichten, einige Anhänger warben. Nicht der Historismus, der sich gelegentlich ins Exzentrische verstieg (POEL setzte z. B. kostümierte Zuschauer auf seine Plattformbühne, erprobte wieder Knabendarsteller und gab den Shylock nach BURBAGE in roter Perücke), wohl aber die Erkenntnisse, die er förderte – etwa der Bedeutung der damals völlig konventionalisierten und von den Protagonisten überschatteten Nebenrollen –, und die Aufmerksamkeit für die Poesie Shakespeares blieben in POELS Schülern lebendig.

In den Bereich des kommerziellen Theaters wurden seine Intentionen zuerst und am erfolgreichsten von Harley GRANVILLE-BARKER getragen. In seinen Inszenierungen von *The Winter's Tale*, *Twelfth Night* (1912) und *A Midsummer Night's Dream* (1914) wußte BARKER die von POEL wiederentdeckten Spielmöglichkeiten auf einer Vorderbühne mit einer von CRAIGS Ideen, BEARDSLEYS Linien und BAKSTS Farbensinn inspirierten, erlesen-einfachen Raumgestaltung zu amalgamieren. Auch durch Formalisierung statt Suspendierung des Bühnenbilds konnten also die handelnden Figuren, unterstützt von festlichen Kostümen, wieder zu plastischem Eigenleben kommen. Neu wirkte aber besonders die allem Startum abgewandte Ensemblekunst und das schnelle Sprechtempo, das Textkürzungen erübrigte. Im Prinzip der vollständigen Wiedergabe Shakespeares – in POELS Praxis vernachlässigt – knüpfte BARKER an die Bestrebungen F. R. BENSONS an, der 1899 in Stratford – nachdem durch den prominenten Hamlet Johnston FORBES-ROBERTSON schon der Fortinbras-Schluß »uraufgeführt« worden war (1897) – erstmals einen wortgetreuen, über zwei sukzessive Vorstellungen sich erstreckenden *Hamlet* inszeniert hatte.

Es war kein geringer Verlust für das englische Theater, daß BARKER sich im ersten Weltkrieg von der praktischen Bühnenarbeit zurückzog, obwohl er später mit seinen *Prefaces to Shakespeare* noch vielen Regisseuren die Wege wies, und es mag ebenso zu bedauern gewesen sein, daß CRAIG, von dessen Publikationen und Moskauer *Hamlet* (1912)-Berichten manche Anregung ausging, nie zu solcher Arbeit in seiner Heimat fand. Im Westend mit seinen riesigen Pachtsummen und Billettsteuern schien sich ein anspruchsvolles Theater kaum halten zu können, so blieb Shakespeare auf die vorerst nur über bescheidene Kräfte und Mittel verfügende Repertoiretheaterbewegung angewiesen, wie diese auf ihn. Was BENSONS Truppe drei Jahrzehnte und mehr auf ihren Provinzreisen und für die schon 1879 begründeten Shakespeare-Gedenkaufführungen in Stratford leistete, was W. BRIDGES-ADAMS dort 1919-32 fortführte, was das 1913 von Barry JACKSON aufgebaute Birmingham Repertory Theatre kontinuierlich für Shakespeare tat und was schließlich die Old Vic Company, die sich von 1914 an auf Shakespeare konzentrierte und schon 1923 den ganzen Foliokanon durchgespielt hatte, für das ersehnte Nationaltheater vollbrachte, das reichte bei aller idealistischen Shakespeare-»Pflege« selten an den künstlerischen Standard des Kontinents heran; aber die einmal gewonnenen grundsätzlichen Positionen wurden auch nicht mehr aufgegeben und hielten das Interesse eines breiten Publikums an einem vergeistigten Theater-Shakespeare wach. Die Neutralität des Bühnenraums oder doch Schlichtheit der Schauplatzandeutung, die Befriedigung des optischen Sinns durch das Kostüm, die Bespielung einer mehr oder weniger vorspringenden Vorderbühne unter Wiederbenutzung von Proszeniumstüren, die literarische und sprecherische Sorgfalt bei der Einstudierung, die genaue Ausprägung der Neben- und Randfiguren – das sind noch heute gültige Errungenschaften jener Jahre.

Um Shakespeare im Theater aber nicht nur zu kultivieren, sondern wieder erregend zu machen, bedurfte es der großen Schauspieler, die sich in den dreißiger Jahren zunehmend an das Old Vic zu binden, ihr Shakespeare-Prestige aber auch im Westend zu erproben begannen. John GIELGUDS klassisch-poetischer Hamlet, Romeo und Prospero, Ralph RICHARDSONS kraftvolle und volkstümliche Figuren, Peggy ASHCROFTS zerbrechliche, zarte Frauengestalten und Laurence OLIVIERS realistische, nervige

Helden und Chargen verliehen dem Shakespeare-Rollenreper-
toire eine neue Sensibilität und Variabilität. Für die Attraktivität
sorgte der unkonventionelle Zugriff von Regisseuren wie H. K.
AYLIFF, der als JACKSONS Spielleiter die »modern dress«-Inszenie-
rungen (ab 1923) betreute, Theodor KOMISARJEVSKY, der das
Stratforder Bildungspublikum in dem 1932 eröffneten neuen
Memorial Theatre aus seinem Shakespeare-Besitz schreckte, und
vor allem Tyrone GUTHRIE, der das Old Vic in seine Glanzzeit
führte. Nach dem zweiten Weltkrieg – in diesem Prozeß kaum
ein Einschnitt – begann die Stratford-Saison dem Londoner
Shakespeare-Theater allmählich den Rang abzulaufen. Während
die Old Vic Company von 1953 an noch einmal in einem Fünf-
jahresprogramm ohne besonders profilierte Regie-Intentionen
das Shakespearesche Gesamtwerk durchmaß, um 1963 dem auf
weiter gefaßte Aufgaben verpflichteten National Theatre Platz
zu machen, entwickelte sich in Stratford eine Shakespeare-
Interpretation, die mit den herausragenden Inszenierungen von
Peter BROOK (u. a. *Measure for Measure* 1950, *Titus Andronicus*
1955, *King Lear* 1962, *A Midsummer Night's Dream* 1970) welt-
weite Bewunderung fand und seit Peter HALLS Gründung einer
permanenten Truppe (1960) auch zu einem spezifischen Stil
tendierte. An ihm zeichnete sich vor allem in den frühen Sech-
zigerjahren (z. B. Historienzyklus 1964) deutlich ab, daß Shakespeare in dieser jüngsten Rezeptionsphase nicht mehr wie zu
Jahrhundertbeginn neue Impulse gab, sondern empfing. Man
aktualisierte in ihm Erfahrungen, die auch von den neueren
englischen Dramatikern artikuliert wurden, und assimilierte ihn,
dem Kern des Publikums wie der Truppe angemessen, einer betont jugendlichen Erlebnisweise. Es bleibt die paradoxe Leistung
BROOKS, daß er sich in seinen Deutungsansätzen noch viel vorbe-
haltloser den jeweiligen Zeittendenzen (Theater der Grausamkeit,
des Absurden, der Artistik) überließ und doch – da er sie absoluter und nicht modisch verstand – näher bei Shakespeare blieb.
Das kreierte keinen Stil für Shakespeare, sondern belegte aufs
neue seine Unentbehrlichkeit.

Dokumentation:
R. GILDER, *John Gielgud's Hamlet*, New York, 1937. – T. C. KEMP, J. C.
TREWIN, *The Stratford Festival* (1879–1952), Birmingham, 1953. – C. MARO-
WITZ, »*Lear Log*«, *TDR*, 8 (1963). – R. WOOD, M. CLARKE, *Sh. at the Old Vic*,

5 vols., London, 1954–58. – K. TYNAN, ed., *Othello. The National Theatre Production*, London, 1966. – J. BARTON in collaboration with P. Hall, *The Wars of the Roses, adapted from W. Sh.'s Henry VI and Richard III*, London: BBC, 1970. – B. HODGDON, *»The Wars of the Roses*: Scholarship speaks on the Stage«, *SJ West* (1972). – P. J. SULLIVAN, »Strumpet Wind – The National Theatre's Merchant of Venice«, *ETJ*, 26 (1974). – D. ADDENBROOKE, *The Royal Sh. Company: The Peter Hall Years*, London, 1974 (1960–1973). – G. LONEY, ed., *Peter Brook's Production of William Sh.'s A Midsummer Night's Dream*, Stratford-upon-Avon, 1974. – S. BEAUMAN, ed., *The Royal Sh. Company's Centenary Production of Henry V*, Oxford, 1976. – Aufführungsbesprechungen in *Plays and Players*, *ShS* und *SQ*.

Interpretation:
M. St. C. BYRNE, »Fifty Years of Shakespearian Production: 1898–1948«, *ShS*, 2 (1949). – R. SPEAIGHT, *William Poel and the Elizabethan Revival*, London, 1954. – W. A. ARMSTRONG, »The Art of Shakespearean Production in the Twentieth Century«, *E & S*, 15 (1962). – N. SANDERS, »The Popularity of Sh.: An Examination of the Royal Sh. Theatre's Repertory«, *ShS*, 16 (1963). – J. C. TREWIN, *Sh. on the English Stage 1900–1964*, London, 1964. – M. SAINT-DENIS, »L'évolution de la mise en scène de Sh. en Angleterre«, *RHT*, 16 (1964). – A. HAYTER, »La mise en scène Shakespearienne en Grande-Bretagne, aujourd'hui«, *RHT*, 16 (1964). – L. KITCHIN, »Sh. in the Modern Theatre«, in: *Sh.: A Celebration 1564–1964*, ed. T. J. B. Spencer, Harmondsworth, 1964. – J. R. BROWN, *Sh.s Plays in Performance*, London, 1966 (Part IV). – G. L. EVANS, »Sh., the Twentieth Century and ›Behaviorism‹«, *ShS*, 20 (1967). – A. C. SPRAGUE, J. C. TREWIN, *Sh.'s Plays Today*, London, 1970. – M. TROUSDALE, »The Question of Harley Granville-Barker and Sh. on Stage«, *RenD*, n. s. 4 (1971). – B. BECKERMAN, »The Flowers of Fancy, the Jerks of Invention, or, Directorial Approaches to Sh.«, in: *Sh. 1971*, ed. C. Leech, J. M. R. Margeson, Toronto, 1972. – H. S. WEIL, Jr., »The Options of the Audience: Theory and Practice in Peter Brook's Measure for Measure«, *ShS*, 25 (1972). – S. WELLS, »The Academic and the Theatre«; K. MUIR, »The Critic, the Director, and Liberty of Interpreting«; J. WILLIAMSON, »The Duke and Isabella on the Modern Stage«, in: *The Triple Bond*, ed. J. G. Price, London, 1975. – K. TYNAN, *A View of the English Stage, 1944–63*, London, 1975. – J. L. STYAN, *The Sh. Revolution: Criticism and Performance in the 20th Century*, Cambridge, 1977.

c) Deutschland

aa) 17. Jahrhundert

Shakespeares Dramen oder vielmehr seine Stoffe wurden dem deutschen Sprachraum schon zu seinen Lebzeiten durch die Englischen Komödianten übermittelt, Truppen oft minderen Ranges, die der Konkurrenz im Heimatland auswichen und über Holland oder Skandinavien auch die deutschen Fürstenhöfe und Städte erreichten. Sie spielten auf primitiven Bühnen in Sälen oder im Freien, zunächst in ihrer Muttersprache, nahmen jedoch bald nach 1600 auch Einheimische auf und gingen zu Vorstellungen in Deutsch über. In Repertoirelisten, Spielgesuchen und vereinzelten Berichten tauchen Stücktitel auf, die auf Shakespeare deuten, so ein *Romeo* (1604) und Stücke von einem Juden, die zum Teil aber auch auf MARLOWES *Jew of Malta* zurückgehen mögen. Eindeutig als Shakespeare-Aufführungen sind erst die von 1626 am Dresdener Hof bestimmbar. Hier spielte (wahrscheinlich) die bekannte Truppe John GREENS außer den genannten Stücken noch *Caesar, Hamlet* und *Lear.* Von einem *Titus Andronicus* existiert sogar ein früher Druck in der Sammlung *Engelische Comedien und Tragedien,* die der Wolgaster Notar Friedrich MENIUS 1620 zusammenstellte. In späteren Editionen und Niederschriften sind weitere Spieltexte überliefert: Andreas GRYPHIUS' erst um 1657 gedruckte Bearbeitung einer verschollenen Fassung der auch in Deutschland überaus beliebten Handwerkerszenen aus dem *Midsummer Night's Dream,* betitelt *Absurda Comica oder Herr Peter Squentz;* ein etwa 1670 anzusetzender Druck *Der Jude von Venetien,* als dessen Verfasser sich ein schlesischer Student Christoph BLÜMEL ausgibt; eine 1672 anonym erschienene, schon recht genaue Übertragung von *The Taming of the Shrew* unter dem Titel *Die Kunst über alle Künste, ein bös Weib gut zu machen,* zugleich das erste Beispiel einer konsequenten Eindeutschung der Namen, Schauplätze und Sitten; ein 1677 edierter *Tugend- und Liebesstreit,* der an *Twelfth Night* anklingt; ferner Handschriften eines *Romeo* und schließlich die vieldiskutierte Hamlet-Fassung *Der bestrafte Brudermord,* die wohl bald nach den ersten Quarto-Ausgaben entstand, aber erst 1781 nach einem Manuskript von 1710 publiziert wurde.

Daß selbst aus diesen Textzeugnissen nicht immer sicher hervorgeht, ob und inwieweit ihnen ein Werk Shakespeares – als Autor wurde er nie genannt – oder nur eine gemeinsame Quelle zugrundelag, weist schon auf die Reduktionen hin, die hier stattgefunden hatten. Und daß *Titus Andronicus* zuerst die Ehre einer literarischen Fixierung zuteil wurde, erhellt symbolisch, was am höchsten in der Gunst stand: Rache und Liebe, Krieg und Intrige, Schrecken und Pomp. Shakespeares Handlungsführung wandelte sich dabei zur simplen Reihung von abenteuerlichen Geschehnissen und extremen Situationen, seine tragischen Gestalten wurden zu Allerweltstypen, denen die Macht der Umstände oder der pure Zufall übel mitspielt. Klare Durchschaubarkeit der Begebenheiten unter Wahrung pragmatischer Spannung war das oberste theatralische Gesetz. Eine knappe Mitteilungsprosa, nur gelegentlich rhetorisch ausstaffiert, ersetzte Shakespeares Versdialog; sie wurde – stilistisches Erbe der anfänglichen Verständigungsschwierigkeiten – von drastischem Spiel begleitet und mit viel Musik und Tanz umrahmt. Als Zentralfigur regierte auf der Bühne der Pickelhering, der nationalisierte Clown.

Diese Spektakel waren weder Beginn noch Vorstufe einer deutschen Shakespeare-Rezeption, höchstens ihr Vorspiel. Als Konterbande an der Grenze des barocken Kulturraums charakterisieren sie die Aufnahmesituation im Deutschland des Dreißigjährigen Krieges, das weder eine dramenfähige Sprache noch ein Theater für Shakespeare zur Verfügung hatte. Trotzdem waren sie in anderer Hinsicht wichtig, bildete sich doch nach dem Vorbild der englischen Komödianten erstmals ein deutsches Berufsschauspielertum heraus, das mit seiner kräftigen Bühnensinnlichkeit das rezitatorische Laientheater ablöste. Bei den heimischen Wandertruppen, die nach dem Westfälischen Frieden durch die Lande zogen – auch Frauen waren nun dabei –, ging der englische Einfluß zwar bald zurück, das Repertoire öffnete sich Dramen romanischer Prägung, aber die alten shakespearoiden Zugstücke wurden doch nicht ganz aufgegeben (Magister Velten); und sogar auf dem Schultheater tauchte sporadisch ein *Timon* (Thorn 1671) und eine *Böse Katharina* (Christian Weise, Zittau 1705) auf.

Dokumentation:
W. CREIZENACH, hrg., *Die Schauspiele der englischen Komödianten*, Berlin, [1888], repr. Darmstadt, 1967. – W. FLEMMING, hrg., *Das Schauspiel der Wanderbühne*, Leipzig, 1931. – E. BRENNECKE, *Sh. in Germany 1590–1700: With Translations of Five Early Plays*, Chicago, 1964. – M. BRAUNECK, hrg., *Engelische Comedien und Tragedien*, Berlin, 1970.

Interpretation:
A. BAESECKE, *Das Schauspiel der englischen Komödianten in Deutschland. Seine dramatische Form und seine Entwicklung*, Halle, 1935. – G. FREDÉN, *Friedrich Menius und das Repertoire der englischen Komödianten in Deutschland*, Stockholm, 1939. – R. FREUDENSTEIN, *Der bestrafte Brudermord: Sh.s Hamlet auf der Wanderbühne des 17. Jahrhunderts*, Hamburg, 1958. – D. BRETT-EVANS, »Der Sommernachtstraum in Deutschland 1600–1650«, ZDP, 77 (1958). – W. BRAEKMAN, *Sh.'s Titus Andronicus: Its Relationship to the German Play of 1620 and to Jan Vos's Aran en Titus*, Ghent, 1969.

bb) 18. Jahrhundert

Der Weg zu einem literarisch empfänglichen öffentlichen Theater und damit zu einer angemesseneren Bühnenrezeption

Shakespeares war noch weit. Er wurde gangbar, als das deutsche Bürgertum auch die Schaubühne als ein Mittel seiner Emanzipation erfaßte und sich für eine Konsolidierung der Theaterverhältnisse einsetzte. Die Truppen und »Entreprisen« begannen, das Ansehen des Standes durch Kunstanspruch und regelmäßigere Kunstausbildung zu heben, und domestizierten sich in festen Häusern mit Guckkastenbühne und Opernapparat, wie es dem europäischen Standard entsprach. In den siebziger Jahren wurden die ersten, teilweise unter dem Schutz aufgeklärter Höfe stehenden »Nationaltheater« eröffnet, deren ehrgeizigstes Ziel ein politisches war: dem Duodezfeudalismus eine nationalbürgerliche Kultur von überlegener Gesittung und eigener Empfindungswelt entgegenzustellen.

Was Shakespeare diesem Theater bedeuten und bieten könnte, war durch die literarische Kritik und theaterbezogene Publizistik klargemacht worden. 1741 noch ein Streitfall, war er eine Generation später Gegenstand des allgemeinsten Enthusiasmus geworden, der aber nur vage bedachte, wie Shakespeare dem Theater auch praktisch zu vermitteln sei. LESSING, der hier hätte führend sein können, mußte seine Kräfte noch im poetologischen Kleinkrieg binden, und im Straßburger Kreis war es nur LENZ, der sich ernstliche Gedanken darüber machte, während HERDER von Shakespeare-Aufführungen im Grunde abriet, weil die Verschiedenheit der Zeiten zu groß sei. Was die literarischen Präzeptoren an Shakespeare entdeckt und gepriesen hatten, mußte somit für die Theaterpraxis und den Geschmack eines breiteren Publikums erst uminterpretiert werden. Aber die Stichworte waren gegeben: Shakespeares Charaktere, deren Farbigkeit und Leidenschaft gegen die Funktionsträger thesenhafter Fabeln im französisierenden Drama ausgespielt worden waren, kamen dem Willen des Theaters entgegen, seelisch stark zu erregen, ohne daß es doch Rationalität und Faßlichkeit der Handlung aufzugeben bereit war; Shakespeares Welthaltigkeit stillte das Verlangen nach Realitätsbegegnung; Shakespeares vielverkündete »Natur« entsprach der Forderung nach mehr Natürlichkeit in der Darstellung. Der Durchbruch Shakespeares auf der deutschen Bühne erfolgte rasch und gewaltig, aber man wird trotz der zeitweiligen Koalition dieser Bühne mit der neuen Dramatik

nicht epochal von einem Theater des Sturms und Drangs sprechen dürfen. Das zeigen die Stadien der Shakespeare-Rezeption
und Prinzipien der Adaption.

Die ersten Unternehmungen vollzogen sich seitab, in der
schwäbischen Reichsstadt Biberach, wo unter WIELANDs Anleitung eine wackere Amateurvereinigung 1761 den *Sturm* aufführte. Die Werkwahl war für das Theater des 18. Jahrhunderts
wenig typisch, und es überrascht, daß in den nächsten beiden
Jahrzehnten auch so entlegene Stücke wie *Wie es euch gefällt* und
Die zween edle Veroneser in Biberach gespielt wurden; für WIE-
LAND mochte diese deutsche Erstaufführung jedoch eine persönliche Bedeutung gehabt haben als Probe aufs Exempel für
sein Übersetzungswerk, mit dem er 1762–66 der deutschen
Bühne 22 Shakespeare-Dramen einigermaßen original, allerdings
in Prosa, verfügbar machte. Auf andere Weise begannen daneben bewährte Theaterautoren, den Bühnen Elemente der Shakespeareschen Stoff- und Ausdruckswelt zuzuführen. Christian
Felix WEISSE verfaßte einen *Richard III* in Alexandrinern und
einen *Romeo* in Prosa, eigenständig gemeinte nachbarocke bzw.
bürgerliche Trauerspiele, die von Shakespeare oder seinen englischen Bearbeitern aufnahmen, was der theatralischen Reizung
dienen konnte, und sich damit soweit aufwerteten, daß sie die
Originale für Jahrzehnte zu ersetzen vermochten, was sie andererseits wohl auch einer gewissen Beachtung der pseudo-aristoteli-
schen Einheiten und der Akzentuierung des Familiären verdankten. Mehr auf das Spektakuläre Shakespeares setzte der Wiener
Gottlieb STEPHANIE d. J., der 1772 einen *Macbeth* herausbrachte,
in dem zusätzlich Figuren und Effekte des *Lear* und des Don-
Juan-Stoffes herumspukten. Der Erfolg auch dieses Stückes beruhte primär auf seiner Herkömmlichkeit.

Die ersten Versuche, dem Publikum den so berühmten wie
fremden Shakespeare originalgetreuer zuzumuten, wurden mit
Othello angestellt und erzielten mit *Hamlet*, freilich unter Verzicht auf den tragischen Ausgang, 1773 in Wien den entscheidenden Erfolg. Die Fassung von Franz HEUFELD wurde vielfach nach-
gespielt, u. a. in Prag, wo Friedrich Ludwig SCHRÖDER eine Aufführung sah und beschloß, an seinem Hamburger Theater ein
Ähnliches zu wagen. Damit wandte sich die beste deutsche Trup-

pe Shakespeare zu. GARRICKS Vorbild, manchen Hamburgern wohl aus eigener Anschauung bekannt, mochte dort längst zur Nacheiferung gereizt haben; belebt wurde es 1776 durch die detaillierten Berichte des Göttinger Professors Georg Christoph LICHTENBERG, die auch SCHRÖDER las. Literarisch gebildet und gut beraten, kannte SCHRÖDER auch die Shakespeare-Schriften des HERDER-Kreises, in Johann Friedrich SCHINK stand ihm zudem ein kluger Dramaturg und Schriftsteller zur Seite. Das waren Voraussetzungen für einen optimalen Shakespeare, und SCHRÖDER ging mit Schwung und Sorgfalt zu Werke, wählte umsichtig die besten Übersetzungen, betreute die textlichen und dramaturgischen Einrichtungen bis zur Edition und erarbeitete mit seinem Ensemble ganzheitliche Rollenkonzeptionen, die mit vielen realistischen und mimisch-gestisch beredsamen Einzelzügen angereichert waren. So vollendete er mit Shakespeare, was mit den Sturm und Drang-Dramatikern allein nicht zu erreichen gewesen war: die erste Verwirklichung eines deutschen Nationaltheaters nicht nur im institutionellen, sondern im geistigen Sinne.

Den Anfang machte er 1776 mit *Hamlet*, dessen Titelrolle er nach dem Abgang seines ersten Helden J.F.H. BROCKMANN selbst übernahm. Wie gut er daran getan hatte, Hamlet am Leben zu lassen, bewies noch im selben Jahr *Othello*, der als »übertragisches Trauerspiel« bei seinem empfindsamen Publikum »Ohnmachten über Ohnmachten« bewirkte, so daß SCHRÖDER auch hier den Schluß änderte. Vorsichtiger geworden, verschob er *Macbeth* und wich auf den *Kaufmann von Venedig* und *Maß für Maß* aus, die freilich erfolglos blieben. Den Gipfel seiner Kunst und seines Ruhms erreichte er 1778 mit *König Lear* in einer Bearbeitung, die zwar die 1. Szene strich, aber die Figur des Narren und Lears Tod beibehielt. Als anschließend sein großangelegtes Experiment mit den Historien – auf *Richard II* folgte *Heinrich IV* in geschickter Zusammenziehung der beiden Teile – trotz seines überragenden Spiels als Falstaff wieder auf Reserviertheit stieß und selbst durch einen strengen Appell ans Publikum nicht glücklicher zu wenden war, beschied er sich, die mit *Hamlet* und *Lear* erlangte Wirkung zu festigen.

SCHRÖDERS Tat setzte überlokale Maßstäbe, die durch Gastspiele erhärtet wurden. *Hamlet* mit BROCKMANN wurde in Berlin begeistert aufgenommen und durch CHODOWIECKIS Kupferstich-folge und SCHINKS Mimographie darüber hinaus berühmt. In Wien und Mannheim zündete SCHRÖDERS Shakespeare-Darstel-lung nicht minder. Eine Tradition der realistischen Gestaltung konnte er damit zwar nicht stiften, wohl aber regte seine Lei-stung weitere Aneignungsversuche an, so in Mannheim, wo W.H.v. DALBERG mit einer Schar von Helfern (Maler MÜLLER, H.L. WAGNER, O.H.v. GEMMINGEN, IFFLAND, SCHILLER) Shake-speare – und mit besonderem Erfolg *Julius Caesar* (1785) – in den Spielplan des Nationaltheaters einbrachte. Daneben vollzog sich nun eine Rezeptionsentwicklung, die dem Theater mit weitge-henden Umarbeitungen und Modernisierungen der Komödien zu deutschen Lust- und Singspielen einen Ersatz-Shakespeare bescherte und, vor allem von Wien ausgehend, mit Volkstheater-Parodien und Pantomimen seine Stoffe verbreiten half. Einige Hauptwerke aber waren dem Repertoire dauerhaft gewonnen.

Dokumentation:
A. v. WEILEN, hrg., *Der erste deutsche Bühnen-Hamlet: Die Bearbeitungen Heufelds und Schröders*, Wien, 1914. – F. BRÜGGEMANN, hrg., *Die Aufnahme Sh.s auf der Bühne der Aufklärung in den sechziger und siebziger Jahren*, Leipzig, 1937, repr. Darmstadt, 1966.

Interpretation:
W. KÜHN, *Sh.s Tragödien auf dem deutschen Theater im XVIII. Jahrhundert*, Diss., München, 1909. – W. HÜTTEMANN, *Christian Felix Weisse und seine Zeit in ihrem Verhältnis zu Sh.*, Diss. Bonn, Duisburg, 1912. – G. SCHWEINSHAUPT, *Sh.s Dramatik in ihrer gehaltlichen und formalen Umwandlung auf dem österreichischen Theater des 18. Jahrhunderts*, Diss., Königsberg, 1938. – L.F. McNAMEE, »The First Production of *Julius Caesar* on the German Stage«, *SQ*, 10 (1959). – D. HOFFMEIER, »Die Einbürgerung Sh.s auf dem Theater des Sturm und Drang«, in: *Schriften zur Theaterwissenschaft*, 3/II, Berlin, 1964. – M. SCHROTT, »Sh. im Alt-Wiener Volkstheater«, *MuK*, 10 (1964). – K.S. GUTHKE, »Sh. im Urteil der deutschen Theaterkritik des 18. Jahrhunderts«, *SJ West* (1967). – J. BOBIN-GER, »Entwicklungstendenzen deutscher Sh.-Bearbeitungen im 18. Jahrhundert«, in: *Großbritannien und Deutschland*, Festschrift für J. W. Bourke, München, 1974.

cc) 19. Jahrhundert

Als Geburtshelfer für das deutsche Nationaltheater hatte Shake-speare seine Funktion erfüllt. Er gehörte nun zu dessen weltlite-rarischem Besitzstand, den es zu pflegen und zu mehren galt, und so lautete die neue Forderung der Kritik, daß man ihn ganz und unverstellt auf die Bühne bringen solle. Sie wurde von GOETHE wie von TIECK erhoben, aber in der Praxis verzweigte sich das Problem. GOETHE erfüllte bald nach Übernahme des

Weimarer Hoftheaters die eine Seite der Forderung, indem er 1792 *Hamlet* »ganz nach dem Original« ankündigte, was allerdings nicht Wortwörtlichkeit meinte und nur annähernd stimmte, denn Fortinbras fehlte noch immer. Die Forderung enthielt latent aber auch die nach Wahrung der Versform, zumal Prosa nicht mehr als Kampfmittel gegen die Vorherrschaft des französischen Stils verstanden wurde. Auch in diesem Anspruch waren sich GOETHE, SCHILLER und die Romantiker einig, doch zeigten die ersten Vorstöße, IFFLANDS Uraufführung des Schlegelschen *Hamlet* in Berlin (1799) und GOETHES Uraufführung des Schillerschen *Macbeth* in Weimar (1800), welch verschiedene Motive und Vorstellungen dahinterstanden. SCHLEGEL und TIECK hatten sich bei ihrer frühen Erprobung einer Versübersetzung in der Werkwahl primär von romantischen Vorlieben bestimmen lassen, und auch als SCHLEGEL die Arbeit systematisch aufnahm, setzte er nicht bei den allgemeinen Repertoirestücken an, sondern ging weiter auf literarische Entdeckung aus, hielt sich ab 1799 nur noch an die Historien und überließ *Lear*, *Macbeth* oder *Othello* vorerst dem Ungewissen. Beide insistierten zudem auf einer ungekürzten Bühnenwiedergabe, ein damals allzu theaterfremdes Ansinnen, das GOETHE zunehmend zum Widerspruch reizte. Im Weimarer *Macbeth* wurde andererseits der »poetische« Shakespeare einer extrem klassizistischen Vers- und Regiebehandlung unterzogen, eine Richtung, die sich 1805 mit *Othello* in der Übertragung von J. H. VOSS d. J. und SCHILLER gemildert fortsetzte. Und wenn GOETHE auch in regem Austausch mit IFFLAND und SCHLEGEL dessen *Caesar* (1803) und *König Johann* (1806) uraufführte und *Hamlet* und den *Kaufmann von Venedig* nachspielte, so enthüllte doch seine Adaption der Schlegelschen *Romeo*-Übersetzung 1812 noch einmal die ganze Diskrepanz. Mit seinem Spätstil und seiner Shakespeare-Auffassung tendierte er bereits über das konkrete Theater hinaus; SCHLEGEL berücksichtigte es nach wie vor wenig, und TIECK beharrte auf einem nun theatergeschichtlich fundierten Aufführungsmuster, das utopisch erscheinen mußte.

Um die Bewältigung des dramaturgischen und sprachlichen Shakespeare-Problems mühten sich in der Folgezeit Theaterleiter, für die es in den umfassenderen Aspekt einer Klassikerrezeption einrückte und die ein mehr oder weniger verbindliches Weimar-Ideal in den kruderen Realitäten ihres Wirkbereichs zu befestigen strebten. Im restaurativen Wien, wo die Zensur noch lange mit kleinlichsten Auflagen über sittliches, politisches und religiöses Wohlverhalten wachte, gelang es Joseph SCHREYVOGEL, einen Großteil der von GOETHE bevorzugten Shakespeare-Werke und -Fassungen (*Lear* und die Verspartien von *Heinrich IV* nun in der Voss-Übersetzung) relativ unbeschädigt ins Repertoire des Burgtheaters einzuführen; in Braunschweig belebte gleichzeitig August KLINGEMANN die mittelstädtische Theaterlethargie mit einem verwandten Programm, und in Düsseldorf bot Karl Leberecht IMMERMANN 1834–37 fast eine Kopie des Weimarer Shakespeare-Spielplans. IMMERMANN war es andererseits, der als erster TIECKS Anregungen aufgriff, zur sukzessionsgerechten Darbietung Shakespeares eine elisabethanische oder vielmehr dekorationsarme, mehrstöckige, klassizistische Reliefbühne zu konstruieren. Was TIECK 1836 im Roman *Der junge Tischlermeister* erörtert und beschrieben hatte, wurde 1840 in der Düsseldorfer Privataufführung von *Was ihr wollt* mit einigen Abwandlungen (keine Oberbühne) verwirklicht, noch bevor TIECK selbst am *Sommernachtstraum* in Potsdam und Berlin ein ähnliches unzeitgemäßes Exempel statuieren konnte (1843).

Mehr neben als mit der Eingliederung Shakespeares in ein wohltemperiertes Klassiker-Repertoire verlief eine andere Entwicklung: die seiner Revitalisierung durch die Schauspieler. Zum erstenmal seit SCHRÖDER stand im zweiten und dritten Jahrzehnt mit Ludwig DEVRIENT wieder ein Menschengestalter auf der Bühne, der in Lear, Shylock, Falstaff oder Richard III. Kreatürlich-Elementares aufzuzeigen vermochte, nun gesteigert und zerspiegelt durch ein romantisches Temperament. Darin lag aber zugleich die Gefahr einer Verselbständigung der Rollen, die bei den Shakespeare-Virtuosen in seiner Nachfolge immer mehr zum Berufsprinzip wurde und Gestaltung und Repertoire wieder erstarren ließ. Am lebendigsten blieb Shakespeare im Verband der Schauspieler am Burgtheater, und hier erwuchs ihm im letzten Drittel des Jahrhunderts mit Friedrich MITTERWURZER auch ein neuer Typ des wandlungsfähigen Interpreten, der Benedick ebenso glänzend wie Macbeth spielen konnte und mit der Überschreitung der Rollenfächer nicht zuletzt zur Ausweitung des Stücke-Kanons beitrug.

Spezifische Impulse jenseits von schauspielerischen oder literarischen Ambitionen bestimmten die Shakespeare-Rezeption nach 1848. Der verstärkte kulturpolitische Eifer, mit dem die Nationalliberalen ihre Enttäuschung über den Ausgang der Revolution kompensierten, bemächtigte sich auch des Shakespeareschen Werkes. Nach GUTZKOW entdeckten und betonten auch LAUBE und HEBBEL in *Coriolan* bzw. *Caesar, König Johann* und *Heinrich IV* eine aktuelle Relevanz. Die profiliertesten Theaterleiter, die jetzt ihre langjährigen Direktionen antraten – Heinrich LAUBE am Burgtheater (1850–68), Franz (v.) DINGELSTEDT in München (1850–57), später Weimar (1857–67) und Eduard DEVRIENT in Karlsruhe (1852–70) – hatten sich vorgesetzt, Shakespeares »Lebenslehre« aus dem elitären Gefängnis des Literarischen herauszuholen und auf der Bühne für das »Volk« zu aktivieren, wie es DINGELSTEDT später in der programmatischen Vorrede zu seinen Historien-Bearbeitungen (1867) aussprach. Der alte Nationaltheatergedanke versicherte sich noch einmal der Kräfte Shakespeares. Die Realisierung lief freilich immer mehr auf eine Selbstfeier des Großbürgertums (DINGELSTEDTS Gesamtkunstwerke) und biedere Bildungsbeflissenheit hinaus (DEVRIENTS *Deutscher Bühnen- und Familien-Shakespeare* war ein bezeichnender Titel). Das Volkstheater aber, dem seit der Reichsgründung durch Abschaffung der Hoftheaterprivilegien auch Shakespeares Tragödien freistanden, machte kaum Gebrauch davon.

Im Spielplan hatten sich in den vierziger Jahren einige der großen Komödien erstmals durchgesetzt, DINGELSTEDTS Bearbeitungen bereicherten ihn endlich auch um den *Sturm* (1855) und das *Wintermärchen* (1859). Mit dem Zyklus der Königsdramen (1864) wurde deren breite Rezeption eingeleitet und zugleich eine Tendenz zur repräsentativen Häufung ausgelöst: DEVRIENT führte in der Spielzeit 1864/65 ein Shakespeare-Repertoire von nicht weniger als 20 Stücken vor, auch kleinere Theater leisteten sich Historien-Folgen, und Mannheim brachte es 1868 schon auf 8 Komödien. Shakespeare wandelte sich dabei immer ausschließlicher zu einem theatralischen Objekt der schwelgerischen optischen Wahrnehmung. Der Zug zur historischen Illustration, der sich schon in GOETHES Klassizismus *(Caesar)* angekündigt und in der Kostümreform des Berliner Intendanten Graf BRÜHL präzisiert hatte, mündete bei DINGELSTEDT, vor allem in seiner letzten Direktionszeit am Burgtheater, in einen üppigen Kolorismus und bei der Truppe des Meininger Herzogs GEORG II. in eine historistische Stimmungskunst, die mit elaborierten Inszenierungen von *Julius Caesar, Das Wintermärchen, Der Kaufmann von Venedig* und *Was ihr wollt* internationale Triumphe feierte. Für die Nachfolger wie die Gegner der Meininger war die Aneignung Shakespeares somit zu einer vorwiegend bildkünstlerisch-bühnentechnischen Frage geworden.

Dokumentation:
E. KILIAN, »Schreyvogels Sh.-Bearbeitungen«, *SJ,* 39 (1903), 41 (1905) und 43 (1907). – C. NIESSEN, »Goethe und die romantische Sh.-bühne«, *Das deutsche Theater* 2, Bonn, 1924. – J. PETERSEN, »Ludwig Tiecks *Sommernachtstraum*-Inszenierung«, in: *Neues Archiv für Theatergeschichte* 2, Berlin, 1930. – K.-H. HAHN, »Zur Weimarer *Hamlet*-Inszenierung des Jahres 1809«, in: *Natur und Idee,* hrg. H. Holtzhauer, Weimar, 1966.
Interpretation:
A. v. WEILEN, »Laube und Sh.«, *SJ,* 43 (1907). – W. DEETJEN, »Sh.-Aufführungen unter Goethes Leitung«, *SJ,* 68 (1932). – H.H. BORCHERDT, »Schillers Bühnenbearbeitungen Shakespearescher Werke«, *SJ,* 91 (1955). – W. ISER, *»Der Kaufmann von Venedig* auf der Illusionsbühne der Meininger«, *SJ,* 99 (1963). – H. PLARD, »Sh. mis en scène par Goethe«, *RHT,* 16 (1964). – H. HUESMANN, *Sh.-Inszenierungen unter Goethe in Weimar,* Graz, 1968. – H. G. ASPER, »Ludwig Tieck inszeniert *Was ihr wollt . . .«, SJ West* (1974). – I. KRENGEL-STRUDT-HOFF, »Das antike Rom auf der Bühne und der Übergang vom gemalten zum plastischen Bühnenbild. Anmerkungen zu den *Caesar*-Dekorationen Georgs von Meiningen«, in: *Bühnenformen – Bühnenräume – Bühnendekorationen,* hrsg. R. Badenhausen, H. Zielske, Berlin, 1974.

dd) 20. Jahrhundert

Wie sehr gerade Shakespeare die ästhetische Bühnenreform um die Jahrhundertwende stimulierte, zeigt sich schon daran, daß an seinen Stücken die meisten der neuen Einrichtungen erprobt wurden. Zwei trugen sogar seinen Namen. Für Jocza SAVITS, den Initiator der »Münchener Shakespeare-Bühne« (1889), ging es um eine wortbestimmte, vom szenischen Prunk befreite, vollständige Wiedergabe der Shakespeareschen Dramen auf einer Bühne, die sich Strukturmomente der elisabethanischen zunutze machen sollte, aber primär an SCHINKELS Entwürfe von 1817 anknüpfte. Man verzichtete demnach nicht entschieden auf eine Schauplatz-Illusionierung, sondern schränkte nur deren Aufwand und Perspektivität ein, teilte den Guckkasten in eine wechselnd dekorierte und eine neutralisierte Zone und hoffte, durch alternierendes Bespielen die Shakespearesche Szenen-Folge zu bewältigen. Bebilderung und Imaginationsappell, die sich hier noch durchkreuzten, wurden bei den folgenden Experimenten mit einer Einheitsbühne (Düsseldorf 1905), »Idealbühne« (Mannheim 1907), Reliefbühne (Münchener Künstlertheater 1908) und Stilbühne (Eugen KILIANS »Neue Münchener Shakespeare-Bühne« 1909) zu einem glücklicheren Ausgleich gebracht. Man versuchte nun nicht länger, die Multivalenz der elisabethanischen in die Bildbühne zu retten, bekannte sich zur visuellen Fixierung der Handlungsräume, vereinfachte sie aber und erstrebte unter Einfluß des Jugendstils ihre »Vergeistigung« und symbolische Überhöhung. Die Entwicklung der Beleuchtungstechnik kam dem entgegen. Die neuentdeckte Drehbühne ermöglichte andererseits ein Sukzessionsprinzip, das sogar die Realillusion nach Art der Meininger intakt ließ und noch lange konservierte.

Beide Tendenzen trafen sich in der zentral auf Shakespeare abgestellten Theaterkunst Max REINHARDTS. In seinen Berliner Erstinszenierungen des *Sommernachtstraums* und des *Kaufmanns von Venedig* (1905) brachte er den alten Ausstattungsverismus (echte Birken) durch die neue Technik zu impressionistischer Wirkung, im *Wintermärchen* (1906) näherte er sich den Raumvorstellungen CRAIGS, bei seinen Gastspielen im Münchener Künstlertheater paßte er sich bald darauf der Reliefbühne an. Was diese Pluralität dennoch einte, war eine theatralische Kraft, die das Szenische nicht mehr isoliert nahm, sondern auf die Menschendarstellung bezog, Raumphantasie mit Spielphantasie verband. Die vielproklamierte Retheatralisierung, die in der Stilbühnenbewegung nur eine Ritualisierung des Theaters zeitigte, wurde durch REINHARDTS Schauspieler-Regie Wirklichkeit. Sie erlöste Shakespeare aus dem Klassikermuseum der Gründerjahre und führte besonders die Komödien einer ungeahnten Lebendigkeit und Popularität zu. Zwar hatte schon mit Joseph KAINZ eine neue Ära der Shakespeare-Darstellung begonnen, doch war dessen Faszination als Romeo oder Hamlet noch die solistische Leistung eines Stars, während Albert BASSERMANN (Shylock, Lear, Benedikt, Petruchio) oder Paul WEGENER

(Jago, Heinrich IV, Macbeth) – um nur diese hervorzuheben – unter REINHARDTS schöpferischer Leitung zu ihren größten Interpretationen in einem weithin ebenbürtigen Ensemble fanden; so wie dann Fritz KORTNER und Werner KRAUSS, die dominierenden Schauspieler nach 1918, zugleich die Hauptdarsteller in exemplarischen Regiegestaltungen waren.

REINHARDTS entscheidende Wiedererweckung Shakespeares lag vor dem ersten Weltkrieg. In der Spielzeit 1913/14 und zu einer Gedenkwoche 1916 faßte er seine wichtigsten Inszenierungen noch einmal zusammen. Sie galten durchaus den gängigen Repertoirestücken, denen er später nur noch *Wie es euch gefällt* (1919) und *Julius Caesar* (1920) zugesellte; dafür studierte er den Kernbestand immer wieder ein, variierte die Konzeptionen und erprobte neue auf Arena-, Freilicht- und Liebhaberbühnen, zuletzt im Film. Den *Sommernachtstraum* hat er insgesamt elfmal inszeniert. In der Weimarer Republik aber wurden in Berlin, das REINHARDT zur unbestrittenen Theaterhauptstadt gemacht hatte, in und mit der Shakespeare-Rezeption andere Akzente gesetzt. Das Signal gab 1920 Leopold JESSNERS Inszenierung von *Richard III*, auf kahler Stufenbühne (mit der berühmten »Treppe«) in plakativer Härte das Zentralmotiv des Aufstiegs und Falls herausstellend, eine deutliche Absage an REINHARDTS psychologisches »Zauber«-Theater. Erfahren werden sollte Shakespeares Gewaltsamkeit und die Fatalität einer Geschichte, die nur Opfer kennt, wie es dem Kriegserlebnis mancher entsprach. Neben dieser bei *Othello* und *Macbeth* wiederholten, gleichsam monolithischen Darbietung des tragischen Shakespeare auf der expressionistischen Stilbühne standen Versuche vor allem von Jürgen FEHLING, in den Komödien auf einer dekorationslosen Podiumsbühne das reine Spiel zu entfesseln; ein Drang zum Elementaren auch hier. Vollends akut gemacht wurde Shakespeare schließlich von seiten eines kritischen Realismus in Erich ENGELS und Caspar NEHERS entheroisiertem *Coriolan* von 1925. Die polemische Zuspitzung (nach PISCATORS Vorbild) folgte 1926 in einer antimonarchistischen Aktualisierung des *Hamlet* (wie in allen genannten Inszenierungen spielte KORTNER die Titelrolle), mit der JESSNER seinen früheren Formalaggressionen eine politische Komponente hinzufügte. Breiter zum Tragen kam diese Art der Klassikerbehandlung, befürwortet und abgewandelt durch BRECHT, aber erst in den sechziger Jahren.

Weniger zeitbezogen, doch auf andere Weise typisch für die Zwischenkriegszeit waren die formbewußten, zur Feierlichkeit neigenden Bochumer Shakespeare-Inszenierungen von Saladin SCHMITT, die weitere Ausbildung eines leichten und heiteren, musikalisch-poetischen Komödienstils durch Ludwig BERGER, Erich ZIEGEL, Otto FALCKENBERG und Heinz HILPERT und deren erfolgreiche Bemühungen um bisher vernachlässigte Stücke wie *Cymbelin*, *Wie es euch gefällt* und *Troilus und Cressida*. Unter der Herrschaft des Nationalsozialismus gab gerade Shakespeare den nicht vertriebenen oder verfolgten Regisseuren und Schauspielern einen Zielpunkt ihrer inneren Emigration in eine »zeitlose« Theaterkunst, und es bedeutete bereits Widerstand gegen die Gleichschaltung des Stils und der Gesinnung, wenn Gustaf GRÜNDGENS 1936 einen unheldisch-»undeutschen« Hamlet spielte oder FEHLING 1937 einen *Richard III* inszenierte, der Analogien zum Regime nicht ausschloß. Auch in ENGELS analytischen und HILPERTS lyrischen Shakespeare-Inszenierungen manifestierte sich die Reservation gegenüber der offiziellen »Verhängnis«-Dramaturgie, als deren Sprecher Curt LANGENBECK 1940 sogar die Absetzung Shakespeares forderte. Hans PFITZNER fertigte diese nationalistische, neoklassisch sich gebärdende Verstiegenheit alsbald mit einer mutigen satirischen Erwiderung ab. Trotzdem wurden Aufführungen des Ausländers Shakespeare während des Krieges kontingentiert.

Im deutschen Theater nach 1945 konnte Shakespeare die einstige Bedeutung nur schwer wiedererlangen. Nach zwölf Jahren der Isolation galt es zunächst, einen dringlicheren weltliterarischen Nachholbedarf zu stillen. Wo sich aber ein neues Bühneninteresse an seinen Werken regte, geschah es zumeist unter dem Einfluß eines Existentialismus, der die natürliche Sozialität der Shakespeareschen Gestalten theatralisch verarmen mußte. Der Abstraktionismus, der die westdeutschen Bühnen der fünfziger Jahre beherrschte, begünstigte zwar, wo er sich zum nackten Spielgerüst durchrang, eine neue Freiheit des Spiels, engte sie aber zugleich ein, wo er Scheibe, Schräge oder die Leere selbst noch als Weltsymbole verstand. Im *Sommernachtstraum* von Gustav Rudolf SELLNER und Franz MERTZ (Darmstadt 1952, Bochum und München 1954), dem wirksamsten Stilmodell jener Jahre, kam beides zusammen. Erschwerend für die Wiederbelebung der Stücke trat ein immer virulenter werdendes Unbehagen an SCHLEGEL-TIECKS Übersetzung hinzu. Die glatten Bearbeitungen von Hans ROTHE, schon in der Weimarer Zeit oft verwendet, und die nüchtern-getreuen Übertragungen von Richard FLATTER ersetzten sie nur für den Theateralltag. Bei der entschiedeneren Revision griff man zunehmend auf die Prosaübersetzungen des 18. Jahrhunderts zurück und fand in ihnen die erste Grundlage für ein neues, realistisches Shakespeare-Verständnis.

Um 1963 setzte in Westdeutschland mit dem Vordringen des dokumentarischen und politischen Theaters auch eine stärker gesellschaftskritisch ausgerichtete Interpretation der Shakespeareschen Dramen ein. Hamlet erschien nun als Präfiguration der »zornigen jungen Männer«, Thersites, Autolycus, Lucio oder Jaques dienten zur Artikulation eines Protestes und Fatalismus, wie er sich spät noch in DÜRRENMATTS *König Johann*, dem Stadttheatererfolg der Spielzeit 1969/70, niederschlug. In BRECHTS postum uraufgeführtem *Coriolan* (Frankfurt 1962, Ostberliner Fassung 1964) und den Shakespeare-Inszenierungen in seiner Nachfolge profilierte sich diese Haltung zur engagierten Sozialanalyse; in Peter ZADEKS Bremer Inszenierungen *Held Henry* (1964) und *Maß für Maß* (1967) lockerte sie sich zur spielerischen Ironie, die sich zugleich von den Vorlagen distanzierte und mit den Mitteln der Revue, der zynischen Allegorisierung und einer experimentellen Körpersprache vom »Klassiker«-Stil befreite. Jenseits all dieser Richtungen stand die Shakespeare-Regie KORTNERS, vor allem in seinen Münchener Inszenierungen von *Julius Caesar* (1955), *Was ihr wollt* (1957) und *Richard III* (1963) die erratische Manifestation eines besessen auf die Wahrheit im Detail ausgehenden Realismus.

Für die Shakespeare-Rezeption in der DDR mit ihren Zentren in Weimar, Leipzig und Rostock galt eine andere Realismus-Konzeption. Sie betonte vor allem die Vielfalt der gesellschaftlichen Widersprüche, die Dialektik von persönlichem Handeln und »historischer Notwendigkeit« und das nationale und soziale

Ethos bei Shakespeare und identifizierte sich mit seinen Handwerkern, Totengräbern, Gärtnern, Clowns, Bastarden und anderen volkstümlichen Gestalten als Repräsentanten eines zukunftsweisenden Menschenbilds. Versicherte sie sich bei dieser inhaltlichen Deutung wissenschaftlicher Hilfe, so blieb die Frage der adäquaten theatralischen Vermittlung bisher wenig diskutiert.

Shakespeares Stücken neue theatralische Reize und Attraktionen abzugewinnen gelang im westdeutschen Theater der siebziger Jahre den oft heftig umstrittenen Inszenierungen von Hans HOLLMANN und Peter ZADEK. HOLLMANNS *Titus, Titus!* (Basel 1969), *Coriolan, ein Heldenleben* (München 1970, Recklinghausen 1977), *Troilus und Cressida* (Hamburg 1970), *Macbeth* (in der Bearbeitung von Heiner MÜLLER, Basel 1972), *Julius Caesar* (Berlin 1972), *Richard III* (Hamburg 1973) und *Othello* (Basel 1976) lagen meist sprachlich wie dramaturgisch stark verändernde Neufassungen zugrunde; ZADEK intensivierte mit seinem Bochumer *Kaufmann von Venedig* (1972) und *König Lear* (1974) und Hamburger *Othello* (1976) durch eine ähnlich provokante Radikalisierung des szenischen und schauspielerischen Ausdrucks die Auseinandersetzung mit dem aktuellen Gehalt dieser Werke. Der Untersuchung und Nutzung ihres wertbeständigen »Materials« mit den grellen Mitteln des Schaubudentheaters standen andererseits geradezu wissenschaftliche Zugangsweisen des Theaters gegenüber. Manfred WEKWERTH setzte mit seinen Inszenierungen von *Richard III* am Ostberliner Deutschen Theater (1972) und Zürcher Schauspielhaus (1974) erstmals die theaterhistorischen Erkenntnisse von Robert WEIMANN – Richard als rampennahe Volkstheaterfigur in der Tradition des »Vice« – auf der Bühne um; und die Westberliner Schaubühne am Halleschen Ufer ließ ihrer ersten Shakespeare-Inszenierung (*Wie es euch gefällt*, 1977) sogar eine Art theatralisierter Forschung vorausgehen, die kulturhistorische Inszenierung eines ganzen Zeitalters, den Gang durch ein elisabethanisches Theatermuseum an zwei Abenden unter dem Titel *Shakespeares Memory* (1976). So findet sich auch heute nebeneinander: die theatralische Verwertung und die historisch-kritische Aufbereitung Shakespeares, Indienstnahme und Hinführung.

Dokumentation:
G. AMUNDSEN, hrg., *Die neue Sh.bühne des Münchner Hoftheaters*, München, 1911. – M. GROSSMANN, hrg., *Max Reinhardts Regiebuch zu Macbeth*, Basel, 1966. – G. RÜHLE, *Theater für die Republik 1917–1933 im Spiegel der Kritik*, Frankfurt, 1967. – D. HOFFMEIER, hrg., »Notate zu Bertolt Brechts Bearbeitung von Sh.s Coriolan, zur Bühnenfassung und zur Inszenierung des Berliner Ensembles«, *SJ Ost*, 103 (1967). – Aufführungsbesprechungen in *Theater der Zeit* (1946ff.), *Theater heute* (1960ff.), *SJ* bzw. *SJ West* und *SJ Ost*.

Interpretation:
H. DURIAN, *Jocza Savits und die Münchener Sh.-Bühne*, Emsdetten, 1937. – L. STUCKI, *Max Reinhardts Sh.- Inszenierungen*, Diss., Wien, 1949 – E. BROCK-SULZER, »Sh.-Pflege am Schauspielhaus Zürich 1939-1952«, *SJ*, 89 (1953). – H. BRAUN, »Sh. auf süddeutschen Bühnen nach dem Krieg«, *SJ*, 91 (1955). – K. G. KACHLER, »Sh. auf den Berufsbühnen der deutschsprechenden Schweiz« in: *Sh. und die Schweiz*, hrg. E. Stadler, Bern, 1964. – D. BABLET, »Leopold Jessner et Sh.«, *RHT*, 16 (1965). – R. T. K. SYMINGTON, *Brecht und Sh.*, Bonn, 1970. – J. FENKOHL, *Dramen Sh.s auf der Bühne des deutschen Expressionismus*, Diss., Berlin, 1972. – U. MEHLIN, »Claus Bremer, Renate Voss: *Die jämmerliche Tragödie von Titus Andronicus* – Friedrich Dürrenmatt: *Titus Andronicus* – Hans Hollmann: *Titus Titus* – Ein Vergleich«, *SJ West* (1972). – »Leben und Tod König Richard des Dritten* am Deutschen Theater Berlin. Drei Gespräche«, *SJ Ost*, 109 (1973). – G. RÜHLE, »Der *Sommernachtstraum* Max Reinhardts« (1905), *SJ West* (1976). – W. HORTMANN, U. DIBBELT. *Dokumentation zu den Sh.Inszenierungen anläßlich des Theatertreffens*, Duisburg, 1977.

d) Frankreich

aa) 18.–19. Jahrhundert

Die Aufnahme Shakespeares in das Repertoire der französischen Bühne vollzog sich in einem Spannungsfeld, das durch die Autorität VOLTAIRES und das Vorbild GARRICKS bestimmt war. Dabei geriet VOLTAIRES Position, je mehr sie sich verhärtete, in ein ironisches Licht. Er selbst hatte mit seinen Frühschriften am wirksamsten auf Shakespeare aufmerksam gemacht und den Geist beschworen, den er dann nicht bannen konnte. 1779 nahm seinen Sitz in der Académie Française, wo er drei Jahre zuvor noch im Namen der französischen Kultur gegen die allerhöchste Sanktionierung von LE TOURNEURS Übersetzungswerk aufgetreten war, ausgerechnet jener Jean François DUCIS ein, der Shakespeare auf dem französischen Theater etablierte. Mit GARRICK andererseits hatte schon LA PLACE, von dem 1745/46 die erste Teilübersetzung und Nacherzählung Shakespearescher Dramen erschienen war, in Verbindung gestanden, und GARRICKS Paris-Aufenthalt gab DUCIS 1765 den entscheidenden Anstoß zu seinem Unternehmen.

Es unterschied sich allerdings nur graduell und im Effekt von den gleichzeitigen Versuchen anderer, Shakespeare-Adaptionen

(Tempest, Merry Wives, Romeo, Richard III) für die Comédie Française oder Privataufführungen weiterzubearbeiten. Da Ducis kaum Englisch verstand, stützte er sich auf La Place, ohne seinen eigenen Gestaltungswillen zu unterdrücken. So entstanden Stücke, die Shakespeare weniger verdankten als der »tragédie classique« und wohl eben deshalb in der Comédie Française (bzw. im Théâtre de la République) große Resonanz fanden. Den Beginn machte 1769 ein *Hamlet*, der fast 80 Jahre lang das französische Bühnenmonopol innebehielt. Es folgten *Roméo et Juliette* (1772) und *Le Roi Léar* (1783), beides außerordentliche Anfangserfolge, *Macbeth* (1784), *Jean sans-terre* (1791), der nur 7 mal gespielt wurde, und *Othello* (1792), der dagegen bis 1849 im Repertoire blieb. Es hat wenig Sinn, diese Versionen an den Originalen zu messen, um dann zu staunen, daß ein *Hamlet* ohne den Geist, Laertes, die Schauspieler, die Totengräber und Fortinbras auskommen kann, ein *Romeo* ohne Balkon- und Abschiedsszene, ohne die Nurse und Friar Laurence samt seinem Trank, ein *Macbeth* ohne Hexen und Banquo, und daß mit Ausnahme von Macbeths Selbstmord alle Stücke Ducis', zumindest in den Zweitfassungen, glücklich und teils mit Hochzeiten enden. Die Reduzierung auf sieben bis acht Rollen, die Wahrung der Ortseinheit durch Umwandlung vieler Aktionen in Berichte, die Verlegung allen Horrors hinter die Kulissen, die Rationalisierung der Handlung durch begründende Vorfabeln und mannigfache Intrigen – mit all solchen Änderungen forderte die klassizistische Dramaturgie ihr Recht. Historisch von Bedeutung war jedoch, worin sie durch die Wirkspuren Shakespeares modifiziert oder gesprengt wurde: die immer noch schockierende Gewalt der Motive und Situationen (auch ihrer theatralischen Aspekte; z. B. das Hereinspielen der Natur, die Schlafwandelszene, das Bett auf der Bühne), die Belebung der konventionellen Vertrauten zu mehr als Echo-Figuren, die psychologische Dramatisierung der Soloreden zu Reflexionsmonologen.

Von den Transformationen und verschlungenen Wegen jener frühen Shakespeare-Vermittlung zeugt auch die trotz des Titels *Les Tombeaux de Vérone* untragische *Romeo*-Fassung von Louis-Sébastien Mercier, die nichts als eine Überarbeitung der deutschen Adaption von Weisse war, in Frankreich nicht zur Aufführung kam, dafür jedoch in Italien, Rußland und Polen, neuerlich bearbeitet, zu den frühest gespielten »englischen« Stücken gehörte. Auf der französischen Bühne aber herrschte unangefochten bis zur Romantik der Shakespeare-Ersatz von DUCIS. Hatten BRIZARD, MOLÉ und Mme. VESTRIS schon viel zu seinem Erfolg beigetragen, so wurde er von der Revolution an erst recht berühmt durch die Darstellungen von François-Joseph TALMA, den Freund DUCIS' wie MARATS, DANTONS und NAPOLEONS. Dieser große Tragöde, dessen realistisch verwurzelter, ins Monumentale strebender Klassizismus in ganz Europa stilprägend wirkte und die Erinnerung an GARRICK verdrängte, spielte von Shakespeare zwar nur Othello, Macbeth und Hamlet (dazu wenige Male Jean und Edgard), sicherte diesen Rollen aber, vor allem auch durch seine vielen Provinzreisen, ihren bevorzugten Platz im Repertoire des französischen Theaters. Als Hamlet trat er 63jährig noch in seinem Todesjahr 1826 auf.

Den Ausschlag für eine breitere Hinwendung zu einem weniger klassizistisch überformten Shakespeare gab die romantische Bewegung der folgenden Jahre. Auslösendes Moment war 1827/28 das Pariser Gastspiel einer Londoner Truppe mit Edmund KEAN, Charles KEMBLE und MACREADY. Fünf Jahre zuvor hatte ein englisches Ensemble mit *Othello* noch unter der politischen Animosität zu leiden gehabt, jetzt war die Wirkung, am greifbarsten bei HUGO, de VIGNY und BERLIOZ, durchschlagend. Alfred de VIGNY, der schon eine *Romeo*-Bearbeitung versucht hatte, begann mit den Übersetzungen *Le Marchand de Venise* und *Le More de Venise* und erzielte mit letzterem 1829 im Théâtre Français, bisher der Domäne der französischen Klassiker und ihres Epigonen DUCIS, den ersten Achtungserfolg für einen aus romantischem Geist erneuerten Shakespeare. 1821/22 hatte bereits François GUIZOT eine revidierte Neuauflage von LE TOURNEURS Gesamtübersetzung herausgebracht, nun half eine Flut von Einzelausgaben die Kenntnis Shakespeares verbreiten, und mit der vollständigen, genauen und anregend thematisch gegliederten Übersetzung von François-Victor HUGO, dem Sohn des Dichters, war die textliche Rezeptionsbasis 1859–66 endgültig sichergestellt. Das Ansteigen der Aufführungszahlen in den sechziger Jahren schien darauf zu antworten.

Am meisten gespielt wurde auch in der zweiten Jahrhunderthälfte *Hamlet*. 1847 betrat in der Bearbeitung von Alexandre DUMAS (père) und Paul MEURICE, die jetzt die Version von DUCIS ablöste, erstmals der Geist von Hamlets Vater die Szene, und dies gleich mit weitreichenden Funktionen, denn als »iudex ex machina« entschied er am Ende, daß Hamlet leben bleiben solle. Erst 20 Jahre später starb Hamlet zum erstenmal auf der französischen Bühne, und 1896 wurde auch der Fortinbras-Schluß restituiert. Im übrigen war auch in Frankreich die Geschichte der *Hamlet*-Interpretation eine Geschichte der Stars. MOUNET-SULLY spielte die Titelrolle 1886 bei der Wiederaufnahme an der Comédie Française und blieb 30 Jahre lang ihr gefeiertster Darsteller, Sarah BERNHARDT wechselte 55jährig von Ophélie zu Hamlet über und eröffnete 1899 ihr eigenes Theater mit dieser Attraktion. Solche und andere Symptome des Rezeptionsverlaufs – Shakespeare in der Großen Oper, im Ballett, in den Ausstattungsfesten des Odéon – ließen es unentschieden, ob der Dichter wirklich schon von den erweiterten Normen der französischen Geschmackstradition akzeptiert oder nur einer gemeineuropäischen, großbürgerlich-mondänen Zivilisation assimiliert worden war.

J.-L. BORGERHOFF, *Le Théâtre Anglais à Paris sous la Restauration*, Paris, 1912. – A. SESSELY, *L'Influence de Sh. sur Alfred de Vigny*, Berne, 1927. – P. BEN-CHETRITT. »*Hamlet* at The Comédie Française 1769–1896«, *ShS*, 9 (1956). – J. JACQUOT, »Mourir! Dormir!... Rêver peut-être? *Hamlet* de Dumas-Meurice, de Rouvière à Mounet-Sully«, *RHT*, 16 (1964). – J. JACQUOT, »Le *Macbeth* de Ducis«, *EA*, 17 (1964). – S. CHEVALLEY, »Ducis, Sh. et les Comédiens français«, *RHT*, 16 (1964) und 16 (1965). – M. SHAW, »Shakespearean Performances in Paris in 1827–8«, in: *Studies in French Literature*, eds. J.C. Ireson, J.D. McFarlane, G. Rees, Manchester, 1968. – J.D. GOLDER, »*Hamlet* in France 200 Years Ago«. *ShS*, 24 (1971). – J. H. McDOWELL, »Translations, Adaptations, and Imitations of Sh. in Eighteenth Century France«, *Arlington Quarterly*, 3 (1971). – F. WAGNER, *Das Nachwirken der klassischen Doktrin in den französischen Sh.-Übersetzungen und -Adaptionen des 18. Jahrhunderts*, Diss., Wien, 1971. – M. MONACO, *Sh. on the French Stage in the Eighteenth Century*, Paris, 1974.

bb) 20. Jahrhundert

In zweierlei Hinsicht war die Aneignung Shakespeares in Frankreich gegenüber England und Deutschland merklich zurückgeblieben: das halbe Oeuvre war noch ungespielt, und es hatten sich noch kaum Ansätze einer Shakespeare-Regie gezeigt. Um die Jahrhundertwende begann sich das eine mit dem anderen zu ändern. Das erste Beispiel gab 1898 LUGNÉ-POE mit einer Inszenierung von *Mesure pour mesure* auf einer Arenabühne im Cirque d'Eté. William POELS Vorbild wirkte hier ebenso nach wie 1909 bei der Gründung einer »Compagnie Française du Théâtre Shakespeare« durch Camille de SAINTE-CROIX. Größere Bedeutung hatte es, daß sich André ANTOINE, der Pionier des modernen Regie- und Literaturtheaters, 1904 mit *Lear* den Klassikern zuwandte. Es war die erste textlich originalgetreue Shakespeare-Aufführung, die zugleich durch die Verwendung eines Mittelvorhangs den Szenenrhythmus voll zur Geltung brachte. Als Leiter des Odéon ließ ANTOINE bald Inszenierungen nach gleichem szenischen Alternationsprinzip folgen und griff dabei auch zu so unbeachteten Werken wie *Coriolan* und *Troïlus et Cressida*.

Was GRANVILLE-BARKER in London und REINHARDT in Berlin vollbrachten, geschah dann in Paris durch Jacques COPEAU: die theatralische Erweckung der Shakespeareschen Komödien in ihrer ganzen Lebendigkeit, Anmut und Poesie. Das französische Theater hatte Shakespeare neben RACINE treten lassen, nun fand er seinen Platz auch neben MOLIÈRE. Möglich wurde das durch eine Schauspielkunst, die ihre Erfüllung nicht mehr in kultivierter Rhetorik und plastischer Einzelgestaltung sah, sondern im körperlich beweglichen Zusammenspiel in einem dramaturgisch gelenkten und transparenten Ensemble. COPEAUS *La Nuit des Rois (Twelfth Night)*, 1914 in seinem kurz zuvor gegründeten Théâtre du Vieux Colombier herausgekommen, war vielleicht die folgenreichste französische Shakespeare-Inszenierung und sicher eine der erfolgreichsten. Nach einer Amerika-Tournee wurde sie 1920 auf der leeren Podiumsbühne des Vieux Colombier wiederaufgenommen und kam auf 176 Vorstellungen. Auch *Le Conte d'hiver* und *Rosaline (Comme il vous plaira)* führte COPEAU fest ins französische Repertoire ein.

Für eine Revision der Tragödien-Inszenierung sorgten in den folgenden Jahrzehnten vor allem Georges PITOËFF (*Hamlet*, 1927), Charles DULLIN (*Richard III*, 1933) und Gaston BATY (*Macbeth*, 1942). So verschieden ihre Gestaltungsakzente auch waren – PITOËFF galt der Text, DULLIN der Schauspieler, BATY der Regisseur als oberste Instanz –, das gemeinsame Neue lag in einer ganzheitlichen Erfassung des tragischen, nicht selten mystizistisch und symbolistisch gedeuteten »Raumes« dieser Werke. Shakespeare hatte endgültig aufgehört, der »Barbar« zu sein, wo er sich einem metaphysischen Theater so zugänglich und dienlich erwies.

Daß er nach diesen Vorstößen auch in größter Breite rezipiert wurde, war der schon von Firmin GÉMIER eingeleiteten Volkstheaterbewegung und der schon von COPEAU betriebenen Dezentralisierung des französischen Theaterlebens zu verdanken. So traten nach dem letzten Krieg neben Jean-Louis BARRAULTS *Hamlet* (1946, 1952) als Paradigmen jener neuen Entwicklung Jean VILARS *Richard II* (Avignon und Paris 1947, 1953) und Roger PLANCHONS *Henry IV* (Lyon-Villeurbanne 1957). Vor allem die Historien und Komödien wurden nun von den jungen Provinztruppen im französischen Spielplan verankert. Daß selbst nach 1945 noch ein halbes Dutzend von Shakespeares Stücken unaufgeführt war, bezeugte einen Repertoire-Rückstand, der jetzt aufgeholt wurde. Eine klassische Position wie vor allem im Theater der englisch- und deutschsprachigen Länder scheint Shakespeare in Frankreich heute dennoch nicht einzunehmen.

Sh. et le théâtre élisabéthain en France depuis cinquante ans, *EA*, 13 (1960). – R. WEYS, *Sh. auf dem modernen französischen Theater*, Diss., Wien, 1960. – J. CHATENET, *Sh. sur la scène française depuis 1940*, Paris, 1962. – E. BROCK-SULZER, »Barraults Hamlet«, *SJ*, 99 (1963). – D. GILD, »Antoine's Production of *King Lear*«, in: *Sh. Encomium*, ed. A. Paolucci, New York, 1964. – J. JACQUOT, *Sh. en France: Mises en scène d'hier et d'aujourd'hui*, Paris, 1964. – J. JACQUOT, »Camille de Sainte-Croix et la Compagnie française du Théâtre Sh.«, *RHT*, 16 (1965). – J. JACQUOT, »Copeau et *Comme il vous plaira*. De L'Atelier aux Jardins Boboli« *RHT*, 16 (1965). – R. PENTZELL, »Firmin Gémier and Sh.-for-Everybody«, *TDR*, 11 (1967). – O. G. BROCKETT, »Antoine's Experiments in Staging Shakespearean and Seventeenth Century French Drama«, in: *Studies in Theatre and Drama*, ed. O. G. Brockett, The Hague, 1972. – N. L. CAIRNS, »Hamlet, Gide, and Barrault«, in: *Perspectives on Hamlet*, ed. W. G. Holzberger, P. B. Waldeck, Lewisburg, 1975.

e) Welttheater

Shakespeares theatralische Weltwirkung hat viele Aspekte, die im Rahmen seiner englischen, deutschen und französischen Bühnengeschichte kaum repräsentativ begegnen. Zu ihnen gehören die Impulse, die sich mit seiner Einführung in das Repertoire einiger osteuropäischer Länder gegen Ende des 18. Jahrhunderts und verstärkt um 1830 verbanden. Sie sind aus besonderen nationalpolitischen und soziokulturellen Umständen zu verstehen, die den Wunsch, mit Shakespeares Hilfe eine ideologisierte Ästhetik zu durchbrechen und ein Nationaltheater zu begründen, stärker und in anderer Hinsicht als in Deutschland zu einem emanzipatorischen Anliegen machten.

Andererseits haben in neuerer Zeit das russische, polnische und tschechische, aber auch das italienische und amerikanische Theater nicht wenig dazu beigetragen, den Horizont der Shakespeare-Rezeption zu verändern. Um nur an einige exemplarische Leistungen und Initiativen zu erinnern: in Konstantin STANISLAVSKIJS *Caesar* (1903) vollendete sich mit beispiellosem Erfolg die Epoche der naturalistischen Shakespeare-Inszenierung, eine neue der Spiritualisierung begann, weithin beachtet, mit seinem gemeinsam mit CRAIG vorbereiteten *Hamlet* (1912), sein *Othello* (1932) wirkte durch die edierten Regieüberlegungen weiter; in Nikolaj AKIMOVS *Hamlet* (1932) und *Twelfth Night* (1938) erreichte die sowjetische Shakespeare-Interpretation Höhepunkte einer politisch bewußten Theaterkunst; mit Leon SCHILLERS formstrengen Komödien- und Römerdramen-Inszenierungen stieß Polen in den zwanziger Jahren zur Avantgarde; in Amerika wurden die europäischen Träume von einer elisabethanischen Bühne am wirksamsten in die Tat umgesetzt, Globe-Rekonstruktionen leiteten dort um 1935 eine neue Shakespeare-Rezeption ein, die durch die Festival-Neugründungen der Fünfzigerjahre (Stratford/Ontario u.a.) großen Auftrieb bekam. Schließlich die meistdiskutierten tschechischen und italienischen Beiträge zu einer modernen Shakespeare-Auffassung: Otomar KREJČAS und Franco ZEFFIRELLIS *Romeo*- und *Hamlet*-Inszenierungen (1963–65), Giorgio STREHLERS *Coriolanus* (1957), *Henry VI*-Version *Il gioco dei potenti* (1965) – als *Spiel der Mächtigen* auch für die Salzburger Festspiele (1973) und das Wiener Burgtheater (1975) abgewandelt – und *Lear* (1972) und Luca RONCONIS *Richard III* (1968).

Nicht nur von nationalen Entwicklungen her bestimmbar und in nationalen Grenzen wirksam sind aber auch jene sich häufenden Erscheinungen der Shakespeare-Inszenierung und -Bearbeitung, die über den punktuellen Theaterzweck hinaus selbst Werkcharakter beanspruchen und eher Shakespeare-»Ableger« als Adaptionen sind. Bezeichnende Beispiele dieser erweiterten Auseinandersetzung sind, auf jeweils anderer Ebene, die Collagen von Charles MAROWITZ (seit 1968), Aimé CESAIRES *Une tempête* (1969), Edward BONDS *Lear* (1971) – um nur diesen deutlichsten Beleg seiner Shakespeare-Fixierung zu nennen – und Eugène IONESCOS *Macbett* (1972). Sie alle sind rasch auch in den Spielplan anderer Theaterländer übernommen worden und haben dort Parallelen oder Nachahmungen gefunden, weil sie sich als Ergebnisse einer produktiven Begegnung mit Shakespeare nur graduell, nicht prinzipiell von der allgemeinen, freier gewordenen Haltung des Theaters zu seinem meistgespielten Klassiker unterscheiden.

In solchen Ereignissen zeichnen sich die Umrisse einer übernationalen Theaterkultur ab, eines Welttheaters, das der Weltgeltung Shakespeares als Idee inhärent ist. Sie manifestiert sich nicht nur in den pragmatischen Zusammenhängen und stilistischen Gemeinsamkeiten, von denen gelegentlich die Rede war, sondern in allen Zeugnissen einer historisch signifikanten Bühnenerfahrung mit Shakespeare, die in den Prozeß der Kulturvermittlung und -überlieferung mit eingehen. Auch die theatralische Shakespeare-Rezeption hat ihr imaginäres Museum, in dem zwar wenig für die historische Erkenntnis eines »wahren« Shakespeare zu lernen ist, das aber, indem es die lebendigen Wirkungen eines vermeinten Shakespeare belegt, die Aneignung weiter stimuliert und uns zugleich der Geschichtlichkeit unseres eigenen Shakespeare-Erlebnisses innewerden läßt.

Dokumentation:
»International (News) Notes«, *ShS*, 1–16, 18 (1948–63, 1965). – *Othello de Sh. Mise en scène et commentaires de* C. STANISLAVSKI, traduits du russe par N. Gourfinkel, Paris, 1948. (Engl. Ausgabe u. d. T. *Stanislavski Produces Othello*, translated by H. Nowak, London, 1948, repr. 1963). – G. STREHLER, »*Coriolan au Piccolo Teatro de Milan*«, *RHT*, 16 (1965). – R.L. STERNE, *John Gielgud. Directs Richard Burton in Hamlet: A Journal of Rehearsals*, New York, 1968. – P. RABY, ed., *The Stratford Scene 1958–1968*, Toronto, 1968. – C. MAROWITZ, *The Marowitz Hamlet: A collage version of Sh.'s play*, London, 1968. – J. PAPP, W. Sh.'s »*Naked*« *Hamlet: A Production Handbook*, London, 1969. – A. ROSSI, *Minneapolis Rehearsals: Tyrone Guthrie directs Hamlet*, Berkeley, 1970. – C. MAROWITZ, *A Macbeth*, London, 1971. – G. A. TOWSTONOGOW, »Regiekommentar zur Inszenierung von Sh.'s *König Heinrich IV* am . . . Gorki-Theater, Leningrad«, *SJ Ost*, 107 (1971). – J. BURGESS, »Charles Marowitz directs *An Othello*«, *TQ* 2/8 (1972). – C. MAROWITZ, *An Othello*, in: *Open Space Plays*, London, 1974; *The Shrew*, London, 1975. – R. FRANCE, »Orson Welles's Modern Dress Production of *Julius Caesar*« (1937), *TQ*, 5/19 (1975). – L. SENELICK, »The Craig-Stanislavsky *Hamlet* at the Moscow Art Theatre«, *TQ*, 6/22 (1976).

Interpretation:
M.M. MOROZOV, *Sh. on the Soviet Stage*, London, 1947. – A.S. DOWNER,
»Sh. in the Contemporary American Theater«, *SJ*, 93 (1957). – S. MELCHINGER,
»Sh. und das moderne Welttheater«, *SJ*, 93 (1957). – S. MELCHINGER, *Sh. auf
dem modernen Welttheater*, Velber, 1964. – J. KOTT, *Sh. heute*, aus dem Polnischen
übertragen von P. Lachmann, München, 1964, 2., erw. Aufl. 1970. (Deutsche
Rezensionen u.a. von E.T. Sehrt, *SJ West* [1965], R. Fricker, *SJ West* [1966], R.
Haas, *Archiv* 119 [1967]). – A. DEBNICKI, »Léon Schiller et ses mises en scène
shakespeariennes«, *RHT*, 16 (1964). – M.J. SIDNELL, »A Moniment Without a
Tombe: The Stratford Shakespearian Festival Theatre, Ontario«, *E &S*, 17 (1964).
– R. JACOBBI, »Les mises en scène de Sh. en Italie depuis 1945«, *RHT*, 16 (1965).
– *Sh. in the Soviet Union. A Collection of Articles*. Translated from the Russian by
A. Pyman, Moscow, 1966. – O. Le WINTER, »Sh. on the Continent: The Cos-
mopolitan Fortunes of Nationalism«, in: *Actes du IVe Congrès de l'Association
Internationale de Littérature Comparée Fribourg 1964*, The Hague, 1966. – S. WELLS,
»Sh.'s Text on the Modern Stage«, *SJ West* (1967). – U. BROICH, »Montage und
Collage in Sh.-Bearbeitungen der Gegenwart«, *Poetica*, 4 (1971). – H. J. GENZEL,
»Königsebene und ›Falstaffscher Hintergrund‹ in G. A. Towstonogows Inszenie-
rung von Sh.s *König Heinrich IV*«, *SJ Ost*, 107 (1971). – R. C. LAMONT, »From
Macbeth to *Macbett*«, *Modern Drama*, 15 (1972). – P. LOEFFLER, »Gordon Craig
und der Moskauer *Hamlet* von 1912«, *SJ West* (1974). – H. OPPEL, S. CHRISTEN-
SON, *Edward Bond's Lear and Sh.'s King Lear*, Mainz, 1974. – U. BROICH,
»Present-Day Versions of *Macbeth* in England, France and Germany«, *GLL*, 28
(1975). – R. COHN, *Modern Sh. Offshoots*, Princeton, 1976. – B. CRONEBER-
GER, *Macbett von Eugène Ionesco und Une tempête von Aimé Césaire*, Diss., Saar-
brücken, 1976.

C. SHAKESPEARE IN DER MUSIK

In Shakespeares Drama besitzen das dichterische Wort und die Struktur des Sprachkunstwerks selbst musikalische Dimensionen. Die dramatischen Kompositionsprinzipien, die in der Sprachgebung, in der Fügung und Entwicklung von Themen, Bildmotiven, Sprechweisen und Stimmungen und in der Phrasierung der Spannungsbögen von Szenen, Akten und Aktfolgen wirksam werden, sind denen der musikalischen Komposition verwandt. An den dramatischen Höhepunkten festlicher Einzüge und kriegerischer Triumphe oder Niederlagen tritt Musik als Fanfare und Kriegssignal an die Stelle des Wortes. In Momenten entspannten Verweilens und reflektierenden Besinnens fängt sie die Augenblicksstimmung auf und verbindet sich mit dem Wort in der Lyrik gesungener Lieder. Musik ist spektakulär, ist Theater; Musik ist für den elisabethanischen Menschen aber auch die Fortsetzung der Sprache in den emotionalen Bereichen des nicht mehr Sagbaren. Von diesen Voraussetzungen her ist sie kein Fremdkörper im Drama. Sie ist vielmehr für Shakespeare ein sprachlich und dramatisch auf mannigfache Weise sinnträchtiges Gestaltungsmittel, dessen besondere Kraft noch dazu aus einer tiefen persönlichen Beziehung des Dramatikers zur Musik zu entspringen scheint. Musik ist in Shakespeare, und sie ist die Ursache der Musik bei anderen. Das Werk keines anderen Dichters und Dramatikers der Weltliteratur hat eine vergleichbare Fülle von musikalischen Kompositionen angeregt wie die Dramen Shakespeares. Das Spektakuläre und Schauspielhafte seiner Theaterstücke ebenso wie die kaum gebändigten Emotionen der großen Tragödien und die gefühlvoll heitere oder melancholische Intimität der Komödien und ihrer Lieder haben aus dem musikalischen Potential der originalen Sprachkunstwerke heraus ihre Umsetzung in Musik erfahren.

a) Englische Lieder des 17. und 18. Jahrhunderts

Musik war ein integraler Bestandteil von Theateraufführungen in der elisabethanischen Zeit und erfüllte dramatische ebenso wie rein unterhaltende Funktionen. Die originalen Bühnenmusiken und Liedsätze, die Shakespeare in seinen Stücken verwendete, sind leider nicht mit den Texten zusammen überliefert worden und sind uns daher zumeist verloren. Einige bedeutende Komponisten des ausgehenden 16. und beginnenden 17. Jahrhunderts allerdings haben bereits Musik zu Shakespearetexten gesetzt und sie in ihren eigenen Lied- und Madrigalsammlungen veröffentlicht. Einige wenige dieser Kompositionen sind wahrscheinlich in den Uraufführungen der Stücke verwendet worden, so Thomas MORLEYS »It was a lover and his lass« (As you Like It) und »O mistress mine« (Twelfth Night). Manche Melodien existierten vermutlich sogar vor den Dramen und wurden von Shakespeare mit Worten unterlegt. Die meisten der überlieferten Sololied- und Madrigalsätze, etwa die von William CORKINE (um 1610), Thomas FORD (1580–1648), John HILTON (gest. 1608), Robert JOHNSON (1582–1633), Robert JONES (1575 bis 1615) oder John WILSON (1594–1673), sind jedoch mit Sicherheit nicht die Musik der Uraufführungen. Sie wurden vielmehr nachträglich zu den Dramen komponiert. Robert JOHNSONS Sololiedfassungen der lyrischen Strophen des Tempest »Where the bee sucks« und »Full fathom five« wurden 1612 oder 1613 in einer Aufführung des Dramas bei Hofe verwendet. Sie boten sich also offenbar ganz natürlich als Gebrauchsmusik für die Bühne an. Die Mehrzahl der Shakespearelieder für eine Solostimme wurde so in England bis weit ins 18. Jahrhundert hinein unmittelbar zur Verwendung in Theateraufführungen komponiert. Madrigale zu Shakespearetexten im 17. Jahrhundert, die oftmals Alternativfassungen der Sololieder sind, und die dann im 18. Jahrhundert beliebten mehrstimmigen »glees« waren demgegenüber als musikalische Kompositionen bereits unabhängiger vom Theater. Doch das wirklich eigenständige Shakespearelied ist im wesentlichen ein Produkt des 19. Jahrhunderts, und es entwickelte sich nicht zuletzt außerhalb Englands in Vertonungen der Gedichte in Übersetzungen, etwa bei Komponisten wie Franz SCHUBERT oder Johannes BRAHMS. Freilich kennt man vereinzelt schon im 18. Jahrhundert und dann, im Anschluß an die zentrale romantische Musikentwicklung im deutschsprachigen Bereich, im 19. und 20. Jahrhundert auch in England immer mehr die ein- und mehrstimmigen Liedkompositionen nach Shakespeare, die, vom Theater losgelöst, allein für den kammermusikalischen oder konzertanten Vortrag geschrieben worden sind.

Die frühen Liedkompositionen nach Shakespeare, die seltener als Einzelstücke überkommen, im allgemeinen aber gesammelt in Anthologien überliefert sind, waren zumeist Teil von Schauspielmusiken. Diese sind in den wenigsten Fällen heute noch vollständig erhalten. In der kontinuierlichen Kultur- und Theaterepoche in England vom Ende des 17. bis hinein ins 19. Jahrhundert jedoch dürften sie immer wieder Verwendung gefunden haben und vornehmlich durch neue Liedkompositionen, die auf die jeweiligen Neuinszenierungen und die verfügbaren Schauspieler abgestimmt waren, aufgefrischt worden sein. Die Shakespearelieder waren also aus den Bühnenmusiken jeweils herauslösbar, und sie waren weniger in Gefahr verlorenzugehen, weil sich die Musik in ihnen mit dem dichterischen Text verband. Die Aufführungstexte, zu denen die Bühnenmusiken komponiert wurden, waren selbst allerdings oftmals tiefgreifende Revisionen der originalen Dramen. William DAVENANT etwa bearbeitete 1663 *Macbeth* und fügte Lieder von Thomas MIDDLETON ein. Sie galten danach anderthalb Jahrhunderte lang als originaler Bestandteil des *Macbeth*-Textes und wurden in ihrer frühesten Vertonung im 18. Jahrhundert von William BOYCE ediert und als Kompositionen von Matthew LOCKE (ca. 1630–77) ausgegeben. LOCKE hat zwar die erste Schauspielmusik zu DAVENANTS *Macbeth* geschrieben, die sehr beliebt und langlebig war, aber die Liedsätze, die BOYCE herausgab, stammen wahrscheinlich von Richard LEVERIDGE (ca. 1670–1758). Das einzige Shakespearelied, das LOCKE mit Sicherheit komponiert hat, ist ein Satz des »Orpheus with his lute« aus *Henry VIII*. Zu DAVENANTS und John DRYDENS Adaption *The Tempest or the Enchanted Island* (1667) schrieb Henry PURCELL (1659–95) eine zusammenhängende Komposition aus Lied- und Instrumentalsätzen, die als integrale Schauspielmusik bewahrt geblieben ist. Nur die Lieder des Ariel verwenden hier Shakespeares originale Worte. Aus verschiedenen Aufführungen dieser *Tempest*-Bearbeitung sind außerdem Liedsätze von John BANISTER (1630–79) und Pelham HUMFREY (1647–74) erhalten.

An der Fülle der englischen Musik zu Shakespeare aus dem 18. Jahrhundert ist die große Popularität abzulesen, die Shakespeare damals genoß und der die Theater Londons mit Aufführungen seiner Werke, oftmals wiederum in radikalen Bearbeitungen, Rechnung trugen. Thomas ARNE (1710–78) und William BOYCE (1710–79), rivalisierende Theaterkomponisten am königlichen Theater Covent Garden und an GARRICKS Bühne in Drury Lane, schufen die bedeutendsten Vertonungen von Shakespeareliedern in jener Zeit. Besonders Thomas ARNES Liedsätze sind noch heute bekannt und beliebt. Sie wurden bereits vom Komponisten selbst aus dem Zusammenhang der Bühnenmusiken herausgelöst und veröffentlicht in einer reinen Shakespeare-Sammlung *The Music in the Comedy of As You Like It, to which are added The Songs in Twelfth Night* (1741), und in mehreren gemischten Anthologien aus seinem kompositorischen Schaffen. William BOYCE scheint als Shakespearekomponist kaum weniger produktiv gewesen zu sein als Thomas ARNE. Doch nur relativ wenige noch erhaltene Liedkompositionen können ihm zweifelsfrei zugeschrieben werden; sie sind nur in Manuskriptfassungen überliefert. Die Authentizität der meisten Sätze hingegen, die unter seinem Namen veröffentlicht und vielfach nachgedruckt worden sind (so z. B. Auszüge aus der Schauspielmusik zu *The Winter's Tale*), wird von der heutigen Musikwissenschaft bezweifelt.

Zu nennen wären als Shakespearekomponisten im 18. Jahrhundert neben ARNE und BOYCE auch der PURCELL-Schüler John WELDON (1676–1736), der Hofmusiker Maurice GREENE (1695–1755) und der bereits erwähnte Richard LEVERIDGE, ferner der Organist der Abteikirche in Bath, Thomas CHILCOT (gest. 1766), Dr. Benjamin COOKE (1734–93) und Thomas LINLEY Vater und Sohn (1733–95 und 1756–78). Unter den zahlreichen

Komponisten aus Beruf oder Leidenschaft, die damals Shakespearetexte vertonten, waren auch einige eingewanderte Italiener und Deutsche, so Niccolo PASQUALI und die Gebrüder Tommaso und Giuseppe GIORDANI, der Sachse Johann Friedrich LAMPE, Johann Ernst GALLIARD, Johann Christoph SCHMIDT d.J. aus Ansbach und Elizabeth CRAVEN, Markgräfin von Ansbach. G. F. HÄNDEL, der bedeutendste Komponist in England im 18. Jahrhundert, hat hingegen Shakespeare nicht vertont. Das ist sicherlich zu bedauern, denn er besaß trotz seiner deutschen Herkunft ein außerordentlich feines Gefühl für die englische Sprache. Gerade dieses läßt die eine von anonymer Hand durchgeführte Anpassung der Arie »Caro vieni« aus *Riccardo Primo* an den Text des »Orpheus with his lute« vermissen. Wenn HÄNDEL aber auch keine originalen Shakespearekompositionen hinterlassen hat, so sind doch die Libretti seiner englischen Oratorien oftmals reich mit Shakespearezitaten durchsetzt, so daß HÄNDEL auf diese Weise zumindest einiges zerstreute Textmaterial aus Shakespeare vertont hat. Joseph HAYDNS Beziehungen zu England resultierten nicht nur in Bühnenmusiken zu *Hamlet* und *King Lear*, sondern auch in einer Vertonung von »Stets barg die Liebe sie« (»She never told her love«) aus *Was ihr wollt*.

b) Das Shakespearelied in der Romantik

Die universale Geltung, die Shakespeare seit dem Ende des 18. Jahrhunderts erlangt hat, wird auch in der europäischen Musik der Romantik und der Moderne reflektiert. Seine Werke werden vor allem in Schauspielmusiken, orchestrale Tondichtungen und Opern umgesetzt, doch besonders im deutschsprachigen Bereich entstehen auch Liedkompositionen zu Shakespeare. Ihre Zahl ist relativ gering, verglichen mit der Fülle englischer Shakespearelieder, aber ihre Bedeutung in der Musikgeschichte und in der Shakespeare-Rezeptionsgeschichte ist groß. Franz SCHUBERT (1797–1828) setzte drei Shakespearelieder: »An Silvia: Was ist Silvia?« (»Who is Silvia?«, *Two Gentlemen of Verona*), das »Ständchen: Horch, horch, die Lerch im Äther blau« (»Hark, hark, the lark«, *Cymbeline*) und das »Trinklied: Bacchus feister Fürst des Weins« (»Come thou monarch of the vine«, *Antony and Cleopatra*). Carl Maria von WEBER (1786–1826) komponierte ein Trio »Sagt woher stammt Liebeslust« (»Tell me where is fancy bred«, *Merchant of Venice*), und Felix MENDELS-SOHN-BARTHOLDYS Musik zum *Sommernachtstraum* (1843) enthält fünf Liedsätze. Robert SCHUMANN (1810–56) vertonte das »Schlußlied des Narren« aus *Was ihr wollt* (»When that I was and a little tiny boy«), und Carl LOEWE (1796–1869) schrieb einige Lieder zu *Hamlet*, *Othello* und *Twelfth Night*. Peter CORNELIUS (1824–74) komponierte gleich vier Versionen eines Duetts zu den Versen des Narren in *Was ihr wollt* »Komm herbei, Tod« (»Come away, death«), die auch Johannes BRAHMS (1833–97) für Frauenchor, zwei Hörner und Harfe setzte. BRAHMS vertonte ebenfalls fünf Lieder der Ophelia, und Richard STRAUSS (1864 bis 1949) schrieb drei Ophelialieder. Hugo WOLFF (1860–1903) setzte einige der lyrischen Passagen aus dem *Sommernachtstraum* in Musik. In unserem Jahrhundert hat Erich Wolfgang KORN-GOLD (1897–1957) fünf Lieder des Narren aus *Was ihr wollt* vertont, und Frank MARTIN (geb. 1890) veröffentlichte 1950 fünf Lieder Ariels aus dem *Sturm*, die auf A. W. SCHLEGELS Übersetzung des Dramas beruhen und 1956 in die *Sturm*-Oper des Komponisten eingefügt wurden. Im romanischen Sprachbereich sind demgegenüber Shakespearelieder im engeren Sinne nicht anzutreffen. Hector BERLIOZ (1803–69) kommt dem Lied am nächsten in seiner »Shakespeareballade« »La Mort d'Ophélie« für zwei Frauenstimmen. Einer der produktivsten Shakespearekomponisten des 20. Jahrhunderts ist der Italiener Mario CASTELNUOVO-TEDESCO (geb. 1895), der fast alle Lieddichtungen Shakespeares vertont hat. Seinen Liedern liegt Shakespeares originaler Text zugrunde.

c) *Englische Lieder des 19. und 20. Jahrhunderts*

Gegenüber der Liedkomposition zu Shakespeare in England, die im 17. Jahrhundert ihren Anfang nahm und im 18. Jahrhundert zur Blüte gelangte, entwickelte sich für das Shakespearelied in Europa im 19. und 20. Jahrhundert somit vom deutschsprachigen Bereich her eine eigene Tradition. In England waren Shakespearelieder stets in irgendeiner Weise im Hinblick auf die

Theatersituation komponiert worden. Das deutsche romantische Lied jedoch entstand aus der unmittelbaren Wirkung des aus dem dramatischen Zusammenhang weitgehend losgelösten Shakespearegedichts. Die Art, wie die deutschen romantischen Komponisten Shakespeares Lieder empfanden, wirkte auf England zurück. Ihr Einfluß vermischte sich mit dem zunächst stilistisch ungebrochen aus dem 18. Jahrhundert fortlebenden einheimischen Liedschaffen und mit Erneuerungsbestrebungen, die im frühen 20. Jahrhundert von einem wiedererwachenden Interesse an den Stilformen elisabethanischer Musik ausging. Bezeichnenderweise sah das 19. Jahrhundert neben zahlreichen neuen Kompositionen – Henry Rowley BISHOP (1786–1855) war der produktivste Shakespearekomponist in der ersten Jahrhunderthälfte – die Herausgabe mehrerer Anthologien, die die Liedkunst des 18. Jahrhunderts bewahrten. Die erste dieser Anthologien, unter dem Titel *Dramatic Songs*, wurde 1815–1816 von William LINLEY besorgt. In den zwanziger Jahren des Jahrhunderts erschien die erste Auflage von John CAULFIELDS Anthologie *Collection of the Vocal Music in Shakespeare's Plays*. Ohne sie wäre wohl eine große Zahl von Shakespeareliedern aus dem 17. und 18. Jahrhundert verschollen, doch sie enthält viele Fehlzuschreibungen, die von der neueren Musikwissenschaft berichtigt werden mußten. CAULFIELDS Anthologie wurde mehrfach nachgedruckt und 1864 zur Dreihundertjahrfeier neu aufgelegt. 1864 erschien ebenfalls ein *Shakespeare Vocal Album*, das neben früherem Material auch neuere Liedsätze aus dem 19. Jahrhundert enthält. Alle diese Anthologien beschränken sich auf Kompositionen aus der Zeit seit etwa 1660. Die frühesten Liedsätze, etwa von Thomas MORLEY, Robert JOHNSON und den übrigen Lied- und Madrigalkomponisten aus der Shakespearezeit, werden von ihnen nicht beachtet.

Auch aus der Vielzahl der englischen Komponisten, die im ausgehenden 19. und im 20. Jahrhundert Shakespearetexte vertont haben, können nur wenige hier erwähnt werden. Von Richard SIMPSON (gest. 1876) stammen die ersten Vertonungen von Sonetten Shakespeares. Dreizehn von ihnen wurden zusammen mit fünf weiteren Shakespeare-Liedsätzen 1878 veröffentlicht (*Sonnets of Shakspeare selected from a complete setting, and*

miscellaneous songs). Arthur SULLIVAN (1842–1900), der 1861/62
seinen Namen mit einer Schauspielmusik zum *Tempest* machte,
erhielt daraufhin den Auftrag seines Verlegers zur Vertonung von
fünf Shakespeareliedern. Weitere Liedkompositionen folgten. Die
vollzogene Trennung zwischen der Komposition von Bühnenmusiken fürs Theater einerseits und Liedvertonungen zum Ein-
zelvortrag andererseits wird bei SULLIVAN deutlich. Die Shakespearelieder, die seitdem und bis in die jüngste Gegenwart als
eigene Veröffentlichungen erschienen, sind fast ausnahmslos
nicht mehr zur direkten Verwendung auf dem Theater geschrieben worden – etwa die *Three Songs* (op. 6, 1906) von Roger
QUILTER (1877–1953), der Liederzyklus *Let Us Garlands Bring*
(1942) von Gerald FINZI (1901–56), Lennox BERKELEYS Musik zu
The Winter's Tale (1960) oder dann gar Dimitri KABALEVSKYS
Vertonungen von zehn Sonetten und Benjamin BRITTENS Satz
des Sonetts 43, das sein *Nocturne* (op. 60) beschließt. Auch der
bedeutendste Shakespearekomponist Englands im 20. Jahrhundert, Ralph Vaughan WILLIAMS (1872–1958), komponierte nicht
für die Sprechbühne. Seine ein- und mehrstimmigen Shakespeare-
Liedsätze – etwa von »O mistress mine«, »Orpheus with his lute«,
»It was a lover and his lass«, »Fear no more the heat of the sun«,
»Take o take those lips away« – nehmen insofern eine Sonderstellung ein, als sie der Volksliedbewegung verpflichtet sind,
deren Führer WILLIAMS in England war. Die von dieser Bewegung ausgehenden Erneuerungsbestrebungen in der Tonkunst
weisen gewisse Entsprechungen auf zu der Neu- und Rück-
orientierung, die sich im Bereich des Theaters seit etwa 1910 auch
in bezug auf die Musik zu Shakespeareaufführungen angebahnt
hat. Man hat sich des Ballasts der Bühnenmusiken und Liedkompositionen des 18. und 19. Jahrhunderts entledigt und entweder
auf die noch erhaltenen Kompositionen aus dem 16. und frühen
17. Jahrhundert zurückgegriffen oder ganz neue Musik geschrieben, die Stilmittel der englischen Renaissancemusik einbezieht
und für kleine Besetzungen komponiert ist, die jenen im elisabethanischen Theater ähneln.

Von den 37 Dramen Shakespeares haben nur *Coriolanus,
Julius Caesar, Pericles, Titus Andronicus* und *1* und *3 Henry VI*
keine Lieder. Aus jedem der übrigen Dramen ist mindestens ein

Lied einmal oder mehrmals vertont worden. Während relativ wenige Liedsätze existieren zu den Historien (außer zu »Orpheus with his lute« in *Henry VIII*) und den Tragödien (allein zum Lied Desdemonas aus *Othello* »The poor soul sat sighing by a sycamore tree« sind allerdings 35 Vertonungen zu verzeichnen), ist das Repertoire an Liedern zu den Komödien groß. Die Zahl der Einzelvertonungen zu den beliebtesten Shakespeareliedern ist erstaunlich. Sie beträgt zu »Ye spotted snakes with double tongue« (*A Midsummer Night's Dream*) 43, zu »Full fathom five« (*Tempest*) 45, »Fear no more the heat of the sun« (*Cymbeline*) 46, »When icicles hang by the wall« (*Love's Labour's Lost*) 49, »Who is Silvia« (*Two Gentlemen*) 55, »Tell me where is fancy bred« (*Merchant of Venice*) 58, »Come away, death« (*Twelfth Night*) 64, »Blow, blow thou winter wind« (*As You Like It*) 65, »Orpheus with his lute« (*Henry VIII*) und »Sigh no more ladies« (*Much Ado About Nothing*) je 72, »Take o take those lips away« (*Measure for Measure*) 74, »Under the greenwood tree« (*As You Like It*) 76, »O mistress mine« (*Twelfth Night*) 104, und zu »It was a lover and his lass« (*As You Like It*) gar 123.

2. Instrumentalmusik

a) Bühnen- und Schauspielmusik

In den ersten Jahrzehnten nach der Wiedereröffnung der Londoner Theater in der Restaurationszeit entwickelte sich die Gepflogenheit, etwa eine Stunde vor Beginn einer Theatervorstellung das bereits versammelte Publikum mit einer »First Music« zu unterhalten, dann mit einer »Second Music«, und schließlich die eigentliche Ouvertüre, »Curtain Tune« genannt, folgen zu lassen. Zwischen den Akten eines Dramas spielten die Theatermusiker die »act tunes«, Zwischenaktmusiken also, die im europäischen Theater lange Zeit weite Verbreitung hatten. Schauspielmusiken, die sowohl aus diesen instrumentalen Sätzen wie aus der eigentlichen Bühnenmusik bestanden, die das dramatische Geschehen untermalt, entstanden zuerst in spezifischem Auftrag für bestimmte Bühnenaufführungen von Shakespeares Dramen.

Einige wenige wesentliche Zeugnisse früher Kompositionskunst, die so in Shakespeare ihre Anregung fand und doch zugleich Musik schuf, die über den Theatermoment hinauswächst, besitzen wir noch beispielsweise in Matthew LOCKES »Instrumental Musick in the Tempest« (1674/75), in John ECCLES' Inzidenzmusiken zu *Macbeth* (ca. 1695) und *Hamlet* (1698), in Jeremiah CLARKES »act-tunes« zu *Titus Andronicus* und vor allem in Henry PURCELLS Musik zu den Shakespearebearbeitungen *The Tempest, Or the Enchanted Island* (1695), *The Fairy Queen* (1692; entlehnt aus *Midsummer Night's Dream*) und *Timon of Athens* (ca. 1694). LOCKES und PURCELLS Kompositionen wurden nachweislich bis weit ins 19. Jahrhundert hinein zu immer neuen Inszenierungen des *Macbeth* oder des *Tempest* in England verwendet. Andere Auftragskompositionen waren kurzlebiger, und wo keine Musik zu einem Stück sich traditionell zu etablieren vermochte, wurden, so lange die Theaterkonvention danach verlangte, als orchestrale Nummern für die »First Music«, »Second Music« usf. etwa HÄNDELS Oboenkonzerte, Ouvertüren und »concerti grossi« herangezogen, die keinen spezifischen Bezug zu den Dramen hatten.

Als Shakespeares Werke Ende des 18. Jahrhunderts in Deutschland Verbreitung fanden, folgten ihnen nicht die Kompositionen, die in England damals eine gewisse Verbindung mit den Stücken eingegangen waren, sondern die Bühnen in Hamburg, in Mannheim, in Berlin oder in Breslau kommissionierten eigene Schauspielmusiken. Johann David HOLLAND (ca. 1746–ca. 1815) schrieb die Musik zum Spiel im Spiel in Friedrich Ludwig SCHRÖDERS Hamburger *Hamlet* von 1776, und von Carl David STEGMANN (ca. 1751–1826) stammt die Schauspielmusik zum Hamburger *König Lear* (1778) und eine andere zu *Macbeth*. Franz Andreas HOLLY (1747–83) komponierte Schauspielmusiken zu *Hamlet* (1778) und *Macbeth* (1780) in Breslau, die Musik zu *König Lear* des Offenbacher Musikverlegers Johann ANDRÉ (1741–99) wurde 1778 in Berlin gespielt, und Christian Gottlob NEEFE (1748–98), Abt VOGLER (1749–1814) und Ignaz FRÄNZL (1736 bis 1811) lieferten Kompositionen zu Aufführungen von *König Lear* (VOGLER, 1779), *Macbeth* (NEEFE, 1779; FRÄNZL, 1788) und *Julius Cäsar* (FRÄNZL, 1785) in Mannheim. Johann Rudolf ZUMSTEEG

(1760–1802) schuf Inzidenzmusiken zu *Macbeth* und *Othello*, Johann Friedrich REICHARDT (1752–1814) setzte Musik zu den Hexenszenen aus *Macbeth*, und von Joseph HAYDN (1732–1809) ist eine Schauspielmusik zu *König Lear* bezeugt und eine zu *Hamlet* erhalten, deren Echtheit jedoch nicht mit letzter Sicherheit verbürgt ist. Louis SPOHR (1784–1859) schrieb 1825 die Musik zu einer Leipziger *Macbeth*-Aufführung.

Aus dem Jahre 1843 stammt Felix MENDELSSOHN-BARTHOLDYS (1809–47) Musik zum *Sommernachtstraum* (op. 61), eine Auftragskomposition des Königs von Preußen für das Potsdamer Theater, die an die Ouvertüre zum *Sommernachtstraum* (op. 21) aus dem Jahre 1826 anknüpft. Sie ist eine der wenigen Schauspielmusiken zu Shakespeare, die internationalen Ruhm erlangt haben. Indem sie das musikalische Äquivalent setzt zu A. W. SCHLEGELS in der Traum- und Feenwelt des Stückes wurzelnder und zutiefst romantischer Konzeption vom *Sommernachtstraum*, hat sie die Interpretation dieser Shakespearekomödie fast ein Jahrhundert lang, nicht zuletzt auch in England, nachhaltig beeinflußt. Aus Theateraufführungen des *Midsummer Night's Dream* schwand sie erst, als die Bühnen nicht mehr über große Orchester verfügten und auch die Inszenierungen nicht mehr so aufwendig waren, daß sie für große Aufzüge Raum hatten, wie sie etwa MENDELSSOHNS »Hochzeitsmarsch« zu Beginn des 5. Akts der Komödie erforderlich macht.

b) Konzertkompositionen

Mit zu den letzten Zeugnissen einer Zeit der aufwendigen musikalischen Ausstattung von Bühnenaufführungen gehören Engelbert HUMPERDINCKS (1854–1921) Schauspielmusiken zu den Stücken *Kaufmann von Venedig*, *Wintermärchen*, *Was ihr wollt*, *Romeo und Julia* und *Sturm*, die für Berliner Inszenierungen in den Jahren 1905–1907 (*Sturm* 1915) geschrieben wurden. Was seither an Schauspielmusiken größeren Ausmaßes noch überlebt, ist fast nur noch im Konzertsaal zu hören: MENDELSSOHNS Musik zum *Sommernachtstraum*, die zuvor schon erwähnte Schauspielmusik zum *Tempest* von Arthur SULLIVAN, Alexander BALAKIREVS Musik zu *König Lear* (komponiert 1860/61, veröffentlicht 1904),

Peter Tschaikowskys Musik zu *Hamlet* (1891), Gabriel Faurés
Komposition »Shylock« (1889), Jean Sibelius' Musik zum *Sturm*
(1926) und auch eine so junge Komposition fürs Theater wie
Dimitri Kabalevskys »Romeo and Juliet« (1956). Sie reihen sich
ein unter jene Tondichtungen des 19. und 20. Jahrhunderts, die
von vornherein unabhängig vom Theater Shakespeare in das
Medium der Musik übertragen haben, die Ouvertüren und sin-
fonischen Dichtungen zu Shakespeare von Mendelssohn bis
Richard Strauss und Edward Elgar. Ludwig van Beethovens
Ouvertüren zu H. J. Collins Schauspiel *Coriolan* (1807) und
Goethes *Egmont* (1810), obwohl noch spezifisch für Bühnenaufführungen der Dramen bestimmt, weisen den Weg zur neuen
musikalischen Gattung, denn sie sind so konzipiert, daß sie den
Verlauf des dramatischen Geschehens in der Musik nachzeichnen
und die Hauptpersonen der Stücke in Tönen charakterisieren.
Der eigentliche Durchbruch in der Kunst, eine literarische Vorlage zum Programm einer eigenständigen musikalischen Komposition zu machen, ist dem 17jährigen Felix Mendelssohn-
Bartholdy gelungen, als er die Eindrücke einer Theateraufführung des *Sommernachtstraums*, intensiviert durch die enthusiastische Lektüre von Schlegels Übersetzung der Komödie, zuerst in einer Komposition für Klavier zu vier Händen aufzeich-
nete und dann in die orchestrierte Version der Ouvertüre von
1826 übertrug. Es scheint, als sei in der Folge der Einfluß Mendelssohns sehr direkt und persönlich auf Hector Berlioz übergegangen, der die literarisch-programmatische Kompositionsweise zur großen dramatischen Sinfonie ausweitete. Berlioz
hatte etwa zur gleichen Zeit wie Mendelssohn seine erste entscheidende Begegnung mit Shakespeare, als im Jahre 1827 eine
Londoner Theatergruppe unter Charles Kemble in Paris großes
Aufsehen erregte. Er schrieb eine vierteilige Fantasie für Chor
und Orchester über den *Tempest*, die jedoch nicht in den Einzelheiten dem Drama Shakespeares folgt. Ein Zusammentreffen mit
Mendelssohn 1831 in Rom war dann wohl nicht nur der unmittelbare Anlaß für Berlioz' erneute Beschäftigung mit Shakespeare und für seine Ouvertüre »Roi Lear« (op. 4), sondern mag
in ihm auch die Konzeption für die dramatische Sinfonie »Roméo et Juliette« (op. 17, 1839) haben heranreifen lassen. Diese

anderthalbstündige Komposition für Orchester, Chor und Solo-
stimmen gibt die Tragödie Shakespeares in allen wesentlichen
Zügen der Handlung und Personengestaltung wieder aufgrund
der von BERLIOZ selbst und von Emile DESCHAMPS bearbeiteten
literarischen Vorlagen teils des Originaltextes und teils der
Garrick-Kembleschen Bühnenfassung. Dieses direkte program-
matische Umsetzen des Dramas in Musik ist etwas anderes als das
allgemeine Nachempfinden eines Shakespearestückes in der
Fantasie über *The Tempest* und entspricht im großen Maßstab
der Anlage von MENDELSSOHNS Ouvertüre zum *Sommernachtstraum*.

Hector BERLIOZ hat (außer der Oper *Béatrice et Bénédict*) noch
zwei kürzere Kompositionen zu *Hamlet* als no. 2 und no. 3 des
Werks »Tristia« (op. 18. 1848) hinterlassen; die eine ist eine um-
gearbeitete Fassung des als Ballade für zwei Singstimmen bereits
erwähnten »La Mort d'Ophélie«, die andere eine »Marche
funèbre« zur Schlußszene des Dramas.

Nach den programmatischen Tondichtungen zu Shakespeare
von MENDELSSOHN und BERLIOZ, deren Entstehung noch in die
erste Hälfte des 19. Jahrhunderts fällt, folgen in der zweiten
Jahrhunderthälfte eine größere Anzahl von Ouvertüren und
sinfonischen Dichtungen, so beispielsweise Robert SCHUMANNS
Ouvertüre »Julius Cäsar« (1851), Franz LISZTS sinfonische Dichtung »Hamlet« (1858), Friedrich SMETANAS sinfonische Dichtung
»Richard III« (1858), J. S. SVENDSENS Fantasie »Romeo und Julia«
(1875) und Anton DVORAKS »Othello«-Ouvertüre (1891). Peter
TSCHAIKOWSKYS sinfonische Fantasie »The Tempest« (1873),
seine Fantasieouvertüre »Romeo and Juliet« (1880, die endgültige
dritte Version einer 1869 komponierten und 1870 überarbeiteten
Ouvertüre) und Richard STRAUSS' Tondichtung »Macbeth«
(1888) werden vom Namen ihrer Komponisten mitgetragen,
wenn auch besonders der »Macbeth« von Richard STRAUSS zu
seinen schwächsten Kompositionen zählt. Der eine Beitrag aus
England, der diese Gruppe von Werken weit überragt und an
Bedeutung nicht hinter den Shakespearekompositionen zurück-
steht, die die Gattung der sinfonischen Dichtung mit begründeten, ist Edward ELGARS »Falstaff« (op. 68, 1913). Diese »sinfonische
Studie« sucht Falstaff und seine Taten nachzuzeichnen, wie sie die

beiden Teile von *Henry IV* darstellen, und basiert unter anderem
auf einem gründlichen Studium von Maurice MORGANNS *Essay
on the Dramatic Character of Sir John Falstaff* (1777).

3. SHAKESPEAREOPERN

Etwa 200 Opern sind nach Shakespeares Dramen komponiert
worden. Die theatralische Großgattung der Musik hat sich in
einem beispiellosen Ausmaß Shakespeares Theaterwerken zugewandt. Alle seine Dramen außer *Titus Andronicus* und *Two
Gentlemen of Verona* haben mindestens einer Oper als Vorlage
gedient. Der *Tempest* und *Romeo and Juliet* sind am häufigsten in
Opern umgesetzt worden; von *Romeo and Juliet* gibt es 24, vom
Tempest gar 31 Opernkompositionen. Die Gründe für die besondere Affinität der Oper zu Shakespeare sind mannigfach. Die
romantische Liebesgeschichte im Zeichen der Familienfehde in
Romeo and Juliet beispielsweise ist von vornherein ein Opernstoff
par excellence und bietet vielfältige Möglichkeiten der melodramatischen Entwicklung und sentimentalen Auflösung. Eine
Atmosphäre von Naturgewalt, Magie und Ethos wie im *Tempest*
reizt ebenfalls zur musikalischen Ausdeutung. Shakespeares Komödien insgesamt haben feste Wurzeln in der Tradition der
Commedia dell' arte, von der sich auch die »opera buffa« herleitet.
Darüber hinaus sind ganz allgemein Shakespeares Dramen in der
szenisch-bildhaften Struktur und einer vornehmlich von der
Aktion her bestimmten Personenführung aus »Soloauftritten«
und »Ensembles« der Theatertextur der Oper verwandt.

a) Das 17. und 18. Jahrhundert

In den Shakespearekompositionen Henry PURCELLS bahnt sich
die Entwicklung zur Oper an, besonders in den eingefügten
Maskenspielen (»masques«), die ganz von der Musik her bestimmt sind. In bezug auf ihr Verhältnis zu Shakespeare ist es
bemerkenswert, daß sie etwas vom Geist des *Tempest*, des *Midsummer Night's Dream* und des *Timon of Athens* in opernhaftes
oder opernnahes Bühnengeschehen umsetzen, obgleich sie auf

Bearbeitungen beruhen, die im Falle des *Tempest or the Enchanted Island* nur noch die Lieder des Originals, in *The Fairy Queen* und *Timon of Athens* keine einzige Zeile des Shakespearetextes bewahren.

Trotz einiger Ansätze nach PURCELL sind Shakespeareopern bis in die jüngere Zeit kaum in England selbst, sondern im allgemeinen im außerenglischen Europa beheimatet. Es ist ein Kuriosum, daß eine sehr frühe, vielleicht die früheste Shakespeareoper im engeren Sinne, eine Version von *Timon of Athens* (*Timone misantropo*, Wien, 1696) keinen geringeren Komponisten hatte als LEOPOLD I., Kaiser des Heiligen Römischen Reiches. Die eigentliche Zeit der Shakespeareoper brach jedoch erst fast ein Jahrhundert später, in den letzten Jahrzehnten des 18. Jahrhunderts, an. Die frühen Librettisten von zahlreichen Versionen von *Romeo and Juliet*, *Merry Wives of Windsor* und *Tempest* – diese Shakespearedramen reizten schon von Anbeginn am stärksten zu Opernkompositionen – zeigen wenig Sinn für den dramatischen Dichter Shakespeare. Es findet sich auch noch bei keinem Komponisten ein weiterreichendes Shakespeareverständnis. Überdies war die Gattung der Oper selbst noch nicht in einem Grade entwickelt, daß in ihr das Äquivalent zu einem Shakespeareschen Drama hätte geschaffen werden können. Die ersten *Romeo and Juliet*-Opern, etwa von J. G. SCHWANENBERGER (1776, mit italienischem Text), Georg BENDA (1776, deutsches Singspiel) oder Daniel STEIBELT (1793, französisch), entfernen sich ebenso wie die Theaterbearbeitungen der Zeit von Shakespeares tragischer Konzeption und enden glücklich und sentimental. Sie sind im Gegensatz zu den ersten Opern über *The Merry Wives of Windsor* von PAPAVIONE (Paris, 1761), Peter RITTER (Mannheim, 1794) und Karl DITTERS VON DITTERSDORF (Öls, 1796) in ihrer Zeit aber immerhin erfolgreich gewesen. Opern über den *Tempest* waren zwischen 1781 und 1799 eine ausgesprochene Modeerscheinung. Acht von insgesamt zwölf solcher Opern entstanden in den beiden Jahren 1798 und 1799; vier von ihnen lag das gleiche Libretto zugrunde, das F. H. VON EINSIEDEL 1778 als *Die Geisterinsel* verfaßt und F. W. GOTTER 1791 überarbeitet hatte. Die *Sturm*-Opern von Friedrich FLEISCHMANN (Weimar, 1798), J. F. REICHARDT (Berlin, 1798), Johann ZUMSTEEG (Stuttgart, 1798) und

Friedrich HAACK (Stettin, 1798), ferner von Wenzel MÜLLER (Wien, 1798, Libretto K. F. HENSLER), Peter RITTER (Aurich, 1799, Libretto J. W. DOERING) und Johann Daniel HENSEL (Hirschberg, 1799, mit eigenem Libretto nach GOTTER und DOERING) sind deutsche Singspiele nach dem Vorbild von Wolfgang Amadeus MOZARTS *Zauberflöte* und mischen ähnlich wie diese Magie, Schauspiel, humanistische Ethik und derbe Komik. MOZART selbst hat das Libretto der *Geisterinsel* noch kurz vor seinem Tode zur Vertonung angenommen.

b) Das 19. und 20. Jahrhundert

Keine deutsche Shakespeareoper aus dem 18. und 19. Jahrhundert hat hohe Geltung erlangt, mit Ausnahme von Otto NICOLAIS *Lustigen Weibern von Windsor* (Berlin, 1849); NICOLAI jedoch wirkte hauptsächlich in Italien. Richard WAGNERS *Das Liebesverbot* (1836, nach *Measure for Measure*) ist ein Jugendwerk mit allen Stilmerkmalen italienischer und französischer Opernkunst, von denen sich WAGNER später so entschieden entfernte. Doch gerade im Bereich der italienischen – und mit BERLIOZ' *Béatrice et Bénédict* (1862) auch der französischen – Oper gelangt die Shakespeareoper im 19. Jahrhundert zur vollen Blüte. Die Voraussetzungen dafür liegen einmal in der Vervollkommnung der traditionellen »Nummernoper« und der Umbildung der »Nummern«, also der einzelnen Rezitative, Arien, Duette, Ensembles oder Chorsätze, zu funktionalen Teilen einer Gesamtkomposition, zum anderen aber auch in einem vertieften Verständnis der Librettisten und Komponisten für Shakespeares Dramen. Die neuen Möglichkeiten der Shakespeareoper zeichnen sich zuerst im letzten Akt von ROSSINIS *Otello* (1816) ab, der gegenüber den ersten beiden opernhaft-konventionellen Akten im Libretto nahe an Shakespeare bleibt und in der Anlage von Desdemonas Lied und Gebet ein künstlerisches Verstehen verrät, das den Opernkomponisten Ausdrucksformen finden läßt, die ähnliche Wirkungen wie die Sprachkunst des Dramatikers erzielen. Eine noch intensivere künstlerische Begegnung zwischen Komponist und Dramatiker vollzieht sich einige Jahrzehnte später zwischen Giuseppe VERDI (1813–1901) und Shakespeare. VERDI kompo-

nierte 1847 die erste Fassung seines *Macbetto* und revidierte sie
1865. Als Oper ist sie auch durch die Revision kein restlos zufrie-
denstellendes Werk geworden, und als Shakespearedeutung
weist sie erst hin auf die Vollendung, die VERDI in den Spätwerken *Otello* (1887) und *Falstaff* (1893) erreichte. Den Grund für
den hohen künstlerischen Rang dieser Opern legen die Libretti
von Arrigo BOITO. BOITO war ein Verehrer Shakespeares wie
VERDI und außerdem selbst kein geringer Opernkomponist. Er
schuf mit den beiden Textbüchern der Musik den Raum, den sie
zu ihrer Entfaltung und zur geistigen Durchdringung des dramatischen Stoffes brauchte, indem er Shakespeares Dramen *Othello*
und *Merry Wives of Windsor* kürzte und umdisponierte, aber sonst
den Shakespearetext (in der italienischen Übersetzung) beibehielt.
In *Otello* verzichtete er auf Shakespeares 1. Akt und übernahm
aus ihm nur einige wenige wesentliche Elemente zur Charakterisierung von Othello und Desdemona und ihrer Liebe in das der
Opernfassung allein eigene Duett am Ende von Akt I; die gesamte Oper ließ er mit einem Sturm über Cypern beginnen, der
zum Symbol der Leidenschaften wird, die die Handlung beherrschen. Die Umdispositionen in *Falstaff* sind ähnlich bedeutsam, und die Kürzungen erlauben es sogar, die Person Falstaffs
in *Merry Wives of Windsor* durch die Hereinnahme charakteristi-
scher Züge aus 1 und 2 *Henry IV* zu runden.

Ein ausgewogenes und harmonisches Ineinanderwirken der
Kräfte des Dramas und der Oper, wie es sich in VERDIS Kompositionen manifestiert, ist in Shakespeareopern seither kaum wieder
erreicht worden. Die Tendenz geht dahin, daß die Dramen als
literarische Texte gegenüber der Musik größere Geltung beanspruchen. Viele Komponisten seit VERDI haben dazu geneigt, dem
dramatischen Vorwurf, den sie bei Shakespeare fanden, zu viel
Raum zu gewähren und ihn die Musik und eine opernmäßige
Personen- und Handlungsentwicklung beeinträchtigen zu lassen,
so beispielsweise Ralph Vaughan WILLIAMS in *Sir John in Love*
(1929) oder Frank MARTIN in seiner Oper *Der Sturm* (1956).
Traditionell ausgerichtete ebenso wie moderne und avantgardi-
stische Opern nach Shakespeares Dramen sind auch in unserem
Jahrhundert in großer Zahl entstanden; erwähnt seien aus der
Fülle lediglich Ernst BLOCHS *Macbeth* (Paris, 1910), G. F. MALI-

PIEROS *Antonio e Cleopatra* (Florenz, 1938) und *Romeo e Giulietta*
(Salzburg, 1950), Carl ORFFS *Ein Sommernachtstraum* (1952), Boris
BLACHERS *Romeo und Julia* (Salzburg, 1950), Giselher KLEBES *Die
Ermordung Cäsars* (Essen, 1959) und V. Y. ŠEBALINS *The Taming of
the Shrew* (1957, auf russisch). Die einzige Shakespeareoper unse-
rer Tage aber, die wohl auch künftig neben VERDIS Meisterwer-
ken wird bestehen können, ist Benjamin BRITTENS *A Midsummer
Night's Dream* (1960). Dem Libretto liegt der englische Text
Shakespeares zugrunde mit allen Assoziationen, die ihm aus der
Sprache und der dramen- und bühnengeschichtlichen Überliefe-
rungtradition der Komödie anhaften. Es rechnet mit der Kenntnis eines Publikums von Shakespeares *Midsummer Night's Dream*
in der Originalgestalt und schafft durch Umdispositionen und
Kürzungen im dramatischen Vorwurf Raum für eine motivisch
dicht organisierte sinfonische Opernmusik, die alte wie neue
kompositorische Möglichkeiten der Tonalität, des Satzes und der
Instrumentierung nutzt.

4. BALLETT UND MUSICAL

Shakespeares Werke sind im Laufe der Theatergeschichte auch
zuweilen in Ballette umgesetzt worden. Bereits aus dem Jahr 1780
ist ein in London aufgeführtes Ballett zu *Macbeth* verzeichnet.
1926 schrieb Constant LAMBERT für Sergei DIAGHILEVS Truppe
die Musik zu einem Ballett *Romeo and Juliet*. Die gleiche Truppe
tanzte *Hamlet* zu LISZTS und TSCHAIKOWSKYS sinfonischen Dichtungen zu diesem Drama. Die umfangreichste und musikalisch
gehaltvollste Ballettkomposition zu Shakespeare ist Sergei
PROKOFIEVS *Romeo und Julia* (1934).

In den Vereinigten Staaten schließlich ist Shakespeare in einigen
Musical-Bearbeitungen auch in den Bereich des reinen Unter-
haltungstheaters herübergenommen worden. Diese Musicals
sind Produkte des professionellen Show-business mit oftmals
spritzigen Texten und eingängiger, virtuos komponierter Musik.
Ihre Kunst ist die der äußeren Effekte, und sie haben eine ähnlich
geringe Beziehung zu ihren Mustern unter Shakespeares Dramen
wie die opernhaften Shakespearebearbeitungen, die das Theater

der Restorationszeit in England beherrschten. *The Boys From Syracuse* (1939; Musik von Richard RODGERS und Lorenz HART) ist der *Comedy of Errors* nachempfunden. Ein Klassiker der Gattung Musical ist Cole PORTERS *Kiss Me, Kate* (1949) geworden, eine Version von *Taming of the Shrew*. Leonard BERNSTEINs *West Side Story* (1957) greift das Romeo-und-Julia-Motiv auf und siedelt es in einer realistisch gezeichneten New Yorker Umwelt an, in der jugendliche Banden sich befehden und die ethnischen Gegensätze zwischen den ansässigen weißen Amerikanern und den zugewanderten Puertoricanern aufeinanderprallen. *As You Like It* ist unter Beibehaltung der originalen Shakespearelieder in den frühen sechziger Jahren von Dran und Tani SEITZ bearbeitet worden, und 1969/70 spielte am Broadway ein Musical nach *Twelfth Night* von Donald DRIVER, das als *Tut was ihr wollt* auch nach Deutschland kam. Im Sommer 1971 fand eine »rock opera« über *Two Gentlemen of Verona* respektvolle Anerkennung bei der amerikanischen Musikkritik und begeisterte das Publikum der Shakespeare-Freilichtaufführungen im New Yorker Central Park.

C. BURNEY, *A General History of Music*, 4 Bde., London, 1776–1789. ed. F. Mercer, New York, 1935 u. 1957. – A. ROFFE, *Handbook of Sh. Music*, London, 1878. – J. GREENHILL, F.J. FURNIVALL, W.A. HARRISON, *A List of all the Songs and Passages in Sh. which have been set to music*, London, 1884. – A. SCHAEFER, *Historisches und systematisches Verzeichnis sämtlicher Tonwerke zu den Dramen Schillers, Goethes, Sh.s, Kleists und Körners*, Leipzig, 1886. – E.W. NAYLOR, *Sh. and Music*, London, 1896, rev. ed. 1931. – H.K. WHITE, *Index to Songs, Snatches and Passages in Sh. which have been set to music*, London, 1900. – L.C. ELSON, *Sh. in Music*, Boston, 1901. – M. FRIEDLÄNDER, »Sh.s Werke in der Musik«, *SJ*, 37 (1901). – G.H. COWLING, *Music on the Shakespearean Stage*, London, 1913, repr. New York, 1964. – E.W. NAYLOR, *Sh. Music*, London, 1913, rev. ed. 1928. – A.H. MONCUR-SIME, *Sh.: His Music and Song*, London, 1916. – F. BRIDGE, *Shakespearean Music in the Plays and Early Operas*, London, 1923. – A.C. KEYS, *Les adaptions musicales de Sh. en France jusqu'en 1870*, Paris, 1933. – P. FREHN, *Der Einfluß der englischen Literatur auf Deutschlands Musiker und Musik im XIX. Jahrhundert*, Diss. Köln, 1936. Düsseldorf, 1937. – J. GREGOR, *Kulturgeschichte der Oper*, Wien, 1941. – L. ENGEL, *Music for the Classical Tragedy*, New York, 1953. – J. KERMAN, *Opera as Drama*, New York, 1956. – J.S. MANIFOLD, *Music in English Drama: From Sh. to Purcell*, London, 1956. – J.P. CUTTS, *La musique de scène de la troupe de Sh.*, Paris, 1959. – P. HARTNOLL, ed., *Sh. in Music*, Essays by J. Stevens, C. Cudworth, W. Dean, F. Riske, With a Catalogue of Musical Works, London, 1964. – W. DEAN, »Sh. in the Opera House.« *ShS*, 18 (1965). – D.S. HOFFMAN, »Some Shakespearian Music, 1660–1900.« *ShS*, 18 (1965). – W. MELLERS, *Harmonious Meeting*, London, 1965. – Vgl. auch Bibliogr. zu III. B. 7. b. ee.

D. SHAKESPEARE IN DER BILDENDEN KUNST

Aus der Sicht des Literaturwissenschaftlers wurde der Umwandlungsprozeß des Shakespeareschen Worts in das Medium der bildenden Kunst bis vor kurzem wenig beachtet und als Quelle für neue Einsichten über das Werk geringgeschätzt. In der Tat sind die matten Reproduktionen in zahllosen Textausgaben, an die man bei unserem Thema vielleicht zuerst denkt, eher dazu angetan, den Geschmacksinn zu irritieren und die eigene Vorstellungskraft in unwillkommener Weise einzuschränken. Diese Art von Gebrauchskunst erschöpft sich in der »Ab-bildung« des vom Dichter Gesagten, ohne dessen Wort die Illustration ihre Daseinsberechtigung verlöre. Doch selbst wenn das Ergebnis künstlerisch unbefriedigend sein sollte, kann es als Dokument des Zeitgeschmacks von Interesse sein, da sich darin ebenso wie in Bühnenpraxis oder Übersetzungskunst die Gesinnung der Epoche mit ihren moralischen Prämissen und ästhetischen Lehrmeinungen äußert. Besonders aufschlußreich in dieser Hinsicht erweisen sich Untersuchungen motivgleicher Abbildungen aus verschiedenen Epochen, wie sie zu einigen Stücken von H. OPPEL und H. SPANGENBERG durchgeführt wurden. Bei der Sichtung des Materials fällt auf, daß gewisse Motive bevorzugt gewählt und tradiert werden, meist Höhepunkte des dramatischen Geschehens, die in ihrer bildhaften Wirkung auch von Theatererlebnissen her am eindrücklichsten in Erinnerung bleiben. Daraus erklärt sich, daß die Gemälde und Illustrationen des 18. und 19. Jahrhunderts in hohem Maße den zeitgenössischen Aufführungsstil in Kostümierung, Gesten und Regie widerspiegeln, umgekehrt wurden aber auch Anregungen aus der bildenden Kunst für die Bühne fruchtbar. In nicht wenigen Fällen wendet sich der Illustrator bewußt gegen die herrschende Theaterpraxis (z. B. gegen N. TATES *Lear*-Adaption) oder besinnt sich auf Möglichkeiten der Darstellung, die dem Theaterregisseur, der das zeitliche Vorher und Nachher beachten muß, verschlossen sind (Simultandarstellung, Wandel der Raumvorstellung). Schließlich gibt es jene künstlerischen Leistungen wie etwa J. RUNCIMANS »King Lear in the Storm«, denen es nicht um Nachahmung des Themas geht, sondern um eine Neuschöpfung aus dem Geist des ganzen Dramas; oder wie W. BLAKES »Pity« und »Triple Hecate«, die so komplexen Quellen entspringen, das man sie fast als völlig selbständige Arbeiten bezeichnen möchte, die dabei jedoch in der kommentierenden Beziehung zum Original auch für unser literarisches Verständnis von Belang sind.

Der folgende, höchst selektive historisch-chronologische Abriß bezieht sich in den Bildangaben auf das grundlegende Werk W.M. MERCHANTS, *Shakespeare and the Artist.*

S. HARTMANN, *Sh. in Art*, Boston, 1901. – M.C. SALAMAN, *Sh. in Pictorial Art*, London, 1916. – B. VOELCKER, *Die Hamlet-Darstellungen Daniel Chodowieckis und ihr Quellenwert für die deutsche Theatergeschichte des 18. Jahrhunderts*, Leipzig, 1916. – K. WOERMANN, *Sh. und die bildenden Künste*, Leipzig, 1930. – J. WOODWARD, »Sh. and English Painting«, *The Listener*, 43 (1950). – W.M. MERCHANT, »Visual Elements in Sh. Studies«, *SJ*, 92 (1956). – W.M. MERCHANT, *Sh. and the Artist*, London, 1959. – W.M. MERCHANT, »Costume in *King Lear*«, *ShS*, 13 (1960). – L. LANG, »Sh. in der Illustration«, *Zeitschrift für bildende Kunst*, 12 (1964). – *Sh. in Art: Paintings, Drawings, and Engravings Devoted to Shakespearean Subjects*, London, Arts Council, 1964. – J. DABROWSKI, »Sh. in Polish Pictorial Arts«, in: S. Helsztynski, ed., *Poland's Homage to Sh.*, Warschau, 1965. – H. OPPEL, *Die Sh.-Illustration als Interpretation der Dichtung*, Mainz, 1965. – W. M. MERCHANT, »The Inter-Relation of Art Critical Categories«, *English Studies Today*, 4 (1966). – J. PECIRKA, »Sh. and the Graphic Arts«, in: *Charle University on Sh.*, ed. Z. Stribrny, Prag, 1966. – H. SPANGENBERG, *Illustrationen zu Sh.'s Macbeth*, Diss., Marburg, 1967. – H. OPPEL, *Die Gerichtsszene in King Lear*, Wiesbaden, 1968. – H. OPPEL, »King Lear in der Bildkunst«, in: E. Kolb, J. Hasler, eds., *Festschrift Rudolf Stamm*, Bern, München, 1969. – H. OPPEL, »Bericht der Arbeitsgruppe zum Thema ›Sh. und die bildende Kunst‹ (Sh.-Tagung in Frankfurt 1970)«, *SJ West* (1971). – R. PFEIFFER, *Bildliche Darstellungen der Elfen in Sh.s Sommernachtstraum*, Diss. Marburg, 1971. – I. DUTZ, *Sh.s Pericles und Cymbeline in der Bildkunst*, Bern, 1976.

1. EIN ZEITGENÖSSISCHES DOKUMENT

Eine unter den Manuskripten der Bibliothek von Longleat (Harley Papers, vol. I, f. 159) gefundene und in einer Randnotiz Henry PEACHAM 1594 oder 1595 zugeschriebene Federzeichnung zu *Titus Andronicus* beansprucht als einzige zeitgenössische Illustration zu Shakespeares Dichtung besonderes Interesse (MERCHANT, pl. 1). Die Anordnung der Figuren läßt vermuten, daß es dem Zeichner weniger um Wiedergabe eines Bühnentableaus ging, als um eine gleichzeitige Darstellung von auseinanderliegenden dramatischen Situationen, in der die Protagonisten in einer für ihr Verhalten repräsentativen Pose festgehalten

sind: Titus, mit geschmücktem Zeremonienstab, gefolgt von
zwei römischen Kriegern, nimmt in Ehrfurcht gebietender Haltung die linke Bildseite ein. Vor ihm kniet Tamora im Augenblick
ihrer tiefsten Demütigung, um Alarbus' Leben flehend. Die Konzeption Aarons im rechten Bildrand nimmt seine spätere Rächer-
funktion vorweg. Obwohl er eigentlich in dieser Eröffnungsszene
so wie die hinter Tamora knienden Söhne Chiron und Demetrius
ein wehrloser Gefangener sein müßte, kündigt er, herausfordernd
auf die Spitze seines Schwertes deutend, seine Entschlossenheit
zur Vergeltung an. Der Begleittext, eine Adaption der Passagen
I. i. 104–120 und V. i. 125–144 mit drei Verbindungsversen,
dürfte später von einem Schreiber hinzugefügt worden sein, auf
dessen mangelnde Kenntnis des Stückes der Untertitel »Enter
Tamora pleading for her sonnes« zurückzuführen wäre. Von
bühnenkundlicher Relevanz ist die Darstellung des Mohren
Aaron als tiefschwarzer Neger. Somit dürfte auch Othello in
dieser Weise aufgetreten sein. Bei Hauptfiguren schien mehr
Gewicht auf historisch angemessene Kostümierung gelegt worden sein, während die Nebenfiguren eher zeitgenössisch gekleidet
waren.

J.D. WILSON, »*Titus Andronicus* on the Stage in 1595«, ShS, 1 (1948). – H.
OPPEL, *Titus Andronicus: Studien zur dramengeschichtlichen Stellung von Sh.'s
früher Tragödie*, Heidelberg, 1961. – H. OPPEL, »Illustrationen zu Sh.'s *Titus
Andronicus* im Wandel der Zeit«, in: G. Müller-Schwefe, K. Tuzinski, eds., *Lite-
ratur-Kultur-Gesellschaft in England und Amerika*, Frankfurt, 1966.

2. DIE ERSTEN ILLUSTRIERTEN TEXTAUSGABEN

a) ROWE 1709

Der Bildschmuck zu der ersten illustrierten Shakespeare-Ausgabe, die N. ROWE 1709 im Auftrag TONSONS edierte, stellt zwar
im Vergleich zu anderen Unternehmungen des erfolgreichen
Verlegers nur eine bescheidene künstlerische Leistung dar, doch
liefern die Titelbilder, sofern die Stücke auf dem Spielplan erschienen, häufig wertvolle Aufschlüsse über Theaterkonventionen und Aufführungsstil. Lediglich das im Entwurf von einer
französischen CORNEILLE-Edition übernommene Titelblatt mit

Shakespeare, gekrönt von Tragödie, Komödie und der Gestalt des Ruhms, ist von M. van der GUCHT signiert. Nach Vergleichen mit signierten Kupferplatten der im gleichen Verlag erschienenen BEAUMONT & FLETCHER-Ausgabe 1711 wurden F. BOITARD und E. KIRKALL als Stecher der anderen Bildtafeln vorgeschlagen. Den stärksten Eindruck hinterläßt die *Tempest*-Illustration (MERCHANT, pl. 4), die mit drachenartig geflügelten Dämonen und Fabelwesen, mit von Zickzackblitzen zerrissenen Gewitterwolken und dem in aufgewühlten Meereswogen versinkenden Schiff ohne Rücksicht auf technische Bühnenerfordernisse ganz der Phantasie entsprungen zu sein scheint, sich jedoch als genaue bildliche Umsetzung der Bühnenanweisungen in der SHADWELL-DRYDEN-Fassung herausstellt. Bei zahlreichen Illustrationen lassen sich als Hintergrund gemalte Kulissen mit Formen spätbarocker Opern- und Ballettszenerie erkennen; Requisiten und Kostüme weisen keinen einheitlichen Epochenstil auf. Bühneneffekte wie der beim Erscheinen des Geistes umgeworfene Stuhl Hamlets und seine vernachlässigte Kleidung (wahrscheinlich von BETTERTON eingeführt) wurden festgehalten.

b) Rowe, revidierte Ausgabe 1714

Für eine revidierte Ausgabe in kleinerem Format (1714) wurde DU GUERNIER mit der Überarbeitung der Illustrationen beauftragt. Bei etwa 20 Stichen schwächte er lediglich den Kontrast zwischen Vorder- und Hintergrund durch Nachschraffieren ab. Die 16 Neuentwürfe vor allem im 6. Band weisen gegenüber der Erstfassung wenige Vorzüge auf: das opernhafte *Tempest*-Bild wurde durch eine Gruppe eleganter Höflinge ersetzt, die Ferdinand und Miranda beim Schachspiel beobachten. Architektonische Fehlkonstruktionen wie das seltsame Stilgemisch der Kirche in *Comedy of Errors* oder der eigenwillige Barockaltar in *Much Ado*, die durch ihre Anomalie einen gewissen Reiz ausübten, wurden gegen vernünftigere Baulichkeiten ausgetauscht. Der Theaterbezug ist schwächer; so deutet die Anwesenheit des Narren im *King Lear* z. B. auf eine am Text orientierte Illustration gegenüber der zu dieser Zeit noch ausschließlich gespielten TATE-Adaptation. Für POPES und SEWELLS Ausgabe 1728 wurden

die gleichen Vorlagen von FOUDRINIER verwendet, der dem eng-
lischen Text sichtlich ferner stand: sein jugendlich-schlanker
Falstaff mit Perücke hat wenig mit Shakespeares urwüchsigem
Zecher gemein, und wie G. STEEVENS beobachtete, hält eines der
Phantome in *Macbeth* statt eines Spiegels ein Weinglas in der
Hand.

c) Theobald 1740

Mit H. F. B. GRAVELOT, dem Schüler BOUCHERS, der die Illustrationen für die zweite Shakespeare-Ausgabe THEOBALDS 1740
entwarf und mit G. van der GUCHT zusammen gravierte, erreicht
der französische Einfluß auf die englische Buchillustration ihren
Höhepunkt. Sein anmutig-oberflächlicher, in weichen Linien
verschwimmender Rokokostil, Komödienmotiven durchaus angemessen, zeigte sich den künstlerischen Anforderungen der
Tragödien nicht gewachsen. Grausame Vorfälle behandelte er
mit der gleichen eleganten Unverbindlichkeit wie Pastoralszenen.

d) Hanmer-Ausgabe 1744

Die 31 von GRAVELOT gestochenen Entwürfe F. HAYMANS für
die sechsbändige HANMER-Ausgabe 1744 gelten als der bedeutendste Beitrag zur Shakespeare-Illustration im 18. Jahrhundert. Von
HOGARTH in die Tradition der narrativen Malerei eingeführt,
durch seine Freundschaft mit GARRICK und seine Tätigkeit als
Bühnenmaler in Drury Lane mit der Theaterwelt vertraut, verband HAYMAN in seiner Zusammenarbeit mit französischen
Stechern englische mit kontinentalen Kunstströmungen. Wie
W. HOGARTH hatte er sich an der Ausschmückung von Vauxhall
Gardens beteiligt, doch die Motive der vier Shakespeare-Bilder
unter seinen verlorengegangenen Arbeiten hierfür sind nur noch
aus einer lobenden Beschreibung 1762 rekonstruierbar. Möglicherweise ist das Ölgemälde »Play scene from Hamlet« (MER-
CHANT, pl. 8) eine Version des gleichen Motivs für den Pavillon
des Prinzen von Wales: die Darstellung konzentriert sich auf die
schuldbewußte Reaktion Claudius' auf die links zu Fuß des
Throns vorgespielte Mordszene, wobei Hamlet nicht zu sehen
ist. In der Textillustration findet das Spiel im Hintergrund unter

einer Musikergalerie statt, während vorne links und rechts Zuschauergruppen versammelt sind. Beide Anordnungen könnten von Theatereindrücken beeinflußt gewesen sein. Aus seiner Korrespondenz geht z. B. hervor, daß HAYMAN für die *Othello*- und *King Lear*-Entwürfe genau den Rat GARRICKS in Auswahl der Szene und Personengruppierung befolgte. Die Bewußtheit der Figurenanordnung ließe sich bei fast jeder Illustration hervorheben: so konzentriert sich z. B. der Stich zu *As You Like It*, der vermutlich als Vorlage zu dem fast identischen Ölbild diente, auf die visuelle Beziehung zwischen Orlando im Vordergrund nach siegreicher Beendigung des Ringkampfes und die Gruppe der Freundinnen. Man sieht, wie sein Blick auf jene fallen muß. Die für den Fortgang der Handlung wichtige Figur des Duke Frederick, rechts im Vordergrund durch herrisches Gebaren und prächtige Kleidung charakterisiert, wird als latente Bedrohung eingeführt. HAYMANS Interieurs entsprechen den eleganten, zeitgenössischen Rokokoausstattungen, während seine Landschaftskompositionen in ihrer Natürlichkeit bereits auf GAINSBOROUGH verweisen.

Aus der Flut der illustrierten Shakespeare-Ausgaben gegen Ende des 18. Jahrhunderts sei nur noch die populäre, mehrfach aufgelegte John BELL-Ausgabe 1773 erwähnt, mit Stichen von E. EDWARDS, J. TAYLOR und J. SHERWIN, die in ihrer sentimentalen Glattheit als starker künstlerischer Abfall nach HAYMAN zu werten sind. Ihr Hauptinteresse liegt wie bei der BELLAMY-ROBARTS-Ausgabe 1791 in den Hinweisen auf die Kostümierung, die hier zum erstenmal historisierende Tendenzen zeigt. (In Deutschland finden diese Ausgaben ihre Entsprechung in den Radierungen Daniel CHODOWIECKIS um 1779, die ihre Anregungen ausschließlich von Berliner Theateraufführungen und insbesondere von der szenischen Interpretation BROCKMANNS empfingen.)

T.S.R. BOASE, »Illustrations of Sh.'s Plays in the Seventeenth and Eighteenth Centuries«, *JWEI*, 10 (1947). – K.A. BURNIM, »The Significance of Garrick's Letters to Hayman«, *SQ*, 9 (1958). – W.M. MERCHANT, »Francis Hayman's Illustrations of Sh.«, *SQ*, 9 (1958). – H.A. HAMMELMANN, »Sh.'s First Illustrators«, *Apollo*, 88 (1968). – M. ALLENTUCK, »Sir Thomas Hanmer Instructs Francis Hayman: An Editor's Notes to his Illustrator (1744)«, *SQ* 27 (1976).

3. SCHAUSPIELERPORTRÄTS

Mit David GARRICK (1717–79), dessen Bruch mit dem deklamatorisch-statuesken Darstellungsstil der Restaurationsbühne eine neue, von der Persönlichkeit großer Schauspieler geprägte Epoche in der englischen Theatergeschichte einleitete, bildete sich in der insularen Kunst eine Sonderform der Shakespeare-Illustration heraus, die als »conversation piece« bezeichnet zu werden pflegt. In der Rolle, in der GARRICK über Nacht berühmt wurde, als Richard III, zeigt ihn ein Porträt von N. DANCE, das 1771 in der Royal Academy ausgestellt wurde (MERCHANT, pl. 15), und ein Ölgemälde von W. HOGARTH (etwa 1743/45 entstanden, als Kupferstich 1746. MERCHANT, pl. 6b), das die Zeltszene zum Thema hat. »Richard starting from his dream« gibt mit authentischer Lebendigkeit jenes »spectacle of horror« wieder, das GARRICK durch Gestik und Mienenspiel zu evozieren verstand – die Schroffheit der Bewegungen, die gespreizten Finger des abwehrend ausgestreckten rechten Arms, der offene Mund und starre Blick aus aufgerissenen Augen, die naturalistisch-unbequeme Haltung der Beine. Die theatralischen Versatzstücke, drapierte Vorhänge, Rüstung, Mantel, Krone, bis zu den Einzelheiten der in den Teppich eingestickten Rose und dem Eber, dem Wappentier der Plantagenets im Helmschmuck, dienen hier weniger der Repräsentation als der Charakterisierung. HOGARTHS besondere Affinität zum Theater äußert sich in seinem künstlerischen Programm: »I wished to compose pictures on canvas, similar to representations on the stage; and further hope that they will be tried by the same test and criticized by the same criterion.« (Zu seinen anderen Shakespeare-Arbeiten, einer Zeichnung »Falstaff examining his troups«, und von Drucken bekannte Bilder zu *Henry VIII*, *Midsummer Night's Dream* und *Tempest*, die er zur Dekoration der zerstörten Vauxhall Gardens beitrug, s. MERCHANT).

Ein interessantes Zeugnis für Textbehandlung und Bühnenausstattung bietet B. WILSONS »Garrick and Mrs. Bellamy as Romeo and Juliet« in der Grabszene (MERCHANT, pl. 12b). Die bemalte Rückleinwand stellt eine romantische Landschaft mit Mond, alten Bäumen und Grabsteinen dar, während Juliet erwacht und mit dem sterbenden Romeo noch einige letzte Worte tauschen kann – eine von GARRICK eingeführte Textveränderung, die sich großer Beliebtheit erfreute. In der Kostümierung bestand noch kein Ehrgeiz zu historisch zuverlässiger Wiedergabe, in HOGARTHS Bild erscheint Richard III. in elisabethanischer Tracht, in J. ZOFFANYS Porträt »Garrick and Mrs. Pritchard as Macbeth and Lady Macbeth« (MERCHANT, pl. 13a) wird Macbeth durch die in zeitgenössischem Stil bestickte Weste und den prächtigen Rock als Edelmann von hohem Rang charakterisiert (bemerkenswert in diesem Bild jedoch die »gotischen« Kulissen); Hamlet spielte GARRICK, wie vor ihm BETTERTON, im zeitgenössischen schwarzen Rock (vgl. ein weiteres Portrait von B. WILSON). Auch weibliche Bühnenstars wurden in zahlreichen Rollenbildern verewigt, so zeigt z. B. Pieter van BLEECKS »Mrs. Cibber as Cordelia« (MERCHANT, pl. 5a) die TATE-Version, in der Cordelia mit ihrer Vertrauten Arante von Edgar aus den Händen zweier Angreifer befreit wird. Mrs. SIDDONS, von J. REYNOLDS als »Tragic Muse« gemalt, ist in zahlreichen Darstellungen vor allem als Lady Macbeth überliefert. Einen Abriß der sich wandelnden Charakterauffassung ergibt der Vergleich mit späteren Rollenportraits, z. B. mit J. S. SARGENTS Ellen TERRY als Lady Macbeth (1888–89), die mit langem, in Zöpfe geflochtenem roten Haar und anmutigen Bewegungen »a woman of warm sympathies, living in the tenderest relation with her husband« darstellte, oder T. LAWRENCES J. P. KEMBLE als Hamlet, dessen romantische Verkörperung des maßvoll-edlen Melancholikers 50 Jahre lang als Idealvorstellung des Dänenprinzen galt.

K. LEMMER, *Schauspieler und Schauspielkunst als Motiv in der Malerei*, Diss., Berlin, 1957. – K. A. BURNIM, »Eighteenth Century Theatrical Illustrations in the Light of Contemporary Documents«, *TN*, 14 (1960). – J. W. DONOHUE, »John Hamilton Mortimer and Shakespearean Characterization«, *The Princeton Library Chronicle*, 29 (1968).

4. JOHN RUNCIMANS ›KING LEAR IN THE STORM‹ 1767

In der Geschichte der Shakespeare-Malerei kommt diesem Werk eine Sonderstellung zu, da es in seinem Verfahren, menschliche Empfindungen mit den Naturgewalten in Beziehung zu setzen, im Zeitalter GARRICKS die Kompositionsprinzipien der

Hochromantik vorwegnimmt (s. MERCHANT, 70a). Im Gegensatz
zu den vorher besprochenen Beispielen ist es kaum von der
Bühne beeinflußt, obwohl die Kostüme mit ihren Anklängen an
VAN DYCK und REMBRANDT als theaterkonventioneller Hinweis
auf die Vor-Tudor-Zeit gelten können. Während jedoch der
Narr aus den zeitgenössischen *Lear*-Aufführungen verbannt war,
ist er hier als knabenhafte, sich vor dem Sturm duckende Gestalt
anwesend, die Lear schützend mit dem rechten Arm umfängt –
wodurch RUNCIMAN eine wenig beachtete, menschlich-warme
Seite des Greises verdeutlicht. Die Figurengruppe, der auch Kent,
Edgar und vermutlich Gloucester angehören, befindet sich vor
einer stürmischen Meereslandschaft, schräges Licht fällt auf die
Schaumkronen einer Woge, die sich zu Füßen Lears bricht, und
umreißt ein Gemäuer und ein untergehendes Schiff im Hintergrund. Wie später BLAKE, isolierte der Künstler hier aus der
Bildersprache des 3. Aktes einzelne visuelle Aspekte (Über-
schwemmung, Sintflut, »monsters of the deep«) und schuf daraus
statt der im Text angegebenen Heidelandschaft die Szenerie des
bewegten Meeres, das den Geisteszustand Lears besonders wirksam wiederspiegelt. Daß eine derartig komplexe Interpretation
die Möglichkeiten des zeitgenössischen Theaters weit überstieg,
kann der Stich nach B. WILSONS »Garrick as Lear« belegen, der
die gleiche Szene behandelt (MERCHANT, pl. 70b).

W. M. MERCHANT, »John Runciman's Lear in the Storm«, *JWCI*, 17 (1954).

5. DIE BOYDELLSCHE SHAKESPEARE-GALERIE

Die folgende Gruppe von Gemälden verdankt ihre Entstehung
größtenteils der Initiative eines Privatmannes, des Kupferstechers
und späteren Londoner Bürgermeisters John BOYDELL, der 1786
mit befreundeten Künstlern den Plan entwarf, eine Schule der
historischen Malerei zu gründen, da dieses in der zeitgenössischen
Kunstästhetik am höchsten eingeschätzte malerische Genre in
England nur unzureichend entwickelt zu sein schien. Shakespeares Werke sollten hierbei als ideale Motivquelle herangezogen werden. Zusammen mit seinem Bruder Josiah gab BOYDELL
zwei Serien von Ölgemälden verschiedenen Formats in Auftrag.

Nach den größeren Bildern sollte später eine Foliosammlung von Kupferstichen ohne Text veröffentlicht werden, die kleineren waren als Vorlage für Kupferstichillustrationen einer mit größter typographischer Sorgfalt hergestellten Textausgabe bestimmt. Eine am Pall Mall erbaute Galerie wurde 1789 eröffnet, und der Umfang der dort ausgestellten Bilder wuchs schließlich auf 170 an. Mit diesem großzügig geförderten Projekt, an dem an die 35 Maler beteiligt wurden, leistete BOYDELL nach Ansicht des Malers NORTHCOTE »more for the advancement of the arts in England than the whole mass of nobility put together«. Dennoch muß trotz einer Anzahl hervorragender Bilder das Gesamtergebnis als enttäuschend bezeichnet werden. Heute lassen sich die divergierenden Stilrichtungen und erheblichen Qualitätsunterschiede dieser Galerie nur noch aus der illustrierten Textausgabe STEEVENS' (ab 1791 erschienen), der zweibändigen Kupferstichsammlung von 100 Stichen der großen Gemälde (1805) und dem Ausstellungskatalog ersehen. Die Sammlung selbst, die sich mit den Uffizien an künstlerischem Rang messen sollte, mußte unter finanziellem Druck versteigert werden, die Bilder wurden in alle Winde verstreut; sie sind wegen der damals verwandten minderwertigen Farben heute in einem stark angegriffenen Zustand. BOASE traf für die Charakterisierung der Bilder die Unterscheidung in »Italian and native traditions«. Zur ersten Kategorie gehörten die Werke weitgereister, mit französischer und italienischer Kunst wohlvertrauter Maler wie George ROMNEY, Sir Joshua REYNOLDS und Benjamin WEST, die eine Synthese aus den Voraussetzungen klassischer Historienmalerei und der Illustration Shakespeares versuchten. Für sein letztes Bild »The Death of Cardinal Beaufort« (MERCHANT, pl. 27a), das als künstlerischer Höhepunkt der Boydellschen Sammlung galt, befolgte REYNOLDS seine Empfehlungen im 12. Discourse vor der Royal Academy 1784, aus den Werken früherer Meister besonders gelungene Posen oder Anordnungsprinzipien für eigene Kompositionen zu übernehmen, indem er die Personengruppierung in Abwandlung von POUSSINS »Tod des Germanicus« entlehnte. Sein »Puck«, ein koboldhaft-listig lächelndes Kind mit spitzen Ohren auf einem Fliegenpilz, war ursprünglich wohl nur ein Kinderporträt, das er auf Drängen BOYDELLS (der seine Mit-

wirkung mit £ 1000 pro Bild honorierte) dem Shakespeareschen
Thema anpaßte. »Macbeth visiting the witches« (MERCHANT, pl.
18b) lehnt sich in der Gestalt der sitzenden Hexe stark an MI-
CHELANGELO an, der nachfolgende Kupferstich von R. THEW ist
eine der besten Leistungen des Foliobandes. ROMNEYS wohlge-
nährtes Kleinkind, das »Shakespeare Nursed by Nature and the
Passions« verkörpern sollte, eröffnete die Sammlung der Kupferstiche. Bei seinem *Tempest*-Bild (MERCHANT, pl. 20) hatte er
zuerst an zwei selbständige Kompositionen gedacht, die er aber
schließlich zu einer Gesamtdarstellung der Eingangsszenen ver-
schmolz: rechts dirigiert Prospero neben Miranda mit erhobenen Armen die Schar der Luftgeister, die Seeleute im untergehen-
den Schiff nehmen den breitangelegten Mittelteil ein, Ferdinand
wagt am linken Bildrand den Sprung vom Schiff. An klassischen
Vorbildern orientiert sich seine Darstellung der Lady HAMILTON
als »Cassandra Raving« (MERCHANT, Fig. 13). Seine Skizzenbücher
enthalten noch zahlreiche Entwürfe zu *King Lear*, *Macbeth* und
Tempest, die er aber nicht ausführte, da er sich mit £ 600 pro Bild
von BOYDELL als unterbezahlt empfand. James BARRYS Darstellung eines auf BLAKES Prophetenköpfe hinweisenden Lear mit
der leblosen Cordelia in den Armen gehörte wie Benjamin
WESTS melodramatische »Ophelia before the King and Queen«
(MERCHANT, pl. 21a) und sein »Lear in the Storm«, zu den bekanntesten Bildern der Galerie. J. H. FÜSSLIS bedeutender Beitrag
wird an anderer Stelle besprochen.

Die mehr von HOGARTH und HAYMAN beeinflußten Vertreter
der heimischen Tradition hatten häufig eine praktische Ausbildung als Bühnenmaler hinter sich. Landschaften und volkstümliche Szenen lagen ihnen mehr als tragisch-pathetische oder idealisierende Themen im Sinne der historischen Malerei. Robert
SMIRKE, der mit 26 Bildern den größten Einzelbeitrag lieferte,
war als Meister des komischen Sujets besonders erfolgreich mit
Charakteren, die sich zur Karikatur anboten wie Falstaff, zu
dem Schauspieler James QUIN inspiriert, oder »Escalus, Froth
and Elbow« mit dem Pendant »Dogberry and Verges«, oder
»Sly in Bed« aus der Rahmenhandlung« zu *The Taming of the
Shrew* (MERCHANT, pl. 23a). In ihrer theatergerechten Anordnung
wirkten diese Darstellungen ebenso stark auf die Bühne zurück,

wie sie von ihr Anregungen empfingen. Zu den beliebtesten Ausstellungsstücken gehörten die fünf Bilder des Rev. W. Peters, dessen Stärke die an Rubens und Tizian studierte Darstellung schelmisch-molliger Damen in ausgewählten Seiden- und Satinroben war, der jedoch auch für zwei historische Szenen aus *Henry VIII* Begabung zeigte. Northcotes an Caravaggio orientierte Hell-Dunkel-Kompositionen eigneten sich besonders gut für Kupferstiche, wobei sein »Burial of the two Princes« aus *Richard III* am meisten gerühmt wurde. Eine ähnliche künstlerische Technik verfolgte Opie in Bildern wie »Antigonus swearing to destroy the infant Perdita« oder seinem »Timon of Athens« (Merchant, pls. 79a + 65b). F. Wheatley zeichnet sich in seinen 13 Beiträgen in der Tradition Haymans durch seine besonders gelungene Pastoralszene aus. Die 23 Beiträge W. Hamiltons bieten konventionelle Historienmalerei, R. Westalls 22 ebenfalls wenig einfallsreiche Darstellungen zeigen als häufig wiederkehrendes Motiv gotische Spitzbögen in ihrer Hintergrundarchitektur. Einzelerfolge hatten Hoppners Imogen, Angelika Kaufmanns »Two Gentlemen of Verona« und J. A. Rambergs Malvolio in gelben Strümpfen vor Olivia. Das Unternehmen, aus dem nur die bekannten Namen genannt werden konnten, fand nicht nur Zustimmung, sondern bereits in seinen Anfängen auch beißende Kritik von Seiten der Zeitgenossen (so z. B. durch J. Gilrays Karikatur »Boydell sacrificing the Works of Shakespeare to the Devil of Money-Bags«, Merchant, pl. 26). Nur wenige allerdings stellten den Versuch, Shakespeare zu illustrieren (und letztlich auch aufzuführen) so radikal in Frage wie Charles Lamb, der ausrief: »What injury did not Boydell's Shakespeare Gallery do me with Shakespeare. To have Opie's Shakespeare, Northcote's Shakespeare, light headed Fuseli's Shakespeare, wooden-headed West's Shakespeare, deaf-headed Reynolds' Shakespeare, instead of my and everybody's Shakespeare. To be tied down to an authentic face of Juliet! To have Imogen's portrait! To confine the illimitable!«

J. and J. BOYDELL, *Collection of Prints from Pictures Painted for the Purpose of Illustrating the Dramatic Works of Sh. by the Artists of Great Britain*, 2 vols., London, 1803. – T. S. R. BOASE, »Illustrations of Sh.'s Plays in the Seventeenth and Eighteenth Centuries«, *JWCI*, 10 (1947). – W. M. MERCHANT, *Sh. and the Artist*, London, 1959.

6. Die Romantik

Der Hauptgedanke von BOYDELLS Unternehmen (an den sich zwar nicht alle Teilnehmer hielten), eine Schule der Malerei zu begründen, deren Gegenstand erhebende und idealisierte Begebenheiten sein sollten, war in seiner erzieherischen Absicht stark vom 18. Jahrhundert geprägt. Die romantischen Künstler fühlten sich von anderen Aspekten in Shakespeares Werk angezogen. Mehr als ihren Vorgängern war ihnen dieses Anstoß zu eigenständiger Schöpfung.

a) Johann Heinrich Füssli

Arbeiten zu über 60 verschiedenen Szenen Shakespeares in zahlreichen Varianten, Beiträge zu STEEVENS Textausgabe 1793 und literaturkritische Äußerungen (z.B. seine Verteidigung des *King Lear* vor dem Vorwurf fehlender »poetic justice«) dokumentieren die Faszination, die der elisabethanische Dramatiker zeit seines Lebens auf FÜSSLI ausübte. Von seinem ersten Englandaufenthalt (ab 1764) stammt »Garrick as the Duke of Gloucester« (MERCHANT, pl. 27 b), wo der Augenblick *Richard III*, I, ii festgehalten wird, in dem Anne den Umstehenden verkündet, daß die Wunden ihres Gemahls in der Gegenwart seines Mörders erneut zu bluten beginnen. Wie GARRICK bemühte sich FÜSSLI um psychologische Vertiefung der Gestalt Gloucesters. Sein dem Zuschauer zugewandtes Gesicht spiegelt Tücke und Verschlagenheit wider, doch durch Einbeziehung von Äußerungen aus dem Eingangsmonolog (bellender Hund, Isolation von der Gemeinschaft durch Mißgestalt) wird die Figur auch mit einem tragischen Zug versehen. Für die Aquarellzeichnung »Garrick and Mrs. Pritchard as Macbeth and Lady Macbeth« (MERCHANT, pl. 13 b) 1766 wählte FÜSSLI einen, wie er es nannte, »pregnant moment« höchster emotionaler Erregung: in Macbeths an Wahnsinn grenzender Erschütterung nach der Ermordung Duncans und Lady Macbeths Konzentration auf das Vertuschen der Tat werden zwei Gestalten in einer Krisensituation konfrontiert, in der sie charakterbedingt entgegengesetzt reagieren, dabei jedoch verbunden sind durch den gemeinsamen Konflikt mit der Gesellschaft. Im Gegensatz zu dieser frühen, noch ziemlich realistisch wirkenden Zeichnung (die Schauspieler tragen Kostüme des 18. Jahrhunderts, eine spanische Wand ist im Hintergrund erkennbar) zeigt ein späteres Ölgemälde (1812) des gleichen Auftritts ein hohes Maß an Stilisierung und Abstraktion. Die nur summarisch angedeutete, keiner bestimmten Epoche zugehörige Kleidung betont die Struktur der durchscheinend wirkenden Körper; Haltung und Gebärde sind von manieristischer Expressivität. Dieses künstlerische Prinzip einer allen Zeiten verständlichen Zeitlosigkeit wandte Füssli auch bei zahlreichen Federzeichnungen zu *Macbeth, Hamlet, Lear* und den Historien an, die sich in seinem römischen Notizbuch und dem sogen. Garrick-Moore-Skizzenbuch finden. Wiederholt versuchte er, einem dramatischen Vorfall (z. B. dem Augenblick der Trauer um Cordelia) durch formale Anlehnung an Michelangelo (in diesem Fall seine »Pieta«) eine allgemeinere tragische Bedeutsamkeit zu verleihen, da ihm Michelangelo die Darstellung transzendentaler Ideen am reinsten verwirklicht zu haben schien. Die Sixtinische Kapelle inspirierte ihn zu dem Plan eines Freskenzyklus zu Shakespeare, zu dem vier Entwürfe vorliegen. Seine damit verbundenen Vorstellungen beeinflußten auch das Projekt Boydells, zu dem er neun Gemälde beitrug, die im Vergleich zu seinen Skizzen allerdings konventioneller wirken und zudem durch Nachdunkelung meist aus ihrem Farbgleichgewicht gebracht wurden. Am bekanntesten sind die beiden Bilder zum *Midsummer Night's Dream:* während er für Titania die Pose von Correggios »Venus« entlehnte, sind die sie umgebenden skurrilen Traumwesen seine ureigenste Erfindung – weibliche Gestalten, die mit übertrieben hohen Turmfrisuren und aufgeputztem Kostüm die zeitgenössische Mode travestieren; obszön grinsende Kobolde und Unholde, in denen sich Füsslis Ästhetik des Schauerlichen äußert, die zu seiner Neuentdeckung in unserer Zeit entscheidend beigetragen hat. Füssli schätzte an Shakespeare das Grelle, Extreme und leidenschaftlich Bewegte. Seine Überlegungen zu den Geistererscheinungen der »weird sisters« zeigen sein Bemühen um eine kongeniale bildkünstlerische Umsetzung von Macbeth als »object of terror«: »to render him so you must place him on a ridge, his down-dashed eye absorbed by the murky abyss; surround the horrid vision with the darkness, exclude its limits, and shear its lights to glimpses.«

In seinem »Death of Cardinal Beaufort« (MERCHANT, pl. 27a) 1774, in dem er wie REYNOLDS zwölf Jahre später auf POUSSIN zurückgriff, verschärfte er bei einer Revision 1805 den sardonischen Gesichtsausdruck des Sterbenden in einem noch weit über REYNOLDS hinausgehenden Maß. (Daß FÜSSLIS Kompositionen auf manche Zeitgenossen befremdlich wirkten, geht aus H. WALPOLES Ausstellungskatalogen der Royal Academy hervor, in denen sich die Randbemerkung findet »Shockingly mad, madder than ever« und ein Ölgemälde der schlafwandelnden Lady Macbeth mit dem Adjektiv »execrable« bedacht wird.) FÜSSLIS visuelle Kühnheit erreichte ihre vollendetste Ausführung in einigen der Illustrationen für die zehnbändige Shakespeare-Ausgabe von CHALMERS, die bei F.C. und J. RIVINGTON 1805 verlegt wurde. Sie enthält 37 Illustrationen, die zum Teil auf ältere Entwürfe zurückgehen.

Bei dieser reichen seinem Lieblingsdichter gewidmeten Produktion erscheinen zeitgenössische Urteile zutreffend, die ihn als »Shakespeares Maler« (LAVATER) und »Shakespeares Jünger mit jedem Strich der Feder« (HERDER) bezeichnen.

P. GANZ, *Die Zeichnungen Hanns Heinrich Füsslis*, Bern-Olten, 1947. – E.C. MASON, *The Mind of Henry Fuseli: Selections From His Writings With an Introductory Study*, London, 1951. – K.S. GUTHKE, »Johann Heinrich Füssli und Sh.«, *NM*, 68 (1957). – U. DITCHBURN-BOSCH, *Johann Heinrich Füsslis Kunstlehre und ihre Auswirkung auf seine Sh.-Interpretation*, Diss., Zürich, 1960.

b) William Blake

BLAKE, dessen Beschäftigung mit Shakespeare verglichen mit seinen eingehenden MILTON- und DANTE-Studien fast als sporadisch und fragmentarisch zu bezeichnen ist, übertrifft noch seinen Freund FÜSSLI in der Eigenwilligkeit und Originalität der Interpretation. Allerdings fallen nicht alle seiner Arbeiten zu etwa 20 Stücken aus dem Rahmen üblicher Illustrationskunst heraus – dazu gehören die noch wenig individualisierten Studien von sieben Charakterköpfen aus den Tragödien und Historien (im Boston Museum of Fine Arts), eine Aquarellzeichnung einer von N. TATE hinzugefügten Szene »Lear and Cordelia in Prison« (MERCHANT, pl. 29b), drei Bleistiftzeichnungen in einem Skizzenbuch im British Museum, wovon »Hamlet administering the Oath« stark von FÜSSLI beeinflußt ist; sowie Zeichnungen für eine illustrierte Ausgabe des Second Folio im British Museum – darunter bemerkenswert mit großem Schwung der gebieterischen Gebärden »Brutus and Caesar's Ghost« und »Richard III and the Ghosts« wegen der bei BLAKE seltenen Anklänge an zeitgenössische Bühnenbilder (MERCHANT, pl. 35 + 31 b). Besonders aufschlußreich für seine am Text orientierte Arbeitsmethode sind die einzelnen Entwürfe zu »Queen Katherine's Dream«, wo die Vision der herabschwebenden Engel in immer neuen Spiralbewegungen angeordnet und die Königin, dem Text entsprechend, in verschiedenen Stadien zwischen Traum und Erwachen festgehalten ist (MERCHANT, pl. 33). Ungewöhnlicher sind die Illustrationen, in denen BLAKE eine Shakespearesche Metapher mit seinen persönlichen mythologischen Vorstellungen verbindet. »Jocund Day« (in der Second Folio-Ausgabe) bezieht sich als Wortzitat auf *Romeo and Juliet:* »Nights Candles are burnt out and Jocund Day / Stands tipto on the Mistie Mountaines tops«, (III, v, 9–10) wobei der anbrechende Tag durch einen von einem Lichtkranz umgebenen, die Arme ausbreitenden Jüngling verkörpert wird, zu dessen Füßen sich Nachtfalter und Raupe wegschleichen; gleichzeitig bringt BLAKE dieses Licht-Dunkel-Motiv mit seiner mythischen Figur Albion in Verbindung, dessen Sieg über die Mächte der Finsternis einige Verszeilen unter der Zeichnung erläutern. Bei »Fiery Pegasus« ging der verbale Anstoß von der Textstelle aus, in der der Durchbruch von Prince Hals königlicher Natur mit der kunstvollen Beherrschung von Pferden in Beziehung gebracht wird. BLAKE fügt seinem Titel »A spirit vaulting from a cloud to turn and wind a fiery Pegasus« folgende Bemerkung bei, mit der er Shakespeares Gedanken der schöpferischen Spontaneität Prince Hals in seine eigene Mythologie einflicht: »The Horse of intellect is leeping from the cliffs of Memory: / it is a barren Rock: it is also called the Barren Waste of Locke and Newton.« Fast ebenso ambivalent sind zwei Darstellungen zum *Midsummer Night's Dream:* »Oberon and Titania Reclining« (MERCHANT, pl. 29a) zeigt zwei Feengestalten auf einer Lilienblüte, die wegen ihrer Ähnlichkeit mit dem Titelblatt zu BLAKES *Song of Los* auch als Verkörperung

»natürlicher Freuden« in der Lilie von Havilah interpretiert wurden. Die Aquarellzeichnung »Oberon, Titania and Puck with Fairies dancing« (MERCHANT, pl. 32) läßt sich als kontrastierende Darstellung rhythmischer Ruhe und Eintracht (Titania und Oberon) und rhythmischer Leidenschaft und Bewegung (Elfentanz) mit Puck als Mittlergestalt deuten (seine zum Tanz erhobenen Arme sind gleichsam in der Bewegung erstarrt.)

Der Farbdruck »Triple Hecate« (MERCHANT, pl. 34 b) faßt verschiedene Shakespeare-Zitate zu einer sehr persönlichen Vision der »goddess of hell and sorcery« zusammen. Zu ihrer dreileibigen Gestalt mag BLAKE von einem eher spielerischen Hinweis Pucks auf »the triple Hecate's team« (V, i, 373) angeregt worden sein; möglicherweise flossen auch Elemente seiner eigenen Kosmosophie ein, in der Hecate als symbolische Verkörperung der drei Phasen des Monds gilt. Doch die Grundstimmung des Dämonisch-Finsteren (die Zaubergöttin, umgeben von Eule, Reptil, Nachtmahr und einem grasenden Esel, blättert in einem Buch der schwarzen Magie) dürfte eine Verdichtung von Hinweisen aus *Macbeth* und *Lear* sein, wo Hecate als Gebieterin der Hexen bei Verfluchungen angerufen wird. Im Gegensatz zu dieser Zusammenziehung von Assoziationen aus verschiedenen Textstellen zerlegt BLAKE in dem Farbdruck »Pity« eine poetische Passage in ihre einzelnen metaphorischen Bestandteile, deren visuellen Gehalt er herausarbeitet und zu einer neuen Sinneinheit verschmilzt. (MERCHANT, pl. 34 a) Bei dem Gedanken an die Folgen des Mordes an Duncan wird Macbeth von ineinanderverfließenden apokalyptischen Schreckensbildern gequält. BLAKE bezieht sich auf den Absatz: »And Pity, like a naked new-born babe / Striding the blast, or heaven's Cherubins, hors'd / Upon the sightless couriers of the air, / Shall blow the horrid deed in every eye, / That tears shall drown the wind.« / (I, vii, 21–25)

Indem BLAKE »or« (Z. 22) als »and« auffaßt, schafft er eine Verbindung zwischen beiden Metaphern, für die er eine genau entsprechende visuelle Umsetzung sucht. Er zeichnet »Pity« als neugeborenes Kind, das sich im Spreizschritt auf eine Sturmwolke schwingt, wo es von »heaven's cherubins hors'd« (auf blinden Pferden reitenden Gestalten) schützend in die Arme genommen wird. Die im unteren Bildfeld aufgebahrte weibliche Gestalt, auf die die Tränen des Mitleids fallen, läßt sich als mystische Personifizierung von Duncans Tod deuten. Mit seiner Lösung, zwischen Macbeths sich überstürzenden Angstvisionen einen Zusammenhang herzustellen, leistete BLAKE für diese oft kommentierte Textstelle eine originelle und tiefgründige Interpretation, die auch für die Shakespeare-Philologie aufschlußreich sein kann.

W. M. MERCHANT, *Sh. and the Artist*, London, 1959. – R. M. BAINE, »Blake's Sketch for *Hamlet*«, *Blake Newsletter*, 9 (1975).

c) Die Präraffaeliten

Um die Jahrhundertmitte begeisterte sich die Gruppe der Präraffaeliten für Shakespeare. Ford Madox BROWN, der sich bereits in seiner frühen Schaffensperiode mit 16 Skizzen zu *Lear* beschäftigt hatte, legte 1848 »Lear and Cordelia« (MERCHANT, pl. 47a) und 1865 »Cordelia's Portion« vor. In dem Ausstellungskatalog 1865 reflektiert BROWN über Anachronismen in der Kostümgestaltung seiner Bilder und begründet sie mit der Beobachtung von Anachronismen im Stück selbst, in dem er eine Mischung von römisch-frühbritischen und mittelalterlichen Bräuchen mit noch unentwickelten, barbarischen Moralbegriffen sieht. Überlegungen dieser Art, die vorauszusehender Kritik vorbeugen sollten, sind bezeichnend für eine Epoche, in der das Streben nach historischer Korrektheit in Theateraufführungen seinen Höhepunkt an Pedanterie und Absurdität erreichte (so wurden u.a. die Friese des Parthenons nach Kostümhinweisen für die Athener Handwerker im *Midsummer Night's Dream* abgesucht). Holman HUNTs Schlußszene aus *Two Gentlemen* (1851) zeigt als Hintergrund eine detaillierte Naturschilderung des Knole Park in Sevenoaks. Für Sylvia saß Miss SIDDALL Modell, deren statueske Schönheit ihren späteren Gatten Dante Gabriel ROSSETTI zu mehreren schwermütigen Desdemona- und Ophelia-Bildern inspirierte. Von MILLAIS' Shakespeare-Gemälden ist der »Tod Ophelias« am bekanntesten. Seine Version dieses hochromantischen Motivs zeigt Ophelia flußabwärts treibend, in der Hand Laub und Blumen, die mit den Stickereien ihres auf den Wellen ausgebreiteten Gewandes und mit den überhängenden Zweigen des Flußufers harmonieren.

S.N. ROY, »Sh. in Pre-Raphaelite Painting«, in: B. Chatterjee, ed., *Essays on Sh.*, Bombay, 1965.

*d) Eugène Delacroix und französische Shakespeare-Illustrationen im
19. Jahrhundert*

In Frankreich setzte die bildkünstlerische Beschäftigung mit
Shakespeare mit den Gastvorstellungen führender englischer
Schauspieler (Charles KEMBLE, MACREADY, Miss SMITHSON) in
Paris 1827 ein, die das an DUCIS' verstümmelte Übersetzungen
gewöhnte Publikum zwar befremdeten, von der künstlerischen
Avantgarde jedoch begeistert aufgenommen wurden und in
einem Album mit zwölf Farblithographien von DEVERIA und
L. BOULANGER ein erstes Echo fanden. Für DELACROIX, den be-
reits 1825 während eines mehrmonatigen Londonaufenthalts der
Schauspieler Edmund KEAN besonders in seiner Rolle als Hamlet
fasziniert hatte, dürften die Pariser Theateraufführungen zu dem
tiefen und anhaltenden Interesse an Shakespeare beigetragen
haben, das aus zahlreichen seiner Tagebucheintragungen spricht.
Ein eigentümliches Spannungsverhältnis besteht zwischen seinen
theoretischen Äußerungen, die sich mehr mit künstlerischen
Idealen des 18. als des 19. Jahrhunderts identifizierten und manches aus klassizistischer Sicht an Shakespeare bemängelten, und
seiner Hamletkonzeption, die ihn fast 30 Jahre (1828–59) in
Lithographien und Ölgemälden zu 16 Szenen des Stücks beschäftigte und auf die französischen Romantiker die nachhaltig-
ste Wirkung ausübte. Bei der Wahl der Motive fühlte er sich
gerade zu jenen Szenen besonders hingezogen, die gegen die
Regeln des französischen klassischen Dramas verstießen: Hamlet
verfolgt den Geist seines Vaters, erdolcht Polonius, kämpft mit
Laertes in Ophelias Grab. Die Kirchhofszenen reizten DELACROIX
zu mehreren Bearbeitungen. Die erste Version (1836) ohne Totengräber entspricht mit der Darstellung eines feminin-zarten, zu
Tränen neigenden Jünglings noch am ehesten der von DUCIS
begründeten Tradition, eine 1839 im Salon ausgestellte Zweit-
fassung erinnert an KEMBLES melancholisch-empfindsame Auffassung des edlen Dänenprinzen, während ein Gemälde von
1859 und eine daran anschließende Lithographie Hamlet als
kräftig-muskulösen, bärtigen, gereiften Mann zeigt. In den
Lithographien entspricht DELACROIX mit einer weiten Skala von
Ausdrucksmöglichkeiten der jeweiligen Rolle Hamlets: er zeigt

ihn mißmutig-verschlossen (mit dem Königspaar), heftig-ungestüm (mit der Wache), pathetisch und theatralisch (mit Ophelia und Polonius), exzentrisch-arrogant (mit Rosencrantz und Guildenstern). In Bildkomposition, Lokalkolorit und Kostümfragen griff er wiederholt auf SMIRKES und STOTHARDS *Picturesque Beauties of Shakespeare* (1783–87) zurück und ist damit indirekt auch dem Werk FÜSSLIS verpflichtet, was sich in der Kompositionstechnik dieser Stücke zeigt. Aus *Macbeth* wählte er neben der »cauldron scene« auch einen Höhepunkt im psychischen Geschehen aus, die Erscheinung der schlafwandelnden Lady Macbeth, wobei die Reaktion der beiden Zeugen im Hintergrund den Eindruck des Wahnsinns verstärkt (eine Methode, die auch FÜSSLI bei vergleichbaren Gruppierungen anwandte). Mehrere Skizzen und Ölgemälde sind *Othello* gewidmet; hierbei scheinen DELACROIX' Erinnerungen an Theaterversionen des Stücks stark von Eindrücken aus der gleichnamigen ROSSINI-Oper überlagert gewesen zu sein, in der Desdemona als unschuldig Leidende zur tragischen Hauptfigur wird und das Verhältnis zu ihrem Vater stärker im Vordergrund steht.

In den 15 Zeichnungen zu *Othello*, die Théodore CHASSERIAU 1844 veröffentlichte, zeigt sich bereits der Einfluß DELACROIX' auf den noch weitgehend von INGRES und der klassizistisch-akademischen Tradition bestimmten Maler, dessen Stärke in ruhigen Figurenkombinationen und Szenen verhaltenen Gefühls liegt. Noch zwei französische Shakespeare-Gemälde sollten erwähnt werden, die zu den Hauptwerken ihrer Schöpfer gezählt werden: P. DELAROCHES berühmtes Louvrebild der Söhne Eduards IV im Tower und C. COROTS stimmungsvolle, in gebrochenen Farbtönen gehaltene Landschaft mit Macbeth und den Hexen. Die klassische Ruhe dieser Figurengruppe, die von dem thematischen Bezug nur wenig ahnen läßt, ist hier bewußt zur Vertiefung des atmosphärischen Zaubers eingesetzt worden.

A. WHITRIDGE, »Sh. and Delacroix«, *SAB*, 17 (1942). – U. FISCHER, *Das literarische Bild im Werk Eugène Delacroix': Ein Beitrag zur Ikonographie des XIX. Jahrhunderts*, Diss., Bonn. 1963. – P. VERDIER, »Delacroix and Sh.«, *YFS*, 33 (1964). – E.G. DOTSON, »English Sh. Illustration and Eugène Delacroix«, in: *Essays in Honour of Walter Friedlaender*. Marsyas, Suppl. II, New York, 1965. – J. JACQUOT, »Notes sur Delacroix et Sh.«, in: *Hommage à Sh.*, Strasbourg, 1965. – C. PICHOIS, »Sh. Inspirateur des Artistes Français«, *SJ West* (1965). – R.I. EDENBAUM, »Delacroix's Hamlet Studies«, *Art Journal*, 26 (1967). – C. MERCHANT, »Delacroix's Tragedy of Desdemona«, *ShS*, 21 (1968). –

e) Romantik und Biedermeier in Deutschland

Der modische Geschmack des 19. Jahrhunderts begünstigte in Deutschland besonders die sogenannten »Shakespeare-Gallerien«, mit Zitaten versehene Illustrationswerke ohne Text, wie sie in England vor und nach BOYDELLS Kupferstichsammlung verbreitet waren. Großer Beliebtheit erfreute sich die *Gallerie zu Shakespeares dramatischen Werken in Umrissen* (Leipzig, 1847) von Moritz RETZSCH, der mit der Technik der Umrißzeichnung, die von John FLAXMAN nach dem Zeichenstil griechischer Vasen eingeführt worden war, dem klassizistischen Stil verpflichtet ist, in Ausdruck und Empfinden jedoch den Romantikern zugehört. Seine Blätter muten für heutige Begriffe leblos und klischeehaft an, mit der episch breiten Schilderung jedes noch so unbedeutenden Details erfaßt er nur Vordergründiges, und die mangelhaft differenzierten Gesichter seiner Figuren vermitteln kaum die Gefühlsregungen. Auch der Münchner Historienmaler Wilhelm von KAULBACH entwarf mehrere Kartons zu *Macbeth* (1855), *Tempest* (1857) und *King John* (1858), die zu einer »Shakspere Gallerie« zusammengefaßt wurden. Wie RETZSCH und der sich am zeitgenössischen Theater der Meininger orientierende Hermann KNACKFUSS legte er größten Wert auf historisch stimmige Ausstattung und effektvolle Gruppierung der Figuren, die jedoch wegen ihres zu pathetischen und theatralischen Ausdrucks wenig überzeugen. 1873 erschien in der Groteschen Buchhandlung in Berlin eine Sammlung von bei HANFSTAENGL angefertigten Photos nach Gemälden von Adolf MENZEL (König Heinrich VIII beim Tanz mit Anne Boleyn), Karl von PILOTY (die Söhne Eduards IV. aus *Richard III.*), Eduard GRÜTZNER (mit einer Kneipenszene aus *Twelfth Night*) und anderen Künstlern. GRÜTZNER, der, besonders für seine Darstellung trinkfreudiger Klosterbrüder berühmt, 12 Federzeichnungen zu »Falstaff« anfertigte, beteiligte sich auch an der *Münchener Shakespeare-Galerie*, die 1876 in der Bruckmannschen Kunstanstalt erschien. Die anderen Beiträger waren Eduard STEINLE und Victor MÜLLER, dessen drei Hochbilder (besonders gefeiert war »Der Tod Ophelias«) eine Verbindung französischer Malkultur mit deutscher Gefühlsromantik darstellen. Auch Anselm FEUERBACH, der Mitschüler

MÜLLERS bei COUTURE in Paris hatte 1842–48 zehn Bilder zum *Tempest* gezeichnet. Eine der hervorragendsten Leistungen auf dem Gebiet der Shakespeare-Malerei im 19. Jahrhundert ist J.A. KOCHS Darstellung »Macbeth und die Hexen«. Die Begegnung wird von KOCH an eine felsige Meeresbucht verlegt; vorn links neben den sturmgepeitschten Wellen warten die Hexen, die in ein flatterndes Tuch gehüllt, zu einer dunklen unheilvollen Gruppe erstarrt sind, vorn rechts reiten Macbeth und Banquo aus einem Waldweg herab, wobei ihre Pferde vor den ausgestreckten Armen der Hexen zurückscheuen. KOCHS Schüler Ludwig RICHTER versuchte sich ebenfalls an Shakespeare-Szenen, doch entsprechend seiner langjährigen Übung als Illustrator deutscher Volksmärchen und seiner Vorliebe für gemütvoll-idyllische Genreszenen biedermeierlicher Prägung neigen seine Illustrationen in der 12bändigen SCHLEGEL-TIECK-Übersetzung des Berliner Verlegers Georg REIMER (1850) dazu, den Einbruch übernatürlicher Gestalten zu verharmlosen und tragische Situationen ins Märchenhaft-Fabulierende umzudeuten.

K. WOERMANN, *Sh. und die bildenden Künste*, Leipzig, 1930.

7. DAS 20. JAHRHUNDERT

In unserem Jahrhundert sehen sich die bildenden Künstler mit einer solchen Fülle brisanter gesellschaftlicher und politischer Probleme konfrontiert, daß literarische Motive ihr Interesse vergleichsweise weniger stark beanspruchen als in vorhergehenden Epochen. Ihren reichsten Ertrag zeigte die Beschäftigung mit Shakespeare in bibliophilen Texteditionen. So zu Beginn des Jahrhunderts in den zum Ornament neigenden Abbildungen der Jugendstilausgaben, in die einzelne Szenen wie Arabesken eingefügt sind. In der Folgezeit verstärkt sich das Bestreben, unter Einbezug psychologischer Erkenntnisse Shakespeares Werk zu deuten. Noch ausgeprägter als in der Romantik äußert sich die Faszination für extreme seelische Verfassungen und pathologische Zustände, die sich in expressiver Mimik verraten. Auch das Kostüm ist Ausdrucksmittel für inneres Befinden. Nur einige bemerkenswerte Leistungen können erwähnt werden: Wynd-

ham LEWIS' Serie von Stichen zu *Timon* 1913; Hans MEIDS
Othello-Illustrationen 1911; die Illustrationen Ernst STERNS zum
Midsummer Night's Dream 1918 und zu *Hamlet* und *Julius Caesar*
1920; Max SLEVOGTS *Macbeth* 1927; Willi BAUMEISTERS *Tempest*
1946/47; Josef HEGENBARTHS Zeichnungen zu fünf Shakespeare-
Dramen 1957; Oskar KOKOSCHKAS *King Lear* 1963; Bert HELLERS
Illustrationen für die Sonette 1963/64; PICASSOS ironische Stu-
dien zum Porträt Shakespeares und zu Hamlet 1964. Wie ein
Ausspruch HEGENBARTHS erkennen läßt, sehen diese Künstler
ihre Aufgabe nicht in erster Linie darin, eine Einführung in das
dichterische Werk zu geben, sondern das Werk ist Anreiz zu
Assoziationen, die sich frei von ihrem Ausgangspunkt entfer-
nen können: »Der Regisseur ist gebunden an die Bühne, der
Illustrator lebt mit seiner Phantasie im unbegrenzten Raum.«
Auf diese Tendenz zur freien bildnerischen Improvisation
deutet bereits der Titel einer 1918 im Piper Verlag München
erschienenen Sammlung von 36 zum Teil farbigen Radierungen,
Steindrucken und Holzschnitten: *Shakespeare Visionen: Eine Hul-
digung deutscher Künstler* mit Beiträgen von Karl HOFER, Lovis
CORINTH, Wilhelm JAECKEL, Th.Th. HEINE, O. KOKOSCHKA,
Olaf GULBRANSSON, Alfred KUBIN, Wilhelm LEHMBRUCK u.a.
Während diese Beiträge den konkreten Wortsinn noch durchscheinen lassen, ist die Abstraktion in Salvador DALIS *Macbeth*-
Folge für eine amerikanische Ausgabe der Tragödie (Garden
City: New York 1946) konsequent weitergeführt. Seine sur-
realistischen Phantasiegebilde lassen sich oft nur schwerlich mit
dem Shakespeare-Text koordinieren, doch gelingen ihm besonders eindrückliche symbolhaltige Aussagen, z.B. über den Charakter der Lady Macbeth, etwa in der Illustration der Schlafwandelszene, die eine aus männlichen und weiblichen Glied-
maßen geformte Gestalt im Vordergrund zeigt, mit einer übergroßen, in sich verkrampften, abgeschlagenen und gepfählten
Hand als Schuldsymbol im Hintergrund. Die Vermutung
scheint somit berechtigt, daß die visuelle Umsetzung des Shakespeareschen Wortes auch heute noch neue Aussagemöglichkei-
ten finden kann und wird.

L. LANG, »Sh. in der Illustration«, *Zeitschrift für bildende Kunst*, 12 (1964). – H.
SPANGENBERG, *Illustrationen zu Sh.'s Macbeth*, Diss., Marburg, 1967. – H.
HENNING, »Pablo Picassos Zeichnungen zur Totengräberszene des *Hamlet*«, SJ
Ost, 110 (1974).

E. SHAKESPEARES DRAMEN IM FILM

I. Aspekte und Typen der Shakespeare-Verfilmung

Was immer grundsätzlich gegen die Verfilmung literarischer Werke einzuwenden ist und wieviel gerade Shakespeares Dramen bei ihrer Umwandlung in Filmscripts verlieren müssen, ihre Gestalten und Geschichten, Motive und Situationen haben sich auch für dieses Medium und in ihm als äußerst attraktiv erwiesen und im 20. Jahrhundert ein Publikum angesprochen, das quantitativ und in seiner Schichtung weit über das vom Theater erreichte hinausging. Die Popularität des Dramatikers schien den Produzenten vorweg eine gewisse Publikumsgunst für den »Drehbuchautor« Shakespeare zu garantieren. Wo sie sich auch künstlerisch einen Vorschub von ihm erhofften, gerieten sie freilich oft in ein Dilemma, auf dessen prinzipielle Seiten hier nur sporadisch hingewiesen werden kann. Haben aber Shakespeare-Filme bisher wenig zur Entwicklung der Filmkunst beigetragen, so bedeuteten sie doch viel für die Wirkungsgeschichte Shakespeares. In diesem Rahmen leisteten sie, ganz abgesehen von ihrem Verbreitungsradius, Spezifisches in der Dokumentation und Interpretation, die meist eng dem Theater verbunden blieb und standardisierend auf das Theater zurückwirkte.

Nicht die manchmal »filmisch« genannte Dramaturgie Shakespeares fand hier ihre Erfüllung, wohl aber setzte sich ihre Auslegung durch das Theater des 19. Jahrhunderts folgerichtig im Film fort, jene Visualisierungstendenz, die zum gleichsam fotografischen Bemühen in der naturalistischen Bühnenwiedergabe geführt hatte. Bezeichnenderweise war ein Tableau aus Herbert Beerbohm Trees *King John*-Inszenierung die erste Shakespeare-Szene, an der sich 1899 die eben erst gebrauchs- und marktfähig gewordene Kinematografie versuchte. Theater und Kino griffen unmittelbar ineinander über, als Tree 1905 die Schiffbruch-Effekte seines *Tempest* offenbar auch deshalb abfilmen ließ, weil er sie als Projektion zum Ersatz von Dekorationen auf Provinztourneen verwenden wollte.

Viele Shakespeare-Filme haben sich von jeher darauf beschränkt, auf der Bühne bereits bewährte Rollengestaltungen und Regiekonzeptionen – zumindest in Teilen – festzuhalten. So gehört, was von TREES weiteren Inszenierungen, F.R. BENSONS Aufführungen in Stratford oder J. FORBES-ROBERTSONS und MOUNET-SULLYS berühmten Hamlet-Darstellungen (1913) in frühen Stummfilmen aufgezeichnet worden ist, eher in die Geschichte des Theaters; und keinen anderen Ehrgeiz als den einer möglichst getreuen Reproduktion von Theatervorstellungen hatten noch jüngst die Filme mit Richard BURTON als Hamlet (1964, Theaterregie: John GIELGUD) und Laurence OLIVIER als Othello (1965, Theaterregie: John DEXTER).

Theaterbezogen und -verwandt blieben aber auch viele der Shakespeare-»Verfilmungen« im eigentlichen Sinn. Um nur einige Symptome zu nennen: die wenigsten verzichteten auf sprechtechnisch besonders geschulte Bühnenschauspieler (John GIELGUD begegnet allein viermal in mittleren Rollen); in der Spielweise dominierte das typische »stage business«, ja gelegentlich die Theatralik der Oper; Sergej JUTKEWITSCH drehte seinen *Othello* (1955) sogar Szene um Szene nach Shakespeares Reihenfolge, um seine Schauspieler das »Drama« sukzessive nachvollziehen zu lassen; die Studiobauten behielten oft die Geschlossenheit, das Abstrakte und Künstliche von Bühnenspielräumen, erstrebten mit Treppen, Rampen, Säulen und ihrer Ausleuchtung die szenischen Wirkungen des Theaters; Realbauten und Landschaften blieben meist Hintergrund, Ausblick, »Szenerie«, spielten erst spät eine integrale Rolle; statt die Figuren filmisch ins Bild zu holen, verfolgte die Kamera gerne ihre Auftritte und Abgänge; die Dramaturgie, vor allem bei OLIVIER, wahrte die Shakespearesche Einzelszene als dramatische und bildliche Einheit, filmisch-narrative Mittel wurden vorwiegend zur Szenenverknüpfung eingesetzt. OLIVIERS *Henry V* (1944) machte die Bühnen-Substanz und -Herkunft seiner Vorlage selbst zum Thema: der Film beginnt im nachgebauten Globe-Theater, verlegt das Geschehen erst allmählich auf reale Schauplätze, die doch durch Kulissen und Prospekte theaterhaft verfremdet bleiben – auf diese Weise den Phantasie-Appell des Chorus einlösend und doch weiter legitimierend –, geht beim Höhepunkt der voll ausgefilmten Schlacht zu natürlichen Außenaufnahmen über, um am Ende wieder in den engen Kreis des »wooden O« zurückzukehren. Das bedeutet Spiegelung und Vollzug eines Imaginationsweges durch wechselnde Vermittlung von theatralischer und filmischer Wirklichkeit.

Aber selbst bei theaternahen Verfilmungen macht sich bemerkbar, daß die Transposition von Shakespeares Stücken ins andere Medium – vergleichbar ihrer Einrichtung zu Ballett- oder Opernlibretti – besondere Probleme aufwirft. Die Längenkonvention dürfte heute die geringste Schwierigkeit bereiten, denn spätestens mit Grigori KOSINZEWS dreistündigem *Hamlet* (1964) hat sie sich der theaterüblichen Aufführungsdauer so weit angenähert, daß im Film kaum zusätzliche Textstreichungen erforderlich scheinen. Schwerer wiegt der Umstand, daß auch im Tonfilm das Dichterwort in seiner Wirkung stark zurücktritt. Glaubte man es bis in die fünfziger Jahre hinein durch Illustrationen aller Art stützen zu können, so suchen es jüngere Shakespeare-Filme eher durch Verminderung der visuellen Eindrücke, ja zeitweilig völlige Bildleere (BROOKS *Lear*) zur Geltung zu bringen. Shakespeares Monologe erwiesen sich dabei immer als ein Hauptproblem. OLIVIER reduzierte sie in *Henry V* und *Hamlet* (1948) zur Stimme der Gedanken (die aus dem Off spricht, während das Gesicht des »Sprechers« ruhig bleibt) und adressierte sie als extravertierter *Richard III* (1955) direkt an das Kinopublikum. Begründet waren seine Lösungen durch die besondere Wirklichkeits-Fiktion des Films, die den Personen offenbar keine lauten Selbstgespräche gestattet. Sie beschwert auch andere, von der Bühnenkonvention willig akzeptierte und geförderte Momente wie Hosenrollen, Belauschungen oder Verwechslungen mit ihren realistischeren Ansprüchen – wohl mit ein Grund, daß so theaterbeliebte Komödien wie *Twelfth Night*, *As You Like It*, *Much Ado About Nothing* oder *The Comedy of Errors* im Film kaum reüssiert haben.

Mediengerecht versuchten Shakespeare-Filme bisher vor allem durch mimisch-gestische Nuancen der vom Kamera-Auge intim verfolgten Charakterzeichnung und durch opulente Milieudarstellung zu sein. Das letztere mündete allerdings oft genug in die Sackgasse der kulturhistorischen Schwelgerei, zu der, wie auf dem Theater der Meininger-Zeit, vor allem die italienische Renaissancewelt von *Romeo and Juliet*, dem meistverfilmten Shakespeare-Drama, *The Merchant of Venice* und *The Taming of the Shrew* einlud und verführte. Von früh an wurden hierzu immer wieder die »Originalschauplätze« aufgesucht und für Kostüme, Arrangements, ja Haltungen und Gesten Vorbilder der Malerei aufgeboten, was – zumal in neueren Farbfilmen – die Wirkungen des dramatischen Geschehens durch touristische Reize nahezu paralysierte. Weiter in der filmischen Milieugestaltung führte ein Weg, den die russischen Regisseure, zuletzt KOSINZEW in seinem *Lear* (1970), mit der leitmotivischen Hervorhebung von Bildsymbolen (schon in OLIVIERS *Richard III* wurden Krone und Schatten solcherart betont) und der teils episierenden, teils dramatisierenden Einbeziehung von Naturpanorama und Alltagswelt beschritten haben. Milieu diente hier nicht mehr zur Kolorierung der Handlung, sondern half sie begründen und vermitteln.

Die Konzentration auf eine extrem filmische Charakterzeichnung andererseits zeitigte so eigenwillige Shakespeare-Adaptionen wie die von Orson WELLES. Die Dialoge, Szenen und Handlungsfolgen der Vorlagen wurden bei ihm atomisiert zu effektvollen Einstellungen und kompiliert zu bildsinfonischen Essays, retrospektiv-statischen Porträtstudien über Gestalt und Lebenswelt eines Macbeth (1948), Othello (1951), Falstaff (1966). Dem gegenüber stand die fast puristisch auf Nah- und Großaufnahmen der Personen beschränkte *Hamlet*-Verfilmung Tony RICHARDSONS (1969, mit Nicol WILLIAMSON), die das Drama charakterologisch verinnerlichte, indem sie es auch im Film auf der Podiumsbühne beließ und seinen Handlungsraum nicht definierte. Wieder erhebt sich hier die Frage, ob es für die Flexibilität und Imaginationskraft des auf der Bühne aktualisierten Shakespeareschen Textes kein mediengerechteres Äquivalent gibt, als daß man dieses Sprechen und Handeln abfilmt und dabei aus seiner Kommunikations-Situation löst. Peter BROOK hat 1966 angedeutet, welche »post-Godardschen« Fiktionalisierungs- und Verfremdungstechniken – wie Bildteilung und -arretierung, Inserts, Untertitel, Thematisierung der Dreharbeit – der Shakespeare-Film noch anwenden müßte, um jener appellativen Beweglichkeit etwas näher zu kommen. Mit seinem *Lear* (1969/70) hat er einen ersten Schritt in dieser Richtung getan.

2. Geschichte der Shakespeare-Verfilmung

Die Geschichte sorgte für ein maliziöses Omen: der erste Shakespeare-Film verfilmte nicht Shakespeare, sondern die Magna Charta-Szene, die Tree in *King John* interpoliert hatte. Kaum weniger paradox war der zweite Streifen, der 1900 die Pariser Weltausstellung um eine Sensation bereicherte: Sarah Bernhardt unterstrich in einem Drei-Minuten-Duell ihre »männliche« Hamlet-Auffassung. Die dritte Kuriosität steuerte Shakespeare »persönlich« bei: Georges Méliès, der ideenreiche Experimentator, zeigte 1907, wie der Dichter die Ermordung Caesars imaginiert und im poetischen Furor einen Brotlaib ersticht. Mit diesen Beispielen sind Art und Intentionen der frühen Shakespeare-Verfilmung umrissen: man konservierte Theateraugenblicke, zelebre Ausstattungs- und Rollenerlebnisse, und stillte den Stoffhunger des neuen Mediums mit Klassikerfragmenten, die Vorwände zu pantomimischen Aktionen und Tricks gaben. Für die vier Jahre von 1908 bis 1911 sind etwa 50 solcher meist einspuliger Kurzfilme registriert, zu denen Shakespeare die stoffliche Grundlage lieferte, wobei sich die Bevorzugung von *Romeo* und *Hamlet* bereits abzeichnete. Aber auch entlegenere Stücke wie *The Winter's Tale*, *The Tempest*, *Antony and Cleopatra*, *Henry VIII* und *Cymbeline*, die nach 1914 keine Verfilmung mehr erlebten, wurden von dieser Verwertungswelle (meist mehrmals) erfaßt.

Als der länger gewordene Stummfilm dann seine eigenkünstlerischen, erzählerischen Möglichkeiten zu entdecken begann, wandte er sich von der Dramenverfilmung ab. War bis zum ersten Weltkrieg das Shakespeare-Kinogeschäft konkurrierend von den USA, Italien, England und Frankreich betrieben worden, so trat danach, vom Modegenre der Shakespeare-Travestien und -Burlesken abgesehen, nur noch Deutschland mit einigen ambitionierten Versionen hervor. Filmisch am interessantesten geriet die freieste, die *Hamlet*-Adaption von 1920, in der

Asta NIELSEN die Titelfigur verkörperte, nicht als Hosenrolle, sondern – Schlußentdeckung Horatios – als Frau. Ein pathetischer *Othello*-Film mit Emil JANNINGS und Werner KRAUSS folgte 1922, ein Shylock-Film mit KRAUSS 1923. Der *Sommernachtstraum* von 1925 mit KRAUSS als Zettel schien – vor allem durch KLABUNDS Zwischentitel – selbstironisch einzugestehen, welch ein vermessenes Unterfangen es sei, Shakespeare im Stummfilm wiedergeben zu wollen.

Aber auch im Tonfilm kam er zunächst wenig zur Geltung. Zwar verfilmte schon 1929 Sam TAYLOR *The Taming of the Shrew* mit Mary PICKFORD und Douglas FAIRBANKS Sr., doch machte er noch geringen Gebrauch vom Text der Vorlage. Zwiespältig in ihrer filmischen Fortsetzung und Kompensation von Theater blieben auch jene drei Filme von 1935/36, in die man zuversichtlich viel Mühe und Geld investiert hatte: Max REINHARDTS *Midsummer Night's Dream*, auf seinen Freilichtinszenierungen aufbauend und frappierend in der Führung mancher Darsteller (James CAGNEY als Bottom, der elfjährige Micky ROONEY als Puck), aber allzu musikgesättigt und mit Elfenchoreographien – trotz ihres faszinierenden Rhythmus – überhäuft, wo er dem Filmzauber das Seine geben wollte (Mitregie: William DIETERLE); Paul CZINNERS *As You Like It*, das Bühnen-Image von Elisabeth BERGNERS Rosalind und OLIVIERS Shakespearerollen nutzend, aber ohne filmische Konzeption; George CUKORS *Romeo and Juliet*, auf »Authentizität« des Dialogs und Milieus bedacht und vielleicht eben deshalb alles Leben des Stücks in Rezitation und starren Ausstattungsbildern erstickend, auch in der bejahrten Besetzung Theatersphäre (John BARRYMORE als Mercutio) und Kinosphäre unglücklich mischend.

Erst mit OLIVIERS *Henry V* trat der Film in ein Stadium der entschiedenen und anhaltenden Auseinandersetzung mit Shakespeare. Mochten die Werkwahl und die einseitige Deutung des Helden als eines glorreichen, unproblematischen Heerführers von der nationalen Propaganda des letzten Kriegsjahres mitbestimmt sein, in der Art der Umsetzung (erstmals auch in Farbe) blieb der Film ein Vorbild, das OLIVIER selbst nicht wiedererreicht hat. Sein *Hamlet* versuchte eine Kammerspielinszenierung von großer Theaterintelligenz dadurch filmgemäß zu machen, daß er die Kamera in einer labyrinthischen, archaischen Burg gleichsam auf Reisen schickte, um ihre Einzelszenen aufzusuchen. Der Verbannung allen Geschehens in diesen unheimlichen, weltentrückten, mythisierten Raum, dem jede konkrete Außenbeziehung fehlte (nebst Rosencrantz und Guildenstern war auch Fortinbras gestrichen), entsprach eine rein psychologische, »existentialistische« Deutung; der Film identifizierte sich mit Hamlets Sicht, erforschte und erschloß das Dunkel mit seinen Augen. Die völlige Ausrichtung der filmischen Perspektive auf die Zentralfigur, begreifbar aus der Personalunion von Hauptdarsteller und Regisseur, aber nicht mit schauspielerischem Egoismus gleichzusetzen, kennzeichnete auch *Richard III* und führte in diesem Film – entgegen dem legitimistischen Motto, das ihm vorangestellt wurde – zu einer Idolisierung des kronräuberischen Verstellungsvirtuosen und autonomen Willensmenschen Richard, dessen Tötung auf dem Schlachtfeld schmählicher wirkte als die zuvor durch ihn veranlaßte Serie von Morden. Mitschuld an dieser unbeabsichtigten Sympathienverkehrung war die starke Reduzierung der Frauenrollen und Streichung Margarets – nicht der einzige Zug, mit dem Colley CIBBERS Adaption von 1700 hier noch einmal zu späten Ehren kam.

In Wettstreit mit OLIVIERS Shakespeare-Verfilmungen lagen inzwischen die von Orson WELLES und ein hoch besetzter *Julius Caesar* von Joseph L. MANKIEWICZ (1953), der in seiner Forumszene (Marlon BRANDO als Antony) diszipliniert und sicher alle Vorteile der dramatischen Spannungserregung und Steigerung nutzte, die der Film gegenüber dem Theater in der Gestaltung von Massenszenen haben kann (akustische Kulisse, selektive Kameraführung, Distanzwechsel usw.). 1954 trat in einer Koproduktion erstmals wieder Italien hervor mit Renato CASTELLANIS *Giulietta e Romeo*, 1955 durchbrach auch ein russischer *Othello* (JUTKEWITSCH) das englisch-amerikanische Shakespeare-Monopol. Beide erbrachten allerdings kaum neue Gesichtspunkte für die Shakespeare-Verfilmung, zeigten eher, daß das Problem vom Dekorativen und von der schönen Farbgestaltung her nicht zu lösen ist; die Tragödie von Verona geriet zum lyristischen Kulturfilm, *Othello* zur pathetischen Filmoper mit einigen bewegenden Momenten. Frankreich und Deutschland schalteten sich nur noch mit modernisierenden Versionen shakespearescher Themen ein, einem Genre, das in den dreißiger Jahren aufkam und dessen Spätprodukt *Der Rest ist Schweigen* von Helmut KÄUTNER (1959) auf konzeptionelle Vorlieben der ersten Nachkriegszeit zurückverwies. Eine Übertragung der *Macbeth*-Handlung in die japanischen Bürgerkriege des 16. Jahrhunderts mit einer sozialrevolutionären Abwandlung ihres Schlusses bot 1957 der Film *Kumonosu-Jo (Throne of Blood, Das Schloß im Spinnwebwald)* des bekannten japanischen Regisseurs Akira KUROSAWA. Auch Ballette und Opern nach Shakespeare wurden seit 1954 mehrfach verfilmt.

Einen neuen Anstoß brachte im Jubiläumsjahr KOSINZEWS *Hamlet*, die erste Umsetzung eines Shakespeare-Dramas in einen Spielfilm, die das Theater vergessen lassen konnte, obwohl der Regisseur und der Hauptdarsteller Innokenti SMOKTUNOWSKI von der Bühne herkamen. Neu war auch die Deutung Hamlets als eines entschlossenen aber isolierten Kämpfers für Freiheit und Humanität inmitten einer korrupten Hofgesellschaft. In KOSINZEWS Film nach *King Lear* (1970), wie *Hamlet* auf eine Übersetzung von Boris PASTERNAK gestützt und von Dimitri SCHOSTAKOWITSCH musikalisch betreut, wurde das Thema noch entschiedener sozial interpretiert: Lears Leidensweg durch das von ihm selbst zugrunderegierte Reich ist zugleich ein Weg der Erkenntnis von feudaler Anmaßung zu demütiger Solidarität mit dem unterdrückten Volk. Verwandelten diese bewußt auf Farbe verzichtenden Breitwandfilme Shakespeares Drama zum filmischen Epos, so versuchte Franco ZEFFIRELLI in *The Taming of the Shrew* (1966, mit Elizabeth TAYLOR und Richard BURTON) und *Giulietta e Romeo* (1968), beides italienisch-englische Koproduktionen, das Theatralische der Vorlagen filmisch zu vitalisieren. Im ersten Fall kam er über eine diffuse Turbulenz nicht hinaus, im zweiten vermochte er die schon in seiner italienischen Bühnen-Inszenierung »filmisch« angelegten, fesselnden Schwärm- und Fechtszenen – zentriert in einer neuen Sinngebung der Mercutio-Gestalt – mediengerecht zu reproduzieren.

Auch englische Theaterkünstler haben sich seit 1966 auffällig oft der Shakespeare-Verfilmung gewidmet. RICHARDSON und BROOK sind schon genannt worden; Frank DUNLOP zeichnete

1966 seine Edinburgher Pop-Inszenierung von *The Winter's Tale*
auf, Peter HALL 1968 seine in verregnete Natur versetzte Stratforder Inszenierung des *Midsummer Night's Dream;* John GIELGUD
spielte 1970 die Titelrolle in einem *Caesar*-Film von Stuart
BURGE; Kenneth TYNAN verfaßte 1971 mit Roman POLANSKI das
Drehbuch zu dessen *Macbeth*-Film. Die Vielzahl und Vielfalt all
dieser neueren Versuche läßt kaum am Ernst der filmkünstleri-
schen Bemühungen um Shakespeare zweifeln. Noch kaum be-
schwichtigt ist indes der alte Einwand, daß der Film – wolle er
wirklich Film sein – nicht viel mehr von Shakespeare übernehmen könne als was dieser von PLUTARCH, BANDELLO oder
HOLINSHED übernahm.

Dokumentation:
KLABUND, *Wie ich den »Sommernachtstraum« im Film sehe,* Berlin: Verlag der
Lichtbildbühne, 1925. – *Romeo and Juliet. By W. Sh.: A motion picture edition,* New
York: Random House, 1936. (Veränderte engl. Ausg. London: Barker, 1936). –
C.C. HUTTON, *The Making of Henry V,* Preston: Punch Bowl Press, 1945. –
A. DENT, ed., *Hamlet: The Film and the Play,* London: World Film Publications,
1948. – B. CROSS, ed., *The Film Hamlet: A Record of Its Production,* London:
Saturn Press, 1948. – M. MacLIAMMOIR, *Put Money in thy Purse: The Diary of
the Film of Othello,* London: Methuen, 1952. – *Julius Caesar and the Life of W. Sh.,*
introd. by J. GIELGUD, London: Gawthorn Press, 1953. – C. C. HUTTON,
Macbeth: The Making of the Film, London: Parrish, 1960. – C. HIGHAM, *The Films
of Orson Welles,* Berkeley, 1970. – G. P. GARRETT et. al., eds., *Film Scripts One:
Henry V,* New York: Appleton-Century-Crofts, 1971. – M. MacLIAMMOIR,
Put Money in thy Purse: The Filming of Orson Welles' Othello, 2. rev. ed., London,
1976.

Interpretation:
I. THURMANN, »Sh. im Film«, *SJ,* 76 (1940). – R.H. BALL, »The Sh. Film as
Record: Sir Herbert Beerbohm Tree«, *SQ,* 3 (1952). – H. RAYNOR, »Sh. filmed«,
Sight and Sound, 22 (1952). – P. DEHN, »The Filming of Sh.«, in: *Talking of Sh.,*
ed. J. Garrett, London, 1954. – M. LILLICH, »Sh. on the Screen«, *Films in
Review,* 7 (1956) Nr. 6. – *Bianco e Nero,* 18 (1957) (Januarheft: Sh.-Nummer mit
Filmographie und Bibliographie). – M.F. THORP, »Sh. and the Movies«, *SQ,* 9
(1958). – J.R. TAYLOR, »Sh. in Film, Radio, and Television«, in: *Sh. A Celebra-
tion 1564–1964,* ed. T.J.B. Spencer, Harmondsworth, 1964. – Deutsches Insti-
tut für Filmkunde, hrg., *Sh. im Film,* Wiesbaden, 1964 (mit ausführlicher Filmographie). – I. JOHNSON, »The Impact of Sh. on International Cinema«, *Films
and Filming,* 10 (1964) Nr. 7. – L.KITCHIN, »Sh. on the Screen«, *ShS,* 18 (1965). –
P. BROOK, »Finding Sh. on Film«, *TDR,* 11 (1966). – R.H. BALL, *Sh. on
Silent Film,* New York, 1968 (Fortsetzung dieses Standardwerks in Vorbereitung).
– C. HURTGEN, »The Operatic Character of Background Music in Film
Adaptations of Sh.«, *SQ,* 20 (1969). – A.R. CIRILLO, »The Art of Franco Zeffi-
relli and Sh.'s *Romeo and Jul et*«, *TriQ,* 16 (1969). – G. M. CAMP, »Sh. on Film«,
Journal of Aesthetic Education, 3 (1969). – R. MANVELL, *Sh. and the Film,* London,
1971 (mit Filmographie). – J. FUEGI, »Explorations in No Man's Land: Sh.'s
Poetry as Theatrical Film«, *SQ,* 23 (1972). – C. W. ECKERT, *Focus on Shakespearean Films,* Englewood Cliffs, 1972; deutsch Duisburg, 1977. – P. MORRIS,
Sh. On Film, Ottawa: Canadian Film Institute, 1972; auch in: *Films in Review,* 24
(1973) (ausführl. Filmographie). – G. KOZINTSEV, »*Hamlet* and *King Lear:* Stage
and Film«, in: *Sh. 1971,* ed. C. Leech, J. M. R. Margeson, Toronto, 1972; deutsch:
SJ West (1972). – G. KOSINZEW, »Aus der Arbeit am Film *König Lear*«, *Kunst
und Literatur,* 20 (1972). – *SJ Ost,* 108 (1972) und 109 (1973) (Weitere Beiträge zu

Kosinzews *König Lear*). – *Literature/Film Quarterly*, 1 (1973) (Heft 4: Sh.-Film-Nummer). – H. M. GEDULD, *Filmguide to Henry V*, Bloomington, 1973. – R. H. BALL, »Tree's *King John* Film. An Addendum«, *SQ*, 24 (1973) (Korrigiert den Eingangssatz des 2. Abschnitts: Tree filmte nicht die Magna Charta-Szene, sondern eine Szene John–Hubert). – R. H. BALL, »*The Taming of the Shrew* – with ›Additional Dialogue‹?«, in: *The Triple Bond*, ed. J. G. Price, London, 1975. – G. KOZINTSEV, *King Lear: The Space of Tragedy*, London, 1977 (diary of film director). – J. J. JORGENS, *Sh. on Film*, Indiana, 1977.

F. DIE DEUTSCHEN ÜBERSETZUNGEN

1. DIE PROBLEMATIK
DER DEUTSCHEN SHAKESPEARE-ÜBERSETZUNG

Die Schwierigkeiten, Shakespeare zu verdeutschen, beginnen bereits im Englischen: auch hier bedarf er gewissermaßen der »Übersetzung«, nämlich einer Texterklärung und -auslegung, die von einem empfindlichen Sprachgefühl allein nicht zu leisten ist. Die Übertragung ins Deutsche erschweren dann schon verstechnisch einige Strukturunterschiede der beiden Sprachen: die größere Zahl von einsilbigen Wörtern im Englischen, bedingt vor allem durch den Schwund von Flexionssilben; die andere Funktion, die dem jambischen Metrum dadurch zukommt, und die Dominanz der männlichen Endungen im Blankvers, die ihn konziser und zugleich das Enjambement fließender machen; die syntaktischen Möglichkeiten zu knappem Ausdruck (etwa durch Partizipialkonstruktionen), die das Deutsche nicht hat – Sprachdifferenzen also, die Shakespeares »Lakonismus« und Direktheit unerreichbar erscheinen lassen. Ungewöhnliche Anforderungen an die Wiedergabe stellt andererseits das Artifizielle von Shakespeares Sprache, die Assoziationsfülle, die funktionsreichen Bilder, Wortspiele und Reime. Dergleichen Probleme sind von den Übersetzern zu allen Zeiten relativ einmütig hervorgehoben worden.

Anders steht es jedoch mit ihrer Reflexion auf die Zielsprache. In welcher stilistischen Vertrautheit oder Fremdheit, Zeitnähe oder Historizität soll Shakespeare hier erscheinen, und an welche literatursprachliche Tradition ließe sich im Deutschen, wo es ein Äquivalent für das Elisabethanische nicht gegeben hat, überhaupt anknüpfen? Soll Shakespeares Einzigartigkeit in der Originalität der Übersetzung einen Abglanz finden, oder hat sich der »Kopist« aller Individualität zu begeben? Ist das Zeugnis der Vermittlung nicht in beiden Fällen ein geschichtlich gebundenes und muß es die Geschichtlichkeit der Shakespeareschen Kunst nicht schon für die nachfolgende Generation in einem verfrem-

denden Medium brechen? Wie schnell altern die Produkte des
unabschließbaren Übersetzungsprozesses, und welchen literarischen Eigenwert darf das Überholte noch beanspruchen? Auf
solche Fragen sind in Theorie und Praxis sehr verschiedene Antworten gegeben worden, und je länger, desto mehr verschiedene
zu gleicher Zeit. Der Pluralismus und die Krise der Shakespeare-
Übersetzung heute rühren wohl primär von der Häufung dieser
zielsprachlichen Probleme und nicht von einer übermäßigen
Komplikation unseres Shakespeare-Bildes her.

Aber die Schwierigkeiten der deutschen Shakespeare-Über-
setzer scheinen kaum größer zu sein als die ihrer Kritiker. In
wenigen Bereichen der Shakespeare-Diskussion herrscht so viel
Uneinigkeit und Verwirrung, sind die Betrachtungsweisen so
divergent, bleiben die Urteile so unverbindlich wie in der Über-
setzungsanalyse. Sieht man von dem hier wie in allen Rezep-
tionsfragen allzu unhistorisch angewandten Kriterium der »Originaltreue« und der häufigen Verschiebung des Problems in die
moralische Sphäre (»selbstloser Dienst an Shakespeare«) ab, so
scheinen vor allem vier Faktoren die Situation zu belasten: die
anhaltende Fixierung auf Schlegel-Tieck, die Generalisierung
von Sonderbedürfnissen des Theaters, die Einschränkung der
Untersuchung auf das rein Linguistische und die allzu empirische
Beweisführung. Dabei ist über der oft detailliert, aber mit unge-
wisser Signifikanz beantworteten Frage, wie Shakespeare übersetzt wurde, die entscheidend modifizierende Frage, wann, für
wen und wozu man ihn übersetzt hat, vernachlässigt worden.
Wie sehr die sprachliche Aneignung nicht nur Grundlage sondern auch Ausdruck der allgemeinen Shakespeare-Rezeption
war und vom jeweiligen Stand der deutschen Sprache und Literatur (die sie durch SCHLEGEL selbst stark beeinflußte), des Theaters,
der Kritik und Forschung, aber auch der eigenen Überlieferung
und Theorie bedingt war, also einen besonders komplexen Fall
der Wirkung Shakespeares darstellt, das kann freilich in einem
kurzen Abriß der pragmatischen Übersetzungsgeschichte kaum
angedeutet werden. So sollen wenigstens ein paar Fakten auf
Motive, Stellenwert und Wirkungen der Shakespeare-Verdeutschungen hinweisen und die bibliographische Orientierung
erleichtern.

H.G. HEUN, »Probleme der Sh.-Übersetzungen: Eine Bibliographie« I–V, *SJ*, 92 (1956), 95 (1959), *SJ West* (1966, 1968, 1971). – L.W. KAHN, *Sh.s Sonette in Deutschland*, Diss. Bern, Straßburg, 1934. – W.I. LUCAS, *Die epischen Dichtungen Sh.s in Deutschland*, Diss., Heidelberg, 1934. – L.L. SCHÜCKING, »Sh.s Stil als Übersetzungsproblem«, *SJ*, 84/86 (1950). – S. KORNINGER, »Sh. und seine deutschen Übersetzer«, *SJ*, 92 (1956). – K. STRICKER, »Deutsche Sh.-Übersetzungen im letzten Jahrhundert (etwa 1860–1950)«, *SJ*, 92 (1956). – I. CANDIDUS, E. ROLLER, »Der Sommernachtstraum in deutscher Übersetzung von Wieland bis Flatter«, *SJ*, 92 (1956). – H.R. HILTY, »Zur Behandlung der Eigennamen in Sh.-Übersetzungen«, *SJ*, 92 (1956). – R. STAMM, »Probleme der Sh.-Übersetzung«, in: *Zwischen Vision und Wirklichkeit*, Bern, 1964. – *Der deutsche Sh.*, mit Beiträgen von W. MUSCHG, H. SCHMID, P.M. DALY, U. HELMENSDORFER, K. REICHERT, M. ISLER, R. FRANK, R. STAMM u.a., Basel, 1965. – U. SUER-BAUM, »Der deutsche Sh. Übersetzungsgeschichte und Übersetzungstheorie«, *Festschrift Rudolf Stamm*, hrg. E. Kolb, J. Hasler, Bern, 1969. – R. BORGMEIER, *Sh.s Sonett »When forty winters« und die deutschen Übersetzer*, München, 1970. – »Sh.-Übersetzungen: Bochumer Diskussion«, *Poetica*, 4 (1971). – H.W. GABLER, »Historical Survey of Sh. Translation in Germany/Materials for Discussion«, in: *Sh. Translation*, ed. T. Oyama, Tokyo, 1971. – U. SUERBAUM, »Der deutsche Sh.«, in: *Sh.: Eine Einführung*, ed. K. Muir, S. Schoenbaum, Stuttgart, 1972. – U. SUERBAUM, »Sh. auf deutsch – Eine Zwischenbilanz«, *SJ West* (1972). – H.G. HEUN, »Probleme der deutschen Sh.-Übersetzung (VI). Eine Bibliographie«, *SJ West* (1974). – R. BORGMEIER, »Nachwort«, in: *W. Sh., The Sonnets/Die Sonette*, Stuttgart, 1974. – R. BORGMEIER, »›This powerful rhyme‹ – An Analysis of the Importance of Rhyme in the German Translation of Sh.'s Sonnets«, in: *Sh. Translation*, vol. 2, Tokyo, 1975.

2. DIE ANFÄNGE IM 18. JAHRHUNDERT

Hinter der ersten vollständigen Übertragung eines Shakespeare-Dramas ins Deutsche stand weder literarischer Ehrgeiz noch ein bestimmtes publizistisches Ziel. Der 1741 in Berlin erschienene *Versuch einer gebundenen Uebersetzung des Trauer-Spiels von dem Tode des Julius Cäsar* war, wie der ungenannte Verfasser, der preußische Gesandte in London, Caspar Wilhelm von BORCK, in seinem launigen Vorwort versicherte, nichts als eine Liebhaber-Arbeit, »aus einer müßigen Feder geflossen«. Die ironische Unbefangenheit, mit der er sie vorstellte, verriet allerdings schon eine Ahnung von den Kontroversen, die sie aufrühren sollte. Mit ihren gereimten Alexandrinern entsprach sie zwar durchaus den geltenden klassizistischen Regeln, mit den vielen »niedrigen Wörtern«, die Shakespeare ihr aufgenötigt hatte, vermochte sich jedoch selbst ein vager Befürworter des Unternehmens wie J.E. SCHLEGEL nicht zu befreunden.

Die Aufnahmesituation für einen deutschen Shakespeare wandelte sich erst im folgenden Jahrzehnt, als der Alexandriner, dessen starre Gleichschenkeligkeit nichts von der Beweglichkeit des

Shakespeareschen Dialogs vermitteln konnte, seine Verbindlichkeit als Trauerspielvers einzubüßen begann. 1758, im selben Jahr, in dem WIELAND sein Blankversdrama *Lady Johanna Gray* veröffentlichte, kam in Basel anonym eine Blankvers-Übersetzung *Romeo und Juliet* in der Sammlung *Neue Probstücke der englischen Schaubühne* heraus. Als Autor ist der schweizer Humanist und Theologe Simon GRYNAEUS ermittelt worden. Er hatte in London vermutlich GARRICK spielen sehen, dessen Bearbeitung er zur Textgrundlage wählte. Die unmittelbare Anregung zur Verdeutschung ging wie später bei WIELAND von BODMER aus, und auch GRYNAEUS dachte schon an eine Gesamtübersetzung, deren Chancen er an dem Echo auf diesen ersten, recht unvollkommenen Versuch ermessen wollte. Die Resonanz blieb gering, und so gab er den Plan auf.

Zweifellos war aber das Bedürfnis nach einer umfassenden Shakespeare-Übersetzung durch die literarische Kritik geweckt worden. WIELAND unterzog sich der Aufgabe, bevor sich andere dazu anschickten (EBERT, SULZER, FÜSSLI). Von 1762 bis 1766 erschienen in Zürich unter dem Titel *Shakespear Theatralische Werke* 8 Bände seiner Übertragung mit insgesamt 22 Dramen. Auch WIELANDs Arbeit trug manche Zeichen einer Liebhaberei. Die Märchen- und Feenstücke, die ihn – wie später die Romantiker – am meisten anzogen, übersetzte er zuerst und am glücklichsten. Die Verspartien von *Ein St. Johannis Nachts-Traum* gab er in Versen wieder, das komische Tragödienspiel der Handwerker nun ironischerweise in Alexandrinern (die SCHLEGEL so gut gefielen, daß er sie fast unverändert übernahm), doch dann resignierte er vor der Schwierigkeit und Mühe und übertrug die übrigen Stücke, von einigen Liedeinlagen abgesehen, in Prosa. Für die dramatische Sprach- und Formauffassung seiner Zeit, die das bürgerliche Trauerspiel in Prosa eingeführt hatte, lag darin freilich kein großer Unterschied und auch kein Vergehen, da Shakespeare ohnehin als regellos galt. Auch für WIELAND war er ein Dichter, »der alle Schönheiten und Mängel der wilden Natur hat«, und so ergriff und vermittelte seine Sensibilität einen Shakespeare der poetischen Einzelheiten, der »schönen Stellen«, während er andererseits aus dieser Wertung das Recht ableitete, Sätze, Abschnitte, ja ganze Szenen, die seinem Geschmack zu-

widerliefen, den Lesern vorzuenthalten, zumindest in den Anmerkungen zu bemäkeln. Trotzdem wollte er keine Bearbeitungen geben, sondern Shakespeare »den Deutschen so bekanntma-
chen wie er ist«, unzensuriert und mit »Wildheiten«, die der ele-
gante Stilist WIELAND in eigenen Werken gewiß vermieden
hätte.

WIELANDs Übersetzung blieb in mancher Hinsicht das, als was
er sie selbst bezeichnet hatte: ein »literarisches Abenteuer«. Seine
Hilfsmittel waren ungenügend, seine Kenntnis des elisabethanischen Englisch reichte nicht aus, seine Textvorlage, die Ausgabe
von WARBURTON (1747), war schlecht, sein Vorgehen recht plan-
und prinzipienlos. Er hatte seine Kräfte überschätzt, und so er-
lahmte auch bald der Enthusiasmus. Die unfreundlichen Rezensionen trugen das ihre dazu bei. Die Traditionalisten meinten:
»von Rechts wegen sollte man einen Mann, wie Shakespear, gar
nicht übersetzt haben«; die Shakespearomanen des Sturms und
Drangs bemängelten WIELANDs rationalistische Halbherzigkeit;
die Kenner kritisierten seine Anglizismen, die vielen simplen
Fehler, das Auslassen der Wortspiele, die gelegentliche Dialekt-
färbung etc. Dennoch hat seine Leistung dem deutschen Lesepublikum Shakespeare in einer sprachlichen Subtilität erschlossen, die etwa LESSING spontan anerkannte und GOETHE später als
historisches Verdienst dankbar bestätigte.

E. STADLER, hrg., *Wielands Gesammelte Schriften*, 2. Abt.: *Wielands Übersetzun-
gen*, 1.–3. Band, Berlin, 1909–11. – E. STADLER, *Wielands Sh.*, Straßburg, 1910. –
M. J. WOLFF, hrg., *Versuch einer gebundenen Übersetzung des . . . Julius Cäsar . . .
von* C.W. v. BORCK, Berlin, 1929. – E.H. MENSEL, hrg., *Die erste deutsche
Romeo-Übersetzung*, Northampton/Mass., 1933. – H. KÜRY, *Simon Grynäus von
Basel (1725–1799), der erste deutsche Übersetzer von Sh.s Romeo und Julia*, Diss.,
Basel, 1935. – M. BIRCHER, H. STRAUMANN, *Sh. und die deutsche Schweiz bis
zum Beginn des 19. Jahrhunderts: Eine Bibliographie raisonnée*, Bern, 1971. – K.
ITKONEN, *Die Sh.-Übersetzung Wielands (1762–1766)*, Jyväskylä, 1971 (lexiko-
graphisch).

3. KONSOLIDIERUNG UND EXPERIMENT

Fortgeführt wurde WIELANDs Werk von dem Braunschweiger
Professor Johann Joachim ESCHENBURG, der sich u. a. mit einer
Übersetzung des Shakespeare-Essays von Elizabeth MONTAGU
dafür empfohlen hatte (1771). Die 12 bändige »Neue Ausgabe«
von *William Shakespear's Schauspielen*, die er 1775–77 in Zürich

edierte und der 1782 noch ein Band mit 7 Apokryphen folgte, enthielt neben den philologisch verbesserten und vervollständigten WIELAND-Übersetzungen auch die restlichen Stücke, alle in korrekter und gewandter Prosa mit Ausnahme von *Richard III*, den ESCHENBURG schon in einer Versübertragung bereitliegen gehabt hatte. Die Lieder, Prologe, Epiloge, Maskenspiele und Hexenszenen behielten ebenfalls ihre Versform. ESCHENBURG hatte den Vorteil, die JOHNSON-STEEVENS-Ausgabe (1773) zugrundelegen zu können, und er wußte auch sonst die modernsten wissenschaftlichen Quellen auszuschöpfen. Seine gelehrten Anmerkungen erlangten internationales Ansehen und wurden zum Teil sogar in die gleichzeitige französische Standard-Übersetzung von LE TOURNEUR übernommen. 1787 faßte er die Früchte seiner gewissenhaften Studien in der Monographie *Ueber W. Shakspeare* (Zürich) zusammen, einer Art Apparat-Kompilation, die den Beginn der Shakespeare-Forschung in Deutschland markiert.

Eine gefährliche verlegerische Konkurrenz erwuchs der Eschenburg-Ausgabe alsbald durch den unberechtigten Nachdruck, den der Mannheimer Professor Gabriel ECKERT 1778–80 mit Vorwissen aber ohne Billigung ESCHENBURGS und anfangs unter dessen Namen in 20 Bänden herausgab (*Willhelm Shakespears Schauspiele*, Straßburg, später Mannheim) und die er wegen seiner eigenen gründlichen Textrevision »Neue verbesserte Auflage« nannte. 1783 folgten auch in ihr 2 Bände mit den Apokryphen. Der Streit um Legitimität und Leistung zog sich viele Jahre hin und führte dazu, daß ESCHENBURG seinerseits in der neuen Ausgabe seiner 12bändigen Edition (Zürich, 1798–1806) diejenigen Änderungen seines Kollegen, in denen er Verbesserungen sah, stillschweigend übernahm.

Obwohl auch ESCHENBURGS Arbeit harte Aburteilungen erfuhr – GOETHE fand schon die Proben von 1771 »abscheulich«, und SCHILLER sprach kurzweg vom »Erzphilister« –, war sie von größter Bedeutung, vor allem für das deutsche Theater. Ihm stellte sie Shakespeare in der Prosasprache zur Verfügung, die es einzig rezipieren konnte, und mit ihrer Genauigkeit bot sie auch SCHLEGEL, TIECK und SCHILLER (*Macbeth*) wertvolle Detailhilfe. Im vergangenen Jahrzehnt haben sich viele deutsche Bühnen ihrer Qualitäten wieder erinnert.

Den Stürmern und Drängern aber hatten sich schon vor
ESCHENBURG andere Dimensionen in Shakespeares Sprache aufgetan. Ihre Übertragungsversuche waren zwar nicht direkt nutzbar und wirkten nicht in die Breite, bereiteten jedoch im Prin-
zipiellen den Weg, der in SCHLEGELs Werk mündete. Am weitesten in die Zukunft wiesen die frühesten Experimente, die von
HERDER. Sein organologisches Shakespeare-Verständnis ließ ihn
die Verdeutschung von Anfang an als ein »Nachbilden« begreifen, als »Mentalübersetzung«, der Inhalt und Sinn des Originals
unablösbar waren von dessen Form und »Ton« und die beides zu
reproduzieren strebte. Als Ursprung jenes Tons, der sich in
Shakespeares Liedern am reinsten offenbare, sah er die englische
Volkspoesie der Balladen an. Shakespeare habe »alle Stimmen des
Volks und der Natur belauscht und idealisiert«, schrieb er 1774 in
der ungedruckten Sammlung *Alte Volkslieder*, in die er kostbare
Belege dieser Auffassung einschob: Gesänge, lyrische Reden und
Parabeln aus den Romanzen und Komödien, Monologe und
Szenenfragmente aus den »nordischen« Stücken *Macbeth*, *Hamlet*
und *Lear*, alles in einem bis dahin ungekannt modulationsfähigen
Deutsch, kraft- und gemütvollen Versen, die SCHLEGEL noch
1797 als Vorbild pries. In die Edition *Volkslieder. Erster Teil* von
1778 nahm er dann nur eine Auswahl dieser Übersetzungsmuster
auf und verdeutlichte dabei den jeweiligen Situations- und Dia-
log-Rahmen, um mit seiner Hervorhebung der poetischen Blüten
nicht mißverstanden zu werden. Denn es ging ihm nicht um
eine generelle Lyrisierung oder Abstempelung von Shakespeares
Werk als Folklore, er wollte nur eine seiner sprachlichen Wurzeln
aufzeigen und bis in die »Idealisierung« hinein verfolgen und
wiedergeben.

Bedeutsame Vorstöße in Richtung auf eine Übersetzung, die
den gewandelten Ansprüchen an eine lebendige Bühnensprache
entgegenkam, unternahmen dann, mit angeregt von HERDER,
Jakob Michael Reinhold LENZ und Gottfried August BÜRGER. Die
erste deutsche (leicht kürzende) Übertragung von *Love's Labour's
Lost*, die LENZ unter dem Titel *Amor vincit omnia* seinen *Anmerkungen übers Theater* (Leipzig, 1774) anfügte, erfaßte vor allem
die Phantastik und Komik Shakespeares mit einem wendigen,
knappen und anschaulichen Theateridiom, so unzureichend die

Prosaform gerade diesem Werk gegenüber auch bleiben mußte.
1775 folgte eine nicht veröffentlichte Teilübersetzung und Nacherzählung des *Coriolan*, ebenfalls in Prosa. BÜRGERS *Macbeth*-
Übersetzung (Göttingen, 1783), als Auftragsarbeit für F.L.
SCHRÖDER 1777 begonnen, von dessen Bühnenfassung und einer
englischen Theaterbearbeitung (DAVENANT-GARRICK) ausgehend,
wurde dagegen durch die (vermehrten) Hexenszenen berühmt,
die der deutschen Shakespeare-Wiedergabe erstmals einen Bereich
des Schauders und Schreckens mit derb-drastischen Wendungen
zu erschließen suchten und die »weird sisters« sprachlich auf den
Blocksberg verpflanzten. So hatte man in knapp zwei Jahrzehnten
– ein Zeichen für die rasche Entwicklung und Entfaltung der
deutschen Literatursprache in jener Zeit – die unterschiedlichsten
Ausdrucksschichten und -tendenzen an Shakespeare entdeckt und
ins Deutsche eingebracht. Die Leistung SCHLEGELS, der als BÜR-
GERS Schüler begann und WIELAND, ESCHENBURG und vor allem
HERDER je Spezifisches verdankte, konnte aber schon deshalb keine
bloße »Synthese« sein, weil das, was er vorfand, keiner Synthese
fähig war.

B. SUPHAN, hrg., *Herders Sämmtliche Werke*, 25. Bd., Berlin, 1885. – H. UHDE-
BERNAYS, *Der Mannheimer Sh.*, Diss. Heidelberg, Berlin, 1902. – H. SCHRA-
DER, *Eschenburg und Sh.*, Diss., Marburg 1911. – K. KAUENHOVEN, *Gott-
fried August Bürgers Macbeth-Bearbeitung*, Diss. Königsberg, Weida i. Thür., 1915. –
J. H. MÜLLER, hrg., *J. M. R. Lenz' Coriolan*, Jena, 1930. – H. ISAACSEN, *Der
junge Herder und Sh.*, Berlin, 1930, repr. Nendeln/Liechtenstein, 1967. – H. THOST,
Nachlaß-Studien zu Herder, 1: *Herder als Sh.-Dolmetsch*, Leipzig, 1940. – E.
PURDIE, »Observations on some Eighteenth-Century German Versions of the
Witches Scenes in *Macbeth*«, *SJ*, 92 (1956). – F. MEYEN, *Johann Joachim Eschen-
burg*, Braunschweig, 1957. – H. GIDION, »Eschenburgs Sh.-Übersetzung«, *SJ
West* (1971).

4. DIE »SCHLEGEL-TIECKSCHE« ÜBERSETZUNG

Die neue Stufe, auf die SCHLEGEL die Shakespeare-Verdeut-
schung erhob, setzte nicht nur seine besondere Übersetzergabe
und das durch GOETHE und SCHILLER entscheidend bereicherte
dichterische Potential der deutschen Sprache voraus, sondern
auch eine neue Einsicht in Shakespeares Kunst. Während HERDER
in ihr die Elemente der Volkspoesie betont hatte, entdeckte
SCHLEGEL ihre Artistik. Indem er sich vornahm, Shakespeare
»treu und zugleich poetisch nachzubilden« – oder genauer: erst
durch die poetische Form wirklich treu –, kam er nicht nur über

ESCHENBURGS Ziel der Sinnparaphrase hinaus, auch HERDERS Übersetzungsgrundsatz der genetischen Reproduktion konnte sich bei ihm objektivieren, weil er das Poetische nicht als Naturlaut, sondern funktional verstand, als bewußt eingesetztes Mittel und als solches der »dramatischen Wahrheit« zugeordnet. Gerade die dramatisch-dialogische Ausdrucksfähigkeit rechtfertigte ihm den Vers, der somit alles andere als Zierat für ihn war. Als den geschmeidigsten und ausdrucksvollsten aber charakterisierte er den Blankvers, so wie Shakespeare ihn verwendet. Die Überzeugung von der »Bildsamkeit« der deutschen Sprache und die Exempel *Don Carlos*, *Iphigenie* und *Tasso*, deren rhythmisch-dramatische Vorbildlichkeit wie Begrenztheit er abzuschätzen wußte, gaben ihm die Hoffnung, daß etwas von diesen Qualitäten auch im Deutschen zur Geltung zu bringen sei.

Das waren freilich Überlegungen, die er erst 1796, als der Vorsatz zur Gesamtübersetzung schon gefaßt war und Proben bereitlagen, in SCHILLERS *Horen* in dem Aufsatz *Etwas über William Shakspeare bei Gelegenheit Wilhelm Meisters* darlegte. Zuvor hatte SCHLEGEL noch mit Alexandrinern experimentiert, so im *Sommernachtstraum*, den er bereits 1789 als Student in Göttingen mit BÜRGERS Hilfe übertragen hatte und 1795 dann umarbeitete, so in *Romeo und Julia*, wo er sie nicht völlig tilgte, so daß dieses Werk, das 1796 die Vorabdrucke in den *Horen* und 1797 die Ausgabe *Shakspeare's dramatische Werke* einleitete, schon für TIECK zum heimlichen Sorgenkind wurde. Ansonsten wäre es jedoch müßig, bei einem methodisch, technisch und kritisch so gründlich vorbereiteten Projekt noch einer Entwicklung von SCHLEGELS Übersetzungskunst nachzuspüren. Sein Verfahren stellte sich auf die Sonderprobleme jedes Stückes ein und blieb bei allen, wie die Handschriften mit ihren vielen Alternativverwägungen ausweisen, gleich gründlich und denselben Prinzipien verpflichtet. Eine besondere Ambition und Affinität verrät höchstens sein *Hamlet*, zu dem (wie zu *Romeo*) schon 1793 Bruchstücke vorlagen und der ein geistiges Initialwerk der ganzen Übersetzung war. Außer den genannten Dramen erschienen in den ersten 4 Bänden noch *Julius Caesar*, *Was ihr wollt*, *Der Sturm*, *Der Kaufmann von Venedig* und *Wie es euch gefällt*, dann folgten 4 Bände Historien in der chronikalischen Reihenfolge der Folio-Ausgabe,

bis 1801 ein Zerwürfnis mit dem Berliner Verleger Johann
Friedrich UNGER, aber wohl auch eine gewisse Ermüdung und
die Enttäuschung über die reservierte Aufnahme bei Presse und
Theater zum Stillstand des Unternehmens führten. SCHLEGEL
wandte sich der romanischen Literatur zu, übersetzte CALDERÓN
und trug zu seinem deutschen Shakespeare nur 1810 noch einen
9. Band mit dem vorletzten Königsdrama *Richard III* nach.

Wer dieses Abbrechen am meisten bedauerte, war TIECK. Er
fühlte sich der Shakespeare-Übersetzung SCHLEGELS seit langem
verbunden, hatte, als dessen Vorhaben öffentlich bekannt geworden war, bereits den *Sturm* verdeutscht und bearbeitet und
zusammen mit seiner *Abhandlung über Shakespeare's Behandlung
des Wunderbaren* ediert (Berlin, 1796), hatte dann zugunsten des
Freundes von weiteren Übersetzungsplänen abgesehen, 1800
aber auf dessen Bitte mit einer Versübertragung von *Love's
Labour's Lost* begonnen, einer Komödie, die damals noch gelegentlich als apokryph verdächtigt wurde und ihn deshalb in ein
verzweigtes Studium des altenglischen Theaters verwickelte
(eine Reihe von Übersetzungen ging daraus hervor); als SCHLE-
GELS Arbeit nun stockte, bot er sich UNGER vorsichtig als Fortsetzer an. Aber erst 1819, als TIECK endlich an *Macbeth* gutmachen
wollte, was SCHILLER und später VOSS in den Augen vieler daran
versündigt hatten, trat SCHLEGEL offiziell von seinem Vorrecht
und der fremd gewordenen Aufgabe zurück, und erst 1824 war
TIECK auch mit dem neuen Berliner Verleger Georg REIMER über
den Modus der Vollendung übereingekommen. Komplikationen
sollte es auch fernerhin geben, denn jetzt war es TIECK, der das
Vorgesetzte nicht einzuhalten vermochte. So blieb die 1825/26
mit 3 Bänden Schlegelscher Neuauflagen eröffnete Gesamtausgabe (*Shakspeare's dramatische Werke*, übersetzt von August
Wilhelm SCHLEGEL, ergänzt und erläutert von Ludwig TIECK)
sogleich wieder stecken und konnte erst 1830–33 mit 6 weiteren
Bänden zu Ende geführt werden, als TIECK in Wolf Graf BAUDIS-
SIN und seiner anonym bleibenden Tochter Dorothea TIECK
zwei »Helfer« gefunden hatte, deren selbständige Übersetzungen
er nur in häufigen gemeinsamen Korrigierstunden durchzugehen
brauchte. BAUDISSIN, der 13 Stücke übernahm, erwies sich als der
weitaus Geschicktere, vor allem für die Komödien, während

Dorothea, die neben so repertoirewichtigen Dramen wie *Macbeth*, *Coriolan* und *Das Wintermärchen* noch *Timon*, *Cymbeline* und *Die beiden Veroneser* übertrug, die anfechtbarste Arbeit lieferte.

Die Bezeichnung »Schlegel-Tieck« für die »klassische« deutsche Shakespeare-Übersetzung ist also ungenau und verdeckt einige Diskrepanzen, u. a. die persönliche, die in der Reaktion des alten SCHLEGEL offenkundig wurde. In der 12 bändigen Neuauflage von 1839/40, die als Ausgabe letzter Hand gelten kann und nun kurzweg SCHLEGEL und TIECK als Übersetzer angab, ließ er dessen Revisionen in seinen eigenen Texten rückgängig machen, ohne doch mehr als die ersten drei Historien selber noch einmal durchzusehen. Wie weit im übrigen sein Interesse an der als Gemeinschaftswerk deklarierten Übertragung reichte, zeigt die beiläufige Bemerkung gegenüber REIMER, daß er von den Übersetzungen der Tieck-Werkstatt »nur weniges teilweise gelesen« habe. Aber auch stilistisch ist die Kluft eines Menschenalters zwischen dem Schlegel- und dem Tieck-Teil nicht zu leugnen. Die Romantizismen, Verniedlichungen und altfränkischen Züge, die man der Übersetzung gelegentlich vorwirft, gehen fast ausschließlich auf das Konto der Jüngeren und belegen einen historischen Wandel: sie sind Symptome einer poetischen Idiomatik, die sich zur »literarischen Richtung« spezialisierte, während SCHLEGELS Deutsch noch einer im Aufbruch begriffenen und zugleich allgemeiner verbindlichen Dichtersprache zugehörte. Sein leichtes Archaisieren auf die »Sprache unsrer biedern Vorältern« zu hatte noch nichts von Mimikry. Auch das Rhetorische mancher Shakespeare-Passagen, das in den Versen des späteren Corpus oft zu kurzatmigen Manierismen zerfiel, wußte er noch großzügiger zu wahren. Unterschiede der übersetzerischen Einstellung kamen hinzu: bemühte sich BAUDISSIN um die Wortspiele als penibler Philologe und witziger Kopf, so sah SCHLEGEL in ihnen noch die »Seele der Poesie«, leiteten ihn starke Impulse der frühromantischen Dichtungstheorie. So blieb als historisches Verdienst der Tieck-Gruppe vor allem ein publizistisches: daß sie durch die Vervollständigung und scheinbare Homogenisierung der Übersetzung SCHLEGELS Torso unter einer neuen Gütemarke zu einem Erfolg verhalf, den dieser für sich allein kaum erzielt hätte.

M. BERNAYS, *Zur Entstehungsgeschichte des Schlegelschen Sh.*, Leipzig, 1872. –
R. GENÉE, *A.W. Schlegel und Sh.*, Berlin, 1903. – A. BRANDL, »Die Aufnahme
Sh.s in Deutschland und die Schlegel-Tiecksche Übersetzung«, in: *Sh.s Drama-
tische Werke*, Übers. v. A.W. v. Schlegel und L. Tieck, hrg. v. A. Brandl, 1. Bd.,
Leipzig, [1897]. – H. LÜDEKE, »Zur Tieckschen Sh.-Übersetzung«, *SJ*, 55 (1919)
(*Love's Labour's Lost*). – H. LÜDEKE, »Ludwig Tieck's erste Sh.-Übersetzung
(1794)«, *SJ*, 57 (1921) (*Der Sturm*). – H. LÜDEKE, *Ludwig Tieck und das alte englische
Theater*, Frankfurt, 1922, repr. 1975. – W. SCHULZ, »Der Anteil des Grafen Wolf
Baudissin an der Sh.übersetzung Schlegel-Tiecks«, *ZDP*, 59 (1935). – J.W. WIN-
TER, *Dorothea Tiecks Macbeth-Übersetzung*, Berlin, 1938. – M.E. ATKINSON,
August Wilhelm Schlegel as a Translator of Sh., Oxford, 1958. – M.E. ATKINSON,
»Wolf Baudissin: Translator«, *GLL*, 16 (1962/63). – H.G. KOYRO, *August Wil-
helm Schlegel als Sh.-Übersetzer . . . unter besonderer Berücksichtigung von »Julius
Caesar«*, Diss., Marburg, 1966. – F. JOLLES, hrg., *A.W. Schlegels Sommernachts-
traum in der ersten Fassung vom Jahre 1789*, Göttingen, 1967. – P. GEBHARDT,
*A.W. Schlegels Sh.-Übersetzung: Untersuchungen zu seinem Übersetzungsverfahren
am Beispiel des Hamlet*, Göttingen, 1970. – G. HOFFMANN, »Zur Sh.-Übersetz-
ung Dorothea Tiecks«, *SJ West* (1971).

5. KONKURRENZ UND REVISION IM 19. JAHRHUNDERT

Philologische Irrtümer und Mängel in SCHLEGELS Shakespeare-
Verdeutschung erkannte schon TIECK, ein Stilkonzept jedoch,
das entschieden von ihr abwiche, hat das ganze folgende Jahrhundert nicht entwickelt und nicht vermißt. Daß SCHLEGEL in
seiner sprachlichen Ausdeutung Shakespeares den ästhetischen
Idealen der Goethezeit verpflichtet war, daß er die Diktion veredelt und den Rhythmus geglättet, das Harte und Direkte gedämpft und das Realistische poetisiert hatte, daß er Shakespeare
mit der Kategorie des Maßes begegnet war, all das wurde um so
weniger als historische Bedingtheit wahrgenommen, je mehr
man den geschichtlichen Fortschritt im berichtigten Detail
suchte. So wurde eine Übersetzung als Begriff zunehmend in die
Klassizität erhoben, die sich textlich allmählich zersetzte. Eine
stilistische Alternative zu SCHLEGEL prägte sich noch am stärksten
in seinem eigenen literarischen Umkreis aus: im rhetorischen
Pathos von SCHILLERS *Macbeth* (1800 aufgeführt, 1801 bei Cotta
gedruckt) und in der spirituellen Klarheit von GOETHES *Romeo
und Julia* (1812 aufgeführt; Weimarer Ausgabe Bd. 9). Aber es
waren keine Übersetzungen, sondern Bearbeitungen, die einen
eigenen Werkstatus beanspruchten. Als sprachliche Neuschöp-
fungen auf der Grundlage ESCHENBURGS bzw. SCHLEGELS und der
Originale führten sie nicht näher zu Shakespeare hin, sondern
integrierten ihn noch weiter einer klassizistischen Idealität.

Mit SCHLEGELS Leistung wagte zunächst niemand unmittelbar zu konkurrieren. Zwei Jahrzehnte lang sparten die Nachfolger die von ihm übersetzten Stücke respektvoll aus und bemühten sich nur um Ergänzung, so der von GOETHE protegierte Johann Heinrich Voss d.J., der 1806 mit *Othello* und *Lear* begann, 1810–15 zusammen mit seinem Bruder Abraham 7 weitere Dramen folgen ließ und erst 1818, als auch der Vater, der berühmte Homer-Übersetzer Johann Heinrich Voss, dem Unternehmen beitrat, zu einer Gesamtübertragung ansetzte, die 1829, also noch vor dem »Schlegel-Tieck«, in 9 Bänden abgeschlossen vorlag. SCHLEGEL hat an »diesen hölzernen Gesellen« nicht viel Gutes gelassen, und auch TIECK polemisierte in seiner Vorrede von 1825 gegen die pedantische Wortwörtlichkeit ihrer Verdeutschung, die dennoch auf dem Theater einigen Erfolg hatte.

Die Shakespeare-Rezeption tendierte in die Breite, und das übersetzerische Problem wurde zusehends zum verlegerischen. Ein Wiener Nachdruck von 1812 stellte prinzipienlos zusammen, was von ESCHENBURG, SCHLEGEL, VOSS und anderen bereits zur Verfügung stand, und fügte ein paar neue Übertragungen hinzu; eine Wiener Ausgabe von 1825 bot in 37 Dramen- und 6 Supplement-Bändchen (1827) erstmals Shakespeares sämtliche Werke »im Metrum des Originals« von einem Dutzend bekannter und unbekannter Übersetzer, unter ihnen Eduard von BAUERNFELD; eine vollständige Übertragung der dramatischen Werke legte gleichzeitig der preußische Regierungsrat J.W.O. BENDA vor, der 20 Jahre im Stillen daran gearbeitet hatte. Das biographische Interesse an Shakespeare rückte auch die Sonette, die man als Erlebnisdichtung verstand, ins Zentrum der Übersetzungsaufgaben. Nachdem K.F.L. KANNEGIESSER schon 1803 vielversprechende Proben veröffentlicht hatte, erschien 1820 die erste vollständige Übertragung von Karl LACHMANN und 1836 eine besser gelungene von Gottlob REGIS in seinem *Shakspeare-Almanach* (Berlin). In den Sammelausgaben fehlten fortan weder die Gedichte noch die Epen. So zeichneten sich allerorten Komplettierung, Kompilation und Kollaboration als die Grundzüge der Shakespeare-Übersetzung ab.

Ein neues sprachliches Ziel setzte ihr erst Franz DINGELSTEDT. Er fand bei SCHLEGEL manches »undeutsch« und plädierte als

Theatermann dafür, die Werke »aus der Übersetzung noch einmal zu übersetzen«. Damit trug er wie nach ihm Hans ROTHE die Unterscheidung zwischen einem Shakespeare für den gebildeten Leser und einem »Shakespeare für Bühne und Volk« aus der Praxis der Rezeption, wo sie von Anfang an gegolten hatte – man las ESCHENBURG und spielte SCHRÖDER –, in den übersetzungstheoretischen Ansatz. Bezeichnenderweise wandte sich DINGELSTEDT, als er 1858 eine großangelegte Neuübertragung zu organisieren begann, primär an anerkannte deutsche Schriftsteller und nicht an Englisch- und Shakespeare-Spezialisten, wenn auch manchmal beides zusammentraf. Was er einleitete, mündete schließlich in die drei repräsentativen Gemeinschaftswerke der 2. Jahrhunderthälfte, die seine Impulse verschieden abwandelten. Seine eigene 10-bändige Ausgabe, die 1865–67 im Bibliographischen Institut Hildburghausen (später Leipzig) erschien und an der – nachdem er die ursprünglich mobilisierten Mitarbeiter der Konkurrenz hatte lassen müssen – K. SIMROCK, H. VIEHOFF, W. JORDAN, L. SEEGER und F. A. GELBCKE mitwirkten, blieb die uneinheitlichste und farbloseste. Zu der Brockhaus-Edition, die 1867–71 in 38 Bändchen in Leipzig herauskam, vereinigten sich mit dem Herausgeber Friedrich BODENSTEDT Georg HERWEGH, Otto GILDEMEISTER, Paul HEYSE, Hermann KURZ und Adolf WILBRANDT, die besten Übersetzer und Literaten, die jene Zeit aufzubieten hatte, unterstützt zudem von Nicolaus DELIUS, dessen kritischer Text den Neuübersetzungen zugrundegelegt wurde. Die gleichzeitige, von Hermann ULRICI redigierte 12bändige Ausgabe der Deutschen Shakespeare-Gesellschaft begnügte sich mit einer wissenschaftlichen Revision der Schlegelschen und Neubearbeitung der Baudissin-Tieckschen Übersetzungen durch HERWEGH (der nach einem Streit wegen *Coriolan* ausschied), W. A. HERTZBERG, F. A. LEO und K. ELZE mit Assistenz des Lexikographen Alexander SCHMIDT.

Das Ergebnis war ein deutscher Shakespeare der Philologie und der gewandten Belletristik; SCHLEGELs biegsame und gespannte Sprache wurde unterlaufen von prosaischen Tendenzen einerseits und den Klischeeversen des Bühnendeutschen andererseits; Vereinfachung und Glättung galten als stilistisches Leitbild. Darin zeigte sich bei aller Shakespeare-Begeisterung des

Jahrhunderts die Ermattung des künstlerischen Zugangs am deutlichsten an.

A. KÖSTER, *Schiller als Dramaturg*, Berlin, 1891. – K. STRICKER, »Otto Gilde-meister und Sh.«, *SJ*, 68 (1932). – W. SCHOOF, »Dingelstedts Plan einer neuen Sh.-Übersetzung«, *SJ*, 76 (1940). – H. G. HEUN, *Sh.s »Romeo und Julia« in Goethes Bearbeitung: Eine Stiluntersuchung*, Berlin, 1965. – J. KRUEGER, hrg., *W. Sh., Hamlet*, übersetzt von Theodor FONTANE, Berlin, 1966. – U. PÜSCHEL, »Gesichtspunkte für die Wahl der Herwegh-Übersetzung bei der Inszenierung von *König Lear* in Dresden«, *SJ Ost*, 105 (1969).

6. Dichterische Neuansätze im 20. Jahrhundert

Der sprachliche Zustand des deutschen Shakespeare verlangte nach einer Klärung. Sie vollzog sich, während er in Familien- und Bühnenausgaben (DEVRIENT, OECHELHÄUSER, Reclam u. a.) weiter konventionalisiert wurde, in dreifacher Weise: als Wie-derherstellung des reinen Schlegel-Tieck-Textes unter Heran-ziehung der Handschriften durch Michael BERNAYS (12 Bände bei REIMER, 1871–73) und durch Alois BRANDL in der populären kritischen Edition in *Meyers Klassiker-Ausgaben* (10 Bände 1897, 2. Ausgabe 1922–23); als akribischer Nachweis seiner zahlreichen verderbten Stellen und Übersetzungsfehler durch Hermann CONRAD in mehreren Publikationen ab 1902; schließlich als »dichterische Erneuerung« eines *Shakespeare in deutscher Sprache* unter Anknüpfung an SCHLEGEL und Verwerfung des meisten von BAUDISSIN und TIECK durch Friedrich GUNDOLF (10 Bände, Berlin, 1908–18; erweiterte Neue Ausgabe in 6 Bänden 1920–22). Das Bemühen konzentrierte sich also auf die »klassische« deutsche Übersetzung und half, wie immer man sie im einzelnen beur-teilte, entscheidend mit, sie zu kanonisieren. Das breite Angebot des 19. Jahrhunderts versickerte.

In GUNDOLFs Revision kündigte sich zugleich eine neue Über-setzer-Haltung an, die sich auf den »neuen Dicht-geist« des George-Kreises berief. Angestrebt wurde eine Wiedergeburt Shakespeares aus der »ganzen deutschen Sprachfülle«, die den »dürftigen Wortschatz des Alltagslesers« nicht mehr zur Richt-schnur nehmen wollte. Worin sie auch über SCHLEGEL hinaus-zugelangen hoffte, das bezeichnete GUNDOLF als »die gespannte Kraft, die straffe Wölbung, die Seelenglut der Renaissance« und deutete mit dem leicht Manierierten dieser Wendungen selbst auf einen hervorstechenden Stilzug seiner Redaktion und Neu-übertragung. Der gedrängte Bau seiner Sprache verriet ihre un-dramatischen Wurzeln in der Georgeschen Formkunst, verwies aber auch auf eine besondere Eignung: für die Verdeutschung der Sonette, die GUNDOLF schon 1899 versucht hatte, dann aber Stefan GEORGE überließ. Dessen »Umdichtung« (*Shakespeare. Sonnette*, Berlin, 1909), wörtlich bis in die Nachbildung des Klan-ges und doch eine eigenständige Eindeutschung von herber, preziöser Schönheit, stellte den Höhepunkt jener Übersetzungs-reform dar. Zum erstenmal war im Deutschen die eingangs er-wähnte Schwierigkeit der Versangleichung bewältigt, freilich bei einer syntaktischen Verknappung, harten Fügung und sub-stantivischen Statik, einer Dichte, ja Überfüllung des Verses, die selbst in dieser nichttheatralischen Gattung strapaziös wirken konnte.

Der schärfste Kritiker erstand der Shakespeare-Übertragung des George-Kreises in Karl KRAUS. Die Umdichtung der Sonette nannte er eine »Vergewaltigung zweier Sprachen« und beant-wortete sie mit einer »Nachdichtung« (Wien, 1933), die gewiß flüssiger, musikalischer und geistreicher war, aber sich in eben dem Maße von Shakespeare entfernte, was ihm Richard FLATTER, gleichfalls mit einer Übertragung der Sonette beschäftigt (Wien, 1934), in der Streitschrift *Karl Kraus als Nachdichter Shakespeares* umgehend ankreidete. Allerdings war es KRAUS gar nicht um eine Übersetzung zu tun, sondern in erster Linie um makelloses Deutsch. Das Englische war ihm, wie er selbst eingestand, nicht nur verschlossen, er hielt es auch nicht für nötig, um shake-speareschen Geist zu erfassen und dichterisch nachzugestalten. Sein Shakespeare-Erlebnis, hierin GUNDOLF nicht unähnlich, ging von SCHLEGEL aus und behauptete sich erbittert gegen jede kleinliche Fachphilologie: »Ein Schlegel'scher Irrtum im *Hamlet* ist wertvoller und dem Original gemäßer als die tadelloseste Übersetzung, in der er beseitigt erscheint«. Und wie GUNDOLF sagte er auch dem deutschen Theater-Shakespeare den Kampf an. Wenn er auf seiner Lesebühne zwei Jahrzehnte hindurch Shakespearesche Dramen in eigenen Bearbeitungen vortrug, so war das eine Demonstration für einen auch im Deutschen als

Künstler des Wortes zu begreifenden Dichter. Von den elf BAUDISSIN-TIECK-Übersetzungen, die er neben *Hamlet* dazu wählte und die er durchgreifend »sprachlich erneuerte«, erschienen sieben sogar im Druck (Wien, 1930, 1934–35; Neuauflage München, 1970).

Einen gegenüber dem 19. Jahrhundert erhöhten Anspruch des Dichterischen stellte auch Rudolf Alexander SCHRÖDER an die Shakespeare-Übersetzung, nur zielte er weniger auf einen solipsistischen Triumph des Deutschen als auf die – Philologie wie Theaterforderungen nicht verschmähende – Wiedererweckung jener Sprachdimension in Shakespeare, die von den Romantikern verkürzt und gefiltert worden war: das selbstherrlich »Barocke«, die strotzende Fülle und gedrungene Kraft. Im Prinzip war damit nicht viel anderes gemeint, als was GUNDOLF, früherem terminologischen Brauch entsprechend, »Renaissance«-Züge genannt hatte, doch griff SCHRÖDERS Versuch, es im Deutschen nachzuschaffen, konkreter auf historische Sprachformen und -schichten zurück. Das hat seinen zehn Shakespeare-Übersetzungen, die zumeist um die Zeit des 2. Weltkriegs herum entstanden und erst postum im 7. Band seiner *Gesammelten Werke* (Frankfurt, 1963) vollzählig zugänglich wurden, den Vorwurf des Altertümelns eingetragen. Wenn er in seiner meistgespielten Übertragung, dem *Sommernachtstraum* (1940), den Lyrismus SCHLEGELS ins Derbsinnliche zurückverwandelte und an der bisher stimmungshaft interpretierten Bildlichkeit wieder die allegorische Komponente aufdeckte, so führte das zwar näher an Shakespeare heran, aber manchmal auch zu tief in ein »Deutsches« hinein, zu dem der literarische Konnex nicht ohne Zwang wiederherzustellen war. So zeigte sich an SCHRÖDERS wie an GUNDOLFS Übersetzungen ein merkwürdiges Paradox: daß sie umso deutlicher von ihrer Epoche geprägt waren, je angestrengter sie deren sprachliche Begrenzung zu durchbrechen suchten. War Shakespeare also dem Tagesdeutsch anzupassen? Das Theater, das seit den zwanziger Jahren den stärksten Anstoß zur Neuübersetzung gab, schien darin eine Alternative zu sehen, die, wenn schon keine Lösung, so doch einen Ausweg bot.

E. T. SEHRT, »Der entromantisierte *Sommernachtstraum*. Zu Rudolf Alexander Schröders Neuübertragung«, *GRM*, 29 (1941). – E. NORWOOD, »Stefan

George's Translation of Sh.'s Sonnets«, *Monatshefte*, 44 (1952). – F. HOFFMANN, »Stefan Georges Übertragung der Sh.-Sonette«, *SJ*, 92 (1956). – R. STAMM, »Rudolf Alexander Schröder als Sh.-Übersetzer«, *SJ West*, 100 (1964). – G. MÜLLER-SCHWEFE, »Die moderne Sh.-Übersetzung als Interpretationsproblem«, in: *Sh.: Seine Welt – unsere Welt*, hrg. G, Müller-Schwefe, Tübingen, 1964. – H. SCHELP, »Friedrich Gundolf als Sh.-Übersetzer«, *SJ West* (1971). – B. ENGLER, *Rudolf Alexander Schröders Übersetzungen von Sh.s Dramen*, Bern, 1974.

7. SHAKESPEARE FÜRS THEATER

Sowohl gegen die Schlegel-Tieckschen wie die neueren »dichterischen« Übertragungen hatten viele Bühnen einzuwenden, daß sie im Wortschatz entlegen und veraltet, schwer sprechbar und wenig kommunikabel seien. In dieser Kritik trat indirekt auch ein Dilemma des Theaters selbst zutage. Es hatte sich im 19. Jahrhundert abgewöhnt, der Shakespeareschen Sprache, der es im Guckkasten eine außersprachliche Wirklichkeitsfiktion gegenüberstellte, jene evokative Kraft zuzutrauen und damit zentrale Bedeutung einzuräumen, die sie für die Elisabethaner gehabt hatte. Je mehr es nun – verspätet – von der Deklamation zur Einheit von Rede und Aktion strebte, um wenigstens eine dramatische Teilfunktion des Wortes wiederzubeleben, desto mehr mußte es von der Verdeutschung eine Flexibilität und Natürlichkeit verlangen, die zuletzt sogar mit der poetischen Konvention des Verses in Konflikt geriet. Das galt freilich nicht allgemein. So versprach sich BRECHT bei der Adaption von MARLOWES *Edward II* gerade von der komplizierten, sperrigen Diktion kritische Aufmerksamkeit auf das Charakteristische der Aussage. Meist ging das Theater jedoch auf eine Verminderung der sprachlichen Sonderansprüche aus, indem es die Übersetzungstexte weiter bearbeitete, sie rhythmisch eingängiger machte, das rhetorisch Eigenständige zurücknahm, das Komplexe vereinfachte und in allem auf unmittelbare und eindeutige Verständlichkeit zielte.

Wer ihm darin am erfolgreichsten vorarbeitete, war Hans ROTHE. Seine Shakespeare-Übertragungen, die 1922/23 mit 6 Einzelausgaben zu erscheinen begannen und von denen 1936 bereits 22 Stücke, teils in Bühnenmanuskripten, teils in den 3 Bänden einer geplanten Gesamtedition (Leipzig, 1927–35) vorlagen, waren aber nicht nur sprachlich als »Anti-Schlegel« konzipiert,

sie modernisierten Shakespeare auch dramaturgisch. Die Neufassungen, die dabei zustande kamen und die u. a. einige vernachlässigte Komödien wie *Zwei Herren aus Verona, Komödie
der Irrungen, Falstaff in Windsor* und *Ende gut, alles gut* dadurch
»spielbarer« machten, daß sie sie in die Nähe der Burleske und
des Schwanks rückten, erfreuten sich bei den Theatern bald großer Beliebtheit, gaben allerdings auch Anlaß zu heftigen Diskussionen, bis das nationalsozialistische Regime 1936 Shakespeare-
Aufführungen nach ROTHE verbot.

Nach zwanzigjähriger Emigration vervollständigte ROTHE
1955–59 seine Arbeit in einer 9-bändigen Ausgabe mit dem Titel
Der elisabethanische Shakespeare (Baden-Baden), die 1963/64 noch
einmal revidiert und erweitert wurde (4 Bände, München). Der
sich rasch wieder einstellende Theatererfolg in der Bundesrepublik, vor allem in den fünfziger Jahren, war auch diesmal begleitet von Auseinandersetzungen, die zum Teil unerquickliche
Formen annahmen. Sie entzündeten sich besonders an ROTHES
mehr temperamentvollen als überzeugenden Versuchen, seine
Shakespeare-Veränderungen wissenschaftlich zu rechtfertigen. In
den Streitschriften *Der Kampf um Shakespeare* (Leipzig, 1935)
und *Shakespeare als Provokation* (München, 1961; rezensiert von
H. SCHMID in *Anglia* 80, 1962) griff er alte Textzerstücklungs-
thesen auf, bezweifelte energisch die Autorität der Folio-Ausgabe und vertrat eine Auffassung von Shakespeares »offener«,
d.h. für die jeweilige Bühnenversinnlichung offengelassener
Form, die dem Bearbeiter alle Lizenzen erteilte. Der theatralische
Genius, dem er dabei nachzukommen habe, wurde jedoch nicht
anders als vitalistisch bestimmt.

Im Gegensatz zu ROTHE erkannte FLATTER gerade im überlieferten Text, und zwar der Folio-Ausgabe, das spezifisch Theatralische, das er besser als SCHLEGEL und seine Fortsetzer zur Geltung bringen wollte. Der Titel einer Broschüre (Wien, 1954)
zeigte an, worum es ihm bei seiner Gesamtübertragung, mit der
er um 1930 begonnen hatte und von der er 1952–55 in einer
6bändigen Ausgabe (Wien) 24 Stücke publizierte, vor allem
ging: *Das Schauspielerische in der Diktion Shakespeares.* In den
rhythmischen Unregelmäßigkeiten, den abgebrochenen Zeilen,
Verslücken, dem Aneinanderstoßen betonter Silben usw. sah er

gestische Qualitäten, Mittel einer Wortregie, die er im Deutschen getreu wiederzugeben suchte. Dennoch wußte das Theater nicht übermäßig viel damit anzufangen; es fand seine Sprache oft blaß und zu alltäglich und zog die Reizmomente, die ROTHE zu bieten hatte, vor. Immerhin kam auch FLATTERS Werk zeitweilig auf 7–8 Inszenierungen pro Jahr.

Diese Wirkung blieb den Shakespeare-Verdeutschungen von Walter JOSTEN (seit 1932) und der nur teilweise postum veröffentlichten Gesamtübersetzung von Theodor von ZEYNEK (Einzelausgaben Salzburg, 1952–59) versagt. Dagegen wurde seit 1952 in der DDR und im letzten Jahrzehnt auch in der Bundesrepublik eine neue Shakespeare-Übertragung immer häufiger gespielt: die von Rudolf SCHALLER. Von ihr liegen mittlerweile 4 Bände mit 15 der meistaufgeführten Stücke (Weimar, Berlin, 1960–67) und 5 Bühnenmanuskripte vor. Auch SCHALLER bemühte sich, wie er mehrfach darlegte (u. a. im *Shakespeare-Jahrbuch* 1956), um Sprechbarkeit auf dem modernen Theater, wandte sich im übrigen gegen eine Idolisierung des abstrakten Versschemas, dem frühere Übersetzer über Gebühr wichtigere Dinge aufgeopfert hätten, und betonte den Primat der genauen Inhaltswiedergabe vor der Formnachahmung. Von einer sklavischen Einhaltung des Metrums sagte sich auch Erich FRIED los, dessen *Shakespeare-Übersetzungen* seit 1963 wachsende Verbreitung im westdeutschen Theater fanden und inzwischen mit 15 Stücken gedruckt (München, 1968, und 7 Bände Berlin, 1969–74) und weiteren in Bühnenmanuskripten vorliegen. Nicht weniger Werke hat auch Wolfgang SWACZYNNA in neuen, gut sprechbaren Übersetzungen dem Theater seit 1967 zugänglich gemacht (nur Bühnenmanuskripte). In der DDR gewannen schließlich in den siebziger Jahren die Übertragungen von E. S. LAUTERBACH, Maik HAMBURGER und Klaus TRAGELEHN zunehmend an Bedeutung, vor allem für Komödien-Inszenierungen, während die sprachlich kräftigen, direkten, aber auch gewaltsamen von Heiner MÜLLER (*Wie es euch gefällt* 1967, *Macbeth*-Bearbeitung 1972) nach wie vor umstritten sind. Einen begrenzteren Wirkungskreis hatten die für bestimmte Inszenierungen geschaffenen, aber auch nachgespielten Übersetzungen von Claus BREMER/Renate VOSS und Karsten SCHÄLIKE und die »Nachdichtungen und Spielfassungen« einzelner Komödien (Wien, 1969) und des Historien-Zyklus von Manfred VOGEL.

Der geradezu chaotischen Fülle an neuen Übersetzungen – ganz abgesehen von den zahlreichen radikalen Umtextierungen der Bühnen wie z. B. Peter PALITZSCHS und Jörg WEHMEIERS Stuttgarter Königsdramen-Fassungen – stehen die zunehmenden experimentellen Rückgriffe des Theaters auf die Verdeutschungen vor SCHLEGEL gegenüber. Das alles zeigt, wie sehr das Problem des deutschen Shakespeare wieder in Bewegung geraten ist. Eine Konsequenz aus dieser Lage haben 1970 zwei inzwischen erweiterte Anglisten-Kollektive gezogen, indem sie sich an eine Prosaübertragung machten, die in einer Zeit, wo man dem Vers im Drama nicht mehr viel abzugewinnen und des Reimes überdrüssig zu sein scheint, wenigstens ein Höchstmaß an Sinnvermittlung erreichen möchte. War bisher *Macbeth* das Werk des Anstoßes und Paradigma der Verdeutschungsnöte gewesen – ROTHE, FLATTER und SCHALLER begannen mit ihm –, so wurden jetzt *Lear* und *Othello*, gleichfalls Sorgenstücke des deutschen Repertoires, als Probe-Exempel für ein Unternehmen gewählt, das nicht zuletzt vom Bedürfnis des Theaters nach einer wissenschaftlich exakten Rohübersetzung oder Interlinearversion angeregt worden ist. Während die seit 1973 in *Reclams Universal-Bibliothek* erscheinende zweisprachige Serie 1976 schon 7 Dramen und die Sonette umfaßte, trat die *Englisch-deutsche Studienausgabe der Dramen Shakespeares*, die unter dem Patronat der Deutschen Shakespeare-Gesellschaft West herausgegeben wird, erst 1976 mit einem umfangreich kommentierten *Othello*-Band hervor. Die beiden Projekte sind symptomatisch: sie verweisen auf die – bereits an der Beliebtheit früherer zweisprachiger Ausgaben ablesbare – gewandelte Funktion der Shakespeare-Übertragung, die heute mehr und mehr als »Kommentar« des Originals dient. Selbst die Schlegel-Tiecksche Übersetzung, dieses für die deutsche Bildungsgeschichte so wichtig gewordene und noch immer den Buchmarkt beherrschende Opus, wird vom heutigen Leser wohl nicht mehr als dichterischer Ersatz für Shakespeares Text angesehen. So ist eine Eindeutschung mit eigenkünstlerischem Anspruch fast nur noch für das Theater eine unerläßliche Aufgabe.

P. RILLA, »Sh.-Übersetzung«, in: *Literatur: Kritik und Polemik*, Berlin, 1950 (Rothe). – K. WITTLINGER, *Hans Rothes Neuer Sh.*, Diss., Freiburg i. B., 1950. – K. WITTLINGER, »Hans Rothe und die Sh.-Forschung«, *SJ*, 87/88 (1952). – R. STAMM, »*Hamlet* in Richard Flatter's Translation«, *ESts*, 36 (1955). – A. SCHLÖSSER, »Besser als Baudissin? Betrachtungen zu Rudolf Schallers Übersetzung des *King Lear*«, *ZAA*, 4 (1956). – R. FLATTER, »Zum Problem der Sh.-Übersetzung«, *ZAA*, 4 (1956) (Antwort). – H. LÜDEKE, »Gundolf, Flatter und Sh.s *Macbeth*«, *SJ*, 92 (1956). – H. MAINUSCH, »Zur Sh.-Übersetzung Rudolf Schallers«, *SuF*, 10 (1958). – W. JOST, »Stilkrise der deutschen Sh.-Übersetzung«, *DVLG*, 35 (1961). – E. WALCH, K. KIND, »Sh.s *Romeo und Julia* und *Othello* in Rudolf Schallers deutscher Übersetzung«, in: *Schriften zur Theaterwissenschaft*, 3/II, Berlin, 1964. – R. STAMM, »Sh.s Balkonszene (*Romeo und Julia*, II. ii) in neuem deutschem Gewand. Eine Begegnung mit den Übersetzern Rudolf Schaller und Erich Fried«, in: *Mélanges offerts a Monsieur Georges Bonnard*, Genève, 1966. – R. STAMM, »Erich Fried als Sh.-Übersetzer«, *SJ West* (1971). – G. MÜLLER-SCHWEFE, »*Romeo und Julia* in der Sprache der Gegenwart«, *SJ West* (1971) (Schaller). – *Zwanzig Jahre Sh.-Übersetzung von Rudolf Schaller. Chronik und Dokumentation*, Hamburg, 1973. – K. CARIUS, *Die Erstaufführungen des ›Elisabethanischen Sh.‹ von Hans Rothe im deutschen Sprachraum*, Diss., Wien, 1976.

G. DIE FORSCHUNG

1. Die Geschichtlichkeit von Forschung und Kritik

Die wissenschaftlichen und kritischen Bemühungen um das Werk Shakespeares haben im 20. Jahrhundert – bedingt sowohl durch die Komplexität des Gegenstands als auch durch eine in der soziologischen Struktur der akademischen Forschung begründete Eigendynamik – ein Ausmaß angenommen, das die Produkte der »Shakespeare-Industrie« (I. Brown u. G. Fearon, 1939) gelegentlich weniger als Hilfen für ein werkadäquates Verständnis und mehr als belastende, da vom einzelnen nicht mehr zu bewältigende Aufgabe erscheinen läßt. Die Fülle dieses Materials historisch und systematisch zu gliedern, soll die Aufgabe dieses Forschungsberichts sein. Dabei ist selbstverständlich nicht enzyklopädische Vollständigkeit, sondern eine Auswahl nach den Kriterien der Wirkung und der Repräsentanz das Ziel. Außerdem sollen nicht die Ergebnisse der Forschung im Mittelpunkt stehen, da diese ja bereits in die vorausgegangenen Kapitel zu Zeit, Leben, Werk und Wirkung eingegangen sind, sondern ihre Fragestellung und Methoden.

Die Gliederung dieses Forschungsberichts spiegelt die historische Abfolge und Entwicklung der Fragestellungen und Methoden selbst wider, muß dabei jedoch gelegentlich das chronologische Nebeneinander konkurrierender wissenschaftlicher Paradigmata in ein lineares Nacheinander der Darstellung auflösen. Denn im Gegensatz zu naturwissenschaftlichen Revolutionen, in denen ein neuer Erklärungsmodus den vorhergegangenen aufhebt, werden in der Literaturwissenschaft durch eine methodische Neuorientierung ältere Fragestellungen und Forschungsergebnisse nicht in gleicher Weise außer Kraft gesetzt. So stellt etwa die positivistisch orientierte Textphilologie auch in der Gegenwart einen wichtigen Forschungsbereich dar, und so lösen historische und formalistische Betrachtungsweisen einander nicht einfach ab, sondern laufen nebeneinander her. Daher wird in den einzelnen Abschnitten des Forschungsberichts jeweils die

chronologische Gesamtanlage durch Ausblicke auf die weitere
Entwicklung in diesem Bereich durchbrochen, da nur so der
gegenwärtige Methodenpluralismus historisch transparent gemacht werden kann. Die Wandlungen der Shakespeare-Forschung können überdies nicht als ein isolierter, völlig eigenge-
setzlicher Entwicklungszusammenhang begriffen werden, sondern müssen im weiteren Kontext der allgemeinen literaturwissenschaftlichen Methodengeschichte gesehen werden, die
wiederum in komplexer Weise durch künstlerische, philosophische, kultursoziologische und politische Entwicklungen bedingt ist. Auf eine pauschale Formel gebracht: »Shakespeare
criticism will always change as the world changes« (T. S. ELIOT).

Die Frage nach dem Beginn einer wissenschaftlichen Erforschung der Dramen Shakespeares ist ebenso wie die nach dem
Beginn literaturwissenschaftlicher Forschung überhaupt nicht
eindeutig und genau zu beantworten, da sie mit dem Definitions-
problem einer Abgrenzung essayistischer Kritik und archivarischer Sammlertätigkeit von wissenschaftlicher Interpretation und
Forschung eng verknüpft ist. Die breite Entwicklung einer methodisch strengen, auf Objektivierung subjektiver Erfahrung
und Verifizierbarkeit ihrer Erkenntnisbildung drängenden Beschäftigung mit Literatur ist jedenfalls im 19. Jahrhundert zu
suchen. In diesem Zeitraum tritt auch zum erstenmal neben den
individuellen Dichter-Kritiker, der bis in die Romantik die Literaturkritik als seine Domäne beherrschte, der professionelle akademische Literaturlehrer als zweite kritische Instanz: DOWDEN
und BRADLEY sind in England die ersten einflußreichen Shake-
speare-Kritiker, die nicht wie DRYDEN, POPE, JOHNSON, COLERIDGE,
HAZLITT und LAMB in erster Linie kreative Dichter und Literaten sind. Dieser Zusammenhang zwischen der Verwissen-
schaftlichung und der Institutionalisierung literarischer Kritik
und Forschung zeigt sich nicht nur im Aufkommen des neuen
Berufsstandes eines akademischen Literaturlehrers, sondern auch
in der Gründung wissenschaftlicher Gesellschaften zur Erforschung der Werke Shakespeares (s.u. »Die Organe der Shakespeare-Forschung«). Wenn diese Gesellschaften in ihren Anfängen auch wesentlich von archivarisch interessierten Liebhabern
oder unprofessionellen Shakespeare-Enthusiasten mitgetragen

wurden, entwickelten sie sich doch bald zu Kommunikationsorganen einer nicht mehr rein subjektiv-individuellen, sondern überindividuell koordinierten Erforschung der Werke Shakespeares und seiner Zeitgenossen.

Shakespeare-Forschung versteht sich als Dienst am Werk und sieht ihre Funktion als die eines Vermittlers zwischen Werk und Publikum. In humanistisch-philologischer Tradition sucht sie dem Publikum die authentische Textgestalt in Editionen und Kommentaren zugänglich zu machen, und als hermeneutische Wissenschaft erschließt sie seine Bedeutungsdimensionen in immer neuen Frageansätzen. So umgreift »Forschung« die streng empirische Faktenforschung (literary scholarship) und die ästhetische Interpretation und hermeneutische Exegese (literary criticism) und versucht diese beiden methodisch unterschiedlichen Bereiche immer neu aufeinander zu beziehen.

2. DIE VIKTORIANISCHEN GRUNDLAGEN

a) Literaturwissenschaftlicher Positivismus

Die positivistische Faktenforschung zum Werk und Leben Shakespeares entstand in der zweiten Hälfte des 19. Jahrhunderts als systematisierende Weiterführung früher archivarischer Sammlertätigkeit und als Antwort auf die ersten großen Werk-Leben Monographien um die Jahrhundertmitte, die mehr spekulativen oder impressionistischen als faktisch abgesicherten und methodisch strengen Gesamtdarstellungen der menschlichen und künstlerischen Entwicklung Shakespeares von H. ULRICI (*Über Shakspeare's dramatische Kunst*, 1839; 3. Aufl. 1876), G. G. GERVINUS (*Shakespeare*, 1849–52) und E. DOWDEN (*Shakspere*, 1875). Ihr Mut zur kühnen Synthese wird nun durch eine wissenschaftliche Haltung in Frage gestellt, die sich in verzichtvoller Selbstbescheidung der empirischen Klärung von Detailfragen widmet und sich dabei in ihren Methoden und ihrem Erkenntnisideal am Vorbild der Naturwissenschaften orientiert. Wie in den positivistischen Naturwissenschaften, die in den technischen Revolutionen dieser Epoche überzeugende Erfolge verzeichnen konnten, wird nun auch in der philologischen Forschung die empirische Nachprüfbarkeit zum entscheidenden Wissenschaftskriterium. So fordert F.J. FURNIVALL: »The study of Shakespeare's work must be made natural and scientific ... and I claim that the method I have pursued is that of the man of science«. Der große historische Zusammenhang, den Forscher wie GERVINUS noch anvisierten, wird aufgelöst in eine Unzahl von faktischen Detailzusammenhängen, die in ihrer Summe schließlich das Werk aus seinen Quellen, Einflüssen und biographischen Bedingungen mit naturwissenschaftlicher Präzision mechanisch-kausal erklären sollen. Das Ideal positivistischer Exaktheit und kausaler Erklärung machte es notwendig, das eigentlich »Ästhetische« und die Bedeutungsdimension der Werke Shakespeares als Untersuchungsbereiche auszuklammern, und führte zu einer Einengung des Erkenntnisinteresses auf die bloße Faktizität des Textes, der Biographie und des historischen Hintergrunds. In diesen Bereichen schuf jedoch viktorianische Gelehrsamkeit Grundlagen, auf denen auch die moderne Forschung noch fußt.

aa) Textkritik

Die bedeutendste Leistung des 19. Jahrhunderts auf dem Gebiet der Textphilologie ist *The Cambridge Shakespeare*, herausgegeben von W.G. CLARK, J. GLOVER und W.A. WRIGHT (1863–1866). Wenn auch die methodischen Voraussetzungen inzwischen einer weitgehenden Revision unterzogen wurden, begründete diese Ausgabe doch die Textkritik und Editionstechnik als wissenschaftliche Disziplin und regte damit eine Methodendiskussion an, die bis heute im Gange ist (vgl. III A). Durch umfangreiche statistische Vers-Tests versuchten Forscher wie F.J. FURNIVALL die Chronologie der Shakespeareschen Werke empirisch festzulegen, und F.G. FLEAY glaubte mit derselben Methode nachweisen zu können, daß ein großer Teil des akzeptierten Werk-Kanons Material enthält, das nicht von Shakespeare stammt. Ihm und seinem Schüler J.M. ROBERTSON (1922–1930), der ästhetische Wertung mit statistischen »Beweis-methoden« verband, widersprach E.K. CHAMBERS mit überzeugenden Gegenargumenten (*The Disintegration of Shakespeare*, 1924).

bb) Biographische Forschung

In öffentlichen und privaten Archiven konnten Forscher wie
J. O. HALLIWELL-PHILLIPPS (vgl. II.A.7) wichtige Dokumente als
Bausteine einer Biographie Shakespeares aufspüren. Diese Forschungsrichtung, die DOWDENS biographische Methode des direkten Rückschlusses vom Werk auf das Leben in Frage stellte,
erreichte ihren Höhepunkt in den ersten Jahrzehnten des 20. Jahrhunderts (C. W. WALLACE, C. C. STOPES); nach E. K. CHAMBERS'
monumentaler Sammlung und Sichtung des verfügbaren Fakten-
materials (*W. Sh.: A Study of Facts and Problems*, 1930) gelangen
nur noch L. HOTSON bedeutendere Entdeckungen auf diesem Gebiet (*I, W. Sh. Do Appoint Thomas Russell Esq . . .* , 1937; *Sh.'s
Sonnets Dated and Other Essays*, 1949; u. a.). Die ältere Methode
DOWDENS geriet aber nicht nur durch diese empirische Faktenforschung, sondern auch durch ein neues Überdenken des Zusammenhangs von Werk und Leben (S. LEE, *The Impersonal Aspect of
Sh.'s Art*, 1909; C. J. SISSON, *The Mythical Sorrows of Sh.*, 1934) in
Mißkredit (vgl. II. A).

cc) Quellen und Einflüsse

Auch die hypertrophe Entwicklung der Quellenforschung
und der motivgeschichtlichen Studien ist wie die biographische
Faktenforschung in Zusammenhang mit dem Versuch zu sehen,
das Werk als Summe seiner Entstehungsbedingungen kausal zu
erklären. Diesem Zweck dienten die umfangreichen Quellen-
sammlungen J. P. COLLIERS (*Sh.'s Library*, 1843), W. C. HAZLITTS
(*Sh.'s Library*, 1875) und I. GOLLANCZS (*The Sh. Library*, 1907).
Die neuere Quellen- und Einflußforschung begnügt sich dagegen
nicht mehr damit, das Gemeinsame zu konstatieren, sondern versucht gerade an den Änderungen, die Shakespeare am tradierten
Material vorgenommen hat, formale und thematische Intentionen abzulesen (G. BULLOUGH, *Narrative and Dramatic Sources of Sh.*,
1958–1975; K. MUIR, *Sh.'s Sources*, 1957) oder durch den Vergleich mit den Quellen Rückschlüsse auf die Erwartungen des
zeitgenössischen Publikums zu ziehen (W. W. LAWRENCE, *Sh.'s
Problem Comedies*, 1931; E. SCHANZER, *The Problem Plays of Sh.*,
1963) (vgl. I. B).

dd) Sprache und Vers

Die Entwicklung der historischen und vergleichenden Sprachwissenschaft im 19. Jahrhundert kam der Shakespeare-Forschung unmittelbar zugute. Durch umfangreiche historische Arbeiten zu Shakespeares Grammatik (E. A. ABBOTT, *A Shakespearian Grammar*, 1869; W. FRANZ, *Sh.-Grammatik*, 1898–1900) und Wortschatz (A. SCHMIDT, G. SARRAZIN, *Sh.-Lexikon*, 1874–75; C. T. ONIONS, *A Sh.-Glossary*, 1911, 2. verb. Aufl. 1958) konnten Handbücher und Nachschlagewerke geschaffen werden, die im Licht moderner Linguistik zwar methodisch revisionsbedürftig sind, aber noch nicht durch bessere ersetzt wurden. Dagegen wurden frühe Arbeiten zur Aussprache (W. FRANZ, *Orthographie, Lautgebung und Wortbildung in den Werken Sh.s*, 1905; W. VIETOR, *Sh.'s Pronunciation*, 1906) durch das Standardwerk von H. KÖKERITZ (*Sh.'s Pronunciation*, 1953) überholt, das seinerseits aber in den textkritischen Voraussetzungen der Korrektur bedarf. Zur Interpunktion liegen die Studien P. SIMPSONS (*Sh.'s Punctuation*, 1911) und P. ALEXANDERS (*Sh.'s Punctuation*, 1945) vor, die beide betonen, daß die Zeichensetzung mehr rhythmischen als syntaktischen Prinzipien folgt und eher für den Schauspieler als den Leser relevant ist. J. BARTLETTS Konkordanz zum Gesamtwerk Shakespeares (*A Complete Concordance*, 1894), lange Zeit das unentbehrliche Hilfsmittel für Stiluntersuchungen, wurde inzwischen durch M. SPEVACKS Konkordanzen zu den *dramatis personae*, den Einzelwerken und dem Gesamtwerk (1968–1975; Band IV–VI einbändig als *The Harvard Concordance to Sh.*, 1973) und durch die Konkordanzen zu den Einzelwerken von T. H. HOWARD-HILL (1969–1972) – beide auf historisch-kritischer Textgrundlage – überholt (s. Anhang). Neuere Arbeiten zur Sprache Shakespeares berücksichtigen in stärkerem Maße Dialektelemente, Soziolekte und Fachsprachen (E. PARTRIDGE, *Sh.'s Bawdy*, 1947, rev. ed. 1968), wägen den Einfluß der heimisch-kolloquialen Sprachtradition (F. P. WILSON, *Sh. and the Diction of Common Life*, 1941) gegenüber dem der klassisch-rhetorischen Tradition ab (H. M. HULME, *Explorations in Sh.'s Language*, 1962) oder weiten sich zu einer ästhetisch orientierten Stilistik (s. u., S. 930ff.).

Positivistische Untersuchungen zur Versgestalt in Shakespeares Dramen (C. BATHURST, G. H. BROWNE) kamen kaum über ein bloßes Silbenzählen und die isolierte Beobachtung der Einzelzeile hinaus. Von anachronistisch normativen Kategorien antiker Metrik ausgehend, merzten Forscher wie B. Van Dam und C. Stoffel (*W. Sh. Prosody and Text*, 1900) Versunregelmäßigkeiten als Textkorruptionen aus, während in neueren Studien zu Shakespeares Versgestaltung gerade solche Unregelmäßigkeiten in ihrer dramatischen Funktionalität differenziert ästhetisch gewürdigt (s. u. S. 933) und vor dem Hintergrund elisabethanischer Prosodie diskutiert werden (D. L. Sipe, *Sh.'s Metrics*, 1968).

ee) Theatergeschichte

Die Suche nach Dokumenten zu Shakespeares Biographie förderte auch Material zutage, das zu einer genaueren Kenntnis der Bauweise der elisabethanischen Theater, der Aufführungspraxis und der Organisation des Theaterwesens führte. Diese an den exakten Wissenschaften orientierte theatergeschichtliche Forschung (G.F. Reynolds, G.P. Baker, W.J. Lawrence, A.H. Thorndike, J.Q. Adams, E.K. Chambers) stellte zwar ein wichtiges Korrektiv zur theaterfernen Shakespeare-Kritik des 19. Jahrhunderts dar und beeinflußte die Bemühungen der von W. Poel gegründeten Elizabethan Stage Society (1894) um einen historisch getreuen Aufführungsstil; ihre Erkenntnisse wurden jedoch erst von späteren Forschern (M. C. Bradbrook, *Elizabethan Stage Conditions*, 1932; G. R. Kernodle, *From Art to Theatre*, 1944; R. Southern, *The Open Stage*, 1953; A. Harbage, *Theatre for Sh.*, 1955; I. Smith, *Sh.'s Globe Playhouse*, 1956 und *Sh.'s Blackfriars Playhouse*, 1964; L. Hotson, *Sh.'s Wooden O*, 1959; B. Beckerman, *Sh. at the Globe*, 1962; G. Wickham, *Early English Stages 1300 to 1660*, Vol. 2, Part 1, 1963; C. W. Hodges, *The Globe Restored*, rev. ed. 1968) in vertiefter Form für die Interpretation der dramaturgischen Gestaltung und der Wirkungsweise der Dramen Shakespeares fruchtbar gemacht (vgl. I C).

b) Romantische Erlebnisdeutung

Diese positivistisch strenge historische Faktenforschung des späten 19. Jahrhunderts verdrängte jedoch keineswegs die Tradition subjektiv-romantischer Erlebnisdeutung (vgl. S. 924).

Durch die Ausklammerung des formalen und ästhetischen Bereichs als Gegenstand wissenschaftlicher Untersuchung blieb ein Vakuum bestehen, das weiterhin durch enthusiastische »bardolatry« und impressionistische Einfühlung in die Charaktere von Shakespeares Dramen aufgefüllt wurde. So konnte ein Forscher wie F. J. Furnivall, dessen notorisch nüchterne statistische Verstests einen geradezu idealtypisch reinen Positivismus verkörpern, gleichzeitig – sozusagen nebenberuflich und außerwissenschaftlich – über Shakespeares Heldinnen schwärmen und den elisabethanischen Dramatiker zum viktorianischen Moralisten umdeuten. Die Shakespeare-Forschung des 20. Jahrhunderts wird an beiden Traditionen anknüpfen und die hier noch bestehende prekäre Personalunion von historischer Forschung und literarischer Kritik weiter auflösen. Denn sie nimmt nicht nur die positivistischen Ansätze auf und entwickelt sie zu einem problematischen Spezialistentum, sondern führt auch mit neuen Methoden und unter veränderten Voraussetzungen die biographische Deutung eines Rückschlusses vom Werk auf das Leben (C. Spurgeon, G. W. Knight, J. D. Wilson) und die einfühlsame Charakterinterpretation (A. C. Bradley, J. Palmer) weiter fort.

3. A. C. Bradley und die Diskussion um Shakespeares Charaktere

a) Das Erbe des 19. Jahrhunderts

Bradleys *Shakespearean Tragedy* (1904) nimmt eine Schlüsselposition in der Methodendiskussion des 20. Jahrhunderts ein: einerseits faßt es wichtige Tendenzen der romantisch-viktorianischen Kritik zusammen und hebt sie auf die Ebene philosophischer Systematisierung, andererseits wird es zum Orientierungspunkt aller neueren »approaches«, an dem diese sich in kritischer Ablehnung oder modifizierender Zustimmung definieren. Bradleys Interpretationsmethode ist wie die romantische Erlebnisdeutung »affective criticism«: nicht das Werk selbst, sondern das Erlebnis des Werks durch den Rezipienten ist Ausgangspunkt der Deutung (»the experience is the matter to be interpreted«).

Damit wird auch bei BRADLEY die historische Dimension des Texts entscheidend verkürzt, so daß die geschichtliche Bedingtheit seiner formalen und thematischen Aspekte kaum in die ästhetische Reflexion eingeht. Auch der Zugang zum Drama über eine Deutung der Charaktere ist romantisches Erbe: mit der Ablösung der klassizistischen Poetik trat schon im 19. Jahrhundert die Handlung in den Hintergrund gegenüber den Charakteren, die sich von allen Elementen des Dramas am bereitwilligsten einer einfühlenden Erlebnisdeutung erschlossen. Diese Überbetonung der Charaktere als psychologisch konsistenter Personen mag auch durch Entwicklungen im Roman des 19. Jahrhunderts beeinflußt worden sein, der sich immer mehr zur realistisch-seelenkundlichen Studie differenzierter Bewußtseinszustände hinentwickelte, ebenso wie BRADLEYS Theorie des tragischen Konflikts, in ihren wesentlichen Zügen auf HEGEL fußend, an den psychologischen Determinismus der zeitgenössischen Romane Thomas HARDYS erinnert.

b) Der Begriff des Tragischen und der Aufbau der Tragödie

BRADLEY sieht Shakespeares Tragödienkonzeption durch einen Konflikt von »spiritual forces« bestimmt, deren Träger die Figuren sind. Der tragische Held ist durch die Größe seines Wollens ausgezeichnet, deshalb ruft sein Scheitern im Zuschauer eine »impression of waste« hervor; andererseits ist diese Größe mit einer Einseitigkeit des Erkennens und Wollens verbunden, die als »tragic flaw« seinen Untergang als Triumph der Weltordnung gerechtfertigt erscheinen läßt. Wird mit solchen aristotelisch-hegelianischen Kategorien Shakespeares Tragödie zum zeitlos-klassischen Ideendrama stilisiert, so orientiert sich auch die Analyse der »Construction in Shakespeare's Tragedies« an dem unhistorischen Dramenmodell Gustav FREYTAGS und mißt so Shakespeares Dramenaufbau ohne Berücksichtigung elisabethanischer Bühnenbedingungen und dramatischer Konventionen am »well-made play« des 19. Jahrhunderts.

c) Die Charakteranalyse

Wie ARISTOTELES sieht BRADLEY Charakter und Handlung in engem Bezug zueinander, verkehrt aber dessen Prioritätensetzung: »the calamities and catastrophe follow inevitably from the deeds of men, and ... the main source of these deeds is character«. Durch diesen engen Kausalzusammenhang zwischen Handlung und Charakter werden Shakespeares Figuren einer Analyse zugänglich, die von ihrem fiktionalen Status absieht und sie wie reale Personen behandelt. Er folgt damit M. MORGANN, der schon 1777 Shakespeares Figuren »rather as historic than dramatic beings« betrachtete. Wenn BRADLEY Macbeth die »imagination of a poet« zuspricht, verwechselt er die poetische Form des Dramas mit der Charakterdisposition des Helden; wenn er nach Hamlets psychischer Konstitution vor den im Drama dargestellten Ereignissen fragt, setzt er sich über die Geschlossenheit der dramatischen Form hinweg, und wenn er schließlich Spekulationen über Othellos Verhalten in Hamlets Situation anstellt, löst er vollends Charaktere aus ihrem dramatischen Kontext, in dem allein sie existieren. Eine solche Interpretationsmethode verleiht zwar den Haupt- und Nebenfiguren eine bis dahin ungeahnte Komplexität und Tiefe, verkennt aber die Eigengesetzlichkeit der dramatischen Form und schafft damit oft psychologische Scheinprobleme.

d) Bradleys Nachfolger und Kritiker

Neben BRADLEYS Anhänger und Schüler, die seine Methode der Charakterinterpretation um historische und formal-ästhetische Einsichten erweiterten und auch auf die Historien und Komödien anzuwenden versuchten (H. B. CHARLTON, *Shakespearian Comedy*, 1938; J. PALMER, *Political and Comic Characters of Sh.*, 1945–1948; T. M. PARROTT, *Shakespearean Comedy*, 1949; R. FRICKER, *Kontrast und Polarität in den Charakterbildern Sh.s*, 1951; L. KIRSCHBAUM, *Character and Characterization in Sh.*, 1962, J. Leeds BARROLL, *Artificial Persons*, 1974), traten bald Kritiker, die, ausgehend von seinem Verständnis der »dramatis personae« als reale Personen, Dramenfiguren Shakespeares einer psychoanalytischen Untersuchung unterzogen. Den Anlaß dazu gab FREUD selbst, der schon 1900 Hamlets Zögern als Symptom eines Ödipus-Komplexes erklärte. Ihm folgten psychoanalytische Kritiker wie E. JONES (*Hamlet and Oedipus*, 1949), M. D. FABER, hrsg. (*The Design Within*, 1970) und K. R. EISSLER (*Discourse on Hamlet and ›Hamlet‹*, 1971) mit detaillierten Analysen, in denen sie jedoch nicht immer die Gefahr umgingen, Shakespeares Dramen auf Fallgeschichten ihrer Helden zu reduzieren, und gelegentlich übersahen, daß die Repliken einer dramatischen Figur nicht den Bedingungen freier Assoziation entsprechen, wie sie für psychoanalytische Untersuchungen vorausgesetzt werden muß. Zudem neigten sie zum biographischen Rückschluß von den Figuren auf die Person des Autors und deuteten Hamlets Ödipus-Komplex als Projektion einer Neurose Shakespeares. Fruchtbarer, da enger auf das dramatische Werk bezogen, ist dagegen der psychoanalytische Ansatz J. I. M. STEWARTS (*Character and Motive in Shakespeare*, 1949), der versucht, Charakterinterpretation mit sprachbezogener Strukturanalyse zu verbinden und der gegen die historisch-realistischen Kritiker (s. u. 4) gerade die Widersprüche in Shakespeares Charakteren als Ausdruck eines psychologischen Realismus interpretiert, mit dem Shakespeare intuitiv Erkenntnisse moderner Tiefenpsychologie vorwegnimmt.

In gewissem Sinne ist die Geschichte der Shakespeare-Forschung des 20. Jahrhunderts die Geschichte der kritischen Auseinandersetzung mit BRADLEYS »character approach«. Er ist dabei einer doppelten Kritik ausgesetzt: die Vertreter der historisch-realistischen Schule setzen bei der Vernachlässigung des theatergeschichtlichen Kontexts an und deuten als formale Konsequenz elisabethanischer Bühnenbedingungen und dramatischer Konventionen, was BRADLEY als Ausdruck komplexer Psychologie wertete, und die werkimmanenten Kritiker sehen durch seine Überbetonung der Charaktere die poetische Einheit der Dramen gefährdet.

4. DIE HISTORISCH-REALISTISCHE KRITIK

a) Voraussetzungen

Die positivistische Forschung zum theatergeschichtlichen und literarischen Hintergrund der Dramen Shakespeares hatte Ma-

terial zutage gefördert, das die romantisch-viktorianische Stilisierung Shakespeares zum zeitlosen Genie der Charaktergestaltung in Frage stellte. Wenn auch G. RÜMELIN (*Sh.studien*, 1866)
schon zu Beginn der positivistischen Phase deutschen Shakespeare-
Interpreten wie H. ULRICI und G. G. GERVINUS, die nach der den
einzelnen Dramen zugrundeliegenden Idee fragten, entgegen-
hielt, daß Shakespeare als Theatermann auf breite Publikums-
wirkung, nicht auf ideelle Spitzfindigkeit abzielte, und wenn auch
Kritiker wie R. BRIDGES (*The Influence of the Audience on Sh.'s
Drama*, 1907) schon um die Jahrhundertwende das Bild eines
Shakespeare entwarfen, der allzu bereitwillig dem vulgären Geschmack eines breiten Publikums entgegenkam, machten erst
Kritiker der zwanziger und dreißiger Jahre (E. E. STOLL, L. L.
SCHÜCKING, W. W. LAWRENCE) die Ergebnisse der positivistisch-
historischen Forschung einer rationalistischen Kritik fruchtbar.
Diese Kritik war vor allem gegen BRADLEY und die romantische
Shakespeare-Deutung gerichtet, weitete sich aber auch aus zu
einer Kritik an Shakespeare selbst, der nun, seines Genie-Nimbus
beraubt, einer nüchternen Analyse seiner dramatischen Technik
und seines Verhältnisses zum Publikum unterzogen wurde.

b) Shakespeare und die Konventionen
des elisabethanischen Theaters

Ausgehend von einem literaturhistorischen und literatursozio-
logischen Ansatz, wendet sich L. L. SCHÜCKING (*Die Charakterprobleme bei Shakespeare*, 1919; 1932[3]) gegen die affektive Kritik BRADLEYS und W. A. RALEIGHS. Er fordert dagegen eine objektive, historische Betrachtungsweise, die das elisabethanische
Publikum und die ihm vertrauten Dramenkonventionen einbezieht, kritisiert BRADLEYS Verwechslung von Kunst und Wirklichkeit und erklärt die Widersprüchlichkeiten in der Charaktergestaltung, die dieser in psychologische Scheinprobleme um-
münzte, aus der »Mischung des Höchstentwickelten mit ganz
primitiven Elementen«, die Shakespeares Kunstform bestimme.
Shakespeares Dramen, für ein anspruchsloses Publikum geschrieben, zielen auf Eindeutigkeit und Theaterwirksamkeit ab,
bedienen sich dazu primitiver dramatischer Konventionen wie

der »unmittelbaren Selbsterklärung«, die jeder realistischen Psychologie widerspricht, und opfern den organischen Gesamtzusammenhang bereitwillig dem spektakulären Effekt der Einzelszene. Dieses Bild Shakespeares als eines von primitiven Konventionen bestimmten Dramatikers läßt sich bis zu neueren Dramenhistorikern wie B. SPIVACK (*Sh. and the Allegory of Evil*, 1958) verfolgen, der Iagos »motiveless malignity«, die COLERIDGE und BRADLEY psychologisch zu deuten versuchten, aus der Tradition der »Vice«-Figur ableitet.

Was bei BRADLEY als psychologische Kunst der Charaktergestaltung erschien, wird bei E. E. STOLL *(Shakespeare Studies*, 1927; *Art and Artifice in Shakespeare*, 1933) zur psychologischen Kunst der Publikumsbeeinflussung: Shakespeare »observes not so much the probabilities of action, or the psychology of the character, as the psychology of the audience, for whom both action and character are framed«. Das breite Publikum in seinen Bann zu schlagen und zu erschüttern, ist höchstes Ziel der Tragödienkunst Shakespeares, und dazu bedarf es gerade der unwahrscheinlichen Situationen, der spektakulären Konflikte und der unrealistisch überzeichneten Charaktere. Zur Rückkehr zur Dramentheorie des ARISTOTELES mahnend, betont er die Priorität der Handlung gegenüber den Charakteren und weist wie W. W. LAWRENCE darauf hin, daß Shakespeare und seine Zeitgenossen meist vorgegebene Erzählmotive bearbeiteten, und ihre Charaktere mit einem Minimum an Psychologie und Motivation in diesen Rahmen einfügten.

c) Kritische Modifikationen

STOLLS und SCHÜCKINGS Shakespeare-Bild – das Bild eines primitiv-volkstümlichen Dramatikers, der seine kommerziellen Interessen als Theateraktionär oft über künstlerische Ansprüche stellt – wurde auch von denjenigen Forschern nicht unqualifiziert übernommen, die ihr theaterhistorisches und literatursoziologisches Interesse teilten (M. C. BRADBROOK, A. HARBAGE, A. C. SPRAGUE, R. WEIMANN). Umfangreiche historische Detailforschung konnte die Vorstellung von einem unverständig-primitiven, sensationslüsternen elisabethanischen Publikum weitgehend revidieren (s. u., S. 941). Und ebenso wird Shakespeare nicht mehr als der Sklave tradierter Konventionen gesehen, sondern als bewußter Künstler, der diese Konventionen virtuos handhabt, umformt und seinen Intentionen dienstbar macht.

5. Die werkimmanente Formanalyse und Hermeneutik

a) Voraussetzungen

Die Reaktion der werkimmanenten Interpretation auf die Verabsolutierung des Charakters bei Bradley und seinen Nachfolgern ist gleichzeitig eine Reaktion gegen die Dogmen der historisch-realistischen Schule. Sie stellt eine Neubesinnung auf die form-ästhetischen Qualitäten des sprachlichen Kunstwerks dar. Diese neue Tendenz in der Shakespeare-Kritik, die um 1930 einsetzt, ist kein isoliertes Phänomen, sondern spiegelt eine allgemeine methodische Neuorientierung der Literaturwissenschaft wider. Die strukturale Formanalyse der russischen Formalisten und des Prager Linguistenkreises, das »close reading« I. A. Richards und der von ihm und von W. Empson beeinflußten Cambridger Kritiker der Zeitschrift *Scrutiny*, der amerikanische New Criticism, die französische »explication de texte« und – mit politisch bedingter Verspätung – die deutsche »Kunst der Interpretation« – alle diese Richtungen versuchen, wenn auch mit unterschiedlicher Akzentuierung, über sprachliche und formale Strukturen einen direkten und objektivierbaren, von historischen, soziologischen und biographischen Erwägungen unverstellten Zugang zum sprachlichen Kunstwerk zu finden und die Qualitäten, die es zum Kunstwerk machen, analytisch zu beschreiben.

In *A Plea for the Liberty of Interpreting* (1930), dem einflußreichen Manifest einer werkimmanenten Methode in der Shakespearekritik, wendet sich L. Abercrombie explizit gegen Schükking und die historische Schule: »To limit interpretation to what the play may have meant to Elizabethans is, frankly, to exclude the existence of the play as a work of art; for as a work of art it does not exist in what it may have meant to some one else, but in what it means to me; that is the only way it can exist«. Hinter einer so radikalen Abkehr von der Historie steht eine lange Tradition geschichtsfeindlichen Denkens, die von NIETZSCHE über DILTHEY bis CROCE reicht: die Meisterwerke der Kunst sind Ausdruck von Lebenskräften, die das rein Geschichtliche transzendieren, und sind in ihrer Überzeitlichkeit intuitivem Nacherleben unmittelbar zugänglich. Daraus ergibt sich neben der anti-historischen gleichzeitig eine anti-intellektualistische Orientierung. DILTHEY spielt schon 1883 das intuitive »Erkennen« der Geisteswissenschaften gegen das rationalistische »Erklären« der Naturwissenschaften aus, und G. W. KNIGHT (*Myth and Miracle*, 1929; *The Wheel of Fire*, 1930; *The Shakespearian Tempest*, 1932), der große Anreger der neuen Shakespearekritik, fordert 1930 eine Wendung vom erklärenden und wertenden »criticism« zu einer »interpretation«, die darauf abzielt, »to merge into the work it analyses, ... to understand its subject in the light of its own nature«.

Solcher »imaginative criticism« könne allein die poetische Dimension des Werks erschließen, die von der Charakterinterpretation verfehlt und von der historisch-realistischen Kritik unterschlagen wurde. Wenn G. W. KNIGHT diese Dimension vor allem in der symbolischen Bildlichkeit situiert sieht, wird der Einfluß der zeitgenössischen modernen Literatur – Symbolismus, Imagismus und »poetic drama« (E. POUND, W. B. YEATS, T. E. HULME, T. S. ELIOT) – greifbar, die Metapher und Symbol zum eigentlich Poetischen verabsolutiert. Dieser Einfluß führt in der englischen Literaturwissenschaft zu einer entscheidenden Neubewertung der literarischen Tradition. T. S. ELIOT und H. GRIERSON entdecken neu die »metaphysical poets« mit ihren dunklen und komplexen »conceits«, und die Shakespeare-Forschung wendet sich gerade dem Aspekt zu, der im 18. Jahrhundert der schärfsten Kritik ausgesetzt war – der Bildwelt seiner Dramen.

Die neue, von G. W. KNIGHT und T. S. ELIOT beeinflußte, sprachbezogene Kritik der *Scrutiny*-Gruppe (F. R. LEAVIS, L. C. KNIGHTS, D. TRAVERSI) entzündet sich vor allem am Widerspruch zu A. C. BRADLEY: L. C. KNIGHTS parodiert mit *How Many Children Had Lady Macbeth?* (1933) BRADLEYS Sicht der Figuren als reale Personen, und F. R. LEAVIS kritisiert 1937 (in

Scrutiny, 6) dessen Othello-Deutung als sentimentale Verzerrung. Dagegen entwickelt sich die Shakespeare-Interpretation des amerikanischen New Criticism – wegweisend ist dabei C. BROOKS' *Macbeth*-Essay in *The Well Wrought Urn* (1947) – aus der Übertragung von Analyseverfahren, die ursprünglich an lyrischen Gedichten erprobt wurden, auf das Drama. Gemeinsam ist diesen beiden Richtungen der Shakespeare-Kritik der unhistorische »approach«, die Vernachlässigung der theatralischen und dramatischen Aspekte, das Interesse für die Textur der poetischen Sprache und die Suche nach komplexen Bildstrukturen.

b) Die poetische Dimension der Dramen Shakespeares

Shakespeares Werke werden nun als »poetic dramas« und als »dramatic poetry« gewertet und mit einer Methode interpretiert, die von den konventionellen dramentheoretischen Kategorien absieht und – so Eliot in seiner Einleitung zu G.W. KNIGHTs *The Wheel of Fire* (1930) – nach einem sprachlichen »pattern below the level of ›plot‹ and ›character‹« forscht. Die »imagery«, die diese »Strukturmuster« trägt, war schon 1794 von W. WHITER (*A Specimen of a Commentary on Sh.*) einer genaueren Analyse unterzogen worden, doch blieb sein Werk vorerst ohne Nachwirkungen. Er weist bereits auf wiederkehrende Bildkomplexe – »image clusters« oder »iterative imagery« – hin, die nun systematisch von F. C. KOLBE mit statistischen Methoden als thematische Schlüsselwörter (*Sh.'s Way*, 1930) und von C. F. E. SPURGEON tabellarisch als Index zu Shakespeares Persönlichkeit analysiert werden (*Shakespeare's Imagery and What It Tells Us*, 1935). Einem solchen »approach«, in dem die Bilder abgelöst von ihrem dramatischen Kontext behandelt und nur nach ihrem »vehicle«, nicht dem »tenor« (dem eigentlich Gemeinten) klassifiziert und bewertet werden, stehen die Forschungen W. H. CLEMENs gegenüber (*Shakespeares Bilder*, 1936; englische Neufassung: *The Development of Shakespeare's Imagery*, 1951), der nach der dramatischen und atmosphärischen Funktion der Bilder, ihrer Charakter- und Handlungsbezogenheit fragt und die Entwicklung in Shakespeares Gebrauch dieses Kunstmittels herausarbeitet. Die im Anschluß an diese Pionier-Studien blühende »image«-Forschung, teils biographisch orientiert, teils werkbezogen (U. ELLIS-FERMOR, *Some Recent Research in Sh.'s Imagery*, 1937; E. A. ARMSTRONG, *Sh.'s Imagination*, 1946; R. D. ALTICK, in: *PMLA*, 1947; M. M. MOROZOV, in: *ShS*, 1949; D. A. STAUFFER, *Sh.'s World of Images*, 1949; J. E. HANKINS, *Sh.'s Derived Imagery*, 1953; R. B. HEILMAN, *This Great Stage*, 1948; *Magic in the Web*, 1956) erfuhr eine Ausweitung ihres Gegenstandes durch R. A. FOAKES (in: *ShS*, 1952) und M. CHARNEY (*Sh.'s Roman Plays*, 1961), die unter dem Begriff der »imagery«, der ursprünglich auf Metaphern und Vergleiche beschränkt war, nun auch alle konkret sinnlichen, optischen oder akustischen Bühneneindrücke faßten.

Interpretiert CLEMEN die Bilder eines Dramas in ihrer zeitlichen Abfolge und Entfaltung, so heben G. W. KNIGHT und seine Schüler die dem Drama eigene zeitliche Dimension weitgehend auf und projizieren die dynamische Entwicklung von Handlung und Charakter in eine statisch-räumliche Struktur korrespondierender und kontrastierender Bilder und Themen. G. W. KNIGHTS »spatial approach« geht davon aus, »that there are throughout the play a set of correspondences which relate to each other independently of the time-sequence of the story«. Shakespeares Bühnenwerke werden damit zu poetischen Lesedramen, und die bewegte Abfolge konkreter Situationen gerinnt zum abstrakten »pattern«. Der mimetische Aspekt des Dramas, den die Charakterinterpretation BRADLEYs überbetonte, wird kaum mehr berücksichtigt, wenn es nun darum geht, »each play as an expanded metaphor« zu interpretieren, als eine komplexe und im Sinne romantischer Ästhetik »organische« Bildstruktur, die nur auf die »original vision« des Dichters zurückverweist. Während aber G. W. KNIGHT, dem Theaterpraktiker und Verfasser der *Principles of Shakespearian Production* (1936), der theatralisch-dramatische Aspekt noch bewußt ist und es ihm mehr um die Neuakzentuierung eines vernachlässigten Bereichs geht, fehlt dieses Bewußtsein in den esoterisch verschlüsselten Interpretationen amerikanischer New Critics wie C. BROOKS und R. B. HEILMAN. Der eigentliche Bedeutungsträger ist ihnen das »pattern of imagery«, das sich in komplexen »ambiguities« (W. EMPSON) und »paradoxes« (C. BROOKS) entfaltet und ein zentrales metaphysisches »statement« impliziert. Ihre höchst spekulativen

Deutungen stießen sowohl auf den Widerspruch der herkömmlichen »image«-Forschung (W. H. CLEMEN) und der historischen Schule (H. GARDNER, in: *The Business of Criticism*, 1959), als auch der neuaristotelischen Chicago-Kritiker (W. R. KEAST, R. S. CRANE), die auf die Vernachlässigung gattungsbedingter Aspekte und der mimetischen Funktion des Dramas hinweisen, und der marxistischen Literaturwissenschaft, die in ihnen eine Enthumanisierung der auf den Menschen bezogenen dramatischen Kunst sahen (R. WEIMANN, *»New Criticism« und die Entwicklung bürgerlicher Literaturwissenschaft*, 1962).

Schon bei G. W. KNIGHT, der sich hierbei auf C. STILL beruft, wird die Bild-Forschung zur Symbolinterpretation, für die das »pattern« der Bilder und Themen als »mystical representation of a mystical vision« erscheint. Diese Interpretation sucht nicht mehr das Spezifisch-Konkrete des Textes zu analysieren, sondern reduziert ihn auf abstrakte »themes« und »statements«: *Macbeth* wird nach Abstraktion des konkreten dramatischen Konflikts zu einem »statement of evil« (L. C. KNIGHTS), die Tragödien entfalten den Kontrast von »life-themes« und »death-themes«, und die Polarität von Sturm und Musik wird zur Formel für den ganzen Kosmos der Dramen Shakespeares (G. W. KNIGHT). Charaktere, Bilder und Motive werden als Träger und Projektionen einer tieferen Bedeutung aufgefaßt, die nur scharfsinnig-spekulativer Allegorese zugänglich ist – und vom Theaterzuschauer, der nicht jedes Bild kombinatorisch mit allen anderen Bildern des Dramas und des Gesamtwerks Shakespeares in Beziehung setzen kann, wohl immer verfehlt werden muß! Hier findet auch die biographische Deutung eine neue Heimstatt: die Entwicklung der thematischen und bildlichen »patterns« von *Julius Caesar* bis zu *The Tempest* erscheint als umfassendes Symbol der inneren Entwicklung Shakespeares, einer Aufhebung des Todes durch das Leben, des Sturms durch die Musik (G. W. KNIGHT, J. M. MURRY).

Das neue Bewußtsein für die Komplexität der Shakespeareschen Sprache, ihre stilistischen Nuancen, semantische Vielschichtigkeit, rhythmische Flexibilität und ihre fein abgestufte klangliche Orchestrierung, das den wichtigsten Beitrag der werkimmanenten Schule darstellt, führte zu einer vertieften und methodisch verfeinerten Erforschung der sprachlichen und stilistischen Kunstmittel. Shakespeares Verskunst (R. FLATTER, *Sh.'s Producing Hand*, 1948; I. EVANS, *The Language of Sh.'s Plays*, 1952; F. E. HALLIDAY, *The Poetry of Sh.'s Plays*, 1954; T. FINKENSTAEDT, *Die Verskunst des jungen Sh.*, 1955; J. W. DRAPER, *The Tempo-Patterns of Sh.'s Plays*, 1957), die stilistische Vielfalt seiner Prosa (M. CRANE, *Sh.'s Prose*, 1951; B. VICKERS, *The Artistry of Sh.'s Prose*, 1968), das Verhältnis von Vers und Prosa (E. TSCHOPP, *Zur Verteilung von Vers und Prosa in Sh.s Dramen*, 1956), die Gestaltung von Kommunikationssituationen wie Monolog (W. H. CLEMEN, *Sh.s Monologe*, 1964), Dialog (J. L. STYAN, *Sh.'s Stagecraft*, 1967), große Rede (M. B. KENNEDY, *The Oration in Sh.*, 1942) und »aside« (W. RIEHLE, *Das Beiseitesprechen bei Sh.*, 1964), die dramatische Erzählkunst (K. SCHLÜTER, *Sh.s dramatische Erzählkunst*, 1958), das Wortspiel (M. M. MAHOOD, *Sh.'s Wordplay*, 1957) und ähnliche sprach-stilistische Aspekte werden nun in Aufsätzen und Mono-graphien einer eingehenden Detail-Analyse unterzogen, die sich nicht mehr – wie die positivistisch orientierte Sprachforschung – mit der Sammlung und Klassifizierung des linguistischen Fakten-materials begnügt, sondern dieses auf seine dramatische Funktio-nalität hin interpretiert (vgl. III B, S. 321 ff.).

c) Die Analyse der dramatischen Kunst

Die Analyse der sprachlichen Kunstmittel, die ihren Ausgang in der »image«-Forschung nahm, weitet sich bald zu einer Be-schäftigung mit Shakespeares dramatischer Kunst, die vor allem im deutschen Sprachraum blüht. Strukturelemente wie fest-stehende Szenentypen, Auftakt (E. T. SEHRT, *Der dramatische Auf-takt in der elisabethanischen Tragödie*, 1960), tableauhafte Schaubil-der (A. V. GRIFFIN, *Pageantry on the Shakespearean Stage*, 1951), Spiel im Spiel (W. ISER, 1962, erweitert in: *Wege der Sh.-Forschung*, ed. K. L. KLEIN, 1971; D. MEHL, *The Elizabethan Dumb Show*, 1965), »inset«-Situationen (F. BERRY, *The Shakespearean Inset*, 1965) und Lied (R. NOBLE, *Sh.'s Use of Song*, 1923; J. H. LONG, *Sh.'s Use of Music*, 1955), dramatische Techniken wie Repetition (P. V. KREIDER, *Repetition in Sh.'s Plays*, 1941; E. SCHANZER, in: *SJ West*, 1969), Kontrast und Spiegelung (H. T. PRICE, in: *J. Q. Adams Memorial Studies*, 1948; R. A. BROWER, *The Fields of Light*, 1951),

Identifikation und Distanzierung (S. L. BETHELL, *Sh. and the Popular Dramatic Tradition*, 1944; M. MACK, in: *Essays on Sh. and Elizabethan Drama*, ed. R. Hosley, 1962), Informationsverteilung (B. EVANS, *Sh.'s Comedies*, 1960), Sympathielenkung (P. BILTON, *Commentary and Control in Sh.'s Plays*, 1974; E. A. J. HONIGMANN, *Sh.: Seven Tragedies*, 1976) und dramatische Ironie (M.-B. v. LOEBEN, *Sh.s sprachliche Ironie*, 1965) werden meist in entwicklungsgeschichtlicher Perspektive untersucht, und diese Studien zeichnen Shakespeare als einen Dramatiker, der seine Kunstmittel bewußt und virtuos einsetzt und im Laufe seiner Entwicklung über tradierte Bauformen und Gestaltungsmuster immer souveräner verfügt und sie zu einem eigenständigen Ganzen amalgamiert (vgl. III B). Die werkimmanente Strukturanalyse entwickelt sich damit ganz natürlich zu einer Erforschung des literarhistorischen Hintergrunds (s. u. S. 936).

Über solchen Detailstudien zu Einzelaspekten der dramatischen Kunst blieb die Erfassung der Gesamtstruktur bisher in Ansätzen stecken. Fragen der Raum- und Zeitstruktur in Shakespeares Tragödien, Komödien und Historien warten noch auf eine umfassende Klärung; die Kontroverse um die Funktion von Akt und Szene (T. W. BALDWIN, 1947; G. HEUSER, 1956; C. LEECH, 1957; W. T. JEWKES, 1958; H. L. SNUGGS, 1960; E. JONES, *Scenic Form in Sh.*, 1971; siehe Bibl. zu III. B. 2. f) ist noch im Gange, und die von der Kunstwissenschaft (H. WÖLFFLIN) angeregte Diskussion um das Verhältnis von »offener« und »geschlossener Dramenform« bei Shakespeare (O. WALZEL, in: *SJ* 1916; V. KLOTZ, *Geschlossene und offene Form im Drama*, 1960) könnte in historisch-komparatistischer Perspektive weitere Aufschlüsse über die strukturelle Eigenart des Dramas Shakespeares und seiner Zeitgenossen bringen. Fruchtbar haben sich dagegen schon Untersuchungen zu gattungsspezifischen Strukturmodellen und ihrer Abwandlung bei Shakespeare erwiesen (s. u., S. 937f.).

Die Frage nach Shakespeares dramatischen Kunstmitteln impliziert auch die Frage nach der Bühnenwirkung seiner Dramen, ihrer theatralischen Dimension, die sich nicht in Sprache und Aufbau erschöpft, sondern alle szenischen und gestischen Elemente mit einschließt. Wegweisend auf diesem von der akademischen Shakespeare-Forschung lange vernachlässigten Gebiet, das nur in enger Zusammenarbeit von Theaterfachleuten und Kritikern angemessen behandelt werden kann, sind H. GRANVILLE-BARKERS *Prefaces to Shakespeare* (1927–1947). H. GRANVILLE-BARKER, der in glücklicher Synthese in sich die Eigenschaften eines Dramatikers, Regisseurs, Schauspielers und Kritikers vereinigte, ging aus der Elizabethan Stage Society W. POELS hervor und erlangte vor dem ersten Weltkrieg durch eine Reihe von Shakespeare-Inszenierungen Berühmtheit. Seine *Prefaces* zeugen von einer reichen Bühnenerfahrung, von historischem Verständnis und einer feinen Sensibilität für sprachliche Nuancen und theatralische Wirkung. Im Anschluß daran hat Shakespeares dramaturgisches Können gerade in den letzten Jahrzehnten wiederholt eine genaue Analyse erfahren: im deutschen Sprachbereich untersuchte der Schweizer Theaterhistoriker R. STAMM Shakespeares Technik der indirekten Bühnenanweisung (*Sh.'s Word-Scenery*, 1954); in England und Amerika widmeten A. C. SPRAGUE (*Sh. and the Actors*, 1944), der Literaturwissenschaftler und Theaterpraktiker N. COGHILL (*Sh.'s Professional Skills*, 1964), der Theaterwissenschaftler J. R. BROWN (*Sh.'s Plays in Performance*, 1965), J. L. STYAN (*Sh.'s Stagecraft*, 1967), und M. C. BRADBROOK (*Sh. the Craftsman*, 1969), dem dramaturgischen Aspekt Monographien. Diesen zwar primär formästhetisch ausgerichteten, aber historisch fundierten Studien stehen die »Shakespeare-Skizzen« J. KOTTS (1961; deutsch *Shakespeare heute*, 1964) gegenüber, der mit geschärftem Sinn für Dissonanzen in den Dramen Shakespeares ihnen eine bewußt aktualisierende Bühnenwirkung eröffnete.

6. DIE ERFORSCHUNG DER HISTORISCHEN DIMENSION

a) *Voraussetzungen*

Aus den theatergeschichtlichen Studien der historisch-realistischen Schule, der es vor allem um die Beseitung anachronistischer Mißverständnisse über den Realismus von Shakespeares Charaktergestaltung ging, entwickelte sich bald eine breit angelegte Forschung zum literarischen, geistesgeschichtlichen und

sozio-politischen Hintergrund des Shakespeareschen Dramen-
werks. In ihrer reinsten Form zielt diese historische Kritik auf die
Interpretation eines Werks ausschließlich in Kategorien der
ästhetischen, literarischen und geistigen Werte seiner Entstehungszeit ab: »to understand a poem's meaning today we need to be
able to identify ourselves as far as possible with its original readers, the poet's contemporaries, whose ideal response to the
poem in fact constitutes its meaning« (F. W. Bateson, 1950).
Der Erwartungshorizont des zeitgenössischen Publikums und
die ursprünglichen Intentionen des Autors werden damit zum
Gegenstand der Forschung, nicht, wie in der werkimmanenten
Interpretation, das Kunstwerk als Resultat des schöpferischen
Prozesses (L. Abercrombie). Damit stehen werkimmanente
Interpretation und historische Forschung in spannungsreicher
Opposition, die zu Kontroversen wie der zwischen C. Brooks
und H. Gardner (1953) führte.

b) Der literarische Hintergrund

Shakespeares Werke im Licht der Ästhetik und Literaturtheorie der elisabethanischen Renaissance zu sehen, kann ein
wichtiges Korrektiv für anachronistische Urteile darstellen. So
stellen R. Tuves Studien zur Metaphern-Theorie in den Poetiken der Renaissance (*Elizabethan and Metaphysical Imagery*, 1947)
das »imagery«-Verständnis von Kritikern wie T. S. Eliot und C.
Brooks in Frage, die den Verweischarakter des bildlichen Zei-
chens gegenüber dem Zeichen selbst unterbewerten, und so versucht M. Doran (*Endeavors of Art*, 1954) durch eine Analyse der
Dramentheorien der Renaissance, »to reconstruct some part of the
context of ideas, assumptions, and predispositions about literary
art in which Shakespeare and his fellow English dramatists . . .
must have worked, and to suggest ways in which these things
may have helped to shape their art.« Das Regelsystem der Rhetorik, im 16. Jahrhundert noch nicht streng von der Poetik geschieden, wurde von Sister Miriam Joseph (*Sh.'s Use of the Arts of
Language*, 1947) im Hinblick auf Shakespeares Sprachgestaltung,
und von B. L. Joseph (*Elizabethan Acting*, 1951) im Hinblick auf
den Schauspielstil der Zeit untersucht.

»Rhetorische Kritik« nennt B. Croce abwertend die gattungs-typologische Analyse und Einordnung der Werke Shakespeares. Dennoch haben sich Versuche, die Struktur der Dramen Shake-speares durch einen Vergleich mit zeitgenössischen Gattungsvor-stellungen, wie sie aus der Poetik und der Dramenproduktion der Zeit induktiv erschlossen werden können, in ihrer literatur-historischen Bedingtheit zu erfassen, als sehr fruchtbar erwiesen. Für die Tragödie wären dazu etwa W. Farnham (*The Medieval Heritage of Elizabethan Tragedy*, 1936), für die Historiendramen I. Ribner (*The English History Play in the Age of Sh.*, 1957), für die Komödie M. C. Bradbrook (*The Growth and Structure of Eliza-bethan Comedy*, 1955) und für satirische Elemente O. J. Campbell (*Sh.'s Satire*, 1943) zu nennen. Bei der Offenheit des elisabethani-schen Gattungssystems, die formale Experimente mit Mischfor-men begünstigte, verbietet sich dabei von selbst eine einseitig-normative Festlegung auf ein vorgegebenes Muster, die Reduk-tion des Einzeldramas auf seine gattungsspezifischen Aspekte. Den Interferenzen und Überschneidungen von Gattungen wie Mora-lität, Interlude und romaneskem Drama geht in ihrer historischen Entfaltung W. Habicht (*Studien zur Dramenform vor Sh.*, 1968) nach.

In einer Periode, die sich wie die elisabethanische als Schnitt-punkt vielfältiger Einflüsse darstellt, muß die Frage nach den literarischen Traditionen, die in einem bestimmten Werk wirk-sam werden, notwendig zu kontroversen Antworten führen. Während S. L. Bethell (*Sh. and the Popular Dramatic Tradition*, 1944), D. M. Bevington (*From Mankind to Marlowe*, 1962) und R. Weimann (*Sh. und die Tradition des Volkstheaters*, 1967) die hei-misch-volkstümliche Tradition als formativen Einfluß auf Shake-speare betonen, unterstreichen Kritiker wie T. W. Baldwin (*Shakspere's Five-Act Structure*, 1947) und J. A. K. Thomson (*Sh. and the Classics*, 1952) die Bedeutung der antiken Literatur und D. Orr (*Italian Renaissance Drama in England before 1625*, 1970) die des kontinentalen Dramas. Auch Shakespeares Verhältnis zu sei-nen Vorläufern und Zeitgenossen wurde zum Gegenstand zahl-reicher Monographien (E. C. Pettet, *Sh. and the Romance Tradi-tion*, 1949; W. B. C. Watkins, *Sh. and Spenser*, 1950; F. P. Wil-son, *Marlowe and the Early Sh.*, 1953; E. W. Talbert, *Elizabethan*

Drama and Sh.'s Early Plays, 1963). Neben übergreifenden Studien zu *Shakespeare's Dramatic Heritage* (G. WICKHAM, 1969) stehen Analysen einzelner Formelemente (W. H. CLEMEN, *Die Tragödie vor Sh.*, 1955; D. MEHL, *Die Pantomime im Drama der Sh.-Zeit*, 1964) oder Topoi (A. RIGHTER, *Sh. and the Idea of the Play*, 1962), die von einem bestimmten Aspekt her die Entwicklung der dramatischen Kunst Shakespeares und seiner Vorläufer erhellen (vgl. I. B).

c) Der geistesgeschichtliche Hintergrund

Unter dem Einfluß von F. R. LEAVIS, der wie der Viktorianer Matthew ARNOLD als Kritiker der modernen Zivilisation nach bleibenden geistigen und ethischen Werten suchte, interpretieren werkimmanente Sprachanalytiker wie L. C. KNIGHTS und D. A. TRAVERSI die Dramen Shakespeares als Träger zeitloser Themen (Wandel und Beharren, Schein und Sein, Natur, Verwandtschaft usw.) und allgemein menschlicher, moralischer Werte. Im Gegensatz dazu versucht die historische Forschung, gerade diese thematischen Aspekte im Kontext des elisabethanischen Welt- und Geschichtsbildes zu deuten, um so anachronistischen Mißverständnissen zu entgehen. Die Struktur des elisabethanischen Weltbildes als historischer Hintergrund für Shakespeares Gedankenwelt wurde besonders in den dreißiger und vierziger Jahren zum Gegenstand weit gespannter Untersuchungen: H. CRAIG (*The Enchanted Glass*, 1935), A. O. LOVEJOY (*The Great Chain of Being*, 1936), W. C. CURRY (*Sh.'s Philosophical Patterns*, 1937), T. SPENCER (*Sh. and the Nature of Man*, 1943) und E. M. W. TILLYARD (*The Elizabethan World Picture*, 1943) rekonstruierten die kosmologischen, philosophischen, religiösen, politischen und moralischen Vorstellungen, mit denen Shakespeare und sein Publikum vertraut waren, und kamen dabei – besonders überzeugend bei den Historiendramen (L. B. CAMPBELL, 1947; E. M. W. TILLYARD, 1961; M. M. REESE, 1961; cf. Bibliogr. zu III. C. 1. a) – zu einflußreichen Neubewertungen. Auch die Vorstellungen zeitgenössischer elisabethanischer Psychologie wie die Theorien zu den »humours«, zum Verhältnis von »reason« und »passion« und zur »melancholy« (R. L. ANDERSON, 1927; L. B.

Campbell, 1930; J. W. Draper, 1945; J. B. Bamborough, 1952; vgl. Bibliogr. I. A. 8), wurden in historischen Deutungen fruchtbar gemacht, die sich nicht immer mit den Interpretationen psychoanalytischer Kritiker decken. Neben solchen panoramischen Überblicken über elisabethanisches Gedankengut entstanden ideengeschichtliche Studien zu Schlüsselbegriffen in einzelnen Dramen oder Dramengruppen. J. F. Danby (*Sh.'s Doctrine of Nature*, 1949) analysiert den Konflikt rivalisierender historischer Auffassungen der Natur in *King Lear* und E. Prosser (*>Hamlet< and Revenge*, 1967) die Rache-Ethik der Renaissance im Hinblick auf *Hamlet*; E. T. Sehrt (*Vergebung und Gnade bei Sh.*, 1952) und R. G. Hunter (*Sh. and the Comedy of Forgiveness*, 1965) betonen den Einfluß christlicher Gnadenlehre, C. B. Watson (*Sh. and the Renaissance Concept of Honor*, 1960) weist auf die Spannungen zwischen dem christlich-mittelalterlichen und dem neuen Ehrbegriff der Renaissance hin, T. Hawkes (*Sh. and the Reason*, 1964) und J. Vyvyan (*Sh. and Platonic Beauty*, 1961) sehen Shakespeare unter dem Einfluß der Gedanken des Florentiner Neuplatonismus.

In diesem Zusammenhang gewinnt die Frage nach Shakespeares Bildungshintergrund und seiner Belesenheit eine über das rein biographische Interesse hinausgehende Bedeutung. Denn nur ein für die geistigen Strömungen und Tendenzen seiner Periode aufgeschlossener Shakespeare – und nicht der ungebildete Natur-Dichter des 18. Jahrhunderts – rechtfertigt solche ideengeschichtliche Interpretation seiner Werke im Spannungsfeld mittelalterlicher Orthodoxie und neuem, skeptischem Denken der Renaissance. Zu dieser Neubewertung der Bildung Shakespeares trugen sowohl die allgemeine Quellenforschung, die seine Vertrautheit mit der Literatur mehrerer Kulturen demonstrierte, als auch spezielle Studien etwa zu seiner Bibelkenntnis (R. Noble, *Sh.'s Biblical Knowledge*, 1935), zu seiner Rezeption zeitgenössischen Gedankenguts (V. K. Whitaker, *Sh.'s Use of Learning*, 1953) und zu seiner Belesenheit (T. W. Baldwin, *W. Shakspere's Small Latine and Lesse Greeke*, 1944) bei. Und ebenfalls in diesem Zusammenhang brach die Kontroverse um den »christlichen Shakespeare« auf: sind Shakespeares Dramen Ausdruck christlicher Orthodoxie, oder stellen sie diese skeptisch in Frage? Sind die Elemente christlichen Denkens in seinen Dramen bedeutungslose, zeitkonforme Versatzstücke oder Träger der zentralen Intention des Autors? Befürworter einer christlichen Shakespeare-Deutung (S. L. BETHELL, R. W. BATTENHOUSE, E. T. SEHRT, N. COGHILL, G. R. ELLIOTT, vgl. III. BB. 2. e) betonen dabei das christlich-mittelalterliche Erbe und die Orthodoxie des elisabethanischen Weltbildes und rechnen mit der Möglichkeit einer allegorischen Exegese der Dramen Shakespeares (P. N. SIEGEL, *Shakespearean Tragedy and the Elizabethan Compromise*, 1957; M. LINGS, *Sh. in the Light of Sacred Art*, 1966), während ihre Gegner (U. ELLIS-FERMOR, E. K. CHAMBERS, A. SEWELL, W. R. ELTON, H. A. KELLY; vgl. III. BB. 2. e) auf die Krise dieses Weltbildes, pessimistische Zeittendenzen und den Einfluß der skeptisch-agnostizistischen neuen Philosophie der Renaissance hinweisen. *Measure for Measure*, die vier großen Tragödien und die späten Romanzendramen stehen seit den dreißiger Jahren im Zentrum dieser Kontroverse, über deren Probleme R. M. FRYE (*Sh. and Christian Doctrine*, 1963) eine undogmatisch ausgewogene Darstellung vorlegte (vgl. III. BB. 2. e).

d) Der soziale und politische Hintergrund

Die sozialgeschichtlichen und politischen Entwicklungen des elisabethanischen Zeitalters geraten nicht nur dann ins Blickfeld der historischen Forschung, wenn sie in Werken Shakespeares unmittelbar thematisiert werden. Die Literatur als soziales Phänomen – als Interaktion von Dichter, Theaterbesitzer, Mäzen, Verleger, Zensor und Publikum – wird durch sie mittelbar immer beeinflußt. So wendet sich eine empirisch-literatursoziologische Forschung den sozialgeschichtlichen Bedingungen der Produktion, Distribution und Rezeption der Werke Shakespeares und seiner Zeitgenossen zu. L. B. WRIGHT untersucht die bürgerliche Kultur im elisabethanischen England (*Middle Class Culture in Elizabethan England*, 1935) und stellt damit die Frage nach den »Geschmacksträgertypen« (L. L. SCHÜCKING), und E. MILLER analysiert den ökonomischen und sozialen Status des elisabethanischen Schriftstellers (*The Professional Writer in Elizabethan England*, 1959). Die Forschungen zu Shakespeares Publikum, seiner

sozialen Zusammensetzung und den in ihm angelegten bildungs-
mäßigen und weltanschaulichen Spannungen, wie sie von A. C.
SPRAGUE (*Sh. and the Audience*, 1935), A. HARBAGE (*Sh.'s Audience*,
1941; *Sh. and the Rival Traditions*, 1952) und M. HOLMES (*Sh.'s
Public*, 1960) durchgeführt wurden, haben die einseitig negative
Sicht des elisabethanischen Publikums entscheidend revidiert. Es
erscheint nun nicht mehr als Masse von »groundlings«, deren
rohem Geschmack Shakespeare Zugeständnisse machen mußte,
sondern als wichtige soziologische Voraussetzung für die Qualität und Fruchtbarkeit des elisabethanischen Dramas, dessen spannungsreiche Vielstimmigkeit und Vielschichtigkeit die komplexe
Interessenvielfalt eben dieses Publikums reflektiert. Der »elisabethanische Kompromiß« (P. N. SIEGEL), das prekäre Gleichgewicht
der Interessen von Hof, Bürgertum und Volk in der national-
absolutistischen Übergangsphase, wird so als Nährboden einer
einzigartigen Blüte der dramatischen Kunst erkannt (vgl. I A 1–4).

Das Verhältnis von sozio-ökonomischer Grundlage und literarischer Produktion wird von marxistischen Literaturkritikern
im Sinn einer strengen Determination des geistigen »Überbaus«
durch die ökonomische »Basis« gedeutet und in Kategorien des
Klassenkampfes beschrieben. So erscheint Shakespeare in der
Sicht älterer marxistischer Kritiker (A. A. SMIRNOV, *Sh. A Marxist
Interpretation*, 1934, engl. 1936) als der humanistische Ideologe der
Bourgeoisie seiner Zeit und als großer »Realist«, dessen Lebens-
werk die sozialen Konflikte und Entwicklungen der elisabethanischen Gesellschaft mechanisch getreu widerspiegelt, während
neuere marxistische Literaturwissenschaftler (R. WEIMANN, *Drama und Wirklichkeit in der Shakespearezeit*, 1958; *Sh. und die Tradition des Volkstheaters*, 1967; A. KETTLE, *Sh. in a Changing World*,
1964) die dialektische Rückwirkung des Überbaus auf die Basis
und damit die relative Eigengesetzlichkeit der literarischen Form
und ihrer Entwicklung mitreflektieren.

7. Neuere Entwicklungen

a) Die Krise der Shakespeare-Forschung

Die ständig wachsende Zahl der Veröffentlichungen zu ästhetischen oder historischen Teilaspekten der Werke Shakespeares, die eine vom einzelnen Interpreten nicht mehr überschaubare Atomisierung des Gegenstands mit sich brachte, und die Kluft zwischen historischer Forschung und ästhetischer Betrachtung führten die Shakespeare-Forschung der letzten Jahrzehnte in eine Krise, die die allgemeine literaturwissenschaftliche Krise widerspiegelt. Glaubt man mancherorts in positivistischem Fortschrittsvertrauen noch, diese Krise allein mit den organisatorischen Mitteln der verstärkten Koordination und Kooperation der Forschung und dem Einsatz elektronischer Datenverarbeitungsanlagen lösen zu können, so mehren sich die Stimmen, die auf eine methodische Neubesinnung drängen. Denn nicht nur bedarf das Verhältnis von formalistischer Interpretation und historischer Deutung einer methodischen Klärung, auch diese beiden Methoden selbst müssen einer kritischen Prüfung unterzogen werden. Die werkimmanente Interpretation verkürzt das Werk als eine ontologisch autonome Struktur um seine historische und kommunikative Dimension und endet oft in nicht mehr objektivierbarem Feinsinn subjektiver Auslegung (so die Kritik von R. S. CRANE, R. WEIMANN); die historische Forschung verfehlt oft das Werk in seiner konkreten Individualität, indem sie es zum Dokument einer allgemeineren geschichtlichen Konstellation reduziert, erklärt das Außerordentliche durch das Durchschnittliche und scheitert daran, den Zusammenhang zwischen seiner historischen Bedeutung und der aktuellen Wirkung dialektisch zu vermitteln (so L. TRILLING, H. OPPEL, H. GARDNER).

b) Versuche einer Synthese und Neuansätze

Ein Versuch, die Kluft zwischen formalistischer Interpretation und historischer Forschung zu überbrücken, ihre Ergebnisse aufeinander zu beziehen und so den »Blick für das Ganze« durch die »gegenseitige Erhellung und Ergänzung dieser verschiedenen Betrachtungsweisen einzelner Aspekte« wiederzugewinnen« (W.

H. Clemen, *Kommentar zu Shakespeares Richard III*, 1957) ist in Monographien zu einzelnen Dramen Shakespeares zu sehen. War die erste Phase der Shakespeare-Forschung die Phase der großen Werk-Leben Synthesen, und wurden diese Darstellungen in der Folgezeit von umfangreichen Aspekt- und Detailuntersuchungen überholt, so zeigt nun ein Blick auf die Bibliographien zu den einzelnen Dramen, daß in den letzten beiden Jahrzehnten die Zahl der Werk-Monographien ständig wächst. Wenn auch ein Großteil davon sich auf einige wenige Aspekte beschränkt oder eine Vielzahl von Gesichtspunkten additiv aneinanderreiht, so bietet doch grundsätzlich diese Darstellungsform die Möglichkeit einer Re-Integration der Interpretationsverfahren, in der die literaturhistorische, geistes- und sozialgeschichtliche Bedingtheit des Werkes, seine formale Struktur und seine Wirkung im Wandel der Verstehenshorizonte eng aufeinander bezogen werden können.

Eine der einflußreichsten neueren literaturwissenschaftlichen Methoden, die anthropologisch-strukturale Mythenforschung, die in den letzten zehn bis fünfzehn Jahren auch in der Shakespearekritik verstärkt Eingang gefunden hat, versucht das Dilemma zwischen ahistorischer, formaler Werkanalyse und der geschichtlichen Bedingtheit des Werkes und seiner Wirkung durch einen Rekurs auf mythische und kultische Elemente aufzuheben. In Anschluß an die Mythenforschung J. G. Frazers und die Sozialanthropologie C. G. Jungs, der im Gegensatz zu Freud und seinen Schülern Dichtung nicht auf individualpsychologische Impulse zurückführt, sondern sie als Ausdruck mythischer »Urerlebnisse« deutet, die im »kollektiv Unbewußten« noch lebendig sind, versuchen vor allem amerikanische Literaturwissenschaftler die Ursprünge des Dramas der Shakespearezeit in kultischen Ritualen aufzudecken und die dramatischen Strukturen und die Situationen als archetypische Analogien zum Mythos zu deuten. So sieht C. L. Barber (*Sh.'s Festive Comedies*, 1959) die Struktur der Komödien Shakespeares in Analogie zu heidnisch-saturnalischem Volksbrauchtum, das eine der Wurzeln der geschichtlichen Entwicklung der Komödie darstellt und im elisabethanischen Zeitalter noch lebendig war. Der historisch-genetische Ansatz, der hier wie in der älteren volkskundlichen Forschung

(C. M. GAYLEY, C. R. BASKERVILL) noch zum Tragen kommt,
wird jedoch bald aufgegeben, so daß Mythos und Drama nicht
mehr in entwicklungsgeschichtlich abgesicherter Analogie zueinander gesehen, sondern einander gleichgesetzt werden. Dies zeichnet sich etwa bei N. FRYE ab (*Anatomy of Criticism*, 1957; *A Natural
Perspective*, 1965), der trotz Berücksichtigung historischer und
formal-ästhetischer Aspekte die Komödien letztlich auf mythische Grundstrukturen – etwa die Überwindung des Winters
durch das Frühjahr oder den Mythos von Tod und Wiedergeburt - reduziert. Die Tragödien erscheinen aus solcher Perspektive
als »scapegoat«-Rituale, in denen sich die Zuschauer sowohl mit
dem leidenden Individuum als auch mit der Genugtuung for-
dernden Gesellschaft identifizieren (J. HOLLOWAY, *The Story of the
Night*, 1961). Diese Partizipation des Publikums am quasi-rituali-
stischen Geschehen hebt die Frage nach der vom Autor intendierten und vom Zuschauer zu realisierenden »Bedeutung« auf, nach
der sowohl werkimmanente als auch historische Kritik fragten:
Shakespeares Dramen werden damit zu einem »momentous and
energizing experience«, das sich jedem »meaning« oder »statement«
entzieht (J. HOLLOWAY), zur Plattform eines inneren Dramas rivalisierender unbewußter Wünsche von Autor und Publikum
(N. N. HOLLAND, *The Shakespearean Imagination*, 1964).

1. Allgemeine Forschungsberichte und Sammlungen
B. CROCE, »Die Sh.-Kritik«, in: *Ariost, Sh., Corneille*, übers. J. Schlosser, Zürich,
1922. – C.H. HERFORD, *A Sketch of Recent Shakespearian Investigation: 1893–
1923*, London, 1923. – J. ISAACS, »Shakespearian Scholarship«, *A Companion to
Sh. Studies*, hrg. H. Granville-Barker, G.B. Harrison, Cambridge, 1934. –
J. BROWN, G. FEARON, *This Sh.-Industry: Amazing Monument*, London,
1939. – J. SIMON, *Les progrès de la critique Shakespearienne au XXe siècle*, Brüssel,
1949. – K. MUIR, »Fifty Years of Shakespearean Criticism«, *ShS*, 4 (1951). –
U. ELLIS-FERMOR, »English and American Sh.-Studies 1937–1952«, *Anglia*, 71
(1952). – E.T. SEHRT, »Die Sh.forschung 1937–1952 in Deutschland und in der
Schweiz«, *Anglia*, 71 (1952). – W.F. SCHIRMER, *Alte und neue Wege der Sh.-
Kritik*, Bonn, 1953. – H. OPPEL, »Stand und Aufgaben der deutschen Sh.-For-
schung (1952–1957)«, *DVLG*, 32 (1958). – L. C. KNIGHTS, »On Some Contemporary Trends in Sh. Criticism«, in: *Some Shakespearean Themes*, London, 1959. –
A. BROWN, »Studies in Elizabethan and Jacobean Drama since 1900«, *ShS*, 14
(1961). – W. WICHT, »Sowjetische Beiträge zur Sh.kritik 1945 bis 1958«, *ZAA*,
10 (1962). – W. CLEMEN, »Wo stehen wir in der Sh.-Forschung?«, *SJ*, 100
(1964). – I. RIBNER, »Sh. Criticism 1900–1964«, in: *Sh. 1564–1964*, ed. E.A.
Bloom, Providence, 1964. – N. RABKIN, ed. *Approaches to Sh.*, New York,
1964. – *The Sh. Newsletter*, XIV, 23 (1964). – M. WEITZ, *Hamlet and the Philosophy
of Literary Criticism*, London, 1964. – A. M. EASTMAN, *A Short History of Shakespearian Criticism*, New York, 1968. – J. R. BROWN, »Sh. Study Today«, in:
Manner and Meaning, Stratford Papers 1965–67, ed. B. A. W. Jackson, Shannon,
1969. – P. MURRAY, *The Shakespearian Scene: Some 20th Century Perspectives*,
London, 1969. – W. HABICHT, H.W. GABLER, »Sh. Studies in German:

1959–1968«, ShS, 23 (1970). – A. B. KERNAN, ed., *Modern Shakespearean Criticism*, New York, 1970. – S. P. SEN GUPTA, *Trends in Shakespearian Criticism*, 2. Aufl., Calcutta, 1970. – K. L. KLEIN, hrg. *Wege der Sh.-Forschung*, Darmstadt, 1971. – S. WELLS, »Sh. Criticism since Bradley«, in: *A New Companion to Sh. Studies*, eds. K. Muir, S. Schoenbaum, Cambridge, 1971; deutsch: »Sh. in der Literaturkritik seit Bradley«, in: *Sh.: Eine Einführung*, Stuttgart, 1972. – W. T. ANDREWS, ed., *Critics on Sh.*, London, 1973. – S. WELLS, ed., *Sh.: Select Bibliographical Guides*, London, 1973. – R. Frfr. v. LEDEBUR, *Deutsche Sh.-Rezeption seit 1945*, Frankfurt a. M., 1974. – D. M. BERGERON, *Sh.: A Study and Research Guide*, New York, 1975. – M. MINCOFF, »Sh. Today. Review Article«, *ESts*, 56 (1975).

2. Forschungsberichte zu einzelnen Problemkreisen und Beiträge zur Methodendiskussion

E.E. STOLL, »Anachronism in Sh. Criticism«, *MP*, 7 (1910). – E. LEGOUIS, »La réaction contre la critique romantique de Sh.«, *Essays and Studies*, 13 (1928). – L. ABERCROMBIE, »A Plea for the Liberty of Interpreting«, *PBA*, 16 (1920). – G.W. KNIGHT, »On the Principles of Sh. Interpretation«, in: *The Wheel of Fire*, London, 1930. – G.W. KNIGHT, »On Imaginative Interpretation«, in: *The Imperial Flame*, London, 1931. – W. EMPSON, *Seven Types of Ambiguity*, London, 1931. – L.C. KNIGHTS, »How Many Children had Lady Macbeth?« (1933), in: *Explorations*, London, 1946. – I.A. RICHARDS, *The Philosophy of Rhetoric*, London, 1936. – A.A. SMIRNOV, *Sh.*, New York, 1936. – U. ELLIS-FERMOR, *Some Recent Research in Sh.'s Imagery*, London, 1937. – L.H. HORNSTEIN, »The Analysis of Imagery«, *PMLA*, 67 (1942). – C.S. LEWIS, »Hamlet: The Prince or the Poem?«, *PBA*, 28 (1942). – E.E. STOLL, »Symbolism in Sh.«, *MLR*, 42 (1947). – O.J. CAMPBELL, »Sh. and the ›New‹ Critics«, *J.Q. Adams Memorial Studies*, Washington, 1948. – L. TRILLING, »The Sense of the Past«, in: *The Liberal Imagination*, London, 1948. – W.R. KEAST, »Imagery and Meaning in the Interpretation of *King Lear*«, *MP*, 17 (1949/50). – W.T. HASTINGS, »The New Critics of Sh.«, *SQ*, 1 (1950). – R.S. CRANE, »The Critical Monism of Cleanth Brooks«, in: *Critics and Criticism*, ed. R.S. Crane, Chicago, 1952. – R.A. FOAKES, »Suggestions for a New Approach to Sh.'s Imagery«, *ShS*, 5 (1952). – K. MUIR, »Some Freudian Interpretations of Sh.«, *Proceedings of the Leeds Philosophical Society* (Juli, 1952). – W. CLEMEN, »Neue Wege der Sh.-Interpretation«, *SJ*, 87/88 (1952/53). – M.C. BRADBROOK, »Fifty Years of the Criticism of Sh.'s Style«, *ShS*, 7 (1954). – S. BARNET, »Some Limitations of a Christian Approach to Sh.«, *ELH*, 12 (1955). – L.C. KNIGHTS, »Historical Scholarship and the Interpretation of Sh.« (1955), in: *Further Explorations*, London, 1965. – W. CLEMEN, »Zur Methodik der Sh.-Interpretation«, in: *Sprache und Literatur Amerikas und Englands*, hrg. C.A.Weber, Tübingen, 1956. – H. OPPEL, »One of the least Typical of all Elizabethans‹: Probleme und Perspektiven der Sh.-Forschung«, *Anglia*, 74 (1956). – R.W. BATTENHOUSE, »Shakespearean Tragedy: A Christian Approach«, in: *The Tragic Vision and the Christian Faith*, ed. N.A. Scott, jr., New York, 1957. – C.F. FEHRMAR, »The Study of Sh.'s Imagery«, *MSpr*, 51 (1957). – N. FRYE, *Anatomy of Criticism*, Princeton, 1957. – J. LAWLOR, »Mind and Hand. Some Reflections on the Studies of Sh.'s Imagery«, *SQ*, 8 (1957). – G.W. KNIGHT, »Some Notable Fallacies«, in: *The Sovereign Flower*, London, 1958. – H. GARDNER, *The Business of Criticism*, London, 1959. – L.C. KNIGHTS, »The Question of Character in Sh.« (1959), in: *Further Explorations*, London, 1965. – R. ORNSTEIN, »Historical Criticism and the Interpretation of Sh.«, *SQ*, 10 (1959). – J. HOLLOWAY, *The Story of the Night*, London 1961. – J. STINSON, »Reconstructions of Elizabethan Playhouses«, in: *Studies in the Elizabethan Stage*, ed. C.T. Prouty, Hamden, 1961. – J.R. BROWN, »Theatre Research and the Criticism of Sh. and his Contemporaries«, *SQ*, 13 (1962). – H. CRAIG, »Ideational Approach to Sh.'s Plays«, *PQ*, 41 (1962). – R. HAPGOOD, »Sh. and the Ritualists«, *SQ*, 15 (1962). – N.N. HOLLAND, »Shakespearean Tragedy and the Three Ways of Psychoanalytic Criticism«, *HudR*, 15 (1962). – R. WEIMANN, *New Criticism und die Entwicklung der bürgerlichen Literaturwissenschaft*, Halle, 1962. – A. KETTLE, ed., *Sh. in a Changing World*, London, 1964. – R. WEIMANN, »The Soul of the Age: Towards a Historical Approach of Sh.«, in: *Sh. in a Changing World*. – K. MUIR, »Sh.'s Imagery – Then and Now«, *ShS*, 18 (1965). – A.D. NUTTALL, »The Argument About Sh.'s Characters«, *CritQ*, 7 (1965). – D.J. PALMER, »A.C. Bradley«, »G.W. Knight«, »H. Granville-Barker«, *Critical*

Survey, 2 (1965). – E.T. SEHRT, »Sh. – zeitgenössisch gesehen«, *SJ West* (1965). –
D.J. PALMER, »E.E. Stoll and the ›Realist‹ Criticism of Sh.«, *Critical Survey*, 3
(1966). – R. FRICKER, »Sh. und das Drama des Absurden«, *SJ West* (1966). –
N.N. HOLLAND, *Sh. and Psychoanalysis*, New York, 1966. – J.M. NEWTON,
»*Scrutiny's* Failure with Sh.«, *CQ*, 1 (1966). – P. N. SIEGEL, »The Chief Contro-
versy in Shakespearean Criticism Today«, in: *Sh. in His Time and Ours*, Notre
Dame, 1968. – J. R. BROWN, »The Theatrical Element of Sh. Criticism«, in:
Reinterpretations of Elizabethan Drama, EIE, ed. N. Rabkin, Columbia, 1969. –
M. D. FABER, ed., *The Design Within: Psychoanalytical Approaches to Sh.*, New
York, 1970. – N. KOHL, »Sh.-Kritik zum Wortspiel. Ein Beitrag zur historischen
Wertung eines Sprachphänomens«, *DVLG*, 44 (1970). – R. WEIMANN, *Theater
und Gesellschaft in der Sh.-Kritik: Methoden und Perspektiven der Forschung*, Berlin,
1970. – T. J. KING, »Major Scholarship since 1940«, in: *Shakespearean Staging*,
Cambridge, Mass., 1971. – K. COOKE, *A. C. Bradley and his Influence on Twentieth
Century Criticism*, Oxford, 1972. – B. BARCKLOW, *Die Begriffe Barock und Ma-
nierismus in der heutigen Sh.-Forschung*, Diss. Freiburg, 1972. – M. JAMIESON, »The
Problem Plays, 1920–1970: a Retrospect«, *ShS*, 25 (1972). – H. BREUER, »Zur
Methodik der Hamlet-Deutung von Ernest Jones«, *SJ West* (1973). – C. LEECH,
»Studies in Shakespearian and Other Jacobean Tragedy, 1918–1972: A Retrospect«,
ShS, 26 (1973). – E. LEISI, »Der Beitrag der Sprachwissenschaft zum Sh.-Verständ-
nis«, *SJ West* (1974). – R. WEIMANN, »Sh. and the Study of Metaphor«, *New
Literary History*, 6 (1974). – U. SUERBAUM, »Der ›Neue Sh.‹: John Dover Wil-
son und die moderne Textkritik«, *SJ West* (1975). – R. WELLEK, »A. C. Bradley,
Sh., and the Infinite«, *PQ*, 54 (1975). – D. HOENIGER, »Sh.'s Romances Since
1958: A Retrospect«, *ShS*, 29 (1976). – A. PAOLUCCI, »Marx, Money, and Sh.:
The Hegelian Core in Marxist Sh. Criticism«, *Mosaic*, 10 (1977).

ANHANG

I. DIE ORGANE DER SH.-FORSCHUNG

A. SH.-GESELLSCHAFTEN

1. England
Sh. Society, gegr. 1840 in London, von J. P. COLLIER, aufgelöst 1853. Veröffentlichungen: *Papers* (1844, -5, -7, -9), 48 Bde. Primärquellen, darunter die wichtigsten Dokumente zur elisabethanischen Theatergeschichte.
New Shakspere Society, gegr. 1873 von F. J. FURNIVALL, aufgelöst 1894. Veröffentlichungen: *Transactions* (1874–92), Nachdrucke der First Folio und Quarto Texte, Quellenausgaben.
Sh. Association, gegr. 1916 von Sir Israel GOLLANCZ, Veröffentlichungen: Monographien, Quarto Facsimiles (erschienen bei Clarendon Press, Oxford).
International Sh. Association, gegr. 1974 in Stratford-upon-Avon. Verbindungsglied zwischen den Sh.-Ges. in verschiedenen Ländern, Planung internationaler Sh.-Kongresse, Veröffentlichung von »Occasional Papers« und Kongreßbeiträgen.

2. Amerika
Sh. Society of Philadelphia, gegr. 1842.
Sh. Society of New York, gegr. 1883, aufgelöst 1911. Veröffentlichungen: *Shakespeariana*, 1883–1893, *New Shakespeareana* 1902–1910.
Sh. Association of America, gegr. 1923, New York (1. Präsident: Ashley H. THORNDIKE). Veröffentlichungen: *Sh. Association Bulletin*, 1924–1949, ab 1950: *Sh. Quarterly.*

3. Deutschland
Deutsche Sh.-Gesellschaft, gegr. 1864 in Weimar (1. Präsident: Prof. ULRICI). Nach 1964 Teilung in Sh.-Gesellschaft Ost (Weimar) und West (Bochum) unter getrennter Leitung. Veröffentlichungen: Jahrbuch der Deutschen Sh.-Ges. (ab 1965 getrennte Publikation; ab 1993 wieder gemeinsames Jahrbuch, ab 1994 Zusammenschluß d. Gesellschaften geplant). Die Schriftenreihe der Deutschen Sh.-Ges. West veröffentlicht in unregelmäßigem Abstand Abhandlungen zu Sh.-Themen.

4. Japan
Sh. Society of Japan, gegr. 1961 in Tokio. Veröffentlichungen: *Sh. Studies,* vol. 1 (1962)–

5. Frankreich
Société Française Sh., gegr. 1978 in Paris. Veröffentlichungen der Vorträge bei den jährlich stattfindenden Sh.-Konferenzen.

6. Spanien
Fundación Shakespeare de España, gegr. 1985 in Valencia. Veröffentlichungen: Übersetzungen von Sh.-Dramen ins Spanische durch Angehörige des Sh. Instituts d. Univ. Valencia unter Leitung von M. Conejero, sowie Konferenzbeiträge der seit 1972 stattfindenden »Encuentros Sh.«

7. Südafrika
Sh. Society of Southern Africa, gegr. 1985 in Grahamstown. Veröffentlichungen: *Sh. in Southern Africa. The Journal of the Sh. Society of Southern Africa.* vol. 1 (1987)–

8. Australien und Neuseeland
Australian and New Zealand Sh. Association (ANZSA), gegr. 1990 in Clayton, Victoria. Sh.-Konferenzen in zweijährigem Turnus geplant.

B. JAHRBÜCHER; ZEITSCHRIFTEN

Jahrbuch der Deutschen Sh.-Gesellschaft Bd. 1 (1865) – Bd. 100 (1964), Weimar, danach zwei getrennte Publikationen:
Jahrbuch der Deutschen Sh.-Ges. West (ab 1965 in Heidelberg, ab 1982 in Bochum erschienen) und *Sh.-Jahrbuch* 100/101 (1964/65) etc. (Sh.-Ges. Ost, Weimar). Ab 1993 wieder gemeinsames Jahrbuch vorgesehen.
Gesamtverzeichnis für die Bde. 1–99 des Sh.-Jahrbuchs, Heidelberg, 1964.

Shakespeariana, 1883–1893, jährl. Publikation d. Sh. Society of New York.
New Shakespeareana, 1902–1910 (Publ. d. Sh. Society of New York).
Sh. Association Bulletin, vol. 1 (1924) – 29 (1949), New York (fortgeführt als *Sh. Quarterly*).
Sh. Review, 6 Nummern 1928 erschienen.
Sh. Survey, vol. 1 (1948) –, Cambridge, 1948–1965, ed. A. NICOLL; 1966–1980, ed. K. MUIR, ab 1981 ed S. WELLS.
Sh. Newsletter, ed. L. MARDER, vol. 1 (1950) – (erscheint 6mal, ab 1982 4mal jährlich), Evanston, Illinois. Vols. 1–14 (1951–1964), Repr. New York, 1968.
Sh. Quarterly, vol. 1 (1950) –, (Publikation d. Sh. Association of America), Cumulative Index to vols. 1–15 (1950–1964), New York, 1969. Ab 1972 Veröffentlichung durch die Folger Sh. Library, Washington D. C.
Sh. Studies (Tokyo), vol. 1 (1962) – (Publikation d. Sh. Society of Japan), ab vol. 4 (1965–66) erscheint alle 2 Jahre ein Band.
Shakespearean Research Opportunities, ed. W. R. ELTON, Report of the Modern Language Association Conference. Riverside, Calif. vol. 1 (1965) – 3 (1967), ab vol. 4 (1968/69) *Shakespearean Research and Opportunities*. (Erscheinen nach 1974 eingestellt).
Sh. Studies, ed. J. L. BARROLL und Mitherausgeber. Vol. 1 (1965) ursprünglich Univ. of Cincinnati, Ohio, ab 1975 Univ. of Tennessee in Knoxville, ab 1980 Univ. of New Mexico, Albuquerque. Jährliche Publikation in den Jahren 1971–1973 und 1984 unterbrochen.
Sh. Translation, Annual Publication on Sh. Translation, vol. 1 (1974) –, Tokyo; erscheint ab vol. 11 (1986) als *Sh. Worldwide: Translation and Adaptation*.
Sh. on Film Newsletter, ed. B. W. KLIMAN und K. S. ROTHWELL, vol. 1 (1976/77), Univ. of Vermont, Burlington.
The Upstart Crow. A Sh. Journal, vol. 1 (1978) –; erscheint jährlich (unterbrochen in den Jahren 1981, 1983, 1985) an der Univ. of Tennessee at Martin, Tennessee.
Hamlet Studies, ed. R. W. DESAI, vol. 1 (1979) –; Index to vols. 1–10 (1979–1988) erschien 1990, New Delhi.
Sh. and Schools, ed. Rex GIBSON, No. 1 (Autumn 1986) –. 4mal jährlich erscheinender Newsletter, Cambridge.
Sh. in Southern Africa. The Journal of the Sh. Society of Southern Africa, vol. 1 (1987) –, Grahamstown.

C. FORSCHUNGSSTÄTTEN

Bodleian Library, Oxford, gegr. 1602 durch Sir Thomas BODLEY. 1821: Ankauf von MALONEs Forschungsbibliothek, ca. 800 Bde.
Besonderheiten: Sammlung früher Ausgaben von Sh.'s *Poems*, darunter 2 Ausgaben aus d. Bibliothek von Robert BURTON, 2 Exemplare d. 1. Folio, English plays bis 1700.
　　L. W. HANSON, »The Sh. Collection in the Bodleian Library, Oxford«, *ShS*, 4 (1951). – F. S. BOAS, »Sir Thomas Bodley and His Library«, *Essays by Divers Hands: Being the Transactions of the Royal Society of Literature of the United Kingdom*, N. S. 23 (1947).

British Library, London, Bestand an Shakespeareana:
1779 GARRICKs Bibliothek von ca. 1000 »old English plays« und 37 Sh. quartos, 1823 23 Sh. quartos aus d. Bibliothek George III.,
1858 zahlreiche Sh. quartos aus d. Sammlung von J. O. HALLIWELL-PHILLIPS.
Besonderheiten: Manuskript des *Booke of Sir Thomas More*, eine Sh.-Unterschrift, 5 Exemplare d. 1. Folio, Elisabethanische und Jakobäische Manuskripte.
　　F. C. FRANCIS, »The Sh. Collection in the British Museum«, *ShS*, 3 (1950).

Birmingham Sh. Memorial Library, eröffnet 1868 in den Räumen der Central Public Library, Birmingham. Private Spenden (darunter über 100 Bde. von Charles KNIGHT).
1879 Nach völliger Zerstörung durch Feuer Wiederaufbau.
Besonderheiten: Folioausgaben; über 70 quartos vor 1709. Reiche Sammlung von Adaptionen des frühen 18. Jhdts., von Stichen und illustrierten Ausgaben; systematische Sammlung von Programmen, Photographien und Zeitungskritiken zu allen Sh.-Aufführungen in England und Amerika.

F. J. PATRICK, »The Birmingham Sh. Memorial Library«, *ShS*, 7 (1954). – W. R. N. PAYNE, »The Sh. Memorial Library, Birmingham«, *Lib. Assoc. Rec.*, 60 (1958).

Huntington Library, San Marino, Stiftung von Henry E. HUNTINGTON, 1919–22 der Öffentlichkeit übergeben. Ziel: Studium der Anglo-Amerikanischen Zivilisation mit Schwerpunkt Englische Renaissance bis 1641.
Bestand an Shakespeareana: 4 Exemplare d. 1. Folio, 10 Exemplare d. 2. Folio (darunter das Perkins Folio mit J. P. COLLIERs Fälschungen), sieben 3. Folios, acht 4. Folios. Umfangreiche Sammlung von Sh.-Porträts.
G. DAVIES, »The Huntington Library«, *ShS*, 6 (1953).

Folger Sh. Library, Washington, eröffnet 1932. Stiftung von Henry Clay FOLGER, dessen Privatsammlung von frühen und seltenen Sh.-Ausgaben alle übrigen Bibliotheken an Umfang übertraf.
Besonderheiten: 79 First Folios, an die 205 Quartos aus dem 16. und 17. Jahrhundert, über 3000 Regiebücher (besonders interessant von GARRICK, KEAN, KEMBLE, S. SIDDONS, BOOTH, IRVING, E. TERRY).
Biographische Dokumente, Sh.-Porträts, über 250.000 Programme von englischen und amerikanischen Sh.-Aufführungen im 18. und frühen 19. Jahrhundert. Umfangreiche Textsammlung zum englischen Drama bis 1700, zur englischen Lyrik und Prosa bis 1640.
J. Q. ADAMS, *The Folger Sh. Memorial Library: A Report on Progress, 1931–1941*. Publ. for the Trustees of Amherst College, 1942. – J. G. MCMA-NAWAY, »The Folger Sh. Library«, *ShS*, 1 (1948). – G. E. DAWSON, »The Resources and Policies of the Folger Sh. Library«, *Library Quarterly*, 19 (1949). – J. F. ANDREWS, »The Folger Sh. Library Celebrates its Fiftieth Anniversary«, *SJ West* (1982). Unregelmäßig erscheinende Berichte.

The Horace Howard Furness Memorial Library, Univ. of Pennsylvania in Philadelphia, gegr. 1932. Stiftung von 12.000 Bänden durch H. H. FURNESS (seiner Arbeitsbibliothek und der seines Vaters, Hrsg. der Sh. Variorum Ed.). Zahlreiche Erstdrucke und Ausgaben d. 17. und 18. Jhdts., theatergeschichtliche Dokumente.

Sh. Institute, Stratford-upon-Avon, gegr. 1951 von A. NICOLL, Zentrum für postgraduate studies (M. A. und Ph. D.-Studiengänge) zur Literatur des 16. und 17. Jahrhunderts, große Sammlung von Mikrofilmen.

The Shakespeare Centre, Stratford-upon-Avon. Bibliothek: Folio- und Quartoausgaben, frühe Texte zum zeit- und geistesgeschichtlichen Kontext, umfangreiche Sammlung von Sekundärliteratur. Archivierung des Materials zu sämtlichen Aufführungen des Royal Sh. Theatre in Stratford ab 1879 (Regiebücher, Bühnenbilder, Kostümentwürfe, Programme, Photos, Videos, Rezensionen). *Records Office*: Biographische und historische Dokumente zu Sh. und Stratford im Besitz des Sh. Birthplace Trust (gegr. 1847). *Educational Department*: Durchführung von Kursen für Studierende und Lehrende, die sich auf die Inszenierungen des Royal Sh. Theatre beziehen.

Sh.-Bibliothek, Univ. München, gegr. 1964 v. W. CLEMEN. Literatur zu Sh. und seiner Zeit, mit Schwerpunkt »Sh.-Rezeption in Deutschland«.
W. CLEMEN, »Sh.-Bibliothek München«, *SJ West* (1983), (1985) und (1989).

Kodoma Memorial Library, Meisei Univ., Tokio. Mehrere Exemplare der vier Folios, wichtige Quartos, Ankauf d. Bibliotheken von A. NICOLL, B. DOBELL u. A. WALKER.

D. SONSTIGE BIBLIOTHEKEN

F. TAYLOR, »Court Rolls, Rentals, Surveys, and Analogous Documents in the John Rylands Library«, *BJRL*, 31 (1948). – H. PFLAUME, »Die Bibliothek der deutschen Sh.-Gesellschaft 1955/56«, *SJ* 93 (1957). – *Sh.-Literatur in Bochum*. Aus den Beständen des Englischen Seminars, des Germanist. Instituts, der Deutschen Sh.-Ges. West und der Stadtbücherei Bochum. Bochum, 1968. – Ph. GASKELL, R. ROBSON, *The Library of Trinity College, Cambridge: a Short History*, Cambridge, 1971. – Th. WOLPERS, »Die Sh.-Sammlung der Göttinger Universitätsbibliothek im 18. Jahrhundert«, *SJ West* (1988), 58—84. — G. MÜLLER-SCHWEFE, »Sh-Mediothek Tübingen«, *SJ West* (1990).

II. HILFSMITTEL

A. LEXIKA

N. DELIUS, *Sh.-Lexikon: Ein Handbuch zum Studium der Shaksperischen Schauspiele*, Bonn, 1852. — A. SCHMIDT/G. SARRAZIN, *Sh.-Lexicon. Vollständiger englischer Sprachschatz mit allen Wörtern, Wendungen und Satzbildungen in den Werken des Dichters*, Berlin, 1874—5 (1886², 3. Aufl. erw. v. G. SARRAZIN, 2 Bde., Berlin 1902. 5. Aufl. Berlin, 1962, repr. New York, 1968). — C. T. ONIONS, *A Sh. Glossary*, Oxford, 1911. (Enl. and revised throughout by R. D. EAGLESON, Oxford, 1986). — W. W. SKEAT, *A Glossary of Tudor and Stuart Words, especially from the dramatists*, ed. with additions by A. L. Mayhew, Oxford, 1914, Repr. Hildesheim, 1968. — L. KELLNER, *Sh.-Wörterbuch*, Leipzig, 1922. — J. H. SCHULTZ, »A Glossary of Sh.'s Hawking Language«, *Texas Studies in English*, 18 (1938). — E. PARTRIDGE, *Sh.'s Bawdy: A Literary and Psychological Essay and a Comprehensive Glossary*, London, 1947 (Rev. ed. 1968). — M. P. TILLEY, *A Dictionary of the Proverbs in England in the Sixteenth and Seventeenth Centuries*, Ann Arbor, 1950. — H. KÖKERITZ, *Sh.'s Names: A Pronouncing Dictionary*, New Haven, 1959. — A. F. FALCONER, *A Glossary of Sh.'s Sea and Naval Terms including Gunnery*, London, 1965. — E. A. M. COLMAN, *The Dramatic Use of Bawdy in Sh.* (with Glossary), London, 1974. — H. J. NEUHAUS, M. SPEVACK, »A Sh. Dictionary (SHAD): Some Preliminaries for a Semantic Description«, *Computers and the Humanities*, 9 (1975). — J. SCHÄFER, *Documentation in the O. E. D.: Sh. and Nashe as Test Cases*, Oxford, 1980. — R. W. DENT, *Sh.'s Proverbial Language: An Index*, Berkeley, Los Angeles, London, 1981. — F. RUBINSTEIN, *A Dictionary of Sh.'s Sexual Puns and their Significance*, London, Princeton, 1984 (2nd ed. 1989). — S. K. FISCHER, *Econolingua. A Glossary of Coins and Economic Language in Renaissance Drama*, Newark, 1985. — J. SCHÄFER, *Early Modern English Lexicography*, 2 vols., Oxford, 1989.

B. GRAMMATIKEN (Interpunktion, Orthographie, Phonetik, Vokabular)

E. A. ABBOTT, *A Shakespearian grammar*, London, 1869 (2nd ed. 1870, Repr. New York, 1966). — W. FRANZ, *Sh.-Grammatik*, Halle a. Saale, 1898—1900 (3. Aufl. Heidelberg, 1924). — E. EKWALL, *Shakspere's Vocabulary: Its Etymological Elements*, Uppsala, 1903 (Repr. New York, 1966) — W. FRANZ, *Orthographie, Lautgebung und Wortbildung in den Werken Sh.'s mit Ausspracheproben*, Heidelberg, 1905. — W. VIËTOR, *Sh.'s pronunciation*, 2 vols., Marburg, 1906. — P. SIMPSON, *Shakespearean Punctuation*, Oxford, 1911 (Repr. 1969). — W. MARSCHALL, »Sh.'s Orthographie«, *Anglia*, 51 (1927). — R. E. ZACHRISSON, *The English Pronunciation at Sh.'s Time as Taught by William Bullokar*, Uppsala, 1927. — W. FRANZ, *Die Sprache Sh.'s in Vers und Prosa*, Halle, 1939 (4. erweit. Aufl. der *Sh.-Grammatik*). — A. HART, »Vocabularies of Sh.'s Plays«, *RES*, 19 (1943) und »The growth of Sh.'s vocabulary«, *ibid.* — P. ALEXANDER, *Sh.'s Punctuation*, London, 1945. — R. FLATTER, *Sh.'s Producing Hand: A Study of his Marks of Expression to be found in the First Folio*, London, 1948. — H. KÖKERITZ, *Sh.'s Pronunciation*, New Haven, 1953. — G. D. WILLCOCK, »Sh. and Elizabethan English«, *ShS*, 7 (1954). — E. J. DOBSON, *English Pronunciation 1500—1700*, 2 vols., Oxford, 1957. — D. F. McKENZIE, »Shakespearian Punctuation — A New Beginning«, *RES*, 10 (1959). — H. M. HULME, *Explorations in Sh.'s Language: Some Problems of Lexical Meaning in the Dramatic Text*, London, 1962. — T. FINKENSTAEDT, *You and Thou. Studien zur Anrede im Englischen (mit einem Exkurs über die Anrede im Deutschen)*, Berlin 1963. — E. LEISI, »Zur Bestimmung Shakespearescher Wortbedeutungen«, *SJ*, 100 (1964). — A. C. PARTRIDGE, *Orthography in Sh. and Elizabethan Drama: A Study of Colloquial Contractions, Elisions, Prosody and Punctuation*, London, 1964. — J. MULHOLLAND, »'Thou' and 'You' in Sh.: A Study in the Second Person Pronoun«, *ES*, 48 (1967). — R. QUIRK, »Sh. and the English Language«, *A New Companion to Sh. Studies*, eds. K. MUIR, S. SCHOENBAUM Cambridge, 1971. — H. HULME, *Yours that Read Him. An Introduction to Sh.'s Language*, London,

1972. – M. SPEVACK, »Sh.'s English: The Core Vocabulary«, *Review of National Literatures*, 3 (1972). – J. SCHÄFER, *Sh.s Stil. Germanisches und romanisches Vokabular*, Frankfurt/M., 1973. – A. STAUFER, *Fremdsprachen bei Sh. Das Vokabular und seine dramatischen Funktionen*, Frankfurt/M., 1974. – D. STEIN, *Grammatik und Variation von Flexionsformen in der Sprache des Sh.-Corpus*, München, 1974. – G. L. BROOK, *The Language of Sh.*, London, 1976. – A. C. PARTRIDGE, *A Substantive Grammar of Sh.'s Nondramatic Texts*, Charlottesville, 1976. – G. SCHOLTES, *Umgebungsstrukturen von Verben im Sh.-Corpus*, Frankfurt/M., Bern, Las Vegas, 1978. – F. CERCIGNANI, *Sh.'s Works and Elizabethan Pronunciation*, Oxford, 1981. – M. SCHELER, *Sh.s Englisch. Eine sprachwissenschaftliche Einführung*, Berlin, 1982. – N. F. BLAKE, *The Language of Sh.*, Basingstoke, 1983 (Repr. 1989). – V. SALMON and E. BURNESS, eds., *A Reader in the Language of Shakespearean Drama*. Amsterdam, Philadelphia, 1987. – J. P. HOUSTON, *Shakespearean Sentences: a Study in Style and Syntax*, Baton Rouge, London, 1988. – H. J. NEUHAUS, »Sh.'s Wordforms, a Database View«, *Anglistentag 1988 Göttingen*, Tübingen, 1989. – R. STOLL, *Die nicht-pronominale Anrede bei Sh.*, Frankfurt/M. u. a., 1989. – N. F. BLAKE, »Sh.'s Language: Some recent Studies and future directions«, *SJ West* (1990).

C. METRIK

B. A. P. van DAM/C. STOFFEL, *W. Sh. Prosody and Text*, Leiden, 1900. – M. A. BAYFIELD, *A Study of Sh.'s Versification*, Cambridge, 1920. – G. YOUNG, »Sh. as a metrist«, *An English prosody on inductive lines*, Cambridge, 1928. – W. FRANZ, *Sh.s Blankvers. Mit Nachträgen zu des Verfassers Sh.-Grammatik* (in 3. Aufl.), Tübingen, 1932. – F. W. NESS, *The Use of Rhyme in Sh.'s Plays*, New Haven, London, 1941 (Repr. 1969). – D. L. SIPE, *Sh.'s Metrics*, New Haven, London, 1968. – H. SUHAMY, *Le Vers de Sh.*, Paris, 1984. – M. TARLINSKAJA, *Sh.'s Verse: Iambic Pentameter and the Poet's Idiosyncrasies*, New York u. a., 1987. – D. SPAIN, *Sh. Sounded Soundly: The Verse Structure and the Language*, Santa Barbara, Calif., 1988. – G. T. WRIGHT, *Sh.'s Metrical Art*, Berkely, London, 1988.

D. KONKORDANZEN

Mrs. H. H. FURNESS, *A Concordance to Sh.'s Poems*, Philadelphia, 1874. – J. BARTLETT, *A Complete Concordance or Verbal Index to Words, Phrases and Passages in the Dramatic Works of Sh. with a Supplementary Concordance to the Poems*, London, 1894 (Repr. 1963). – M. SPEVACK, *A Complete and Systematic Concordance to the Works of Sh.*, 9 vols., Hildesheim, 1968–1980. – T. H. HOWARD-HILL, *Oxford Sh. Concordances to the Text of the First Folio*, Oxford, 1969 ff. – H. S. DONOW, *A Concordance to the Sonnet Sequences of Daniel, Drayton, Sh., Sidney and Spenser*, Carbondale, 1969. – M. SPEVACK, *The Harvard Concordance to Sh.*, Cambridge, Mass., 1973. – L. ULE, *A Concordance to the Sh. Apocrypha*, 3 vols., Hildesheim, Zürich, New York, 1987.

E. BIBLIOGRAPHIEN

1. abgeschlossene Bibliographien

W. JAGGARD, *Sh. Bibliography. A Dictionary of Every Known Issue of the Writings of the Poet and of Recorded Opinion Thereon in the English Language*, Stratford-on-Avon, 1911 (Repr. New York, 1959). – W. EBISCH, L. L. SCHÜCKING, *A Sh. Bibliography*, Oxford, 1931. *Supplement for the years 1930–1935*, Oxford, 1937. – S. GUTTMAN, *The foreign sources of Sh.'s works, an annotated bibliography of the commentary on this subject between 1904 and 1940, together with lists of certain translations available to Sh.*, New York, 1947 (Repr. New York, 1968). – H. LÜDEKE, »Sh.-Bibliographie für die Kriegsjahre 1939–1946, England und Amerika«, *Archiv*, 187 (1950) und 188 (1951). – G. R. SMITH, *A Classified Sh.-Bibliography 1936–1958*, University Park, Penns., 1963. – *Sh.: An Excerpt from the General Catalogue of Printed Books in the British Museum*, London, 1964. – R. BERMAN, *A Reader's Guide to Sh.'s Plays: A Discursive Bibliography*, Chicago, 1965; rev. ed. Glenview, 1973. –

L. F. MCNAMEE, »W. Sh.«, *Dissertations in English and American literature: Theses accepted by American, British and German Universities, 1865—1964*, New York, 1968. Suppl. 1964—68, New York, 1969. – J. W. VELZ, *Sh. and the Classical Tradition: A Critical Guide to Commentary, 1660—1960*, Minneapolis, 1968. – S. WELLS, *Sh.: A Reading Guide*, London, 1969 (2nd ed., with addenda, 1970). – H. W. GABLER, *English Renaissance Studies in German 1945—1967; A Check-List of German, Austrian, and Swiss academic theses, monographs, and book publications on English language and literature, c. 1500—1650*, Heidelberg, 1971. – T. H. HOWARD-HILL, *Shakespearean Bibliography and Textual Criticism: A Bibliography*, Oxford, 1971. – M. BIRCHER und H. STRAUMANN, *Sh. und die deutsche Schweiz bis zu Beginn des 19. Jahrhunderts: Eine Bibliographie Raisonnée*, Bern, 1971. – *A Sh. Bibliography: The Catalogue of the Birmingham Sh. Library*, 7 vols., London, 1971. – *Folger Sh. Library: Catalogue of the Sh. Collections*, 2 vols., Boston, 1972. – E. QUINN, J. RUOFF, J. GRENNEN, *The Major Shakespearean Tragedies. A Critical Bibliography*, New York, 1973. – S. WELLS, ed., *Sh.: Select Bibliographical Guides*, London, 1973 (rev. ed.: *Sh. A Bibliographical Guide*, Oxford, 1990). – T. S. DORSCH, »W. Sh.«, *The New Cambridge Bibliography of English Literature*, ed. George Watson. Vol. 1, 600—1660. Cambridge, 1974. – J. G. MCMANAWAY, J. A. ROBERTS, *A Selective Bibliography of Sh.: Editions, Textual Studies, Commentary*, publ. for the Folger Sh. Library, Charlottesville, 1975. – H. E. JACOBS, C. D. JOHNSON, *An Annotated Bibliography of Shakespearean Burlesques, Parodies and Travesties*, New York, London, 1976. – D. BEVINGTON, comp., *Sh.* (Goldentree Bibliography), Arlington Heights, 1978. – D. WILLBERN, »W. Sh.: A Bibliography of Psychoanalytic and Psychological Criticism, 1964—1975«, *International Review of Psychoanalysis* 5 (1978). – W. R. ELTON, *Sh.'s World. Renaissance Intellectual Contexts. A Selective, Annotated Guide, 1966—1971*, New York, London, 1979. – A. C. PARTRIDGE, »Sh.'s English: A Bibliographical Survey«, *Poetica* (Tokyo), 11 (1979). – A. M. MCLEAN, *Sh. Annotated Bibliographies and Media Guide for Teachers*, Urbana, Ill., 1980. – H. PRIESSNITZ, »Anglo-Amerikanische Sh.-Bearbeitungen des 20. Jahrhunderts: ein bibliographischer Versuch«, *Anglo-Amerikanische Sh.-Bearbeitungen d. 20. Jahrhunderts*, Darmstadt, 1980. – I. BOLTZ, »Didaktische Bibliographie«, in: R. AHRENS, ed., *W. Sh. Didaktisches Handbuch*, Bd. 3, München, 1982. – J. P. MCROBERTS, comp., *Sh. and the Medieval Tradition: An Annotated Bibliography of Shakespearean Works from 1900—1980*, New York, London, 1985. – L. S. CHAMPION, *The Essential Sh. An annotated bibliography of major modern studies*, Boston, Mass., 1986. – L. WOODBRIDGE, *Sh. A selective Bibliography of Modern Criticism*, West Cornwall, CT, 1988. – B. N. S. GOOCH and D. THATCHER, eds., *A Sh. Music Catalogue*, 5 vols., Oxford, 1991. – [Verwiesen wird auf die ab 1980 erscheinenden »Garland Sh. Bibliographies«, ausführlich kommentierte Bibliographien des Schrifttums zu einzelnen Dramen Sh.s].

2. fortlaufende Bibliographien

Jahrbuch der Deutschen Sh.-Gesellschaft (1865—1964), »Sh.-Bibliographie«, *SJ*, 1 (1865) bis 100 (1964); danach 2 getrennte Publikationen mit gesonderten Bibliographien: *Jahrbuch 1965* etc. (Deutsche Sh.-Ges. West), *Sh.-Jahrbuch* 100/101 (1964/65) etc. (Sh.-Ges. Ost).

Annual Bibliography of English Language and Literature, publ. by Modern Humanities Research Association of Downing College, Cambridge, ab 1920 (Sh.-Sektion in jedem Bd.).

Year's Work in English Studies, Kap. über Sh. (kritischer Forschungsüberblick), ab Bd. 1 (1921).

Publications of the Modern Language Association of America, ab vol. 37 (1922) jährliche »International Bibliography« mit Sh.-Sektion.

Studies in Philology, »Recent Literature of the Renaissance« ab *SP*, 19 (1922); »Literature in the Renaissance in 1956« (etc.) ab *SP*, 54 (1957).

Sh. Association Bulletin, »A Classified Sh. Bibliography for 1927« [–1932], *SAB*, 3 (1928) – 8 (1933); »Sh. and His Contemporaries in the Literature of 1933« [–1948]: A Classified Bibliography«, *SAB*, 9 (1934) – 24 (1949), Comp. by S. A. TANNENBAUM (ab 1945 zus. mit D. R. TANNENBAUM).

Sh. Quarterly, »An Annotated Bibliography for 1949«, *SQ*, 1 (1959) –; erscheint ab 1982 als Supplementsband. Umfangreichste internationale Sh.-Bibl., unter EDV-Einsatz und mit Team von Korrespondenten erstellt.

Sh. Survey, jährliche Forschungsberichte »The Year's Contribution to Shakespearian Studies«.

F. NACHSCHLAGWERKE, HANDBÜCHER

F. G. STOKES, *A Dictionary of the Characters and Proper Names in the Works of Sh.*, London, 1924 (Repr. 1970). – E. H. SUGDEN, *A Topographical Dictionary to the Works of Sh. and his Fellow Dramatists*, Manchester, 1925 (Repr. Hildesheim, 1969). – H. GRANVILLE-BARKER, G. B. HARRISON, eds., *A Companion to Sh. Studies*, Cambridge, 1934. – K. J. HOLZKNECHT, *Outlines of Sh.'s Plays*, New York, 1934. – T. M. PARROTT, *W. Sh.: A Handbook*, New York, 1934. – R. NOBLE, *Sh.'s Biblical Knowledge and Use of the Book of Common Prayer*, London, New York, 1935. – A. E. BAKER, *A Sh. Commentary*, 2 vols., New York, 1938. – K. J. HOLZKNECHT, *The Background of Sh.'s Plays*, New York, 1950. – W. H. THOMSON, *Sh.'s Characters: A Historical Dictionary*, Altrincham, 1951 (Repr. New York, 1966). – C. B. HOGAN, *Sh. in the Theatre 1701–1800*, 2 vols., Oxford, 1952–7. (Record of performances). – D. C. BROWNING, comp., *Everyman's Dictionary of Sh. Quotations*, London, 1953 (Rev. ed. 1961). – A. HARBAGE, *W. Sh.: A Reader's Guide*, New York, 1963. – F. E. HALLIDAY, *A. Sh. Companion 1564–1964* (Rev. ed. New York, London, 1964). – J. W. MCCUTCHAN, *Plot Outlines of Sh.'s Histories, Comedies, Tragedies, Scene by Scene*, 3 vols., New York, 1965. – O. J. CAMPBELL, E. G. QUINN, eds., *A Sh. Encyclopaedia*, London, 1966. – J. BATE, *How to find out about Sh.*, Oxford, 1968. – K. MUIR, S. SCHOENBAUM, eds., *A New Companion to Sh. Studies*, Cambridge, 1971. Deutsche Fassg.: *Sh. Eine Einführung.* Darin neu: U. SUERBAUM, »Der deutsche Sh.«, Stuttgart, 1972. – P. QUENNELL, H. JOHNSON, *Who's Who in Sh.?*, London, 1973. – R. Freifrau v. LEDEBUR, *Deutsche Sh.-Rezeption seit 1945*, Frankfurt/M., 1974. – D. M. BERGERON, *Sh.: A Study and Research Guide*, New York, 1975 (Rev. ed. Lawrence, 1987). – R. MAY, *Who Was Sh.? The Man – The Times – The Works*, New York, London, 1975. – D. M. ZESMER, *Guide to Sh.*, New York, 1976. – G. L. und B. L. EVANS, *Everyman's Companion to Sh.*, London, Toronto, 1978. – G. MÜLLER-SCHWEFE, *W. Sh. Welt – Werk – Wirkung*, Berlin, 1978. – M. J. LEVITH, *What's in Shakespeare's Names*, London, Sydney, 1978. – S. WELLS, *Sh. An Illustrated Dictionary*, London, 1978 (Rev. ed. 1985). – W. WEISS, *Das Drama der Sh.-Zeit. Versuch einer Beschreibung*, Stuttgart, Berlin, 1979. – U. SUERBAUM, *Sh.'s Dramen*, Düsseldorf, 1980. – W. BABULA, *Sh. in Production, 1935–1978. A Selective Catalogue*, New York, London, 1981. – A. and V. PALMER, *Who's Who in Sh.'s England*, Sussex, 1981. – R. AHRENS, ed., *W. Sh. Didaktisches Handbuch*, 3 Bde., München, 1982. – A. L. ROWSE, *Sh.'s Characters. A Complete Guide*, London, 1984. – J. F. ANDREWS, ed., *W. Sh.: His World, His Work, His Influence*, 3 vols., New York, 1985. – K. MCLEISH, *Longman Guide to Sh.'s Characters. A Who's Who of Sh.*, Burnt Mill, 1985. – S. CLARK, ed., *Hutchinson Sh. Dictionary. An A–Z guide to Sh.'s plays, characters, and contemporaries*, London, Melbourne u. a., 1986. – R. G. and A. J. TREVOR, *Longman Guide to Sh. Quotations*, Burnt Mill, 1985. – S. L. LEITER, ed., *Sh. around the Globe. A Guide to Notable Postwar Revivals*, New York, Westport Conn., 1986. – S. WELLS, ed., *The Cambridge Companion to Sh. Studies*, Cambridge, 1986. – L. FOX, ed., *The Sh. Handbook*, London, 1987. – R. VOLLMANN, *Sh.'s Arche. Ein Alphabet von Mord und Schönheit*, Nördlingen, 1988. – U. SUERBAUM, *Das elisabethanische Zeitalter*, Stuttgart, 1989. – S. TRUSSLER, *Shakespearean Concepts. A dictionary of terms and conventions, influences and institutions, themes, ideas and genres in the Elizabethan and Jacobean drama*, London, 1989. – Ch. BOYCE, *Sh. A to Z. The Essential Reference to His Plays, His Poems, His Life and Times, and More*, New York, Oxford, 1990.

Verzeichnis der Abkürzungen in den Bibliographien

AQ	American Quarterly
AR	Antioch Review
BJRL	Bulletin of the John Rylands Library
BNYPL	Bulletin of the New York Public Library
BuR	Bucknell Review
CD	Comparative Drama
CE	College English
CentR	The Centennial Review (Mich. State)
CL	Comparative Literature
CQ	The Cambridge Quarterly
CritQ	Critical Quarterly
DramS	Drama Survey
DubR	Dublin Review
DUJ	Durham University Journal
DVLG	Deutsche Vierteljahrsschrift für Literaturwissenschaft und Geistes-geschichte
EA	Etudes Anglaises
E &S	Essays and Studies by Members of the English Association
EHR	English Historical Review
EIC	Essays in Criticism
EIE	English Institute Essays
ELH	Journal of English Literary History
ELN	English Language Notes
EM	English Miscellany
ER	English Review
EStn	Englische Studien
ESts	English Studies
ESA	English Studies in Africa
ETJ	Educational Theatre Journal
FP	Filoloski Pregled (Belgrade)
GLL	German Life and Letters
Goethe	Neue Folge des Jahrbuchs der Goethe-Gesellschaft (Weimar)
GQ	German Quarterly
GR	Germanic Review
GRM	Germanisch-romanische Monatsschrift
HLQ	Huntington Library Quarterly
HudR	Hudson Review
JAF	Journal of American Folklore
JEGP	Journal of English and Germanic Philology
JHI	Journal of the History of Ideas
JSUB	Jahrbuch der Schlesischen Friedrich-Wilhelm-Universität zu Breslau
JWCI	Journal of the Warburg and Courtauld Institute
JWGV	Jahrbuch des Wiener Goethe-Vereins
KFLQ	Kentucky Foreign Language Quarterly
KR	Kenyon Review
LI	Lettere Italiane
Lituanus	Lithuanian Quarterly (Chicago)
LJGG	Literaturwissenschaftliches Jahrbuch der Görres-Gesellschaft
M &L	Music and Letters (London)
MLJ	Modern Language Journal
MLN	Modern Language Notes
MLQ	Modern Language Quarterly
MLR	Modern Language Review
MP	Modern Philology
MQR	Michigan Quarterly Review
MSpr	Moderna Sprak (Stockholm)
MuK	Maske und Kothurn
Neophil	Neophilologus
NHQ	The New Hungarian Quarterly

NM	Neuphilologische Mitteilungen
NS	Die Neueren Sprachen
OL	Orbis Litterarum
PBA	Proceedings of the British Academy
PEGS	Publications of the English Goethe Society
Person	The Personalist
PhQ	Philosophical Quarterly
PMLA	Publications of the Modern Language Association of America
PQ	Philological Quarterly
QR	Quarterly Review
RECTR	Restoration and 18th Century Theatre Research
REL	Review of English Literature (Leeds)
RenD	Renaissance Drama (Northwestern U.)
RenP	Renaissance Papers
RES	Review of English Studies
RG	Revue Germanique
RHT	Revue d'Histoire du Théâtre
RLC	Revue de Littérature Comparée
RLV	Revue des Langues Vivantes (Bruxelles)
RS	Research Studies (Wash. State U.)
SAB	Shakespeare Association Bulletin
SAQ	South Atlantic Quarterly
SB	Studies in Bibliography: Papers of the Bibliographical Society of the University of Virginia
SchM	Schweizer Monatshefte
SEER	Slavonic and East European Review
SEL	Studies in English Literature
Sh.	Shakespeare
ShakS	Shakespeare Studies (U. of Cincinnati)
ShN	Shakespeare Newsletter
ShS	Shakespeare Survey
ShStud	Shakespeare Studies (U. of Tokyo)
SJ	Shakespeare-Jahrbuch
SJ Ost	Shakespeare-Jahrbuch (Weimar)
SJ West	Jahrbuch der Deutschen Shakespeare-Gesellschaft West
SN	Studia Neophilologica
SoR	Southern Review (Louisiana State U.)
SP	Studies in Philology
SQ	Shakespeare Quarterly
SR	Sewanee Review
SuF	Sinn und Form
TDR	Tulane Drama Review
ThR	Theatre Research
TLS	Times Literary Supplement
TN	Theatre Notebook
TQ	Theatre Quarterly
TriQ	Tri-Quarterly (Evanston, Ill.)
TSE	Tulane Studies in English
TSLL	Texas Studies in Literature and Language
UNS	University of Nebraska Studies
UR	University Review (Kansas City, Mo.)
UTQ	University of Toronto Quarterly
WB	Weimarer Beiträge
W.Sh.	William Shakespeare
YFS	Yale French Studies
YR	Yale Review
ZAA	Zeitschrift für Anglistik und Amerikanistik
ZDP	Zeitschrift für Deutsche Philologie

NAMENSREGISTER
(unter Ausschluß der Bibliographien)

WERKREGISTER